冯承柏 著

馮承柏文集

（上）

范曾題

南開大學出版社

图书在版编目(CIP)数据

冯承柏文集 / 冯承柏著. —天津：南开大学出版社，2009.5

ISBN 978-7-310-03125-2

Ⅰ.冯…　Ⅱ.冯…　Ⅲ.社会科学—文集　Ⅳ.C53

中国版本图书馆 CIP 数据核字(2009)第 050871 号

南开大学出版社出版发行

出版人：肖占鹏

地址：天津市南开区卫津路 94 号　　邮政编码：300071

营销部电话：(022)23508339　23500755

营销部传真：(022)23508542　　邮购部电话：(022)23502200

*

天津泰宇印务有限公司印刷

全国各地新华书店经销

*

2009 年 5 月第 1 版　　2009 年 5 月第 1 次印刷

880×1230 毫米　32 开本　31.5 印张　8 插页　930 千字

定价：80.00 元(上、下册)

如遇图书印装质量问题，请与本社营销部联系调换，电话：(022)23507125

才如珠翠，
光亮熠熠。
文似彩云，
艳映长空。

冯承柏教授谢世周年志哀，

杨生茂于丁亥冬月

目 录

（上册）

中美关系

城市史·校史·家史

序　一

冯承柏教授虽然晚我一代，小我20岁，但是，他的人品学识，都是我很钦佩的，值得我认真学习的。大体上说，他值得我学习的地方有以下几方面。

他平生遭遇很多坎坷，但他很坚强，从来不在这些坎坷面前低头。他不独能站稳脚跟，堂堂正正做人，还修己好学，不断充实自己，时刻准备着做一个对社会有益的人。

他敢于坚持真理。只要是他认为正确的、对国家和人民有益的事，他都坚决去做，不计较个人得失。

他做学问认真踏实，学风严谨。我所阅读过的他的美国史论文，篇篇都是很过硬的，经得起时间的考验。我主编主撰的《战后美国史》一书，曾获国家社会科学基金项目优秀成果二等奖，初稿专门请他审阅过，他提了很有份量的意见。

他不仅能做很好的学问，在国家和社会需要时，他还能而且愿意成就一番事功。他对图书馆工作和图书馆学、博物馆工作和博物馆学的贡献，不仅使天津市获得实际效益，对全国也是有良好影响的。

他不仅善于学习西方的先进科学技术，而且有创新精神。

总之，无论从先天秉赋和后天努力来说，冯承柏教授都是个不可多得的人才。特别是在当今这个功利思想和浮躁之风盛行于学术界的时代，像他这样一个好榜样在74岁时就离开了我们，实在是太早了，太令人痛惜了。

写完这篇短文，我取出我80寿辰时承柏教授赠送我的一对锻炼身体用的保定彩色铁球，睹物思人，唏嘘难已。

武汉大学历史系教授　刘绪贻

2007年12月12日

序 二

承柏与我不是一般朋友，是朋友加兄弟。我们是以兄弟相称的。他称我东海兄，我称他承柏弟，他一直以兄事我。他晚年已经不能用笔写字了，一切在电脑上进行，但给我写信却一定要用笔写。我看到他用颤抖的手写下的长信，心中是很不平静的。

我结识承柏始于上世纪 80 年代初，那时候我正研究周恩来，承柏的父亲冯文潜先生是周恩来的南开同学又是志同道合的好友，我从承柏那里得到不少资料，我们的友谊就此开始了。继之，在博物馆理论研究领域中亲密合作，几十年不辍。80 年代南开大学博物馆专业是全国博物馆研究的一个重镇，承柏就是这个重镇的台柱子。有了他，南开大学在中国博物馆界声名大振。那时，改革开放之初，中国博物馆界亟需放眼世界，开阔视野。我主编的《中国博物馆》（学术季刊）和《中国博物馆通讯》（信息月刊）与承柏密切合作，不断地发表他配合中国博物馆界的需要而撰写的论文，如《博物馆与西方社会》、《略论西方博物馆的社会功能和社会效益》、《外国博物馆学理论及历史的札记》，以及他和我为《中国大百科全书》（博物馆卷）合撰的《外国博物馆史》长条目等。他具有深厚的西方文化史素养。他博大精深的论文，深受研究者的关注，其引用率是很高的。90 年代他又率先研究博物馆数字化，2001 年发表的《博物馆信息学札记》系统地论述了博物馆信息学理论和方法，至今仍有指导意义和理论创新价值。

我要特别忆及两件事。一件是马克思主义博物馆学的译介之事。1986 年 11 月中国学者出席国际博协布宜诺斯艾利斯大会，带回了克劳斯·斯莱纳著的《博物馆学基础》，我如获至宝。前东德斯莱纳博士是著名的马克思主义博物馆学家，他的这本代表著是继《苏联博物馆学基础》之后又一本马克思主义博物馆学重要著作。我连忙约请承柏来京商讨译介这本书的事。我们俩人从上午谈到中午吃饭，饭后又谈到很晚。承柏返津后，组织力量翻译。1987年《中国博物馆》第二期上集中发表了承柏撰写的《推荐一本马克思主义博物馆学专著——〈博物馆学基础〉》，和他与学生合译的这本书的三章。承柏认为我们不能光介绍西方理论，也应该介绍东方理论，所以对这本书的推荐很下了一番功夫。

我要忆及的另一件事是承柏推动中外博物馆专家的学术交流。1993年承柏主持在南开大学召开了中美博物馆学研讨会。邀请美国史密森研究院的专家来华进行中美学术交流。会上我公布了中国人最早见到的博物馆是美国博物馆的新史料（1849年福建人林箴写的《西海游记草》）。史密森研究院项目协调人南茜·福勒介绍了美国生态博物馆的试验。那时我正在开发中国生态博物馆，对我很有帮助。中美学者还交流了各国的学术见解。此后承柏还在南开组织了美国国际培训委员会和博物馆学委员会两主席与中国学者的学术交流。承柏不仅在理论上而且在实际行动上为中外学者的交流做了许多事情。他的贡献我们是不应该忘却的。

有一次，我在南开大学开会，住在招待所。早晨他赶来陪我散步，路遇陈省身先生，承柏赶忙侧身恭立路旁问候"陈老师早"，指着我说"这是《中国博物馆》杂志苏东海主编"。我急忙上前问候陈先生。承柏对老师恭敬有礼，深印于我脑海中。又一次，《中国大百科全书》（博物馆卷）在京开编委会，承柏从天津赶来参加。某官员主持会议，颐指气使，甚至当面斥责一位年长的馆长。承柏看不下去，拂袖而去。承柏就是这样，有谦恭柔美的一面，又有刚直自尊的一面。他的人格、他的性格使人难忘。

现在要出承柏的纪念文集和论文集，我很欣慰，拉杂写了一点回忆以寄托我对承柏的怀念。

《中国博物馆》杂志主编、中国国家博物馆离休研究员　苏东海

2007年10月8日

序 三

在我的印象中，凡熟悉冯承柏教授的人，无不深为他出众的才华、渊博的学识和高昂的探索兴致所折服，觉得若天假以年，他必能在许多领域取得更大的成就。其实，冯先生谢世时已年逾七旬，按照前人“人生七十古来稀”的说法，也算是得享天年了。可是大家都为他的去世而悲痛和惋惜，都觉得他没有完全发挥才华，并未充分施展抱负。冯先生是一个见多识广、精力旺盛、兴趣广泛的人。以往我们每隔一段时间见到他，听他谈起自己近来的工作，总能得到新的信息和新的启迪，不由得由衷地赞叹他锐意求新的精神。他始终活跃在学术的前沿，在对知识和智慧的追求中，保持着一颗永远不老的心。我想，他的离去何以给人一种强烈的“天妒英才”之感，主要原因也许就在这里吧。

冯先生不是一个于今大学里常见的那种专家型教授。他虽然出身于书香门第，但本人却没有念过大学，后来成了知名大学的知名教授，人们难免觉得有一种传奇色彩。也许正是因为他没有受过专业的训练，也就没有形成狭隘的专业意识，不受学问门户的局限，只是凭着自己对知识和思想的兴趣，出入于众多的专业领域，并且在每个领域都留下了令人称道的建树。我们可以读到许多缅怀冯先生的文章，文章的作者大多是他的同事、朋友和学生；最令人惊异的是，这些作者来自历史学、社会学、博物馆学、图书馆学等众多的专业领域，而他们几乎异口同声地称颂冯先生的博学、睿智和敏锐。这不正是冯先生治学广博的活见证吗？

与一般学者相比，冯先生还有一个很不一样的地方，那就是他不刻意追求著作的数量。他已刊的著作不算太多，也没有什么“鸿篇巨制”。在我看来，以冯先生的聪慧、博学和敏捷，做到“著作等身”并不是什么难事。但他反感那种“以字数论英雄”的学术浮躁之风，不肯草率地把自己的文字变成"铅字"。我在读研究生时，同学们中间经常传阅冯先生的论文手稿，其材料之丰富，见解之不凡，受到大家一致的推崇，但我始终没有见到这些论文正式刊出。在上世纪 80、90 年代，他曾开过好几门前沿性的课程，如"西方史学与社会科学"、"西方博物馆"、"美国社会经济史"等；他的讲稿材料翔实，讲解新意迭出，大家都盼望他将这些讲稿整理出版，以惠及更多的人。当时冯先生笑而不答，此后也没有见到它们公开出版。这体现了冯先生对待学问的态度。他不愿发表自己觉得不够成熟的文字。这样就使他的著述能以一当十，以少胜多。别的领域我不敢妄言，在美国史方面，他于 80 年代中期发表的"美国工厂制确立年代质疑"一文，在当时的口碑中，有"代表近年美国史研究最高水平"的美誉；直到今天，它的学术价值仍然是毋庸置疑的。

在学生的眼中，冯先生是一位难得的好老师。作为学生，在有意无意中所持的"好老师"的标准，大体包括这么几点：既有丰富的学识，又有表达学识的口才，更有让学生分享这些学识的善意和热情。冯先生堪称这种"好老师"的典范。凡听过冯先生课的人，无不叹服他知识广博，见解深刻，应对敏捷，口齿流利而表述严谨。80 年代中期，冯先生正当精力充沛、意气飞扬的盛年，他意识到社会科学在史学变革中的重要性，为历史系学生开设了"西方史学与社会科学"课程。我们这些研究生和本科生一起，十分踊跃地选修这门课；能容纳六七十人的教室，上课时总是济济一堂，气氛热烈。课后我们意犹未尽，冯先生和他的课仍是谈论的话题。大家除了倾慕、赞叹冯先生的学识和风采，更有一种探求知识、向往高妙学术境界的冲动。一门课能在学生中产生这样强烈的反响，当然只有杰出的教师才做得到。在课堂以外，同学们在学习上遇到问题，总会想到向冯先生求教；而他在不经意间流露的只言片语，便能给人茅塞顿开之感。

在南开，冯先生是一位知名度很高、受人敬重的教授；在国内的美国学界，他也是一位很有影响的学者。他的学术成就，他的组织工作，他在图书资料建设方面的业绩，对南开乃至全国的美国研究，都产生了很大的推动。

冯先生是南开美国史研究的开拓者之一，他早年在杨生茂教授的带领下，在美国史研究室苦心经营，做了许多基础性的工作。其实，他在美国史领域专门做研究的时间并不长。“文革”后期美国史研究室逐渐恢复工作，他受“政治问题”的牵累，只能做一些不能署名的资料整理和翻译工作；70 年代末和 80 年代前期，他真正着手做研究，接二连三地发表了数篇有分量的论文；可是，正当国内同行惊叹他“势头很猛”的时候，他出于工作需要，把重点转向了博物馆学的研究和教学。此后，他在美国史方面间有新作，而数量已不如从前。但是，他在不长的时间里所取得的成就，却是一般人难以企及的。他以出众的学术敏感和厚重的文史功力，先后就马汉的海权论、美国的工业化、内战后的南部经济、中美城市史比较等问题进行探讨，所发表的论文都深得学界好评。如果让我在 80、90 年代中国学者发表的美国史论文中挑选十篇佳作，冯先生的文章无疑是首选。

在学术成就之外，冯先生对美国研究的发展还有多方面的贡献。他在 80、90 年代主持南开美国研究中心的工作，把它建成了一个积极活跃而成绩斐然的美国研究重镇。他的英语表达能力极好，与美国学术界有着广泛的联系，成功地组织了不少有影响的学术活动。1988 年初冬，在美国首次总统就职 200 周年纪念来临之际，他在南开举办了“美国总统制研讨会”，从美国请来了一批在政治学和历史学领域颇负盛名的学者，其中有大名鼎鼎的詹姆斯·伯恩斯和托马斯·克罗宁。而在国内一方，冯先生则大胆起用年轻人，给我们这些在读的研究生提供了在会上报告论文的机会。冯先生事后说，当他向美方提出这一方案时，他们的反应似乎是“学生们有什么可报告的呢”；但结果却让美方与会者颇感意外和惊喜。显然，中国美国研究新生代的冲击力，给他们留下了深刻的印象。后来，当年在会上发言的年轻人中，确有不少人成了这个领域的知名学者。

邀请外国学者来南开讲学，也是冯先生用力甚多而收效很大的工作。在冯先生担任美国研究中心主任期间，有一段时间受中美关系和国内政治的影响，邀请美国学者来华讲学成了一件很困难的事。但这期间在南开园仍能时常见到美国学者讲学的海报。在冯先生请来的美国学者中，我记得最有名的是美国宪法史学者斯坦利·卡茨和女性主义运动领导人贝蒂·弗里丹。在外国学者讲学时，冯先生有时用中文做一番概述和评论，以帮助听众了解内容和主旨；有时则向演讲人提出一些有深度的问题，从而引发热烈而精彩的讨论。参加由冯先生主持的学术讲座，总能在活跃的气氛中感受到强烈的思想冲击。

冯先生给南开和国内的美国研究留下的另一份丰厚遗产，乃是图书资料的建设。他在担任南开大学图书馆馆长期间，在图书馆五楼开辟了一个专门的美国史书库，将原来分散的美国研究藏书集中起来，分门别类地排列，派专人负责管理，使用特别方便。而且，由于冯先生与美国使馆文化处和亚洲基金会的有效沟通，有关美国问题的新书源源不断地补充进来。那时我们经常出入这个书库，每次都有一种身临福地的愉悦和畅快；在那些摆得密密麻麻的书架中间缓缓移动，不时有令人惊喜的发现。除了南开的学生，还常有外地的研究人员光顾。没有冯先生的努力，南开图书馆决不可能有这样一个使各地研究人员都能受益的专门书库。可惜，随着冯先生的离去，这已成了历史。

关于网络资源对新时代学术的影响，冯先生有着超前的敏感。他比年轻人都更热心于学习和使用新的技术手段。南开教师最初共用的一个电子邮件账号，就是冯先生以自己的名义申请的；像“光盘数据库”、“网络在线数据库”和“美国记忆”之类的新鲜名词，我们最早都是从冯先生那里听到的。不仅是在南开，而且在整个国内美国学界，冯先生都是最早重视网络资源的重要性、并身体力行地进行尝试的学者。在他的影响下，南开美国史教师和学生在网络资源的利用上取得了可喜的成绩。在国内高校较早开设网络资源与历史研究的专门课程的教师，就出自冯先生的门下。在今天，研究美国史离开了网络资源，几乎是寸步难行的；任何一篇学位论文的参考资料中，有很大一部分必定是来自网络数据库。我们在网络资源利用方面能有今天这种局面，冯先生的先行和开拓之功，是不能忘记的。

令人痛惜的是，这样一位热情开朗、探索不止的学者，过早地离开了人世。我们今天纪念冯先生，除了表达对他的敬意和缅怀之外，更带有对一种特殊的学者风范的向往。现在，我们处在一个专家主导的时代，而且我们的大学教育还在源源不断地制造新的专家。专家的长处是在某一点上钻研很深，其不足是偏蔽固陋，甚至缺乏常识。专家的文章富有学识，但可能缺少一点情趣，看不到那种纵横挥洒、汪洋恣肆的气象。我们在纪念冯先生的同时，也热切地盼望在这个专家的时代能多一些像他那样的博学之士。如果我们在专业工作中兴趣广泛一些，力争懂得多一些，努力把学问做得洒脱一些，难道不是一件很美好的事吗？

中国美国史研究会会长，北京大学历史学系教授　李剑鸣

2008 年 3 月

冯承柏自序

——我的生活历程

我一直想写一点自己的东西，自传也好，随笔也好。我今年 67 周岁，总觉得还有一段路要走，所以迟迟没有动笔。近来听说把我列入天津电视台题为《天津人》的电视报道名单。我决意动手做一些准备。

按照惯例，我应该从自己的家世谈起。冯家是天津的盐商，拥有引地 17 州县。道光年间，冯氏家族被查抄，于是举家迁至涿县。我的曾祖父名守训（1829～1865）科考取誉录敕授承德郎。祖父冯学彰（1863～194？）字介清，是曾祖的三子。他留下一部《冯介清——甲子编年纪录》较为详细地叙述了他本人从出生到 57 岁的经历和家中的大事。老人颇有自我批评精神，认真地审视了自己的前半生，秉笔直书，没有文过饰非，是一份宝贵的遗产。盐商以政府授权，出租引地为生。自己并不从事任何经营。父亲在解放前就说过，盐商是不折不扣的剥削阶级。他和我叔叔冯文洛早就对盐商家庭的腐朽生活方式深恶痛绝，决心自食其力。祖父冯学彰，青年时代过着花天酒地的生活，40 岁以后幡然悔悟，改弦易辙，办新式学堂和慈善事业。所以父亲只读了几年私塾，就进了祖父办的养正学堂，接着又考入天津南开中学。中学毕业后于 1917 年赴美留学，1922 年又到德国深造，1928 年回国，在国外求学达十一年之久。此后，一直在大学任教。1930 年起曾任南开大学哲学教授、历史系主任、哲学系代主任、文学院院长。1952 年后任南开大学图书馆馆长兼天津历史博物馆馆长直至 1963 年去世。

母亲方面，黄家也是书香门第。母亲 13 岁起即随长兄到北京上学，后长期在医院做护士。经其三兄黄钰生介绍于 1930 年与在南开大学任教的父亲结婚。母亲曾是上世纪 30 年代南大幼儿园和附属小学的创建人之一，曾任天津仁立食品厂保健医生，1962 年退休后在南开大学卫生室义务工作6年，亦曾长期义务做街道工作。母亲是位贤妻良母，而且乐于助人，热心社会公益事业，曾任南开区政协委员、区妇联委员。在邻里中享有很高的威望。

关于我个人，回顾自己走过的历程，可以划分为三个阶段：第一阶段，从出生到反右运动（1933～1957）24年；第二阶段，从被错定为“阶级异己分子”到平反（1958～1979）21年；第三阶段，从平反到目前（1979～2000）22年。这67年走过了一个完整的“之”字。

我出生于1933年7月23日。我是八个月出生的，俗话说七活八不活，但在父母的精心抚养下，我活了下来，这是我一生中度过的第一个难关。我有一个幸福的童年，家境优裕，营养充分，身体健康。有父母的爱护和良好的教育。我的童年是在南开大学幼儿园和西南联大附小和附中度过的。1937年抗日战争爆发，父亲带领全家从南开园迁入英租界（今南海路永康里3号）。1938年9月父亲只身赴昆明。我则入耀华小学一年级。1939年9月母亲带领我们姐弟三人从海路经香港、越南赴昆明。

昆明给我留下的最深刻印象是山青水秀、气候温和、四季如春、一雨成秋，美景如云，令人流连忘返。西南联大附小、附中的学习生活是难以令人忘怀的，这两所学校是我舅舅黄钰生的得意之笔。他在美国芝加哥大学学习教育心理学，获硕士学位。1926年回国后，一直在南开大学任秘书长。创办联大师院和附中、附小是实现他的教育理想。

附小、附中有一支很好的教师队伍，由西南联大的高年级学生和青年教师组成。例如，我上小学四年级时，语文老师是当时在联大中文系学习的冯钟云，后来在联大和北大任教。第一次上课她在黑板上写了“学如逆水行舟，不进则退”几个字，成为我一生的座右铭。教地理的杨老师是联大地理系的教师。他每次上课时都将一幅世界地图挂在黑板上，让我们识别世界主要国家的位置，以及重要的山脉、河流、湖泊、海洋等，这些自幼学到的基本知识，至今不忘。小学毕业时我考了个前五名被保送入联大附中初一一组。英文老师杨笥平，是联大外文系的教师。上课时她采取的是直接教授法，从学习26个字母起，她一直用英语讲课，辅之以手势，不说一句中文，逐渐的我们也都听熟了课堂用语。她的发音清晰、准确，是标准的不列颠英语。读课文时抑扬顿挫，学生都陶醉在语音的美感中。这位把我引入英语大门的老师，使我爱上了英语，她的音容笑貌让我一直不能忘怀。语文老师刘禹昌，是联大中文系的讲师，很有造诣，批改作业很认真。我的作文水平得以提高，从刘老师处受益匪浅。在附中生活中另一件留下深刻印象的事情是著名的"一二·一"学生运动。开初我认为学生的天职是学习，牺牲学习进行抗议活动得不偿失，曾经坚持上过一两次课，后来在我的好朋友王耿介的影响下，改变了态度，参加了散发传单的活动。

父亲经常带我去逛书店，允许我在他书房里随意浏览，这两件事对我的一生都有很大影响。小学三年级时我开始看金圣叹批注的七十一回《水浒传》，而且将读后的感受写在日记里。《元曲选》是我自己在书房里找到的最感兴趣的一部书，曲子部分文字深奥，我看不大懂，道白部分浅显易懂，足以把握故事情节，像"赵氏孤儿"、"窦娥冤"等脍炙人口的元人杂剧，都是我直接从《元曲选》中看到的。还有一部蔡东藩写的《历代通俗演义》，虽仅有宋史、元史和民国部分，也够我消遣一阵子的了，我的许多历史知识得益于这部通俗读物。上初中后，父亲让我在假期里读《论语》和《纲鉴易知录》，虽不能全懂，也为后来读古典文献打下了基础。我能用之乎者也之类的词儿写点半吊子的古文，也同这些启蒙的读本分不开。

抗战胜利后，1946 年全家迁回天津，开始了我在南开中学的学习生活。期间，特别是天津解放以后，到 50 年代初这个阶段，我最大的变化是从一个懵懵懂懂的普通中学生成为信奉马克思主义的自觉战士，对于这个变化我至今不悔。我始终认为马克思主义是西方众多理论中最值得认真学习的理论，也是最有利于中国走向富强的指导思想。我这个转变，包括组织上和思想上两个方面。在组织方面：我于 1949 年 4 月参加了中国共产党领导的地下外围组织"民主青年同盟"，当年 8 月由"民青"转为新民主主义青年团员，1950 年 12 月 19 日参加了中国共产党，翌年 6 月 19 日，转为正式党员。在思想和理论方面：有几本书对我的影响很大，它们是：翦伯赞的《历史哲学教程》、艾思奇的《大众哲学》、胡绳的《青年思想方法论》、斯大林的《论列宁主义基础》、毛泽东的《矛盾论》和《实践论》。后来又读了一些马克思、恩格斯和列宁的著作。我最喜欢读的是《资本论》第一和第三卷、《共产党宣言》、《社会主义从空想到科学的发展》、《反杜林论》、《哥达纲领批判》、《法兰西内战》等书，其中有几部著作是参考英文本和德文本读的。

1951年7月未参加毕业考试，我就被组织调到天津市"党训班"学习，后因患结核性胸膜炎而有近两年的养病生活。1953年2月经组织安排，到天津女七中（原南开女中）工作，任毕业班班主任、政治教师、党务专职干部。1955年初被调到天津市中小学教师马列主义进修学院担任哲学教员，不久又调到市委文教部在研究室参加编写哲学概论讲稿，后又成为文教部科学处的一员，分管人文社会科学的工作。1957年3～4月我以市委文教部工作人员的身份参加贯彻毛主席《在中国共产党全国宣传工作会议上的讲话》有党外人士参加的学习讨论会、大学教授座谈会等，负责记录和整理成简报上报。后来，《人民日报》把雷海宗先生的发言说成是认为马克思主义"基本停留在1895年"，并加了按语。我认为作为党报不应该歪曲雷先生的原话，然后加按语，显然是按错了。1957年11月被下放到农村劳动。1958年在下放干部整风时，我给下放干部组长贴了一张大字报，批评他作风生硬粗暴，言辞比较激烈，被认为是"反党"。以此为由，文教部党组织搞整风补课对我进行批判，并以"支持右派分子雷海宗向党进攻"和为右派雷海宗、吕万和鸣不平等罪名把我定为"阶级异己分子"，给以开除党籍、降职、降薪的处分，继续留农村劳动。1961年又被机关改派到北郊区刘安庄市委机关农场劳动。经过四年的农村、农场劳动后，1961年11月被调回市内，分配到历史教学社任资料员。1963年6月调到南开大学历史系资料室，做美国史教授杨生茂先生的科研助手。"文化大革命"中我也不可避免地受到冲击。1979年1月23日市文教组郭同志打电话，请工作组李寿晋同志转告历史系，冯承柏同志的问题已讨论解决，撤销原处分，恢复党籍，恢复工资级别，二十一年冤案得以平反。1979年1月30日《天津日报》发表虞锡圭的文章《昭苏万物春风里——天津市错划右派改正工作一瞥》专门报道了我的问题得到解决的前前后后。此后，我的生活、学习、工作得以步入坦途。

中国的知识分子，特别是与我处于同一年龄段的人们，历经磨难的大有人在，我只不过是其中的普通一员。就我遭遇的困境，和后来进入顺境而言，都可以说是比上不足，比下有余。

我出生于大学教授的家庭，在多灾多难的中国，从未经历过缺衣少食的生活，也没有过失学失业的遭遇。温馨的家庭生活和良好的学校教育环境是我成长的基础。当然事情也有另外一面，这就是缺乏学校以外的社会经历，相对而言磨练太少。后来的曲折遭遇，可以说是对一帆风顺的修正和补充。我对于经历过的这一切，至今无怨无悔。我总觉得天赐我的良机是够多的了，我也并没有辜负或错过这些良机。我遇到的磨难，同我们民族所蒙受的灾难相比，微不足道（也可以说是它的一个组成部分）。更为重要的是，当我处于磨难之中的时候，我并没有怨天尤人，而是尽量从磨难的环境里寻找发展自己的有利条件和学习机会，来充实自己。我的原则是无论在什么情况下，都要做一个对社会有用和有益的人。

我以为，我走过的路对于我的子女和他们的同代人可能有一些值得借鉴的地方。

冯承柏写于2000年的“生活随笔”（未完成的自传）之节录

理论与方法研究

现代化·城市科学·城市史

城市是人类文明的产物，是十分古老的历史现象。中外古代史籍中不乏有关城市的记载，然而，城市史作为历史学中一门独立的分支学科则直到两次世界大战之间才崭露头角，二次世界大战后得到较大发展。这门理论性、实践性都很强的学科是现代社会进行自我认识的产物。它得益于现代发展理论、“自下而上”的社会历史观和多学科的研究方法。正是在这三者的作用和影响下，本世纪 60 年代出现了区别于传纪性旧城市史的“新城市史”，与人们津津乐道的新政治史、新社会史和新经济史并驾齐驱，成为国际史坛的一枝新蕾。

一

日本社会学家富永健一认为现代化理论的渊源可以追溯到 18 世纪的启蒙运动，奉洛克、亚当·斯密、孔德和斯宾塞为现代化理论的宗师，这种看法不无道理。我们可以把关于资本主义发展的政治、经济、社会理论统称之为现代化理论。然而，对现代化作出科学诠释，用经验材料加以论证，把它发展为系统的理论则是本世纪 60 年代的事。二次大战后，社会主义国家致力于经济建设；新兴国家面临着尖锐的经济发展问题；西欧经历着医治战争创伤、重建和发展的过程；北美虽然没有受到战争破坏，但为了在发展中国家面前树立经济高速发展的样板，60 年代初，以赖肖尔为代表的美国日本问题专家对明治维新以来的日本历史进行研究，美日两国学者举行了著名的箱根会议，主张用“近代化”（即现代化）来概括日本资本主义化，特别是战后“民主化”的进程。美国经济学家西蒙·库兹涅茨、沃尔特·惠特曼·罗斯托等则先后提出现代经济增长说和经济成长阶段论，构成经济现代化理论的重要组成部分。在社会学领域，塔勒考特·帕森斯把马克斯·韦伯的学说从静态方面加以发挥和系统化，创立了社会系统论，提出了现代社会理论。S.N.艾森施塔特、C.布莱克、巴林顿·莫尔等人则讨论了政治现代化的特征和进程。

现代化理论认为，现代化、工业化、城市化是同步过程。城市化是指人口由农村向城市集中，使城市数量和城市人口比重急剧增加的过程。城市化的过程就是从以农业为主体的经济转变为以工业为主体的经济的过程。工业化、现代经济增长是推动城市化的基本力量。美国学者吉布斯和马丁对于城市化与经济发展的关系曾提出以下命题：

（一）A. 社会城市化的程度直接取决于劳动分工的程度；B. 社会劳动分工的程度直接取决于消费品扩散的程度。

（二）A. 社会城市化的程度直接取决于技术发展的程度；B. 社会技术发展的程度直接取决于消费品扩散的程度。这两对命题均得到经验材料的证实。

经济增长与城市化关系的理论无疑应该是现代经济增长理论的一个组成部分。库兹涅茨在接受诺贝尔奖的讲话中总结了现代经济增长的六大特征：1. 人均产值的增长率高出本国以往的增长率和世界其他地区的增长率；2. 生产率即投入产出率的增长率显著提高；3. 经济结构（包括消费结构和生产结构）变化快，生产从农业转向制造业，又从制造业转向服务业；4. 与之密切相关的社会结构和思想意识变化快，这里所说的社会结构变化指城市化的过程；5. 经济发达国家通过增强技术力量，特别是运输和通讯（民用与军用）同世界的联系空前密切，出现一体化的趋势；6. 现代经济增长只发生于少数国家，世界上四分之三的人口尚未进入现代经济增长的行列。

经济成长阶段论的代表人物沃尔特·惠特曼·罗斯托把城市化视为经济起飞的标志，他指出："城市化的加速是主导工业部门横向影响的证据。"（W.W. Rostow, *The World Economy: History and Perspective*, London, p.832）如果说在发达国家中，经济增长与城市化是同步进行、相互促进的话，在某些发展中国家则往往出现二者不相协调的现象。大城市发展过快，与中小城市的发展不成比例，甚至超过了国民经济能够支持的程度，被称之为"过度城市化"。测定过度城市化的方法是把从事非农业生产人口的百分比和生活在十万人口以上城市的人占全部人口的百分比加以比较。过度城市化通常是殖民主义带来的后果，它妨碍了新兴国家的经济发展。联合国在一份调查报告中说：“潜在的失业和随之而来的不稳定，不仅是一种浪费，而且延缓了工业的发展。”

有些学者不同意过度城市化说，他们认为城市化具有两重性，对国民经济发展既可以起促进作用，也可以起阻碍作用。城市是政治、经济、文化发展的中心，是同外界联系的孔道，资本和有技术的劳动力过分集中于城市当然会对内地和边远地区的发展带来不利的影响。发达国家在工业化过程中也遇到过同样性质的问题。

城市化有早期晚期之分，或曰前工业化时期的城市化和工业化时期的城市化之分。把城市化同工业化联系起来考察，自然会把工业化或现代经济增长看成是城市化加速的决定性因素。但如果把城市化放到整个人类历史发展的长河中考察，我们就可以看到许多其他因素对城市化的影响。有人特别强调城市发展与人类文明之间的血肉联系，认为城市的贡献和作用在于能够保存、流传和发展社会文化。“一个城市的规模和复杂程度与它们集中和流传的文化之规模与复杂程度有直接关系”；“城市从一开始就是控制的中心，而不是什么贸易或制造业的中心”。这种观点是西欧人文主义思想在城市理论上的表现，有助于人们从非经济发展的角度来考虑城市化问题。

“从下向上看”的社会历史观是英国马克思主义学派对现代史学的一项重要贡献。它的影响是国际性的，远远超出了一国范围。这种史观为城市史特别是城市社会经济史开辟了新天地。它具有以下特点：1. 他们不是孤立地研究农民、工人和城市贫民的历史经验，而是把它放在特定的阶级关系和阶级对抗的历史背景之中进行研究。英国的马克思主义学派认为在涉及统治和被统治、斗争和适应的问题时，阶级关系总是政治性的。2. 他们并没有忽视统治阶级和社会精英在历史发展中的作用。3. 他们认为：下层阶级是创造历史的积极参加者。他们的运动和斗争对于历史整体发展不仅具有政治、经济意义，而且在文化思想、价值观念方面也是有贡献的。4. 他们虽然强调下层阶级的斗争，但并没有忽略这些斗争的局限性，以及下层阶级适应统治阶级需要并与之合作的局限性。5. 他们没有采取静止的和非历史的方法研究阶级和阶级斗争的经验，而把它们看成是积极的历史过程。“阶级是一种社会和文化构成，往往可以发表在制度上，不能抽象地或孤立地划分，只能以其同其他阶级的关系来确定，最根本的是阶级的定义只能放在时间中确定，也就是在作用和反作用、变化和冲突中确定”。他们非常重视阶级意识在阶级形成过程中的作用，认为现有的阶级意识是社会存在中新经验的反映，这种经验由工人以文化的方式加以处理、升华。6. 以上述观点为基础，提出了从总体上研究人类社会发展的主张。

英国的马克思主义学派不是以他们的理论体系而是以渗透到历史著作中的精辟论断征服了读者和史坛。正是在他们的直接影响下，美国出现了新社会史。工人阶级的起源、城市劳动人民和少数民族的聚居区、城市劳动者的工作环境、社会流动性、工人文化、移民在美国城市中的同化和异化等，都成为城市史的研究课题。这就使城市史突破了城市政治史和地方史的藩篱，成为真正的社会历史。

二

城市科学的兴起对于新城市史的出现起了直接推动的作用。作为一门综合性的新兴科学，它包含的内容十分广泛，城市建筑学、城市地理学、城市经济学、城市人类学、城市社会学和城市行政管理学是人们经常提到的一些分支学科。这些专门学科是同近代城市化的过程同步的，它首先出现于城市化进展迅速的英、德、美、法等发达资本主义国家。被称为城市科学奠基人的埃比尼泽·霍华德（1850～1928）、帕垂克·盖迪斯（1854～1932）针对19世纪下半叶普遍存在的城市盲目发展的状况，提出了对城市发展进行规划的设想。霍华德是一位改革家，著名的花园城市运动的倡导者和组织者。他在《明天：通往社会改革的和平道路》（1902年再版时改为《明日的花园城市》）一书中主张把大城市中的多余人口疏散到周围有计划建造起来的、规模有限制的、由乡村环绕的一系列花园城市中去。盖迪斯也是一位城市规划的倡导者。他很早就注意到工业化、城市化对人类社会的影响，提出了人的居住环境和工作环境问题。他留下来的《城市发展：公园、花园和文化机构的研究》、《城市演化》、《有助于城市发展的城镇计划》

等著作都已成为城市规划的经典，特别是第三部著作阐述了有关城市规划的社会学和哲学思想，在第二卷中论述了城市规划的文化基础，至今仍受到城市问题专家的推崇。

城市地理学是在城市规划学说基础上发展起来的一门学科，是人文地理学的五大分支学科之一。它主要研究城市系统和城市内部结构。城市系统指城市分布的规律，包括大中小城市的数量、人口比例；不同规模城市的地理分布；城市的功能和分类。城市内部结构的研究是把构成城市的各种因素加以分解，逐一进行研究。它包括：非居住土地的位置、特点和使用情况；居住地区（按劳动分工、社会阶级和民族集团划分的聚居区）的特点；区域间的交通和人口流动。

城市经济学是同城市地理学有密切关系的一门学科，它起源于本世纪 20 年代对城市土地经济的研究。两次大战间德语国家对城市问题的广泛研究推动了这门学科的发展。恩斯特·W.伯吉斯的《城市的成长》和霍默·霍伊特的《一百年来芝加哥的土地价值》两书问世是城市经济学在美国出现的标志。二次大战后，特别是 60 年代以来，城市经济学有了长足的发展。沿着西方经济学演进的路线，城市经济学有宏观与微观之分，前者着重研究城市在整个国民经济中的地位和作用，采用凯恩斯经济学的总量分析方法；后者以马歇尔的价格理论为依据，将城市内部的经济问题如：聚集的经济效益、城市间和家庭的选址及土地利用、劳动力市场、交通运输、公共事业作为主要研究内容。也有人试图把宏观理论与微观分析结合起来，建立“科学的城市经济学”。

欧美各国对于城市社会问题的研究始于 19 世纪末。一般认为，第一本由社会学家撰写的城市著作是法国人莫里尔的《城市的起源与经济功能》(1910)。对这门学科的建立发生过直接影响的是芝加哥学派创始人之一罗伯特·帕克。1916 年他在美国社会学杂志上发表《城市：对城市环境中人类行为之考察的建议》，所提出的研究课题为城市社会学奠定了基础。美国社会学学会于 1925 年召开“城市社会学”年会，此后以“城市社会学”为题的教科书和论著陆续问世，逐步形成了自己的体系。如果说城市社会学在英国是从社会福利的调查发端，在德国是从研究城市的理论和历史入手，那么，在美国则是由城市生态学研究奠定了它的理论基础。以芝加哥大学为中心的生态学派把城市看成是在多种自发（生态）力量影响下产生的自然现象，他们认为，城市社会学的任务就是研究各种生态力量作用的过程。生态学派提出了描述城市发展过程的理论，如同心圆理论、扇形理论和多中心理论。试图从城市商业区、工业区、不同收入水平的居住区的自然分布和发展说明现代城市的成长过程。生态学派还从土地利用、群体之间的关系、地区经济的控制和从属关系等不同角度来研究城市发展中的中心化、分散、隔离、侵入和继承的过程。他们提出的“城市化是一种生活方式”的论点虽然招致许多批评意见，但促进了对城市生活特点的研究。经过半个多世纪的发展，城市社会学吸收了各学科的研究成果，一些理论假设得到了经验材料的检验，已经成为一门独立的学科，包括城市社会历史学、城市社会结构学和城市社会政策学三个分支。它以城市社会结构和社会关系为中心，涉及城市经济、政治、文化、社区、家庭生活等各个方面。

人类学是关于人的科学。19世纪中叶以来，人类学的研究范围集中于原始民族。本世纪30年代英国著名考古学家柴尔德（1892～1957）提出“城市革命说”。他认为城市革命是没有文字记载的，是生活在乡镇的农耕者初次形成较大的更为复杂的文明社会的过程。这个过程在不同时间分别在世界若干地区发生，其特点是：出现大型聚居区，人口集中程度一般不超过两万；聚居地区一般设有防御工事（城墙、城堡或护城河）；手工业从农业中分离出来；聚居区有宗教建筑（庙宇、寺院、教堂）和神职人员；僧侣和官员构成城市中脱离体力劳动的统治阶级；由于管理财政和公共工程的需要出现了文字；与农业生产有密切联系的天文学和历法出现；绘画艺术产生；贸易有很大发展；城市秩序靠加强思想控制和暴力来维持。柴尔德的“城市革命说”引起了人类学家对城市起源的兴趣，他们对于亚洲、非洲和拉丁美洲的原始城市进行了广泛的研究。

用人类学的方法研究现代城市生活从19世纪末就开始了。19世纪90年代华盛顿的女人类学家协会参加了该市的住房问题调查。本世纪20～30年代，美国出版了一批人类学家研究当代城市生活的论著，罗伯特和海伦·林德的《中等城镇——美国现代文化的研究》一书是人类学家采用参与性的观察和访谈法研究社区文化和社区结构的产物，另一位人类学家沃纳在《央基城市》一书中提出了城市社会分层的理论和方法。近年来城市人类学对于城市文化和城市社会结构，少数民族聚居区和贫困文化，城市教育与卫生，农民对城市生活方式的适应过程等方面的研究都取得了一些成就。

地方政府的管理一向是政治学研究的一个组成部分，社区权力结构和城市社会政策则是政治社会学和城市社会学研究的范围。城市政治学着重研究城市政府的管理，不仅包括城市政府的组织形式、地方政党与利益集团，而且也包括城市的权力结构。由此可见城市社会学在许多方面都是同政治社会学相通的，内容上也有重合之处，其中心课题是城市和社区的权力结构。

对于城市和社区权力结构的解释，一直存在着“精英论”和“多元论”两种对立的理论。“精英论”认为社会总是被划分为少数有权势的人和多数没有权势的普通人，任何国家的决策者都是少数精英人物。把“精英论”应用到美国城市政治研究，有人提出以下理论假设：1. 在大多数美国城市中，商人、企业家控制着社区的决策权；2. 地方政府是一个相对说来很弱的权力中心，商议会处于商人—企业家势力的控制之下；3. 个人、群体和机构的影响被削弱和中立化了；4. 经济上的统治者大多住在郊区，控制着中心城市。“多元论”认为，在美国这样的国家里没有一个单一的权力中心，只有权力的多中心。从理论上讲，人民拥有唯一合法的最高主权，事实上人民从未有过绝对主权，人民中的任何一部分也不可能拥有最高主权，有影响的个人和群体构成的各种网络和势力集团影响着公共事务和民间团体的决策过程。

从以上简略的介绍中可以看出，有关城市的各个学科研究内容颇多交叉重叠之处。下面的图表可以大致说明它们研究的重点和范围。

学科	城市起源	城市化	城市形式	城市生活方式	城市系统	政府	社区权力结构
人类学	X	X		X			
经济学		X	X		X	X	
地理学	X	X	X		X	X	
历史学	X	X		X	X	X	
政治学				X		X	X
社会学		X	X	X			X

三

新城市史是把多学科的研究方法应用于城市史研究的产物，也是现代发展理论和“从下向上看”的史观在史学研究领域里渗透、蔓延的结果。1968年11月，约40位城市史研究工作者在耶鲁大学集会，以“19世纪的工业城市”为题展开讨论。与会的史学工作者和社会科学工作者表达了要把历史资料与社会科学理论结合起来，采用计量方法“把城市研究的范围扩大到普通人民社会经验”的共同愿望。会后，斯蒂芬·塞恩斯特罗姆和理查德·塞内特编辑了《19世纪的城市——新城市史论文》（1968），正式宣告了新城市史的诞生。新城市史究竟新在何处？旧城市史是个别城市发展的记录或传记，至多不过是地方或地区史的一部分，新城市史则把注意力放在普通人的日常经验上。他们研究城市环境的形成、普通人在不同城市环境中的行为，分析影响他们行为的各种因素。总之，他们注意研究行为与环境的相互作用。

从宏观角度看，新城市史将城市化看成是一个广泛的社会过程，即现代化、工业化的组成部分。其首要任务是弄清18世纪末开始的工业革命引起的技术变革和交通工具的改进、经济的发展、人口的流动如何影响到城市数目的增加、城市人口的增长和城市体系的形成。从微观角度观察，新城市史视城市为环境的物质容器，注意研究城市化过程中的人际关系、社会组织、社会结构、技术进步对城市生活方式的影响。新城市史学家吸收了社会生态学的观点，用系统论的方法把城市划分为四个层次，即：第一层由人口、组织、环境和技术四个关键变量组成的生态染色体；第二层是由地方政府、城市经济、社会分层和大众传播系统构成的权力结构；第三层是城市的社会文化系统，包括家庭、亲族关系、宗教组织、教育机构和城市文化；第四层是城市建设过程和城市的法定外壳。城市就是用这四个层次、十四个变量组成的“连续统一体”，微观城市史就是研究这些变量在不同情况下相互作用的过程。

在城市环境对人类行为的影响方面，出生、死亡、婚姻、职业变化、邻里关系、财富积累和分配、居民的横向与垂直的社会流动，文化上的同化、异化、社会化，政治与阶级意识，目标、个性、价值观等均在新城市史关心范围之内。新城市史的这些特点在近20年来的城市史著作中得到了反映，西奥多·赫什伯格主编的《19世纪费城的工作、空间、家庭和群体经验》堪称代表作。编者在前言中强调采用多学科的研究方法，着重解决三个问题：1. 城市环境是怎样变化的；2. 环境变化与居民经验变化的关系；3. 影响环境变化和社会变迁的机制。

值得注意的是，在西方史坛上把城市史同文化史的研究结合起来，或者说把城市史看成是文化史的一部分进行研究的趋向又有所发展。威里斯在《西方文明：城市的透视》一书中通过雅典、罗马、耶路撒冷、佛罗伦萨、维也纳、巴黎、里斯本、柏林、伦敦、费城、那不勒斯、曼彻斯特、纽约、莫斯科等历史名城的发展看西方文明的变迁。该书试图回答以下六个问题：1. 城市如何积累和创造财富？2. 在这样的经济制度下产生了什么样的社会关系？3. 在理论上和实践上公民如何看待国家与个人的关系？4. 城市如何使用它的财富？5. 公民的智性活动打算达到何种目的？6. 城市的文化科学成就如何反映公民关于人性、上帝和美的观念？作者认为一个真正的文明城市提高了个人的生活质量，使工作多样化，它能够把个人的努力融为一体创造出生产率更高的经济制度。通过竞争、相互作用和奖励，它鼓励心灵的创造，这些创造活动通过对宗教、社会、科学和美的了解丰富了人们的生活。然而，城市的这些好处并不是所有居民都能享受得到的，往往为少数人所独占。当前西方社会出现的城市危机恰恰是西方文明危机的一个主要方面。

鉴于新城市史和城市理论注重城市发展的社会经济方面，对于城市发展的文化背景和城市对文化发展的推动作用有所忽视，以阿格纽教授为首的几位人文地理学者三年前编辑出版了《文化背景中的城市》（1984）一书，把文化简单地定义为实在的表意系统。研究城市的文化背景有助于解决四个问题。首先，结构—行为问题。经济学家和社会学家都注意城市的经济社会结构和人们的行为，而且把结构和行为直接联系起来。事实上行为是通过作为社会、经济现实的反映——文化的中介来推动的，只有研究文化背景才能把结构和行为联系起来。其次，西方社会科学工作者在研究城市发展问题时，有一种“欧洲中心进化论”的倾向，把西方城市的发展当成全世界城市发展的楷模，认定发展中国家的城市终究要走发达国家城市走过的道路——从传统城市到现代城市。如果把城市的发展与不同地区和国家的文化背景联系起来考察，加尔各答就不一定非走芝加哥的路，东京的发展也不一定以洛杉矶为榜样，各个国家的城市都以自己特有的形式同世界政治、经济联结在一起。再者，从文化背景出发研究城市有助于解决“基础与上层建筑”的关系问题。该书编者认为，文化背景就是指任何社会在特定时期的实践、意图、价值的中央系统，它构成了社会上大多数人的现实感。根据这种看法，日常生活的实践性质，而不是经济组织或超经济组织的文化，成为进行社会解释的焦点。最后，懂得世界文化的多样性对于城市研究者还具有方法论的意义。这就是研究者自身的文化背景对于研究工作的影响，特别是在研究与自身文化背景不同的国家和民族时，越发容易认识到自身文化背景的局限性，“发现别人就是发现被忘却了的自己”。

研究城市的文化背景也存在不少问题和困难。首先，对文化含义的不同理解会给研究工作带来某些混乱。社会科学的传统理解是把文化看作一种生活方式，有时视为连续性或传统。这就容易得出只有传统民族才有文化的结论，现代民族意味着失去了自己的传统。从另一方面看，现代民族有自己的政治和社会秩序，而传统民族则没有。这种对比在结构主义的创始人列维·斯特劳斯那里达到顶点，不仅没有看到文化和社会政治秩序之间的联系，而且把二者对立起来。此书在一定程度上避免了这种倾向，因为作者把文化看成是现实的表意系统，而且看成是群众创造的，而没有视之为少数社会精英所特有。另一个问题是文化相对主义的危险。世界上存在着许多不同的信仰系统，任何一个社会科学家或人类学家都是一种文化的产物，本民族的文化不仅影响到研究人员的日常生活，而且影响到文化研究工作，即在研究工作中不自觉地采取民族主义的态度对待其他民族的文化。本书编者认为解决这个问题的最好办法莫过于对不同文化进行比较。比较可以避免研究中的武断和单线推论，可以提出新的问题，重新考虑和解释老问题，比较还有助于人们了解相同的前提可以产生不同的结果，例如加拿大和美国的城市生活方式都来源于英国，但后来的发展却大相径庭。此书编者认为，不同社会阶层的人对城市的态度和有计划地改造旧城市是最值得进行比较研究的问题。

城市科学和城市史的研究在我国正方兴未艾。笔者深信，经过多学科的共同努力，我国的城市科学和城市史研究一定会出现新局面。

原文载《天津社会科学》1983年第5期

城市发展的比较文化观

城市是一个相当古老的社会现象，它是随着农业社会的形成而出现的，同人类有文字记载的历史一样久远。考古学家和人类学家根据发掘材料认定，早在公元前4000年左右，人类历史上的第一批城市便出现于两河流域、埃及等地区，被称之为城市革命（Urban revolution）[1]。在工业革命发生之前，城市化的进程比较缓慢，绵延的时间较长，到1800年为止，城市人口在世界总人口中所占比重仅为3%[2]。从1750年开始，城市人口的比重迅速增加。据统计，从1800年到1980年这一百八十年间，世界城市人口的增长要比以前的五千七百年快十倍，到1980年，城市人口已占世界总人口的39%[3]。

那么，城市发展的动力是什么？从上面的统计数字很容易得出的结论是：技术变革引起的经济发展是促使城市人口急剧增长的主要因素。把这种分析用来解释工业革命以来的城市化进程，是很具说服力的。但对于说明工业革命以前城市发展的进程，这一解释便显得无能为力，更何况工业化以来的城市化是以过去的城市发展为基础。就不同地区和国家而论，工业革命以来城市发展的过程也很不平衡，有的地区和国家快一些，有的则慢一些，而且在发展中国家还出现了没有工业的城市化和过度的城市化现象[4]。城市体系（Urban System）、城市的内容结构以及城市在社会发展过程中所起的作用，在各个地区、各个国家也不尽相同。因此，把一切都归结为技术变革和经济发展，似乎不足以使以上问题得到圆满的答复。著名的以色列社会学家艾森

1 V. Gordon Child, "Urban Revolution", *Town Planning Review* 21:3～17; Mason Hammond, *The City in the Ancient World*, Cambridge: Harvard University Press, 1972, p. 31.

2 John D.,Durand, *Historical Estimates of World Population*, Philadelphia, 1974.

3 Ivan Light, *Cities in World Perspective*, New York, 1983, p. 4～5.

4 城市研究早就发现，世界上250个人口在50万以上的大城市，几乎有一半在发展中国家。加尔各答是一个被研究者看成是“早熟的大都会”，没有受益于工业化的城市。（Nirmal Kumar Bose, "Calcutta: A Premature Metropolis", *Scientific American*, Sep. 1965）

施塔特（S. N. Eisenstadt）和他的同事、地理学家沙契尔（A. Shachar）积十年之功力写成的《社会、文化与城市化》一书[1]试图从比较文化的角度探讨工业化以前在九种文明中城市发展的模式，说明世界城市发展的一般规律，读了令人有耳目一新之感。该书的特点在于，基本上摆脱了以欧美城市发展的模式为蓝本的偏颇，对东南亚、拉美、中国、俄国、拜占庭帝国、伊斯兰国家、印度、日本以及中世纪欧洲的城市发展一一加以论列，并总结了世界城市理论发展的成果，在此基础上提出了研究世界城市史的新理论、新方法。这本书对我国城市理论的建设和城市史研究颇具参考价值，因翻译工程浩大，且出版困难重重，故撰此文，结合笔者在教学、研究工作中所积累的材料，对这部重头著作，作一评介以飨读者，期能引起同行们的兴趣，促进研究工作的开展。

一

欧美城市理论和城市史的著作是以总结西方社会历史发展的经验为目的，是西方文化的产物，不能不打上西方文化的烙印。其研究成果对于我们了解西方城市发展的规律，毫无疑问是很有帮助的。然而，每当我们想借助于西方的理论和方法来研究东方的历史，特别是东方的城市史，就总会感到不能尽如人意，有些理论和概念与东方国家的历史实际格格不入。就以城市这个最基本的概念而论，英文 City 一词来自法语 Cite、Citet，法语则来源于拉丁语 Civitas，意思是公民组成的社区。这个词与 Urbs 相通，在拉丁语中“用来说明高卢人独立的国家或部落，后成为罗马地方政府和主教的所在地”，在希腊语中则是指古希腊的城邦国家。总之，它所强调的是城市的政治组织形式和公民的身份、地位[2]。在汉语里，城市是由两个字组合而成。“城”是围绕着城邑建造的一整套防御工事，内称城，外称郭，“三里之城，十里之郭，环而攻之而不胜”[3]；“市”

1 S. N.Eisenstadt and A. Shachar, *Society, Culture, and Urbanization*, London, 1987.
2 *The Oxford English Dictionary*, Vol. III, Claredon Press, 1989.
3《孟子・公孙丑下》。

是指集中进行商业活动的场所，又称市井，所谓“争利者于市”[1]，“处商必就市井”[2]，都强调市是从事商贸活动的地方。把城与市两个字连接在一起便把它的防御功能和经济功能结合在一起。在汉语中，城市一词特别强调人口密集，商业发达，“是故大臣之禄虽大，不得藉威于城市”[3]，而没有像西方的城市那样，突出的是它的政治功能——公民的集合体。对于美国人来说，在他们概念里则是有市而无城，因为在这个不知封建主义是何物的国家里，从未有过有城墙的城市。美国早期的城市总得有市政厅（City hall），则是继承了欧洲强调城市是政治实体的传统。笔者在这里想说明的是，就以“城市”的概念而论，也不能脱离它所产生的具体的历史文化背景，在不同的社会制度和历史条件下，对“城市”这个词有不同的理解和侧重。

在城市理论的研究中，美国的芝加哥学派颇具影响，其所倡导的生态理论为城市史研究另辟奚径，常为人们所称道。他们认为，城市社区（Urban community）是人类适应环境的主要形式，是一个生态系统（Ecosystem），人口、环境、技术构成了这个特殊生态系统的要素。城市社区就是在三要素相互作用中发展起来的，其中起决定作用的是技术因素。“世界上许多社区实际上已几经兴衰，而且过程极快，决定性因素不外是交通运输形式与路线的变化，以及新型工业的崛起”[4]。他们还企图用一系列同心圆的继承和延展，人口的向心流动和离心流动来说明城市内部结构形成的过程，后来又把它发展为多中心理论（Multiple nuclei theory）和扇形理论（Sector theory）[5]。他们认为城市的本质特性就是社区原有的潜在属性，而这个属性又发端于“人类自身的基本需求”[6]。对于动植物生存起作用的竞争和适应的过程“对人类同样也在起作用，它们限定着人类社区生态组织的规模”[7]。

1《战国策·秦策一》。

2《管子·小匡》。

3《韩非子·爱民》。

4 R.E. 帕克等：《城市社会学》，华夏出版社 1987 年，第 68 页。

5 Harry Gold, *The Sociology of Urban Life*, N. J.: Englewood Cliffs, 1982, pp. 81～84.

6 帕克等前引书，第 65 页。

7 同上，第 64 页。

如果说芝加哥学派是对美国工业化和城市化作出的反应，说明在实用主义思潮的影响下，“描述的社会学逐渐变成了应用的社会学”[1]，那么，东西方文化交汇的中东地区哺育出来的社会学大师艾森施塔特对城市化过程的研究则不能不反映民族的、文化的和地区的特点。他的另一部著作《帝国的政治制度》(*The Political System of Empires*, 1963）不仅是社会学的名著，也是比较史学的一项重要成果，被学术界评为“马克斯·韦伯以来最成功的历史社会学研究”[2]。其中，有关中华帝国政治制度的论断常为史学家所引用。从广阔的比较文化史观出发，艾森施塔特和他的同事在《社会、文化与城市化》一书中提出了世界城市发展的两种历史模式。他们用 Concentration（聚集型）和 Centrality（向心型）这两个词来概括城市发展的这两种历史模式，大致上相当于我们通常所说的城市发展的有机方式和规划建设方式。艾森施塔特等认为，在一个社会里，“空间的聚集或活动，控制了信息的聚集，是城市现象的核心”[3]。在较为原始的社会里，已经出现了空间聚集的势头，只不过发展得极不充分。充分的空间聚集只能在发达的、充分分化的社会里得到实现。这种空间的或城市的聚集有赖于剩余的、自由的资源可以获得的程度，也就是说，这些资源可以以持续的和集中的方式来处理和分配。任何形态的城镇系统都要求能够通过相互补充的机制与活动，在相对广阔和多样的社会生态结构中实现物畅其流，人尽其用，组织机构运转正常。正是这种空间的聚集和集中为城市内部制度化了的创造性活动提供了动力，其中最重要的活动是贮存和控制物流和信息流。城市在社会文化方面的创造性受到了下列因素的制约和影响：（一）城市中各种社会力量的结合；（二）技术和经济发展的水平，以及不同的精英集团在不同的地缘政治环境里控制物流的方式；（三）在这些力量影响下，市场结构、集体状态以及中心地区与边陲地区关系形成的方式。

正是从空间聚集这样一个基本观点出发，各种力量结合的过程可

1 Henry S. Commager, *The American Mind: An Interpretation of American Thought and Character Since 1880's*, Yale University Press, 1950, p. 226.

2 Gabriel Almond, “Review of Political Systems of Empires,” *American Sociological Review* 29 (1964), p.418.

3 艾森施塔特等前引书第 68 页。以下简称艾书。

以归结为两种形态，即前面已经说到的聚集型和向心型。聚集型是指由于经济活动和人口移动而形成的人口在某一特定地区的集中，从而产生社会分化、劳动分工、各种集团之间的互动和手工业、服务业出现的过程。向心型是指某一个社会的政治中心或宗教中心借助于行政和意识形态的力量而造成的人口在特定地区集中的过程。这种过程所产生的生产的性质、对资源和信息控制的方法以及人口的空间聚集方式是很不同的，两者对制度的一般影响，其城市生活和城市系统的构成也大相径庭。最重要的是城市的内部结构截然不同，所形成的城市社会文化的创造力也不一样。简而言之，聚集型和向心型是各种基本社会力量组合在空间上的体现。

一般地说，聚集型的人口集中是集市贸易发展的结果。靠经济力量形成的城市，其内部的劳动分工和专业化比较发达，对经济资源和信息流的控制是在多种经济单位持续不断的商品、货物交换活动中自然形成的。贸易活动可以是国内的，也可能是国际性的，有广阔的腹地提供原料和市场，城市本身又具有生产和加工的能力，保证了贸易活动经久不衰。工商业者在这类城市中居统治地位，其城市的特点在于它的开放性和流动性。在这样的城市里，个人的才能和自由往往受到尊重，门第观念不强，较少受传统礼俗的束缚，往往因此而受到道学家们嘲弄讥笑。但也正因为如此，城市更具有创造力和活力。聚集型的城市系统也是以市场为基础，往往同农村经济有密切联系。城镇系统的形成是自下而上，由远及近，从边陲地区和集市贸易开始，先出现初级中心，然后出现较大中心，或国际贸易的中心。城镇体系的形成取决于该地区占据统治地位的经济活动、发展水平和国际经济关系。农村经济发展的水平越高，技术发展的水平也就越高，种植业越是多样化，交换剩余产品的市场中心形成的可能性也就越大。

向心型的人口聚集是以某一个社会已经形成了一个政治或宗教的中心为前提的，然后通过法律、行政和强制手段造成新的人口聚集点。在古代，向心型的聚集往往以一个强大的军事政治实体为基础，以宗教与世俗相结合的统治集团为核心，控制一个幅员广阔的地区。向心型聚集产生的城市是以等级制、教权制和世袭制为特点，它的社会组织形式往往以行政管理组织形式的面目出现。统治者、僧侣、官僚、军队是城市社会的骨干，从事经济活动的商人和手工业者处于从属地位，他们的作用是为上述社会力量提供服务。在这类城市里，亲族的联系和部落的传统具有重要意义。城市与农村、中心地区与边陲地区的关系是一种上下关系、统治与隶属的关系、纳贡与受贡的关系。城市社会生活是以保持社会伦理的等级秩序为特色，控制的手段不是自由交换、人口流动，而是法律、宗教和道德的制裁。人口的流动只是在朝圣活动期间或有重大政治事件时才会出现。这种政治、宗教和军事统治在空间上往往表现为都以统治者的宫殿和祭祀性、礼拜性的建筑为中心，环之以贵族、王公大臣的住所。

聚集型和向心型区分是很明显的，对于我们了解各种社会力量聚结在空间上表现出的不同形态很有帮助。然而，在实际生活中这两种形态并不是两峰对峙，双水分流，而是相互交错，相互补充，你中有我，我中有你。一个商品经济和商品交换占统治地位的社会也需要有行政管理、意识形态或宗教的权威，而一个以政治、军事和宗教统治为基础的帝国，也会有种种经济活动来维持生存，实现商品或产品的交换。不过，在不同的自然条件和社会历史背景下，两者重叠、交错与结合的方式也不尽相同[1]。艾森施塔特等人的这部力作的长处就在于并没有停留在一般的理论探讨上，而是对聚集型和向心型两种人口聚集在不同文化中相互交叉、相互补充和相互结合的特点进行了具体分析。

二

为了节省篇幅，叙述方便，笔者将《社会、文化与城市化》一书论及的九种文明划分为三组：第一组包括中国、拉丁美洲、俄国、拜占庭和伊斯兰国家；第二组包括东南亚、印度、日本；第三组为中世纪的欧洲。

第一组五种文明的特点是中央集权国家在整个历史发展过程中都起了重要作用，尽管表现的形式、持续的时间有所不同。在这五个

1 艾书第 68～74 页。

国家和地区中，中国中央集权的力量时断时续，但从时间上看比其他国家和地区久远得多。艾森施塔特等认为，首都、首府和县的建制最清楚不过地反映了向心力量在中国城市等级系统形成过程中所起的作用。这种建制同时又是“向心”与“聚集”两种力量相结合的表现。一方面从首都、省会到府、县都建有既是防御工事，又是权力象征的城墙、城楼、城门；另一方面城内又往往有从事集市贸易的场所。在城市系统中首都独占鳌头，是天子和廷臣的所在地，也是帝国政治和经济文化的中心。值得注意的是，中国首都并不像欧洲国家那样固定在某一个城市，如英国的伦敦、法国的巴黎、瑞典的斯德哥尔摩、奥地利的维也纳，一直都是各该国的首都，而是常常有所变化，迁都的记载不绝于史。首都的迁徙往往出于地缘政治的考虑，以及所在地区社会经济情况的变化。天人合一的宇宙观在城市建设上表现得很清楚。首都所发挥的核心功能（heart function）和通道功能（gate function）依帝国的内倾和外向的趋势而有所不同，外族入主中原，定都时注重首都同本族的发祥地之间的联系；汉族王朝则注重预防游牧民族入侵。长安作为帝国的首都达五百三十年之久［周朝（公元前256年）—唐末（公元907年）］，一直起着西去通道的作用。直到经济重心南移至长江流域，长安才失去了它原有的优越地位。首都的迁徙还反映了政权地域基础的变化，当中国处于分裂状态时，就没有一个单独的政治统治中心。从汉末（公元220年）到隋初（公元589年），从唐末到元朝统一中国（公元1279年），是中国历史上的两个分裂时期。这期间，无论魏晋南北朝还是五代十国，都各有自己的都城，没有一个城市能起号令天下的作用。元朝定都北京后，整个说来中国处于统一状态，北京在绝大多数时期成为中国政治、文化的中心。除了南宋定都临安（今杭州）外，中国的首都都是内陆城市而不是沿海城市，这反映了中华帝国的内向性，其所统治的居民以内陆居民为主，在经济和文化上都是自给自足的，所依赖的主要是一个封闭性的市场。

自秦朝废封建、设郡县以来，县治一直是中华帝国控制和扩大其疆域的一个重要的行政管理手段。县城一般都是四方形的，有城有郭，在割据时代起着抵御外来入侵者的作用，在帝国统一时期则是税收的行政单位、军队驻防地和实施公共服务的场所。每一个县城都同周围的农村有密切的联系，县城往往又是本县的集市贸易中心。随着人口密度的增加和精耕细作的种植业的发展，在一县境内又会形成若干集市贸易中心，这些中心的贸易活动往往从流动到定点，从不定期到定期活动（三日一小集，五日一大集）。再从定期进一步发展为常设的集镇。县城还往往是靠行政力量（向心力量）形成的城市与自然力量（聚集力量）形成的城市的交叉点。

首都、省会、府（州）、县构成了中国城市的行政层次体系。这个层次分明的行政体系的一项重要功能是保证帝国中央政府的财政收入，同时还发挥着保持社会秩序的稳定，镇压内部叛乱，抵御外来侵略的作用。对于人口密集、经济繁荣的地区来说，行政体系的主要作用是保证钱、粮能源源不绝地流入国库；而在边远地区，行政系统的主要功能是保障边疆的安全。行政城镇系统的发展是中央政权将其管辖权推向全国的结果，为向心型城市提供了一个绝好的例证。其推进的方向是自北向南，这个地理上的顺序很重要，说明城市系统是从核心地区向边远地区延伸，在边陲地区建立新的县城意味着中央政权对边陲地区的控制取得了合法地位。按逻辑推论，中国县城的数量应当随着帝国辖境的扩展而逐渐增加，但事实上中国县城的数目一直处于相对稳定的状态（汉 1180，唐 1235，宋 1230，元 1115，明 1385，清 1360）[1]。有人认为，其原因在于随着中国边疆的扩展和新县的设置，有些旧的建制被撤消了；也有人认为，唐以来县的数量没有增加是行政城镇系统衰落的标志[2]。在县的数目保持稳定的同时，因经济活动频繁而形成的非行政城镇在唐以后大量涌现，形成了经济型的城镇体系，作为行政型城市体系的补充，有些学者把这种现象称作中世纪的“城市革命”[3]。县以上的城市通常也具有较强的经济功能，但是其经济功能与行政功能结合在一起，并以行政功能为主；县级以下的经济型城镇，则大多与行政系统全然无关。另一个值得注意的现象是，县以上

---

1 艾书第 145 页。

2 G. W. Skinner, ed., *The City in Late Imperial China*, Stanford University Press, 1977, p. 19.

3 Shiba Yoshinobu, *Commerce and Society in Sung China* (M. Elvin Trans.) Ann Arbor: University of Michigan, Center for Chinese Studies, 1969.; D.Twichett, “The T’ang Market System”, *Asia Major* 12.2: 202-243 (1966); D. Twichett, “Merchant, Trade and Government in Late T’ang”, *Asia Major* 14.1: 63 (1968).

的城市所归属的行政区域与市场区域并不重合，每个城市都处于两种不同区域的影响下。这种空间上的差异是用来防止地方士绅和商人完全独立于官僚系统之外。每当地方力量的“聚集”构成了巨大的潜在危险时，当局往往会重新划定行政系统的区域和界线，设法把自然形成的经济区域，分属两个或两个以上的行政系统管辖，使之无法连成一片，形成统一的力量。由此可见行政系统的城市在整个城市系统中居于统治地位。

两种不同类型的城市——行政、政治性的城市和经济性的城市，其内部结构也各有千秋。行政性的城市基本上是根据仿古主义、天人感应、皇权中心主义和伦理本位等宇宙观建立起来的。《考工纪》关于王城的记载：“匠人营国，方九里，旁三门，国中九经九纬，经源九轨，左祖右社，百朝后市”，就是这种宇宙观的具体反映。北京城的功能分区和建筑布局、园林配置，是这种宇宙观和象征主义原则的完整体现[1]。经济性的城市，情况则全然不同。无章可循，无法可依，街道依河流走向而自然延伸，集市视贸易活动的需要而发展。从整体上看，北方多行政城市，经济性城市则在南方得到较充分的发展。依该书作者之见，中国城市的富丽堂皇，它的社会结构和社会力量的组成决定了具有阶级意识的中产阶级一直未能形成，城市的公民意识也很微弱，即便在中央政权衰落时也未能形成与新王朝和封建割据势力相抗衡的力量。因此，与西欧的情况不同，中国的城市一直未能成为创造新的社会文化的中心。

俄罗斯帝国城市系统的形成同中国有不少相似之处。沙皇制度建立后，为了满足中央财政收入的需要，一批“服务性”的城市应运而出。中央政权通过直接控制这些城市的贸易和制造业来保证税收。为了加强和改善对服务性城市的管理，使之合法化，在俄国历史上出现过三次重要的城市改革，即彼得大帝在17世纪进行的城市改革、凯瑟琳二世在18世纪下半叶推行的城市改革以及19世纪的城市改革。这三次改革都因改革政策内在的矛盾而归于失败，即一方面要加强控制，但却缺少相应的官僚阶层，另一方面又得给予纳税者以一定程度的自

1 艾书，141页。

主权，让他们扮演官僚的角色。

服务性的城市是由内城（kreml），外城（posad）和郊区（slobody）三个部分组成。内城即城堡（fortress）位于战略要地，有完备的防御工事，是行政、军事和宗教机构的所在，充分体现了俄罗斯城市形成过程中向心性的力量。住在城堡内的贵族，承担为沙皇提供军事服务的义务。手工业者、商人住在城堡之外，posad 这个词的原意即城堡之外的地区。这部分城市居民负有向中央政府纳税的义务，往往有城墙环绕他们居住的地区。郊区主要是从事农业活动的地区，后来也有一些工商业者迁入。他们也有纳税义务，受有关规定的约束。16 世纪后半叶以来，外城与郊区之间的界限逐渐消失。外城和郊区显然是“聚集”力量的体现。和中国的情况一样，俄罗斯帝国的城市也是“向心”与“聚集”力量相结合的产物，“向心”的力量显然大于“聚集”的力量。俄罗斯城市中虽有行会组织，但城市的自主性和独立性要比欧洲城市差得多。

主要凭借“向心”力量形成城市体系的国家和地区还有拜占庭帝国，部分继承拜占庭遗产的伊斯兰国家和拉丁美洲。拜占庭帝国持续时间达十一个世纪之久（公元 330～1453 年），君士坦丁堡一直是帝国的首都，它在城市体系中的地位可以同中国的长安、北京以及俄罗斯的莫斯科媲美。这座名城在拜占庭帝国灭亡后成为奥托曼帝国的首都，易名伊斯坦布尔，至今仍为土耳其的重镇。同中国建设都城的指导思想一样，君士坦丁堡是作为帝国的中心城市建立起来的。受三面环海的地理条件制约，城区呈三角形，主要交通干线从西向东汇集于三角形的顶端，皇宫与圣索菲亚大教堂之间的奥古斯特姆广场（Augusteum）纪念性建筑物的布局有一条清晰的主轴线。主街（mese）和大道（avenue）的交汇处形成的广场，保持了罗马城市的遗风，凯旋门、廊柱、皇帝塑像体现了帝国的权势和威严。拜占庭皇帝是上帝在尘世的代表，为了体现上天的“恩德”，帝国的首都有良好的供水系统和粮食供应制度，这对于抵御外来侵略无疑也是很重要的。这座名城更名后，最大的变化是清真寺取代了东正教堂。新建的清真寺数量剧增，每一个清真寺几乎都是一个社区的中心，众多的清真寺使伊斯坦布尔成了一个多中心的城市。商业活动则从露天广场和主街转移到有顶盖的集市（bazar）。

同中国和俄国以及后来的奥托曼帝国相比较，拜占庭帝国内部构成“向心”力量的各个集团：贵族、官僚和僧侣的自主性和独立性要强一些，这显然同罗马城邦国家和基督教的自治传统有关。帝国的政治生活允许政党存在，就是一个例证。到了帝国的晚期，朝政为几个贵族集团所把持，进一步说明了这一点。“向心”力量呈现出的分散性对于城市和城市等级制的发展有重要影响。在拜占庭城市发展史上一个引人注目的事实是，依靠经济力量形成的大小规模不一的城市为帝国的城市系统奠定了基础。这同拜占庭的地理位置、罗马帝国晚期与东方的频繁贸易活动、罗马帝国对城市采取的较为宽松的财政政策、以及自耕农的广泛存在等有直接关系。随着历史条件的变化，经济活动被削弱，城市的经济功能也随之减退。这种情况在中小城市尤为明显。城市的行政功能随着帝国政治力量的增加而强化了，行政性的城市体系得以确立。由于拜占庭是一个政教合一的国家，教区的设置和教权制度是行政管理制度的一种补充，教权制的增强使城市原有的自主权大大削弱。教会的力量因其占有大量土地而加强，教区逐渐成为自给自足的经济力量，集市贸易，经济性的城镇因之而减少甚至消亡。就整个城市系统而言，拜占庭中、低层次城市的经济功能显然不如中国发挥得充分。然而，由于拜占庭帝国统治集团的分化，其城市独立自主的程度则要比中国大一些。同俄罗斯相比，拜占庭的王权不如沙皇强大，但教权和官僚政治的力量远远胜过俄国。作为帝国的首都，君士坦丁堡与莫斯科和北京在功能上颇多一致之处。自由农民阶层的广泛存在和相对强大，使拜占庭的城乡关系较为密切[1]。

三

印度的历史是以短暂的繁荣昌盛和长期的分裂为特点的，这就决定了印度未能形成一个结构完整的城市系统。传统的印度城镇往往是地方政治军事统治者设防的首府和由他们培育的地方和区域的贸易中

1 艾书，173～200 页。

心。地方统治者拥有大量土地，他们常邀请商人、手工业者、专业工作者住进城堡，这些与土地没有联系的人们也要仰仗地方统治者的庇护。正因为他们没有被束缚在土地上，流动性很强，因此随着他们经济实力的增强，常常与地方统治者发生冲突；处于同等水平，由不同的地方统治者控制的毗邻城市之间也相互倾轧，经常发生战争。这两种类型冲突的记载不绝于史。印度教是印度境内的主要宗教，城镇常环绕印度教庙宇和圣地形成。庙宇的规模和富有程度以及同其他庙宇的关系与地区的经济发展水平直接相关，地方统治者往往调用地方财力兴建和维修庙宇。印度教没有像教会那样的宗教组织，寺院的地位要视朝拜者的重视程度、对经卷的研习以及仪式的净化情况而定。印度教的宗教城市系统接近于自给自足的地方自治结构，而不同于中央集权的等级制度。朝拜者前往某一圣地的人数以及他们朝圣路线常取决于交通的方便程度和庙宇所在地的人口繁荣程度。但是，该圣地在非正规的宗教等级制中所占据的地位则更为重要。随着朝拜者人流而来的是为他们服务的商人和手工业者的人流，大大小小的宗教中心就在这种情况下逐渐形成。整个说来，政治—军事城镇在印度城市体系形成过程中占主导地位，但在不同地区和不同时期，城市的发展又很不平衡，中央政权的强大程度，沿海城市与腹地的关系，宗教中心与政治、商业城镇的关系都影响着印度城市体系的发展[1]。

日本的早期发展史与印度有相似之处，割据的力量强大，统一的力量薄弱，但经过多次分合，终于为新的中央集权形成奠定了基础。纵观日本历史发展的全过程，城市的行政功能胜过其他功能，“向心”力量占统治地位。日本城市化过程中形成的等级模式是政治—管理系统、组织完善的官僚结构与从地方到全国的市场系统相结合在空间上的表现[2]。

受地理条件的限制，“聚集”的力量在东南亚地区城市形成过程中所起的作用很有限。该地区主要有两种类型的城市：寺院城市和贸易城市。前者主要分布在农业地区，是农业丰收的宗教保障，也是王权统治的中心，僧尼是城市人口重要组成部分；贸易城市分布在沿海

1 艾书，第230～234页。
2 艾书，第266～269页。

地区，主要经济功能是从事国内外的海上贸易，周围农村腹地的基本功能则是为贸易城市提供粮食和原料。政治和经济的发展都处于分散状态，地区之间的联系不多，决定了东南亚地区未能形成充分发展的城市系统[1]。

欧洲中世纪的城市也是在分散、割据状态下发展起来的，与在强大的中央集权政府控制下的城市发展过程迥然不同。欧洲文化是希腊、罗马、犹太—基督教与各种部落文化的结合，它的基本特征和文化取向是强调社会文化和宗教上多元性和自主性以及彼此之间的相互作用。这种取向对欧洲城市的发展产生了深刻的影响。欧洲社会结构的特点可以归结为：（一）多中心；（二）核心地区向边陲地区的渗透性强；（三）阶级、民族、宗教和政治实体的分野比较明晰；（四）各个社会集团和阶层的自主性强；（五）地位和阶级意识较强；（六）文化的和各种专业的精英既相互交叉又有相对的自主性；（七）同政治、宗教制度相比，法律制度有较强的独立性。欧洲的城市正是在具有上述基本特征的社会结构中发展起来的。

同古代希腊、罗马城邦国家相比较，中世纪欧洲的城市直至 11 世纪还处于衰落状态。由于长途贸易的中断，分封制的普遍推行，经济上的高度自给自足性质，城市系统中的最低层次——集镇几乎不具备存在的条件，中等层次城市的数量也大为减少，中央集权统治的分崩离析使首都城市也一蹶不振，中世纪早期的欧洲是以城市系统几乎全然不存在为特征的。欧洲的城市系统是随着贸易的恢复和政治力量的重新聚集而重建的。西欧和北欧地方贸易的活跃导致了大量集镇的出现，其地理分布十分广泛。大城市——城市系统的上层也因远程贸易的恢复而得到发展。这些大城市由于依附于许多小的政治实体而克服了政治上的封建割据造成的困难，只是到了中世纪晚期，因民族国家兴起，政治权力集中，伦敦、巴黎、那不勒斯才跻身于大城市的行列。总之，欧洲各地区城市系统的层次取决于各该地区农村人口的密度、交通系统的效率、富庶的程度和政治力量在分散的政治结构中的活动能力。与其他地区不同，“聚集”是欧洲城市系统重建的主要动

1 艾书，第 87～88 页。

力，到了中世纪晚期，统一的民族国家出现，其又对地区性城市系统汇合为全国的城市系统起到了推动的作用。

欧洲的城市和全世界大多数地区的城市一样是有城墙的城市，城市建设几乎无规划可言，理想的集市是在城门外而不是在城门内。城堡之内是行政管理机构和教堂，城门设卡，管理交通，检查来往商客，征收关税。城郊（faubourgs）是从事经济活动的主要场所，城市居民大都住在这里，逃亡者也往往在这里找到栖身之处。随着人口的增长，城墙也不断延伸，将城郊囊括在内，这是迄于近代欧洲城市扩展的主要方式。中世纪城市的规模有限，空间的争夺愈演愈烈，其结果是建筑密集，街道狭窄，多层建筑栉比鳞次。城市土地的利用是以住宅与商业用地混淆，但以职业和社会阶层的区分明显为特征。一座房屋可以兼作住宅、店铺和作坊，各个行业则往往有比较集中的分布，铁匠铺和旅店靠近城门口，染房和织呢作坊则多设于离水源（泉水或溪流）近的地方。富商住在集市广场附近，可以步行到市政厅开会；有的城市在教堂周围辟有专用土地，供神职人员居住；穷苦的手工工匠和艺徒则住在郊区。中世纪的城市居民对异族人采取排斥态度，犹太人很早就被迫迁入种族隔离区（ghetto），威尼斯市政当局则把德意志商人赶入半隔离区。上述空间的布局持续了几个世纪，文艺复兴时期有许多建筑上的革新，但没有改变整个城市结构。

中世纪城镇的主要组成部分是城镇的中心，包括教堂、市政厅、行会建筑、公共建筑和旅店。拓宽的广场用作城镇的主要市场，城镇中心往往同城堡相连，城市环绕着城堡发展起来。欧洲中世纪城市的独特性就在于“聚集”与“向心”力量的结合，通过形成城市中心诸要素的相互关系以及它们同街道设计的关系表现出来。欧洲中世纪城市内有专门地区作为市场是不错的，但一个基本事实不容忽略：这就是整个中世纪的城市是一个市场。贸易和生产在城市中所有的地区进行着，无论是开放的还是封闭的空间，一句话，贸易市场是中世纪城市的基本功能。

欧洲城市的独特之处还在于它的社会组织及其自治形态。这种独特性表现在城市的集团自治与城市中心——某种程度上也就是社会中心——的自主性相结合；这种独特性还表现为制度的创造性即城市管理和自治的方式，后来发展成一种别具一格的社会政治认同模式。所有这些都同欧洲城市的主要经济活动——制造业和商品交换有关。在政治上，城市是封建制度中的一块飞地，“城市空气创造自由”（city air makes free）的谚语说明了这种特征；形式上，城市社会是封建社会的一部分，但其内部结构偏离正轨，为封建秩序的衰落创造和贮存了潜在的能量。说得更明确一些，城市是资本主义聚积力量的浓缩空间，而中世纪城市中的商人和手工业者是现代资产阶级的前身。

欧洲城市的异质社会结构，大多数社会集团获得参与城市生活中心的自立性，在很大程度上影响着城市机构、城市自治和城市冲突的性质，以及城市认同的模式。这种结合造成了欧洲城市的独特性及其对整个社会政治秩序的影响。市政机构在大多数情况下是以市议会（city council）为中心。市议会起源于商人社区的自治组织，由二十—五十名代表不同社会集团的知名公民组成，城市法院则与封建领主法庭相对应。久而久之，随着各类平民集团的加入，市议会扩大了它的司法权，蚕食了领主的权力，如征收关税、管理市场和设防的权力等。大约从 13 世纪开始，市议会的前身镇议会（town council）已经使自己成为本镇居民的唯一代表，它发挥了立法、司法、财政各项功能，而且提供了除教育（由教士负责）以外的各种服务。到中世纪晚期，特别是宗教改革以后，教育和宗教服务也纳入市政当局行使权力的范围。

城市的自治性、独立性带来了社会文化的创造能力，它主要表现在文化领域（与其他文明并无原则不同，但有自己的特点），其作用是使城市居民受益；公民的政治的意识形态及机构设置、财富的聚集、人口的流动，促进了文化艺术的发展，在教会内外形成了与之相抗衡的力量，使城市文化生活日益世俗化和多样化。手工工匠和学者在城市之间、大学之间的流动使中世纪城市成为文化创新的中心。意大利的文艺复兴可以说是欧洲城市文化创造力的最集中的表现[1]。

《社会、文化与城市化》一书的作者从上述的分析中得出的结论是：

第一、在“聚集”、“向心”两种力量左右之下形成的城市，就社

1 艾书第 277～296 页。

会结构而论，可以归纳为两种形态，一种叫做直生城市（orthogenetic city），另一种称之为异质城市（heterogenetic city）；前者主要是“向心”力量的产物，是凭借自上而下的行政、军事力量形成的，而后者则主要是靠“聚集”力量形成的。二者在社会结构上的分野是，直生城市的社会分化程度低，政治、军事、宗教精英往往靠亲族、部族的纽带结为一体；异质城市的社会分化程度高，各个社会集团的独立性强，人口的流动性大，城市的开放程度高。

第二、城市的生态结构在许多方面取决于其社会结构。社会分化的程度越高，功能分化和空间分化的程度也就越高，反之亦然。

第三、城市一经形成就有一个如何进行社会管理和受社会其他部分（如社会中心）制约的问题，也有一个城市社会集团如何参与社会中心的问题，这就难免会形成种种紧张关系，在城市中出现抗议和冲突。这种趋向特别是爆发的冲突，受“聚集”和“向心”力量多样组合的影响，这些组合之间的相互关系，在不同的政治生态环境中的运作，形成了制约和自我制约的机制。

第四、社会冲突、斗争和抗议是城市的通病，可以发生在中央统治集团之中，城市上层集团与下层集团之间（表现为某种阶级冲突的形态），也可以发生在上层集团、下层集团与中央政府之间。这种冲突发生的可能性根源于城市与所在社会的中心和边陲地区的关系，因此这类冲突的性质受城市自治条件的影响。人口的大量集中，多种多样的社会集团聚集在同一空间范围之内是导致冲突和抗议爆发的重要条件，而其发生的直接原因则是不同社会集团和社会成分力量对比的变化以及统治集团加强控制的程度。

第五、城市自治有对内对外两个方面。在对外事务上，有三种形式在历史上屡见不鲜：（一）城市享有全部主权或部分主权（sovereign or semisovereign）。城市主权在古代城邦国家时期得到最充分的发展，后者则主要出现在意大利、弗莱米和北德意志的城市。（二）相对自治，有某种程度的自由和自主权。在中古和近代早期的欧洲城市中可以见到这种情况。（三）城市富豪或统治者篡夺中央权力。多见于东南亚城市，在印度也时有发生。

第六、城市认同——市民意识和对城市的道德评价。这在城市研究中是一个薄弱环节。可以这样认为，城市认同——市民意识，同城市自治的程度有关，主要凭借“聚集”力量发展起来的城市，认同的意识要强一些，在“向心”力量影响下发展起来的城市，这种意识要弱一些。对城市的道德评价涉及城乡关系和相互的看法，对城市的积极评价和消极评价因时因地因文化背景而异，产生对城市作出道德评价的条件与形成城市特点和城市认同的各种因素的配置有密切关系。在各类城市精英发生激烈竞争或争夺的情况下，对城市的道德评价无论是积极的还是消极的，肯定的还是否定的，都是自治精英们试图把自己的取向加之于全社会道德原则的一种表现。

第七、城市系统的形成有赖于经济结构、通讯和交通技术发展的水平和形态，以及不同的精英联盟对资源的控制方式（包括不同的文化取向和在不同政治生态环境中的运作方式）。个案研究表明，城市系统中的中小城市主要是由人口和经济活动的聚集力量形成的，中小城市的关系则受国内外市场的重要程度和交通、通讯技术水平的影响。在传统的、工业化以前的社会里，生产和消费的水平越高，城市体系中中低两个层次的关系越密切。在一个社会里，商业与农业的交换量越大，各个层次城市聚落的密度相对而言就越大。在农业消费要求和国内市场较不发展，而对外贸易较发达的情况下（如拜占庭帝国），城市系统中中小城市的数量就会少一些。小城镇的分布越稀疏，其自治的程度也就越高。

第八、城市的社会文化创造力是一个很复杂的问题。依该书作者之见，城市一经形成，由于各种力量在空间上集中，并以不同方式组合，就会产生各种不同方式的创造力。其中，靠“聚集”力量形成的城市，因自治程度高，特殊的市民意识得到充分发展，必然会加剧城市的社会政治冲突，而社会冲突正是新制度创造力的源泉。

以上的结论当然不是定论，作者对许多问题的看法都有值得商榷之处。而且，从方法论上看，该书与艾森施塔特的《帝国的政治制度》一样，都未能离开结构—功能主义的窠臼。正如一位评论者所说：“使用结构分析的方法解释历史的危险就在于使抽象比行动和事件更真实”，“它总是试图用抽象的方法解释历史发展的结果而不去严肃地对待历史证据”[1]。换言之，就是把历史概念化，教条化，不能反映历史的多样性和复杂性，这很可能是艾著的一个致命伤。他很少使用原始资料进行研究，而主要依靠第二手资料作出总结和概括，因而难免会受到传统史学的抨击。但有一点是可以肯定的：用比较文化的方法研究城市的发展不失为一种研究工业化以前城市发展的有效方法。它至少可以使我们摆脱单一文化模式的局限性，让我们的认识能在更广阔的空间和跨度更大的时间范围内驰骋，有助于我们加深对工业化前城市发展规律的理解，从而为进一步研究工业化以来的城市化打下坚实的基础。西方的城市史研究往往把欧洲城市发展过程视为典型的和带有普遍性的。艾森施塔特与其同事的这部力作则使我们看清了一个基本事实，即欧洲的城市发展史在世界城市发展史中是一个特例，并不具有普遍意义。而一向被西方史学家视为特殊的东方（包括拜占庭、伊斯兰国家在内）城市的发展，很可能更具有普遍性和典型意义，至少在工业化以前的五千多年里是这样。

原文载《城市史研究》第 8 辑，1992 年

1 Gary G. Hamilton, “Configurations in History: the Historical Sociology of S. N. Eisenstadt”, in Theda Skocpol ed., *Vision and Method in Historical Sociology*, Cambridge University Press, 1984, pp.115-116.

后现代主义与现代化进程

后现代主义已成为我国理论界和文艺界谈论的一个热门话题。在讨论中，许多论著都涉及到后现代主义与现代化进程以及现代化理论的关系，但语焉不详。我们以为这恰恰是理解后现代主义的关键所在。从现代化进程和现代化理论的角度来研究，后现代主义以现代性和现代化理论的批评者甚至叛逆者的姿态出现，这对于加深我们对现代化进程的理解，丰富现代化的理论具有重要意义。中国是一个发展中国家，在社会、经济诸多方面，我们还不具备产生后现代主义的条件。然而，后现代主义本身所具有的文化上的扩张性和渗透性又使我们不可能不受到它的影响。在社会主义现代化的进程中如何对待美国人创造的、欧洲人在理论上进行总结的后现代主义，已成为我们必须回答的问题。本文拟就上述问题提出一些不成熟的看法。

一、后现代主义是现代社会发展的产物

后现代主义是一种文化倾向。尽管后现代主义的理论和文艺作品充满了对现代社会和现代化理论的批判，但后现代主义恰恰是它所唾弃的现代社会的产物。它的产生和发展的每一步都同现代社会的发展密切相关。后现代主义一词最早出现于西班牙作家德·奥尼斯（Federico De Onis）的《西班牙和西班牙美洲诗选》（Antologia de Ia Poesia Espannolae His-Panoamericana，1934）一书中，作者用后现代主义来说明现代主义内部发生的逆动。随后，费兹（D. Fitts）在1942年编辑出版的《当代拉美诗选》中再次使用。另一位较早使用后现代主义一词的是英国著名历史学家汤因比（Arnold Toynbee，1889～1975），他的巨著《历史研究》完成于1938年，二次世界大战后1947年出版。在这部书里汤因比用后现代主义来说明由1875年开始的一个

新的历史周期，其特征包括：西方支配力的终结，个人主义、资本主义和基督教的衰落，非西方文化力量的兴起和壮大。此外，还提到多元主义和世界性文化。所有这些，至今对于理解后现代主义仍有参考价值。

后现代主义起源至今还是一个聚讼不休的问题，争论的焦点为连续性和非连续性的对立。后现代主义是否和过去形成了一种断裂，或是仅仅是现代主义某些极端方面的继续？甚至还有观点认为“关于后现代主义已经来临的论点完全站不住脚”，代表了一种“新历史主义的和保守主义的倾向”。从理论角度探索后现代主义的起源有以下几种看法：

1. 源于求衡。来自于二元文化的对抗惯性。

2. 源于无力感。科技的过速发展给人的主体地位带来的危机与威胁，以及战争、公害、自然灾害给人们带来的无力感。

3. 源于对自由、平等的理想的追求。科技与经济的发展并未给这一理想的实现创造出有利的条件，甚至妨碍了它们的发展。

上述看法，无论哪一种都离不开现代化和现代社会这个“源”。让我们溯本求源，考察一下现代化的起源。

现代化，英语 modernization，来自形容词 Modern。该词源于拉丁语 modo，释义为 Just now，即：当前。根据牛津英语大词典的解释，现代化是使事物转变为当前状态的过程。社会学家把它界定为人类社会从传统的、乡村的和农业的社会转变为现代的、城市的和工业社会的过程。这是“一个范围及于社会、经济、政治的过程，其制度与组织的朝向以役使自然为目标的系统化的理智过程”。其要点可归结为：“擅理智”（rationalization）、“役自然”（world mastery）、“求效率”。[1]人们对现代社会起讫的时间看法不尽相同。一般说来，将发生在英国的工业革命看做现代社会或工业社会的开端，并将启蒙运动视为现代化理论的最早表现。德国社会学家马克斯·韦伯是西方社会学现代化理论亦称发展理论的始作俑者，他用合理性（rationality）与合法性（legitimacy）来概括现代社会或现代化的本质特点。韦伯的理论

1 [美]艾恺(Guy S. Alitto)：《世界范围内的反现代化思潮》，贵州人民出版社 1991 年版，第 5 页。

经过他的学生、美国社会学家帕森斯（Talcott Parsons，1902～1979）的介绍和改造，在美国流传甚广，演化成居统治地位的社会发展理论。这个理论是对于西方发达国家从农业社会演进为工业社会的过程和美国社会运行机制的理论概括和总结。

现代社会和现代化的理论自诞生之日起就遇到了来自各个方面的批评、责难和抵制。首先是站在与现代化对立立场上，来自保守势力方面的文化守成主义和现代化进程中所要排除与融化掉的因素和力量的批评和反对。马克思主义站在社会发展和彻底解放全人类的立场上，批评了资本主义现代化的局限性与狭隘性。现代主义和后现代主义则主要是对现代化进程和现代化理论在文化上作出的反应。现代主义或现代派作为文学艺术发展的一种新的趋势和倾向是从 19 世纪最后几十年开始的。“法国人是现代运动之父，这个运动慢慢移到海峡对岸，随后穿过爱尔兰海，直到美国人最后继承下来，并把他们自己魔力、极端主义和对异常事物的趣味带入了这个运动之中。”[1]阿诺德·豪塞尔（Arnold Hauser）在他的名著《艺术社会史》（The Social History of Art）第四卷第四章“印象主义”中有一节专门讨论现代主义在英国产生的社会条件及其特点，颇值得玩味。他指出，从 19 世纪 70 年代中期起，英国的经济萧条持续了十年之久，在经济上英国开始感受到来自国外、主要是美国和德国与英国竞争的压力，大英帝国在世界上负有神圣使命的信念受到震撼，中产阶级失去了以往所固有的自信，外国的各种思潮乘“虚”而入，其中影响最大的是法国。80 年代在英国兴起的社会主义运动，在知识分子中再次出现了争取个人自由的运动。传统的清教主义、功利主义、实利主义和重感性的浪漫主义备受攻击。青年一代为从老一代的手中夺取生活享受权的斗争在进行，现代主义成为青年们敲开大门、登堂入室的美学和道德口号。易卜生的自我实现、表现个性获得承认，成为了生活的内容和目标。80 年代英国文学艺术中的自由派倾向代表着一种非政治化的个人主义。英国的青年一代对资产阶级抱敌视态度，但就整体而言，他们的思想既不是民主的，也不是社会主义的。他们的纵欲主义、享乐主义以享

1 西里尔·奥诺利：《现代运动：英国、法国和美国一百部重要作品，1880～1950》，转引自[英]马·布雷德伯里等编、胡家峦等译《现代主义》，上海外语教学出版社 1992 年版，第 16 页。

受为生活目的，把每一个小时都变成为不能忘却和无可替代的经验，这种行为往往带有反社会、反道德的性质。这个反实利反市侩的运动并非指向资本主义，而是反对枯燥乏味、轻视艺术的资产阶级。在英国，整个现代主义运动是由这种憎恨的情绪统治着。[1]

现代主义在文学艺术上的表现是多种多样的，究其实质，它是理性和无理性、理智和感情、主观和客观的相互渗透、调和、联合与融合，或者说是一种爆炸性的融合。这种爆炸性的融合破坏了有条理的思想，颠覆了语言体系，切断了词与词、词与事物之间的传统联系，确立了省略和排比的力量，随之也创造了新的并列、新的整体。所有的现代派文学艺术都不把历史或人类生活看成是具有连续性的，不把历史看成是逻辑上必然的发展。在他们那里，艺术是同紧迫的现实交织在一起的，他们将古今融为一体。"现代性"既意味着分析、反映、某种镜像；也意味着逃避、幻想、某种梦像。到了本世纪 30 年代，现代主义势头减弱了，后现代主义悄然登场。

许多迹象都表明，本世纪 50～60 年代是现代社会发展的一个重要的转折点，社会学、经济学和未来学的论著用各种各样的术语来描述和总结这一社会变迁的过程。早在 1959 年，就有人提出后资本主义社会（post-capitalism）说，知识产业社会、后现代社会等概念接踵而来。最具影响力的是丹尼尔·贝尔提出的后工业社会或信息社会说。他在《后工业社会的到来》一书和《信息社会的社会结构》一文中对信息社会的特点进行了归纳和总结，贝尔认为，"后工业社会最关键的变量是信息和知识"；"以电子通信技术为基础的新社会结构的出现，将有可能对社会经济交往、知识的创造和检索、人们参加工作和从事职业的方式起决定性的作用"。[2]

与信息技术革命同时而来的是消费文化的出现。劳动生产率大幅度增长导致国民总收入和闲暇时间增加，电视和汽车进一步普及，为消费文化奠定了基础。滑雪、登山、野营、航海、钓鱼，看歌剧、芭蕾舞，听交响乐，阅读文学作品，参观博物馆等过去被视为上层社会

---

1 Arnold Hauser, *The Social History of Art,* Vol.4. New York, 1958, pp.200～201.

2 Daniel Bell, "The Social Framework of the Information Society," in *The Computer Age: A Twenty –Year View* edited by Michael L. Dertouzos et al. The MIT Press, Cambridge, Mass, 1981, p.163.

的文化娱乐活动走入了寻常百姓家。高雅文化与通俗文化的界限、地区文化的差异趋于消失，[1]层次的需求变成为平等的、平面的需求。

丰裕社会和消费文化带来的并非安宁和稳定，在其掩盖下的社会矛盾和种族矛盾更尖锐了。以美国黑人争取种族平等的民权运动为先导，触发了学生运动、妇女运动、反战运动以及后来居上、经久不衰、席卷全球的环境保护运动。在对美国现代社会感到幻灭、不满和抗议的声浪中，反主流文化应运而生。这些在美国城市郊区蜜水中长大的年轻的一代，用蓄发、留须、着装随便、群居、性解放、吸食毒品、摇滚乐、霹雳舞来宣泄他们的感情，表现他们对现代社会的抗议和愤懑。作为一种生活方式和亚文化，虽然持续的时间不长，但影响深远，反主流文化与好莱坞电影、麦当劳快餐相结合，随着跨国公司势力的增长，从美国向全世界扩散，风靡全球，成为后现代主义的社会文化基础。反主流文化怀疑一切、否定一切、反其道而行之的思维方式和行为方式与后现代主义也有相同和相通之处。

后现代主义思潮大致上经历了五个发展阶段：1. 1934～1964 年是后现代主义的孕育阶段。这一术语开始应用，各种推进后现代主义的政治、经济、社会、文化的因素处于聚集的过程之中。现代主义则趋于解体的过程之中。2. 60 年代中期，社会运动风起云涌，最突出的是美国的民权运动和与之俱来的反主流文化、欧洲的学生运动和新左派运动，为后现代主义登上舞台奠定了群众基础。后现代主义表现出一种与现代主义彻底决裂的精神，发表了许多论著，提出了新观念、新理论。如：莱斯利·菲德勒的《小说的终结》（1963）、查尔斯·奥尔森的《开放投射诗论》（1958～1965）、苏珊·桑塔格的《反对阐释》（1966）、约翰·巴斯的《疲竭的文学》（1967），这些论著都具有一种反文化和反智性的气质。3. 1972～1974 年出现了存在主义的后现代主义思潮，其声势夺人，震撼了西方思想界。4. 70 年代末至 80 年代中期，后现代主义概念日趋综合，更具有包容性，出现了一场世界性的大师级的“后现代主义论战”。5. 到了 90 年代，后现代主义出现了疲惫现象，声势大减。有人预言“新历史主义”将登上历史舞台。

1 Carl N. Degler, *Affluence and Anxiety, 1945-Present*, Scott, Foreman and Company Glenview, Illinois 1968, pp.194～196.

美国著名的文学批评家、杜克大学教授弗里德里克·杰姆逊（F. Jameson）在他的名著《后现代主义、或晚期资本主义的文化逻辑》（*Postmodernism, or, the Cultural Logic of Late Capitalism*. 1991）一书中借用经济学家恩斯特·蒙代尔（Ernst Mandel）对资本主义发展阶段的划分，对现代主义和后现代主义的含义和所反映的时代做了很好的说明，值得我们参考。蒙代尔认为资本主义的发展可以划分为早、中、晚三个阶段，第一个阶段是国家资本主义阶段，形成了国家的市场，即马克思写作《资本论》的时代；第二阶段是列宁所说的垄断资本主义或帝国主义阶段；第三阶段是二次大战之后的资本主义，其特征为多国化的资本主义。杰姆逊认为与这三个阶段相适应，文化也各有其特点：第一个阶段的艺术准则是现实主义的；第二个阶段出现了现代主义；第三个阶段出现了后现代主义。[1]杰姆逊还认为全部人类可以从"规范"的角度划分为三大阶段：1. 原始社会：规范形成时期（coding）；2. 封建社会：过量规范形成时期（overcoding）；3. 早期资本主义：规范解体时期（decoding）。他认为，在资本主义发展的中期出现的现代主义是规范重建时期（recoding）；在晚期资本主义出现的后现代主义则是一个精神分裂型的"消除规范时期"。杰姆逊将规范的分期理论与文学分期对应起来："规范解体的时期是现实主义，规范重建时代是现代主义，而患精神分裂症（即消除规范）要求回归到原始流时代的理想，正恰如其分地代表了后现代主义的一切新特点。"[2]杰姆逊的这个从全局着眼的理论框架有助于我们从整体上把握现代化、现代主义和后现代主义的关系。

二、后现代主义对现代社会和现代化理论的批判

后现代主义批判的矛头一直是指向现代社会和现代化理论的，同时也指向现代主义批判的不彻底性。从社会历史发展的高度对现代社

1 弗里德里克•杰姆逊：《后现代主义与文化理论》，陕西师范大学出版社 1987 年版，第 5 页；Fredric Jameson: *Postmodernism, or, The Cultural Logic of Late Capitalism*, Duke University Press, 1991, p.xx, 3, 400.

2 弗里德里克•杰姆逊：《现实主义、现代主义和后现代主义》，《比较文学演讲录》，陕西师范大学出版社 1987 年版，第 34～35 页。

会的批判始于空想的和科学的社会主义。西方马克思主义继承了马克思主义批判的传统，发展了异化的理论，就现代社会中滥用科学技术、扭曲人性进行了入木三分的剖析。存在主义者从存在先于本质的命题出发，将人的存在置于首位，对于在制度集团下个人不得不服从集团主权者的状况进行批判，强调人必须从这种束缚下解放出来，实现个人自由的选择。世界体系论者从资本主义制度在经济上将世界联为一体的观点出发，认为在经济不平等的交往中形成的核心地区和边陲地区的状况将会长期存在下去，两者之间经济发展的差距只会加大不会缩小，因此，所有国家都能够先后发展为现代化的国家是根本不可能的，为此就必须用新的世界经济体系来代替资本主义的世界经济体系。后现代主义对现代化理论和现代社会科学的批判不同于上述对现代化进程的批判，它是一种文化哲学的批判，是一种动摇现代社会科学理论基础、釜底抽薪的批判。

值得注意的是后现代主义对现代化理论和现代社会科学的批判有两种不同的取向，一种可称之为怀疑的后现代主义（skepitical postmodernism），另一种有人称之为肯定的后现代主义（affirmative postmodernism），也有人名之曰建设性的后现代主义。前者对后现代社会抱悲观、否定、阴郁的态度，认为后现代是一个支离破碎、病态、毫无意义、空洞、没有道德准则、一团混乱的社会。在欧洲大陆哲学家、特别是海德格尔和尼采的影响下，他们看到的是后现代的黑暗面，是失望的后现代主义。他们争辩说，现代社会的破坏性造成了以异化、残酷、无望、歧义为特征的“严重的、不可逾越的不确定性”。在这个时代里，任何政治、社会纲领都无法实现；摆在人类面前的是人口过剩、种族灭绝、原子弹破坏、环境毁灭、太阳爆炸、太阳系在45亿年后终止存在、宇宙的死亡、世界末日到来。正像他们所说的那样，无真理可言，只剩下了游戏，文字和含义的游戏。

肯定的后现代主义对后现代社会抱乐观态度。他们以北美而不是以欧洲为背景，或诉诸积极的（斗争或抵抗）政治行动，或借助于知名人物的灵活的施政纲领，有的倡导新世纪的宗教，有的鼓吹生活方式的新浪潮或后现代的社会运动。大多数肯定的后现代主义者寻求一种灵活的、试验性的、非意识形态的哲学本体论的智性实践。他们并不回避道德准则的选择，努力建立以专门问题为取向的政治联盟。

后现代主义从以下几个方面对现代化理论和现代社会科学进行了猛烈的抨击。

（一）**颠覆主体**。主体和客体是现代自然科学研究中最基本的范畴。后现代主义认为在后现代社会中主体性（subjectivity）处于衰落的过程之中。这并不是说他们希望成为客体，他们主张尽量少强调主体是预先组成的历史和文化的经验中心，并把它当成分析的焦点。他们批评主体，因为它攫取权力，主宰含义，成为统治者和压迫者。他们认为，主体是过去（现代性）遗留下来的化石，是自由派人本主义的发明，是主客体两分法的源泉。他们争辩说，这类个人的认同，不能在后现代的背景下再次发生。极端的后现代怀疑派认为主体是语言学的常规，是思想作用于语言的结果。主体不是行动、写作或其他表现形式的源泉，毋宁说语言是主体、客体的建立者和解释者。后现代主义反对现代主体的理由有三点：

第一，认为主体是现代的象征。他们认为主体是现代社会的一个发明，是启蒙运动和理性主义的产儿。当现代科学取代了宗教，理性的个人（现代主体）即代替了上帝。现代观念无论是科学的（外在现实、理论、因果、科学观察）还是政治的（权利政治学、民主代表制、解放、自由），都假定有一个独立的主体，所有这些都被安排在自我（ego）的位置上。只要取消了主体，就取消了客体和与之相联系的一切，没有主体，马克思主义、自由派和其他与群体、个人或阶级有关的其他派别就失去了意义，权力也就在交织物上被驱散了。一旦主体和作者消失，现代研究工作的工具如因果关系和行动也就烟消云散了。否定了主体就肯定了后现代主义对于在现代社会中人类干预、人类设计合理性和理性功效的悲观看法。[1]

第二，是因为主体对于人本主义至关重要。人本主义以人类为主体，以人类为世界的中心。人本主义者突出了人类整体，从而降低了个体的潜在有效性和理性代表的地位。

第三，是因为现代主体自动地要求客体的存在，消灭了主体也就

1 Roscnau, Pauline Marie, *Post-Modernism and the Social Sciences, Insight, Inroads and Intrusions*, Princeton University Press, 1992, p.47.

取消了主体与客体的区分。肯定的后现代主义企图用后现代个体（individual）代替主体。这几乎是一种匿名的存在，男性或女性的他（她）只是一个“人”（person），与任何事件、行动、结果无关。后现代的个人是自由自在的、灵活的，具有感觉、感情和内化的取向，并抱“任其所为”（be-yourself）的态度，男性的他或女性的她，是构成他们自身的社会现实，没有任何真理的追求，只寻求个人意义、幻想、幽默、文化的愿望和直接的满足。只顾眼前，不管将来，只顾个人，不问集体和社区，家庭、教会、国家都可以置之度外。

肯定的建设性的后现代主义想要恢复主体的地位。他们认为取消主体是不必要的，但主体必须以崭新的面貌出现。首先必须具有个性，是无中心的、边缘的、自然发生的、普通的、自由的、有创造性的。

（二）贬低历史、变换时间、篡改空间。后现代主义已经发展了一种对于时间、空间、地理位置和历史的独特的反直觉的看法。他们对常规历史学的基本观点提出质疑，这些观点是：（1）人类思想、制度、行动进化的记录是真实的、可知的。（2）史学家的观点应该是客观的。（3）理性使史学家能够解释历史。（4）历史的作用在于使人类的文化遗产得以代代相传。后现代主义批评历史以语言为中心，是神话、意识形态和偏见的来源，在方法上是封闭的，认为历史是现代西方国家制造出来用于压迫第三世界国家和来自其他文化的人民的。[1]怀疑的后现代主义认为人类的历史已经穷尽，人类正处于忘掉过去，走出历史，走出一切知识的普遍基础的时刻。

怀疑的后现代主义排斥任何对时间的线性理解。他们把时间看成是无序的、不联系的、非直线的，认为没有独特的绝对的时间，时间是一种个人的概念，对于测定时间的人来说，时间是相对的。怀疑的后现代主义把地理位置等同于超空间（hype-space），后现代主义的空间和地理超越了人类个体自身定位的能力，用感性知觉来组织其周围环境，以认识来测定在可绘制的外部世界中的位置。换言之，其空间观念是主观的，任意的。这种对时间和空间的理解在文学创作中表现得最为突出。后现代主义在小说创作的世界里所有未来和过去的时间、

1 Rosenau: ibid. p.63.

永恒的各个部分都已经存在，分解为小碎片由人们和他们的梦幻所分享，……时间在这里并不存在。后现代作家蓄意破坏线性序列。

如果说，后现代派在文学创作中对于时间、空间和历史可以为所欲为的话，那么他们在社会科学研究中就碰到了麻烦，特别是在城市规划、公共管理、国际关系和地理等学科。值得注意的是，近年来，有一些原来拼命反对后现代派时空观和历史观的学者的态度有很大转变，采取了后现代派的立场，而且加以应用。后现代派甚至在城市规划中也占有了一席之地。他们主张放弃传统的东西，在设计风格上采取大折衷主义的方法。在国际关系领域，后现代派对时间、空间和历史的看法也发生了一定的影响。后现代派拒绝接受为国际关系专家所认可的正常的地理区分，如民族国家和共同体。他们认为，在国际关系上，地理和空间不是自主的、孤立的、固定的实体，而是由竞争的程度决定的。地理上的排他性是“战场上的冲突”和“在多元因素中权力角逐”的结果。后现代派的学者运用后现代的时空观和历史观来抹掉国内与国际政治学之间的界限，他们将后现代的国际关系置于国内和国际的边界线上，被称之为“无地”（nonplace）的地点。在历史学方面，他们主张用非中心的历史或家谱学来代替传统的历史学。

（三）否定真理和理论存在的必要性。在社会科学领域，真理同理论是联系在一起的。后现代派对现代的真理观和理论观均持怀疑态度。几乎所有的后现代派都拒绝将真理看成是一种目标或理想，因为这是现代性的缩影。真理是启蒙思想的价值观念，仅此一点就应该予以摒弃。后现代派认为真理是权力斗争的产物，是为权力的攫取者服务的。这正如福科所说：“我们从属于由权力产生的真理，我们不能行使权力，除非我们能创造真理。”[1]在他看来，认为意识形态（在这里指弄虚作假的宣传）与真理有区别是很荒谬的，[2]将真理与权力区分开来也是根本不可能的，因此，不可能有什么绝对的、不被污染的真理。对于怀疑派来说，真理的断言是恐怖主义的一种形式。他们还从语言学的角度做出判断，认为语言本身不过是一种人工的符号系统，无法作出对真理的判断。这种对真理的怀疑是同后现代派对作者、主

1 Foucault, Michel, *Discipline and Punish,* Paris, 1975, Rosenau, ibid. p.78.
2 Foucault, Michel, *Power/Knowledge*, 1980, p.132, Rosenau, ibid. p.78.

体、历史、时间、空间的观点一致的。

后现代派是现代理论的坚决的反对者。他们说现代理论以为理论是对现实的认识和反映，其实，现实根本不存在。真理可以放之于四海皆准，这对于处于不断变化中的后现代来说根本不适用。他们给理论加上了诸多罪名，认为理论掩盖真相，歪曲事实，把人的思想搞乱了；理论是意识形态和修辞学的东西，却口口声声说是科学的，说到底，理论只不过是给权力的垄断披上一件合法的外衣。

后现代派关于真理和理论的看法对社会科学研究有很大的冲击，宣布掌握了客观真理在社会科学界已不那么时髦。但理论仍然是需求的中心，对于社会科学家来说放弃真理和理论是很困难的。批评者认为后现代派取消了真理和谬误的区分，为虚无主义打开了大门。后现代派的回答是，虚无主义应受到尊敬，而且是一种可行的哲学传统。后现代派曾断言：没有真理可言，一切都是人为的（constructed）。这个论断使他们自己陷于不能自拔的境地。在作出这一论断时，后现代派自己宣布了一条定理，即天下无真理可言。也就是说，他们用这个论断肯定了真理存在的可能性。

（四）反对代议制（representation）。后现代派在语言学、政治学、认识论和方法论上都反对代表性。他们认为，政治上的代表制正在异化，艺术上的代表性枯燥乏味，文学上的代表性被玷污和亵渎了，代表性的历史充满了欺骗性。真正使人感兴趣的不会被代表，思想、象征、宇宙、绝对、上帝、正义，都是如此。后现代派认为代表性是在政治上、社会上、文化上和语言学上的独断行为，它的含义是主宰，采取的是无意识的统治关系。后现代派认为代表性是依赖于虚伪的假设，任何代表最终都要参照其他的代表物，没有任何事物具有权威性和原始性。因此，消极的后现代主义反对代议制民主，认为代表制行不通，民主制也就失败了。积极的后现代主义则在政治学领域主张用直接参与来代替代议制民主。

三、后现代主义在认识论和方法论上对现代社会科学的批评

后现代主义在认识论和方法论的一些基本问题上与现代社会科

学的常规看法完全不同。他们对于理性毫无信心，并否定评价知识的常规标准。其中特别是怀疑派的后现代主义对认识论采取一种虚无主义的态度。

（一）关于“现实”（Reality）的理论：所有的后现代主义派别都认为并不存在着一种独立于个人心理过程之外并能同主体进行交流的现实，怀疑派后现代主义甚至拒绝讨论“现实”的性质。他们怀疑“现实”这个概念存在的必要性。有的人还认为，如果有现实这个概念的话，那也是科学活动的结果而不是科学活动的前提。

肯定的后现代主义和少数怀疑派后现代主义赞同现实建造理论（constructivist theory of reality）。他们把心理的和外部世界之间的区别看成是纯粹的幻影。在他们看来，无意识的、集体的、普遍的精神是个体精神所经验的世界的创造者，我们生活的大部分是在这种“现实的梦境”中度过的。现实离不开感知它的人，人类和上帝是宇宙万物的共同创造者。

后现代主义者对现实的背境论（contextualist theory of reality）很感兴趣。这种理论认为，所有的知识（所有的事实、真理和确定性）只有在同它们的背景、范式或社区相联系的情况下才能进行讨论。后现代主义还提出了一种关于现实的语言常规（linguistic convention）理论：如果语言是我们所知道的唯一的现实，那么，现实至多不过是一种语言习惯。

（二）关于现代预言（Modern prediction）、因果关系（Causality）或后现代文本交织性（post-modern intertextuality）：文本的交织性是后现代主义用来取代现代社会科学因果解释的一项重要措施。绝对的、互动的文本交织性的含义是否定直接因果关系。因为在一个一切事物都同绝对的互动方式相关的世界里，因果关系所要求的暂时的在前（priority）几乎无法建立起来。后现代世界是文本交织的世界，这就是说一切研究对象都是相互联系的，每一个文本都是同其他文本相连接的。“今天北京的一只蝴蝶煽动的空气下个月就会成为纽约的风暴”。[1]所有的事情都是随机的、偶然的，因此无法作出解释。建设性

1 Gleick, James, *Chaos*, NewYork, Viking, 1987, p.8.

的后现代派在文本交织性的说明上增加了目的论的解释。他们把文本的交织性看成是一种关系，而不是一团混乱。目的论的解释是企图将无意识的过程重新引入社会科学。具有目的取向的人类成果——这种复杂的解释要比现代社会科学的因果解释更全面，更带有整体性（holism）。

（三）相对主义反对客观性（Relativism versus objectivity）、价值的作用（the Role of values and the normative in inquiry）与调查规范：现代社会科学研究强调研究工作的客观性、规范性和价值中立。后现代主义认为，价值、规范都是人类智性的产物。他们反对客观性。如果现实只不过是一种语言上的常规，知识和含义只能是相对的。有些人甚至认为，后现代主义本身不过是"相对主义的联合"（the consolidation of relativism）。在规范和价值观念问题上，后现代主义企图在客观性和相对主义之间寻找妥协，这种妥协的立场有时使他们陷入困境。

在方法论上，许多后现代主义者都宣布世界上无方法、无程序规则可言。他们注重边缘，强调独特，集中精力于难解的问题，赞赏不重复。后现代主义的方法是反实证的。为了取代科学的方法，他们寻求感觉、个人经验、移情作用、感情、直觉、主观判断和想象，以及多种形式的创造和游戏。具体地说，后现代主义重视两种方法：内省的反客观主义的解释和解构。前者是一种个体化的理解。重观点，轻材料。在人类学领域，以叙述为重心，以听他人并与他人谈话为中心。而在心理学领域，解释的理论失去了立足之地，只起调解作用。后现代主义承认对于任何文本的解释在数量上是无限的，对于一个符号来说并无最终的解释，没有一种解释可以胜过另一种解释。在多建构、多样现实、没有确定性、多重读物的世界里，后现代主义拒绝厚此薄彼，褒贬有别，主张对各种解释一视同仁。[1]怀疑派的极端的看法是，一切解释都是假的，所有的理解都是误解。真正写出来的东西并不重要，因为一个文本对于解释并无限制，解释反倒建造了文本。

解构涉及解析一个文本的奥秘，将整体分解为部分，揭示其内在

1 Miller, J. Hillis, "Tradition and Difference," *Diacritics* 4(2)1972, p.8. From Rosenau, ibid. p.119.

的、专断的层次和预定的构想。它将一个文本的缺陷和它的潜在的形而上学结构展示出来。对文本的解构性的阅读是为了发现该文本的矛盾、盲点和思想系统。从边缘入手，深入文本的内核，考察其所压制的东西，以及它如何陷入自相矛盾而不能自拔的境地。解构者击其一点兼及其他，扩大裂痕，进而瓦解整体，采用的是庖丁解牛的战术。解构的目的并不在于揭发错误，因为这样做就会证明真理的存在，其目的乃在于使文本换位（transpose）、变形，重新界定它，这一切都同时在解构文本的操作中进行。解构试图取消、颠倒、换置和重新安置等级结构，包括两极对立物，如客体与主体、正确与错误、好与坏、实用的与原则的等等。[1]

四、从逆向考察中得到的几点启示

我们对后现代主义与现代化进程的关系所作的考察，是一种逆向考察。这就是说从现代化进程已经造成的正负面效应和理论定势来衡量它，估价它，所借助的是后现代主义对现代化和现代化理论的批判。通过这一逆向考察，可以得到下面几点启示。

（一）后现代主义是现代社会发展的产物。对后现代主义的考察不能脱离它的母体，对长时段文化心态发展趋向的研究不能在概念中兜圈子，必须从天上降到地上，方能对五花八门的理论和扑朔迷离的现象有清醒的理解和判断。在这里有两点特别值得注意：其一是现代科学技术特别是信息技术对后现代主义的影响。后现代主义对“现实”、“文本”、“文本交织性”等问题的看法，显然与计算机技术中的“虚拟现实”（virtural reality）、“超文本”（hypertext）有密切联系，或者说就是从中演化而来的。其二就是文化以空前的速度商品化，走入普通人的生活，使文化的扩张达到了前所未有的地步，从而使高雅文化与通俗文化的界限、纯文艺与俗文艺的界限基本消失。这两点无一不是以“役自然”、“求效率”为特点的现代社会发展的结果。

（二）现代化进程和现代化理论的核心是合理性与合法性。两次

1 Culler, Jonathan, *On Deconstruction: Theory and Criticism after Structualism*, Ithaca, N.Y. Cornell University Press, 1982, p.150.

世界大战使生灵涂炭，导致人们对合理性与合法性的信念发生动摇。在现代科学技术面前的怯懦感、恐惧感和现代社会对人性的扭曲成为后现代主义对现代社会和现代社会科学批判的重要的出发点。由此不难看出，现代社会和现代化理论的消极方面和负面效应是后现代主义产生和发展的社会前提。

（三）后现代主义的理论无不来源于现代社会以及与之相关的理论。西方马克思主义、存在主义、世界体系论对现代社会的批判，结构主义、解释学、科学哲学、新批评主义等等都是后现代主义的理论的重要来源。后现代主义对现代化理论和现代社会科学的许多批评虽不免失之于偏激，其虚无主义的倾向更不足取，然而，其中也不乏真知灼见，例如关于真理与权力的关系的论述，对西方社会科学的阶级实质的揭露颇能切中要害，对我们发展社会主义的现代化理论是有借鉴和参考价值的。

（四）关于后现代主义在中国的问题。从我们对后现代主义产生的社会历史条件的分析中可以得知，中国并不具备后现代主义产生的条件。那么后现代主义的作品为什么会在中国出现，而且炒得很热呢？文化，尤其是思想和艺术的文化，常具有一种跨时空性和强渗透性，即可以思想史、艺术史的形式压缩到一个空间即同一个时代，以历史的积淀而成为一个时代现有的思想要素、艺术理念。（即在同一个时间平面上呈现过去历史上的思想艺术传统）这就是说，在今天，在当代，我们有可能找到我们历史文化传统上各种各样积淀的遗迹。比如：老庄、孔孟、佛教、屈骚的经典要义美学遗韵在当代遗风犹存，甚至被发扬得更盛于其时。它又可以交流和渗透的形式吸纳、超越当时当地的条件的新的思想艺术形式和理念，即在不具备其经济、物质、社会乃至文化的诸多条件时也有可能出现某种超前的文化现象。后现代主义在中国悄然而生既是对一定历史条件和生存环境的反应，也是国际文化互相交流、渗透、影响的结果。人文环境毕竟不同于物质环境。（它的规律更加灵活而富于弹性）后现代主义被定位为一种都市的文化现象，它是后工业社会的高科技环境下的产物。虽然中国的城市化尚未达到相当的程度，雅俗文化之别依然清晰可见，但后现代主义的文化现象确已初露端倪。它表现为文艺界后现代主义小说、电影、电视剧的雀起已渐成势头，青年学院派的小说几乎普遍表现出这一倾向，徐坤的《白话》获奖，其小说集《热狗》的热销，在一定程度上表明它正在被中国的读者尤其是知识分子读者接受和认可；王朔的“痞子小说”及风靡一时的室内剧、肥皂剧引起文艺评论界的激烈争论；还有以破碎的方式复现原生态的“中国第五代导演”和新近才出现的以“一个个生活片断的跳跃式对接”和破碎的“情绪化”的“状态电影”去关注这个时代的社会边缘人的学院派的“中国第六代导演”。徐坤本人是知识分子，其小说的主人公也以这一部分人为主，作品的风格处于现代主义与后现代主义的边缘。它既在打倒权威又表现出对某些传统的留恋。她（他）们打倒权威是为了消除一种作为权威的压力。处在文化结构的上层，作为社会的良心，他（她）们所需要面对的不仅是学术的压力，社会的压力，还包括道德的、人格的、家庭的等等以及系统、潮流的强大的力量（如何面对商海商潮的冲击，如何面对作为一种机制、系统存在的腐败……），让她（他）们不堪重荷，而且还要承受“生命不能承受之重”。她（他）们自觉地打倒权威，自觉地实现着雅文化与俗文化的融合。名噪一时的王朔的《顽主》系列都是普通人和社会边缘人，王朔式的调侃与机锋，在自嘲自轻的同时而嘲弄社会的道德规范、价值观念。他一面让普通人和边缘人一起拆解神圣、庄严，一面又未抛弃传统中的某些规范，有些诚，有些善，有些坦率，终究又未超越“调侃”。有人说，后现代主义只是阅读方式的改变，王朔主张把作品交给读者，由他们去选择，与作品本身无关。

以陈凯歌、张艺谋为代表的第五代电影导演近年在国际上频获成功，其作品几乎都是反映旧中国的。这是他们这一代人对中国传统文化和近现代历史的反思。有人公开批评他们迎合西方人的口味，用自己（民族）最丑陋的一面去讨好西方。在一定程度上说，他们这一代人的确是运用了西方的反思方法，倒不一定是刻意如此。我们认为第五代导演表现出的现代主义特征更加明显，第六代导演则更加明显地表现出后现代主义的倾向和特征。一位评论者说他们既失去传统的根又逸出当下生活规则，没有历史又拒绝现在，从而无法确立“自我”的位置。

中国并不存在产生后现代主义的诸多条件，后现代主义是一种西医疗法：找到患处，割之驱之，而不是中医的机体调节法。它与经济改革中的休克疗法也有某些相似之处，是一种渐进性的中断，急于求成的做法。后现代主义的产生与现代主义密不可分。现代主义一面在哀叹人的异化和被动，一面又殚精竭虑地积极谋求最高程度的一体化。后现代主义的不同之处则在于：从打碎与蚕食整体或主体上找出路。它的这种反传统、反理性、反文化，破坏一切异己的整体性、体系性存在的特征只有“癌细胞精神”能与之比拟。[1]一位评论家指出：“中国当代的后现代主义的模仿者与倡导者在受到西方后现代主义的启发和震撼之后，接受过来的似乎还是中国传统的东西，因为他们最终还是将语言看成是媒介，而不是本体。”[2]这个看法很有道理。还有人在分析俄国后现代主义文学时写道：“可以大胆地说，苏联如果不解体，后现代主义在俄国就不会有当今这种局面和规模，它也不可能在俄国文学多元的格局中占据如此显赫的地位。俄国后现代主义文学的盛行，是社会巨变给俄国文化带来的危机，而由这种危机带来的文学现象。俄国后现代主义文学的迅速发展是对俄国社会变革和文化危机的一种回答，是对文化传统的反叛，是摆脱文化困境的出路，是俄国文学的一种新解决。”[3]作者无意对俄国后现代主义文学作总体评价，而是强调它与俄国社会剧变的联系，这也是本文采取的态度和方法。（合作者：王纯）

原文载《天津社会科学》1997 年第 1 期

---

1 叶知秋：《论后现代主义文化的“癌细胞精神”》，《北京大学学报》（哲学社会科学版）1996 年第 1 期。

2 曾艳兵：《后现代主义与中国传统文化》，《国外文学》1996 年第 3 期。

3 任光宣：《俄国后现代主义文学、宗教新热潮及其它》，《国外文学》1996 年第 2 期。

西方史学与社会科学

一

我国史学界正在讨论"史学危机"和对史学进行改造的问题。其实，这样的讨论从一个世纪前开始，就在西方进行着。德国青年史学工作者首先发难。用"文化史"（kulturgeschichfe）来同传统的政治史对抗；他们的呼声在大西洋彼岸得到呼应。詹姆基·哈维·鲁宾逊（James Harvey Robinson）于 1912 年出版"新史学"一书认为历史应包括人类的一切活动。1930 年法国史学家亨利·拜尔（Henri Berr）提出了写"综合史"的主张，宣告了年鉴学派的诞生。[1]美国著名史学家 C. 万·伍德沃德（Comer Vann Woodward）于 1969 年在美国历史协会年会上发出警告，他指出现代文化中有一种正在增长中的反历史的偏见。历史专业正在发生危机。因为"产品"市场和对于治史方法的鉴赏力正在萎缩。（Felix Gilbert et al ed., *Historical Studies Today*, New York, 1972. p. VIII）说到底，史学危机不过是现代文化危机的一种表现，所谓文化危机是指发达的资本主义国家中出现的对"科学技术"能够带来社会进步这一占统治地位信念发生的动摇和怀疑。在文学艺术创作中表现为出现了以"反理性"、"反英雄"、"反戏剧"为特征的作品。在学校教育中表现为现代科学教育与传统的人文学科教育之争。英国科学家和小说家 G. P. 斯诺（Snow）在《两种文化和科学革命 1959～1970》和《再论两种文化》两本书里讨论了这个为世人所瞩目的问题。在哲学上它集中表现为科学实证主义与人本主义这两大思想的冲突和论战。

本文所要讨论和介绍的是在西方史学与社会科学的关系中所表现出来和展开的两大思潮的矛盾。现代西方史学三大流派，法国的年

---

1 参阅 G. P Gooch, *History and Historians in The Nineteenth Century*, London, 1920, Chapter XXVIII, "The History of Civilization"; Georg G. Legers, *New Directions in an European Historiography*, London, 1985, pp. 25～27

鉴学派，英国的马克思主义学派和美国的新社会史学派为把史学与社会科学结合起来的尝试和努力，以及它们遇到的问题，则在不同程度上反映了当代两大思潮既对立又统一的情况。

一

西方史学和社会科学在近一百多年来走过了一条从合到分，又由分到合的道路。在西方，有人把史学称之为社会科学之父，[1]这是不无道理的。历史（History）这个词有两层含义。其一是指过去发生过的一切的总合（The sum total of all that has actually happened in the past）。其二是指对历史事实的某些部分的解释或说明（History is an account of some portion of that past reality）。最早的西方历史是无所不包的。西方史学之父，古希腊希罗多德的“波斯战争史”，视野之广阔，取材之丰富一向为后人所称道。“不仅记载政治、军事、外交方面的事，而且叙述各国的地理形势、经济生活、民情民俗、宗教信仰等等。”[2]启蒙运动大师伏尔泰积二十年之功力而美成的名著《路易十四时代》勾画出了整个时代的完备图景：战争与外交、艺术与民俗、科学和技术，一网无余，“堪称近代文化史的滥觞。”[3]历史学的所指既要有自然科学家那种尊重客观存在，去伪存真的求实精神，又要有广博的知识，因为历史学的对象是研究过去发生的一切，而且，历史的写作还必须有引人入胜的文笔。历史学是集自然科学、社会科学和文学艺术于一身的一门学问。一位西方作者说得好：社会科学“事实上是历史的女儿学科，因为社会科学的每一个部门都是从历史的调查开始，都是作为公认的历史著作的一部分而产生的。”[4]这就是说社会科学的各个部门如人类学、地理学往往从描述客观现象、记录事物的发展过程开始，每一门学科包括自然科学都要揭示特定自然和社会现象的发展过程和发展规律。正是在这个意义上马克思和恩格斯说：“我们仅仅知道唯一的一门科学，即历

1 Conal Furay et al, *History*, New York. 1979, p. 19.
2 郭圣铭：《西方史学史概要》，上海人民出版社，1983 年版，第 19 页。
3 孙秉：《欧洲近代史学史》，湖南人民出版社，1984 年版，第 98 页。
4 Jacgues Barzun and Henry Graff, *The Modern Research*, rev. ed., New York: Harcourt, Brace and World, 1970, p. 218. 转引自 Conal Furay et al, 前引书 p. 19.

史科学。”后来恩格斯又说：“凡不是自然科学的科学都是历史科学”[1]。

值得我们注意的不仅是历史学囊括一切的特点，更发人深思的是近代社会科学的创始人往往是在历史学的基础上，或利用历史的知识来构造他们的学科体系。密执安大学社会学教授查尔斯·蒂利在“历史社会学”一文中写道：“如果我们把社会学的发生从孔德和斯宾塞算起，那么‘历史社会学’几乎构成了社会学的全部内容。”不仅是孔德和斯宾塞，我们还可以把卡尔·马克思和马克斯·韦伯包括在内，他们都是在总结人类历史发展全过程的基础上建立起自己的理论体系的。孔德的人类智力和社会发展三阶段说（神学阶段、形而上学阶段、科学阶段）、斯宾塞的进化规律、马克思主义的社会形态理论、马克斯·韦伯的宗教社会学、行政组织体系理论、关于古往今来权威（传统权威、个人魅力权威、理性权威）的论述，都是对人类历史经验从不同方面进行的概括和总结。

然而，当科学实证主义思潮逐渐占据了重要地位，史学本身也在实证主义的影响下走上了所谓“批判史学”或“科学史学”的道路。史学研究越来越专业化，西方社会科学的各学科也分别建立了自己的领域，沿着非历史化的方向走下去，史学与社会科学的关系出现了两峰对峙、双水分流的局面。就史学研究的内容而论，在自由派民族主义的影响下，多数史学家的注意力放在民族国家形成的过程、外交活动、军事活动与民族国家形成和发展的关系方面。换言之史学家活动的范围集中在政治史、外交史和军事史领域。这同古代、文艺复兴以来史学所研究的范围相比较，无疑是大大缩小了。在研究方法上，一方面人们从理论上反对把历史学与自然科学混同，有的说历史只关心个别的事实，是研究“特性”（idiographic）而不是研究“共性”（nomothetic）的学科。（Wilhelm Windelband）有的认为历史学与自然科学不同，是一种进行价值判断的学科，而不仅仅是说明事实的学科。（Heinrich Rickert）还有人强调由于史学的理解涉及解释“心态”（mentality）的物质表现，因此，它是“移情”的或“神入”的（empathic），而不是“不偏不倚”的（dispassionate）。（William Dilthey）

1《马克思恩格斯全集》第3卷，第20页；第13卷，第526页。

在实践上，多数史学家们则遵循“让事实说话”的戒条，皓首穷经，整天在落满灰尘的档案资料中扒梳史实。对一条条史料进行从外到内的批判、考证，发展了史学工作所特有的方法和技术。他们的成果，只有少数专业工作者会感到兴趣，能够和他们直接对话的人越来越少。史学失去了原有的引人入胜的文采和社会性，固有的教育的功能退化了。读者仅限于同行专业人员。在组织上，多数高等院校设置了历史系。欧美各国也纷纷建立了历史专业工作者的组织。这无疑有助于史学继续向专业化的方向发展，有助于培养专门人才。然而，这样的专业组织形式也限制了不同学科之间的交流，助长了闭门读书，坐而论道的狭隘行业习气，把史学工作者关进了象牙之塔。史学专业化、实证化、非价值化的结果是好坏参半。一批批经过考订的文献问世，一部部材料翔实、描述性的通史和专著出版了（例如剑桥的各种通史、专史）。作为一种专业，史学臻于成熟，至少在政治、军事、宪法、外交这些领域提供了可靠的知识。就研究的范围和方法而言，则是缩小和单一化了。大多数史学工作者向理论、向其他学科、向社会告别。他们的全部精力和兴趣都放在一鳞片爪的事实上。《美国历史评论》、《英国历史评论》和法国出版的《历史评论》（Revue Historique）在1920～1950年间发表的论文为此提供了大量的证据。[1]

史学工作者之中有极少数人对同行的狭隘经验主义感到不满，为史学片面专门化的趋势而担忧。他们走向了另一个极端，成为宏观史学家，或企图建立人类历史发展的全球模式，说明人类文明的兴衰，如施本格勒、汤因比，或像莱德里克·特纳和查尔斯、比尔德那样，对一国历史发展的特点提出自己的解释，但他们建立起来的体系和提出的解释，无一例外，都遭到了实证派史学家的猛烈抨击。职业史学家甚至不承认施本格勒和汤因比的论著是史学著作。[2]

社会科学家也走上了一条同史学家相仿佛的道路。一部分社会科

1 Lawrence Stone, “History and the Social Sciences in the Twenty Century”, in Charles F. Delzell, ed., *The Future of History*, Nashville Tenn., 1977, p. 6.

2 法国年鉴派创始人之一 L. 费弗尔曾把汤因比的历史批评为魔术师的历史，是非科学性的历史。他曾挖苦地讲了一个故事，“一个濒死的波斯王向一个老藏书家请教，希望在生命熄灭之前一刻获得历史的真谛，那老者说：‘陛下，啊，陛下！人嘛，他们出生、爱恋、然后死亡。’”Jacques Le Goff, *Le historie nouvelle in La Nouvelle*, Paris Retz, 1978, pp.210-240，中译者梁其姿《食货》月刊，复刊第十二卷第十、十一期，429 页。

学工作者相信，“只要对每一个活生生的人进行适当的研究，就可以揭示出社会的普遍规律”。他们注重经验材料和实验，采用计量的办法，另一部分社会科学工作者注重理论研究和宏观方面的探索，“把社会过程从时间和空间的限制中抽象出来”，建造自己的理论模式。有人半开玩笑地为这两种人画像：前者说：“我们不知道我们找到的材料是否具有特殊的重要性，但至少这些材料是真实的。”后者说：“我们不知道我们所断言的是否真实，但至少是十分重要的。”[1]

这两类社会科学家都从静止的观点研究社会。他们对于社会变迁和解释变迁都没有兴趣。人类学家关心的是史前或原始社会的风俗习惯和社会组织，社会学家研究的是现实社会中实际问题，贫民、失业、劳资关系、家庭冲突、青少年犯罪、娼妓、移民、种族关系、自杀、宗教信仰等等。经济学家瞩目的是在既定的财产关系条件下发生的资源配置和经济增长的数量。政治学研究的是现存的政府机构、权力分配、决策过程。心理学家进行分析的是不断重复发生的心理过程、在外界压力下的心理状况。这就是说，他们完全可以把历史过程、历史资料、历史研究的方法排除于他们的研究工作之外，可以置个人和机构的历史于不顾，只过问它们的现状。

尤其应该注意的是，在人类学和社会学中，结构—功能主义的影响更加强了这种非历史的研究方法和非历史主义的倾向。人类学功能学派的创始人 B.马赫诺夫斯写道：“人类学的任务，不在于阐明某些制度的起源和历史，而在于指出它们在社会中的功能和作用；不是为了更确切的描述，而是为了教会殖民当局和企业主如何对待这些民族，以便更好地达到自己的目的。”功能主义者认为，文化是一种生物现象，它是为了满足人类的基本需要和派生需要而产生和存在的。其中的每一个现象都像生物有机体的每一个器官一样，具有必要的功能。无端地消灭其中的任何一个现象（如某种习惯和信仰）就会破坏“平衡”体系，整个文化、整个民族就会遭到毁灭的威胁。正是从这样的观点出发，功能主义者认为，了解历史对于了解现状不会有什么帮助，

1 Lawrence Stone 前引文，Delzell 编前引书第 8 页。

只要了解文化现象的“功能”就够了。在人类学功能学派基础上发展起来的社会学结构功能学派使他们的学说更理论化更系统化了。T.帕森斯这位结构功能学派的奠基人认为社会是具有一切必要生存功能的社会系统。系统的最主要的特点是保持平衡。任何一个生命系统若能生存，必须满足四个功能的必要条件，这四个功能是：适应性功能；目标实现性功能；统一功能和模式维持功能。由众多个体组成的社会，只要每个个体充当的角色能够按照社会规范行事，实现它的社会价值，个体组成的社会群体、由群体结成的社会组织就会处于平衡、稳定的状态，其基本功能就能得到充分发挥。显然，这又是一种舍去了时间、空间和具体历史条件的抽象。这种稳定的社会体系理论不需要用历史过程来解释和论证。

从 1870 年至 1950 年间，历史学和社会科学各行其是，距离越来越远。“历史学变得越来越缺乏远见，社会科学也变得越来越非历史化”。[1]值得玩味的是，在史学与社会科学分道扬镳，社会科学界非历史化的倾向而达到高潮，而史学界把社会学的主流拒之于门外，双方的矛盾达到白热化的时刻，少数有远见的社会学家和历史学家并没有停止向对方领域进行探索的活动。在社会学方面有 A.S.索罗金（Sorokin）和 A.L.克罗伯（Kroeber）对文化史的研究；在历史学方面则有 H.E.巴恩斯和卡尔·贝克尔关于社会思想史的研究。至于进行当代社会分析时注意历史背景，解决特殊的历史问题时使用社会学的方法也不乏其人。[2]

1950 年代以来，历史学与社会科学相互渗透的趋势加强了。进入 70 年代达到了高潮，成为不可阻挡的趋势。只要看一看 1958 年“社会与历史比较研究”（*Comparative Studies in Society and History*）杂志出版以来一些新杂志的名单就可以清楚地感觉到它的势头：“交叉学科历史杂志”（*Journal of interdisciplinary History*）、“社会史杂志”（*Journal of Social History*）、“计算机与人文学科”（*Computers and the Humanities*）、“历史方法通讯”（*Historical Methods Newsletter*）、“童年史季刊”（*The History of Childhood Quarterly*）、

---

1 Delzell 前引书，第 10 页。

2 Scott G. McNally 编前引书，第 56 页。

"心理史杂志"(*The Journal of Psycho-History*)、"家庭历史透视通讯"(*The Family in Historical Perspective Newsletter*)。

值得我们探讨的是史学与社会科学从分到合的趋势是怎样发生的。首先是二次大战后,世界形势发生了引人注目的变化,一大批亚非拉国家摆脱了殖民枷锁,走上了独立发展的道路。一批社会主义国家出现,按照社会主义的方式正在实现社会、经济、政治的现代化。这些新的社会经济文化政治现象,都不是原有的、静止的、以发达资本主义的社会经济发展为模式的理论所能解释得了的。就是发达国家本身,也由于科学技术的迅猛发展,资本主义发展不平衡的规律在起作用,从国际关系到国内政治经济社会也都处于迅速的变化之中。特别是60年代席卷西方国家的"政治风暴",不仅冲击了西方的社会政治制度,暴露了资本主义制度的某些弊端,而且冲击了西方社会科学的基本理论——结构功能主义,使激进思潮在各门学科领域都有不同的进展。人本主义的思潮有所抬头,科学实证主义的思潮遭到怀疑,这两大思潮都诉诸历史,[1]从而出现了社会科学各个部门又重新与历史学相结合的新趋势。"与此同时(基于同样的原因)马克思主义的历史著作空前繁荣,其结果是,各种不同的马克思主义的分析成为对社会发展理论做出反应的最强大的潮流。这些因素为社会学家研究大规模的社会变迁,挖掘历史,提供了前所未有的推动力。"[2]

史学方面也发生了重大变化。史学工作者也面临着新的挑战。西方国家的史学研究在二次世界大战以后研究的范围扩大了。史学家们比以往任何时候都更关心理论问题和现实问题。许多专业历史工作者开始采用从社会科学其他学科学到的新的理论模式和方法解决历史上的新老问题。

---

1 "与现代西方科学主义思潮相比,人本主义各派哲学都更为注意对社会历史问题的阐述。因为社会历史本身就是作为他们的哲学的出发点和基础的人的活动领域"(刘放桐:《现代西方人本主义哲学思潮的来龙去脉,现代西方哲学思潮评介》,复旦大学出版社,1984年版,第32页。)

西方科学主义思潮中的鼻祖孔德、斯宾塞都十分注意历史,本文在开始已经论及,本世纪60年代以后,以库恩、拉卡托斯、费耶阿本德等人的历史主义或科学哲学的历史学派兴起。他们强调科学发展的量变质变交替,强调以科学史检验科学哲学的理论及其科学动态模式。(参阅夏基松著:《现代西方哲学教程》,上海人民出版社,1985版,第12~13页)

2 Soctt G. McNall 编前引书,第57页。

二

在史学与社会科学相结合的道路上走在前列的首推法国的年鉴学派。年鉴学派因 1920 年创刊的《经济与社会史年鉴》（*Annalesd' histoire economique et sociale*）而得名。年鉴学派的创始人，两位斯特拉斯堡的历史学教授费弗尔（Lucien Paul Victor Febvre 1878～1956）与布洛赫（Marc Bloch 1886～1944）是以批评实证派史学为滥觞开展他们在史坛的活动的。他们反对把史学研究局限在狭隘的政治史范围内，目的主要是把史学从实证派的清规戒律中解放出来，打破学科的界限，扩大历史研究的范围。布洛赫和费弗尔在“年鉴”杂志创刊号上宣称，他们要拆掉把历史研究和社会、经济科学隔开的高墙，不是用“长篇的理论文章”而是用“事实和例证”达到这一目的。（Georg G. Legers, *New Directions in European Historiography*）“年鉴”杂志使用了经济与社会这两个形容词。这两位创始人并没有打算用它们来限制其研究范围，他们选项用“社会”一词是因为它是“历史上苍赐给尘世的礼物，用来标榜一份不希望在它周围筑围的历史杂志，世间上并没有经济史、社会史，只有历史，在其统一性内之历史（dans son unife）。历史本来的意义（Par a definition）就是完全是社会的（Social）。”[1]布洛赫说：“真正的历史只有一种，而这种历史只能靠互相合作才能完成。这是世界性历史（histoire universelle）。”[2]并把历史定义为“在一定时间里的关于人的科学”。[3]二次大战后，“年鉴”杂志改名为《经济、社会、文化年鉴》（*Annales Economies Societes Civilizations*）所用的名词均系复数，是他们“整体历史观”（Total history）的进一步发展和体现。

年鉴学派的“整体”历史观在第二代历史学家弗南德·布罗代尔（Fernand Braudel 1902～1985）的著作中得到了更充分的体现。《腓力普二世时代的地中海与地中海世界》（*The Mediterranean and The*

---

1 转引自杰克·莱哥夫著：《新历史》（上），载《食货》月刊复刊第 12 卷，第 10、11 期，第 426 页。

2 同上，第 427 页。

3 Marc Bloch, *The Historians Craft*, New York. 1953 , p. 27.

Mediterranean World in the Age of Philippe II, 1949）和《15～18世纪的物质文明、经济与资本主义》（*Material Civilization, Economics and Capitalism: XV-XVIII century*）这两部巨著和其他论著中的整体历史观可以从四个方面介绍：

（一）**历史时间**。布罗代尔把历史按照时间长短分为三个不同的层次，第一个层次是长期的（longue duree, long duration）。这里所谓的长期几乎是不变的同义语，所指的是人与其周围关系的历史。“这是一种变化极其缓慢的历史，往往是不断重复，以永无休止的循环的形式出现。”与长期相联系的另一个概念是“结构”（Structure），对于社会问题的观察者来说，结构是一种组织，是社会现实与社会群众之间的一系列的首尾一致相当固定的关系。对于我们历史学家来说，结构当然是一种建筑，但在建筑之上的是在很长时期里利用和滥用时间的现实。有些结构，由于长期存在，成为稳定的因素可以持续多少世代。它们进入历史发展的道路，阻止它的流动，而且在阻止中使之成形。另外一些结构损毁的要快一些。但是二者都起支持和限制作用。作为妨碍物，结构是一种范围（教学上称之为“包线”）。超越这个范围，人与人的经验无法展开。根据布罗代尔自己的解释，“结构”包括地理架构、生物环境、生产率的极限、特殊的精神上的约束力，即心态的架构。“所有这些都能够成为长时期的牢笼”[1]。第二个层次是中期的，时间长度从十年、二十年、半个世纪到一个世纪。布罗代尔把在中期起作用的因素叫做“局势”（Conjuncture），包括人口的消长、物价升降、工资变化、效率的波动、生产增减、利息多少、货币的供应、技术的进步以至心态和文化的变化等等。这些因素逐渐地破坏“结构”，最后造成一种新的平衡。第三个层次是短期的，时间长度至多是几年，在短期内起暂时作用的现象，如“战争”、“革命”，布罗代尔称之为“事件”（event, evenementielle）。这是传统史学的主题，在布罗代尔看来只不过是海水上的漪涟表面的喧嚣。因为它们是“最为反复无常和最具有欺骗性的”[2]。受到布罗代尔重视的是在中长期起作用的因素，或具有持续不变性的条件。他在关于地中海和资本主义

1 Fernand Baudel, *On History*, The University of Chicago Press, 1980, p. 3, 31.
2《论历史》，第23页。

的研究中所详加探讨的是地理环境、人口变化、饮食来源、住房条件、衣着习俗、技术传播、交通条件、货币流通、城镇兴衰，这些影响着人类达数百年之久的物质生活条件，而这些物质生活条件又与人类的生活文明密不可分。“没有强大的政治、社会、经济骨架就没有文明，这个骨架还造成伦理和知识性生活……以至宗教生活”[1]。

（二）**历史空间**。布罗代尔在研究地中海世界和资本主义的过程中注意到对一个地区在某一时代的探讨决不能局限于该地区本身。在空间上应把世界看成为一个整体，一种文明作为一个整体“可以划分出它们的边界，它们的中心和边陲，它们的省份以及可以在那里呼吸到的空气，存在着的和与之发生联系一般的和特殊的形式”[2]。显然布罗代尔的历史空间不是二维的、平面的，而是三维的、立体的。核心地区在交换经济和商品生产中占据主导地位，它是生产制造，金融交易的中心，其他地区则往往是它的市场和原料供应地。总之利润和权力集中在这个地区。15、16 世纪的意大利北部和佛兰德是欧洲经济的核心。17 世纪以后，核心地区逐渐转移到北大西洋，英国成为新的核心，意大利北部沦为“半边陲”（Semi-Periphery）地带，无法与核心地区抗衡。边陲地区在全世界占大多数，在经济上、政治上、甚至文化上受制于主要核心地区。从 15、16 世纪以来亚洲、非洲、拉丁美洲的殖民地和半殖民地就是所谓的边陲地带。（高承恕：《布劳岱与韦伯，历史对社会学理论与方法的意义》）[3]

（三）**历史结构**。布罗代尔所讨论的结构与社会学中结构功能学派的结构是不同的。对于他来说，历史结构必须通过时间和空间来掌握。所谓“历史结构”就是从长时期的观点来研究历史所发现的那些持续的“建筑”，或基础模型（underlying Patterns），它只有从历史的经验事实中来掌握，而不是舍去时间和空间的抽象。因此，历史结构是特定的，而不是一般的、普遍的，不同的社会有不同的建筑和基础模型，它们只有在特定的历史脉络（Context）中才具有意义。

（四）**历史整体**。布罗代尔所说的历史整体就是历史时间、历史

1 The History of Civilizations, The Past explains The Present, *On History,* p. 206.
2 同上，第 210 页。
3 黄俊杰编译：《史学方法论丛》修订三版，台湾学生书局，1984 年版，第 136～137 页。

空间和历史结构的统一。“对于我来说，历史就是一切可能的历史的总合过去、现在和未来各种专业、各种观点的集合”。这与传统史学只注意历史事件的研究方法截然不同。布罗代尔强调对历史的整体性的了解在历史研究中是必不可少的。这是史学思想上的一次革命。“采纳了这种历史观点，史学家就会改变他的风格，他的态度，彻底改变他的思想，采取崭新的方法对待社会事务”[1]。那么，如何才能掌握历史的整体性呢？除了应注意以上所谈到的历史的时间、空间和结构外，还必须有多学科的合作。布罗代尔说：“一切都是历史、土地、气候、生态变动……历史是人的科学，其条件是在和其他人文科学同在一边，而不是独自成立，这是要严正说明的。”“历史要成为有价值的东西，我再重复一次，必须与其他人文科学结合；而且，在人文科学方面也应该考虑入历史的层面。”[2]

历史学与人文科学、社会科学相结合是年鉴学派创始人和该学派第二、三代史学家多年来追求的目标。布罗代尔曾这样说过：“历史对我像是一种知识形成，一定要采取某些半确定的态度，在几个其他程度重视的领域也一样，如人口史、地理史、经济史……我对这些与人文科学相结合的部分，兴趣比历史学本身还热衷。”他还指出：费弗尔和布洛赫“想把其他人文科学嵌入史学中”。至于他自己，“并不想去殖民它们，而是去拜访，想去藉它们眼睛来观察，借用一下它们使用的语言、它们的观点，以丰裕我自己的部分。”[3]

50 年代至 60 年代布罗代尔在“年鉴”杂志上发表了一系列论文，探讨史学与社会科学其他学科的关系。《史学与社会科学》一文分析了史学和社会科学未能很好地合作的原因。布罗代尔认为双方都注意短时期内的事件和问题是影响二者合作的主要障碍。传统史学事实上是事件史，社会科学极其厌恶事件，因为它是难以捉摸的，社会科学很少回顾过去，而且往往以 1945 年为限，他们只注意当前事件的处理和政府的现行政策。为了改变这种脱节状况，布罗代尔建议史学和社会

1 *on History*, p. 33.

2《史学一生，法国年鉴学派领袖布罗代尔访问录》，原文载《文艺杂志》（*Magazine Literature*），1984 年 11 月，中译者赖建诚，中译文载《食货》月刊第十五卷第五、第六期，第 247、249 页。

3 同上，247 页。

科学都应该关心长趋势和长时间内起作用的因素，而且应该建立社会数学（social mathematics）。社会数学至少由必须事实（necessary facts），即已知事实及其后果，可能事实（contingent facts），条件事实（conditioned facts）三种语言组成，有了这样的数学语言，人们就可以把观察到的社会实际直接变成教学公式，输入计算机[1]。布罗代尔认为，已经取得很大成就的经济学，对沟通史学和社会科学也能起到良好的作用。历史上的系列经济统计数字，例如有关中国明代的人口统计，有助于深入了解社会经济运动的内容。此外，赋予地理学和生态学以社会历史的内容，在各种社会科学的研究中加强地理概念，也是促进史学与社会科学结合的一条有效途径[2]。

无可讳言，由于年鉴学派强调中长期历史因素的作用，他们在社会经济特别是人口史方面取得的成就比较显著。不过，年鉴学派的创始人一直十分注意历史上的群体心理和精神现象。费弗尔探讨了心态史这个新领域中心态工具（outillage mental）与感受性（sensibilities）这两个重要概念。一批青年史学家在费弗尔的影响下研究人类面对死亡时的感受，为心态史的研究开辟了一个新的领域。

虽然年鉴学派的代表人物都是中世纪和近代史的专家，他们都对现代有着浓厚的兴趣，注意探讨历史与现实的关系，这是十分可贵的。布洛赫在《史学家的工艺》一书中设有专节讨论通过过去了解现代（understanding the present by the past），通过现代了解过去（understanding the past by the present）。他认为，史学作为在一定时间内关于人的科学“要求我们把对死的东西的研究同对活的东西的研究结合起来”[3]。布罗代尔从另一个角度论证历史与现实的关系，他说：“一个历史学家事实上有一种特别方式把他自己同现实联系起来。作为一般法则，他所关心的只是如何摆脱现实。但是，有时候回顾一下自己脚下的足迹，事实上是具有不可否认的价值，是极其重要的，是值得尝试的冒险。在这里历史直接面对着现实。”[4]

1《论历史》，第42页。
2 前引书，第52。
3《史学家的工艺》，第47页。
4《论历史》，第209页。

三

从理论到实践把史学和社会科学，特别是把社会学理论与社会史研究结合在一起的另一个学派是英国的马克思主义学派。这个学派出现于二次大战之后，由一批在牛津和剑桥受过良好教育，经过二次世界大战洗礼，与英国共产主义运动有着这样或那样联系的专业史学工作者和社会科学工作者组成。他们的文章大多刊登在《过去与现在》（*Past and Present*）、《新左派评论》（*New Left Review*）和《社会主义记录》（*Socialist Register*）上。他们的研究工作涉及中世纪和近现代史上的一系列重要问题：封建制度和农奴制度的解体、从封建社会向资本主义社会过渡、英国资产阶级革命、工业革命与工厂制度的兴起、英国工人阶级的形成、工人贵族、妇女运动、和平运动、禁止核武器运动。主要代表人物有经济学家 M.H.多布（Maurice Dobbs, 1900～1976）、史学家 R.H.希尔顿（Rodney Hilton, 1916～）、克利斯托夫·希尔（Christopher Hill, 1912～）、埃里克·霍布斯鲍姆（Erio Hobsbawn 1917～）、E.P.汤普逊（Edward Palmer Thompson, 1924～）、R.威廉斯（Ray mond Williams, 1921～）。

作为史学家或社会科学家个人，他们每个人都有自己的研究领域，对于史学和社会科学都做出了独特的贡献。多布是研究从封建主义向资本主义过渡的先驱之一。他不仅重新解释了马克思关于资本主义是一个独特的生产方式的理论，而且说明了资本主义生产关系和社会结构对于生产力和技术发展的反作用。关于向资本主义过渡问题，多布因强调封建生产方式由于内在的矛盾而逐渐解体，引起了同保罗·斯威齐（Paul Sweezy）的一场著名的争论。后来出现的弗兰克的依附论和勒斯坦的世界体系论都同这场争论有关。多布的《资本主义发展研究》（*Studies in the Development of Capitalism*, 1946）至今还是研究这一问题的重要参考书。希尔顿的贡献主要在英国封建主义和农民阶级的研究上。他认为，反封建的自由不是资产阶级的创造，而是中世纪农民反对地主阶级统治的遗产。这一论断动摇了史学家和社会学家的传统观念。希尔顿是英国革命史的专家。在他看来，17 世纪的英国革命决不仅仅是一场宪法革命、宗教革命或经济革命，它还是一场包括生活一切方面的社会革命。在研究了英国革命的思想遗产之后，他得出结论说："我们不应该排除在阶级统治的社会里存在着为争取平等社会而进行斗争的可能性。我们也不应该以为在一个貌似同质的社会里，在一种价值观念占统治地位的情况下，底层社会、地理和社会的裂缝中没有存在另一种价值观念的可能性。"[1]霍布斯鲍姆的研究领域相当广泛，英国史之外，欧洲史、拉丁美洲史都有所涉及。《原始叛逆者》（*Primitive Rebels*, 1959）、《匪徒》（*Bandies*, 1969）这两部名著，研究了工人阶级登上政治舞台之前罗宾汉式的匪徒、农村秘密结社、各种相信千年福至的农民运动、城市暴徒等社会反抗和社会运动。他认为，这些集团"骚乱"和活动是他们对近代资本主义适应或不能适应的一种反应，具有浓厚的原始和古代色彩。他还指出，这些斗争虽然发生在资本主义的边缘地带，但并不是历史的边缘。"书中谈到的这些男子和妇女直至今日在许多国家里仍占人口的大多数……在他们有了政治意识之后已经把我们这个世纪变成为历史上最革命的世纪。"[2]E.P.汤普逊是西方国家中最负盛名的史学家。《英国工人阶级的形成》一书已成为新社会史的经典著作。这部书的意义不仅在于它提供了一部有血有肉、生动具体的工人阶级形成史，更重要的是它标志着英国马克思主义史学由社会、经济结构主义向文化主义（Culturalism）的转变，在理论和方法上都有所创新。威廉斯的成就主要在文化理论方面。他认为，文化是生活方式的总合，由维持生存（经济），决策（政治），交流和繁殖（家庭）四个系统组成。他吸取了卢卡契文化整体的观念，葛兰西的在全部文化因素中统治阶级文化占统治地位的观念，构成了他自己的这种独特的文化理论。[3]

作为一个活跃在国际史坛上的著名学派，他们在理论上的贡献可以归结为以下四个方面：

---

1 Harvey J. Kaye, *The British Marxist Historians*, New York, 1984, p. 129。

2 同上书，p. 149.

3 George G. Legers, ed. , *International Handbook of Historical Studies: Contemporary Research and Theory*, Westport, Conn. , 1979, pp. 203～204.

（一）建立了"从下向上看"（from bottom up）的社会史观。写底层社会的历史，被压迫阶级的历史并非英国马克思主义者的首创。年鉴学派主张写“具体心态史”，包括下层心态的历史，但在处理“文化”概念时，有一种把上层文化强加给民众阶级的倾向，无视民众阶级自身创造的文化。布罗代尔的著作中往往把农民和其他劳动群众的经验当成人类的中心活动，然而，在描写整个环境和长期历史时对人类的活动却大为减少。年鉴学派中一些年青的学者认为，只有通过数量化和无名化，用人口学和社会学的方法，才能使被压迫阶级与历史融为一体。这正如一位意大利的史学家所说，“下层阶级虽然不再为史学家所忽视，但他们是受谴责的，仍然是沉默的。”[1]专攻法国革命史的进步史学家和激进派的史学家，研究了革命群众和被压迫阶级的文化史，他们所写的历史可称为底层社会史，但并不是“从下向上看”的历史。

英国马克思主义学派“从下向上看”的社会史观有如下一些特点：①他们不是孤立地研究农民和工人阶级的历史经验，而是把它放在特定的阶级关系和阶级对抗的历史背景之中进行研究。他们从未忽略阶级关系中的政治方面，这就是说，在涉及统治和被统治、斗争和适应的问题时，阶级关系总是政治性的。②他们并不排除对统治阶级和社会精英的注意。霍布斯鲍姆说：“我愿意做的不仅仅是简单地把织袜工人和农民从那些认为很能了解他们的现代史学家的恩赐下解救出来，而且要把历史上的贵族和国王解救出来。”[2]③他们认为，下层阶级是创造历史的积极参加者，而不仅仅是消极的牺牲品。下层阶级的运动和斗争对于历史整体的发展是很重要的。这就是说，不仅具有政治和经济意义，而且在文化思想价值观念方面也是有贡献的，为后来的斗争提供了经验和借鉴。④他们虽然强调下层阶级的斗争，但并没有忽略这些斗争的局限性以及下层阶级适应统治阶级需要并与之合作的局限性。他们也没有把历史上工人和农民的斗争贬低为非政治的歇斯底里、犯罪或不轨活动。

（二）扩大了马克思主义关于阶级的概念。汤普逊曾谈到他们在

---

1 Carlo Ginsburg, *The Cheese and Worms*, p. XX，前引书，p. 225.
2 Kaye 前引书，第 228～229 页。

这方面的成就，他说："我们以马克思主义和正统社会学所不允许的灵活性和非决定论大大地扩大了马克思主义史学家普遍使用的阶级的概念。"[1]英国的马克思主义史学家没有采取静止的、非历史的方法去研究阶级和阶级斗争的经验，而是把它们看成是积极的历史过程。"阶级是一种社会和文化的构成（往往可以发现制度上的表现），不能抽象地或孤立地划分，只能以同其它阶级的关系来确定，最根本的是阶级的定义只能放在时间中确定，也就是在正动与反动、变化和冲突中确定。……阶级本身并不是一种事物，它是一种即兴演出。"[2]他们非常重视阶级意识在阶级形成过程中的作用，在他们的史学著作中常常谈到缺少或没有阶级意识的阶级斗争，他们强调阶级意识是在阶级斗争中形成的，而阶级斗争是一种过程。汤普逊坚决反对"蒸汽机＋工厂制度"等于工人阶级这种简单化的机械的决定论公式。他认为，现有的阶级意识是社会存在中新经验的反映，这种经验由工人以文化的方式加以处理，从而升华为阶级意识。[3]阶级和阶级意识是不可分的。正是在这个意义上，他们反对"基础"、"上层建筑"的提法，认为是一种很不恰当的比喻，他们采纳了葛兰的观点，主张生产的社会关系既是经济的，也是政治的、文化的和道德的关系。

（三）**提出了发展社会史研究的主张**。英国马克思主义历史学家以自己的大量著作开辟了研究社会史的途径，在历史唯物主义理论上做出了贡献，与此同时，他们还就发展社会史的研究提出了完整的主张：社会史应该是社会的历史。①应该是真正的编年史，"我们所关心的不仅是结构、机制的持续性和变化以及它们变化的一般可能性和类型，而且是真正发生的情况，不这样做，我们就不是真正的历史学家。"[4]②社会的历史是能够以社会学方法来划分的、在一起居住的人民特别单位的历史，是各种社会和人类社会（不同于猿猴、蚂蚁）的历史，是某种社会形态及其可能关系的历史，整个人类社会的历史。

---

1 E. P. Thompson, "The Poverty of Theory," in his *The Poverty of Theory and Other Essays*, London, 1978, p. 170, 前引书 p. 232.

2 E. P. Thompson, "Peculiarities of the English," in *The Poverty of Theory and Other Essays*, p. 295, 前引书第 232.

3 Henry Abelove et al ed. , *Vision of History*, New York, 1983, p. 7.

4 Felit Gilbert et al, *Historical Studies Today*, New York, 1972, p. 10.

研究社会史有待解决的问题包括：①资料数量大、种类繁多，需要使用现代技术组织各方面的力量进行整理。②需要测定各种社会变化的统一标准。③许多理论概念问题有待解决，例如，阶级的定义，阶层的划分，如何把理论变成方法。④最大的困难在于如何对社会整体进行研究，阶级不是一个与世隔绝的群体，而是一个关系系统，包括纵向与横向关系、差异与相同的关系、距离关系、异化了的社会功能的差异关系、剥削关系、统治和被统治关系。霍布斯鲍姆《从社会史到社会的历史》[1]就是一篇代表作。首先，他对什么是社会史进行了探讨。旧的社会史概念是含混不清的，大体上包括三方面的内容：①被压迫阶级的历史、社会抗议史、工人运动和社会主义思想史；②各种各样很难加以分类的人类活动，如态度、举止、日常生活习惯、礼俗……的历史，这类社会史往往并不专指下层社会史。屈维廉的《英国社会史》便是一例，正如他所说，社会史是“删去政治的历史”；③与经济史联用即社会经济史。经济史与社会史往往是不可分的，因为人类社会的进化只能是社会生产进化的过程。霍布斯鲍姆认为，1958年《社会与历史比较研究》杂志的出版是新社会史作为一个学术领域出现的标志。社会史研究之所以在二战后迅猛发展有其内部原因和外部原因。内部原因，学科内部和学科之间的变化。外部原因，国际社会经济形势的变化和各国政府对社会问题的重视。霍布斯鲍姆认为，心态史的研究、社会变迁与社会冲突的研究、社会运动与社会革命的研究、殖民地社会的研究、国家的研究，都是社会史研究的重大课题。

（四）英国马克思主义史学家以他们的著作参加到英国的政治生活中来，有助于加强英国社会的民主意识和社会主义的历史意识。

谈到社会学与社会史的关系，人们往往认为就是理论方法和材料的关系、社会学解决理论和方法问题、史学解决资料问题。英国马克思主义史学家的经验说明，由于他们的研究工作是从理论问题开始的，他们的探索紧紧地扣住了理论问题的线索，因此，他们的研究成果也在理论上做出了贡献。写到这里不由得使笔者想起E.H.卡尔的一句名言：“有更多的社会史和历史社会学论著问世，这两门学科就能够相

1 *From Social History to the History of Society*, 1971.

得益彰。”[1]

四

在美国，史学与社会科学的结合呈现出错综复杂的情况。一方面，从50年代以来结合的趋向十分明显，出现了所谓新经济史、新政治史和新社会史，在社会发展理论上形成了现代化理论和世界体系论两大流派。另一方面，发展很不平衡，理论的研究和历史的研究往往脱节，要么是高度的概括和抽象，要么是五花八门种类繁多的专题、个案研究。而且几乎在任何领域都没有一个占支配地位的学派。有鉴于此，我们仅以社会史和社会发展理论为限作一扼要介绍。

无可置疑，美国的新社会史是在法国年鉴学派和英国马克思主义学派的直接影响下兴起的，而且同60年代的民权运动、学生运动有密切关系。许多史学工作者，经过60年代风暴的洗礼开始关注贫困、失业、犯罪、吸毒、种族歧视、性别歧视等社会问题，从而走上了研究社会史的道路。在历史观方面，相当多的史学家接受了“从下向上的看历史”的原则，注重黑人史、妇女史、工人史的研究，与传统史学不同，新社会史学家没有把力量放在对黑人、妇女和工会组织的研究上（像康蒙斯的制度史学派那样），也没有走老“左”派史学家的路，只研究美国劳工的重大斗争和革命传统。他们把劳动人民的日常生活、家庭结构、社区环境作为研究的主要内容。像约翰·布莱辛盖姆（John W.Blassingame）的《奴隶社会，内战前南部种植园生活》（*The Slave Community Plantation Life in the Antebellum South*, 1979），赫伯特·吉特曼（Herbert Gutman）《在奴隶制度下和自由时期的黑人家庭，1750～1925》（*The Black Family in Slavery and Freedom 1750～1925*，1976）、《工业化美国的工作、文化和社会》（*Work, Culture, and Society in Industrializing America*, 1976）；布鲁斯·劳拉（Bruce Laurie）的《费城劳动人民1800～1850》（*Working People of Philadelphia 1800～1850*，1980），都具有这样的特点。新社会史涉及的内容十分广泛，大致上可

1 E.H.Carr, *What is History?* New York, 1962, p. 84.

以归结为以下十六个方面：

1. 社会流动性和社会分层，研究人们占有财富的情况，财富和收入的分配情况和社会结构、社会地位的变化，代表作：斯蒂芬·特恩斯特拉姆（Stephan Thernstorm）《贫困与进步，19 世纪一个城市的社会流动性》（*Poverty and Progress, Social Mobility in A Nineteenth Century City,* 1964）、《另一些波士顿人》（*The Other Bostonians,* 1973）。

2. 家庭史：研究工业化前后家庭结构、家庭作用的变化。代表作：卡尔·德格勒（Carl Neumann Dagler）：《革命至今的美国妇女和家庭》（*At odds: Women and the Family in America from the Revolution to the Present*, 1980）。在西方史学界，美国关于家庭方面的著作增长速度最快，见下表[1]：

时期	英国	法国	美国	总计
1922～1926	8	6	6	20
1927～1931	10	8	13	31
1932～1936	8	9	22	39
1937～1941	7	10	23	40
1949～1946	5	11	20	36
1947～1951	22	22	16	60
1952～1956	47	61	44	152
1957～1961	65	72	40	177
1962～1966	104	207	76	287
1967～1971	145	147	144	436
1972～1976	212	252	338	802

3. 不同年龄集团的历史，如童年史、少年史、老年史，代表作 L.Y.琼斯：《伟大的期望，美国与婴儿兴旺的一代》（Landon Y.Jones, *Great Expectations, America and the Baby Boom Generation*）。

4. 世代财产转移史：研究一个年龄集团如何控制另一个年龄集

1 Theodore K. Robb et al, *The New History: the 1980s and Beyond Princeton*, 1982, p. 53.

团。如：J.W.维诺尔：《种植园主的持续性与社会变化，亚拉巴马，1850～1870》（*Planter Persistence and Social Change: Alabama, 1850～1870*）

5. 社会控制：不同方式的社会控制，种族歧视也是一种社会控制的方式，例如《白人至上，美国南部与南非的比较研究》就是对社会控制进行比较研究的一本书。

6. 妇女史，如琼·曼德尔（Joan D.Mandle）写的《美国的妇女与社会变迁》（*Women & Social Change in America*, 1979）。这是一本社会学家写的妇女史。

7. 性生活史，同性恋史，如《美国男性同性恋史》（*Gay American History*），《男女同性恋在美国》（*Lesbian and Gay Men in the USA*）

8. 犯罪史。

9. 隐私史（History of privacy）。

10. 工作史（History of work）（劳动环境、条件、工作态度、职业、道德）。

11. 城市社会史，科学社会史（医学社会史），如最近出版的一本书：保罗·斯塔尔（Paul Starr），《美国医药界的社会变化，独立职业的兴起和大行业的形成》（*The Social Transformation of American Medicine, the Rise of A Sovereign Profession and the Making of a Vast Industry*, New York, 1984）。

12. 知识分子的社会史，如 M.S.拉森的《职业化的兴起，一个社会学的分析》（*The Rise of Professionalism, A Sociological Analysis*, 1977）。

13. 政治社会史，如萨谬尔·海斯（Samuel P.Hays）的《美国政治史的社会分析》（*American Political History as Social Analysis*, 1980）。

14. 移民史，如成露西主编的《资本主义制度下的劳工移民，二次大战前美国的亚洲工人》（*Labor Immigration under Capitalism, Asian Workers in the United States Before World War II*, 1984）。

15. 文学艺术的社会史，如罗塞尔·林尼斯（Russell Lynes）的《社会情趣的培育者，美国国民大众情趣的形成》（*The Tastemakers:*

The Shaping of American Popular Taste, 1980）和《生气勃勃的观众，美国观赏艺术和表演艺术的社会史：1890～1950》（*The Lively Audience: A Social History of the Visual and Performing Arts in America, 1890～1950*，1985）。

16. 社会改革史，如 E.戈德曼，《同命运的约会，现代美国改革史》（*Rendezvous with Destiny, A History of Modern American Reform*, 1977）；A.F.泰勒《自由的动乱，从殖民地时期到内战爆发的美国社会史片断》（Alice Felt Tyler, *Freedoms Ferment, Phases of American Social History from the Colonial Period to the Outbreak of the Civil War* 1944）；罗纳德·沃尔斯《美国的改革者，1815～1860》（Ronald G. Walters, *American Reformers 1815～1860*，1978）。

社会是一个万花筒，美国的社会史也是一个万花筒，美国社会史的多样性是美国社会复杂性的一个反映。

在研究方法上，新社会史除了继承传统的描绘、叙述的方法外，还采取计量的方法，这已成为一个重要的发展趋势。有些著作借助于社会学的方法，先提出理论架构，然后用实证材料论证。美国社会史研究存在的主要问题是综合不够，不注意社会整体的研究，使人不免有支离破碎之感。社会学中的社会发展理论高高在上，同大量的实证和个案研究相去太远。

说到社会学的社会发展（或社会变迁）理论，在这里有必要对当前在美国以至西方学术界比较流行的现代化理论和世界体系论稍加说明。说到底，现代化理论是科学实证主义思潮在社会学领域的一种表现。它的理论来源仍然是启蒙运动以来的理性主义，相信社会发展的合理性与进步性，相信科学技术的发展给人类带来的必然是繁荣、昌盛、进步和文明。这种观点在美国社会学家帕森斯（Talcott Parsons, 1902～1979）的关于社会体系的模式变量理论（Pattern Variable Schema）中得到了充分发挥。在“社会系统”（Social System, 1951）一书中，帕森斯把社会生活划分为三个系统：性格系统（Personality system）、社会系统（Social system）和文化系统（Cultural system）。性格的期望可以是认知的，精神专注的，或评价性的；文化的取向是认知的，估价的或以价值为方向；社会行动有可能是起作用的，表现的或伦理的。[1]而任何一个系统都必须满足四个功能的必要条件方能生存。这四个功能就是我们在第一节中谈到过的适应性功能（Adaptation A）、目标实现性功能（Goal attainment G）、统一功能（Integration I）和模式维持功能（Pattern-Marntenance）。三个系统四种功能在个体行动（unit act）和社会生活中起作用的情况，可以用下面的图式来表示：

图 1：

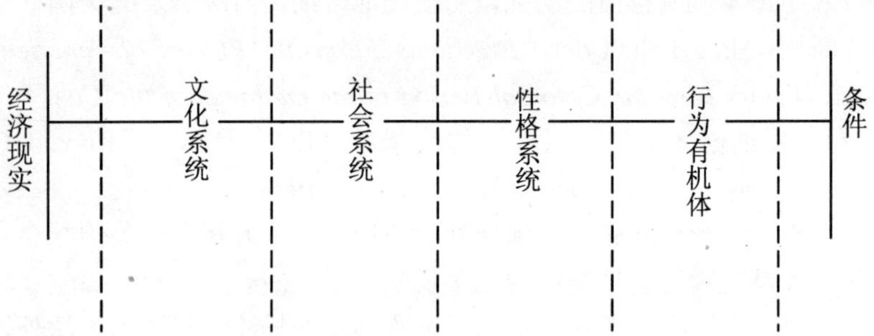

图 2：

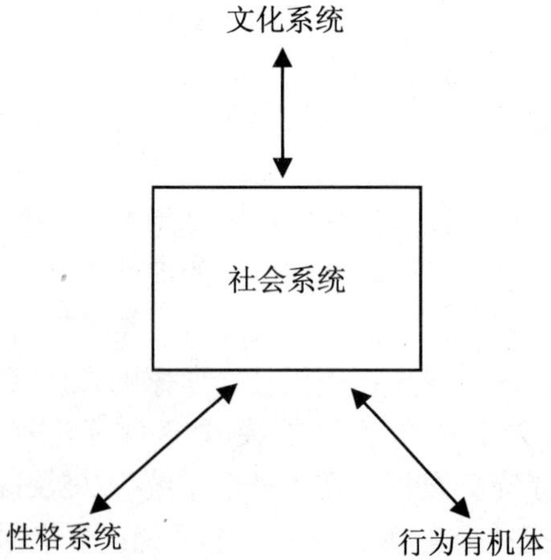

1 Jeffrey C.Alexander, *The Modern Re-construction of Classical Thought*: Talcott Parsons, Berkeley, 1983, p. 51.

图 3：

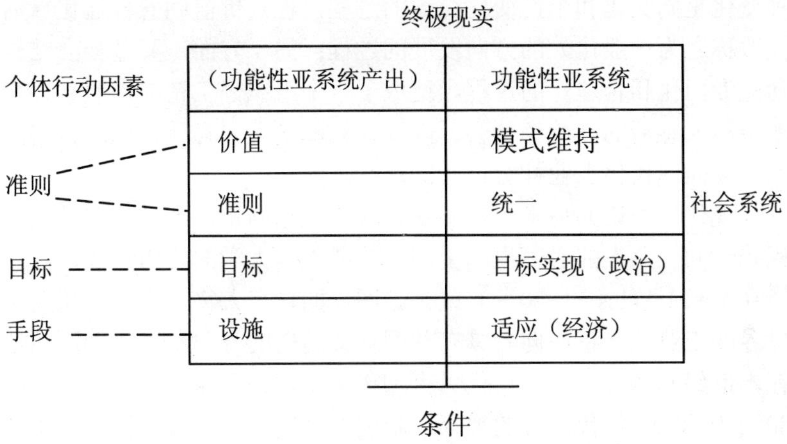

图 4：

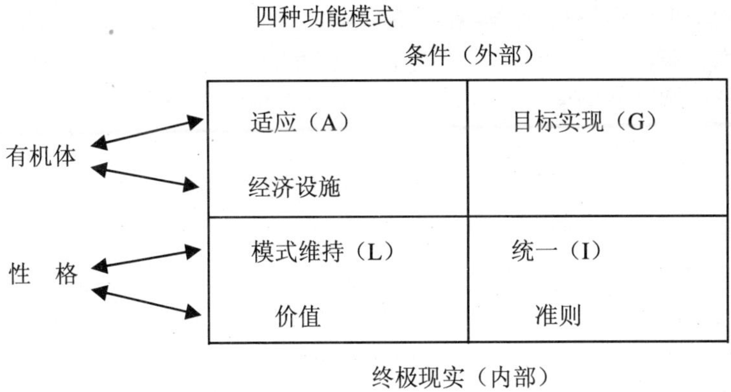

关于四种功能的关系，帕森斯曾作过这样的说明：“社会统一和模式维持与个人动机的关系不同于适应和目标实现与个人动机的关系。后二者主要是同行动条件的合理取向的机制有关……前二者涉及到内在化的价值和准则的作用。”[1]

从上述理论模式出发，帕森斯将农业社会和现代化工业社会当作

1 Alexander，前引书，p. 81.

两个极端的模型，分析社会结构与功能之间的关系变化。他认为，这种变化是同文化和个性变化交织的过程，也是价值朝着普通化（后来他改称之为一般化）的方向发展的过程；另一方面，又是社会结构和功能专门化和合理化的过程，造成了一个组织分工精细，照章办事不掺杂私人感情的高效率社会。而现代化就是人们有计划地从传统的农业社会向现代化工业社会过渡的过程。

现代化理论的另一个来源是社会发展趋同论，不仅社会发展的过程趋于同一，人的心理也趋于同一。斯坦福大学的阿历克赛·英克尔斯（Alex Inkeles, 1920～）就是趋同论的代表人物之一。他认为，全世界的工业社会正在向着具有共同社会结构的方向发展，趋同的速度在本世纪 60 年代和 70 年代大大加速了。这种高速度将会一直保持到 80 年代和 90 年代。总的说来，趋同的速度要比二战前快。在工业社会里，不仅社会结构越来越接近，社会问题也相仿彿，与西方在社会制度上有明显不同的苏联也改变不了这种趋势。知识阶级的地位在提高，消费的道德观念不可阻挡都是与西方社会一样的，趋同的动力是技术变革，人们必须承认“技术的合理化本身就是一种价值观”。这种价值观当然需要社会支持。在现代社会中每一个人都有权力持续地改善自己的生活状况，社会（或国家）有责任提供个人改善生活状况的条件，而技术的合理化则是改善生活状况的最适当的手段。[1]英格尔斯认为，不仅工业社会的社会结构趋于同一，工业社会中的个人也趋于同一，即成为现代人。他说：“并非所有的人均生而为现代的，他们的生活经验使他们现代化。”[2]根据在六个发展中国家进行的调查，他提出了测定个人的现代性的量化标准。他的结论是：“在当前世界的情况中，个人现代化的性质已非一种奢侈，而是一种必需，它们不是得自制度现代化过程的边际收益，而是这些制度长期成功的先决条件。……是国家发展的基本因素。”[3]

---

1 Alex Inkeles, Convergence and Divergence in Industrial Society, in Mustafa O. Attir et al ed., *Directions of Change, Modernization Theory, Research, and Realities*, Westview Press/Boueler, Colorado, 1981, PP. 5～6.

2 Inkeles and Smith *Becoming Modern, Individual Change in six Developing Countries*, Howard University Press, 1974, p. 5.

3 同上书，p. 316.

现代化的理论实质在于，所谓现代社会是理想化、模式化和数量化了的资本主义社会，现代人也是理想化、模式化和可以用数据来测定的资本主义社会中的普通人。E.P.汤普逊说，“现代化的理论（即所有社会都在遵循同样的道路，同‘原始’社会变为如同西欧、北美一样的现代社会）根本不是一种理论。或者说是一种戴上方法论假面具的理论。理论被锁在了抽屉里，即纯粹实证主义、资本主义的意识形态。但现代化论者拒绝承认这一点。他们用来冒充‘理论’的是一整套实证的、计量的和诸如此类的技术。”[1]这真是一针见血的批评。

站在发展中国家方面向现代化理论提出挑战的是依附论和世界体系论。依附论起源于对拉丁美洲历史和经济的研究。历史学家和经济学家在探讨拉丁美洲国家经济不发达的原因的过程中发现，拉丁美洲的工业化并没有引起像历史上欧洲工业革命所带来的社会变革，拉美国家的城市化也是一种畸形发展的城市化，造成了城乡之间的尖锐对立。在解释这种现象时，他们认为，这是16世纪以来资本主义的殖民扩张和拉丁美洲成为世界资本主义体系的必然结果，是外围国家在经济结构上依附于中心国家的产物。美国社会学家伊曼纽尔·沃勒斯坦（Immanuel Wallerstein）采纳了依附论的观点并吸收了年鉴学派布罗代尔的核心——边陲说，把它发展为一种从高层次上观察问题的理论——世界体系论。如果说最早研究资本主义社会的学者霍布士·洛克、亚当·斯密、李嘉图是以研究个人为出发点进而研究整个社会的话，那么韦伯·杜克海姆就是把民族国家作为研究的单位和起点。世界体系论则是站在更高的层次上，即资本主义世界体系的角度来观察问题，把一切问题都放到世界范围来考察。可能是受年鉴学派的启发，沃勒斯坦并没有像一般社会学家那样首先提出理论模式，然后用经验材料论证，而是先写了两本历史书《现代世界体系》（*The Modern World System*, 1974，1980）”。第一卷的副题是“16世纪的资本主义农业和欧洲世界经济的起源（Capitalist Agriculture and the Origins of the European World-Economy）”。第二卷的副题为“重商主义和欧洲世界经济的巩固，1600～1750”。每一章都有数以百计的脚注，采用叙

1 Herry Abelove 等编前引书，P. 15。

述历史过程的方法来说明核心地区、边陲地区和半边陲地区的关系。书的扉页题词“献给费尔南德·布罗代尔”，就连他所主持的研究中心也以这位法国历史学家的名字命名。沃勒斯坦是从分析16世纪以来的国际贸易入手来说明核心地区与边陲地区的关系。他以历史事实证明资本主义世界体系中的贸易关系从一开始就是不平等的。不平等的意思是“把剩余价值从一个直接生产者那里以合法或非法的手段转移给另一个人，使之得到剩余价值。”[1]不平等的变换还有一层意思，即“如果有两对生产者和剩余价值的接受者，”那么“一对接受者得到另一对接受者的部分剩余价值。当然，这并不是以第二对生产者的损失为前提的，因为他的剩余价值已经被攫取了，剩余价值的转移是以一对剩余价值攫取者的损失为前题的，这种关系就是我们所讨论的核心——边陲关系。”[2]不等价的变换不仅在国与国之间发生，而且也在城市与乡村之间发生。剩余价值的再分配是个普遍现象，分配的不平衡使剩余价值大量流入核心地区。形成核心地区和边陲地区的原因是多方面的，而且是一个历史发展过程。用依附论和世界体系论的观点来分析发展中国家和发达国家的关系，得出的结论只能是差距越来越大，贫富越来越悬殊。在他们看来，就连处于资本主义世界体系包围之中的社会主义国家，也难以完全摆脱这样的命运。这种悲观的看法已经受到来自发达国家和发展中国家许多学者的批评。

1 I. Wallerstein, "World-System Analysis, Theoretical and Interpretative Issues", in Barbara H·Kaplan ed, *Social Change in the Capitalist World Economy*, London, 1978, p. 220.

2 同上，p. 221.

二十世纪的美国史学理论与中国社会变迁的研究

引　言

中美关系正常化已经20年了。文化交流有更长的历史。史学方面的交流也不少。中美两国都举办过双边和多边的学术讨论会。来往讲学的人就更多。但是，我发现，双方坐下来认真阅读对方著作的人并不太多。就以费正清生前最后一本中国史的著作而论，书后所附的参考书没有一本中文著作。最近，我会见了一位美国研究中国清代秘密宗教史专家韩书瑞（Susan Naquin, 1944～），谈及此事，她对我说："你们根本不看我们写的书。"这当然是极而言之。这里面有语言方面的障碍，有资料来源的限制，也同治学的习惯和传统有关。本文的命题是"二十世纪美国的史学理论与中国的社会变迁的研究"，换言之，即美国史学家是怎样看待和解释中国社会变迁的，目的是想做点沟通工作，起一点穿针引线的作用。这对于了解美国和了解中国都可能会有些帮助。题目很大，可以专门开一门课，也可以写一本书。在这里我只能概而言之，勾画一个轮廓。

美国人对他们研究中国史的状况有过一些总结。最负盛名的是柯文（Paul Andrew Cohen，1934～）的《在中国发现历史——中国中心观在美国的兴起》(1985)。此书对80年代中期以前美国对中国史的研究有较好的总结，作者认为，美国史学工作者在研究近代中国的过程中出现过三种研究模式，即刺激—反应说、传统—现代理论和帝国主义理论。这三种模式都未能摆脱欧洲中心论的影响。80年代正在进入以中国为中心的历史研究模式，研究工作有所深入。此书即将再版，作者写了一个新的序言，对近年来的新成果有所补充。黄宗智（Philip Huang）先生出版了《中国史学研究范式的危机》（牛津，1994）一书，是对美国研究中国社会经济史的一个总结，其中当然也涉及其他方面。此外，还有一些专题的、阶段性的总结，发表在研究中国的刊物上。主要是：《近代中国》（*Modern China*）、《中国季刊》（*China Quarterly*）、《当代中国》（*Contemporary China*）、《亚洲研究杂志》（*Journal of Asian Studies*）这四种。

美国是一个重视现实和未来的国家。总结和认识人类和自身的历史经验并不是这个民族的长处。但是，美国人在撰写本国和外国历史方面耗费了不少精力，出版了许多著作，这在第二次世界大战之后表现得尤为突出。1994 年美国培养了 800 名历史学博士，其中 590 人的研究领域属于外国史，占获历史博士学位者的四分之三。（Molho and Wood：　1998. P. 3）美国又是一个重实践轻理论的国家，不仅在自然科学方面，在人文和社会科学领域也是如此。重要的理论大多来自欧洲，自身的创新为数寥寥。就 20 世纪的美国史学而言，美国一如既往，继续从欧洲引进史学理论和人文社会科学的理论。下面要介绍的中国历史发展模式的理论，现代发展理论，世界体系论，市民社会理论，这四大理论都可以找到它们出生在欧洲的印记。美国史学界在 20 世纪里也确实建立了自己的理论。如特纳的边疆学说；布鲁克·亚当姆斯试图用热力学第二定律来解释人类文明的发展；比尔德（Charles Austin Beard）用经济决定论来解释美国宪法的起源和美国文明的发展；此后，又有以路易·哈兹（Louis Hartz），霍夫斯特塔德（Richard Hofstadter）的一致论和以布尔斯廷（Daniel Boorstin）为代表的美国例外论。50～60 年代出现了新左派理论，然后又有所谓修正派和后修正派理论，如此等等，不一而足。当前美国史学最为关注的三大课题：阶级、种族、性别，反映了他们的兴趣所在。将社会科学（社会学、经济学、政治学）的理论和方法应用于史学研究，是美国战后史学发展的另一特点。以上这些都对美国中国史的研究有很大影响。

美国对中国历史和现状的研究比欧洲国家晚的多，而且受欧洲影响很大。传教士可以看做是研究中国的历史和现状的始作俑者。早期的专业研究人员大多受过欧洲的汉学教育（如费正清）。对中国语言、文化、历史和现状的大规模研究和专业人员培训是从二战期间开始的。哈里·哈定（Harry Harding）将二战后美国对现当代中国的研究分成了四个时期，历史的研究也大致相当。

第一个时期：50、60 年代。50 年代末，有三件事情对于中国研究发生了很大影响：

1958 年，国防教育法通过，大大加强了若干重点高等院校的汉语教学。

1959～1960 年，福特基金会开始大量资助与中国研究有关的学术机构。

1959 年，当代中国联合研究委员会成立（在福特基金会的资助下美国学术团体理事会与社会科学研究委员会联合组成），对于中国研究做了大量的组织和协调工作。

50、60 年代是美国高等学校大发展时期。冷战的需要、社会科学趋于成熟（行为科学出现）、新兴国家出现、注意对发展中国家的研究、以及国家和私人的投入的增加，都促使人文社会科学工作者注意对中国问题的研究。这个时期研究工作的特点是：隔岸看花，云山雾罩。重在整体研究，历史的研究与现状的研究相结合，企图弄清 1949 年前后究竟发生了什么变化。费正清的《中国对西方的反应》（1954）、《美国和中国》（1958）可算做代表作。他在这两部书中提出了刺激—反应说，影响了整整一代美国研究中国历史和现状的学者。此时期有些专著是依靠中国政府发布的文件和访问大陆逃亡海外的难民写成的，李侃如的《天津的革命和传统》就是一例。哈佛、哥伦比亚、密执安、华盛顿（西雅图）等校的中国研究中心都是在这个时期建立的。

第二个时期为 60、70 年代。

背景：中国发生了“文化大革命”，美国发生了民权运动。中美关系开始正常化（1979 年 1 月正式建交）。与中国的直接交流开始。红卫兵小报成为研究中国历史和现状的一项资料来源。

提出的问题：中国为何会发生“文化大革命”？对中国政治制度的影响。与城市社会关系，与经济及日常生活的关系。对世界其他地区的影响。

研究特点：政治学从研究官方意识形态和正式的组织结构转而研

究中国制度的非正式方面。社会学开始注重研究中国的婚姻、家庭、个人关系、福利和不平等以及城市生活的其他方面。汉学研究的社会科学色彩更浓。许多年轻的学者参加关心亚洲学者委员会的活动，出版刊物，著书立说，批评名牌大学和政府以及私人基金会资助项目取得的成果，例如费正清倡导的“冲击—反应”说，受到了挑战。

成绩：研究工作较前深入，从一般转向特殊。发现了中国政治生活中的一些非正规的制度。

存在的问题：主要是未能将对现状的研究与历史的研究结合起来、同比较研究结合起来。对中国的社会政治结构的上层和下层有所了解，对中层的研究不够。

第三个时期为 80 年代。

改革开放本身成为研究的焦点。改革开放开辟了新的研究资源。包括中国政府发表的统计数字，中国政府官员接受采访，美中学者和学生得以相互访问留学，政府官员和商人的交流增多，所有这些都扩大和增加了资料和信息的来源。由于投资有所削减，研究工作不如前一个时期，出现了停滞不前的现象，直到 80 年代末，才出现了一个新高潮。

此时期的研究工作最大的特点是，人文学科赶了上来。社会科学注重中层结构的研究和理论研究，历史的比较的研究也有所加强。研究工作更加学院化（academicization，指专门从事学术研究，不卷入或较少地介入政策争论）和专业化。研究工作继续向深入和细致的方向发展，缺乏综合和总结。

战后第三代研究中国的专家出现了，他们的语言功底好（特别是口语），分工过细，对整体把握不够。

天安门事件的影响。对市民社会理论的兴趣增加，影响到对中国社会公共领域（商人、知识分子、公共服务设施、行会等）的研究。

90 年代为第四个时期。

十大趋势：

五大趋势源于中国国内：

1. 中国国家和社会的关系正在发生变化：城市中的市民社会是否出现了？民运组织，个人与国家的关系，中央政府与地方政府的关系等等；

2. 中心地区与边缘地区的关系在变化：福建与台湾，广东与香港，山东与南韩，新疆的民族分裂倾向；

3. 中国与外部世界的关系因全球化的趋势正在发生变化（全球性的问题：爱滋病，毒品贸易，专业人员参加国际组织）；

4. 中国知识界在进化（世界性的中国知识界正在形成，新一代人文马克思主义和非马克思主义知识分子已经出现）；

5. 左右中国发展的一些基本问题反复持续出现（领导层缺乏正规的决策程序；军事制度忠于个人，而未制度化；国家意识形态未能调整内容使之为群众提供令人信服的行动指南；缺乏国家凝聚力）。

五大趋势出现于美对华的研究领域：

1. 美国对中国历史的研究渐趋成熟，越来越强调对地方史和社会经济史的研究；

2. 80 年代以来数以千计的持不同政见者逃离中国大陆，同时还有一批受过严格训练，与大陆有着广泛联系的研究者、教学人员，加入到美国研究中国学者的行列；

3. 日本学者对现当代中国的研究越来越成熟，与前苏联学者的接触正在增加；

4. 有关中国的新信息资源大量涌现；

5. 美国资助中国研究的有效性处于变化之中。

美国对现当代中国研究的新动向：

1. 在地理上，从以往只注意中国大陆的倾向，改变为对大中国（Greater China）的通盘考虑，即大陆、台湾、香港、海外华人及他们之间的相互影响；

2. 当代中国（指 1949 年以来的中华人民共和国）与近现代中国（指 18、19 世纪以来的中国）之间的区分正在淡化。将中华人民共和国的建立视为中国历史分水岭的看法趋于消失，为了了解现代必须深刻地理解过去，得到强调；

3. 研究的重点正在从首都北京（权力的争夺和政策的制定）转向地方层次，群众的行为和信念，国家和社会的相互作用；

4. 更多的学者将中国置于可比较的背景下进行研究，而不是把中国看成是一个独特的现象；

5. 在中国研究中政治学家、经济学家不再居于领导地位，历史学、人类学、社会学、哲学、心理学、人口学、地理学和文学研究人员将占据重要地位（Shambugh：1993）。

美国的史学理论

前文已经提到美国对中国历史的研究受欧洲影响很大，史学理论上的表现尤为突出。美国史学工作者和其他社会科学工作者经常涉及的下面几种理论，无一不源于欧洲。

一、模式论（Chinese History Patterns）

模式论又可分为两类，周期论（Cycles）和停滞论。渊源于黑格尔、斯宾格勒和汤因比的历史哲学。

长期以来，欧洲中国史学占统治地位的观点是停滞论和循环论（或周期论），美国的中国史研究受其影响很深。停滞论来源于黑格尔和马克思，黑格尔认为世界历史必须从中国说起，但受当时欧洲有关中国历史知识的限制，他认为，中国历史发展到一定阶段，由于缺乏客观存在和主观自由精神之间的对立，“所以无从发生任何变化，一种终古如此的固定的东西代替了一种真正的历史的东西。中国和印度可以说还处在世界历史的局外，而只是预期着、等待着若干因素的结合，然后才能得到活泼生动的进步。”（黑格尔：1956，第161页）。马克思因袭了黑格尔的看法，只不过作了不同的解释。他提出了“亚细亚生产方式”和“东方专制主义”的理论。

德籍美国历史学家魏特夫（Karl August Wittfogel, 1896～）对“东方专制主义”有所阐发：他在《东方专制主义，极权的研究》（*Oriental Despotism, A Comparative Study of Total Power*, 1957）一书中写道，在半干旱的华北平原上，控制水的供应是中国文明兴起的基础，由于降水量少，既不均匀也不及时，必须由中央政府来控制河流和灌溉工程，这就导致了中央官僚制度的兴起。他强调无论在北方还是在南方兴修和维持庞大的水利工程都需要投入庞大的劳动力。“只有规划，协调大规模的劳动力，才能为中国大河流域的农业生产奠定基础。”

魏特夫将中国的政府系统称之为“东方专制主义”，称中国的社会为“水利社会”（hydraulic society）(Meskill: 1965, p. 86)。在魏特夫看来，当中国的疆域扩展到降水量较充分的南方，“水利社会”的性质也没有发生根本的变化。魏特夫强调，“水利社会”限制私有财产和宗教的发展，不允许在国家政权之外有独立宗教组织的存在。奉行儒家伦理原则的家庭是“水利社会”的基石。这是一个残酷，没有自由的极权社会。停滞不前是理所当然的。魏特夫的观点对于欧文·拉铁摩尔和费正清都有一定影响。在现实政治生活中，拉氏与魏特夫敌视共产主义的观点相反，对中国共产党持友好态度。魏特夫的批评者认为，东方专制主义和“水利社会”的理论将复杂的中国历史简单化了。

循环论或周期论与斯宾格勒和汤因比所倡导的文化形态说有密切关系。运用他们的理论来解释中国历史的是在美国芝加哥大学获博士学位的雷海宗先生。他将中国历史以淝水之战（公元383年）为界，划分为两大周期，以前为中国古典文化时期，相对而言，种族比较单纯，文化以土著文化为主，受外来文化影响甚微。第二个周期从公元383 年至今，是鞑靼—佛教时期。其特点是北方民族不断入侵，古典文化不断受佛教文化的影响，形成一种新的综合文化，本质上虽然是中国的，但增添了许多外来文化的色彩（Meskill: 1965, p. 43)。雷海宗认为中国历史的第二个周期到20世纪中期在西方文化的影响下，已经走到了它的尽头。第二个周期结束后是否会出现凤凰自焚后再生的现象，在旧文化的灰烬中出现第三个周期？尚无人敢做肯定或否定的回答（前引书: pp. 50-51)。

二、现代发展理论（Theory of Modernization）

现代发展理论出现于战后50、60年代，是一种人类社会发展趋同论，这种理论认为，现代化可以摆脱文化、制度、结构和心态的差异，最终出现一个统一的现代社会。现代发展理论的起源可追溯到法国启蒙学者关于现代社会的学说。德国的韦伯（Max Weber）和美国的帕森斯（Talcottl Parsons）将现代社会构成的基本原则归结为合理性与合法性，其特点是“擅理智”、“役自然”、“求效率”。美国经济学家、诺贝尔奖金获得者库兹涅茨（Simon Smith Kuznets, 1901～）指出现代经济增长有六个特征，即：1）人均产值的增长率高出本国以往的增长率和世界其他地区的增长率；2）生产率即投入产出率的增长率显著提高；3）经济结构（包括消费结构和生产结构）变化快；4）与之密切相关的社会结构和思想意识变化快；5）经济发达国家通过增强技术力量，特别是运输和通讯力量与世界各地的联系空前密切，出现一体化的趋势；6）现代经济增长只发生在少数国家，世界上四分之三的人口尚未进入现代经济增长的行列。另一位美国经济学家罗斯托提出经济成长阶段论。他认为，所有的社会在经济领域都要经历传统社会、为经济起飞创造前提、经济起飞、向成熟挺进和高额群众消费五个阶段。（W. W. Rostow，1971: P. 4）。现代经济发展理论构成了现代发展理论的核心。社会学家则从社会学的角度总结了现代社会与传统社会的不同之处：1）社会成员不再是传统的奴隶而是敢于向传统挑战。因此社会具有开放性和较高的适应环境的能力。2）随着传统束缚的消失，社会的垂直和水平的流动性大大增加。3）社会结构高度分化，大众教育和民主政治得到充分发展。4）社会成员摆脱了宿命论和迷信，以理性、进取和科学的精神对待世界。

在现代化的比较研究过程中人们发现有两种现代化进程：一是发达国家的现代化，另一是发展中国家的现代化。前者属于源发性（西方）的现代化，后者属于继发性（非西方）的现代化。两者的历史条件、进程和结果均有所不同。现代发展理论产生时所鼓吹的社会发展趋同的观点随着比较研究的深入而被削弱了。现代社会的多样性受到了人们的重视。将传统与现代完全对立起来的观点受到怀疑，传统与现代化相联系的观点被采纳。人们又重新回到历史，去审视现代化的前提和历史背景，于是早期现代性的理论应运而生。以欧洲为例，早期现代化在政治上经历了三个过渡：第一是宗教与政治分离，即政权世俗化；其二是绝对主义专制国家的建立；最后是民族国家和立宪共和国的出现。与第一、二两个过渡相适应的是所谓的封建革命，即在封建社会内出现的国会和地方立法机构；城市的发展，商业和手工业活动大幅度增加；以及大学的出现引起的智性革命。亚非拉国家现代文明的出现使人们认识到，欧洲以外现代化的进程不应该看作是欧洲进程的重复，而是以多种方式对新文明的创造，是前现代时期的宗教和帝国以多种方式的扩张，其结果是带来了现代社会的多样性

（Wittrock：1998）。

三、市民社会（Civil Society）理论

市民社会理论是现代发展理论的一部分，我们在此设专节加以讨论，是因为在美国史学工作者看来，它对于中国历史的研究具有特别重要的意义。市民社会的概念出现于18世纪的欧洲，当时国家与社会之间形成了一种新的关系，从事资本主义生产的人们要求掌握政权。他们过问国家事务的要求在国家这个庞大的机器和私人企业与家庭之间形成了一个空间。在这个空间里，由资产阶级的成员及其同盟者通过谈判达成的认同和共同的政治目标形成了公共领域，随着城市的发展，相应的组织机构和议事程序也逐渐完善，这些组织机构和程序并不反对国家，而是为新的参政者登上政治舞台扫清了障碍。人们将这一切称之为市民社会。总之，市民社会是同资本主义的发展在历史上和理论上密切联系在一起的。在资本主义生产方式和市民社会的影响下国家也从体现君主意志的工具逐渐演变为现代国家。对于市民社会的认识也有一个发展过程，在黑格尔那里，市民社会是在绝对君权下创造的一个相对自由的政治环境。黑格尔关于中国有国家而无社会的论断引起了一系列的关于中国市民社会的讨论。这个讨论是同中国资本主义因素或资本主义萌芽的讨论交织在一起的。

法兰克福学派的第三代代表人物哈贝马斯进一步阐明了公共领域的概念，他指出：公共领域是一个历史现象，而不是一成不变的现象。它是在一个特定时期出现的范畴，即17～18世纪的欧洲资产阶级将它的自由派意识形态加之于文化整体时提出来的。资产阶级正处于上升时期，企图用“公共”来代表整个国家和社会。他还说：“公共领域首先是指我们社会生活中舆论可以形成的领域，在原则上所有公民都可以进入这个领域。公民在处理一般利益的事务时其行为是公开的，不受任何压力，他们可以自由地集会和联合，并能公开自由地表达他们的意见。”（Habermas：1991，P. 398）

联系到中国的历史黑格尔最早提出中国有国家而无社会的论断。美国的史学家在对19世纪中国城市社会进行了认真的研究之后，开始对马克斯·韦伯关于中国没有城市政治自治因而资本主义不能发展的论断提出了挑战。（详见本文“城市社会”一节）90年代以来，在总

结天安门事件的历史经验教训的过程中，人们进一步提出了中国有没有“市民社会”的问题，在各种学术会议和学术刊物上展开讨论。问题可以分为历史和现实两个方面，即历史上中国是否出现过市民社会或市民社会的因素，它与国家的关系处于何种状态；80年代以来的改革开放政策是否促进了中国市民社会的发展，它与国家的关系处于何种状态。大多数美国的学者都认识到中国在历史上和现实生活中都有一个强大的中央集权的国家存在，是一个不可否认的事实。这与西方的小政府和大社会截然不同。美国的一些研究者指出，对于市民社会可以有不同的理解，可以将它理解为一种与政府政治平行的持不同政见者的政治，理解为公民权力，理解为一种政治发展的形式，理解为一种治理方式。在中国则应理解为政府领导的市民社会（Brook：1997, p. 57）。也有人认为中国历史上有过三种类型的市民社会：1）文明启蒙社会（Civilized enlightened society）；2）城市人民社会（City people's society）；3）公共人民社会（Public people's society）。这三个类型的市民社会分别与17、18、19世纪欧洲的市民社会的概念相符合。（Brook：1997. p. 71）布鲁克则总结了晚清至民国期间的四种自主组织的历史形态：1）地方性形态（Locally）；2）职业性形态（Occupation）；3）团体形态（Fellowship）；4）共同事业形态（Common cause）（Brook：1997, p. 25）。简言之，在中国的传统的“官”、“私”概念之间，还有一个“公”的概念，有“民”而为“公”，舍己为“公”的精神和活动领域。

四、世界体系论（World System Theory）

世界体系不同意现代发展理论的观点，试图从全球角度解释发展中国家欠发达的原因。他们反对一个国家的经济发展，其内部因素起决定作用的观点。认为发展中国家的经济长期处于欠发达状态，是长期受发达国家榨取和剥削的结果。在世界资本主义体系占统治地位的情况下，发达和欠发达、穷国和富国之间的区别将会永远存在。只有建立起新的国际经济体系才能解决这个根本性的问题。他们对于世界贸易有较深入的研究，认为世界上的众多国家可以划分为核心地区国家和边缘地区国家两大类，界于二者之间的是次边缘地区国家。核心地区国家从事资本密集和技术密集的生产，边缘地区国家从事劳动密集性的生产。双方进行的是不等价的交换，核心地区国家通过不等价的交换对边缘地区的国家进行搜刮和掠夺，致使边缘地区国家长期处于不发达或欠发达状态。

核心与边缘地区的历史发展

年　代	核心地区	世界强国	拉丁美洲
1850～1930	成熟的资本主义	不列颠	出口经济，自由贸易制度
1930～1950	危机	美　国	进口替代工业化（ISI）
1960	晚期垄断资本主义（多国公司）	美　国	依附的独裁的资本主义：新—自由贸易制度

五、弗兰克与兰德斯的争论

1998年，现代发展理论的代表人物之一、哈佛大学经济系教授兰德斯（David S. Landes）出版了《富国与穷国，为何有些国家如此之富，有些国家如此之穷？》。作者站在现代发展理论的立场上强调了知识和科学在经济发展中的作用。他认为，理解国家的贫富问题必须以欧洲为中心，特别是以西欧和北欧为中心。不把欧洲置于枢纽地位就无法理解事变的进程。他专门分析了欧洲自然环境，文化传统，社会政治制度如何有利于知识的更新、创造和技术的发明，同时也分析了亚洲特别是中国的自然环境，传统文化和社会政治制度如何不利于知识的更新、创造和技术的发明。兰德斯认为欧洲的最为优越之处在于，将发明和技术用于战争、交通、创造新能源和金属冶炼，这就使欧洲国家在世界经济发展中居于领先地位。现代的新兴国家走的是和欧洲一样的路子。要想让贫穷的国家摆脱贫困就必须从历史的发展中吸取教训。

世界体系论的代表人物之一、多伦多大学教授弗兰克（Andre Gunder Frank）于同年出版《回到东方，亚洲时代的全球经济》一书。他放弃了原来所坚持的欧洲中心说的立场，从全球观点出发，运用整体论的方法，研究了1400～1800年的世界贸易、货币流通、生产技术、金融经济机构的情况，得出了在这400年里，亚洲特别是中国是世界经济中心的结论。他认为，早期近代欧洲在世界经济中既不重要，也不先进，并不像布朗戴尔，沃伦斯坦和他本人过去所认为的那样，是世界经济的核心地区，而是处于世界经济的边缘地带。弗兰克认为欧洲是利用美洲的金银换取亚洲的产品（棉织品、丝织品、瓷器、茶叶、粮食）和非洲的奴隶，才在19世纪取得工业革命的最后胜利。

弗兰克的观点与兰德斯针锋相对，并在互联网上展开了辩论。吸引了许多学者参加。

对于中国社会变迁的解释

一、中国革命

中国革命一直是美国史学工作者关注的重大课题。费正清本人就写过《伟大的中国革命》一书。有关中国共产党的历史著作、文献选编更是汗牛充栋，不胜枚举。反映了美国人民和掌权者要求了解中国所发生的社会剧变的强烈愿望。随着前苏联、东欧国家的解体和欧洲史学界纪念法国大革命200周年学术活动的展开，出现了一股重新评价革命历史作用的思潮。《近代中国》杂志于1995年1月出版了《对中国革命的再思考》专号，发表文章总结美国史学研究中国革命的情况。《延安道路》一书的作者马克·谢尔顿（Mark Selden）将美国研究中国革命论著分为三个阶段：

第一阶段：当代观察家：斯诺等人，对中共的认识从匪帮转变到革命者，客观地报道中国革命。

第二阶段：中美对抗时期：从极权主义到农民民族主义。

第三阶段：对根据地的研究和对中国革命的再评价：以他本人的《延安道路》为代表，认为从减租减息到耕者有其田的土地改革，直到互助组—合作社—实行民主制，这是中国革命的主题，也是该书的主题，至今有效。延安道路也有黑暗面，精英政治，压制不同意见，反右、大跃进、"文化大革命"延续了这一传统，这是与革命传统相冲突的（Selden：1995）。

著名中国现代史专家周锡瑞（Joseph Wharton Esherick, 1942～）将近年来有关中国革命的研究成果进行了总结，归纳出旨在引起争论的关于中国革命的十条论纲。现将这十条论纲介绍如下：

1. 国民党与共产党不仅是政敌关系而且有继承关系，1949年是分水岭，但并非不相衔接的断层：以前有关中国革命的著作大多将国民党政权描绘为镇压革命和进步民主力量的反动派，是保守的儒家学说与法西斯主义相结合的产物。但也有一些学术著作注意到国共两党之间的相似性和继承关系。哈佛大学科比教授在一本专著里专门论述了国民党政府资源委员会对国营企业的管理与 1949 年以后实行的计划经济之间的相似性与连续性。（Kirby, 1984：chap. 4）杜阿拉（Duara）则注意到国民党在政权建设过程中对传统价值观念和宗教的批判。此外，如国民党政府诉诸科学，反对迷信；强调本土性，反对将西方标准强加于中国都可以同共产党的相应的政策有联系。由此推论，1949 年不应成为绝对的界限。许多美国史学工作者的专著已经打破了这个断限。黄宗智关于中国农村的著作（Huang：1985, 1990）、裴宜理关于上海罢工的著作（Perry：1993）、魏克曼关于上海警察的专著，为此提供了很好的例证。

2. 革命并非是一次解放，而在很大程度上是变换统治形式：从法国大革命时起，革命一直是同自由、解放联系在一起。中国共产党人将他们的革命称之为解放。美国史学工作者接受了这一概念。在看到数以百万计的中国人民摆脱了旧社会的压迫的同时，还应该认识到有更多的人将革命看成是统治形式的变化，即改朝换代。中华人民共和国对于就业、居住、教育、文化政治活动和生育的严格控制，加强了人们的这种感受。至少使人们认识到革命并不完全是解放，而是处于新的革命政权的统治之下。

3. 尽管毛泽东将马克思主义中国化了，列宁和斯大林的苏联模式对中国革命还是发生了重大影响：50 年代，在反共意识形态的影响下，中国革命是莫斯科策划的一场阴谋的观点在美国史学界颇为流行。自由派和进步史学家对此作出的反应是，强调中国革命的民族主义性质和毛泽东将马克思主义中国化（Sinification of Marxism）所做的贡献。毛泽东创造性地发展了马克思主义，这是毫无疑义的。他与二十八个半布尔什维克进行的斗争也是人所共知的事实。但最近的一些研究表明，苏联对中国革命的影响要比人们想象的大得多。在 1927 年前后，尽管斯大林在指导中国革命上有失误之处，共产国际的许多建议还是起了积极的作用。延安期间，除了王明之外，从莫斯科回来的陈云和康生在整风运动中都起了重要作用。斯大林论党的布尔什维克化的12条，收入了《整风文献》。50年代，引进苏联模式，苏共二十大之后，毛泽东强调要全面评价斯大林的功过，这些都不能不让斯大林的模式在中国继续起作用。

4. 中国共产党的胜利是一系列偶然事件的产物：西安事变挽救了红军，是偶然事件起作用最为突出的例证。在各根据地的革命斗争中也有类似的情况。提出这个论点的目的不是要将革命简单地归结为偶然事件，而是要反对过了头的决定论。必须承认，社会经济结构铸造了革命的前提，但一系列的偶然事件交织在展开的历史过程和空间之中，势必会影响和最终决定革命的结果。

5. 革命是国内和全球历史进程相结合的产物，世界经济危机和日本帝国主义的侵略具有特别的重要性：西安事变是一个偶然事件，同时还必须认识到它是整个 30 年代学生和军人反对日本侵略情绪高涨的产物。对于日本的侵略行为，也应该从1929～1933年间资本主义世界性的经济危机中寻找答案。对中国革命作出令人满意的解释必须注意到：1）国家的军事力量在边远地区相对薄弱，为中国共产党提供了活动的余地；2)在农村建立的根据地使共产党得以在反租（反对地主）、反税（反对国家）的斗争中与农民结盟；3）鼓舞民族主义情绪（特别是在城市地区）建立统一战线；4）世界性的经济危机削弱了中国的政治和经济力量，促使日本帝国主义侵占东北和华北。

6. 中国国家和社会的大结构并未使革命成为不可避免，但对于革命和反革命力量都是一个重要的强制因素，认识到偶然因素的作用并不要求忽视大的社会经济结构。对于革命进行比较研究取得的重大成果都是同社会经济结构有关的。从比较研究中人们认识到，中国是一个高度商品化的农业国家，资产阶级软弱，依附性强。中央集权的官僚国家的经济和军事力量不够强大，不足以抵御西方列强的侵略。也没有能力将现代化的因素普及到边远地区。国家在内地给共产党人留下了广阔的活动空间。

7. 共产党革命者个人的决心、牺牲精神和信仰——革命辩证法的主观因素对于革命成功是至关重要的，中国革命并不是一蹴而成的。社会结构决定论的一个弱点是低估了革命者付出的代价和努力。中国革命史充满了大大小小可歌可泣的革命英雄主义的故事。革命力量蒙受过巨大的损失。在长期的革命斗争中，人们形成了革命的人生观，许多人以革命为生，相信自己事业、道路和采取的方法的正确性。同时也为建国的“左”的思潮奠定了基础。

8. 中国共产党是一个相当复杂的社会结构，不是服从党中央的组织工具。最近的一些研究指出，共产党的各级组织是历史的产物，是一种文化建设，是人的联合。它之所以能取得成功，不仅是有坚强的组织和纪律，还因为在中央和地方，战略家和执行者之间存在着一种互动的关系。为了了解共产党应该解构它，而不是将它具体化。我们需要关于中国共产党的历史人类学研究，以便勾画出其风俗习惯、话语和修辞、合作方式和统治模式的演变过程。

9. 革命是一个过程。在革命是中国社会政治经济结构的产物的决定论和把中国革命看成是由一系列偶然事件的失败主义者两个极端之间，应该把革命看成是许多阶段组成的发展过程。每个阶段都有其政治后果，制度上的创造，演进的习惯和集体的回忆。中国政党政治的一些基本特点是在革命发展过程中形成的：1）起初，支持共产党的是一小批知识分子和农村革命者。2）战争期间的根据地的经验使共产党的干部创造了党控制的国家政权（party-state）。3）战争和内战期间党控制下的国家得到很大发展，由于实行累进税制，国家干部证明他们并未为个人滥用职权。4）土地改革实现了耕者有其田，保证了农民的基本生活需要。与此同时鼓励手工业、合作制和市场交换，使商业活动得到复兴。将中国革命看成是一个过程的优点就在于：首先，它突出了革命过程中的政权建设。据研究，清代每600人一个官吏，1988年中国干部和人口的比例是1比35，中国革命大大加强了国家机器。其次，新的以党治国制度的吸引力在于干部的无私奉献精神。革命时期过去之后，一党专权使滥用权力的现象普遍出现，革命取得的合法性受到了怀疑。最后，在革命过程中除了小农经营、私有制、合作制和自由市场活动以外，其他经济纲领都未得到群众的支持。从这个角度来看，就不难理解中国国家机器的作用和市场改革引起的激情。如果能认识到中国革命所追求的是公平与秩序（远远超出了民主与自由），人们就能够比较容易理解1989年的危机和现今国家权力的恢复。

10. 中国现代史不是对革命目的的一种解释，应该让革命史从属于中国政治、经济、文化、人口、环境的发展。中国革命史学的一个致命弱点是过分注重革命。中国近现代史处于革命史的支配之下，并为革命的目的论所歪曲。一切均以革命的是非为是非。到了90年代，这样的中国近现代史肯定是过时了。应该研究中国的政治史、经济史、文化史、人口史和环境史。在这些转变过程中，中国革命的确起了关键的作用。然而说到底，历史的进程要比革命的进程大得多，应该让革命史从属于上述更大历史范畴的变迁，只有这样才能避免革命目的论，更好地了解中国的过去和理解中国的现在。

二、农业经济与农民

中国经济发展一直是美国的中国史学工作者所关注的重要课题。核心问题在于我们所说的封建经济即他们所说的传统经济是发展还是停滞。妨碍经济发展的主要因素是什么？概而言之，我们过去强调的是封建压迫，西方学者强调的是人口压力。较早提出这个问题的是何炳棣。他在《中国人口研究》（1959）一书中通过对明清人口变化的估测试图证明马尔萨斯的人口规律在起作用。1700年至1850年间的“人口爆炸”（从1亿5千万增至4亿3千万）使消费人口的增长超过了农业生产增长的速度，从而形成了中国近代农村危机的大背景。珀金斯（Dwight H. Perkins，1934～）在《中国农业发展，1368～1968年》一书中也持类似的看法。他认为中国农业在此期间取得的成就很大，与地方的特点结合的好，与当时可以获得的资源和技术相适应，效率较高。从14世纪至今，总产量扩大了7～10倍，以支持不断增长的人口。主要是靠大量的投入（增加耕地面积，增加资本和劳动力的投入）而不是靠改变生产技术。作者断定，“只要人口继续以百分之二或者更高的速度向上增长，那么即使如此迅速地扩大现代资本的投入，也难以满足中国的需求。”（珀金斯：1969[1984]，第250页）

费维凯（Albert Feuerwerker 1927～）在比较欧洲和中国经济发展中，特别对人口增长的情况作了比较。他把中国和欧洲的人口增长都划分为三个时期。

中国	欧洲
第一周期：	
汉代至北宋（206 BC～1126 AD）	1000～1347
6000 万增至 1 亿	增加两倍
第二周期：	
明代	15 世纪末到 16 世纪下半叶
元末人口降至 6000 万到 8000 万，16 世纪增至 1 亿 5 千万	人口稳步上升
第三周期：	
清代 18～20 世纪	18 世纪中叶至今
1700 年人口 1 亿 5 千万，1840 年增至 4 亿 3 千万，1937 年达 5 亿，1949 年 5.4 亿	1700 年 8600 万，1970 年 4.62 亿

人口增长与经济发展同步。第一周期宋代出现了商业革命，但技术变革的可能性有限。农作物从种粟到改种小麦，稻米的种植推广，使用粪肥。水利管理和灌溉，土地利用，工具，作物类型都在宋代定下来。欧洲 12～13 世纪城市和商业复苏。第二周期，明代的人口增长是同第二次商业革命相联系。欧洲则是与价格革命相联系。在此期间欧洲出现了晚婚，独身的比例增加，延缓了人口增长，中国则未出现这种现象。对于第三个人口增长周期的反应，中国是华侨移居海外。欧洲是海外殖民（从 15 世纪就已开始），欧洲 18 世纪以来的人口增长是早期工业革命的原因或结果。18 世纪在中国也是经济发展时期，1937 年以前也是经济发展时期。从以上比较得出的结论是：1）欠发达在人类历史上（直至现代）是正常现象，是普遍规律。发达（迅猛发展）在人类历史上是例外。2）在 12 世纪以前，以人均产值计，中国处于世界领先地位。3）人口的发展与经济发展有密切的关系。

黄宗智的过密化理论：洛杉矶加利福尼亚大学历史系教授黄宗智在《中国研究的规范认识危机》（1994）一书中，总结了中国历史发展中的几个对规范认识的悖论，其中与经济发展有关的三个悖论是：1）

没有发展的商品化；2）没有农村近代化的城市工业化；3）分散的自然经济与整合的市场。针对这三个悖论，他提出了“过密化”（involution）的理论。这就是说，1950年以前的600年间，在耕地面积与人口比例下降的情况下，农民不得不以单位劳动日边际报酬递减为代价，换取单位面积劳动力投入的增加。他指出，“长江三角洲的过密化主要通过扩大经济作物经营形式进行，尤其是植棉与棉纺织手工业。棉花经济增加了劳动力的投入，比起单一粮食作物来[说]，增加了单位面积的产值，然而单位工作日的收益却是下降的。这是一种应付人口压力下维持生计的策略，而非为了追求最高利润的资本主义式的策略。它不会带来资本的积累。这样的主要由人口压力推动的过密型的商品化，必须区分于推动近代发展的质变性的商品化。”（黄宗智：1994，第16～17页）

对过密化说的批评，迈尔斯与黄宗智的论战：斯坦福大学胡佛研究所的高级研究员迈尔斯（Roman Hawley Myers 1929～，汉名马若梦）在《亚洲研究杂志》上撰文批评过密化的观点，认为过密化并未能解决经济史学家们所关注的核心问题，即1870年到二次大战期间中国的人均产值是增加了，停滞不前，还是衰落了。黄的研究没有提供长时期经济变迁的数据。仅利用微观的证据，就企图断言农村的贫困是普遍的，是由于财富分配不平等，特别是土地分配不平等造成的，而且是由于劳动力未能充分就业造成的。迈尔斯认为美国史学工作者最新的研究成果表明，1870年以来中国在部分地区和经济部门出现了现代经济增长，这同黄的结论是矛盾的。迈尔斯的另一个批评认为黄的研究一直继续到80年代（黄的研究认为，80年代在农村实行联产承包责任制后，劳动生产率才得到提高），是为共产党的政策做辩护。黄在“答迈尔斯”一文中批驳了上述观点。

理解中国农民：在西方史学著作中，中国农民有三幅不同的面孔：第一幅面孔：农民是企业者。诺贝尔奖金获得者西奥多·舒尔兹（Theordore Schultz）在《传统农业的转变》（1964）一书中，将农民描绘为进入了现代经济的经济人。萨缪尔·珀蒲金（Samuel Popkin）的《理性的农民》（1979）一书认为农民经营的农场具有资本主义性质。第二幅面孔：农民是自给自足的生产者。波兰伊（Karl Polanyi）在《伟大的转变》（1957）一书中，认为中国的农业经济是一种生存经济（substantive economics），农民之间的关系是互助关系。斯科特（James Scott）认为农民的行为受下列原则支配：避免冒险，安全第一，生存伦理，与地主妥协。第三幅面孔：农民是国家机器统治下的等级社会的成员。马克思主义经典作家持这种看法。苏联的学者有专著加以论证。黄宗智主张将三种角色合为一体，即成为宋代以来中国农民的完整形象。（Huang：1985. p. 6）

农民反抗：对传统社会中农民起义的原因主要有如下看法：

千年王国理念：韩书瑞分析了八卦教采取了白莲教千年王国说作为其理想（Naquin：1976）；

新马克思主义：裴宜理分析了淮河流域捻军、红枪会起义，提出了当地农民的两种生存战略：打家劫舍和自卫。这一斗争传统为新四军所继承，并把它在内容上、政治纲领上提高了。（Perry：1980）

地方政治模式：罗伯特·马克（Robert Mark）研究了海陆丰农民起义，认为是当地地主和佃农的阶级矛盾所导致的。（Marks：1984）

三、科技发展

英国著名汉学家李约瑟有关中国科学文明的巨著问世以来，打破了欧洲是现代科学唯一创造者的神话。李约瑟研究成果可以归结为以下八个方面：

1）人类是一个大家庭，以科学的观点看世界就有可能超越种族、肤色、宗教和文化的界限；

2）科学和技术是不可分的，跨文化的总结应该二者兼顾；

3）科学变迁的动力应该从科学以外的角度来考察，从经济到宗教；

4）从公元1世纪到15世纪中国文明要比西方文明更有效地将人类关于自然的知识应用于人类的实际需要。这种优越性反映在高度发展的科学技术方面；

5）尽管有这样的优越性，为什么现代科学没有在中国发生而是在欧洲发生，是科学史优先研究的中心课题；

6）儒教国家的官僚封建主义虽然支持文艺复兴以前的自然科学的发展，但禁止科学向现代类型的科学转变；

7）早期道家鼓励无利害关系地对自然的经验观察，在历史上的各个时期道家和科学的进步有关，在社会经济制度阻挠自然科学萌芽生长的时期也是如此。

8）在衡量有关科学革命的多种因素时，外部因素占有优势。中国和西欧可以进行分析的经济模式的差别最终将证明，为什么中国科学在早期占优势，而现代科学后来在欧洲兴起。(Sivin: 1988）德克·包德尔（Derk Boddle）《中国的思想社会和科学》（1991）一书试图回答李约瑟提出的问题。

1）作者认为中国的科学技术受两个潮流的支配：一是开始很早的持续不断的创造和发明，一是在中华帝国后期科学技术的缓慢发展，直至停滞不前。后一潮流与欧洲从早期现代到现代社会相重合。这并不标志着中国创造性的终结，而是伴随着中国对自己人文过去的兴趣的加强，新兴的民间学术——考据学只有很小的一部分与物质科学有关；

2）同欧洲相比较，在影响中国科学发展的因素中特别值得注意的是：极权主义和中国官僚制的知识正统性的加强，商业企业未能取得受尊敬的独立地位；

3）不利于科学发展的因素中有些取得支配地位的时间较晚（发生在宋以后），有些出现的较早，将中国科学的衰落归结为较晚取得支配地位的因素是不明智的。即使没有这些因素，早期因素的重要性和持续性使中国科学的兴衰也不会有多大不同；

4）科学与技术的区分在中国是重要的，但往往被忽视。科学主要是受过古典教育的学者根据书本知识对世界的观察；技术来自文盲和半文盲的工匠，他们的成就主要靠经验，而不是抽象的理论。中国只注意具体事物的细节，而不注重综合。由此，我们可以解释何以中国在技术上有如此多的“第一”，科学则不是这样。中国的技术发明比在科学上的发现对世界更重要，但不能将这一点延伸的过远，例如中国的磁学不仅是中国有机宇宙观的产物，而且是现代科学兴起的三大支柱之一。(另外两个是欧几里德几何和托勒密的天体学说)；

5）如果接受第三条，从早期起作用的不利于中国科学发展的诸因素，引出的一个结论是，没有强大的外部刺激（如 19 世纪以来来自外部的那些刺激)，中国近代以前的科学也不会发展成为近代科学。在社会宗教学方面的因素是，公元前二世纪墨家学派的衰落。这可能同中国的科学与中国的社会都有关系。从哲学方面我们可以看到，西方所罕见的中国的有机论，很可能是影响土著现代科学兴起的因素之一。(Boddle：1991. PP. 367～368)

史景迁（Jonathan Spence）的《改变中国——外国顾问在中国，1620～1960》(1969)一书对于开辟中西科学交流的研究起了重要作用。作者从三百年的中西文化交流史中数百名外国专家中选择了 16 个外国顾问（从耶稣会士汤若望，南怀仁开始，到陈纳德、史迪威、魏德迈尔结束）在中国活动的情况。他指出尽管这 16 个人，来自不同的国家，行业，来到中国的时间各异，但他们之间有共性或连续性。他们经历了兴奋和危险，具有相同的希望，都遭受过挫折，他们的行为是他们所在社会的反映，在这样做的时候他们充分肯定中国的价值观念。当他们叙述他们的经历时，带有模糊不清西方人的优越感，在这个难以界定的领域里，利他主义和探索精神汇合在一起。对于中国来说顾问们带给中国的知识、经验和技术，都被吸收了。太阳中心说、历法科学、复杂的外科手术、经济计划、工程技术、远距离通讯、现代化战争、交叉学科的大学、核物理学。外国顾问将这些知识送给中国时，是把它们同意识形态裹在一起的，企图强迫中国把它们一股脑儿接受下来，正是这一点，使中国不能容忍，即便在中国最弱的时候，他们认为接受外国的意识形态是一种屈服。正是这种共同的自豪感把 19 世纪的政治家林则徐、曾国藩、彼此尖锐对立的蒋介石和毛泽东联系起来。史景迁认为，1967 年 6 月中国爆炸氢弹是中国历史发展一个周期的结束。汤若望于 1617 年离开罗马到中国至此正好 350 年。中国现在成功地掌握了她的老师所拥有的最可怕的武器，从现代世界这个大学里毕业了。中国并未像西方所期待的那样皈依西方，中国有自己的价值观，做自己的梦，不受外人干涉。中国可以规定自己的关于人的定义，重建自己的社会，追求自己对外政策的目标。中国一旦超过了西方，现在几乎达到了这一点，就会向世界提供她自己解决世界问题的方案。

继史景迁之后，一批研究民国期间的西方科学对中国影响的著作陆续问世。关于协和医学院方面的书连续出了三本：

Mary E. Ferguson：《中国医学委员会和北平协和医学院，卓有成效合作的编年史，1914～1951》。（1970）

John I. Bowers：《中国宫殿中的西方医学：北平协和医学院，1917～1951》。（1972）

Marry Brown Bullock：《一次美国的移植：洛克菲洛基金会和北平协和医学院》。（1980）

特别值得一提的是马萨诸塞理工学院教授彼德•布克（Peter Buck，1943～）的《美国的科学与现代中国》（1980）。此书的主题是，美国的各界人士和中国的留美学生是如何将美国的科学传统和各种机构移植到中国去的。作者的一个基本信条是，科学传统和其他形式的知识一样，只有当把它们放在适当的社会和文化背景下才能充分理解。美国和中国的社会情况根本不同。科学传统在美国并没有能够解决美国的族群，意识形态，阶级之间的矛盾，把它们移植到中国又如何能解决中国的问题。

19 世纪末，正是美国人对科学的力量充满信心的时候。传教医师和教育家认为健全的社会秩序与自然法则并行不悖。他们认为美国和中国的主要区别在于中国未能根据这些秩序和法则来建设自己的生活。疾病流行是越轨行为的必然结果。最适用于中国的科学是医学。因此他们在中国建立医院、医学院校和传教医师的专业组织。20 世纪初，随着工业化和城市化的深入发展美国社会更加异质化，美国的科学分工和专业化加强了。以实验室为中心的科学与国家权力和公司财富相结合，他们希望专业性很强、与政府和公司中任职科学家能适应人口异质化的需要。在这种新的观点的指导下，美国人扩大了他们将科学移植到中国的计划。但在机构上和观点上并不一致。庚款留学项目和洛克菲勒基金会中国医学委员会的活动说明了这种状况。二者都企图为中国提供专业化、职业化的以实验室为基础的科学。洛氏基金会的专家们认为社会的分化是不可避免的，而庚款留学项目的专家们则认为社会分化是传统社会的遗留物，不久就会消失。两种不同的观点引起了对一系列问题的争论，包括科学进步、官僚体制与工业发展的关系。中国留学生所组织的中国科学社发现了各门科学在研究方法上的差异。事实上，科学思想与不同类型的社会组织和社会行动之间的关系是更为基本的问题。作者在该书的结论中指出，在一个分裂的社会里（没有一个社会不是分裂的），科学不可避免地要卷入一部分人反对另一部分人的冲突和斗争，在科学和政治社会权力之间，政治社会权力是所要达到的目的，而不是科学的理性起着决定性的作用。就此而言，美国的科学移植到现代的中国是注定要失败的。

斯托拉斯·兰戴尔（Stross Randalle）《执拗的大地——中国土地上的美国农学家，1898～1937》（1986）一书以大量的事实证实了上面的论断。作者认为当19世纪末，美国的农业技术传入中国时，人们往往认为，对于农学家来说，这仅仅是纯技术性的事务。当时的美国人以为，无需进行广泛的社会变革就可以实现农业技术革命。事实证明，在实验室和试验田以外，需要有基础设施来支持。美国人未能认识到广泛的政治、经济、社会变革是必须的。没有社会变革的支持，技术变革是不可能的。

詹姆斯·瑞尔顿—安德逊（James Reardon-Anderson）的《变化之学，化学在中国，1840～1949》一书的主旨是探索现代化学在中国的发展，以及与化学发展相关的中国社会和国家现代化的过程。全书分为四个部分：一）科学与自强（1840～1895）化学图书的翻译：徐寿、傅兰雅、江南制造局、同文馆；二）中间时期（1895～1927）第一代科学家（丁文江、任鸿），科学教育，化学研究的开始：吴宪，化学工业的兴起（范旭东、吴蕴初）；三）南京十年（1927～1937）科学与政府，第二代科学家和化学家（庄长恭、萨本铁、曾昭伦），化学技术的改进，科学组织，科学教育（清华、中央大学、浙江大学、北京大学、中山大学），科学研究，化学工业；四）战争（1937～1945）国民党中国的科学—战时经验，战时科学教育，科学研究，共产党中国的科学。作者的结论是，他认为科学的发展取决于科学权威与学术自由之间的平衡。中国一直未能找到两者之间的平衡点，影响了科学的发展。

四、传教士的作用

传教史是美国中国史学的一个重要分支。它们在这个领域里，在资料方面占有优势，掌握着较完整的教会档案资料和传教士个人的资料，关键在于如何解释传教士的历史地位和作用这是一个老问题。对传教士在中国现代化过程中的作用至少有三种不同看法：

1）全面否定，把其看成是帝国主义文化侵略的急先锋；

2）全面肯定，认为传教士所兴办的各种事业促进了中国现代化；

3）主张根据不同的时间，不同的教会和教派，在不同地区，兴办的不同事业情况，做具体分析。

费正清在他最后一本著作《中国史》（1994，1998）第13章中，有专节论基督教改革的局限性。他说："为了创建一个中国的市民社会，自由派所做的种种努力，必须看成是一些生长点，就像在一个生物实验室培养基中生长的孢子，稀疏散布在幅员广大的表面上。只要有充分的时间，每一类改革事业集团——社会的、科学的、医学的、大众教育的——都会把他们的工作扩展到众多的中国人民中去。人民中的问题是如此之多和如此之大，最后只能由政府来承担。"（Fairbank：1992. pp. 261～262）。

他很早就说过，中国共产党人在新中国成立后所开展的扫盲运动，让妇女受教育，取消童养媳，出版通俗读物普及知识，宣传公共利益高于一切，大义灭亲，通过改良品种、兴修水利、打井灌溉提高农业生产率，修筑道路堤坝防止洪水和饥馑，倡导科学，普及卫生知识，改善公共卫生，使西方知识中国化用于中国生活。所有这些，都是自19世纪，由传教士开始的。

他认为美国在华的传教事业本身是充满了矛盾的事业。炮舰和不平等条约为传教士提供了特权地位和机会，治外法权使他们置身于与中国统治阶级同样的地位，与此同时，传教士的价值观念又同中国儒家的价值观念发生了尖锐的矛盾。1900年以后，传教机构，包括教会学校、医院和基督教青年会等组织的活动和出版物开始滋润了中国新一代的爱国者和改革者。他们对中国现代民族主义的兴起作出了直接的贡献。在20世纪的第二个25年里，传教士发现他们已被列为革命的敌人。在革命浪潮汹涌澎拜的年代，传教士与执政者合作，从事点滴的改革，使他们不再是改变中国的天使，而成为忧心忡忡的旁观者，现存制度的维护者。传教士勇敢地支持中国的抗日事业，但随着内战的到来，他们又成为了革命的对象。最后，一些传教士支持蒋介石。

中华人民国共和国成立后，传教士首次被指责为“文化帝国主义者”。费正清指出，中国在变，美国在变，教会本身也在变，因此在不同时期，不同的人对在华传教士事业的评价也在变（Fairbank：1974）。

鲁兹（Jessie Gregory Lutz）的《中国与基督教大学，1850～1950》（1971）一书认为，对于中国传统文化来说教会学校是一支破坏中国传统教育和文化的力量。该书特别强调教会大学有助于在受过教育的城市居民中鼓励民族主义的兴起。教会大学为中国新一代的知识分子出国深造提供了条件。他们回国后，大多在新型教育或研究机构中服务。在20年代的反宗教，收回教育主权，反对帝国主义的运动中，教会大学成为攻击的对象。在30～40年代期间，有更多的教会大学的毕业生投入了反帝爱国运动。

从培养人才角度观察，教会大学的毕业生的特点是大多在专业技术领域中任职，主要是医学、农学、法律界、新闻界和外交界。这些都是与中国现代化直接相关的专业。在培养妇女领袖人才方面，教会大学的贡献尤为突出，吴贻芳、龚澎、雷洁琼是最好的例证。

教会大学多为文理科大学，重视通才教育。专业教育方面，如前所述，在医学教育、农学教育、新闻、法律、图书馆学等方面比较成功。在高等教育管理，学科建设等方面起了积极的作用。

中国基督教青年会的历史近年来引起了人们的兴趣。现在至少有两本专著和数篇博士论文问世。谢尔莱·S.加里特（Shirley S. Garrett）所著《城市中国中的社会改革，中国青年基督教联合会，1895～1926》出版于70年代。强调了基督教青年会在城市社会改革中所起的作用。认为来华 YMCA 人员具有很强的服务意识，实践性、灵活性是他们的特点。善于结交社会上层和教育界，取得了他们的支持，在20世纪初期发展很快。适应现代城市发展的需要，成为普及科学知识，提倡体育竞技活动，宣传卫生知识，举办福利事业的先驱。此书对南开的张伯苓校长倍加赞誉，较详尽地介绍了他皈依基督教的过程以及他在YMCA中的活动。邢军（Jun Xing）的《革命烈火中的洗礼，美国的社会福音与中国基督教青年会，1919～1937》一书认为社会福音是中国社会陷入社会政治危机之际，美国给中国开出的社会改革药方。基督教越来越不适宜于用来解决中国的问题，共产主义的革命福音终于取代了社会福音。

五、城市社会

城市史是一门新兴的史学分支。把城市社会的理论用于城市社会的研究，是近年来有关论著的一个特点。罗威（William T. Rowe）关于汉口的两部著作为美国史学界所首肯。第一部题为《汉口，一个中国城市的商业和社会，1796～1889》(1984)，作者在导论中比较了欧洲与中国历史上的城市，指出根据韦伯的理论，欧洲城市的文化遗产在于创造了在法律面前个人的自由和平等的理想。尊重个人财产权，从而加速了封建制度的衰落。在政治上欧洲的城市留下了民主制和广泛的参政权遗产，以及法人政治实体的概念，它对公共领域有明确的界定（就财政预算和专业化的市民服务而言）。智性方面，在法律程序和经济投入产出上，突出了合理性；在经济组织上，中世纪的城市社区为早期资本主义奠定了基础。所有这些因素促进了西欧中世纪城市自治的发展。而中国城市的发展恰恰与之相反，完全不具备这些因素。中国社会根本没有经历韦伯所说的从传统到合理化的转变。韦伯的这些看法在西方学术界影响很大，许多著作就是在韦伯思想的影响下写出来的。罗维根据他本人的研究，认为韦伯关于中国社会特别是关于中国城市社会的论断是值得怀疑的，站不住脚的。罗维的前提是，根据日本学者近年来的研究，中国的城市自宋代以来就发生了根本性的变化，商业革命创造了新型的城市。商业而不是行政管理的范围和水平决定了城市人口的规模和繁荣的程度。明代中国的城市发生了更大的变化。国内贸易已不限于城市之间的奢侈品的贸易，而成为了区域间的粮食和棉布之间的贸易。乡村居民作为生产者和消费者首次大规模地进入了全国市场。中国城市已远非行政和军事中心，而是与周围地区相联系的吸收和分配商品的中心。作者选择1796年为起始年是因为乾隆皇帝在这年退位。是清代鼎盛年代的结束，白莲教起义开始。1889年12月，张之洞就任湖广总督。第一部蒸汽机在汉口安装。作者在研究了19世纪汉口的贸易（盐、茶）和金融，以及汉口的城市社会组织（行会）之后，得出的结论是：“19世纪的中国社会并非停滞不前。”在商业、个人认同、社会结构和社会组织四个方面都有变化。在商业方面，国家财政对于商业的依赖正在稳步增加。依靠农业的财政开支，已经入不敷出。中央政权越来越指望从长江中游的区域贸易中得到支持。地区行政长官注视着汉口地方官员，而地方官员则依赖商人。这种状况使得政府不得不放松对商业的控制（如对盐业）。中国经济的私有化趋势至少从17世纪就开始了。其结果有两个方面：一是商人的经营业务得到改善，大量的使用合同契约，新的合伙经营和资本积累的方式开始采用。另一是，城市商人的独立地位得到加强，特别是他们自己的组织，在非经济领域获得了一些权力。在个人认同方面，人口的流动性加强了，特别是太平天国起义之后。这就造成了部分地区人口来源和构成的多样化，在汉口的移民中与原籍的联系淡化了，这种现象加速了城市意识的出现，与韦伯的论断相反，18世纪市民阶级即已出现。19世纪，在汉口出现了市民社区。市民的构成很复杂，没有一个集团处于垄断地位。正如胡林翼所说，在清军重新占领汉口后，富商大贾有很大变化。商业权力更加分散了。湖南商人得到湘军的支持，宁波人善于经营金融业，广东人掌握从西方学来的经营技术逐渐取代了在文化上更为保守的惠州人和山西人。在贸易方面，茶叶、木材、棉花、植物油等商品的商人已经与盐业巨子并驾齐驱。

在社会组织方面，最为突出的是汉口行会的发展。其功能与活动超出了本行业。他们着眼于全城，当白莲教起义的威胁逼近时，盐商集资建立城防团练，保卫汉口。行会的权力逐渐扩大到司法领域，到1911年以后，几乎成为了以8大行会为中心的半政府机构。

罗维的第二本书的题目是《一个中国城市的冲突和社区》(1989)。此书勾画了一幅汉口城市社会的的图景。作者把它称之为“早期现代”，指16世纪的长距离贸易繁荣和19世纪最后十年工厂制工业出现之间。这个期间充满了变化和矛盾，人民起义和反抗。最值得注意的不是清帝国政府的镇压，而是城市社区具有高度制度意识的调停、调解和妥协。而这些不是在国家指导下，而是在地方社会，特别是地方精英的创议下完成的。本书第四章专论汉口的公共事业和公共服务。这是把哈贝马斯关于“公共领域”的概念应用于中国城市社会的尝试。作者在这一章里论述了公共建筑（街道、桥梁、码头)，水利设施、消防、公用事业、文化设施的发展。在这些发展中孕育着新的矛盾。

戴维·斯特兰德（David Strand）《人力车北京，20年代的城市人民与政治》（1989），此书描述了五四运动后十年北京人民的众生像，从人力车夫入手，然后是城市警察、珠宝商、银行家和餐馆老板，电车的发展，商会、行会和工会的兴起。在结论部分作者指出，20年代的中国城市冲突和一致交织，它既未能产生伟大的革命运动，也未能阻止在农村爆发的革命。但是，中国的城市在1949年前后，对于革命和国家的建设都作出了自己的贡献。一方面，阶级冲突，激进主义，现代公共舆论，政治暴力的习惯，群众性民族主义的形象和象征，是城市的产物。另一方面，警察力量和其他cadredom，社会组织的合作形式，正式的和非正式的调节和控制社会冲突的技术，以及强有力的支持社会稳定和经济发展的意识等等，也都是在城市中出现的。无论是城市还是城市的联盟都无法将这些相互冲突的力量融会为正常的城市秩序。城市成为了政治策略、战略的仓库。敏感地向一切理解它利用它的人开放（该书第293页）。

魏克曼（Federic Evans Wakeman Jr. 1937～），伯克利加利福尼亚大学教授，专长比较城市史，明清社会史。成名之作《宏业，17世纪满人重建中华帝国秩序》（*The Great Enterprise: The Manchu Reconstruction of Imperial Order in Seventeenth-Century China*）（1985）；新作《警察上海，1927～1937》（*Policing Shanghai, 1927～1937*）（1995），作者认为西方研究20世纪中国政治史，一般不出以下四个方面：1）帝国制度的解体，继之以军阀混战和分裂；2）在国民党统治下建立新秩序；3）中国共产党在农村领导的人民革命运动；4）在城市民主运动失败之后，寻求新的民族认同。与一般的研究方法不同，本书侧重于研究清末改革，国民党统一和中国社会主义建设之间的联系和延续性。本书集中描述了蒋介石政权在北伐后在上海建立一个有效的政权所做的努力。在上海巩固其统治就必须有一支得力的警察力量。其主要功能是镇压共产党和控制城市犯罪。国民党的上海警察局镇压共产党不遗余力。在控制有组织的犯罪方面却与黑社会合流了。蒋介石通过中央政府控制毒品（鸦片）贸易，不但没有成功，反而使自己的政权腐化了。将勒索金钱的歹徒与革命者连接在一起的网络，把警察与罪犯拴在一起的亲和力，密探与其对立面结成的联盟，使1911年的天津警察局，与1931年的上海公安局，和1989年北京的国家安全委员会密切联系在一起。此研究得出的最重要的一个结论是，现代警察国家，无论是清帝国，国民党还是共产党都必须将控制和压迫的工具制度化。

关文斌：《文明初曙，近代天津盐商与社会》（1999）。作者是美国辛辛那提大学历史系副教授。此书通过对清代天津盐商家族，盐商社会网络文化及其与清政府和对公共公益事业的投入等多方面的研究，得出结论，认为盐商既是传统社会的一分子，又是传统社会的异己力量；既是苟苟营利之徒，又是新文明的先导。

六、契约观念和法制

传统的西方史学认为中国是一个没有契约观念也没有西方意义上的法制的国家。在我国一般也认为中国是实行人治而不是一个法治的国家。美国的老一代的研究者也认为中国司法体制中没有司法独立和人权保障。司法是行政的一部分。法律意味着惩罚。体现统治者的意志，旨在维护官方的统治和社会秩序。因此，在民法方面毫无建树。

汉森（Valerie Hansen）在《传统中国社会中的磋商，普通人如何使用契约，600～1400》（1995）一书中强调，中国传统社会中普通人很早就有了契约的观念，公元600年以前中国的税收是在政府土地登记的基础上实行的。公元755年（唐天宝十四年）以后土地登记的税收制度遭到破坏，契约成为改变土地所有权的唯一可靠记录。从11世纪（宋代）开始，中国社会变得更加多元化，中央政府对于盐、酒、茶等专卖税收的依赖增加了。大众在日常生活中使用契约更加频繁，到1400年（明建文二年）官方不得不将契约作为土地所有权的唯一证据。作者得出上述结论的根据是新疆吐鲁番在公元7至8世纪间的250份契约，9～10世纪甘肃敦煌的250份契约和10世纪以后安徽徽州30份契约，以及日本学者的研究。

中国法制是近年来美国史学工作者的一个热门话题。乔弗瑞·麦考米克（Geoffrey MacCormack）在《传统中国法律的精神》一书中指出，孟德斯鸠认为中国的传统社会中没有西方社会中相同意义的法律，而是被体现道德一致性的礼仪统治着。这种观点在西方学术界有很大影响。作者认为，事实并非如此，公元7世纪，中国已经有了高度发展的复杂的公法系统（System of Public Law），包括行政法和刑法。刑法中包括西方家庭法的内容，涉及财产、契约、继承权等方面的问题。

1991 年，美国学者举行了“中国历史上的民法”学术讨论会。会上宣读的论文由凯撒琳·波恩哈特（Kathryn Bernhardt）和黄宗智编成《清代与民国时期的民法》（*Civil law in Qing and Republican China*, 1994），编者在导言中指出，美国的大多数学者认为中国的法律系统很少过问民事案件，社会学家认为民事纠纷大多靠社区和亲族调解。正规的法律制度所过问的是刑事诉讼。只有戴维·鲍克斯波姆（David Buxbaum）对 19 世纪台湾淡水和新竹地区档案的研究发现当地政府处理了很多民事案件，其处理方法与刑事案件全然不同。但因没有详加论证，没有引起学术界的注意。80 年代以来，中国大陆的档案开始向西方学者开放，发现了一些新材料。属于顺天府的宝坻县档案中 1861（清咸丰十一年），1873（清同治十二年），1879（清光绪五年）的材料说明，法庭审理的案件中民事案件占一半以上。民国期间的情况也很相似，北京顺义县的档案材料说明，本世纪 20 年代末和 30 年代民事案件和刑事诉讼案件划分得很清楚。1927 年该县法院受理了 101 件民事案件，32 件刑事案件。1930 年受理了 126 件民事案件，72 件刑事案件。民事案件的内容与清代基本相同，主要是，土地交易、债务、婚姻和遗产继承。民事案件的原告和被告并不限于有钱有势的人家，农民和城市贫民也有上法院的。诉讼所需的费用并不算高。1940 年对原告收费 0. 60 元，原告填写表格，每 100 字 0.10 元，传唤证人费用 10 里以内 0.15 元，10～15 里 0.23 元，15～20 里 0.38 元。当时华北日工每天能挣 0.5 元。一亩中等质量的土地售价 100 元。标准案件（非财产案件）的判决费为 4.50 元。涉及财产问题的案件以值论价。财产总值在 75～100 元者收费 4.50 元，8,000 至 10,000 元收费 105 元。超过 10, 000 元，每增加 1,000 元多收 4.5 元。

根据以上新材料的研究中得出的新结论是，清律中有关民事的条文（民法）不是从市民社会保护个人自由反对滥用国家权力的原则出发，也不是以抽象的法理为起点，它是从国家便于控制和管理的需要出发，适应不断变化中的社会现实过程中形成的。民事方面的规定从属于行政法和刑法，但这个发现，仍有重要的意义。西方民法形成的过程中也有一个专制政权发挥重要作用的阶段。

此论文集的研究论文得出的另一个重要结论是，民国期间的民法是清代法典中民事条例的继续。在清代法典中，民事条例已经是法典的一个重要组成部分，为地方法庭的判决提供了指导原则。民国的法律继承并扩大了这一传统。民国期间的民法事实上可以看成是中国的国家政权为了适应变化中的现实需要和意识形态的需要的产物。将中国的司法系统看成是专横可怕的，老百姓不敢问津的场所并没有充分根据。中国老百姓将它看成是合法地保护其财产、债务、婚姻和继承权的场所。中国的法律制度是由法典和司法机构组成的正规系统，社区和家族进行调解的非正规系统，和介于两者之间的"第三领域"组成的。对于这三个领域之间的关系有待进一步考察。

新一代的研究者并不打算过分强调中国传统法制的现代性，他们认为中国的传统法制是一种没有自由主义的规范主义法制。经常受到行政部门的干扰（黄宗智：1994，第24～25页）。

七、妇女和家庭

西方学术界有关中国传统社会妇女和家庭的著作很多。早期的著作大多着重描绘中国传统社会中妇女和家庭如何不同于欧洲现代社会实际：对祖先的崇拜，妻妾制具有合法地位，兄弟婚后仍然在一起生活，亲族观念形成的大家庭，杀害女婴的陋习，寡妇不得再嫁等等。实际上对中国传统社会妇女和家庭问题的真正研究要比欧洲晚。同样处于父权世袭家庭制度之中，中国与欧洲的共同或相似之处并非罕见。大多数中国历史教科书在谈到20世纪以前的中国社会时，往往只说明一般原则和制度，很少论及中国的妇女和家庭有何变化。如果说有变化，一般认为唐宋以来，中国的妇女地位降低了。婚姻实践、财产法、伦理观念等都是为了巩固和加强现存的家庭制度。

华盛顿大学历史系教授伊佩霞（Patricia B. Ebrey，1947～）经过多年的潜心研究对以上看法提出了不同意见。她认为，随着唐宋以来中国经济生活的变化，中国的家庭和妇女地位也在变。农业生产中小业主所有制的建立与中国的家长制确立有密切联系。晚唐以来经济的商业化对于嫁妆构成婚姻资产重要组成部分肯定是有影响的。她认为寡妇不得改嫁，不仅是一种道德规范，而且是对大量财产转移的一种限制。这是同明清时期世袭制的普及有直接关系。影响妇女地位和家庭制度的因素并不仅仅限于经济，它同国家，民间宗教，精英政治，民族之间的文化认同都有关系（Ebrey：1990）。

伊佩霞的近作《宋代中国妇女的婚姻与生活》（1993）其着眼点也是社会变迁，她的一句名言是“宋代是一个变化的时代”。她指出，从晚唐以来，中国政府停止了对土地分配的干预，土地可以自由买卖；商业征税超过了土地征税数量；从公元700年到1100年人口翻番，达到一亿；人口大量南移，华中、华南人口从占全国人口的四分之一增加到占全国人口的一半以上。人口南移不仅是为了逃避战乱，也是为了寻找新的经济机会。便利的水上运输与温和的气候有利于商业和农业的发展。不断提高水稻的生产率，使产稻区能够养活密集的人口。从农业区的地方贸易到行销东南亚的海上瓷器贸易都有较大发展。在政府的支持下大量发行纸币，在11世纪纸币的流通数量比唐代增加了10至20倍。1107年在铜币和银两之外，2600万单位的纸币进入流通，每个单位价值1000文（一吊钱）。商业的发达促进了城市的发展。北宋（960～1126）定都开封，该城位置接近北运河终点，又距煤铁产地不远，人口总数接近唐代长安最兴旺的时期。更为重要的是，开封不仅是政治中心，而且是货物的集散地，南宋的首都杭州，是大运河的南端，人口最多时达 200 万，成为当时世界上人口最多的城市。在此期间，技术发明很多，其中最重要的是印刷术的发明，其结果是，不仅儒、道、释的经典得以全部印行，有关农业、医学和占卜的图书也得到广泛的流传。图书的广泛流传使教育得以普及，考试制度也随之发生变化，比唐代由贵族控制政治的情况发生了很大的变化。经科举进入仕途的比重大幅度提高。社会经济的变化不能不影响到妇女的地位、婚姻和家庭。伊佩霞认为，宋代妇女的一般状况发生了以下变化：

1）纺织品商业化程度提高了；

2）妇女识字率有所提高；

3）作为女仆、姬妾、妓女在市场上的数量增加；

4）男性和女性的概念有所修改；

5）缠足普遍化。

新儒家兴起后关于家庭，婚姻，性别在理念（修辞学）上的变化：

1）更加注重性别的隔离；

2）较高地评价妇女在管理家庭方面的作用；

3）鼓励妇女识字以便教子，但不提倡作诗；

4）更强调家长制；

5）坚决反对寡妇改嫁。

从唐到北宋婚姻实践的变化：

1）选择女婿时重视其在官僚制阶梯上晋升的可能性，家世置于次要地位；

2）陪嫁的数额急剧增加；

3）与亡妻妹的婚姻的证据增加；

4）杀妻婚姻的案例增加。

北宋至南宋期间婚姻实践的变化：

1）在高层官员的家庭中跨地区的婚姻减少；

2）女儿对嫁妆的要求在法律上得到承认；

3）对于寡妇对嫁妆的要求提出质疑；

4）承认对杀妻女婿的财产要求。

（Ebrey：1993，pp. 265～266）

凯萨琳·波恩哈特（Kathryn Bernhardt）在一篇讨论明清中国妇女法律地位的文章中指出，晚明至清代中叶并不代表中国妇女史上的转折时期，而是宋末以来发展趋势的具体化。作者分析了明清两代法典中有关订婚、结婚、离婚、财产的规定，使用“法律农民化”（peasantization of law）一词来说明法律规定的变化，即认为，法律上的规定是农民日常生活实践经验的总结。

对于现当代中国妇女和家庭的研究，近年来也有不少成果。贺萧（Gall Hershatter）教授是这个领域的一颗新星。她的第一部著作《天津工人，1900～1949》（1986）是根据她在南开大学完成的博士论文写成的。两年后与 Emily Honig 合作编译了《个人的声音，80 年代的中国妇女》（*Personal Voices, Chinese Women in the 1980's*）。此书导论认为，毛泽东逝世和“四人帮”被粉碎以来，中国妇女的生活发生了重大变化。农村实行联产承包制以来，为妇女提供了增加经济收入的机会，同时也使她们处于男性家长的控制之下。在城市，企业有了更多的自主权，自负赢亏，能够雇佣和解雇工人。在用人方面，多数雇主宁愿雇佣男工而不愿意雇佣女工。教育事业有很大发展，受女不如男的传统观念影响，各级学校在录取学生时，女性往往处于不利地位。经济改革对妇女生活的影响引起了一系列的讨论。80年代以来，妇女的个人生活成为公众讨论的重要内容之一，"文化大革命"期间成千上万的上山下乡知识青年，期待着有朝一日能回到城市，未婚的比重很大。回到城市后，寻找配偶成为了一个热门话题，这个问题对于女性来说尤为尖锐。"文化大革命"期间许多政治性的婚姻，造成80年代的大批离婚案件。随着改革开放政策的实行，西方妇女的生活方式，价值观念介绍到中国，引起了一系列的讨论，这都是前所未有的（Hershatter & Honig：1988. pp. 4～6）。

Honig也是一位成果累累的史学家，1986年出版《姐妹们与陌生人，上海棉纺织厂的妇女，1919～1949》一书。这本书既没有把上海的纺织女工描绘成具有高度阶级觉悟的革命者，也没有把她们描写成现代工业的牺牲品。此书着力说明上海的帮会组织如何利用工人中的地方观念来控制她们与雇主的关系，并说明纺织女工为何很少参加20年代的激进的工人运动，又如何在此后的20年里政治化了，到40年代成为罢工的领导力量。

贺萧近年来集中研究民国时期的性史和妇女史。她在"Sexing Modern China"一文中写道："在中华帝国的晚期，性的观念是以健康与疾病，美德与罪恶的复杂关系表达出来的。""20世纪的中国大众医学教材和小说继续将性与健康和社会秩序联系在一起，社会改革家，城市报刊的作家也是这样。"新增加的内容是什么样的性关系和性生活最符合现代性的要求和民族自救。她把20世纪中国"性"生活和"性"观念划分为民国时期，社会主义时期（1949～1976）和当代（80年代至90年代）三个阶段。在民国期间，人们往往把娼妓的存在和政权的腐化联系在一起，并认为鼓励糜烂的性生活是日本帝国主义侵华的一种手段。毛泽东时期是以革命的禁欲主义生活方式载入史册的，避免谈论性欲和性生活是这个时期的特点。80年代以来的中国，一反过去，"性"成为时髦的话题，有关性问题的图书充斥市场。1979年中国大陆出版了 6 种关于性问题的图书，1991 年增加到 216 种。学术界已出现了一批专门研究性问题的专业工作者。1992 年出版了长达 866 页的《现代中国的性行为秘密报告》。该书认为性关系是一个社会现代化程度的标志。报告涉及面很广，包括中学生的“早恋”，婚前和婚外的性关系，已婚夫妇性生活的不协调，妓女数量增加，色情文学，性病广泛传播，性犯罪，性观念的混乱等等。贺萧的结论是，在改革时代，谈论性是时髦的，观察某一种特殊的性形象也是时髦的，为建立一种科学的性行为标准而感到忧虑是时髦的。使性问题看得见、听得见，更是时髦的。其结果是为历史学家提供了丰富的资源。

贺萧的惊人之笔是她关于上海妓女的专著《危险的娱乐，20 世纪上海的妓女与现代性》（1997）。这本书并不是 19 世纪末到 20 世纪中叶上海妓女生活的简单描述，而是把妓女这个最古老的职业放到当时的社会背景里来考查。毫无疑问，妓院首先是大城市男性寻欢作乐的场所，是一个寡廉鲜耻的和贪婪的阴谋家的职业，是一个充满道德上的危险和容易染上疾病的地方，是民族堕落的标志。妓女总是与出卖肉体（性服务）联系在一起。但从这种交易中可以了解到许多事情，包括性的意义，社会关系，以性为中介讨论政治权力和文化变迁，民族性和文化认同。贺萧在导言中将西方有关妓女研究的文献作了回顾，她认为可以归结为以下五个方面：1）管理者，改革者，新闻工作者，作家对妓女生活经验的描述；2）注意到妓女问题所造成的象征和影响，感到的威胁和忧虑，妇女社会角色的变化；3）将妓女看成是一种出于无奈的劳动形式，既可以促进妇女从家庭的限制中独立出来（如 19 世纪的纽约），有时也可以成为妇女家庭经济生活的一种补充（殖民地时期的内罗碧）；4）最近的一种研究倾向是，试图超越把妓女描绘成牺牲品的传统观念，而把它看成是在困境下，个人和集体的一种选择；5）政府和改革者对妓女问题所持的态度：当作社会罪恶予以废除，或作为一种不可避免的社会问题，加强管理。贺萧认为这些研究成果都可以应用到上海妓女的研究上来。

全书分为五个部分：历史与层次，娱乐，危险，干预，当代的对话。层次是指妓女的层次。第一部分的第二章专门讨论上海妓女的分类和分层，以及 30～40 年代妓女的现代化。第二部分娱乐，讨论妓女的生活，展示妓女生活的都市性质。各章分述各种关系的不同方面：妓女之间、妓女与仆人、妓女与顾客、妓女与鸨母。第三章，妓院的规则，将妓院作为社会和商业组织进行考察。第四章，心灵的事物，讨论妓女与顾客的交往，很多妓女从良，成为官宦富商的姨太太。有的离婚后又重操旧业，过皮肉生涯。第五章，诡计与贸易，着重描写人肉交易中的风险。第六章，生涯，从公共人物的角度观察妓女，在城市各阶层中流传的有关妓女的故事，并考查了妓女的社会关系网。第三部分，着重分析了中下层妓女既是牺牲品也体现了社会危险的双重地位。第七章，贸易，着重描述了对妇女的拐骗和绑架。第八章，法律和秩序，主要描述市政当局对妓女的日常管理。第九章，疾病，考察了妓女和性病的流行。第四部分，干预，考察管理者和改革者如何将妓女问题与国力的衰落联系起来，并尽可能地减少其消极影响。第十章，改革者，讨论从清末到日本占领期间改革的理论，有些是受基督教的影响，全部都以民族主义为取向。第十一章，管理者，描述妓女如何取得营业执照，20～40 年代对妓女的健康检查。第十二章，革命者，考察了 50 年代以来，在共产党领导下，妓女在上海消失的过程。第五部分，当代的对话，考察了 80～90 年代妓女重新出现后引起的讨论。依作者之见，把妓女看成是封建社会的残余，不能说明任何问题，它是 20 世纪中国大都会的社会现象，是同中国社会的现代性联系在一起的。

八、中美跨文化交流——形象论

在跨文化交流的研究中形象（Image）研究是相当流行的一种方法。形象是指通过对不同国家或民族的历史、现状、生活经验的了解，在本民族的公众心目中形成的对该民族的一种一成不变的印象、看法，或思维定势。沃尔特·李普曼称之为“我们头脑中的图像”，这些图像，有些是客观情况的正确反映，有些则是歪曲的反映，甚至是误导。美国关于公众心目中外国形象的研究很早就开始了。二战后，更为流行。Durand Echeverria 的《西方的海市蜃楼：法国人心目中的美国社会形象史》（*Mirage in the West: a history of the French image of American Society to 1815*）（1957）一书，得出了一个重要结论：“他人心目中的我们的形象所创造的并不是我们是什么样的，我们怎么想自己，或者我们希望自己是什么样的，而是就我们所追求的那些加之于人的私人的希望和畏惧。”1970 年代以来，美国在外国人心目中的形象和美国人心目中自己的形象的研究都呈现出增长的趋势。1972 年 Daedalus 杂志出版题为“他人如何看待美国”（How Others See the United States）的专集。此后，Akira Iriye 的《相互心目中的形象：美日关系论文集》（哈佛，1975）一书出版，希拉·约翰逊（Sheila Johnson）于 1988 年出版了《美国人眼里的日本》，系统地分析了珍珠港事变以来日本在美国人心目中的形象。在方法上有所创新。

中美，中外形象研究有两本拓荒性的著作：其一是伊萨克（Harold R. Isaacs）的《心上搔痕；美国人心目中的中国和印度》（1958）。另一是琼斯（Dorothy B. Jones）的《美国屏幕上的中国和印度肖像》（1955）。伊萨克采用了社会学的访谈法。他访问了 181 位代表美国不同年龄集团和职业集团（从高等教育专家，政府官员，媒体工作人员到传教士）的个人。此书得出了一个经常为人们引用的结论：美中关系是一种爱与恨交织的关系。这表现为相互对立的，并存的两种形象：一方面美国人认为，中国人非常聪明，孝顺父母，辛勤工作，极端务实；另一方面又认为中国人是一个残酷无情，不正直，无效率，无法了解的民族。好莱坞电影所塑造的两个中国人的形象：中国探长陈查理和中国坏蛋傅曼殊博士（Dr. Fu Manchu）分别代表了这两个方面。

1960 年以来，美中两国的形象研究进入高潮，一系列的著作陆续问世。邹谠（Tang Tsou，1918～）的《美国在中国的失败，1941～1950》（*America' s Failure in China*）一书全面描述了二战期间美国对中国的看法。斯梯尔（A. T. Steele）的《美国人民与中国》（1966）系统地研究了美国公众对美国对华政策的看法，同时也考察了公众舆论，国会和制定外交政策行政部门的三角关系。斯图亚特·C.米勒（Stuart C. Miller）的《不受欢迎的移民：美国人心目中的中国形象，1785～1882》（1969）和罗伯特·麦克里兰（Robert McClellan）的《异教徒中国人：美国人对中国态度的研究，1890～1902》（1971）属于断代的形象研究。费正清编的《感知中国，美中关系中的形象和政策》（1974）将形象的研究与政策的研究结合起来。Jonathan Goldstein, Jerry Israel, 和 Hilary Conroy 合编的《美国人看中国，过去和现在美国人心目中的中国形象》（1991）从大量未出版的游记，新闻报道，传记资料中选择了从殖民地时期至今，形形色色美国人对中国的看法汇集成册。戴维·山宝（David Shabaugh）的《美丽的帝国主义，中国感知美国，1972～1990》（1992）以中国的资料为基础研究了中国的“美国观察家”对美国看法的变化。

有两本书值得专门介绍：一本是《西方人心目中的中国》（1989）。作者马克尔拉斯（Colin Mackerras）是一位澳大利亚学者。此书比较系统地介绍了有关“形象”的理论和对这一理论的批评，并分时期和分专题地介绍中国在西方心目中的形象。作者指出，形象从来与现实（reality）不一样。现实是无限的。所有的中国观察家做过的事情是“过滤”，他们所看到的景象是通过他们自己的背景，意识形态，偏见和经验看到的。形象和现实永远不会完全重合。作者认为有两种理论与形象研究有密切关系。其一是法国历史学家和哲学家福科（Michel Foucault，1926～1984）关于知识与权力关系的理论，福科认为知识或真理，本质上受权力功能的影响和制约。形象是对于某一国家既定政策的产物。有关某一国家的信息是经过仔细挑选来说明政策或一系列政策的。另一是爱德华·塞伊德（Edward Said）的”东方主义”（Orientalism）理论。塞伊德认为西方学者对东方文明的研究是在族群中心主义影响下对东方的一种曲解。他写道，“人文科学的知识生产永远也不能无视或否认作者是人类的一员，受自身环境的支配，对于一个欧洲或美国研究东方的人来说，无法否认他本人所处的环境的影响。他首先是以反东方的欧洲人和美国人的面貌出现的，其次，他才是一个个体，即他本人。”这两种理论显然是密切相关的。塞伊德所说的殖民亚洲的知识就是欧洲的权力在亚洲提升和扩张的知识。马科尔拉斯的书分为三个部分，第一部分介绍自古代到1949年西方人心目中当代中国的形象，这一部分又分为早期，耶稣会士与哲学家，19世纪帝国主义和中国，20世纪上半叶四个段落。第二部分，迄于1949年西方对中国历史的看法，又分为16世纪到20世纪中期对中国历史的看法；缺少变化，地理环境与历史；战后西方对中国现代以前历史的看法；战后西方对中国现代史的看法四节。第三部分，西方人心目中的中华人民共和国的形象。其中又分为：1949～1966，1966～1976，

1976以后的政治和经济，1976以后的社会四小节。作者认为中国形象的创造者有时并不一定是中国问题的专家。例如，黑格尔和马克思，对于中国形象的形成起了重要作用，事实上，中国并非他们关注的中心。无可讳言，研究中国的专家（包括传教士、旅行家、外交官、新闻记者、研究人员）对于中国形象的构筑起了决定性的作用。在中国形象设计和构筑的过程中，设计者或构筑者是否懂得中文，是一个重要因素，但并非必备的条件。形象表现的形式是多样的，可以是观念的、可视的、可听的、可嗅的、也可以是诸多形式的混合。本书所涉及的主要是前两种形式。资料来源也以文字资料为主。作者认为中国在西方人心目中的形象不仅是一个有趣的课题，而且是一系列权力关系的积极组成部分，是一个值得认真研究的重要领域（第11页）。

著名清史专家史景迁（Jonathan D. Spence）在讲稿基础上写成的《可汗的大地，西方人心目中的中国》（1998），主题与马克尔拉斯的书相同，但写法全然不同。他指出，一个国家的伟大往往表现为具有引人注目的魅力。中国从与西方交往之日起，就具有这种魅力。他没有用形象而是用“观测”（sighting）来说明不同时期，不同的人对中国的观察所得。观测有时间的限制，是抓住某一机遇得到的印象，是随意观察预期目标时的自我发现。借用炮兵的术语，是瞄准的范围。观测的形式是多样的，包括外交报告、诗歌、剧本、书信、论文、小说。史景迁选择了1253～1985年间西方与中国的交往中的48种“观测”，分为12个专题，按时间顺序排列加以陈述。

1）马可波罗的世界：教皇路易九世于1253年，派法国方济格会的修道士，旅行家，儒巴瑞克的威廉（William of Rubruck, c. 1215～1295）出使蒙古帝国，史景迁将这一年定为此书的起始，他将威廉之行看成是马可波罗访华的先声。无论有没有马可波罗这个人，也不管《游记》的作者是否到过中国，有一点是可以肯定的，《游记》代表了中古欧洲人对中国的看法。中国有极大的权威和势力，是个有众多人口受到法律和社会力量规范的地方。陶瓷、丝织、造桥、攻城等应用技术很发达。马可波罗希望借助蒙古帝国的力量来牵制中东的回教势力。印刷术的发展使马可波罗游记流传甚广，《游记》引发了欧洲人对东方特别是对中国的好奇心，它促成了哥伦布发现美洲的航行。

2）天主教世纪：由哥伦布开始的地理大发现使葡萄牙人占领了澳门，西班牙人占领了菲律宾，16 世纪 40 年代，中国“观测”的“天主教世纪”开始了，对于中国的观察和认识进入了一个新阶段，耶稣会传教士带回了关于中国的新信息，展开了关于中国和中国人民本性的大辩论。从当时欧洲的情况看，中国有许多值得西方借鉴的地方。包括井然有序的中央和地方行政架构，受过良好教育的文官体系和严刑峻法。

3）现实主义者的航程：17 世纪结束了，荷兰和英国成为勘察中国的主角，外交官和军人接踵而至。他们自视为务实者，用一种敌对的眼光看待中国，因为中国政府要求他们按照中国的礼仪，对中国皇帝行叩拜之礼。英国人认为这是要求他们放弃民族的尊严，而不是遵循国际关系的常规。苏格兰的约翰·贝尔（John Bell，1691～1780），英国海军将领安逊（George Anson，1697～1762）和马嘎尔尼勋爵（Lord Macartney, 1737～1836）都持这种看法。

4）蓄意虚构：到了 18 世纪，中国也成为了西方小说家和诗人创作的题材。笛福（Daniel Defoe，1660～1731）和哥尔德斯密斯（Oliver Goldsmith，1730～1774）都没有到过中国，他们的作品都涉及中国。这些文学作品使有关中国的知识家喻户晓。在工艺美术上模仿中国风格的制造品出现了，在法国称之为“中国艺术风格”（Chinoiserie），受到公众的欢迎。

5）启蒙运动的问题：莱布尼兹、孟德斯鸠、伏尔泰、赫德尔这些启蒙运动的大师，各自从自己的角度，和掌握的有关中国的资料，对中国作出不同的评价。特别是前三人经常与占有中国第一手资料的学者通信。莱布尼兹相信在中国思想当中可以找到解欧洲之毒（战争和宗教荼毒）的药方。孟德斯鸠研究中国的驯良和循规蹈矩的习性，使得他重视宫廷权力和官僚纪律。

6）妇女观察家：浪漫主义运动为沟通革命的启蒙运动和 19 世纪提供了方便的通道；简·奥斯丁（Jane Austen，1775～1817）以另一种方式与 19 世纪相接：让中国走入妇女作家的笔下。新一代的女作家，特别是美国的女作家对中国产生了浓厚的兴趣。她们将性别和民族的这对新鲜的主题引入中国的背景。从19世纪初的Eliza Bridgman，到19世纪中叶的Jane Edkins到19世纪末的Sarah Conger和Eva Price，通过她们的眼睛我们看到了中国的魅力和危险。1900年的义和团起事，是这些女作家经验的终结。

7）中国人在美国国内：19世纪中叶，中国劳工开始在美国寻找工作，围绕着他们的居住地，建立了中国城（唐人街）。马克·吐温（Mark Twain）和布莱特·哈尔特（Bret Harte，1836～1902）对中国的观测是迷恋、爱慕和愤怒的混合物，反对对华人的种族歧视。其他以华人和中国城为题材的小说则很难避免敌视华人的固定模式。

8）法国的异国情调：与此同时，法国也将他们两个世纪以来与中国人交往的经验提炼为首尾一贯的看法，史景迁称之为异国情调，是一种暴力，诱惑和怀旧的混合物。三位曾于1895～1915年间在中国生活过的作家Loti, Claudel, Segalen相信他们领略到了异国情调的色、香、味。

9）美国的中国异国情调：它形成并取代了有关中国城的那些粗糙的作品。著名制片人格里斯（David Lewelyn Wark. Griffith ，1875～1948）的电影“破碎的花朵”（Broken Blossoms）主人公是一个名叫成环的中国人。他从中国到欧洲是希望把佛教和平的信条带给为战争所分裂的欧洲（正如莱布尼兹所希望的那样）。到欧洲后并未能完成他的使命，而是陷入了爱情的纠葛。这部影片批评了西方的暴力和麻木不仁，赞扬了中国的伦理观念。象征派诗人庞德（Erza Pound，1885～1973）虽然没有到过中国，却对中国的传统文化崇拜得五体投地，从儒家的哲学和唐代的诗作中吸取了很多东西。赛珍珠（Pearl Buck）通过她的小说试图重建中国农村生活的价值。尤金·奥尼尔（Eugene O’Neill，1888～1953）所写的马可波罗的剧本通过复述波罗同忽必烈汗的关系，批评了现代资本主义。

10）激进的看法：1917年以后中国出现了左派力量。法国作家马尔罗（Andre Malraux，1901～1976）于1933年出版的题为“人的命运”小说，是西方第一部涉及中国左派力量兴起的著作，描写了1927年春的上海工人起义。德国著名剧作家布莱希特（Bertolt Brecht，

1898～1956）则描述了中国东北城市的工人运动。美国作家埃德加·斯诺描写了中国革命的纯洁性。格兰汉姆·佩克（Graham Peck）则描写了中国人在蒋介石统治下的神秘的微笑。

11）权力的奥秘：中国统治者的权力的奥秘一直是西方关注的问题。清帝国倾覆后，出现过军阀混战的局面，共产党又恢复了大一统的局面使人们重新考查中央集权的奥秘。卡尔·魏特夫（Karl August Wittfogel，1896～）试图用“东方专制主义”来解释中国的历史。他认为斯大林主义与中国现代中央集权制有密切的关系。尼克松和基辛格访华时也感受到了毛泽东的帝王气息。法国当代作家勒维（Jean Levi, 1948～）在他的小说《中国的皇帝》（1985）里描写了帝王的特点。绝对权力的滥用和内部空虚的特点再次得到揭示。

12）天才在游戏：此书以介绍三位20世纪公认的天才作家以中国为题材的作品为结束。这三位作家是：弗兰兹·卡夫卡（Franz Kafja, 1883～），容格·路易斯·伯尔格斯（Jorge Luis Borges, 1899～），卡尔维诺（Italo Calvino, 1932～）。他们都没有到过中国。以他们的著作为结束是想说明作者写作本书的主旨：中国的影响之大，超出人们的想象。

史景迁的这部新作，取材新颖，立论独特，视野宽阔。透过西方人对中国看法的变化，写出了中国的社会变迁和中国影响的扩大。

《美丽的帝国主义者，中国感知美国，1972～1990》（Shambaugh: 1991）一书是一部研究中国对美国印象的专著。全书由七个部分组成：导论，意识形态基础，美国经济，美国社会，美国政治，美国外交政策，结论。作者认为，尽管中国对美国的了解有很大进步，但仍然是很表面的，而且有严重的歪曲。大多数中国的美国观察家对美国知之甚少，只有少数例外。中国的美国观察家可分为马克思主义和非马克思主义两大派。相对而言，非马克思主义的美国观察家比马克思主义者掌握有关美国的信息要多一些，即便如此他们的分析也不够精细和深入。这必然会对今后的中美关系带来不利的影响。

九、中国对美国和西方的文化影响

今年年初，《世界周刊》发表史景迁的专题演讲记录《中学西渐，远距离看中国对西方的启示》。在这篇讲演里，史景迁回顾了马可波罗以来中西交往的历史。他认为，“中国的教训，我们今天可以用的上的，真是不胜枚举。我们不妨想中国书法要求的心思和技巧，长期以来对收藏校雠的重视，在行为举止及寻找程序中对礼仪的重视，在社会内的平衡问题，以及在时穷势蹇时如何保存名节等问题。”他认为，在经济机会，医疗服务和通讯速度等方面的转变并未使人更有智慧。也许只有经过信息革命后，人们可能变得见多识广，但他们只有透过严格的思考，对大量不同的看法和诠释有了知觉，才能成就较大的智慧。在他看来中国历史上的战国和六朝最值得回首，因为，在这两个时代，不论国家的力量和影响力所及，都可以看到人的心智不断发挥不同强度的作用。

更为具体地论证中国文化对西方文化，特别是对美国文化的影响的论著，二战以来，也出现过一些，比较有分量的首推拉什（Donald F. Lach）的三卷本巨著：《欧洲形成中的亚洲》（*Asia in the Making of Europe*）。沃伦·科恩（Warren I. Cohen）的近作《美国文化中的东亚艺术，国际关系研究》（1992）是比较有分量的一种。作者提出了一个值得玩味的论点：艺术品的交流是国际关系的一个重要组成部分。19世纪末，东亚艺术品跨过太平洋来到美国，反映了美国势力在东亚的兴起，它的利益和影响正在扩大。艺术品的流向往往能够说明一个时期政治经济权力兴衰的轨迹。作者将东亚艺术品流入美国的过程划分为五个阶段：早期（1784～1900）；黄金时代（1893～1919）；中国的军阀混战时期（20年代）；战争，萧条，机会（30年代）；二次大战时期和战后。时至今日，美国的大中型艺术博物馆在不同程度上都有东亚艺术品的收藏，许多普通家庭，都藏有中国和日本的普通艺术品。著名大学的艺术史系全都开设中国美术史和日本美术史的课程。一支东方艺术鉴赏的专业队伍和业余的收藏队伍已经形成。有关东亚艺术的出版物到处可见。东亚的美学观念已经对美国的审美观念产生了影响，而且影响到美国建筑家、画家、工艺美术设计者的设计和创作。种种事实表明，东亚艺术已成为当代美国文化的中心因素。作者在结论部分写道：美国在二战结束时，已建立了世界霸权，它同其他国家的政治、经济、社会、文化联系大大加强了。这种联系不是单方面的，而是交互的。每在日本有一家麦当劳，就会在美国有100家日本酒吧。

在中国有一家肯德基，在美国就会有上千家中国餐馆。此外，美国的东亚文化观众的鉴赏水平也在提高。在艺术方面，他们已开始收藏在中国艺术品中最具中国特色，西方人接受甚少的书法作品。在研究中国和日本艺术方面美国在世界上居领先地位，是显而易见的。因为自19世纪末以来，收藏不断丰富；二战期间和二战后，东亚研究有长足的进步；中国的日本的学者和收藏家不断来访和定居（如翁同和的四世孙），特别是在本国不适于他们居住的时候。这就大大丰富了美国的文化。收藏他国的艺术品是同权力分不开的。最露骨的形式是征服和掠夺。美国的东亚艺术收藏虽然不能完全归之为掠夺，但对龙门石窟的破坏和占领日本期间对日本文物的搜刮反映了美国收藏者以强凌弱的特点。强国的收藏者有更多的机会旅行，有更多的钱财购置文物，有更多的空间进行陈列展出。美国博物馆的研究保管人员和收藏者用不着去读肯尼迪的《大国的兴衰》，他们在艺术品拍买市场上难以同日本和香港的收藏者抗衡，就能够直接感受到美国实力的相对衰落。国力强盛时东亚艺术品流入，实力式微时，艺术品流出，这已成为通例。东亚艺术对美国文化具有重大影响，这是毫无疑义的（Cohen：1992, P. 206）。

斯坦福大学东方艺术史教授沙利文（Michael Sullivan，1916～）在《中国艺术及其对西方的影响》一文中指出，中国艺术所表现的美学理想可以用三个词组来概括：

1）有序（Order）；2）和谐（Harmony）；3）生气（Vitality）。

有序是社会安宁的源泉。有序意味着服从权威，为了整个社会的利益，接受对个人约束，才能达到有序。这种社会对个人的约束在20世纪中国画家的身上仍然可以看到。在艺术创作上，中国画家往往受传统技法和常规的束缚，裹足不前。他们接受这些约束，同时也接受社会加之于他们的约束。为了社会和艺术整体的利益，个人的自由必须服从社会的团结一致与和谐。有序的观念在艺术上表现为宫廷建筑以中轴线为中心的布局上，也表现为表达人与自然和谐的几何图型中。这在中国的铜器和石雕中都可以看到。从中国陶瓷艺术的造型和线条中，人们可以感受到生命的气息（比较古希腊的瓶子和唐代的瓶子）。中国的文人画，摆脱了宫廷画师在技法上的束缚，写意而不写真。

借山川、树木、石头的造型以抒发心中块垒。表现性和代表性在这里发生了冲突。明清时期的文人画不仅描绘自然，抒发感情，还起着一种社会交往工具的作用，表现友谊，共同的爱好和分享共同的价值观念。

沙利文认为中国的园林艺术早在18世纪就对欧洲发生了影响。然而，西方真正理解中国的绘画是在中国的哲学和文学作品介绍到西方之后。佛教和道教的经典帮助西方人更好地理解中国人关于时间、空间、能量的概念和对于宇宙和自然秩序的看法。人们发现，这些概念与现代西方物理学和心理学所揭示的世界有许多共同之处。石涛在1700年创作的一个册页有助于我们理解这一点。此画描绘了一个人坐在四面环山的茅屋中的景象。这幅画不仅在技法和风格上具有创造性，它还使人与山融为一体，犹如蜘蛛结网，逐渐展开，又宛如画家的意识层层散开。现代物理学家所描绘的“真实”并非仅仅是可以触摸，可以用眼睛看见的实体，而且是无限小和无限大的，物质处于不断的流动之中所谓的“真实”，能够感知到的事物只不过是佛家所说的幻象。正是在这个层次上，西方和东方的心灵才得以汇合。现在，可以说西方开始理解中国艺术家所要表达的境界。西方依靠理性和科学所认识的，中国在很久以前就凭借本能，直觉和反思达到了。西方和东方殊途而同归。这不是融合，综合而是相遇。两者对待社会和个人的态度仍然是迥然不同的。隔离东西方的墙壁正在崩溃，一种西方与东方的互动的关系正在形成（Sullivan：1990）。

结束语

近百年来，中国社会发生了翻天覆地的变化，这是不可否认的事实。这种变化不仅中国人感受到了，大洋彼岸的美国人也受到了震撼。他们先是设法弄清究竟发生了什么变化？进而想弄清变化的背景，原因和影响。美国史学工作者先后提出了刺激—反应说，现代、传统理论，帝国主义理论来解释中国的社会巨变。在进入以中国为中心的模式后，分地区，分时期，分专题的研究大大增加，微观的研究和解释占据主导地位。这些研究概括起来，有以下几个特点：

1）注重历史的连续性和继承性。在研究中国革命时如此，在研究中国现代化进程的方方面面时也是如此；

2）力图挖掘中国传统社会中的现代性的萌芽和因子；而不是把中国传统社会看成是铁板一块或一成不变；

3）注意到在中国传统社会中很早（唐、宋）就出现了商品经济，而且有较大的发展；在中国经济何时开始进入现代经济发展阶段的问题上众说纷纭，莫衷一是；

4）注意到了中国的科学技术有过辉煌的过去，也分析了未能向现代科技过渡的原因；

5）肯定了中国的传统社会中已经开始出现了接近于市民社会的某些成分，如公共领域，反映实际生活需要的法律条文、契约、半政府组织等等，又指出了他们与西方典型市民社会有所不同；

6）有的学者力图肯定传教士在中国现代化过程中所起的积极作用，甚至认为教会学校培养了民族主义者；有的学者则力图证明盲目地将美国的科学技术移植到中国的土壤上是不成功的，只能造成混乱；

7）试图从宏观上和微观上说明中国的传统文化和中国的社会变迁对西方产生的巨大影响；

8）重视历史人物和思想的研究，尽管本文没有做专题介绍；

9）注重吸收政治学、经济学、社会学和人类学的研究成果，把他们应用于历史研究；

10）关于中国传统社会在世界历史上的地位，世界体系论者和持现代发展观（或欧洲中心论者）各持己见谁也说服不了对方。

至于贯穿于美国史学中的相对主义、怀疑主义、革命取消论、敌视马克思主义和反对共产党的观点，我们在上述研究中也屡屡见到，这是为我们所不取的。此外，值得我们注意的是他们“十年磨一剑”的敬业精神，肯于在收集资料上下大功夫，不急于求成。我个人以为，国情不同，史学工作者的生存条件不同，但严谨的治史精神，按照历史的本来面貌说明和解释历史，则应该是我们共同的追求。

参考文献

引言

Cohen, Paul Andrew: (1985) *Discovering History in China, American Historical Writing on the Recent China Past,* Columbia University Press.

——————— New Preface

Fairbank, John King and Goldman, Merle (1998): *China, A New History,* Harvard University Press,

黄宗智（Huang, Philip C. C. 1940—）《中国研究的范式危机：社会经济史中的悖论现象》(*The Paradigmatic Crisis in Chinese Studies: Paradoxes in Social and Economic History*) 牛津大学出版社，1994年。

Liberthal, Kenneth G. (1980): *Revolution and Tradition in Tientsin, 1949～1952*, Stanford University Press.

Molho, Anthony & Wood, Gordon S. Ed (1998): *Imagined Histories, American Historians Interpret the Past,* Princeton University Press, Princeton, New Jersey.

Shambaugh, David ed. (1993) *American Studies of Contemporary China,* Woodrow Wilson Center Press.

Harding, Harry: The Evolution of American Scholarship on Contemporary China Oksenberg.

Michel C.: The American Study of Modern China: Toward the Twenty-first Century.

孙越生、陈书梅主编：(1993)《美国中国学手册》，中国社会科学出版社。

美国史学理论

Brook, Timothy & Frolic, B. Michael ed, (1997), *Civil Society in China.* M. E. Sharpe, Armonk., NewYork.

Brook, Timothy, *Auto-Organization in Chinese Society.*

Frolic, B. Michael, *State-Led Society.*

Eisenstadt, S. N., (1966) *Modernization: Protest and Change.* Prentice-Hall, Inc. Englewood Cliffs, N. J.

Eisenstadt, Shmuel N. & Schluchter, Wolfgang, *Introduction: Paths to early Modernities—A Comparative Views.* In Early Modernities. *Daedalus,* Journal of the American Academy of Arts and Sciences Summer 1998.

Frank, Andre Gunder, (1998) *ReORIENT, Global Economy in the Asian age.* University of California Press.

Habermasm, Jurgen, (1989) *The Structural Transformation of the Public Sphere.* Cambridge, MA: MIT Press.

Landes, David S., (1998) *The Wealth and Poverty of Nations, Why Some Are So Rich, and Some So Poor.* New York: W. W. Norton.

Ma, Shu-Yun, (1994): The Chinese Discourse on Civil Society. The China Quarterly, No. 137, March, 1994.

Meskill, John ed., (1965) *The Pattern of Chinese History,* Boston.

Rostow, W. W. (1960), *The Stages of Economic Growth,* Cambridge At the University Press, Wakeman, Frederic JR (1993).: *The Civil Society and Public Sphere Debate, Western Reflection on Chinese Culture.* Modern China, Vol. 19, No. 2. (April, 1993)

Wallerstein, Immanuel, (1974) *The Modern World-System.* New York, Academic Press.

________________, (1980) T*he Modern World-System II, Mercantilism and the Consolidation of the European World-Economy, 1600-1750.* New York, Academic Press.

Wittrock, Bjorn (1998), *Early Modernities: Varieties and Transitions.* In Early Modernities. Daedalus, Journal of the American Academy of Arts and Sciences Summer 1998.

黑格尔：《历史哲学》，生活·读者·新知三联出版社，1956年。

对于中国社会变迁的解释

一、中国革命

Huang, Philip C. C.,（1995）*Rethinking the Chinese Revolution: An Introduction*. Modern China, An International Quarterly of history and Social Science. Vol. 21, No. 1.（January 1995）.

Berenson, Edward, *A Permanent Revolution, The Historiography of 1789*. Modern China, Vol. 21, No. 1, 1995.

Esherick, Joseph, *Ten Theses on the Chinese Revolution*. Modern China. January 1995

Kirby, William C.,（1985）*Germany and Republican China*. Stanford University Press.

Selden, Mark,（1995）*Yan' an Communism Reconsidered*. Modern China, Jan. 1995.

Perry, Elizabeth J.,（1980）*Rebels and Revolutionaries in North China*. University of California Press.

______________,（1993）*Shanghai on Strike, The Politics of Chinese Labor*. Stanford University Press,

______________,（1997）. *Proletarian Power, Shanghai in the Cultural Revolution*. Westview Press.

二、农业经济与农民

Esherick, Joseph,（1987）*The Origins of the Boxer Uprising*. University of California Press.

Feuerwerker, Albert,（1990）*Chinese Economic History in Comparative Perspective*. In Ropp.

Paul S. Ed., *Heritage of China, Contemporary Perspectives on Chinese Civilization*. University of California Press.

Huang, Philip C. C.,（1985）*The Peasant Economy and Social Change in North China*. Stanford University Press.

______________,（1990）*The Peasant Family and Rural Development in the Yangzi Delta, 1350～1988,* Stanford University Press,

Little, Daniel, (1989) *Understanding Peasant China, Case Studies in the Philosophy of Social Science.* Yale University Press.

Marks, Robert, (1984) *Rural Revolution in South China: Peasant and the Making of History in Haifeng County, 1570-1930.* University of Wisconsin Press.

Myers, Ramon H., (1991) *How did the Modern Chinese Economy Develop? - A Review Article.* The Journal of Asian Studies 50, No. 3. (August 1911)

Naquin, Susan (1976), *Millenarian rebellion in China: The Eight Trigrams uprising of 1813.* Yale University Press. New Haven.

Perkins, Dwight (1969), *Agricultural Development in China.* The John Hopkins University Press.

[美]德·希·珀金斯著：《中国农业的发展 1368～1968 年》，上海译文出版社，1984 年。

Rawski, Thomas G., and Li, Lillian M. Ed. (1992), *Chinese History in Economic Perspective..* University of California Press.

Bernhardt, Kathryn, (1992.) *Rents, Taxes, and Peasant Resistance, The Lower Yangzi Region 1840～1950.* Stanford University Press.

三、科技发展

Boddle, Derk, 1991. *Chinese Thought, Society and Science, The Intellectual and Social Background of Science and Technological in Pre-Modern China.* University of Hawaii Press. Honolulu.

Bowers, John Z., Hess, J. William, Sivin, Nathan ed., (1988) *Science and Medicine in Twentieth - Century China,* The University of Michigan.

Schneider, Laurence A., *Genetics in Republic China.*

Hass, William J., *Botany in Republican China: the leading Role of Taxonomy.*

Yang, , Tsui-hua, *The Development of Geology in Republic China, 1912～1937.*

Buck, Peter, (1980) *American Science and Modern China 1876～*

1936. Cambridge University Press.

Kirby, William C. (1989), *Technocratic Organization and technological Development in China: The Nationalist Experience and Legacy. 1928～1953.* In *Science and Technology in Post-Mao China.* Harvard University Press. 1989.

Reardon-Anderson, James, (1991) *The Studies of Change, Chemistry in China 1840～1949.* Cambridge University Press,

Spence, Jonathan, (1969) *To Change China, Western Advisers in China 1620～1960.* Little, Brown and Company, Boston

Sivin, Nathan, "Sciences and Medicines in Imperial China—The State of the Field". *Journal of Asian Studies.* Vol. 47, No. 1 (1988)

Stross, Randalle, *The Stubborn Earth, American Agriculturalists on Chinese Soil.* University Of California Press, Berkeley, 1986.

Unschuld, Paul U., *Medicine in China, A History of Ideas.* University of California Press. 1985.

四、传教士的作用

Eddy, George Sherwood, (1940) *Pathfinders of the World Missionary Crusade,* New York

Fairbank, John King, (1992) *China, A New History.* Harvard University Press.

Fairbank, John King ed., (1974) *The Missionary Enterprise in China and America,* Harvard University Press.

Fynt, Wayne & Berkley, Gerald W., (1997). *Taking Christianity to China, Alabama Missionaries in the Middle Kingdom 1850～1950.* The University of Alabama Press,

Garrett, Shirley S., (1970) *Social Reformers in Urban China, The Chinese Y. M. C. A., 1895～1926* Harvard University Press,

Lutz, Jessie Gregory, (1971) *China and the Christian Colleges 1850～1950.* Cornell University Press.

Rosenberg, Emily S., (1982) *Spreading the American Dream, American Economic and Cultural Expansion 1890～1945.* New York,

Thomson, James Claude, （1969）. *While China Faced the West: American Reformers in Nationalist China 1928 ～ 1937.* Harvard University Press

Vary, Paul A.,（1958）*Missionaries, Chinese, and Diplomats, The American ProtestantMissionary Movement in China 1890 ～1952,* Princeton University Press

Xing, Jun, （1996）. *Baptized in the Fire of Revolution, The American Social Gospel and the YMCA in China 1919～1937.* Bethlehem: Lehigh University Press,

五、城市社会

Rowe, William T., (1984) *Hankow, Commerce and Society in a Chinese City 1796—1889.* Stanford University Press

______________, (1989) *Hankow, Conflict and Community in a Chinese City, 1796—1895.* Stanford University Press

Strand, David, (1989) *Rickshaw Beijing, City People ad Politics in the 1920s.* University of California Press

关文斌：（1999）《文明的曙光，近代天津盐商与社会》天津人民出版社

六、契约观念和法制

Bernhardt, Kathryn & Huang, Philip C. C ed.,（1994.）*Civil Law in Qing and Republic China.* Stanford University Press

Hansen, Valerie, （1995）*Negotiating Daily Life in Traditional China, How Ordinary People Used Contracts 600—1400,* Yale University Press

Huang Philip C. C.,（1996）*Civil Justice in China: Representation and Practice in the Qing*. Stanford University Press

MacCormack, Geoffrey,（1996）*The Spirit of Traditional Chinese Law.* The University of Georgia Press

七、妇女和家庭

Ebrey, Patricia Buckley, （1991）. *Confucianism and Family Rituals in Imperial China, A Social History of Writing About Rites.* Princeton

University Press.

__________________, (1990) *Women, Marriage, and the Family in Chinese History*. In Ropp, Paul S. Ed., *Heritage of China, Contemporary Perspectives on Chinese Civilization,* University of California Press.

__________________, (1984). *Family and Property in Sung China, Yuan Ts' ai' s Precepts for Social Life.* Princeton University Press,

__________________, (1993) *The Inner Quarters, Marriage and the Lives of Chinese Women in the Sung Period.* University of California Press

Hershatter, Gail, *Sexing Modern China.* In Hershatter, Gail., Honig, Emily, Lipman, Jonathan N. And Stross, Randall ed., *Remapping China, Fissures in historical Terrain.* StanfordUniversity Press, 1996.

____________, (1997) *Dangerous Pleasures, Prostitution and Modrnity in Twentieth-Century* Shanghai. University of California Press.

____________& Honig, Emily ed., (1988) *Personal Voice: Chinese Women in the 1980' s,* Stanford University Press.

Watson, Rubie S. And Ebrey, Patricia Buckley ed. (1991), *Marriage and Inequality in Chinese Society.* University of California Press,

八、中美跨文化交流形象论

Issacs, Harold R., Scratch on Our Minds, American Views of china and India, New York, 1958, 1972, 1980

Mackerras, Colin, (1989) *Western images of China.* Oxford University Press, Hong Gong, Spence, Jonathan D. (1998) *The Chan' s Great Continent, China in Western Minds,* New York, .

Shambaugh, David, (1991) *Beautiful Imperialist, China Perceives America, 1972～1990,* Princeton University Press,

九、中国对美国和西方的文化影响

Cohen, Warren I., (1992) *East Asian Art and American Culture,*

A Study in International Relations. Columbia University Press. New York,

Sullivan, Michael, (1990) Chinese Art and Its Impact on the West. In Ropp, Paul S. Ed. *Heritage of China*, Contemporary Perspectives on Chinese Civilization. University of California Press, 1990.

史景迁："中学西渐，远距离看中国对西方的启示—在蒋经国基金会十周年庆之专题演讲"，《世界周刊》1999年1月17日版

原文载冯尔康等编：《20 世纪社会科学研究与中国，彭炳进教授学术讲座》，第三辑，馨园文教基金会印行，1999年12月20日。

弗兰克与兰德斯的论战和社会形态理论的讨论

在社会形态理论的讨论中，有一个不容忽略的基本前提，这就是理论产生的事实基础。社会理论是对人类历史经验的高度概括和总结，一定的理论是一定社会条件下的产物。它不仅要受到当时社会历史条件的制约，而且必然会受到当时所能获得的历史资料积累的限制。换言之，不能超过当代历史学家所提供的对于人类历史资料和对历史描述的制约。马克思主义创始人所创建的社会形态理论不可避免也要受这条规律的支配。从19世纪到20世纪，西方史学的一个重要变化就在于，一方面，许多历史学家继承了19世纪的传统，以欧洲为中心写出了大批历史著作，包括欧洲以外地区和国家的历史。另一方面，一批史学家逐渐摆脱了欧洲中心论的束缚，认真研究欧美以外地区和国家的历史，写出了一批从该地区或国家实际出发的历史。美国历史学家柯文的《在中国发现历史——中国中心观在中国的兴起》一书，对于二次世界大战后美国学者对中国近现代史的研究，作了很好的总结。也有一些学者特别注意到各个地区之间的历史的相互影响，突出其他地区历史的发展对欧洲的影响。拉什的名著《欧洲形成中的亚洲》就属于这类著作。70年代以来，企图摆脱欧洲中心论的历史著作继续不断出现，批评欧洲中心论的声浪越来越高，比较重要的有爱德华·塞伊德的（Edward Said）《东方主义》（1978），马丁·伯纳尔（Martin Bernal）的《黑色的雅典娜》（1987），布劳特（J. M. Blaut）的《世界的殖民者的模式》（1993）。公开的或隐蔽的坚持欧洲中心论的学者，也不甘示弱，不时发表论著，进行反击。1998年，两本代表这两种不同观点的著作先后出版，而且在互联网上展开了论战。

第一部书是哈佛大学经济系教授、现代发展理论的代表人物之一，兰德斯（David S. Landes）的《国家的富与穷，为何有些国家如此之富，有些国家如此之穷？》。作者站在现代发展理论的立场上强调了知识和科学在经济发展中的作用。他认为理解国家的贫富问题必须以欧洲为中心，特别是以西欧和北欧为中心。不把欧洲置于枢纽地位就无法理解事变的进程。他专门分析了欧洲自然环境，文化传统，社会政治制度如何有利于知识的更新、创造和技术的发明。同时也分析了亚洲特别是中国的自然环境，传统文化和社会政治制度如何不利于知识的更新、创造和技术的发明。兰德斯认为欧洲的最为优越之处在于，将发明和技术用于战争、交通、创造新能源和金属冶炼，这就使欧洲国家在世界经济发展中居于领先地位。现代的新兴国家走的是和欧洲一样的路子。要想让贫穷的国家摆脱贫困就必须从历史的发展中汲取教训。

第二本书是多伦多大学教授、依附论的创始人、世界体系论的代表人物之一弗兰克（Andre Gunder Frank）的《回到东方，亚洲时代的全球经济》。在这本新书里，他放弃了原来所坚持的欧洲中心说的立场，从全球观点出发，运用整体论的方法，研究了1400～1800年的世界贸易、货币流通、人口、生产、劳动生产率、科学技术、金融经济机构的情况，得出了在这400年里，亚洲特别是中国是世界经济中心的结论。

他认为，在1800年以前的世界贸易中，亚洲，特别是中国一直处于出超地位。美洲和世界其他各地出产的白银大量流入中国。据估算1600到1800年间世界白银总产量为12万吨，中国从欧洲或日本获得的白银总量为4.8吨。加上来自马尼拉的1万吨以及来自东南亚大陆、中亚和中国自身生产的白银，白银总储存量达6万吨，占这个时期（从1600年算起）白银生产总量的一半，最保守的估计也达世界白银总产量的1/4到1/3，即3万吨到4万吨。

从国民生产总产值和劳动生产率看，亚洲和中国与西欧国家比，也处于遥遥领先地位。布劳代尔引用Paul Bairoch的估计，1750年世界GNP为1550亿美元（按1960年美元折算），占世界人口的66%亚洲人口，生产总值为1200亿美元，占世界生产总量的80%。欧洲和美洲生产总值仅为350亿美元。这就是说，亚洲占世界2/3的人口，生产量占世界总产值的4/5。欧洲人口占世界人口的1/5，生产量只占世界生产总值的1/5。按人均产值计算，1800年中国为228美元。同期英国和法国约为150～200美元。

欧洲中心论者批评亚洲的一个重要理由是“科学技术”落后，不如欧洲。英国著名汉学家李约瑟（Joseph Needilam）有关中国科学文明的巨著《中国的科学与文明》问世以来，打破了欧洲是现代科学唯一创造者的神话。“在文艺复兴以前和文艺复兴期间，中国对世界的技术影响居于支配地位。全世界从中国古代和中世纪有创造性的手工工匠那里所得到的要比从亚历山大里亚的机械师和理论家处得到的多得多。”李约瑟在他的书里不仅列举了中国的四大发明，还考察了冶铁、炼钢技术、机械钟制作、造桥、深钻工具以及航海技术等等。李约瑟还驳斥了中国人只顾发明，不顾应用的说法。

亚洲和中国的经济金融制度的先进性也绝不亚于中世纪晚期和近代早期的欧洲。中国早在宋代和元代就建立了相当健全的生产、贸易和金融机构。11～12世纪以来，中国经济的工业化、商业化、货币化、城市化都在世界上居于领先地位。钱庄、银号、商业行会卷入了区际贸易，地方市场网络的密集化，大型私人经济机构的出现，以市场网络为取向的乡村工业的发展，部分城市工业的发展，以及应付大量雇佣者的新的结构的出现，都证明明清两代的经济在不断地滋生出新的因素。1658年郑成功家族比荷兰东印度公司早一年有了向日本销售瓷器的想法。郑家族的商业网和政治谋略至少能与他们的政敌满洲人和荷兰人相匹敌。郑成功家族的经济组织与荷兰东印度公司也有颇多相似之处。在讨论中，一位经济史学家甚至认为，世界上最早的资本家很可能是中国人。简而言之，资本主义并不是欧洲或西方的独创，而是世界经济体系的运行中，多种文明碰撞和交往的产物。

在政治和军事上，中国的明清帝国、印度的莫卧儿帝国、波斯的萨法维德王朝（Safavid）和土耳其的奥托曼帝国的重要性要远远超过欧洲的任何部分和整个欧洲。

根据以上事实，弗兰克得出结论说：在1800年以前的世界经济中，如果有任何一个地区居于支配地位的话，那就是亚洲。如果有一种经济处于中心地位的话，那就是中国。早期近代欧洲在世界经济中既不重要，也不先进，并不像布劳代尔、沃伦斯坦和他本人过去所认为的那样，是世界经济的核心地区，恰恰相反，而是处于世界经济的边缘地带。弗兰克认为欧洲是利用美洲的金银，非洲的奴隶，从亚洲的生产、市场、贸易中得利，才在19世纪取得工业革命的胜利。为时不久，就开始从顶峰上跌落下来。进入20世纪后半叶，亚洲又重振雄风，逐渐在恢复1800年以前的势头。

兰德斯的新作出版后得到主流派经济史学家加尔布雷思（John Kenneth Galbraith）等人的热烈赞扬，同时也受到弗兰克的猛烈抨击。弗兰克认为兰德斯的书根本不像他所标榜的那样，是一部全球世界史，而是在东西方的比较研究中对于西方在世界史中的地位，以及西方与世界其他地区的关系进行了曲解。兰德斯的这本书，错就错在作者从1969年以来一直坚持欧洲中心论的立场，从狭窄的欧洲隧道里看问题，对欧洲以外的世界所做的贡献听而不闻，视而不见。

在这场论战中最值得注意的不仅是弗兰克论证亚洲和中国是当时世界经济发展中心的数据和事实，而在于他向西方传统社会理论提出的挑战。在弗兰克看来，19世纪后半叶和20世纪上半叶西方的经典社会理论从马克思、韦伯、汤因比、波拉尼（Karl Polanyi，1886～1964年）、布劳代尔（Fernand Braudel）到沃伦斯坦（Immanuel Wallerstein），都是建筑在以欧洲为中心的历史学基础上的。他们用比较的方法总结出来的社会发展理论，是以对欧洲历史的观察为基础。用弗兰克自己的话来说，“比较方法本身由于不适当的整体主义和具体情况的定位不准确而受害不浅。若干特点被武断地当作本质的东西，其实，除了欧洲，别处都没有或很少有。在最好的情况下，这种比较也带有种族偏见的色彩，是在用欧洲中心的观点作为标准，衡量一切。”他认为，根据20世纪特别是二战后西方对中国历史的研究，马克思将中国说成是“保存在密封棺材里的木乃伊无聊地消磨时间”，是毫无根据的。亚细亚生产方式断言亚洲社会停滞不前，是站不住脚的。韦伯所说东方传统社会是反理性的、反对追求利润的，也与事实不符。他尖锐地指出，历史学和社会理论长期以来一直受尽了削亚洲之足适欧洲之履的苦头，研究者多年来是在用亚洲的证据证明从欧洲历史总结出来规律的普遍性。这种削足适履的办法，如同中世纪的神学家争论一个针尖上能容多少个天使跳舞一样的没有意义，事情只能越搞越糟。唯一能够解决问题的办法是实事求是地研究欧洲和亚洲的情况，以及它们在世界经济中所占的的地位。同时要研究宏观的世界史。正如弗兰克早就说过的，除了世界史以外，没有别的历史（there is no history but universal history）。只有用整体论写成的世界史才能反映客观实际。而且要有一个全球的、整体的世界经济体系的观点和理论。首先应看到"东方的衰落先于西方的兴起"，然后才能谈两者的关系，讨论为什么世界经济体系会发生变化。弗兰克认为从非欧洲中心的历史出发，总结出一个优于以欧洲中心论为基础的社会理论是必要的，也是可能的。这个理论应该处理好八个方面的关系，这就是：1. 整体与局部、共性与个性；2. 普遍性与特殊性；3. 连续性与渐进的中断（非连续性）；4. 横向整合与纵向分离；5. 周期性和线性；6. 机构与结构；7. 世界经济硬壳中的欧洲；8. 文明冲突无政府状态中的圣战（Jihad）反对全球化（McWorld）。

弗兰克的观点有一定的代表性，在北美得到了一批学者的支持，其主要成员大多来自加里福尼亚大学各校，因而被称为加里福尼亚学派。毋庸讳言，弗兰克立论的依据并非限于他本人的研究成果，而是对许多学者研究的归纳和总结。他的归纳和总结是否恰当，这些研究者的研究方法、采用的数据和事实，也都大有进一步研讨、推敲、订正的余地。弗兰克依靠这些研究成果所得出的结论，也不无失之于偏颇、过于武断的地方。我个人以为，这场讨论或辩论最值得我们注意的就是，作为史学工作者，有必要站在20世纪史学研究成果的基础上来重新审视一下19世纪末和20世纪社会理论得出的有关社会发展，特别是社会形态理论的科学性和正确性。看看这些理论有哪些与后来的研究成果是一致的，相符的，哪些是不一致不相符的。从新发现的事实中我们可以得出什么样的新的结论。特别值得注意的是，在马克思主义的五种生产方式或社会形态的理论中，有哪些完全是以欧洲的材料为依据，仅仅概括了欧洲的历史经验，而未及其他。又有哪些亚洲和中国的历史经验（例如中央集权的帝国和王朝）具有普遍意义，应该总结到马克思主义关于社会形态的理论中来。只有这样的理论与实际相结合的研究才不会只在概念上兜圈子，而能把社会形态理论的讨论推向前进。

参考文献

[1] Andre Gunder Frank, ReORIENT, *Global Economy in the Asian Age,* University of California Press, Berkeley/Los Angeles/, London, 1998.

[2] David S. Landes, *The Wealth and Poverty of Nations, Why Some are So Rich and Some So Poor*, W. W. Norton & Company, New York, 1998.

[3] 关于弗兰克与兰德斯的论战，参阅万维网（World Wide Web）：EH. R：Frank versus Landes, EH. R：*FORUM, Rethinking* 18th *Century China*

原文载《中国社会史评论》第二卷，2000 年

略论口述史学的科学性和实践性

天津口述史研究会的成立，是一件值得庆祝的大事。它标志着我国口述史学进入了有计划、有组织的实施阶段，是历史学走出象牙之塔，面向现代化建设，更好地发挥其社会功能和社会效益的重要举措。欢庆之余，不揣冒昧，仅就口述史学的科学性和实践性发表一点个人看法。

经过半个多世纪以来的发展，口述史学已经成为历史学中比较成熟的一个分支，是应用历史学和公共史学不可或缺的组成部分。它已经形成了自己的理论、方法，完成了一批有份量的历史著作，积累了丰富的资料和实践经验。需要强调的是现代口述史学在自己的发展过程中已经形成了不同于传统口述史学的鲜明特点。

第一，现代口述史学的出现有其特定的历史背景和特定的技术条件。以法国年鉴学派和英国马克思主义历史学派为滥觞的社会史学在二战前后逐渐成为西方史学的主流，提出了自下而上的研究历史的观点，扩大了历史学的视野，挖掘底层民间史料受到普遍的重视，现代口述史学是在这样的前提下发展起来的。以录音、录像设备为标志的音频视频技术的发展为口述史提供了空前有利的技术手段。作为一种现代方法，口述史学是随着磁带录音机在20世纪40年代的发明而出现的。1938年，口述史学的创始人A. 内文斯（Allan Nevins）教授发表了《通往历史之路》（*The Gateway to History*, New York 1938）一书，主张开展历史的口述研究。十年之后，即1948年，内文斯在美国哥伦比亚大学独树一帜地设立了口述科研项目，创建了美国历史上第一个研究口述史的专门机构——哥伦比亚大学口述历史研究室。从此，现代口述史学宣告诞生。

第二，现代口述史学不再像传统的口述史学那样，仅仅是文字史料的补充。它在史料学和史学体例上具有主体性和创新性，在很多领域，已成为历史研究和写作的主要依据。例如，文字记载阙如的社会史、地方史、企业史、劳工史、城市史、族群史、移民史、妇女史、农民运动史、地方史、家族史、民俗史等等。我国政协从中央到地方多年来积累起来的资料，在许多方面和不同程度上也具有史料上的这种主体性，成为我国研究近现代和当代历史的重要要资料来源。

第三，现代口述史学将广大人民群众（事件的参与者、亲历者、目击者、直接证据的持有者），吸引到历史资料的积累和历史著作写作的行列中来，他们不再被排斥在史学的学术殿堂之外，而成为了直接制作历史资料、编纂和历史写作队伍中的一员。“口述历史用人民自己的语言把历史交还给了人民。它在展现过去的同时，也帮助人民自己动手建构自己的将来”，[1]它给了我们一个机会，把历史恢复成普通人的历史，并使历史密切与现实相联系。口述史凭着人们记忆里丰富得惊人的经验，为我们提供了一个描述时代根本变革的工具。

第四，口述史学已经具有了一整套国际通用的规范化工作程序。一般可分为三个阶段：

1．项目准备阶段

1）根据人力物力选择适宜口述史项目，该项目应大小适中，有明确范围和内容；

2）一定要有明确的目的要求；

3）事先要认真阅读和研究项目有关的文字资料（专著、论文、传记、报刊资料、日记、书信等）；

4）根据实际情况，确定一个或多位访问对象；确定访问对象时应考虑：此人能提供什么信息，是否愿意接受采访；

5）准备访问大纲和具体问题，事先可将访问大纲通知被访问者；

6）要作好访问的器材准备（录音、录像设备，应准备外接麦克风，对设备进行测试）；

1 Paul Thompson, *The Voice of The Past: Oral History*, p. 265.

7）与访问对象约定访问的时间和地点（应选择较安静不受外界干扰的地方）；

8）进入访问前务必让被访问者明确访问目的和访问资料的用途。

2．实地采访阶段

1）开始采访时务必说明采访的时间、地点、采访的对象、内容以及被访问者的年龄、出生时间、地点和现在通讯地址；

2）要认真仔细、耐心地听取被访问者的陈述；

3）要求被访问者在一段时间内只讲一个内容；

4）耐心地等待停顿，以便被访问者整理思绪；

5）提问时一次只提一个问题，一个问题彻底问完后再问下一个问题；

6）重要问题应一字一句地重复提问，提问时坚持先易后难的原则；

7）开始的问题应让被访问者有较长时间阐述的余地；

8）对于关键用语应要求被访问者提供定义或加以解释；

9）所提问题切忌带有倾向性或诱导性；

10）访问时注意观察被访问者的心理变化；

11）用轻松的谈话结束重大课题的访问，不要突然终止访问，访问时间以1～2小时为宜；

12）访问结束，立即给录音带贴上标签，请被访问者在访问记录表上签名。

3．资料整理阶段

1）事后将录音记录整理成文字，并与现场笔记核对；

2）为录音作索引、进行编号、备份（录音、文字）；

3）分析采访录音和记录，核对事实，对访问结果与原采访目的进行比较，如有重大遗漏，应组织再次访问；

4）必要时可请被访问者审阅、修改访问记录。

5）将汇集的资料移交指定的收藏保管部门，办理移交手续。

6）提交项目总结报告，完成项目。

口述史学与以文字资料为基础的传统史学最大的不同之处在于，口述史的工作对象，不是文字资料，也不是实物，而是活生生的人。史料收集和挖掘的过程是访问者与被访问者之间的对话或互动。这种交互式的访谈使用得当，可以由表及里，步步深入，或向横广的方向发展，旁及其他。而不像文字和实物史料，只停留在有限的时间和空间范围内。在交互式的访谈中，访问者和被访问者可以共同讨论问题，平等的交换意见。这对于弄清问题，挖掘问题的实质，理解被访问者的心态具有重要意义。口述历史的可靠性在于其动态性，因为通过口述历史有助于“人们怎样理解过去，他们怎样将个人经历和社会背景相连，过去怎样成为现实的一部分，人们怎样用过去解释他们现在的生活和周围世界。”[1]口述历史学希望通过交互式的访谈理解埋藏于访谈中的语言模式和象征叙述者内心世界的思想，进而揭示他们对其在历史中扮演角色的阶级感知。[2]口述历史的重要性不在于保存了过去发生的事情，而是今天的我们对于过去的理解与解释。[3]

根据英国口述史学会的总结，口述史的用处是：

1）为地方史和家族史开创了一个新领域；

2）在中小学让青少年了解自己的社区，将老人与年轻一代联系起来；

3）用于社区和居民工作，肯定老一代存在的价值，鼓励他们继续为社会作出贡献；

4）在博物馆、艺术馆和遗产中心的展览中使用，使之更加生动活泼；

5）地方档案馆和图书馆的口述史料集已成为一切对历史有兴趣的人们的重要的新资料来源；

6）口述史已成为许多电台和电视台的重要节目内容。

---

1 Michael Frisch, *A Shared Authority: Essays on the Craft and Meaning of Oral History and Public History*, Albany, 1990, p. 188

2 Ronald J. Grele, *Envelopes of Sound: The Art of Oral History*, Preface to the Paper Edition, p. vI

3 Ronald J. Grele, *Envelopes of Sound: The Art of Oral History*, Preface to the Second Edition, p. xv.

与一切史学体裁和方法一样，口述史学也有它的局限性。主要表现在两个方面：一是题材和方法本身的局限性；另一个是口述史执行者与参与者自身的局限性。口述史显然不适用于研究以统计为主的经济史和以原始文件为主的政治史，军事史和外交史。在这些领域，口述史只能起辅助作用。口述史在其能够发挥所长的领域，如社会史、移民史、民族史、集体心态史、人物传记，无论在项目的确定，访谈对象的选择上，口述史工作者都起着决定性的作用。特别应该指出的是，口述史料是在访问者和被访者之间互动过程中形成，人的主观记忆能力、理解能力和认识能力以至思想感情，起着举足轻重的作用，这不能不影响到口述史料的真实性和可靠性。正因为如此，口述史料必须用资料和实物证据来验证和补充。

为了能够真正地将天津地区的口述史研究开展起来，除了应按照天津口述史研究会章程第二章所规定的业务范围内开展活动外，还应该注意解决以下几个问题：

第一、建立一个具有天津地方特点，以政协文史资料为主体，市档案馆、博物馆、社科院和高等院校历史院系为支柱的口述史研究体制，发挥各自的特点，合理分工，相互支持，取长补短。

第二、建设一支专业工作人员与业余爱好者相结合的口述史研究队伍，用口述史学的理论、方法和工作规范来武装他们。让他们在实际工作中不断成长。

第三、利用先进的信息技术建立天津口述史研究会的网站和数据库，出版电子期刊；为专业人员配备必要的专用设备，通过网络，提高史料采集、整理和储存的能力。

第四、开出我市各界80岁以上老人的名单，摸清基本情况，（如南开大学教授杨敬年97岁，陈鹨95岁，朱一玄94岁、杨生茂88岁）组织力量，有计划有重点地进行访谈。

第五、适应我市现代化进程的需要，努力筹集资金，建立基金会，以便及时地对濒危史料组织抢救，对重大课题开展多方位、多层次的研究活动。

附录：国外口述史学著名网站举例

编号	网站名称	网址	主要栏目	入门教材
1	英国口述史学会 Oral History Society	http://www.oralhistory.org.uk/	区域性网络、会议、资源、期刊、培训课程	实践指南 Practical Advice
2	美国口述史联合会 Oral History Association	http://omega.dickinson.edu/organizations/oha/	组织、出版、会员	
3	加拿大口述史联合会 Canadian Oral History Association	http://oral-history.ncf.ca/	项目、论坛、如何入会、参考咨询（人物、手册、网址）	
4	国际口述史联合会 International Oral History Association	http://www.ioha.fgv.br/	理事会、会员、会议、通讯、相关网址	
5	日本口述史联合会 Japanse Oral History Association	http://www.joha.jp/site/index.php	组织机构、如何加入、时事通讯	
6	哥伦比亚大学口述史办公室 Columbian University Oral History Office	http://www.columbia.edu/cu/lweb/indiv/oral/	单位介绍（成立于 1948 年为美国最老的口述史机构，为普列茨奖金获得者历史学家纳文斯所创建，现藏有 8000 种回忆录，100 万页记录文本）、工作人员、图书馆在线目录（Clio）电子资源	
7	肯尼迪图书馆口述访谈历史资料 Historical Materials in John F. Kennedy Library Oral History Interviews	http://www.cs.umb.edu/~serl/jfk/oralhist.htm	肯尼迪图书馆口述史项目始于 1964 年。藏有 1100 份访问记。对外开放。	有档案目录
8	加里福尼亚大学班克罗夫特图书馆地区口述史 Regional Oral History Office	http://bancroft.berkeley.edu/ROHO/	特色项目、馆藏、教育、资源、新闻通讯、在线口述史	可查阅在线文档
9	洛杉矶加州大学口述史项目 The UCLA Oral History Program	http://www.library.ucla.edu/libraries/special/ohp/ohpindex.htm	项目介绍、收藏、口述史资源	口述史导论、计划和组织访谈
10	不列颠图书馆音响档案馆口述史国家生活史收藏 The British Library Sound Archive Oral history National Life Story Collection	http://www.bl.uk/collections/sound-archive/nlsc.html	有在线目录	

*编者注：此文为未刊稿，完成于 2005 年 6 月。

"信息资源"的研究

信息资源（information resources）这个词组现在已成为我国新闻媒体、学术著作中高频使用的词汇，在图书馆学、情报学等的论著中更是一个专门术语。有的专著和院系还以此命名。作为图书情报工作者，我们认为有必要正本清源，理清它的来龙去脉，全面地理解它的含义，以期完整、准确地运用这一学术术语。

"信息资源"系由"信息"（information）和"资源"（resource）两个词汇组成的词组。information 一词的汉语翻译在情报界也有一定的争议，我们姑置不论。英语的 resource 一词系大约 1611 年由法语 résourdre 溶入的，在法语中为再生（兴）起之意，根据《牛津英语大辞典》（第 2 版）等释义有 6：[1]

（1）a. 满足要求和匮乏的手段，在必需时可以提取的原料与存储。通常用复数，即 resources。例句：（1611）a resource, new spring（一种资源，新的泉水）。b. 复数。任何国家为了支持其防务所拥有的集合手段。例句：（1779）The first thing to be done for the defense of a country, is to have its resources and its arms in honest and able hands.（为了保卫一个国家，首先需要去做的事情是，将支持其防务的集合手段及武器置于诚实和能干人员之手。）

（2）援助或帮助的可能性，（主要以 Without resource 的片语形式表达。模仿法语 sans resource）。

（3）a. 可以从困境和紧急状态下解救出来的方法，权宜之计、办法、谋略。例句 Tito began to think that flight was his only resource.（梯脱开始意识到逃跑是他唯一摆脱困境的方法）。b. 用于人物和地点，罕见。

---

1 *New English-Japanese Dictionary*. Tokyo: Kenkyusha Ltd. 1982; *Oxford English Dictionary*. Second Edition. Vol. XIII. Oxford: Clarendon Press, 1989, p. 731.

（4）放松与娱乐的手段。例句：（1837）Reading had been her chief resource.（读书已成为她的主要消遣手段）。

（5）采取手段达到目的或应付困难的能力。例句：（1879）Resource in difficulties is the distinction of great generals.（具有应付困难的能力是伟大将军的特点）。

（6）定语和搭配：resource allocation（资源配置），resource intensive（资源密集），resource-poor（资源贫困），resource centre（资源中心，存放学习资料，亦即 learning resource——收藏的图书馆或其他中心）。

从以上的释义和典型用法中我们可知，resource 的初始含义是资源，后来又演化有手段、方法、谋略、能力之意。在翻译、解释和使用时，务必要看上下文的语言环境，切不可一概而论。作为资源时多用复数。在英语中，resource 一词既可以指物质的，也可以指精神的东西，或者兼指两者。

中文的“资源”一词则不然。《辞海》的释义是，资财的来源，一般指天然资源。《现代汉语大词典》释义为：生产资料、生活资料的天然来源。后一个解释有明显的马克思主义色彩。综上所述，“资源”一词，在不同的文化背景下的理解和用法不尽相同，科学原则要求我们在翻译和使用任何学术用语时，应注意到它的语义背景和特点。

我国第一位对情报（信息）资源提出质疑的是钱学森先生。他在1983 年的一篇文章中就指出：[1]“情报就是一种资源”的“说法”是“值得斟酌的”（钱老著文之时，我国情报界，还没有把“情报”改称“信息”之说），“资源指的是物资的自然资源，马克思在《哥达纲领批判》中是讲清楚了的。”我们又进行了经典文献的查证。《哥达纲领批判》是用德文撰写的，而后才有英、汉的译本。我们查阅了汉、英、德的原文，有关的词汇包括“源泉”英语 source，德语 Quelle，“资料”英语 means 或 instruments，德语 Mittel。经查，哥达纲领的第一条：“劳动是一切财富和一切文化的源泉”，德文的原文是“Die Arbeit ist die Quelle alles Reichtums undaller Kultur”；英译为“Labour is the source of all wealth and all culture”。汉语“源泉”，英语 source，德语 Quelle

1 钱学森：《科技情报工作的科学技术》.《情报学刊》，1983, (4): pp.4-12。

完全对应，翻译无误。

值得注意的是在这里汉语的源泉不是资源，资源和源泉显然不能混用。英语、德语也是如此。马克思在文中引用了国际章程中的一段话：劳动资源即生活源泉的垄断，[1]英译文为 Monopolizer of the means of labour that is the source of life，[2]德文原文作：Monopol der Arbeitsmittel，d. h. der Leben-squellen。[3]这样一来，劳动资料就变成了生活源泉的同义语。钱老所说“马克思在《哥达纲领批判》中是讲清楚了的”，盖源于此。不过马克思在这里用的是资料和源泉，并没有用资源一词。

英语 source 与 resource 同出法语 soudre（升、兴起之意）。其基本含义是：①支持、支撑；②展翅（飞翔）；③河水、溪流的源头；④某种非物质和抽象事物的主要原因，由此引申为具有物质属性的事物的原因，个人和家庭的来源。作为定语：source book（原始资料集），source document（原始文献），source study {来源（文献）研究}。作为名词与 Information 搭配构成 Information source（情报源）。source 不同于 resource，起源的含义很强，resource 多了前缀“re”，便具有“再”和“更”的意思，不可混淆。还有一点值得注意，汉语的劳动资料，英文译作 instruments of labour，德语为 Arbeitsmittel。不少旧的汉译自英文的书籍均译作劳动手段。正如我们在上文所说，resource 在很多情况下可以译作方法、手段，德语 Mittel 亦复如是。source 则没有这层意思。

我们是不是在咬文嚼字，作繁琐的考证呢？绝不是。我们还要结合实际情况加以讨论。

《图书馆学和情报学文摘》（Library and Information Science Abstract—LISA）是国际著名的检索工具。我们查阅了它的光盘版（1970～1994），共收录有以 Information Resources 为标题的论著 48 篇，其中 70 年代 10 篇，80 年代 21 篇，1990～1994 年间 17 篇，以

1《马克思恩格斯选集》第三卷，北京，人民出版社，1972 年版. pp.5-9.

2 *Karl Marx and Frederick Engels Selected Works* in Two Volumes Vol.Ⅱ. Foreign Languages Publishing House, Moscow, 1958. pp.18-21.

3 *Karl Marx und Fredrich Engels Ausgewahlte Schriften in Zwei Banden.* BandⅡ, Moskau: Verlag fur Fremdsrachige Literatur, 1950. pp.11-14.

Information Resources 为标题的论文数量呈上升的趋势。这说明 Information Resources 作为学科术语使用的范围日益扩大，研究工作亦在逐步加深。我们查到的最早一篇奥罗尔科（J. O' Rourke）写的《加拿大的信息资源》（Information Resources in Canada），刊登在《专业图书馆》（Special Library）1970 年 2 月号（61 卷 2 期）59～65 页，没有摘要（也未查到国内收藏的原刊），内容不得而知。80 年代的较为重要的一篇文章，题为《在信息生产生命周期中作为“商品”的信息资源》（Information Resources as “Goods” in the Life Cycle of Information Production），作者是列维坦（K. B. Levitan）此文刊载在《美国情报科学会志》（J. ASIS）1982 年 1 月号（33 卷 1 期）44～54 页。该文对信息资源的定义及有关问题作了比较认真和详尽的考察。

作者首先强调了研究信息资源的重要性。他指出，要想把握以信息和知识为基础的社会本质，必须认真地研究和了解信息资源的含义，他写道：“从字面上和具体地讲，信息资源就是已经建立的、因而能够一再使用的信息源。换句话说，它是一系列已经制度化了的、为一个或多个用户集团反复使用的信息。”“信息资源不是一个简单的概念，也不是一种简单的操作。它代表着一种复杂的制度关系网（web）。这个网跨越了传统经济、社会——法律和政治界线。”作者接着就指出，信息资源在生产流程中的作用过去研究得很不充分，即便在强调信息资源重要性的论著中，对信息资源的概念也缺乏清晰的界定。该文作者枚举了哈佛大学奥廷格（Oettinger）所主持的“信息资源政策项目”（Programon Information Resources Policy）在 1977～1978 年的研究报告中，虽然认为信息和物质、能源一样是一种基础资源，但是将信息资源简单地区分为两个基本部分：信息内容（content）与信息管道（conduit）。他们自己也承认，在多数情况下，内容与管道是不可分离的。该文随即指出，稍后（1979 年）又有人将信息资源分为 4 个组成部分：信息源、信息服务、信息产品和信息系统。这 4 者之间显然有不少重叠之处。列维坦认为，这些定义的最大缺点在于未能将信息资源置于具体环境的框架之中。关于信息生产模式的研究也只是注意到信息的渠道和信息系统，而忽略了信息的传送和转移。为此作者提出了信息生产生命“周期说”，从而确定了信息资源在信息生产过程中的地位和作用。信息不仅是能动的，即处于经常的流动之中，而且是在不断地发展和演化，生命周期的概念是用来捕捉信息生产演化的最佳方法。

列维坦认为，信息生产的生命周期是由信息被记录下来从而成为信息源（information source）开始的。信息源是信息生产生命周期的基本单位，因为信息是载体与信息内容的结合，两者不可分割。信息源在反复不断的使用过程中，不断地被确认，并增加存取它的智性和物理的机制，包括存储设施、各种法律的、组织的和经济的规定。这就构成了信息生产生命周期的制度化阶段，信息资源就是信息制度化的结果。信息资源的实体可分为被动的和主动的两大类。前者指信息资源由用户使用，用户居于主动地位。后者指信息资源在传播过程中，不断的扩展、提高、增值，包括信息资源的再生产，再组合，重新包装。信息产品和信息服务就是信息资源扩展、提高和增值的产物。信息生产是一个无穷尽的过程。这个过程一经开始，信息源、信息资源、信息产品和信息服务就以无限的方式结合在一起。信息资源是一个一体化的机制，它处于信息生产生命周期的中心点（midpoint），而且在持续不断的基础上将信息资源与信息用户结合在一起。信息资源起着协调行为者和各种活动的作用。包括：①发展存取信息源的机制；②提供持续存取信息资源的手段；③管理和维护资源；④再包装信息产品和服务。

列维坦还进一步主张，信息商品以信息源、信息资源、信息产品和服务三种不同形式出现。信息资源可分为市场供应信息（market supplied information）和机构供应信息（institution supplied information）两大类。信息资源经济涉及到制度化、所有权、管理、维护、技术的影响、分配和公众利益等多方面的问题。该文作者的一个十分引人注目的论点是，信息不能像工业产品那样占有、拥有。信息反映了卷入其生产周期中的所有有关人员的利益。信息资源和信息一样，在消费和使用中具有非排它性、无损耗性、无竞争性的特点。信息资源的建立就是为了持续不断地反复使用，禁止或不允许他人使用信息资源不仅是很困难的，而且也违反了信息的本质属性。信息用户的继续增加不会降低信息资源的价值。信息只有在成为权利的情况下才会具有排它性。所有这些都说明信息资源作为经济“商品”并不反映过去已经建立的经济模式所提出的假设。

信息资源的建立与信息处理和信息传递的技术（计算机、电话、有线电视、邮政服务、数据传输等）有着密切的关系。这影响到信息经济的规模与范围。它可以增加产出，降低投入，节约开支。信息技术变革的直接影响是：加强大公司的地位；减少进入信息产业的障碍，增加潜在的竞争；导致新产品问世和重新划分市场。

列维坦在论文的最后一部分指出，需进行多种方式的研究，以解析在多种市场的建立、维持和分配信息资源的经济和制度的基础设施[1]。今天看来列维坦的观点，有些已为人们熟知了，但是这是具有开创性的学术成果。

我们所以不惜篇幅介绍列维坦的这篇论文的目的是，为了让读者对信息资源的概念，从情报科学以及信息经济学的角度，有一个全面的、历史的了解。此文发表后，以信息资源为题的论文继续增加，比较重要者如表 1 所示。

表 1　论述“信息资源”的重要文章

篇名	刊名、刊期
信息资源及经济生产率	Information Economics and Policy, 1983 1 (1): pp. 13-35
供乡村培训的信息资源	University of Nebraska Medical Center
澳大利亚首都地区高技术工业信息资源的可获取性和使用	Canberra College of advanced Education Aug. -Nov. 1986
美国制造业信息资源的再评价	Information Society 1987, 5(3): pp. 147-159
国家生物技术中心的信息资源	Bulletin of the Medical Library Association. 1981, (3): pp. 282-284

Information Resources Management—IRM（信息资源管理）在信息资源研究中是一个专门的问题。这个专门的术语作为篇名首见于《信

1 K. B. Levitan Information Resources as “Goods” in the Life Cycle of Information Production, *J. ASIS*, 1982, 33 (1): pp.44-54.

息管理者》(Information Manager) 1979年3/4月号所刊登的题为《信息资源管理》一文。该文认为,信息作为一种资源有其特点,它具有价值,可以测度,具有投入、产出的特性,可供管理者在计算机上使用,涵盖范围广泛,主要的大公司的活动都要求对信息资源分析,并建立信息系统。IRM作为美国政府文件的用语则有其特定的含义,最早见于1980年美国《文书削减法》(Paperwork Reduction Act)。该法令系美国政府为了克服联邦政府行政部门的文牍主义,节约开支,提高效率而制定的。其主要的作法是,通过有效的管理与协调,将以技术为基础的联邦信息活动的交叉和重复,减少到最低限度。它要求联邦政府的管理和预算局(OMB—Office of Management and Budget)通过信息和协调事务办公室(OIRA—Office of Information and Regulatory Affairs)和其他主要行政部门,采取整合的方法,有计划地管理信息源。这就是脍炙人口的IRM。[1]此后,所有的主要行政部门都任命一名高级IRM官员,于是乎IRM一语不胫而走。美国这一行政管理思路,许多国家同样都意识到了,例如匈牙利就认为:政府机构精简的关键是减少文件(信息),也是从这个意义上来理解和实施IRM的。在这个特定的场合下,IRM显然是一个行政管理的专业用语,并不具有任何普遍的意义。文书削减法中IRM,用的是resource而不是source,这是强调文书活动中的重复、交叉和再生的现象,不是指原始文献,这是不言而喻的。

1982年美国政府又颁布了《联邦信息政策》(Federal Information Policy),其主旨仍然是为了个人、小企业、州和地方政府的利益,将联邦政府的文书(件)负担减少到最低限度。在这个文件中出现了collection of information(信息收集),directory of information resources(信息来源指南),information collection request(信息收集需求)等专门术语。它们中的每一个都有特别明确的意义规定。"信息收集"的界定是:一个行政部门通过使用文字报表、申请表、日程表、问卷等方法来收集事实和意见。"信息来源指南"的定义是:它包括有关资料在内的信息收集需求的目录。"信息收集需求"被规定为:"以文字报

1 *Informing The Nation, Federal Information Dissemination in an Electronic Age*. US Congress, Office of Technology Assessment, Washington D. C. 1988. p. 261.

表、申请表、日程表、问卷报告或保存文档的要求，或类似的方法要求收集信息”。[1]由此可见，所有的这些用语都有特指的含义，这里的Information Resources 仅指美国政府行政部门因工作关系所收集的资料。

综上所述我们不尽成熟的意见是：

（1）Information Resources 是一个包罗万象、含义十分广泛的学术术语。从上面的引证可以看出，必须放在一定的背景和前提下，方能有较确切的含义。但有一点肯定，信息资源与信息源不同，前者是经过了人类的开发加工，制度化了的事物，具有明显的社会属性。后者的开发和加工深度不够，没有制度化，自然属性较强。[2]

（2）信息资源的组成与表现形式是多种多样的，可以是图书馆、档案馆、博物馆，可以是档案、文件、出版物，也可以是计算机软硬件、数据库、电子系统、通信网络。它可以隶属于不同的单位，营利的、不营利的、政府的、学校的、企业的。它在社会上可以处于不同的层次，国际的、国家的、地方的、单位的，也可以是个人的。

（3）在许多情况下，Information Resources 也可以译为信息手段，而不一定非译作信息资源不可。

（4）信息资源管理（IRM）在英语中有一般的用法，也有特定的用法，应注意区分，以免产生误解。

（5）Resources 一词在西方的语言中，既指物理世界的资源，又指信息的精神和智力方面，也可以是位居两者之间的“中介”。这个解释应该发展地吸收到汉语对资源的释义中来，以致与世界广泛的语义接轨。

（6）信息资源的经济属性是一个十分重要的问题，需要多学科的合作，展开深入的研究，我国的信息产业和信息经济正在起步，理论研究应该立即跟上，此其时也。

最后，一个学术用语有它自己的产生、发展过程，对于新术语的出现，当然应持欢迎态度。因为科学在不断的发展，需要新的术语说

1 Alex Ladenson ed., *American Library Law,* Fifth Edition, American Library Association, Chicago, 1983. pp.140-141.

2 王崇德：《情报学引论》，天津，天津大学出版社，1994 年版.

明新的现象和新的事物。但在翻译、解释和使用时，我们主张应采取科学、审慎的态度。

本文愿作引玉之砖，意在就正于海内外学者方家。

原文载《情报理论与实践》1996年第6期（合作者王崇德）

走向21世纪的西方文化

从文艺复兴开始的现代西方文化到现在已经有500年的历史。人文主义和科学精神是现代西方文化发展的两条主线，也是最值得我们借鉴的内容。在世纪之交，西方文化向何处去，已成为人们共同关心的一个重要问题。对于西方国家和人民来说，这关系到自身文化的前途和未来。对于东方民族来说，有一个是否有必要继续从西方文化中寻找借鉴的问题。

一种文化的发展走向首先取决于其自身发展的内在逻辑。西方文化以希腊文化和希伯莱文化为起点，经历了中古基督教文化的曲折，从文艺复兴开始了现代文化的进程。由哥白尼开始的科学革命彻底纠正了以地球为宇宙中心的错误观念，创立了以太阳为中心的天文学体系；达尔文主义确立了人是从低等动物演化而来的进化观念，给予基督教的创世说以毁灭性的打击；弗洛伊德主义揭示了人的意识的多层面性，动摇了理性在人类活动中居于支配地位的观念。弗洛伊德认为这些是对于以人为世界中心的宇宙观的三次重大打击。按照他的看法，人类并没有什么可骄傲的，和动物一样，也是受情欲支配的。如果按照这样的逻辑推演下去，现代科学技术越发展，人类的前景越不妙。现代科学技术一旦为失去理性的狂人所掌握，就会面临着战争和毁灭。然而西方文化毕竟是理性成分与非理性成分的统一体，不是非理性文化的禁脔。二次世界大战以来的历史告诉我们，理性主义在西方文化中仍居主导地位。在理性主义的引导下，人们冷静地面对现实，从历史和现实中总结经验和教训。西方文明的发源地——西欧和北欧联合的趋势在加强。虽然有龃龉，有分歧，有争议，欧洲联盟已是大势所趋。在经济一体化和政治一体化的前提下保持文化上的多元，似乎已经成为能够为多数人接受的走向。发源于欧洲，对现代化采取彻底批判态度的后现代主义，毕竟是西方文化中的一种思潮，无法改变社会发展的总趋势。

西方文化的重心在二战后西移，北美成为文化精英的荟萃之地。如果说在人文学科方面与旧大陆相比，还有所逊色，在科技文化方面，显然处于遥遥领先的地位。在这片沃土上，特殊的历史机遇，使之成为多种文化交汇的场所。尽管在历史上发生过对土著居民的屠杀，对非洲黑人的奴役，对亚洲移民的排斥，特别是出现过反华的风暴，然而，经历了二战后的冷战时期，经历过民权运动和反主流文化的洗礼，弥散在民间和文化教育事业中的多元文化的声音压倒了精英人物的文化冲突论，也压倒了安格鲁—撒克逊的种族优秀论。在本世纪初发展起来的反对族群中心主义和倡导文化相对主义的趋势继续有所发展。在颇为时髦的文化研究中，关于后殖民主义的讨论，包括了反对帝国主义、殖民主义、种族主义和反对欧洲中心论的内容。环境哲学或深层生态学引起了人们的广泛兴趣和注意。因为，它们对西方占主导地位的世界观——征服自然和现代技术文化持批评的态度，而且从东方的天人合一的哲学中吸取了养分。一位西方文化史的研究者指出，西方文化从古希腊荷马史诗、犹太先知、苏格拉底、柏拉图、伽利略、笛卡尔、康德直至弗洛伊德，是一种以男性为主体的文化，好勇斗狠，以向外扩张、教化异族、征服自然为己任。这种男性文化的沙文主义和帝国主义方面已经走到了它的尽头。女权主义、生态平衡、反主流文化和多元文化的观点正在崭露头角。一种回归自然、回到大地母亲怀抱的新型文化正处于孕育之中。这说明西方社会的一批有识之士能够比较实事求是地总结过去，冷静地检讨自身文化的长处和短处，注意从其他文化中吸取对自己有益的东西，面向未来。

西方文化内部的健康因素决定了它在下一个世纪肯定会有自己的立足之地。这种健康的因素的重要表现之一是对自身的批判和否定。从“世纪末”思潮开始，在西方文化内部，关于西方文化衰落的议论已经超过百年。第一次世界大战期间出现的斯本格勒的西方衰落论和索金西方文化危机论更把这种“世纪末”的情绪理论化了，并推到了顶峰。现代主义和后现代主义对现代化进程和现代化理论的批评也是一种自我否定。如果说西方文化赖以生存的资本主义制度气数未尽的话，那么，西方文化肯定还会有它的未来。更何况现代西方文化的一个重要特点是作为上层建筑的文化与社会经济基础之间形成的断裂，马克思主义的存在和发展更指明了它的发展前途和方向。

马克思主义是西方文化特别是欧洲文化的产物。它已经成为全世界人民共同的精神财富。西方学术界流行着一种看法，即认为，在前苏联和东欧的社会主义国家解体之后，马克思主义已经寿终正寝了。这是一种带有偏见的狭隘看法。我们认为，在以法兰克福学派为代表的社会批判思潮的影响下，经过民权运动和反主流文化的风暴，马克思主义以一种稀释的形态隐藏在每一个西方知识分子的血液中，渗透到人文社会科学的每一门学科里。在英特网上我们可以找到马克思、恩格斯、列宁的主页，这是马克思主义继续在影响着世界的一个重要证据。在研究马克思主义的时候，我们决不应该因为它的民族化和国际化而忽略了它的出生地。

西方文化是一种具有很强的扩张性和渗透性的文化。它的人文精神主要表现为人权思想和民主制度。这是一把两刃刀，既可以剖析自己，也可以用来指责他人。法兰克福学派的社会批判理论是西方传统的民主精神、弗洛伊德主义和马克思主义的混合物，对现代资本的批判入木三分，虽然悲观主义的色彩未免过于浓厚。美国政府不时挥舞“人权”的大棒，这是实行双重标准，对第三世界国家进行恫吓的手段。在文化思想史上至多不过是一出闹剧。在实际的政治生活中，人权思想和民主制度对于西方以外的国家有很大影响，这是毋庸讳言的事实。然而，在第三世界国家中，不结合本国的国情，机械地照搬西方的制度只能引起政治上的混乱，这也是有目共睹的。至于现代科学精神，和现代的高科技一样，有一个由谁来掌握和为谁而用的问题。用于国计民生，注意协调发展，它可以大大提高生产力的水平，促进经济发展，启迪民智，造福人类。掌握在唯利是图、丧失理智的利益集团的手中，则会是贻害无究，甚至毁灭人类。有人把当今世界上出现的贫富两极分化、环境恶化、道德水平下降也统统归咎于西方文化，特别是资本主义现代化，这并非没有一点道理。但把它完全看成西方文化在全球蔓延的结果，则未免不够公平，有推卸自身责任之嫌。

世界经济一体化、跨国公司的全球经营战略、信息技术革命，加速了西方文化向全世界扩张的进程，同时也使其扩张的广度和深度达到了前所未有地步。其中有几点特别值得我们注意。一是西方国家非常注重对其他民族文化的研究，包括对东方和中国文化的研究。东方主义（Orientalism）已成为西方文化的一个重要组成部分。美国著名中国史专家费正清先生的《中国史新编》（1992）主要根据西方学者对中国研究的成果写成，他所主编的《剑桥中国史》第12～15卷已有中译本。这类著作无疑会对我国史学产生影响。西方国家的新一代中国问题专家正在涌现，他们的中文基础好，利用中国改革开放的有利条件，对中国进行了较前更为广泛和深入的研究，成果累累。反观我们对西方文化的研究，则未免令人汗颜。二是在中西的政治、经济和文化交流中，在跨国公司全球战略的直接作用下，我国科技人才大量外流，主要的流向是美国。这对于美国保持科技大国的地位有着重要作用，对我国的现化化建设事业也不无消极影响。三是美国大众文化或消费文化：好莱坞电影、滚石音乐、摇摆舞、麦当劳快餐在美国以外的西方国家和第三世界国家的青少年中风靡一时，本民族的优秀文化传统反而得不到发扬，使有志之士深感忧虑。四是计算机文化的兴起。在英特网上，占压倒地位的内容是西方文化，所使用的语言是英语。这种情况有增无已。五是科学技术是第一生产力，它将决定人类的未来。科技文化迄今为止，处于西方而不是东方的控制之下。1997年的诺贝尔奖金几乎全部落在西方科学家手中，就是一个有力的证据。

置这些事实于不顾，我国学术界近年来却流行者一种“30年河东，30年河西”的说法，认为，21世纪将是东方文化世纪，中国文化将独领风骚。对此，我等实在不敢苟同。

西方学者中有人将世界现代化的过程看成是西方文化取得胜利的过程，认为“一部西方文明史就是人类史”，这是另一种偏颇。它无视西方以外的民族和国家的文化对世界文化作出的贡献，以及他们对人类历史进程的影响。这是欧洲中心说的继续，当然是我们所坚决反对的。持这种主张的人，显然没有读过唐纳德·F. 拉什（Donald F. Lach）的《欧洲形成中的亚洲》，更没有读过李约瑟博士的《中国科学技术史》。这两部名著以无可辩驳的事实说明了欧洲文化同世界上任何一种文化一样，都是在同其他文化的交往中发展起来的。马克思说得好：“火药、罗盘、印刷术——这是预兆资产阶级社会到来的三项伟大发明。火药把骑士阶层炸得粉碎，罗盘打开了世界市场并建立了殖民地，而印刷术却变成新教的工具，并且一般地说变成科学复兴的手段，变成创造精神发展的必要前提的最强大的推动力。”拉什在他的书里强调：“或许最重要的是，存在于与希腊—罗马遗产和基督教启示无关的亚洲若干高度发展的文化中的知识，有助于产生文化相对主义的新观念，就其终极含义而言是全球相互激荡。”由此可见，亚洲文明和中国科技文化在欧洲现代文明形成中起了重大的作用，为人类文明做出了重大贡献，这是西方最杰出的学者的共识。我们可以毫不夸张地说，没有灿烂辉煌的东方文明，现代欧洲文明就无从产生。

那种带有悲观色彩，认为21世纪将是西方文化与东方文化冲突的世纪的说法，也不足取。因为它违反了世界文化发展的一个基本事实，这就是，在各种不同文化之间，吸收、交融是长时间经常起作用的因素，矛盾、冲突、战争毕竟是短暂的插曲。经济发展中的相互依赖、区域性合作和世界经济的一体化已经成为不可抗拒的历史潮流。将21世纪看成一个多种文化并存，彼此在接触和交往中相互学习、相互影响、共同提高、朝着多元一体化的方向迈进或许是更接近现实的一种看法。

江泽民同志在中国共产党第十五次全国代表大会上的报告指出：“我国的文化发展，不能离开人类文明的共同成果。要坚持以我为主、为我所用的原则，开展多种形式的对外文化交流，博采各国文化之长，向世界展示中国文化建设的成就。坚决抵制各种腐朽思想文化的侵蚀。”只要我们能够根据马克思主义的世界观和方法论对西方文化的过去、现在和未来有一个全面的、实事求是的认识，对于我们自己的文化也有一个全面的和实事求是的评价，就一定能够将“十五大”的精神化为行动，“创造出更加绚丽多彩的有中国特色的社会主义的文化，对人类文明做出应有的贡献”。

参考文献

1. Thoms Dean, “Deep Ecology: Toward a Global Philosophy of the Environment”, Lecture draft deliverecd at Temple, University Tokyo

Campus.

2. Richard Tarnas, *The Passion of the Western Mind*, New York, 1991, pp.444～451。参阅丹尼尔·贝尔：《资本主义文化矛盾》（赵一凡等译），三联书店 1989 年版。

3. J. M. Roberts, *The Triumph of the West*, London, 1985.

4. 《马克思恩格斯全集》第 47 卷，第 427 页。

5. Donald F. Lach, *Asia in the Making of Europe*, vol. I, The University of Chicago Press, pp. xiv-xv.

6. 江泽民：《高举邓小平理论伟大旗帜把建设有中国特色社会主义事业全面推向二十一世纪》，人民出版社，1997 年版，第 42 页。

原文载冼国明等主编：《中国对外开放与经济发展》，经济科学出版社，1999 年。

美国史与美国学

马汉的海上实力论

马克思指出：“**对于一种地域性蚕食体制来说，陆地是足够的；对于一种世界性侵略体制来说，水域就成为不可缺少的了。**”[1]自从资本主义和殖民主义这对孪生怪物降生以来，海洋一直是大国争霸的重要舞台，特别是进入帝国主义时期以后，为了重新分割世界，烟波浩淼的海洋，更成为他们激烈角逐的战场。今天，苏美两个超级大国，出于争夺世界霸权的需要，对于海洋的争夺正愈演愈烈。尤其是苏联社会帝国主义，近年来疯狂地扩充海上力量，处心积虑地夺取战略要地，千方百计地谋求海上霸权，致使世界各大海洋浊浪翻滚，硝烟弥漫。

在这场争夺海洋的激烈斗争中，不仅美国再次抬出了他们的“现代海军之父”——“海上实力论”的炮制者艾尔弗雷德·马汉这块招牌，为他们撑腰打气，苏联社会帝国主义也请出了马汉的亡灵，作为海上扩张的思想武器。美国海军研究所强调，在美西战争以来的历次重大战争中，美国海军之所以能够取胜，都应该“归功于马汉和马汉的著作”[2]。前美国总统肯尼迪则认为马汉的学说在空间取得重大进展的时代，仍然有效。[3]苏修海军头目戈尔什科夫，更是连篇累牍地发表论文和专著，极力宣扬海洋霸权主义。尽管他遮遮掩掩，但所贩卖的却完全和马汉是一路货色。就连一位日本学者读了戈尔什科夫的论文后也说：戈尔什科夫没有直接援引马汉的词句，“然而一仔细阅读”就可以发现，“显然”是把英文写的海上实力论改写为俄文。[4]这就难怪

1《19世纪外交史内幕》第六章。转引自《历史研究》1978年第1期，第15页。

2 美国海军研究所出版物介绍（1977年）。

3 约·肯尼迪：《在〈基蒂霍克号〉航空母舰上的演说》，《总统咨文，公文集，约翰·肯尼迪，1963年》，华盛顿1964年版，第445页。

4 曾村保信：《戈尔什科夫和苏联海军的发展》，《自由世界》，1973年1月号。

一位美国海军将领索性称戈尔什科夫为“二十世纪俄国的马汉”[1]了。

一

“海上实力论”的始作俑者艾尔弗雷德·塞耶·马汉，1840年出生于美国的一个爱尔兰移民家庭。1859年，毕业于美国最高海军学府安那波利斯海军学院。其后长期在美国海军中任职。内战后，随着美国海军侵略活动范围的逐渐扩大，他先后率舰遍历了拉丁美洲、亚洲和非洲。当时，英国的海军正处于鼎盛时期，殖民地遍于全世界。他对大英帝国的“赫赫声威”佩服得五体投地，对英国主宰世界的霸主地位羡慕得馋涎欲滴。对英国殖民事业和海上霸权的崇拜，是马汉把英国称霸海洋的历史作为研究课题的一个重要动因。

1884年，为了适应对外扩张的需要，美国海军部决定设立海战学院。马汉应首任院长斯蒂芬·卢斯的邀请，于1885年以海军上校军衔出任该院讲师，讲授海军史和海军战略。

在广泛研究西欧各国的政治史和军事史，探索大国消长规律的过程中，马汉发现“控制海洋是一个从未得到系统了解和说明的历史因素”[2]，因此，决心把“过去两个世纪的一般历史和海军史放在一起进行研究[3]”，以揭示二者之间的相互关系。

在资产阶级的强权政治和实力政策思想指导下，马汉于1886年用了四个月的时间写成了海战史讲稿，又经过四年的讲授、修改和补充，于1890年5月，以《海上实力对历史的影响，1660～1783年》为题公开出版，从而正式提出了被垄断资产阶级奉为经典的“海上实力论”。1892年又发表了《海上实力对法国革命和帝国的影响，1793～1812年》。五年后，《纳尔逊生平——英国海上实力的化身》问世。这三部书被时人合称为“海上实力论”的三部曲。此外，马汉还写了大量的关于海军战略和国际时事的文章和著作，直到1914年12月病死之前，

1 美海军将领埃利莫·朱姆沃尔特为《红星在海上升起》（美国海洋研究所出版社1974年版）一书所写的结束语，见该书第138页。

2 马汉：《从帆船到汽船，海军生活的回忆》，伦敦1907年版，第266～267页。

3 同上书，第277页。

他还在钢铁大王卡内基的资助下，研究美国如何利用海上实力争霸世界的问题。

马汉在他的卷帙浩繁的著作中，用“枯燥的文体，冗长的句子和矫揉造作的语言”[1]，对他所谓的“海上实力”及其对历史的影响进行了反复的论证。

马汉把晚期重商主义鼓吹的对外贸易致富论作为他立论的出发点，特别强调发展海外贸易和保持海上交通线的重要性，将“没有贸易，就没有繁荣”奉为至高无尚的原则，在此基础上进而论证了海上实力的涵义和构成海上实力的各项因素。

在资本主义发展史上，鼓吹海洋扩张者不乏其人。资本主义萌芽时期，英国伊丽莎白女王的宠臣，著名海盗沃尔特·雷利就曾叫嚷：“谁控制了海洋，谁就控制了世界贸易，而谁控制了世界贸易，谁就控制了地球的财富和地球本身。”其后，弗兰西斯·培根和乔治·华盛顿等新兴资产阶级代表人物也都从不同的侧面论述过发展海上实力和控制海洋的重要性。这反映了资产阶级在上升时期扩大海外殖民地，榨取殖民地人民血汗，加速资本原始积累的迫切要求。但是，在马汉之前还没有人对构成海上实力的各种因素做过系统的分析和考查。

“海上实力”一词本来是一个军事术语，主要指的是海上的军事力量，即海军。但马汉却把这个词所包含的内容予以扩大，变成为“包括凭藉海洋或通过海洋能够使一个民族成为伟大民族的一切东西”[2]。具体说来，不仅包括海军，而且包括商船队、海外殖民地和军事基地，甚至连国家制度、民族性、生产能力也被纳入了海上实力的范畴，这就赋予了这个军事术语以政治的和经济的内容。这反映了进入帝国主义时期，垄断资产阶级利用它所掌握的国家机器，动员、组织经济和军事力量控制海上交通，加紧对外扩张，夺取殖民地的强烈愿望。所以，有人说马汉的海上实力的概念，“实际上成了‘帝国主义’的同义语”[3]。

海军，是马汉海上实力论的主体，在他的著作中，始终占有重要地位。恩格斯曾说过，近代海军是为了“保护刚刚开辟的殖民地以及

1《美国历史评论》，1977 年 4 月号，第 454 页。
2 马汉：《海上实力对历史的影响，1660～1783 年》，波士顿 1903 年版，第 1 页。
3 威廉·利维兹：《马汉论海上实力》，俄克拉荷马大学出版社 1947 年版，第 49 页。

与殖民地的贸易”[1]而建立起来的。对于这一点，马汉毫不讳言，他说：“海军的必要性，就这个字的有限含义而言，来源于和平航运的存在”，通俗地讲，就是需要对殖民地贸易的整个航程进行保护，而这种保护“在战争期间必须扩大为武装护航”。他认为海军的这种保护作用，对于国家的经济发展有着重大意义。

马汉还认为，在发生国际争端时，海军是极为重要的力量，它在国际事务中，“是一种较为经常地起着威慑作用的因素，而不是起刺激作用的因素。”[2]众所周知，所谓“威慑”只不过是“威胁”、“恫吓”的代名词罢了。这就不打自招地供认出，在马汉的思想中，海军乃是一种侵略弱小国家、进行军事讹诈的工具。

但是马汉并没有忽略海军的“主要活动领域是战争”，而不是平时的海上贸易。“在战争中无论防御是多么正确，海军不是直接防御的工具，而是进攻的武器”[3]。他认为保持一支海军而“不能首先或最后派出进攻敌人，并对敌人在生命攸关的利益方面予以重创”那就毫无用处。因此他极力鼓吹，为了取得未来的争霸战争的胜利，必须拥有强大的海军。因为有了一支不仅能使“敌方舰队绝迹海上”，而且能使中立国的船只也无法为敌方所用的海军，就能够打破敌人的海上封锁，切断敌人的海上交通，摧毁敌方舰队主力，掌握制海权；就能够制敌于死地，取得战争的决定性胜利。

要完成这样的战略任务，马汉认为必须改变过去以建造巡洋舰为主的老信条，建立以主力舰为主体的远洋进攻性海军。他承认，用巡洋舰破坏商业可以给敌人造成损失，但不能给敌人以致命的打击。“只有用武力控制海洋，长期控制贸易的战略中心，这样的打击才会是致命的。”[4] 他举例说，在 17 世纪中期的英荷战争中，荷兰的失败，不是由于英国对敌人海上贸易的破坏，而是由于克伦威尔强大的主力舰队，打败了荷兰海军，控制了海洋，从而把它的商船困在港内，才使阿姆斯特丹的大街上野草丛生。

1《海军》，《马克思恩格斯全集》第 14 卷，第 383 页。
2 马汉：《当前和未来美国在海上实力中的利益》，波士顿 1911 年版，第 171～172 页。
3 马汉：《亚洲问题及其对国际政治的影响》，伦敦 1900 年版，第 181 页。
4 马汉：《海上实力对历史的影响》，第 539～540 页，28 页，83 页。

按照马汉的“海上实力论”，一支强大的海军，还必须有一支庞大的商船队作为辅助力量。因为帝国主义吸吮殖民地人民血汗，主要是通过商船队和海上贸易这条管道输入宗主国的。商船队是联系宗主国和殖民地的纽带，是聚敛财富的手段。同时庞大的商船队不但可以为海军提供必要的供应和补给，而且是海军的直接的后备力量，所以马汉认为商船队是海上实力的重要组成部分。“有了和平的贸易和海运，海军才能自然地、健康地成长，才有牢靠的基础。”[1]

有了海军的核心，有了商船队为后盾，马汉认为还必须有海外殖民地和海军基地作为支撑点，才可以构成完整的海上实力。

马汉不愧为地缘政治学的思想先驱。他一直强调在争霸斗争中必须控制水域，对水域的控制“主要依赖于占有那些具有决定意义的地点”。正是从这种为美帝国主义夺取战略要地的立场出发，马汉把殖民地说成是发展海上实力的必不可少的因素。在他看来，“殖民地为一个国家支持其在国外的海上实力提供了最可靠的手段。”[2]为此他打了一个形象的比喻说，“如果没有在国外的殖民地或军事基地，在战争期间，美国的军舰将犹如陆地上的鸟，不能远离本国海岸。”因此，他认为，“为军舰提供停泊场所，使他们能够加煤和修理，是一个旨在发展国家海上力量的政府的首要职责。”[3]

马汉认为，有了由海军、商船队、殖民地这三大要素组成的海上实力，并采取集中优势力量，在具有决定意义的地区，摧毁敌人舰队主力的作战原则，就能够持久地、牢固地控制全部海上交通线。马汉把这样一种态势称之为制海权。他认为“正是海军力量这种不懈的、逐日的、静悄悄的压力，在它取得了压倒敌人的制海权的情况下——即对于交通线的持续封锁——使得海上实力成为世界历史上真正具有决定意义的因素。”[4]

为了给他的这一结论寻找根据，马汉在他的代表作中，不厌其烦地广泛引用了1660～1815年间欧洲各国争霸的历史材料，特别是详细

1 马汉：《海上实力对历史的影响》，第539～540页，28页，83页。
2 同上。
3 同上。
4 查尔斯·泰勒：《海军哲学家马汉将军生平》，伦敦1920年版，第194页。

考察了英荷、英法争霸的多次重大战争。

马克思、恩格斯在分析 17 世纪中期到 18 世纪末这一百多年的历史时，清楚地告诉我们，当时英荷、英法之间的战争，乃是强大的工业资本与商业资本之间的战争，是资本主义制度与封建制度之间的战争。因此英国的胜利不是偶然的，而是工业资本对商业资本的胜利，是当时处于先进地位的资本主义制度对腐朽的封建制度的胜利。

马汉当然不会也不可能用这样的观点来考察这段历史和战争，他的资产阶级立场决定了他把有组织的武力看得高于一切，这也就使他必然要信奉唯武器论和推崇黩武主义。因此，他把英国的胜利，完全归结为英国拥有强大的海上力量，从而控制了海洋。特别是在谈到英法七年战争（1756～1763 年）时，马汉更是以无限崇拜的心情来称颂英国的海上力量。他说英国是“靠本国政府运用她的海上实力这个可怕的武器的优越性”[1]战胜法国的，并使英国从此成为海上霸主。

马汉不仅把海上实力说成是战争胜负的决定因素，而且把它吹嘘为历史发展的决定性力量。他在谈及 19 世纪初的拿破仑战争时，认为当时已经横扫欧洲大陆的拿破仑，之所以没能统治世界，完全是由于英国强大的海上力量对法国海岸的严密封锁，从而使拿破仑不仅不能进攻英国本土，而且“切断了”法国的“资源”，“消耗了它的力量”[2]，致使法国财源枯竭，终于失败。而英国则依靠海上实力“保持了国家的物质力量和士气”，成为“欧洲的工厂”和“货栈”[3]，从而夺得了世界霸权。马汉在总结这段历史时，写下了一段诠释他的“海上实力论”的名言：“这些（英国的——引者）巨舰，经年累月，在法国各地的军械库前，监视守候，沉闷无聊令人厌倦，不见有任何动静。这段时间在很多人看来，一定会感到毫无意义，但它却挽救了英国。这充分表现出了海上实力对世界历史的影响作用，给人印象之深，举世迄未得见有过于此者。”[4]

综上所述，我们可以用马汉自己的两句话来概括他的“海上实力

1 马汉：《海上实力对历史的影响》，第 328 页。
2 马汉：《海上实力对法国革命和帝国的影响》第二卷，伦敦 1892 年版，第 382 页。
3 同上书，第 379～380 页。
4 同上书，第 118 页。

论”的主旨。即：海上实力“对于世界历史具有决定性的影响。”[1]“控制海洋，特别是沿着已被国家利益或国家贸易划定的那些主要路线来控制海洋，是国家强盛和繁荣的纯物质因素中的首要因素。”[2]

二

马汉的“海上实力论”之所以于19世纪末出现在美国而且风行一时，是由当时美国历史发展的特点和垄断资产阶级的需要所决定的。

美国经过四年的国内战争，割除了种植园奴隶制这个寄生的赘瘤之后，资本主义经济得到了迅速发展。在不到三十年的时间里，工农业生产便全面地超过了其他资本主义国家，跃居世界首位。随着经济的不断发展，生产的集中和垄断程度越来越高，金融资本与工业资本日益融合。到19世纪末叶，美国已成为由一小撮金融寡头统治的高度发展的托拉斯帝国主义，全国十分之一的人口占有十分之九的国民财富，3000～4000个百万富翁高踞于社会的宝塔尖上。

垄断资本的特性就是要掠夺，要扩张，要争夺世界霸权。从80年代起，美国统治阶级的决策人物便不断叫嚷，国内市场已经容纳不下现有的生产能力和资本，不扩大市场就一定会使商业和制造业停止发展。[3]因此，在国会议事堂中关于变中国和拉丁美洲各国为“我们的印度”的声浪越来越高。[4]从19世纪70年代末期开始，工人运动、农民运动就以不可遏制的力量，像燎原烈火般地在美国蔓延开来。美国资产阶级完全懂得，**“人民的不满是无法消除的，必须设法把这种对政府的不满转移到别人身上去。”**[5]因此，从19世纪末期起，美国垄断资产阶级一再叫嚷要向外扩张，开辟海外市场，以挽救资本主义危机。一个缅因州的参议员便赤裸裸地叫喊：“我们必须占有（中国的）市场，否则就会发生革命。”[6]

1 马汉：《亚洲问题及其对国际问题的影响》，第7页。
2 马汉：《当前和未来美国在海上实力中的利益》，第52页。
3 W.A.威廉斯：《美国历史的轮廓》，纽约1961年版，第338、339页。
4 同上。
5 列宁：《中国的战争》，《列宁选集》第一卷，第216页。
6 W.A.威廉斯：《美国外交的悲剧》，纽约1959年版，第30页。

但是，19 世纪末，各主要资本主义国家都已经开始了从自由资本主义向帝国主义的过渡，海外市场和殖民地已经成为这些国家的生命线。老牌的殖民主义国家英国和法国，死死抱住已占有的殖民地不放手；后起的资本主义强国德国和日本正准备在争夺殖民地的斗争中与其他列强一决雌雄；西班牙、葡萄牙虽然腐朽衰败，但百足之虫，死而未僵，不甘心自动退出霸占的地盘。因此，美国这个瓜分世界宴席的迟到者，当它踏上争夺殖民地舞台的时候，地球上没有被占据的土地已经所剩无几，要想取得别人的地盘，就不能不和其他列强发生冲突。

当时的美国，虽然经济力量已遥遥领先，但军事力量则不敷所需，特别是推行海外扩张政策的主要工具——海上力量更显不足，军舰不仅数量少，吨位小，而且大多陈旧不堪，与英、法等海上强国相比相差很远。垄断寡头卡内基不无讽刺地说："我们的海军……只适宜于占小便宜"。这样一支海上力量远远不能适应同其他列强争夺世界市场、瓜分殖民地的需要。这就使美国垄断资产阶级的狂妄野心，同它所拥有的军事实力之间发生了尖锐的矛盾。1889 年美国与英、德争夺南太平洋重要岛屿萨摩亚。三国军舰麇集阿批亚港，但美国的三艘军舰均系木制帆船，遇到暴风袭击，全部被毁，从而使其独霸萨摩亚的企图无从实现，只好接受三国共管的安排。[1] 1895 年，美国现代化海军虽已有所发展，但仍不足以同其他海军强国争锋。所以中日战争后，在三国干涉还辽过程中，美国对我东北虽早怀觊觎之心，但在列强进行干涉的时候，它却突然偃旗息鼓，默不作声了。当法国驻柏林大使向德国外交大臣马沙尔询及此事，马沙尔说："要知道，他们既无海军，又无陆军。"[2]正是在争夺殖民地和势力范围斗争中的这种力不从心的状况，使美国统治阶级从 19 世纪 80 年代起，发出越来越高的发展海军的呼声。

艾尔弗雷德·马汉正是在美国从自由资本主义向帝国主义过渡，

1 参阅托玛斯·贝利：《美国人民外交史》，纽约 1958 年版，第 424～425 页。

2 1895 年 4 月 18 日埃尔贝特致安诺多急电，鲍·亚·罗曼诺夫：《日俄战争外交史纲》，莫斯科 1955 年版，第 170 页。

“分割世界和重新分割世界的斗争特别尖锐起来的时代”[1]针对美国经济实力的巨大增长和国内市场瓜分完毕，以及重新分割世界的斗争日益激烈而军事力量却相对薄弱这两对十分突出、十分尖锐的矛盾，适应垄断资产阶级摆脱国内危机，夺取海外市场，牟取高额利润进而称霸世界的需要，而炮制出了他的“海上实力论”的。

马汉的“海上实力论”是以在美国风靡一时的社会达尔文主义作为它的理论基础。这个由英国实证主义哲学家斯宾塞倡导，经费斯克、伯吉斯、斯特朗等人在美国广为传播的反动社会理论，将社会现象与生物现象混为一谈，认为生存竞争不仅是生物发展的法则，也是社会发展的规律。在社会斗争和国际斗争中弱肉强食，优胜劣败，是合乎规律的现象。这种理论，是适应垄断资产阶级对内实行反动统治，对外进行侵略扩张的需要而产生的。马汉站在维护资产阶级利益的立场上把它奉为至宝，用以分析和解释美国的社会矛盾。在他看来，国家和人一样，生存和生长是它的首要规律。有机体生长到一定阶段就需要从外界吸取养分，国家生长到一定阶段就需要向外扩张。这就把美国向外侵略和扩张说成是美国经济发展的必然结果，是国家成长的客观规律。

马汉还分析了当时资本主义列强瓜分世界的形势，指出美国对外扩张的主要目标应是亚洲，特别是中国的广大领土。他诬蔑亚洲正处于停滞、静止状态，缺乏更新的能力，是一具失去了生命只能供解剖和食用的尸体，“老鹰群集于尸体之上是自然法则，对此抗议是徒劳的”[2]。唯一的办法就是以武力为后盾去参加争夺。这就必然要与西欧列强，与在远东大肆进行领土扩张，夺取不冻港的俄国发生冲突。而美国与亚洲中间隔着辽阔的太平洋，这就更赋予海军以特殊的重要性。帝国主义的争夺必然要导致战争。马汉一再强调美国的对外扩张，一定要和其他资本主义国家发生利益冲突，而这种冲突有如“两条怒狗相遇”，最后只能用战争来解决问题。马汉认为在任何战争中，海上力量都是起决定性作用的因素，因此他极力鼓吹，为了取得争霸战争的胜利，美国必须建立强大的海上力量。

1 列宁：《帝国主义是资本主义的最高阶段》，《列宁选集》第2卷，第842页。
2 马汉：《亚洲问题及其对国家政治的影响》，第16页。

马汉就是这样从所谓美国生存的规律、对外扩张的要求和争霸战争的需要来论证美国建立强大海上实力的必要性，为美帝国主义制订了一幅依靠海上力量，夺取制海权，重新分割殖民地，争夺世界霸权的蓝图。由此可见，马汉的海上实力论正是当时美国国内外各种矛盾发展的产物，它代表了垄断资产阶级的利益和要求，并从理论上和战略上论证了海上实力在争夺世界霸权中所占的地位和所起的作用。

三

“理论在一个国家的实现程度，决定于理论满足这个国家的需要的程度。”[1]马汉的“海上实力论”一出笼，便受到资产阶级首脑人物的狂热欢迎和舆论界的一片喝采。当时担任文官委员会委员、后来出任第二十六届总统的西奥多·罗斯福在《海上实力对历史的影响》一书出版几天后就写信给马汉，把这本书吹捧为“非常好的书”，“绝妙的书”，是一部“经典著作”[2]，美国海军和陆军当局也先后下令大量订购马汉的著作供在职军官阅读。在这一片颂扬声中，马汉的身价倍增，很快就进入了美帝国主义谋臣策士的行列，成为美国军政界，特别是海军中举足轻重的人物。他不仅两度出任海战学院院长，而且在1898年爆发的第一次重新分割殖民地的帝国主义战争中，还被聘为海军作战委员会五名成员之一。1899年马汉作为美国海军代表出席海牙和平会议。1906年晋升为非现役海军少将。西奥多·罗斯福离开白宫前任命他为改组海军部报告起草委员会的两主席之一。不仅如此，在马汉的周围还吸引了一批诸如本杰明·特拉西、亨利·卡波特·洛奇和约翰·海等在美国政治生活中颇具影响的人物。通过他们，通过马汉所依附的共和党，以及他本人连篇累牍发表的大量著作，对美国的对外政策，特别是海军的发展产生了巨大的影响。

在马汉的著作问世前，美国就开始了现代化海军的建设，但仍以建造快速巡洋舰为主，将攻击敌方商船队作为主要作战目的。随着马

1 马克思：《〈黑格尔法哲学批判〉导言》，《马克思恩格斯选集》第一卷，人民出版社1972年版，第10页。

2 埃尔廷·莫里森编：《西奥多·罗斯福书信集》第一卷，哈佛大学出版社1951年版，第222页。

汉的“海上实力论”的提出，关于建立以战列舰为核心的进攻性舰队的思想，逐渐为美国军政界人士所接受。1889年，马汉的密友和崇拜者特拉西出任海军部长，在马汉的直接影响下，他上台不久便提出建造二十艘战列舰，六十艘快速巡洋舰，这是内战以来最庞大的造舰计划。[1]他企图组成一支装甲舰舰队，作为进攻力量。第二年，由特拉西任命的六名海军军官组成的专门研究海军发展的海军政策委员会，又提出了建造各类现代化军舰二百艘的更加庞大的海军长远发展计划，以迎接“巨大的正在增长着的海运贸易的激烈竞争”[2]。这个野心勃勃的海军长远发展计划，虽因过于庞大，美国财力不胜负担，以及广大人民的抗议而未能实现，但1890年国会通过的“海军法”仍然贯穿着该计划为争霸世界而建设一支能够控制公海的远洋进攻性海军的基本精神，批准建造排水量在一万吨以上的三艘大型战列舰，这些军舰构成了美西战争中歼灭西班牙舰队的美国海军主力。

美西战争即将爆发时，为了制定对西作战的战略战术，美海军部特地把正在欧洲访问的马汉调回，作为海军作战委员会的重要成员。马汉不仅在制定作战计划中起了重要作用，而且在战后借总结战争经验为名，继续鼓吹扩大海军，为新的争霸战争做好准备。他说：“过去几个月的胜利和痛苦已经使人们看到增加武力的必要，这不仅是为了保持海外领土，而且也是为了保证在作战中及时地使用国家所拥有的潜在的军事的和海上的力量”。他认为“西班牙迅速地、不可避免地屈服，无可辩驳地证明了海军决定海外战争结局时所起的首要作用[3]。因此，他要求限期建成至少由二十艘一级战列舰组成的太平洋舰队，并加速开凿沟通两洋的地峡运河，以利于海军力量的战略集中。

马汉扩建海军的主张深得美国垄断资产阶级的赞赏，在J. P. 摩根的亲自参与下，美国钢铁公司，克兰普船舶和发动机制造公司等企业于20世纪初发起成立海军联盟，要求美国政府倾全力发展海军。[4]代

1、2 哈罗德·斯普劳特：《美国海军的兴起》，普林斯顿1944年版，第206～207；210页。

3 马汉：《对西班牙作战的教训》，路易·M.海克尔编：《美国传统的形成》第二卷，纽约1947年版，第882页。

4 唐纳德·米切尔：《现代美国海军史，从1883年至珍珠港》，纽约1946年版，第136页。

表垄断财团利益的西奥多·罗斯福在 1901 年出任美国总统后，立即把马汉的主张付诸实施。他上台伊始便提出建立一支“规模适当”“训练有素”“其效率与世界上任何一支海军相当”的舰队。[1]要求国会拨款在1902～1905年间，建造十艘一级战列舰、四艘装甲巡洋舰和其他舰只总吨位共二十五万吨。在执行造舰计划过程中，罗斯福还专门同马汉研究了增加军舰吨位与增加进攻能力的关系问题。到1908年罗斯福卸任前，美国已建成一支拥有二十九艘新型战列舰总吨位达六十一万一千吨的海军，实力仅次于英国，居世界第二。[2]马汉梦寐以求，建立一支除英国以外不亚于任何国家的海军的夙愿总算是实现了。

马汉在为美国海军在广阔的太平洋和加勒比海上建立支撑点，夺取殖民地，建立军事基地方面也费尽了心机。他根据美国濒临两洋一海的特点，早在 19 世纪 90 年代初叶就曾指出，控制沟通两洋的地峡运河这个“生死攸关的战略中心”[3]是控制海洋的关键所在。他认为运河开通后，加勒比海将成为“海上的通衢大道，商业将会大大兴盛起来”[4]。美国东西海岸的距离将从一万四千英里缩短为五千英里，这就大大减少了商船、舰队的航行时间，增加了海军作战的机动性，加强了美国同欧洲国家争夺亚洲市场的能力，从而大大改善美国的战略地位。所以他一再叫嚷地峡运河是美国两洋海岸的延长，必须夺取运河区，建立美国对运河的绝对控制。

为了确保对运河地区的绝对控制权，马汉要求美国必须在运河两侧的广大海域建立绝对的海军优势。他强调加勒比海是“我国的主要海疆大西洋和太平洋两大洋的战略枢纽”[5]，因此必须把其他国家所控制的战略基地夺到手。同时，“任何其他国家均不得在距旧金山三千英里的范围内，建立加煤站，这应成为我国不容违背的既定国策”[6]。这就是说要竭尽全力把欧洲列强的势力从运河两侧的广大海域排挤出

---

1 詹姆斯·D.理查逊编：《总统咨文与文件汇编》第十五卷，美国国家文献出版局版，第 6663 页，第 6664 页，第 6762 页。

2 F.M.穆尔编：《新国际年鉴，1908 年世界发展概要》，纽约 1909 年版，第 479 页。此项数字不包括舰龄在二十年以上的军舰在内。

3 马汉：《当前和未来美国在海上实力中的利益》，第 12 页。

4 马汉：《海上实力对历史的影响》，第 33 页。

5 阿伦·韦斯科特编：《马汉论海战，海军少将马汉著作选编》，波士顿 1918 年版，第 112 页。

6 马汉：《当前和未来美国在海上实力中的利益》，第 26 页。

去。为此，在20世纪初叶，美国利用欧洲列强争夺正酣的机会，玩弄策动政变的卑鄙伎俩，首先攫取了巴拿马运河的独占权利。1911年美国国会又在巴拿马运河区设防问题展开辩论。马汉给一家美国报纸写信，力主在运河区修筑炮台，并撰写了一篇题为《巴拿马是国耻的一章吗？》的文章，为美帝国主义践踏巴拿马国家主权，霸占运河区的侵略行径辩护。

鉴于太平洋不仅是美国同东方进行贸易往来的通途，而且是大国之间搏斗的重要舞台，马汉指出，美国还必须占领太平洋上的战略要地夏威夷群岛，取得对太平洋的控制权。他危言耸听地说，这些岛屿有朝一日将成为抗击“东方侵略浪潮”“保卫西方文明”的“至关重要的阵地”[1]。因此，在美西战争爆发之前，马汉急不可待地写信给罗斯福，建议海军应先行占领夏威夷群岛，然后再作解释。罗斯福以赞许的口吻答称：“如果我说了算数，我们将在明天吞并这些岛屿”[2]。美西战争中，国会辩论夏威夷问题，马汉出席作证，强调夏威夷在美强占菲律宾后战略地位更为重要。那些贪得无厌的扩张主义分子把马汉的证词奉为金科玉律加以援引，促使美国国会通过了臭名昭著的吞并夏威夷的两院联合决议。尤其值得指出的是，美帝国主义从西班牙手中夺得菲律宾这块“通往中国的踏脚石”后，更刺激了马汉的胃口。他在兴致勃勃的挥笔写了鼓吹要与沙俄争夺中国这块肥肉的《亚洲问题》一书的同时，竟公然在海军作战委员会提出了一项报告上签字，建议夺取我舟山群岛作为美国的海军基地，以便伙同英帝国主义鲸吞我长江流域的大好河山[3]。

有了一支以战列舰为主组成的强大舰队，又有了海外军事基地作为支撑点，美帝国主义自认为海军的羽翼已经丰满，可以对外炫耀武力，“宣扬国威”了。所以到了20世纪初美国海军便不断演习进行战争恫吓，践踏别国主权，残酷镇压民族解放运动的丑剧。1904年5月，罗斯福派出由六艘战列舰和八艘巡洋舰组成的北大西洋舰队直驶直布

1 马汉：1893年1月30日致纽约时报函，同上页注6第31页。
2 莫里森编前引书第一卷，第607页。
3 威廉·布雷斯特德：《太平洋上的美国海军，1897～1907》，德克萨斯大学出版社1958年版，第76页。

罗陀，在那里逗留了三个月之久。这是现代化的美国海军第一次在欧洲水域显示自己的实力。欧洲和美国的一些报刊认为这是罗斯福推行帝国主义政策的新标志。[1]为了向世界人民进行讹诈，和向一些帝国主义国家炫耀武力，罗斯福于 1907 年派出一支由十六艘战列舰组成的舰队，举行了一次绕过合恩角，横渡太平洋，直穿苏伊士运河，跨越大西洋，历时十四个月，航程四万六千英里的环球武装大示威。[2]这是美帝国主义穷兵黩武的一次大表演，也是它称霸世界野心的一次大暴露。

在镇压民族解放运动当中，美国海军更是急先锋。为了镇压中国人民的反帝斗争，美国的海军陆战队远涉重洋，参加了因屠杀义和团而臭名远扬的八国联军，在美国殖民扩张史上写下了血腥的一章。美帝国主义在拉丁美洲的侵略活动尤为猖獗。它出动军舰和海军陆战队，入侵墨西哥，占领尼加拉瓜和多米尼加，策动海地政变，仅据不完全的统计，从 1898 年起的三十五年中，美国在拉丁美洲犯下的重大武装侵略罪行达二十三起之多。美国海军战旗上涂满了被压迫人民和被压迫民族的鲜血。

自从马汉的“海上实力论”问世以来，美国海军得到疯狂发展，侵略战争和海外扩张活动连绵不断，这不仅给世界人民带来了巨大的灾难，而且也给美国人民带来了更为沉重的负担。从 1885 年起，在三十多年的时间里，美国海军军费增加了一百倍。[3]这一沉重的负担落在了美国人民身上，使广大人民同垄断资产阶级之间的矛盾更加尖锐。美国对外侵略扩张活动不但激起了国内外广大被压迫人民和被压迫民族的坚决反抗，而且也使美国同其他帝国主义国家的争夺更加激烈。作为**“金融资本的政策和意识形态”**[4]，为解决国内外各种矛盾而提出的“海上实力论”，非但没有解决这些矛盾，反而“加强了夺取殖民地的趋向”[5]，使这些矛盾更加激化。

---

1 西华德·利佛莫尔：《作为世界政治因素之一的美国海军，1903～1913》，《美国历史评论》1958 年 7 月号，第 869～870 页。

2 布雷斯特德前引书，第 205～213 页；约瑟夫·毕晓晋：《西奥多·罗斯福及其时代》第 2 卷，纽约 1920 年版，第 64～68 页。

3 让·巴蒂斯特·迪罗塞尔：《从威尔逊到罗斯福，美国外交政策，1913～1945》，伦敦 1964 年版，第 9 页。

4 列宁：《帝国主义是资本主义的最高阶段》，《列宁选集》第二卷，第 804 页。

5 列宁：《帝国主义是资本主义的最高阶段》，《列宁选集》第二卷，第 804 页。

历史已经过去半个多世纪，在风云变幻的世界舞台上，一切妄图控制海洋，称霸世界的帝国主义国家，军国主义分子都把马汉的“海上实力论”奉为经典而顶礼膜拜。英、法、德、日等国是这样，军事封建帝国主义的俄国也不例外。在一向把夺取出海口、鲸吞海域引为己任的沙皇俄国，马汉的著作不仅被军界吹捧为“海军的圣经”，而且由于沙俄的海军理论家，马汉的忠实信徒尼古拉伊·克莱多（1861～1919年）把它应用于俄国而在宫廷和政界得到了广泛传播。克莱多关于俄国也必须拥有一支战列舰舰队的主张，很快为尼古拉二世所采纳。在称霸世界的野心驱使下，到20世纪初，俄国也迅速建成一支“真正的”远洋进攻性海军。[1]曾几何时，俄国人民的革命风暴就把沙皇制度连同这支海军吹得云散烟消。今天，以赫鲁晓夫—勃列日涅夫修正主义集团为代表的苏联新型官僚垄断资产阶级彻底背叛了马克思列宁主义，全盘继承了老沙皇妄图囊括世界的反动衣钵，把侵略的鹰爪伸向了世界各地。为了攫取海底资源，控制海外石油和其他原料产地，霸占军事基地和重要港口，在未来的争霸战争中切断美国的海上战略通道，苏修重新打起了当年受到老沙皇垂青的海上实力论的破旗，把它当作反革命全球战略的重要组成部分。苏修海军头目戈尔什科夫极力鼓吹：“不掌握海军力量，一个国家就不能长期保持其大国地位”[2]，苏联海军应以“完全控制海洋”[3]为目的，“现代海军的基本素质之一是它的万能性”[4]等谬论。

正是在这种思想指导下，近些年来苏修叛徒集团，不顾人民的死活，不惜花费巨额金钱，疯狂扩建海军，大力发展海上武装力量。经过十余年的苦心经营，已经建成了一支在强大的水面舰只掩护下，以导弹核潜艇为主要突击力量、“能够担负攻击性战略任务的远洋舰队”。据《简氏战舰年鉴》的统计，1976年苏联拥有的潜艇数为美国的三倍，配备有远射程导弹的水面舰只的数量也遥遥领先，就是在苏联还处于落后状态的航空母舰方面，近几年来，由于苏联大力发展此类舰只，

1 唐纳德·米切尔：《俄罗斯和苏维埃海上实力史》，伦敦1974年版，第198～199页。
2 戈尔什科夫：《战争年代与和平时期的海军》德译本，慕尼黑1975年版，第12页。
3 同2第516页。
4 戈尔什科夫：《国家海上威力》。

差距正在缩小。总之，苏联正在步当年老沙皇和美帝国主义的后尘，已经把过去那种近海防御性的海军，建设成了一支远洋进攻性海军，其拥有的实力已能同美帝国主义相抗衡。

这样一支急剧膨胀起来的庞大海军，已经成为苏联实现其控制海洋，夺取欧洲，称霸世界的反革命全球战略的重要力量，也已经成为它以大压小，以强欺弱，威胁、侵略、颠覆其他国家的凶恶工具，苏联社会帝国主义的粗大触角，伸入到世界各个水域，严重地威胁着沿海国家和全世界的和平与安宁。

然而，历史毕竟已经前进了半个多世纪，全世界五大洲，三大洋反帝反霸斗争正蓬勃发展。国家要独立，民族要解放，人民要革命，已成为历史不可抗拒的潮流，无论是马汉的“海上实力论”还是戈尔什科夫的改头换面的“海军万能论”，都挽救不了它们必然失败的命运。

原文载《历史研究》1978 年第 2 期（合作者李元良）

关于第二次大战前夕美国的绥靖政策

如何估计和评价第二次世界大战前夕和战争初期美国对轴心国家的政策，一直是世界各国史学工作者研究的课题之一。战后三十多年来，美国资产阶级史学家围绕着这个课题展开了激烈的论战，发表了许多专著和论文，以观点分野，大致形成了三个派别。

正统派，亦称宫廷史学家（Court Historians），站在垄断资产阶级的立场上，极力为美国统治集团在30、40年代推行的“坐山观虎斗”的反动政策辩护，根本否认美国政府执行过绥靖德国的政策。在他们看来，美国的外交政策不是根据统治阶级的利益制定的，而是“取决于民族的舆论”[1]。美国在战前标榜的“中立”，是出于维护和平的动机，在轴心国家的侵略政策和战争政策威胁到美国安全的情况下，美国才被迫放弃中立政策，参加战争。他们当中有的人，在历史事实面前也不得不承认美国政府执行的政策有绥靖主义倾向，但又辩解说：“绥靖并不总是错误的”，“它不只一次为实现崇高的目标提供过正确的方法”[2]。这一派的观点在美国史学界占统治地位。许多美国通史、断代史和外交史教科书均从此说。

修正派（Revisionists），30年代孤立主义思潮在史学领域中的表现，大战中已露端倪，战后正式形成。他们认为上次大战后出现的有利于世界人民不利于美帝国主义的形势与罗斯福政府在大战前夕和战争期间执行了错误的政策直接有关。在他们看来，德国法西斯无意进攻西半球，日本只关心亚洲问题，美国的安全并未受到威胁。但罗斯福对形势作了错误的判断，把希特勒德国当成主要敌人，表面上标榜“和平”、“中立”，骨子里准备对德作战。甚至断言罗斯福找不到对德

---

1 德克斯特·珀金斯：《罗斯福错了吗？》，《弗吉尼亚评论季刊》1954年夏季号。

2 D.德拉蒙德：《美国中立的消失，1937～1940》，密执安大学出版社 1955 年版，第 374 页。

作战的借口，“便转向远东，加强对日本的压力”，迫使日本偷袭珍珠港，为美国打开了走向战争的“后门”。他们结论是：美国卷入战争带来了灾难性的后果：破坏了欧洲的势力均衡，出现了真空地带，为苏联的“扩张”提供了可乘之机。

新修正派（New Revisionists）或新左派（New Leftists），出现于50年代末60年代初期，是在反对美国政府的冷战政策和侵越战争的群众运动影响下发展起来的。他们反对正统派的观点，也不满意老修正派对于二次大战前夕美国外交政策所作的分析。主张把这个时期的美国外交政策放到更长的历史过程中来考察。他们认为美国的外交政策是美国资本主义向外进行经济扩张的表现。为了保证美国国内的经济繁荣和稳定，从19世纪末开始，美国一直在推行以夺取海外市场、原料产地和投资场所为目的的“门户开放”政策。罗斯福政府的对外政策是这一政策的延续。它加强了以自由贸易形势出现的帝国主义政策，使许多国家的独立和安全受到威胁。法西斯国家崛起后，同美国在欧洲、亚洲、拉丁美洲和世界其他地区的经济利益发生冲突。美国资产阶级把“经济扩张观念和道义上的号召聚集在一起，使门户开放扩张主义的传统观念变成了美国世纪的梦幻”[1]，美国领导人决心以“战争作为扩张（而不仅仅是保护）门户开放制度的手段”[2]。所以，美国在这个时期的政策并不仅仅是对德国和日本军国主义的消极反应，“而是一场可以追溯到1900年的古老斗争”[3]的继续。美国参战是德国的“绝对主权”政策和美国传统的“门户开放”政策发生剧烈冲突的必然结果。新修正派的观点反映了美国一部分知识分子对于美国社会制度和对外政策的不满。

近年来，新修正派的观点受到来自各方面的抨击。有些史学家既不满意正统派的传统观点，又不肯苟同于新老修正派之说，主张从政治、经济、历史等各方面的因素所起的作用，从各国对外政策的相互作用和影响来考查30年代到40年代初美国对外政策的制定和实施。

1 威廉·A.威廉斯：《美国外交的悲剧》，引自杰拉尔德·N.格罗布等编：《美国历史的解释》第二卷，纽约1972年出版，第468～469页。

2 威廉·A.威廉斯：《美国面临一个革命的世界》，纽约1976年版，第167页。

3 劳埃德·C.加德纳：《新政外交的经济方面》，第98页，转引自约瑟夫·西拉库萨：《新左派外交史学和史学家》，伦敦1975年版，第74页。

波士顿大学历史系教授阿诺德·A. 奥夫诺发表在《美国历史杂志》1977年9月号上的《再论绥靖政策》一文就是一篇代表作。

文章认为新修正派在分析美国参加第二次世界的原因时，过分强调了同德国的经济矛盾，忽视了美国在1933～1940间一直在坚持绥靖德国的政策。

作者写道：整个30年代，大多数美国外交官认为欧洲和平的主要威胁来自政治方面，即凡尔赛和约对德国的束缚。他们怕德国单方面修改条约会导致战争，又不愿直接插手欧洲政治引起英法反感。因此，他们认为只有通过经济上让步才能达到政治上绥靖德国的目的。

作者根据大量已经发表和未发表的官方和私人文献（如国会图书馆收藏的诺曼·戴维斯档案；特拉华大学图书馆收藏的乔治·梅塞·史密斯档案；哈佛大学图书馆收藏的杰伊·皮尔庞特·莫法特档案）揭露了罗斯福政府绥靖德国的三部曲。

早在1936年夏，罗斯福就曾通过美驻德大使要求希特勒秘密地向他说明今后十年外交政策的目标，并准备同希特勒会见，磋商裁军和"维护"和平的问题。1937年初美国国务院派诺曼·戴维斯赴伦敦，为秘密谈判进行准备。国务院起草的给戴维斯的备忘录说：美国的意图是制定一个政治、经济一揽子解决的方案，满足德国对于市场和原料的需要，避免德国在多瑙河流域肇事。罗斯福为此进行了一系列的外交活动，先后同加拿大的总理、总督，国际联盟的领导人举行会谈。但因英国反对，希特勒没有作出反应。绥靖德国的第一部曲遂以碰壁告终。

1937年10月副国务卿萨姆纳·韦尔斯向罗斯福献策，倡议召开一次世界性的会议，制定关于调整国际关系、修改凡尔赛和约、保证平等取得原料的准则。他特别强调要罗斯福公开宣布同意取消凡尔赛和约中对德国的那些"不平等"的限制。这项建议得到罗斯福的赞同，被称为罗斯福—韦尔斯计划。1938年1月12日英驻美大使罗纳德·林赛将该计划电告伦敦英外交部，力主"尽快地"予以采纳。但为英外交部和首相张伯伦所拒绝。德国吞并奥地利后，罗斯福对于实现这项计划仍不死心，在捷克危机中继续兜售。9月20日他告诉英国大使林赛说解决欧洲问题的最好办法是举行世界会议，使所有不能令人满意的边界合理化。9月26日即慕尼黑会议召开前夕，罗斯福在向各国首脑发出的呼吁书的原稿中包含“修改凡尔赛条约的暗示”，企图“以此为诱饵”，使德国要求罗斯福出面斡旋。9月27日，罗斯福在向希特勒发出的呼吁书中重申在中立地点召开综合性会议的主张。直到1939年春，德国侵占捷克斯洛伐克，意大利入侵阿尔巴尼亚后，罗斯福在致希特勒和墨索里尼的呼吁书中要求他们作出十年不侵略的保证，仍以举行平行的政治、经济绥靖会议作为交换条件。1939年9月德国向波兰发动突然袭击，大战爆发，这项计划才被抛在了一边，绥靖德国的第二部曲也告破产。

欧战爆发后，罗斯福政府对法西斯德国仍抱有幻想。一位同法西斯头子戈林熟识的石油推销商威廉·罗德斯·戴维斯带来了戈林有意请美国出面调解的消息。来自德国，同反希特勒保守势力有联系的律师亚当·冯·特罗特则力主美国施加“道义影响”促使同盟国家公开说明和平条件，要求在德国废除其“现有的政治领导”的基础上同德国和解。由于苏芬战争爆发，在美国上层人士中普遍产生了害怕苏德联合，共同统治欧亚两洲的心理。所有这些都增加了美国领导人出面斡旋的决心。1940年1月罗斯福决定派韦尔斯出使欧洲。

从韦尔斯在欧洲的多次谈话中可以看出美国提出或准备接受的停战条件是：同意苏台德地区和奥地利并入德国；将整个东欧变为德国的特惠贸易区；允许斯洛伐克自治、重建捷克和波兰；承认意大利对埃塞俄比亚的征服。韦尔斯幻想一旦恢复和平，西方国家就可以迫使苏联停止对芬兰的战争，把它排挤出东欧。在同英、法、德、意领导人会谈中，韦尔斯反复强调欧洲的主要问题是停止战争、裁军和安全。一再提出美国关于召开政治、裁军、经济会议的设想，并向希特勒表示：“一个统一的、繁荣的和心满意足的”德国是和平最好的保证。

作者指出：“希特勒总是嘲弄美国所作的努力，认为美国在1940年的活动只不过是对于巩固他同墨索里尼的联盟起了促进作用，”“俄国人大概把韦尔斯的出使看成是西方把希特勒引向东方所作的努力。”

奥夫诺的这篇文章没有也不可能点出绥靖政策的核心是力图把祸水东引，对于绥靖主义者出卖小国利益，企图苟安一时的反动实质也缺乏透辟的分析。但作者揭露了一些美国资产阶级史学著作，特别是正统派史学家不肯涉及的史实，把一些长期被隐蔽的真相公之于世。

原文载《历史研究》1978 年第 8 期

关于美西战争起源的美国史学

1898 年美国对西班牙的战争，是第一次瓜分世界的帝国主义战争。它虽然历时很短，规模有限，但却是美国作为世界强国出现于国际舞台上的标志；是美国从自由资本主义发展为垄断资本主义的分水岭；是美国对内对外政策和思想文化发生重大变化的转折点。八十多年来，美西战争起源问题一直是中外学者瞩目的重大课题。美国的史学工作者，无论是保守派、自由派、进步派，还是近年来活跃于史坛的新左派，都在不同程度上从不同的侧面探讨过这个问题。美西战争的起源涉及经济、政治、文化思想、国际关系、历史人物评价等各方面的问题，本文拟就笔者涉猎所及，对于美国史学界探讨这三个问题的情况作一初步评价。

一

帝国主义战争是帝国主义政治的继续。帝国主义首先是一种经济现象。“帝国主义就是向原料产地输出资本，就是为独占这些原料产地而进行疯狂的斗争，就是为重新瓜分已经被瓜分完的世界而进行斗争，就是寻找‘阳光下的地盘’的新兴金融集团和列强对死抓住既得赃物不放的老旧金融集团和列强进行特别猛烈的斗争。”[1] 最早试图剖析美西战争经济根源的是美国社会党人。社会党的机关报《人民报》在战争爆发之初就揭穿了美国统治阶级散布的为了“古巴的自由”和“人道”等口号的虚伪性，指出这些“只不过是一个借口”，战争之所以必要是因为“资本家阶级需要市场，以销售他们手头超过人民购买力的货物”。战争不仅为美国的资本主义提供在古巴的市场，而且

1 斯大林：《列宁主义基础》，《列宁主义问题》，1971 年版，第 4 页。

会打开在远东的巨大的新市场。[1]本世纪初叶在美国史坛上出现的试图阐明美国历史发展经济原因的进步派史学家，对美西战争的经济根源进行了研究。20年代初，著名经济史学家哈罗德·福克讷在《美国经济史》一书中提出了“金融帝国主义”是“战争爆发的重大原因”的论断。在分析了美国贸易情况之后他指出，这场战争是为“市场和投资场所而打的”。[2]杰出的美国史学家，进步派的代表人物查尔斯·毕尔德则把这次战争称之为“第一次商业帝国的战争”。他认为，“争取国外市场和投资机会的压力是战争爆发的基本背景”。[3]福克讷和毕尔德不是马克思主义者，他们没有也不可能运用列宁的帝国主义论来考察这个问题，而是从经济唯物主义的观点出发来研究这个问题，但他们的结论，基本上符合历史实际。

福克讷和毕尔德的论断在本世纪30年代遇到了严重的挑战。边疆学派创始人弗雷德里克·特纳的追随者朱理斯·普拉特[4]率先把詹姆斯·福特·罗兹关于美国金融界和企业界反对战争的论断作为他的研究工作的出发点。[5]他的看法是：1.“企业界，特别是东部企业界在1897年底和1898年初的几个月强烈地反对战争”，“这种反战态度，就若干主要金融杂志而言一直延续到战争爆发”，“许多最有影响的企业杂志反对干涉古巴，直到最后”[6]。2.“到1898年初为止，美国企业界一般来说或是对帝国主义漠不关心，或是明确地表示反对。”[7]此论一出，华尔街反对帝国主义战争之说迅速成为美国史坛上统治地位的观点。它不仅被写进教科书里，而且也为一些专著所采纳。A.惠特尼·格里斯沃尔德在《美国的远东政策》一书中还补充说：“与远东有密切关系的商业集团也不希望战争。”“可以有把握地说，在远东经商的少数美国人起初并没有看出‘古巴自由’与中国门户开放

1《人民报》，1898年4月17、24日。转引自菲利普·方纳：《西班牙—古巴—美国之战和帝国主义的诞生，1895～1902》，纽约，1972年版，第一卷，第284页。

2 哈罗德·福克讷：《美国经济史》，纽约，1924年版，第662，624～625页。

3 查尔斯与玛丽·毕尔德：《美国文明的兴起》，第二卷，纽约，1927年版，第480页。

4 约翰·希格哈姆等：《历史》，新泽西，1965年版，第187页。

5 朱理斯·W.普拉特：《美国企业与美西战争》，西奥多·R. 格林编：《1898 年的美帝国主义》，波士顿，1955年版，第26，27页。

6 格林编前引书第27，33，35页。参阅普拉特著《1898年的扩张主义者，吞并夏威夷及西班牙岛屿》，巴尔的摩，1936年版，1964年重印版，第233页。

7 同上。

之间的联系。”[1]

出乎人们意料的是，就连福克讷和毕尔德也为普拉特的论据所折服，公开宣布放弃原来的观点。毕尔德于1939年采纳了战争是共和党政客挑起来的说法。[2]福克讷则于1951年声称：“若干经济史学家所采取的观点，即认为美国同西班牙开战主要是出于经济原因，看来是没有根据的”。他在1959年发表的《政治、改革和扩张，1890～1910年》一书也按照普拉特提出的模式依样画葫芦，写到：“整个企业界……极其仇视战争”，因为它会破坏刚刚出现的经济繁荣。[3]毕尔德和福克讷的倒戈使一些对马克思、列宁主义持敌对态度的史学家喜出望外。有的说，用列宁的帝国主义论这种“先入之见”来研究历史事件“于事无补”[4]。有的则叫嚷：“同列宁主义史学家的臆说相反，华尔街自始至终反对使美国成为两洋帝国的战争。”[5]

但另一方面，普拉特的论断也激起了部分学者进一步从经济方面深入研究这一问题的兴趣，同时也促使他们全面地研究反映企业界、金融界意见的报刊。

1940年哥伦比亚大学的一位研究生撰文批驳普拉特的论点。题目是《美帝国主义与美西战争》。他对1895～1898年间美国商业、金融和工业期刊，特别是许多为普拉特所忽略的期刊进行了详尽的分析。分析了 1898 年初美国在夺取海外市场和投资场所方面所面临的不利形势：在古巴，三年革命战争使美国在该岛的投资和贸易受到很大影响。在夏威夷，吞并该岛的计划遭到国内甘蔗和甜菜种植园主的反对；在远东，有利的贸易区和投资场所已为欧洲列强蚕食殆尽。因此，美国资本家的“贪婪目光转向菲律宾”，该群岛距亚洲大陆较近，可作为美国海军舰只的绝好的基地，从而支持美国在中国的地位。“正是这种取得菲律宾的需要，和只有出于‘战时’需要才能吞并夏威夷的

---

1 A.惠特尼·格里斯沃尔德：《美国的远东政策》，纽约，1938年版，第8～9页。

2 查尔斯·毕尔德：《轻率的见解和外事争吵，对美国外交政策的一种估计》，纽约，1939年版，第236页，转引自方纳前引书第291页。

3 哈罗得·U.福克讷：《政治、改革和扩张，1890～1910》，纽约，1959年，第223页。

4 理查德·霍夫施塔德：《天定的命运与菲律宾》，丹尼尔·艾伦编：《美国在危机中》，哈姆登（康涅狄格），1971年，第197页。

5 威·爱·洛伊希腾堡：《不必要的对西战争》，约翰·A.加勒特编：《历史观点：美国遗产著名论文》，纽约，1970年版第二卷，第203页。

设想，成为支持和促进美国在 1898 年 4 月同西班牙开战的动力。”[1]1958 年和 1959 年，《科学与社会》杂志接连发表两篇论文，一篇说普拉特引用的材料仅限于“东部沿海地区”，而且“东部企业界对战争问题的看法也很不一致”，相当多的人要求进行军事干涉。[2]另一篇则对美国大垄断资本家的组织全国制造商协会 1895 年成立以来历届年会的发言和决议进行了分析，指出美国的制造商有着强烈的扩大海外市场和投资场所的欲望，他们要求美国政府采取措施支持他们在拉丁美洲和远东的贸易和投资活动。[3]

60 年代初崭露头角的新左派史学家也发表了不少论著批驳普拉特的论点。其主要论点是：1. 西部和南部与农业有关的企业家在发动美西战争的过程中起了重要作用，他们强烈要求美国政府采取干涉政策，以利于恢复对古巴的粮食出口。[4]2. 强调中国市场对美国商人具有很大吸引力。美国外交政策的制定者也一直对于中国四亿人口的市场念念不忘。麦金莱政府企图通过战争加强美国对太平洋的控制，把菲律宾这个“美国的香港”作为通往中国市场的踏脚石和美国在西太平洋的军事基地。[5]3. 认为美国企业界全然反对战争或者全然支持战争都不符合实际。企业界、金融界对战争的看法因时因地因行业而异。总的看来，1898 年 3 月中旬是大部分企业从主和转向主战的转折点。影响企业界对战争的态度发生变化的主要因素是：1898 年初开始的经济繁荣出现停滞迹象。原先担心战争会影响经济繁荣的资本家转而乞灵于以战争刺激经济繁荣。企业界态度发生变化的标志之一是 3 月 21 日亨利·卡波特·洛奇致麦金莱总统函。这封信说，波士顿的企业界认为“如果在古巴的战争仍将继续下去，那么一次打击了事要比持续不断的痉挛要好得多。”3 月 25 日《纽约先驱报》编辑威廉·赖克也

---

1 转引自方纳著前引书，第 294～295 页。

2 南希·勒·奥克纳：《美西战争起因的再评价》，《科学与社会》，1958 年春季号，第 129～143 页。

3 马丁·J.斯克拉：《美西战争前夕的全国制造商协会与国外市场》，《科学与社会》，1959 年春季号，第 133～162 页。

4 威廉·阿普曼·威廉斯：《美国外交的形成》第一卷，芝加哥，1972 年版，第 336～337 页。参阅威廉斯编：《从殖民地到帝国》，纽约，1972 年版，第 137～138 页，第 189～190 页。

5 托马斯·麦考密克：《岛屿帝国主义与门户开放，中国市场与美西战争》，《太平洋历史评论》，1963 年 5 月号，第 158 页；参阅该作者：《中国市场：美国追求成为非正式的帝国，1893～1901》，载 T.G.佩特逊编：《美帝国主义和反帝国主义》，纽约，1973 年版，第 72～73 页。

电告白宫："此间大公司认为我们将要打仗，据信均欢迎以此作为解除悬虑的手段。"[1]

美国著名进步史学家菲利普·方纳教授分析说，麦金莱政府的政策根本不是要使古巴获得自由，恰恰相反，是要扑灭古巴革命的烈火，变古巴为美国的殖民地或保护国。[2]正统派的史学家对此则用沉默来回答。

美国史学界围绕着企业界对美西战争的态度至今仍在进行的讨论，对于我们很有启发。

在美国历史上，美西战争是美国统治阶级发动的第一次以夺取海外殖民地为目标的战争。尽管在军事、外交和舆论上都做了不少准备，但对于这个年轻的暴发户来说毕竟是破天荒第一遭。在一部分资本家中，特别是对于一旦战争打响后，首当其冲的东部沿海资本家集团来说产生种种疑虑是不足为怪的。更何况一个阶级的长远利益和整体利益，在一段时间内不为本阶级的一部分甚至很大一部分成员所认识所理解，也是历史上屡见不鲜的事情。从这两方面来考虑，对于普拉特所提供的部分事实，我们完全可以做不同的解释。就美国经济发展的总进程来看，寻找海外的原料产地、商品市场、投资场所，这是垄断资产阶级的长远利益所在。至于用什么手段才能达到这个目的，事情发展到 1898 年的 3 月间也已经非常明显。用和平手段来达到目标的方案，无论在古巴、在太平洋上还是在远东都已经接连遭到失败。战争是美国垄断资产阶级势必采取的手段。有些资本家从自己的局部利益出发，顾虑重重，下不了开战的决心，并不能说明整个垄断阶级的态度。普拉特自己也说，这些人反对战争的原因是害怕旷日持久的战争会影响 1893 年经济危机后刚刚出现的经济繁荣和初步稳定下来的货币制度。杜威舰队在马尼拉湾的胜利驱散了这种会打长期消耗仗的疑虑，企业界一下子就全都倒向了主战派。[3]事实上对于资产阶级来说，和战与否之间没有是非曲直可言，也不存在着不可逾越的鸿沟，完全

---

1 沃尔特·拉菲尔贝：《新帝国》，康奈尔大学出版社 1963 年版，第 392 页。该电全文见《外交史》杂志，1979 年春季号，第 194 页。

2 参阅方纳著前引书，第 208～229 页。

3 普拉特：《美国企业与美西战争》，格林编前引书，第 41 页。

以利害得失为转移。

美国企业家自始至终反对战争之说是经不起推敲，站不住脚的。[1]

二

舆论、社会思潮同战争爆发的关系，是美国史学工作者研究战争起源时颇有争议的另一个问题。但脱离开历史发展的物质基础，则显然是错误的。

早在本世纪之初，美国外交史学的元老约翰·莱丹内就有意把发动战争的责任强加给美国人民，提出了“美国人民兴致勃勃地参加战争”，“国会完全为舆论所左右”的说法。[2]企业家兼史学家的詹姆斯·罗斯索性认为美西战争是美国人民同情古巴和报刊操纵舆论的结果。[3]新闻记者瓦尔特·米利斯系统地阐述了这一十分荒谬的论点。他认为美国同西班牙开战是因为美国人民在19世纪90年代充满了一种好战的精神。按照米利斯的说法，这是一场美国人民“没有疑虑，怀着高尚的情操而投入的战争……它是在人们深信为正义而战的情况下开始的。”[4]

有些史学工作者沿着这条错误的道路走得更远。他们企图从思想文化方面寻找促使美国人民“好战”的原因。从本世纪30年代到50年代，先后出现了“黄色报刊煽动”说、“新天定命运”说和“心理危机”说。1932年玛卡斯·威尔金森发表《舆论和美西战争：对战争宣传的研究》一书，断言美西战争的爆发是以《纽约日报》和《世界报》为首的黄色报刊宣传的胜利。说这些报刊用“真假参半的报道，谣言和伪造的电报把美国公众弄得头昏目眩”，而麦金莱政府则在

---

1 一些美国史学家把马库斯·汉纳这位企业界的巨头、共和党的老板视为自始自终主和的代表。其实汉纳之所以迟迟下不了同西班牙作战的决心，主要原因在于“他把国内经济的改善置于政治活动的所有其他目的之上”，唯恐战争会使税收增加，影响经济繁荣。然而，“他的这种担心是没有根据的。”因此，一当局势明朗化，汉纳和麦金莱一样“终于成了坚定的帝国主义者。”（赫伯特·克罗莱：《马库斯·爱兰佐·汉纳，他的生活和工作》，纽约，1912年版，第278～279页。）

2 约翰·H.莱丹内：《美国作为世界强国》，纽约，1907年版，第19，22页。

3 格林编前引书第26页。

4 瓦尔特·米利斯：《好战精神》，坎布里奇，1931年版，第160页。

"群众浪潮的驱使下和好战的国会煽动下开战。"[1]约瑟夫·维桑对纽约的报刊进行了专门研究，作者认为："我们同西班牙作战的主要原因是公众要求打仗。这种要求是如此之强烈，使企业界金融界的领袖和麦金莱总统难以抗拒，造成这种公众心理状态，报刊负有主要责任。""如果不是赫斯特在纽约新闻业中发动一场尖锐的争夺报刊发行份数之战，美西战争就不会发生。"[2]另一位作者乔治·奥克西尔则强调古巴秘密团体的宣传活动和中西部报刊对促成美西战争爆发起了重要作用。[3]

从更大的范围对这个问题进行探讨的是前文提到的普拉特。他的看法是："影响新扩张主义理论形成的因素，主要是理智方面的和感情方面的，而不是经济方面的。"[4]

他得出结论说："美国企业需要殖民市场和投资场所不是企业家发现的，而是经济学家，历史学家和其他知识分子以及新闻记者和政治家发现的。"[5]问题很清楚，普拉特的这一说法同他所阐发的美国企业界自始至终反对扩张、反对战争之说并行不悖，相辅相成，互为补充，在客观上起到了为垄断资产阶级开脱战争责任，从根本上否定战争的帝国主义性质的作用。正因为如此，普拉特教授的这一套理论长期在美国外交史学界占统治地位。

以研究美国思想史著称的理查德·霍夫施塔德教授在二次大战后提出了"心理危机"说。心理危机的症状是：抗议和要求改革的声浪高涨；知识界倾向于社会主义；突出本民族的作用，要求侵略扩张。他指出相当一批美国政治家认为，在国内矛盾丛集的情况下，鼓吹侵略主义是提高他们自己的声望，为本党争取选票，转移公众视线，挤掉社会脓疮，摆脱革命威胁的不二法门。[6]

---

1 玛卡斯·威尔金森：《舆论和美西战争：对战争宣传的研究》，巴吞鲁日，1932 年版，第 132 页。

2 约瑟夫·维桑：《反映在纽约报刊中的古巴危机，1895～1898》，纽约，1934 年版，序言。

3 参阅乔治·奥克西尔《促成美西战争的古巴秘密团体的宣传活动，1895～1898》。《西班牙美洲历史评论》，1939 年 8 月号，第 286～305 页；《中西部报刊和美西战争，1895～1898》。《密西西比河流域历史评论》，第 26 卷，1940 年，第 163～201 页。

4 米·普拉特：《美国外交政策史》，新泽西，1965 年版，第 204 页。

5 普拉特：《1898 年的扩张主义者》，第 22 页。

6 霍夫施塔德：《天定的命运和菲律宾》，艾伦编前引书第 173，177，178 页。

普拉特和霍夫施塔德的观点，在战后美国史坛上盛行一时，几乎为所有的教科书所采纳，简直成了千篇一律的陈词滥调。

社会思潮和报刊舆论对于历史事件的发生当然有影响。部分美国史学家特别强调报刊舆论的作用，表面上看来也有一定道理。以《纽约日报》和《世界报》为代表的“黄色报刊”在毒化舆论、煽动战争方面确实起过十分恶劣的作用。《纽约日报》的老板威廉·赫斯特对漫画家费雷德里克·李明顿说：“你提供图画，我提供战争”[1]就是大家所熟知的一个例证。然而，难道战争果真是几家黄色报刊老板为了争夺发行份数就能掀起的吗？历史的发展决不会是这样简单。报刊在资本主义国家只不过是一种宣传工具罢了，它所反映的是资产阶级的意志和呼声。赫斯特·普利泽之流利用美国人民同情古巴革命，憎恨西班牙殖民当局的心理进行战争煽动。他们发出的战争叫嚣不过是代表了美国资产阶级主战派的要求而已。社会思潮、社会理论对于统治阶级确定其对内对外政策往往也有很大影响，但这毕竟是社会存在的反映。“物质生活的生产方式制约着整个社会生活、政治生活和精神生活的过程。不是人们的意识决定人们的存在，相反，是人们的社会存在决定人们的意识。”[2]在美国，一些社会学家、经济学家、历史学家以及宗教家把鼓吹对外侵略扩张的种族优秀论，披上了伪科学的外衣。他们把美国统治阶级在北美大陆上进行领土扩张曾说成是“天定的命运”，后来又予以引伸、发展而变为向海外扩张的理论。这反映了垄断资本形成时期，美国资本家攫取海外市场、原料产地、投资场所和战略基地的迫切要求；表露了他们为在国际舞台上同其他大国争夺殖民地和势力范围不惜一战的心情。[3]归根结底，它反映了资本主义经济发展到新阶段的新要求。

三

麦金莱总统在美西战争爆发过程中究竟扮演了什么样的角色，是

1 萨缪尔·贝米斯：《美国外交史》，纽约，1955年版，第442～443页。
2 马克思：《〈政治经济学批判〉序言》，《马克思恩格斯选集》第二卷，第82页。
3 参阅霍夫施塔德前引书，第九章，《种族主义与帝国主义》，第170～200页。

毫无主见、随波逐流的投机分子，还是意志顽强、胸有成竹的政治家？这也是美国史学界研究美西战争起源中聚讼多年的一个问题。[1]

1898 年春，美西战争爆发前夕，《纽约日报》上刊登了一幅漫画，画的是头戴纱巾、身着女装的麦金莱总统只身站在海边绝望地企图用手中清道的毛刷挡住迎面扑天盖地而来写有“人民”“国会”字样的巨浪。[2]爱好和平但意志薄弱的总统屈服于好战的人民和国会的强大压力，使美国卷入了一场“不必要”的战争，这就是几十年来经常出现在美国历史教科书中麦金莱总统的形象。在西奥多·罗斯福的笔下，麦金莱“像巧克力奶油蛋糕一样地没有主心骨”[3]，更加深了人们的这种印象。在史学著作中较早提出这种看法的是前文提到过的詹姆斯·罗兹。他在七卷本美国史的最后一卷里特别对 1898 年 3 月以后麦金莱政府的政策提出指责，认为麦金莱如果继续执行上台以来一直在执行的不断向西班牙政府施加压力的政策，西班牙就会通过谈判允许古巴独立。然而，正当这种和平政策即将取得成功之际，麦金莱突然放弃了原来的政策倒向主战派。[4]朱理斯·普拉特也持同样的看法。他认为麦金莱是“深知怎样利用战争的一小撮人手中的胶泥。”[5]

二次大战后，指责麦金莱的著作有增无减。被称为现实派的外交史学家强调外交政策的现实目标，认为国家安全和势力均衡是制定外交政策的出发点，反对依据道德准则和政治理想制定外交政策。他们指责麦金莱决策时以同国家利益相背离的道德准则为指针，不是把对现实情况的精确估计作为自己的出发点，而是屈从于群众感情用事的压力。麦金莱不仅缺乏准确衡量国家真正利益所在的能力和经验，也缺乏顶住战争喧嚣的勇气。尽管西班牙在最后一刻投降了，麦金莱还

---

1 政治家的性格对决策的影响不仅是历史学家感兴趣的问题，也是政治学家注意研究的课题。二次大战后，西方政治学中出现了一个专门研究人物个性对外交事务影响的学派，近年来发展很快。麻省理工学院的劳埃德·S. 埃思里奇在该学派的影响下写了一篇文章：《个性对美国外交政策的影响：1898～1968，对人与人之间关系归纳理论的一个验证》。该文将麦金莱列为性格内向，但对政策有高度支配能力的范畴。此结论是根据近年来史学家研究成果做出的。见《美国政治科学评论》，第 72 卷第 2 期（1978 年 6 月号），第 439 页。

2 载托马斯·贝利：《美国人民外交史》，纽约，1958 年版，第 461 页。

3 转引自米利斯前引书，第 114 页。

4 詹姆斯·福特·罗兹：《麦金莱和罗斯福政府：1897～1909》，第 63～64 页。转引自《外交史》杂志，第 3 卷，第 1 期（1979 年冬季号），第 78 页。

5 普拉特：《1898 年的扩张主义者》，第 327 页。

是使美国卷入了战争。在这方面集其大成的是欧内斯特·梅的获奖之作《帝国民主制》。[1]

为麦金莱及其推行的政策辩护的著作虽然为数不多，但在上个世纪末即已初露端倪。在早期为麦金莱进行辩护的著作中，查尔斯·奥尔考特的《威廉·麦金莱》可称代表作。此书列举了麦金莱有必要采取干涉政策的四点理由：1. 西古之战旷日持久，严重影响美国在古巴的经济收益。2. 美方严守中立，需经常派出军舰巡逻，阻拦美国人支持古巴起义者。长此下去，开支过大。3. 为了保护在古巴的美国公民生命财产的安全。4. 事实表明西班牙无法以武力结束战争。奥尔考特还认为，尽管美国有充分理由进行干涉，麦金莱并没有匆忙地同西班牙开战，而是在采取了一切可能采取的外交步骤和做好了充分的军事准备之后才走向战争的。作者还对麦金莱的"勇气"和"人道主义"精神大加赞扬。[2]两次大战之间，屈指可数的几位史学家继续对上述论点加以补充。[3]

二次大战后真正起到为麦金莱全面恢复"名声"作用的史学著作要推霍华德·恩·摩根著《威廉·麦金莱及其美国》一书。作者从麦金莱的人品和政策两个方面肯定了这位总统。此书出版两年后，作者又写成《美国通往帝国之路》，就麦金莱同他的前任对古巴政策的一贯性作了系统的论述，作者本人将该书的基本观点归纳为四点：1. 长期以来美国在古巴问题上执行着一贯的可以理解的和平政策，试图对西班牙施加压力，迫使该国政府在古巴岛实行改革。西班牙未能按照美国的要求办事，从而使美国不得不在1898年进行干涉。2. 美国具有合法的战略上、商业上和人道方面的理由来执行这一政策。3. 缅因号在哈瓦那港爆炸沉没后，麦金莱政府并没有被战争的歇斯底里所压倒，只是在无法以和平的方式解决古巴问题时才诉诸武力。4. 通过美西战争，美国取得了夏威夷、菲律宾和其他战略据点，这是美国企图把自己的势力范围扩大到整个国际政治和经济舞台的自觉纲领的一部分，并非事出偶然，

---

1 参见欧内斯特·梅：《帝国民主制》，纽约，1961年版，第114，118～120，126～130，159页。

2 查尔斯·S.奥尔考特：《威廉·麦金莱》，波士顿，1916年版，第一卷，第394～395，399～400页，第二卷，第1～3页，24～29页。

3 参见泰勒·丹涅特：《约翰·海，从诗歌到政治》，纽约，1934年版，第208页。

也不是由于什么过失造成的。[1]作者通过肯定麦金莱本人及其政策来肯定美国进入帝国主义时期对外侵略扩张政策的合理性，这种意图是很明显的。

在新左派史学家著作中，麦金莱的侵略扩张政策受到了抨击，但他们并没有像进步派学者那样仅仅把麦金莱看成是完全听从金融资本摆弄的奴仆，而是认为麦金莱是美国对外政策的制定者和积极的执行者，肯定了他的能动作用。[2]沃尔特·拉菲贝尔也强调麦金莱不仅能控制局势，而且是美国外交政策的制定者。他是为了消除美国政治经济生活中不稳定因素，为建立新的美国商业帝国奠定坚实的基础，在东北部企业家参加到中西部和西部企业界主战行列中来的情况下才作出战争决策的。[3]

美国学者的研究说明，“战争是政治的继续”这句克劳维兹的名言完全适用于美西战争。美西战争正是内战以来压迫少数民族、镇压工人运动、实行领土扩张这种资产阶级政治的继续。美国资产阶级的对外政策有自己的传统，有源有流，有继承有发展当然也有变化。特别是从自由资本主义向垄断资本主义过渡阶段，正如许多美国学者所承认，在对外政策上也处于一个转折时期。这种变化就在于建国初期由华盛顿奠定基础的不介入欧洲事务、发展同各国的商品关系、不缔结永久性同盟的孤立主义政策，逐渐让位于对外进行经济渗透，干涉别国主权，攫取海外基地这种被称为“向外看”的政策。保卫国家主权维护民族独立的成分越来越少，对外侵略扩张越来越成为政策的主要内容。领土扩张的方向则从北美大陆转向海外，目光集中于加勒比海和太平洋。美西战争恰恰构成新旧外交政策转折点。它是美国自由资本主义时期外交政策的结束，又是帝国主义对外政策的起点。战争的爆发是美国传统政策的继续，又是登上国际舞台同欧亚列强进行角逐推行新殖民主义政策的开端。

麦金莱执政时期恰值美国历史发展的转折关头。他作为美国资产

1 霍·韦·摩根：《美国通往帝国之路，同西班牙之战与海外扩张》，纽约，1965年版，第Ⅸ～Ⅹ页。

2 参见威·阿·威廉姆斯：《现代美帝国的根源：对市场社会中社会意识形成和发展的研究》，纽约，1969年版，第408～411页。

3 拉菲贝尔前引书，第400，403页。

阶级代表人物制定的对外政策导致了美西战争，促成了美国历史这一重大转折。他所推行的屠杀菲律宾人民，扼杀古巴革命，参与八国联军镇压义和团运动，倡导门户开放，建立海外殖民帝国的政策，毫无疑问是美帝国主义形成的重要标志。

历史的必然性总是要通过历史的偶然性表现出来。美国从自由资本主义向帝国主义阶段过渡，与之相适应，内政外交以至思想文化等方面发生重大变化，这是历史的必然。这种变化在麦金莱作为美国总统参与下完成，则是历史的偶然。美国向海外扩张的政策导致了一场帝国主义战争这也是历史的必然，但这一政策的制定和执行由麦金莱承担，这又是历史的偶然。有些美国学者否认麦金莱是对外政策的制定者，这种看法已逐渐为另一些美国学者所提供的论据驳倒。对制定和执行美国对西班牙政策有着重要影响的美国官员如国务卿、驻马德里公使、驻哈瓦那总领事的人选都是由麦金莱确定的。他在就任总统后，派出亲信威廉・卡尔霍恩对古巴局势进行实地调查，根据卡尔霍恩调查报告的结论确定了对古巴的政策。[1]他还坚持宪法规定的外交权属于总统。和克利夫兰一样，对于国会几次通过的承认古巴为交战一方的决议置之不理。这些事实都说明外交大权牢牢地掌握在麦金莱之手。麦金莱对西班牙或者说在古巴问题上有没有一贯的政策，越来越多的美国史学家做出了肯定的回答。麦金莱的对西政策乃是一种不断地加强向西班牙政府施加压力，不断地提出新的更为苛刻的要求的政策。尽管措辞缓和，但态度强硬，行动坚定。在麦金莱政府的咨文和致西班牙政府的照会中自始就含有除非西班牙按照美国的要求行事，否则美国终将进行干涉的语句。[2]有的美国史学家称之为"拧紧螺丝"的政策[3]，是很有道理的。

---

1 方纳前引书第一卷，第213～214页

2 1897年9月23日美驻西公使伍德福特致西班牙政府照会威胁说："我不能粉饰局势的严重性而将总统的信念秘而不宣。如果他为国人所作的努力终成画饼，时间和特殊紧急的情况将要求他尽早作出采取行动的决定。"（《美国对外关系，1898》，华盛顿，1901年版，第572页。）同年12月6日麦金莱就古巴局势致国会咨文也说，"如果今后武力干涉果然成为我们对自己、对文明和对人类义务加之于我们的一种任务，那么，它必将不是由于我们的过失，而只是因为这样的行动十分清楚明白，可以得到文明世界的支持和赞同。"（《总统咨文和公文汇编》，华盛顿，1907年版，第14卷，第6263页。）

3 摩根：《威廉・麦金莱及其美国》，第342～343页。

资产阶级外交从来都是以武力为后盾的。19 世纪 80 年代开始创建的美国现代海军是麦金莱政府对西班牙恫吓、威胁的重要手段。不仅如此，同西班牙作战的准备早就开始了。英国史学家约翰·格林威尔在研究了美国海军部的档案之后得出结论说："1898 年同西班牙的海战不是在最后一刻才仓促上阵的，准备工作至少进行了两年时间。"[1]得克萨斯大学的威廉·布雷斯特德教授也指出，早在 1896 年美国海军部就根据马汉的战略思想制定了在加勒比海、远东和欧洲同西班牙作战的全面计划。[2]麦金莱上台后任命好战的西奥多·罗斯福为海军部助理部长，向国会提出扩建海军的要求，任命杜威为亚洲舰队司令，授意众议院拨款委员会主席 J. 坎农通过军事拨款的议案[3]，所有这些，都只不过是在实行早已制定的对西作战计划罢了。麦金莱在和战问题上是有过动摇和犹豫的。不过正如一些美国史学家所指出的，关键问题在于统治阶级内部在和战问题上存在着严重的分歧。在统治阶级本身没有取得一致意见之前，作为阶级的代表人物麦金莱是不敢轻启战端的，如此而已。

原文载《南开学报》1981 年第 1 期

1 约翰·格伦维尔：《美国海军准备同西班牙作战，1896～1898》，《美国研究杂志》，第二卷，剑桥大学出版社，1968 年 4 月号，第 34 页。

2 威廉·R.布雷斯特德：《美国海军在太平洋上，1897～1909》，德克萨斯大学出版社，1958 年版，第 21～22 页。

3 方纳前引书第一卷，第 242 页；摩根：《威廉·麦金莱及其美国》，第 363～364 页。

关于内战后美国南部农业发展道路问题

美国南部山川秀丽，气候温暖，土地肥沃，物产丰富。在美国早期发展史上，一直被看做是人杰地灵之处。著名的南方史专家 C. 范·伍德沃德曾指出，内战前，南部在美国政治生活中举足轻重。从华盛顿就任总统到林肯当选的七十二年间，来自南方的总统入主白宫达五十年之久；三十五位最高法宫，二十人是南方人；一百一十九位内阁成员中的五十六人，二十三位众议院长中的十三人，驻世界主要国家使节的一半以上都来自南部。联邦政府实际上处于南部政治家的控制之下。然而，内战以来，南部的政治地位一落千丈。从 1861 年到 1912 年，除几乎被赶下台的安德鲁·约翰逊之外，南部没有出过一个总统或副总统。一百三十三名内阁成员只有十四人来自南部。三十一名最高法官中南方仅占七人，十二位众议院议长中仅有两人、驻主要国家使节中只有十分之一是南方人。[1]尤有甚者，在此期间，没有一项重要法案和政策出自南方人的手笔。在全国政治生活中南部种植园主叱咤风云的时代似已成为过去。政治是经济的集中表现。南部政治地位的衰落不仅说明南部是南北战争中的失败者，而且反映了以种植园经济为标志的殖民地经济在美国的衰落，以及南部在美国经济生活中所占地位的削弱。内战后的美国南部，习惯上称之为新南部[2]以区别于奴隶制的旧南部。但南部成为真正的名副其实的新南部，则经历了一条与西部、北部不同的，曲折而又艰难的道路。

一、美国内战并没有消灭南部种植园的大土地所有制

内战后，美国南部农业发展的关键之一，是如何对待延续了二百

1 C.范·伍德沃德：《新南部的起源，1877～1913》，路易斯安那大学出版社，1951 年版，第 456～457 页。

2 新南部一词可以追溯到内战前南部中产阶级的先驱发动的企图使南部工业化的运动。后来被史学家用来概括内战后到第一次世界大战期间的历史。

多年的大土地所有制。因为它是奴隶制残余的最明显的标志，也是维护奴隶制残余的最“坚固”的支柱。由于北方资本的大规模渗入，农产品的商品化，对农业资本主义发展的趋势在南部和在西部、北部一样，是不可避免的，问题在于发展的形式和道路，消灭奴隶制的残余可以走保存并逐步改变大土地所有制的道路，也可以走消灭地主大地产、把土地分配（或低价出售）给无地、少地农民的道路。在保存大地产的前提下，可以走驱除小农经济使农业彻底资本主义化的道路；也可以走实行半封建的租佃制——谷物分成制，缓慢地向资本主义农场转化的道路。南北战争后的美国南部走的是一条保存大土地所有制，推行带有浓厚封建色彩的谷物分成制，痛苦地、缓慢地转变为资本主义农场的道路。

内战期间，出于军事上的需要，联邦政府曾颁布过一些法令，把一些被种植园奴隶主废弃了的和被联邦军队没收的土地分租给自由民和难民。但这些法令纯属战时的权宜之计，而且实施的范围有限，根本谈不上满足数以百万计的广大黑人和贫穷白人的土地要求的问题。1862 年通过的没收法令将南卡罗来纳州圣海伦教区的全部土地和波特·罗亚尔岛的数千英亩土地收归联邦政府所有，这些土地后来以长期抵押贷款的形式卖给了黑人。这是战争进行期间最激进的解决土地问题的措施，使部分黑人获得了土地。[1]根据 1863 年 3 月 3 日的法令，联邦军事指挥官应把掠获的全部财产，包括废弃土地在内交财政部管理，有些种植园被出售抵做税收收入。部分种植园的少量土地为黑人购得，但主要受益者是从北方来的雇佣黑人耕种土地的新种植园主。[2]1864 年 7 月 2 日的法令授权财政部代表将所有掳获和被弃置的土地出租一半，划出了被称为自由民居留地的小块土地专供被解放了的奴隶租用。自由民局于 1865 年 3 月 3 日颁布的法令规定，该局所有之废土地，没收或购置所得之土地，可拨给忠于联邦政府的自由民和难民租用，为期三年，期满后，可售予土

1 奥斯卡·赞屈纳尔：《南部各州从奴隶向自由农业工人的过渡》，《农业史》杂志，第十三卷，1939 年 6 月号，第 23 页。

2 例如维克斯堡于 1863 年 7 月 4 日被联邦军队占领后，该地区的 165 个种植园主只有 29 个种植园主没有逃走。1864 年财政部将其中 113 个种植园租给了来自北方的新种植园主，其余租给了黑人，见詹姆斯·卡西克著：《飞地：维克斯堡及其种植园，1863～1870》，杰克逊，1980 年版，第 75～76 页。

地四十英亩。但自由民局的资金和土地都很有限。在七年的时间里只有一千八百万美元和七十六万八千五百九十英亩土地可供支配。[1]所以，这一法令也没有能够达到预期的目的，即使完全实现，距离彻底解决土地问题仍相去甚远。在共和党激进派乔治·华盛顿·朱利恩倡议下，于1866年6月21日通过的南部宅地法，是重建时期罕有的试图解决土地问题的法令。该法令要求把1862年通过的宅地法应用到南部亚拉巴马、阿肯色、佛罗里达和密西西比五个南部州所拥有的四千七百七十二万六千八百五十一英亩公共土地上，以八十英亩为单位出售给自由民。这一法令在执行过程中碰到了重重困难。在上述各州设立土地局就费了不少周折。由于公共土地处于松林地带，土质不佳，不宜耕种，而且远离自由民聚居地区，申请者寥寥无几。到1869年10月20日，登记者仅四千户，而佛罗里达一州，因该州提供口粮和交通费，即占三千户。以后这一法令又遭南部种植园主和北部木材工业资本家集团的反对，几乎被废除。最后大部分土地落入土地投机商和木材商人之手。[2]立意使无地、少地农民获得土地的法令，反而为人所乘，促进了新的大地产制的发生，巩固了旧有的大地产制，这恐怕是起草该法案的人始料所未及的。

为了同南部民主党人妥协，约翰逊总统于1865年5月29日颁布大赦令，要求将包括土地在内的全部财产归还宣誓忠于联邦的前南部同盟官员和直接、间接支持叛乱的种植园主。这就一笔勾销了战争期间颁布的有关没收叛乱者土地的全部法令所起到的打击和削弱大土地所有制的作用。1866年3月20日约翰逊总统下令赦免前南部同盟总统杰弗逊·戴维斯之兄约瑟夫，发还其在密西西比州维克斯堡河湾地区的全部财产。密西西比法院于1878年作出裁决，同意杰弗逊·戴维斯本人的申请，将拥有两千三百英亩土地的布里尔种植园归还本人。[3]连叛乱头子的大地产也如数奉还；由此可见所谓美国内战粉碎了种植园大土地所有制之说是缺乏根据的。

---

1 P. S. 皮尔斯：《自由民局，重建史上的一章》，衣阿华城，1904年版，第44～45，74，110页。

2 W. E. B. 杜波依斯：《黑人的重建》第602～603页。参阅《南方史百科全书》南部宅地法条。

3 詹姆斯·卡西克前引书，第141页。约翰逊总统的大赦令载理查德逊编《总统书信公文集》，第3510～3512页。

有人曾以 19 世纪末到 20 世纪初南部农场平均土地面积减少和农场数量增加来说明大地产处于急剧的瓦解过程之中。菲利普·亚历山大·布鲁斯在《新南部的兴起》一书中指出，1870～1900 年除得克萨斯州外，南部各州农场总数增加了一倍，有些州增加了三至四倍；而平均占有的土地数量直线下降，在此期间路易斯安那州农场的平均土地亩数从 536 英亩降至 247 英亩；北卡罗来纳州从 316 英亩下降为 212 英亩；整个棉花地带则从 402 英亩降至 230 英亩。与此同时，农场数目大大增加。密西西比州的农场数从 23,250 个增加至 58,000 个，整个南部的农场数则从 549,000 个增至 732,000 个。大多数新增农场的土地不足一百英亩。[1]乍一看来，这些数字确能说明种植园大土地所有制处于急剧的瓦解过程之中，自由农民的自由经营正在迅速兴起。然而，事实正如许多南方经济史学家所指出的那样，上述统计数字是不正确的。问题在于人口普查局在进行调查时对农场所下的定义不对，他们将使用权和所有权混为一谈了。1865～1900 年是种植园租佃制大发展时期。人口普查局将分成制农民耕种的小块土地一概称之为农场。属于同一个种植园主的十户佃农在统计中算作十个农场。这就无怪乎农场的数字急剧上升，大土地所有制消失在小农场在汪洋大海之中找不到了。以路易斯安那州的卡他荷拉教区为例，据 1890 年的人口普查资料，该区有 171 个农场。但根据税收机构的统计，纳税单位仅 19 个。1910 年人口普查局改变了以往的计算方法，以种植园做为统计单位，其结果与前大不相同。1900 年的人口普查材料说，路易斯安那州农场的平均土地面积为 95 英亩，1910 年改变了计算方法之后，种植园的平均面积为 904 英亩，增加了近十倍。[2]这当然不是说内战后大土地所有制毫无变化，而是说变化的进程是缓慢的。对棉花地带进行的许多调查都证实了上述论点。例如，佐治亚州的梅肯县，1852 年全县土地所有者 452 人，土地在一千英亩以上的 42 人。1874 年土地所有者 510 人，拥有一千英亩以上土地的 39 人。1919 年该县土地所有者的人数增至 710 人，土地在一千英亩以上的地主增至 52 人。[3]不仅大土地所有制变化不大，大种植园主的持续性也很强。内战后

1 弗·山农：《农民的最后边疆。1860～1897 的农业》，纽约，1973 年版，第 81 页。
2 上引书第 82 页。
3 阿瑟·拉普尔：《农民序言，黑人地带各县的故事》，纽约，1968 年重印版，第 100 页。

南部的许多大地主都是内战前的大奴隶主，或者是他们的后代。耶鲁大学的麦克·韦恩对密西西比州纳齐兹地区的两个县和路易斯安那州的一个教区的地方税册进行了研究。他发现，1880 年该地区 60%以上的大种植园主是内战前大奴隶主的后裔。[1]另一位史学工作者对密西西比州亚当姆斯县的研究表明，这种持续率达三分之二。[2]对佐治亚州两个县所作的专门调查也得出了相同的结论。[3]马克思主义史学家乔纳森·威纳在亚拉巴马州利用马伦格县 1850、1860、1870 年人口调查原始记录进行的种植园主持续性的研究告诉我们，该县大种植园主的地产于 1860～1870 年间在全县地产总额中的比例在上升。他们的人数占人口总数的 8%。而拥有土地的比例则从 55%增加到 63%。[4]加利福尼亚的两位经济史学家罗杰·兰塞姆和理查德·萨奇对亚拉巴马州达拉斯县的研究，则表明土地集中的程度在内战前后略有下降。最富有的 5%占有财产的份额 1860 年为 47.2%，1870 年为 43.1%。[5]地区不同，条件不同，土地集中的程度也有所不同。但有一个基本事实是改变不了的。棉花地带种植园租佃制最发达的地区，大多是奴隶主大庄园的所在地。1860 年拥有 20 名奴隶以上种植园的所在地，也正是 1930 年分成制佃农占 90%以上的地区。“内战前的种植园做为一个单位，以令人惊异的完整程度保存了下来。”[6]

二、种植园租佃制是向资本主义农场过渡的一种特殊的形式

种植园大土地所有制相当完整地保存下来，说明美国内战做为一场工业资产阶级战胜种植园奴隶主的资产阶级民主革命，在对待大土地所有制的问题上是不彻底的。在美国南部它既没有像法国资产阶级革命那样把贵族地主的土地加以没收，分配给农民，也没有像英国那样，把小农从大地产上赶出去，实现农业生产的资本主义化。这就使南部农业资本主义的发展走上了一条既不同于法国，也不同于英国，

1 麦克·韦恩：《种植园社会的重新形成，纳齐兹地区，1860～1880》，巴吞鲁日，1982 年版。
2 转引自乔·威纳：《战后南部的马克思主义解释》，打印稿第 7 页。
3 同上。
4 乔·威纳：《种植园主的持续性和社会变化：亚拉巴马，1850～1870》，《交叉学科历史杂志》，1976 年秋，第 240 页。
5 罗·兰塞姆，理·萨奇：《一种自由，奴隶解放的经济后果》，伦敦，1977 年版，第 79 页。
6 小 T. J. 沃夫特：《棉花种植园的地主和农民》，华盛顿 1936 年版，第 1～2 页。

更不同于美国北部和西部的特殊道路，即在尽可能保存奴隶制残余的条件下发展资本主义。奴隶制的废除迫使种植园主不得不改变原有的经营方式。内战后种植园经济发生的重大转变是从使用奴隶劳动改为使用自由劳动。为了保证南部农业生产尽快地恢复，自由民局在联邦军事当局的配合下，在南部农村普遍推行工资合同制。过去的奴隶变成了种植园的雇佣劳动者，在昔日的奴隶监工的监督下从事生产劳动。1865年，产棉区农业雇工的月工资为2至18美元。1867年是工资水平最高的一年，南卡罗来纳州农业雇工的年工资为100美元，佐治亚州125美元，亚拉巴马州117美元，密西西比州149美元，得克萨斯州和路易斯安那州则分别为139和105美元。1868年农业工人的工资普遍下降，有六个州年工资下降到100美元以下。由于战后南部通货奇缺，被解放的奴隶不愿在昔日监工的皮鞭下从事集体劳动。种植园主也企图改变与昔日的奴隶处于讨价还价、签订合同的平等地位，而且想把他们经营中的风险让直接生产者分担，以谷物分成为主要形式的租佃制开始流行，到1880年成为种植园占统治地位的经营方式。[1]从种植园合同工资制到种植园租佃制，这是战后南部农业生产经历的又一重大变化。就经营的形式而论，是从集中管理，农业工人集体劳动，改变为承包给劳动者分散经营。种植园主与劳动者关系也从雇主与雇工的关系改变为地主与佃农的关系。与种植园并行的还有以小土地所有制为基础的小农经济。但它在种植园经济的制约下发展缓慢，而且往往在农产品价格下跌或自然灾害的打击下丧失自己的耕地，沦为分成制农民。农业雇工，分成制农民上升为自耕农的情况也间有发生。南部农村经济命脉长期掌握在种植园主和商人之手。这种情况直到二次大战前夕，才开始发生根本性的转变。由于南部农业越来越多地使用机器，特别是植棉地区中耕、除草、落叶、摘棉花的机械化和化学化，把骡马和谷物分成制一齐赶出了种植园，使种植园变成了资本主义的现代农场。与此同时，种植园主也最后完成了向现代农场主的转变。[2]

1 赞屈纳尔前引文第29页；参阅拉·施洛摩维兹：《南方谷物分成制的起源》，载《农业史》杂志，1979年7月号。

2 参阅理查德逊：《技术变革的经济学与谷物分成制农民的消失》，载《美国经济评论》57卷3期，1967年6月号。

南部种植园租佃制的变迁（1880～1974）

年　代	1880		1890		1900		1910	
全部佃农	533,848	36.2%①	706,343	38.5%	1,231,144	47%	1,536,752	49.6%
现　金	180,038	11.8%	247,999	13.5%	485,790	17.5%	453,060	14.6%
分成现金 分　成 牲畜分成	373,810	24.4%	458,344,	25.0%	772,354	29.5%	39,665 981,676	1.3% 31.7%
其　它							62,351	2%

年　代	1920		1930		1940		1950	
全部佃农	1,591,121	49.6%	1,790,683	55.5%	1,449,293	48.2%	905,322	34.1%
现　金	219,188	6.8%	238,032	7.4%	254,351	8.5%	119,855	4.5%
分成现金	22,672	0.7%			38,678	1.3%	30,023	1.1%
分　成	561,091		776,278		541,291			
牲畜分成	1,212,315	37.8%			1,020,335	33.9%	645,090②	24.3%
							16.021	0.6%
其　它	136,946	4.3%	1,552,751	48.2%	135,929	4.5%	94,333	3.6%
年　代	1959		1964		1969		1974	
全部佃农	366,267	22.3%	253,500	18.5%	136,000	11.7%④	93,000	10%
现　金	49,231	3%	47,322	3.4%				
分成现金	18,025	1.1%	17,393	1.3%				
分　成	233,895③	14.2%	133,284	9.7%				
牲畜分成	14,144	0.9%	13,349	1%				
其　它	50,972	3.1%	37,007	2.7%				

注：①全部农场经营者=100。②美国历史统计资料作 346,765。

③美国历史统计资料作 121,037。④1964 至 1969 年间，美国的佃农减少了 177,000，其中 65,000 是黑人佃农。佃农所耕种的土地在此期间减少了 700 万英亩。佃农经营的农场平均土地面积从 268 英亩增至 390 英亩。

材料来源：美国商业部人口普查局编：《美国农业人口普查资料》，1964、1969、1974。

美国商业部人口普局编：《美国历史统计资料：从殖民地时期到 1970 年》，华盛顿，1975 年版，第 465 页。

现在让我们对种植园租佃制做一番考察。1910 年的人口普查资料为种植园下的定义是：“在个人和公司的一般监督下，具有一定规模和经营联续性的土地。”[1]这个定义肯定了种植园的存在，并作了以量定质的规定。根据上述定义，1910 年的人口普查资料确认在南部十一个

1 转引自杰·曼德勒：《黑人贫困的根源。内战后的南方种植园经济》，杜克大学出版社，1978 年版，第 40 页。

州（亚拉巴马、阿肯色、佛罗里达、佐治亚、路易斯安那、密西西比、南、北卡罗来纳、田纳西、得克萨斯、弗吉尼亚）的 325 个县中共有 39,073 个种植园。其中 28290 个集中在密西西比、亚拉巴马、阿肯色、佐治亚、南卡罗来纳和路易斯安那六个州。在南部十一个州里属于种植园的熟地占全部熟地的 33.4%。在密西西比州占 47.9%，阿肯色州 39.4%，路易斯安那州 39.3%，亚拉巴马州 38.3%，佐治亚州 37.1%，南卡罗来纳州 30.8%。比例最高的密西西比州和亚拉巴马州种植园拥有熟地面积分别为三百二十万和三百万英亩。这些统计数字可以说明种植园经济在内战后相当长的时间内，在南部各州特别是植棉州仍占主导地位。在经营方式上，只有少量种植园由种植园主或管理人员直接经营，继续实行内战后初期一度盛行的合同工资制。大部分种植园则实行租佃制。这里所说的租佃制同美国北部、西部的资本主义租佃制不同。它不是自耕农分化的结果，而是大土地所有制没有被废除，小土地所有制不够发达的结果。从土地所有者和租佃者的关系看，它主要不是现金和自由租佃关系，而带有某些超经济强制和生产者被宗法关系束缚于土地的半封建、半奴隶制的色彩。南部租佃制的三种不同型式如下：

	对分制	其他分成制	现金制
地主提供	土地	土地	土地
	住房	住房	住房
	燃料	燃料	燃料
	工具	1/4 或 1/3 肥料	
	耕畜		
	种子		
	1/2 肥料		
	全部饲料		
佃户提供	劳动力	劳动力、耕畜、饲料	劳动力
	1/2 肥料	工具、种子	耕畜　饲料
		3/4 或 2/3 肥料	工具　种子
			肥料
	对分制	其他分成制	现金制
地主获得	收成的 1/2	收成的 1/4 或 1/3	定额现金
佃户获得	收成的 1/2	收成的 3/4 或 2/3	全部收成[1]

1 沃夫特前引书第 10 页。

根据1934年对646个棉花种植园的调查，在经营方式上完全采用合同工资制的有27个种植园，占4.2%；完全采用对分制的100个，占15.5%；实行其他形式分成制的20个占3.1%；实行现金租佃制的37个占5.7%；兼采上述三种经营方式的混合型种植园462个，占71.5%；其中对分制占多数。[1]在土地使用方面，种植园一般分为地主自营和佃农经营两部分。自营农场平均面积330英亩，佃农经营为31.2英亩。[2]种植园抽样调查的平均土地面积为 90.7 英亩。其中作物栽培385英亩，占42.4%，草地162英亩占17.8%，树林214英亩占23.6%闲置地63英亩占17%，荒地83英亩占9.2%七个棉花州的土地利用情况分别为作物栽培35.3%，草地24.5%，树林28.5%，闲置地5.4%，在上述抽样调查中，棉花种植园内一般有住户十四家（不包括种植园主）：工资工人三户，对分制八户，其他分成制两户，现金租佃户仅一家。其中白人两户，黑人十二户，平均每户人口四人。一般有二至三人参加劳动。工资劳动者每户种植棉田45英亩，对分制20英亩，其他分成制26英亩，现金租佃户24英亩。[3]

南部种植园所采取的经营方式的多样性说明它虽生产的作物单一，但其经济性质并不是单一的，而是一种兼有资本主义雇佣制，租佃制和奴隶制残余的分成制在内的混合经济。这里所说的奴隶制残余，包括：第一，内战后南部各州先后颁布的各种限制劳动力流动，强迫解放了的黑人回到种植园从事生产劳动，迫使他们依附于土地的法令，计有：禁止种植园主从其他种植园招募劳动力的引诱法；严惩跨越州界雇工的招工代理人法；严禁黑人外出另谋生路的流浪法；强制分成制农民遵守种植园主约束的履行合同法。[4]第二，事实上在种植园主和分成制农民之间几乎完全没有书面契约。租佃土地时全靠口头约定，预支生活资料和生产资料的记录掌握在种植园主手中。年终决算的唯一凭证就是地主的账薄。分成制农民中的绝大多数并不识字，他们的命运在很大程度上只得听从地主的摆弄。第三，南方盛行的谷物抵押

1 沃夫特前引书第10页。

2 曼德勒前引书40页。

3 沃夫特前引书。

4 乔·威纳：《美国南部的阶级结构和经济发展 1865～1955》，《美国历史评论》，1979年10月号，第981页。

借贷制、赊销制和劳役偿债制与谷物分成制相辅相成，对谷物分成制农民进行敲骨吸髓的剥削，使他们陷入无穷尽的债务罗网之中。每逢初春，青黄不接，分成制农民只能向种植园主或商人经营的杂货店赊购食品和日用品，其价格远远高出按现金出售的商品。例如1890年，佐治亚州每蒲式耳玉米的平均价格为68美分，赊购价为85美分。咸肉现金售价每磅7.5美分，赊购价为9.75美分。短期贷款的利息更是高得惊人。1881～1889年间，佐治亚州商人索取的利息率为59.4%。[1]由于佃农没有资产和作物可用做抵押，他们的短期贷款利息率大大高出地主举贷的利息率。欠债后不能偿还，需用劳务抵债。劳务偿债制本来是在西班牙殖民地盛行的一种制度。早在1867年就已被美国国会宣布为违宪。但进入20世纪，又在南部一些地区猖獗起来。种植园主可以派出武装人员追捕逃避债务的黑人，甚至将他们处死。据调查，1907年在佐治亚、亚拉巴马和密西西比三州33.5%的中等以上的种植园主实行此种制度。1903～1905年间亚拉巴马的每一个县都存在着劳役偿债制。得克萨斯的一家报纸估计“有一千五百到两千人被非法地置于偿债劳役制之下”。人们不无理由地抨击说：“这同内战前的奴隶制没有什么两样。”[2]第四，种植园中的生产劳动是在种植园主、监工、骑手的严密监视下进行的，监督程度随租佃方式而异。美国农业部1924年的一个专门调查指出，现金佃农处于种植园主监督下从事生产劳动比例为41%；各类分成制佃农61%，对分制为81%。[3]第五，种植园主不仅在生产上对佃户进行严密的监督，而且对佃农的社会政治生活也多方加以干预。甚至连婚丧嫁娶和日用开支也经常过问。[4]有些历史学家称这种关系为“家长主义”。事实上这种主仆关系的维护，往往以暴力和暴力的威慑做为补充。内战后私刑猖獗就是一个突出的例证，1882～1903年，在亚拉巴马、阿肯色、佐治亚、密西西比和南卡罗来纳发生了1,449起私刑案件。其中83.17%是对付黑人的。[5]

1 兰塞姆、萨奇前引书130页。

2 彼·丹尼尔：《奴隶制的阴影，南部的偿债劳役制1901～1969》，伊利诺斯大学出版社，1972年版，第12、22页。

3 曼德勒前引书45页。

4 参阅拉普尔前引书关于地主与农民关系部分，第157页。

5 曼德勒前引书33页。

内战后种植园经济中的雇佣劳动是农业资本主义关系的一个重要特征。谷物分成制盛行之后，雇佣劳动制仍在一些地区保存下来，少数种植园主直接经营的种植园完全采用雇工制，当然它也存在于种植园以外的农业生产中。1909年雇佣工人的农户占农户总数的36.4%。雇佣劳动制之外，现金租佃是典型资本主义租佃制。南部现金佃农的总户数从1880年的180,038户增加到1900年的458,790户，在农户总数中所占的百分比也从11.8%增至17.5%。此后无论是绝对数字还是所占比例都显著下降。[1]关于对分制和分成制的性质，学术界一向有争议。有人强调他们的自由劳动者方面，认为他们可以在劳动力市场上与种植园主讨价还价。有人则强调他们被束缚在土地上的一面，也有人强调他们在法律上的地位。美国人口普查局认为他们兼有雇农和佃农的特点。笔者认为这个论点是可取的。从发展趋势看，南部分成制农民的人身依附程度在减少，对他们的超经济的强制在减弱，流动性在逐步增强，流动的范围也在逐渐扩大。如果说本世纪30年代初期，大部分分成制农户的流动范围还仅限于本乡本土和本行业范围之内的话，进入二次世界大战之后，由于战争和工业生产品发展的需要，出现了劳动力从南部农村流入城市，特别是流入北方城市的高潮。40年代，南部六个植棉州黑人移出者超过一百万人，为30年代的三倍。数量之大，在南部黑人迁徙史上是空前的。这对于从30年代初期显露出衰落现象的南部租佃制是一个沉重的打击。它使南部工资猛涨，从而构成了加速南部农业生产，特别是植棉业生产机械和化学化的一个重要动因。

三、种植园租佃制妨碍了资本主义的迅速发展

我们说种植园租佃制是从种植园奴隶制向资本主义农场过渡的一种特殊形式，是指这种经济形式终将转化为资本主义农场。它兼有两种经济形式特点和它的这种过渡性质，并不意味它是过渡到资本主义的最好形式。许多事实都可以证明，以谷物分成制为主要形式的种

---

1 美国商业部人口普查局编：《美国历史统计：殖民地时期至1970》，华盛顿1975年版，第465页。

植园经济延缓了南部资本主义的发展。

1. 种植园经济是单一作物经济。它严重地破坏了土地肥力，妨碍南部农业朝着多样化的方向发展，增强了对世界市场的依赖性。早在19世纪80年代就有人指出，与种植园租佃制密不可分的抵押借贷制危害极大。它不但盘剥广大农民，而且左右了南部农业经济发展的方向。北卡罗来纳劳动统计局负责人W.N.琼斯在1887年的报告里写道："抵押借贷制比任何其他制度给南卡罗来纳州农民带来的害处都多。它是比干旱、洪水、旋风、风暴、锈病、毛虫，以及其他危害农民的邪恶都要坏得多的祸害。"[1]美国农业部的经济学家乔治·霍姆斯1893年在美国政治社会科学院发表的演讲也说："商人现在左右一切，农民必须按商人的指令种植作物，即使这种作物对于他们的债务人不利，他们也在所不顾。在产棉区，最符合这种要求的就是棉花。"有人认为，植棉州生产棉花是因为地制宜，有利可图，有助于南部经济的发展。事实上有利的方面被多种不利的因素淹没了。以种植园租佃制的方式从事棉花生产带来的一个严重后果是：土地肥力遭到严重破坏。由于佃农与地主的合同以一年为期，他们便在这一年之内拼命地向土地要产量，滥施化肥，耗尽地力，而不对提高土壤肥力做任何投资。1900年的人口普查材料告诉我们，南部植棉州购买化学肥料所耗费的资金远远高出其他地区。美国全国每英亩熟地平均耗费的化肥投资为12.5美分。南部植棉州为50.7美分，其中南卡罗来纳高达85.4美分。1875年以来南部化肥的消耗量也在不断增长。佐治亚州1875年耗费的化肥为四万八千吨，1891年达三十万六千七百吨。[2]在此期间南部耕地面积并没有明显的增加，这说明农业增产、棉花增产是靠增施化肥，而不是靠土地肥力。这种破坏土地肥力竭泽而渔的作法意味着从根本上破坏农业生产。棉花主宰一切的另一个后果是南部的粮食和畜牧生产下降。1850至1890年南部五个棉花州的人均粮食产量从37.7蒲式耳下降到18.9蒲式耳，猪从2.11头下降至0.73头。[3]内战前粮食和畜牧产品自给自足的情况不复存在了。在食品供应方面，南部对其

1 转引自兰塞姆、萨奇前引书149页。
2 转引自兰塞姆、萨奇前引书189页。
3 转引自兰塞姆、萨奇前引书151～152页。

他地区的依赖性加强了。[1]单一作物经济最严重的恶果是经济能否顺利发展完全取决于棉花生产情况和世界市场价格。1869～1877年间棉价下跌，80年代略有好转，90年代再次下跌，1898年以后又有所上升。南部经济也随之而时上时下，这是影响南部经济不能健康发展的一个重要因素。

2. 种植园租佃制是一个劳动集约的经济。它刺激了人口的增长，增加了劳动力的供应。由于供过于求，工资一直处于很低的水平。反过来又巩固了劳动集约经济，不利于生产技术的改进。我们将小麦、玉米和棉花这三种作物劳动生产率提高的情况加以比较，[2]就可以看出，棉花劳动生产率远远落在其他两种作物之后。

	项目	1800	1910～1914	1940～1944	1955～1959
小麦	每英亩人/小时	20	15	8	4
	每100蒲式耳人/小时	152	106	44	18
玉米	每英亩人/小时	46	35	25	10
	每100蒲式耳人/小时	180	135	79	22
棉花	每英亩人/小时	119	115	99	66
	每100蒲式耳人/小时	304	276	182	74

棉花生产机械化的技术问题比较复杂，解决起来需要时间，这是事实。但是当摘棉机的技术问题解决之后，南部棉花收获机械化的程度仍远远落在其他地区的后面。种植园租佃制的存在是延缓棉花生产机械化的主要原因。

1 弗·麦克唐纳等：《南部从自给到偿债劳役，一个解释》，《美国历史评论》第85卷，第5期，第1095～1118页。

2 威·拉斯玛森：《技术变革对美国农业的影响 1862～1962》，《经济史杂志》，22卷4期，第583页。

机器摘棉、手工摘棉的百分比[1]

	1950	1960	1965	1970
美国全国				
机器	8	51	85	98
手工	92	49	15	2
加利福尼亚				
机器	34	87	98	100
手工	66	13	2	0
得克萨斯、俄克拉荷马				
机器	11	58	90	99
手工	89	42	10	1
南部（得、俄两州除外）				
机器	1	31	77	96
手工	99	69	23	4

3. 落后的生产技术使南方经济发展速度缓慢，人均产值和人均收入长期低于全国水平。1871～1904 年美国国民生产人均产值的年增长率为 2.74%。南部五个植棉州的人均产植年增长率为 1.17%。[2]1880 年南部的人均产值为 62 美元。全国为 105 美元。[3]南部各州的人均收入 1880 年为全国的 52%，1900 年为 51.6%，1920 年为 61%，人均产值和人均收入长期低于全国水平主要是让落后的农业拖了后腿。根据 1934 年对 645 个棉花种植园的研究，每个工资劳动者家庭的年平均收入为 180 美元。人均收入在 52～96 美元之间，比同年全国农村的人均收入 167 美元低得多。[4]

4. 贫困与愚昧是对孪生子。南部各州特别是植棉州的教育事业长期落后于全国水平。奴隶制残余的存在，落后的农业生产使教育事业的发展既无强烈的需要也没有长足发展的可能。南部各州政府自重建以来一直推行紧缩开支和低税率的政策。教育经费之低长期为全国之冠。1900 年北卡罗来纳和亚拉巴马学龄儿童的人均教育经费仅 50 美

1《美国黑人参考手册》，1976 年版，第 288 页。
2 兰塞姆、萨奇前引书 194 页。
3 I. A. 纽拜：《南方史》，1978 年版，第 279 页。
4 美国历史统计第 483 页。

分，佛罗里达和得克萨斯为 1.46 美元，全国为 2.84 美元。由于设备简陋、经费不足，南部儿童在入学后也受不到良好的教育。1931～1932 年，南方农村学生在校学习时间佐治亚州平均不足 90 天，全国农村学校学生在校时间平均为 132.4 天。南部各州平均不足 110 天。南部农村学校教师的工资也低于全国水平。全国农村学校教师的年平均工资为 750 美元，加利福尼亚州为 1360 美元。佐治亚州仅 403 美元。许多黑人教师的年工资仅 100 美元。[1]南部高等教育事业的情况并不比普通教育好多少。1881 年南部共有 123 所大学，平均每所大学的年收入仅九千美元，其中 69 所大学的房地产总值不足五千美元。而新英格兰十六所大学的平均收入为六万五千美元，只有两所大学的活动基金少于十五万美元。1901 年哈佛大学的年收入比南部七个州 66 所大学收入的总和还多。[2]

5. 农业落后，生活水平和教育水平低，必然要拖工业发展的后腿，使工业难以迅速发展。内战后，南部工业同以前比较确有一定发展，而且南部各州政府也普遍采取了减免税收之类的鼓励工业发展的政策，但是由于农业在经济中所占的比例很大，奴隶制的残余严重存在，社会政治生活中保守势力顽强和北部金融资本的渗透，出现了不是南部工业化而是工业南部化和南部经济殖民化的特殊景象。换言之，这是一种没有迅速引起社会经济结构和知识结构变化的工业化，是没有产生与北部同样革命后果的工业化，是没有产生革命变化的工业化。首先这是因为绝大多数南部的工业规模小，资本少，不足以吸收或者说只能非常缓慢地吸收农村中相对过剩的人口，种植园租佃制这种生产方式本身束缚了劳动力的流动性当然也是一个重要因素。1870 年在东北部地区从事农业劳动的人口占全部劳动力的 19.6%，1970 年下降到 9.1%，南部投入农业生产的劳动力在此时间反倒略有增加，1910 年达 54.8%，1950 年才缓慢地降到 47%，此后才因摘棉机械的推广而迅速下降。[3]与此相联系，人口结构中的城乡比例在南部变化也较小，1880 年城市人口在十一个南部

1 沃夫特前引书 306 页。
2 纽拜前引书 316 页。
3《南方史百科全书》。

州中占 9.5%，1900 年占 13.5%，年增长率仅 0.2%，同年中西部的城市人口占总数的 30.6%，东北部占 58.6%。[1]其次，许多南部企业主用经营种植园的办法经营工业，这以纺织工业最为突出。大多数纺织厂设于西弗吉尼亚到亚拉巴马的山麓地带，环绕着这些工厂由工厂老板投资建立起一座座相对而言自给自足与世隔绝的工厂村（mill village），为工人提供住房，雇用工人往往以家庭为单位，工厂村的商店、学校、教会、医疗事业统统是工厂主办的，连弹压工人的警察也是工厂主雇用的。所以，这些工厂简直就是种植园。不同之处仅在于厂主和工人都是白人；女工和童工的比重很大。纺织工业比较发达的北卡罗来纳，1902 年有男工 18,177 人，女工 18,871 人，14 岁以下的童工 7，996 人，童工的日工资为 30 美分，非技术女工 30～75 美分，没有技术的男工 60 美分至 1 美元。每周工作 65～70 小时，劳动条件十分恶劣，许多工人患有呼吸系统的疾病。在工厂主的严密控制下，组织工会的活动大多都失败了，弗兰克·坦南鲍姆在《南方的黑暗面》一书中写道：这些工厂村“没有给南部提供诗人、艺术家、政治家、建筑家、工程师、技术员，没有为任何活动领域提供领导人才”。“三十万南卡罗来纳工厂村的工人中没有涌现出一个县一级的重要人物”。[2]南部工业的第三个特点是采掘工业，原料加工工业（如木材工业，烟草工业，卷烟工业，棉纺工业，造纸工业，采矿，采油……）所占的比重很大。采掘业所雇佣的工人占全部工人总数的 62%（1910 年），新英格兰仅占 10.7%，中部大西洋地区占 14.2%。南部纺织工业的产品是棉纱、本色粗布和衣服的半成品，因为缺少漂白、印染和成型等专业化设备，只有运往北方完成最后工序才能出售。就数量而言，南部纺织工业在 1928 年与新英格兰不相上下，拥有纱锭 1,607 万枚（新英格兰为 1,886 万枚），但生产情况正如一位评论家所指出：“南部棉纺工业的基础不是管理，不是靠近原料产地，不是改进技术，而是靠低廉的工资和延长工时，新英格兰同东南部的区别在于前者是一个高度发展的工

1 纽拜前引书 294 页。
2 纽拜前引书 297、474 页。

业地区，而后者则是处于衰落之中的农业地区”。[1]第四，内战后北部金融资本的大规模渗入，先后控制了南部工业的关键部门铁路业、钢铁业和石油业。缺少周转资金是南部工业的一个致命弱点。北部的大公司和大银行正是凭借着它们雄厚的金融实力打入南部。铁路首先成为了它们猎取的对象，摩根家族在1893年经济危机期间，乘人之危一举控制了南方三大铁路系统。1894年建的南部铁路公司，成为南部铁路的主宰者。据统计，1868年南部二十五个铁路公司的280名董事只有11人是北方人。到1900年90%的铁路落入北部资本家之手。他们还推行不平等的运费制度，借以压制南部工业的发展，一百磅棉花从阿肯色的小石城运到马萨诸塞州的秋河镇只需47美分，运往南卡罗来纳的哥伦比亚则为68美分。[2]南部的钢铁工业的遭遇并不比铁路业美妙。1887年田纳西煤矿、铁矿和铁路公司控制了伯明翰的铁业生产，成为当时美国最大的独家经营拥有矿山的炼铁企业。受1893年经济危机影响决定生产钢材，构成了对匹兹堡钢铁业的严重威胁。摩根控制下的南方公司利用1907年危机以三千五百万七千美元购得了田纳西公司的股票。从此伯明翰的钢铁业又落入东北金融资本之手，南部钢铁业的黄金时代至此告一段落。1903～1913年十年间南部生铁产量停步不前，而美国全国的生产增加了70%。1893年南部生铁产量占全国22%，1913年下降为11%，钢的生产也由于宾州钢铁业强迫伯明翰钢铁业接受所谓匹兹堡加价和伯明翰“差价”[3]的规定而发展缓慢，20世纪初，南部发现石油，洛克菲勒家族的美孚公司立即插手，梅隆家族则于1901年建立了海湾石油公司。由于它们控制了石油管道设备，能够左右石油价格，海湾石油公司的赢利率1911、1912、1913年高达35%、22%、29%。[4]

6. 大地产没有被触动，种植园租佃制长期延续下来，在政治上的

---

1 托玛斯·克拉克等：《内战后的南部，一个世纪的地区变化》，纽约，1967年版，第150～152页。

2 纽拜前引书300页；伍德沃德前引书295页。

3 伯明翰钢材的生产成本低于匹兹堡，但按照匹兹堡加价的规定，伯明翰生产的钢材应以相同价格出售。1909年此项制度又改为伯明翰生产的钢材出售时加价三美元。见克拉克：《美国制造业史》第二卷，纽约1929年版第242～243页。

4 伍德沃德前引书第303～304页。

后果是为南方的保守势力卷土重来提供了社会经济基础。这支由种植园主、商人和企业家组成的政治上的保守势力（他们的绰号很多：波旁份子、复辟派、新民主党人……）在南部重建时期行将结束时，先后在南部各州掌握了政权，他们利用手中的权力逐步地实现了民主党一党执政，采取征收人头税和进行选民政治文化测验等手段剥夺了南部黑人的选举权，并通过一系列法令把种族隔离做为一种制度固定下来。这就为租佃制的延续提供了政治制度和社会制度的保障。一位南部史学家说的好：在南部“过去和现在最流行的学说是白人至上，不论是采取奴隶制的形式还是通过种族隔离制，并由对所谓的州权的信仰把它合理化，靠宗教上的原教旨主义来支撑。在这样的社会里，一种从来没有停止的‘真正信仰’的宣传必须不顾一切地进行下去，伴随着经常不断，反复申言的忠于这一联合阵线的要求。至于那些不遵奉教义的人和持不同意见者则应根据保持沉默的原则，或处于危机的情况下把他们赶出这个社会。暴力和暴力的威胁确保了舆论一致的形象，并使之得以实现”。[1]然而，“健康的现代工业结构是不能在种族隔离，最低限度的工资，糟糕的教育，反知识主义，恐惧黑人症，贫乏的社会服务事业，反工会主义和痛恨联邦政府的总政策的沙滩上发展起来的。”[2]为了发展资本主义经济就必须扔掉身上的历史包袱。近半个世纪的南部历史就是一部在上下左右的压力下，扔掉历史包袱的过程，继续了三百年之久的农业社会终于被危机、战争、罗斯福“新政”和近三十年来的技术变革摧毁了。代价是惨重的。数百万人被农业机械化赶出了棉花种植园流离失所。分成制同代表其生产力水平的骡子一起在南部农村生活中消失了，不断摆脱半奴隶制的南部大踏步地前进。1950～1970 年南部十二个州（不包括得克萨斯）以固定美元计算的国民总产值年增长率为 4.6%，大大超过了全国其他地区年增长率为 3.4%的水平。绝对产值则从 524 亿美元增加到 1, 299 亿美元，尤其值得注意的是 1970 年农业产品的产值只占全部产值 4.3%，制造业占 30.9%（美国其他地区的产值则分别为 3.5%和 29.9%）。[3]到

1 詹姆斯·西拉弗：《密西西比，封闭的社会》，纽约，1964 年版，第 6 页。
2 同上书。
3 纽拜前引书 474 页。

过美国南部的人尽管还可以看到点缀在田间的衰颓、倾斜的昔日佃农的木房，旧式谷仓和空荡的骡车车棚，但更引人注目的则是林立的工厂，耸入云霄的高层建筑，奔驰在公路上的大拖车，在田野里工作的摘棉机和康拜因，现代化的青贮饲料塔，住宅和商业中心。1981 年，美国全国处于严重的经济衰退之中，以纽约为中心的东部和以旧金山、洛杉矶为中心的西部形势险恶，工厂倒闭多，失业率超过 10%，有些地区达到 20%；但南部经济却是另一番景象，失业率大大低于全国水平，工厂倒闭也不多，新兴工业欣欣向荣，与北部、西部形成鲜明的对照。后来者居上，这也许正是南部较迟地扔掉历史包袱的幸运之处吧！

原文载《南开史学》1983 年第 1 期

美国工厂制确立年代质疑

大工业的兴起开创了资本主义的全盛时代，工厂制度的确立是资本主义发展进入成熟阶段的重要标志。关于美国工厂制度确立的年代，我国有关论著大多认为内战前美国北部工业革命基本完成，工厂制度已告确立，现代社会的两大对立阶级资产阶级和无产阶级已经形成[1]。内战后，美国就开始从自由资本主义向垄断资本主义过渡了。征诸史实，按照马克思主义经典作家的有关论述，上述说法很有探讨之余地。

一

美国工厂制度确立于什么年代？可以从蒸汽机的使用和企业平均雇用工人人数，工农业产值的比例和工农业劳动力的比例，资金的积累和市场的扩大等方面进行考察。

首先，看看蒸汽机的使用和企业平均雇用工人人数。

工厂制度有其科学的含义。它是资本主义生产力和生产关系发展到一定阶段的产物，是同大机器生产相适应的“生产上的社会关系”。按照马克思的提法，工厂的躯体是有组织的机器体系[2]，它把工人变成了这个“机器体系的有生命的附件”[3]。列宁在研究俄国工厂制问题时则指出：应该把使用蒸汽机和雇用一定数量的工人作为区分工厂和手工工场的标准[4]。用这个标准来衡量美国内战前工业发展的情况，工厂制已在主要工业部门中确立之说就会碰到许多难以

---

1 见樊亢等：《外国经济史》第1册，人民出版社1983年版，第201页；黄绍湘：《美国通史简编》，人民出版社1983年版，第154～155、164～165、256页。参阅张友伦等：《美国工业革命》，天津人民出版社1981年版，第120～126页。

2 马克思：《资本论》，《马克思恩格斯全集》第23卷，第459页。

3 马克思：《经济学手稿》，《马克思恩格斯全集》第47卷，第526页。

4 列宁：《论我国工厂统计问题》，《列宁全集》第4卷，第28～29页。

回答的问题。

美国动力发展史上一个引人注目的现象是，蒸汽机的出现虽然很早（1776 年）[1]，但由于工业革命的发源地新英格兰水力资源丰富，成本低廉，而且水轮机不断有所革新，效率显著提高，出现了水轮机与蒸汽机长期并存的局面。蒸汽机大约用了将近一百年的时间，才把水轮机赶出历史舞台。1820 年工业中使用的水轮机与蒸汽机的比例为 100∶1,1870 年二者的比例是 5∶4，到 1900 年，二者的比例倒转过来变成 1∶4[2]。按马力计算，1869 年美国工业装备的动力为 2,236,000 马力/小时，水轮机占 48.2%，蒸汽机占 51.8%，蒸汽机首次取得优势[3]。大西洋沿岸中部州宾夕法尼亚，水力资源比新英格兰少得多。19 世纪中叶，蒸汽机的使用并不广泛。被称为美国工业中心[4]的费拉德尔菲亚，1850 年使用蒸汽机和水轮机的工厂加在一起，只占全部企业总数的 10.8%，雇用的工人占全部工人总数的 27.7%[5]。同蒸汽机的使用相关还有一个燃料构成问题。这也是衡量工业化程度的一个重要数据。1860 年美国燃料中木柴占 83.5%，矿物燃料（烟煤、无烟煤、原油、天然气）仅占 16.5%。燃料结构发生重大变化是在 1880 年至 1885 年间，到这时，矿物燃料的比重才超过了木柴[6]。

工业资本主义是在一个资本家雇用相当数量工人的时候开始的。“工人们不分男女老少聚集在一个劳动场所……是机械工厂所特有的”[7]。因此，工厂的规模，平均雇用工人的数量也是衡量工厂制发展程度的一个尺度。内战前，在机械化程度比较高的棉纺工业部门，已

1 阿塔克等：《美国制造业中蒸汽机的采用和地区传布》，(J.Atack et al: The Regional Diffusion and Adoption of the Stream in American Manufacturing)，载《经济史杂志》(*The Journal of Economic History*)，1980 年 6 月号，第 281～308 页。

2 同上。

3 舒尔等：《1850～1975 年，美国经济中的能源，历史和前景的经济研究》，巴尔的摩 1960 年版(S.H.Schurr et al: *Energy in American Economy 1850～1975, An Economic Study of Its History and Prospects*, Baltimore, 1960)，第 55、36 页。

4 科克伦：《费拉德尔菲亚：美国工业中心，1750～1850》(T.C.Cochran: *Philadelphia: the American Industrial Center, 1750～1850*)，载《宾夕法尼亚历史和传记杂志》(*The Pennsylvania Magazine of History and Biography*)，1982 年 7 月号。

5 劳里：《费城的劳动人民，1800～1850》，费城 1980 年版(B.Laurie: *Working People of Philadelphia 1800～1850*, Philadelphia, 1980)，第 16～17 页。

6 马克思：《经济学手稿》，《马克思恩格斯全集》第 47 卷，第 528 页。

7 同 6。

经出现了颇具规模的现代工厂。但整个说来，手工作坊、小企业仍占压倒优势。1850 年制造业企业[1]，平均雇用工人 7.8 人，1860 年为 9.3 人，1870 年降至 8.2 人，1880 年才超过 10 人[2]。此后，制造业企业平均雇用人数大幅度增长，有人把它看成是新工厂制度出现的年代[3]。平均雇用工人人数在不同的工业部门之间发展是不平衡的。以 1860 年为例，棉纺工业平均每个企业雇用 143 人；毛纺工业次之，33 人；男子成衣业又次之，28 人；皮革、面粉工业最少，分别为 4 人和 2 人[4]。就地区而论，新英格兰的企业规模最大，平均雇用工人人数最多，1860 年为 19 人，中部诸州 10 人，南部、西部和太平洋沿岸均为 6 人[5]。

仅就蒸汽机的使用和企业平均雇用人数的数据看，很难得出工厂制在内战前已经确立的结论。

其次，再看工农业产值的比例和工农业劳动力的比例。

我国史学界一般都采取了美国工业产值于 1850 年超过了农业产值的说法[6]。这似乎是工业革命完成，工厂制度确立的一个重要佐证。然而，此说是经不起推敲的。1850 年美国工业产值确曾一度超过农业产值，该年的工业和农业产值分别为 1,055,500,000 美元和 994,000,000 美元。但这里的工业产值是包括渔业和林业产值在内的。而且即便按照这个办法计算，到 1860 年农业产值又超过了工业产值，分别为 1,910,000,000 美元和 1,885,862,000 美元。[7]这就是说工业产值只不过

1 Establishment，国情普查统计单位，定义是：有独立财务记录的制造业单位，而不论其隶属关系，可以是一个工厂，也可以是一组工厂（作为一个企业单位经营）1849～1899 年产值在 500 美元以上者，1921～1939 年产值标准提高到 5，000 美元。见《美国历史统计，殖民地时期至 1970 年》，华盛顿 1975 年版(*Historical Statistics of the United States, Colonial Times to 1970*, Washington D. C., 1975)，第 652～653 页。

2 小尼米：《美国经济史》，芝加哥 1980 年版(A.W.Niemi Jr.: *U. S. Economic History*, Chicago, 1980)第 85 页。

3 纳尔逊：《经理和工人，美国新工厂制的起源，1880～1920》，威斯康星大学出版社 1975 年版(D.Nelson: *Managers and Workers, Origins of the New Factory System in the United States, 1880～1920*, University of Wisconsin Press, 1975)。

4 柯克兰：《美国经济生活史》，纽约 1951 年版(E.C.Kirkland: *A History of American Economic Life*, New York 1951)，第 290 页。纳尔逊前引书第 4 页。

5 巴特曼等：《内战前制造业区域发展比较》(F.Bateman et al: "Comparative Regional Development in Ante-bellum Manufacturing)"，载《经济史杂志》(*Journal of Economic History*)，1975 年 3 月号。

6 樊亢等：前引书，第 201 页。黄绍湘：前引书，第 157 页。

7 博加特：《美国经济史》，纽约 1920 年版(E.L.Bogart: *Economic History of the United States*, New York, 1920)，第 179 页。

是一度领先，并不具有转折意义。更何况计算方法是不科学的。根据工农部门增加的价值计算，工农业比重情况变化如下表所示[1]。

年代	工业＊	农业
1839	26.0	74.0
1844	31.7	68.3
1849	36.2	63.8
1854	32.1	67.9
1859	36.2	63.8
1869	40.9	59.1
1874	46.7	53.3
1879	44.8	55.2
1884	53.4	46.6
1889	59.1	40.9
1894	58.7	41.3
1899	61.8	38.2

＊包括加工工业及采矿业；建筑及电力工业未包括在内。

1960 年美国经济学家罗伯特·高尔曼发表著名论文《商品产量，1839～1899》，对于美国商品产量增长情况作了测定。他指出，“1839～1899 年美国经济以非同一般的速度发展，在此过程中，美国经济从农业占统治地位变成了工业占统治地位。”根据他的计算，美国各经济部门商品产量的比重变化如下[2]：

年代	农业％	矿业％	制造业％	建筑业	
				变式 A	变式 B
1839	72	1	17	10	8
1844	69	1	21	9	8
1849	60	1	30	10	9
1854	57	1	29	13	11
1859	56	1	32	11	10

1 中国科学院经济研究所世界经济研究室编：《主要资本主义国家经济统计集（1848～1960）》，世界知识出版社 1962 年版，第 14 页。

2 高尔曼：《商品产量，1839～1899》（R.E.Gallman: “Commodity Output, 1839～1899”），载《十九世纪美国经济趋势、收入和财富的研究》，普林斯顿 1960 年版（*Trends in the American Economy in the Nineteenth Century, Studies in Income and Wealth*, Princeton, 1960），第 13、26 页。

年代	农业%	矿业%	制造业%	建筑业	
				变式	变式
1869	53	2	33	12	12
1874	46	2	39	12	12
1879	49	3	37	11	11
1884	41	3	44	12	13
1889	37	4	48	11	12
1894	32	4	53	11	13
1899	33	5	53	9	10

据另一位经济史学家的计算，19 世纪美国工农业产值比例变化的情况是[1]：

年代	农业	工业
1809	84	16
1839	81	19
1849	66	34
1859	63	37
1869	60	40
1879	56	44

这三组数据告诉我们，美国工业产值真正超过农业产值不是在 1850 年，而是在 1879～1884 年间[2]。我国史学界遵循的说法把它提前了三十多年。

另一个能够反映工业发展程度的相关数字是工农业劳动力比例的变化。据高尔曼等人的计算，19 世纪美国劳动力和人口结构变化如下表所示[3]。

1 波尔逊：《美国经济史》，纽约 1981 年版（B.W.Poulson: *Economic History of the United States*, New York，1981），第 246 页。

2 1880 年农业产值为 4,129,000,000 美元，1879 年工业总产值（采矿业和加工工业）为 5,671,000,000 美元（采矿业为 1880 年数字）。与欧洲发达国家比较，美国工农业产值发生转折性变化比英国大约晚了半个世纪，与德国同时，较法国、瑞典早 20～30 年。参阅米歇尔：《欧洲历史统计 1750～1975》，伦敦 1981 年版（B.R.Michell: *European Historical Statistics, 1750～1975*, Loudon, 1981），第 841～845 页。

3 高尔曼：《农业部门和经济增长的速度：美国 19 世纪的经验》(R.E.Galllman: "The Agricultural Sector and the Pace of Economic Growth：U. S. Experience in Nineteenth Century"），载克林格拉曼编：《19 世纪经济史论文，老西部》，俄亥俄州大学出版社 1975 年版（D.C.Klingraman ed.: *Essays in Nineteenth Century Economic History, the Old West*, Ohio University Press, 1975），第 37 页。瓦特：《美国经济发展和劳动力的部门分布，1850～1880》（H.G.Vater: "U. S. Economic Development and the Sectoral Distribution of the Labor Force, 1850～1880"），载《第五次国际经济史会议论文集》，纽约 1970 年版（*Fifth International Economic History Conference*, New York, 1970），第 29 页。

	【1】农业劳动力在全部劳动力中所占比例			【2】变化	【3】农村人口占全国人口比重	【4】变化
	高尔曼	惠尔普敦	莱伯格特			
1800	82.6				93.9	
1810	83.7			+1.1	92.7	−1.2
1820	78.9			−4.8	92.8	+0.1
1830	70.6			−8.3	91.3	−1.5
1840	63.4			−7.2	89.2	−2.1
1850	54.8	63.6	54.8	−8.6	84.7	−4.5
1860	53.2	59.0	52.9	−1.6	80.2	−4.5
1870	52.5	53.0	52.5	−0.7	74.3	−5.9
1880	51.3	49.5	51.3	−1.2	71.8	−2.5
1890	42.7			−8.6	64.7	−7.1
1900	40.2			−2.5	60.3	−4.4

无独有偶，工农业劳动力比例转折性的变化，根据不同的计算结果，又是发生在19世纪的70、80年代。

再次，还可以从资金的积累和市场的扩大进行考察。因为工厂制的产生和发展不是孤立现象，而是同许多其他社会经济条件相联系的。除了技术发展水平之外，资金的积累和市场的扩大是不可缺的条件。

净国民资本构成（国民投资总额扣除折旧费）与净国民产值之间的比例关系反映了国民经济的资本密集程度。从工场手工业向大机器工业过渡是从劳动密集的经济向资本密集的经济过渡，必然会在这二者的比例关系上有所反映。美国净国民资本构成在国民净产值中所占的比重发生急剧变化，是在19世纪60年代到70年代之间。

1805年～1900年净国民资本构成占净国民产值的百分比[1]如下表。

1 马赛厄斯等编：《剑桥欧洲经济史》第7卷，剑桥大学出版社1978年版(P.Mathias et al: *Cambridge Economic History of Europe, Vol.7*, Cambridge University Press, 1978)，第2页。

1805～1940	0.2—7.0
1834～1943	9.5
1839～1948	10.2
1844～1953	11.4
1849～1958	12.1
1869～1978	17.8
1874～1983	17.6
1884～1993	19.2
1889～1998	19.7
1894～1903	18.4

从净国民资本构成的结构看，自 1880 年固定资本的农业比重显著减少，加工工业的比重大幅度增加[1]。这种情况在股份公司结构的变化上也有所反映。众所周知，股份公司是加速资本集中、促进资本主义发展的重要企业组织形式。美国的股份公司出现得很早，但制造业公司在 19 世纪初期所占比重很小。1800 年美国有 335 家公司，其中制造业公司仅有 6 家。19 世纪中叶，股份公司在制造业中有较大发展。新英格兰各州注册的公司数从 1831～1843 年间的 803 家增到 1844～1862 年间的 1853 家，内战后增长的速度更快。但在相当长的时间里，多数制造业企业仍以非股份公司的形式经营。进入 20 世纪，股份公司才成为制造业占统治地位的组织形式[2]。柯克兰德曾指出，1860 年美国农田土地、牲畜、农具和农业机械的总值是制造业资本的七倍。据此，他认为到内战爆发时，美国还是一个不发达的国家[3]。

全国统一市场的形成是与全国交通运输网特别是铁路网的形成直接联系在一起的，它是大工业成年的一个重要标志。道格拉斯·诺

1 戴维斯：《储蓄和投资》（L.E.Davis: "Savings and Investment"），载《美国经济史百科全书》第 1 卷，纽约 1980 年版（*Encyclopedia of American Economic History, Vol. Ⅰ*, New York 1980），第 191～192 页。

2 小伯利等：《现代公司和私人财产》，纽约 1937 年版（A.A.Berle Jr. et al.: *The Modern Cooperation and Private Property*, New York 1937）。泰勒：《运输革命 1815～1860》，纽约 1951 年版（G.R.Taylor: *The Transportation Revolution 1815～1860*, New York 1951），第 241 页。

3 柯克兰：《工业成年》，纽约 1961 年版（E.C.Kirkland: *Industry Comes of Age*, New York 1961），第 1 页。

思曾提出，内战前美国已经形成了由北部、南部和西部三个专业经济区（工业区、经济作物区和产粮区）构成的全国统一市场的假说。此说早已遭到费希罗教授所著《内战前区际贸易再考察》一文的非难[1]。费文认为，从西部运往南部港口新奥尔良的粮食和肉食品并不像诺思所设想的那样是供南部消费之用，其中五分之四经新奥尔良运往美国北部和欧洲。南部粮食和肉食品主要靠自给，而不是靠进口。本来，在奴隶制没有废除的情况下侈谈国内市场的形成，未免有违反经济学常识之嫌。费希罗对西部—南部贸易关系的分析，进一步说明诺思之说是缺乏史实根据的。据钱德勒的研究，百货公司、邮购公司、连锁商店这些大规模零售商业组织是在上个世纪 80 至 90 年代出现的[2]。它是大规模零售商业网形成的标志。同全国铁路网的形成恰好在同一时期。这是全国商品市场在 80 至 90 年代形成的另一个证据。

全国投资市场和货币市场的形成与工厂制在全国范围内确立也有相当密切的关系。戴维斯认为整个 19 世纪美国各地区的利息率的差别一直是资本流动和全国投资市场形成的重要障碍。1870 年以后这种差别逐渐缩小，迄于第一次世界大战，短期利率的地区差别大幅度下降，长期利率也出现同样趋势。所以，他把 1870～1914 年看成是全国投资市场的形成和发展时期[3]。在戴维斯研究的基础上，詹姆斯进一步论证全国货币市场的形成和发展是内战后美国金融业发展的主要趋势[4]。这对于我们认识工厂制在全国范围内确立的条件也有参考价值。

---

1 该文载安德兰斯编：《美国经济发展的新观点，近年来论著选集》，坎布里奇 1965 年版（R.L.Andrans ed., *New Views on American Economic Development, An Selective Anthology of Recent Work*, Cambridge Mass., 1965）。

2 小钱德勒：《看得见的手》，哈佛大学出版社 1977 年版（A.D.Chandler., Jr.: *The Visible Hand, Havard* University Press, 1977），第 209 页。

3 戴维斯：《投资市场，1870～1914，全国市场的发展》（L.E.Davis: "the Investment Market, 1870～1914, the Evolution of a National Market"），载《经济史杂志》（*Journal of Economic History*），1965 年 9 月号，第 360～365 页。

4 詹姆斯：《全国货币市场的发展，1893～1911》（J.A.James: "the Development of the National Money Market, 1893～1911"），载《经济史杂志》（*Journal of Economic History*），1976 年 12 月号。

二

美国工厂制度确立于什么年代？这也是一个形成和演变过程的问题。考察这个过程，工厂制度确立年代的问题也可迎刃而解。

从生产关系的变革着眼，家庭手工业——手工作坊、手工工场、现代工厂是工业组织演进的几个重要阶段。在《美国制造业史》一书中，克拉克把它划分为家庭制造业，家庭和作坊制造业，磨坊和炼铁炉工业，工厂制四个阶段[1]。也有人把它划分为家庭制造业，手工作坊和“外送”制（putting-out system），磨坊工业，工厂制。名称不一，但对演进阶段的看法大体上一致。种类繁多的“外送”制和“转包”制是从商业资本向产业资本、由手工工场向现代工厂过渡的重要环节。罗拉·米尔顿·特赖恩在《美国的家庭制造业》一书中提出了在1840—1860年间，家庭工业在美国大部分地区失去了任何重要意义的论断。[2]这可以说明手工业与农业的分离，手工工业的独立发展，手工作坊与手工工场的繁荣以及工业革命的推进，并不能证实工厂制已在美国工业中占压倒优势。特赖恩把这个现象与“工厂制度的确立”直接联系起来[3]是不妥当的，因为他忽略了在家庭手工业同现代工厂之间还有许多中间环节。其中最困难之处在于如何区分“外送”制的“中心车间”（Central Shop）和早期的工厂；如何区分拥有“中心车间”的商人包买主和工厂主。列宁在《俄国资本主义的发展》一书中所说的“商业资本同工业资本之间最密切的不可分割的联系是工场手工业的最明显的特点。”“‘包买主’在这里差不多总是和手工工场主交错在一起”[4]，并不是俄国特有的现象。克拉克对于美国“外送”制，即列宁所说的包买制的演进有过一段扼要的叙述，说明了这二者交错

1 克拉克：《美国制造业史，1607～1860》第1卷，纽约1929年版（V.S.Clark: *History of Manufactures in the United States, 1607～1860, Vol. I*, New York, 1929），第438～449页。

2 特赖恩：《美国的家庭制造业，1640～1860，工业史研究》，芝加哥1971年版（R.Tryon: *Household Manufactures in the United States, 1640～1860, A Study in Industrial History*, Chicago, 1917），第370～376页。

3 同上第372页。

4《列宁全集》第3卷，第397页。

的情况。他写道："美国革命后不久，商人就开始通过销售原料和收购成品来系统地组织工业生产。他们不仅是家庭手工业的交换者，而且是车间和工厂生产的推动者。他们用实物支付工资，完全采取计件制，他们的流水账和分类账就是工资发放单。他们之中的许多人，实际上成了制造业的雇主。……后来，商人不仅向雇客提供原料，而且向他们提供工具，这些雇客则向商人供应成品。有些商人终于变成了工厂主；另外一些则仍然保持工业推进者和组织者的地位。"值得注意的是他的结论："这种商人的影响……在我国制造业史上在不同情况下反复出现。它并不是某一制造业部门的特点，而是在制造业的一切部门中盛行，而且是如此之普遍，以至于我们可以把内战前时期说成是制造业从商业中完全分离出来的时期。"[1]

具体到各个工业部门，从手工工场向工厂制过渡，情况十分复杂。工厂制形成和确立的年代因部门和地区而异。内战前新英格兰地区的棉纺工业就完成了技术改造，工厂制度基本确立，殆无疑义。对于中部各州的棉纺工业就不一定能得出同样的结论。1850年费拉德尔菲亚纺织工厂雇佣工人数占全行业工人总数的54%，其中二分之一至四分之三是厂外工人。因为费城的纺织工业主要是从手工作坊和小商业企业发展起来的，规模小，而且厂房和机器往往是租来的[2]。我国史学论著常常提到内战前工厂制已在制鞋业和食品加工工业中流行[3]，这就更值得进一步研究了。制鞋工业的演变是美国社会史、经济史工作者着力最多的课题之一。他们大多认为18世纪末至19世纪20年代，家庭手工业和手工作坊（俗称10英尺，实际是12×12英尺）是制鞋业最常见的组织形式。1815～1820年间包买商人为统一裁剪皮革而建的中心车间开始出现。迄于40年代一直使用手工工具。

1852年缝纫机被引入制鞋工业，标志着工厂制阶段的开端。但水力或蒸汽机驱动的机器仍然很少。内战前12486个制鞋企业，平均雇用工人9人，"绝大多数是中心车间，只有少数能称之为现代意义的工厂"。内战期间联邦军队大批量的军事订货和劳动力的严重不足，促进了机器

1 克拉克，前引书，第1卷，第442页。
2 劳里，前引书，第16～17页。
3 樊亢等，前引书，第1卷，第198页。

的普遍使用，以蒸汽为动力的麦凯（Mckay）机到60年代末才广泛使用，制鞋工业的全盘机械化和工厂制的确立约在1870～1880年间[1]。

按产值计算，食品加工工业（粮食、肉食、酿酒等）是1860年美国最大的工业部门，也是最后脱离茅屋工业阶段的部门。商人在这个工业部门长期居于支配地位，一般称他们为食品加工厂老板（packer）。这个称呼在19世纪40至50年代含义广泛，可以指牟取佣金的中人、粮食贩子、牲口贩子、经商农民，也可以指牲畜饲养者。尽管在这个时期西部的新兴城市辛辛那提、路易斯维尔、密尔沃基、圣路易斯已经出现了肉食品加工中心，但大量的肉食品从屠宰到加工是由散居在农村和小城镇的屠户和临时加工站生产的。被称作食品加工厂老板的人实际上是从事收购、贩运批发的中间商人，不是现代意义的加工工业制造商。内战期间联邦军队需要大量的给养，需求增加，迫使肉食品生产合理化。在联邦政府的资助下，现代意义的肉食加工厂出现了，食品加工厂老板的名称才与实际相符。这种转变的完成则又是内战已后的事情了[2]。

有些关于美国工业革命的论著把内战前美国冶铁业说成具有相当高的水平[3]，这也与事实颇有出入。内战前美国的生铁主要是座落在农村的小型炼铁炉生产的，有些是由农场主兼营，一直以木炭为主要燃料。直到1883年用烟煤和焦碳炼就的生铁才超过总产量的半数[4]。铁轨主要靠进口。1850～1855年间美国生产铁轨438000长吨，进口铁轨达1287000长吨。[5]1863年只生产了9000吨钢[6]，还没有建立起自己的炼钢工业。1870

1 克拉克：前引书，第443～445页。道利：《阶级和社区，林恩的工业革命》，坎布里奇1976年版（Alan Dawley: *Class and Community, the Industrial Revolution in Lynn*, Cambridge1976），第73～96页。钱德勒：前引书，第54页。小马利根：《美国制鞋业的机械化和劳动，马萨诸塞，林恩，1852～1883》（W.H.Mulligan Jr.: "Mechanization and Work in the American Shoe Industry", Lynn, Massachuetts, 1852～1883），载《经济史杂志》（*Journal of Economic History*），1981年3月号，第59～64页。伦格：《内战前林恩的阶级、文化和阶级意识》（F.Lenger: Class, Culture and Class and Class Consciousness in Ante—bellum Lynn），载《社会史杂志》（*Social History*），1981年10月号，第319～320页。

2 哈克：《美国经济增长和发展的进程》，纽约1970年版（L.M.Hacker: *the Course of American Economic Growth and Development*, New York, 1970），第143～144页。

3 樊亢等：前引书，第1卷，第198页。张友伦等：前引书，第112～119页。

4 特明：《19世纪美国的钢铁业》，坎布里奇1964年版（P.Temin: *Iron and Steel in Nineteenth Century America*, Cambridge, 1964），第266、268页。

5 哈克：前引书，第145页。

6《美国历史统计》，第694页。

年以前，冶铁业生产率增长缓慢，大大低于英、法、比等国[1]。宾夕法尼亚州的霍普韦尔村炼铁厂的两座冷风炼铁炉 1851 年～1853 年间雇用工人 225 人，只生产了 1904 吨铁。[2]冶铁业的生产率到 1870 年以后才有显著提高。[3]现代钢铁企业的出现约在 1874 年～1900 年间[4]。

整个看来，内战前的美国工业还处于商业资本的控制下。工厂制虽然发展了，在许多工业部门还没有取得统治地位。由商人控制的“外送”制和“转包”制还有很强的生命力。值得注意的是机器代替手工操作一般说来促进了工厂制的发展，但在有些部门如成衣业，缝纫机的广泛使用反倒使“外送”制在一定时期内更加繁荣。[5]著名经济史学家泰勒认为 1815 年～1860 年“标志着工厂制度的重要开端，而并非标志着它的完全成熟”[6]是有充分根据的。1850 年制造业中的手工工场产品占制造业总产量的 70%，1870 年仍占 50%，直到 1890 年现代工厂生产的产品才占绝对优势（80%）[7]。至此，工厂制度才在全国范围内取得了决定性的胜利。

三

既然 19 世纪 90 年代工厂制度才在美国全国范围内取得决定性的胜利，在那以前，现代社会的两大对立阶级，资产阶级和无产阶级在美国社会里的关系又是怎样的呢？

经济关系不成熟必然会表现为阶级关系的不成熟。马克思在上一个

1 艾伦：《美国鼓风炉的独特生产率史》（R.C.Allen: “The Peculiar Productivity History of American Blast Furnaces”），载《经济史杂志》（*Journal of Economic History*），1977 年 9 月号。

2 沃克：《霍普韦尔村，19 世纪一个冶铁社区的动力学》，宾夕法尼亚大学出版社 1966 年版（J.E.Walker: *Hopewell Village, the Dynamics of a Nineteenth Century Iron-Making Community*, University of Pennsylvania Press, 1966），第 424 页。

3 见艾伦：前引文。

4 英厄姆：《冶铁大王，美国都市中坚的社会分析，1874～1965》，韦斯特波特 1978 年版（J.N.Ingham: *The Iron Barons: A Social Analysis of An American Urban Elite, 1874～1965*, Westport 1978），第 13～15 页。

5 泰勒：《运输革命 1815～1860》，纽约 1951 年版（G.R.Taylor: *The Transportation Revolution 1815～1860*, New York 1951），第 221、229 页。

6 雷贝克：《美国劳工史》，纽约 1966 年版（J.G.Rayback: *A History of American Labor*, New York 1966），第 52 页。

7 同上。

世纪50年代谈到美国社会结构时曾指出，在那里，虽然已有阶级存在，但它们还没有完全固定下来，它们在不断更新自己的组成部分，并且彼此互换着自己的组成部分[1]。“美国的资产阶级社会现在还很不成熟，没有把阶级斗争发展到显而易见和一目了然的地步”[2]。内战前美国阶级关系不成熟的表现之一是社会财富的主要占有者还不是工厂主，而是从事海外贸易的商人，土地投资者以及与铁路建设、土地投资有密切联系的银行家[3]。当然，经营制造业已经越来越成为积累资本的重要途径。内战前夕，大铁路公司和与铁路投资直接有关的商业银行在美国的政治经济生活中具有决定性的影响。有人认为林肯政府实际上还不是工业资本家而是大铁路公司和大银行的代理人是有一定道理的[4]。

阶级关系不成熟的另一个表现是在农村和城市存在着一个分布广泛、人数众多、处于不断流动和分化之中的小生产者阶层，包括农民、手工业者、小商贩和小业主。有人估计内战前美国五分之四的自由人拥有财产[5]，这并非言过其实。1860 年美国人口总数为 31500000人，其中 80.2%住在农村[6]。全国共有 2423000 多个农场，农场主种植园主 2510456 人。除掉 383635 个奴隶主，农场主总数为 2,126,821 人。农业工人 795679 人（十五岁以上的农民子女往往被计算在农业工人之内），平均大约每三个农场主有一个工人[7]。1880 年以前，人口普查资料没有佃农数字，根据对衣阿华州人口普查原始记录的研究，1860 年该州佃农在全部农户中占 8.6%[8]。这就是说既不租佃土地，又不雇工

1《马克思恩格斯选集》第 1 卷，第 611～612 页。

2《马克思恩格斯全集》第 28 卷，第 508 页。

3 泰勒：前引书，第 394～395 页。

4 小伯奇：《美国历史上的杰出人物，从内战到新政》，纽约 1981 年版（P.H.Burch, Jr.: *Elites in American History, the Civil War to the New Deal*, New York 1981），第 15～61 页。

5 米尔斯：《白领，美国中产阶级》，纽约 1953 年版(C.W.Mills: *White Collar, the American Middle Class*, New York 1953），第 7 页。

6《美国历史统计》，第 11 页。

7 盖茨：《农民时代：1815～1860 的农业》，纽约 1960 年版（P.W.Gates: *The Farmer's Age: Agriculture 1815～1860*, New York 1960），第 273～275 页。奴隶主人数引自纽比：《南部史》，霍尔特・赖因哈特与温斯顿公司 1978 年版（L.A.Newby: *The South, A History*, Holt, Rinhart and Winston, 1978），第 141 页。

8 温特斯：《作为经济制度的租佃制，农业租佃制在衣阿华州的发展和分布，1850～1900》（D.L.Winters: “Tenancy as An Economic Institution, the Growth and Distribution of Agriculture Tenancy in Iowa, 1850～1900”），载《经济史杂志》（*Journal of Economic History*），1977 年 6 月号，第 384 页。

的自耕农至少在一半以上。所以，认为 1860 年的美国是一个自耕农占优势的国家是反映了当时的实际的。在城镇中，独立手工业者、小业主和自由职业者约占城市居民的二分之一或全部[1]。没有封建残余的束缚，他们广泛地卷入了市场经济，“每一个人都在从事投机活动，一切都成为投机的对象……棉花、土地、城镇空地、银行、铁路”[2]。在 1800 年～1830 年间出生的企业家中，出身于农民、手工工匠、手工工人家庭的约占三分之一到二分之一[3]。

处于两千五百万农村人口包围之中的一百三十一万工人[4]，同农村保持着千丝万缕的联系。迄于上一个世纪 40～50 年代，在马萨诸塞州为“外送”制干活的人数多于手工工场、现代工厂雇佣的工人。他们在农忙季节是农民，农闲季节是工人。该州东部的制鞋工人养一两头奶牛，粮食生产能够自给者大有人在。间或出海打鱼，进山狩猎以贴补家用[5]。新英格兰纺织厂中的女工，大多来自农村小康之家，很少来自破产的农民家庭[6]。她们是为了减轻家庭负担，增加收入，积攒一份体面的嫁妆而来到工厂工作的，有的则是因向往城市生活或寻找较好的受教育的机会[7]。结婚之后，往往不再继续工作。在 1846 年～1847 年大饥荒驱使下来到新大陆的一百万爱尔兰移民，是早期美国工人队伍的重要组成部分。他们大多来自农村，一贫如洗，很少有机会受教育，多从事低工资

1 纽约州尤提卡城 1817 年～1865 年的职业结构如下：

年 代	商人和工厂主	专 业工作者	白领工人	小店主	手工业者	非熟练工工厂工人
1817	17.4	9.9	5.17	8.9	42.5	16.1
1828	11.1	8.0	4.8	12.5	46.1	15.1
1845	2.7	7.7	10.2	11.2	45.4	20.2
1855	2.9	5.1	8.6	6.6	40.1	24.1
1865	3.7	5.1	9.4	6.2	33.6	23.8

材料来源：瑞安；《中等阶级的摇篮，纽约州奥奈达县的家庭，1790～1865》，剑桥大学出版社 1981 年版（M.P.Ryan: *Cradle of the Middle Class, the Family in Oneida County*, New York, 1790～1865, Cambridge University Press, 1981），第 253 页。

2 米尔斯：前引书，第 95 页。

3 凯布尔：《社会流动性的历史研究》，纽约 1981 年版（Hartmut Kaelble: *Historical Research on Social Mobility*, New York, 1981），第 84～85 页。

4《美国历史统计》，第 666 页。

5 泰勒：前引书，第 267～268 页。

6 达布林编：《从农场到工厂，妇女书信 1830～1860》，哥伦比亚大学出版社 1981 年版（T. Dublin ed: *From Farm to Factory, Women's Letters, 1830～1860*, Columbia University Press 1981），第 18～21 页。

7 达布林：前引书。

的笨重体力劳动，由于民族和宗教信仰的关系，常与土著工人发生龃龉[1]。在劳动力求大于供的情况下，美国工资水平高于欧洲，这就使得一部分工人有可能有少量储蓄和不动产。据统计，19 世纪中叶，马萨诸塞州纽伯里波特城 38％的工人家庭有存款，三分之一到一半有房产，价值约为 700～800 美元，系用抵押贷款方式购得。而英国工人在 19 世纪 30 年代有自己的住宅的仅占工人总数的 0.3％[2]。乞丐可以在一夜间变成百万富翁，这当然是粉饰资本主义制度的神话。但在 19 世纪中叶，美国工人在社会阶梯上上升一两级的可能性是存在的。据西昂斯特姆的统计，1850 年～1860 年间纽伯里波特的非熟练工有六分之一上升为半熟练工，六分之一弱上升为熟练工，5％改为从事非体力劳动[3]。同农村的密切联系，较高的工资水平，“大多数的美国本地居民在年轻力壮的时候就‘退出’雇佣劳动，变成农场主、商人或雇主”[4]。这都是早期美国工人运动发展的不利条件，也是经济关系和阶级关系不成熟的表现。

四

其实，马克思主义经典作家对于这一问题早已作出重要的论断。不过，在很长时间里没有引起人们足够的注意罢了。

一百多年前恩格斯在评论美国工人运动时不止一次谈到“美国的运动正处在我们的运动在 1848 年以前所处的那种阶段上”[5]。19 世纪 80 年代美国工业“已经达到于 1844 年应归功于大致相同的发展阶段”[6]他还特别提出：“既然现在在美国，大工业的发展，蒸汽力和机器的应用，以及它们的社会产物——无产阶级的形成，同 1844 年英国的状况极其相似……，那么拿 1844 年的工业英国同 1885 年的工业美

1 迪纳尔斯坦等：《土著与陌生人》，纽约 1979 年版（L.Dinnerstein et al.: *Natives and Strangers*, New York 1979），第 92～93 页。克拉克：《费城的爱尔兰人》，费城 1981 年版（D.Clark: *The Irish in Philadelphia*, Philadelphia 1981），第 24、62、74～75 页。

2 西昂斯特姆：《贫困与进步，一个 19 世纪城市的社会流动性》，纽约 1964 年版（S.Thernstrom: *Poverty and Progress, Social Mobility in A Nineteenth Century City*, New York 1964），第 116、119、96～97 页。

3 同上。

4 恩格斯：《英国工人阶级状况》美国版附录，《马克思恩格斯全集》第 21 卷，第 296 页。

5《马克思恩格斯全集》第 36 卷，第 567、279～280 页。

6《马克思恩格斯全集》第 21 卷，第 295 页。

国比较一下，也可能有一定意义。”[1]恩格斯的这个观察和建议对于我们认识和研究美国资本主义发展的程度很有帮助，这就是说美国的工业发展和工人运动同英国相比整整晚了四十年。英国已经度过了恩格斯在《英国工人阶级状况》一书中所描写的“资本主义剥削的青年时期”，美国“则刚刚踏进这个时期”[2]。本文引证的史实和数字可以证明恩格斯的观察是符合历史实际的。19 世纪 40 年代是英国工业革命基本完成，工厂制度在英国普遍建立起来的年代，也是英国无产阶级和资产阶级形成，英国工人阶级掀起“世界上第一次广泛的、真正群众性的、政治性的无产阶级革命运动”[3]的年代。在美国，则是工业革命刚刚展开，工厂制度开始建立的年代，也是产业工人运动初露头角的年代。经过四十年的发展，其间经历了一场历时四年的国内战争，废除了盘踞在北美大陆上达三百年之久的种植园黑人奴隶制，移民洪流滚滚向西，开辟了资源和市场，资本主义工业进入成熟阶段。蒸汽机最后战胜了水轮机，矿物燃料取代了植物燃料，焦炭取代了木炭和无烟煤，工业产值超过了农业产值，工业劳动力的比重超过了农业劳动力的比重，全国统一的商品、投资、货币市场终于形成，工业资本摆脱了从属于商业资本的地位。国民经济发展达到了英国四十年代所达到的水平，工厂制度取得了全面的胜利[4]。大工业的社会产物无产阶级形成了。美国工人作为一个阶级行动起来，掀起了被恩格斯称之为“美国工人阶级发展的真正起点”[5]的争取八小时工作日运动。工业资产阶级作为一个整体逐渐控制了全国以至地方政权。

恩格斯的这样一个重要论断之所以长期没有引起人们的注意和研究兴趣，究其原因，恐在于史学工作者被另一个重要的历史现象吸引住了。这就是从自由资本主义向垄断资本主义的过渡，帝国主义的

1《马克思恩格斯全集》第 36 卷，第 567、279～280 页。

2《马克思恩格斯全集》第 21 卷，第 295 页。

3《列宁全集》第 29 卷，第 276 页。

4 “工厂法的制定，是社会对其生产过程自发形式的第一次有意识、有计划的反作用”（《马克思恩格斯全集》第 23 卷，第 527 页）。比较完备的工厂法，英国是在 1833～1843 年间制定的，美国则是在 1880 年以后；英国于 1833 年开始设工厂观察员，美国则始于 1877 年，这是工厂制确立在法律上的反映。

5《马克思恩格斯全集》第 36 卷，第 591 页。内战前的工人运动就整体而言，是手工业工人对于自己的社会经济地位每下愈况提出抗议的运动，产业工人的罢工斗争，虽时有所闻，但仍处于自发、分散、组织程度不高的阶段。

兴起。说得更明确些，人们可能会担心恩格斯的论断与列宁所提出的从19世纪70年代起自由资本主义开始向垄断资本主义过渡的论断相矛盾。其实，这种担心是完全不必要的。既然德国、俄国、日本这些后起的国家连资产革命的任务都没有来得及完成就向垄断资本主义过渡了，有什么必要担心美国工业革命尚未最后完成，工厂制度还没有在全国确立就开始向帝国主义阶段过渡了呢？19 世纪后半叶美国历史发展的特点之一就是在于同时发生了好几个转变过渡和重大历史现象的交叉，从农业国转变为工业国与自由资本主义向垄断资本主义过渡交叉，第一次产业革命与第二次产业革命交叉。蒸汽机刚刚战胜水轮机，内燃机、电动机取代蒸汽机的过程就开始了。南部的工业化刚刚在进行，北部的垄断阶段已经开始。工厂制刚刚确立，托拉斯就开始流行。历史从来不是也不可能是按照某种预定的模式向前发展，而是按照自身内在的逻辑演进。历史工作者的任务应该是认识和说明历史发展的不平衡性、多样性以及它自身固有的规律，而不应该回避或绕过它们。

最后，应当指出，工厂制度没有如人们所设想的那样在美国迅速确立有多方面的原因。美国是一个大国，资本主义在九百多万平方公里的土地上取得胜利需要时间。在整个19世纪，富于革新、进取精神的美国人民完成了两件大事：使美国工业在全世界居于领先地位；开辟西部广袤、肥沃的处女地。在劳动力十分缺乏的条件下，工业革命与西进运动并举，资本主义在这样一个幅员广阔的国家里同时向广度和深度进军，不可避免地会发生向横宽方向发展在一定时期妨碍向纵深发展的情况。马克思在《资本论》第一卷里对于这种情况有过一段十分精辟的论述。他说：“资本主义生产最美妙的地方，就在于它不仅不断地再生产出雇佣工人本身，而且总是与资本积累相适应地生产出雇佣工人的相对过剩人口。……但是在殖民地，这个美丽的幻想破灭了。……劳动市场却总是供给不足。劳动的供求规律遭到了破坏。……今天的雇佣工人，明天就会成为独立经营的农民或手工业者。他从劳动市场上消失，但并不是到贫民习艺所去了。雇佣工人不断地转化为独立生产者，他们不是为资本劳动，而是为自己劳动，不是使资本家老爷变富，而是使自己变富；这种转化又反过来对劳动市场的状况产生极有害的影响。不仅雇佣工人受剥削的程度低得不像样子；

而且，雇佣工人在丧失对禁欲资本家的从属关系时，也丧失了对他的从属感情。”[1]马克思显然是认为西部土地的存在是雇佣劳动制的高级阶段工厂制得以确立的障碍，是让资本主义制度的不可避免的后果充分暴露出来的障碍。列宁从不同的角度也提出过类似看法。他说：“资本主义在古老的为人久居的领土内向纵深发展，由于边区的开发而受到阻碍。资本主义所固有的以及资本主义所产生的各种矛盾的解决，由于资本主义能容易地向广阔发展而暂时延缓起来。”[2]他特别注意到边疆土地的存在缓和了资本主义与封建农奴制残余之间的矛盾，延长了解决这一矛盾的时间。“如果俄国资本主义在改革后时代初期所占领的领土界限以外没有地方可以扩张，那么资本主义大工业与农村生活古老制度（农民被束缚在土地上等等）之间的这个矛盾就应当迅速引导到这些制度的完全被废除”[3]。情况恰恰相反，在殖民地化了的边疆“寻求并找到市场的可能（对于厂主），出外到新土地去的可能（对于农民），就削弱了这个矛盾的尖锐性并延缓了它的解决”[4]。同样，我们也可以设想如果美国在19世纪没有密西西比河以西的土地，那么工业资本主义同南部奴隶制的矛盾就会更加尖锐，从而导致奴隶制问题提前解决。然而，事实并非如此，西部广大土地为北部工业家提供了原料产地和市场，为农民提供了西迁的可能，也为种植园主向西扩张创造了条件，这就削弱南北对立和两种制度矛盾的尖锐性并延缓了它的发展。由此可见西部土地的存在不仅暂时缓和了雇佣劳动制内部的矛盾，使工厂制未能早日确立；同时也缓和了雇佣劳动制与奴隶制之间的矛盾，延缓了解决这对矛盾的时间，从而也延缓了工厂制在全国范围内普遍建立的时间。事物的发展当然还有另一个方面，“资本主义增长的这种延缓，无非是准备它在最近的将来更大和更广泛的增长。”[5]19世纪末，20世纪初美国经济的高速发展证明了这一点。

原文载《历史研究》1984年第6期

1《马克思恩格斯全集.》第23卷，第838页。
2《列宁全集》第3卷，第545页。
3 同上。
4 同上。
5 同上。

“美国学”刍议

对美国许多高校开展“美国学”研究，过去虽早有所闻，但因种种原因，未加深究，因而长期来对这一研究所涉及的对象、内容、范围及其方法，均不甚了了。去年10月25日至11月19日，中国美国学考察团一行八人，应美中学术交流委员会的邀请，在美进行为期三周的访问，实地考察了加利福尼亚大学伯克莱分校等十二所大学的美国学教学与研究的情况。此外，还应邀出席了美国美国学协会于圣地亚哥举行的一九八五年年会。通过这一系列活动，我们对何谓“美国学”，“美国学”的起源、发展及其在美国学术界的地位等问题，由知之甚少变成略有所知；考察之余，不免犯起据说是中国人长期形成的“触类旁通思维功能的惰性”[1]，由此及彼，不知不觉联想起国内文科教学与研究中的一些问题，颇有些感触。于是，笔者循着思路，信笔录下些许随想式的东西，写成此文，算作对这次出访考察作个小结。

何谓“美国学”？“美国学”是一门以历史的、分析的、比较的眼光，运用多学科渗透的方法，从宏观上对美国的精神文明和物质文明进行研究的学科，是一门新兴的、跨学科的人文学科。它的起源可以追溯到超验主义作家爱默生（Ralph Waldo Emerson，1803～1882）于1837年发表的《美国学者》（The American Scholar）一文。在这篇被誉为美国知识界独立宣言的文章里，爱默生阐述了“思索的人”即知识分子在美洲新社会里的作用；提出了新社会要摆脱欧洲旧传统，知识分子要根据自身所在的自然环境、社会环境建立并发展本国的学术的主张。一个世纪以后，爱默生的母校——哈佛大学率先设立“美国文明史”这一跨学科的专业，随后，耶鲁大学、宾夕法尼亚大学、芝加哥大学、乔治·华盛顿大学等高等院校也竞相效仿。于是，“美

1 孔捷生：《在足球皇帝的故乡》，见《羊城晚报》1985年12月5日第二版。

国学"正式宣告诞生。"美国学"的诞生，是为了说明美国这一历史短、民族成分复杂的国家也有自己的统一的文化；是这个世界上最大的移民国家文化认同的产物；是美国知识界长期以来为摆脱欧洲旧传统在学术研究与高校课程中占统治地位的状况所进行的不懈斗争的继续；也是美国人民通过研究自身历史与文化、对自身传统的深刻反思，进而达到自我认识所取得的成果。第一次世界大战后，关于"民族熔炉"和多元文化、文明与文化的关系的讨论为"美国学"的建立奠定了理论基础。毕尔德夫妇（Charles Austin Beard 与 Mary Bitter Beard）合著的《美国文明的崛起》（*The Rise of American Civilization*，1927）、帕灵顿（Vernon Louis Parrington，1871～1929）的三卷本《美国思想界的主流》（*Main Currents of American Thought*，1927～1930）以及门肯（Henry Louis Mencken，1880～1956）、布鲁克斯（Van Wyke Brooks，1886～1963）、卡津（Alfred Kazin，1915～）等人关于美国文学的论著则为"美国学"的问世铺平了道路。

第二次世界大战期间，面对穷兵黩武、猖獗一时的德、意、日法西斯，美国国内保卫民主秩序的民族意识显著增强，30 年代知识界对资本主义制度的批判一时为强大的爱国主义思潮所淹没。学术界对于美利坚性格的研究得到联邦政府国防部门和一些私人团体的鼓励和资助。著名人类学家玛格丽特·米德（Margaret Mead，1901～）于 1942 年发表了分析美国民族性格的著作《时刻准备着：一个人类学家眼里的美利坚》（*And Keep Your Powder Dry: An Anthropologist Looks at America*）之后，旋即参加了如何在战争条件下保持美国民族性格、旺盛的士气，如何能把英美士兵之间的摩擦减小到最低限度等课题的研究工作，一开运用社会科学方法进行民族性格研究的先河。

第二次世界大战结束后，美国高等院校普遍开设了"美国学"方面的课程，研究工作也取得了一些成果。在战后经济繁荣、"冷战"政策和麦卡锡主义的影响下，强调和谐统一反对矛盾冲突的"一致性"理论甚嚣尘上，对"美国学"的研究产生了深远的影响。这方面的代表作有史密斯（Henry Nash Smith）的《处女地：作为象征和神话的美国西部》（*Virgin Land: The American West as Symbol and Myth*, 1950）与汉汀（Oscar Handin）的《失根的人们》（*The*

Uprooted, 1951）。前者使用象征、神化、意向之类的概念来说明某一个时期或者某一个问题所反映出来的美国文化特征；后者则从移民史角度剖析美国的民族性格，认为变化、流动、失去同过去的联系是移民的共同特征，并指出在物质上取得成就后容易产生排外心理、反知识、反共倾向则是美国人都具有的特点。此外像沃德（John William Ward）的《安德鲁·杰克逊——一代象征》（*Andrew Jackson: Symbol for an Age*, 1955）、刘易斯（R.W.B.Lewis）的《美国之亚当》（*The American Adam*，1959）和波特（David Potter）的《富裕的人、经济富足与美利坚性格》（*People of Plenty, Economic Abundance and the American Character*, 1954），——无不是以所有美国人都具同样的价值观念，道德标准和政治主张为出发点的。

"美国学"在战后虽然有了长足的进展，但也招致不少非议。许多批评文章尖锐地指出："美国学"粉饰太平，回避矛盾；只讲精华，不及糟粕；所谓美国文化实际上是"高等白人"[1]的文化；"美国学"学者对文化的了解是片面的，只知美国，不懂得欧洲和其他国家、地区的文化，无从进行比较研究；在治学态度上不够严谨，一些学者滥用意象、神化之类的术语，乱加比附，不肯在收集、分析资料上下功夫。

作为60年代社会运动的产物，"反主流文化"和"新左派"思潮为"美国学"研究开辟了新天地。首先是以美国文化为研究对象的学科增多了，人类学、历史考古学、工业考古学、民俗学、物质文化学、环境科学、博物馆学、流行文化学、城市学、民族学、社会学、经济学、妇女问题研究都加入了"美国学"研究的行列。其次是研究的范围扩大了，从研究"高等白人"文化扩展到非裔、亚裔、西班牙裔美国人文化，并把对少数民族文化的研究同对第三世界的研究联系起来；从研究社会上层的文化到研究流行文化、大众文化、工人阶级文化和底层文化；从研究精神文化到研究物质文化。再次是指导思想和理论阐述冲破了"一致性"理论的藩篱，注意研究美国历史和文化形成过程中的冲突和矛盾，曾在美国学术界独步一时的"民族熔炉论"受到

1 系指在美国社会中居中间阶层的盎格鲁—撒克逊裔白人新教徒。

抨击。《在民族的熔炉之外》(*Beyond the Melting Pot*)一书的作者根本否认熔炉存在。戈登(Milton Gordon)则提出美国文化结构多元的理论，对文化多元论作了进一步的补充。他强调美国的移民群体在失去了作为其文化特征的民族语言之后，群体成员之间继续保持密切的社会联系。以戈登的理论为依据，许多作者否认美国人有统一的道德准则和价值观念。许多学者还把美国文化的黑暗面同大男子主义、种族主义、帝国主义、军国主义和法西斯主义相联系，甚至把 America（美国）写成 Ameri—KKKa（三 K 党），提出所谓"美国信条"(American Creed)没有任何意义，只不过是美国的耻辱。侵越战争与第二次世界大战造成的社会后果迥然不同，非但没有增强民族自尊和自信，反而严重地破坏了自尊和自信，使五十年代津津乐道的美国生活方式、美国梦想为之破产。水门事件的披露，则进一步削弱了美国公众对于传统卫道者的信任，造成了民族信念的危机。

70 年代末、80 年代初，美国的社会思潮趋于保守，新保守主义渐渐占据统治地位。60 年代"美国学"所取得的成果被斥之为非美国学、反美国学。抽象的模式分析(paradigm analysis)的研究方法和所谓新美国文化研究方法开始流行。前一种方法自库恩(Thomas Kuhn)的《科学革命的结构》(*The Structure of Scientific Revolutions*)一书始。该书认为自然科学模式不断被新发现的事实所突破，久而久之一种新的理论模式便应运而生。科学就是在新的模式取代旧模式的过程中得到发展的。"美国学"采取这种研究方法的代表作有怀斯(Gene Wise)的《美国历史的解释》(*American Historical Explanations*)和耶特斯(Gayle Graham Yates)的《妇女的要求》(*What Women Want*)。所谓新美国文化研究方法与传统的"美国学"研究方法不同之处在于学者们注意的是特定的课题。一般来说，他们拒绝做超出具体课题的综合概括。近年来"美国学"研究的另一个特点是取材广泛，但大多不涉及政治，即使有些课题与政治的关系比较密切，如侵越战争，学者们也避而不谈政治方面的问题。在 1985 年年会上报告的论文包括文学、绘画、雕塑、设计史、物质文化、用户第一主义、汽车、旅游、城市化、郊区化、自然景观、城市景观、技术发展的影响等内容。把这些课题同 60 年代的研究课题加以比较，就不难看出论文的作者们为美国文化勾画出的是一幅幅构图精美的、静止的画面，看不出发展、变化以及它们背后的动力。诚然，在向年会提交的论文中，有关少数民族文化、妇女问题的论文仍占有一定比重。有些学者专门探讨少数民族文化的研究与“美国学”的关系，主张打破传统的界限，使两者融为一体。但是，由于新美国文化研究法的抬头，研究课题越来越狭窄。这一现象重新激发起学者们进行综合研究的热忱。这种情况在历史研究领域里尤为突出，大有“回到毕尔德时代”（“Go back to Beard！”）之势。著名社会史学家、哈佛大学教授斯蒂芬·西昂斯特姆（Stephen Thernstrom）就在其新近出版的一部美国史教科书中，对美国的人口流向、社会变迁进行了总结。这是值得注意的新动向。

近半个世纪以来，“美国学”积寸累尺地度过了许多障碍，一路上颠顿风尘，历尽艰辛，终于以一门既是综合性又是交叉性的人文学科在美国一所所高等学府里站稳了脚跟，并且走出了国界，影响波及日本、加拿大以及东、西欧诸国，这些国家也纷纷开展“美国学”的研究，成立了自己的研究“美国学”的学术团体。

以美国物质文明和精神文明为特定对象、运用多学科的理论、知识和方法进行研究的“美国学”的建立和发展，给我们综合性大学的人文学科的教学改革以这样两点启示：拓宽研究领域，更新研究方法，目前要特别注意后者。

我们要研究的“美国学”与美国的“美国学”有着不同的目的和使命。我们应组织有关系科，通力协作，运用多学科相互渗透的研究方法，把文化史的研究同社会经济史的研究结合起来，把精神文化的研究同物质文化的研究结合起来，综合考察、研究美国文化，正确把握美国文化的深层结构，吸收其有益的成分，来丰富我们，滋养我们。我们要建设有中国特色的社会主义，那么，究竟什么是“中国特色”呢？这是摆在我们面前的一个大课题。我们认为，中国特色是内在的，是由中国上下五千年悠久文明所决定的。它只有从对我民族传统的深刻反思中求得，只有从丰富的“历史储存”中觅得正确的答案，也只有将中国文明同别国文明进行比较研究时方能把握住。因此有必要在引进“美国学”的同时，认真筹划，及早开展“中国学”的研究，“将儒、道等中国传统与西方的民主与科学思潮结合起来，并且以自己的力量创造出新的中国文化"。[1]

进行"美国学"和"中国学"研究就需要借助新的研究方法去开拓。"美国学"和"中国学"的研究涉及文学、历史学、哲学、美学、经济学、社会学、人类学、语言学、认识论、逻辑学、心理学、生理学、自然科学等等学科，因此，必须把上述社会科学和自然科学理论引进"美国学"、"中国学"，对它们进行综合研究。综合研究的最基本的出发点是对过去那种单一化封闭式的研究方法和习惯的否定。具体说来，这不仅意味着空间尺度和时间尺度的放大，而且意味着对美国和中国的历史的和辩证的理解，意味着从这两国的发展中加以把握；它要求打破单向思维和平面思维，而采用双向思维和立体思维，实际上就是一种整体性研究，它力求挖掘出美国和中国的社会现象的整体性意义或者从整体上赋予个别现象的意义。正确而适当的研究方法是达到预期成果，促进科学的发展的必要条件和有效途径。这一点我们在开展"美国学"、"中国学"的研究时千万不能忽视。

原文载《南京大学学报》1986年第1期

1 谌筱萍：《中国哲学的一种传统》，见《读书》1985年第12期，第17页。

十九世纪费城工业发展的特点

“费城是一杯芬芳、浓郁、暖人的美酒，但喝到末了却总有一丝苦味。”[1]这是著名的费城社会史学家内森尼尔·博特对费城历史发展所作的形象、生动的总结。这座位于斯库基尔河与德拉华河汇合处的美国历史名城建城300年来经历过三起三落，每一次繁荣之后，衰落的命运就立即降临。本杰明·弗兰克林时代，即北美殖民地争取独立时期是费城第一个繁荣时期。当时费城是整个西半球最著名的城市，是北美政治、经济、文化的中心。曾几何时，独立战争胜利了，新生的美利坚合众国定都华盛顿，宾夕法尼亚州政府迁往哈里斯堡，拥有深水良港的纽约，做为交通枢纽和金融、文化中心兴起了，相形之下费城黯然失色。第二次繁荣是随着工业革命的开始而到来的，费城从一个商业城市转变为工业城市，纺织业、机车制造业、造船业、机械工具制造业、化学工业和制药、炼油工业在全国名列前茅，被誉为美国工业的中心。[2]然而，好景不长，当汽车工业成为美国工业的脊柱时，费城相对落后了，加上腐败的市政领导，经济危机的袭击，费城在20世纪的前半叶不再是全国瞩目的城市。二次大战后，费城在一位有魄力的市长的领导下提出了振奋人心的城市复兴计划，西起艺术博物馆经市政厅、独立宫，东至德拉华河畔的社会山，绵延五公里的狭长地带整修一新，部分居民从郊区迁回，费城成了中心市区复兴的典型。随之而来的却是“费城墨索里尼”专政时期，贿赂风行，警察肆虐，费城宽容民主的传统扫地以尽，加上经济衰退的袭击，企业外迁，失业率激增，人口外流，费城失去了保持数十年之久的全国第四大城市

---

1 尼尔·R.皮尔斯、杰里·哈格斯特罗姆：《美国五十州的今天》(*The Book of American, Inside 50 States Today*)，纽约1983年版，第104页。

2 参阅托马斯·C.考克兰：《费城：1750～1850年美国工业中心》(“Philadelphia, The American Industrial Center, 1750～1850”)，刊登于1982年7月《宾夕法尼亚历史与传记杂志》(*Pennsylvania Magazine of History and Biography*) 第106卷，第3号。

的地位，退居第五。[1]

费城的兴衰在美国城市发展史上是具有典型意义的。美国城市史著名学者小萨姆·瓦纳尔说得好："美国人要想成功地重新建立他们的城市，费拉德尔菲亚长期以来是，今天仍然是他们必须了解的对象。这是一座庞大、污秽的工业城市，是二十座构成美国城市网的枢纽之一。费城的历史在全国范围，在圣路易斯、芝加哥、底特律、洛杉矶、休斯顿一再重复，很少变异。"[2]

"工业较发达的国家向工业较不发达的国家所显示的，只是后者未来的景象。"[3]研究费城的历史，特别是费城工业化的历史对于发展中国家的城市建设是有借鉴意义的。中美两国社会制度不同，但经济发展和城市发展的某些客观规律则有其共性。本文仅就费城三起三落中的第二次起落，即 19 世纪费城的发展，做一粗略的考察，试图说明费城工业化的进程、特点，希能发掘出一些规律性的现象，以就正于海内专家、读者。

工业化以前的费城

座落在美国东海岸德拉华湾内的费拉德尔菲亚城是英国教友派成员威廉·宾（William Penn，1644～1718）于 1683 年创建的。这座彪炳于史册的名城在美国工业化正式揭幕前（1840 年代以前）就其经济功能而言是一座典型的商业港口城市。海外的、沿海的和内陆的商业活动是费城最主要的经济活动，是该城经济生活的命脉所在。"欧洲城市往往是做为民政和宗教管理中心而发展起来的，到 19 世纪初则做为工业生产中心而迅速扩展。但波士顿、纽约和费城则主要做为欧洲和非洲移民登陆点和内地居民的商城而发挥作用。"[4]烟波浩淼的大西洋是沟通新旧大陆的天然通衢大道，港口城市则是连接宗主国和殖民地

---

1 皮尔斯与哈格斯特罗姆：《美国五十州的今天》，第 107 页。

2 小萨姆·贝斯·沃纳：《私有者的城市，费城成长时期的三个阶段》(*The Private City, Philadelphia in Three Periods of its Growth*)，费城宾夕法尼亚大学出版社 1988 年版，第 11 页。

3《马克思恩格斯全集》第 23 卷，第 8 页。

4 格雷·B.纳什：《都市的严酷考验》(*The Urban Crucible*)，哈佛大学出版社 1977 年版，第 3 页。

的人工纽带。做为输送欧洲剩余劳动力和吸吮当地原料的管道，这种带有殖民地经济色彩的功能在工业化以前基本上没有发生变化。

“所有美国城镇的规模是同它们的贸易，特别是它们经营的腹地成比例的”。[1]在铁路时代到来之前，费城内陆商业活动仅限于宾夕法尼亚东部、新泽西西部、德拉华河谷地带和马里兰北部。[2]费城的商人从这块素有面包殖民地之称的富庶的农业地区收购农林牧业产品：小麦、燕麦、玉米、蔬菜、水果、肉、木材、皮革等，在费城稍加加工，小部分在当地出售，大部分运往北美其他地区（主要是南部）、欧洲南部、西印度群岛。他们从英属加勒比海地区的种植园购得糖蜜和甜酒，主要依靠同加勒比地区贸易顺差获得的利润（现金、期票）来支付从英国进口的数量不断增加的工业品。[3]18 世纪 70 年代初期的统计资料表明：从 13 个殖民地驶入费城港口的船只占全部进港船只的 37%，吨位的 25%；从费城出港的船只驶往 13 个殖民地的数目和吨位则分别占全部出港船只和吨位的 41%和 29%。[4]这说明费城在独立战争前夕是一个主要从事海外贸易的港口城市。费城最老的家族潘伯敦、诺里斯、摩里斯、吉拉德都是靠海外贸易起家的。[5]在教友派勤劳致富教义的鼓舞下，他们远涉重洋不畏艰险不择手段（走私、海盗）在费城积累起最早的一笔财富。独立战争特别是 1812 年战争前后，费城的海外贸易敌不住纽约和巴尔的摩的竞争，呈现出衰落的趋势。[6]然而同远东，特别是同中国的贸易则有较大发展。据估计 1783～1846 年间费城控制了美国对华贸易的 1/3，占西方世界对华贸易的 1/9。[7]为了弥补

1 埃里克·方纳：《汤姆·佩恩和革命的美国》(*Tom Paine and Revolutionary America*)，纽约牛津大学出版社 1976 年版，第 20 页。

2 埃里克·方纳：《汤姆·佩恩和革命的美国》，第 21 页。

3 拉塞尔·F.威格里主编：《费城三百年史》(*Philadelphia, A 300-year History*)，纽约 1980 年版，第 20 页。

4 美国商业部人口统计局：《美国历史统计，从殖民地时期到 1970 年》(*Historical Statistics of the United States, Colonial Times to 1970*)，华盛顿 1975 年版，第 1180～1181 页。

5 爱德华·D·巴特基尔：《费城绅士，国家上层阶级的形成》(*Philadelphia Gentlemen, The Making of a National Upper Class*)，纽约 1958 年版，第 71～72 页、第 92 页。

6 乔治·R.泰勒：《1815-1860 年的交通运输革命》(*The Transportation Revolution, 1815-1860*)，纽约 1977 年版，第 7～8 页。

7 乔纳森·古德斯坦：《1682～1846 年费城和中国贸易、商业、文化和态度上的影响》(*Philadelphia and the China Trade, 1682～1846, Commercial, Cultural and Attitudinal Effects*)，宾夕法尼亚大学 1978 年版，第 67 页。

对华贸易的逆差，费城商人故伎重演，从事新的三角贸易。阿姆斯特丹、安特卫普、直布罗陀是采办货物的必经之地，瓦尔帕莱索的皮货、士麦拿（土耳其）的鸦片、巴达维亚或马六甲的锡矿石、马拉马尔（印度）海岸的檀香木都是他们用来换取中国的丝、茶和瓷器的物品。[1]在国际鸦片贸易中他们扮演了英国小伙伴的不光彩的角色。然而，利润就是一切，对华贸易的利润率一般可达 25%。[2]

费城的手工业久负盛名。据 1697 年记载，该城已有 51 种不同的手工业，[3]酿酒、马车制造、面粉加工、制帽、皮革、制鞋、制绳、制糖、纺织、木材、烟草、木石瓦工应有尽有。1774 年费城中区的统计资料表明，全区人口为 1,401 人，自由成年人 692 人从事 70 种不同的职业。[4]据 1790 年的统计，全城人口 43000 人，其中的 2200 人（占成年男子的 1/4）从事手工业。[5]这些手工业大致可划分为四类：第一类是直接为转口贸易服务的加工工业，包括粮食加工（磨面）、制革、制糖、烟草等原料加工业。我们手头没有费城转口加工工业的综合数字，据麦克兰的波士顿制造业报告，转口加工工业在 1832 年占该城全部工业生产的 20%。费城转口工业的比重与波士顿相仿佛。[6]第二类是为商业活动服务的工业，主要是造船业、印刷业（印刷广告）和制桶业。费城的造船业在 18 世纪中叶有较大发展，1754 年在德拉华河沿岸一英里就有 12 个船坞，[7]19 世纪初期有所衰落，随着铁壳船和轮船的广泛使用，在 19 世纪 30，40 年代又有所发展，并以制造拖轮著称。[8]第三类是为城市本身服务的工业，包括建筑业、玻璃制造、制钉、油漆、家具和食品加工（烤制面包和肉食品加工）。第四类是新兴的独立发展

1 威格里主编：《费城三百年史》，第 211 页。

2 古德斯坦：《1682～1840 年费城和中国贸易，商业、文化和态度上的影响》，第 30 页。

3 维克多·S.克拉克：《1607～1914 年美国制造业史》(*History of Manufactures in the United States, 1607～1914*)第 1 卷，纽约 1929 年版，第 164 页。

4 沃纳：《私有者的城市》，第 14、15、16 页。

5 罗纳德·M.鲍伦：《费城的制造业和 1794 年国产税：对杰佛逊联盟的考脸》("Philadelphia's Manufactures and the Excise Taxes of 1794, the Forging of the Jeffersonian Coalition")，刊登于 1982 年 11 月《宾夕法尼亚历史及传记杂志》第 106 卷，第 1 号。

6 艾兰德·普里德：《1800～1840 年美国商业城市中的制造业》("Manufacturing in American Mercantile City, 1800～1840")，载《美国历史上的城市》(*Cities in American History*)，纽约 1972 年版，第 129 页。

7 威格里主编：《费城三百年史》，第 75 页。

8 威格里主编：《费城三百年史》，第 270 页。

的工业，如机械制造、纺织、机车制造等。1840年前这些工业也有所发展，但尚处于襁褓阶段。从投资情况看，商业与工业比较，商业投资仍占主导地位，1840年费城投资总额23222600美元。商行的投资占8%，零售贸易占65%，制造业占23%，建筑业雇工占3%。[1]

费城工业化的进程和特点

如果我们把现代化工厂的首次出现做为工业化开始的标志，费城工业化的起点可以追溯到18世纪末。著名发明家奥利弗·伊文斯（Oliver Evans）早在1783年就在费城设计并建成了一座自动化的面粉加工厂。[2]费城也不乏工业化的鼓吹者，汉密尔顿制造业报告的起草者之一特伦奇·考克斯（Trench Coxe，1755～1824）在1787年就主张引进阿克莱特纺纱机，十多年后得以实现。[3]1810年斯莱特的学生阿尔弗莱德·琼克斯在费城建立了第一家现代棉纺厂。

倘若以为费城的工业化从此就走上了迅猛发展的康庄大道，在内战前就完成了自己的历史进程，那将是绝大的误会。费城工业的蓬勃发展是在19世纪40、50年代间才开始的，经过内战直到上个世纪的80年代最后完成。为了叙述方便，可以划分为两个大段落：从1783年埃文斯建立第一座自动化面粉加工厂到19世纪40年代中期，共60年，可称为工业化准备阶段；从1844年费城里丁铁路的运输量第一次超过费尔芒克船闸运河的运输量到80年代，[4]为工业化阶段，共40年。前期主要是发展交通运输事业，开拓市场和原料产地，通过引进和创新发展自身的技术力量，积累资金，大量吸收国外劳动力，为此后的工业发展铺平道路。后期则是以原有的小型多样化的生产为基础，各个工业部门根据自身的特点实现了全面的技术改造，完成了从手工生产向机器生产的过渡。现代工厂逐渐取代了手工作坊，手工工场和厂外生产

1 普里德：《1800～1840年美国商业城市中的制造业》，载《美国历史上的城市》，第116页。

2 内森·卢森堡：《技术和美国经济增长》(*Technology and American Economic Growth*)，纽约1972年版，第108页。

3 巴特基尔：《费城绅士，国家上层阶级的形成》，第94页。

4 威格里主编：《费城三百年史》，第322页。

制，在各个工业部门占据了统治地位，为90年代工业生产的集中和兼并创造了条件。费城本身则完成了从商业城市到工商业城市的转变。

19世纪初期，费城作为一个商业港口城市在东海岸的地位由于毗邻的纽约和巴尔的摩的竞争而显著下降。R.G.阿尔比昂曾经总结过纽约战胜其它港口城市的四项措施：①建立了吸引进口、转卖货物的拍卖制度；②组织了横渡大西洋的定期货运航班；③发展沿海贸易特别是把南方的棉花运至纽约出口；④修筑了沟通五大湖的伊利运河。[1]与此同时，巴尔的摩的商人则建造了飞剪式快速帆船，往返于沿海和拉美国家的港口之间，而且控制了弗吉尼亚、马里兰和萨斯奎哈纳河流域（宾夕法尼亚中部）的烟草和粮食市场，[2]构成了对费城的严重威胁。为了应付南北的挑战，费城把注意力转向国内市场，发展沟通内陆的交通运输事业。

从修筑美国第一条收费公路兰开斯特大道开始（1792～1794）经过近30年的努力，到了1821年从费城通往纽约、里丁、哈里斯堡、特伦顿、切斯特、威尔明顿的公路网形成了，共85条公路，耗资640万美元，其中2/3要靠私人集资，约1/3由州政府资助。从费城到威尔明顿的运费从每英里30美分一吨，到1822年降至12美分。[3]

修筑伊利运河的消息传开后，费城商人害怕纽约垄断同西部的贸易，倡议修筑连接俄亥俄、匹茨堡、费城的水路系统。这一建议遭到车主、旅馆主的反对，也有人强调阿勒格尼山横亘其间造成的施工困难。几经周折于1826年开始动工，到1834年完成了被称做“主线”的长395英里的连接费城与匹茨堡的水陆联运网。这个水陆联运网的最高点是霍利戴斯堡附近的波特奇铁路，海拔2,300英尺（伊利运河最高点海拔650英尺），共修建了174个船闸（伊利运河84个），全线耗资1,200万美元。[4]就其经济效益而言则仍较伊利运河逊色。

使费城内陆交通发生转折性变化的是铁路的修建。费城第一条铁路于1832年6月建成投入使用。这条铁路实际上是市区铁路，经济意

1 泰勒：《1815～1860年的交通运输革命》，第7～8页。
2 泰勒：《1815～1860年的交通运输革命》，第8页。
3 泰勒：《1815～1860年的交通运输革命》，第5、133页。
4 泰勒：《1815～1860年的交通运输革命》，第44页。

义不大。连接费城与哥伦比亚、特伦顿、威尔明顿、巴尔的摩、纽约的铁路于 1838 年先后完成。1839 年费城与里丁铁路通车，这是一条通往无烟煤矿地区的线路，使费城与宾夕法尼亚北部的交通为之改观。1854 年直达匹茨堡的铁路竣工，与此同时匹茨堡与密西西比河之间的铁路通车，1858 年更延伸到芝加哥。经过长时间的努力，费城在内陆交通方面终于能同拥有伊利运河的纽约市相抗衡了。[1]

交通运输革命对费城的影响是深远的，它大大提高了原料、商品的运输效率，缩短了运输时间，密切了费城同内陆市场和原料产地的联系。1812 年从费城乘驿车去匹茨堡至少需 6 天，1854 年乘火车只需 15 小时；[2]1816 年从费城乘轮船前往魁北克需用 5 天半，旅费 47 美元，1860 年乘火车只需 31 小时 15 分，旅费 18.69 美元。[3]宾夕法尼亚出产的无烟煤和烟煤源源不断运至费城，除供费城消费外，还转运至其它城市和港口。1822 年费城首次用船只向其它城市出口煤，1837 年有 3,225 艘船只运出 35 万吨煤，从向国外出口农产品到向国内港口城市输出工业原料，这不能不说是一个很大的变化，“城市经济有赖于对外贸易这种殖民时期的旧观念一去不复返了。”[4]

同纽约、巴尔的摩的竞争不仅刺激了内陆交通运输的发展，也对费城制造业技术的改造起到了推动作用。正如我们在本文第一节中所指出，费城是一个手工业相当发达的城市，才能出众、技艺超群的手工工匠一直是费城的骄傲。早在殖民地时期和共和国建立之初，费城就出现了两位手工工匠出身的科学家和发明家，一位是本杰明·富兰克林，他是电学和热学的先驱，也是富兰克林火炉、计里邮车和双光眼镜的发明者；另一位是戴维·李顿豪斯（1732～1796），他走过了一条从白铁匠、钟表匠到天文学家和平行光管发明者的漫长艰苦的道路。[5]正是在这两位工匠兼科学家和其他

---

1 泰勒：《1815～1860 年的交通运输革命》，第 78、90、167 页；威格里主编：《费城三百年史》，第 322、368 页。

2 托马斯·C.考克兰，威廉·米勒：《企业时代，工业美国的社会史》(*The Age of Enterprise, A Social History of Industrial America*)，纽约 1961 年修订版，第 7 页。

3 泰勒：《1815～1860 年的交通运输革命》，第 141 页。

4 威格里主编：《费城三百年史》，第 269 页。

5 约翰·W.奥利佛：《美国技术史》(*History of American Technology*)，纽约 1956 年版，第 104～106 页。

热心人士的推动下，费城建立了美国最早的一批促进科学技术和企业发展的机构：美国哲学学会（1769）、宾夕法尼亚鼓励应用技术和制造业学会（1787），进入19世纪又成立了自然科学院（1812）、费拉德尔菲亚学院（1814）。对费城工艺流程的改进影响最大的要推1824年成立的富兰克林学会，该学会从成立之日起就致力于应用技术的发明、革新和推广，1825年开始设置资金，鼓励技术革新，1826年开始出版《富兰克林学会杂志》介绍欧洲先进技术，并多次组织科学技术人员对重要课题和技术事故进行调查。[1]除了我们上面提到的机械化面粉厂以外，费城技术人员对19世纪美国工业生产还做出了两项重要贡献，其一是伊文斯于1804年设计的垂直往复式高压蒸汽机。这部蒸汽机比瓦特发明的蒸汽机水温高30度（华氏），产生的蒸汽力超过100倍，作用力超过16倍。这种蒸汽机制造工艺简单，操作方便，维修容易，唯一不足之处是耗费燃料多。埃文斯于1807年在费城建火星铁工厂，它所生产的蒸汽机很快就畅销大西洋沿岸各州，广泛地应用于轮船和火车作为牵引动力。[2]费城对美国工业生产的另一个重要贡献是W.塞勒斯创建的螺纹螺姆标准化系统。塞勒斯出身手工工人，21岁成为机械师，1864年成为富兰克林学会主席，同年在该学会宣读了关于螺纹螺姆标准化的论文，他所设计的螺纹螺姆系统1868年为美国全国机械工具制造所接受，1898年为国际螺纹标准化大会所采纳。[3]费城的技术发明与革新当然并不限于以上所介绍的，其他如约翰·费奇设计的轮船推进器，萨缪尔·威瑟里尔（1812～1890）发明的直接从原矿中提取氧化锌的方法，小约瑟夫·哈利逊（1810～1874）于1859年设计的安全锅炉，都在美国工业的技术改造中发挥过自己的作用。

必须指出的是，费城从手工生产过渡到大机器生产的过程，各个行业之间和各个工业部门之间的发展很不平衡。费城虽然是高压蒸汽

1 哈罗德·W.切斯等主编：《美国历史辞典》(*Dictionary of American History*)纽约1976年修订版，第卷，第99页。

2 卡罗尔·W.波塞尔：《技术和美国生活读本》(*Readings in Technology and American Life*)，牛津大学出版社1969年版，第31～32页。

3 约瑟夫·W.罗：《英国和美国的工具制造商》(*English and American Tool Builders*)，纽约1916年版，第239～260页。

机的发明地，是蒸汽机制造的中心，但是在制造业中蒸汽机和水轮机取代人力的过程，大约经历了 80 年。见表 1 及表 2。

表 1　在使用动力的企业中工作的工人数目百分比[1]

工业部门	工人数目百分比		工业部门	工人数目百分比	
	1850	1880		1850	1880
燃料	88.3	98.5	木材	19.0	55.5
钢铁	85.4	95.1	服装	10.3	52.9
食品加工	61.8	93.4	家具	9.6	44.9
造船	2.5	91.2	食品	15.4	44.5
纺织	54.0	87.9	玻璃	3.9	37.2
机械工具和五金	62.5	86.5	制帽	3.3	35.8
化学	62.8	86.0	靴鞋	0.1	28.1
印刷出版	30.5	74.5	建筑	19.7	26.1
造纸	61.6	64.1	铁匠	2.1	7.4
传统金属制品	32.2	56.8	其他	32.0	57.7
			总计	27.6	63.5

表 2　使用蒸汽机和水力的企业占该工业部门全部企业的百分比[2]

1850		1880		1850		1880	
1.钢铁	76.3	1.钢铁	79.1	8.家具	4.6	8.房屋建筑	2.6
2.纺织	50.6	2.纺织	57.8	9.服装	2.2	9.服装	6.2
3.机械和工具	47.8	3.机械和工具	67.4	10.烘烤面包	1.2	10.烘烤面包	3.2
4.五金	17.6	4.五金	39.2	11.制鞋	0.2	11.制鞋	2.4
5.印刷	15.1	5.印刷	38.8	12.马具	0	12.马具	2.6
6.金属制品	7.4	6.金属制品	8.7	13.肉食加工	0	13.肉食加工	4.6
7.房屋建筑	5.5	7.家具	12.3	14.铁匠	0	14.铁匠	4.0

这两个统计表告诉我们，在工业化的初期，蒸汽机和水轮机只在少数新兴工业部门占据优势，绝大部分传统工业部门则为手工生产所统治。到 1880 年虽然就全部工业生产而言机械动力已取得支配地位，但仍有为数不少的工业部门手工生产仍占优势，直到 70 年代制鞋工业

1 西奥多・赫斯伯格主编：《19 世纪费城的工厂、空间、家庭和群体经验》(*Philadelphia: Work, Space, Family and Group Experience in the 19th Century*)，牛津大学出版社 1901 年版，第 49 页。数字有误，原书如此。

2 赫斯伯格主编：《19 世纪费城的工厂、空间、家庭和群体经验》，第 97 页。

有许多工厂甚至没有脚踏机械。

向大机器生产过渡的不平衡性不仅表现在动力的使用上，而且在工艺流程中也有反映，例如：机械制造、五金和钢铁在以下统计数字中使用动力的比例都很高，但在这些工厂中，手工操作到处可见。19世纪中叶费城最大的一家机械制造厂阿尔弗莱德·津克机械厂总面积16万平方英尺，包括翻砂车间（13×50英尺）、铁工车间（120×50英尺）、铸钢车间（190×32 英尺）、三层楼的机械车间（225×30 英尺）。这些车间既有现代化的汽锤，也有老式的铁砧，车床与砂轮并列，吊车与手绞车争妍。到了19世纪下半叶，金属加工厂的机器海洋中仍然留下了手工操作的岛屿，翻砂车间是保留手工操作最多的地方。[1]

不仅技术发展的水平不平衡，生产组织形式的发展和生产单位的规模也显示出很大的差异。费城社会史研究的专家们把生产组织形式按照生产程序机械化的程度和雇佣工人数目划分为四类：第一类为手工作坊，平均雇佣工人6人左右，完全采用手工操作方法进行生产活动；第二类血汗车间，没有机械动力，雇工在6～25人之间；第三类手工工厂，雇佣工人在25人以上，没有动力设备的工场；第四类有动力设备（蒸汽机或水轮机）的生产单位。从1850年到1880年这四类生产组织雇佣工人数目及其占全部工人百分比变化情况如下（见表3）：[2]

表3　1850～1880四类生产组织雇工人数及其占全部工人百分比变化情况

	1850		1880	
类型	人数	百分比（%）	人数	百分比（%）
手工作坊	4699	16	8209	6
血汗车间	10034	21	13295	9
手工工场	18968	30	29400	20
现代工厂	13155	33	94320	65
总计	46856	100	145224	100

1850 年现代工厂雇工人数百分比最高的工业部门是燃料工业和钢铁工业（分别为88.3%和85.4%），百分比最低的是制鞋业和铁匠业

1 赫斯伯格主编：《19世纪费城的工厂、空间、家庭和群体经验》，第57～58页。
2 根据赫斯伯格主编：《19世纪费城的工厂、空间、家庭和群体经验》，第59页表格改编。

（分别为 0.1%和 2.1%）。1880 年现代工厂雇佣工人百分比最高的仍为燃料工业和钢铁工业，分别上升到 98.5%和 95.1%，百分比最低的为铁匠业和建筑业，分别为 7.4%和 26.1%。其中变化最大的是造船业，从 1850 年的 2.5%增至 1880 年的 91.2%，净增 88.7%；增加幅度最小的是铁匠业，仅增 5.3%。[1]总的看来，在现代工业中工作的工人从占全体工人的 33%增至占 65%，这说明现代工厂制已在费城占主导地位。

就企业的规模而言，1850 年费城的中小企业占统治地位，在 50 人以下企业中工作的工人占工人总数的 56.9%，50 人以上的工厂占 43.1%。30 年后情况有了变化，在 50 人以下企业中工作的工人降到占总数的 34.1%，在 50 人以上企业中工作的工人增加到 65.9%，在有些工业部门如食品工业、木材工业、建筑业、玻璃工业、金属制品工业等部门，50 人以下的工厂仍占统治地位。[2]

表 4　1774[3]

	普莱斯		纳什	
列举的全部有工作的男性	4407		3251	
全部手工工人	2121		1618	
建筑业	433	20.4%	343	21.2%
服装业	407	19.2%	278	17.1%
皮革业	313	14.8%	208	12.9%
食品加工	304	14.3%	194	12.0%
造船	257	12.1%	227	14.0%
金属品制造	190	9.0%	124	8.6%
家具	74	3.5%	67	4.1%
其他	143	6.7%	177	10.8%

无论从技术发展水平、生产组织性质、还是从企业规模看，费城在工业化的过程中始终保持了小型、多样的特点。在手工业时期，产品多样，没有哪一个行业独占鳌头就已经引起了史学家的注意。埃里克·方纳写道：“殖民地时期的费拉德尔菲亚是美洲手工艺的中心，

1 赫斯伯格主编：《19 世纪费城的工厂、空间、家庭和群体经验》，第 59 页。
2 赫斯伯格主编：《19 世纪费城的工厂、空间、家庭和群体经验》，第 59 页。
3 艾里克·方纳：《汤姆·佩恩和革命的美国》，第 280 页。

费城生产的产品之多超过了任何其他北美城市。但没有任何一个工业部门统治该城。手工工匠最集中的建筑业占全部手工工匠不过 1/5；其次是各种各样的服装业（裁缝、织工、制帽工等）；然后是皮革业、食品工业（屠夫和面包师），造船和金属制造。”方纳引证了两位殖民地史专家雅各布·普莱斯和加里·纳什的统计数字：

我们只要把上述统计数字同一百年后的统计数字稍加比较就不难看出两者之间的继承性（见续表 4）。

续表 4 雇佣工人情况[1]

工业部门	人数	百分比	人数	百分比	百分比变化
	1850		1880		
食品	1494	2.6	5366	3.1	259
食品加工	696	1.2	1321	0.8	89
靴鞋	6249	10.8	8362	4.8	34
制帽	1837	3.2	2940	1.7	60
服装	10532	18.2	34548	19.8	228
纺织	10422	18.0	37741	21.6	262
钢铁	1203	2.1	3657	2.1	204
机械与五金	3920	6.7	12549	7.2	220
木材	2357	4.1	4878	2.8	107
家具	1417	2.4	1661	2.4	158
建筑	3884	6.7	12914	7.4	232
造船	949	1.6	2739	1.6	189
燃料	298	5.1	3328	1.9	1017
化学	629	1.1	3283	1.9	422
玻璃	465	0.8	535	0.3	15
造纸	323	0.5	3216	1.8	896
印刷出版	2096	3.6	7710	4.4	268
铁匠	569	1.0	509	0.3	-11
传统金属制品	545	0.9	2259	1.3	314
其它	8073	13.9	23248	13.3	188
总计	57958	100	174764	100	202

1 赫斯伯格主编：《19 世纪费城的工厂、空间、家庭和群体经验》，第 45 页。此表数字有误，原书如此。

该表说明，一个世纪来生产技术的水平，生产组织的性质和雇佣工人的数目发生了很大变化，但是企业的多样性没变，没有一个行业占压倒优势，雇佣工人的百分比最高不超过 21%，只不过从建筑业变成了纺织业。这个百分比在一百年间竟然没有发生变化，这种特殊的现象的确耐人寻味。不仅整个工业生产的发展具有小型多样的特点，在同一个工业部门内，也可以看到类似的情况。纺织工业一直是费城最重要的工业部门，一直是美国最大的多样化纺织工业中心，棉、毛、丝、纺、织、染俱全。坎兴顿的毛织，曼尼扬克的棉纺织，基斯顿的针织，豪斯特曼公司的丝织，约翰·B.斯特斯尼的大檐帽，J.H.芬顿的丝织礼帽，应有尽有。[1]1890 年费城生产了价值 2200 万美元的毛纺织品，价值 2200 万美元的地毯，1500 万美元的针织品，1500 万美元的精纺毛织品，800 万美元的丝织品。[2]这种小型多样的情况同美国东北部的纺织工业中心马萨诸塞的洛维尔形成鲜明对照。

费城纺织工业的这种多样性和分散性一直持续到 19 世纪末。1882 年动力的使用更加普遍，工厂的规模变得更大了，但业主经营方式仍占统治地位。企业数增加到八百个，20 世纪初增加到千家。洛林·布洛德格特在总结 1880 年代费城纺织业特点时认为，尽管这时改进的情况随处可见，但原有的主要特点并没有改变。

费城工业特点持续存在的原因

费城工业化的过程中生产的分散性和多样化何以能长期保存、经久不衰，其原因如下：

第一，费城与洛维尔不同之处在于它的现代工业是从手工业的基础上发展起来的，而不是象洛维尔那样一开始就聚集巨资建立现代化的企业，也就是说，费城走的是一条对手工业进行技术改造的道路。费城手工业原来就具有分散、小型和多样化的特点，费城在工业化过

1 威格里主编：《费城三百年史》，第 481～482 页。

2 古德斯坦：《1682—1846 年费城和中国贸易、商业、文化和态度上的影响》，第 2 卷，第 184 页。

程中继承、发展了这一特点。

第二，洛维尔建厂受地域的限制，只能沿运河系统建厂。费城一开始就能够在斯库基尔河和德拉华河这两条河的瀑布线地带建厂。尔后随着蒸汽机的使用，厂房星罗棋布，遍及全城。由于地域广阔，地价和房租相对较低，创办新厂可以租赁厂房，这样便于减少投资。

第三，费城纺织工业主要集中在西北的德国城、西部的曼尼扬克和东部德拉华河的坎兴顿和法兰克福特。这些地区分别是德国、英国、荷兰、爱尔兰移民的聚居区，依靠家庭纽带办工业，最初使用的劳动力大多是家庭成员，可以大大节省工资方面的开支。

第四，产品的多样性增加了技术改造的困难，延缓了采用新技术的速度。这是手工织机厂外生产制在费城能够长期保存下来的一个重要原因。

第五，在工业资本主义发展的相当长的一段时间里，小工厂的劳动生产率要比大工厂的高，实行多样产品生产比大工厂更容易。费城的小工厂往往是棉纺、毛纺并举，在一种原料供应发生困难的情况下，仍能用另一种原料继续生产。这是中小企业得以长期存在和发展的一个重要原因。

第六，资金不足。出于对利润和风险的考虑，费城的投资长期集中在贸易和土地投机方面，发展工业的资金主要靠自身的积累。在工业投资方面，自始就处于落后状态。据 1820 年统计，宾夕法尼亚和德拉华地区在棉纺业方面的固定投资占全国投资的 11%弱，宾州在全国名列第六，德拉华名列第九。[1]

从内战前美国经济发展的全局看，由于美国还是一个农业国，广阔的西部还有待进一步的开发，农业生产正处于不断从宗法小农生产向商品生产过渡的过程中，在工业发展中普遍遇到资金和劳动力不足的问题，散布在大西洋沿岸，阿巴拉契亚山东西两侧和五大湖地区的新兴工业，主要是以手工操作为基础，间或配有蒸汽动力、机械化程度很低的中小型作坊、车间和工厂。大规模的工厂生产，一支有组

1 戴维·T.杰利米：《横跨大西洋的工业革命，1780～1830 年间不列颠和美国间纺织技术的传播》(*Transatlantic Industrial Revolution, The Diffusion of Textile Technologies Between Britain and American Society, 1780—1830*)，麻省理工学院出版社 1981 年版，第 164 页。

织的劳动大军，投资的战略中心，标准化产品的广阔市场等等，要等到 19 世纪末才成为美国的特点。“整个世界还不是马萨诸塞的洛维尔”。就此而言，费城工业化过程中的小型、分散和多样化特点是具有一定典型意义的。

原文载《世界历史》1987 年第 5 期（合作者胡晓明）

美国物质文化史研究浅说

从文化史的角度看，美国是一个以物质文明发达见长的国家。从富兰克林到爱迪生，从轧棉机、留声机、玻璃丝袜、盘尼西林到IBM的PC机，可以开出一个很长的单子来说明美利坚民族近二百多年来，特别是近一个世纪以来对人类物质文明的贡献。在谈论美国的生活方式时，美国的住房、旅馆、餐厅、厨房、厕所、超级市场、汽车、电话、橄榄球、垒球也往往为人们所津津乐道。然而，从历史的角度对美国的物质文化加以研究，在我国并不多见，在美国这也是一个二次大战后才逐渐受到重视的领域。本文拟就美国物质文化史研究的对象、内容、与其他学科的关系、研究工作在美国进展的情况，以及在中国开展物质文化史研究的目的、意义、方法等问题略加探讨，以期引起同行们的兴趣和重视。

一

物质文化（material culture）是指某种文化中人工制品（artifact）的总和。在这里，人工制品是相对于自然界固有的实物而言的。人类为了生存，往往在一些自然物上留下了劳动的痕迹，如家畜、防护林、良种等，虽不能视为像汽车、飞机之类的纯人工制品，也应列入物质文化的范围之内，同完全的自然物有所区别。物质文化是一个内涵丰富、外延宽广的概念，人类所创造的一切，只要是以物质的形式出现，都应包括在内。如果说文化是人工环境，物质文化就是文化的物质表现（physical manifestation of culture）。

按功能划分，人工制品可分为两大类。一类是适应人与自然交往的需要而产生的人工制品和半人工制品；又可以细分为生产资料、生活资料和科学实验资料。另一大类是适应人与人交往的需要而产生的资料和用具，包括表意符号系统和传播交流的资料和工具，宗教祭祀用具，商品流通、文化娱乐，维护法治、显示政治权威和社会声望的资料和用具，以及进行征战的兵器和资料等等。

为了对人工制品进行深入而具体的研究，可以按照人工制品的物质构成加以分类。通常可分为动物衍生物（animal derivatives）如皮革、骨、角；植物衍生物（vegetable derivatives）如编织用的竹、藤和书写用的纸张；木、石、金属制品；绘画、印刷、照像、复制的材料和技术；陶瓷，玻璃，人造物如合成染料、人工橡胶、人造纤维，以及纺织品和编织物。

物质文化的研究起源于考古学和人类学。现代意义的考古学和人类学试图采用科学的方法研究人类文化的物质遗存和人类自身及其文化的起源和发展。丹麦考古学家克利斯廷·汤姆森（Chistian J. Thomsen 1788—1865）于 1818 最早将人类有文字记载以前的历史按照人工制品的物质构成划分为石器时代、铜器时代和铁器时代，为古代器物的分期奠定了科学基础。这种划分标准也为人类学家所采用。考古学和人类学研究的范围，主要是有文字记载以前的人类物质遗存，物质文化史的研究则以从古至今全部人工制品为其研究对象，这种研究同“人工制品研究”和技术的研究也有所不同，其着重点不在物，而在人。物质文化史研究人工制品是通过这种研究来了解制作该器物的人，了解他的思想和行为。通过上述分析，我们可以认为物质文化研究是通过对一个特定社区或社会的人工制品来研究信仰系统，即：价值观念、思想、态度和假设，它的研究目的不在物质而在文化。

它是企图通过对人工制品的研究去了解某种人工制品的制作者、传播者、使用保存者的行为、动机和价值观念。研究的目的不是就物论物，而是揭示人工制品所负载的各种信息，弄清隐藏在物背后的文化内容。在物质文化史的研究者看来，现存的人工制品是表现在时间结构中人类心灵的具体证据。人类在制作或改变某种实物时，直接或间接地反映了制作者个人的信仰模式。这种信仰模式是社会信仰模式的一部分。艺术史专家朱利斯·蒲郎（Jules Prown）说得好，“物质文化一词既涉及研究的对象即物质，也涉及到研究目的，即了解文化。”简而言之，物质文化研究就是通过对物质的研究来了解文化。

马克思主义的创始人早在一百多年前就强调过研究物质文化史的一个重要方面——生产工具史的重要性，“劳动资料不仅是人类劳动力发展的测量器，而且是劳动借以进行的社会关系的指示器”[1]。在研究机器、自然力和科学的应用时，马克思曾提出过一个屡屡为人们引用的著名论断：“火药、指南针、印刷术——这是预告资产阶级社会到来的三大发明。火药把骑士阶层炸得粉碎，指南针打开了世界市场并建立了殖民地，而印刷术则变成科学复兴的手段，变成精神发展创造必要前提的最强大的杠杆。”[2]在这位唯物史观的奠基者看来，只有对物质生产的一定的历史的发展和特殊的形式进行考察，“才能够理解统治阶级的意识形态组成部分，也理解一定的社会形态下自由的精神生产”[3]。这些论断不仅更深刻地说明了通过对物质的研究了解文化的必要性，而且为物质文化史的研究指明了方向。

二

物质文化的研究一般从现场考察开始。这就是说尽可能弄清人工制品的来源、出产地点、使用地点和存放地点，对人工制品进行认定、鉴别和分类。这种工作往往由收藏单位（在美国是公立、私立博物馆和地方历史学会）进行。对任何一种人工制品都应进行多方面的考察。

首先是考察它的物质构成，包括用何种材料制成，材料的来源、特性。其次是人工制品的款式、图案，以及款式的来源和演变。三是设计思想、制作工艺。四是人工制品的使用情况、流传情况、保存情况。通过这些考察最终应弄清的是，这一件或一组人工制品反映了何时、何地、何种民族的文化特点。人工制品是文化环境的产物。它的相对稳定性、复杂性、多功能性，在生产、传播、长期保存和使用过程中涉及多种因素——生态的、经济和政治的、社会的和文化的因索，

1《马恩全集》中文版第23卷第204页。
2《马恩全集》第47卷第427页。
3《马恩全集》第26卷[1]第296页。

这就决定了物质文化的研究必须是多学科的。单一学科无法揭示其丰富的文化内涵。然而，对人工制品的研究又往往从单一学科开始，可以从考古学、人类学开始，也可以从艺术史、工艺史发轫，建筑史、技术史、民俗学都可作为研究某种人工制品的起点。在多学科研究的基础上，作出历史的、综合的、文化的解释则是物质文化工作者责无旁贷的任务。

人类的物质文明是在地区之间、国家之间、民族集团之间、社区之间的交往中发展起来的。每一个民族、每一个社会集团、每一个地区和社区，都对人类物质文化的发展作出了自己的贡献，厚此薄彼，夜郎自大，崇洋媚外，在没有中心的情况下硬是要认定一个中心，原本是在相互作用中发展起来的文化，硬是要把它说成是单线发展的，本来是有曲折有迂回，有前进有后退，非要说成是直线的上升，这都是不可取的。就美国文化的发展而论，五百年前哥伦布的航行促成了美洲印第安人、欧洲高加索人和非洲黑人三大文明的交汇，从而产生了别具一格的北美文化，长期以来，在“盎格鲁—亚美利加一致性”（Anglo-American conformity）思想的影响下，美国文化被看成是纯粹的白种人文化，或者把它看成是欧洲白人文化的衍生物或变种，或者认为它是与欧洲文化全然不同的特殊的文化，像弗雷德里克·特纳（Frederick J. Turner）或丹尼尔·布尔斯廷（Danial Boorstin）所说的那样。无论是哪一种看法，都没有跳出欧洲或高加索人种文化圈的藩篱。

近来年，在民权运动和文化多元主义的影响下，学术界对这个问题的看法发生了较大变化，多文化主义（mulitculturalism）盛行一时，强调美国文化的多元性。一位研究者指出：“美国革命时期的漫画家用印第安人作为北美殖民地的象征，这既恰当又具讽刺意味。印第安人热爱自由、坚持独立，对于英国殖民地文化内容和形式的美洲化起了很大作用。这个象征是恰当的，因为印第安人长期和一往无前的抵抗，有助于十三个分离的殖民地融合为一个国家，这个国家由于有着同印第安人冲突并取得其土地的共同历史而与英国大相径庭。它又是讽刺的，为在试图灭绝印第安人和夺取他们的土地两个世纪之后，殖民者们不仅盗用土著民族的徽记，而且僭取了妨碍他们最后霸占这种徽记的品格。”[1]这个分析是相当深刻的。这篇论文不仅指出了印第安人物质文化对白人文化的一般影响，如饮食、医药、语言等，面且揭示了它对白人文化心理的影响，这种影响又从盗用印第安人的形象、徽记这种具体的物质文化形式表现出来。这是说明两种文化在冲突中发生影响的一个很好的例子。

三

美国学者对本国物质文化的研究大体上经历了三个阶段。

第一个阶段可称之为收集时期（The Age of Collection，1876～1948）。

尽管对于美国自身人工制品的收集可以追溯到著名画家查尔斯·威尔逊·皮尔（Charles Wilson Peale 1741～1927）于1786年在费城建立的皮尔博物馆，然而，有意识地、大规模地收集美国出产的人工制品则是从19世纪最后三十年开始的。为了纪念美国建国一百周年在费城举办的国际博览会，事实上起到了让人们注意本国物质文化的作用。首先是“新英格兰的园木屋和现代厨房”的展示，引发了人们对殖民地时期建筑和家俱的兴趣，其次是从美国国家博物馆（National Museum）成立之日起就开始了的对印第安人遗址的发掘和对印第安人文化的研究，在这个阶段由于人类学趋于成熟（以1877年路易斯·摩根《古代社会》一书的出版为标志）而更加兴旺，许多关于印第安人装饰艺术、发明的起源、编制技术和武器制作的论著纷纷问世。1893年在芝加哥举行的哥伦布国际博览会对于美国物质文化的研究和藏品收集又是一次重要的推动，宾夕法尼亚州把“自由钟”复制品安置在该州展厅的屋顶上，弗吉尼亚州以弗农山庄为楷模建造了一个象征该州的亭子，马萨诸塞州则搬来了汉考克（Hancock）的住宅。这些对于本土物质文化的发掘与研究虽然没有引起埋头于故纸堆中“科学的”、“批判的”史学家们的注意，却激发了艺术史工作者的热情。为了庆祝哈德逊河首次航行三百年、富尔顿发明轮船一百

1 James Axtell, “The Indian Impact On English Colonial Culture,” in Garv B. Nash ed., *The Private Side of America History*, 3rd ed., New york，1983, Vol. 1, p. 122.

年，纽约大都会博物馆于1909年举办了“美国家俱展览”。接着又于1924年在该馆开放“美国厅”（American Wing），约翰·洛克菲勒第二投资重建威廉斯堡，汽车大王福特因发思旧之幽情而建绿田村农村博物馆，使美国大小博物馆和地方历史学会收集本乡本土文物蔚然成风。大萧条时期为了救济失业的历史学家和艺术家，罗斯福政府组织他们编写全国各州和城市旅游指南，国家公园服务局则发起了全国历史遗址的调查，一个规模很大的历史遗址修复、复建、更新的工程开始了，一直继续到第二次世界大战以后。这是联邦政府首次全面卷入美国物质文化研究。在此后半个世纪里，这个势头有增无减。

第二个阶段是描述时期（The Age of Description, 1948～1965）。这个阶段以约翰·考文霍温（John Kouwenhoven）的《美国制造》（*Made in America*）一书问世（1948）为界标。这位美国研究联合会（American Studies Association）的发起者对于飞剪船（clipper ships）、爵士乐、摩天大楼……都作了介绍，以此来证明美国的物质文化中有一种与众不同的、本土的审美标准，这种物质文化不同于欧洲的精英文化，它层次不高，带有浓郁的民间色彩，无论在内容上和在风格上都有自己的特点。受该书的启发和瑞典、爱尔兰民俗研究的影响，民俗学的研究在美国风靡一时，最著名的是宾州荷兰民俗研究中心和农业博物馆，堪萨斯州的民间节日活动。这些研究和活动带有很强的文化人类学倾向，而且同美国学的研究和教学工作结合在一起。战后美国物质文化研究的另一个重要方面是技术史的研究，除了对技术发明的细节作出更精确的描述和史实的考订，人们更有兴趣的是技术发明、更新何以会在美国获得成功。从经济角度进行解释的学者认为，这是对资本积累的直接回答，劳动力不足而资源丰富的矛盾只能从技术革新中寻找出路。受冷战影响的学者则更多地考虑美国的民主制对技术革新所起的积极作用。关于美国的技术发展是以引进、借用为主，还是以本土的发明创新为主，这也是讨论中的热门话题。在研究技术与社会文化的关系时，“文化滞后”（cultural lag）论也被用来说明美国技术文化、物质文化变化快，而精神文化、价值观念变化慢的现象。学术性季刊《技术与文化》（*Technology and Culture*）应运而生，把研讨的范围扩大到技术与科学、政治、社会变迁、艺术与人文学科的变化等方面，随着科学史、技术史与科学社会学等学科的发展，一些理工院校也开始开设“科学技术与社会”之类的课程，《花园中的机器：美国的技术与田园理想》（*The Machine in the Garden: Technology and the Pastoral Ideal in America*）一书的作者里奥·马克斯（Leo Marx）教授，在麻省理工学院主持的科研和教学项目就是其中的一个例证。

同技术史有关的博物馆也在这个时期陆续出现，最具代表性的是以亨利·弗兰西斯·杜邦（Henry Franeis Du Pont）的私人收藏为基础，于1952年在特拉华州建立的温特瑟博物馆（Winterthur Museum）。该馆与特拉华大学的历史、艺术、英语等系合作以多学科的方法进行物质文化研究，并培养硕士和博士研究生。这个合作是一个很有意义的开端。它在博物馆与高等学校联合培养物质文化研究高层次人才，艺术家与工匠相结合，训练适应博物馆工作需要的专业人员，采用多学科的方法开展美国学研究三个方面都占据领先地位。技术史研究的这股潮流促使史密森学院于 1966 年在首都华盛顿创建“国家历史与技术博物馆（National Museum of History and Technology）。一个全国性的研究物质文化的中心出现了。[1]

四

从 1965 年开始的第三个阶段可以称之为解释时期（Age of Interpretation）。这个时期的重点是寻找新方法、新主题和追求新的综合。如果说美国物质文化研究的先驱者是艺术史工作者的话，那么在解释时期参与的学科便大大增加了。相关的学科至少可以举出九个：社会史、工业、商业和实验考古学、博物馆学、社会心理学与环境心理学、民俗学、认知人类学（Cognitive Anthropology）。其中最重要的是社会史、社会科学、民间生活研究和历史考古学，而研究工作的重点是作品或产品的艺术特点，制作的工艺过程和制作者个人的社会、经济地位以及作品怎样反映出作者的社会状态和文化心理行为。这三个方面的研究构成了美国物质文化研究的主要内容。总的说来，艺术

1 Thomas J. Schlerth, *Material Culture*, Nashville, Tennessee，1982，pp. 9～32.

史工作者着重于解决第一个问题，目的在于充分了解作品或产品的美学意义以及造型和图饰的历史渊源，技术史着重解决第二个问题，自然不在话下。难度最大的是第三个方面的问题，它是物质文化研究的核心。于是乎引出了许多不同的研究方法。较常见的是文学研究和思想史研究中流行的象征主义方法（symbolist perspective）。这种方法强调揭示人工制品所蕴涵的丰富的文化象征以及该象征对其他文艺创作的影响。持这种见解的学者认为必须对一件人工制品进行系统的研究，从中可以发现无意识的信仰、思想、禁忌、幻觉、想象、价值和隐寓，人工制品的象征含义有的是原作者注入的，有的是后来的使用者、保存者和鉴赏者赋予的。物质文化史工作者的责任就在于搜索出这些积累起来的潜在的象征含义。这种方法的最大缺点是主观性太强，穿凿附会过多，缺乏有说服力的证据。另一种方法是文化史的方法。文化史方法论者的出发点是历史是过去发生过的事实，是真实的，因而可以通过经验的研究在物质上重建。他们最感兴趣的时期是工业化以前的美国。许许多多活的历史博物馆（Living History Museum）、活的历史农庄和草原拓荒者居住地都是基于这种观点建立起来的。显而易见，历史考古学在这种重建工作中发挥了重要作用。第三种方法被称之为环境主义的方法（Environmentalist Approach）。持这种观点的人把历史看成是在文化景观（Cultural Landscape）中显现的文化变迁。他们企图描述跨空间的文化适应性的变化，注重研究人工制品在一个地区的传播情况。文化地理学和历史地理学工作者，区域生态学者和文化人类学者往往采用这种方法，他们的研究成果多为对地区物质文化的研究，如"美国东部民间物质文化的模式"（Pattern in Material Folk Culture of Eastern U. S. 1969），"弗吉尼亚中部的民间住房"（Folk Housing in Middle Virginia 1976），等等。第四种方法是功能主义方法（The Functionalist Rationale）。和环境主义者一样，他们把文化看成一个整体，是适应环境的重要手段。他们企图发现人工制品在适应环境过程中的用途，在某个技术系统中的使用价值，在他们看来，无论是一栋房屋、一部蒸汽机还是一个州际公路系统都为理解人类对环境的适应提供了重要的信息和物证。他们的注意点在人工制品的传播过程、变迁、适应性和文化影响，把起源问题放到了次要地位。这些学者很注意用实验的方法检验他们的理论，“实验考古学”、仿制考古学，是他们所借重的学科。第五种方法是结构主义的方法，持这种观点的学者认为人工制品不仅有它的应用功能，而且有它的含意价值，与其他人工制品一起，构成了一个复杂的传播系统。也就是说物质文化系统应该作为一个语言系统来对待，可以借助于语言学的方法系统地分析它的结构，从而弄清其外在的和内在的含义。

值得注意的是自20世纪70年代以来物质文化研究者越来越把他们的注意力放在人工制品的制作者身上。他们采取行为主义的方法进行研究，注重民间艺术、饮食方式、家庭用具、建筑、照片等的创作者和制作者当时的活动和传记材料，企图弄清这些人的生活史以及创作制作动机和行为的社会过程。为了达到这个目的，往往采取直接观察、访谈、历史心理分析和口述历史的方法，在某种程度上又回到了艺术史工作者走过的道路。使用“民族性格”（national character）的概念对物质文化研究的成果进行综合。一直是宏观史学采取的重要方法，其目的在于了解民族文化的意识形态构造（ideological Configurations）。R.伯林盖姆的《铁人在前进》（*March of The Iron Men*，1938）、A.高万斯的《美国生活的形象》（*Images of American Living*，1964）、D.布尔斯廷的《美国人》（*The Americans*, 1958～1973）是这方面的代表作。另一种综合方法是社会史的方法。这种方法来源于法国的年鉴学派和英国的马克思主义学派。社会史学家们把历史看成是在一定社会结构内群体的进化过程，他们倡导的自下往上看的史观决定了他们注重收集普通人——非精英社会集团的人工制品遗存和文献资料。从“长时段”的视野出发，收集大量数据，采取统计的方法验证理论概念。目的是从总体上把握社会群体、阶级和制度之中的普通人的日常活动。[1]

从以上简要的介绍中不难看出，美国的物质文化史研究已经从一股股涓涓细流汇集成一条汹涌澎湃的大河。我们在进行自己的现代化物质文明和精神文明的建设中，应该把国外一切先进东西学过来为我所用。“社会主义作为一种崭新的社会制度，只有在继承和利用资本

1 参阅 Thmas J. Schlereth 前引书，pp. 32～72。

主义社会已经创造出来的全部社会生产力和全部优秀文化成果的基础上，并结合新的实际进行新的创造，才能顺利地建设起来，并最终建设成功。”[1]研究美国物质文化史就是要着重研究美国人民创造全部社会生产力的过程，这种研究不是一种理论研究，而是要对一件件、一组组人工制品进行研究。弄清这些作品、产品的物质特点，制造工艺和制作者的社会经济状况，还应该注意它们的传播情况，比较在不同社会环境里起到的不同的作用，弄清其所包含的文化价值在不同的社会条件下发生了哪些变化。对社会生产力的继承、利用与吸取优秀文化成果是相辅相成的事情，我们无法把技术与文化分开，技术是一定文化环境的产物，同时又构成了某种文化的具体内容。物质文化史的研究是把这两者结合起来。因此，可以认为研究物质文化史是吸取他国之长的一个好办法。

研究物质文化史对于史学工作者，特别是社会文化史工作者来说还有它的特殊意义。笔者认为这是体会和运用唯物史观基本原理的一种有效的方式。一方面可以扭转社会文化史工作者只注意文献资料的收集和研究，而忽视对实物资料的利用和阐发的偏颇；另一方面也可以摆脱传统的从概念到概念的纯思辩的研究方法，增加一些生活的气息，把历史的研究同普通人的日常生活结合起来。对于有志从事文物博物馆工作的人们来说这更是一门不可或缺的必修课。

原文载中国美国史研究会编，《中国美国史研究通讯》1992 年第 2 期

---

1 江泽民在首都应届高校毕业生座谈会上的讲话，《光明日报》1992. 5. 21。

六十年代美国青年的反主流文化

20世纪60年代是风雷激荡的年代。中国发生了文化大革命，太平洋彼岸的北美大陆卷起了民权运动和反主流文化的风暴，欧洲、大洋洲、非洲的学生运动风起云涌，一时间全球都进入狂乱的年代。事隔三十年，历史学家还未能以确凿的事实告诉我们这些事件之间是否有必然的联系，但这场风暴留下了清晰的印记。使我们不得不时常回想起和重温那一段历史。美国青年反主流文化是那场风暴中炫目的一景，有如一道灿烂陆离的彩虹，横过动荡不安的天空。

反主流文化（Counter Culture）所“反”的是第二次世界大战后在美国流行的美国生活方式。这种生活方式的核心是获取和保持美国中产阶级的政治自由和舒适的生活。冷战期间，经历过大萧条和战争的老一代美国人，以同政府保持一致为代价，来换取他们的安全和稳定。战后成长起来的年轻一代，再也不能容忍这种一致性了。为什么会出现这种情况呢？我们还得从第二次世界大战后美国的社会状况和50年代中期开始的民权运动说起。

二战期间和二战后，大批美国黑人从农村进入城市，从南方来到北方。这一方面是由于美国南部农业机械化，特别是摘棉机的广泛使用取代人力造成的；另一方面，也是战争期间大公司和国防企业招募劳动力的结果。美国是一个标榜“民主”、“自由”的国家，同时又是一个有过黑人奴隶制的历史和种族主义猖獗的国家。大批黑人进入城市后，备受种族歧视之苦，奋起反抗。1955年12月亚拉巴马州蒙哥马利市爆发了黑人反对乘坐公共汽车种族歧视的斗争，揭开了民权运动的序幕。黑人青年牧师小马丁·路德·金（Martin Luther King Jr. 1929～1968）在这次斗争中崭露头角，后来成为民权运动的著名领导人。1960年南方的一些城市爆发了反对餐馆中种族歧视的“静坐示威”运动。1961年又爆发了反对在公共交通设施中种族歧视的“自由乘客”运动。黑人的这些斗争吸引了不少白人青年特别是青年学生参加。他们在实践中对于美国民主制的阶级实质有了认识，建立了“学生非暴力协调委员会”与黑人一道进行斗争。1963 年 8 月 28 日，在首都华盛顿举行的有 28 万人参加的“自由进军”把民权运动推向高潮。小马丁·路德·金在大会上发表的《我有一个梦想》的演说，成为民权运动一份纲领性文件。他所参加的“南方基督教领袖会议”是民权运动最有影响的黑人组织之一。他所鼓吹的非暴力主义为一大批追随者所接受，产生了广泛的影响，以至他本人成为 1964 年的诺贝尔和平奖的获得者。以马尔克姆·爱克斯（Malcolm X, 1925～1965）为代表的激进的黑人领袖，则认为美国社会是一个暴力社会，黑人必须以暴抗暴。从 1964 年起，美国城市中不断发生警察暴行和黑人抗暴事件。1968 年 4 月 4 日小马丁·路德·金在田纳西州孟菲斯城遇刺殒命，激起了席卷全国的抗暴斗争。西海岸的黑人创建的黑豹党，主张黑人有权决定黑人社区的命运。要求黑人根据美国宪法第二条修正案赋予的携带武器的权利，组成黑人自卫组织，与种族主义的警察力量周旋。最终被美国联邦调查局以软硬兼施的手段镇压了下去。

争取黑人平等权利的民权运动带动了美国的学生运动。激进的学生组织“学生争取民主社会”自 1961 年建立之日起，就卷入了民权运动。1962 年 6 月该组织在密执安州的休伦港召开全国代表大会，通过了著名的《休伦宣言》。宣言对战后居于主流地位的自由主义意识形态提出了挑战，尖锐地批评了美国社会存在的弊端，指出：黑人在美国南方和北方大城市中的生活状况，说明所谓“人生来就是平等的”纯属一派空言。而美国所宣布的和平愿望同冷战的经济、军事投资的事实背道而驰。宣言认为在美国出现的贫困与利润同时增长的现象是军事—工业复合体一手造成的。宣言要求美国政府改变对苏联的冷战外交政策，缓和国际紧张局势，主张美国单方面裁军。宣言认为新左派学生的任务是在学校中推进改革，在全国唤醒公众，这样就可以建立一个以分享民主制为基础的新社会。“学生争取民主社会”1963 年发表的第二个宣言题为“美国与新时代”，揭露肯尼迪政府是由公司自由派的政治精英人物组成的，同时也批评了共产党的不民主。宣言声称，工人阶级已不能完成变资本主义为社会主义的使命，主张用全体人民参加的民主制代替工人的反抗斗争。他们还提出了“新工人阶级”的概念，认为受过教育、从事专业技术和管理工作的人员构成了“新工人阶级”，将在今后的斗争中发挥主要作用。“学生争取民主社会”与其他组织于1965年起，投入了反对美国侵略越南战争的活动，从组织声势浩大的反战示威游行到组织校园的反战活动，抵制征兵，与美国权势集团直接发生对抗。1968年运动发展为占领学校办公楼、实验室的校园暴动，在华盛顿、伯克利、麦迪逊等城市还发生了街头枪战。1970年4月30日，尼克松总统悍然宣布入侵柬埔寨，使学生的反战运动达到高潮。在侵柬后的6天内，每天平均有20所新学校参加罢课。5月4日俄亥俄州肯特学院4名学生被国民警卫队杀害，消息传开，当天就有100所院校参加罢课。到5月中旬，参加罢课、罢教的学校超过500所，5月底达900所，占全国2872所高校的三分之一。全国大学生800万人，教师35万人，有一半积极参加了这一斗争。

与民权运动、学生运动、反战运动风暴同时而来的是一场文化的急风暴雨——青年一代的反主流文化粉墨登场。它的成员——易比士（Yippie）和嬉皮士（Hippie）绝大多数来自美国白人中产阶级家庭，与民权运动的活动分子虽然并不完全重合，但反主流文化却代表了一个时代—～60年代一整代人的风尚，是这一代人对社会不满，向现行社会制度和现代价值观念提出挑战在文化上的表现。如果说新左派和他们所发起及参与的社会运动代表着年轻一代积极的反抗精神，那么反主流文化则主要反映了他们的消极遁世思想。辍学、过公社群居生活、鼓吹并实行性解放、反常的发型服饰和外表、跳摇摆舞、吸毒、开大型摇滚音乐会、朗诵狂嚎乱叫的诗歌等等，构成了反主流文化的主要特征。

罗斯扎克（Theodore Roszak，1933—）的《反主流文化的形成，对技术社会及青年反抗的反思》（1969）是反主流文化的一个纲领性文件。此书开章明义，强调青年人与成年人之间的抗争是西方社会的一个明显的特点。当前所发生的一切，主要是青年一代在政治、教育、艺术、社会关系（爱情、家庭、社区）等方面作出的与他们的父辈相异、具有挑战性的创造，以及那些为青年一代写成的著作所引发的。从这个基本命题出发，作者详尽地考察了对于青年反主流文化最具影响的一些作者的著作，包括：社会思想家赫伯特·马尔库塞（Herbert Marcuse）、诺曼·布朗（Norman Brown）、保尔·古德曼（Paul Goodman），宗教哲学家爱兰·瓦茨（Alan Watts）、诗人艾伦·金斯伯格（Allen Ginsberg），以及幻觉剂实验研究者梯莫西·里瑞（Timothy Leary）。该书特别详细地说明，他们对于科学界的常规观点提出质疑，从而破坏了技术决定论的基本信念。罗斯扎克认为，新左派是用参与性的民主制来解决技术专家专政的问题，嬉皮士则以为，这并不能解决问题。只要客观意识（objective consciousness）的观念还在控制社会，技术专家对社会的控制就永远不会消失。嬉皮士崇尚老庄的“绝圣弃智，天下大治”的思想，认为只有“无为而治”的社会才能使公民的个人尊严得到保证。罗斯扎克明确指出，我们所面临的问题不是如何认知，而是将如何生活。反主流文化的主旨是试图寻找一个新的奇妙的广大天地，在那里对技术专业知识的需要，在人类生活中将退居从属和边缘地位。

这是一种奇特的激进主义，号召回到史前时期，从中取得精神力量。嬉皮士们离开城市和郊区，到偏僻的农村组织“群居村”，体验乌托邦的生活方式。出身于中产阶级家庭的莉萨和汤姆·劳（Lisa and Tom Law）夫妇原来与艺术界的一些友人住在洛杉矶一栋被称作“城堡”（Castle）的宅第里。他们积极参加了多种反主流文化和反对美国侵略越南战争的活动。1968 年，他们前往新墨西哥州的阿罗优·洪都，在那里参加了 1967 年建成的新布法罗公社，自己动手建造住房，开荒种地，收割作物。并在那里生下了他们的第一个孩子。他们集体练习印度的瑜伽功（yoga），沉思冥想洗温泉浴，巡回演出反战的街头剧，向周围的印地安人部落解释他们的生活方式。他们把信奉犹太—基督教以外的宗教、追随东方神秘主义、吸食产生幻觉的毒品，作为扩展个人意识的重要途径。莉萨写道：“我们 15 个人住在一起，每个家庭有一间房屋，一间厨房和公社活动的房间。我不能说我很欣赏这种生活。看起来，妇女总是比男人干更多的杂活。男子们玩乐器，抽烟，砍木头，修理车辆。无隐私可言，这是一个考验。”1968 年 4 月，在马萨诸塞州莱顿的农村，有 7 名辍学的大学生建立了“莱顿公社”。他们的生活很简单，实行男女分居制。从自制木屋旁的小溪中取水，食品主要是马铃薯、玉米、大豆。用烧木柴的灶取暖做饭。工作与闲暇自行安排，穿插进行。他们的格言是“团结”。类似的群居村主要建于旧金山的衿树岭地区、洛杉矶的日落带和纽约的东村。到 1970 年，全国各地建成了 200 多个群居村，成员达 4 万人。群居村实行财产、子女乃至性爱的公有制，注重教育和环境保护，群居村的活动一直继续到 80 年代。

反主流文化的另一代表作是雷希的《美国的年轻化》。这本书认为“我们应该要求意识上的变化”，要有新的头脑、新的生活方式和新人。该书认为美国现代社会有三类不同的意识：第一类是美国农民、小企业主和想向上爬的工人的传统的世界观，经过一系列的社会改革运动，这在事实上已经成为不可能的了。该书称之为丢掉了的现实。第二类代表着有组织社会的价值观，是罗斯福“新政”的产物。它相信美国的问题有可能通过个人和私人企业对公共利益承担更多的责任来解决。最重要的是，要采取更坚定的政府行为去计划、管理。结果是人在有组织的社会中丢掉了自我。第三类是新一代的意识。这种意识来源于一种“背叛”感，来源于对现存一切事物的怀疑。它从自我开始，最重要的概念是个人负责。这是一种新的生活方式和新文化的创造过程。在衣着方面，它要求的不是奢华而是方便，能适应一切场合，能表现民主观念和个性。在人生观方面，它不像老一代人那样，以个人在社会阶梯上上升为目的。新一代人把人生看成是一系列的目标和选择，是一种自我实现。在现代社会里，能达到自我实现标准的工作为数寥寥。在音乐、文学、艺术等方面，新一代希望的是交流、沟通。他们喜欢的是披头士、摇滚乐。在音乐会上服用毒品，引起幻觉，台上台下，载歌载舞，融为一体。该书认为，意识最深刻的根源在于自然，在海滨，在森林，在高山。新一代意识最本质的东西是自我的重新发现。新意识最重要的功能在于创造一个适合人需要的社会。

音乐与诗歌确实能够更直接地说明反主流文化的特点。摇滚乐与 60 年代的青年结下了不解之缘。而且这种密切的关系一直保持了下来。摇滚音乐兴起于 50 年代，是美国南部黑人音乐与西部白人乡村音乐的一种混合。前者包括带有伤感性有节奏感的布鲁斯、福音音乐，后者指来源于英国乡村的民间音乐和美国西部音乐。1955 年歌星哈雷

（Bill Haley）的一首歌“昼夜摇滚”（Rock Around the Clock）以它的激情、重节拍、殷切的舞蹈要求和抒情动作引起轰动。由于纽约市广播电台的唱片音乐主持人小亚兰·佛里德（Alan Freed Jr.）将曲名简称为“Rock”（意思是“摇动”，同时在黑人俚语里又有“跳舞”、“性爱”的含义），摇滚乐的名称由此传开。摇滚乐的歌词大多与学校生活、年轻人的恋爱和汽车有关。英国的披头士乐队（亦作甲壳虫乐队）60年代到美国表演，被称为“英国入侵”。他们演出的“昨日”（yesterday）、“随它去”（let it be）等歌曲征服了美国青年，对于摇滚乐的推广起了重要作用，使它成为了60年代青年文化的通用语言。美国的滚石乐队（Rolling Stones）、金斯顿三人演出小组（Kingston Trio）、玛丽三人组（Mary Trio）、歌星鲍勃·狄伦（Bob Dylan）以他们高昂的情绪，震撼人心的节奏，震耳欲聋的打击电子乐器奏出了青年一代的心声，发泄了他们积郁经年的苦闷。旧金山的杰弗逊·埃尔普兰乐队（Jefferson Airplane）则在唱词中讴歌毒品，号召青年尝试麻醉致幻剂，借以发泄他们对社会的不满，表达他们的抗议，被称为疯狂的摇滚乐。1969年8月15日至17日在纽约州伍德斯托克（Woodstock）附近举行的有50多万人参加的艺术音乐会，把摇滚音乐推到了顶点。这三天，大雨滂沱，场地泥泞，与会者赤身裸体，狂歌乱舞，自我放纵，乱交，喧嚣，大量吸食毒品。这次大会使数以千计的青年人体验到所谓的“公社精神”，第一次感受到人群数量的力量。服装、乐器制造商和政客们则由此注意到正在成长的青年一代的市场。四个月后在旧金山举行的滚石乐队的音乐会则以四人死亡告终，其疯狂可见一斑。

“垮掉的一代”的代表人物金斯伯格（Allen Ginsberg，1926～1997）的诗作是反主流文化的先声。他出生于纽约市，1948年毕业于哥伦比亚大学，1955年到伯克利攻读研究生，在一次诗歌朗诵会上，他在光天化日之下脱光衣服朗诵他的长诗《狂嚎》赢得了狂热的喝彩，从此名声大噪。他的诗赞美毒品，提倡同性恋，对物质文化表达了极度的蔑视，非常适合嬉皮士的口味。金斯伯格本人于60年代参加反战运动而且是1968年民主党全国代表大会抗议活动的组织者。诗人辛德尔（Gary Snyder，1930～）出生于西雅图贫苦农民家庭，在印地安那大学学习语言学，后到伯克利学习东方语，与金斯伯格结识。1959～1964年间他在日本一修道院钻研禅宗。他说，“作为一个诗人，我掌握了世间最古老的价值观。这些古风可以追溯到旧石器时代：土地的肥力，动物的魔力，权力观落落寡合，恐怖的加盟和再生仪式，心醉神怡的爱情舞蹈，部落的共同劳作”，这些价值观体现在他的诗作《神话与经文》、《隐逸的乡村》中。小说家诺曼·梅勒（Norman Mailer，1923～）的《白色黑人》则被看作嬉皮士运动的宣言。

按照反主流文化的逻辑，清教和维多利亚时代两性关系的道德准则，正常的婚姻关系理所当然地在他们的反对之列。性解放、同性恋的闸门一经打开，人欲横流，便一发不可收拾。吸食毒品是酗酒和吸烟的继续。麻醉意志，摆脱苦恼；追求快感，耽迷于幻景，是吸毒的两大动因，又成为音乐演奏和诗歌创作、朗诵不可或缺的伴随物。毒品的非法性，更增加了对青少年的吸引力。毒品泛滥是反主流文化带来的一个严重后果，已成为西方社会难以医治的社会病。一位英国作家在总结反主流文化时说得好：“这并非一场革命，只不过是娱乐行业的表演。在当时，年轻的一代对于他们从未参加创造的世界产生了周期性的厌烦，感到孤独、愤慨。这些第二代的超级儿童和他们的双亲一样，并不要求这个世界做多少改变。伯克利市的电报大街（反主流文化的象征）的确只是纽约麦迪逊大街（美国企业文化的象征）的孩子。”

原文载《读图时代》第三辑，百花文艺出版社，1999年

《在梦想与现实之间——亨利·鲁斯与中国》序

我的童年和少年是在抗日战争中度过的。父亲是西南联大哲学系的教授，我家在昆明一住就是八年（1939～1946）。当时常常在父亲的书案上看到《时代》周刊，《生活》画报则在地摊上屡见不鲜。亨利·鲁斯的名字因而印入脑海，挥之不去。1963年开始随杨生茂先生攻读美国史。先生为入门者编就的必读书刊目录，就列有《时代》周刊和《生活》、《财富》杂志。南开大学图书馆馆藏的《时代》周刊尚称完整，在期刊室陈列，暇时经常翻阅。上个世纪90年代初，我开始承担中美文化交流方面的研究课题。亨利·鲁斯基金会被列为美国基金会的研究内容之一。1995年访美时曾在美国国会图书馆手稿部查阅有关资料，发现鲁斯的手稿已列入目录，但尚未向读者开放。在手稿部工作人员的建议下，我先调阅了已向公众开放的亨利·鲁斯夫人的手稿和欧文·拉铁摩尔的手稿，他们在重庆时期活动的有关资料给我留下了深刻的印象。回国后，曾与同仁们谈起过自己翻阅文档的印象，引起了罗宣的研究兴趣。1998年底，她完成了关于亨利·鲁斯与中国的博士论文，我因抱病在床，未能参加论文答辩，至今引为憾事。所幸论文得到了与会专家的好评。即将问世的这本专著就是在博士论文的基础上补充、修改、扩展而成。

罗宣女士是一位严肃认真的青年学者，不为当今的商品大潮所动，坚守学术岗位，锲而不舍，以十年磨一剑之功，终于了却了她的心愿。这十年间，出国攻读学位、结婚、生女，著书立说，走过了人生必经之路，其中甘苦、酸辛可想而知。在此书付梓前，我有幸通读书稿，受益匪浅，现将一些零星想法写在下面，供读者参考。

占有第一手材料进行研究，是对历史研究工作的起码要求。档案，特别是未经整理、公布的档案资料是最重要的一手资料。从本书所附的参考文献目录可以得知，作者较充分地利用了美国国会图书馆手稿部、耶鲁大学斯特林图书馆手稿档案部、神学院图书馆、哈佛大学霍顿图书馆的收藏。这就把研究工作放在了坚实的基础上，保证了历史事实的真实性、可靠性。对史料运用得当，还可以于细微处见真情，有所发现，有所突破。

中美关系史是一个正在拓展中的研究领域。近年来，已有不少论著发表。有关人物方面的研究，如：蒲安臣、胡佛、史汀生、马歇尔、史迪威、陈纳德、斯诺等人的传记和专著琳琅满目。正如本书作者所说，惟独对本书传主的研究，特别是从中美关系角度的研究并不多见。中文方面的著作阙如。作者完成的这部力作，填补了中美关系史研究中的一个空白。

人物研究的一个难点是，如何把对历史人物分析、刻画和他或她所生活的时代密切结合起来，换言之，就是如何通过人物来表现特定时代的精神面貌。著名启蒙学者伏尔泰撰写的《路易十四时代》采取的就是这种办法，后来，在美国学的研究中兴起了形象研究，也采取了这种方法，代表作如《杰克逊时代》。本书作者将传主放在20世纪世界格局的变化和中国、美国政局和社会变迁的大背景下考察，作者采取的方法不是一般的考察而是对每一个时期进行具体的分析。例如，对家庭教育背景的分析，用了一节的篇幅介绍美国的海外传教运动。作者在分析了美国海外传教运动的起源和发展，19世纪下半叶美国国内经济、社会、政治变革之后，指出：

> 作为美国政治和文化扩张的急先锋，许多传教士认为，美国的“边疆阀门”并未关闭，美国本土的西进运动虽然结束了，但越过太平洋，新一轮的西进运动才刚刚开始。他们自己是美国超太平洋西进运动的先行者，中国是有待他们开发的新边疆的一部分。
>
> 美国海外传教士，为了证明他们行动的合理性，对特纳著名的“边疆学说”加以发挥，将他们的传教活动自觉地纳入了美国的海外扩张活动，以取得美国商人和政府的支持，而不是强调纯粹的宗教目的，这是颇令人玩味的。针对中国社会转型，一位YMCA的领导人曾这样说：“中国正经历着一场知识革命，这一变革为

基督教传教士提供了无穷的机会，在变幻不定的时代变革中，基督教一定有机会影响中国未来的进程，让上帝帮助我们使中国充满基督思想，基督精神和基督的影响。”“当然，首要的事情就是要建立起基督教教育体系，这是实现最终目标的关键。”

正是在经济目的和宗教目的相结合的历史背景下，大批美国传教士在19世纪末开始大批拥入中国。鲁斯的父母也是在这一高潮中，投身于向中国传教的事业。

这就把鲁斯父母来华传教的背景，明白无误地作了交代。作者用下面一段话，说明了鲁斯出生的中国环境：

鲁思义夫妇刚来到中国的头几年，适值英、俄、德、法、日等强国群起瓜分中国，各种变乱的因素都躁动于社会内部。先是鲁西地区两名德国教士被戕，德国人趁机占领胶澳（青岛），继而是一百天的戊戌变法失败，六君子被杀，皇帝遭软禁。全国上下，一股反洋仇洋的情绪在滋长。到1900年春，这种仇恨情绪达到了顶点。慈禧太后支持义和团与洋人作对，使所有在华的外国人惶惶不可终日。在这样的环境中，鲁斯降临人世。

亨利·鲁斯是《美国世纪》的始作俑者。作者扼要地说明了《美国世纪》提出的背景，她写道：“战争是人类的人为灾难，它对人力、物力、财力的消耗之大、对人类社会进步的破坏力之强，难以言表。人类历史上规模最大的第二次世界大战，使德、意、日崩溃，英、法衰落，苏联付出巨大的代价，但美国是个例外。美国置身战争之中，但本土远离战火，成为唯一一个本土未受战争摧残、生产未遭破坏的国家。不仅如此，战争解决了“新政”未能解决的严重经济危机问题。美国的人均国民生产总值由1940年的770美元猛增至1945年战争结束时的将近人均1600美元。到二战后期，美国完全摆脱了经济危机，步入了经济繁荣、政治稳定的良性循环，军事上的节节胜利更提高了美国在国际舞台上的地位。美国军事上和经济上的强大，似乎印证了鲁斯在美国参战前所预言的‘美国世纪’已经到来。”

在刻画人物性格方面，作者观察细腻，描绘到位。鲁斯性格的形成和发展贯穿于全书的始终。中国情结是鲁斯生涯的一个独特组成部分。作者既分析了出生在中国对中国情结形成所起的重要作用，又指出了这是一种带有美国人优越感的情结，一种救世主对子民的情结。它不是一种平等的，而是以上临下的感情，说得尖刻有点奴隶主对奴隶父权的（paternal）味道。加尔文主义和酷爱美国在鲁斯的成长过程中和一生中都发挥了重要作用。这二者是结合在一起的，传教士家庭和远离故土的环境使鲁斯的爱国情结变得比本土的美国人更强烈，正是这种特殊的情况使他在本土生活和在他的出生地，都有格格不入的感觉，即边缘化的感觉。牢牢地把握住了传主区别于一般美国人的独特之处。

不囿于我国传统的对鲁斯的评价，作者强调鲁斯对中美文化教育交流，以及我国抗日战争和二战所做的贡献。对历史人物的评价采取了全面、公正的态度，这是本书的又一特点。

近年来，我国史学界在抗日战争的研究中，越来越多地肯定正面战场的作用。从整体而言，“国民政府部署部分军队留置敌后作战，但主要是在正面战场作战，不管在战略防御阶段，还是在战略相持阶段，都不断抗击日本侵略军直至战争结束。国民政府正面战场在中国抗日战争中处于主体地位。这应是不争的历史事实”。[1]从这样一个基本历史事实出发，本书传主从新闻报道和物质援华等方面都作了很多工作，对于中国抗日战争的正面战场，给予了充分的支持，所有这些都应该给予充分的肯定。作者在结论中说：“客观地说，鲁斯对中国抗战事业的胜利是有一定贡献的。”（p. 208）此结论，毫无疑问是公允的、正确的。今年是中国抗日战争和全世界反法西斯战争胜利六十周年，我们应该纪念鲁斯在中国抗日战争和第二次世界大战的新闻报道中和动员美国政府和人民援华所做的杰出贡献。

鲁斯的“中国情结”，是一个可以扩展的研究领域。在中美关系和中美文化交流史上，可以列举出不少怀有“中国情结”或“中国恋情”的美国人。而中国方面也不乏具有美国情结的中国人。本书提到的美国著名作家约翰·贺希（John Ruchard Hersey，1914～1993）就是很有代表性的一个人物。他的家庭背景与鲁斯相同，出生在天津的一个美国传教士家庭。十一岁才回到美国。1985 年出版了题为《召唤》

---

1 二十年来关于我国抗日战争正面战场研究之新动向：February 19，2005 07:30:31:中国军事天地：http://www.excitecity.com/china/chat/ military

（*The Call*）的历史小说。描述了一个美国传教士在中国华北地区的传教经历。小说以大量的档案为依据，介绍了20世纪上半叶中国发生的重大历史事件，小说的主人公，戴维·特瑞德阿普（David Treadup）的原型之一就是他的父亲（Roscoe Monroe Hersey）。小说中皈依基督教的中国知识分子代表林福臣（Lin Fu-chen）是以南开学校创始人张伯苓为原型，南开中学在小说中改名为北开中学。小说对于张伯苓弃武办学和皈依基督教的过程有很生动的描写。小说还涉及青年时期的毛泽东、蒋介石和冯玉祥。这部小说问世后，反响热烈，美国著名中国史专家史景迁（Jonathan D. Spence）誉之为贺希"写作生涯中令人艳羡和创意的顶点"。美国许多中学将该书列为中学生的必读书目，至少有三种导读出版。

除了贺希，现代派诗人庞德（Erza Pond）对中国的古典诗歌和方块字的迷恋，是中美文化交流史上的一段佳话。他不但编译了《诗经》（*The Classic Anthology Defined by Confucius*. Harvard University Press，1954），出版了我国唐代诗人的诗作，而且在他的名作《诗篇》（*The Cantos*）中，不惜篇幅，大量引用中国儒家经典，汉字也每每间杂其中，蔚为奇观。著名历史学家费正清对中国历史情有独钟，对中国的现代化事业魂系梦绕，他生前做的最后一件事就是将《新编中国史》书稿交给出版社。美国芝加哥费尔德博物馆的汉学家劳费尔（Berthold Laufer, 1874～1934）曾多次到中国和周边地区访问和收集古器物，他的《伊朗中国篇》、《汉代的陶器》，为现代美国汉学研究奠定了基础。约瑟夫·洛克（Joseph F. Rock 1886～1962）原来是一位植物学家，受美国农业部的委托，到我国云南收集植物标本和种子，迷上了纳西族创造的象形文字，在丽江居住了二十七年，发表阐释东巴文化的著作多种，包括一部东巴文—英文大词典，使丽江古城和纳西族闻名遐迩。至于作家斯诺终其一生，忠实地报道中国革命和建设更为世人所熟知。这些都说明历史的和现实的中国一直在吸引着美国人民和世界人民的目光。

"情结"一词的心理学含义是："对思维和行为模式有制约作用的一组具有强烈感情特征的相关思想或记忆。"（参阅《牛津插图词典》）"情结"是在特定的环境和历史条件下形成的。它是多种思绪、情感的交叉，具有明显的偏好与指向。在上面提到的美国人各式各样的中国情结中，共同之处都在与它们都是两种文化碰撞的产物。庞德、劳费尔和洛克是以仰慕的心情、赞赏的态度来对待中国古典文明和东巴的。斯诺对中国革命和建设事业充满了同情。鲁斯的“中国情结”与贺希、费正清的“中国情结”更为接近。所不同的是他们的切入点，共同之处在于，它们都是深深地扎根在美国历史文化的土壤之中的。他们都是在充分肯定美国文化价值观的前提下，以居高临下的姿态，来审视中国文化的。他们的共同愿望是用美国的模式改变中国，使中国“基督教化”、“西化”、“美国化”、“现代化”。总之，他们身上的美国文化的积淀，起了决定性的作用。在文化交往中，以平等的态度还是以居高临下的态度对待中国和其他民族的文化是问题的关键，其后果根本不同。庞德从中国古典文化和方块字中吸取了有益的因素，建立了现代诗歌中的意象派。洛克的著作为东巴文化研究奠定了基础。我个人以为文化交流中的最大的障碍就是文化人类学经常谈到的族群中心主义（ethnocentralism），或民族优越感。它的另一个极端表现就是民族自卑感。族群中心主义可以发展为文化霸权主义，民族自卑感则容易走向导至民族虚无主义。无论哪一个都不利于文化的交流和发展。各种文化中都存在着族群中心主义的因素和成分，在美国方面表现得最突出的就是从殖民地时期开始的那种上帝选民（chosen people）说和使命（mission）观。19 世纪的“天定的命运”，20 世纪的“美国世纪”说和二战以来最为流行的美国负有领导世界的责任的论点，皆源于此。一个民族，一个国家，无论其经济军事实力多么强大，科学技术如何发达，以世界的领导者自居自许的态度都是无法令人接受的。持有这种态度就很难从其他民族和国家的文化中吸取对自己有益的东西。更有甚者，就是那种非我莫许，强加于人的态度，认为美国的社会制度是世界上最好的制度、最现代化的制度，是全世界的榜样。不跟着美国走，就是保守派，就是原教旨主义，就是不搞现代化，不尊重人权，这就不是族群中心主义而是文化上的霸权主义了。令人感到遗憾的是，这种族群中心主义的态度，在现实生活中仍然居于统治地位，在美国决策层、领导层中表现得尤为明显。布什总统第二任就职演说有这样一段话：

从建国那一天起，我们就宣告：这个世界上的每一个男人和女人，都有自己的权利、尊严和独一无二的价值，因为他们具有与创造天地的神一样的形象。世世代代以来，我们一直强调人民自我管理的必要性，因为没有什么人适合于做主子，也没有什么人就该做奴隶。正是为了推行这些理念，我们才创立了自己的国家。这是我们祖辈的光辉成就。而现在，推行这些理念，是我们国家安全的迫切需要，也是我们时代的召唤。

他这篇演说的主旨就是要把独立宣言所系统表达的美国式民主、自由思想推广到全球各地。在演说结束时布什说：“在独立宣言首次在公共场合宣读而‘自由钟’当当作响的欢庆时刻，一位见证者这样说到，‘它响得好像通人情似的’。今天，‘自由钟’的当当作响仍然深具意义。美国，在这世纪之初，在全世界，向全世界人民宣扬自由；我们已经重整旗鼓，经历了考验，更加坚强，我们将取得自由事业上最伟大的胜利。”这同鲁斯在鼓吹“美国世纪”时所说的“我们的决策不仅会影响整个美利坚民族的生活，而且将决定整个人类的未来。我们肩负的就是这样的重任”并无二致。

由此可见，研究鲁斯的目的，不仅在于它可以帮助我们理解一个在美国新闻史和中美关系史上起过重要作用、有过重要影响的历史人物，可能更重要的是通过理解历史人物，来解读现代的美国政治家和新闻媒体，从他们身上，可以找到他们和鲁斯一样的误解和误导世界的共同历史根源。

原文载罗宣著《在梦想与现实之间——亨利·鲁斯与中国》，人民出版社，2005年

中美关系

中美两国人民诚挚友谊的见证

——记几位热情支持中国革命的美国友人

今年一月一日清晨，在中国驻美国联络处的建筑物前，一面鲜艳的五星红旗迎着波托马克河上吹来的徐徐晨风，冉冉升起，参加庆祝中美建交升旗仪式的几百位中外朋友和华侨代表一片欢腾。它宣告了一个历史时期的结束，标志着中美关系新纪元的到来。在中美人民共同庆祝中美建交这一重大历史事件的时候，使我们想起几十年前，那些为中国革命而奔走，对增进中美两国人民之间的相互了解和友谊作出重要贡献的美国友人。他们作为美国人民对中国人民友好的见证，将永远留在人们心中。

一

1925 年秋天，正当中国工人阶级在中国共产党领导下掀起省港大罢工之际，安娜·路易斯·斯特朗（1885～1970）来到中国。从此，这位深受共产主义运动影响，一生追求进步的女作家和记者，就与中国人民结下深厚友谊。

首次来到中国的斯特朗，立刻被中国共产党领导下的工农运动所吸引，特别是对给予帝国主义以沉重打击的省港大罢工更是十分关心。她冲破北洋军阀的封锁，途经香港进入广州。她一到广州，就来到省港大罢工委员会，访问了这次罢工的领导人苏兆征同志。听取了关于这次大罢工的起因、经过及工人提出的要求的详细介绍。中国工人阶级的斗争精神，使斯特朗深受鼓舞，她在群众集会上发表了热情洋溢的演说，表示了对这次罢工的极大同情和支持。

斯特朗第二次来中国是 1927 年 5 月。当时的中国正处于蒋介石发动的“四·一二”反革命政变的白色恐怖之下，她从上海溯江而上，到达武汉，并于7月中旬，冒着遭到反动军警迫害的危险，来到湖南，深入到长沙、湘乡等地农村，了解和收集有关湖南农民运动的情况和材料。当她回到武汉时，汪精卫已公开叛变革命，武汉三镇也陷于血泊之中。

离开中国后，斯特朗满怀对中国革命的同情，就这两次访问的见闻，写成了她的第一部关于中国革命的著作《千千万万中国人，1927年的中国中部革命》。全书以访问记的形式，分别叙述了中国工人运动，妇女运动和学生运动的情况，揭露了蒋介石叛变革命，屠杀中国人民的血腥罪行。书中特别以整整三章的篇幅，介绍了毛主席亲自发动和领导的湖南农民运动。她热情赞扬湖南农民运动建立的“人民政权”，在反对封建礼教、破除迷信、赈济灾民、兴办教育、改革司法、解放妇女、打击帝国主义侵略势力等方面所取得的重大成就。她列举了大量事实，有力地驳斥了反动派对湖南农民运动的诬蔑，满怀激情地预言农民运动是“中国未来的希望”，并指出“正是这些农民和工人将会有勇气把他们的国家从封建时代推进到现代世界中去”[1]。

抗日战争爆发后，斯特朗第三次来到中国，并亲身来到我山西抗日前线，会见了朱德、刘伯承、贺龙等在前线指挥对日作战的我八路军著名将领，访问了我山西抗日根据地。她亲眼看到，在不到半年的时间里，我根据地的迅速扩大和发展，并深为我军民之间的鱼水关系所感动，为此她特地访问了我八路军政治部主任任弼时同志和各级政工人员，并在《美亚》杂志上发表了《中国军队的政治工作》一文，专门介绍我军的政治工作情况[2]。后来又出版了《人类的五分之一》一书，全面叙述了抗日民族统一战线建立后，我国各阶级各党派之间的关系，介绍了我国人民坚持抗战的情况，向全世界报道了我八路军深入敌后，开辟抗日根据地，一面作战，一面组织民众，一面开展文化教育活动的生动景象。

但是，中国的抗日民族统一战线的发展并不是一帆风顺的。抗日战争进入相持阶段后，蒋介石反动派越来越暴露出消极抗日、积极反共的反动嘴脸，不断挑起内战，蓄意消灭日益壮大的八路军和新四军，

1 安娜・路易斯・斯特朗：《千千万万中国人》，北京，1965年版，第181页。
2《美亚》杂志，1938年8月号，第304～308页。

破坏抗日战争。正当此时，斯特朗第四次访问中国。她在重庆与我党代表周恩来同志进行了多次长谈，详细询问了当时国共两党的关系和存在的问题，因而对国民党顽固派大搞民族投降主义，坚持反共反人民的立场，有了清楚的了解。在她回国途中，就发生了震惊中外的皖南事变。为了打破国民党的新闻封锁，驳斥国内外反动派对新四军的造谣和诬蔑，斯特朗满腔义愤地发表了《中国的国共危机》一文，一针见血地指出：皖南事变的发生不是偶然的，它是隐藏在国民党高级官员中的亲日派，为实现中日媾和，把中国拉入三国同盟的阴谋而采取的一个严重步骤，这也是蒋介石长期推行反共独裁政策的必然结果。文章以蒋介石自己的言论“日本侵略是癣疥之疾，共产党是心腹之患”，揭穿了他的假抗日真反共的本来面目。文章还公布了皖南事变后，我党提出的十二点要求，表述了我党同国民党顽固派进行针锋相对斗争的原则立场。最后，斯特朗呼吁反法西斯国家联合起来，“制止中国内战，防止暂时的冲突发展为全国性和国际性的灾难”[1]。

这篇文章在当时皖南事变的真相被严重掩盖和歪曲的情况下，对揭露国民党反动派的反共阴谋，扩大我党抗日民族统一战线的影响，争取国际舆论的支持和同情，动员国内外民主力量，粉碎顽固派的第二次反共高潮，都起了有益的作用。

解放战争时期，她又于1946年6月第五次来到中国，并越过炮火纷飞的战场，到达中国革命的中心——延安，向世界人民报道了毛主席同她进行的那次关于“一切反动派都是纸老虎”的著名谈话，介绍了中国人民打败蒋介石的信心和决心。她热情称赞毛主席的光辉论断是“现时代的伟大真理”，它“照亮了世界大事的进程”。她怀着崇敬的心情称颂毛主席为中国革命制定了正确的战略，是“现代最先进的思想家”[2]。

总之，在我国民主革命时期，安娜·路易斯·斯特朗满怀对中国人民和中国革命的友好感情，不远万里，先后五次来到中国。她以自己的亲身经历和活生生的事实，向全世界介绍了中国革命的发展进程，戳穿了反动势力所加给中国革命的种种谣言和诬蔑，唤起了世界人民

1《美亚》杂志，1941年3月号，第21～23页。

2 安娜·路易斯·斯特朗：《毛泽东》，中译文载1948年2月19日《人民日报》。

的同情和支援，为中国革命的胜利作出了有益的贡献。正因为如此，她对于用烈士鲜血和艰苦卓绝的斗争换来的新中国一往情深。1958年，已是72岁高龄的斯特朗再次来到中国，并决定以中国作为她的第二故乡，定居下来。这样直到1970年3月29日在北京逝世，一直住在中国，和中国人民共享革命胜利的喜悦。

二

美国著名记者和作家埃德加·斯诺（1905～1972），是另一位早在我国新民主主义革命时期就同中国革命力量建立了密切联系的老朋友。他在青年时期，就抱着扩大眼界、了解世界的愿望和决心作环球旅行。1928年夏天，他经日本来到中国。原计划只在中国停留六周，但由于对中国古老文化的爱慕，和被当时中国正在发生的震惊世界的事件所吸引，使他放弃了原来的计划，在中国一住十三年[1]，与中国人民和中国革命结下了不解之缘。

刚刚来到中国的斯诺，对于这个古老的国家还是一无所知，由于他在当时上海的一家外国报纸上发表了几篇关于中国铁路沿线城市的报道，而引起了当时国民党政府交通部长的注意。为了招揽国外的投资和游客，这位部长请斯诺沿中国全部铁路线作一次广泛的旅行。在这次为时四个月，足迹遍及东北、华北、西北和华南的旅行中，斯诺亲眼看到军阀混战和国民党反动统治下的整个中国民不聊生的景象。特别是在山西的行程中，由于连年的水旱兵匪之灾，又加上蒋介石与山西军阀阎锡山等争夺地盘，置广大灾民于不顾，因此展现在斯诺面前的是赤地千里，饿殍载道的悲惨情景。目睹这种惨象，他深受触动，决定越出上海那种荒淫无耻的生活圈子，真实地了解中国。正像他后来在《旅行于方生之地》一书中所写的：尽管当时他还没有认识到“留给国民党人履行诺言的时间，已经不多了”，但这次旅行却使他看到了“这个国家远不是统一的，并且疑心真正的革命才开始”[2]。从这次旅行中也使他认识到：中国南方几省爆发的苏维埃运动正是民不聊生

1 埃德加·斯诺：《旅行于方生之地》，纽约，1958年版，第3、11～15页。
2 斯诺：《旅行于方生之地》，第5、10页。

的产物，是各种社会矛盾尖锐化的必然结果[1]。

“九·一八”事变后，由于蒋介石反动派的不抵抗政策和对中国人民抗日爱国运动的镇压，斯诺已接受了这样的看法，“国民党已经成了一个军事独裁者的私设刑庭”。他相信中国腐败的社会一定会向美好的未来过渡[2]，但“必须有一个革命的领导”[3]，这个革命的领导是谁？在哪里？他一时还没有找出答案。

1933年春天，他从上海迁居北京。这座文化古都，使斯诺增加了对中国的兴趣。他一方面继续从事有关中国的新闻报道，同时又在燕京大学任教，并努力学习中文及其他汉学知识。在这期间，他亲身参加了北平如火如荼的抗日救国斗争，接触了大批的中国进步青年。他们的革命热情和追求真理的精神，给斯诺以很大影响。后来他以赞叹的口气写道：“这种经历（指参加一二·九运动——引者）教育了我，使我懂得在革命的所有起因中，知识青年完全丧失了对一个政权的信心，是促成革命的一个要素。”[4]

1936年，斯诺在中国已经八年，他对中国的现状和中国革命的根源也有了较深的认识，他同情共产主义，“不是由于爱它的朋友，而是由于不喜欢它的敌人”。但是，当时已经完成了举世闻名的二万五千里长征，领导中国革命的中国共产党和中国工农红军，究竟是些什么人，他们的纲领是什么，为什么经过那么多的挫折、艰难和困苦，还能坚持下来，对他来说还是一个“未知的领域”[5]。当时世界上流传着大量的对中国共产党人和中国革命的各种各样的攻击和诬蔑，而中国革命的真相，在国民党反动派长达十年的包围和封锁下，对全世界来说也还是一个“谜”。对这些攻击和诬蔑抱有极大怀疑的斯诺，决心突破包围和封锁，亲身去探索红色中国的内幕，揭开这个举世之“谜”。在宋庆龄的帮助下，得到我党中央的同意，斯诺于1936年6月从北京起程，经西安，进入我陕甘宁边区，开始了他后来轰动世界的中国红区之行。

---

1 斯诺：《布尔什维主义的影响），《当代史料》1931年1月号。
2 斯诺：《远东战线》，纽约，1933年版，第162、327页。
3 斯诺：《旅行于方生之地》，第136页。
4 斯诺：《旅行于方生之地》，第146页。
5 斯诺：《旅行于方生之地》，第138、152页。

斯诺是第一个进入我国红色根据地的外国记者。在为时四个月的时间里，他同根据地居民进行了广泛的接触，并先后访问了毛主席、朱总司令和周恩来副主席以及叶剑英、彭德怀、贺龙、徐海东等我党我军主要领导人，特别是同毛主席多次作彻夜长谈，详细询问了我党进行革命的理论、方针和政策，以及现阶段的和长远的奋斗目标。这四个月的苏区生活，对斯诺产生了深刻的影响。他目睹了根据地人民的政治生活和精神面貌及我党我军同广大人民水乳交融的深厚感情，同他生活了八年的国民党统治区相比，使他大有两个中国之感。活生生的事实使他深深感到红色根据地虽小，却预示了中国光明的未来。

斯诺的这次苏区之行，引起了国内外广泛注意，他的关于红色根据地情况的生动报道，更在世界上引起了强烈的反响。英、美各大报刊，都抢先刊登他的文章和所拍摄的照片。尤其是 1937 年 10 月，他的全面介绍我根据地历史的《红星照耀中国》（即《西行漫记》）一书出版后，更在世界上引起很大的轰动。因为这本书是一个外国记者，根据亲身经历写成的第一部向全世界揭开中国红色政权之“谜”的真实报道。书中除全面报道根据地的政治、军事、经济、文化等各方面欣欣向荣的景象外，还介绍了震惊中外的二万五千里长征、毛主席的革命经历和我党抗日民族统一战线的方针政策。

斯诺的这部书驳斥了中外反动派强加给中国革命的谰言，帮助世界人民了解中国革命的真象，这在动员世界舆论支援中国抗日战争方面，起了巨大的作用。

斯诺直到 1941 年才回国，解放后他又多次来我国访问，与毛主席、周总理、朱德委员长等老一辈无产阶级革命家亲切会见，特别是在晚年，他积极为中美关系正常化而努力，在促成尼克松总统访华的过程中，作出了重要贡献。为了缅怀这位对中国人民的革命卓有贡献的美国友人，1973 年按照他的临终遗嘱，将他的部分骨灰，安放在他曾工作过的北京大学校园。

三

30 年代，白色恐怖笼罩中国时，上海有一位为国民党特务机关蓝衣社屡欲加以迫害的外国记者，这就是为中国革命事业奔走呼号一直战斗到最后一息的美国进步记者和作家艾格纳丝·史沫特莱女士（1894～1950）。

史沫特莱是在我国大革命失败后，作为德国《法兰克福日报》的特派记者从柏林来到上海的。这位出身贫寒、富于反抗精神、接受了社会主义思想影响的新闻战士，早就对亚洲的民族解放运动寄以深切的同情。她一到中国就不顾国民党反动派的法西斯文化统治，毫无畏惧地揭露和报道日本帝国主义在中国的侵略和国民党的恐怖专政，积极投身于我国的进步文化活动，为营救被捕的作家到处奔走，报道中国工农红军艰苦卓绝的斗争。正是这种共同的志趣使她同鲁迅先生建立了深厚的友谊。鲁迅祝贺红军长征胜利的电报就是经史沫特莱之手发出的。通过同许多进步的文化工作者和在上海养伤的红军指挥员的接触，她搜集了不少有关中国共产党人和广大工农群众在大革命失败后继续坚持斗争的史料，在此基础上写成了第一批关于中国革命的作品。《中国人民的命运》以素描、人物特写的形式揭露了旧中国统治阶级的荒淫无耻和劳动人民的悲惨生活，刻画了一些富于反抗精神的工人、农民和共产党员的形象[1]。《中国红军在前进》（又名《红色的洪水席卷中国》）一书记述了从水口山矿工起义到全国第一次工农代表大会召开这一段时间里中国工农武装成长、壮大的战斗历程，生动地描绘了毛泽东、朱德同志领导下的红军在井冈山根据地打土豪、分田地、建立红色政权的情景，介绍了工农红军粉碎国民党反革命军事围剿的经过。这部“至今依然是生动动人的记录”[2]立刻招致国民党反动派的嫉恨，史沫特莱被迫于1936年从上海逃出到达西安。

当时西安正是新旧两个中国的交点。中国工农红军经过长征已到达陕北，建立了陕甘宁根据地，发出了停止内战一致抗日的伟大号召。与此同时，蒋介石一方面把祖国大片土地拱手让给日本帝国主义，另一方面顽固地坚持“攘外必先安内”的反动“国策”，全力“剿共”。当时驻守在西安的东北军和西北军广大爱国将士，眼看着国破家亡，激起了

---

1 史沫特莱：《中国人民的命运，今日中国速写》，纽约，1933年版。

2 里奥·胡柏曼、保罗·史威齐：《伟大的道路·序言》。《伟大的道路》，七十年代杂志社1977年版，第6页。

对蒋介石不抵抗主义的强烈不满。在中国共产党抗日民族统一战线政策感召下，终于爆发了作为中国现代史上一个重要转折点的西安事变。

史沫特莱是自始至终经历了这一重大事件的唯一外国记者。她热烈赞扬东北军广大官兵和西安人民的爱国热情，高度评价我党和平解决西安事变的正确方针，欢呼从此中国“要面目一新了”[1]。她没有以自己是一个外国人而置身于事变之外，而是热情地投入了救护伤员、安置出狱的“政治犯”和对外广播工作。正是在这段时间里她第一次见到我党领导人周恩来、叶剑英等同志。她深为他们以民族利益为重，不念旧恶，放眼未来的宽阔胸怀所感动。“觉得他们不是为复仇，而是为准备造成一个团结的新局面而来的”[2]。

西安事变和平解决之后，史沫特莱来到了她向往已久的红色根据地。她除了到处旅行进行采访之外，还亲自参加根据地的各项建设，特别是文化、卫生建设。1937 年 10 月她随我八路军总部转战在山西抗日前线，同部队一同行军，一同吃饭，一同休息，艰苦备尝，欢乐与共，与八路军的广大指战员结下了深厚的战斗友谊。她自己曾说，这是她一生中最幸福的时刻。1938 年 1 月，当她由于健康原因不得不离开解放区，前往武汉时，她怀着极为留恋的心情写道：“这好像是在向世界告别。”[3]

1938 年 10 月武汉失守，史沫特莱经长沙进入我长江下游的新四军根据地，在极端艰苦的环境下，随军转战各地。她到处发表演说，表达世界人民对中国抗日战争的声援；她竭尽全力改善我新四军极其简陋的医疗条件；她出生入死在敌人的炮火和敌机轰炸扫射下抢救伤员。由于生活条件艰苦，她的健康状况恶化，终于被迫再次离开根据地就医。重庆的法西斯气氛使她感到窒息。1941 年 6 月，她告别生活了十三年的中国经香港回国。

史沫特莱回到美国后，认为有一项伟大的任务必须完成，这就是“把中国人民过去和现在进行战斗的真实情况告诉美国”[4]。1943 年她

1 史沫特莱：《中国的战歌》，展望出版社 1946 年版，第 13 页。
2 史沫特莱：《中国的战歌》，第 16 页。
3 史沫特莱：《中国在反攻，一个美国妇女和八路军》，伦教，1939 年版，第 272 页。
4《美亚》杂志，1943 年 10 月 1 日，第 311 页。

在美国发表了最负盛名的一部著作《中国之战歌》。这部书是史沫特莱根据她收集的大量事实和材料写成的中国革命的忠实记录，也是她同情、赞助中国革命毕生心血的结晶。全书共分十章，约四十余万字，生动地记述了中国革命发生、发展、壮大的悲壮历程，深刻地刻画了中国共产党人高尚的革命情操和爱国主义、国际主义精神。这部书对于帮助美国人民了解中国革命，消除国民党散布的反动影响起了良好的作用。

史沫特莱回国后，时刻都在关心着中国革命的进程。她自己常说："我往往忘了我不是一个中国人，中国的问题，中国的强弱对于我来说似乎就是世界上的全部问题。"她把全部收入寄到中国来救济战时孤儿，自己却过着一贫如洗的生活。她抨击美国政府在日本投降后推行的扶蒋反共政策，要求美国军队退出中国。她在贫病交加，疯狂的政治迫害越来越严重的日子里，仍然坚持《伟大的道路——朱德的生涯和时代》一书的写作，把她全部的心血都灌注在这本书里。1949 年中国人民解放战争节节胜利，一个团结进步的新中国已经喷薄欲出，史沫特莱按捺不住内心的喜悦，在 1949 年 3 月举行的纽约世界和平大会上以《中国人民的胜利》为题，发表了热情洋溢的演说，高度评价中国革命胜利的伟大意义。她认为："亚洲各民族的解放运动的前卫是中国人民，胜利的人民解放军已经成为东方所有被压迫民族的光辉火炬。"[1]

但是，这位为中美两国人民的友好作出了重要贡献的进步作家，却因一小撮法西斯主义分子的迫害而不得不离开祖国，虽几经努力，想要再次来华，但受到种种阻隔，终未如愿，于 1950 年 5 月 8 日患胃癌病逝于英国牛津。她在垂危之际仍然念念不忘中国，遗嘱要求在她的葬礼中奏中国国歌——义勇军进行曲，并说明她的全部遗物送交中国人民解放军总司令朱德处理。根据她的遗愿，骨灰运来中国，安放在北京八宝山革命公墓。

四

中国人民的革命斗争，在美国正直的军人中也激起了强烈反响。

---

1 1950 年 5 月 14 日《人民日报》。

在抗日的烽火燃遍大江南北的日子里，来到我敌后根据地访问的第一位美国职业军人是埃文斯·卡尔逊（1896～1947），他的活动和事迹给我们留下了深刻的印象。

卡尔逊是美国海军陆战队军官。他曾于1927、1933年两度来华，在中国期间一直认真学习和研究我国语言、历史和文化，注意了解民间的风俗习惯。当他于1937年8月再次奉命来华任抗日战争的军事观察员时，他以极其浓厚的兴趣读了他的好友埃德加·斯诺刚刚完成的《红星照耀中国》一书的手稿。中国共产党的抗日主张和游击战的战略战术，对他产生了强大的吸引力，从而产生了到抗日根据地调查和了解我军作战方针和方法的决心。经美国海军当局批准和我方的同意，卡尔逊于1937年12月来到我八路军总部所在地。

到达我抗日根据地后，卡尔逊不辞辛劳，身背干粮袋，与我军一起转战在晋察冀抗日前线，行程千里，历时五十一天，第一次亲身体验了我军的艰苦生活，了解了我军开展敌后游击战的情况。1938年5月，卡尔逊怀着更大的兴趣再次来到我根据地。毛主席两次接见他，向他详细说明了我党在民主革命阶段的纲领和我军建军的原则，特别是向他讲述了抗日游击战的战略战术。为了帮助他更深入地了解我军作战的军事原则和战争实践，毛主席还派刘白羽同志陪同卡尔逊前往抗日前线进行实地考察。他曾三次穿过敌军封锁线，走遍了我晋察冀、晋冀鲁豫、晋绥根据地的主要战区，为时三月，行程五千里。[1]

卡尔逊回到武汉后，怀着十分激动的心情，举行了记者招待会，全面地介绍了他在根据地的所见所闻和他自己的切身感受。他高度评价我军的政治工作制度和作战方法，热情赞扬根据地军民英勇奋战的精神，力主美国积极援助中国共产党坚持敌后抗日游击战。他的两次抗日民主根据地之行博得国际上许多主持正义人士的好评，但由于种种原因，却多次受到有关方面的指责，甚至发出不准他向记者发表谈话的禁令。他表示“希望能根据自己的信念自由的谈话和写作”[2]，于1938年底愤然辞去军事观察员职务。

---

1 卡尔逊：《中国的双星》，纽约，1940年版，第226页。

2 卡尔逊1938年9月19日日记。转引自肯尼斯·休梅克：《美国人和中国共产党人，1927～1945》，伊萨卡，1971年版，第105页。

他回到美国后，积极支持中国抗日战争，到各地演说，发表文章，要求美国对日本实行禁运，改变对日本的姑息政策。他在《中国的军队》、《中国的双星》、《非正统的战争在继续》等著作和文章中，介绍了我国军队的组织、编制、给养、医药卫生和对日作战情况，着重论述了八路军、新四军的政治思想工作和军民一致、官兵一致的原则以及以游击战为主的作战方针。并指出“中国的力量在于人民”[1]，中国共产党是中国工农劳苦大众的代表，由于有了八路军这样一支把人民充分发动起来的抗日武装力量，“继续认为中国是一个大而弱的国家是一种时代的错误”。他还特别推崇我党倡导的全面抗战的方针，认为这是在当时的条件下中国战胜日本侵略者的最有效的办法。

1941 年 5 月，卡尔逊重返海军陆战队。在太平洋战争中，他指挥了一支一千人的海上游击队，屡建奇功。1946 年因病以陆军准将衔退役。

第二次世界大战后，卡尔逊反对美国干涉我国内政，主张美军撤出中国。当国民党统治区爆发了强大的反饥饿反内战的民主运动时，他表示坚决支持，指出“这是中国人民巨大力量的表现”[2]。1946 年，虽然他的健康状况继续恶化，但他仍然为召开中国与远东大会，发起美军撤出中国周而多方奔走。卡尔逊由于病重未能亲自出席，但发表了书面讲话，力主不同社会制度的国家和平共处，反对干涉中国。对于这次大会，我党表示热烈欢迎，大会召开之日，周恩来同志曾致电表示支持[3]。

1947 年 5 月 27 日，这位中国人民的忠实朋友病逝于俄勃冈州波特兰市。由于战争的阻隔，数月后我党才得知这一消息，朱德总司令、周恩来副主席立即向其家属发去唁电，表示深切的哀悼，电报说：“卡尔逊将军对战胜日本帝国主义、增进中美人民的友谊与争取美国实行进步外交政策的贡献，将永为中国人民所纪念。”[4]

三十年过去，弹指一挥间。在中美两国政府、两国领导人和人民

1《美亚》杂志，1939 年 3 月号，第 15 页。
2 1945 年 12 月 14 日《新华日报》，第二版。
3 1946 年 10 月 21 日《新华日报》，第二版。
4 1947 年 8 月 15 日《人民日报》。

的共同努力下，两国关系中的不正常状态正式宣告结束了。坚冰已经融化，航道终于开通。为中美两国人民友谊和中国革命事业作过贡献的已故的美国友人，泉下有知，该是何等高兴啊！我们怀念过去，更珍视现在和将来，在新的历史条件下，中美两国人民的传统友谊一定会得到长足的发展。

原文载《历史教学》1979 年第 2 期（合作者李元良）

《美亚》杂志与抗日根据地

抗日战争时期，党领导的抗日根据地远处敌后，缺乏现代化的通讯设备，又被日军、国民党军队的重兵包围，敌后作战和根据地建设详情当时很少为外界所知，《美亚》杂志（1937 年在纽约创刊）是西方国家中站在同情中国共产党人的立场上较系统地报道我抗日根据地情况的少数刊物之一，该刊用较大篇幅先后发表了数十篇西方作者亲身访问抗日根据地的报道和文章，有时也刊载一些我方的文献。在那风雨如晦的年代里，起到了激励人心的作用。

一

《美亚》杂志第一篇系统报道我抗日根据地的文章是克雷顿·米勒写的《华北仍处于中国控制之下——晋察冀边区政府的军事战略》，作者是在北平攻读历史的美国学生。1938 年，他到冀中根据地进行了三周访问。看到当地军民的抗日爱国热忱，深受感动。他在这篇文章中报道了根据地欣欣向荣的景象，着重说明中国共产党放手发动群众，坚持统一战线，实行全面抗战的战略思想。1944 年原燕京大学英籍教师林迈可根据本人实地考察写成《华北战线——行动中的中国游击队研究》一文，全面介绍了晋察冀抗日根据地和八路军的作战情况。作者提出：“华北是中国战场的一个重要组成部分”，中国游击队在军火极其缺乏的条件下牵制了大批日本兵力，如“1942 年 2 月在华北的日军有 11 个师、14 个独立旅以及炮兵、机械化部队和航空部队。尽管太平洋战场迫切需要兵力，这个数字也没有多大改变”。“日本对华北资源的掠夺也由于袭击队的活动受到很大限制。”作者还介绍了根据地军民创造的地雷战、地道战、百团大战对日军的沉重打击，他指出：“中国军队所以能够在极其困难的物质条件下进行抵抗是因为

他们有卓越的政治组织保证了群众对他们的支援。”（《美亚》，1944年12月29日）

最引人注目的是该杂志刊登的署名亚细亚人的关于新四军的报道。亚细亚人是著名德国共产党人汉斯·希伯的笔名。他曾于1939年2月至3月间到皖南径县云岭新四军军部采访。《美亚》杂志1939年6月号刊载了他寄来的周恩来同志于同年3月7日在新四军干部会上的讲话《论抗日战争的新阶段》摘要。嗣后他撰写了《长江三角洲的游击战》在该刊8月号上发表。希伯指出：沪杭宁地区交通发达，水陆纵横，没有高山峻岭，绝少森林险阻，自然条件对开展游击战十分不利。但是在富有游击战经验，懂得如何组织人民战争的共产党人领导下，取得了人民的广泛支持，建立起能与八路军相媲美的游击作战区。新四军的建立和发展，牵制了日军的大量兵力，沪杭宁地区原来只有两个日军师、两个台湾旅，由于新四军的活动，敌军增兵三倍。而新四军的活动范围已扩展到9个县，日军占领区则只有5个县。

希伯的另一篇文章《东江游击纵队与盟国在太平洋的战略》，系统地报道了当时鲜为人知的东江游击队的情况。文章介绍了该游击队的起源与发展，高度评价了东江纵队在抗日斗争中的贡献。作者说：“这支游击队原在广州香港之间的地区作战，现在以宝安、东莞及东江地区为根据地。”“他们自1938年以来建立的功绩值得高度赞扬。”1941年他们曾成功地应付了日军的几次“扫荡战，并击退了中央军的若干次进攻”。香港沦陷时游击队及时地“将难民、军火与给养运出香港”。迄于1942年3月他们已营救英美人士、国民党军政官员和文化新闻等各界人士数千人。作者称赞说，“游击队对横跨广九路上的据点防御得这样好，以至于日军虽已控制了铁路两端有两年多，但他们迄今未能让一列火车畅通全线，而游击队员却能随时出入香港城”，“游击队已成为经验丰富纪律良好，获得地方居民及国外爱国团体支持的一支强大的军队”。

二

对于国民党顽固派在抗日战争中消极抗日和积极反共，不断制造摩擦，杀害我根据地军民，破坏抗日民族的统一战线的罪恶活动，《美亚》杂志也不断予以揭露，呼吁制止反共分裂，增强团结。该刊 1939 年 9 月号刊登的费尔德的《中国人还要打中国人吗？》一文，摘要介绍了 6 月 13 日《新中华报》前方特讯《十八集团军彭副总司令谈坚持河北抗战与巩固团结》的主要内容，作者指出："就连那些一向反对中国共产党的人们也承认在抗日战争中……没有任何证据能说明中国共产党人试图破坏统一战线。恰恰相反，为了维护团结，面对着大量的挑衅，他们已经做到令人料想不到的克制和容忍。"作者认为倘若这种挑衅活动，中国人打中国人的活动得不到制止，情况将是严重的，其结果肯定将是"让国内的争论加剧，反共分子得到纵容和鼓励，这只能使中国的解放事业受到损失"。

国民党在南方各省制造反共摩擦的顶点是皖南事变的爆发。消息传到美国时，《美亚》杂志 1941 年 2 月号的稿件已经发排，编辑部临时决定约请太平洋事务委员会的中国问题专家凯特·米切尔赶写一篇专论——《中国的政治危机》做为刊头文章发表，披露皖南事变的真相。文章说中国能够坚持抗战的秘诀在于全国各政党和团体团结一致抵抗日本的殖民奴役。然而，这个克敌制胜的法宝正处于危险之中。"这场危机是由重庆的一个人数虽少但实力强大的亲法西斯集团为投降日本进行准备活动而引起的。这种企图无疑会为强大的有组织的决心为民族自立而战的力量所反对。中国现在确实面临着内战的危险。"同期还发表了亚细亚人为该刊撰写的述评《法西斯轴心与中国的统一战线》，一针见血地指出："日本及其轴心同伙是这次新的破坏抗日团结活动的唆使者和主要受益者。"

从 1941 年 3 月起《美亚》杂志接连刊登了七篇相当有说服力的文章报道皖南事变的背景，揭露反共阴谋。3 月号发表的安娜·路易斯·斯特朗撰写的《中国的国共危机》就是其中的一篇。1940 年 12 月，斯特朗第四次访华，正值皖南事变爆发前夕。在华期间她从周恩来同志处了解到国民党顽固派消极抗日积极反共，制造摩擦，杀害我抗日军民的大量材料。她在返美途中获悉皖南事变爆发，抵美后立即草成此文。文章较全面地分析了皖南事变发生的国际环境和国外背景，指出，这是隐藏在重庆政府内媾和派长期以来实行假抗日真反共的投降主义路线发展的必然结果，也是顽固派对于在中国共产党领导下的抗日民主力量不断壮大心怀恐惧的一种表现。斯特朗的文章以大量事实揭露国民党政府军政部长何应钦在抗日战争中与日本侵略者配合默契的丑恶行径，同时还介绍了1941年1月22日我军发言人所归纳的亲日派投降日本的15个步骤和我党我军向国民政府提出的12条要求，以及中国共产党同国民党顽固派进行针锋相对斗争的原则立场。斯特朗呼吁反法西斯国家联合起来制止中国内战，防止暂时冲突发展为全国性和国际性的灾难。同期还刊载了亚细亚人撰写的《叶挺将军传》，作者在按语中写道："重庆政府为他们最近对新四军的进攻进行辩护，指责新四军军民不仅拒绝将其所部调往长江以北的命令，而且策划反对中央政府。叶挺将军于今年一月初在皖南遭到中央政府的袭击受伤被俘，现被囚禁等候军事审判。""已于去年12月渡过长江抵达苏北和皖北的大部分新四军被官方勒令解散。中央政府从而完成了日本军队未能完成的事业——消灭新四军所成功地建立并保持的华中抗日根据地。"作者指出："叶挺将军的被捕和他的军队受到攻击只能解释为国民党反动派的领导人蓄谋破坏统一战线和中国人民蓬勃增长的民主热情。如果此后他们继续进攻新四军和八路军那就毫无疑义地意味着内战，意味着中国抵抗的崩溃和日本的胜利。""立即释放叶挺，停止一切对新四军和八路军的进攻，是继续抗日和建立一个自由民主中国的最基本的先决条件。"

中外公众十分关心新四军在皖南事变之后的处境。《美亚》杂志陆续刊出亚细亚人的一组文章，报道新四军的近况。《重访新四军》一文说：1941年1月国民政府发布解散新四军的命令以来，一再声称新四军已经"不复存在"，作者最近在新四军地区之行中认识到，倘若这是事实，日本在长江地区的远征军和南京的傀儡将会多么高兴。作者说：事实上"当前新四军仍在江苏、安徽、河南、湖北四省147个县，6300万人口的地区抗击伪军。大约有2500万中国居民生活在光复的土地上"。作者说，皖南、苏南的延陵等地因新四军被迫北上而重落敌手，但总的说来新四军的力量比以前更壮大了，有正规部队15万人，全部活动在敌后。新四军总共牵制了15万日军、20万伪军，约占日军在华中兵力的百分之六十。希伯还指出，"可以毫不夸张地说，数以万计的中国人了解新四军对统一战线事业的忠诚，了解这支军队是如何关心人民，教育和指导人民，以及他们所做的重大贡献，尽管他们缺少衣食和装备”。希伯热情地讴歌了新四军与人民群众的鱼水之情。他说：“我在旅途中多次看到人民拒绝接受新四军交纳的住宿费，……当战士坚持交费时，人们异口同声地回答说：‘你们为我们打仗，你们是保护我们的。你们没有钱，我们不能要你们的钱。’很少有一支像新四军那样的部队，在人民中享有如此之高的声誉和受到人民这样热烈的赞美和爱戴。”在整个长江流域，再没有比“我们是铁的新四军”更受欢迎的歌词。希伯充满激情地问道：“所有的国民党人应该想想，当他们宣布这支司令部设在敌后根据地的军队不复存在的时候，在长江流域人民的心中意味着什么？这对于他们自己的声誉和他们所热衷的抗日战争的领导权意味着什么？”（《美亚》1941年9月号）

三

国民党顽固派所搞的新闻封锁、反共宣传、解放新四军的命令并没有帮助他们在国际舆论界赢得什么好评，反而更暴露了他们消极抗日积极反共的真实面目。使人们进一步认识到国民党政府及其统治区的黑暗腐朽，我抗日根据地的政治经济建设则在国际舆论界博得了广泛的赞誉。

1943年美国报刊上展开了一场关于两个中国的讨论，一些专栏作家和学者认为国民党统治下的中国是封建的中国，共产党领导下的中国是民主的中国。可以毫不夸张地说这是国民党顽固派倒行逆施给自己带来的一个苦果。《美亚》杂志1943年9月号刊登的《关于中国的争议》一文综述了这场辩论的经过。争论是由克里顿·雷西著《中国是民主的国家吗？》一书的出版引起的。作者认为中国的民主制和中国自身一样古老，以此来吹嘘重庆政府的民主性质。此书一出，舆论哗然。著名远东问题专家托玛斯·比森在《远东游览》杂志上撰文驳斥雷西的论点，提出了“两个中国”之说。他和许多研究中国问题学者一样，认为国民党政府并没有履行抗战初期许下的进行政治经济改革的诺言，国民党内的保守分子对抗日根据地实行的土地改革和民主建政十分仇视，对于根据地由于采取了正确的政策，而出现的兴旺景象心怀恐惧，唯恐民主改革之风也会吹到他们统治的地区，因而对其进行军事和新闻封锁。于是出现了两个中国：国民党统治下的封建的中国和共产党领导下的民主的中国。比森认为国统区由于没有进行土地改革，大地主仍为其经济支柱，政权则掌握在国民党官僚手中，民众处于无权地位。共产党的或民主的中国进行了改革，减轻了封建经济加在农民身上的地租、税收和高利贷负担，实行了工人、农民、地主、商人共同参加的民主制度。比森认为："政治家的责任就在于把两个中国变为一个中国。必须把统一中国的活动放在社会进步和民主改革的高水平上。只有有了这样的统一，中国才能全力以赴地进行战争。"

对于民主的中国——抗日根据地的政治经济建设，《美亚》杂志不惜篇幅予以报道。希伯在《亚洲中部的敌后》一文中特别介绍了新四军苏北根据地宣传、组织群众和建设民主政权的情况。作者引用新四军政委刘少奇同志的话说："我们的斗争是争取民族独立和在政治、经济、文化方面争取新民主的斗争。一个真正的人民共和国，一个统一战线和各个抗日阶级支持的抗日政府。这就是符合三民主义区别于一党专政的新的民主制。"希伯介绍说在新四军地区各级政府都有由工人、农民、商人、地主组成的人民参政会做为咨询审议机构，政府的一切法律、命令都提交参政会讨论。这同国民党统治区仅仅在一些省政府或大城市设置由地主、资本家组成的参政会形成鲜明的对照。希伯认为由工人、农民、爱国的地主和资本家建立的抗日民主政权和新民主主义运动在世界历史和其他国家中找不到先例。这种独特的历史进程只能从现实的中国社会中找到解释。只有靠这种特殊的民主形式中国才能期望赢得真正的民族独立（《美亚》1941年6月号）。

林迈可的长篇报道《华北战线——行动中的中国游击队研究》对于晋察冀根据地的政权建设和经济发展做了相当详细的报道。作者指出，日本侵占华北地区后，原来的政府机构大部分不复存在。新的政府机构是在游击队的帮助下，经过各种形式的选举产生的。年满18岁的男女都有选举权。在各级参议会中共产党员、进步分子、开明士绅和工商业者各占三分之一。林迈可在介绍了边区的税收政策，工农业生产发展之后写道：1937年以前华北农村在社会政治方面是非常落后的；在中国共产党的领导下，民主政府进行的改革已经把华北变成了中国最先进的地区之一。

《美亚》杂志的编者在《中国，美国经济的新边疆》一文中明确指出：中国抗日根据地对于战后中国经济的现代化前途具有重要意义。他们认为只有一个民主、宪政的政府才能保证中国的政治统一和稳定，只有这样的政府才能使中国的经济在战后得到发展，出现繁荣。而“新中国、新政府的种子已经在抗日根据地种下了”（《美亚》1944年9月22日）。

四

在系统报道抗日根据地军事、政治、经济成就的基础上，《美亚》杂志还发表了一些文章论述抗日根据地对于盟军反攻、最后打败日本侵略者的战略意义，呼吁美国政府给予支援，对美国政府的扶蒋反共政策则予以抨击。

《以中国的游击区做为反攻的基地》一文指出：许多高级军事指挥官一致认为中国势必成为太平洋战场进行战略反攻的主要基地。同盟国战略面临的中心问题是怎样尽快地加强这个主要基地的力量。文章指出在讨论这个问题时，很少有人注意到如何增强中国各种抗日力量的团结一致。特别是如何加强对华北敌后中国游击队的援助。然而，恰恰是游击队控制着华北最具有战略价值的地区。在这些地区，日军控制的范围仅仅是大城市和主要交通线，而游击队根据地或边区政府控制的地区约为十万平方英里，拥有2500万至3000万人口。八路军和新四军及其领导下的游击队杀伤的日伪军占其伤亡总数的一半。敌后根据地“显然是进行战略反攻的极端重要的基地。而且八路军和新四军本身就是中国攻击力量的一个重要部分”。文章援引联合国援助南斯拉夫游击队的例子强调指出：“如果边区的游击队能得到充分的帮助，这些区域可以成为缩短对日战争的有力的反攻基地。”（《美亚》1944年1月7日）

《东江游击纵队与太平洋的战略》一文在介绍了东江游击纵队建

立以来的战绩之后写道："在广东香港地区的一万游击队，以及散在华中华南各地的游击队，在力量上与组织上自然都不能与在华北及西北的几十万训练良好的游击军相比，但他们的精神与决心是同样伟大的。而且就潜力方面看，在华南广泛发展游击队的可能性，甚至较华北还大，因为广东省是过去二十五年中支持中国解放战争最积极的军队的大本营。"文章指出："盟军在中国海岸的登海队，将不仅需要一个友好的人民，而且需要一个受过训练并准备积极参加抗日的人民，这些数量小但组织优良的游击队能够成为这样援助的基础，似乎是确定了的。""立刻承认这些游击队的存在与潜力，包括派遣联络官，提供技术上的援助和军火方面的援助，对于我们将来进攻日本，已具有头等重要性。"（《美亚》1944年7月号）

鉴于中国抗日根据地的发展受到国民党顽固势力的遏制与摧残，《美亚》杂志编者认为美国面临的主要问题是采取何种政策才能加强中国的自由民主力量，帮助中国人民摆脱现在的官僚统治，而不致于引起导致外来军事干涉的国内暴力冲突。《美亚》杂志编者指出：只要美国政府愿意，它就可以通过多种途径对国民党政府施加影响，促进中国的政治和经济改革。然而美国政府决策人所奉行的对华政策却背道而驰，完全适应了蒋介石的要求。史迪威将军和驻华大使高斯相继去职，新任驻华大使赫尔利推行的是既定的扶蒋反共政策。《美亚》杂志尖锐地指出，赫尔利"无视他的前任仔细制定的政策"，"无视美国人民的最大利益"，不仅给中美关系造成了无法弥补的损害，而且为迅速击败日本设置了严重的障碍（《美亚》1945年5月18日）。在仔细地研究了毛泽东在中共第七次全国代表大会上所作的《论联合政府》的报告和蒋介石在国民党六大上的讲话之后，《美亚》杂志表发评论说："如果我们拒绝同中国的抗日民主力量合作，迅速战胜日本的事业就会受到严重的障碍。如果我们继续保持只援助重庆政权的政策，一旦对日战争结束，我们就会发现我们是在支持一个为大多数人民所反对的政权。而且……已经为这个政权提供了发动内战的力量和装备。"评论认为美国必须改弦易辙，"只有一个团结、民主、经济进步的中国做为远东的稳定力量，才能使中美之间互利的经济关系成为可能"。

《美亚》杂志在抗日战争期间大量地报道和评论我根据地的情况和美国的对华政策，在国际上具有一定的影响。它不仅使西方广大读者能够比较真实地了解在中国共产党领导下，中国人民抵抗日本侵略者的实际情况和中国共产党的抗日主张，而且也引起了某些政府机构的注意，比如，日本在我国东北的经济侵略机构满洲铁路株式会社就藏有这份发行从未超过两千份的刊物，它也是美国国务院工作人员经常阅读的刊物之一。《美亚》杂志之所以能够做出如此重要的贡献，是同它有一个同情中国革命事业的编辑部和有一支亲身到过抗日根据地、对中国问题作过深刻研究的作者队伍有关，该刊主编菲利普·贾菲从1930年起就同美国的左翼运动结下了不解之缘。1937年6月曾化装穿过国民党封锁线访问延安。会见了毛泽东、朱德、周恩来等领导人。著名经济学家、中共党员冀朝鼎曾经是该刊编辑部重要成员，在作者中，既有人们所熟悉的知名友好人士如埃德加·斯诺、安娜·路易斯·斯特朗、埃文斯·卡尔逊、汉斯·希伯，也有像詹姆斯·贝特兰、哈·汉森这样的知名记者。还有一些人是燕京大学的教师和学生，尽管他们原来对中国共产党一无所知，但当他们进入根据地后，受到抗日军民爱国热忱和统一战线政策的感染，使他们情不自禁地把自己的见闻和感受公诸于众。《美亚》杂志同情中国革命的立场和对美国扶蒋反共政策的尖锐批评，惹恼了美国当局，从而招致了严重的政治迫害，1945年6月6日美国联邦调查局以莫须有的间谍罪名逮捕该杂志主编贾菲等六人。迫于进步舆论的压力，美国政府最后不得不将他们释放，但该杂志终于在两年后被迫停刊。

抗日根据地的发展壮大主要是我国人民自己在中国共产党领导下艰苦奋斗的结果，然而，不忘国外进步人士和进步舆论的同情和支持，是中国人民的好传统，《美亚》杂志对我抗日根据地的道义声援将载诸史册。

原文载《历史教学》1986年第9期（合作者黄振华）

卡尔逊与八路军的敌后游击战

中国共产党领导的抗日游击战是打败日本侵略者的决定性因素，是世界反法西斯战争的重要组成部分。指导抗日游击战的人民战争思想不仅在中国战场上发挥了它的威力，而且一开始就引起了国际舆论的注意，并对毗邻战场发生过直接、有益的影响[1]。美国海军陆战队的杰出指挥官卡尔逊将军在抗日战争初期不畏艰险，深入敌后，跋涉千里，考察八路军作战实况，著书立说予以介绍，并运用其作战经验，在太平洋战场上取得了辉煌战果。卡尔逊以他的著述和实践证实了抗日游击战对反法西斯战争所做的贡献。

一

埃文斯·福代斯·卡尔逊（1896～1947）是作为美国政府代表来到抗日根据地进行访问的第一个职业军人，也是目睹中国人民坚持敌后抗日游击战争的第一位外国军事观察家。这位身材细高、说话慢条斯理的“大老美”，早年辍学，出身行伍。1937 年 7 月作为美国海军情报官员第三次来到中国时，他在军队中已经服役二十五年。除了热心于毕生所从事的军事工作外，卡尔逊还对中国悠久的历史和古老的文化产生了浓厚的兴趣，并且有机会在乔治·华盛顿大学选修国际法方面的课程[2]。卡尔逊 1937 年的中国之行不仅负有了解中日军事冲突

1 遗憾的是，在西方一些二次世界大战史学家的笔下，这一瑰丽多彩、可歌可泣的历史不见了。英国军事理论家亨利·利德尔·哈特历时二十年才完成的《第二次世界大战史》对我八路军、新四军抗击日本帝国主义的伟大斗争只字未提。有的著作则因袭了国民党政府的观点歪曲事实，诬蔑我八路军游而不击，扩充实力。参阅莫道（M. Baudot）等编：《第二次世界大战历史百科全书》（*The Historical Encyclopedia of World War 11*），英译本，纽约 1980 年版，第 89～90 页。

2 卡尔逊的传记材料本文主要根据麦克·布兰克福特：《大老美，突击手卡尔逊的一生》，（Michael Blankfort, *The Big Yankee, The Life of Carlson of the Raiders*）波士顿 1947 年版；肯尼斯·肖梅克：《美国人和中国共产党人》（Kenneth, E. Shewmake: *Americans and Chinese Communists*, 1927～1945），康乃尔大学出版社 1971 年版；肯尼斯·肖梅克：《美国自由派的梦想，埃文斯·F.卡尔逊和中国共产党人，1937～1947》（“The American Liberal Dream ,Evan .F, Carlson and Chinese Communists，1937～1947”），载《太平洋历史评论》（*Pacific Historical Review*）1969 年 5 月号；《美国传记词典》（*Dictionary of American Biography*）。

发展情况的一般使命，还承担了定期直接给罗斯福总统的秘书莉·汉德小姐写信秘密报告中国情况的任务[1]。这就难怪美国进步作家艾格妮丝·史沫特莱第一次同他见面时就把他看作是“美国大使馆和海军陆战队派来的军事间谍”[2]，对他存有戒心了。可是，这位怀着自由派梦想的笃诚的基督徒自始就对中国抗日事业寄予深切的同情。在淞沪战争中卡尔逊目睹日本的优势兵力击败国民党军队的实况。有一次卡尔逊在六十码范围内眼看着中国军队在日军炮火和坦克的袭击下伤亡惨重，他真想拿起枪来向日本人开火。他敏锐地觉察到蕴藏在中国普通老百姓之中的巨大的精神力量。他在日记中写道：“中国人民坚毅不拔的精神是很了不起的，他们拥有巨大的精神力量的源泉……受伤的人不喊叫……一个不在乎痛苦和死亡的民族是不可战胜的。”[3]

面对国民党正面战场的溃败，工业基地的丧失，卡尔逊感到中国“要同日本的那种现代化军队作战是不可能的”[4]。同时他对共产党领导的游击队何以能在敌后抗击日军感到费解，“急于想弄清楚，既然共产党掌握的物资甚至比国民党少得多，他们怎么能够在华北支撑一条虽然界限不明确但相当辽阔的战线”[5]。在他看来在中国这样一个幅员辽阔的国土上打游击不是不可能的，但关键要有正确的领导和高昂的士气。他对斯诺《西行漫记》手稿中所描写的情况将信将疑，他对斯诺说：“如果他们真正是士气高昂和纪律严明，如果他们的领导人像你所说的那样足智多谋……那我就会相信未来可能是属于他们的。”[6]因此他想亲自去看个究竟。得到他的上司哈利·E. 亚内尔海军中将的批准，经过端纳和斯诺的联系，取得国共双方的同意后，卡尔逊开始了他的华北敌后之行。[7]

1 卡尔逊1937年8月14日致莉·汉斯小姐的信，转引自肖梅克：《美国自由派的梦想，埃文斯·F.卡尔逊和中国共产党人，1937～1947》，第102页。

2 史沫特莱致布兰克福特信，转引自布兰克福特：《大老美，突击手卡尔逊的一生》，第205页。

3 布兰克福特：《大老美，突击手卡尔逊的一生》，第184页～185页。

4 斯诺：《复始之旅》，见《斯诺文集》第一卷，中译本，新华出版社1984版，第236页。

5（美）迈克尔·沙勒：《美国十字军在中国，1933～1945》，中译本，商务印书馆1972年版，第24页。

6 斯诺：《复始之旅》，第286页。

7 斯诺：《复始之旅》，第237页；布兰克福特：《大老美，突击手卡尔逊的一生》，第189～194页。

取道武汉、西安、潼关、临汾，卡尔逊于1937年12月中旬到达山西南部洪洞县境高公村八路军总部。在这里他会见了朱德总司令和八路军的其他将领。卡尔逊问朱德："你们抵抗日本侵路的作战计划根据是什么？"朱德告诉他："我们相信，中国能够抵消敌人的现代军事装备和组织优势的，是发展一种包括全民在内的抗战"。"我们优于敌人的是情报、运动、必胜决心，这是我们克敌制胜的法宝。"朱德还告诉卡尔逊，"现在我们希望建立真正的民主制，一种有共产党人参加的与国民党有平等地位的民主攻权；以团结全国人民打败日本侵略者"。[1]为了帮助卡尔逊了解我军的战略战术原则，朱德专门为他召集了连续几天的干部会议。[2]卡尔逊还同八路军总政治部主任任弼时、副参谋长左权、女作家丁玲等做了个别交谈。任弼时向卡尔逊系统全面地介绍了八路军的政治工作，向他讲述我军官兵一致、军民一致、瓦解敌军和宽待俘虏等基本工作原则。[3]

卡尔逊在八路军总部盘桓了十余天，在此与史沫特莱相遇，结下了深厚的友谊。他还向洪洞县的英国传教士初丁格尔夫妇询问了他们对八路军的看法。圣诞节过后，在卡尔逊的一再要求下，由一支小部队护送他向晋察冀抗日根据地进发，从而开始了他第一次长达51天的华北敌后千里之行。[4]

前进途中，卡尔逊巧遇前往总司令部参加会议的刘伯承师长，行至辽县，在129师师部又会见了徐向前、张浩、陈赓等129师将领。之后由陈锡联团长率领一支小部队继续护送他穿过正太路。[5]这是一次艰苦的行军，不断地翻山越岭之外，还要穿过日军封锁线，一路上敌情十分严重，小部队不时与日军遭遇。为了完成护送任务，他们尽量避开敌人，艰难地在山区行进。卡尔逊目睹了日本侵略军烧杀抢掠的暴行。他在1938年1月21日日记中写道："路经铜崖陀（译音），日军占领过该地后又离去，留下了被占领过的充分证据。这个镇已成为

1 卡尔逊：《中国的双星》（*Twin Stars of China*），纽约1941年版，第75～76、79、82页。

2 史沫特莱：《中国的战歌》序曲篇，中译本。

3 卡尔逊：《中国的双星》，第75～76、79、82页。

4 卡尔逊：《中国的双星》，第65～85、100～106页。

5 卡尔逊：《中国的双星》，第65～85、100～106页。

一片废墟。所有能拆下来的木头都烧光了，只剩下土墙。几位老人在埋葬被侵略者枪杀的三个人的尸体。一个人因没有听懂命令，一个人因拒绝向日本军官磕头，第三个人则是毫无理由地被枪杀。离开铜崖陀我们进入山区的心脏，今天爬了三座山，人们说明天要爬四座。气温白天是华氏35度夜里25度。我们身着兰色服装，长长的队伍在山区小路盘桓上下，很中看。今天因为人们虐待驮骡使我很不痛快。谁也没有办法赶它们快走，它们一直处于困难状态。”[1]

经过一个月的行军，卡尔逊于1938年1月29日到达晋察冀边区政府所在地阜平，受到聂荣臻和边区政府的热烈欢迎。在晋察冀参观访问之后，卡尔逊又越过同蒲路到晋西北访问了贺龙的司令部。几天后他在洪洞县的马牧村再次见到朱德，并于次日送别了迁往太行前线的八路军总部。2月28日，卡尔逊“怀着奥林匹克运动员的感情”回到国民党政府所在地汉口。[2]

1938年5月5日至8月7日，卡尔逊再次访问我敌后根据地。此行目的是考察抗日群众运动和国共两党合作实况。他从西安出发，搭乘一辆运送药品的卡车直奔陕北。卡尔逊在延安停留十天，会见了毛泽东、张闻天，同这两位中央领导人作了内容广泛的交谈。毛泽东除重申全面抗战的方针外，着重向卡尔逊介绍了中日战争犬牙交错的形势，阐明包围和反包围、内线和外线作战的理论以及中国共产党关于抗战胜利后建国的主张。[3]毛泽东还把刘白羽等五位青年文艺工作者介绍给卡尔逊[4]，让他们陪卡尔逊一起踏上第二次敌后千里之行的征途。在蒙绥地区，卡尔逊先后会晤了邓宝珊、马占山等爱国将领。卡尔逊赞赏他们的抗日热忱，但也清醒地意识到这些部队属于旧式军队，沿袭“家长式”的带兵方法，各行其是，缺乏统一指挥。卡尔逊一行沿黄河河套而下进入晋西北后，立即感到“气氛迥然不同”，续范亭将军与共产党密切合作，使岢岚地区“生机勃勃，充满了乐观主义欢乐

1 布兰克福特：《大老美，突击手卡尔逊的一生》，第217页。

2《抗敌报》1938年6月27日第6、7版，2月10日第3版；卡尔逊：《中国的双星》，第114～121页。

3 卡尔逊：《中国的双星》，第169～170页。

4 参见刘白羽：《红太阳颂》，1976年12月25日《人民日报》。

和美好的希望”。[1]在岚县，卡尔逊又一次成为贺龙将军的座上客，并由他派出小分队护送，穿过日军严密设防的同蒲路重登五台山。卡尔逊注意到七个月来发生的变化是巨大的，晋察冀根据地不仅在军事上经受住日军“围剿”的考验，而且在政治上和经济上更加巩固了。卡尔逊高兴地得知边区政府不仅有了自己的银行，还发行“救国公债”，他用美国银行的旅行支票购买了一些债券，以表示对根据地的支持。抗战一周年前夕，卡尔逊一行在定县附近越过平汉线，目睹了广大群众和民兵开展铁道破击战的景象。他们在冀中军区所在地——任邱，从吕正操司令员那里了解到在平原地区开展游击战的方法。得悉徐向前已率所部挺进冀南，卡尔逊赶到南宫与之会晤，恰巧遇到了正在该地检查工作的邓小平。应卡尔逊之请，邓小平讲解了抗日救国十大纲领的主要内容。邓小平还同卡尔逊畅谈国际形势。正是从邓小平的谈话中卡尔逊获悉中日战争第一年日本从国外进口的军事物资一半来自美国。这个消息既使他震惊，也使他沮丧。他简直不能相信美国人民竟会对屠杀中国人民的日本侵略者慷慨解囊。[2]孔夫子的故乡之行使卡尔逊进一步认识到国共两党的根本分歧在于要不要动员人民群众参加抗日斗争。国民党地方武装濮阳专员丁树本部，鱼肉乡里，民怨沸腾，使卡尔逊在该地区完全丧失了安全感。8 月初，卡尔逊不得不在郑州车站向同他一起跋涉了五千里路的青年伙伴握手言别。他体会到这次长途行军中建立的亲密友谊是以“人类正义感为基础”的，使“国籍和种族失去了意义”。[3]

卡尔逊怀着丰富的见闻和十分激动的心情回到汉口。九个月前使他感到困惑的问题解决了。他按捺不住兴奋的心情，逢人便告。正如爱泼斯坦所形容的那样，他没法“把他看到的一切藏在心头”。[4]“卡尔逊确信他在游击区体验到的才是唯一的真正的‘善’。他毫不怀疑地相信，依靠中国共产党人的力量，新的更加美好的世界可以建设成功。”[5]“他已经到过沃丁[6]的殿堂，他要把这一点告诉全世界。”他什么都顾不得了，对于当时云集在汉口的欧美记者的采访，来者不拒。

1、2、3 卡尔逊：《中国的双星》，第 209、252、267 页。

4 以色列·爱泼斯坦：《人民战争》（Israel Epstein, *The People's War*, London, 1939），伦敦 1939 年版，第 200 页。

5 王安娜：《中国——我的第二故乡》，中译本，三联书店 1980 年版，第 219 页。

6 北欧神话中掌管文化、艺术、战争、死亡的最高神祇。

使记者们感到惊讶的是，在记者招待会上他回答一切问题并允许披露他的名字。他对于中国共产党领导下的抗日根据地的军事、政治制度赞不绝口。显然，他的言谈超出了作为外交官所能够许可的限度。[1]

熟悉中国社会政治情况的卡尔逊并非对中国的一切都抱乐观态度，在他第一次离开山西之前他曾经发出过这样的疑问："当我面向汉口，我想到蒋介石是否愿意向他的下属进行八路军领导人所倡导的实际的自我牺牲教育？他是否愿意动员人民进行抵抗并向他们提供公民权利和社会平等？只有这样才能使他们具有无条件的献身精神。"[2]卡尔逊的担心很快就变成为现实。他一回到汉口，便立即渡江到武昌去见蒋介石和宋美龄，希望他们能够在政治上实行民主，向八路军提供物资援助。但是他在武昌受到了冷遇。一位当时在汉口的波兰籍的红十字会会员回忆当时的情景说:卡尔逊把"他的大手放在我的肩上，对我说：让我们到餐厅去喝一杯吧！我冷到了骨髓。他（指蒋介石）和夫人以莫测的、冷冰冰的态度听我讲话。他们不愿意为五台山做任何事情"。[3]卡尔逊并没有因此而气馁，他继续同人们谈论援助我晋察冀根据地的问题。

美国海军部中的保守分子和国民党右派对于卡尔逊的言谈极为不满，9 月 17 日他接到不得在公开场合发表谈话的命令，并要求他立即返国。[4]卡尔逊并没有对此感到不安和沮丧，相反，他立即向海军部提出辞呈。他说："没有理由不让我发言。我说的句句都是真话，我还要继续说，这是我的义务！"他拒绝了不要轻率辞职的劝告。[5]他说："我希望根据自己的信念自由地讲话和写作"。[6]当年 12 月底卡尔逊回到美国，"像一个着了魔的人"[7]，继续为援助中国人民的抗日事业

---

1 肖梅克：《美国自由派的梦想，埃文斯 •F.卡尔逊和中国共产党人，1937～1947》，第 104～105 页；王安娜：《中国——我的第二故乡》，第 219 页。

2 布兰克福特：《大老美，突击手卡尔逊的一生》，第 223 页。

3 伊洛钠 • 拉尔夫 • 苏斯：《鲨鱼的鱼翅和小米》（Ilona Ralf Sues, *Shark's Fins and Millet*. Boston, 1945），纽约 1945 年版，第 300 页。

4 肖梅克：《美国自由派的梦想，埃文斯 • F.卡尔逊和中国共产党人，1937～1947》，第 105 页；王安娜：《中国——我的第二故乡》，第 219 页；沙勒：《美国十字军在中国，1933～1945》，第 21 页。

5 王安娜：《中国——我的第二故乡》，第 220 页。

6 布兰克福特：《大老美，突击手卡尔逊的一生》，第 225 页。

7 布兰克福特：《大老美，突击手卡尔逊的一生》，第 269 页。

而奔走、游说、写作。

二

卡尔逊有关人民战争思想和八路军敌后游击战的论著发表于1937至1941年间。在此期间，他除了于1940年底1941年初再次访华，考察中国的工业合作运动外，主要精力用在写作上。1940年出版的《中国的军队》、《中国的双星》两书以及在《美亚》杂志上发表的《非正统的战争在继续》、《中国的经济民主》等文章集中地阐明了卡尔逊对中国共产党领导下的敌后人民游击战争的认识。

这位《圣经》不离手，熟读超验主义作家爱默生著作的职业军人并不是一位深思熟虑的理论家。他和许多普通的美国人一样没有从抽象的原则出发考虑问题的习惯，而是凭借自己的直接感受作出判断。当然，这些感受和判断也要受他固有的价值观念——杰弗逊式民主的支配。

卡尔逊惯于从日常生活作风，生活细节观察认识问题。共产党、八路军的作风使卡尔逊感到十分亲切。他写道："'不用客气'一语看来是这支军队的格言。它含有说话做事直接了当的意思，避开从孔夫子以来已成为中国官场生活一部分的表面客套。没有一个正统的中国官员会以朱德那种朴素方式出来迎接我。与此相反，我会被那些过分讲究礼节的秘书接待，引我去见某个大人物。然后品茶20分钟，直挺挺地坐在椅子上，说些毫无意义的话。但是在这里一切都很随便，毫无保留，彼此都极其坦率。"[1]他同孙夫人宋庆龄相处融洽，是因为孙夫人与中国共产党人一样不注重繁文褥节。[2]他说："八路军在空前程度上破坏了中国的传统。他们提倡实事求是和效率高于一切（高于个人骄傲、面子、声望）。懒散拖延被视为犯罪。"[3]在八路军里从上到下都使他感到了"友好、自信和民主"。他同共产党人在一起比同

1 卡尔逊：《中国的双星》，第68页。
2 卡尔逊：《中国的双星》，第316页。
3 卡尔逊：《中国的军队：它的组织和军事效能》，纽约1940年版，第42页（Carlson, *The Chinese Army: Its Organization and Efficency*, New York, 1940）。

国民党官员在一起感到熟悉得多，亲切得多。同共产党人说话就像他和美国人一样可以直接了当真诚相待，他认为中国共产党人比中国的任何集团都更像美国人。[1]

卡尔逊对中国共产党八路军的观察并没有停留在待人接物和日常生活作风上。卡尔逊认为中国共产党是最生气蓬勃最进步的政治组织。[2]他尖锐地指出：中国国家“力量的源泉首先在于中国共产党”。[3]他们从根本上代表着中国的农民和工人。中国共产党是为深受压迫的农民和工人而斗争的。[4]他们考虑是否采用某项政策的前提是看它是否正确、是否有用、是否有利于大多数人。“他们没有外援，但他们已经组织了一支以广大农民的支持为基础的游击队。”[5]这支中国共产党的军事工具现在称为八路军。“高昂的士气和相当好的身体状况，使这支军队在东亚的军事组织中显得别具一格。”[6]

卡尔逊从开始就注意到这支“军队力量的源泉”在于“道德灌输”。[7]道德灌输是卡尔逊用来概括我军政治工作的专门术语，当他在八路军总部与朱德、任弼时谈论我军的政治工作时，他不完全同意“政治教育”或“灌输”的提法。他也不完全赞同周立波建议使用的“军事—政治教育”一词。他认为我军的工作不止于此，“在政治、军事策略、群众精神、自我牺牲之外”还有更多的内容。他认为这就是“伦理道德观念”即“促使人们为社会整体利益而奋斗的意识”[8]。他认为其中最重要的内容是教育军队和人民了解他们在为什么而战，这是保持高昂士气的关键，是中国游击队的秘密武器。[9]在谈到游击队的机动性时，他说“在世界上也许没有任何一个军队组织能够完成这样长途

1 卡尔逊 1937 年 12 月 24 日致莉·.汉德小姐的信，转引自肖梅克：《美国自由派的梦想，埃文斯·F. 卡尔逊和中国共产党人，1937～1947》，第 303～304 页；卡尔逊，《中国的双星》，第 164 页。

2 沙勒：《美国十字军在中国，1933～1945》，第 24 页。

3 卡尔逊：《非正统的战争在继续》，《美亚》1939 年 3 月号（“The Unorthodox War Continues,” *Amerasia*, March 1939）。

4 卡尔逊：《非正统的战争在继续》，《美亚》1939 年 3 月号（“The Unorthodox War Continues,” *Amerasia*, March 1939）。

5 沙勒：《美国十字军在中国，1933～1945》，第 24 页。

6 卡尔逊：《中国的军队：它的组织和军事效能》，第 24、37 页

7 肖梅克：《美国自由派的梦想，埃文斯·F.卡尔逊和中国共产党人，1937～1947》，第 194 页。

8 布兰克福特：《大老美，突击手卡尔逊的一生》，第 202 页。

9 卡尔逊：《中国的双星》，第 75～76，79，82 页。。

的行军，这种行军简直成了士兵的日常生活，其原因就在于每一个人都有履行他的职责的愿望”。[1]另一项重要内容是要求军队了解“人民是他们的同盟者，不要错待他们”[2]，并且规定了三大纪律八项注意来约束部队的行动，决不允许像旧军阀军队那样践踏人民的权利。再有，就是灌输为社会整体利益而奋斗的意识。他说这种道德观念、这种责任感贯穿于八路军日常生活、战斗和政治之中。由于中国共产党人反复地向军队和人民灌输“乐于服务的精神”，“诚实、人道、无私、如实反映情况的品质”，使每个人都有一种“正直行事”的愿望，懂得“自我牺牲是社会进步所要付出的代价”，因而使人人都能克服困难，“着了迷似的去完成自己的职责”。[3]

卡尔逊认为，这种道德教育之所以能够奏效是因为干部以身作则，与士兵同甘共苦，实行官兵一致的原则。干部并不高人一等。他们之所以能够有威信，完全是“以道德上的优秀品质为基础的”。在物质生活上“指挥员同士兵是一样的，衣食住都没有多少区别”。指挥员同士兵在社会地位上也是平等的。非值勤期间“士兵能够和指挥官坐在一起聊天”。[4]道德教育能够实行，还因为共产党的干部信任战士，实行军事民主，让士兵自由地讨论作战方案。在领导者和被领导者之间建立起一种强有力的信赖关系。这种自愿的动因和相互了解结合在一起，加上集体和个人之间的对话，产生了卡尔逊所说的具有高尚精神的优良的作战机体。[5]卡尔逊认为这也是共产党军队与国民党军队最根本的不同之处。国民党军队的“士兵缺乏政治训练”[6]，“他们不知道为何而战，只是消极地执行命令，军官们骑在马上来往驰骋督

---

1 卡尔逊：《中国的军队：它的组织和军事效能》，第 24、37 页。

2 卡尔逊：《非正统的战争在继续》，《美亚》1939 年 3 月号（“The Unorthodox War Continues,” *Amerasia*, March 1939）。

3 卡尔逊 1937 年 12 月 24 日致莉·汉德小姐的信，转引自肖梅克：《美国自由派的梦想，埃文斯·F.卡尔逊和中国共产党人，1937～1947》，第 195 页；卡尔逊，《中国的双星》，第 110 页；肖梅克：《美国自由派的梦想，埃文斯·F.卡尔逊和中国共产党人，1937～1947》，第 35～37 页。

4 肖梅克：《美国自由派的梦想，埃文斯·F.卡尔逊和中国共产党人，1937～1947》，第 35 页。

5 卡尔逊 1937 年 12 月 24 日致莉·汉德小姐的信，转引自肖梅克：《美国自由派的梦想，埃文斯·F.卡尔逊和中国共产党人，1937～1947》，第 195 页。

6 卡尔逊：《欧洲盟约与中国的前途》，《美亚》1939 年 10 月号（“European Pacts and Chinese Prospects,” *Amerasia*, October 1939, pp.345～349）。

促行军，缺乏鼓舞着八路军的那种团结一致的精神”。[1]

卡尔逊注意到由于中日两国各自的特点决定这场战争是一场战争史上非常独特的战争，“在任何意义上都不是一场常规的战争”。中国在物质装备上处于劣势，就社会发展程度而言是后进的。但是中国人民是为保卫家园和领土完整而战，并且在人口数量和地域广阔上占据优势，这是必须加以考虑的永久性的因素。日本拥有现代化装备的陆海军，然而是为征服而战。卡尔逊认为，中国用来抵消日本现代化军事装备优势的最好办法就是中国共产党倡导的“全面抗战”。[2]他认为八路军的抵抗是以对军队和人民进行政治训练和军民团结为基础的[3]，是由正规军、游击队和人民群众（以县为单位）组成相互配合的抗日力量。八路军游击队这种非正规的武装力量给他留下了深刻的印象。他认为，这是对“日本的现代化军事机器挑战的回答”。[4]卡尔逊十分看重中国人民的作用。他指出：“中国人民有多少个世纪以来形成了的对家园的热爱和民族自豪感。他们足智多谋、勇敢、热爱和平。”“外国的侵略更激起了中国人民的民族主义的感情。因此，今日中国的力量在于人民。这种力量是由对民族的献身精神和对国家的忠诚所凝成的。”人民以县为单位组织起来，有商会、工会、农会、妇女会、儿童团等。“通过这些组织人民受到文化和政治教育。他们被教以为什么而战，如何自治和怎样对抗日斗争做出贡献。县被划分为区，区由地方政府管理。”[5]“在全部抵抗运动计划当中很重要的因素是村自卫队，这是由各村的老年人组成的。它的主要作用是搜集敌人情报和采取措施对敌人封锁消息，运送伤员。”[6]“全体人民的努力就这样明智地同军事方面的努力协调起来。”[7]

卡尔逊认为，八路军的游击战是使日军的装备优势得不到发挥的

1 卡尔逊：《中国的双星》，第120页。
2 卡尔逊：《非正统的战争在继续》，《美亚》1939年3月号
3 卡尔逊：《欧洲盟约与中国的前途》，《美亚》1939年10月号。
4 肖梅克：《美国自由派的梦想，埃文斯·F.卡尔逊和中国共产党人，1937～1947》，第194页。
5 卡尔逊：《非正统的战争在继续》，《美亚》1939年3月号。
6 肖梅克：《美国自由派的梦想，埃文斯·F.卡尔逊和中国共产党人，1937～1947》，第38页。
7 卡尔逊：《非正统的战争在继续》，《美亚》1939年3月号。

最有效的作战方式。这种作战方式的成功，在很大程度上是由于准确地掌握了敌军兵力和运动的情况，避免同强大的敌人进行阵地战，向敌后挺进，击敌侧翼和后方，切断其交通线，夜间骚扰敌军营地，从而削弱敌军的力量和效能，大大增强了自己的实力。[1]卡尔逊在听到陈锡联讲述夜袭阳明堡的经过后，在他的心目中出现了一幅图画，“侵略军像一只大象正在嘎吱嘎吱地向前走，但是这只大象总是受到成群的大黄蜂的折磨，昼夜不停地被刺伤，它的给养有时被大黄蜂切断。在这种情况下，这只大象还能生存多久呢？”[2]因此卡尔逊说：“八路军深入敌人的后方发挥游击战争，到处予敌人以重大威胁，这是争取胜利的最大条件。”[3]

卡尔逊同意我党关于抗日战争是持久战的观点。他说：“只要人民继续保持团结，没有任何举足轻重的集团对日妥协，这种非正规的抵抗就会使日本在东亚大陆上的冒险归于失败。因为第一，中国的人力储备和自然资源远远超过了日本；第二，日本没有足够的兵力占领全中国；第三，日本在中国大陆维持驻军的开支大大超过了对华战争的开支。”在持久战的第二阶段里，中国的作战目标是：使日本不可能以政治手段控制中国，不可能开发中国的自然资源，不可能沿交通线运送给养，迫使日军撤往沿海地区。到了这时中国的反攻阶段就开始了。[4]

在敌后旅行当中，卡尔逊访问了八路军建立的所有抗日根据地，对于抗日根据地的政治、经济制度产生了浓厚的兴趣。卡尔逊认为，共产党八路军独特的行政管理原则“在政治上可以称之为代议制政府；经济上是一种完善化了的合作社会，在社会方面则是公社式的”。他说：各区人民经过一段时间的代议制政府的基本训练后，选举村、县政权以及边区议会的代表。“在该地区之内有绝对的出版和言论自由，参军是以自愿为基础的。”[5]在卡尔逊看来，“延安是自由主义精

1 肖梅克：《美国自由派的梦想，埃文斯·F.卡尔逊和中国共产党人，1937～1947》，第40页。
2 卡尔逊：《中国的双星》第101、102页。
3 卡尔逊在耿镇军区后方医院参观慰问时的讲话，《抗敌报》1938年2月10日第三版。
4 卡尔逊：《非正统的战争在延续》，《美亚》1939年3月号。
5 卡尔逊：《美国面临东方危机》，《美亚》1940年2月号（“America Faces Crisis in the Orient,” *Amerasia*, February 1940）。

神的化身”，“五台山是新中国的试管”，“而代议制的政府是晋察冀边区的脊梁骨”。[1]“地方经济制度是以合作思想为依据，工农业生产合作社成员在其中取得的利润多少视每人在生产过程中的技术水平和占有的股份而定。每个社员至少三股，可以靠信贷取得，最多不得超过二十股。产品的分配在很大程度上由边区政府控制，以便满足每个成员的急需。”“事实上由十个或十二个县组成的一个区经济自给。困难和粮秣军民分担分享。领导人不得以权谋私。良好的关系增强了抵抗的效率”；“所有的个人在社会上都是平等的，军政官员根据不同的级别受到尊重，但在选拔时是根据任人唯贤的原则”。在军队中士兵与军官“在平时，他们的交往没有任何社会障碍”。[2]卡尔逊指出：“这场中日冲突迫使中国正卓有成效地进行一场在正常情况下，到下一个世纪也难以奏效的社会革命。”[3]他断言中国共产党“在教育政府和经济组织方面的实验在当前的冲突结束之后是注定要影响到整个中国的”。[4]“巨人在行动，中国有了成为世界伟大强国的前景。”[5]

卡尔逊非常注意观察八路军领导干部的特点。经过九个月的了解，他的结论是：“八路军的高级领导人以他们的诚实、坦白、人道和智慧著称。他们是一批抛弃了舒适生活和物质享受的人。因为他们立志要为受苦的无权的大众去争取一个较好的社会经济制度。”[6]他们“非常正直，具有高度的爱国主义和彻底的忘我精神”。[7]在军事上经过长期的国内战争，他们已经总结了一套如何依靠人民群众集体的力量，采取游击战的方法“去战胜物质上优越但机动性很差的敌军”。[8]在八路军高级指挥员中，他最推崇朱德。他第一次见到朱德后在日记中写道：“我立即直觉地感到我找到了一位热情豁达的朋友，一位人

1 卡尔逊：《中国的双星》，第176、216～217页。

2 卡尔逊：《美国面临东方危机》，《美亚》1940年2月号。

3 卡尔逊：《非正统的战争在继续》，《美亚》1939年3月号。

4 肖梅克：《美国自由派的梦想，埃文斯·F.卡尔逊和中国共产党人，1937～1947》，第42页。

5 卡尔逊：《非正统的战争在继续》，《美亚》1939年3月号。

6 肖梅克：《美国自由派的梦想，埃文斯·F.卡尔逊和中国共产党人，1937～1947》，第39～40页。

7 卡尔逊：《非正统的战争在继续》，《美亚》1939年3月号。

8 卡尔逊：《非正统的战争在继续》，《美亚》1939年3月号。

们的真正领袖。”[1]他说，朱德是一位杰出的组织家和战术家。他对朱德身上所体现出来的道德力量十分钦佩。他曾对史沫特莱说：“以前我只见过一位身体力行的基督徒，就是我父亲，他是公理会牧师。朱德应当算第二个。”史沫特莱抗议：“朱德不是基督徒。”卡尔逊回答说：“我指的不是那些只会唱赞美歌谢主恩的基督徒！”“我指的是那些献身于解放以及保护穷人和被压迫者的人——他并不自私自利，也不抓钱抓权。他力行的是兄弟之爱。”[2]卡尔逊在总结他对八路军和朱德的观察结果时说：“我得出结论，他具有三种杰出的品格。把它翻译成美国的个性我觉得他有罗伯特·李的仁慈，亚拉罕·林肯的谦虚和尤利塞斯·格兰特的坚韧。”[3]对于所见到的八路军将领，卡尔逊都有所评论。他认为周恩来“具有高尚的品格和人道精神”。[4]他赞赏彭德怀每顿饭都和农民一样吃的是小米饭和具有朱德一样的民主作风[5]，说他的“性格中充满了能动的和生气勃勃的品质，他讨厌因循拖延、办事不彻底不周密”[6]。他说，贺龙、徐向前、徐海东“是一些有思想的人，计划周密，执行计划行动迅速和彻底”。[7]“徐海东农民出身，有充分证据能证明他的指挥才能，他身材魁梧，脸上透露出朱德所具有的慈祥，他是内森·贝德福特·福雷斯特型的指挥官。”[8]“透过贺龙锋芒毕露的外表可以觉察到他对被压迫者的深切同情，我可以把他描绘为中国的劫富济贫的罗宾汉。”[9]刘伯承“性情严肃”，“是全军最杰出的战术家和军事史学家”。[10]“聂荣臻身材瘦小”，“但两眼射出智慧的光芒，嘴边的纹理显示出他是一个果断的人”。[11]

卡尔逊认为，日本的现代军事机器，是无法战胜这支由杰出的将

1 布·兰克福特：《大老美，突击手卡尔逊的一生》，第108页。

2 史沫特莱：《伟大的道路》，中译本，三联书店1979年版，第421页。

3 卡尔逊：《中国的双星》，第66页。

4 卡尔逊：《中国的军队：它的组织和军事效能》，第42页。

5 卡尔逊：《中国的双星》，第74页。

6 卡尔逊：《中国的军队：它的组织和军事效能》，第42页。

7 卡尔逊：《中国的军队：它的组织和军事效能》，第42页。

8 卡尔逊：《中国的双星》，第113页。内森·贝德福特·福雷斯特（1821～1877），美国内战时期南部同盟骑兵军官，自学成才，以骁勇善战著称。

9 卡尔逊：《中国的双星》，第118页。

10 卡尔逊：《中国的双星》，第91页。

11 卡尔逊：《中国的双星》，第114页。

领指挥的，士气旺盛、训练有素、经得起艰苦考验、准备战斗到底，在行军速度、耐力和谋略上都胜过他们的，实行持久的人民游击战争的人民军队。他说，日本要想征服中国就好像在海洋上耕作，中国的抵抗则起着填平犁沟的作用，犁杖走过背后又连成了一片。[1]

三

卡尔逊是一位实践家，他对八路军敌后游击战经验的认识和总结并没有停留在理论上。他奔走呼吁，反对美国政府继续向日本提供军事物资，要求有关当局改变片面援华的做法，力主向中国共产党领导下的敌后根据地提供援助。太平洋战争爆发后，卡尔逊重返海军陆战队，组织了一支精干的海上游击队驰骋在太平洋战场，把他学到的八路军的作战经验付诸实施。

1942年2月，卡尔逊以中校军衔着手组建海军陆战队第二突击营，罗斯福总统的儿子詹姆斯·罗斯福少校被委派为他的助手。卡尔逊完全按照中国游击队的模式组织起一支用无线电通讯工具和大量自动武器装备起来，能在敌后进行机动作战的突击部队。在挑选士兵时卡尔逊不但注意身体素质和对炎热气候的适应能力，而且非常重视他们的政治素质。他要求每个士兵都能懂得为什么而战。只有那些作战目的明确，有吃苦耐劳决心的士兵方能入选。卡尔逊从七千名候选者中挑选了一千人，绝大部分来自美国西部和南部各州。对于军官的挑选更为严格，卡尔逊要求他们有民主理想、机智、有应变能力。在部队训练期间，卡尔逊建立了“公开谈话制度”，对士兵进行政治教育并接受士兵的批评建议。军事训练是艰苦的。每天全副武装行军四十英里，还要学习游泳爬山，练习用刺刀和匕首与敌人格斗。此外，还得锻炼忍受饥渴的耐力。在官兵关系上，卡尔逊要求军官们放弃传统的特权，取消在服装、吃饭、装备等方面的差别，与士兵同甘共苦。他强调军官要以身作则，“以自己的人格和能力来证明做为领袖的资格”。[2]卡

1 卡尔逊，《中国的双星》，第121页。

2 波顿士：《中国游击队的学生——卡尔逊和他的突击队》，（美）P.M报1944年1月，引自《新华日报》1944年5月18日第三版。

尔逊还提倡发扬军事民主，把作战计划交给士兵讨论，鼓励士兵提出自己的意见。

这支海上奇袭队于1942年8月17日派出一支二百二十人组成的小分队由珍珠港乘潜艇出发在吉尔贝特群岛的梅金岛登陆突袭在该岛驻防的日军。卡尔逊身先士卒与他的副手詹姆斯·罗斯福一同指挥了这次战斗。这次突然袭击的任务是摧毁岛上的军事设施、收集情报、分散瓜德尔卡纳岛日军的注意力，借以测定突袭的效能，鼓舞国内的士气。[1]这一仗打得很漂亮，摧毁了岛上日军水上飞机根据地，破坏无线电台三处、飞机汽油一千零十桶，击沉炮舰、运输舰各一艘，击毙敌军三百五十人，本身仅损失三十人。[2]这场战斗规模虽然不大，但在日军节节取胜的1942年起到了鼓舞人心的作用。美国许多报刊都予以报道。

瓜岛战役是太平洋战场上美军从防御到反攻的转折点，卡尔逊率领的第二突击营在这场打得十分艰苦的战役中又一次大显身手。1942年11月初，突击队被派入瓜岛为陆军登陆打先锋。他们于11月4日由护航队护送在瓜岛登陆后，受命由海滨深入内地。突击队仅带四天的干粮迅速向西插入敌后，开始了他们在日军工事间穿插三十天的游击作战。由当地居民带路，他们向北穿过热带丛林且战且进，不断消灭敌人，破坏其工事和补给站，先后于11月10日、24日两次建立临时基地，多次打退日军的进攻。在11月中旬的一次战斗中，出其不意，全歼正在洗澡的120名日军。突击队这次敌后作战最重要的一项收获是破坏了日军的一个隐蔽的炮兵阵地。几个月来，日军一直从这里向美军汉德森机场射击，造成很大威胁。美海军炮兵和空军俯冲轰炸机反复轰击投弹都没有能够摧毁它。卡尔逊的部队在当地居民的帮助下找到了它。突击队员从背后的山峰上冲下来，用手榴弹消灭了这个大患。由于没有粮食来源，士兵以捕猎野猪、野牛，采集香蕉、椰子为生。12月4日返回岛上美军总部所在地。在历时一个月的战斗中，卡尔逊所部在丛林山地行军四百五十英里，伏击敌人三十次，歼敌五百

---

1 理查德·惠勒：《特殊的勇敢，美国海军陆战队与太平洋战争》（Richard Whealer, *A Special Valor, The U.S. Marines and the Pacific War*），纽约1983年版，第56页。

2《新华日报》1942年8月31日报道：《中国游击战的学生卡尔逊和他的突击队》，（美）《生活》杂志1943年9月20日，引自《新华日报》1943年11月23日第三版。

人（一说八百人）。[1]一位海军陆战队史学家称之为“海军陆战队史上最重要的一次作战巡逻”。[2]卡尔逊因战功第三次获海军十字勋章。[3]

美国报刊在当时发表的评论文章一致指出，卡尔逊的突击营之所以能够取得这样辉煌的战果，除了个人具有丰富的作战经验和个人品质上的一些特点以外，主要得益于中国游击队。美国新闻处于 1942 年 11 月 15 日在纽约发出铁尔曼·窦尔登的《美国海上奇袭队》一文说：“卡尔逊奇袭队的战术取法于中国有名的八路军的游击战争。他们把游击战术水陆两用，把秘密的突击和极端迅速的行动结合起来，在太平洋岛屿上的丛莽之中和辽阔的洋面上进行着游击战。”[4]以亲蒋著称的卢斯先生主编的《生活》周刊也以《中国游击战的学生卡尔逊和他的突击队》为题，介绍了卡尔逊作战思想形成的过程。文章说：“卡尔逊随八路军行动达二年之久。他对于这支忍受任何艰难的、机动而自给自足的军队深为感动。他喜爱那支军队的将领们，因为他们丝毫不自私，不带军阀传统的自大作风。他对军官们的关心士兵安全这一点印象颇深。”[5]刊载在 P. M 报上的波顿士的《中国游击队的学生——卡尔逊和他的突击队》一文说：“卡尔逊在中国游击队中差不多有两年光景，进军与撤退共走过二千多英里路。学习着那些后来被应用到训练海军陆战队的教训。”[6]

那么，卡尔逊从八路军那里学来的并应用到美国海军陆战队的训练和作战中的“基本原则”是什么呢？这些评论文章的看法虽然不尽相同，但他们大多数都指出“卡尔逊特别要他的部下明白他们为什么而战”。[7]而这一点恰是他在中国学到的最主要的东西。和中国军队在

1 萨缪尔·格里费斯：《瓜德尔卡纳尔岛之战》（Samuel B.Grittith: *The Battle for Guadal Island*），费城 1983 年版，第 189、211、212 页；里查德·惠勒：《特殊的勇敢，美国海军陆战队与太平洋战争》，第 56 页。

2 小罗伯特·D.海内尔：《海上士兵：美国海军陆战队》（Robert D.Heinl Jr., *Soldier of the Sea: the U.S. Marine Corps 1776～1962*），1962 年版，第 327 页。

3 萨缪尔·格里费斯：《瓜德尔卡纳尔岛之战》，第 189、211、212 页；惠勒：《特殊的勇敢，美国海军陆战队与太平洋战争》，第 116 页。

4 译文载《新华日报》1942 年 11 月 28 日第三版。

5《新华日报》1942 年 8 月 31 日报道；《中国游击战的学生卡尔逊和他的突击队》，（美）《生活》杂志 1943 年 9 月 20 日，引自《新华日报》1943 年 11 月 23 日第三版。

6 波顿士：《中国游击队的学生——卡尔逊和他的突击队》。

7 译文载《新华日报》1942 年 11 月 28 日第三版。

一起行军生活的经验使他认识到“这种教育的价值”。[1]卡尔逊在《中国的双星》一书中讲过一个他和六百名中国游击战士不眠不休完成了五十八英里急行军没有一个人掉队的故事。他写道：“我先前想：什么东西能够鼓励六百个人完成这样艰巨的任务呢？没有别的，只有每一个人有完成这个事业的愿望和意志……他们知道他们是为什么而战……那么，他们的努力将是自发的，主动的和持久的。”[2]卡尔逊从中国游击队学到的另一点是“保护老百姓”。波顿士的文章说：“中国游击队的军事情报比日军灵通，因为战区的人民都相信游击队。游击战士对老百姓的生命与财产非常关切。卡尔逊在所罗门群岛领导作战时也运用这一原则”。在一次战斗中一个本地向导被打死，卡尔逊立即作出决定，今后不许把老百姓带到作战地点。由于卡尔逊对老百姓十分关怀，老百姓对海上游击队态度友善，而且尽量提供援助。卡尔逊运用到太平洋作战中去的第三个原则就是实行官兵一致的军事民主。波顿士的文章说：“中国游击队有一个口号‘不要客气’，下一级士兵可以随便向长官提供意见，上级长官与士兵共渡艰苦。作战计划都在事先解释给兵士们听，战争中所犯的错误都于事后共同检讨。”卡尔逊训练他的突击队时也这么做。他强调军官的表率作用身体力行。在梅金岛登陆时他最先一个上岸最后一个离开。一位名叫马哈迈的运输舰炮手说：“我曾经赴汤蹈火过，我还要赴汤蹈火，只要我能跟着这个人——卡尔逊中校。”[3]

卡尔逊把他从中国游击队学到的经验简单地用“工合”（Cung Ho）这两个汉字来表示，后来“工合”则成为突击营的口号。人们把这支部队称作“工合”部队，把发下的夹克称为“工合”夹克，甚至于把每一件新事物都命名为“工合”。卡尔逊对这两个字的解释是“合力工作”（work together），这可以说是他从中国共产党人那里学到的最主要的东西。“工合”这个字眼，他第一次是从在上海的一个民工口里听到的。当时这个民工在回答卡尔逊为什么打仗和为谁而死的问题时说：“是为了挽救民族的危亡”，“敌人想要破坏我们的家园，如果我们大家合力工作就能打败他”。“合力工作”这几个字给

1 波顿士：《中国游击队的学生——卡尔逊和他的突击队》。
2 波顿士：《中国游击队的学生——卡尔逊和他的突击队》。
3 波顿士：《中国游击队的学生——卡尔逊和他的突击队》。

卡尔逊留下了深刻的印象。[1]1940～1941 年间卡尔逊自费来中国考察工业合作社运动。这个运动简称“工合”，与合力工作恰好同音。卡尔逊在考察“工合”运动的过程中，特别强调人们之间的“合作”关系和“合作”精神。路易·艾黎说：“合作就是对中国未来的回答。”卡尔逊满怀激情地说：“这不仅是对中国未来的回答，也是对全世界民主制度未来的回答，让所有地区的人民得到在平等基础上合作的机会，让他们得到受教育的机会，发展他们首创性和智慧的机会，在他们的心里占重心地位的是集体的福利而不是个人的收益。那就有了一个幸福、平等和进步的社会秩序的基础。”[2]这是卡尔逊对“合作”一词最好的解释。1943 年好莱坞拍摄描写海上突击营在梅金岛作战的电影，卡尔逊任技术顾问，影片取名“工合”，表现了突击营官兵“各自为战，又互相协作，准备为民主制度献身的精神”。[3]于是“工合”一词不胫而走，成了美国英语的一个词组。我们翻开任何一部二次大战以后美国出版的中型字典都可以找到“工合”（Gung Ho）一词。它变成了美国青年一代喜欢使用的形容词之一，原词从协力、合作转意为起劲地、卖力气地、拼命干。[4]这告诉我们，卡尔逊从中国共产党人那里吸取的养分，已经成为美国语言和美国文化的一部分。这大概也是参议员麦卡锡指责卡尔逊是“国际共产主义运动的英雄”，“史沫特莱的门徒”[5]时所未料及的。

卡尔逊当然不是一个马克思主义者，更不是什么国际共产主义的英雄，甚至说不上是一个革命者。这一点，他的友人、他的传记作者

1 布兰克福特：《大老美，突击手卡尔逊的一生》，第 184～185 页。

2 卡尔逊：《中国的经济民主》，《美亚》1941 年 3 月号（“Economic Democracy in China”, *Amerasia*, March, 1941）。

3 卡尔逊 1937 年 8 月 14 日致莉·汉斯小姐的信，转引自肖梅克：《美国自由派的梦想，埃文斯·F.卡尔逊和中国共产党人，1937～1947》，第 196 页。

4 参阅《美国大学字典》纽约 1956 年版（*The America College Dictionary*, New York, 1956）；《字源字典》纽约 1962 年版（*Dictionary of Word and Phrase Origins*, New York, 1962）；《韦氏新世界美语字典》大学版第二版，纽约 1972 年（*Webster's New World Dictionary of American Language,* Second College ed, New York, 1972）；《韦氏新国际英语字典》第三版，斯普林菲尔德 1976 年版（*Webster's Third International Dictionary of the English Language* Unabridged, Springfield Mass.,1976）；《世界图书字典》芝加哥 1981 年版（*The World Book Dictionary*, Chicago, 1981）。

5 约瑟夫·麦卡锡：《美国从胜利到撤退》（Joseph R. McCarthy, *America Retreat from Victory*, 1951），《美国传记词典》补编四（*Dictionary of American Biography*, Supplement Four），纽约 1974 年版。

和研究人员早就有所说明和论证。[1]我们在这里想要指出的是，正如我们在本文开头所说的，卡尔逊的著述和实践，不但证明中国共产党领导下的抗日民族解放斗争对整个反法西斯战争做出了重要贡献，而且证明它对其他战场发生过直接的、积极的影响。通过卡尔逊，中国共产党人和中国人民在抗日战争中所表现出来的忘我无畏、一往直前的团结战斗精神和全世界人民在反法西斯战争中所表现出来的英勇、顽强、不屈不挠、同仇敌忾的精神汇合在一起，成为人类精神财富中最可宝贵的一部分。

原文载《近代史研究》1986 年第 1 期（合作者黄振华）

1 王安娜：《中国——我的第二故乡》，第 218 页；肯尼斯·肖梅克：《美国自由派的梦想，埃文斯·F. 卡尔逊和中国共产党人，1937～1947》；《太平洋历史评论》第 38 卷第二期，第 207～219 页。

Conflict and Harmony: A Comparative Study of Modern Secular Cultural Institutions in PRC and USA

Currently, I am a visiting scholar doing research in the National Museum of American History, Smithsonian Institution. My research project is "A Social History of 20th Century American Museums". Both my research and the institution to which I am affiliated with frequently reminds me of questions like "What are the similarities and differences between American and Chinese cultural institutions?" "What kind of things can we learn from each other?" I do think the latter tends to be one of the goals for cultural exchange between countries and peoples. In this context comparative studies are consciously or unconsciously going on and on in peoples' mind. As a consequence, the more you think about it, the more interesting questions you raise, the less you are able to answer.

In sociology, three basic aspects of institutions are emphasized. First, the patterns of behavior which are regulated by institutions deal with some perennial, basic problems of any society. Second, institutions involve the regulation of behavior of individuals in society according to some definite, continuous, and organized patterns. Finally, these patterns involve a definite normative ordering and regulation; that is, regulation is upheld by norms and by sanctions which are legitimized by these norms (Samuel N. Eisenstadt: Social Institutions, the International Encyclopedia of Social Sciences, vol. 14, p. 409). The sphere of cultural institutions deals with the provision of conditions which facilitate the creation and conservation of cultural (religious, scientific, artistic) artifacts and with their differential distribution among the various groups of a society.

In this paper I will confine my initial study within the boundary of modern secular cultural institutions. I use the term modern here because cultural institutions are compared in a certain period of time. Modern cultural institutions that featured with multi-purpose and multi-function in a mature developed stage are subject to my interest. My focus on secular institutions does not mean religious institutions are not important or unrelated to secular institutions, it only reveals that my personal experience and knowledge are limited. One of the fascinating issues to me is, how did the puritan spirit stimulate the rise of capitalism? Benjamin Franklin probably was a typical representative who injected the religious principle into secular life and created secular cultural institutions such as Library Company, American Philosophical Society, and University of Pennsylvania. Cultural institution in the early modern period tended to distinguish them from each other. Up to now, my work on this subject is still in an initial stage, quite a few points I am going to make in this paper are sort of hypotheses, further investigation is needed.

Viewing cultural institutions historically, there are two basic patterns of their development. One is from the bottom up, it indicates cultural organizations such as learned societies, schools, museums, libraries, cultural centers, grew up from grassroots and were sponsored by individuals. Another is from the top down, it denotes cultural organizations established by political power, or according to acts, laws passed by legislatures or issued by governments. These two patterns are always interacted each other, and sometimes intertwined. They co-exist all the time. It seems to me, the former tended to be the main pattern of American cultural institution formation. Why is that? In my opinion it has something to do with political structure, economic system and cultural tradition. The sanctity of private property, the free-enterprise system, the charity and philanthropically with its roots in evangelical protestant tradition-perfectionism and federalism, all of these factors together may provide a relative rational answer in the American context. Along them, federalism might be more relevant to this issue. It implies "the unwillingness of Americans to give their national government the authority to set national standards of social well-being, let alone to enforce them. " The traditional American idea of equality did not reflect national standard according to which communities could measure the quality of education, medical care, treatment of the aged or the unemployed, even from neighborhood to neighborhood in the growing cities, Iet along from state to state. "(Stanley N. Katz: Influences on Public Policies in the United States, The American Assembly, Columbia University. The Arts and Public Policy in the United States, New Jersey, 1984,p. 25-26) In a word, in terms of educational, cultural activities and scientific research American people intend to do things by themselves in a local or community level. "There was never any suggestion that federal government should set operational education policy. That was a task for the local electorate, or at any rate, the leaders of the localities. In cultural affairs, localist sentiment made federal intrusion into the major areas of social policy unpalatable to most Americans. "(Ibid) As far as I can understand, this kind of phenomenon can be partially attributed to the fact that resources to support educational and cultural undertakings are available from private enterprises on the community and local level. The American philanthropies: "the right use of riches", "for the common good" and the exemption of income tax are catalysts of turning possibility into practice.

On the other hand, a centralized government has been the dominant Chinese political experience. Historically, the modern cultural institutions were products of the top down reform movement. The modern educational system appeared in 1905 and has been characterized by central control which was exercised through the Ministry of Education for the purpose of ensuring both the quality of instruction and the loyalty of those in the system. That is to say inculcating values are supportive of various political regimes and their objectives. This kind of guildline was also employed in other cultural institutions. The founding of the People's Republic in 1949 did not change the historical pattern at all. Taking the Soviet Union education system and cultural administration as its model, the Academies of Sciences and Social Sciences were established under the direct jurisdiction of the State Council. A certain number of separate research institutes were set up under various ministries. School system and curricula are controlled by the Ministry of Education later the State Commission of Education. Museums and other cultural organizations are put under jurisdiction of the Ministry of Culture. The Ministry of Public Health is in charge of the central control of hospitals and medical research. Besides following the Soviet model, the philosophy of "everyone should be provided with a rice bowl" and "the central government has the obligation to take care of everything concerning the people, from cradle to grave" derived from the idea that the ultimate test of "dynastic legitimacy" was a credible commitment to effectively sustainable welfare for Chinese people throughout the realm, reinforced the idea of centralism. Apparently, the top down pattern or centralist pattern is based on the theory and practice of public ownership and planning economy. For decades this was the main resources which the cultural institutions could appeal to. By drawing lessons from their own practice and experience, the authorities gradually realized that the concept of "taking care of everything concerning the people" could be implemented only in a short period of time and in a particular situation. For the long run view, it is very difficult to put it into practice in the full sense. Particularly during the economic recession, when the government budget has a deficit. They also realized that "in the central government, departments in charge of educational administration were exercising too rigid a control over the schools, and, particularly, over the colleges and universities, depriving them of their vitality. These departments also were failing to manage effectively matters that were well within their jurisdiction." (the Central Committee of the Communist Party of China "Decision on the Reform of the Educational

Structure") In other words, they started to recognize the significance and vitality of another historical pattern, namely, from the bottom up and decentralization.

The trend of cultural instructions in the United States also has been changed dramatically especially in the 1930's and 1960's. The pattern, of the top down or centralization was gradually in the ascendant. The federal government has tended to take more responsibility for setting national standard of social well-being and social welfare since the New Deal. It was even more so after World War II. Quite a·few national cultural institutions have been strengthened, expanded, enlarged and established since then. Federal agencies or semi-federal agencies such as National Aeronautics and Space Administration (NASA), National Bureau of Standards (NBS), National Institutes of Health (NIH),National Radio Astronomy Observation(NRAO), National Sciences Foundation(NSF), National Foundation on the Arts and Humanities (NFAH), Environment Protection Agency (EPA)and Smithsonian Institution (S. I.) have put thousands of scientists, engineers, scholars plus administrators together. Budgets in the billion dollars are under their control. They are in charge of planning, coordinating and conducting research programs, awarding grants, reviewing contracts, ethics investigations, providing services, classifying and diffusing information. The heads and council members of these organizations are appointed by the President of United States, their resources are mainly from congressional appropriation. Big government, big science, have something to do with big enterprise domination in the economic life.

It is very likely the top down pattern in this country is based on its bottom up pattern. Some of the huge institutions were started from one man laboratory. Their advisory committees and panels were chosen from professionals and laymen. Even though, a lot of resistances toward governmental intervention and regulation are still perceptible everywhere. Cultural institutions need to adjust themselves to meet the changing demands of the public including big enterprises and their employees. It is interesting to notice that during years of economic recessions and serious deficit problems that have occurred in this country, authorities also appealed to the bottom up pattern, namely, its tradition. As President George Bush made it clear in his address: we just began to shape the nation's future "by strengthening the power and choice of individuals and families" (The Address of the State of Union, Washington Post, A14, January 30, 1991). The implicit meaning is tax increases and service cuts.

What are the implications of the two historical patterns cultural institutions formation? This is a far more interesting question than the two historical pattern themselves.

(I) Political and apolitical orientation. Stressing political orientation to the guiding principle of cultural institutions which formed in the top down pattern. As I have mentioned above, one of the motivations of central control is to try to inculcate values supportive of political regime. In the Chinese context, culture and education are insupportable with political goal. They should step down from the ivory towel and serve the politics and the people. They assumed that the separation of culture, science and education from politics is only a smokescreen for bourgeois ideology. In this sense, all of the cultural institutions are instruments or tools to achieve the general political goal in various ways. The characteristics of different cultural institutions and their functions have been blurred, overlooked, neglected, and ignored. This was what happened in China during the 1950's and 1960's. It reached its limit in the so-called great cultural revolution. Things developed toward the opposite direction when they become extreme. Under the ideological guiding principles of "bringing order out of chaos", "seeking truth from the facts" and "practice is the sole criterion of truth", which came to view in the late 1970's as a result of drawing lessons from the past, natures, missions, functions, goals of various cultural institutions have been rediscovered and redefined. The theory on subject which emphasizes the independency and autonomy of sciences, arts, literature, educations as soon as they were established as a profession or discipline has been widely investigated and speeded. One of the consequences of this trend is that, the apolitical approach is well-received among academic and professional communities. Side by side with this trend, paying respect to science, expertise and professionals sometimes actually put into practice in the recent political arena.

It seems to me the separation of scientific, educational and cultural activities from politics is a very popular idea and tradition in this country. It fits in the bottom up pattern because those activities are civil, local, and arsenal, and must be separate from politics. It also has something to do with freedom of thought, of expression and of press. Many people believe that much of the success of science in this country is that it has largely been nonpolitical and nonpartisan. It is most likely the value free or value neutral concept which appeared in the 1920's and disseminated after World War II reinforced the idea theoretically. But implicit in many activities of such "apolitical cultural institutions is a reinforcing of status quo politics of hegemony if not partisan politics." A lot of politics have been involving into the funding and personnel affairs of cultural institutions. More and more scientific and learned societies have tended to make political statements for which they claim the authority of their respective professions and of their academic disciplines. I would argue that, the rise of politics in an academic setting is closely related to two things: the change of patterns and the dividing line or alignment of political view points among scientists, artists, scholars and other professionals. The point is that, culture is man-made environments, it can not be disconnected from its social matrix. "Whatever we do in science is ultimately in the context of society; whatever we do in biomedical research must be in the interest of public." "Science indeed does not live by and unto itself alone, but in the service of man and womankind." (The NIH Record, April 2, 1991, Vol. XLIII, No. 7, p. 7) This is a statement made by Dr. Bernadine P. Healy, the newly appointed director of National

Institutes of Health. I must say he is absolutely right. One more thing it might be suitable to add here is that, the various types of political correctness and censorship including self-censorship, although a threat of academic freedom and the pursuit of truth in an objective way, tends to be inevitable in the pattern from the top down and centralism in a class society. Even an art exhibit like "the West as America" in National Gallery of American Arts led Senators who are appropriation members, to hint at funding cuts for "political agenda". (May 16, 1991, Washington Post) Perhaps, for the same kind of reasons, a portrait of General Douglas Macarthur could not show up in a traveling exhibit in China which was sponsored by the National Portrait Gallery.

(II) Monism and Pluralism. This is one of the most popular topics frequently discussed among cultural institutions and professionals. Following the same line of political and political orientation, monism tends to be the predominated thought among the centralized cultural institutions, In China, philosophically it derived from the misunderstanding of dialectic and historical materialism. Politically it fits in with the idea of a unified and centralized political system. Ideologically it follows the pattern of one guiding thought. Ethnically, it parallels with the idea of one people, one nation. Historically, it correspondents with the tradition in favor of unification, against divisiveness. The idea of orthodoxy and legitimacy is so strong that governments always try to prove themselves to be the only legitimate representatives either of heaven or of the people. Loyalty to sole master or emperor was the essential part of ethic. All of these made Chinese cultural institutions get used to one harmonious voice. One standard interpretation of Chinese tradition and history and even following one leader's will.

Things have been changing tremendously in the last decade. "Let hundred flowers blossom" and "a hundred of schools contend" as a policy for promoting the progress of the arts and the sciences was reaffirmed. Diversity and variety have been emphasized to meet peoples' different needs and special tastes. All of them have to do with the pattern change. An interesting thing is the emergence of private museums in Beijing and Shanghai in the past few years. The variety of them is very impressive, including butterfly museum, furniture museum of Ming and Qing Dynasties, museum of abacus, museum of porcelain carving, museum of miniature carving, clock and watch museum, tea utensil museum, golden keys museum and rain-flower stone museum. Local operas, folklore exhibits, and ethnic group museum are also flourishing. A full page of People's Daily (overseas version) was contributed to culture of Yi nationality (a minority group distributed over Yunnan, Sichuan and Guizhou) and argued that it is the origin of Chinese civilization. It is really astonishing (July 15, 1991, People's Daily, overseas version). In my opinion, all of these not only have to do with cultural policy but also have something to do with the economic reform policy: Let a small group of people get rich first, and the emergence of a private sector.

The United States of America is a country that started its history with a name in plural. Unlike China, everyone can hardly traces back his or her family history beyond the country's border, Americans are from almost everywhere all over the world. This is a country of immigration. A nation of nations. From this context, cultural pluralism is a reflection of the reality. However, the national and cultural identity in this country have more troubles in a top down perspective. Americanization was once chosen as a solution. But the major legacy of the movement was to make Americanization a bad word, even in its generic sense of assimilation. Because there is a dilemma, the contradiction between a democratic political system and a cultural monolith and forced assimilation programs. It is interesting to notice that when Horace M. Kallen coined the term of cultural pluralism, he was talking about cultural, not political, entities. He spoke of the political autonomy of the individual giving rise to the spiritual (not political) autonomy of the group and portrayed the common political and economic system as furnishing the unitary foundation and background for the cultural realization of each distinctive nation (Harvard Encyclopedia of American Ethnic Groups, p. 34).

Cultural diversity or multiculturalism is a fashionable term and a strategy of cultural institution to cope with the demographic shifts which have occurred in the last decade and will be continued into the next century. The Five–Year Prospectus in fiscal years 1992～1996 of Smithsonian Institution offers a good evidence to illustrate the strategy. It embraces: the establishment of a National Museum of American Indian by developing, together with the Indian community; Assure that enhanced pluralism considerations are integrated into all aspects of the Institution's governance, planning staffing, and programming; Commemorate the 500th anniversary of the voyage of Christopher Columbus and the ensuing growth of new civilizations throughout the Western Hemisphere from multi-disciplinary, multi-cultural perspective; Expand and improve African-American programming on the Mall; Initiate and expand collaborative opportunities with colleagues from diverse communities nationally and internationally. All of these are aiming at interpreting the many facets of the nation's social, ethnic, and cultural composition (Choosing the Future, Areas of Emphasis p. 7). The school system in this country follows the same line by teaching American history and American civilization in a multicultural perspective.

But voices of resistance and criticism are arise from time to time. The point made by dissenters is that, they are afraid that a growing emphasis on the nation's multicultural heritage will exalt racial and ethnic pride at the expense of social cohesion. They also claim that this is at the expense of fact and even truth. Professor Arthur Schlesinger Jr. argues that multiculturalism threatens the ideal that binds America. "The U. S. escaped the divisiveness of a multiethnic society by the creation of a brand-new national identity. The point of American was not to preserve old cultures but to forge new American culture"(Time, July 8, 1991, p. 21). A conservative author even went so far to attack that multiculturalism educational program "is subordinated to a political program that is above all anti-American and anti-Western", "as Nazism and Stalinism ever were" (Irving Kristol: The Tragedy of Multiculturalism, The Wall Street Journal, Wednesday, July 31, 1991, A10). The argument sounds very familiar to Chinese audiences. Racial relationship is a crucial or core issue in the United States, It is a peripheral issue in China now. Viewing historically, peripheral issue might be turned into core issue in some circumstances. I would like to argue monism and pluralism are compatible. Both China and United States are a unitary multi-national state. Emphasizing cultural diversity of multiculturalism in a proper way tends to strengthen rather than threaten their political and cultural unity.

(III) Increase and diffusion of Knowledge. This is an universal issue that all kinds cultural institutions must confront with. Generally speaking, the national institutions tend to take more responsibility of increasing knowledge, that is to say, doing original research. Institutions in the lower level, grassroots level tend to have more responsibility to diffuse knowledge, it means popular education. Of course there are something matured in between. This sounds like to be a sort of hierarchy system of knowledge. As a matter of fact, these two aspects are blended together every where in various ways. It is impossible to divide or separate them in an arbitrary way. The history of Smithsonian Institution has provided rich evidence for it. In order to carry out the design of the testator, the Englishman James Smithson (1765～1829) who bequeathed half a million American dollars to the United States and coined the phrase "increase and diffusion of knowledge among men", Joseph Henry, the first secretary of Smithsonian Institution wrote:

To Increase Knowledge, It is proposed

1. To stimulate men of talent to make original researches, by offering suitable rewards for memoirs containing new truths; and,

2. To appropriate annually a portion of the income for particular

researches, under the direction of suitable persons.

To Diffuse Knowledge, It is proposed-

1. To publish a series of periodical reports on the progress of the different branches of knowledge; and.

2. To publish occasionally separate treatises on subjects of general interest. (Joseph Henry, Tenth Annual Report of the Board of Regents of the Smithsonian Institution, Washington, 1856)

These objectives have continued to guide the activities of the Institution. Since the early 1960's, the Smithsonian has expanded its activities particularly in the field of public education. The out-reach program, the Anacostia Neighborhood Museum and the Festival of American Folklife are appropriate examples of them. The last one has been held annually at the National Mall since 1967, and is the for-most example of a research-based presentation of various living grass root culture. "It has enriched the spirits of the people—artists, scholars, government officials and visiting children and adults—who come to meet each other on the nation's front lawn" (Smithsonian Institution: 1991 Festival of American Folk life, p. 5). I was told by the program director Richard Karin, a Chinese folk life exhibit is under consideration. Planning and preparation are going on.

The Smithsonian experience shows that the diffusion of knowledge and the popular education are creative activities, embracing the investigation of audiences and their changing needs, choosing new subjects to attract visitors, the team approach of designing exhibitions, exploring new forms of expression. All of these led them to produce new experiences, new knowledge and even create new institutions. "The increase of human knowledge, by which we must understand additions to its sum, would be of little value without its diffusions, and to limit the latter to one city, or even to one country, would be an invidious restriction of the term mean." (Joseph Henry, 1864) Read this paragraph one hundred twenty-seven years later, it is still fresh, enlightening and inspiring.

(Ⅳ) Public and Private. Cultural institutions formed in the top down pattern usually are run by public sector, generally preceded by "national" or "state". The majority of grassroots cultural institutions are run by private sector usually crowned with endowers' name. In terms of funding, the situation in the U. S is very complicated. Public institutions may have private endowments, private institutions may have public funding. Both are aiming at the common good of the public. It seems to me the key phrase is: for the public, accessible to the public, serve the public. Both private ownership and public ownership might offer excellent services. The reverse is also true. The quality of service and the way to reach the public is very much relied on orientation of one and another institution. In museums, object orientation or people orientation is still a hot point of discussion. Based on scholarship, professional or based on neighborhood, community, serving the elites or serving the masses are also controversial issues. I was told there is an article published in England which argued that libraries in higher educational institutions should serve faculty rather than students. I don't think it is unusual because it is really some-one's thought. The process of professionaliztion is going on in cultural institutions of both countries. It is good for improving their quality. It also means more professional control of the cultural properties. Occasionally it means some of the materials, archives, objects, books go from public ownership into the realm of private ownership or monopoly by using the excuse of preservation. I still remember that when I asked a librarian "how do you preserve your rare books collection in your library?" I didn't expect the answer——"I never catalog them!"

We are in an information age. Information has become so powerful that the more information one gets, the more possibilities for success. The concept of "sharing information with each other" is the byproduct of information revolution, which has deeply rooted in people's mind in this country. Based on this concept, reinforced by advanced techniques such as computer network and CD Rom, combined with the traditional forms of diffusion of knowledge: lectures, seminars, publications, an intramural and extramural circulated system of information has been set up in cultural institutions in different levels. Both members and patrons of them can easily pick up whatever they need from the network to improve themselves. I must say this is crucial for the survival and development of any kind cultural institutions.

The cultural institutions in any country ultimately are a way of institutionalizing and materializing the value system of one or another culture. How to conceive ego or self is one of the fundamental issues in value system. The ego or self is one of the fundamental issues in value system. The ego or self in the Chinese context usually is a member of his or her family, one element of a larger social network and the natural system. Keeping a harmonious relationship with the outside world tends to be its permanent goal. If the larger system is getting better, he or she as a member of it would be in a better condition. The reverse is also true. If there is something wrong in terms of the relationship with others, the Chinese ego tends to question what's wrong with himself.

The ego or self in American or western context tends to be a kind of dynamic ego or self, always in motion, doing things in the process of operating for the sake of his own interest. In a male dominant society, Westerners and Americans tend to believe that the more achievements made by individuals, the more talent and intelligence can be expressed by individuals the better, the more benefit to the community or society as a whole. The reverse is also true. The community and society would by suffering from the dysfunction of individuals and their volunteer aggregates. But this does not necessarily indicate that the ego in American context has no sense of social commitment, on the contrary, volunteerism and for the common good are also virtues in the Western and American ethic code.

The Chinese perception of the self as a center of relationships and thus an integral part of a larger human network and natural system is quite different from American belief in the dignity of the individual. No wonder that the American concern for privacy (private property and private enterprise, by implication) has frequently been misinterpreted by the Chinese as an indication of egoistic desires, because, this idea could not maintain, could even hurt a harmonious relations with others in the Chinese context. As a matter of fact, the distinction between the private and public has never been clearly made in Chinese cultural context. The idea that private morality or personal behavior or style of life is separate from public duty has never been fully developed in Chinese legal thought.

The mission of any kind cultural institutions is to promote cultural identity in different levels and scopes in order to decrease frictional force and strengthen social cohesion. Institutions in both countries are making efforts to fulfill their commitments in their respective way. As I said at the beginning, I am not intending to make value judgment on cultural. If my initial study can provide some information for a better mutual understanding, I would feel satisfied.

美国的信息社会理论与中国的现代化

美国是信息技术革命和信息社会理论的发源地。近年来，我国在引进美国先进信息技术的同时，也逐渐接受了信息社会的理论，并把它改造成为指导我国现代化事业理论的一个组成部分。就引进外来理论而言，其速度之快、阻力之小、与中国实际情况结合之好，都是前所未有的。这意味着中美文化交流进入了一个新阶段。在信息高速公路浪潮的冲击下，我国国民经济信息化的进程加快了，信息技术和信息社会理论对于现代化进程的影响正越来越明显地表现出来。本文试图对这一正在展开的社会历史进程，从文化交流的角度做一粗略的考察。

一　信息社会理论的由来和发展

18 世纪中叶从英国开始的工业革命，带来了人类历史上空前的社会变革，人类社会从此由传统的农业社会进入工业社会。然而，人们意识到工业革命带来的如此重大的社会变化为时较晚。“工业革命”一词直到 19 世纪末才得到广泛的使用。[1]信息技术革命则不然，它所引起的社会变迁，从一开始就为人们所瞩目，这种情况在美国表现得最为明显。如果说美国自 50 年代中期开始进入信息社会或后工业社会的话，那么，1959 年就有人提出后资本主义社会（Post-capitalism）之说[2]，自 1962 年以来，计算机革命、知识产业、后现代社会种种企图说明社会变革的术语不绝如缕[3]。丹尼尔·贝尔于 1971 年出版《后工

1 Amoald Toynbee,Sr., *Lectures on the Industrial Revolution of the Eighteenth Century in England* (1884).

2 Ralf Dahrendorf, *Class and Class Conflict in an Industrial Society* (Stanford University Press,1959).

3 Edmund Callis.Berkeley, *The Computer Revolution* (Carden City, N.Y. Doubleday, 1962); Firtz Machlup, (Princeton University Press); Amitai Etzioni, *The Active Society: A Theory of Societal and Political Processes*（New York: Free Press, 1968）.

业社会的来临》一书，1979 年又发表“信息社会的社会结构”[1]一文，对于信息社会的特点进行了归纳和总结。其间，波拉特于 1977 年提出了关于测定信息经济的理论和方法，并对美国信息经济发展的规模进行了实地测算。这同人类对于工业社会的认识过程相比，真不可同日而语。

信息技术革命乃是信息社会出现的关键。信息技术是指在微电子学的基础上，把电脑与电讯结合起来，对声、像、文本和数字形态的信息进行收集、储存、处理和传播的手段，包括传感技术、通信技术、信息处理技术（即计算机技术）和控制技术，由于它在现代技术中具有创新功能，潜力极大，通常称之为起动技术（Enabling Technologies）。二战以来，信息技术突飞猛进，一日千里，真令人有应接不暇之感。

如果说以往的科技革命主要发生在物质和能量方面，是人类运动系统——脚、腿和手臂的延长和扩展，那么信息技术革命则是人类神经传导系统和思维器官的扩大和延伸，这种扩大和延伸看来是没有止境的。

信息社会理论问世于三十多年以前，经历了一个逐渐成熟的过程。早在 1954 年，一位法国教授 Jacques Elful 就提出了“技术社会”（Technological Society）的概念。指出，时至今日，技术操作的绝大部分已经不是单纯的体力活动。当今世界上最重要的现象是体力活动的减少。事实上，今天没有什么东西能逃出技术的范围，没有一个领域技术不占统治地位。[2]

用劳动力的构成和占国民生产总值的比重这两个指标衡量，美国在 50 年代中期进入后工业社会或信息社会。试图对这一社会经济现象进行概括和总结的著作陆续问世。这些论著大致上可分为两大类：

第一类，从社会发展的角度出发，对美国社会发展的趋势进行预测；

第二类，使用计量经济学的方法，对信息产业和信息经济进行测定，由此产生了信息经济学。

---

1 Daniel Bell, “The Social Framework of the Information Society” in *The Computer Age, A Twenty-Year View*, ed. by Michael L. Dertouzos and Joel Moses (The MIT Press, 1979).

2 Jacques Elful, *The Technological Society* (Translated from the French by John Wilkinson, New York, 1964), pp. xvi, 13-22.

第一类的代表作首推哈佛大学著名社会教授丹尼尔·贝尔的《后工业社会的来临》(1973年)。贝尔在这本书里把后工业社会的特点归结为：（1）在经济方面，从商品经济转变为服务经济，经济成分以服务性经济为主；（2）在职业构成方面，有专业知识和技术的人员在劳动力中所占比重越来越大；（3）理论知识成为发明创造和制定社会政策的源泉；（4）对技术的发展进行控制、规划并作出评价；（5）智力技术(决策技术)的兴起。[1]贝尔的这些论点在“信息社会的社会结构”一文里得到了进一步的发挥。文章一开始就指出，在下一个世纪里“以电子通信技术为基础的新社会结构的出现，将有可能对于社会经济交往、知识创造和检索方式、人们参加工作和从事职业的方式、起决定性的作用”。[2]贝尔对后工业社会与工业社会、前工业社会的特点进行了全面的比较，得出结论说：“后工业社会最关键的变量是信息和知识。”

贝尔认为信息即广义上的数据处理。数据的储存、检索和处理正在成为所有经济和社会交往的不可或缺的资源。具体说来这包括：(1)档案记录的数据处理，如工资单、政府福利（社会保障)、银行结算等等；（2）时间表和其他表格数据的处理，如预订飞机票、生产进度、货单、分析生产的混合信息等等；（3）数据库：由人口普查数据表示的人口特征、市场研究、民意调查、选举等数据库。知识是组织起来的、系统的关于事实和思想的陈述，以一种合理的判断或实验结构的形式表现出来，通过某种系统的形式和传播媒介传递给别人。在分析了知识的生产过程之后，贝尔得出结论：“在信息社会里知识而非劳动是价格的源泉。”“正如劳动和资本是工业社会的中心变量一样，信息和资本是后工业社会的关键变量。”[3]

继贝尔之后，从未来学的角度研究信息社会，影响较大的主要是托夫勒和奈斯比特。托夫勒于1980年出版《第三次浪潮》。此书一经问世，在美国立即引起了轰动效应。托夫勒在这本书里，描绘了人类已经经过的两次文明的洗礼：用了一万年时间，走出了农业文明；又

1 Daniel Bell, *The Coming of Post-Industrial Society: A Venture in Social Forecasting* (New York, Basic Books, 1973).

2 Daniel Bell, “The Social Framework of the Information Society”, p. 163.

3 Ibid., p. 168.

用了二百多年时间经受了工业文明的考验。第二次浪潮有五个基本特点，即群体化、标准化、同步化、集中化和大型化。现在人类社会正在进入一个新的历史时期，他称之为第三次文明浪潮。第三次浪潮的特点是，个体化、多样化和小型化。第二次浪潮使用的能源主要是煤、石油和天然气。第三次浪潮主要是发展风力、地热、核聚变、太阳能、氢能等，实现能源结构的多元化。在工业文明中工厂实行集中式的大规模生产，而现在最先进的生产是由计算机控制的车床和流水作业线，以小批量、多样化的生产来满足多种顾客的需要。在新的社会中，从事制造业的人口比重日趋减少，从事服务业、信息和教育事业的人口比重在加大。第三次浪潮的生产，是以信息和知识为动力和资源，所以这个社会可以命名为信息社会，或者称之为知识智力社会。整个人口需要普遍地接受先进的科学技术的教育和培训。[1]

1982 年奈斯比特采用内容分析法（content analysis），以大量的研究工作为基础，发表新作《大趋势：改变我们生活的十个新方向》。此书问世后，引起美国报刊和各国舆论的普遍关注。有的书评誉之为 50 年代以来能准确洞察时代本质的三大名著之一。此书开宗明义："我们正处于从旧社会向新社会的转变之中"[2]，换言之，即处于从工业社会向信息社会的转变过程之中，这就是奈斯比特所说的改变美国人生活十个新方向中的第一个。他断定，美国的信息社会从 1956～1957 年间开始，主要根据是：1956 年，在美国历史上从事技术、管理、文秘工作的白领工人的数目首次超过蓝领工人。工业的美国，正在为一个新社会的到来让路。历史上首次出现了大多数人不是在生产成品，而是在从事信息工作。1957 年，前苏联发射人造卫星成功，标志着信息革命全球化的开始。奈斯比特认为，人造卫星发射成功的意义往往被看成是空间时代的开始，这是一种误解。更为重要的是，它开创了全球卫星通信的新纪元，使马歇尔·麦克鲁汉所说的"地球村"变成了现实。[3]人们对新的现实往往视而不见，身子已经进入信息社会，观

1 参阅阿尔温·托夫勒：《第三次浪潮》，三联书店 1983 年版。

2 John Naisbitt, *Megatrends, The New Directions Transforming Our Lives* (Warnet Books, New York, 1982), p. l.

3 参阅 Marshall Mcluhan, *Understanding Media: The Extension of Man* (New York,1964).

念还停留在工业社会里，恋恋不舍地不愿同过去告别。他明确指出，贝尔所谓的“后工业社会”其实就是信息社会。人们在找不到适当的字眼说明一个时代或一个运动时，往往在既有的词语前冠之以“新（neo-）和后（post-）”以示区别。后工业社会一词容易造成误解。人们以为，它不同于工业社会之处在于服务业而不是制造业占主导地位。其实服务业也有传统与现代之分，传统的服务业如快餐店的产值和就业人数长期以来停步不前，占劳动力总数11%到12%。从事信息工业的人数迅速增加，1950年只占劳动力总数的17%，现已超过60%。绝大部分美国人的时间都用在信息的创造、处理和分配方面。奈斯比特认为信息社会的特点是：

1. 如贝尔最早指出的那样，信息社会的战略资源是信息，信息当然不是惟一的资源，但是最重要的资源，以信息为战略资源更容易在经济上获得成功；

2. 由此而来的第二个特点是，新的权力的源泉不是少数人拥有大量货币财富，而是多数人拥有信息；

3. 在信息社会里，价值的增加，靠的是知识而不是劳动，至少是与马克思心目中不同的劳动；

4. 通信和计算机技术的创新通过减少信息漂流（information float）、开辟新的信息通道、加速信息运转、缩短信息发送者和接收者的距离，从而加快了社会变迁的步伐。如果说，美国从农业社会过渡到工业社会用了一百年时间，那么从工业社会过渡到信息社会只用了二十年。农业社会的时间取向是过去，工业社会的时间取向是现在，信息社会的时间取向是未来。

第二类是信息经济著作。信息经济学（The Economy of Information）的概念最早由斯蒂格勒提出，1961年他在美国《政治经济学杂志》上发表“信息经济学”一文，被认为是信息经济学诞生的信号。他所谓的信息经济学，主要是探讨信息的成本和价值以及信息对价格、工资和其他生产要素的影响。与之同时发展的另一个分支是用计量经济学的方法研究信息产业的结构。其开拓者是美籍奥地利经济学家弗利兹·马克鲁普。1962年他出版了《美国的知识生产和分配》一书。在这本具有开创性的著作里，作者首次提出了知识产业即后来的信息产业的概念，这就是将知识的生产、收集、处理、存储、传播、使用、服务诸多环节联为一体的产业集合。

斯坦福大学的马克·波拉特博士根据马克鲁普的基本观点，吸收了丹尼尔·贝尔后工业社会的思想，于 1977 年向美国商务部提交了一份研究报告，题为《信息经济学：定义和测量》。在这份报告里，他首次将国民经济划分为农业、工业、服务业和信息业四个部门。他把信息产业界定为那些内在地（intrinsically）传递信息或直接从事生产、处理和分配信息的产业。然后又把信息产业划分为第一信息部门和第二信息部门。第一信息部门是指所有直接向市场提供信息产品和信息服务的企业和部门；第二信息部门是指政府或非信息企业为了内部消费创造和提供的一切信息产品和信息服务。

波拉特方法的意义在于他首次从国民经济各部门中识别出信息产业，用定量的方法说明信息产业的产值和劳动力在国民经济的产值和劳动力中所占的比重。这就为信息社会的理论奠定了坚实的基础。它令人信服地说明信息社会是一个活生生的经济现实，而不是虚无缥缈的空中楼阁。波拉特方法也有它的局限性，主要是：它对于信息活动、信息产业和信息职业的划分缺少统一的标准；对统计资料的要求很高，计算方法也过于复杂，故在应用时不得不进行修正。

二　信息社会的理论在中国

信息社会理论在中国的命运，同其他西方的社会理论相比较似乎要幸运得多。这主要是时代使然，当然也同一些杰出人物把它马克思主义化和中国化分不开。从时间上看，它的传入、传播和被吸收、被消化大致上与改革开放过程同步。

我国理论界对后工业社会理论的批评集中在以下几个问题上：首先认定它的理论基础是技术决定论，即把科学技术说成是决定经济发展性质的独立力量，完全撇开了生产关系的作用，把一切社会现象都看成是生产中运用科学技术的直接结果；其次，认为后工业社会理论的“服务社会”论也是错误的，说它避而不谈资本主义社会服务领域的扩大是同经济军事化、政府官僚机构日益臃肿、资产阶级寄生和腐朽的生活联系在一起的；第三，指出，它所鼓吹的阶级划分是以知识和技术为基础而不是以生产资料的所有制为基础；第四，后工业社会的理论关于权力转移到学者手里，从金融寡头统治过渡到能人治国的说法，完全不符合美国资本主义的现实，理论上也是根本错误的。总之，后工业社会的理论是根本错误和十分反动的，它是现代资产阶级经济学关于资本主义“变形”的一种新理论。这一理论集中反映了资本主义经济陷于困境和科学技术革命对资产阶级经济理论的影响，反映了资产阶级传统理论的破产。[1]

比较而言，我国理论界对美国未来学家的著作是要比后工业社会的理论宽容得多。中国人民大学国际政治学系教授高放先生在评论托夫勒的《第三次浪潮》一书时首先肯定这本书值得一读。高放指出，托夫勒认为第三世界国家也许可以不经过第二次浪潮的发展，而采取全新的路线达到第三次浪潮的文明，这个意见是合理的、可取的，对我们制定长远的社会发展战略有参考价值。托夫勒还分析了资本主义社会存在的十大矛盾，这也值得进一步探讨。[2]然而，高放并不同意托夫勒的基本观点，认为用“浪潮”来概括人类社会发展的阶段是不准确的。托夫勒没有采用科学的分类方法划分社会形态，而且划分的标准前后也不一致。高放认为信息社会不能构成一个独立的社会发展阶段，只不过是工业社会发展的高级阶段——以电子工业为主的社会。高放承认信息的发展使知识在创造价值的劳动中占有越来越重要的地位，但知识并不是资本，它离开了人的劳动和人的经济活动不能转化为财富。因此，知识价值论代替不了劳动价值论，只是劳动价值论需要进一步发展和补充。使高放最不能容忍的是托夫勒对马克思主义生产资料所有制的批评，特别是从知识即财富的观点出发，否定所有制具有实际意义的看法。高放由上述分析中得出结论说，鼓吹“信息社会”论的要害是为资本主义私有制辩护。尽管高放对托夫勒的基本观点持有异议，但对托夫勒的第四次浪潮说——未来的社会将是生物工程社会的观点表现出极大的兴趣。他认为，这个见解是正确的、深刻

1 傅殷才：“现代资产阶级‘后工业社会’理论评述”，《世界经济》1984年第3期，第68～72页。

2 高放主编：《评〈第三次浪潮〉》，光明日报出版社1986年版，第31～36页。

的。高放还从托夫勒的这个论断中引出了人类社会发展四形态说。这就是：第一形态，以获取现成自然物为主；第二形态，以增加自然物为主；第三形态，以加工自然物为主；第四形态，以创造自然物为主。[1]这是一个很有价值的看法，它显然是两种文化碰撞中出现的思想火花。

奈斯比特的《大趋势》在中国没有像《第三次浪潮》那样红火，但也走俏一时。总的看来，对它的批评更少一些，肯定更多一些。中译本的译者前言里明确提出该书在信息社会、各国经济发展相互依存、分散化和多样化的趋势、确定长期战略这四个方面带来了值得参考的信息。译者认为："本书有关信息社会（尽管这种说法我们认为并不确切）的论述，对于我们加强科学技术工作、更加重视智力开发，进一步贯彻'经济建设要依靠科学技术，科学技术要面向经济建设'方针也许是有所启示的。"[2]还有文章说："我们是发展中国家，和那些已经实现工业和农业现代化的发达国家不同，我们面临着发展现代农业、工业和信息产业的三重任务，我们应该看到新技术革命的发展趋势，迎头赶上，重视信息产业的发展。""物质、能量和信息量构成任何一个现实的复杂系统不可缺少的三大要素，信息是必然有物质和能量作为它的载体的。""我们之所以重视发展信息产业，就是要通过这种产业的发展，促进科学技术的进步，促进劳动生产力的提高。重视发展信息产业，这是落后赶先进，多快好省地发展整个现代经济，必须采取的战略措施。"[3]

关于信息经济和信息产业的理论是信息社会理论的基石。我国情报学界在 80 年代中期将美国和日本关于信息经济和信息产业的学说特别是与之紧密相连的信息宏观测度方法加以介绍，并用来测定我国社会信息化的水平。1986 年 12 月 20～22 日，国家科委中国科技促进发展中心、国务院国际问题研究中心、邮电部规划所等 14 个单位在北京联合发起并召开了首届中国信息化学术讨论会，第二年出版了会议

1 高放主编：《评〈第三次浪潮〉》，光明日报出版社 1986 年版，第 30 页。

2 约翰·奈斯比特著，孙道章、路沙林译：《大趋势——改变我们生活的十个新趋向》，新华出版社 1984 年版，第 3～4 页。

3 罗劲柏："研究世界新技术革命值得一读的一本书——奈斯比特《大趋势》一书评介"，《光明日报》1984 年 6 月 30 日，第 3 版。

论文集《信息化——历史的使命》。[1]这本书的出版标志着一门新学科——信息经济学在中国的诞生。此后又举行了几次学术讨论会，中国信息经济学会终于在1989年8月8日在北京成立。信息经济学的经典著作，波拉特的名著《信息经济学》也在此期间被译成中文，出了两种译本。[2]此外，我国学者还编写了两种信息经济学教科书。[3]

采用波拉特信息宏观测度的方法对我国信息经济进行测度的有：

1. 1986年3～7月，中国科技促进发展研究中心首次利用波拉特的方法对我国1982年信息经济发展状况进行了系统的定量分析，提交了研究报告，1987年发表；

2. 1986年下半年，上海科技情报研究所对上海信息经济情况作了初步测算；

3. 江苏省有关单位以1986年为描述对象研究分析了该省的信息经济规模及四大产业部门的就业结构；

4. 北京市有关部门采用1985～1986年的有关数据对北京地区信息经济的发展规模进行了测算；

5. 湖南省岳阳县对该县1987年的信息活动作了分析测算[4]；

6. 吉林工业大学对吉林省1990年信息业进行了分析和测定[5]；

7. 天津南开大学图书馆学研究生和天津外国语学院国际信息研究生撰写硕士论文对1992年天津市社会信息化水平进行了测定[6]。

对这些个案研究进行综合比较可以大致上看出我国社会信息化的走向，至少可以有一点数量化的概念。更重要的是这些数字告诉人们，中国也有自己的信息产业和信息经济。无论怎样进行理论上的探讨，信息的社会化或信息化的社会是活生生的正在发展中的事实，信息化的程度已成为衡量国际经济发展水平的一项综合指标。据研究，

---

1 中国科技促进发展中心编：《信息化——历史的使命》，电子工业出版社1987年版。

2 波拉特著，袁君实等译：《信息经济》，中国展望出版社1987年版；波拉特著，李必祥等译：《信息经济论》，湖南人民出版社1987版。

3 葛伟民：《信息经济学》，上海人民出版社1989年版；马费成等：《情报经济学》，武汉大学出版社1991年版。

4 卢泰宏等："信息宏观测度的研究（上）——兼论八十年代我国信息化水平的综合评估"，《情报学报》1992年10月号，第322～323页。

5 靖继鹏等："吉林省信息产业测度分析"，《情报学报》1993年12月号，第433～444页。

6 杨小兵：《天津市社会信息化水平的测定》，1995年5月；袁俊：《天津市社会信息化水平测定与研究》，1995年7月。

发达国家信息增加值占 GNP 的比例一般为 40%～65%，新兴工业化国家为 25%～40%，而发展中国家一般在 25%以上，我国 1982 年信息部门的增加值在 GNP 中的比重为 15%。[1]

以钱学森为代表的我国科学工作者一直密切注视着世界科技革命发展的走向和进程，与此同时也十分关心西方国家反映科技革命的新社会理论的发展。他们的着眼点不是纯碎的理论探讨，而是制定一整套符合我国国情的发展战略。《第三次浪潮》出版后不久，钱学森就指出，托夫勒的这本书是想从科学技术的发展中给资本主义找出路，我们也要注重科学技术的发展。他对有关科学技术革命的基本认识问题进行了探讨。钱学森认为，科学革命可以定义为人对客观世界认识上的飞跃，而技术革命是人改造客观世界的飞跃；社会革命则是指社会制度的飞跃；产业革命可以看成是产业结构的飞跃。钱学森主张把社会革命同产业革命分开。在社会制度不变的情况下会有产业革命。"我们的生产力总要不断向前发展，因而生产体系的组织结构和经济结构总要向前发展，会出现飞跃，会有产业革命。"[2]

钱学森认为，从古至今在人类生产发展的历史上，依次出现了五次产业革命：第一次产业革命大约发生在一万年以前，火的发现与使用，最终导致农业的出现；第二次产业革命大约是公元前一千年左右，铁器的制作和使用使商品和商品交换得以出现；第三次产业革命发生在 18 世纪下半叶至 19 世纪初，始于英国蒸汽机技术革命，以机器为基础的近代工业遍及欧洲各国，创立了第二产业——工业制造业；第四次产业革命，发生在 19 世纪末至 20 世纪初，由于物理学的革命、电磁理论的建立、电动机的发明，促进了电机制造、电灯、通讯、广播等的发展及生产社会化，形成了国际市场，从而创立了第三产业——银行、金融、保险、投资、贸易、交通运输业等。

第五次产业革命是从第二次世界大战以后直到今天。由于相对论、量子力学、天文学等科学革命，首先推动了军事科学的发展，原子能、雷达、通讯、航空航天等许多新兴工业出现，特别是近年来，

1 马费成等：《情报经济学》，第 68 页。

2 "钱学森同志评《第三次浪潮》和'世界新的技术革命'"，载辽宁社科院新技术革命课题组编：《托夫勒著作选》，辽宁科技出版社 1984 年版，第 184 页。

电子技术引起的信息革命促进了一大批高技术的发展，科学技术成为提高生产力的决定因素。第四产业——科技业、咨询业和信息业应运而生。当前，各国的第五产业——文化业正在兴起。[1]戴汝为、于景元、钱学敏等6位科学家在钱学森的指导下，用了一年多的时间，对于信息革命引发的第五次产业革命进行了研讨，就第五次产业革命的特点、信息网络建设、信息经济、思维工作方法及社会文明发展等五个方面的问题发表了系统的看法，在某种意义上可以说是对于信息社会理论讨论的阶段性总结。

戴汝为等认为，第一次产业革命到第四次产业革命的共同特点是使劳动资料的机械的、物理的和化学的属性发生变革。机械革命的核心是机械性劳动资料，也就是可控制的机械加工机。形形色色的加工机能够从事任何形状和形式的加工工作。第五次产业革命——信息革命的核心是信息性的劳动资料，即各种各样的计算机、网络与通信的结合。信息性的劳动资料或劳动资料的信息属性可以称之为生产的神经系统。它所带来的变化是人类思维器官和神经系统的加强和扩大，智力的增加和扩大，这要比机械性生产工具引起的人类体力和技能的增强和扩大更为重要。信息性生产工具在生产中占主导地位，标志着现代化生产由工业化时代进入信息化时代。计算机和网络的结合正在改变着人们的生产方式、工作方式、生活方式和学习方式。“这样，信息革命必将引起经济的社会形态的变革。”[2]

在谈到网络建设时，戴文强调信息表示和处理的单维性和地域性是劳动资料信息属性增长的瓶颈之一。第五次产业革命的客观需求大大促进着通信技术和多媒体技术的发展，推动着多维化、智能化广域信息网络的发展。此类网络耗资巨大，数以千亿、万亿计，是庞大的基础设施建设。

戴文认为第五次产业革命最直接的影响就是使世界经济从工业化阶段进入信息化阶段。工业化经济是以物质生产为主，信息经济则是把物质生产和知识生产结合起来，充分利用知识和信息资源，大幅

---

1 钱学森关于五次产业革命的论述参阅钱学敏：“论科技革命与总体设计部”，原文载《中国软科学》1994年第3、4期；《新华文摘》1994年第9期，第178页。

2 戴汝为等：“我们正面临第五次产业革命”，《光明日报》1994年2月23日。

度地提高产品的知识含量，提高劳动生产率和经济集约化程度。知识和技术密集型产业将取代劳动密集型产业，成为创造社会物质财富的主要形式。

戴文在最后一节强调，为了学会在第五次产业革命的信息汪洋大海中游泳，我们的思维和工作方法应该有一个飞跃。这个飞跃就是钱学森所倡导的“从定性到定量综合集成研讨厅”体系。戴文认为由于社会主义的性质和根本利益是与信息的共享性完全一致的，我国必将以更自觉、更积极的态度，采取更符合客观发展规律的措施，去实现第五次产业革命。

自从美国克林顿政府于1993年提出建设“国家信息基础设施计划”即“信息高速公路”的计划以来，我国新闻媒介和出版界掀起了一个前所未有的宣传、介绍、研究西方信息技术和信息社会理论的高潮。可以名之为理论和发展战略的研讨。在此过程中，边讨论、边规划、边行动，已经初见成效。从中美文化交流的角度来观察，这次浪潮来势之猛、影响之大，见效之快都是空前的。《人民日报》和《光明日报》这两家全国性的大报都先后发表了很有分量的文章。[1]这些文章不仅加以介绍，而且对信息革命的意义和深远影响进行了较深入的探讨。

在讨论的过程中，《中国科学报》以头版头条发表中科院院士何祚庥先生的短文“信息高速公路应该降温！”。何文针对在讨论中一些文章认为我国对信息高速公路有巨大的需求，并有足够的技术在15～20年内建成国家信息高速网络提出质疑。何文指出信息高速公路耗资巨大，数以千亿美元计，我国难以负担，即使能建成也会有有路无车之虞。美国电话普及率高达93%，我国还不到3%，美国家用电脑普及率已达31%，我国根本谈不上电脑普及率，巨大的需求无从谈起。何先生认为，我国如果能在15～20年内建设一个以普及电话为中心的低速的光缆通信网络，如能达到70%～80%的电话普及率，那就是极大的成就。何文的结论认为信息高速公路离开我国国情太远，应该降温。

---

1 吴季松：“信息高速公路通向何方”，《人民日报》1995年1月6日第7版，1月7日第6版；张鸣：“信息高速公路将把我们带往何方”，《光明日报》1994年11月2日。

《人民日报》于1995年3月29日发表一篇署名文章《信息高速公路并非离开我国国情太远》，文章说，追赶世界先进科技水平是我国长期奋斗的目标，而在网络互联这样的世界性科技信息网络迅猛发展的今天，积极创造条件，加入这类世界性网络已成为追赶世界科技的不可缺少的条件。文章的作者认为，对信息高速公路的迫切需求，是世界所有国家共同的，如果说我国有什么“特殊的国情的话，那只是我们对发展信息高速公路有着更为紧迫的需求。我国信息高速公路建设的一项初始工程或许就是尽快实现与国际信息高速公路接轨，同时应该采取跨越式的方法赶超发达国家”。

信息高速公路的浪潮在促进我国信息事业突飞猛进的同时，也提醒人们对一些理论和现实问题进行深入的思考。

人们到处在谈论信息和信息的重要性，这就促使人们重新探讨信息的含义，以及信息理论和马克思主义哲学的关系问题。信息的本质特征在国际学术界是一个聚讼多年、迄无定论的问题。我国学者在信息革命浪潮的冲击下，提出了包括形式因素（语法信息）、内容因素（语义信息）和价值因素（语用信息）在内的“全信息”概念。随着研究工作的深入，人们也越来越认识到马克思主义哲学是现代信息科学的渊源和基础。

在分析和评价我国信息业发展状况的过程中，不可避免地要触及如何界定信息产业的问题。对信息产业有广义的、狭义的两种理解。广义理解来源于前文提到的美国马克鲁普对知识的定义和波拉特第一、第二产业部门的划分。持这种观点的人认为，一切与信息生产、流通有关的产业，不仅包括信息服务和信息技术，而且包括科研、教育、出版、新闻、广告等部门。我国情报学界已经有人根据这种理解对我国社会信息化的程度进行了测定。狭义的理解认为，信息产业包括两大部分，一是信息技术和设备制造业；二是信息服务业。这种观点来源于日本对信息产业的划分，也有人据此对我国各地社会信息化的水平进行过测定。此外，还有人把信息产业与信息服务业等同起来。界定信息产业的范围和构成，是研究信息产业的理论出发点，是制定政策的前提，研究工作中的一个普遍存在的问题就是忽视各国对信息产业的不同理解，不顾存在着标准方面的差异，将两国的信息化水平进行比较，这样的研究毫无疑问是缺乏科学性的。[1]

不少文章认为，高新信息技术改变社会面貌的同时，有它的负面效应。大而言之，它使人们交往的机会减少，人们终日同计算机终端打交道，会导致人与人关系的疏远，个人也会产生紧张、孤僻、冷漠及其他健康问题。成天与多媒体画面接触而不与现实本身交流，有可能产生心理和社会化方面的问题。[2]已经为人们所熟知或开始感受到的负面效应则有计算机病毒的干扰、无纸办公用纸更多、智能犯罪，以及有害信息的传播等等。[3]此外，信息技术革命还可能造成发达国家内贫富差距的扩大和国际上南北差距的扩大。

三　发展我国信息经济的战略思考

信息高速公路的冲击波使我国上上下下都看到，制定我国信息业发展战略已经刻不容缓。这是加速我国现代化建设事业的关键所在。这涉及两个方面，一是信息现代化与其他几个现代化，特别是农业现代化和工业现代化的关系。另一是如何加速我国社会信息化事业，如何发展我国信息产业的问题。我国是一个发展中国家，真正实现农业和工业的现代化还有许多事情要做，还有很长的路要走。我们决不能只抓信息化，不抓工农业的现代化，当然，也不能埋头工农业的现代化，而对信息化置之于不顾。这二者不是相互对立，非此即彼，而是相辅相成，相互促进的。“从经济结构的升级看，工业化是农业主导型经济向工业主导型经济的演进。工业化过程中要处理好工业与农业的关系，信息化过程中则必须处理好信息化与工业化的关系，应以工业作后盾，信息业为先导，用工业化培育信息化，用信息化促成工业化。”[4]具体说来，一方面要使产业信息化，另一方面则必须使信息产业化。

---

1 吴慰慈等：“中国信息产业问题研究综述”，《图书馆工作与研究》1995年第2期。

2 张鸣：“信息高速公路将把我们带往何方”。

3 参阅王令朝：“高新信息技术的负面效应”，《新华文摘》1995年第6期，第184～185页。

4 王胜颜：“加快经济信息化步伐（国家信息中心副主任乌家培教授访谈录）”，《经济日报》，1995年3月10日第7版。

根据发达国家的经验，在信息产业的发展战略上，有几条可供选择的道路：一种是以美国为代表的“自然增长”模式；另一种是以日本为代表的“政府干预”模式。有些学者认为，我国宜采取“政府干预”的模式，但不应照搬，应从我国实际情况出发，利用计划手段和市场机制，合理布局，勤俭办事，走跨越式的发展道路。这就是说，跨越铜缆搞光缆，跨越模拟通信搞数据通信，跨越“单媒体”搞“多媒体”。眼下的当务之急是，加快与国际上的互联网（Internet）连接，实现与国际高速公路接轨。

美国信息社会的理论和实践通过多种渠道传入中国，对中国现代化的进程已经发生了重大影响，必将继续产生影响。其原因不仅在于人类向信息社会迈进是历史的必然，更重要的是我们在现代化建设的历程中，已经总结出可贵的历史经验。这就是，必须从我国国情出发，结合我国的实际情况，走自己的路。信息社会的理论来源于现代信息技术飞速发展的实践。正如西方宏观和微观经济学是西方市场经济活动在理论上的概括和总结一样，信息社会、信息经济的理论是对信息技术发展对社会经济发生影响的描述和总结。当我们的信息技术还没有发展到一定程度，还未能对我国的经济、社会、文化生活发生影响时，我们很难对比较超前的社会理论有起码的了解。如果我们把对于西方经济学理论的认识过程与我们对北美信息社会理论的认识过程稍加比较的话，就不难发现二者之间有一个共同点，这就是，只有当我国的社会实践发展到一定程度，我们才开始认识到相关理论的价值。没有从计划经济向市场经济过渡的实践，就不会认识到西方经济学理论的价值。同样，没有我国自身信息技术和信息产业的发展，也不可能理解北美信息社会的理论对于促进我们与国际信息社会接轨，决心走跨越式的道路，迎头赶上世界先进的科学技术水平是有意义的。

值得我们感谢的是我们的科技工作者，是他们以科学家的敏锐和对尖端信息技术的正确理解，察觉到北美信息社会理论有可取的内容，而且对它们进行了马克思主义的解释。他们认为劳动资料或生产工具具有机械属性和信息属性，这个看法相当深刻，为我们正确地理解第五次产业革命和信息社会的到来奠定了基础。情报学工作者对于信息社会理论特别是信息经济理论的引进作出了自己的贡献。他们大胆实践的精神尤为可贵，没有他们运用波拉特方法对我国各地区信息化水平的测度，就不可能对波拉特的理论和方法能有现在这样的全面了解。一种理论的出现不是偶然的，必然有它产生的社会经济和技术的基础。它的正确与否要由实践来检验。引进外来的理论不仅要了解这种理论产生的背景，而且要吃透本国的国情，不能采取盲目摘取的态度，还必须拿来试一试，看它能否在本国应用。离开我们自身实践较远的理论或超前的理论，会给我们在理解上造成困难，但不要因此就认为这种理论没有用，或者认为是错误的。当我们的实践向前迈进了一步之后，就有可能对这种理论有新的理解。

取法乎上，适得其中。发展的目标定得高一些，我们前进的步伐就有可能快一些。“工业较发达的国家向工业较不发达的国家所显示的，只是后者未来的景象。”[1]这句名言用于信息社会的实践和理论以及向现代信息社会迈进的国家，应该也是适用的。

原文载陶文钊、梁碧莹主编《美国与近代化中国》，中国社会科学出版社，1996 年

1 马克思：《资本论》第 1 卷（上），人民出版社 1975 年版，第 8 页。

求同存异与文化交流

——纪念中美“上海公报”发表25周年

在人类已经看到 21 世纪曙光的时候，我们迎来了中美“上海公报”发表25周年的纪念日。一年多以前（1995年7月2日），当基辛格博士在南开大学作学术演讲时，他回顾了草拟“上海公报”的经过。他特别指出，在谈判过程中，他从周恩来总理身上学到了很多东西。其中最重要的是求同存异的谈判原则。基辛格博士根据他多年来与苏联打交道的经验，主张中美之间的谈判应从最根本的、分歧最大的地方开始，逐渐缩小距离。周总理告诉他，这样谈，花上几年时间也未必能达成一条协议。应该把双方最接近的、最有共同语言的地方作为谈判的起点，这就会大大缩短谈判的过程和时间。基辛格接受了这个意见，只用了一周时间，具有重要历史意义的中美“上海公报”就签字了。“上海公报”是一个很别致的文件。从阐明各自的立场和态度开始，以双方共同的希望结束。从谈判的过程到公报的内容，都充分体现了求同存异的原则。在学习中美文化交流史的过程中，我体会到，求同存异和求异存同不可或缺。既要注意到同中有异，也要注意到异中有同。这是在文化交往中应该给予同等重视的两个方面。

先说求同。两种文化都面对着许多需要共同解决的问题，如环境问题，充分利用高科技成果促进经济发展，新能源、新材料的开发，战胜疾病延长人的寿命等等。在过去的十多年里。中美在高科技领域的交流与合作已经取得不少成果。有几件事情特别值得注意。其中，最为突出的事例是克林顿总统于 1993 年提出了“国家信息基础设施”（National Information Infrastructure）的建设纲领。这个纲领受到中国有关方面的高度重视。1994 年 3 月 20 日在著名信息科学家叶培大教授的倡议下，邮电部科技委在北京邀请了通信、计算机、自动化等领域的专家，共同研讨“国民经济信息化”和建立中国“信息高速公路”的问题。国家经济信息联席会议召开了国民经济信息发展战略高层次研讨会，会上就我国国民经济发展的规划、原则、总体框架和重点工程等进行了深入的讨论，并提出了建立国家经济信息网的任务。两年后，中国教育科研网（Cernet）建成，它是以在美国发展起来的Internet为蓝本进行建设的。其规模范围、技术的先进性、网络资源、建设速度都达到了全国第一。[1]这说明，在发展高科技和与科技直接相关的教育方面，求同，占据主导地位。大家都在考虑充分利用科技和教育来促进国家的发展和社会的进步。在具体作法上，因国情不同而各有千秋。

求同只是事情的一个方面。求异也是一个不容忽视的方面。这是因为一种文化最富于魅力的地方在于它的个性，而不在于它的共性，在于它的特殊而不在于它的一般。我们决不能够因为好莱坞电影、麦当劳的汉堡包和牛仔裤风靡全球，Internet联通全世界，就可以认为人类已经进入了全球村，不需要别样的文化生活了。这是绝大的误解。圣经、论语、可兰经、荷马、莎士比亚、红楼梦、堂吉诃德、浮士德、惠特曼、福克纳因为具有鲜明民族文化特点和个人创作风格，其魅力经久不衰。在中美文化交流以至全球的文化交流中人们非常担心的一个问题就是，美国的通俗文化（popular culture）在全球的扩展影响到民族文化生存和发展的问题。这是一个各国有识之士共同关注和担心的问题。文化的商品化所造成的一个后果就是它的表面化和大众化，人人都可以用钱买到它。这与购买者自身的文化素养无关。它无孔不入，流传极广，无法用法律和行政的手段加以限制和干预。在文化交流中注意寻找最不同于本民族文化中的东西，最不同于一般文化的东西，最具个性的作品，可能会有助于这个问题的解决。美国的启蒙思想家和超验主义注意到中国儒家文化，是因为他们从中发现了不同于欧洲文化传统的东西，可以把它用作改进自身社会的武器。西方象征派的诗人从中国古典诗词中吸收的是西方诗歌中很少有的“意境”。埃兹拉·庞德迷上了汉字，是因为它特有的象形、表意功能。“五四”以来中国知识界从美国文化中发现的最有价值的是“民主”与“科学”精神。

我个人以为文化交流中的最大的障碍就是文化人类学经常谈到

---

1 吴建平：《中国教育和科研计算机网CERNET的现状和发展》。石冰心主编：《中国教育和计算机网的研究与发展》，第一卷，华中理工大学出版社，1996年版，第5页。

的族群中心主义，或民族优越感（ethnocentralism）。它的另一个极端表现就是民族自卑感。族群中心主义可以发展为文化霸权主义，民族自卑感则容易走向导至民族虚无主义。无论哪一个都不利于文化的交流和发展。无须讳言，两种文化中都存在着族群中心主义的因素和成分。美国方面表现得最突出的就是从殖民地时期开始的那种上帝选民（chosen people）说和使命（mission）观。19 世纪的“天定的命运”，20 世纪的“美国世纪”说，和二战以来最为流行的美国负有领导世界的责任的论点，皆源于此。一个民族，一个国家，无论其经济军事实力多么强大，科学技术如何发达，以世界的领导者自居自许的态度都是无法令人接受的。持有这种态度就很难从其他民族和国家的文化中吸取对自己有益的东西。更有甚者，就是那种非我莫许，强加于人的态度，认为美国的社会制度是世界上最好的制度、最现代化的制度，是全世界的榜样，不跟着美国走，就是保守派，就是原教旨主义，就是不搞现代化，不尊重人权，这就不是族群中心主义而是文化上的霸权主义了。

中国也有比美国长得多的族群中心主义的传统。中国人过去一向认为自己是世界中心，是文明的沃土。中国以外的地方都是教化未及的不毛之地，以夷狄番邦相称。“非我族类，其心必异”的观念深入人心。只是到了近代，这种夜郎自大、固步自封的态度和观念在西方列强的大炮轰击下破了产。于是乎又转向了另一个极端，形成万事不如人的民族自卑心理。我们的国力强大了，族群中心主义又有所抬头。甚至狂妄地把中国说成是“亚洲格局的最强有力的保护神”[1]，把中国文化和东方文化说成是世界文化的未来。总结以往的经验教训，邓小平同志提出了“韬光养晦”的方针。我以为这不仅应该是我国处理国际事务的方针，也应该是我们对外文化交流的方针。中国是个大国，将来强盛了也永远不称霸，永远要向外国学习，抱有这样的气度，才能从其他民族文化中学习和吸取有益的东西。人类文化是在不断的交流中发展起来的。新的世界文化也必将在更健康的交流中诞生。

原文载《美国研究》1997 年第 2 期

1 席永君等：《超越美国》，内蒙古大学出版社，1996 年版，第 66 页

二十世纪的费城与天津

中美关系正常化以来，两国的一些城市缔结了友好城市的协议，结成了姊妹关系，费城与天津就是其中的一对。我们都是天津的居民，对中美两国城市发展的历史有浓厚的兴趣，也曾在费城生活过，因此费城与天津的比较研究理所当然地成为了我们研究工作中的应有之义。比较研究是一种认识事物的方法，没有比较就没有鉴别。我们从纵向和横向对 20 世纪费城与天津进行了初步的比较研究，目的是为了鉴往知来。

费城的地理位置和自然条件同天津有许多相似之处。费城的地理座标为北纬 39 度 57 分，西经 75 度 10 分，天津为北纬 39 度 10 分，东经 117 度 10 分，几乎在同一纬度线上。两座城市都是位于河口的海港城市，费城处于斯库基尔河与德拉华河汇合处，天津位于永定河、子牙河等五条河流与海河的交汇点。一个面向大西洋，一个面向太平洋。它们都座落在冲积平原上，靠近首都。平均气温和日照时间都很相近。具有惊人相似之处的地理位置和自然条件，对这两个城市的发展产生了深远的影响。就人文景观而言，两座城市的早期建筑都是先由河岸向内陆扩展，然后沿河岸向南北延伸。早期的城垣均呈方形，费城东西略长于南北。两个城市都蒙受过殖民压迫的痛苦，都经历了由商业城市向工商业城市的发展过程，工业生产都具有分散性和多样化的特点。[1]两座名城，都享受过繁荣与进步带来的欢乐，都有在激烈的竞争中遇到的问题和苦闷，都面临着 21 世纪到来的新的挑战和机遇。

人口及其构成

城市是人口在一定空间范围内的集聚。工业化是农村人口向城市

1 参阅冯承柏、胡晓明："十九世纪费城工业发展的特点"，《世界历史》1987 年第 5 期；谷书堂主编《天津经济概况》，天津人民出版社，1984 年版。

集聚的主要驱动力。1800～1950年这一个半世纪，费城人口从67787人增加到200万人。[1]天津的人口1846年为442343人，1948年增加到近200万人。[2]费城人口增长最快的时期是在1901～1915年间，居民数从1293000人增加到1684000人。增长的主要原因是国外移民大量涌入。费城外国出生人口的百分比1900年为23%，1910年为25%（421, 000）。[3]在美国移民史上，这个阶段被称之为新移民时期，来自俄国、波兰、意大利等东欧和南欧国家的新移民超过了来自北欧和西欧国家的移民数。天津人口增长最快的时期比费城略晚一些，为1906年到1928年间，总人口从424556人增加到1132405人，高于全国人口增长的速度。同费城一样，人口增加的主要原因不是自然增加，而是外地迁居。20世纪初到20年代末，每年有3万余人迁入天津，占年增人数的95.86%。据天津警察局的统计，天津新旧城区和三个特区（不包括外国租界）共有1067960人，其中天津籍444973人，占总人口的41.6%，非本籍人占58.4%。[4]他们主要来自河北和山东两省和津浦、京奉铁路沿线。

1950年以来，费城人口呈现出下降的趋势，1950～1980年30年间费城人口减少了40万人。总人口数从200万减至170万人，相当于1850年费城人口总数。1982年更降至1665382人。以人口计从美国第四大城市退居第五。[5]1985年以来，出现了中心城市人口继续下降，整个城市地区人口数量回升的趋势。费城人口减少的原因很复杂，其中的一个重要因素是一大批工厂外迁和大量的白人人口迁居环境更优越的郊区。同期天津的人口继续呈现出大幅度增加的趋势。1949年天津的总人口为399.5万人，1982年增长到7749万人，增加了1.94倍。天津人口增长的主要原因是自然增长，其次是人口迁移。1951～1960年间市区和郊区共迁入人口2054301人，其中市区1274479人，占82.34%。[6]

---

1 Weigley, Russell F., ed., *Philadelphia, A 300-Year History*, New York, 1982, p. 218, p. 668.
2 罗澍伟主编：《近代天津城市史》，中国社会科学出版社，1993年版，第98、770页。
3 Weiley, *Philadelphia,* pp. 526～527.
4 罗澍伟主编：《近代天津城市史》，第460～461页。
5 John Tepper Marlin et al. ed., *Book of World City Ranking*, New York, 1986, pp.53～54.
6 谷书堂主编：《天津经济概况》，天津人民出版社，1984年版，第453～459页。

费城人口结构的一个重要特点是，黑人人口的比重大，而且呈增长趋势。故有北方的南方城市之称。1920 年以前，美国其他北方城市中的黑人人口从未超过 2%，20 世纪初叶，费城的黑人人口就在 5% 以上。因此，著名黑人学者杜波依斯在 20 世纪初期就发表了他的名著《费城黑人》。二次世界大战期间对劳动力的需求增加，黑人人口增长很快，60 年代占人口总数的 10%，1980 年占 37%，1990 年占 39.9%。同年，西班牙裔占 5.6%，亚裔占 2.7%。

住房和城市交通

大量人口涌入城市首先遇到的问题就是住房。费城素有“家庭城市”（The City of Home）之称。由于城市地域有扩展的余地，地价较低，住房问题没有像同时兴起的纽约和波士顿那么严重。在工业化的初期贫民区坐落在费城的西部和南部。许多地区利用地域广阔之便，兴建了租价低廉，居住条件尚可人意，适合家庭居住的联立房屋（row house），这就成为了费城居民住房建筑的一个传统。20 世纪初期，当大批新移民涌入费城，他们大都住在德拉华河沿岸的费城南部和中部，这是全城住房条件最差的地方。几户人家住在同一栋房子里的现象比比皆是。卫生条件恶劣，沿河地区尤甚。“蚊蝇困扰、鼠群出没，夏天如蒸笼，冬季如冰窖的火柴盒房屋”[1]让这些新移民久久不能忘怀。少数民族的聚居区在此期间陆续形成。费城市政厅以南的意大利市场以出售新鲜的蔬菜和水果闻名，是意大利移民的居住区。东欧的移民卜居费城南部，犹太移民定居市场街以北地区，后为黑人取代。1934 年在美国商业部的倡导下，对费城的住房情况进行过一次调查。调查结果表明，费城当时共有 433796 栋住房，80%为联立住房。大部分住房都供应冷热水，但仍有千分之八的住房没有自来水。只能靠井水为生。取暖原料主要是煤，有 3000 个家庭没有取暖设施。10%的住房因不具备起码的生活条件无人居住。黑人的住房条件更差，有目共睹。1939 年 WPA（Works Progress Administration）的调查表明费城的住房情

1 Nathan Kusin, *Memoirs of a New American*, New York, 1949, pp. 59-60. 转引自 Weiley , *Philadelphia*, p. 527.

况有较大改善。总量有所增加，达 515527 栋，空房率下降到 3.5%。然而有 17.5%的非白人房客的住房条件毫无改善。罗斯福新政是费城住房状况改善的转折点。在此之前，费城关心公益事业的组织把解决住房的希望寄托在私人企业的投资上，他们的这种期待被 1929～1933 年的经济大萧条所粉碎。费城的慈善机构一马当先，在 1934～1940 年间，发起了三个重要的兴建住房计划，都取得了引人注目的成果。1935 年在联邦政府通过 PWA（Public Works Administration）项目拨款 180 万美元兴建低造价住房。1939～1940 年间又增加了两个类似的项目。这三个住房修建项目为费城增加了 2859 栋新住房，月租金仅 14～26 美元，缓解了低收入居民的住房问题，改善了费城劳动人民的住房条件。联邦政府为费城海军码头的职工修建住房，对解决费城的住房问题也不无小补。美国参战前的最后一个 WPA 房屋修建计划（1940～1941 年）又为费城增添了 8,000 栋两层楼住房。[1]二战期间和以后黑人大量迁入费城使略有改善的低收入居民住房条件再次恶化。由联邦政府发起、市政府和私人参与的中心城市复兴计划，主要由费城住房工程管理局（Philadelphia Housing Authority，1937），费城再发展工程局（Philadelphia Redevelopment Authority，1945）和费城住房发展公司（Philadelphia Housing Development Corporation，1965）三个单位负责规划、执行。虽然取得了一定的效果，如：为低收入的居民新建了一批低租金的高层公共住宅，拆除了一些危房和废弃厂房，购置了一批地产转售或承包给私人房产公司，但并没有能够有效地制止低收入居民住房条件继续恶化的发展趋势。仅对改变城市中心公共建筑的面貌起了积极作用。白人中产阶级大量迁往郊区后，居住条件、室内装修和陈设都有较大的改善。统计资料表明，80 年代费城住房面积比较宽裕，每个住房单元平均只有不到 2.5 人居住。整个市区房屋的个人拥有率为 68.7%。中心城市房屋的个人占有率为 55.1%。在 13 座美国大城市中居第三位。费城市区单个家庭用房单元的中等价格为 41,800 美元，按美国标准衡量，不在昂贵之列。1982 年平均月房租为 285 美元，在世界 67 个大城市中居第 35 位。居民电话拥有率为 102.4%，

1 Weigley, *Philadelphia*, pp.635～636.

在全世界92个大城市中居第10位。[1]

天津的居民住房状况，缺乏比较系统的研究。1949年以前，住房的占有和使用极不合理，这是众所周知的事实。一般地说，天津旧城的住房条间很差，拥挤异常。缺乏现代化的卫生设施和上下水道。租界地区则是另一番景象：街道整齐干净，环境优雅，住宅建筑风格因国而异。天津的传统民宅是三、四合院，或临街的前店后堂。为了满足人口增长的需要，20世纪初叶，一些房地产商纷纷购地建造里弄式住宅。最早兴建的是院落式的里弄住宅，分布在河北新市区，今三马路与四马路、黄纬路与宇纬路之间。20年代起，中外房地产公司开始为军阀官僚、巨商富绅和中产阶级兴建新式里弄，主要分布在旧英法租界。天津的贫民区分布在城市的边缘地带，如旧城以西和海河三岔口以东地区、北运河两岸、租界边缘或租界与华界交界地区，以及地道外和南市、三不管一带。一座小小的四合院往往要住上3—10户人家。两三代人合居一室的全家合盖一床被的情况司空见惯。一室面积只有$3\frac{1}{3}$米长，$2\frac{2}{3}$米宽，$2\frac{2}{3}$米高。一台炕就占了多半间房。这些住房多由土坯建成，房顶盖以秫秸或芦苇，抹上泥土。雨季到来，泥片脱落，到处漏雨。没有取暖防暑设施，每逢寒冬酷暑，居民备受折磨。[2]一些逃入天津的难民只能以破毡旧席搭成窝棚作为栖身之地。1949年初，全市约有窝棚5000余间，居住人口约25000人。1949年以来，居民住房问题受到政府的重视，到1989年，新建住宅3,788.91万平方米，总投资近71亿元。截至1989年底，天津全市共有住房建筑面积5368.6万平方米，人均住房面积由1949年初的3.77平方米，增加到1990年的6.66平方米。[3]天津还综合整修市区街区两侧的建筑物，使城市面貌大为改观。

进入20世纪费城和天津都面临着拓宽街道，规划道路系统，改善交通的任务。1914年，一条贯通费城东北，长7英里的罗斯福林荫道

1 John Tepper Marlin et al., *Book of World City Ranking*, New York, 1986, p.55.

2 Gail Hershatter, *The Workers of Tianjin, 1900～1949*. Stanford, California: Stanford University Press, 1986. p. 69.

3 中共天津市房地产管理局委员会：“尽心竭力解决人民居住问题”，邱青云等主编：《我们的优势》，天津社会科学出版社，1991年版，第181页。

建成。这条大道开通后，使该地区的居民人数迅速增加，提高了该地区在全市的地位。将费城贯通南北的主干线宽街（broad street）与费城的风景区费尔芒特山区连接起来的富兰克林林园大路（Franklin Parkway），经过25年的争论和搁置，终于在1918年竣工。这条马路是费城的文化通道，市免费图书馆、自然博物馆、科技博物馆（名叫富兰克林学会 Franklin Institute，建于1824年）、艺术博物馆、罗丹雕塑博物馆均错落其间。这条交通干线的建成还为前往德国城、奥佛布罗克、威尼费尔德提供了便捷的通道，促进了人口朝这个方向移动。费城现代公共交通的另一重大革新是在市场街上开凿两英里长的地下铁路，这是费城第一条地铁，于1907年完工，15街到德拉华河部分于1908年完工。这条地铁向西直达西费城的第69街。地铁的建成使这一带的景观为之一变，从近似农村的风光变成了繁华的商业区和居民住宅区。

费城和天津均为河道所分割，为了跨越天堑，两座城市早期在河道上都设有渡口与浮桥。1805年，费城在斯库基尔河上架起了一座单孔桥，长552英尺，高出河面31英尺。1809年又在斯库基尔河上架起了一座铁索桥。这些早期建筑的桥梁均未能持久，仅在桥梁建筑史上留下了记录。为了满足正在增长中的汽车交通的需要，一座跨越德拉华河，长两英里的悬吊式大桥于1922年施工，1926年投入使用，被命名为本杰明·富兰克林大桥。天津的第一座钢桥是座落在子牙河上的大红桥，建于1887年。1888年修建了金华桥（俗称老铁桥）。此后，陆续在海河上修建了老龙头桥（1902年）、金钢桥（1903年）、金汤桥（1906年）。1926年因老龙头铁桥影响海轮通航，另建三孔中孔可以用电力启闭的新桥，命名为万国桥，1949年以后改称解放桥。现代桥梁的建成大大改善了两个城市的交通运输状况。天津的公共交通始于比利时商人经营的有轨电车，1925年出现了私人经营的公共汽车。1949年以前，全市有电、汽车路线17条，全长60.78公里，运营车辆200余部。到1982底，全市公共电、汽车路线共113条，其中电车8条，汽车105条，总长度为1826公里，共有运营车量1546辆。

教育文化设施

教育是城市生活的重要组成部分。作为历史名城，费城在美国的教育史上占有重要地位。使美国得以强大的公共教育体系，在费城揭开了它的第一页。1818 年宾夕法尼亚州议会通过在费城建立“第一个学校区”的法案。用政府拨款实施兰开斯特（John Lancaster）所倡导的在主要教师监督下，儿童互教互学的教育计划。全美第一个幼儿园于 1808 年建于费城。1820 年，费城出现了一所聋哑人学校。至今还是费拉德尔菲亚艺术学院的一个组成部分。费城的医学教育举国闻名。在名医本杰明·拉什（Benjamin Rush，1813～1945）的领导下，宾夕法尼亚大学的医学院早在 19 世纪初就成为了全国医学教育的中心。在 17 所高等院校中 6 所是医学院校。除了宾大医学院，天普大学医学院、杰弗逊医科大学、宾夕法尼亚医学院（前身为内科医学院 College of Physicians）和药学院有较大影响，费城还设有视力测定和足病学的专科教育。就地区而论，只有波士顿一地的医学教育能与之抗衡。时至今日，费城有 88 个授予学位的单位。费城的公立学校是美国城市第 5 大学校校区，1995 年有学校 256 所，特种学校 10 所，在校学生 208973 人，占人口总数的 12%，教师 12135 人，教师学生比为 1：17.2。1994～1995 年的实际预算为 13 亿美元。平均每个学生的开支为 5,350 美元。当前费城的公共教育正在 IBM 公司的直接参与下实施一项名为“儿童成就”的新战略。其指导思想是，通过加强地方管理，增加家长参与，减少限制，将新技术用于课堂教学，以实现教育上的高标准和提高学生的毕业率。据 1980 年的统计，在 25 岁以上的人口中受过 12 年或 12 年以上教育者占人口总数的 54.3%，受过 16 年或 16 年以上教育者占人口总数的 11.1%。

天津在中国近代教育史上的地位可以同费城媲美。天津开埠后，清政府为了师夷一技之长，巩固国防，在天津建立了一批西式军事学校。如：电气和水雷学堂（1876 年）、北洋水师学堂（1880 年）、电报学堂（1880 年）、武备学堂（1885 年），以及北洋医学堂（1894 年）。1895 年又建立天津大学堂，1903 年改名为北洋大学，聘美国传教士、李鸿章的英文家庭教师丁嘉立（Charles Daniel Tenney，1857～1930）为总教席。在戊戌变法的影响和八国联军入侵的刺激下，20世纪初期，天津掀起了兴办新式学校的高潮。1901年，地方人士得到丁嘉立的赞助，利用稽古学院的旧址办了一座普通学堂，“规制采诸外洋”[1]，后移交天津府管理，成为第一所官办中学堂。1904年近代著名教育家严修出资，张伯苓主持创建敬业中学堂，后改名南开学校，是最早建成的私立中学。到1911年，天津兴办的学堂共达147所，包括大、中、小学。不仅层次完备，而且门类齐全，有工业、农业、医学、军事、法政、外语、师范等科。经过30多年的曲折，到1949年初，全市共有各级各类学校2371所，学生32.25万人。1982年学校数增至4501所，学生121.34万人。[2]根据1982年的统计，天津有大学文化程度的人口仅占全市人口的2.3%，低于北京、上海和费城。有高中文化程度的人口占天津人口的13.3%，也远远低于费城。

费城的文化生活丰富多彩，高雅文化和大众文化均有特色。费城交响乐团建于1900年，是由几个小乐队合并而成，1902年就开始外出演奏，1912年波兰籍音乐家利奥波尔德·斯托科夫斯基（Leopold Stokowski，1882～1977）出任乐团指挥，他以严格的训练、独特的个人风格和创造性使乐团名噪一时。在美国名作曲家古斯塔夫·马勒尔（Gustav Mahler，1869～1911）第八交响乐的首次演奏会上（1916年），这位精力充沛的指挥，组织了1,000名音乐演奏家和歌唱家同台演出，深深地打动了听众。他还举办儿童音乐会、青少年音乐会、户外演奏会，1929年与RCA公司合办广播演奏会，1936年发起横跨北美大陆的旅行演出，使严肃音乐得到普及。费城的世俗文化最有特色的是哑剧表演。每年1月2日，是费城哑剧弦乐队的演出日。以社区为单位组成，以北欧神话为题材，着装绚丽多彩，表演队伍自南而北，沿着通衢大道招摇过市，万人空巷，热闹非凡。二战后，还建立了一座哑剧博物馆，展出哑剧服饰，吸引了不少观众。费城种类繁多的博物馆、历史悠久的动物园和以普及科学知识为主要目的的植物园是公众消闲度假的重要活动场所。宾夕法尼亚美术学院（建于1805年）、费城艺术博物馆（建于

1《天津政俗沿革记》卷10，“学堂”。

2 谷书堂主编：《天津经济概况》，第424页。

1926年)、巴内斯基金会博物馆的绘画、雕塑、建筑艺术藏品琳琅满目，美不胜收，富兰克林学会（建于1824年）可以动手操作的展品让儿童观众流连忘返。独立宫、木匠大厅、第一国民银行和华盛顿曾在严冬屯兵的福济谷等遗址，提供了生动的历史教材。座落在劳干广场的自然科学院博物馆（建于1812年）培养了几代动植物学家。费城西北的费尔芒特公园是世界上最大的城市公园，沿着蜿蜒的斯库基尔河展开，可以登高远眺，访古探幽，浣足山泉，尽洗都市尘埃。费城市立公共图书馆——免费图书馆（Free Library）建于1891年，在大城市的公共图书馆中以馆藏丰富、活动多样、服务功能强著称。它的儿童部举办的假期儿童读书俱乐部、儿童图书音乐会深受儿童的欢迎。天津的少年儿童图书馆就是在费城免费图书馆道穆斯馆长的建议下建立起来的。

天津靠近我国的文化古都北京，南有海派文化的发祥地——上海，在南北的夹击之下，文化上稍嫌逊色。严复在天津将《天演论》著译为中文，对我国知识界起到了振聋发聩的作用。梁启超的《饮冰室文集》是中国近代文化史上的一座丰碑。这两件事情虽然与天津有关，毕竟不能说全然是天津的产物。天津对中国现代文化的一大贡献是话剧运动。1909年，南开学校校长张伯苓自编、自导、自演了天津舞台上的第一出话剧《用非所学》。1916年，张伯苓之弟张彭春留美归来，当选为话剧团副团长，他一面将一批世界名剧如易卜生的《娜拉》、莫里哀的《悭吝人》、果戈理的《钦差大臣》等搬上中国舞台，另一方面，自己动手改编、创作剧本《醒》、《新村正》、《一念差》、《一元钱》并上演，在华北大地上播下了话剧的种子。涌现了曹禺这样的著名戏剧家。30年代，曹禺以天津社会为背景创作了《雷雨》、《日出》。《雷雨》于1935年在天津上演，全国戏剧界为之震动。在世俗文化方面，将曲艺、戏曲从露天演出迁入茶园、戏园、游艺场是在20、30年代发生的。由西方传入的电影业也是在这个时期繁荣起来的。以普及科学文化知识为主要功能的图书馆也有较大发展。1907年天津出现了第一所官办的大型图书馆——直隶图书馆，后改名河北省立第一图书馆，即今天津市图书馆的前身。1929年天津第五通俗图书馆成立，到抗战前，天津市共有7所通俗图书馆。据统计，1982年，天津共有公共图书馆23个，藏书644万册，全年借阅人次238万。1992年公共图书馆增加到31个，藏书650万册，借阅人次

303万。天津第一座由国人自办的博物馆——天津博物院成立于1923年，创办人严智怡任院长。设于英租界，由法国天主教神甫桑志华筹备多年的北疆博物院于 1928 年对外开放。天津的博物馆事业发展较为缓慢。1982年，天津市有5个博物馆，工作人员388人，藏品53万件，参观人数69万人次。1992年，博物馆数增至13个，工作人员649人，藏品仍为53万件。参观人数降至48万人次。1993年又增至93万人次。[1]

产业结构变化

费城和天津都是在两国工业化进程中作出过重要贡献的城市。近半个世纪以来，两座城市都经受了国内外竞争的严重挑战。比较一下它们产业结构的变化和对挑战作出的反应是很有意义的。自20世纪中叶以来，费城经济的主干——制造业的从业人数就不断下降。1951～1977年，制造业的劳动力从占劳动力总数的46%下降到24%（同期全国从43%下降到29%）。[2]与此同时，非制造业的就业人数呈上升趋势。

费城都市统计地区和美国就业年增长率 1952～1988 %

	1952～1972	1972～1983	1983～1984	1985	1986	1987	1988
费城都市统计地区							
所有行业	1.00	0.60	3.57	2.28	2.72	2.38	1.18
制造业	−0.28	−2.36	2.02	−3.22	−3.64	−0.27	−1.46
非制造业	1.95	1.55	3.96	3.65	4.22	2.96	1.73
费城市区							
所有行业	−0.61	−1.54	0.15	1.10	1.05	1.72	0.75
制造业	−2.82	−5.66	−2.81	−4.83	−4.28	−1.35	−2.49
非制造业	0.35	−0.56	0.66	2.08	1.86	2.16	1.19
美国							
所有行业	2.08	1.85	4.26	2.39	2.17	3.61	3.46
制造业	0.71	−0.23	3.81	−1.75	−0.95	2.63	2.10
非制造业	2.67	2.51	4.37	3.44	2.39	3.80	3.65

资料来源：*Employment and Earnings, Bureau of Labor Statistics*, U. S. Department of Labor. County Business Pattern, Bureau of the Census, U. S. Department of Commerce. 转引自 William J. Stull et al., *Post-Industrial Philadelphia: Structural Changes in Metropolitan Economy*. University of Pennsylvania Press, Philadelphia, 1990. p. 12. 略有删节。

1 天津统计局编：《天津统计年鉴，1994》中国统计出版社，1994年，第268页。

2 Weigley, *Philadelphia,* p.710.

80 年代末，费城城市地区制造业雇用的劳动力不到 40 万人。在制造业劳动力总人数不断减少的情况下，有 31 个行业的生产和劳动力在 1978～1986 年间出现了上升趋势。这种情况主要发生在高技术设备制造领域，如制药业、武器制造业、通讯设备、电子设备、飞机制造和配件、光学仪器和医疗器械。这 7 个行业在 1978 年提供了 38,328 份工作，占 31 个行业的 30%。到 1986 年，它们提供了 49,531 份工作，占 31 个行业的 33%，占全部制造业劳动力的 13%。[1]此外，如塑料业和印刷业因引进高技术，生产流程正在发生急剧变化，劳动力人数也有所增加。又如锯木业、水泥制造业则因地方建筑业的繁荣，需求剧增，再度兴旺。在这些劳动力正在增加的制造业部门，小企业的增长率高于大企业。

在非制造业领域，促进经济增长的主要部门是生产服务业、医疗保健业及研究和开发（R&D）。生产服务业指企业为了生产商品和提供服务而购买的服务，如金融、会计、保险、房地产和法律服务。在整个战后时期，其增长率要比制造业快得多。对于造成这种状况的解释其说不一。一种看法认为：原因在于服务活动专业化，从企业内部转到外部。这种看法经验证据不够充分，因为企业内部服务业的从业人员也在增加。但增长率很低，这或能说明是内部服务外化造成的。第二种解释是生产服务业的个人劳动生产率较低，只能用增加人力的办法增加服务。第三种解释是政府的管理活动增加，提高了对生产服务业的需求。70 年代，增添的管理机构有：职业保险和健康管理局、消费者生产安全委员会、公平就业机会委员会和环境保护局。这些机构的成立使报表数量急剧增加。第四，生产的顾客服务取向加强，要求服务到户，服务到人。这种服务是劳动密集型的服务，大大增加了服务工作量。生产服务业的从业人员集中在中心城市，其增长率要比其他部门高得多，总人数 1986 年为 407,692 人。服务对象主要是当地企业。1978 年以来，就业雇用人员增长情况如下：

---

1 William J. Stull and Janice Fanning Madden, *Post-Industrial Philadelphia: Structural Changes in the Metropolitan Economy*. Philadelphia, University of Pennsylvania Press, 1990, p.32.

费城都市统计地区生产服务业按部门划分雇用人员增长情况（1978～1986）

	雇用人员变化		年增长率（%）	
部门	1978～1982	1982～1986	1978～1982	1982～1986
行政管理/辅助	5169	7644	1.71	2.34
银行	562	868	0.49	0.73
信贷代理	1118	5128	2.62	9.74
经纪业	1306	2654	6.99	10.32
保险邮递员	1003	9900	0.66	5.86
保险代理人	796	2287	1.68	4.34
房地产	-719	4383	-0.90	5.20
全部企业服务	8311	29118	2.47	7.30
法律服务	3943	6287	7.22	8.54
建筑/工程	9167	1285	14.21	1.41
会计	2008	2202	8.54	5.66

资料来源：*County Busines Pattern*, Bureau of the Census, U. S. Department of Commerce. 转引自 William J. Stull et al. 前引书 p. 59. 略有删节。

近 20 来，美国保健部门雇用的劳动力一直呈上升趋势。1970 年，仅占全国劳动力的 5.1%，1978 年占 6.7%，1982 年 7.8%，1986 年达 7.9%。保健部门得到发展同人均收入增加有直接关系。护理工作的市场化是使保健部门从业人员增加的一个重要原因。医疗保险（第三方付费）减少了保健消费者的顾虑。人口的老龄化大大地增加了对保健的需求。医疗领域的技术进步，使医疗保健的产品比其他产品更有吸引力。医疗保健是一个劳动力密集的服务部门，它的发展必然会使从业人员大幅度增加。在费城地区，保健业无论就规模还是就增长率而言都值得重视。迄于 80 年代末，有 185000 人受雇于保健业，占费城劳动力的 10.1%，1978 年仅占 8.3%，如果加上费城医药教育雇用的人员，人数可达 20 万。1978～1986 年间，该行业增加了 52139 人，占同期劳动力增加总人数的 22%。[1]医疗保健部门内部的发展是不平衡的，情况如下：

1 William J. Stull et al. 前引书 p.67。

费城都市统计地区与美国全国医疗保健业雇用人员分行业增长情况（1978～1986）

费城都市统计地区						美国		
	雇用人数变化		年增长率%			年增长率%		
行业	1978～1982	1982～1986	1978～1982	1982～1986	1978～1986	1978～1982	1982～1986	1978～1986
全部保健	22614	29525	4.01	4.44	4.22	5.23	3.33	4.27
内科医师	3131	5047	5.31	6.80	6.05	5.63	4.55	4.63
牙医	1828	1753	7.12	5.07	6.09	6.39	3.67	5.02
骨科医师	926	697	15.15	7.28	11.15	9.91	4.87	7.36
其他保健师	591	1490	8.40	14.1	11.22	12.54	8.24	10.37
护理人员	5862	5247	7.97	5.45	6.70	5.32	4.36	4.84
医院	7117	5850	2.07	3.74	2.96	2.34	0.60	3.28
医学和牙医实验室	300	570	2.19	3.74	2.69	2.34	4.18	3.25
门诊部	1214	3511	1.34	1.43	1.39	5.45	11.07	8.23

资料来源：*County Business Pattern*, Bureau of the Census, U. S. Department of Commerce.

前文已经提到费城是美国医学教育的中心。1988 年，费城医学院校在学学生人数为 4,213 人，仅少于纽约市，占全国医学院校在学人数的 5%。与人口的比率：每千人有 87.3 名医科学生，居全国之冠。费城还是特种医学教育的中心，足病专科学校和眼科学校在学学生人数分别占全国 18%和 13%。费城培养的兽医和药剂师数量占全国总数的 4%。费城的骨科医院和骨科医学教育也在全国居领先地位。

为了加强在国际上的竞争实力，美国政府和企业界都非常重视研究和开发工作。根据国家科学委员会的统计，1987 年美国在科研和开发方面的投资为 1,243 亿美元，占国民生产总值的 2.8%。

大约有 3 万名工作人员在研究和试制部门工作，占费城地区劳动力的 1.2%。他们集中在为数不多的大公司的附属机构中，主要是航天、化学、药学、生物、生物技术和医学等领域。具体情况如下：

费城科研与开发单位和雇用人员情况，按活动群体划分（1989年）

	单位		雇用人员	
活动群体	数目	%	数目	%
金属/金属产品	21	6.3	333	1.2
纺织/纸张	5	1.5	176	0.6
航天	7	2.1	4, 038	14.7
电子/计算机	72	21.8	5, 079	18.4
计算机软件	17	5.1	657	2.4
环境服务	23	7.0	607	2.2
石油	6	1.8	670	2.4
化学制品	40	12.1	4, 071	14.8
药学	8	2.4	4, 483	16.3
生物学/生物技术	37	11.2	3, 237	11.7
医疗技术	14	4.2	363	1.3
医学	50	15.1	2, 558	9.3
未分类	31	9.4	1, 280	4.6
所有活动群体	331	100.0	27, 552	100.0

资料来源：Philadelphia Economic Monitoring Project R&D Survey.

科研与开发人员分布比较集中，主要在费城和蒙哥马利县，后者人数更多。在有学位的研究人员中，大多毕业于宾州和全国其他地区，来自本地区高等院校的只占少数。

整个20世纪上半叶，费城都市地区一直是全国制造业的中心。迄至1958年，此地区制造业雇用的人员占全国制造业劳动力的3%以上。20世纪50年代以来，费城都市地区的经济已经从工业经济过渡为后工业经济，从以生产产品为主转变为以提供服务为主，特别是保健服务和生产管理服务。在此后28年里，制造业的从业人员减少了28%。全国制造业的劳动力增加了19%。到1986年，费城都市统计地区制造业雇用人数仅占全国制造业劳动力的2%。低于其人口和劳动力在全国所占的比例。制造业劳动力下降的趋势一直没有停止。与此同时，非制造业雇用劳动力数持续上升。50、60年代的年增长率为2%，70年代略见缓慢，80年代以来又加快了。整个说来，非制造业劳动力的增长率高于全国。非制造业专业化的程度也高于全国。类似的变化也在全国其他历史上曾经是制造业中心的大都市地区发生。这种变化是美国大都市地区对国内国际经济力量变化作出的反应。制造业因使用先进的技术而大大提高了劳动生产率。这就使生产每一个单位产品所需要的劳动力减少。这种情况在 80 年代表现得尤为明显。技术的进步使生产过程标准化了。加上交通、通信系统的改善，使得美国非都市地区和海外地区对美国制造业的厂商有更大的吸引力。在这些地方，工资低廉，土地便宜，环境保护的管理松弛。由此看来，制造业在它成长起来的美国城市中心地区衰落，而在美国非城市地区和海外得到长足的发展就是可以理解的了。非制造业的从业人员数量的变化，受不同力量的支配。非制造业的劳动生产率提高不如制造业快，因此，生产每一单位服务所需要的劳动力相对于生产每一单位制造业产品的劳动力会有所增加。服务业所提供的服务比制造业所生产的产品更贴近顾客的特殊需要，就此而言，国内外竞争不如制造业激烈。

尽管两国国情不同，社会、经济、政治制度不同，发展阶段不同，费城与天津在经济发展过程中的基本走向却有很多相似之处。

1）在整个 20 世纪上半叶，天津和费城一样，一直是国家的工业中心。天津的近代工业出现于 19 世纪末，多为政府建立的铁路、军事工业和外商开办的打包工厂。进入 20 世纪天津才逐步建立起近代工业体系。到 1933 年，天津的工厂数占全国 12 个工业城市的第二位（上海第一），工人数为第三位（少于上海、无锡），资本为第三位（少于上海、广州），净产值第四位（少于上海、广州、无锡）。到 1947 年，工人、工厂数均仅次于上海，占第二位。[1]据 1947 年国民党政府经济部发表的沿海 20 个主要城市的情况，天津工厂数占 20 个城市总数 14,078 家的 9%。天津工人占 20 个城市总数 682,399 人的 8%，仅次于上海居全国第二位。

2）20 世纪 50 年代以来，特别是改革开放以来，天津的工业生产的总产值虽有较大增长，1947 年全市工业产值仅 6 亿元，1993 年达 1252 亿元，按可比价格增长了 135 倍，然而天津工业在全国所占的地

1 傅韬、周祖常主编：《天津工业二十五年》，天津社会科学编辑部，1985 年版，第 17 页。

位却明显下降。工业总产值 1985 年占全国的 3.3%，1993 年占 2.6%。工业产值在社会总产值中所占比重也由 1978 年的 76.6%下降为 1985 年占 69.2%，1990 年更下降至占 52.7%。主要工业产品产量在全国的比重大多呈下降趋势。1978 年为 69.6%，1993 年为 56.4%。主要工业产品产量在全国所占地位大多呈下降趋势。下降幅度最大的是自行车，1985 年占全国总产量的 17.4%，1993 降至占 8.6%，下降了 8.8 个百分点。同期，照相机下降了 6.6 个百分点，从占全国产量的 6.7%下降到仅占 0.1%。家用电冰箱的产量下降了 4 个百分点（从占 4.4%降至占 0.4%）。第二产业的生产总值在国民总产值中的比重也呈现下降的趋势，1978 年占国民总产值的 69.6%，1993 年降至占 56.4%.第二产业的从业人员在全部劳动力中的比重，固定资产投资的比重都有所下降（1985～1993 年间分别下降了 1.3%和 2.4%）。[1]这一点与费城很相似。

3）在工业生产地位整体下降的过程中，少数工业部门的产量在全国的比重有所上升，如钢产量 1985 年占全国产量的 2.4%，1993 年占 2.5%。汽车产量 1985 年占全国产量的 4.5%，1993 年上升为 8.3%。家用洗衣机 1985 年占全国总产量的 1.9%，1993 年增加到占 6.6%。[2]

4）1978 年以来，天津的第三产业即服务业有较快的发展，在国民生产总值中所占比重有所上升。1978 年在国民经济中的比重为 24.3%，1993 年增至 37%，上升了 12.65 个百分点。从业人员在社会劳动力中所占的比例也有所上升，从 1985 年的 28.2%增加到 33.6%。[3]这个趋势也同费城的走向相似。

5）据研究，在服务业中，信息部门的增加值占国民生产总值的 25%～40%，信息劳动者占劳动就业人口的 15%～30%左右，可定为信息经济的“起飞”阶段。天津相应百分比分别为 27.35%和 21.08%，高于全国的平均水平，已达到“起飞”阶段的标准。[4]其在本地区经济发展中的地位与费城的医疗保健业颇为相似。笔者从 Internet 上获悉，

1 天津统计局编：《天津统计年鉴，1994》，统计出版社，1995 年，第 40～41 页。
2 天津统计局编：《天津统计年鉴，1994》，统计出版社，1995 年，第 40～41 页。
3 天津统计局编：《天津统计年鉴，1994》，统计出版社，1995 年，第 37 页。
4 袁俊等：《天津信息化水平的测定》，天津师范大学应用文科学院，1996 年 3 月。

费城市政府已经制定了“1994～2000 年的信息技术战略计划”（Strategic Information Technology Plan 1994～2000）。该计划分为服务和技术基础设施两大部分。服务部分包括社区服务、城市一般服务、司法和公共安全服务和内部服务。技术基础设施包括计划、宽带城市网络、中心数据库、软件、硬件和网络的标准化、培训能力与课程、服务水平目标。目前，费城城市网的中央数据库主机已升级为IBM3090—400J82MIP 处理机，中央存储内存 512MB，外存 256MB，信道 64 1/0。增加了在线应用服务的能力。中心数据库事故恢复计划已试验成功，正朝着无线、移动通讯的方向迈进。这对于天津市规划本市的计算机网络,提高管理和国民经济信息化的水平具有参考价值。此外，天津在技术经济开发区的建设和环境保护方面均在全国居领先地位，为天津今后可持续的发展创造了有利的条件。

费城与天津在经济发展中的这种相似性是偶然的巧合，还是有其必然性，这是一个很值得深入探讨的问题。我们的初步看法是在世界经济联系日益加强，人类已步入信息时代，中国的改革开放正向纵深发展的形势下，各国、各地区特别是城市地区经济发展的趋同性正在增加。费城与天津经济发展的相似性正是这种趋同性的反映和表现。天津的经济地位下降还有更为深刻的原因。在客观上，中央政府一度实行限制沿海城市发展的战略，在相当长的时间里不但没有加大对天津的投入，反而从天津迁走了一批工厂。在变消费城市为生产城市的方针指引下，将以文化古城闻名的北京改建为工业城市，制约了天津的发展。1950 年至 1980 年间，天津工业的基本投资只相当于北京的58.4%。第一个五年计划期间，国家确定的重点工程共 156 项，北京有十余项，天津连一项也没有。天津还于 1958～1976 年间被改为省辖市，许多功能不能充分发挥，发展规模也受到限制。北京则因其首都地位，得到空前的发展。这种情况很容易让人想起纽约市和首都华盛顿的发展对于费城的制约。1976 年的大地震，使天津元气大伤。改革开放以来，重点在南方，广东和上海得到了许多优惠的政策，加大了南北差距。从主观上看，较长时期以来，市领导层受计划经济模式的影响较深，对天津的城市历史和城市缺乏系统、完整的认识，缺乏方向明确的发展战略，左右摇摆，举棋不定，坐失时机，到 1985 年才确定了天津的城市性质和发展战略。最近确定的天津今后一个时期发展的总目标是，经过20年的奋斗，争取成为我国率先基本实现现代化的地区之一，把天津建设成为我国北方的商贸金融中心，技术先进的综合性工业基地，全方位开放的现代化港口大城市。实现这个总目标，要靠上下一心，长期奋斗。

费城在总结经济发展的经验时指出，在制定城市经济发展政策时，必须充分考虑国际和国内制约经济发展的力量。这些力量对于城市经济的发展具有决定性的意义。一个城市的经济发展必须善于利用这些力量，决不能反其道而行之或与之相抗衡。看来，这也应该是在总结天津经济发展时得出的结论。以费城目前情况而论，恢复昔日在工业化过程中辉煌地位的可能性已不复存在，必须将注意力放在有能力提高产品质量，具有创新精神，能为客户提供专门服务的小企业身上。在服务业方面，提高劳动力的文化教育水平，发展计算机软件工业，加强研究与开发，显得越来越重要。这就是说必须充分依靠本地区高等院校的研究力量。这些也是天津在今后的发展中应该给予重视的问题。

当前，人口爆炸、科技爆炸、环境恶化已成为全人类进入21世纪时共同面对的问题。[1]在城市的发展中，费城和天津都面临着新的挑战与机会，对此，大家，特别是领导层、知识界和科技界都要有所认识并做好准备。

1996年

原文载王旭等主编《城市社会的变迁》，中国社会科学出版社，1998年（合作者罗宣）

1 参阅（英）保罗·肯尼迪：《未雨绸缪，为21世纪做准备》，新华出版社，1994年版。

"中等社会"还是"市民社会"

——对于如何总结晚清以来中国社会变革的几点看法

在费正清一卷本的《中国通史》中曾三次提到张伯苓和南开的名字。第一次，基督教改革派的局限性，洛氏基金会对南开经济研究所的资助（261）；第二次，学术界的进步，有影响的纯粹中国的私人教育机构（265）；第三次，周恩来生平，在南开上学受到非凡的自由派教育家张伯苓的影响（308）。

按照毛泽东的说法，鸦片战争以来，中国社会从封建社会逐渐变成了一个半殖民地半封建的社会。从社会革命的角度来观察中国社会变革，这个理论是正确的。因为它科学地论证了中国民族和民主革命的必要性。当我们进入社会主义现代化的建设时期，在搜寻现代社会的生长点时，这个理论就显得不够用了。陈旭麓先生在他的遗作《近代中国社会的新陈代谢》一书中有专章论"中等社会"。这是借用20世纪初革命党人大力宣传的一个概念，陈先生根据自己的研究加以阐发，读了很受启发，但又有余意未尽之感。我国学术界和西方学术界从20世纪80年代以来，一直在讨论中国有没有"市民社会"（civil society）和"公共领域"（public sphere）的问题。这个问题涉及的学科面很广，社会学、政治学、法学、历史学、语言学、新闻学界都有人参加讨论。

市民社会的概念出现于18世纪的欧洲，当时国家与社会之间形成了一种新的关系，从事资本主义生产的人们要求掌握政权。他们过问国家事务的要求在国家这个庞大的机器和私人企业与家庭之间形成了一个空间。在这个空间里，由资产阶级的成员及其同盟者通过谈判达成的认同和共同的政治目标形成了公共领域，随着城市的发展，相应的组织机构和议事程序也逐渐完善，这些组织机构和程序并不反对国家，而是为新的参政者登上政治舞台扫清了障碍，人们将这一切称之为市民社会。总之，市民社会是同资本主义的发展在历史上和理论上密切联系在一起的。在资本主义生产方式和市民社会的影响下国家也从体现君主意志的工具逐渐演变为现代国家。对于市民社会的认识也有一个发展过程，在黑格尔那里，市民社会是在绝对君权下创造的一个相对自由的政治环境。黑格尔关于中国有国家而无社会的论断引起了一系列的关于中国市民社会的讨论，这个讨论是同中国资本主义因素或资本主义萌芽的讨论交织在一起的。

法兰克福学派的第三代代表人物哈贝马斯进一步阐明了公共领域的概念，他指出：公共领域是一个历史现象，而不是一成不变的现象，它是在一个特定时期出现的范畴，即 17～18 世纪的欧洲资产阶级将它的自由派意识形态加之于文化整体时提出来的。资产阶级正处于上升时期，企图用“公共”来代表整个国家和社会。他还说：“公共领域首先是指我们社会生活中舆论可以形成的领域，在原则上所有公民都可以进入这个领域。公民在处理一般利益的事务时其行为是公开的，不受任何压力，他们可以自由地集会和联合，并能公开自由地表达他们的意见。”

联系到中国的历史，黑格尔最早提出中国有国家而无社会的论断。美国的史学家在对 19 世纪中国城市社会进行了认真的研究之后，开始对马克斯·韦伯关于中国没有城市政治自治因而资本主义不能发展的论断提出了挑战。其中最具代表性的是罗维对汉口城市社会的研究，他明确指出，与韦伯的论断相反，18 世纪市民阶级即已出现。19 世纪，在汉口出现了市民社区。行会的权力逐渐扩大到司法领域，到 1911 年以后，八大行会几乎形成了半政府机构，发挥了具有高度制度意识的调停、调解和妥协的功能。罗维还专门讨论了汉口的公共事业和公共服务，论述了公共建筑（街道、桥梁、码头）、水利设施、消防、公用事业、文化设施的发展。90 年代以来，在总结“天安门事件”的历史经验教训的过程中，人们进一步提出了中国有没有“市民社会”的问题，在各种学术会议和学术刊物上展开讨论。问题可以分为历史和现实两个方面，即历史上中国是否出现过市民社会或市民社会的因素，它与国家的关系处于何种状态；80 年代以来的改革开放政策是否促进了中国市民社会的发展，它与国家的关系处于何种状态。大多数美国的学者都认识到中国在历史上和现实生活中都有一个强大的中央集权的国家存在，是一个不可否认的事实，这与西方的小政府和大社会截然不同。美国的一些研究者指出，对于市民社会可以有不同的理解，可以将它理解为一种与政府政治平行的持不同政见者的政治，理解为公民权利，理解为一种政治发展的形式，理解为一种治理方式，在中国则应理解为政府领导的市民社会。也有人认为中国历史上有过三种类型的市民社会：1）文明启蒙社会（Civilized enlightened society）；2）城市人民社会（City people's society）；3）公共人民社会（Public people's society）。这三个类型的市民社会分别与17、18、19世纪欧洲的市民社会的概念相符合。布鲁克则总结了晚清至民国期间的四种自主组织的历史形态：1）地方性形态（Locally）；2）职业性形态（Occupation）；3）团体形态（Fellowship）；4）共同事业形态（Common cause）。简言之，在中国的传统的“官”、“私”概念之间，还有一个“公”的概念，有“民”而为“公”、舍己为“公”的精神和活动领域。

值得注意的是，费正清在他的遗著《中国新史》（China, A New History, 1998）中以一章的篇幅讨论对中国市民社会的探求（第13章）。这一章位于该书第三部分中华民国之首。下面设了八个子目：中国自由主义的局限性、基督教改革派的局限性、政治性报刊的缓慢兴起、学术界的进展、新文化运动、五四运动、中国资产阶级的兴起、中国共产党的起源。该书的增补版又在最后一章对费老的思想有所发挥，企图说明改革开放造成的中国社会与文化的多元化和中央政府控制能力的削弱。我个人以为，对于市民社会的理论，关键不在于做理论上的探讨，而在于如何用以分析和解释中国近代的社会变迁。《中国新史》为我们提供了一个运用西方理论解释中国历史的例子。

费正清认为市民社会是随着独立于封建主义统治之外的城镇的兴起，在西欧开始发展的民主社会形态。这是一个多元的社会，教会独立于国家，政府与教会是分离的，公民的自由（后来发展为人权）在法律至上的原则下得到保护。市民社会是一种程度，很少有明确的界定。它是一个国家之内的国家和社会的关系，是在一定限度内衡量自治和自由程度的方法。接着他讨论了中国自由主义的局限性。

费正清指出，在国家的直接控制以外，创造新机构、新功能和新的个人职业的趋势在帝国晚期就已经发生了。对于外国人来说，这在开埠港口城市表现得最为明显，其动力主要来自中国内部，而不是受外来影响，绅士阶层在社区公共领域的活动扩大了。1911 年以后一些现代因素的出现加强了这种趋势，如报刊的增加、教育和企业的发展。市民社会的发展是同知识的进步、劳动分工的加强密切相关的，这使得专业人员在自己的专业领域里获得了自主权。这种自主权对于中国传统国家的统一和秩序是一种威胁。在个人自主—自由主义与国家所强加的统一和秩序之间取得平衡是一个普遍的社会问题，有时候这二者之间的矛盾是很尖锐的。一个突出的例子是在中国很难建立代议制政府。因为在中国没有法律至上的观念，在实践中也没有立法、司法和行政之间的分权。国会在吵吵嚷嚷中举行，但起不了立法的作用，只不过是行政机构合法的象征。

个人主义和自由主义在中国受到大集体的限制。中国的个人是从属于群体的。中国的法律也不如道德的说教那样具有权威性。西方的市民社会概念在中国思想中有一个有意义的相对应部分，但必须加以界定。例如，个人自我表现和个人财产所有，这些维多利亚自由主义的本质特征只有在官府的庇护下才能够享有。这些限制在晚清思想中是显而易见的。新儒学虽然不得不接受“外国事物”（现代化），新学也被他们至少用来治理国家，但要求清末的知识分子完全放弃儒家学说是不可能的。

日本的改革派在面对现代化时曾提出“东方伦理，西方科学”的口号。在中国，张之洞作为当时的意识形态的领袖，提出了著名的“中学为体，西学为用”的公式。这个公式对问题的回答看起来是机智的，但很难自圆其说。因为“体”、“用”在中国哲学中是指任何单独实体的相关方面。中学和西学都有自己的体和用。这个公式得到广泛流传，因为他将中学置于优先地位，而把西学仅仅看成是一套工具。

具有儒家思想的日本改革者提出了另一个有用的观念，西方的议会会使统治者和被统治者和谐相处。但双方的推理不同。西方政治思想提出了利益的概念——个人和群体的愿望和目标不可避免地要发生冲突。利益是从国王到牧人从事政治活动的驱动力。代议制政府是使得相互冲突的利益得以相互妥协的程序。在中国事情并非如此。利益被界定为自私，儒家的道德观念贬斥自私，把它看成是一种反社会的邪恶。儒家学说赞扬和谐，改革者希望通过议会政府得到和谐。

另一个概念在从西方移入东方的过程中走了样，这就是个人主义。像严复这样的翻译了许多西方名著的改革派，在世纪之交，赞扬个人主义的发展，把它当成支持国家的手段，而不是反对国家的手段。最具影响的改革家梁启超倡导每个个人无私地发展自己的能力，以使国家富强，只有这样，个人才能有利于他的同胞。梁引用瑞士法理学家 Bluntschli 的话，人民是为国家而生的，国家不是为人民而生的。以这种国家主义的观点作为起点，各种权利都是国家为了国家的利益赐给或保留的。所有的中国宪法都列举了许多权利，只是把它当成纲领性的理想，并不需要当作法律来实施。在中国式的自由主义背后，有一个假定，统治者的权力是无限的，仍然是一种专制思想。其所设计的管理国家的方法可以扩展到包含宪法、议会和公民的权利和义务，这一切都是为了提高国家的稳定性和改进控制的方法。公民权利是由权威批准的。中国的宪法并不是一切法律的神圣源泉，像美国宪法那样，而是表达一种理想或希望，如同美国的政党纲领一样。

中国的这种半吊子的自由主义或中国式的自由主义植根于中国政府的文治方面，它摆脱不了中国传统政治思想和道德观念中“服从”的影子。在中国的法律之下，西方的自由主义是个残疾人，伴之以不平等条约体系。1910 年代和 1920 年代，军阀混战时期是外国影响的最高点。帝国主义在开埠的港口城市保护了西方制度在其管辖境内的兴起，也刺激了中国民族主义的兴起。

费正清告诫美国的中国史学工作者说，只要我们时时记住中国和西方在不同历史时期以不同的历史经验为基础的不同的价值观念，我们就可以把事情做好。为了承认中国长期持续的极权的集体主义的功效和现代中国知识分子的苦难任务，在市民社会和传统之间找到某种结合点，没有必要放弃对于市民社会中自由个人主义的希望。

正是基于这种希望，费正清的学生和同事高曼教授（Merle Goldman）在补写的“毛以后的改革”一章中特别强调改革开放所释放出来的各种力量正在中国的社会变革中起作用。她指出，毛时期的中国社会是相对同质的、平等的、没有流动性和自上而下垂直组成的。改革开放以来，早在1987年，在党的十三大上，赵紫阳在报告中就已经承认，出现了地理上、专业上、年龄上、经济上不同的社会集团。但所有各种民间组织都处于政府的严密管理和控制之下。社会分裂的标志之一是贫富差距拉大。在城市，国营企业与三资企业雇员的工资差距在不断扩大，城市中工人因工资、福利、下岗等问题而怠工、罢工、聚众请愿甚至酿成民变的事情时有所闻。在农村，专门务农和经营副业的农户、私人企业家和集体所有制工厂工人的收入差距也在加大。城乡之间、地区之间的收入也存在较大差距。市场经济使教育、卫生保健、性别之间的不平等也加大了。1997年《中国日报》报道中国最富有的家庭的收入为最贫困的家庭收入的7.85倍。1997年中国妇女人均自杀率为全世界之冠，说明了中国社会问题的严重性。

在官方意识形态影响日渐缩小的情况下，人们转向宗教。90年代以来中国宗教信徒的数字增加很快，这又进一步加强了中国社会的多样性。到20世纪末，中国政府和社会之间的关系变得更加不固定，这在近代中国是前所未有的。党领导的国家虽然仍然处于支配地位，但能管的人数越来越少。中国领导人在推行改革开放政策时并没有料到将会使一个独立的多元的社会兴起，而这样的社会是很难完全控制的。改革释放出来的流动性和能量产生了非凡的经济增长，但也造成了一个存在着潜在不稳定的分裂的社会。正处在削弱过程中的党领导的国家，对于正在增长的社会利益的多样化容纳能力，将决定中国在未来的年代里是进行建设性的制度改变，是停步不前，还是陷于混乱。

费书的例子说明运用市民社会的概念来研究中国的历史和现状，是一个新的角度。它有助于我们观察到从别的角度不容易看到的社会现象和社会发展的趋势。类似的著作还在不断地出现，如关文斌的《文明初曙，近代天津盐商与社会》（1999，作者是美国辛辛那提大学历史系副教授），此书通过对清代天津盐商家族、盐商社会网络文化及其与清政府和对公共公益事业的投入等多方面的研究得出结论，认为盐商既是传统社会的一分子，又是传统社会的异己力量；既是苟苟营利之徒，又是新文明的先导，对于中国市民社会和公共领域的出现和发展，起了促进作用。另一本题为《市民论说、市民社会和中国社区》（*Civil*

Discourse, Civil Society, and Chinese Communities）的论文集也在1999年问世，该书比较了中国大陆、香港、台湾的市民语言和市民社会形成的过程。一部关于中国妇女的公共领域的四卷本论文集已由明尼苏达大学出版社出版（*Space of Their Own: Women Public Sphere in Transnational China*）。由此可见，有关中国市民社会的研究在西方学术界方兴未艾。西方学者一向认为，穆斯林国家无市民社会可言，但近年来有关中亚地区市民社会的研究有增无减，还成立了一个叫做"市民社会国际研究中心"（Center for Civil Society, International）的专门研究机构。目前，国际学术界正在就全球化市民社会和国际公共领域的问题展开讨论，这不能不发人深思。我国史学界近年来也比较注意近代社会变迁的研究。

上面所说的一些问题，往往在史实上接触到了，但深入剖析不够，理论解释不足。我个人以为市民社会和公共领域的研究对于总结中国社会变革的历史经验和加强社会主义民主和法制建设都是有好处的，特别有助于进行跨国的和跨地区的横向比较研究，包括我国两岸三地的比较研究。关键在于研究工作必须吃透两头，一是深入钻研市民社会和公共领域的理论，二是必须占有大量资料，只有将这二者结合好，才能使我们的研究工作有所深入，有所前进。

（2000年4月1日于南开园）

城市史·校史·家史

在南开大学新生开学典礼上的校史报告

同学们：

首先，请允许我代表老南开人对于你们这批新南开人表示热烈的欢迎和衷心的祝贺！从中学生成为大学生，这是你们生活史上的一个重要的转折，在同年龄的集团里，你们是幸运的一群。因为你们不仅能受到高等教育，而且因为你们能够在一所在全国和全世界知名的大学里上学。我今天要和你们谈的是南开大学的过去。中国有句老话，叫做“前事不忘，后事之师”，希望这次谈话能够对于你们了解南开大学有点帮助。我还希望，这是你们学习校史的开始。南开的历史是很值得研究的。为了纪念80周年，出版了不少资料。校园网的主页就有一些，最近又制作了一张校史光盘，已经完成。

让我们先从南开的名字谈起。许多朋友，特别是外国朋友第一次到学校访问，总想知道“南开”一词的由来。我的回答很简单，因地得名。天津人称低凹的沼泽地带为开洼，南开就是指天津城南的开洼地带。我们学校就坐落在这片开洼地里，所以叫南开。日本人对这个词有过误解，他们以为南开的意思是向南开发，是中国想要开发东南亚的意思，这对于日本的南进政策构成了威胁，这是日本军国主义分子敌视南开的一个借口。我国近代著名的教育家严范孙、张伯苓先生在这片开洼地上办起了中学、小学和大学，这片开洼地也因此而出了名。南开的名字饮誉中外。作为一个教育机构，南开是一个学校体系，特点是先有中学，后有大学，这也是南开与众不同之处。

在我们开始谈南开的历史之前，还有一个问题需要解决：什么是大学？对于大学这个词，中外的解释不同，但有相通之处。英文University意思是学生群体与教师群体的自由结合。欧洲近代的大学开始于中世纪晚期的11世纪。中国的大学汉以来叫太学，后改称国子监，是官办的。唐以后，出现了书院，如宋代的白鹿洞书院。古代大学培养的是官员，中世纪的大学培养官僚和僧侣，近代大学培养工业社会所需要的高级专业人才。现代大学的特点是它的大众化、多样化和普及性。一般认为我国的第一所近代大学是1898年建立的北京京师大学堂——北京大学的前身。我们的邻居天津大学成立于1895年，比北大还早三年，他们在四年前庆祝了建校一百周年。

中国的大学，从历史上看，可以分为三大类：官办的、教会办的和私立的，南开大学是我国为数不多的较早由私人创办的学校。我们学校与我们的民族、我们的国家同呼吸共命运，南开的历史就是一部中国近现代史的缩影。为了叙述方便，我校80年的历史可以划分为前30年即1919～1949；后50年即1949～1999。我今天要向大家介绍的主要是前30年的历史。

前30年的历史可以用这样两句话概括：诞生于民族危难之际，成长于烽烟战火之中；中外文化的冲突和融合，铸造了我巍巍南开精神。

南开是我国民族和社会危机的产物。南开的两位创办人严范孙和张伯苓先生是我国近代著名的爱国教育家，他们是抱着“教育救国”的宗旨创办了南开。

严范孙（1860～1929）先生，名修，字范孙，生于河北省三河县，自幼饱读经书，并师从博通西学的陈奉周，攻天文数学，为清名翰林。戊戌变法前，任贵州学政，率先奏请废科举，设经济特科，有声于时。政变后，请假回家。当时目击国势濒危，外侮日急，他认为中国要想自强，非变法不可，而维新变法，又非创办新教育不可。这时，正好遇到比他小16岁的张伯苓先生。

张伯苓（1876～1951），天津人，毕业于北洋水师学堂。1897年英人继德、俄之后强租威海卫。当时的威海卫尚在日本人的控制之下。张伯苓先生在“通济”轮上服务。该轮奉命从日人手中接收威海卫，移交英国。他亲眼目睹国帜三易（接受时先下日旗，后升国旗，隔一日，改悬英旗），悲愤填膺，深受刺激。念国家积弱至此，苟不自强，奚以图存。而自强之道，端在教育——创办新教育，造就新人才。1898年，张伯苓先生毅然离开海军，应聘主持严氏家馆，由此开始了严张二人合作办南开的生涯。

1904年，南开中学成立（当时叫南开学校），1919年建大学，1923

年建女中，1928年小学成立，1936年建重庆南开中学。在32年里，依靠私人的捐助，建成了从小学到大学的南开学校体系，成为中国教育史上独放异彩的星座。

大家都知道，埃及神话中有一个“凤凰涅槃”（phoenix）的故事，讲的是有一种不死鸟，每五百年自焚后再生。南开的前30年的历史，有点像这只不死鸟。南开是在民族危难之际，为了救国而建立的，因此，这个学校从建立之日起，爱国就成为了它的主旋律。从“五四”到“一二·九”，南开的学生都走在爱国学生运动的最前列。在“九·一八”事变后，南开还成立了满蒙研究会、东北问题研究会。1934年的第18届华北运动会上，南开的啦啦队的组字“勿忘国耻”、“还我河山”，打击了日本帝国主义的侵略气焰。这些都不能不引起日本侵华势力的嫉恨。抗日战争爆发后，南开立即成为日本军队摧毁的对象。

1937年7月29日，是南开大学历史上“黑色的星期四”，就在这一天，武装到牙齿的日本侵略军动用飞机、大炮、骑兵，使南开大学陷入一片火海之中。主要建筑物秀山堂和木斋图书馆化为废墟，思源堂、教工和学生宿舍遭到严重破坏。十多万册图书（主要是线装书）被劫走，至今没有归还。张伯苓校长在南京闻讯后发表谈话：“敌人此次轰炸南开，被毁者南开之物质，而南开之精神，将因此挫折而愈益奋励。”根据当时国民政府的命令，北大、清华、南开组成西南联合大学，在我国的春城昆明度过了艰苦的八年。在纪念西南联大建校五十周年的时候，前西南联大师范学院院长、原我校秘书长黄钰生老先生在题词中写道：“集三校之俊彦，育四海之英才；安贫乐道，师生同侪；科学民主，壮志满怀。”这六句话精辟地概括了这八年的历史。南开大学在艰苦的环境里得到了锻炼，在三校联合的条件下得到了发展。1946年复校后，很快就建设成有四院（文、理、工、政经）十六系，学科完备，学生近千人的高等学校。

“允公允能、日新月异”的南开精神是在中外文化的冲突和融合中铸造出来的。严范孙和张伯苓两位先生本人中国传统文化的底蕴都很深厚。他们在保存中国优秀文化传统的同时，非常注意吸收外来文化中适合于我国国情的内容。在办南开之初，他们注意吸取日本和德国教育的长处，培养精英人物和严格训练。后来，他们又转而注意吸收美国的教育思想，注意培养学生的个性和办事能力。张伯苓教育思想的核心是，对走教育救国的道路充满信心，锲而不舍，百折不挠；对于学生的训练，他特别注意的是体育、科学、团体意识、道德训练和培养救国力量；他重视教师的主导作用，千方百计地网罗人才，建立起一支精良的教师队伍；同时又把培养学生的能力和发展学生的个性放到了突出的地位，巧妙地解决了世界教育史上的难题；他不畏强暴，爱护学生、保护学生、不分地域和国别；他事事以身作则，率先垂范，将教育思想人格化了，产生了很大的个人魅力；对于他创办的学校来说，产生了掰不开、揉不碎的凝聚力。

用张伯苓先生自己的话来说，南开的一切训练以“公能”二字为依归。目的在培养学生爱国爱群众之公德与服务社会之能力。惟“公”能化私、化散，爱护团体有为公牺牲的精神。惟“能”能去愚、去弱，团结合作，有为公服务之能力。

全国解放后，南开大学在中国共产党的领导下，在“公能”精神的鼓舞下，继续得到发展。现在我校已经成为拥有4000多名教职工，17000多各类学生，由14个专业学院组成的教育部直属的重点综合性大学，正在现代化和国际化的道路上奋勇前进。希望大家能够发挥南开的优秀传统，充分利用现有的优越条件，把自己培养成一个名副其实，像周恩来总理、陈省身、吴大猷、曹禺那样的南开人。

1999年9月

天津金融文化浅谈

我每天都到水上公园去游泳。泳友们来自社会各阶层，工人、干部、教师、研究人员、小商贩一应俱全。大家放浪形骸、海阔天空、无所不谈。谈论得最多的是时事和股市，这说明股票——现代金融的象征之一已经进入中国老百姓的日常生活。我们今天要讨论的是天津的金融文化。这个题目让我想了很久，金融文化指什么？

“文化”一词，近年来炒得很热。什么词的后面都可以加上文化，酒文化、茶文化、食文化、计算机文化、厕所文化，如此等等，不一而足。文化本身又是一个可大可小，有上百个定义的术语。在学术讨论会上，对于“文化”一词应该有一个界定，不然的话就可能在讨论中出现南辕北辙、互不搭界的现象。在这里使用大文化的概念，即人类学家的概念——人为的环境或人改变了的自然，很可能因为它无所不包，使讨论变得空泛，漫无边际。狭义的文化，将文化限定为高雅文化，又未免失之于过窄，限制性太强，难以使讨论尽兴。我认为，最好取介于广义文化和狭义文化之间的概念。

首先，我们可以把金融文化看成是民族文化的一个组成部分，这个组成部分和民族文化一样不是封闭的，而是开放的，是与世界文化相通的。具体到中国，一方面，我们有自己从票号、银号到钱庄的传统和儒家的伦理观念。另一方面，我们又从西方国家吸取了他们的现代金融制度、银行制度和金融意识，二者相碰撞，成为中西文化的一个重要的结合点。由于全球网络化特别是金融网络化的结果，金融文化中的国际化成分很可能呈现出增长的趋势，而民族的比重则可能呈现出下降的趋势，但我以为民族成分是一个常数，任何时候都不会消失。

其次，应该把金融文化看成是城市文化的一个组成部分。城市是人口在一定空间范围内的集中，也是人类各种关系、各种运动在一定空间的集中。金融活动的集中是城市发展的结果，是城市功能的一个重要组成部分。没有金融机构和金融活动的现代城市是难以令人想象的。现代银行就是从现代城市中发展起来的。金融中心只能出现在城市，不可能出现在农村。意大利的佛罗伦萨、伦巴底，英国的伦敦，法国的巴黎，瑞士的苏黎士，美国的纽约，我国的上海、香港和我们天津的发展史足以说明金融中心的形成与城市的发展是分不开的。它是城市的一个组成部分，它在文化上也必然会带有其所出生的城市留下的印记。

第三，借用丹尼尔·贝尔的说法，可以把文化看成是“为人类生命过程提供解释系统”。金融文化就是对金融活动的解释系统。对金融活动解释的一个重要的方面就是对金融活动自身的研究。它所涉及的是货币流通和银行信用有关的一切活动。马克思主义将金融资本定义为银行资本与工业资本的结合。这是一个专门领域，即金融学、财政学、货币银行学的领域，南开、天津财经学院都有金融系，我们天津市还有金融管理干部学院，有一支专业工作人员队伍。对金融活动的解释还有另外一个重要方面，即一个社会、一种文化对金融活动和金融事业的看法。有人认为，银行信贷活动古巴比伦时期就已出现，古罗马时期相当发达，中古时期因天主教会反对高利贷活动而式微。中国儒家的义利之分，贬低商贾的作用，斥金钱为“铜臭”和“阿堵物”，显然不利于金融活动的发展。到了日本，“《论语》+算盘”成为日本资本主义发展的动力，儒家的忠君思想转化为对企业的忠诚和团队精神。在文艺作品中，莎士比亚的剧本《威尼斯商人》将犹太商人夏洛克的榨取活动刻画得淋漓尽致，“一磅肉”成了高利贷的同义语；美国现实主义作家德莱塞在小说《金融家》中，塑造了费城银行家考帕伍德（F. A. Cowperwood）的形象；中国古典小说《红楼梦》中对凤姐的放债活动和探春的理财活动都有很精彩的描述；茅盾在《子夜》中对金融势力的代表赵伯韬的揭露入木三分；台湾历史小说巨擘高阳笔下的红顶商人胡雪岩，栩栩如生，呼之欲出。这些都反映了某一历史时期社会对某一种金融活动和金融界人物的看法。

现代金融活动如果从意大利文艺复兴时期的银行算起，已有 600 多年的历史。资本主义精神的两个方面“禁欲苦行主义”（asceticism）

和“贪婪攫取性”（acquisitiveness）在金融家和银行家的身上都有体现。资本主义社会在强调积累的过程中，已经把积累的活动变成了自身的目的。许多现代社会的思想家把经济活动、金融活动和道德活动联系在一起，从约翰·洛克到亚当·斯密都把物质生产、经济活动看成是促进美德、创建文明生活的手段。

第四，“就社会、团体和个人而言，文化是一种借助内聚力来维护本身身份（identity）”的连续过程。许多现代银行家的活动和经营思想都属于这个范畴。天津是北四行的所在地，涌现过一批著名的银行家，他们的经验和思想是我们的一笔宝贵的遗产。资耀华先生是天津著名的银行家，从1935起他担任上海商业储蓄银行天津分行经理，直至天津解放。资耀华先生十年留日（1916～1926）、两次赴美考察（1935～1936，1947～1948），结合自己丰富的实践经验，对于现代银行的经营管理形成了一套自己的见解。比较重要的是：

1. 他从陈光甫（1881～1976）那里继承了银行应该为客户服务的思想，从小事做起，储蓄存款，以一元钱为起储点，积到一个整数再交银行存账。贷款也是一样，不拒绝向小存款户和小企业发放小额贷款，使许多小企业得到发展。此外，还开办保管箱、代收水电费等多项业务，甚至帮助客户请律师打官司。这种将社会效益同经济效益结合起来的做法取得了很好的效果。

2. 注重调研。以电话簿为基础，进行分区、分街道、分里弄、分门别类的调查，整个城市商业区、住宅区、各不同类型住户的分布情况绘成草图，作为银行发展业务的参考。他本人还亲自前往东北和西南地区进行实地考察。对于国外情况，除了设置先进的通讯工具，如使用路透社的电传机及时获取国际经济信息外，还不断派人出国考察，以获取最新的理论知识和管理方法。为了把调研工作经常化，他设立调查部，配备大学毕业生和专门人员，订购经济性报刊资料，成立档案库。

3. 加强行外的联系工作。他本人参加了一些社会团体，如联青社、基督教青年会，广交朋友，疏通各方面的关系。这些社团的成员，大都是天津大公司、大厂家的经理和厂长，年轻有为，资耀华称他们为银行的“源头活水”，一定要把他们拉过来。当时还有一个天津留学美国回国人员组成的“仁社”，他任社长。此外，他还通过兼任几个大公司的常务董事、天津租界董事的办法来扩大对外交往，这些做法，扩大了银行的影响，使存款显著增加。

4. 实行银行行员股份制。为了增加资本，除了由原有的股东增资外，另一半由行员分担，使每一个行员都成为股东。行员们认购多少，按年资分配。现金不够，由本行贷款，以股票作抵押，不收利息，年终由股息和红利还款，做到了“银行是我，我是银行”，使行员们有了主人翁感，调动了他们的工作积极性。

资耀华先生的这些做法和想法是一笔重要的金融文化遗产，具有实践的和理论的意义，值得我们认真研究、消化和吸收。

第五，金融文化还应该包括金融活动与纯文化活动之间的互动关系，这是我个人最感兴趣的一个方面。财富的积累和文化积累之间有无必然的联系？金融业为什么要向不赢利的文化教育事业投资，这属于风险投资还是有保障的投资？近年来美国金融界所风行的“社会投资”（social investment）和“社区建设投资”（community construction investment）既是金融投资活动的延伸，也是金融界对自身形象的塑造。从现代金融业出现之日起，银行家就与文化艺术结下了不解之缘。文艺复兴时期佛罗伦萨城的银行世家美第奇家庭以收藏古典艺术品、扶植人文主义的文学艺术和创作著称。这个家族留下的乌斐齐博物馆至今仍是收藏文艺复兴时期艺术品最丰富的艺术博物馆之一。至于现代美国几个最著名的艺术博物馆与金融家、银行家的关系，更是人所共知的事实。摩根家族的收藏为纽约大都会艺术博物馆的建立奠定了基础；洛克非勒二世赠款维修枫丹白露宫，重建18世纪威廉斯堡；安德鲁·梅隆向美国政府捐赠艺术收藏构成了美国国家画廊的主要组成部分，这些都是金融学、银行家涉足艺术的例子。1969年的一个调查分析了156位美国艺术博物馆董事的传记材料，其中银行家、金融家占33.33%。在其他国家也不乏这样的事实。在我们天津也有不少银行家、企业家就是大收藏家。已故的周叔弢先生就是一个很好的例证。文化活动特别是高雅的文化活动是一种高消费的文化，需要以雄厚资金为后盾。北京嘉德拍卖公司每年举办的拍卖活动绝非囊中羞涩者所能问津。金融家、银行家为什么要涉足文化艺术？是附庸风雅，炫耀门第还是出自一种赎罪感？是以行善为目的还是另有所图？如何评价他们的行为？这都是一些值得研究的问题。

金融文化与文化活动接轨的一个重要组织形式是基金会，它为了将一笔固定的资金专门用于非赢利活动而设立的。非赢利活动的范围很广泛，包括文化教育、医药卫生、健康、济贫、福利、宗教等方面。私人基金会在美国最为发达，卡内基、洛克菲勒、福特基金会在美国的文化教育、医疗保健、扶贫等领域都起过而且继续在发挥重要作用。我国近年来也出现了不少专门向文化教育事业赠款的基金会，美国的福特基金会也在北京设有办事处，这也是金融文化研究中值得注意的一个重要方面。

第六，与其他文化一样，金融文化也有它的物质表现形式，自古至今的各种形式的货币，从以物易物的实物、中介物、我国古代的刀币直到现代的钞票都是金融活动的见证物；各种金融机构的建筑物，钞票印刷厂、造币厂、金库，它们使用的设施、陈设、工具包括电信设备、计算机网络以及文书、档案、票据也应该包括在内。货币、印花、邮票都有专门的博物馆，大银行和大保险公司设有展示自身的博物馆，在西方国家中多有所见。我们也应该有自己的金融或银行博物馆，作为传播金融文化知识，解释我国金融事业发展历史，提高民族金融意识，进行爱国主义和国际主义教育的阵地。

总之，金融文化的内容无论从精神方面看还是从它的物质体现看都是丰富多彩的，有待开发、研究和总结。天津的现代金融活动的历史不到一百年，但内容是多方面的，涉及的范围很广，曾经是我国第二大金融中心。天津文化教育事业的发展与金融业的繁荣是分不开的。南开大学的建立就得益于交通银行的董事长梁士诒和北洋政府币制局总裁周自齐协助发起的劝募活动。天津要发展成为真正的国际化都市，争取成为北方的金融中心，就必须继承和发扬天津金融文化的优秀遗产，发展和提高天津的金融文化。伦巴底街、华尔街的历史已经写了不少，现在是我们写出一部天津华尔街——解放路史的时候了。

（1997 年 9 月 25 日草成，9 月 26 日在天津金融文化讨论会上宣读，9 月 27 日晨修改）

参考文献

1. 丹尼尔·贝尔：《资本主义文化矛盾》，三联书店 1989 年版。

2. J. R. Hale ed. *A Concise Encyclopaedia of the Intalian Renaissance*. Oxfrod University Press, 1981.

3. Karl E. Meyer. *The Art Museum, Powers, Money, Ethics*. New York, 1979.

4. 资耀华：《凡人小事八十年》，中国金融出版社 1992 年版.

原文载《天津日报》，1997 年 11 月 16 日

在纪念黄钰生先生诞辰一百周年座谈会上的发言

各位领导、各位来宾、同志们、朋友们：

今年是我舅父黄钰生先生诞辰一百周年。今天又恰好是他老人家逝世8周年的忌日。首先我对南开大学、天津图书馆等单位举办这样一个隆重的纪念活动并让我参加这个座谈会表示衷心的感谢。8 年前舅舅去世时，我虽然参加了他老人家的遗体告别活动，但没有机会用文字和语言来表达我的哀思，一直引为憾事。今天能有机会说一点心里的话，心情很激动，想说的话很多，千言万语一时又不知道从何说起。我想主要谈谈他老人家的一些教诲。

舅舅在我心目中一直占有崇高的地位。从小他对我们姐弟三人一直是疼爱有加，当作自己的子女看待。我们管他的第一位夫人梅美德女士叫“娘”。他后来同我们谈话时，提到梅美德时，总是说你们叫“娘”的那个人。这里应该补充一点的是我的两个舅母在舅舅的一生事业中都作出了自己的贡献。梅美德女士虽然出生于华侨家庭,在国外受教育长大，曾任南开女中主任，事业有成，但在家里是一位典型的贤妻良母。她自己没有孩子，对侄男侄女关怀备至，如同己出。我的另一位舅母叶一帆女士，是我的数学老师，是一位严师。在联大附中时被学生戏称之为“开山老母”，因为我舅舅的外号是“开山老祖”（附中、附小的创办人)。舅舅之所以受到晚辈的尊敬和喜爱主要是因为他的学识渊博、谈吐风趣、风度文雅，具有人格魅力。他生性诙谐，爱开玩笑，晚辈在他面前从无拘束的感觉。作为一位教育心理学家，他循循善诱、诲人不倦，从不作一般说教，总有惊人之语，令人难以忘怀。

80年代初，学校派我赴美进修，当时我的口语不过关，他的英语好是远近闻名的，我向他请教。他和我开玩笑说，我的口语是和你们叫“娘”的那个人谈恋爱谈出来的，天天说，时时说，而且用英语来表达自己的 intimate feelings（内心深处的感情），自然就说好了。他还告诉我，学好英语，关键要能用英语来思考问题，总在英译汉、汉译英上兜圈子，往往会妨碍人直接用英语思维，这一点必须注意。他的这个提醒使我少走了很多弯路。他还告诫我说，到美国去学习，要学他们的长处，要把他们的科学文化知识学到手，必须下苦功夫，不能走捷径。过去许多中国留学生为了省力气，往往选择中国的题目作论文，失去了到国外学习的本意，不足取法。

舅舅爱把自己说成是个 bi-cultural animal（两种文化的动物），翻译成我们通用的说法，即学贯中西。他之所以能够达到这种境界是同他年轻时在南开和清华时期的刻苦努力分不开的。他与先父文潜先生同于 1912 年入南开学习，结下了终身友谊。在父亲的日记里多次提到舅舅的名字，以及他们在一起的情况。1915 年 1 月 11 日的日记：“饭后同子坚往见时先生，问文科内情。余此生定志先入文科，大同我之愿也。”“八月二十八日午后同子坚出买书：《仁学》、康南海《中庸、大学注》。”舅舅在南开读书期间参加了不少学生社团的活动，《校风》记事栏有不少这方面的报道：“1916 年 1 月 24 日唱歌大会举出正会长黄钰生，副会长王文贵。又飞虎队队长亦为黄钰生，副队长魏文瀚。”“2 月 28 日《校风》第十九期本社启事：本社为开发新知起见，自本期起特辟译丛一门，延刘志光、冯文潜、黄钰生三君主专其事。”“3 月 20 日《校风》第二十二期刊登黄钰生译文，莫伦道夫演说《日尔曼文化》。”

1916 年舅舅到清华学习，父亲于 1917 年赴美，他们之间的书信往还不断。我家至今保留一封 1918 年 8 月 20 日舅舅从清华写给当时正在美国葛林乃尔学院留学的先父和孔云卿先生的信。这封信叙述了舅舅决心学教育的思想转变过程。

> “与学长等别后，弟之最大变迁则择业是。弟之择业不尝由海军一变而为经济，由经济一变而为采矿乎。今兹又有一变矣，此变之来，盖默查时势之需求，反省己身之本能。其筹虑深周，故其立志亦坚固，此变为何，则教育是也。若海军，若经济，若采矿，或者为少年一时血气，或者为振于平素之闻道，或者为应

家人之要求，皆出自被动，而此则自动者耳。故自动而得之者，其味至醇其香至远，由之以觇中国，处处皆见光明也。抑吾之教育与他教育有别专者，吾之教育，其唯一目的，题在道德，在道德之实践，吾所欲研究之问题如下：一、道德与生理、心理及信仰之关系。二、道德实践最近最易之路。三、训练修养与社会。四、如何令人不知不觉而实践道德。五、人之本体有无道德，易言之，是否有社会而后有道德。以弟之无自治，无决断者，而欲究此深渺之事，自知为不量力不度力。无奈其盘绕左右百逃不脱，如魔魇者之辗转呻吟，而犹在梦境也。远观个人之前途，曰失败，曰贫困，曰颠沛，而斯念一至，则如灵光千丈，妖障忽灭。”

这说明舅舅决心学教育是经过了深思熟虑，是以国家和民族的命运为自己的出发点，绝非一时的冲动。后来舅舅果真将自己的一生献给了教育事业。舅舅于1919年官费留美，在劳伦斯学院攻文学、哲学，1920年入芝加哥大学主修教育副修历史。在美期间，舅舅读书不忘救国，积极地向美国的公众宣传中国。我家保存着舅舅刚到美国时给父亲的一封信，全文如下：

柳猗

云卿　两兄弟缄鉴：接两函复一函殊属不恭，但是两天之内要我写二十五封信，也就管不了许多恭与不恭了。程君与我在此甚好。职教员同学生待我们都不错。不过美国人对中国事情太不留心。知道的也太少。所以我们两个这二日以来一天到晚要为他们讲中国……中国有精美的建筑!中国有高尚文学!中国（有）电车自动车汽车!!中国有跃跃欲生的图画!!!“中国有学生，学生而能操英语如流。英语而无土语，学生而知其所不知，学生而知美国政治风俗如指掌。学生而插美国高等学校之四年级。”（此数句弟致家兄信所载）诚神妙莫测之事，诚神妙莫测之事矣!!!!我每周有十八句（点）钟功课。为国际法，为哲学入门，为普通心理学，为实验心理学，为英文，为教育史，为维多利亚朝英文学。此地生活程度甚低，我每月只要花三十元就有饭吃，有房子住……于是乎黄钰生要省钱……于是乎他要帮助那个人去上学!学医学，在北京协和您看好不好?到东方钱不足，去做工，为[他]不要紧。十月十日我们要开一个中国博览会，教我们的美国朋友吐吐舌头，您两位要是有好东西，借给我们用用，完了即还。您要是有爱国心就应当竭力帮助我!总而言之，我们要为大中华民国大吹而特吹，教美国大国国民将舌头大吐而特吐。哈哈，孔子曰“不亦乐乎”。此祝进步，康健并励为国努力。

弟钰　九月二十二日

信中所说的中国博览会如期举行。为此而印制的宣传品是一个书签，正面印着中美两国的国旗和用中英两种文字写：“中华民国万岁”、“中美友谊永固”。反面印的是活动内容：Ⅰ. 展览：下午7:30-8:30；Ⅱ. 8:20-8:30；Ⅲ. 升中美国旗 8:30。主办人：黄钰生。

舅舅留美回国后，为南开大学勤勤恳恳地工作了大半生。他在南开长期作行政工作，廉洁奉公，洁身自守，从不以权谋私。抗日战争期间，他在敌人的炮火下，最后离开八里台校园，随身只带了一串钥匙。全部藏书家产荡然无存。母亲在世时每每以这件事情教育我们。舅舅对大学的办学宗旨，学生到大学来读书应抱的目的有过很精辟的论述。在《大学教育与南大的意义》一文里他写道：

> “简单地说，大学的意义（一）‘在润身’；（二）‘在淑世’。‘润身’是为个人，‘淑世’是为社会。‘为学问而学问’就是因为学问可以‘润身’；‘学以致用’就是要改良社会——‘淑世’。”“大学的一切设置、人员、组织都是为学问而预备的。”

在分析了欧美大学的历史与总结了南开大学创办 11 年的历史之后，舅舅说：“南开大学的意义是要用学术与人格去‘争气’，去‘淑世’，去实现中国的最高理想。”“南大相信的只有两件事：人格、学问——用功夫修养来的人格，老老实实求来的学问。到南大来读书，要做实验，要守规矩，要受考试。怕难的不必来，求安逸的不必来，好奉承的不必来，……”这篇文章写于 68 年前，至今我们读起来仍然是掷地有声，而且切中时弊，对于南开大学的自强、自救、自立有很大的指导意义。

抗战胜利，南开复员。张伯苓校长派我舅舅与丁辅仁先生先回天津，办理接收校产与复校事宜。舅舅出任天津教育局局长，在是否就任的问题上我父母与舅舅之间有不同意见。据我所知，这是他们一生中发生过的一次大争执。解放战争期间，国民党政府准备从平津两地撤退的名单中有舅舅。天津飞机场被解放军占领前有一位南开女中的校友送给舅舅六张机票，以便全家南迁，被舅舅婉言谢绝。天津解放前夕，南院（八里台）和北院（六里台）的师生因地处城防前沿，已沦为炮兵阵地，迁往东院。当时的《大公报》报道说："安全委员会全体出动，应付学校本身的问题，并经常与治安机构保持接触。黄子坚秘书长为此终日奔走交涉。"（1948 年 12 月 22 日）舅舅为保护校产，迎接解放做了许多有益的工作。

1963 年父亲去世，舅舅写了一首挽诗，描述了与父亲之间的亲密友谊，抒发了自己一心向党的情怀：

"同几砚，孔黄冯，砥砺学行全始终，凋谢而今惟剩我，寂寞心事与谁共?哲学史，究追踪，剖析百家如利锋，一自昆明绝响后，欲理旧业病不容。浮士特（德），倍推崇，拘谨书生爱诗雄，德文修养冠侪辈，谦逊自在不言中。图书馆，职业同，漫步书林乐融融，中外古今勤检索，相笑一对老书僮。深可贵，专且红，一心向党无限忠。鞠躬尽瘁不自已，坚持最后一分钟。真善美将何从，早年彷徨晚有宗，迎面朝霞红万丈，白发飘飘向东风。"

最后几句也是舅舅对自己晚年的写照。我想说的就是这些，谢谢大家。

原文载《图书馆工作与研究》1998 年第 3 期；《南开校友通讯》1998 年

关于周恩来致冯文潜的几封亲笔信和他们的交往

先严冯文潜，字柳猗，1912 年至 1915 年在天津南开学校读书与周恩来是同学。二人虽非同级，但志趣相投，一起开展社团活动，过从甚密，结下了终生的友谊。冯文潜于 1915 年 12 月毕业于南开学校，随即考入本校高等预备班学习。1917 年 8 月赴美国留学，入依阿华州葛林乃尔大学，1919 年又入芝加哥大学，攻读哲学。1922 年秋转赴德国入柏林大学哲学研究院深造。1928 年回国，曾在南开大学任哲学教授、文学院院长、图书馆馆长、天津历史博物馆馆长、天津市政协委员等职。1963 年 4 月逝世。

冯文潜赴美后，周恩来亦东渡日本。他们海天万里，相互系念，时有鱼雁往还。此后，几十年中历尽艰险，冯文潜一直精心珍藏着周恩来给他的三封亲笔信、中学时代的照片、贺卡以及一封周恩来给留日同学的信。这些珍贵的文物已于周恩来逝世后在先慈黄扶先的主持下捐赠给了中国革命博物馆。现在家中尚存有原件的复制品。

为了便于有关人士研究、参考，现将原信及信中有关人物、事件、背景略加诠释如下。

第一封信[①]

柳猗学兄左右，别来旬日，思

子为劳。景[②]来京匆匆未得走别，尤为歉甚。来自抵都俗事扰人，困不得归。[③]比以景复来游，遂愆时日，趋送之约，万不能赴。怅望津门，万里征帆，翘羡子满台旧侣送

兄行，无弟等插足地矣！奈何！奈何！弟等归期拟在八月十一日，后

兄四日，竟别四年，思之黯然。蔡君瑞歧[④]自津来会邪！抑由申偕？

见时望

为道别怀，此后天各一方，

良言时锡，尤殷殷系念也！匆此代送，颂

旅羊

弟 周恩来 李福景 同拜六日

千万告知

通信处　白水煮豆腐哎哑！[5]

说明：①1917 年 8 月上旬，冯文潜赴美前收到周恩来与李福景共同署名的周恩来亲笔信。该信为中式信封，下款为都门缄六号下午二钟半。信封背面有“京兆尹财政厅周”的字样，并贴有英文快递 0273 标篯。北京邮戳时间为六年八月六日十六，天津邮戳是英文 8 月 8 日。信瓤为红八行信纸两张，竖写毛笔字。

②李福景，字新慧，天津人，南开学校第十二次毕业生，1918 年 6 月毕业后考入香港大学学习，1920 年与周恩来一起赴法留学，解放后曾在煤炭工业部工作。

③周恩来 1917 年 6 月毕业于南开学校（是第十次毕业生），准备赴日留学，时正奔走于京津之间，筹措东渡经费，恰于 7 月下旬赴京滞留，李福景亦前往，故相偕写了此信。

④即蔡凤，字瑞岐，江西南昌人，和周恩来同期毕业，与冯文潜一同赴美，入葛林乃尔大学读书。

⑤冯文潜在南开读书时，喜食白水煮豆腐，并谓别有风味。同学辈均将信将疑。某日冯文潜在学校附近之小馆中用餐，适食白水煮豆腐，为周恩来所见，故有“哎哑”之语，此后遂成见面打趣之口头禅。

第二封信[1]

柳猗学兄左右，津中匆匆一别，瞬又四月余矣！每念故人时系翘望，前在京时曾偕新慧合致一函送

兄去国，见也未？比抵东得

左右致尹山片[2]殷殷属念，知兄之不忘故人，厚情可感。弟只以疏懒丛集，不遑报报，歉仄之怀，念旧之情，积久愈深，而每逢执笔，辄不知从何处说起，因循复因循，乃至今日。寒风刺

骨，岁之暮矣！故国天涯，同为异客，夜深人静，每念暑前偕

兄过从之雅[3]，真不堪回首尔。

兄古道照人，当有同情，能不为之一叹！近状何似，甚以为念。弟自来此预备，尚称合式，饮食起居，乍至颇觉不便，久之亦安。现寓神田区日人旅馆中，上课在东亚学校。官费考试在明岁六月，届时背城一战，成败与否不敢予料。南开同学来此甚多。卢氏昆仲[4]偕陈铁卿[5]寓居一处，离弟处甚近。童刘高[5]三君寓早稻田。仁山顷因家事归国，不久仍将东来。

陈天池[7]新自金陵来，寓青年会中，拟来年入早稻田或庆应二大学。尹山未至，想

兄早获其报，近颇不满意于金陵，有去志。惟之东之西尚在两可。[8]金陵之不佳处在教会学校，一切办法自不能脱教会之习气。且尹山匪志在农林，居之自格格不相入矣！南开同学在金陵者有十三人，近已去其四，嗣后继之者恐难见其踊跃。母校自遭劫后[9]，精神顿为一新。九先生[10]亦愈见信任于学生，时势造英雄良非诬也。新慧在校甚佳，课事两忙，身体亦闻日见强健，可喜事。清华诸子春风得意[11]，久未接其来音，但闻课程忙煞人耳。黄子坚[12]想常通信，此公志于何学，甚念，甚念。余事详云卿[13]函中不复赘。匆匆报此，容续上，即颂日羊

学弟周恩来拜十二月十九日

说明：①周恩来于1917年9月到日本留学，12月19日写了这封信给冯文潜。信封署名John Knight（约翰骑士），地址为日本东京神田区中国青年会（Chinese YMCA Kandaku Tokyo Japan）。冯文潜在信封左下方注明“Knight No. I（骑士第一号信）七年一月十四日午前”。均为钢笔字，日本邮戳时间为20，12，17。信瓤为42行福寿纹信纸，毛笔竖写。

②即薛卓东，字尹山，安徽寿县人，南开第十次毕业生，与周恩来同班，当时在金陵大学学农。冯文潜抵美后，曾致薛卓东一明信片。误投东京中国青年会，为周恩来所见。冯文潜复于10月16日再致薛函，信中问“翔宇已东渡否？同学在金陵者有若干人？皆系何人?望尹山一一示之是所至盼”，故周恩来信中有“比抵东得左右致尹山片，殷

殷属念，知兄之不忘故人，厚情可感”之语。

③系指冯文潜与周恩来等相偕组织社团、办刊物、演出新话剧等的活动和交往。原来冯文潜、孔云卿、黄钰生等人曾共同组织一社团名曰“三育竞进会”。后来，周恩来等亦筹建“敬业乐群会”，以探求真理、补课堂学习不足为目标。冯文潜等甚为赞同并因临近毕业、课业紧张，遂将“三育竞进会”会址、图书等移交并入“敬业乐群会”，冯文潜也成了“敬业乐群会”的积极分子，从而与周恩来相交相知。后来二人又同时当选为南开校刊《校风》社的社员及职员，周任总经理兼记事部主任、冯任译丛主任，二人的交谊日笃。

④卢氏昆仲指卢开运、卢开津兄弟，湖北河阳人，南开学校第十次毕业生，与周恩来同级。后二人皆又留美。

⑤即陈刚，字铁卿，天津人，系南开第五次毕业生，于 1914 年 12 月毕业。

⑥指童启颜，字冠贤，河北宣化人，后入早稻田大学。刘琪，字东美，天津人。高宝寿，字仁山，江苏江阴人，三人均与陈铁卿同期毕业于南开。童启颜、高宝寿后又留美。

⑦即陈汝闳，字天池、安徽石埭人，与周恩来同期毕业于南开，后入金陵大学读书，1917 年 11 月 22 日抵东京。1918 年 1 月因不满意日本的学校教育质量回国就读于南洋公学。

⑧薛卓东欲离开金陵出国留学，周恩来曾促其东渡日本，薛卓东则意欲赴美入葛林乃尔大学。后终因家里不同意而未能成行。

⑨指 1917 年 9 月天津大水，南开学校受淹，水深五尺。师生先假天津青年会，后移至法政学校上课，学生自一千人减至九百。1918 年 6 月 23 日始迁回原校址。

⑩即张彭春，字仲述（1892～1957），系张伯苓校长之弟，排行第九故名，南开学校第一次毕业生，1908 年 6 月毕业，留学美国获哥伦比亚大学博士学位，后回南开工作，当时因张伯苓校长赴美考察，张彭春任代理校长之职。

⑪指南开同学就读于清华学校者，1917 年时约有十五六人，其中主要是周恩来的同班同学常策欧、沈增劢、黄世彦及第七次毕业的黄钰生、李瑞圭、沈守泽，第八次毕业的吴浩然，第九次毕业的梅贻琳、

邹宗彦等。这些人考入清华学习几年即可官费留美，故有“春风得意”之说。

⑫即黄钰生，字子坚（1898～1990），湖北沔阳人，系冯文潜同窗好友。1919年赴美留学，攻读教育心理学，获芝加哥大学硕士学位，回国后曾任南开大学教授、秘书长等职。解放后曾任天津人民图书馆馆长、名誉馆长、全国政协委员、天津市政协副主席等职。

⑬即孔繁霱，字云卿，山东滕县人，系冯文潜同班好友。二人一起赴美入葛林乃尔大学，继入芝加哥大学，1922年又与冯文潜联袂赴德国入柏林大学，攻读历史，后任清华大学教授。

第三封信[①]

柳猗老友左右，年前去一函想达览，久未得赐书甚念。弟前复云卿一函，见未？望一询。天然墨[②]已函至国内友人代购，寄去未？左右居美所得宏深，甚盼时有以示我，新思潮尤所切望。[③]弟在此甚好，每日自作饮食，持废止朝食，不食荤食两主义。每烹豆腐顿忆

兄矣！详情已见致瑞岐函中，不复赘，匆匆即颂

日羊

弟周恩来拜四月三日

说明：①这是1918年4月3日周恩来写给冯文潜的亲笔信，信封没有保存下来。信瓤是本白纸上印有绿色及桔黄色花草纹和暗八行格，毛笔竖写。

②系一种含胶量很少的优质墨，书法、绘画多用此。

③在南开学习时代周恩来即以火一样的热情寻求救国救民的真理。怀着这个志向，他漂洋过海赴日留学。在日本他过着一日两餐素食的清苦生活，但却如饥似渴地追求新知识、新思想。“新思潮尤所切望”充分反映了当时他寻求真理的迫切心情。

第四封信[①]

（一）

南开的事体，我是不愿意冒昧说，冒昧管，现在我从各方面看，我说一句，实在是危险的很、校长也许别有肺腑，不过我总看不出，不止我，所有知道校长的人，都这样说。

（二）

你们诸位离天津远，还不知通内情。我是现在天天到南开去的。我是爱南开的。可是我看现在的南开趋向，是非要自绝于社会不可了。人要为社会所不容，而做的是为社会开路的事情那还可以，若是反过脸来去接近十七八世纪，甚而十三四世纪的思想，这个人已一无可取，何况南开是个团体。团体当做的事情，是为“新”，倘要接近卖国贼，从着他抢政府里的钱，人民的钱，实在是羞耻极了，那能谈到为社会的事实。②

（三）

南开校内的学生都可造就，并且极有热心毅力，校中却不拿真学问教他，弄的一个个都是空的，并且校长近来人心大变，总是拿中国式的政治手腕办教育。“新”的一线生机仅仅在于学生。校长方面是天天讲 Democracy，可是样样事武断，闹的人心都离体了。

说明：①冯文潜保存着一封 1919 年 5 月 21 日留日南开同学会致留美南开同学会的信。这是该信在末尾将周恩来给留日同学的信节录转致留美同学会的。当时周恩来已从日本回国投入五四运动。由于冯文潜当时负责留美南开同学会的工作，故而有幸保存了这封信。

②1919 年卖国贼帝制党曹汝霖、梁士诒、周自齐、杨以德之流想乘南开新建校董会筹措办大学经费之机，插足南开。学校领导为了解决经费问题也竟然将这些人列入新校董名单，消息传开众议哗然。周恩来在上述致留日同学信中明确表示坚决反对。他说“我是爱南开的”，认为南开“当做的事情，是为‘新’”。他希望母校日新月异，为国家为社会培养新的人才，并且语重心长地对张伯苓校长、对南开的教育提出了尖锐中肯的批评。在南开学人的反对下，曹汝霖等的阴谋未能得逞。

从以上信函中可见周恩来念旧、爱校、爱国、追求真理之情跃然纸上。而周恩来之念旧的故人情结更是他优秀品质中十分突出的传统美德。这种品德贯穿于他一生的生活和事业之中。他致冯文潜的信和他们之间的交往充分展示了这一点。

1922 年 9 月冯文潜与孔云卿联袂从美国转到德国留学时再次与周

恩来聚首。他乡遇故知分外亲切。当时已担任中共旅欧总支部领导人的周恩来在百忙中仍不时与冯文潜等南开旧友相聚。冯文潜在 1922 年 12 月 13 日及 29 日日记中记有：“午后复到孔寓候周君恩来不至。”“写拜年信。常君策欧、周君恩来。”1923 年 10 月 23 日日记记有：“中餐馆晚食遇常君策欧、周君翔宇肆谈十二点归。”几十年后冯文潜对他们当时来往的情景犹历历在目，曾多次向先慈谈起当年周恩来同他及另一位南开同学在餐馆一起进餐，周恩来与某君政见相左，席间展开激烈争论以致不欢而散的轶事。尤其令他感念不已的另一件事是 1946 年 1 月他们的不期而遇。当时周恩来正忙于率中共代表团为争取和平、民主而进行着艰难、曲折的斗争。在这种情况下，他还亲自赶到重庆沙坪坝机场为赴美治病的张伯苓校长送行并与从昆明前来为张校长送行的冯文潜相遇。周恩来对二十多年未曾见面的老朋友记忆犹新。他拍着冯文潜的肩膀亲切地招呼他“以脱博士”（以脱是冯文潜的号，博士则是他中学时代的绰号）。

解放后，成为新中国第一代领导人的周恩来仍是念念不忘故人，初到南开大学视察时就关切地询问冯文潜在不在。1959 年到南开大学视察时，冯文潜一直陪同在周恩来身边。为了叙旧，周恩来还特地邀请南开的老同学吃饭。冯文潜和先慈黄扶先均应邀在座。当周恩来得知冯、黄二人均已参加共产党时，非常高兴，频频举杯祝贺。

冯文潜十分珍重他同周恩来的友谊，更是十分敬重周恩来的为人。晚年他曾不断地同家人谈起周恩来的高尚品格和感人事迹，并总是把这作为自己的榜样和鞭策自己前进的力量。周恩来的关心、引导和鼓励激励着冯文潜积极地为党为社会主义事业不懈地奋斗着。他身患多种重病，但仍顽强地带病坚持工作，兢兢业业、勤勤恳恳，直至最后一息，实践了他“假使我知道一刻钟内就要离开这个世界的话，剩的一刻钟也是要为党积极的工作着”的诺言。

1963 年冯文潜因病不幸逝世。周恩来在日理万机之中亲自打电话给天津市副市长娄凝先，请其代表他到我们家中吊唁和慰问，并亲自领衔参加治丧委员会和以他及邓颖超的名义送了花圈。

周恩来的故人情结融中外文化于一炉而且内化为个人的素质和品德。他把这种传统美德同中国革命事业、同党的政策结合起来，就形成了一种巨大的感召力和人格魅力，从而使他在为中国革命和建设事业的斗争中，代表中国共产党广泛团结党内外、国内外各界、各阶层人士共同奋斗，使我们的朋友遍天下，使中国革命和建设事业蒸蒸日上，无往不胜。

原文载《天津外国语学院学报》1998 年第 1 期（合作者：黄振华）

哲学教育家冯文潜

冯文潜，字柳漪（1896. 12. 2～1963. 4. 30），祖籍天津。1896 年生于河北省涿县（现涿州市）一个盐商家庭。父冯学彰（字介清），自幼对我国蒙童教育的弊端深恶痛绝，中年弃举业。自办养正初等小学堂（后增设高等部），任堂长。辛亥革命成功，老人毅然率先剪发，自称“数年希望一朝达到真第一快事也”。他一贯注重教育，认为“中国之新政惟教育一事颇著成效”。他盛赞五四运动中学生的爱国行动，称“中国有此不畏死之学生，国家不强真无天理矣”。

柳漪有这样一位热心教育与慈善事业的父亲，自幼就受到维新变法思想的熏陶，只读了两年私塾（1903～1905）就开始接受新式学校教育，他 1911 年冬毕业于涿县私立养正小学，翌年考入天津南开中学，1915 年毕业，为该校第七届毕业学生。同班同学有黄钰生（子坚）、孔繁霱（云卿）、陈汝良（范有）等人。在学期间与孔、黄二人共同创办三育（德、智、体）竞进会，后与周恩来相识相交，并入周恩来等发起创办的敬业乐群会。在南开期间，柳漪先生一方面接触到许多新知识、新思潮，形成了历史在不断进步的观念。另一方面，又深受宋明理学的影响，以慎思明辨、养心节欲的原则律己，反对知而不行，沽名钓誉。他在日记里写道：“一人作一事只有问所行合乎义礼否，名在所不及。及名斯下矣。斯为名而作非为事也，是即谓名之奴。趋人至此者莫过于学校之考试。”（1915 年 1 月 1 日）

1917 年柳漪赴美留学，入依阿华州著名的葛林乃尔学院（Grinnell College）主修哲学，副修历史，获学士学位。1920～1922 年间，在芝加哥大学研究院深造。自认为在美五年收获最大之处在于“国家观念日渐真切”，“美国著名学者每谓中国必一度灭亡然后再兴方能永存，闻听之余心痛欲绝，矢志联合多数同志发表言论一变美人之心理”（1917 年 11 月致友人信稿）。另一收获是“凡与人有关系的我都爱”，

“研究学问增福群体坚持为终身至鹄永矢弗谖”（1922～1923 年信函、日记）。1922 年 5 月先生携藏书 250 册与同学挚友孔云卿赴德，开始了新的留学生涯。他在“家有变，国有变，世事有变”的情况下，坚持“一息尚存，还是干”，用“量要兼人，思要兼人，志要兼人，爱要兼人”的箴言鼓励自己，要“大小在地面印个印再走，决不负此余生”。在德期间，他结识了不少留德学生、学者，如陈寅恪、俞大维，而且与当时正在欧洲的周恩来重新建立了联系。他还利用假期徒步旅行，在德国的农村和中小城市考察风土人情，与许多德国的知识青年结下了深厚的友谊。先生在柏林大学研究院攻读哲学、历史达六年之久，于 1928 年 4 月回国。

回国后，任南京中央大学讲师、副教授（1929～1930）；1930 年被张伯苓聘来南开大学任哲教系教授（1930～1937）；以后任昆明西南联大哲学系教授（1937～1945）兼代系主任；南开大学哲学系教授兼系主任、历史系代主任、文学院院长（1946～1952）；外文系教授兼校图书馆馆长、天津市历史博物馆馆长（1952～1963 年）。

柳猗学贯中西，博古通今，治学严谨，诲人不倦。他讲授西方哲学史二十余年，开设过的课程有美学、哲学概论、柏拉图、逻辑、德文等，在古希腊哲学、德国古典哲学和美学史等方面造诣很深，而且注意中外哲学的比较和贯通。早在美国求学期间，他就提出，“诚则明”的观念，“盖诚者聚精会神之变像也，诚之至则精神凝结成一点，如物理之 Focus（焦点）。然此点小可小于电子，大可以宇宙塞六合，此点之大小与一人成功之大小作正比例。此点愈增大则所见物愈明，见物愈明，则无不明，则无不知，无不能；无不知无不能则无不成也。反之，所见愈暗则所见者愈暗，至其极也则皆不可见。皆不可见则无物也。易曰不诚无物，盖即指此”（1917 致陈范有）。到德国后，他的这种强调主观能动性的观点，与叔本华、尼采的意志论相结合，更有所发展。他听一位德国教授讲现代哲学——尼采课后说：“他讲得并不特佳”，“可我听得神灵飞动”（1923 年 6 月 12 日日记）。现代哲学讲 Georg Simmel，“我听得入神”（1923 年 7 月 3 日）。他强调学哲学要融会贯通，把大师们的方法同自己的心性修养结合起来。“一生的事什么叫晚？耳聪目明，心境活泼。什么是老？滴一点汗，得一粒珠，何事来不及？没回感尔感何自来？只要做便有成。”他把主观能动性的发挥落实到“作”、“行”，这很可能是后来较容易地接受实践观点的一个重要原因。柳猗在国外留学达11年之久，精通英、德两种语言，回国后又长期从事西方哲学的教学工作。但他对中国传统文化的精华了解透彻，感情很深。他在《中西建筑漫谈》一文中指出：“最大的中西建筑之异点还在其有极无极”。“中国建筑，根本表现一种无极的精神，令人觉得如在家乡，与自然相安。”“西洋处处要征服自然，中国处处要与自然相亲。”“中国的建筑和它所处的环境，就象母子一样，彼此的关系十分密切，十分融洽。”（《南开大学周刊》第111期21页）柳猗的美学观点同他的哲学观点一样具有实践色彩，在讨论“天才”问题时，他认为天才不是天生的，天才也不完全是社会环境的产物，天才更不能简单地视为非常态（疯子），而应该把天才与创造联系起来。创造的前提是灵感，有灵感方才有创造，实现创造的条件有三：（1）富于经验，深于情感，（2）善于表现，（3）巧于成形。“如果一位艺术家真正能够具备以上三者时，我们才承认他是天才。”（《天才与创造》，1943年1月5日宋泽生笔记）

柳猗是一位受学生爱戴的好教师，一生虽著述很少，但留下的数十本讲稿、笔记、大纲则成为他认真备课的最好证据。多年来他一直使用梯利（Frank Thilly）的《哲学史》（*History of Philosophy*）作为教材，此书内容充实，条理清晰，立论允当，参考书目完备，是一本质量较高的教科书。德国著名哲学家文德尔班的《哲学史》是他案头必备的参考书。他认为此书不按编年顺序，而以问题和概念的形成和发展为主线，有助于对哲学的基本问题和基本概念的理解。先生特别注重让学生读哲学大师原著，强调要读懂、读通并用自己的语言复述大师们的思想，写出读书报告。他对学生的要求很严格，多数学生的作业、考试成绩为六七十分上下，八十分以上者凤毛麟角。在学术上，他对自己的要求也很严格，不断地剖析自己。他常常说：“我学了十多年，教了二十多年的唯心主义哲学，但是并未学通，没有形成自己的体系，不能成一家之言。”他反对那些故弄玄虚，用拼凑的方法硬要构造体系的国内学者，斥之为“马戏团中耍碟子”、“玩弄概念”、“不过是些银样蜡枪头”。他认为自己的唯心主义未能学到家是因为

"唯心主义的最后一道坎，肯定超验力量的存在，神的存在，我过不去"。他说："我十岁时，家里成立了一所小学，在开学的那一天，我父亲把家里供的神祇牌位、灶王、财神等拿来一把火升了天，这给我很深的印象。从此我同神绝了缘。进南开中学时有人向我布教，要我皈依基督教，我当场拒绝，认为是对我的侮辱。无神论者很难把唯心主义学到家。离德前，我已转向当时比较流行的新实在论。唯物论我是不会一下子就接受的，我所知道的唯物论——机械唯物论在我看来过于简单不足以服人。我就是这样半信半疑地回了国，又半信半疑地教了二十多年唯心主义哲学。"（入党申请书草稿，1957年9月9日）

抗日战争中、后期，先生的注意力逐渐转向学科建设和学校建设。1942年与黄钰生、陶云逵等人开始筹备南开大学文学院边疆人文研究室，计划"以边疆人文为工作范围，以实地调查为进程，以协助推进边疆教育为目的"。恰好云南地方当局拟修建由石屏通往佛海的铁路，需要了解沿线地理环境和社会实际、经济等方面的情况。南开与缪云台等人联系，获得铁路方面的资助，由该室负责调查有关情况。著名人类学家陶云逵教授主持业务，柳猗以文学院负责人身份兼管该室人事后勤工作，并参与出版《边疆人文》事宜。他事必躬亲，从筹集经费，拟定计划，组织人力，撰写工作总结，直至刻印、装订刊物，无不灌注了心血和汗水。与此同时，他还以饱满的热情投入南开文学院的重建工作。为延揽人才，添置图书设备，组织搬迁而奔波操劳。到1947年底，文学院已初具规模，设中文、外文、历史、哲教四系，共有教师47人，其中教授、副教授21人，其中如罗大纲、卞之琳、李广田等均为一时之先。学生达169人，开设课程65种。柳猗强调要在师生之间养成一种良好的风气，"也就是说我们要重质不重量，以达成南开家庭学校固有校风"（《南大今日》）。为了给教师一个良好的教学、科研环境，柳猗先生精心策划，设立了文学院教师阅览室，实为日后校图书馆教师参考室之雏形。

柳猗对中国共产党的认识在新中国成立前后有了重大变化。在相当长的时间里他坚持自己的爱国主义立场。但不愿参与政治活动，回国后他虽然曾在国民政府中央监察院任职，结识了不少"党国要人"，但他从未加入过国民党。"君子群而不党，小人党而不群"的观念对他影响很深，在中学时代结交的周恩来同志，他认为是个人才。他敬重周恩来的为人，并没有同共产党的组织联系起来。从 1948 年起，他开始收到《华商报》。这是一份我党在香港办的报纸。通过这份报纸，党的方针、政策和活动逐渐对他产生影响。天津解放前夕一位地下党员请他注意保护学校财产，把图书放在安全的地方。这是他第一次同党发生直接的、工作上的接触。他曾问过这位地下党员，“大城市是万恶之薮，党不会腐化吧？”他自己说：“我同党的关系就是这样，从关心与缺乏信心开始的。”（入党申请书草稿，1957 年 9 月 9 日）抗美援朝、土地改革、思想改造、三反五反、反右这一系列政治运动使冯柳猗逐渐对党的工人阶级性质有了认识，开始注意到同非无产阶级的意识形态划清界限。1957 年 9 月，他在入党申请书中写下了这样的话：“百余年来中国人包括多少像我这样的知识分子梦寐以求的是什么？民族的独立，祖国的富强。不要的是什么？不当俎上肉，不当亡国奴。百余年来多少志士仁人前仆后继，梦寐以求，求之不可得，忽然得之于顷刻之间。这个奇迹的完成者不是别人，恰恰是无产阶级的人们——中国共产党”。

言行一致，身体力行是柳猗教授思想作风的一个重要特点。他在院系调整之后接受了图书馆馆长的职务，倾其全力投入了图书馆建设。在经费拮据、人力不足、干扰重重的情况下，他惨淡经营，努力开辟图书资料的来源，扩大馆藏，注意在实际工作中提高工作人员的素质。他不仅注意对我国传统典籍的收集，而且较早地与市图书馆实行分工采购。南开馆着重收藏地方志与清人文集，使馆藏具有特色，对于外文书刊，他特别注意工具书的建设和期刊的选购。南开大学图书馆工具书阅览室在国内名列前茅是同他所奠定的基础分不开的。在管理工作方面，从采编、排卡、上架到书库的清洁卫生、书刊的流通借阅，每一个环节他都注意检查，不允许出现疵漏，以保证这个庞大的体系正常运转，有效地为教学科研服务。在图书馆工作的 11 个年头里，他以渊博的知识，谦虚的态度，严于律己和忘我的服务态度，博得了全体师生职工的尊敬。1958 年加入中国共产党后，受到周恩来的祝贺与勉励，此后他更加兢兢业业，长期带病坚持工作，以顽强的毅力与高血压、心脏病、直肠癌和脑痉挛等疾病作斗争，直至 1963

年4月30日逝世。

1963年5月3日，学校为冯文潜教授举行了追悼会。会场上摆着治丧委员会委员周恩来与邓颖超合送的花圈。大会挽联上写着："持真理勇往直前，百炼成钢，对人民深怀忠荩；为工作鞠躬尽瘁，一心向党，给师生永树风规。"

原文载南开大学办公室编：《南开人物志》第一辑，南开大学出版社1999年版

一个老南开人心目中的第二南开中学

说我是个老南开，可以有多种解释：首先，我出生在南开园，我的父亲冯文潜教授在南开大学教了一辈子书，曾任南开大学的文学院院长、图书馆馆长。其次，我本人在南开中学念了五年书(1946～1951)，我的姐姐和妹妹也都在女中读过书。第三，我在这个学校工作过，后来在大学又工作了35年。第四，我的舅舅黄钰生教授从1926年起，一直在南开任教，并且担任秘书长职务达26年之久。我的第一位舅母黄梅美德女士是南开女中的第一任主任。我的有关南开的知识，多半都是从亲身经历和耳濡目染中得到的，读了些关于南开的书，多半是南开人写的。所以我的关于南开的知识有两重性，一是亲身见闻居多，有它的真实性和可靠性。另一是由于是南开人说南开，是一种自己对自己的认识，有它的主观性。

我以为南开在中国近代的教育史上是很独特的。南开的名称、空间、时间、机遇、人物、环境都有它的独特性。不久以前，一位美国新闻总署（USIA）的官员问我："南开是什么意思？"提这个问题的人很多。我告诉他：意思很简单，因地得名。南开是指天津城南的开凹地，天津话叫开洼，英文是 open field。日本帝国主义分子误以为我们中国人也要向东南亚进军，和他们争夺天下，这成了它破坏南开的一个借口。

南开是一个学校系统的名称。我们讲南开的历史是讲南开学校系统的历史。包括南开中学、大学、女中、小学、重庆南开……的历史，它的特点之一是先有南开中学，后有南开大学。所以天津市任命我们侯自新校长的夫人康岫岩女士为南开中学的校长在先，国务院对侯自新校长的任命在后，这是符合南开从中学到大学的发展顺序的。

南开的历史从1904年算起，至今已有95年了。从1919年大学成立算起，也有80年了。从1923年女中成立计算也有76年了。中国近代学校的历史，如果从同文馆算起不到130年，真正有规模的院校延续至今的也只有100年。旧中国的学校可分为三大类：教会的、官办的和私立的。前两类占多数，私立（即中国老百姓自己集资办学）的凤毛麟角，作为一个完整的学校系统一直延续到今天的更不多见。这也是南开的一个重要特点。

南开的历史可以划分为前45年和后50年。前45年可以用这样几句话来概括：

诞生于民族危难之际；成长于战乱之中。

中西文化的撞击和国家民族的磨难，炼就了南开精神。

让我先来解释这两句话。南开学校系统有两位创始人。一位是严修严范孙先生；一位是张伯苓先生。他们二位的塑像都矗立在大学的中心花园里。严范孙先生（1860～1929）祖籍浙江，是清朝的翰林，作过贵州学政，学部侍郎（教育部副部长）。他以要求废除科举，开设经济特科闻名于世。戊戌变法以后辞官回家，看到外国侵略势力加紧侵略中国，认为中国要自强必须变法维新，要变法维新，就必须办教育，在这一点上他和张伯苓先生不谋而合。

张伯苓（1876～1952），天津人，北洋水师学堂毕业，任海军士官生，在“通济”轮上服役。他自己多次讲，“光绪二十三年（1897），英人继德、俄之后强租我威海卫，清廷力不能拒，允之。威海卫于甲午战时（1895）为日人占据，至是交还。政府派‘通济’轮前往接收（1898年5月），移交英国”。伯苓先生当时“亲身参与其事。目睹国帜三易（先下日旗，后升国旗，隔一日改悬英旗），悲愤填胸，深受刺激”。下定决心，走教育救国的道路。他下船后接受严先生的聘请，主持严、王两家家馆。南开中学就是在严、王家馆的基础上于1904年正式成立，最初叫敬业中学，后改为私立第一中学，1907年改革为南开中学，1912年辛亥革命后更名为南开学校。1915年设大学预备班。1919年南开大学正式成立。1923年建南开女中。1928年建南开小学。从1904年算起用了25年时间，完全依靠私人财力，建成一个完整的南开学校体系。此后，又于1936年在重庆建南渝中学。学生人数从严、王家馆时期的十几个人增加到整个系统的3000多人。南开女中的成立，在南开学校体系的形成中具有重要的意义。中国封建的道德观念中最为保守的一项内容就是歧视妇女。“唯女子与小人难养也”、“女子无才就是德”的思想在传统社会中一直居于支配地位。兴办女学，启迪民智，是中国走向现代的一项重要措施。“南开学校久思设立之女子中学，天津社会极望南开设立之女子中学竟于9月5日开学，学生到者七十余人，规模虽小，希望实大。”（《南开周刊》第68期，1923年9月21日）女中成立后不久，列宁去世，学生自治会应邀参加了列宁追悼会筹备会，选举华采菱、王毅蘅为代表，参加筹备，“并送挽联一付，以表哀忱”（《南开周刊》，1924年3月15日）。这说明女中自治会从一开始就有自己的政治倾向。10年之后，女中学生的人数增加了5倍，达365人，兼职专职教职员49人（《南开同学录》，1933年）。

南开在全国的教育事业中占有一席之地，最最重要的是南开为中国培养了一批优秀的人才。张伯苓校长在世时常常用这样一句话来概括：在共产党里，我们有周恩来；在国民党方面我们有吴国祯。我们敬爱的周总理于1913年考入南开，1917年毕业。南开大学成立后，张伯苓校长亲自批准周恩来免费入文科学习，学号62号。吴国祯，南开毕业后，到美国葛林乃尔大学读书，回国后曾任国民党政府的上海市市长、台湾省长，后因主张改革为蒋政权所不容，在美国当寓公。南开还培养了像陈省身、江泽涵、吴大任这样的数学家和吴大猷（物理）、殷宏章（生物）……据南开中学80年校庆时的不完全统计，在当时的500名科学院院士中，南开中学毕业生占30人，仅地质学方面的院士就有8人之多。据申泮文院士的统计，他所在的1935班有三位科学院院士，15名大学教授，20位高级科技工作者，3位高级医务工作者。

南开学校自成立之日起就十分注重吸取国外的办学经验。为了办好学校，严、张二人曾多次出国考察。为了筹办南开大学，他们于1917年曾专程赴美。张伯苓亲自在哥伦比亚大学师范学院听课，学习教育学，后来又到美国各校考察。南开受美国教育的影响很大，中学是以美国马萨诸塞州的Philip Academy为样板建立起来的，重视课外活动对学生的影响。大学的教师队伍中，美国留学生占有很大比重。

南开中学的师资队伍，在全国也是首屈一指的：以1933年为例，南开中学男中部的专职教师75人，在国外大学毕业者3人，一人毕业于哈佛大学研究院，一人毕业于美国夏威夷大学，一人毕业于日本近代工业学校，其余 72 人全部毕业于国内名牌学校。女中部教职员包括张伯苓校长和喻传鉴主任在内在册者共 49 人。国外大学毕业者 4 人。其中一人是密执安大学的硕士。其余大都是国内著名大学，如北大、燕京和南开的毕业生。大家都知道，喻传鉴主任是美国哥伦比亚大学师范学院的教育学硕士，是国内著名的教育家。他学成回国后，针对国情和校情，对南开中学的体制、课程和教材进行了一系列的改革。1936 年他在重庆又创办了南渝中学（后改名重庆南开中学），为抗日战争期间学校西迁奠定了基础。在这里特别值得一提的是女中部的第一任主任黄梅美德女士。梅美德女士 1899 年生于美国芝加哥城，10 岁时随母亲和弟、妹回到广东，不久母亲去世，抚养弟、妹的责任就落在了她身上。1921 年梅美德女士重返美国，在芝加哥大学求学。她学习刻苦，四年的课程三年就学完了，1924 年获理学学士学位，同年 9 月 2 日与我的舅父黄钰生结婚。婚后，他们两人一同回国，舅父在大学任教，舅母在女中任数学、化学教师，五年后，任女中部主任。她在美国长大，平时在家里同我的舅舅用英语交谈。为了工作她努力学习普通话。当了女中部主任之后，她已经能够在女中的小礼堂用带有广东腔的普通话对学生发表生动、活泼的讲话。她走进教室是一丝不苟的良师，迈出教室，她是谈笑风生的益友，周末在家里接待学生、朋友已成为常规。抗日战争爆发，日军炮轰南开，舅舅只带了一串钥匙离开学校，家产荡然无存。舅舅写信告知当时在南方探亲的舅母，美德女士回答说："论职守，校产毁，私产亦毁，于心无愧。若校产毁而私产存，就可耻了。现在你有我，我有你，还要什么？"她的这种舍己为公的精神和人格使她的学生、朋友和亲人至今怀念不已。1939 年她在昆明被癌症夺去了生命，年仅 40 岁。在她的亲人、学生和友人共同努力之下出了一本纪念文集，足见她的人格和学问感人至深。

从中学时期起，南开就有英、美、日籍教师任教（如 Albert P. Ludwig, John Hersey, 山口等人）。南开的英语教学一直保持着很高的水平。南开的毕业生到美国后，在美国学生的演讲比赛中常常名列前茅，他们在通信中还把美国学生作文中的语法错误引为笑谈。重庆南开时期，这个传统继续得到保持。英文课采取直接教授法，从初中一年级起，用英文讲课，像安徒生童话中的“A Little Match Girl”，根据莎士比亚名剧改写的“一磅肉”中安东尼奥的演说，林肯的 Gettysburg 演说，学生都能琅琅上口，背诵出来。数学课用《范氏大代数》(英文本)做为教材，三角、立体几何、解析几何也都用英文教材，教师用英文讲课。这种情况一直继续到解放初期。南开学生的中文和国学的底子也很坚实。南开校歌的歌词即出自中学时代学生孔繁霱之手。从现在保存下来的周总理和其他南开学生在南开中学时期留下的作文、日记和书信不难看出当时南开学生古文底子之厚和中国传统文化底蕴之深。只要列举一些作文的题目就可窥其一斑:《子舆氏不言利，司密氏好言利，二说孰是，能折中言之欤》、《老子主退让，赫胥黎主竞争，二说孰是，试言之》、《共和政体者，人人皆治人，人人皆治于人论》……从 1931 年开始出版的《南开高中学生》由学生自己编辑出版，刊登的大部分论文、翻译和文艺作品大多出自本校学生之手，其文字和内容足以同现代高等学校学生的作品相匹敌。

虽然美国教育对南开的影响很大，但南开从不崇洋媚外，在民族灾难深重的岁月里非常注重民族气节的教育。在南开人身上有一股浩然正气。20 世纪 20 年代中期，南开的学生对大学教育必须适合国情提出了自己的要求。曾在校刊上发表题为《轮回教育》的文章抨击有些教师，从美国留学回来，食洋不化，照搬外国教科书上的 A、B、C、D，如此循环往复下去，害人不浅。这件事促使张伯苓对学校的教学和研究工作进行改革，大力推行“土货化”的方针，在这方面成绩最为卓著的是南开经济研究所，它是我国将西方经济理论应用于中国经济现代化的先驱，以其编制的南开“物价指数”闻名于世。抗日战争期间，在极其艰苦的条件下成立了“边疆人文研究室”，应用西方人类学、社会学、地理学和语言学的方法研究西南少数民族的地理环境、社会制度、语言和文化，出版《边疆人文》杂志，其中不少论著至今仍为学术界所引用。

张伯苓校长是中国近代体育事业的创始人之一。南开在体育方面的成绩斐然。南开中学就有过一支全国无敌、为国争光、威震远东的篮球队，主力队员：魏蓬云、刘建常、王锡良、李国琛、唐宝坤被誉为南开五虎。在 1934 年 10 月 10 日的第十八届华北运动会上由 280

人组成的南开啦啦队面对着坐在主席台上的日本领事，在看台上组成“勿忘国耻”、“还我河山”八个大字，齐声高呼：“十八届运动会，开在河北天津卫，众英儿精神焕发，时时不忘山河碎。”全场掌声雷动。日本领事当场提出抗议，张伯苓回答说：国人在自己的国土上进行爱国活动这是学生的自由，外人无权干涉。日本领事愤而退席。日本政府为此向南京提出抗议，国民党政府要求张对学生严加管束，不得有越轨行为。在女中举行的啦啦队发奖大会上张伯苓说：“你们讨厌，讨厌得好，下次还要这么讨厌，要更巧妙的讨厌”。女中部主任黄梅美德则鼓励大家永远能以啦啦队合作、服从的精神做好一切事业（《南开高中学生》，1934 年 11 月 23 日）。南开的师生还建立学术组织，开设课程、出版专著介绍“九·一八”事变以来我国东北的情况，揭露日本军国主义鲸吞中国的狼子野心。不仅如此，南开学生还是“一二·九”爱国学生运动的积极参加者和组织者。南开师生的爱国活动激怒了驻扎在海光寺一带的日军，他们经常出来骚扰。行人路过日军岗哨，一律得向他们脱帽行礼，张伯苓校长在他的讲话中经常以此为例启发学生的爱国心。

南开是抗日的堡垒。日本侵略军非去之而后快。1937 年 7 月 7 日卢沟桥事变爆发，日本侵略者终于找到了洗劫南开的机会，7 月 28 日起日军开始炮轰南开，29 日用飞机轰炸，30 日又自海光寺炮轰南开，下午派骑兵百余名、汽车数辆满载煤油闯入南开校园，到处放火。全校六处主要建筑物四所被毁，秀山堂、木斋图书馆被夷为平地。此后又将女中焚毁，只留下了女中的宿舍。据天津市档案馆所存损失报告清册，以 1937 年的价值计算，南开中学、女中和小学建筑、图书、设备损失总值达 1 百 21 万 1 千 1 百元。抗战胜利后，记者巡视南开四校的报道说：女中“大门尚如往昔，立门外向内一望，则蔓草荒丘，有如古希腊之残余建筑”。张伯苓校长当时在南京，问讯后向记者发表谈话说：“敌人此次轰炸南开，被毁者为南开之物质，南开之精神将因此挫折，而愈益奋励。”当时有人说南开是真难呀！南开的“南”换成了困难的“难”字。张伯苓校长说，难和开之间应该加上一个逗号，变成为无论什么困难也要把它打开，越难、越开。

抗日战争期间，南开大学与北京大学、清华大学组成遐迩闻名的西南联合大学，在极其艰苦的条件下培养出一批卓越的人才。重庆沙坪坝则成为南开经济研究所和中小学坚持抗战的基地。应该指出的是黄钰生先生在昆明创办的西南联大附中和附小贯彻了南开的办学精神，在一定意义上说，是南开的一个分支。抗战胜利后，国民党政府为了履行蒋介石有中国就有南开的诺言，在复校期间将从八里台到六里台直到现在鞍山道一带的地产和房产全部划归南开所有。中学复校之初，先在六里台中日中学旧址，后迁回中学原址。男中部用中楼做教室楼，女中部用东楼做教室，两楼之间有走廊相通，分别挂着“男中部，女生止步”、“女生部，男生止步”的牌子。女中部后来才迁入甘肃路现址，原为日本宫岛小学所在地。复校后的南开仍然保持着一支高水平的师资队伍。数学教师丁学强、李成义、刘惠民、韩扶群，英文老师顾子范、叶荔荪，中文老师杨坚白、杨志行、高玉爽、赵雪峰，化学老师余瑞征、伉铁侠，物理老师倪守正、潘承懿，生物老师孙养林、喻娴令，历史老师周庆基，地理老师陈昌笃等都是一时之选。他们之中许多人后来都转到大学任教。学校领导在国民党当局的严密控制下仍然坚持南开大力开展社团活动的传统，这是很不容易的。当局不许成立学生会，南开就把它改名为“主席干事联席会”。比较有影响的社团有“南星社”、“鼓号队”、“群声合唱团”、“南开歌咏团”、“读书会”、“基督教青年会”、“膳委会”、“话剧团”和各种球队、体操队、火棒队。这些学生社团为我党的地下组织提供了良好的活动环境。无论在中学和大学，地下党组织都有较大发展，建立了自己的外围组织“民青”、“四月社”，领导了“反甄审”、“反美扶日”、“反饥饿、反内战”等爱国民主运动，并为学校迎接解放作好了准备。

前事不忘，后事之师。知往是为了鉴来。南开走过的道路说明，张伯苓的教育思想至今还有许多值得我们学习和借鉴的内容。其核心是，对于走教育救国的道路充满信心，锲而不舍，百折不挠；重视教师的主导作用，千方百计地网罗人才，建立了一支精良的教师队伍；同时又把培养学生的能力和发展学生的个性放在突出的地位，巧妙地解决了世界教育史上的一个难题。他不畏强暴，爱护学生、保护学生，不分地域和国别。他事事以身作则，率先垂范，将教育思想人格化了，产生了极大的个人魅力，对于他所创办的学校来说产生了掰不开、揉不碎的凝聚力。所有这些，使他的教育思想和开创的事业不仅在中国教育史上，而且在世界教育史上占有重要的地位。

原文载南开校友总会编《南开校友通讯》，1999 年

周恩来与冯文潜

——试论周恩来的故人情结

在周恩来众多的优秀品质之中，他的故人情结十分突出。这是中国传统文化优秀遗产的积淀，是普通中国人的一种优秀品质。身居高位而不忘故人，这一向是为人们称颂的美德。把这种传统美德同中国的革命事业结合起来，同党的政策结合起来，就形成了一种巨大的感召力和人格魅力。这一点在周恩来的一生中，在与南开的老同学冯文潜的交往中表现得特别明显。我们可以把这种不忘故人的品德称之为“故人情结”。

先父冯文潜（1896～1963）先生，字柳猗，是南开大学哲学教育系和外文系的教授，兼图书馆馆长。早年与周恩来在南开中学同学。共同的学习生活、共同的爱好和兴趣使他们结下了终生的友谊。1917～1918 年间周恩来给冯文潜写过三信封，1917 年两封（8 月 6 日、12 月 19 日），1918 年一封（4 月 3 日）。冯文潜历尽千辛万苦，将这些信以及中学时代周恩来送给他的毕业照和贺年卡保存了下来。冯文潜在同家人的谈话中多次谈到他与周恩来交往的经过，充满了对周恩来的怀念和敬慕之情。而周恩来在成为新中国第一代领导人之后，曾多次重访母校。1959 年 5 月下旬来天津视察工作时，于 29 日晚请南开的老同学吃饭，冯文潜和先母黄扶先都应邀在座。当周恩来得悉二老均已参加共产党时，非常高兴，频频举杯，表示祝贺。1963 年冯文潜去世时，周恩来亲自打电话给天津市的领导，请代为对家属表示慰问，并列名治丧委员会，在全校追悼会上送了花圈。总理去世后，根据母亲的意见，我们将保存的全部关于总理的资料捐赠给中国革命博物馆。

周恩来的故人情结是时代的产物。周恩来和冯文潜都是在辛亥革命到“五四运动”这个中国历史上的重要关头度过他们的青少年时代的。十五六岁到二十岁出头，正是一个人从少年到青年的成长时期，个性和世界观逐渐形成，有很强的可塑性。当时正值我国处于内忧外患丛集之际，也是西学与中学相互冲突和激荡的时期。这一代的知识分子面临着多种选择。把求学、修身、乐群、救国联系在一起，既是时代对他们的要求，也是他们对外来文化的吸收和对中国优秀传统文化的继承和发扬。南开学校的新式教育，则为他们提供了良好的条件。

一、求 学

周恩来和冯文潜的家庭背景和求学经历有许多共同之处。他们都出身于封建大家庭，进过私塾，受过中国传统教育。新式学校兴办后，他们又都转入新式学校读书，对于两种不同的教育制度的差别有深刻的体会，同时也打下了坚实的中国传统文化的基础，对于现代科学技术和西方的思潮也有了初步的了解。中学教育结束之后，他们先后出国留学，冯文潜到美国、德国深造，攻读哲学和美学。周恩来先到日本，后来又到欧洲，走上了职业革命家的道路。在南开时期，受张伯苓校长教育思想的影响，他们都注重德、智、体的全面发展和中学与西学的结合。周恩来和冯文潜都写过《子舆氏不言利，司密氏好言利，二说孰是，能折衷言之欤》的作文。他们都从存在着普遍真理的观念出发，使中外之理相通，主张各取所长，中西合璧，有异曲同工之妙。

留日期间，周恩来过着每日两餐素食的艰苦生活，在学习上孜孜以求，对新思潮情有独钟。他在 1918 年 4 月 3 日致冯文潜的信中写道："左右居美所得宏深，甚盼时有以示我，新思潮尤所切望。"现在人们往往认为周恩来在这里所说的"新思潮"是专指马克思主义。征诸史实，当时在美国流行的是杜威的实用主义哲学，冯文潜在美国所学的课程主要是哲学、比较政治和西方历史。周恩来在同年 2 月 11 日的日记里写道：决心在本年里作到"第一，想要想比现在还新的思想；第二，做要做现在最新的事情；第三，学要学离现在最近的学问。思想要自由，做事要实在，学问要真切。"2 月 19 日的日记认为在 20 世纪的进化潮流中如不实行国家主义、世界主义那是自取灭亡的。这可以大致说明周恩来在写信前的思想状况。这里的新思潮是一种泛指。4

月23日，周恩来读了新出版的《露西亚研究》杂志，从一篇介绍俄国政党的文章中才了解到俄国社会民主党有过激派和温和派之分。4月27日的日记里，在分析俄国的形势后写道："世界实行社会主义的国家恐怕要拿俄罗斯做头一个实验场了。"[1]此时此地的周恩来思想还处于一种探索状态，不断地求"新"，是他的思想的一个重要特点. 这与南开校训中"日新月异"的内涵是完全一致的，沿着求新的路走下去，不久就找到了马克思主义有它的必然性。

二、修　身

这个时期的知识分子在求学过程中，有一个共同的特点，就是把学习同个人的自我修养结合起来，换言之，就是把做学问和做人联系起来。南开学校一直非常注重这方面的教育。张伯苓校长多年来坚持亲自给学生上修身课很能说明南开教育的特点。南开的品德教育不是抽象的讲大道理，而是把它同师生的日常言行结合起来，并且注重把它内化成为学生的自觉行为。

我们把周恩来参加五四运动之前的人生观和伦理观与同时期冯文潸的日记中有关个人修养的内容稍加比较，不难发现其中有不少共同之处。

首先是世界大同的理想。这是受康有为《大同书》影响的结果。周恩来在十岁时，曾到表舅龚荫荪的家塾寄读。龚是革新派人士，原信奉康有为，后转而信奉孙中山。周恩来1952年秋在上海会见表姐龚志如时，曾说："就童年所受教育而论，表舅可算得上是我政治上的启蒙老师。"[2]他在中学时代所追求的一直是"无人我之分，鲜名利之见，相跻于大同之境。"到日本留学后，仍坚持"要随着进化的轨道，去做那最新最近于大同理想的事情"[3]。冯文潸在青少年时代，受康有为、梁启超著作的影响很深。他曾在日记里写道："大同我之愿也。"

1 以上均引自中共中央文献研究室编：《周恩来年谱 1898～1949》，人民出版社 1989 年版，第25～26 页。

2 孙芝瑶：《周恩来家世、童年和故乡研究中的几个问题》，《中外学者论周恩来》，南开大学出版社，1990 年版，第 5 页。

3 中共中央文献研究室编：《周恩来年谱 1898～1949》，第 26 页。

又说："既志于大同，教育当由近至远，由小至大，由一至万。"并且下定了"扶中国即所以救世界"的决心，"此身不死，此心不止"。[1]

其次，待人处世，以"诚"为本。诚是中国传统哲学和道德中的一个重要观念。在南开教育中占有重要地位。南开的人格教育包括五个方面，即：立志、敦品、勤勉、虚心、诚意。核心是"诚"字。周恩来将诚的概念提到了本体论的高度，认为诚能感人动物。"诚之为物，非学力所可及也，亦发于中，而形于外耳。""执政者敬于感人动物之事，注意及之，则返诚去伪，一转瞬耳，又何至日以干戈相寻，欺伪相诈哉！"[2]

冯文潜也有类似的看法，他说："诚无不成，诈无不乍。"认为"诚者，聚精会神之变像也。诚之至则精神凝结成一点，如物理之 focus（笔者按：焦点），然此点小可小于电子，大可以宇宙塞六合。……此点涨缩与一人成功之大小作正比例。此点愈增大，则所见物愈明，见物愈明，则无不知无不能。无不知，无不能，则无不成也。反之，此点愈缩则所见者愈暗，至其极也，则皆不可见。皆不可见，则无物也。易曰不诚无物，盖即指此。"[3]

第三，不求名利。这也是南开教育所强调的。为"公"的思想中本身就含有不为己的意思。周恩来很早就主张在学校里"司教育之诸公""勿铺张粉饰，以博我名誉；更勿投身政界党会，谋利营私，以纷扰其心志，而日事敷衍"。[4]周恩来还在作文《论名誉》一文中指出，一个人要珍惜自己的名誉，但又不能"存邀名之心，当（惟）以正义绳其轻重"，否则，"若夫汲汲于名犹汲汲于利之徒，日惟名誉之是谋，不遑计及实事，虚声（纯）盗世，眩世眩（骇）俗，以淆乱风气者，是又名誉之罪（人）也"。[5]

冯文潜对于追逐名利有相当透辟的分析。他说："求名即沽名也，吾所最忌。名字之一解不当，不知陷害了多少好人。一人作一事，只有问所行合于礼义否，名在所不及。及名斯下矣。斯为名而作，非为

1 冯文潜日记，1915 年 1 月 11 日，8 月 6 日，8 月 12 日。
2《诚能动物论》，《校风》第三十期，1916 年 5 月 15 日出版。
3 冯文潜致陈范有信稿，1917 年 10 月 10 日左右。
4 周恩来：《东关模范学校第二周年纪念日感言》，《周恩来早期文集》上卷，第 1～2 页。
5 刘焱编：《周恩来早期文集》上卷，第 42 页。

事也，是即谓名之奴。趋人至此者莫过于学校之考试。”又说：“名者所以勉中人而惊奸恶，有人得不倚之则不倚之。”[1]提倡“不怕死、不爱钱”。[2]

第四，严于责己。在周恩来和冯文潜青年时代的日记中，我们经常可以看到他们自勉自责的话，尤其是受到挫折、处于困境时，从不怨天尤人，而是严格地要求自己。1918年7月周恩来在日本投考东京第一高等学校，因日文成绩不理想，未被录取。随后在日记中写道：“这叫做自暴自弃，还救什么国呢?爱什么家呢?”[3]1915年，冯文潜在总结自己的过去时说：“回忆二十年来所行所学多自欺。异日登场，哪是君素资。欲成其大而不谨微，知惜光阴而终要推诿，浮躁怠惰成功之阻。”[4]

第五，身体力行，终身不渝。最可贵之处，在于他们都没有徒托空言，而是将自己认识到了的这些原则都转化为行动，付诸实施。一辈子这样做，一直坚持到他们去世。

三、乐　群

南开教育的一个与众不同之处在于在强调教师的主导作用的同时，非常注意发挥学生的主观能动性。放手让学生根据自己的兴趣爱好组织自己的社团，这不仅培养了学生的组织能力，培养了学生“乐群”、“睦友”的品质，而且可以发挥联系学生、职员和学校“合众人于一体”的纽带作用。[5]周恩来、冯文潜不在一个年级，也不在一个班，他们是在共同的社团活动中建立起他们的友谊的，而且熔铸了他们的“群体”意识和“乐群”品质。周恩来在南开参加学生社团活动是从1914年3月创办敬业乐群会开始的。敬业乐群会是在原三育竞进会改组的基础上建立起来的。冯文潜是三育竞进会的成员。他同周恩来在社团中共事由此开始。1915年8月30日，南开学校的校刊《校

1 冯文潜1915年1月2日日记。
2 参阅李瑞圭1918年3月30日致冯文潜函。
3 中共中央文献研究室编：《周恩来年谱1898～1949》，第28页。
4 冯文潜1915年8月7日日记。
5 冯文潜作文《论本校各会之益》。

风》周刊创刊。周恩来、冯文潜等人同时被推选为该社社员和职员。周恩来任总经理兼记事部主任，冯文潜是译丛主任。二人的关系又进了一步。

南开学校是中国话剧运动的北方发源地。南开话剧团是敬业乐群会的一个组成部分。该团于1914年11月正式成立后，话剧运动便在南开红红火火地开展起来。周恩来不仅是编演话剧的中坚分子，亲自登台演出，扮演女角，而且撰写论文《吾校新剧观》，发表报道和评论，为话剧理论建设作出了贡献。冯文潜是话剧运动的积极支持者。他认为："欲挽回世风，涤荡恶俗，舍演剧无他策。"他还指出，旧剧必须改良，才能承担改造社会的任务。"是必择国民之精英者为之，则有赖于学子矣。吾校每届每周年纪念日必演剧，宗旨其在此欤！"[1]冯文潜又是唱歌活动的积极参与者。南开的唱歌队经常与新剧同台演出。1915年6月5日晚七钟，南开学校举行第二次游艺会，排演《仇大娘》（周恩来参加演出），并有军乐、唱歌助兴，至一钟余始散闭。冯文潜在这一天的日记写道："夜演剧（为星期报补助费事）唱歌二钟余，始九钟至十一钟半。"[2]

南开学校的演讲是一项经常开展的活动。周恩来和冯文潜都是演说活动的爱好者和积极参加者。二人在演讲比赛中都拿过名次。[3]值得注意的是，南开学生的演说活动并不限于校内，学生还到校外去演讲，把它作为宣传爱国主义思想的重要手段。1915年6月6日周恩来和冯文潜都参加了天津市各界群众举行的救国储金募款大会，并发表演说，号召人们奋起图强，振兴本国经济，誓雪国耻，坚决不当亡国奴。冯文潜在这一天的日记里写道："早十钟起，预备演说。十二钟半与同人一起赴会。一钟半到会场外操场中演说。一登台不觉泣落，听者亦多同戚。说毕，口干、心热、体无力。六钟始散，收款三十余万。"南开学生的演说活动在反帝爱国运动中发挥了重要作用。周恩来与冯文潜在学生社团活动中特别是在爱国运动中结下的友谊是毕生难忘的。

1 冯文潜作文《论本校周年纪念日演剧宗旨》。
2《南开星期报》第49期，1915年6月13日。
3《校风》第43期，1916年10月25日。

四、救　国

寻找救国的道理是近百年来中国知识分子前赴后继，孜孜以求的。这在南开学子的身上表现得特别明显。这首先是时代的召唤。正如毛泽东所说："先进的人们，为了使国家复兴，不惜艰苦奋斗，寻找革命真理。"[1]自幼就立下了"为中华之崛起而读书"志向的周恩来，到了南开之后，爱国之情更加深化，对救国真理的追求更加自觉。他在题为《春日偶成》的五言诗里用"中原方逐鹿，博浪踵相踪"[2]两句话表达了他对时局的忧虑和人民会像张良那样起来反对暴政的期待。袁世凯在攫取了大总统的职位后，倒行逆施，不惜以接受二十一条的辱国丧权行为来换取日本对他称帝的支持。周恩来在作文中写道："处今日神州存亡危急之秋，一发千钧之际，东邻同种，忽逞野心，噩耗传来，举国骚然，咸思一战，以为背城借一之举，破釜沉舟之计，一种爱国热诚，似已达于沸点。"针对筹安会为袁世凯复辟摇旗呐喊的行径，他写道："日言筹安，安未及见，不旋踵而国将亡矣。言念及此，东瞻朝鲜，西忆印度，不知涕泪之何从。"他大声疾呼："事急矣，时逼矣，非常之势，多难之秋，至斯亦云极矣"，"莽莽神州，已倒之狂澜待挽，茫茫华夏，中流之砥柱伊谁?弱冠请缨，闻鸡起舞，吾甚望国人之勿负是期也"。他还在文章中提出了"人民国家之主人也"和"共和国之统治权在国民之全体"的论点。指出："治人、治于人者常系诸一人之身，此共和之真谛在是，民主之精神亦在此。"而"阶级不除，无平等之望；人群不合，无爱国之理"。因此，"爱国必先合群，无分畛域，勿拘等级，孤寡者怜之，贫病者恤之，优者奖之，劣者教之。合人群而成良社会，聚良社会斯能成强国"。[3]

周恩来是在国内直接投身于五四运动的，并领导了天津地区的五四运动，这成为他一生的一个重要转折点。这场轰轰烈的群众性的爱国民主运动使他的爱国热情升化了，更为理性化了。经过留法勤工俭

1《毛泽东选集》一卷本，人民出版社1964年版，第1358页。
2《敬业》第四期，1916年4月出版。
3《周恩来年谱1898～1949》，第14、15、16、21页。

学，他成为了一个马克思主义者。周恩来于 1920 年 1 月 29 日因领导爱国学生运动在天津陷身囹圄，消息传开，南开的同学旧友都十分关注。3 月 24 日薛卓东自南京给冯文潜写信说："津京两处学生被捕者——从前不算——有 70 人，并有交法庭定罪的消息，京津的自由完全失了。""张校长伯苓因为南开学校与其他各校取一致行动，不上课——开除了 26 名学生。全津舆论大哗。恐怕要惹出事来！学生的觉悟是：从社会的根本改造入手。翔宇、马骏也在被捕之列。已经在天津警察厅拘留一个半月了！""翔宇现在狱中甚苦。我的意思想让他快出来，不问他事，专读书。他和我是一样的。但是他不便西渡，因为英文和经济。他在华北不能念书。我想劝他到金陵大学暂且作栖身之地，以后有机会自然西渡为佳。请你写给他一封信由我设法转交，劝他如此。"

一直在国外的冯文潜，虽然没有亲身受到这场革命暴风雨的沐浴，但一直关注事态的发展，通过报刊，家人、朋友的通讯以及同五四运动后赴美留学南开同学的交谈中也受到了一次深刻的爱国主义教育。

同样具有爱国热情的留美南开学生，主要是通过当时可以采取的各种方式，开展爱国活动，让美国人民了解中国，而这种活动，自他们到达美国之日就开始了。冯文潜在到美后不久，就写信给国内友人说："弟居美已三月，学业颇乏进境，惟于国家观念则日见真切，亦为我修学之一助乎。外人对于吾国虽不以五十年前之眼光看，然于共和国体之基础，人民政治之能力，仍不免多致疑问。白如看以下诸问，可以略见其一二也。'假使日本管辖中国汝尚在中国住不?' '共和团体果无倾覆之虑乎？'类此等问话，不胜枚举。第二问尚有解说，若第一问，白如试思，我将何以处之耶，又将何以为情耶。美国著名诸学者每谓中国必一度灭亡，灭亡然后再兴之中国方能永存。弟闻听之余，心痛欲碎。弟矢志联合多数同志发表言论，一变美人之心理。"[1] 为此，南开学生经常举办庆祝双十节的活动，向美国高校师生介绍中国的情况。[2]

1921 年 11 月在美国举行的华盛顿会议，为留美学生提供了一次

1 冯文潜致魏文瀚信稿。
2 黄钰生致冯文潜明信片，及 J. K. Theodore 1919 年 11 月 17 日给冯文潜的信。

投身爱国运动的机会。他们组织了中国学生华盛顿会议后援会（Chinese Students Committee on Washington Conference），芝加哥地区分会的主席是 H. H. Sun（孙），冯文潜任会计。在一封家信里冯文潜写道："奉到谕函时正值美京会议吃紧时。留学人员组织利用报章，一面向美宣传吾国真正民意；一面团结住美华商一致对外。侄能力薄弱，未能多所效力，然亦力竭驽日夜奔波，午夜始睡，鸡鸣即起，辍学废业，虽仍上班听讲，而图书已置之高阁。屏弃一切私事，专力后援会。"

在留法勤工俭学期间，经过理论上锲而不舍的追求和实际斗争的锻炼，周恩来成为了一个坚定的马克思主义者，从此走上了革命救国的道路。冯文潜在留德期间虽然同德国的左翼青年运动有所接触，与周恩来也时有往还[1]，但并没有成为共产主义者，而是沿着大多数知识分子所标榜的"读书救国"和"教育救国"的道路继续走下去。全国解放后，他终于在中国共产党的教育和引导下，成为了一名忠诚的共产党员。在他的心目中，周恩来一直是一面高高飘扬的爱国主义旗帜，是榜样，是力量。

五、爱南开

周恩来与冯文潜是在南开学校这个环境里结下了他们的终身友谊。对南开的爱，是他们共同具有的感情，这也是周恩来故人情结的另一个重要内容。冯文潜自 1918 年起任留美南开同学会会计，后任内部书记，所以他保存着一些同学会的来往信函，其中很有价值的一封，就是 1919 年 5 月 21 日留日南开同学会给留美同学会的信。这是一封长信。揭露南开校方拉拢曹汝霖等担任校董，借以换取捐助经费。在这封信最后说："顷得同学周君恩来自津来信，节录于后，亦可见南开情况的一斑了。"其中一段写道："你们诸位离天津远，还不知道内情。我是现在天天到南开去的，我是爱南开的，可是我看现在的南开趋向是非要自绝于社会不可了。"这就是"我是爱南开的"这句话

1 见冯文潜 1922 年、1923 年留德日记。

的由来。因为爱之深，所以对其错误行为恨之切，这很能说明周恩来对南开的感情。在周恩来和海内外南开人的规劝之下，终于使学校当局改弦易辙，没有在错误的道路上走得太远。周恩来不只是对南开的缺点提出尖锐的批评，而且也为南开的建设做出了积极的贡献。1919年他入南开大学后，建立并主持了南开出校学生通讯处，借以加强校友和母校的联系。其主旨是“联络出校的同学会同校内的所有分子，去为南开谋精神上的发展，事业上的改造”。他向校友们发出呼吁：“盼诸君爱母校要努力，为母校谋‘进步无疆’的幸福。”[1]建国以后，周恩来作为国家的领导人，在日理万机之余，曾三次来南开视察（1951、1957、1959）。周恩来爱南开，也爱南开人。他对于老校长张伯苓的关心是尽人皆知的。这里只说一件小事。1946 年 1 月 12 日张伯苓为治疗摄护腺症在长子张希陆陪同下由渝飞沪转赴美国就医。当时正在参加政治协商会议的周恩来赶到机场，为老校长送行。正是在机场上，巧遇也从昆明赶来送行的冯文潜。时隔二十多年，周恩来竟能准确无误地拍着冯文潜的肩膀，直呼冯的绰号“以脱博士”。这个情景，冯文潜在世时曾多次讲起过，惊叹周恩来惊人的记忆力，同时对他那种不忘南开故人的情意，赞赏不已。此外，周恩来对严范孙先生后人的关怀，对伉乃如先生遗孤的照顾，在南开人中已传为美谈。

作为南开大家庭的一员，冯文潜为南开工作了三十三年（1930～1963）。他对南开的感情久而弥坚，而且把它同祖国的社会主义建设事业紧密地联系在一起。这同周恩来的引导和感召有直接的关系。在他的晚年，他曾不断地同家人和子女谈起周恩来的品格、为人和感人的事迹，总是把这些做为鞭策自己前进的力量。他同夫人经常以周总理对他们的鼓励相互勉励，使他能同多种病痛的缠绕做不懈的斗争，一直带病坚持工作到最后一分钟。

周恩来故人情结的内涵是非常丰富的，而且影响深远。这里所谈的只不过是体现在与冯文潜关系中的一部分。作为一位具有远见卓识的伟大政治家、外交家，他的故人情结，不仅表现在对待国内的知交老友上，对待国际友人和对于我们革命事业有过帮助的人士，周恩来

1 周恩来：《给南开出校同学的信》，《周恩来早期文集》上卷，第 330 页。

也都本着“滴水之恩当涌泉相报”，交上新友、不忘故人的精神，以诚相待，始终不渝。这种熔中外文化于一炉，而且内化为个人的素质和品格，使周恩来充满了人格的魅力。人们把他看成是民族精神的化身，共产主义道德情操的典范。这就使我们的朋友遍天下，使我们的事业永远立之于不败之地。

原文载《中外学者再论周恩来》，中央文献出版社 1999 年版（合作者：黄振华）

南开教育遗产的世界意义

2004年我们将庆祝天津建城600周年，同时，也将庆祝南开学校建校100周年。天津以它在中国近代以来的突出贡献载入史册，南开学校则是天津对中国以至对世界做出贡献的一个重要组成部分。天津自1860年开埠以来，发展成了一个世界性的城市，南开学校正是这个世界性城市发展的产物。

南开学校出现在天津并不是偶然的。天津一直是中国现代化的一个重要基地，是我国新文化、新教育的一个重要的生长点，是近代工商业、金融业的发源地。我国近代许多著名的思想家、教育家和文化名人，重要的企业界、金融界的精英，或出生于天津，或在天津长期生活和工作过。这同天津是北京的门户，是开埠最早的城市，是中外文化在北方的交汇点，是洋务运动以来各种改良和革命思潮的汇集地是分不开的。这些重要人物以及与他们联系的事件和机构是天津的光荣，也是天津的骄傲。永远值得后人缅怀、纪念。

南开学校是由严修、张伯苓和许多先贤共同创办的。他们创办南开有着明确的目的，是为了救国自强。爱国主义是贯穿在南开教育中的一条红线。“允公允能，日新月异”是它的精神所系。它的精神境界很高，遵循“天下为公”的古训，可以用集体主义的精神来诠释，是素质教育的基本要求。能力的培养是南开所一贯强调的，特别注意在课外活动中培养学生的群体意识、组织能力和办事能力。周恩来总理解放后首次回南开母校时在讲话中曾强调过这一点。至于“日新月异”，这正是对人类的创新精神和近代以来生产力突飞猛进，特别是信息技术革命的生动概括和总结。

南开教育的一个重要特点，就是结合中国社会的特点，兼采诸国教育之长，既没有食洋不化，也没有食古不化，形成了自己的独特传统和教育风格。它对我国教育事业的一个重要贡献就在于严修、张伯苓等人作为教育家，既有理论，又注重实践。身体力行，率先垂范。将教育思想人格化了，产生了极大的个人魅力，对于他们创办的学校来说，产生了掰不开、揉不碎的凝聚力。他们既重视学校的物质建设，特别是实验室、图书馆、运动场的建设，更注重教师队伍的建设，将建设一流设备和一流的教师队伍始终当作不懈的追求目标；把严格的课堂教学与丰富多彩的学生课外活动巧妙地结合起来，在发挥教师主导作用的同时，最大限度地调动学生的主动性、积极性，将教师的教与学生的学有机地结合在一起，从而解决了世界教育史上的一个难题。

南开学校是一个从学前教育、小学、中学、大学而研究院的完整的学校系统，是为国为民举办的民营事业，是私立学校，从来不以谋取私人利益为目的。它继承了我国古代以来私人办学的优良传统，又吸取了西方国家，特别是美国私人为公众利益而办学的经验。多年来，实行的是董事会下的校长负责制，将学校当做产业来办，在投入和产出上斤斤计较，在学术上精益求精，依靠教授和老师治校，人员少、办事效率高，这在当时的中国也是一个治学奇迹。

原文载《天津日报》2001 年 11 月 6 日

于无声处闻惊雷

——回忆周恩来总理解放后首次返回南开母校

21世纪的第一个春天，我们迎来了南开杰出的校友，敬爱的周恩来总理在全国解放后首次回到母校的纪念日。五十年前的今天（1951年2月24日），周总理因得知老校长张伯苓于2月23日逝世的消息，赶来天津吊唁，他用历史唯物主义的观点，评价了老校长的一生。丧事后，重返母校，在南开中学发表了简短的但有重要意义的讲话，对南开的教育取得的成就给予了充分的肯定，并为南开教育的今后发展提出了希望。我们三人当时都是南开中学的学生干部，有幸目睹事情的经过，并聆听了总理的重要讲话。五十年后，联系中国现代化和南开的历史发展，回顾事件的经过，重温总理的讲话，深感意义重大，对于学校的发展和个人的成长都是一个转折点。

1951年2月24日恰好是个星期六，下午学校一般不安排正课，让学生参加各种课外活动，也可以自由活动或离校。那一天的午饭后，我们正在学生会组织安排同学的活动，忽然接到天津市委的电话通知：周恩来总理要到学校来。消息传来，同学们欢呼雀跃，奔走相告，学校立即沸腾起来了。团总支和学生会的干部立刻分头去布置礼堂和组织欢迎队伍。队伍还没有组织好，周总理的汽车已经来到了校门附近。师生们随即自动地排成两行，满怀激情与自豪，纵情欢迎离开母校三十四载的杰出校友——周恩来学长。作为党和国家的领导人，他是来校视察；作为校友，他是回母校看望。显然他自己是以后者的身份来访的。所以车子一到附近，总理就让司机把车停下来，步行进校，边走边向大家挥手致意。这无声的行动使我们倍感亲切，人们心中不由地在默念："他永远是我们校友中的一员。"

总理在校务委员会主任杨坚白先生的陪同下开始巡视学校，同学们也紧跟在后面。总理大概看出了大家的心思，让随行的工作人员向大家宣布："总理先到学校各处看看，请大家到礼堂去，然后和大家见面讲话。"同学们随即争先恐后地向礼堂奔去。总理先看了当时用做图书馆的东楼（今伯苓楼），详细地询问了藏书的数量和借阅情况，随后看了北楼的教室，并沿着长廊走向一排到四排的学生宿舍。当走到四排三室时，他停了下来，向随行人员说："我当时就在这里住过。"这个消息很快就传开了。当时住在四排三室的同学都感到很兴奋，很自豪。在师生的要求下，后来学校曾将这间宿舍命名为"周恩来室"，并得到了市领导的认可。消息传到了总理那里，他表示坚决不同意并托邓颖超同志传话下来，如果执意要搞，他就要以总理的名义下令取消。总理视察各处后，就应约到礼堂和大家见面。当时师生都站在礼堂里等候，总理几次挥手示意，请大家坐下，但没有一个人肯坐下，惟恐看不清总理。于是总理就站在台上开始了他那含义深邃、语重心长而又热情洋溢的讲话。他说："南开中学是我的母校，我那时接受的是资产阶级教育，但我也学到一些科学知识，锻炼了办事能力。以后我参加了革命，学习了马列主义，并在长期革命中受到锻炼，思想认识提高了，革命意志更坚强了，工作能力更加提高了。所有这些都是中国共产党培养、教育的结果。现在南开中学变了，你们生活在毛泽东时代很是幸福的。希望你们好好学习，认真锻炼。学了为用，学了就用，为工农兵服务，为国家经济建设和文化建设服务。你们一定会比我们学得更好，祖国的希望寄托在你们身上。"

如何评价张伯苓校长的一生，如何看待他所创办的南开学校（体系）在中国现代化过程中的作用，如何认识南开教育的社会影响，一直是萦绕在我们心头的问题。我们对于这些问题的认识也有一个曲折反复的过程。解放初期，我们在党团组织的教育下接受了为人民服务的思想和马克思主义的基本理论，在要区分延安和西安，分清敌我思想的影响下，对于国民党统治时期的一切基本上采取了一概否定的态度，这也影响了对南开教育的认识。张伯苓校长在晚年出任国民党政府的考试院长，很容易使人们因为在政治上否定他的行为，而贬低他在教育事业上的成就。南开是私立的，在肯定公有制的前提下，私立的南开自然会受到非议。周总理的讲话，没有拘泥于这些"左"的教条，而是全面地、客观地评价了南开教育的性质和作用。讲话对于我们的震动很大，真令人有“于无声处闻惊雷”之感。

周总理并没有斥责南开的教育是反动的教育，而是说南开的教育是资产阶级教育，换言之，南开的教育有可取的一面，它要比封建教育进步，并且不同于帝国主义在中国的买办教育。他也没有将南开的教育贬低得一无是处，而是肯定南开教育使他学得了知识，锻炼了办事能力。这对于当时在我们头脑中存在的“左”的片面的认识是一个纠正。对南开的教育从全盘否定到部分肯定，是我们认识上的一个重要转折，总理的讲话起了振聋发聩的作用。在讲话的后半部分，总理对于南开和南开人的未来满怀期望。这对于当时听到他讲话的每个人都是极大的鼓舞。

我们三人后来的工作岗位虽然有所不同，但都在教育界工作。我们在实践中的体会，以及后来对张伯苓教育思想和实践的挖掘和总结，特别是十一届三中全会以来重温了周总理逝世前有关我国现代化的论述，我们越发认识到周总理对南开教育的评价是正确的。南开的事业、张伯苓校长的教育思想和实践是一笔宝贵的遗产，应该继承和发扬。

重温周恩来的讲话，我们有以下体会：

（一）全国解放，这无论对于中国现代化的进程和南开学校的发展来说都是一个重要的转折点。从此中国的现代化和教育的现代化进入了一个新阶段。学校的指导思想、办学方向、办学目标发生了根本性的变化。南开学校，在各个方面都取得了长足的进步，无论是学校规模、办学的层次、教学设施、效益、国际交往取得的进步都是解放前的南开学校所无法比拟的。特别是党中央提出以信息化带动工业化，实现跨越式发展的伟大号召后，对于教育提出了更高的要求，用教育的信息化来带动教育的现代化、促进教育事业的发展，已经成为时代对我们的要求。南开学校面临着新的机遇和挑战。在这种情况下，我们更需要充分理解自己的过去，总结历史经验，分析自己的现状，面向世界，面向未来。

（二）中国人民为了实现现代化的理想经历了曲折和漫长的过程。从改良到革命，从旧民主主义到新民主主义革命，其中既有阶段性的不同，又有相互继承的关系。解放初期为了突出革命而否定改良，有它合理的一面。现在我们应当看到，改良与革命并不是完全对立的。

改良阶段的许多思想和事业，是我国现代化事业的起点或生长点，有不少值得我们今天借鉴、吸取和继承的东西。张伯苓的教育思想和事业，南开学校体系，就属于我们应该认真地进行学习、研究、总结和发扬光大的一项内容。

（三）南开学校出现在天津并不是偶然的，天津曾经是中国现代化的一个重要基地，是新文化、新教育的一个重要生长点。我国近代史上著名的思想家、教育家、文化名人如严复、梁启超、严范孙、张伯苓、李叔同、傅增湘、卢木斋、梅贻琦、陶梦和或出生于天津，或在天津长期生活和工作。他们在文化教育方面颇多建树。这同天津是北京的门户，是开埠最早的城市之一，是洋务运动以来各种改良和革命思潮的汇集地是分不开的。这些重要历史人物是天津的光荣，天津的骄傲。为什么他们在天津能取得这样大的成就？我们应该进行认真的研究。

（四）张伯苓办南开有着明确的目的，是为了爱国自强。爱国主义像一条红线贯穿在整个南开教育之中。“允公允能，日新月异”是南开的精神所系。它的境界很高，遵循“天下为公”的古训，可以用集体主义思想来诠释，是素质教育的基本要求。能力的培养是南开所一贯强调的，特别注重在学生的课外活动中培养学生的组织能力和办事能力。这也是周总理在讲话中所着重强调的。至于日新月异，这难道不是对近代以来生产力突飞猛进的一个最逼真的写照吗？共产党人应该做先进生产力的代表，循此前进我们就可以无往而不胜。

（五）南开教育的一个重要特点，就是结合中国社会的特点，兼采诸国教育之长，既没有食洋不化，也没有食古不化，形成了自己的独特的办学传统和教育风格。它对于我国教育事业的一个重要贡献就在于既重视学校的物质建设，特别是实验室建设，更注重教师队伍建设，把建设一流的设备和一流的教师队伍始终当作自己不懈追求的目标。把严格的课堂教学与丰富多彩的学生课外活动结合起来，在发挥老师的主导作用的同时，最大限度地调动学生学习的积极性和主动性，将教师的教与学生的学两个积极性有机地结合在一起，从而解决了世界教育史上的一个难题。

（六）我们三人是南开中学教育的产物。尽管我们后来的经历各异，有一点是一样的，这就是我们都没有上过大学，但后来在党的教育和培养下，我们都获得了高级职称，并在学校里做过领导工作。每当我们回顾自己过去的时候，我们都想起在南开中学所受的教育。我们的自学能力和工作能力都是在中学时打下的基础。我（冯承柏）出国访问，外国朋友常常问："你在哪里学的英文？"得到的回答是："在南开中学。"环顾我们同年级和上下级的同学，我们深深地感受到南开教育的最成功之处就在于它培养了一大批现代化建设所需要的科学技术和文化教育骨干。

（七）南开学校是一个从学前教育、小学、中学、大学而研究院的完整的学校系统，是为国为民举办的民营事业，从不以谋取私人利益为目的。它继承了我国从古代以来私人办学的优良传统，而且吸取了西方国家特别是美国私人为了公众利益（for public good）而办学的经验。它多年来实行的是董事会下的校长负责制，将学校当作产业来办，在投入和产出上斤斤计较，在学术上精益求精，依靠教授和教师治校。南开学校和南开人克己奉公，勤俭办学成风，一向以人员少，办事效率高著称于世，与现在教育机构中存在的一些损公肥私、贪污腐化现象形成了鲜明的对照。

（八）再过三年，南开学校就要庆祝它的百岁诞辰了。2004 年 10 月 17 日是南开学校成立一百周年的纪念日。从我们上面极为简单的描述看，这一天，不仅南开中学应该纪念它，南开大学应该纪念它，南开学校系统的其他成员也都应该纪念它。南开的历史与其他学校不同之处就在于，先有中学，后有大学，大学是在中学的基础上发展起来的。其实这也恰恰与世界教育发展的历史相一致。大家都知道，高等教育在英文里有两个表达方法，一个是 post-secondary education，一个是 higher education。前者直译是后中等教育，后者之意是更高的教育。这反映了一个基本史实，即高等教育是在中等教育的基础上发展起来的。具体地说，大学的发源地——欧洲的大学是在中世纪进行所谓七艺教育的文法学校基础上建成的。在我们中国这样一个完整的学校体系能够有一百年的历史，很不简单。不仅我们南开人应该引以为骄傲，天津市也应该因为天津是南开的发源地，而把南开看作是天津的骄傲。这一天不仅在天津教育史上，而且在中国近代教育史上也是一件值得大书而特书的事。

随着时间的推移，我们已步入老年，总理解放后首次返校的细节在记忆中难免有些模糊不清了，但讲话的内容则深深地刻印在我们脑海里。历史是一面镜子，只有当历史过程发展到一定阶段，展现得更深入时，回顾过去，才能对于本质的东西有更深刻的认识和把握。在纪念周恩来解放后首次回母校的时刻，在重温周恩来对南开教育评价的时候，我们对此体会尤深，愿与所有的南开人共享、共勉。

2001 年 2 月 7 日

原文载南开校友总会编《南开校友通讯》2001 年（复 24 期）（合作者：纪文郁、周毓瑛）

史学大师雷海宗先生 1957 年蒙难始末

中国知识分子和自己的祖国一样，在 20 世纪里既感受到欢乐也蒙受了不少苦难。1957 年的反右派斗争在知识分子的苦难中有它独特的地位，蒙难者人数之多（据说有五十多万人），遭受的精神与肉体的折磨之大，都是空前的。我“有幸”在这次苦难中与我国著名的史学家雷海宗先生共患难。事隔四十五年，世事已大变，不少当事人已经作古。在有关雷先生的论著中，对他的这段经历，大多语焉不详。我愿将这段鲜为人知的经历写出来，拾遗补缺，作为雷先生百年冥诞的纪念。

我与雷海宗先生的关系很特殊。我既不是雷先生的入室弟子，也不是晚辈亲属。先父冯文潜（字柳猗）是雷海宗先生在中央大学（1928～1930 年）、西南联大（1938～1945 年）和南开大学（1952～1962 年）的同事。我一直称他为雷伯伯。抗战期间，我家住在昆明青云街，雷先生与张景岳教授夫妇同住北门街，只有一坡之隔，可以经常看到他们两对夫妇出入。1952 年院系调整，雷先生来到南开，住在校门口的东平房，我家住在东村，是近邻。雷伯母爽朗好客，和我母亲很投脾气，结为好友。我父亲非常推崇雷先生的学识，经常与雷先生讨论国际形势、学术问题和外文书刊的订购工作，成为莫逆。1955～1957 年间，我在天津市委文教部科学处工作，雷先生是我服务的对象。我多次向他请教过史学方面的问题。最后一次聆听雷先生的教诲是在 1962 年春，在南开教学主楼阶梯教室，他带病讲授西方史学史的情景犹在眼前。

事情应该从雷先生 1952 年春调来南开大学说起。当时我父亲的工作正从原来的文学院院长向图书馆馆长过渡，他曾兼任过历史系主任。郑天挺先生出任历史系主任，雷先生出任世界史教研室主任后，我父亲在工作上就和他们有不少往来。9 月 15 日，我父亲被正式任命为图书馆馆长，因郑、雷两位先生非常关心图书资料的建设，和他们的来往更为频繁。就个人关系说，父亲非常钦佩两位先生的道德文章，二位先生对我父亲的学识和为人也赞许有加。他们之间来往密切，私交甚笃。1952～1954年间他们三位每周一晚上都要聚会一次，根据美国出版的一份进步报纸《国民前卫报》（*National Guardian*）研讨国际时事。有时，在雷先生家，有时在我家。根据该报提供的新闻，雷先生当时就预言苏联和东欧国家之间的关系有问题，早晚会出事。1956年果然发生了波兰、匈牙利事件。我父亲对雷先生洞察国际时事的能力极为赞赏，我也因此同雷先生熟悉起来。

1953～1954年我在天津女七中（现为第二南开中学）教政治课，讲社会发展史，曾就学习历史的意义和有关原始社会、奴隶社会的一些问题向雷先生请教，给我留下了深刻印象。是他告诉我，古代印度的史料大部分已不存在，无法恢复历史的本来面貌。这和人失去记忆力一样，不知道自己的昨天和前天，这是一种多大的痛苦！他还说，恩格斯的《家庭、私有财产、国家的起源》一书关于人类社会靠物质生活资料和人类自身两种再生产来维持的论点受到苏联科学院的批评。他说，这本书的资料太旧了，近几十年考古学、民族学发现了许多新资料，根据这些资料，恩格斯这本书中的每句话都需要重写。对于一个刚刚接触到历史学的青年来说，这些观点真是闻所未闻，使我大开眼界。

1955年在毛泽东的发动下，我国学术界从批评俞平伯的《红楼梦研究》入手，开始了对胡适实用主义的清算。雷海宗先生写出《胡适哲学观批判》一文。在这篇文章里，雷先生力排众议，列举大量事实说明胡适根本没有学过，也不懂得什么是实用主义，他所宣扬的只不过是当时在美国大学里十分流行的庸俗进化论。这使我大吃一惊，真有匪夷所思之感。当时我已经调到市委文教部工作，曾把文章带到机关传阅，引起很大震动。

1956年6月，天津市委文教部成立科学处。中心任务是贯彻“百花齐放，百家争鸣”的方针。由吕万和同志任副处长，金永清同志任巡视员，我是干事。金分工管科学技术，我和吕负责人文社会科学方面的工作。因工作关系和雷先生的接触更多了。科学处成立后不久，我们就制定了到各校访问名教授的计划。在我家安排过一次对郑天挺、雷海宗和我父亲的专访。在这次专访中，雷对苏联的教育制度提出了批评，一针见血地指出，苏联的高等学校完整地继承了欧洲中世纪以来大学的传统，并没有多少改变。他还批评青年教师，只知道看小册子，外文不过关，不懂得读经典著作，水平上不去。他的这些意见我都整理成工作简报，后来成了吕万和同志和我利用工作简报“向党进攻”的罪证。

1956年底到1957年初，我从几个不同的渠道开始接触到雷先生否定奴隶社会是社会发展必经阶段的论断。先是读了他的世界史教学大纲，后来又听了他给南开大学马列教研室哲学组所作的关于古代、中世纪哲学历史背景的报告，此后，又专门访问过他。他认为奴隶制只在古希腊、罗马存在过，是一种特殊的社会现象，没有普遍意义。将公元476年认定为古代和中世纪的分界点，因袭了18世纪欧洲一些史学家的说法，没有实际意义。如果以这一年为分界点，在此以前300年封建制已经萌芽（隶农制出现）。在此以后300年，封建制度在西欧许多国家尚未发生。另外，他还认为，将拜占廷的西征说成是恢复奴隶制，毫无根据。拜占廷的社会发展程度要比西罗马高出很多。

1957年2月春节期间，我曾在雷先生家暂住，读了他在英文中国年鉴上发表的《中国历史概略》和在武汉大学任教时的中国哲学史讲义，了解到解放前他对中国历史的看法，特别是以淝水之战为分界点，将中国历史分为古典中国和“胡汉混杂、梵华同化”两个周期的说法。曾将他的这些观点连同他在世界上古史讲义中提出的用部民社会代替奴隶社会的说法整理成简报。

1957年3月12日，毛泽东在中国共产党宣传工作会议上发表讲话，当时身为中共中央文教小组副组长的康生到天津来传达。按照北京的做法，天津也邀请了党外人士参加会议、听报告、进行小组讨论。雷海宗先生应邀出席了这次会议。他比较系统地说明了自己对社会主义国家，特别是苏联社会科学工作的看法。他说“恩格斯死在1895年，到现在已62年，在这62年之间，各国工人运动和社会主义革命运动积累了很多的革命经验；就中国最近的情况而论，我们党的两篇无产阶级专政的文章和毛主席方才提出的如何正确处理人民内部矛盾的报告，都是这方面的突出贡献。在这方面，马克思主义是一直在不停地发展的。但是社会科学还有另外一面。在这另外一面，在不断深入地、日渐具体地总结人类全部历史进程中经验教训这一方面，这60年来是几乎完全处在停滞之中。”具体地说就是指“最近60年来，世界的社会科学仍在不断地有新的发展，不断地增加新的材料，不断有新的认识和新的解释。但这些，对我们社会主义阵营的社会科学界来说，是等于不存在。我们今天仍满足于六十年到一百年前马克思或恩格斯在当时认识条件下对问题所说的个别语句。例如马克思关于资本主义以前的各种社会的说法，我们基本是一切遵照办理”（《伯伦史学集》第645页，中华书局2002年版）。在座谈中他形象地将这种情况比喻为一条腿粗，一条腿细。即总结革命经验的一条腿粗，总结人类历史经验的一条腿细。雷先生的意思很清楚，联系他在以前说过的话，批评对象是以苏联为首的社会主义国家的社会科学，而不是马克思主义本身。我作为天津市委文教部的工作人员参加了这次会议，并担任雷先生所在的小组会的记录员，每天都将小组讨论情况整理成简报上报。康生肯定看到了这份简报。

1957年4月14日，《人民日报》派三位记者来天津，邀请天津的教授们座谈百家争鸣。座谈会是由科学处具体组织的，在社联的会议室举行，参加会议的除了雷海宗先生之外，还有鲍觉民、滕维藻、季陶达、王赣愚、张恒寿等人。我仍以文教部工作人员的身份与会，并作了记录。雷先生在这次会上重复了他在上一次座谈会上所讲的意思，只是在表达方式有所不同。有一点可以肯定，这就是，《人民日报》在4月21～22日所发表的“天津教授谈百家争鸣”记录中，雷先生的原话是经过了整理加工，才变成为这样一段话：“另外，对马克思和恩格斯树立的新的社会科学的看法，大家在理论上是一致的，承认马克思主义应该发展，可是实际上是停止了发展，还停留在恩格斯死时1895年的地方。”在编者注里，这句话被浓缩为马克思主义“基本上停留在1895年”（《人民日报》1957年4月22日）。该报在4月21日刊登的记录前有一段按语，按语说：“座谈的发言不能像写论文那样严密，但是我们仍然可以从这些发言里看出知识界的一些思想动态和他们迫切关心的一些问题。其中雷海宗先生对马克思主义的看法是我们不能同意的。我们在他的发言后面加注了一些意见，希望引起大家的讨论。”我看了这段话后很气愤，认为《人民日报》作为党报，不应该歪曲雷先生的原话，然后加按语。显然是按错了。

《人民日报》是在什么样的形势下加的按语和注？我们只要看一看前后发表的社论题目就可以感受到当时的政治气候。四月份《人民日报》发表了下面一系列社论：

10日，《继续放手，贯彻“百花齐放、百家争鸣”的方针》；

13日，《怎样对待人民内部的矛盾》；

17日，《从团结的愿望出发》；

22日，《工商业者要继续改造，积极工作》；

23日，《全党必须认真学习〈正确处理人民内部的矛盾〉》；

26日，《从各民主党派的会议谈“长期共存、互相监督”》。

可以看出，四月份《人民日报》正在大力宣传毛泽东的《关于正确处理人民内部矛盾》和《在中国共产党全国宣传工作会议上的讲话》这两个重要报告，发动人们参加百家争鸣。整个形势是在“放”而不是在“收”。“按语”和“注”显然与当时的形势并不协调。人们从中不难嗅出当年《人民日报》对胡风集团通信所加按语的火药味。5月4日，中共中央发出了毛泽东起草的《关于请党外人士帮助整风》的指示，民主党派和非党人士开始大鸣大放，帮助党整风，在这个过程中暴露出一些右派言论。根据这种情况，毛泽东在1957年5月15日发出对党内的指示“事情正在起变化”，下定决心反右。为什么在这个指示发出一个月前《人民日报》写出这样的按语呢？一个可能的解释就是康生直接插手此事。七月份南开园里就盛传，康生说：“认为马克思主义1895年以后就不发展了，这还不够定右派？”这是一个旁证。

雷先生显然也意识到问题的严重性。在编者按发表的当天（4月22日）就给《人民日报》写信，说明自己的本意。《人民日报》没有反应。五月份，《人民日报》刊登了吴恩裕、季陶达等人批评所谓雷先生的“马克思主义停滞论”文章，另一方面也刊登了南开大学历史系杨志玖先生为雷先生鸣不平的信。杨先生直截了当地指出：“贵报对雷先生的批评和雷先生的原意并不相同。”（《人民日报》1957年5月7日第7版）过了几天，杨先生在天津的一次座谈会上进一步阐明自己的观点。他说：“百家争鸣使我有勇气了。我今天就准备对《人民日报》给雷海宗先生加的按语和注语提意见。”“我看了《人民日报》的编者注以后，觉得讲的和雷先生讲的不是一回事。雷先生说1895年以后社会科学没有发展，是指在历史科学方面没有发展，至于革命理论方面当然有发展。《人民日报》就认为是指的马克思主义自1895年以来就没有发展。马克思主义有发展这是人所共知的事。我们平心静气地想一想，雷先生不是说的这个，他说的是历史科学。他是学历史的，特别是学世界史、古代史的，知道马克思、恩格斯说过和没说过的。有很多问题他们当时没有发现的现在可以补充、修正。我觉得雷先生的发言很好。他告诉人们不要满足于马克思、恩格斯已经讲过的，我们也不得不承认马克思主义在历史科学的很多方面（不是基本理论方面）发展得不够，雷先生的意见对克服教条主义有很多好处，没有坏处。”“《人民日报》只抓住一点就说雷先生说马克思主义没有发展，这是不符合雷先生本意的。《人民日报》的‘矢’没有射中雷先生的‘的’。”（《天津日报》1957年5月10日第3版）

天津市委文教部科学处对于雷先生的发言和《人民日报》的按语很重视，在主管副部长王金鼎的主持下进行过多次研究。大家的看法是，雷先生所讲的意见是值得探讨的学术问题，不是政治问题。雷先生对于世界历史和中国历史有他一整套观点，到现在为止，他并没有把他的整套观点讲出来。贯彻“百家争鸣”的方针，就应该让他将所有的看法全盘托出，引起学术界的讨论。基于这样的考虑，但在当时形势下，对《人民日报》的按语又不能不表示态度，于是科学处写了一篇短文，征得河北大学马列主义教研室主任孙延龄先生的同意，用他的名义以公开信的形式发表，以便两位先生公开阐明自己的观点。这封信发表在5月16日《天津日报》第2版，一共提了四个问题。前三个问题都是就某一方面请二位先生进一步补充材料，展开自己的论点和论据。第四个问题是革命理论与社会科学的关系。孙延龄在信中问道：“到底什么是社会科学和历史科学？马克思主义的革命理论与历史科学是什么关系？历史科学的发展与马克思主义的发展又是什么关系？如果说，真正的社会科学是在资本主义社会产生的，那么，列宁在《卡尔·马克思》一文中所说‘马克思以前的社会学和历史学，至多不过搜集了一些片段的生硬的事实，描写了历史过程的个别方面’又应作如何理解？如果历史科学是在马克思主义产生以后才建立起来的，那么，《人民日报》的按语与雷先生的论点是否完全无关呢？”针对孙的提问，杨先生写了“敬复孙延龄先生”，着重回答了第四个问题。认为不应该夸大列宁的个别论点，把它当成不能更动的经典。从这篇答复中，人们不但可以看到杨志玖先生的勇气，而且可以看出杨先生的理论素养和分析能力(《天津日报》1957年5月30日第2版)。在此期间，我们继续做工作，动员雷先生把他的学术观点系统地讲出来。6月2日，雷先生在二十中学礼堂天津社联组织的争鸣论坛上发表了题为《世界史分期与世界上古中古史中一些问题》的著名学术演讲，演讲结束时，全场掌声雷动。我听了这个报告后，精神为之一振，曾说过，雷先生的这篇演讲没准能发展马克思主义。《人民日报》对这场学术报告发表了专题报道《雷海宗讲他对世界史的一些问题的看法》，客观地介绍讲演内容，未加评论。同版刊出的是中国人民大学教师批评尚钺压制学术上不同意见的文章（《人民日报》1957年6月5日第7版）。

6月8日，《人民日报》发表社论《工人说话了》，形势急转直下，反击右派的斗争在全国铺开。南开园里的反右斗争也随之展开。用当时南开大学党委书记楚云的话来说，右派向我们发动了三次进攻高潮，我们也组织三次高潮来反击他们。北京大学物理系学生谭天荣曾三次来南开大学“煽风点火”，访问过雷海宗先生，留下了这样一段记载：“在南大我访问了历史系教授雷海宗先生，在我看来，教授们总是渊博而谦逊的。渊博，这就是说什么也不懂；谦逊，就是什么也不想懂，这似乎是一个法则。这一次我毕竟遇到了一个例外，雷海宗教授是一个真正的学者，对于我这简直是奇迹，他对我说，在这种哲学界无限混乱的时期，注意《自然辩证法》、《唯物论与经验批判论》两本书在思想方法上的差别是必要的。这句话有多大分量啊。但是据我所知，他关于‘1895年以后马克思主义陷入停滞’的说法，被《人民日报》编辑部按了一按，希望大家讨论（或者叫作讨论，或者叫作围剿，反正一样），听说因为毛主席生气了，这场戏才没有开演，一切没落阶级的鬼祟和狡猾伎俩，《人民日报》都差不多用了。他们在残害着怎样的

人才呀！”（谭天荣《第二株毒草》）

为了清除谭天荣的影响，历史系学生会在学校大礼堂开大会讨论谭天荣的问题。雷海宗先生应邀在会上讲话。关于谭天荣的访问，他说：“青年们来找我，我当然是要接待的。谈到黑格尔的哲学，我问谭天荣：你读过黑格尔的哪些书？他说只读过中国翻译过来的几本书中的一部分。我问他你能读外文书吗？他说不能。我问他向北大对黑格尔哲学很有研究的贺麟先生请教过吗？他说没有。我劝他：你要学哲学，要研究黑格尔，你至少要学会外文，熟读黑格尔的所有著作，也可以找贺麟先生谈谈。”雷先生还说：“我是学历史的，但对唯心的最深奥的哲学也读过一些，我感到这些哲学有阶级性，都在企图说明世界，但对谭天荣的大作则没有这种感觉，而只感到为难，因为它只是名词概念的堆积，没有说出任何问题。”在这次会上，雷先生手指着大礼堂台口挂着的两幅标语“领导我们事业的核心力量是中国共党”，“指导我们思想的理论基础是马克思主义”，驳斥一些人取消党的领导的言论。他说如果按照这些人的意见去做，“中国就必然回到亡国奴式的半殖民地的局面去，这就不是整风而是要我们开倒车”。我站在大礼堂的后边，听到这段话时心头热浪翻滚，觉得雷先生的这段话出自肺腑。《人民日报》记者钟林为这次大会写了一篇报道《南开大学反击右派的斗争》，详细地介绍了雷先生讲话的内容（《人民日报》1957年6月29日）。

以上的种种迹象表明，一方面，《人民日报》对雷先生在座谈会上的发言加了编者按和注，表示不能同意他们强加在雷先生头上的“马克思主义停滞论”。另一方面，通过报道，又肯定了雷先生在反右斗争的表现。这好像是把学术观点和政治立场作了区分。不同意雷先生对马克思主义的看法，肯定雷先生反击右派的立场。7月，北京自然科学界和社会科学界开始了反右派斗争。天津市高校也在教师中开展反右派斗争。《天津日报》在7月11、27、30日分别刊登了天津师范学院批判杨思慎、南开大学揭露李宝震、天津大学批判赵蕴山的消息。但市委文教部、南开大学党委，甚至天津市委有关领导同志仍然坚持雷的问题是学术问题不是政治问题。7月1日，在反右派斗争的高潮中《历史教学》杂志发表了雷先生6月2日那篇著名的演讲。

天津市对雷的态度固然出自自己的看法，也和当时《人民日报》对雷的正面报道和当时中央宣传部科学处的看法有关。市委文教部科学处曾多次就雷的问题向他们请示，处长于光远明确表态：雷在座谈会上的发言是学术问题，让他继续讲、写，也可以发表，总之是“百家争鸣”，至于雷该不该划为右派，那是另外的问题，应由天津市委来决定。

事隔不久，南开园里就流传着康生的话“认为马克思主义1895年以后就不发展了，这还不够定右派”，北京也传说康生在内部讲话中点名批判了雷海宗，说：“让雷登台批判右派，还加以报道，难道雷海宗成了左派？”7月下旬，天津市委文教部部长梁寒水从全国省市委宣传部部长、文教部部长会上传来了中共中央宣传部部长陆定一的严厉批评：“天津市委再不批雷海宗就要犯右倾机会主义的错误。”实际上在陆定一之前，康生在小组会上已经当面指斥梁寒水，并严厉批评天津市委是右倾，说：“你们南开大学的雷海宗还没有斗，反右就结束了？天津不斗雷海宗就是右倾，天津反右要重搞！”于是，天津市委立即行动，把雷海宗定为右派。8月14日天津科协举行反右派斗争大会，雷先生突然陷入灭顶之灾，被宣布为右派。前面所列举的雷先生的那些讲话、发言和文章都成了罪证。《世界史分期》这篇详细说明雷先生学术观点的文章被指责为用生产工具决定论否定马克思主义社会形态学说和阶级斗争理论的代表作。

因雷先生的冤案而受到株连的大有人在，我本人就是其中一例。我的罪状之一是支持右派分子雷海宗向党进攻，被扣上了阶级异己分子的帽子。我的同事，当时担任市委文教部科学处副处长的吕万和先生，以“组织右派分子向党进攻”的更严重的罪名，被定为极右分子。负责此事的一位高级领导干部后来回顾当年时说：“当时如果吕万和不当右派，我就得当右派，我当了右派，吕万和也得当右派，于是只好让吕当右派。”我们两人的案子直到1979年初才得到改正。

重温这段历史，我以为有不少事情值得总结。我只想谈两点：一是雷先生是大师、是通儒，他博古通今，学贯中西。可以说至今还没有人能够达到他的高度。通今的一个例子是他在抗日战争期间所写的政史结合的文章。2002年8月15日北京大学历史系教授徐勇在总结抗日战争的历史经验时说：“抗日战争使中国人警省，在精神上、文化上等许多方面推进了中国人的深思，比如说四十年代初的清华大学教授雷海宗等学者，就论证过抗日战争将推进中华民族的文化复兴。从抗战胜利以后五十多年的历史来看，这是有道理的。”（人民网中日论坛，《关于抗战胜利的若干思考》）他因坚持阅读英文报刊，获得的信息多，在1953～1954年时就预言苏联与东欧的关系上肯定要出事，1956年果然发生了波兰、匈牙利事件。他是历史学家，也是很好的时事评论家、国际问题专家。在通今这一点上，迄今恐怕没有人能超过他。在学贯中西这一点上，我们这一代人和雷先生的差距恐怕更大。语言文字修养不够是一个方面的问题，中国史和世界史，历史学科与其他人文社会学科之间制度化了的壁垒是另一个障碍。

雷先生对我国社会科学、历史科学资料不足的批评，至今仍然是有效的。情况虽然因改革开放有较大改善，但由于国外的信息技术和电子资源发展迅猛，国家在这方面的投入不足，我国史学界、文物界思想保守，技术落后，致使我们同发达国家之间，因数字化造成的学术资源方面的鸿沟不是越来越小，而是越来越大。例如，北大在文科方面订购的数据库数量在国内首屈一指，教育、文化、历史、哲学、社会学五个学科共有国外数据库39个。但美国康乃尔大学仅历史一个学科就拥有84个数据库。其中，全文数据库53个，索引数据库44个，书目数据库8个。以其中的一个数据库“美国记忆”（American Memory）而论，这是一个由美国国会图书馆建立的多媒体网站，集合了该馆所收藏的大量原始文献、手稿、音像资料，免费提供给读者。任何人都可以自由地访问该网站，下载所需资料。据国会图书馆馆长比林顿在北京的一次介绍，该数据库的访问者，中、小学生占多数，他们在做作业时经常利用该数据库的资料。反观我国的国家图书馆，虽然也启动了一个中国试验型数字图书馆，国家投资11个亿，但至今可供使用的项目和内容极为有限。该馆创办的一个公司，出售电子图书，索价甚高，一般大学图书馆都难以承受。又如美国国家档案馆免费向国内外开放，我国国家档案馆清规戒律甚多，令史学工作者望而却步。康乃尔的数据库名录中有一个加拿大政府建立的加拿大遗产信息网络（Canadian Heritage Information Network，CHIN），是一个将全国图书馆、博物馆、大学、社区有关该国自然、文化遗产数字化资源联结接起来的综合型网站，进入该网站后，可以按图索骥，对该国的自然、文化遗产一览无余。我国以文明古国著称于世，文化遗产丰富，但数字化的资源极为有限，也很难利用。最近启动的国家博物馆工程，数字化建设并没有放在重要地位上。如果让这样的情况继续下去，后果不堪设想。前事不忘，后事之师。希望雷先生所经历过的悲剧不会在我国学术界重演。更重要的是我们应该以雷先生本人为榜样，教育我们的下一代，在“贯”和“通”两个字上下工夫。在资源建设上，更应该根据雷先生的批评意见，解放思想，加大投资力度，迎头赶上。

附记：此稿经吕万和先生核对补充，特此致谢。

原文载《历史教学》2003 年第 2 期

对教育现代化的追求

——为纪念陈序经先生诞辰一百周年而作

1979 年 5 月 25 日在天津烈士陵园举行追悼会时，悼词中称陈序经先生为“热爱祖国的优秀教育家”，我个人以为这个评价陈先生是当之无愧的。这并不仅仅因为陈先生历任岭南大学校长、中山大学副校长、暨南大学校长、南开大学副校长等要职，更重要的是他早在 20 世纪的 20～30 年代就明确地提出教育要彻底现代化的主张，断然地反对所谓“停办或减少文法科，多设职业学校”的做法；在办学体制上，强调了私立大学存在的必要性。他是一位旗帜鲜明的教育思想家，在担任大学行政领导职务时，所表现出来的知人善任、善于理财，都是以他先进的教育思想为指导的。

中国教育现代化的历程可以追溯到 1862 年清政府开设的同文馆，经过 1905 年的废科举、兴学校，1912 年制定《公立私立专门学校规程》和 1922 年实施壬戌学制，以及从 1872 年以来，教师队伍中归国留学生人数不断增加，我国教育的面貌发生了明显的变化。但是，这种变化是表面的、形式上的，办学和教学的指导思想并没有发生根本性的转变，复古的思潮在国民政府的倡导下屡屡兴风作浪。正如陈先生在《教育的中国化和现代化》（1933）一文中所说：“六十年来所谓教育现代化运动，是陷于皮相浅薄的现代化的危险。”陈先生不无讽刺地指出清政府派遣的留学生在国外所处的环境和住在“中国城”里差不多。而留日的学生，“对于必要的工具的日本文，还是十九不懂”。针对这些现象和复古思潮，陈先生大声疾呼：“全部中国文化是要彻底现代化的。而尤其是全部教育，是要现代化，而且要彻底的现代化，职业教育固是要如此，普通教育也是要如此。低级教育固是要如此，高等教育也是要如此。城市教育固是要如此，农村教育也是要如此。惟有现代化的教育，才能叫做活的教育。惟有现代化的教育，才能叫做生的教育。惟有现代化的教育，才能叫做新的教育。”

1947年，针对胡适所提出的在十年之内由政府指定5个大学（北京大学、清华大学、中央大学、武汉大学、浙江大学）作为第一等的大学培养的主张，陈先生说："若说大学改为国立，在教育行政上易于管理，这也未必是对的。大学是研究高深的智识的机关，在原则上，要想大学在学术上能够充分的发展，对于大学的研究工作，固要给予充分自由发展的机会，对于大学的行政方面，也应该给予充分自由调整的机会。所以教育当局对于大学的行政工作，固不应处处加以干涉，而对于研究的工作，更不当加以统制。"（《论国立大学与私立大学》）这些话针砭时弊，掷地有声，时隔半个多世纪，仍令人有余音绕梁之感。

我特别想说的是陈先生在南开任教和担任行政职务先后达17年（1934～1948，1964～1967）之久，南开是他工作时间最长的学校，这绝非偶然。其中一个重要原因是他在南开有一批志同道合的同事和朋友。我所说的志同道合并非泛泛而言，而是说在彻底实行教育现代化这个根本问题上志同道合。张伯苓校长在1931年的一次谈话中说："我之教育目的在以教育之力量，使我中国现代化。"张伯苓校长的弟弟张彭春先生在美国哥伦比亚大学所作的博士论文，题目就是《为了中国现代化的教育》（Education for Modernization in China，1923）。长期担任南开大学秘书长的黄钰生先生在《大学教育与南大的意义，1931》一文中说："南开大学的意义是要用人格和学术去'争气'，去'淑世'，去实现中国的最高理想。"这里所说的最高理想解释为中国的现代化，殆无疑意。

陈先生不是一个只说不做的人，对于教育要彻底的现代化，他身体力行。他长期从事研究工作并担任过所长的南开经济研究所享誉中外。一位美国经济学家在总结南开经济研究所的经验时写道："坚持不懈地把一棵科学的树枝嫁接在中国古老文化的茁壮大树上，这种成就不能靠模仿西方取得，也不能靠抛掉自身经验取得。中国可能从现代化中取得很多东西，全世界也都希望有一个自由、独立、强盛的中国。不需要另一个美国，也不需要另一个俄国，需要的是一个新中国。在运用美国和俄国经验的同时，仍然是中国。只有这样其他国家才能利用体现在中国经验中的聪明和智慧。这就是南开经济研究所的经验可贵之处。"（《另一个中国》，*There is another China*，1948）

陈序经先生任岭南大学校长为时不过四年，而且处于动荡的年代（1948～1952），1949 年 6 月，陈先生任职不到一年，美国岭南大学基金会负责人富伦在向基金理事会提交的一份报告中这样评价陈序经："在他的领导下学校平稳过渡，没有发生任何不满现象"；"他设法得到中国政府的资助，去年没有发生超支现象，而且还有点结余以便应付以后可能出现的紧急情况"；"他重新组建了医学院，它的教职工队伍绝对被视为在中国最具实力的"；"他还加强了其他学院，特别是文学院，吸引国内外享有声誉的学者"；"他增进了校园的学术气氛，在许多方面超过了战前的水平"。

从这两段外国人的评论中不难看出陈序经先生为实现中国现代化和彻底实现教育现代化所付出的努力。

在中国实现现代化和教育现代化的过程中，我们应该继续贯彻和发扬陈先生所倡导和身体力行的彻底精神。

原文载《东方振兴与西化之路——纪念陈序经先生诞辰一百周年论集》，南开大学出版社，2004 年

重返昆明记事

昆明是我的第二故乡。我的童年和少年（1939～1946）是在这座春城度过的。近六十年来我虽然有过重返昆明的机会，但都由于种种原因被错过了。在友人的热情动员之下，我终于有了这次重返昆明的机会。一到昆明机场，走出机舱，清风徐来，不由地让我陶醉了。这是昆明特有的风。时值严冬，这风吹来，没有北方寒风刺骨的感觉，也没有热带季风令人厌烦的湿热，而是凉爽宜人，让我从心里感到舒服。我想，这么多年来，也许什么都变了，就是这风没有变，这是昆明独有的风。

昆明的机场仍然在巫家坝。抗战期间，这里是重要的空军基地。我的同学晏玫之的父亲，曾经是国民党空军司令，主管过这个机场。当年陈纳德将军飞虎队的勇士们也从这个机场起飞，在空中狠狠打击过轰炸昆明的日军飞机。已故的周纪琨先生和一些西南联大的学生曾在这里当过美军翻译。经过多年来的扩建，这个原来坐落在郊区的机场已经成为昆明的一个组成部分，过去的荒凉已经为现代化的繁荣所代替。

我重返昆明的第一个访问点是西山。

西山对于我来说，不仅是因为它风景优美，而且是因为山上埋葬着我的一个亲人，梅美德女士。她是黄钰生（字子坚）舅父的原配夫人，我的第一个舅母。我们从小称她为“娘”。她出生在一个华侨家庭，受美国教育长大，毕业于芝加哥大学化学系，与黄钰生结婚后，一同回国，在南开女中任教。她是一位优秀的教师，受到学生的普遍爱戴，曾任女中部主任。抗战爆发后，辗转来到昆明，不幸患癌症病逝，葬在西山上华亭寺附近背山面湖的一片开阔地，站在墓前，五百里滇池，尽收眼底。她的墓碑出自著名作家、当时在西南联大师范学院任教的沈从文先生之手。我们在昆明的七年时间里几乎每隔一两周就要乘坐木船到西山扫墓，对于墓地的位置，自以为记得很清楚。我们乘车上山，很快就到了华亭寺。以寺庙为基准，沿着公路往回走，一直没有能找到我记忆中的那片开阔地。究其原因，一则是记忆有不准确之处；二则是墓碑平放，为荆棘和杂草所掩盖；三则是因修筑公路，地形有了变化。加之，有些可以通往山上的路口，因冬季防山火，都被封锁了，我们因年迈体弱，无力绕道攀登。迫于形势和有限的时间，不得不打消继续寻找的念头。只能站在林木参天的道边，默默地向她悼念、致意。我之所以特别怀念这位亲人，不仅是因为她自己没有子女，对我们视同己出，关爱备至；更重要的是，她是一位诲人不倦的教师，一位卓越的教育管理者。南开女中建校时间不长，就得以列入女中名校行列，是同她的耿耿忠心、辛勤努力和非同寻常的管理能力分不开的。她去世后，女中的学生们为她编印了一本感人肺腑的纪念文集，著名学者吴宓曾向我父亲索取过这本纪念文集。然而在热闹非凡的百年南开纪念活动中，却难以找到她的踪影，这不能不令人感到惋惜。历史毕竟只能是掌权者意志的体现，无法如实反映历史真实面貌。我唯一的希望是，我们不顾年迈多病和高原反应，不远万里来到西山看望她，能够让多年来漂泊在西南一隅的一缕南开孤魂，稍稍得到一点慰藉。

西南联大附小和附中是我的母校。这两所学校现在分别易名为云南师范大学附属小学和附属中学。理所当然地是我访问的对象。联大附小原设在浙江享堂，中学在钱局街。现在云师大的附小和附中均已迁入新址。我们能够看到的是矗立在附中现址校园内的一块纪念碑，叙述了学校建立的经过，提到学校创始人黄钰生的名字。这两所学校是战争的产物，它们不仅继承了南开中学的优良办学传统，而且是黄钰生先生的“得意之作”，是他教育思想最好的发挥。

西南联大遗留的纪念物要多一些。在云南师范大学校园内，专门建立了一个西南联大的校区。有当年的茅草房屋、铁皮顶的房屋和一组纪念碑。在名人名句的纪念碑中有一块是为黄钰生建立的。他的名句引自《离骚》。闻一多遇难处和西仓坡六号——闻一多故居都只有纪念标记，而无实物。我还记得闻先生遇刺的那天（1946 年 7 月 15 日），我在联大附中的同学孙超（著名地质学家孙云铸之子）从靛花巷气喘吁吁地跑到我家，告诉我这个惊人的消息。闻讯后，他和我一口气跑到北门外云南大学医院，目睹闻先生躺在担架上，面色惨白，双目紧闭，被抬往太平间的悲惨情景。护送担架的人们中，有一位是当时西南联大的训导长查良钊，他是我父亲南开中学和留美的同学。西南联大西仓坡宿舍当时住着许多著名的学者文人，如吴晗、潘光旦、杨石先、邱宗岳。我当时经常到这个大院找同学玩。这座宿舍大院与附中只有一道矮墙相隔。我们常常跳过矮墙，到校园里去玩。

引起我更多回忆的是两栋建筑。一个是坐落在翠湖东路的用淡黄色的围墙圈起来的西式庭院和一栋小洋楼。抗战后期，国民党第十一集团军司令宋希濂曾在这里住过。他的儿子宋抚元是我在西南联大附小的同学。我多次到这所大院里玩过，因此印象很深。

另一个是云南大学面朝青云街的校门，中国牌楼样式的建筑。飞檐画栋、气势雄伟。这是我家从文林街一号迁至青云街 198 号后到联大附小上学的必经之路。我清楚地记得，"一二·一"学生运动期间，大门周围的墙上贴满了大字报。在言论比较激进的大字报上，国民党特务用红色墨水批上共匪字样，有时还加上共匪艾思奇的字眼。这让我这个学童第一次知道了国共之争和大众哲学的作者、著名哲学家的名字，当时我还以为艾思奇是个外国人。因时间关系，我们没有进云大校园内游览，从门口看进去，似乎变化不大。当年我们穿过校园时，要经过致公堂，一座中国式大屋顶建筑，是云南大学集会的场所。我们放学回家时常常在致公堂前的两张乒乓球桌上打球。当时标准的乒乓球桌不多见，在上面打球真是莫大的享受。在云南大学校园内种有不少桑树，桑葚成熟的季节，我们常常爬到树上采桑葚吃，吃得满嘴都是紫色，回家后，母亲斥责我们不讲卫生，不怕闹肚子。说到云南大学，不能不对当时任云大校长的熊庆来先生说上两句。他是享誉中外的数学家，在昆明连我们这些小学生都知道。我们从他在云大的住所前走过，也见到他在校园中漫步。给我们留下很深印象的是他的次子熊秉明，就读于西南联大哲学系。抗战胜利后赴法国留学前夕，他在我家为我父亲画了一幅素描，笔触无多，栩栩如生，至今仍放在我家书架上。

前面曾说到，初到昆明时，我家住在文林街一号。这条街道依稀还能看出一点旧日的风貌，原来的住房虽然已经拆除了，仍不能阻拦如烟的往事重上心头。文林街一号是一个以二层楼为主体建筑，三进深的庭院。房主是曾经担任过云南省教育厅厅长的李适生先生。我家进住这座庭院时，我的父亲冯文潜、舅父黄钰生和查良钊先生已经住在这里，同住的好像还有一位联大的外籍教师雷夏。1940 年 10 月 13 日日机轰炸昆明，距离我们住宅不远的文林街街心被一枚五百磅的炸弹命中，一块巨石被炸飞，直落我家屋顶，从二楼一直砸到一楼房东的客厅里。屋顶开了一个大天窗。厅中的一幅对联，上联是“一窗佳景王维画”，下联是“半壁江山杜甫诗”。上联被震下，只留下半壁江山”一句，成为炸后惨状的真实写照。

青云街的格局似无大变化。我家在青云街 198 号的住房没有找到，大概已经拆掉了。那是一个四合院还有一个后花园。房主姓王，经营染料，他的女儿是西南联大师范学院的学生，与我舅父有师生之谊，以较为优惠的价钱将房子租给我家。后花园里的树木很多，让我从小练就了熟练的爬树上房的本领。我家门口有一个斜坡直通北门街。许多名教授如雷海宗、张景钺、江泽涵、郑昕、李公朴都在北门街住过。至于在北门街唐（继尧）公馆住过的文化名人则更多。李公朴遇刺的地点是北门街与青云街交汇处的公共汽车站。

往事如烟。旧地重游，已经逝去的记忆，又重现眼前。此行匆匆，未能与老同学取得联系。祝愿他（她）们健康长寿，欢度晚年。（2005 年春节）

冯文潜与陈寅恪、俞大维的交往

父亲冯文潜（1896～1963），南开大学哲学教授，早年游学欧美，交友甚广。俞大维（1897～1993）、陈寅恪（1890～1968）是他在世时经常提到的两个名字。近年来，在与台湾的学术交流和整理父亲日记、书信过程中，对于父亲同他们二人的关系有了更多的了解。

1997 年我到台湾大学图书馆访问，该馆设《俞大维文库》，获准入内参观。关于文库的内容，文库的简介有很好的说明：

> 本文库是俞大维先生在德国柏林大学留学期间购买的，内容大部分是英文和德文书籍，涵盖学科类目有科学、文学、历史、政治、社会、经济、法律、数学、物理、天文、音乐、美术等。其中以哲学书籍最多，有完整的西方哲学史，期间自希腊罗马哲学乃至近代的科学哲学，也有成套的西方哲学家全集、英国哲学家的全部著作。另外还有数学家、文学家的全集。

俞大维在德国柏林大学攻哲学和数学，父亲学的是哲学和历史，兴趣相投，他们自幼养成了爱书、看书、购书的习惯，所买的书也非常相似。他们在德国留学期间正值一次世界大战后德国货币贬值。1923 年初，德国马克跌至七千比一美元。一顿午饭，一汤、一鱼、一肉、一杯啤酒、一菜 3000 马克，不到半美元。8 月德国马克继续贬值，一部《歌德全集》1800 万马克，合当日时价仅 4 美元（冯文潜日记，1923 年 8 月 8 日）。

父亲与俞大维相识，很可能是通过傅斯年。根据毛子水的回忆，毛“1923 年 2 月到柏林”，“那年夏天傅孟真也从英国来柏林，我见到他时他便告诉我，在柏林有两位中国留学生是我国最有希望的读书种子：一是陈寅恪，一是俞大维”。[1]父亲的留德日记 1923 年中有两

1 转引自蒋天枢：《陈寅恪先生编年事辑》（增订本），上海古籍出版社 1997 年版，第 51 页。

条关于傅斯年（孟真）的记载

1923 年　六月二十七日　星期三　八点起十钟到大学图书馆　六点至八点中国饭馆遇傅君斯年。

八月二十日　星期一　到中饭馆晚饭遇傅孟真、宗白华。饭后同傅君加非馆（咖啡）同坐。

父亲 1925 年的日记中有访问陈寅恪以及与俞大维一同取书的记载：

五月十五日　周五　大馆会陈寅恪。买得 Novalis 集。

五月十六日　午后访云卿不得，访陈寅恪。

五月二十七日　大馆晚饭，遇陈君寅恪又傅斯年。

六月十三日　周六　访云卿不遇，遇陈寅恪。遇云卿，同往李济处遇俞大维。(十四日事)

十二月三十一日星期三　一点后访云卿，阅报。三点同午食，遇大维同往书店取英文书，系暑假前大维代买者。

父亲的藏书中英文书约占三分之一，德文三分之二，参观俞大维文库，藏书的语种结构差不多。最引人注目的是文学家、哲学家的全集，从培根、歌德、康德、黑格尔、费希特到尼采琳琅满目。德文书大多用当时流行的花体字印行。

陈寅恪与俞大维的姻亲关系，我是 1981 年在美国读了俞大维先生《怀念陈寅恪先生》一文后才知道的。“本人与寅恪先生在美国哈佛大学、德国柏林大学连续同学七年。寅恪先生的母亲是本人嫡亲姑母，寅恪先生的胞妹是我的内人。本人与寅恪先生是两代姻亲、三代世交、七年的同学了。”[1]关于陈先生的治学方法，也是从这篇文章中才得知其详。当时，陈寅恪的名字和事迹在国内尚属“禁区”。

父亲与俞大维先生的交往一直继续到抗日战争时期。俞大维于 1939 年到昆明访问，父亲的日记中有记载：

九月五日　侯玉如至十时半始来。谓大维拟见余，乃径往公立行三楼 308（？）适渠会客　余文侯先出面嘱稍待。十一时半谈，十二时二十分告别。

---

1 蒋天枢：《陈寅恪先生编年事辑》，第 48 页。

九月十五日　星期日　赴留德同学会宴，欢迎大维。大维约明日去刚头村。

九月十六日　兵工署办事处候车，至十时始由武成路坐大汽车出发，十时前大维来告我联大师生如步行，最好取道贵阳与赤水，再搭船……

抗日战争后期父亲到重庆向张伯苓校长汇报工作，曾看望过俞大维，当时他担任兵工署副署长，很不得志，每晚观天象，习天文。此后就失去了联系。父亲后来在谈起俞大维时，不无惋惜地说，如果不误入仕途，他在学术上一定会大有成就。

陈寅恪先生于 1921～1925 年期间在德国柏林大学东方语学院学梵文及巴利文，父亲 1922 年秋到德国，1923 年春入柏林大学学习，经常到东方语学院听课，二人结识当在此期间。

父亲于 1930 年起在南开大学任教。陈先生已在清华国学研究院执教多年。最近整理父亲来往书信中发现了陈先生 1934 年寄给他的一封信和一张明信片。信的全文如下：

柳猗兄左右：

手书敬悉。谢君于明清史确有心得，必能胜任，此弟所能担保者，但其人现在中央大学教书，不知其愿就南开之聘否耳。又有与谢君同学之戴君家祥者其人能教中国上古史。因戴君本孙诒让先生之姻家之子。后又从王国维先生治学，故甚有根柢。不同时人之空泛妄诞也。总之，此二人皆弟所素知，必俱能胜任。惟谢君宜于教中国近代史，戴君宜于教中国古代史。此是不同之点也。内人前日因乘车受伤，今日在协和受刮子宫之手术，取出三月之胎儿，并以附闻。专此奉复，敬颂俪祉

弟寅恪四月十五日

小侄女想甚好　　午后六时

信中所说的谢君指谢国桢先生（1901～1982），字刚主，河南安阳人，我国著名明清史专家。戴家祥（1906～1998），字幼和，瑞安人，文字学家。曾入清华大学国学研究院师从王国维，治经学和古文字学。在金文研究方面成果斐然，所主编的《金文大字典》为我国当代金文研究集大成之作，生前为华东师范大学教授。

明信片的全文：

柳猗兄：四月二十四日手示敬悉。内人现已出院，尚未痊愈。住城内姚家胡同三号。一时不返清华。弟今日始由城返校。因连日杂务甚多，既不能静养，又不能去游，颇以为苦。戴君家祥现居北平东单新开路二十一号葉宅中，并以附闻。专此奉复，敬祝

俪祉

弟寅匆上

五月一日

从这一信一片的内容看，主要是父亲要求陈先生向南开推荐中国史方面的教师，陈先生作出回应。陈在信中和片中谈及夫人小产住院情况，并对“小侄女”表示关注，可以看出二人私交甚笃。应当说明的是，陈寅恪先生向南开大学推荐的谢、戴二位先生都先后到南开任教。戴是在抗战前，任南开经济研究所研究员，兼教《中国通史》、《明清经济史专题》两门课。后因同情和支持“一二·九”学生抗日爱国运动，于1936年暑假被迫离职（《戴家祥学述》，16～21页）。谢是在解放后到南开历史系任教的。陈在信中说戴家祥先生“甚有根柢，不同时人之空泛妄诞也”一语，针砭时弊，切中要害。这样一位学者竟被南开当局通知“环境不许可，请另谋高就”。陈序经为之说情奔走无效，戴只得以抱病之身，跋涉万里，去四川大学任教。父亲则被气得大骂学校到底用什么标准选择教师（上引书21页）。

抗战期间，父亲继续保持与陈先生的联系。1938年，父亲由天津前往昆明途经香港，九月六日的日记说：

午前十时许往九龙，赴陈太太约。三时半返港。小广东明早九时到，陈寅恪系搭此轮，惜不暇一晤。

陈先生一家是乘内河江轮沿西江而下，经虎门直达香港的，时间当为九月七日。

陈寅恪先生在西南联大受聘为中文、历史两系教授，授两晋南北朝史课，住在青云街靛花巷。父亲是哲学系教授，讲授西洋哲学史，先住翠湖东路19号，后迁到文林街1号，两处都离靛花巷不远。陈在昆明不到两年（1938年9月～1940年暑假，1939年6～9月回香港探亲）。但在父亲的日记中，仅1939年，有关陈的记载就有六条之多。

包括互访、途中相遇，送食品，请吃饭，共同参加宴请等。如下：

1939 年二月十七日　星期五（下午）四时许往怡园，买橘子、洋点、面包、饼干、黏性麻片等为送陈寅恪，七时归。

二月十八日　星期六　五时访寅恪，并送面包。

十月二十九日　星期日　七时半起床秩打扫小楼院子焚废纸、残叶。我看 Sch。四时许领融柏散步并访寅恪约一日午饭，六时许归。

十一月一日　星期三　早课后，……十时精神动员会十一时半归。与从吾（姚从吾）归。锡予（汤用彤）、寅恪、君培（冯至）、秉璧（郑昕）、自昭（贺麟）相继来。二时后去。

十一月九日　星期四（夏历九月二十八日）三时许同扶访沈弗斋太太不遇。归游翠湖，遇寅恪、锡予，略谈。

十一月二十九日　星期二　十一时寄信。（特航未挂号）赴锡予约，邱君约同在欧社午饭，同座企孙、罗、容二君，寅恪。

需要说明的是，父亲在与友人交往时，赠送食品的事，并不多见。陈寅恪先生在昆明期间夫人卧病香港，孤身一人，当时已患眼疾，行动不便，故以食品相赠，用心良苦，一望而知。

1945 年，陈寅恪先生过昆明，只身经印度赴英国治疗眼疾。父亲曾前往探视，送行：

九月二十日　中秋　星期四　晚饭前去寅恪处，渠明午飞印。

九月二十一日　星期五　早点后为寅恪送点心。看伊换西装。九时半，寅恪等去机场。

全国解放后，陈先生一直在广州。父亲一直关注有关陈先生的消息。知道他已经双目失明，仍治学不辍，并有新作问世，颇感欣慰。父亲在与郑天挺、雷海宗先生的交谈中，经常提到陈寅恪的名字。他还告诉我，应认真阅读陈先生的名著《隋唐制度渊源略论稿》及《唐代政治史述论稿》，使我获益匪浅。父亲于 1963 年病故，得以免遭文化大革命的磨难。陈先生却没有能躲过这场劫难，被迫害致死。俞大维先生于 1993 年病逝，享年九十六岁，地下有知，三人定会一诉衷肠。

完稿于 2005 年 3 月 12 日

附记：文中所录陈寅恪先生的一信一片，原藏家中。文化大革命中散失，流于书贩手中，直到今春，才为天津大学陈启新教授发现，从中斡旋，使陈先生的手迹与一批信函物归原主。其功不可没，特誌此致谢。

原文载台湾《传记文学》第86卷第6期

冯文潜先生的西方哲学史课

——为南开大学建校87年复校60周年而作

哲学史穷追踪，剖析百家如利锋，一自昆明绝响后，欲理旧业病不容。

——黄钰生挽冯文潜诗节选

冯文潜先生在他的教学生涯中，任课时间最长的是西方哲学史。从他的日记、读书笔记、备课笔记和藏书可以得知，他用功最勤，读书最多，收集资料下工夫最大的是在这门哲学的重要分支上面。西方哲学史作为一个学科，源远流长，范围广泛，内容深邃，名家辈出，论著汗牛充栋，是人文学科的基础。其他学科的历史，史学史、政治学史、社会学史、科学史或源出哲学史，或者与哲学史有密切的关系。进入这个领域需要有充分的理论准备、知识准备和语言准备。就语言准备而言，古希腊文和拉丁语以至希伯莱文是必备的西方古典语言。现代语言，除了英语外，法语、德语和俄语也是不可少的。文潜先生为了深入这个领域，在语言方面下过不少工夫。从中学时代起，在掌握了英语的同时，就开始学德语，后来在美国留学5年，在德国柏林大学专攻哲学和美学，为提高自己的德语会话和写作能力，下过很大工夫。往往将日常与德国朋友的对话，录入日记。还有一位德国友人，专门帮助他修改德文写作。长期的勤学苦练，广泛的浏览阅读，使他的英语和德语修养都达到了很高的境界。在柏林大学期间他还学过法语和拉丁语。解放后学习过俄语、意大利语、西班牙语。他始终因未能熟练地掌握古希腊文和拉丁文而感到遗憾。

在理论和知识的积累方面，他自幼攻读经史，熟悉中国的儒家思想和先秦诸子学说，《墨子》和《庄子》经常摆在案头和枕侧。宋明理学和清代的朴学对他有很大影响。康有为和梁启超是他最喜欢的两位近代思想家。因为专攻美学的关系，他对中国传统的绘画、画论、建筑、园林多有涉猎。唐诗、宋词、元曲、明清散文则是他增添审美情趣的重要来源。

文潜先生在美国学习期间，正值第一次世界大战后，在物理学革命的影响下，新实证论、实用主义哲学广为流传，社会科学方兴未艾。社会学、社会心理学、教育学在大学和研究院普遍开设，使中国留学生视野大为开阔。文潜先生在葛林乃尔学院读本科和在芝加哥大学研究院学习期间所选课程涉及面甚广，为专攻哲学打下了广博坚实的基础。

在芝加哥大学他修完的课程有：19 世纪的思想运动、社会进化理论、宗教哲学、社会学原理、康德哲学、变态心理学、高级社会心理学、宗教心理学、宗教群体心理学、心理学史、史学批判方法、美国哲学、司法演化、现代逻辑（讨论班）、道德理论（讨论班）、新实在论、美学 Appear to Nature as Norm 等（见芝加哥大学研究院学生成绩卡）。

在美留学期间留下的作业原稿有：

柏拉图关于国家的理论及其与苏格拉底教导的关系（Plato Theory of State and Its relation to Socrati' s Teaching），1919 年 10 月 27 日

遗传心理学读书报告（Genetic Psychology），1919 年 12 月 11 日（9 页）

哲学史笔记——笛卡儿、斯宾诺莎、洛克，1920 年 3 月 15 日（1 页）

生命的动力（The Dynamic Forces of Life）（2 页）

论个体主义（On Individualism）（4 页）

智性的和实践的研究（Intellectual and Practical Studies）（3 页）

Amos and Geremiah（2 页）

意志或机械论（Will or Mechanism）（2 页）

道德与生活（Morality and Life）（2 页）

自我是外界意识的继续（Self is a Continuation of Consciousness of the Outside）（4 页）

威廉·詹姆士哲学的宗教方面（The Religious Aspect of the Philosophy of William James）美国思想史课论文（10 页）

让·雅克·卢梭与自然理念（J. J Rousseau and the Nature Idea），

March 17 1921（15页）

从美国到德国是文潜先生学术生涯的一个转折点。1923年初，他在一封致友人的信中，对他走过的道路作过如下的总结：

我这个人贪得很，小时候买铅笔，总是一气买几十支，各样都买到。小时候的day dream(十二到十四五岁时)总想作皇上……你不要忘了那时还是满清当朝！这是要作武功的皇帝，那时立志要入陆军学校，最爱看地图……先并日，后吞俄。再后征欧美。你看他多贪！后来等到求学，总是样样都想学到，样样想精通。从中学到现在，学术系统表我就不知造了多少个。现在手里还存着有两三个咧！造表时，总拿哲学作中心，作极峰，拿所有人事物理诸科作立脚点。子愚，这样贪的人肯将生理、社会学、社会心理学，“看得过轻了”吗？子愚你放心，我决不会这样隘陋。我说拿经济心理作哲学的根基的话实系不得已。实是对症下药。我觉得我现在与其务广，不如专精。我所谓的根基决不限于这两种。此刻拿它们作起点作试验罢了。我教你给我买 Into the Sociology 也可以证明我并未将社会学看轻。社会心理学属心理学，我更不致将它放弃。至于生理学我在纽约时探问此科书籍，曾特别给希圣写信。我们往返总写了四五次信，皆为此事。我确信学哲学的对于所有文实各科皆应有些常识，于人事诸科皆有研究然后从中（人事）选出数科作特别研究，如此庶不至偏枯短隘。

到了德国之后，文潜先生更注意向专深的方向发展，侧重史学和文化关系史。在柏林大学研究院研修的课程如下：

1923年夏　哲学通史（Prof. Iessoir）、现代哲学（Prof. Iessoir）、古代东方和拜占廷、希腊文化关系史（Prof. Wilhen）、

1923年冬　哲学的开端（Prof. Iessoir）、美学要义（Prof. Dessoir）、伊斯兰宗教（Prof. Becker）

1924年夏　洛克与莱布尼茨（Prof. Dessoir）、认识论（Prof. Maier）、伊斯兰知识（Prof. Becker）

1924年冬　尼采（Prof. Dessior）、世界史纲要（Prof. Meyer）、国

民经济学导论（Prof. Beruhard）、绘画艺术导论（Prof. Meyer）

1925 年夏　艺术哲学（Prof. Dessoir）、希腊史（Prof. Wilchen）、史学研究导论（Prof. Kraffo）

1925 年冬　历史哲学(Prof. Sprauger)、希腊史 III(Prof. Wilchen)、以色列文化史（Prof. Gressmaun）

1926 年夏　叔本华形而上学与伦理学（Prof. Dessior）、斯宾诺莎伦理学（Prof. Maier）

1926 年冬　科学组织问题（Prof. Dessior）、国民经济学基本问题学术研讨班（Prof. Sombart）

（摘自柏林大学学生记事本）

除了正式注册的课程外，日记中还记载，他听过：Geschichte des alten Orients und seiner Beziehungen zur grichischen Kultur!（古代东方和希腊文化关系史）Lie, Stolzenburg ueber Religionsorientierte Stroemungen der Gegenwart im Lichte des Christlichen Glaubens.（从基督教的观点看现代宗教运动 Stolzenbur about today’s religion-oriented movements in the light of Christianity）…到 Sino seininar 听 Prof. Franke 讲 Erklaerungen ausgewaehlter Abschnitte aus der nicht-kanonischen philosophischen Literatur der Chinesen（中国非规范哲学文献选读 Explanations of selected passages from the non-canonical philosophical literature of the Chinese）

这些事实足以说明文潜先生在美国和德国受到了严格的哲学训练，为他治哲学史奠定了坚实的基础。他带了 250 本书从美国到德国深造（1922 年 5 月 22 日日记）。到德国后正值战后德国马克贬值，4 美元就可以买到一部《歌德全集》。他利用这个机会购买了大量德国哲学家、史学家和作家的全集和他感兴趣的各科专著，足足装满了四个大铁箱子运回国内。后来他亲自设计、定制了 20 个木制大书架（箱）方才装下。回国后，他先后在南京中央大学、天津南开大学任教，在西南联大讲授西方哲学史时已经有了 10 年的教学经验。

柳猗先生对于人生和哲学的理解有一个发展过程。早在中学时代他对自己的学习就提出了明确的目的：

1912年

八月六日　中国教育应经意者：团结力、协力、分工，责任心。汝精力有限，既志于大同，教育当由近至远，由小至大，由一至万。今托汝一事当首默查，即中国国民性弱是也，再谋补救。姑以笔之记，为异日用。万勿务虚而荒，空费精力，空用理想。今后当多多关注于实迹。要要。

八月七日　凡事相反乃相成，置之于中庸之道是也。人生成功多成于通字。童年已尽，少壮是时。人生成败于兹，是基。回忆二十年来所行所学多自欺。异日登场，那是君素资。欲成其大而不谨微，知惜光阴而终要推诿，浮躁怠惰，成功之阻。潜自勉诸勤乎力诸。

八月九日　晚饭到祠堂散步，养心，敬心笃意，恭禀于祖宗位前申文潜终身之志事，以大同为究竟，以中国为促进大同。主（此）身为用于邦国、世界。将死字看开，如不能达，退而著述。敬望

大人督察，视之。如不守其所志，为式以戒之、教之，再悼改，即除之。假满毕业之标，愿为将来之执据。

美国求学期间，他提出“诚则明”的观念，“盖诚者聚精会神之变像也，诚之至则精神凝结成一点，如物理之Focus（焦点）。然此点小可小于电子，大可以塞宇宙六合。此点之大小与一人成功之大小做正比例。此点愈增大则所见物愈明，见物愈明，则无不明，则无不知，无不能；无不知无不能则无不成也。反之，所见愈暗则所见者愈暗，至其极也则皆不可见。皆不可见则无物也。易曰不诚无物，盖即指此”。到德国后，他的这种强调主观能动性的观点，与叔本华、尼采的意志论相结合，更有所发展。他听一位德国教授讲现代哲学——尼采课后说：“他讲得并不特佳”，“可我听得神灵飞动”。现代哲学讲Georg Simmel，“我听得入神”。他强调学哲学要融会贯通，把大师们的方法同自己的心性修养结合起来。“一生的事什么叫晚？耳聪目明，心境活泼。什么是老？滴一点汗，得一粒珠，何事来不及？没回感尔感何自来？只要做便有成。”他把主观能动性的发挥落实到“作”、“行”，这很可能是后来较容易地接受实践观点的一个重要原因。先

生的美学观点同他的哲学观点一样具有实践色彩，在讨论“天才”问题时，他认为天才不是天生的，天才也不完全是社会环境的产物，天才更不能简单地视为非常态（疯子），而应该把天才与创造联系起来。创造的前提是灵感，有灵感方才有创造，实现创造的条件有三：（1）富于经验，深于情感。（2）善于表现。（3）巧于成形。“如果一位艺术家真正能够具备以上三者时，我们才承认他是天才。”在听完一位德国先生课后他写道，要照你这样讲法，人的思想不就是凭空而起突然而来的吗？思想产生思想固然。思想只产生思想，只能由思想产生……这种思路恐怕走不通吧（1923 年　十二年六月十八日午后五点）。

1923 年

六月二十日　夜十二点前十三分　人生的意义都在人生里——外面是求不到的——不要求他的究竟意义，他的究竟意义就是人生的尽头。

六月二十七日　午后十二点——一点 Willken 班上　怎么才能从无意义的生活到有意义的生活。只有演化无有演进，演进的观念；真知之助，抑真知之阻。

十月十八日　晚饭时中饭馆里听人讲“政府”已将各国因临清掠案而提的苛求完全应许。听了不由已地心里动了一下。回头又笑自己没出息。可动个什么？本来应该如此。曹奴要作总统不惜以全国人安全幸福作代价，有何可怪？我想到了子坚国耻纪念日的演说，“我有我的眼，我有我的耳，我有我的脑，我有我的拳头，我有我的心！”马克思的阶级观念我是不能全入的。新俄的马克思学说的实验可很想亲眼看看。俄国文学，特别是心理小说我很想读。俄国的人，特别是那种富于实作精神的，我很想认识。一定学俄文。

对攻啊！超越啊！片渡啊，普渡啊？工者，资者吾将安适？学乎，政乎，抑经济乎？学为主。

饥寒痛苦，压迫不平，蝙遍大地皆是也，不独中土。”

1924 年 11 月 7 日　肉爱已过。逗留是自弃。是自杀。只有神博的爱。人的好伴——全我的开展。能割爱，才真有爱。

文潜先生自德归国前夕，他针对当时流行的“哲学无用论”，写了下面一段话：

函中关于弟求学所劝戒的话看了感谢得很。约略言之就是“学贵实用”一句话。实用两字说来很平淡，懂它很难。这人以为实用的，那人未必以为实用。迷信的老太太们有钱拿来算卦、问命。她以为这钱是用在有实用的地方。但是若令那不迷信的人看来，这位老太太的举动是完全无用。有钱兴学，兴学的人信为有实用。但是财迷以为绝对无用。又有彼时以为有实用，此时以无实用者，如前清的袍套，清时有用，民国则无用。又有此地以为有实用者，彼地或以为无实用，如江南的竹瓦竹柱屋。在江南可作屋，移至北方不但无用，或且不利（因质轻易为大风拽倒故也）……仅就哲学而论，说这种学问与实用无关未免失实。因为哲学的用太广，太大，太亲切了。所以我们反倒将它轻视，说它无用。就拿哲学中人生哲学一部分来说罢，这人生哲学是专研究人怎样在一块儿和和气气的活着——如何人可以在一块相处，过个好日子。请问天底下还有比这样东西再有实用的吗？说哲学没有实用的当然不外以下三种原因：

一、或者是因为他所遇的那几个学哲学的人走错了路了；

二、或者是因批评学哲学的人他自己就不知道哲学是件什么东西；

三、或者是因为那批评者对于实用有特别的解释。

那特别的解释是什么——就是金钱，世界上只有钱有实用——凡帮我们能得到大洋钱的道儿也就都有用——凡不能帮我们得大洋钱的道儿或虽得钱然太少如教哲学等则都可谓之为无实用。这个说法我并不全体反对。我所反对的是他说世界只有钱跟弄钱的道儿有用，如哲学等等都无用。因为世界上有实用的实不只金钱，金钱不过一种的用罢了。……

（摘自文潜先生在国外留学期间的一件信稿，时间应在1928）

在学术上，他对自己的要求很严格，不断地剖析自己。他常常说：“我学了十多年，教了二十多年的唯心主义哲学，但是并未学通，没有形成自己的体系，不能成一家之言。”他反对那些故弄玄虚，用拼凑的方法硬要构造体系的国内学者,斥之为“马戏团中耍碟子”、“玩弄概念”、“不过是些银样蜡枪头”。他认为自己的唯心主义未能学到家是因为“唯心主义的最后一道关，肯定超验力量的存在，神的存在，我过不去”。他说：“我十岁时，家里成立了一所小学，在开学的那一天，我父亲把家里供的那些神祇牌位、灶王、财神等拿来一把火升了天。这给我很深的印象。从此我同神绝了缘。进南开中学时有人向我布教，要我皈依基督耶稣，我当场拒绝，认为是对我的侮辱。无神论者很难把唯心主义学到家。离德前，我已转向当地比较流行的新实在论。唯物论我是不会一下子就接受的，我所知道的唯物论——机械唯物论在我看来过于简单不足以服人。我就是这样半信半疑地回了国，又半信半疑地教了二十多年唯心主义哲学。”

文潜先生讲授西方哲学史多年。备课非常认真，留下了大量读书笔记和备课笔记：

讲稿（大部分是英文和德文，中文只占很少一部分）

哲学概论一本

伦理学一本

西方哲学史（从培根到斯宾诺莎）一本

希腊哲学一本

苏格拉底一本

柏拉图备课笔记五本

第一本：时代、生卒年代、传：1）家世、2）遭遇、3）Academy、4）著作：真伪、年代 文化与兴亡；著作次序考；写作动机；希腊的政治理论；

第二本：法律与国家理论

第三本：财产权、奴隶、外国人

第四本：理性、数字、财富，第 12 册法律书以后观点的改变

第五本：教育

亚理士多德备课笔记三本

第一本　生平、学说

第二本　方法

第三本　范畴
文艺复兴一本
费希特、雪林、叔本华、尼采一本
穆尔、达尔文、斯宾塞一本
斯宾塞（Herbert Spence）、尼采（Nietzsche）一本
美学一本
西洋哲学史备课笔记（散页，约在千页以上，用英文和德文写成）

柳猗先生在教学上对自己要求很严格。课前，对每一节课的目的、要求、具体内容、教学环节的掌握都有周密的安排，下面是抗战期间备课笔记中讲授古希腊哲学三节课的授课安排：

1	点名	5
2	重述	10
3	伦理	5
4	知识论	10
5	宗教	5
6	贡献	5
7	Eleatic	5
8	Xenophane	10
		50

1）点名　留课　笔记（Pythagoraus，Empedosle Anaxgiras）	10
2）重述	5
3）Xenophanes　生平 date Heraclitis 著述	5
学说	10
4）Parmenide　生平、著述	5
学说	10

1）点名	5
2）重述	10
3）Resume & Source	10
感 P&X	

4）Being 10
5）评 10
6）Zeno 5

上课后，在日记中分别用：“不适”、“不好”、“尚可”、“可”、“尚好”、“好”等词语，对上课的效果做自我评价。

1939 年

十月三十日 七时课，不适。课后容生来。N 选读，去打字。早点后看哲史。七时半晚饭，饭后看哲史。

十一月三日 星期五 七时前起床。昨夜未得安睡。九时，秩带融、柏去振昆看布机。十二归。我在家看哲史。

十一月六日 星期一 六时前起床，七时课，尚好。八时后早点。看哲史。

十一月二十一日 星期二 六时前起床。七时课，不好。

十一月二十二日 星期三 六时起，七时班，尚可。八时许早点后读哲史。

十一月二十七日 早五时半起，看哲史。七时上班，可。八时前归。

十一月二十八日 星期二 五时半起床，看哲史笔记。七时课，好。八时早点，看尼采。

1940 年

四月二十二日 星期一 七时课，Steptilein 完。

四月二十四日 星期三 七时课，不佳。至中古开始。

柳猗先生是一位深受学生爱戴的好教师。他非常推崇在我国由孔子开创的与学生问答的教学方法，在古希腊哲学家中相对应的是苏格拉底与柏拉图的对话方法（Dialogue）。运用他广博的知识、缜密的思维方法，在学生提出问题，或自己提出命题时，引导学生自己一步一步地思考，直到问题得到解答为止，这是他最常用的教学方法。

多年来他一直使用梯利（Frank Thilly）的《哲学史》（*History of Philosophy*）作为教材，此书内容充实，条理清晰，立论允当，参考书目完备，是一本质量较高的教科书。德国著名哲学家文德尔班的《哲学史》是他案头必备的参考书。他认为此书不按编年顺序，而以问题和概念的形成和发展为主线，有助于对哲学的基本问题和基本概念的理解。先生特别注重让学生读哲学大师们的原著，强调要读懂、读通，并用自己的语言复述大师们的思想，写出读书报告。

关于文潜先生的治学态度，学术上的造诣、成就，由于大量手稿未曾问世，真正能够作出实事求是评价的只能是与文潜先生交往密切的友人和学生。

1963年5月1日，著名史学家郑天挺先生在日记中写道："上午得天津电话，冯文潜先生于昨日因脑溢血病故医院，为之怆然。一生与疾病作斗争，与恶势力、恶思想斗，从不丝毫妥协、屈服；一生治学辛勤密细，从不向人表白自衔，鞠躬尽瘁，死而后已，实足以当之。"（摘自郑天挺先生日记，郑克晟先生提供）

1963年5月3日，在南开大学礼堂举行的"公祭冯文潜教授大会"上，文潜先生在西南联大时期的学生、北京大学哲学系教授张世英先生在题为"悼柳猗师"的讲话文中说："冯先生虽然著述不多，但我们都知道，他的学问很广博，很坚实，治学态度很严谨，在古希腊哲学、德国古典哲学、美学和美学史的方面，他都很有研究。我们从做学生的时候起就非常钦佩他。""特别值得提出的一点是他对青年学生的那种循循善诱、诲人不倦的精神。他在讲授我们的'西方哲学史'时，每遇到我们有疑难，总是耐心地首先摸清我们提出问题的原因和问题的关键所在，然后用提问的方式，一步一步地启发我们独立思考，自己解决问题。在批改作业时，他甚至对我们在一个字用法上的毛病，都要仔细地加以修改。冯先生对同学要求很严，但态度很诚恳。不少从他那受过教的同学都感到他管教如严父，亲切如慈母。"

对于文潜先生的教学内容，现清华大学文科研究所从事西方哲学研究的何兆武先生写过这样一段话："冯文潜先生教西方哲学史给了我很大的启发，让我感觉到，真正理解历史一定要提升到哲学的高度，不然只知道姓名、知道年代，你可以知道很多很多零碎的知识，但不一定就意味着你理解了历史。我想任何学问都是这样，最后总得有人做出理论的总结，否则只能停留在纯技术性的层面。当然纯技术性的工作也有价值，不过那不是我所希望的，我所希望的是通过学习历史得出一个全面的、高度性的认识。”（何兆武《联大七年》）

文潜先生辞世后36年，我国著名希腊哲学史专家汪子嵩先生在《读书》杂志的一篇文章中比较详尽地介绍了文潜先生的教学与为人。他说：“联大哲学系学生的一门必修课‘西洋哲学史’一直是由冯文潜先生讲的，他是我们学习西方哲学的启蒙老师。冯先生讲课非常认真负责。对每位哲学家的主要思想都讲得条理清楚，深入浅出，引人入胜。除了课堂讲授以外，他还指定我们要读一本英文的《哲学史》教本，写读书笔记，定期交给；他不但在理论上指出我们理解的欠缺，还指出我们写的英文文法上的错误，并且分别要我们去他家里，讨论这些问题。这种教学方法有点像中国传统的书院学习法，在当时已经少见。正是在他的循循善诱下，有些学生对西方哲学产生兴趣。我就是其中的一个。冯先生是美学专家，我在三四年级时选他的‘美学’和‘艺术论’的课程，他为我们讲述西方各种美学理论和艺术流派，给我们看各派画家名作的复制品；我在课外读过朱光潜的一些美学著作，一度也曾想专攻美学。冯先生是述而不作的，一生只留下英德文讲稿，未曾出版。80年代初，有一次在杭州讨论希腊哲学，联大比我早一年毕业的顾寿观学兄在西湖边上闲谈时忽然问我：‘你说联大老师中哪一位对学生特别关心？’我一时不知如何回答，他自己说：‘我认为是冯柳猗（这是冯先生的字）先生。’后来想想，我自己也有亲身感受：四年级时要写毕业论文，我想从头开始学习西方哲学史，便选柏拉图作为论文题目。那两年，陈康先生在重庆中央大学任教，我还没有听过他的课，便请冯先生担任指导教师。一九四五年我毕业后无法谋生，想到图书馆去当管理员，当时联大图书馆馆长是南开的黄钰生先生，和冯先生很熟，我请冯先生为我求职，谁知过两天冯先生竟答复我不行，我非常失望。又过了两天，当时担任汤用彤先生助教的石峻先生告诉我，要我报考北大文科研究所的研究生，可以跟即将回联大的陈康先生学希腊哲学。后来我就走上了这条道路，原来是冯先生已经将我的论文向汤先生推荐了，所以应该说是冯先生给我制造这个机会的，我深深感谢他。”[1]

这里特别应该提出的是郑天挺先生所说的“从不向人表白自衔”和汪子嵩先生所说的“冯先生是述而不作的，一生只留下英德文讲稿，未曾出版”。“不向人表白自衔”和“述而不作”是文潜先生一生做人、做学问的原则。记得我曾经问过他，为什么不著书立说。他的回答很简单：“如果一个人写不出超过前人的东西，何必去浪费笔墨纸张。”他把做学问看成是非常严肃的事情，既反对玩弄概念游戏，凭空构造庞大的哲学体系（他戏称之为耍碟子的杂技做法），也反对无病呻吟，东抄一点，西抄一点，拼凑成文。值得一提的是抗战后期贺麟先生组织西洋哲学名著译丛，樊星南先生翻译的《近代哲学精神》（Royce: Spirits of Modern Philosophy）是文潜先生校对的。我还清楚地记得，他校书稿采用的办法很特别，自己并不动手修改，而是指出译稿错误不当的地方，让译者自行改正。改得不合适，再改，直到满意为止。这样的校对方法，显然要花费很多时间，两人因此发生过争执，但文潜先生仍然坚持自己的校对方法。教学过程不是教师简单地传授知识，也不是学生简单地从教师那里接受知识，而是发挥教师和学生两个方面主动性和积极性，共同创造掌握新的认识事物方法的过程。这很可能就是他治学、教学、作学问的精髓所在。

原文载《南开校友通讯》，2006 年（复 29 期）

1 汪子嵩：《中西哲学的交会，漫忆西南联大哲学系的教授（之一）》，载《读书》1999 年第 9 期，第 64～65 页

冯承柏 著

馮承柏文集

（下）

范曾題

南開大學出版社

目 录

（下册）

高等教育

文化遗产信息学（博物馆与图书馆）

西方文化史及其他

附录

高等教育

人才流动说明了什么

——冯承柏教授谈人才流动之一

香港《大公报》记者 方凌

高级人才的国际流动问题，早在二十多年前就已引起了国际学术界的密切关注。这种人才的流动与流失，是中国大陆和台湾、以及香港和澳门所一直面临的问题，特别是在中国大陆，它已显得十分突出而不容忽视。

人才流动说明了什么？怎样防止人才外流？又怎样为滞留国外的高级人才的回归创造条件？记者带着这些问号，访问了不久前出席“环太平洋高级人才流动学术讨论会”从洛杉机归来的天津南开大学副教务长、国际问题研究中心副主任、社会学系代理主任冯承柏教授。

在这个有来自海峡两岸的中国学者和美国、菲律宾、新加坡、南朝鲜等国家和地区专家出席的讨论会上，冯承柏用社会学的观点，对国际和中国的高级人才流动问题作了科学的具体分析，引起了与会学者的重视。

人才流动是不可避免的

冯承柏首先认为，高级人才的国际流动，是劳动力国际流动的一部分，也是资本主义世界体系形成后出现的一种自然现象。只要存在资本、商品和科技文化的国际流动，劳动力的国际流动就是不可避免的。因此，从宏观来说，中国的人才外流，也是高级人才国际流动的一部分。如果说某些发展中国家与发达国家的教育制度基本上可以衔接，但本国又缺乏吸引高级人才的社会经济和文化机制，不能充分发挥他们的聪明才智，那么他们向发达国家流动则是必然的。

发达国家吸引人才流向

第二次世界大战以后，美、苏等发达国家的高科技急速发展，并展开激烈竞争。其特点是：科技人员的劳动分工很细，科研条件优越，工资待遇高，从而成为发达国家吸引高级人才流向的主要因素。但它所遇到的一个突出问题，则是由于人才培训受到市场经济的制约，而使教育与科技发展的需求脱节，基础研究人才短缺，甚至影响到国家实力的巩固。比如1957年世界第一颗人造卫星在苏联上天后，美国发现自己在科技竞赛中的差距，大感高科技人才不足。为了吸引人才，白宫不得不改变其移民政策，取消对亚洲移民的歧视政策，实行亚欧移民平等对待的原则，并优先对高科技人才开放。于是亚洲移民大量进入美国，其中科技人员在1971年以后占一半以上。

发展中国家人才为何外流

发展中国家在战后意识到，要步向先进，必须发展经济，而发展经济则必须依靠科技。科技人才的培训，则有赖于发展教育。菲律宾、印度和南朝鲜，在教育制度上同西方国家颇为相似，但人才的培训却超过了本国经济发展的速度，以致出现了高级人才过剩的畸形。因此，这些国家的人才向美国流动就很自然。

与此同时，随着国际间政治、经济联系的加强，交通、通讯工具的发达，国际学术交流的频繁、活跃，跨国公司的日益发展，以及这些跨国企业对人才的聘用，从而形成了国际高级人才市场，更加促进了人才的流动。

从个人因素来看，政治体系、社会结构、经济水平和文化背景所引起的意识形态上的变化，出现了一种“民族主义淡化、个人才能至上”的倾向，为了谋求个人才能的充分发挥，不惜背井离乡，甚至放弃原有国籍和本民族的传统文化。

美国高级人才接近饱和

但是，就目前情况来看，美国对高级人才的需求已接近饱和。战后的美国经济一直处于上升的优势，1973年以前是高速发展，在此期间，亚太地区有大量人才涌进美国。但是不久，石油危机沉重地打击了美国经济，迫使它从高速发展走向衰退，直到1982年才又开始回升。但其发展速度已经放慢，从而出现了人才相对饱和的状态。

美国高级人才日趋饱和的形势，促使当局又停止执行移民中的“第三项优先”，并出现了新的种族歧视行为。特别是加州地区，竟限制亚裔入学比例，在亚裔学生占四分之一的加州大学伯克利分校，种族主义抬头，甚至出现了“亚洲人滚回老家去”等排亚口号。

美国大门并非无条件敞开

这一事实说明，美国的大门并不是无条件地永远敞开的，更不是无选择地对来者不拒的。高级人才的过分集中，尖锐的竞争和专业比例与需求量的失调，有可能形成新的人才浪费和学非所用以至失业。因此，在美国出现博士开“的士”的现象，并不足奇。但是这对于有意越洋谋迁升和滞留国外不归的人来说，难道一点也不值得深思吗？

载《大公报》1988 年 12 月 7 日

中国人才外流原因何在

——冯承柏教授谈人才流动之二

香港《大公报》记者　方凌

美国高级人才既已出现饱和趋势，为什么中国大陆不少研究生和学者仍滞留美国不愿意回来？而且大陆的“留美热”也并未因此降温？

大环境和小环境的影响

冯承柏教授在回答这个问题之前，先以南朝鲜和台湾为例作了一个比较。他说，南朝鲜的经济起飞始于60年代，经过二十年努力，到80年代成效显著。而在此以前，其高级人才的培训也有超越经济发展的现象，约有五千余高级人才滞留美国不想回去；但到80年代，南朝鲜的经济已发展到可以容纳这些高级人才的水平，于是他们纷纷回归施展才华。

台湾的情况与南朝鲜极为相似。在50年代，台湾赴美留学生百分之九十五都不回去；而从1986年开始，随着台湾的经济发展和生活水平的提高，留学生回归比例从过去的百分之五增加到百分之二十五。

这些情况表明，在大环境上，政府的政策和经济发展，都能左右人才的流动，在小环境上，也要看所去的部门单位是否有吸引人才的条件，第三才是个人的因素——个人的民族责任感。

“文革”投下阴影太深

那么中国高级人才外流的问题到底在哪儿呢？

冯承柏说，“文革”的十年浩劫，使中国的教育和广大知识分子受到严重摧残，到1972年，全国大专院校由“文革”前的四百三十四所减少到三百三十八所，在校大学生由六十七万骤降到四万七千人，再加上长期的闭关锁国，使中国的科技大大落后于世界先进水平。

打倒“四人帮”后，大陆百废待兴而人才奇缺。1978年底，中央在大力恢复高等教育的同时，大批派人出国留学，到今年六月，赴美留学生和访问学者共达六万一千人，已经学成归国的共两万二千人。

另据美国移民局公布的统计，1979 至 1987 年，大陆公派留美人员为三万九千六百九十八人，其中有二百六十五人已在美国定居，自费生两万二千三百零九人中，则有五千九百七十三人已在美国取得“绿卡”。

最令人担忧的是，1983 年以来派出的近四千名留美研究生，应在1989年和1990年陆续学成回国。但在他们当中到底能有多少人回来？现在还是个未知数。看来大环境和小环境，仍是重要的影响因素，“文革”投下的阴影太深了！

他们在海外观望什么

据国家教委透露，今年已到期应回国的留美高级人才有两三千人，但至少有一半尚未明确表态，仍在观望中。

他们在观望什么？据冯承柏所接触到的情况来看，主要是国家的大环境、知识分子在国内的地位、人际关系、工作条件和物质生活条件。冯承柏列举台湾一位学者在 60 年代对三百七十二名留居美国的台湾高级人才的调查情况，对大陆很有参考价值。他们留在美国的原因依次如下：一、较好的待遇；二、较理想的生活方式；三、在美居住年限；四、台湾欠缺公平竞争；五、美国有较稳定、较民主的政治气氛；六、在台湾无亲友。

另一位台湾学者在 1984 年对五百名留美高级人才的调查中发现，他们对“人际关系”因素的满意度较高，而对“迁升方面”的满意度偏低。他们对台湾大环境的看法是：“公共部门服务人员态度欠佳，敬业精神有待加强，公职人员之特权、贪污等恶习尚未有效清除，行政机构之效率有待进一步改善，官僚气息存在，各部门之本位主义过分浓厚，行政方面缺乏魄力，行政和研究机构研究风气不佳，行事不够踏实，说多做少，冗员太多，未能彻底实行退休资遣办法，对主管人之安排过分重视慰劳之意”，等等。

冯承柏说，这些弊端，在大陆也有不同程度的存在，同样是导致人才外流和影响高级人才回归的障碍，这也正是目前滞留海外的留学人员注目观望之点。

国内现状难尽人意

根据冯承柏对大陆留美研究生和访问学者的了解，他认为从大环境来看，使他们持观望态度的主要原因有以下几点：一是派出人员的专业结构有问题，纯理科（科技理论）的比例太大。国内搞科技理论的研究生只占全体研究生的百分之二十三点六，而派往国外的纯理科留学生竟占全体外派人员的百分之五十一。因而使他们不得不怀疑在国外所学到的科技知识，在国内到底有多么大的适用性。

二是国内科技管理制度还不健全，比较普遍的问题是“论资排辈”。只有年高望重者才能拿到科技基金和获得较好的科研条件，并受到重视；年轻人则望尘莫及，不知要等到何时才能出头，而这种状况短期内尚难彻底改变。

三是缺乏一个使知识分子能够专心致志地从事科研和教学的环境，“双百方针”未能真正得到贯彻，学术自由缺乏充分保证；再加上“体脑倒挂”，教育经费不足，通货膨胀，知识分子的政治地位和经济待遇尚未得到切实的显著改善，以及贪污腐化、时弊丛生，使人颇为困惑。

从单位来说，复杂的人际关系和较差的科研环境，使他们无法充分发挥自己的才能。有的学者说，他“在国外一天的工作效率，至少可顶上国内一个月”。

冯承柏说，这些问题不解决，在防止高级人才的流动和流失上，就很难取得显著成效。

载《大公报》1988年12月8日

怎样防止中国人才外流

——冯承柏教授谈人才流动之三

香港《大公报》记者 方凌

中国面对高级人才的流动和流失等问题，应该采取怎样的措施来进行补救和整治？

关键在于国家的政策

冯承柏在回答这个问题时肯定地说："关键在于国家的政策。正如英国著名经济学家狄米特里·N·乔拉法斯在他的名著《知识革命和国际人才市场分析》一书中所指出的那样，应该采取积极为知识革命创造良好条件的政策，而不应该采取消极的限制性政策。"冯承柏认为，"这种积极的政策，只有在大环境有了显著改善、特别是政治局面长期稳定的情况下才能诞生和切实生效。"

可供参考的"基本方针"

冯承柏还以乔拉法斯提出的发展中国家控制人才外流的"基本方针"为例：一、控制人口增长，提高人的素质；二、努力改善人民的生活条件和环境；三、发展教育事业，使课程设置和实验室现代化；四、实行年老退休制，保证政府工作人员年轻化，以提高文员素质；五、制订切实可行的奖励制度，强调效率和工作表现，而不是取决于资历和家庭背景；六、设计出一套合理的工资制度，使具有专业知识而又确有贡献的人能得到相应的较高待遇；七、创造一个稳定的政治环境，以鼓励外商投资，在促进经济发展的同时，促进各种信息和现代科技的交流；八、将国民经济的百分之三用于科研，其中大部分应用于长远的研究计划。

限制政策不是治本方法

冯承柏说，这虽是乔拉法斯在60年代为发展中国家设计的"基本方针”，但对中国解决面临的问题，仍具有一定的参考价值。

在谈到一些限制性措施时，冯承柏说，现在规定大学毕业生和研究生完成学业后，必须先在国内工作一定时间方可出国留学；在职高级人才出国需经主管部门同意，并履行一系列审批手续；还有的对不按期回国和不回国的人，采取经济和行政上的制裁，等等。他认为，根据中国的具体情况，有些限制是必要的。但也有些是不可取的。比如有的单位对要求自费出国留学的人，首先让他退职，这种做法实际上无异于迫人出国不归。虽属个别现象，但影响极坏。他说：“适当的限制虽是必要的，但它绝不是治本之法。”

应该允许来去自由

“重要的是要使我们的政策既要切合实际，又要比较灵活。”冯承柏说，如果这种政策不能恰当地体现高级人才的价值，仍是“搞原子弹的不如卖茶鸡蛋的”或“能开颅的医生不如剃头的师傅”，那就很自然地会促使人才要作去留的选择。

冯承柏说，政策的灵活性还应体现在来去自由上。他认为，来去自由可以加速人才流动，并通过这种流动来取得信息和资料，以用于新科技的开发和促进经济建设的发展。

在谈到合理政策的制订时，冯承柏说，有关部门的领导人应首先从理论上研究形成高级人才流动的原因和利弊，了解当前高级人才的心态和滞留国外的各种不同情况。他说：“美国研究中国留学生已出了三本专著，加拿大也已出了两本，而我们却对此缺乏深入的研究。教育行政部门对此感到力不从心，甚至连一些基本材料都极不完善。”冯承柏说：“不能只靠找几个校长来谈谈，或开几个座谈会，拍拍脑门儿就凭老经验来制定政策。我们的政策应该建立在切合实际的科学基础上。”

目前在人才外流上虽然问题不少，但冯承柏对人才的回归仍持乐观态度。他说：“解放前和解放初期，中国各方面和条件都不如现在。但贫穷和落后并未能阻挡海外游子的报国心，一股强烈的民族责任感促使他们冲破各种障碍回归祖国。原子弹、氢弹‘两弹上天’这样的尖端技术，正是50年代从美国归来的老一代高级科技专家搞上去的。”

要为人才回归创造条件

冯承柏在谈到自己于五年前从美国进修归来的体会时说："美国条件好，那是美国人民经过二百年的努力创造出来的。我们应该回来为自己创造条件，而不应该依赖别人为我们提供优越条件；回来的人越多，改变现状就力量越大、越快、越有希望。"

改善大环境是重要催化剂

冯承柏的经历，可算是中国知识分子的一个小小的缩影。1957年，他因同意一位著名教授的某个史学观点，并因给顶头上司提意见，受到残酷打击，被强送到一个以收容闲散人员和无业游民为主的农场去放牛牧羊，直到中共十一届三中全会以后才得到彻底平反。但是这些曲折坎坷并未能磨灭他对祖国的忠诚。在结束采访时，他对记者说："我深信我们炎黄子孙的民族意识和责任感，即使那些尚在观望中的海外学人，也总有一天会踏上归程的。"但是他又补充了一句："当然，大环境的改善仍是重要的催化剂。"因此，人们把这个迫切问题的解决，寄希望于全面深化改革的进展，是完全可以理解的。

载《大公报》1988年12月10日

机遇、挑战与高级人才国际流动

近20年来，世界经济发生了很大变化，日本的崛起，西德的奋进，美国经济势力的相对下降，使世界经济呈多极化发展趋势。苏东政治、军事形势的巨大变动，从一定意义上讲，将削弱国际政治、军事竞争，并赋予国际间的经济竞争以新的内容，其重要性可能将超过政治、军事而成为国际问题的中心。在这场世界形势的变迁中，中国采取的方针和策略将决定今后中国的命运。

一 改革开放与机遇挑战

1978年中国共产党十一届三中全会以后，中国对外经济关系发生了具有深远意义的战略转变，改革开放已成为中国的基本国策，改变了中国内向型经济模式，解除了由于片面理解自力更生而对中国经济造成的束缚，使中国经济适应了国际经济发展的总趋势，为中国经济腾飞奠定了基础。

从亚太地区来看，新的科技革命促进美国、日本的产业向更高层次过渡。日本经济发展模式的成功为亚太一些国家和地区树立了仿效的榜样，于是各国纷纷采取出口导向型发展战略。以上两个条件的综合作用导致亚太地区国际分工格局的演变，使劳动密集型产业发生了两次大的转移。60年代中期正当中国大陆“文化大革命”轰轰烈烈之时，美、日等发达国家的劳动密集型产业转移到南朝鲜、新加坡、中国的香港和台湾，70年代以上四个国家和地区的经济脱颖而出，被誉为亚洲“四小龙”，中国失去了第一次机遇。70年代末期亚太国际分工格局又发生了第二次演变，美、日开始向高科技产业进军，“四小龙”开始向资本和技术密集型产业结构转变，劳动密集型产业由“四小龙”向其他发展中国家和地区转移，其中包括东盟四国和中国。此后，亚太经济格局表现出了明显的梯次结构。美、日等发达的工业化国家，处于最高层，亚洲“四小龙”处于中间，第三个梯次包括亚太地区发展中国家。处于梯次顶端的美、日的经济发展带动了其余两个层次的经济发展，而其余两个层次的追赶式经济发展又促使美、日向更高产业结构过渡。这种带动与追赶式亚太经济发展格局使亚太地区经济在80年代成为世界上经济发展最快的地区。

中国的改革开放，及时抓住了时机，在发展进口替代的基础上，很快转入出口导向型发展模式，可以说，目前是在努力开发本身的科技、资源、市场优势基础上，积极引进技术，发展以出口导向型为主、并与进口替代相结合的中国模式。这一模式既不同于香港的直接发展出口主导型经济，也不同于亚洲“四小龙”中其他“三小”，从进口替代型而逐步过渡到出口导向型，适合中国国情的战略方针，促进了中国经济的迅速发展。据亚洲开发银行的报道，70年代中国经济发展平均为6.5%，低于亚洲“四小龙”的9.2%，也低于东盟四国的7.4%，但80年代，中国经济发展速度既高出“四小龙”，更高出东盟。[1]

中国改革开放以来，国民生产总值和国民收入指标变动如下表：

表1　1978年以来的中国国民生产总值和国民收入

单位：亿元人民币

年份	国民生产总值（当年价格）	零售物价总指数1978=100	国民生产总值（固定价格）1978=100	实际GNP增长%	国民收入（当年价格）	国民收入（固定价格）	国民收入变动%
1978	3588	100.0	3588	—	3010	3010	—
1979	3998	102.0	3920	9.25	3350	3284	9.10
1980	4470	108.1	4135	5.48	3688	3412	3.90
1981	4773	110.7	4312	4.28	3941	3560	4.34
1982	5193	112.8	4603	6.75	4258	3775	6.04
1983	5809	114.5	5073	10.21	4736	4136	9.56
1984	6962	117.7	5915	19.60	5652	4802	16.10
1985	8568	123.1	6689	13.09	7040	5496	14.45
1986	9726	135.8	7162	7.07	7899	5817	5.84
1987	11351	145.7	7791	8.78	9361	6425	10.45
1988	14015	172.6	8120	4.22	11770	6819	6.13
1989	15677	203.3	7711	−5.03	13000	6394	−3.23

资料来源：依据《中国统计年鉴》1989年；《1989年国民经济和社会发展统计公报》，《光明日报》1990年2月21日统计数据汇编。固定价格计算的国民生产总值和国民收入按当年价格的该两项指标除以零售物价总指数而得。

1 亚洲开发银行《亚洲发展报告》1988年。

中国改革开放经济政策的实施，取得了前所未有的成就，1978年到1988年10年间，年平均国民生产总值实际增长速度达8.5%，人民生活水平得到迅速提高。但1989年的紧缩调整，使国民生产总值实际增长出现负值，国民收入下降。

改革开放使中国的对外贸易有了长足进展，国际贸易地位不断提高。1978年，中国产品出口居世界第28位，进口第24位，进出口总额居第24位。1989年出口上升到第13位，进口第12位，进出口总额居第13位。

表2　1978年以来对外贸易统计

单位：百万美元

年份	进出口总额	进口额	出口额	贸易平衡	年份	进出口总额	进口额	出口额	贸易平衡
1978	20660	10915	9745	-1170	1984	50777	25953	24824	-1129
1979	29332	15675	13657	-2018	1985	69809	42480	27329	-15151
1980	37644	19505	18139	-1366	1986	74614	43247	31367	-11880
1981	43107	21631	21476	-155	1987	82687	43222	39465	-3757
1982	40785	18920	21865	2945	1988	103015	55352	47663	-7689
1983	43409	21313	22096	783	1989	110067	58316	51751	-6565

资料来源：国际货币基金组织《贸易方向统计》1984、1990年鉴。

1953年到1978年间，我国商品进出口从23.7亿美元增至206.4亿美元，年平均增长8.7%。1978年到1989年增幅猛升到16.4%，其中出口为16.39%，进口为16.45%，进出口几乎是同步增长。同亚洲其他国家和地区相比，我国大陆对外贸易在国民经济中所占比重不大，1989年外贸进口额相当于国内生产总值的11.6%，同期香港的这一比例达到116.6%，新加坡162.6%，中国台湾43.0%，南朝鲜30.4%，马来西亚18.9%，泰国30.7%。1988年中国外贸出口额相当于国内生产总值的12.7%，同期的香港为115.6%，新加坡150.8%，中国台湾52.0%，南朝鲜33.8%，泰国27.6%，马来西亚59.9%，印尼25.1%。虽然中国的对外贸易并非国民经济的支柱，也不像其他国家和地区所占比重那样高，但中国的外贸却促进了整个国民经济的迅速发展。成套大型设备的进口，高科技的引进，合资企业的发展（这种形式的外国投资往往带入设备和技术），另外国民经济发展必需的钢材、化工原料进口等等，弥补了国民经济建设的不足，推动了国民经济的发展。

中国产品出口结构的变化一般反映了国民经济发展水平。工业制成品出口所占比重越大表明工业加工能力越强，经济发展水平越高。1982年和1988年中国产品出口结构如下表：

表3　1982、1988年中国产品出口结构

单位：亿美元　%

商品分类	1982		1988	
	绝对额①	比重	绝对额	比重
出口总额	223.48	100.0	475.40	100.0
初级产品	100.50	45.0	144.30	30.35
食品及主要供食用的活动物	29.09	13.0	58.91	12.39
饮料及烟草	0.97	0.4	2.36	0.50
非食用原料	16.53	7.4	42.57	8.95
矿物燃料、润滑油及有关原料	53.14	23.8	39.72	8.36
动植物油、脂及蜡	0.78	0.4	0.74	0.16
工业制成品	122.98	55.0	331.10	69.65
化学品及有关产品	11.96	5.4	28.97	6.09
轻纺和金属制品	43.02	19.2	104.91	22.07
机械及运输设备	12.63	5.7	27.69	5.82
其他轻工杂品	37.02	16.6	82.68	17.39
其他未分类商品	18.34	8.1	86.85	18.27

①按1美元兑1.8540元人民币换算。

资料来源：《中国统计年鉴》1984年、1989年。

初级产品的出口占全部产品出口的比重1982年为45.0%，1988年降到30.35%，其主要原因是出口产品减少和国际石油价格变动所引起的矿物燃料、润滑油及有关原料的出口比重大大缩小。工业制成品出口上升较快，1982年为55.0%，1988年达69.65%。其他轻工杂品，包括服装及衣着用品、鞋类、钟表等的出口增加，以及其他未分类商品的出口增加，造成了制成品出口比重上升。

改革开放使社会主义现代化建设成就卓著，按固定价格计算的国民生产总值从1978年的3588亿元人民币增加到1988年的8120亿，翻一番有余。国家经济实力显著增强，城乡人民生活明显改善，社会主义制度在改革中逐步完善，为今后经济继续发展打下了基础。

然而，国际形势的变化，其他国家的经济发展，既为中国的发展创造了机遇，同时也使中国面临新的挑战。

第一，中国经济虽得到迅速发展，但和西方工业化国家比，应奋起直追。

表4　1988年西方工业化七国与中国的GNP比较

单位：亿美元　百万人

国家	中国	美国	日本	西德	法国①	英国	意大利	加拿大
GNP值	4274	48806	28669	12082	9556	8328	7511	4738
人口（年中）	1096.1	246.3	122.6	61.2	55.9	57.1	57.4	26.0

①为GDP。

资料来源：IMF《国际金融统计》1990年7月。

第二，国民经济产业结构和劳动力结构也是客观衡量一个国家经济发展水平的两项标准。一般说来，国民经济发展水平越高，农业、工业在生产中所占比重越小，而服务行业，即第三产业则占比重越大，这是生产力发展的重要标志。劳动力就业结构与产业结构相适应，有什么样的产业结构，就有什么样的劳动力就业结构，劳动力就业结构随产业结构的变动而变动。下表为中国与美国在产业结构方面的比较：

表5　中美产业结构比较

单位：百万美元　%

国别	年份	GNP	农业	工业	其中：制造业	服务业
中国	1965	65590	39	38	30	23
	1986	271880	31	46	34	23
美国	1965	701670	3	38	30	59
	1986	4185490	2	31	20	67

资料来源：《世界发展报道》1988年，第226页。

第三，中国的对外贸易发展很快，但外贸赤字居高不下，对今后的改革开放不利。1978年中国在世界商品贸易中所占的比重仅为0.84%，1989年上升到1.86%。然而这一比例与发达国家相比存在着很大差距，甚至排在亚洲的香港地区、中国台湾和南朝鲜之后。从表 2 中可以看出中国在 80 年代仅 1982 和 1983 年外贸为顺差，其余年份均为逆差。从 1980 到 1989 年 10 年间，中国的外贸赤字累计达 439.6 亿美元，巨额赤字的存在不仅影响中国对高科技和成套设备的进口，而且还将严重削弱中国清还外债的能力。

从中国出口产品结构分析，大部分产品为低附加值产品，而机械及运输设备的出口增长有限，从表 3 中可以看出，1982 年为 5.7%，1988 年仅上升 0.1%，为 5.8%，表明我国的高技术、高附加值产品在国际市场上缺乏竞争力。

第四，虽然中国有些城市或地区的人民生活水平达到了小康水平，但仍有部分地区才刚刚解决了温饱问题。中国的生活水平与发达国家相比存在较大差距，如 1988 年日本人均国民生产总值为 23384 美元，美国 19816 美元，西方七国中人均国民生产总值最少的意大利也达 13085 美元，而中国只有 390 美元。如果按西方的消费结构估计，中国的实际人均国民生产总值可能要高出一倍左右，但与西方工业国相比，相差甚大，中国的水平甚至落后于非洲一些国家。

总之，中国要把国民经济的整体素质提高到一个新水平，要实现四个现代化，不断提高人民生活水平，就要求我们必须抓住历史机遇，迎接新的挑战。

二 发展教育事业是立国之本

为实现中国经济建设的宏伟目标，从当前看，调整产业结构，改善经营管理，加强重点建设是十分必要和及时的，但从长远看，从经济发展水平较高国家的历史看，大力发展教育事业，尤其是高等教育事业，培养出更多的高级人才是立国之本。

我们知道，社会和经济的发展必须依赖劳动生产率的提高，而人才的水平，即劳动者的技能技巧与劳动生产率有密切的关系。劳动生产率提高是解决目前我国企业经济效益不高、产品质量欠佳、在国际市场上缺乏竞争力的根本途径。人才的水平又决定了劳动生产率的高低，即人才的状况制约着劳动生产率。当然，劳动资料所代表的技术水平、劳动对象的选择和充分合理利用同样取决于人才素质的高低。

科学技术就是生产力，然而从科学技术到转化为实际的劳动生产力必须依赖劳动者，尤其是依赖高级人才（包括科技专业人才和高级管理人才），他们在科技转化为生产力的过程中起着极其重要的作用。

大力发展高等教育，加强国际高级人才的流动是为国民经济迅速发展培养和造就更多的各种高级人才的很好途径。高等院校是一个国家教育水平的典型代表，其他领域的高级人才大部分出自高校。高等学校的科研力量是整个国家科研队伍中一个极其重要的组成部分。

我国的高等教育，在党的十一届三中全会以来得到了迅速发展，科研成果不断涌现，为国民经济的发展及改革开放作出了积极贡献，其成果在生产中的实际应用取得了显著的经济效益。1952 年以来，学校的数量增加了 5 倍有余，在校学生人数增加了近 11 倍，具体情况如下表：

表 6 中国高等学校发展状况

单位：万人

项目 / 年份	高校数量（所）	教职工数	教师数	在校学生数	毕业生数
1952	201	7.5	2.7	19.1	3.2
1978	598	51.8	20.6	85.6	16.5
1980	675	63.2	24.7	114.4	14.7
1982	715	73.0	28.7	115.4	45.7
1984	902	80.4	31.5	139.6	28.7
1986	1054	93.1	37.2	188.0	39.3
1987	1063	96.9	38.5	195.9	53.2
1988	1075	99.4	39.3	206.6	55.3

资料来源：《中国统计年鉴》1989 年，第 793—800 页。

我国自 1978 年恢复招收和培养研究生工作以来，教育事业得到迅速发展。1978 年 370 个单位共招研究生 10708 人，到 1987 年培养研究生单位增到 755 个，招生人数达 39017 人，1988 年招生人数 35645 人。近 10 多年研究生培养工作的规模扩大很快，培养单位增加了 385 家，增加一倍有余，招生人数 1988 年为 1978 年的 3.3 倍。[1]

1《中国统计年鉴》1989 年，第 801 页。

学科分布逐步调整，以适应经济建设和改革开放的需要。经济、金融与管理学科在高等学校毕业生人数中增长很快，从各学科的毕业生人数看，师范教育也得到了扩充，政法专业也有所扩大。从下表选择年份的中国高等学校各学科毕业生人数统计中，不仅可以看到毕业生人数的不断增长，而且可了解到各学科在高校教育中所占比重。

表7　中国高等学校分科毕业生人数

占总人数%

项目/年份	总人数	工	农	林	医	师范	文	理	财经	政法	体	艺术
1957	56180	30.5	5.5	1.5	11.0	28.4	7.6	6.3	6.5	0.7	0.9	1.0
1965	185521	43.3	8.4	1.7	11.9	15.6	4.4	11.1	1.1	0.5	1.0	0.9
1975	118955	40.6	5.5	0.7	17.5	17.2	9.5	6.9	0.7	0.1	0.5	0.8
1978	164581	34.3	8.5	1.6	16.7	21.5	7.2	7.7	1.0	0.1	0.8	0.7
1983	335344	33.2	5.0	0.8	16.5	26.9	5.3	6.3	3.9	0.9	0.8	0.4
1986	392792	30.4	5.6	1.0	7.1	29.9	8.8	5.5	8.3	1.9	0.9	0.6
1987	531930	29.3	5.0	0.9	6.0	30.7	9.3	4.6	10.1	2.4	0.8	0.8
1988	553466	31.4	4.5	0.9	6.9	32.4	6.3	4.6	9.3	2.3	0.8	0.7

资料来源：《中国统计年鉴》1989年，第804页资料整理。

工科和师范专业始终占比较大的比例。财经和政法专业走了一条弯曲之路，1975年财经专业毕业生仅占0.7%，政法专业毕业生仅占0.1%，这是“文化大革命”期间对财政和政法忽视的结果。1988年，这两个专业毕业生已分别达到51273人和12490人，占全部毕业生的9.3%和2.3%。

分析高级科学家成长的历史，大凡有名气的中外科学家，90%以上有大学及大学以上的学历，绝大部分出自科班。据对中国现代500名著名教授级科技人才的调查，其中大学毕业的占总人数97.4%，所以说高级人才主要来自大学，[1]或者说，没有大学以上文化程度，难以成为高级人才，积极发展各种类型的高等教育是培养更多高级人才的必由之路。

1《人才学新论》，中国人才研究会，吉林省人才研究会合编，吉林人民出版社1988年1月版，第117页。

我国大学毕业以上人才比重，据 1982 年第三次人口普查的资料，大学毕业人员仅占 12 周岁以上人口的 0.5%，1987 年对同一标准的抽样调查结果表明已升到 0.8%，虽然教育事业在改革开放以后有了长足的进展，但和其它国家，尤其是工业比较发达的国家相比相差甚远，低于世界平均水平。

表 8 各国大学教师及学生人数比较[1]

单位：万人

国家和地区	年份	教师	学生	国家和地区	年份	教师	学生
世界	1986	412.1	5799.6	印度	1979	27.7	534.6
中国	1987	38.5	195.9	泰国	1985	3.1	102.7
美国	1986	70.1	1239.8	南朝鲜	1987	3.6	154.9
日本	1986	24.9	241.0	埃及	1985	3.2	90.0
加拿大	1986	5.7	124.5	墨西哥	1986	11.6	122.2
意大利	1986	5.2	114.1	巴西	1983	12.3	147.9
苏联	1986	37.7	508.8	阿根廷	1986	7.0	90.3

①包括大学、学院和相当于学院的各类专科学校。
资料来源：联合国教科文组织《统计年鉴》1988 年。

按表中数字计算，大学教师占世界人口的比重约为 0.1%，学生为 1.2%，即每千人中有 12 个大学生；中国这方面比例 1987 年分别为 0.04%和 0.2%，即每千人中仅有 2 名大学生。就这一比例而言，中国同期的教育水平不及苏联、泰国、印度和阿根廷等国家。与美国、日本相比则差距更大，如 1986 年美国每千人中有 51 人为大学生，同年日本每千人中有 20 人为大学生。

中国的科学家和工程师，即指在自然科学、工程、农业、医学和社会科学方面受完大学教育、接受过科学和技术训练，达到专业水平的人，总人数 1987 年已达 889.4 万人，就数量而言居世界较高水平，但考虑到中国 11 亿多人口，这些科技人员的比重仍低于世界平均水平。这种状况与中国经济发展的宏伟目标、与实现四个现代化的要求相差甚远。

中国高级人才短缺有其历史原因。旧中国的战争，造就了一批政治、军事人才，但使新中国在财政、金融和管理方面人才奇缺，落后于世界大多数国家，虽经艰辛努力，尤其是 1978 年以后，情况有所改善，但终究未从根本上加以解决。这种历史发展中长期遗留下的问题，由于各种条件的限制，很难在短期内解决。另一重要原因是政策上的失误。“文化大革命”把知识分子列为团结改造的对象，不少人下放劳动，使许多学有专长很有作为的人才白白浪费，“文革”中停学停课又造成知识人才断层。第三个原因是受财力的制约。十一届三中全会后，教育受到了应有的重视，但因国民经济实力所限，财政收入不多，加之许多人民生活问题、重点建设项目问题等更待急需解决，从而限制了对教育事业的财力投放。

大力发展教育事业，推动科技进步，始终是中国实现现代化进程中的主要内容。从目前的形势看，世界经济正逐步向一体化方向发展，各国经济间的相互依赖不断加深，加强国际交流是缩短中国同发达国家间差距的主要方法之一。另外改革开放需要更多的人才，尤其是在按国际通行的惯例进行商品交流、科技交往方面的人才，中国应该向世界发达国家学习。派人员出国学习不仅是发展中国教育事业的需要，是改革开放、加强与世界各国相互了解的需要，也是抓住当前机遇，迎接挑战的需要。

三 国际高级人才流动

在中国与国外的学术和教育交流中断了多年以后，1978 年的改革开放使这一交流重新恢复，而且交流的范围也在逐步拓宽。所谓的高级人才国际流动主要是指中国派人员到国外学习，然后回国为推动中国科技现代化或经济建设和教育事业服务，或聘请国外专家到中国工作、讲学，以及联合培养人才等等。

现拟通过对南开大学在该方面的情况，以及高级人才在国际交流中所获得的成绩，说明高级人才流动对大力发展教育事业、对推动科技进步和经济发展所起到的重要作用。

南开大学派出人员所去国家和地区主要有美国、加拿大、原西德、日本、法国、英国、苏联、澳大利亚、南斯拉夫、香港、荷兰等地。其中以美国所占比重较大，总数的一半以上即 353 人赴美学习访问。到加拿大的占总派出人数的 7.3%，西德 10.5%，日本 3.7%，英国 6.3%。

从表 9 的数据可以看出，在 1978 年到 1987 年 10 年中，南开大学派出的学者和学生的数量增长很快，1987年派出人数是1978年的20倍，是1979年的4倍。访问学者的比例在派出人员中大约为50%。但从总体看，南开大学派出人员数低于国家平均水平，但其中研究生派出量高于国家平均水平。从学科领域分布看，化学专业占南开大学派出总人数的23%，物理17%，数学16%，社会学科占33%。

表9　南开大学派出人员、渠道及身份

单位：人

项目	年份	1978	1979	1980	1981	1982	1983	1984	1985	1986	1987	总计
	总人数	5	25	47	43	55	58	65	113	107	100	618
国家派出	访问学者	3	18	38	29	13	9	6	4	3	9	132
	研究生		5	5		12	20	16	12	14	18	102
	本科生	2	2	4	5	4					2	19
联合国资助	访问学者					5	3	2	4	8	4	26
	研究生					1	2	6	9	6	9	33
	本科生											
世界银行贷款	访问学者					1	2	13	34			50
	研究生					6	14	6	10			36
	本科生											
民间组织交流	访问学者				4	1	2	6	10	16	13	52
	研究生				2	2	1		2	7	5	19
	本科生											
私立大学公基金	访问学者				1	7	2	5	8	11	21	55
	研究生				2	3	3	5	20	40	22	94
	本科生											

资料来源：南开大学派出人员统计档案。

在派出学者、学生的同时，南开大学接受外国留学生的数量也大大提高了，仅1987至1988年间，就有104名长期的外国留学生在校学习。与此同时，举办了外国学生短期和暑期学习班。另外，在聘用外国专家方面，南开大学也是非常成功的，自1978年以来已有131名外国专家长期在校任教，有些国际知名学者被聘为学校一些研究所任所长职务。1974～1988年来南开工作的外国专家人数如表10：

表10　1974～1988年来南开大学工作的外国专家人数

单位：人

年份	1974～1978	1979	1980～1981	1982	1983	1984	1985	1986	1987～1988
人数	6	7	12	8	7	16	29	25	21

资料来源：南开大学外事资料。

短期来访的外国专家学者数额较多，从1981年到1987年共770人，其主要活动为讲学和学术交流以及举办短期研讨班。如1987年来访的短期学者如下表：

表11　1987年来南开大学短期访问学者人数

单位：人

国别	美国	日本	加拿大	联邦德国	其他国家	总计
人数	104	25	17	17	34	197
比重	52.8%	12.7%	8.6%	8.6%	17.3%	100%

资料来源：同表10。

表12　短期访问学者学科分布（1987年）

单位：人

学科	自然科学	社会科学	语言	总计
人数（人）	99	95	3	197
比重（%）	50.2	48.2	1.6	100

资料来源：同表10。

截止至1988年，南开大学已经与10个国家的34所大学签订了交流协议，其中包括12所美国大学，6所加拿大大学，5所日本大学，2所英国大学，2所澳大利亚大学，2所南斯拉夫大学，1所意大利大学，3所德国大学（原联邦德国大学2所、原东德大学1所），1所伊拉克大学。

通过主题“你在国外学习期间最大的收获是什么？”的问卷调查，请归国学者及研修生从九个方面进行了自我评估，每一方面每人只填一项，其结果如下（被调查人数283人）：

表13 归国学者成果自我评估

单位：人. %

人数及比重 / 调查内容	很重要		重 要		不太重要		不重要		未 填	
	人数	%	人数	%	人数	%	人数	%	人数	%
提高学术水平	193	68.2	77	27.2	0		0		13	4.6
吸取理论与方法	147	51.9	95	33.6	4	1.4	2	0.7	35	12.4
增强学者交流	100	35.3	145	51.2	10	3.5	0		28	9.9
取得图书资料	54	19.1	135	47.7	32	11.3	16	5.7	46	16.3
了解异国社会	34	12.0	115	40.6	70	24.7	22	7.8	42	14.8
增进人民友谊	15	5.3	114	40.3	54	19.1	23	8.1	77	27.2
增进政治关系	1	0.4	21	7.4	75	26.5	80	28.3	106	37.5
改进教学方法	51	18.0	117	41.3	43	15.2	12	4.2	60	21.2
寻求经济援助	11	3.9	32	11.3	58	20.5	81	28.6	101	35.7

资料来源：同表10。

以上的调查表明，派出人员对他们在国外的学习是持肯定态度的，他们非常珍惜在外学习机会。大部分人认为他们最大的收获是通过在国外的学习提高了自己的学术水平。由于中国在近20年中断了与国外学术界的联系，所以吸收新的理论与方法对中青年学者而言是十分重要的，对于提高教学水平、改进研究方法和赶超世界先进大有裨益。

从调查结果分析，30—49岁年龄的学者，对各项内容肯定回答的比重最高，而50岁以上和30岁以下的学者则不确定性大些，追究其原因，可能是30—49岁年龄段的人是成熟的学者，且对前途充满信心，而30岁以下的则略显得不成熟，而50岁以上者可能因自己前途和教学科研方法已定型，或者在接受新事物方面较比年轻人困难所致。

另外，对问题的不同回答也反映了各年龄组兴趣所在，年龄较大组对“增进双边政治关系”和“增进人民之间友谊”内容方面持肯定态度的较多。但在“从国外获取经济援助”和“了解异国社会生活”两项上，年轻人则比年长学者表现得更关心些。

调查表明，由于所去国家的不同对各方面问题的回答也各异，或者说，所去国家对派出人员回答问题有较大的影响。总的说来，在提高学术水平方面，对加拿大评价最高；对“吸取新的理论和方法”、“加强与国外学者的交流”、“改善双边经济关系”和“从国外获取经济援助”方面，对日本评价最高，这主要是日本与中国相毗邻，历史文化源远流长之故。表 14 为派出人员所去的主要国家的统计。

归国学者在国外所学知识和经验对回国后的工作有密切的关系。针对调查表中提出的“你对你在国外获取的知识怎样看？这些知识在国内是否需要？”回答结果为：认为非常需要的占 12.8%，认为需要的占 43.6%，需要但缺少必备应用条件的占 35.8%，不太需要的占 7.8%。如按学科划分，学习自然科学的对以上问题肯定回答的所占比重较大，学习社会科学的认为所学知识不太需要的为多。

归国学者在努力工作、促进教育事业的发展方面所做出的成绩是不可抹煞的，一般工作量均大于教师的平均水平。如归国学者在教学方面所承担的课程为 1.76 门，而其他教师承担课程平均 1.27 门。归国学者所带研究生平均 5.21 人，其他教师则为 1.16。就课程内容而言，归国学者所开课程大部分为新课，大约每个归国学者平均开设 0.73 门新课，这些新课为知识更新、促进我国科技进步起到了积极作用。

表 14　南开大学派出人员对在所去国家实现留学目的的评估

单位：分数（4 分最高　1 分最低）

调查项目	美国	加拿大	日本	澳大利亚
提高学术水平	3	4	2	1
吸取理论与方法	2	3	4	1
增强学者间交流	3	2	4	1
取得图书资料	2	1	3	4
了解异国社会	2	1	4	3
增进人民间友谊	2	3	1	4
增进双边政治关系	3	4	1	2
改革教学方法	3	1	4	2
寻求经济援助	1	3	2	4

资源来源：同表 10。

应用新的教学方法授课，也是归国学者所取得的成绩之一。应用国外方法教学不是生搬硬套，而是针对中国学生的情况加以改进，其重要的转变是，中国从苏联学的教学模式是教师以解释教材内容为主，而一些发达国家教学则以解释疑难问题以及阐明教师对某一重要问题的见解、拓宽学生思路、提高学生解决问题和分析问题的能力为主，至于教材内容则由学生自己去阅读、理解。增加教师及学生间在学术问题方面的交流和讨论也是发达国家教学的方法之一。然而中国的学生大部分习惯于单方面听教师讲授，其传统方式仍有较大的市场。

“不出成果即失败”这一外国教育界的格言也被归国学者带回到中国的高校，成为激励教学和科研工作的座右铭。无疑，这种格言能促进高等学校出更多的成果，提高教学水平。据调查表明，同期内归国学者所发表的学术论文占全部论文的75%左右，其余部分由其他人员发表，出版的书籍、译著、译文比没派出以前成果丰硕得多，大部分人员归国后承担了重要的科研项目，并取得了可喜的成果，使教育事业和科研、经济建设更加生气勃勃。

下面仅举数例以说明归国学者的成就。南开大学电子科学系访英国和西德学者完成了“离子诱导辐射谱仪”的研制以及FAB（快速原子轰击）枪的研究工作，目前正在着手进行由西德大众汽车基金会资助的“团粒（原子簇）基本碰撞过程的高分辨率分析”项目。该系留美学者承担“非晶硅太阳能电池”攻关任务，在国内首先研制成PIN及集成型电池并达国内领先地位。高分子化学研究所访西德学者研制成“聚合物固载化络合物催化剂”。生物系访加拿大学者在“DNA拓扑学结构及DNA拓扑异构酶”研究方面取得了新的突破。元素有机化学研究所访美国和西德学者完成了“应用热烟雾剂（机）防治海南岛橡胶树白粉病”的研究工作，并在进行第三代农药的研制任务。物理系访英国学者完成“悬浮力学理论研究”课题，达到国际水平。该系访美学者还在“激光物理”、“交换型核反应微观研究”方面取得了优异成绩。计算机科学系访加拿大和澳大利亚学者主持研制了“多功能用户电报终端”、“中英文智能电报终端系统”等研究项目，通过了邮电部和天津市科委的鉴定，达到国际先进水平，为改善通讯系统作出了贡献。该系访美学者完成的“图象处理及模式识别软件包”

项目达到国内先进水平。生物系访美学者完成了“薄层营养液(NFT)栽培技术的研究和应用”项目。环境科学系访美学者完成了“京津渤区域环境综合研究”、“天津市城市生态系统与污染综合防治研究”、“天津大气颗粒来源研究”，以及“净化城市及排污研究”等项目，获国家和天津市科技进步奖。数学所访法学者完成“非光滑分析”研究项目，获国家科技进步奖。

在社会科学方面，历史研究所访日学者在日本出版若干专著，轰动日本学术界，弥补了中日关系史方面的某些空白。中文系访日学者在佛学和文学方面的研究深受中日学术界的好评。社会学系访美学者在“科学社会学”、“农村人口城市化”方面的研究取得了成果。

上述成果仅为南开大学国际人才流动方面取得成果的一小部分，并不具有全面性，也并非有完整的代表性。但它反映了人才的国际流动对高等教育和科研工作的促进。从深远意义上讲，这将对国民经济的发展产生积极的影响，因为掌握了科学技术的人必将对生产力的发展起到推动作用。

国际高级人才流动不仅在教学科研方面的作用体现明显，在高等教育机构建设等方面也同样起到促进作用。

第一，促进了教育改革。回顾历史，中国的高等教育走过了一条曲折的道路。50年代依据苏联模式对高校进行了调整，南开大学颇有生气的机械学院和管理学院被调出，变成了以人文和理科为主的大学，仅剩九个系。改革开放以后，国际人才流动，使南开更增加了对其他国家的了解，并了解到边缘学科的产生及其在科学研究方面的重要作用，学科间的相互协作是有益的，科学技术的发展使各学科之间相互影响、相互渗透。于是一些应用性的系所相继建立，如计算机科学系、电子科学系、环境科学系、金融系、管理系、旅游系、人口研究所、交通研究所等等。

第二，传统学科得到改善和加强。化学系是南开大学最早的系之一，目前的十位博士生导师，其中七位都以访问学者或学生的身份到国外学习过。数学系也是历史颇长的系，目前的六位博士生导师，四位在外学习过。1985年建立了数学所，其所长为著名数学家、美国国家科学院成员陈省身。陈省身所长主张，尽可能使中国的数学家和世界上著名数学家共同努力与协作，为数学研究作出更大的贡献。目前该所已成为中国数学教学和科研的中心，每年均有相当数量的中外学者到此学习、访问。

第三，吸取了国外的经验，借用了外国的人才。由于经济建设被提到中心位置，为经济建设培养大批合格管理人才则成为当务之急。如经济管理学科由于教育的中断，中国非常缺少这一方面的师资，缺乏研究生指导教师。南开大学与加拿大约克大学联合培养研究生就是利用加拿大的援助和借用加方师资达到为中国培养经济管理人才的目的的项目。1984 年该计划开始实施，1986 年已有 30 名研究生完成了专业课学习和工商管理硕士论文，其中九人被推荐到美国和加拿大进一步深造。

第四，建立了跨学科的学术机构。为了弥补学科和专业划分过细所带来的研究上的困难，南开大学建立了多学科交流中心。如人体生命科学研究中心、医疗保健研究中心、环境科学研究中心，在社会科学方面有国际问题研究中心、国际经济法中心和政治文化研究中心等。

第五，随着国际人才的流动，图书资料和科研设备得到了更新和充实。亚洲基金会向南开大学图书馆捐赠了上千册图书和杂志。利用世界银行贷款 3 万美元，修建了两个中心实验室。香港实业家邵逸夫捐款兴建了南开大学新图书馆。加拿大的援助使南开大学经济学院建立了供教学和学生实习的计算机中心。另外，每位富布赖特教授每次访问南开也都带来上百册图书。许多归国学者带回的大批资料也促进了教育事业的发展。

第六，加强了高校的学术领导力量。1987 年南开大学的 234 名归国学者中，有 27 名被评聘为教授，占教授总人数的 21.4%，90 名被评聘为副教授，占全部副教授的 19.0%。这些正副教授中，有 21 人任系所负责人，15 人担任博士生导师，5 人当选为校长、副校长和教务长。

开放改革促进了人才的国际流动，国际人才流动对中国的教育、中国的经济建设起到的推动作用毋庸置疑，时间越久，中国与国际间的人才流动对中国经济发展所起的积极作用越明显。如日本自诩为教育立国，实际就是强调人才对富强国家起到了极其重要的作用。像日本这样一个130年前还是一个封建闭锁的落后国家，而今一举超越了许多具有二三百年资本主义经济发展历史的西方列强，其中很重要的原因是日本十分注重人才的国际流动。通过人才流动，成功地把外国科学技术引入日本，并培养了一大批对本国有用的人才。日本的成功经验是值得借鉴的。

目前的问题在于像中国这样一个曾长期缺乏人才国际交流的发展中国家，一旦敞开大门，除产生积极因素外，也会出现新的问题。

人才流动是一种国际现象，中国开放改革，这种人才流动的趋势当然也同样影响到中国。大批有志之士走出国门，学业完成归国，成为中国经济建设的骨干。然而国际人才流动的趋势，尤其是高级人才，一般往往是从穷地区流向较富地区，从无用武之地流到能充分发挥自己的聪明和才干的国家和地区。但由于各种关系，包括历史、文化、生活习惯、亲属关系等等，人才可以流出，也可以流入，人才可以失去，也可以失而复得。在国外工作一段时间，取得更多实际经验的高级人才，一旦回归，便为中国建设贡献出更大力量，中国的历史上也不乏其人。中国的改革开放，应该加速国际人才流动，为学有所用的归国学者创造更好的工作、科研和生活条件。

我们坚信，中国继续改革与开放，必定促进国际人才流动；国际人才流动又为中国培养大批有用人才。教育事业的充分发展，为社会和经济发展提供高质量的科研成果，与世界的交往也将促进我国对外贸易、金融方面的迅速发展。经济建设必须依赖科学技术，科学技术有赖于科技人才，科技人才也必然对中国的四化建设作出更大的贡献。

原文载冯承柏主编：《亚太地区经济关系与中国》，南开大学出版社，1992年版，第七章

略述解放战争期间平津知识分子的抉择

饱经忧患的平津知识分子在八年抗战的离乱之后，喘息方定，又听到了解放战争的炮声。辽沈战役结束后，东北人民解放军随即入关与华北人民解放军协同进逼平津。官僚富豪闻风丧胆，纷纷南逃。平津两地的知识分子甘愿忍受冻馁之苦，不顾国民党当局的威胁劝诱，毅然拒绝南迁，留居平津，坚守岗位，迎接解放。本文仅对知识分子这一历史性的抉择作一粗浅的分析。

一

北平是我国的文化古城，当时平津两地有北京大学、清华大学、燕京大学、北师大、南开大学、北洋大学等26所高等院校。此外还有北平研究院、故宫博物院、静生生物调查所等著名文化机构。在大学里聚集着近 3000 名学有专长的教学科研人员和两万余名朝气蓬勃的青年学子。这些知识精英对中国的文化教育科学事业作出了重要贡献，对于贫困落后的中国来说是一笔极其宝贵的财富。

东北解放后，国民党教育部策划将平津的国立大学南迁。电令之外，1948 年 11 月 24 日，教育部主任督学黄曾樾专程前来与高等院校负责人交换意见。据 12 月 4 日《大公报》报道，教育部决定东北留平津的四校南迁，经与四院校磋商后，黄曾樾表示“东北四院是否即将南迁仍由各校教授学生决定，教育部不采取强迫命令方式”。黄在离北平回南京前曾说：“除东北四院校因环境条件缺乏决定分别南迁外，平津院校均不南迁。”可以看出平津院校在南迁的问题上态度十分明确。北京大学校务委员会和教授会议率先通过决议“北大从未考虑过迁移，今后也决不迁移”[1]；北洋大学全体学生大会决定停止迁校的各

1《大公报》1948 年 11 月 25 日。

项准备工作，并作出反南迁的决议；北师大教授会上“关于迁校问题因无人提议，不予考虑”[1]；北平艺专校务会议在徐悲鸿主持下通过不迁校的决议；南开大学校务会议和教授会议也分别先后作出不迁校的决议。《大公报》在12月16日的社评中称赞说“由这里可以看出现在大学师生的真理想和真抱负，而且饥饿日甚，信念日坚，这足说明近年来的知识分子，经过大时代的锻炼，受过无数严格的考验，所以处常应变，自有主宰，笃实践履，非讬空谈”，“不作南迁打算的各大学，在这个时期隐然成了北方的一种定力”。

迁校不成，国民党又在人员撤退上作文章，南京准备从平津地区撤出三四百人，包括各校管会的行政负责人、中央研究院院士、因政治关系必离者、在学术上有贡献者。蒋介石亲自过问此事，并指定由陈雪屏、蒋经国、傅斯年三人小组具体负责，教育部长、国防部长也参与其事，“华北剿总”负有协助责任。为此他们专门拟定了准备接走的人员名单（其中包括北大的汤用彤、贺麟、林巧稚、李宗恩、汤佩松、郑天挺、俞大绂、熊大仕、朱光潜、杨振声、郑华炽、饶毓泰，辅仁的陈垣，北平艺专的徐悲鸿，南开的杨石先、邱宗岳、黄钰生、鲍觉民等人)。陈雪屏、傅斯年等多方写信，拍电报催促上述人员南下，仅陈雪屏一人在三天之内即“拍发急电不下十余通”，但是打了数十封电报，却“未获一复”[2]。

无可奈何，最后只好宣布不受名单限制，各校教师凡愿走者自由签名，前后来过两次飞机，但走的人仍然寥寥。一次先抵南京的胡适到机场接人，见两架飞机是那么空，竟伤心地哭了[3]。

当时在平津两地的知名学者人数很多，处境不一，但所作的结论却是一致的。汤用彤先生9月份才从美国加州大学讲学归来，胡适到南京后立即发来电报促先生南下，并派人送去全家机票，先生毅然拒绝，他的儿子汤一介说，如果先生“能舍弃这片生他养他的土地，他就不会冒险从美国回来”[4]。1948 年 9 月贺麟教授到机场送人，对同

1《大公报》1948年12月13日。廖永武：《天津现代革命运动史》，天津人民出版社1985年版，第262页。

2《北大校史》，第302、291页。

3 访问南开大学历史所郑克晟教授。

4《北京大学校友通讯》（4）。《北京大学建校九十周年纪念特刊（1898～1988）》第14页。

去的北大秘书长郑天挺教授说："从历史上看，有的从西北（潼关）打进来，便为中原之主；清兵从东北入关也主宰了中国；现在共产党从两方面都打进来，看来国民党完了。"他还曾对看望他的冯至教授说："我有个见解，凡是青年向往的政府就是好政府。"围城期间，南京方面曾三次通知贺麟离开北平，他都没有走，北大的郑天挺教授也表示坚决不走，一定要保护好学校。

天津的情况和北平差不多，12 月 21 日国民党教育部发来电报表示"愿意协助教授离津南飞"，"各院校负责人多表示不愿意离津，且一致认为际此时艰不忍舍学校和师生南行"。天津飞机场被解放军占领前，一位南开女中的校友送给南开大学秘书长黄钰生 6 张机票，以便其全家南下，被黄钰生谢绝[1]。北洋大学总务长徐泽昆说："为保护学校图书仪器财产，决不离开天津。"多数教授亦表示"愿与同学共甘苦"[2]。

值得提及的是，留在天津的师生和科技人员不仅坚守岗位，而且主动劝阻"同事"和"首长们"，甚至要求擅离职守的负责人回来主持工作。北大理学院院长饶毓泰不仅不为胡适的劝说所动坚决留下，并劝其他教授不要南飞。北大化学系袁翰青教授受中共北平地下党委托，主动找北大文学院院长朱光潜、中文系系主任杨振声、教务长郑华炽、理学院院长饶毓泰、训导长贺麟等谈"去""留"，使这些人的疑虑冰消。

北平艺专校长徐悲鸿坚持不南飞，并说服齐白石先生打消顾虑一起留下来。据 12 月 20、23 日《大公报》披露，"一位私立大学校长，欲偷搭元培轮南行，已经挤进船舱，又被学生拉回"，"有几个国营事业机构，员工为了预防首长南飞，竟有推派代表二人终日看守首长'协助办公'的事情"。胡适由北平逃往南京后，北大学生自治会电胡"火速回平，主持校政"。

综上，可以清楚看出，"决不南迁"是解放战争期间，平津地区广大知识分子的共同抉择。

1《大公报》1948 年 12 月 23 日；访问天津市政协副主席、天津人民图书馆顾问黄钰生先生。
2《大公报》1948 年 12 月 16 日。

二

“决不南迁”是一个历史性的选择。平津的广大知识分子毅然作出这样的选择是有其深刻的社会背景的。

自抗战后期起，特别是抗战胜利后，广大知识分子对国民党坚持独裁、内战政策的黑暗腐败政治统治及经济混乱的状况日益不满，但仍有不少人对国民党蒋介石抱有希望，特别是一些思想比较保守人士，依然以蒋介石为正统的领袖，对蒋介石召开伪国大、制定伪宪法、选举大总统的民主骗局抱有幻想。而对于共产党，当时真正拥护与同情共产党的进步人士为数不多，大多数人对共产党不甚了解，多所疑惧。

然而，到了1948年，平津知识分子的政治态度发生了重大的变化。由于国民党政府连续不断逮捕学生，血腥镇压学生运动，恫吓教授，摧残高等学府，这极大地促进了教授们的觉醒。国民党的法西斯恐怖行径，戳穿了他们的“民主”画皮，迫使一向温文尔雅、埋头学术、对政治持“超然态度”的广大学者、教授们拍案而起了。为了抗议国民党特务闯入北大殴打学生，搜查捣毁宿舍，北大、燕京的助教、讲师、教授先后举行了罢教。北大、清华、师院等校90名教授发表联合声明，指出平津反压迫学潮，完全是国民党特务逼出来的，“为了维护学府尊严与争取安全保障，我们也曾忍痛罢教，唤起全国人民的注意，藉以制止层出不穷的迫害与惨案”[1]。“七·五”屠杀东北学生的血案发生后，北平各校404位教授联名向“政府提出最沉痛、最严重之抗议”。过去一些教师仅仅是同情学生，这时，则挺身而出以罢教的行动同学生一起并肩斗争了。教授们在抗议“八·一九”大逮捕的声明中尖锐指出：“中国的大学及专科学校正遭受国民党政府的日益增长的威胁，而造成恐怖气氛，我们愿发出最强烈的抗议，反对当局以想象的罪名加诸学生藉以破坏中国的学术生活”[2]，广大师生“既痛学府之被残，复感自身之被胁”[3]，对国民党的法西斯统治再也难以忍受了。

1《人民日报》1948年5月10日。
2《东北日报》，1948年8月29日。
3 清华大学校史编写组编写：《清华大学校史稿》，中华书局1981年版，第483页。

另外，抗战胜利后，国民党一意孤行大打内战，官吏贪污横行，通货膨胀，民不聊生，知识分子的生活每况愈下，连温饱也难以维持。1948 年 4 月著名考古学家、人类学家斐文中先生在北大四院的集会上说："我的资格是留学博士，又继续研究工作有二十年之久，我现可得是八百九十二万元，折合二十六年到二十七年的法币，只有二十二元六毛，折合白面，只有四袋多，相当战前一个门房。"[1]据清华大学一位社会学系教授的精确统计，1948 年 11 月，该校全体教职员每月的平均工资仅合抗战前的 8 元，以一家 4 口计算，只能维持 8 天的伙食[2]。许多教授不得不靠卖书和借支度日。国民党的饥饿政策，逼得包括教授在内的广大师生掀起了两次大规模的反饥饿、争温饱的罢教罢课斗争，"北大、清华、北平研究院七教育团体告社会人士书"宣称："教育界同仁生活的困顿不从今天起，而今天已到忍无可忍的地步。"他们大声疾呼："我们的正当收入已经为政府用通货膨胀的方式征收了百分之九十以上，我们有权利要求政府保证我们不虞饥饿的自由。"[3]

为了挽救财政危机，制止物价飞涨，国民党政府曾于 1948 年 8 月实行币制改革，以金元券代替破了产的法币（1 元金元券兑换法币 300 万元）。"币改"不仅没有停止恶性通货膨胀，相反是以新的大钞和更大的通货膨胀把国民党政府的财政经济引向总崩溃。国民党"币改"计划迅速全盘失败，财政经济崩溃和民主凋敝的状况使得绝大多数教师都感到"这样的政府再也拖不下去了"，"这样的日子不会太久了"，迫切要求有一个伟大的变革。清华大学的一位教师说："我们不要留恋战前清华园的美好生活，要眼向前看，迎接新时代。"[4]这表达了当时大多数知识分子的心声。

1948 年下半年，国民党急转直下的军事形势使一些知识分子最后丢掉了对国民党蒋介石的幻想。人民解放军取得辽沈战役的重大胜利，淮海平原鏖战方酣，平津两地已陷重围，指日可下。广大知识分子清

1《北大校史》，第 291 页。
2《东北日报》，1948 年 11 月 14 日。
3《东北日报》，1948 年 4 月 22 日。
4 清华大学校史编写组编写：《清华大学校史稿》，中华书局 1981 年版，第 498 页。

楚地看到国民党油尽灯枯，大势已去。平津战役对平津知识分子思想变化是个催化剂，它进一步推动知识分子的政治态度左转，促使他们迅速作出最后的抉择，加快了他们彻底抛弃国民党蒋介石，与之分道扬镳的步伐。

平津知识分子在关键时刻作出最后抉择还有两点不容忽视的重要因素，这就是知识分子追求光明、热爱祖国、热爱专业和教育事业，对学校对学生高度的责任感，以及共产党的地下工作人员因势利导，进行了大量艰苦细致的工作，打消了许多人的疑虑。例如，北洋大学总务长徐泽昆直到天津战役进入激战阶段仍留守在处于接火地带的校园，校内落弹20余枚，徐亦不为所动，并说："这条老命卖给北洋了。"当时《大公报》在一篇社评中对广大知识分子这种恪尽职守、忠于教育事业的精神和事迹予以报道和褒扬，而对那些弃职南逃的个别人物嗤之以鼻，尖锐指出："再放眼看看若干平时坐拥皋比妄自尊大，而临事高飞远走，轻弃责任的所谓学者名流，人之度量相越何其远哉？"[1]

关于中共地下党宣传的政策，对知识分子进行工作的情况因已有许多著作论及，本文不赘述，现仅举一个数字和一个实例可窥一斑。从当时平津地下党员的分布来看，大部分党员在学校，他们的主要工作对象是知识分子。以北平为例，当时全市地下党员共有3000人，其中学校党员占三分之二，他们以各种形式、多条渠道在知识分子中进行了大量深入细致的思想工作。例如，在考虑去留的问题上，贺麟教授虽然不打算走，但又顾虑他与共产党在思想观点上的分歧难以弥合。他说："我赞成三民主义与共产党矛盾，我赞成唯心论，共产党赞成唯物论，这也不好解决。"这时曾担任过贺麟教授助手的汪子嵩代表地下党城工部找贺先生谈话，转告城工部负责人的意见，请贺先生不要到南京去。进步教授袁翰青也受地下党委托，三次找贺麟谈话，向他介绍了共产党的知识分子政策，拨开了他心头的疑云，贺麟先生毅然决定留下来。[2]

1《大公报》1948年12月23、28日。

2《北京大学校友通讯》（4）。《北京大学建校九十周年纪念特刊（1898～1988）》第20页。

三

平津战役于 1948 年 12 月 5 日正式开始。这次战争就兵力和武器装备而言都是历史上前所未有的，战争将给平津——北方的这两座名城带来什么后果，不能不使广大知识分子万分担忧。为了数百万人民生命财产和经济、文教事业的安全，南开大学、北洋大学、天津各院校共 200 名教授针对国民党军事当局以学校做堡垒准备打巷战的计划分别联合向平津军事当局呼吁，要求“保护文化经济事业”，“重视平津四百万民命财产”，“保护平津两城”[1]。为了避免战争的破坏，天津知识界还同其他各界头面人物一起积极促成战争和平解决。但是，这些努力遭到国民党军事当局的拒绝。

与此同时，北平的知识界也在致力于和平。在傅作义 1 月 1 日邀宴北平学者名流的座谈会上，徐悲鸿先生指出：“北平是一座闻名于世界的文化古城，它在世界建筑艺术的宝库中也属罕见的，为了保护我国优秀的古代文化免遭破坏，也为了保护北平人民的生命和财产免受损伤，我希望傅作义将军顾全大局，顺从民意，以使北平免于炮火的摧毁……”著名历史学家、北大教授杨人鞭先生也说：“如果傅将军能为北平免于炮火而作出贡献，我作为一个历史学家将来在书写历史时，一定要为傅将军大书一笔。”生物学家胡先骕、故宫博物院院长马衡先生等许多人都纷纷发言，希望傅作义将军以北平人民的安全和保护古都文化胜迹为重，尽量争取战争早日和平解决[2]。

此外，北平一些文化名人、大学教授，如故宫博物院的康同壁、北京大学的周炳琳，华北学院的杜任之、燕京大学的张东荪等也都为北平的和平解放而奔走、呼吁。

平津解放，给知识分子带来了一个崭新的世界。人们感到欢欣，感到新生，同时更迫切要求重新学习，要求奉献。南开大学肖采瑜教授说：“平津解放后，能说所要说的话，能做所要做的事，这在国民

1《大公报》1948 年 12 月 23、28 日，1949 年 1 月 5 日。

2 廖静文：《徐悲鸿一生》，中国青年出版社 1984 年版，第 355 页。

党统治下是不可能的。”[1]清华、燕京两校张奚若、曹靖华、张广田、齐思和、雷洁琼等51名教授在时局声明中说：“历尽了国民党多年来的迫害，我们清华、燕京两大学的教育工作者终在长夜渴望中获得解放了。我们对人民解放军进行革命的英勇和坚决感觉无限的振奋。解放后的新局面不但加强了我们对于革命的信心，同时使我们更感到今后为人民服务的责任之重大，在获得了已久丧失的自由和安全之后，我们深切地体会到一种新气象的开展。我们为中华民族的光明前途而鼓舞，我们为中国人民的新生曙光而欢腾”，“我们愿意和全国文教界人士共同为人民的教育而努力，为中国的全面解放而奋斗”[2]。从此，平津的知识界踏上了新的征程。

原文载《历史教学》，1990年第4期（合作者：黄振华）

1《华商报》1949年3月3日。
2《华商报》1949年2月4日。

高级人才流动理论问题的探讨

第二次环太平洋地区高级人才流动国际研讨会于 1988 年 8 月 29 日至 9 月 2 日在美国洛杉矶加州大学举行。与会者除东道主洛杉矶加州大学环太平洋研究中心的研究人员外，还有南朝鲜汉城大学、菲律宾大学、新加坡大学、台湾大学、台湾中央研究院和南开大学的代表（共 21 人）。会议主要就高级人才国际流动的理论和各国政策进行了讨论。

洛杉矶加州大学环太平洋研究中心主任、著名社会学家成露西教授的论文，从理论上对高级人才的国际流动问题进行了探讨。文中指出，在过去 20 年里，各种形式的交换和交流在全球范围内急剧地增加，国际贸易、国际投资和技术转让变得越来越重要和复杂。随之而来的是国际间的文化交流和人员的流动。环太平洋地区人员的流向，主是从欠发达国家流往发达国家，特别是从拉丁美洲和亚洲流往美国。国际移民作为全球交流的一种形式，是同流出国和流入国的发展程度相联系的。二次大战前，流入美国的移民主要由没有技术、教育程度低的人员所构成，他们在美国的经济发展中扮演了廉价劳动力的角色。二次大战后移民的结构发生了重要变化，受过良好教育、掌握专门技术的人员所占比重显著地增加。特别是 1965 年美国实行新移民政策后，新移民中专业工作者的比例增加更快。1956～1960 年间，专业工作者占全部移民的 7.79%，1966～1970 年增至 11.06%，1971 年高达 41%。亚洲移民中专业工作者的比例更高，1956～1965 年间占移民总数的 10%，1966～1970 年间增加到 34%，1971 年以后增加到 50%以上。就国别而言，流入美国数量最大的专业人员来自印度和菲律宾。印度为美国提供了大批科学家和工程师，菲律宾是美国医师和护士的重要来源。亚洲国家流入的人才中还包括大量滞留不归的留学生，占专业工作者总数的 48.5%。他们持非移民签证来到美国后，改变了签证种类。专业人员移民的这两种形式（移民和留学）之间的比例因国而异。1967年留学生留居美国的比例，南朝鲜为90%，印度为87%，泰国为6.7%。1960～1979年台湾有5万大学毕业生到国外学习，回台湾者仅6000人。

高级人才的国际流动是统一的世界经济体系中国家之间相互竞争和依赖的一种表现。它同战后专业人员国际市场的形成直接相关。美苏两个超级大国争霸世界引起了技术上的剧烈竞争，反过来又促进了高科技的迅速发展。美国依靠其雄厚的经济实力和长期的积累在科技界有着细致的分工、优越的科研条件和优厚的工资待遇，它是吸引高级人才流入美国的主要因素。从人才市场的供求关系看，受市场经济和价值取向的制约，教育和科技发展的需要脱节，基础研究人才短缺。为了吸引人才，美国政府采取了允许专业人员优先入境的移民政策，并且取消了对亚洲移民的歧视政策，这是大批亚洲专业人员涌入美国的一个重要原因。从发展中国家的情况看，为了自立于世界民族之林，必须注重发展经济，而发展经济则必须依靠科学技术；科技人才的培养则有赖于教育的发展。然而，发展中国家又普遍存在着社会经济发展的水平与机制不足以充分吸收本国培养人才的问题，以致出现高级人才过剩现象。由于环太平洋地区的许多国家像菲律宾、印度，以及南朝鲜和我国的台湾，教育制度同美国接近，语言又能相通，这些国家和地区的高级人才流向美国就事出必然。与此同时，随着国际间政治、经济联系的加强，交通、通讯工具的发达，国际学术交流的频繁，跨国公司的活动遍及天涯海角，以及这些跨国企业对专业人员的吸收和聘用，都促进了国际高级人才市场的形成和发展，同时也促进了人才的国际流动。

具体到专业工作者自身，由于政治体系、社会结构、经济水平和文化背景引起的意识形态上的变化，出现了一种“民族主义淡化，个人才能至上”的思想倾向。为了谋求个人才能的充分发挥，个体价值的充分实现，不惜背井离乡，甚至放弃原有国籍和本民族的传统文化。

把上述理论解释应用到人才流动的研究，可以具体化为以下两组变量：

I、输出国和输入国关系变量，包括：①经济关系——出口、进口、贷款、援助；②交往和通讯——访问者、旅游者、电报、邮件数量；③外交关系——领事馆数、签订的各种协议、议定书数量；④文化关系——留学生数、翻译量、文化教育交流协议数、合作项目数，学术会议数。

II、国内变量，包括：①经济发展——人均产值；②科技发展——每百万人中从事研究的科学家与工程师数，每百万人中潜在的科技人员数，研究和发展的投资占 GNP 的百分比；③教育发展——每 10 万人中大学生人数和毕业生数，教育经费占 GNP 百分比；④失业——总失业率，专业人员失业率；⑤政治稳定性——政治权利指数；⑥健康、平均寿命；⑦城市化——城市人口占全国人口比重。其公式为：专业人员移居率＝专业工作者在一定时间移居美国的数目/输出国中积极参与经济活动的人口中专业人员总数。

应用 1973、1979、1985 年统计数字验证的结果是：①流出国经济发展水平越高，专业人员移居美国者越少；②高等学校入学率越高，专业人员移居者越多；③城市化程度越高，移居率越高；④平均寿命越高，移居率越低。关系变量数据验证结果不稳定。

在国家政策问题的讨论中，美国对亚洲高级人才的移民政策引起了与会者的很大兴趣。洛杉矶加州大学的一份研究报告认为，美国是一个移民国家（接受移民），不应该实行关门政策是美国人占传统地位的观念。然而无限制的自由移民仅在美国早期历史上出现过，美国移民政策的出发点是美国政府有选择移民入境的权力。什么人可以接受为移民取决于经济考虑和文化、种族的标准。来自北欧、西欧训练有素的人一直是优先入境的对象，亚洲的非熟练工一直处在移民的最底层。这种等级森严的制度是由社会力量和阶级——种族的冲突决定的。这种制度和社会本身一样，并非固定不变，而是因时因事而异，让大批受过良好教育的人才入境是长期积累变化的结果。在美国移民政策史上，技术人才一直是优先入境的对象，在排华法盛行时期也不例外。实行限额制的 1924 年移民法规定大学教授属于不受限制的移民。二次大战后，职业方面的优先扩大到工程技术、科学和医药卫生人员。这同美国在战争期间利用移民中的科学家、技术人员制成原子弹，战后依靠他们发展空间技术有直接关系。1952 年的移民法以不同的签证种类使非移民专业人员入境制度化了。因教育交流而入境的外国学生使用F类签证，从事学术和技术交流的人员使用J类签证，可以在美国暂时就业的特需专业人才持H-1签证。这些签证虽然是非移民签证，却起着为改变身份创造条件的作用。现在仍在执行中的1965年的移民法包括两类职业优先，每类均可在各国移民限额总数中占10%，一类在该移民法中被称之为第3项优先。迄于70年代中期，包括三种人：①在特定领域内（包括科学）有高级学位者；②在18个学科中，主要是工程和卫生获学士学位者；③宗教人员。另一类称作第6项优先，是指美国国内所短缺的熟练工和非熟练工。1975 年以后由于经济衰退，失业率高，医药卫生界受过高等教育的人员呈饱和状态，因此提出取消第3项优先的要求。1976年移民法修正案对第3项优先作了限制性的修改，要求专业人员具有特别才能，而且有就业机会。70年代末，优先的专业只包括有高级学位的营养学家，有学士学位的临床医师和在自然科学领域有特殊才能的人。1965年的移民法取消了以往的种族歧视政策，采取各国平等的份额制，有助于亚洲移民的比例大大提高。近年来的发展趋势是对非法移民，特别是墨西哥的非法移民进行严格控制。1986年的移民改革和控制法就是为此而设的。取消第5项（美国公民的配偶和子女）优先和有利于操英语申请者计点制（Point System）的建议肯定会给亚洲国家的移民带来不利影响。

南朝鲜汉城大学人口与发展研究所在这次会议上提交的论文数量最多，数字具体，材料充实，立论允当，引人注目。南朝鲜人才外流现象是严重的，但无论是政府还是研究机构并非对这种现象感到担心，而是根据实际情况规划未来。他们认为人才外流是南朝鲜教育与经济发展的需求失调——供大于求造成的。因此，他们并不认为是一件坏事。在他们看来，人才外流并不等于人才流失，国外定居的人才仍能为本国的经济发展作出贡献，在国际经济交往频仍、南朝鲜致力于发展外向型经济的情况下更是如此。根据统计材料，侨居国外（已加入外国籍）的南朝鲜科学家共5500人，其中4315人在美国，460人在欧洲共同体国家，550人在日本。1968年以来，南朝鲜有计划地吸引他们回国参加国内的学术和经济活动。到1986年为止，已有676人回国定居，506人往返于本国和入籍国之间。到2000年，他们计划吸引更多的海外科学家回国。南朝鲜还对国内8230名科学家、工程师和寄居美国的3439名科学家、工程师的结构进行了比较研究。从学科结构看，国内基础与应用科学的比例是1：5.7；美国为1：2.3。在美国31.1%的南朝鲜科学家从事基础研究，国内仅为15.1%。从获得学位的比例看，在国内获博士学位者占8.6%（707人），在美国为39.3%（1353人）。硕士学位分别为42.1%和22.8%，学士学位分别为48.1%和17.7%。从出国攻读学位的情况看，攻读硕士学位的回国率高于攻读博士学位的回国率。学科分布的情况是基础学科占全部回国人员的22.6%，应用学科占77.4%。获得博士学位留在国内工作的科学家中，留美博士比重呈下降趋势，留欧博士的比重显著增加（1970～1974年占4.2%，80年代占30.3%）。根据南朝鲜政府的计算，1986～2001年间，需获博士学位的科学家11590人，本国只能培养6540人，将近半数需要靠国外培养。这个差额，在很大程度上要靠吸引已定居国外的科学家回国才能得到缓解。南朝鲜的学者认为，整个说来派留学生出国得大于失，科学技术水平得以提高，自力更生的能力大大增强，2000年以后南朝鲜将有可能主要依靠本国的高等教育机构解决高级人才的培养问题。目前南朝鲜在人才问题上正处于从依附到相互依赖的转变过程中。

台湾研究工作的精细程度不如南朝鲜，但研究的角度颇值得玩味。台大的两位教授把人才流动放到移民和边境控制政策的范围内考察。他们在论文中指出，国民党第十三次代表大会是一个转折点。过去台湾基本上没有移民政策，十三大把移民问题列入了大会议程，开始认真地考虑移民的管理问题。转折的背景是：①戒严法实施期间，台湾的安全高于一切，只有控制边境的出入境法，没有移民法。②在民主运动的压力下，台湾当局被迫取消了戒严法，边境逐渐开放，禁止前往港澳、东欧国家和大陆的政策有所变化。③作为发展中的地区，台湾必须打开大门，引进国外的资本和技术，派遣留学人员学习先进的科学技术。台湾的边境管理政策有以下几个特点：①出国人员必须向内政部出境局和海外华人事务委员会提出申请，并获得这两个机构的批准。②男性公民在服役年龄期内（18～30岁）未服兵役者不得离境。此项规定妨碍了派遣留学人员出国学习先进的科学技术。③严格的考试制度并没有能够制止人才外流。台湾当局所坚持的“一个中国”的口号是同边境管理政策相矛盾的。大陆与台湾自由来往的呼声日益高涨的情况下，台湾当局不得不放松边境管制。台湾虽无明确的移民政策，但却存在着人口外流的事实。1963 年台湾净失去人口 1500 人。1987 年增至 25580 人。24 年内增加了 17 倍。1950～1985 年间台湾留学人员共 91428 人，1961～1985 年间留学人员 86270 人，85%滞留国外不归。从发展趋势看，80 年代以来回归率明显增长，已超过 20%。为了解决滞留不归的问题，台湾政府实施多种派遣政府官员和大学教师出国的计划，国家科学委员会在 1961～1988 年间共资助 2827 人出国学习或参加短期培训。其中，自然科学和工程技术占 45.60%，生命科学和医学占 30.31%，人文社会科学 20.02%，教育科学 4.07%。1980～1987 年台湾政府共派出进修人员 3041 人，短期访问 9911 人，实习人员 7234 人，边境管理也有放松迹象。1987 年 11 月～1988 年 5 月据警察当局的统计，申请到大陆探亲者共 161348 起，其中 97178 起得到批准，台湾中央研究院派遣代表到大陆参加学术讨论会的问题也在审议之中。台湾当局还根据所谓国家安全法制定了申请出入境程序，实施一年来入境批准率 5%，出境批准率 6.8%。有 467 件入境申请被驳回，1346 件出境申请被拒绝。台湾政府还于 1988 年 8 月 19 日成立了移民局，巴拉圭、巴西、荷兰等国家被列入移民国名单，关于投资与移民的双边协定正在谈判中。两位台大教授预计，新的边境管理政策正在形成。

综观这次会议的讨论情况，由于国际局势趋于缓和。国际间的各种交往日趋频繁，太平洋两岸国家的经济持续上升或保持稳定，许多发展中国家已经不像过去那样担心人才的流失问题。一个基本的趋向是，欠发达国家在发展过程中的某一阶段，由于教育与经济发展脱节或失调，人才流出几乎是不可避免的，只要政策得当，流出并不意味着流失，寄居国外的人才仍能继续为本国的发展作出贡献。当本国的经济发展到一定程度，人才市场的供求关系发生了变化，寄居国外的高级人才就会叶落归根，重返故土。大环境的改善是根本的。因此，人才外流问题的解决有赖于改革全面深化，我们应该为此而努力。

原文载《国际学术动态》1989 年第 4 期

略论我国教会大学的办学特点及办学效益

自19世纪中叶起，基督教特别是新教传教士，在中国兴办了一批不同于中国传统教育的新式学校。如何评价这些学校在中国现代化过程中的地位和作用，一直是中外史学界聚讼不休的一个问题。一般说来，有三种看法：全盘肯定，全盘否定，折中。本文仅就新教差会在我国建立的教会大学的办学特点和办学效益作一简略分析，期能有助于学术界对这个问题的讨论。

一、概　况

教会大学是中国土地上最早的一批现代高等教育机构，创办时间可以追溯到19世纪70年代，其主要目的是培养中国的传教人员。20世纪初叶，教会大学有较大发展，1920年达20所之多，当时我国国立大学仅3所（北京大学、山西大学、北洋大学），私立大学5所。教会大学在中国高等教育史上具有开拓作用。经过20年代的非宗教、非基督教和收回教育主权运动，教会院校或收归国有，或由国人出掌校政，面貌为之一变。30年代是教会大学发展的鼎盛时期，经整顿合并隶属于新教差会的大学和文理学院共13所。此外还有天主教创办的辅仁大学、震旦大学、工商学院以及专门、专科院校。抗日战争爆发后，大部分沿海地区的学校西迁，集中在四川成都地区，胜利后返回。13所院校的基本情况如下：

表1　北美新教差会在华创办的大学（含文理学院）

校名	建校时间、地点	新教差会背景	办学沿革	1952年院系调整情况
1. 金陵大学	1910 南京	美卫理公会、浸礼会、长老会、基督会，由汇文、宏育两书院合并而成。	1911年在美国纽约州教育局立案，得纽约大学认可学士文凭由该校校董会签发。1914～1915年始办农林科1917年医科移交齐鲁。1921年与美农业部合作编制中国古农书索引。1924年成立农业推广部。1930年得美国霍尔资助成立中国文化研究所。设文、理、农三学院21系4个专修科，以农科见长。陶行知于1910年考入该校。	校名撤消，农学院与南京大学农学院合并组成南京农学院。其他院系并入南京大学。

续表

校名	建校时间、地点	新教差会背景	办学沿革	1952年院系调整情况
2. 燕京大学	1917 北京	长老会、卫理公会，由汇文大学与通州协和大学合并而成。	最初男女分校，1926年迁入西郊新址后合并。1929 年董事会在教育部立案。设文、理、法3学院16系，另有历史、政治、化学、生物4研究所。哈佛燕京学社专为促进东方学术研究而设，出版《燕京学报》编制我国重要典籍引得，对我国学术贡献良多。	校名取消，院系并入北京大学。
3. 岭南大学曾用名广州基督教大学	1916 广州	长老会	成立时有文理两学院，1920年纽约大学承允授该校学士文凭。1921年建农学院。1922年设香港分校。1928年设上海分校。1929年设海南分校。1937年设澳门分校。迄于 1938 年共设文理、农、医、工、商、神学6学院20个系。	校名取消，院系并入中山大学，原岭南大学董事会改名为岭南基金会继续资助广东、香港地区教育事业，后分别在香港和中山大学内设岭南学院。
4. 东吴大学英文名苏州大学	1901 年苏州 1938 年迁上海	美卫理公会，由博习书院与中西书院合并而成	1900 年在美国田纳西州注册。1915年增设法科于上海，1927年更名法学院。1929年立案。共设有文、理、法3学院11系及法律学研究所。	校名取消
5. 沪江大学原名浸会大学英文名上海大学	1912 上海	美浸礼会柏高德等，由浸会大学与神学院合并而成。	1915年改名沪江，1927年与神学院分立。1929年在教育部立案。1931年成立商学院。共设有文、理、商3学院1个专修科。	校名取消
6. 圣约翰大学	1905 上海	美圣公会	前身为圣约翰书院旨在培养传教士，1905年在美国哥伦比亚特区注册，抗战期间，仍在原址上课。设有文、理、工、农、医 5 个学院 17 个系。1947年在教育部立案。	校名取消
7. 武昌华中大学	1924 武昌	雅礼会，由文华大学、博文书院大学部、博书学院大学部合并而成。	初设文、理、商、图书馆学4科。因武汉政变停办。1929年恢复。湖南雅礼大学、湖滨大学相继并入。将原有四科改为文、理、教育3学院，10个系。1931年在教育部立案。1938年内迁桂林，战后返回。	校名取消

续表

校名	建校时间、地点	新教差会背景	办学沿革	1952年院系调整情况
8. 华西协和大学	1910 成都	美浸礼会，加拿大并卫理公会，英美会，公谊会	初设文、理、教育3科，1913年设医科。1914年设牙科。1933年在教育部立案。1934年在美纽约州注册并与纽约大学缔约，凡该校毕业生同时得授对方学位。借以谋出国深造便利。自此毕业或留学返国服务者日众。牙、医两科成绩尤著。共设文、理、医3学院13系及牙、医2科与农业专修科。	校名取消，医学院独立改名四川医学院，其他院系并入四川大学
9. 齐鲁大学	1917 济南	美长老会、南长老会、信义会、公理会、卫星会、浸礼会、英长老会、循道会、公行教会	前身为登州文会馆。美狄考文建于1864年，后与浸礼会创办之广德书院大学班合并改名广文学堂移潍县。1917年与青州之共和医道学堂、神道学堂合并为齐鲁大学。1929年，神学院脱离。设文、理、医学院。1931年在教育部立案。抗战期间迁成都，复原后仍设文、理、医3学院11系2个专修科。	校名取消，医学院独立改为山东医学院，其他院系并入山东大学
10. 福建协和大学	1915 福州	美国公理会、美国卫理公会、美国归正会、英国圣公会及三教会	1917年美国纽约州立大学承认该校为合格大学并授予该校毕业生以学士学位。1918年在美国纽约州注册。1919年美国洛克菲勒基金会捐助科学馆建筑设备及常年维修费，并设科学讲座6名。1928年得何氏中国文化基金之助，扩充文学院各系。1931年在教育部立案。1936年得福建省政府补助设农业及农业2经济系。共设文、理、农3院15系	校名取消
11. 金陵女子文理学院	1915 南京	浸礼会、南、北卫理公会、长老会、使徒会	中国最早的女子高等学府。美国斯密司女子大学认该校为姊妹校。1924年增设附属实验中学。1925年上海体育师范并入。1930年在教育部立案设文、理两科、10系1专修。	1951年并入金陵大学
12. 之江文理学院	1911 杭州	美长老会	前身为宁波崇信义塾，建于1845年，1920年在美国哥伦比亚特区注册。1931年在教育部立案。设文、商、工3科，12系。马叙伦、朱经农曾在该校任教	校名取消，工学院并入浙江大学，文、商两学院解散
13. 华南女子文理学院	1915 福州	卫理公会	1922年美国纽约州立大学特发证书许该校有授予毕业生以学士学位权，1936年在教育部立案。该院设文、两科，6系	校名取消

资料来源：教育年鉴编纂委员会编：《第二次中国教育年鉴》第五编，高等教育；David Shavit: *The United States in Asia, A Historical Dictionary,* New York 1990; 陈学恂主编：《中国近代教育大事记》上海教育出版社1981年版。

二、办学条件

兴办高等教育事业必须有一定的物质基础。同中国土生土长的高等院校相比，教会学校有一些优越的条件。首先是外国教会可以依仗不平等条约，用较少的代价取得校园建设所必需的土地；其次，教会能够以在国外传播福音、拯救灵魂为由，向本国的善男信女化缘，筹集资金；第三，20 世纪以来，随着大企业的兴起，基金会发展迅速。教育事业是他们捐助的主要对象。有些学校的董事会也采取了经营性基金会的组织形式进行资金管理；第四，欧美各国政府的对外文化政策和文化交流机构形成后，也把资助发展中国家的教育事业作为其工作的重要内容。由于天然的联系，教会院校比较容易从本国政府处取得资助。所有这些都为教会学校提供了有利的办学条件。这当然不是说教会大学的资金唾手可得，它要靠办学人员花费气力去争取。因渠道、机遇不同，募得的资金数量差距很大，这对学校后来的发展至关重要。

表 2　教会院校的办学条件（以 1946～1947 年的数据为基础）

校名	校园与校舍	教职员（人）	学生（人）	图书设备	经费
金陵大学	校址在南京鼓楼，面积 2340 亩。教学科研用楼房 15 座，学生宿舍 8 座，教职员宿舍 2 座，住宅 56 座。	教员 216 职员 80	1084	中文 230667 册，方志、丛书占 1/3。外文 132414 册。温室、实习工场各 4 座，大礼堂体育馆各两座。	1692500000 元（1946 年）
燕京大学	校址在西海淀占地 20 余顷。有校园本部、燕东园、燕南园、镜春园、蔚秀园、燕勺园、朗润园、高丽园。教学科研用房数十栋。	教职员 267	901	中英文书在 15 万册以上，显微镜在 200 台以上。	抗战前年经费约合国币百万元，战后年开支近 30 万元。大部分为基金利息，次为各基督教会捐助。
岭南大学	广州康乐校址面积 1800 余亩（校外农场在外），校舍 79 座，有马丁堂（大学教室图书馆）、格兰堂（全校办公处，银行）、怀士堂（礼堂）、十左堂（农学院、博物馆）、哲生堂（工学院）等。	教员 140 职员 109	1056	中、日、西文书 146341 册。自然标本 24 万件。博物馆藏品 2475 种，另有人类学藏品 476 件。	1927～1928 年总预算为美金 32 万元。1929 年预算百万元。战后校董事会拨款 35000 美元修缮校舍。

续表

校名	校园与校舍	教职员（人）	学生（人）	图书设备	经费
东吴大学		教员 145 职员 45	376	中外文图书 5 万册。	建筑设备费由美教会捐助。经常开支主要靠收学费。1947 年美教会拨校舍修理费国币 3.59 亿，行政院拨助 4.6 亿，因修理浩大，尚不敷 2.8 亿。
沪江大学	校址在黄浦江边，占地 380 余亩，校舍大小 30 余座。	教员：专任 67 兼任 48 职员 44	1064	图书 56461 册，其中中文 34723 册，西文 21738 册。	1946 年下学期预算为国币 8.8 亿元。
圣约翰大学	校址在苏州河右岸，面积 240 余亩，校舍大小 40 所，教职员住宅 29 所。	教员 156 职员 50	1865	图书中文 108854 册，西文 35137 册，中西文杂志 204 种。附设同仁医院。	1946 年经费为国币 23 亿。
华中大学	校址在武昌，面积 300 余亩，校舍 20 余栋。	教员 58 职员 20	537	图书 23780 册，其中中文 13530 册，西文 10250 册。	1946 年预算薪金及行政费约 7 亿元，修缮设备费 8 亿元。
福建协和大学	校址在福州魁岐乡。有林场 1000 余亩，农场 150 亩，园艺场 135 亩。校舍有新式洋楼 30 余座。	教员 63 职员 51	587	图书 136857 册。	1946 年经费 12 亿元。大部分由美国教会及美国援华服务社捐助。学费收入仅占 1/10。
华西协和大学	校址在成都市南门外，面积 1000 余亩。重要建筑有事务所、图书馆、博物馆、生物楼、化学楼、大礼堂、体育馆等。	教员 255 职员 110	1784	中文 137199 册，其中以四川方志最为完备，新旧志 260 种。西文 7.7 万余册，共计约 24 万余册。博物馆藏品 2.7 万余种，西南民族器物尤为完备。有大学医院、口腔病院、麻风病院、精神病院及耳鼻喉医院各一所。	1945 年经常费 2.2 亿元。

续表

校名	校园与校舍	教职员（人）	学生（人）	图书设备	经费
齐鲁大学	校址在新建门外千佛山麓，有地数百亩。	教员 64 职员 70（含附属医院）	442	中文 103038 册，西文 22943 册，未装订中西杂志 12360 册，医院参考书 13000 余册。	1945年经常费约3亿元。
金陵女子文理学院	校址地处清凉山与鼓楼之间。主要建筑有中大楼、文学馆、理学馆、图书馆、礼堂。	教员 81 职员 23	440	图书 34729 册。	1947 预算 65 亿元。教会经常捐助占 45%，学费约占 20%。
之江文理学院		教员 72 职员 32	889	抗战前中西文书 43216 册，战争期间大部被毁，战后逐渐恢复。	1946 年经费近 7 亿，其中教会津贴约占 28.5%，学杂费约占一半。
华南女子文理学院		教职员 55	222	英汉藏书数万卷。	多半由美国女布道会捐助。另由教育部补助一部分。

注：教职员栏，为 1947 年数据。

资料来源：《第二次教育年鉴》第二章，公私立大学概况。

教会院校资金的主要来源是教会，世俗捐赠也占有相当大的比重。电解铝法的发明者，美国制铝巨子，查尔斯·马丁·霍尔（Charies Martin Hall，1863～1914 年）的遗赠和洛克菲勒基金会的捐赠在燕京的经费来源中举足轻重。据统计 1936～1937 年，霍尔资产的捐赠占该校所得全部赠款的 68%，占年度预算的 31%。同期洛克菲勒基金会的捐赠占全部赠款的 11%，年度预算的 21%。前者主要用于人文学科，后者主要用于自然科学。具体情况如表 3。

表3 燕京大学主要世俗资金来源

来源	年代	捐赠（US$）	设备（US$）	年拨款数（US$）
霍尔基金	1921年 1926年 1928年 1928～1937年	50000 1000000 500000哈佛燕京学社专项	248500	500 哈佛燕京学社各年不同，1926～1927年41630，1930～1931年高达128750
洛克菲勒基金会	1921年 1922年 1925～1930年 1928～1936年 1932年 1934～1937年	50000 90000 中国医学委员会 250000		22656中国医学委员会 28000CMB（每年） US$140000 劳拉斯佩尔曼·洛克菲勒基金（7年）206300华北乡村建设委员会（3年）
中国	1923年 1924年 1927年 1929年 1934～1937年 1934～1937年	LCS320000 百万美元募捐运动	宿舍（LUS50000）墙和门，来自私人捐赠	5000个人 11000个人 约60000教育部(每年) 15000中华教育文化基金会（庚款，每年）

资料来源：*Yenching University and Sino-Western Relations*. pp. 110-111.

学生的学费是私立大学经费来源的重要组成部分。教会学校的学费与中国私立大学相比，一般偏高。而且随通货膨胀而上升。燕京大学的学费在1927～1937年间翻了一番，从每年50美元增至110美元。同期宿费则稳定在40美元的水平。与其他院校相比燕京的学费显然贵得多。1930年北大为40美元，清华20美元。

三、办学特点

有了校产和资金并不一定能将学校办好。教会院校之所以能够办出些特色，主要是因为有一批高等教育的行家里手。来华北美传教士大部分受过很好的现代高等教育，不少人除神学之外，还以专业知识见长。其中有些人对中国教育事业的利弊得失有比较中肯的看法。早期有狄考文，他不仅对教会在中国办教育的必要性有较清醒的认识，而且对如何在中国办教育也有自己独特的见解。20世纪则有燕京的司徒雷登和岭南大学的钟荣光。他们二人的共同特点是在教会大学的中国化上下功夫、作文章。其实，这并非他们的发明，而是有识之士的共识。由美国芝加哥大学教授伯顿任团长的中国教育调查团于1921～1922年间访华，提出一份长达450页的报告，题为“基督教教育在中国”。报告要求教会学校“在性质上彻底的基督化”、“在气氛上彻底的中国化”、“把效率提到一个新的高度”以应付中国的挑战。报告认为“前15年中国人设立的学校已在数量上获胜。今后教会学校必须把基础唯一地放在质量上”。中国教育调察团非常重视教会大学，指出教会大学的主要问题是：“这些大学从性质上说是由西方传教士所创立，由西方捐款所维持，由西方列强的条约所保护，并以同样的理由允许那些负责者索去任何权利和保持任何标准，而往往是按照西方的法律在外国注册的。不管过去的真实情况怎样，教会学校正是由于这些状况而阻碍了人们的衷心欢迎和予以承认，妨碍了大多数中国人的支持，倒不是因为特殊的宗教性质而不受欢迎。”[1]这份颇有见地的文件为教会大学的发展指出了方向。许多院校根据报告陈述的观点陆续在中国政府的教育管理部门登记立案，改组董事会，由中国人出任校长。只有圣约翰大学校长卜舫济（Farancis Lister Hawks Pott 1864～1947年）坚决不肯让位，任职半个世纪，直到抗战胜利后，董事会改组，聘涂羽卿为校长，该校方才在国民党政府教育部获准立案，这已是1947年10月的事了。

为了提高效率，教会学校采取两个方面的措施，一是合并，一是加强校际分工。如前所述，专科以上的教会学校从20年代的20多所减少到30年代的10余所就是调整、合并的结果。当然，合并决不是一撮即合，往往要经过许多曲折和反复，不少教会院校早期的历史就是一部由分到合的历史。凡是以协和命名的学校，都是多个差会与学院的组合。分工表现在学科建设方面：燕京主要发展人文社会科学兼及生物科学（植物、遗传）；齐鲁、华西以医科、牙科闻名；岭南的化学在全国居领先地位；圣约翰以英语教育著称；金陵以农

1《基督教教育在中国》（纽约版），第109～134页。

学见长。

在提高办学质量方面教会院校采取的方法是：

（1）加强外语训练，创造一个良好的学习语言的环境，除中文课外，专业课均用英语讲授，要求学生用英语作作业，用英语回答教师的提问。司徒雷登在他的回忆录中说：燕京的学生“一入学就能听懂无论用那种语言讲授的大学课程，教师们也可以随便讲那种语言，或两种语言都讲。外国学者从来不用翻译”[1]。

（2）注重师资队伍和课程的建设。主要做法：（a）充分利用同国外交流之便，进行学科和师资队伍建设。例如，燕京的法学院就是在普林斯顿－燕京基金会的支持下建立起来的。普林斯顿的教授或毕业生常到燕京讲课，燕京的优秀生也有机会到普林斯顿攻读学位，然后回校任教。华西协和大学在1910～1952年间聘用任期在5年以上的外籍教职员118人，其中有博士学位的51人，占外籍教职员总人数的43%。有硕士学位者20人，为外籍教职员总人数的17%。二者合计，占总人数的60%。[2]这在我国现有的高等院校中也不多见。（b）教会大学的课程设置，因袭欧美大学培养通才和领导人才的传统，注重基础宽厚。一般地说，这些学校前2～3年上基础课，文理并重，第3或第4年才有系科之别。在专业课程方面，因师资力量充沛，设置较为完备。（c）严格管理，成绩不佳者留级或淘汰。20世纪20年代教会大学中途辍学者在一半以上。

（3）尽力实现中国化。燕京、金陵、岭南、华西等校都非常重视校舍建筑的中国化。他们先从校园环境开始，要让中国人在校园内没有寄寓他乡之感，至少说明外国人花的钱是为中国人办事。这也同建筑师茂旦（Henry Killam Murphy）的个人爱好有关。茂旦不仅对紫禁城的建筑叹为观止，对中国的园林布局错落有致也赞赏不已。[3]燕京、金陵、湘雅等校建筑的设计均出自他的手笔。中国古典文化的研究和教学受到许多教会院校的关注。1928年在美国马萨诸塞州注册成立的

1 司徒雷登：《在华五十年》，北京出版社，1992年版，第56～57页。

2 Lewis C. Walmsley: *West China Union University*, Mennonite Press, Inc. North Newton, Kansas, 1974, pp.173～182.

3 Dwight W. Edwards et al. *Yenching University, United Board for Christian Higher Education in Asia*, New York, 1959, pp.222～223.

哈佛－燕京学社是一个以哈佛和燕京为中心，“在美国兴趣和批判方法的激励下，促进中国东方研究”的机构。“培养中国和其他国家的学生，以利于中国文化的保存和传播”是该机构的一项重要任务。所有这些，都“将在西方学者和哈佛大学教育资源的帮助下完成”[1]。学社的第一任社长是著名史学家陈垣，继任者是古文字学家容庚。在他们周围聚集了一批国学、西学都很有造诣的学者如陆志韦、聂崇岐、许地山、侯仁之、齐思和等。这批年富力壮的饱学之士利用该社的资金与设施开展研究工作，硕果累累。容庚与史学家顾颉刚合作开展了考古发掘工作。研究成果大部分发表在该社发行的《燕京学报》（1927～1952年）、《史学年报》与《文学年报》上。在洪业的主持下，自1930年起哈佛燕京学社开始编纂引得丛书。到1946年，出版了64种重要古籍的引得。大大方便了国学研究工作。学社的另一项工作是资助和接待西方年轻的汉学家来华进修、访问，其中较知名的有李约瑟（Joseph G. Needham）、顾立雅（Harlee Glesner Creel）、魏鲁南（James R. Ware）、戴德华（George Taylor）、拉铁摩尔（Owen Lattimore）等人。哈佛燕京学社还培养了一批能用英语写作的中国学者。如方朝英（1928年毕业）、施友忠（Vincent Shih，1930年）、郑德坤（1931年）、杨庆琨（1933年）、费孝通（1933年硕士）、瞿同祖（1934）、刘子建（James T. C. Liu. 1941年）、徐中玉（Immanuel C. Y. Hsu，1946年）、余英时（1951 年退学）。学社的资金来自霍尔基金的赠款，该社成立之初，就获得赠款6万美元，此后每年所得到的馈赠约为8—9万美元。霍尔基金后来还扩大到资助其他教会学校的国学研究：岭南 70 万美元，金陵30万美元，华西协和20万美元，齐鲁15万美元，福建协和5万美元。[2]

（4）与中国政府合作。司徒雷登说，他到北京后不久就努力着手同中国官员交朋友，“让他们了解我们办这所教会学校的目的，同时，在可能的情况下也从他们那里得到捐款，以使他们表明对基督教教育事业的善意”。曾任北洋政府总理的著名外交家颜惠庆长期担任

---

1 Philip West: *Yenching University and Sino-Western Relations, 1916～1952*,Harvard University Press, Cambridge, Mass. 1976, p.189.

2 Philip West: *Yenching University and Sino-Western Relations*, pp.189～190.

燕京大学董事会的董事，一度当过董事长。燕京的校园是用 6 万大洋从陕西省督军陈树藩手中买来的。为了筹款，司徒雷登还多次前往东北，会见张作霖、张学良父子。从 1927 年国民党政府成立后，司徒雷登通过孔祥熙与蒋介石建立了密切的关系，这对燕京的发展起了重要作用。岭南的发展同中央、地方政府的合作密不可分。1921 年建立农学院得到广东省政府的拨款补助，收用学校周围山地为校产和农场。钟荣光出掌校政后，广东省政府在 1927～1928 年间拨款 26 万元（相当 10 万美元）供日常开支。广州市政府则派警察接管学校警卫工作，每年节约支出在 1 万元以上。1929 年铁道部（部长孙科是岭南的董事长）与岭南合办工学院，为铁路建设培养人才。铁道部拨专款 10 万元兴建教室。奥汉铁路拨助常年经费 6 万元。[1]岭南的科学研究工作注重结合地方实际。社会调查以华南为目标，先从江南水上居民着手。生物学科从事广东昆虫生活史，闽粤花植物、实用植物及海生藻的研究。

四、效　益

办学校的目的是培养人才。办学的特点和效益最终也要在培养的人才身上体现出来。教会大学学生在学期间的成绩可以从国民党政府自 1940 年开始举办的毕业竞试结果中有所了解。第一次竞试，甲类（大学一年级）决选录取的 31 人中教会院校 8 人，占 25%。乙类（二、三年级）50 人，教会院校 12 人，占 24%。丙类（毕业班）29 人，教会院校 9 人，占 31%。第二、三次竞试教会学校学生入选的比例都在 20% 以上，高出教会学校学生人数在全国大学生总人数 10% 的百分比[2]。

教会大学的毕业生并没有像学校的创办者所希望的那样，都去当牧师和教师。到 1920 年为止，2747 名教会大学毕业生，只有 361 人当了牧师或教师，占毕业生总数的 13%。[3]其他大部分进入商界和政

1《钟荣光先生传》，1967 年版，第 97～98 页。
2《第二次中国教育年鉴》，第 552～564 页。
3 费正清主编：《剑桥中华民国史》，第一部，上海人民出版社 1991 年版，第 188 页。

界。燕京大学的情况略有不同。1917～1936年毕业的1721人中从事教育和科研工作的超过半数。从事宗教、社会工作的占 12～14%，从政者占 9～16%。进入商界的占 8～9%。[1]全国解放后，教会大学所培养的人才有不少成为新中国人文、社会科学和自然科学的奠基人和骨干，有的跻身于国家领导人行列。这恐怕是教会大学创办者所始料未及的。

就整体而言，教会大学为中国的现代化事业培养了一批有用之才。教会大学的出版物《燕京学报》、《金陵学刊》、《岭南学报》上刊登的学术论文经常为学者们引用。哈佛燕京学社所编的各种“引得”至今还是大学图书馆和学者案头必备的工具书。总之，教会大学留给我们的印象是：其所产生的世俗效益要远远大于它的宗教效益。

原文载《世界经济与中国》经济科学出版社 1996 年

1 Philip West: *Yenching University and Sino-Western Relations*, pp.142～143.

天津市高等学校“九五”实验室投资规划98年度及中期检查的总结汇报

——为培养多层次多类型创新人才而努力

1999/11/7 东丽湖度假村

“各位”领导、各位专家：

九五实验室建设投资规划的执行已经进入第四个年头，还有一年这个规划即将完成。这是专家组第三次向各位领导作总结汇报。在第一次总结时，我们的认识水平很有限，仅仅从实现各院校的办学目标的角度去总结建设双基实验室的意义，并就当时各校的执行情况提出了一些值得注意的问题：实验室建设要与学校定位相结合，与环境改造相结合，要与精神文明建设相结合，就是在这次总结中提出来的。第二次总结是在1998年，我们对问题的认识随着形势的发展和工作的深入有了一些提高，试着从知识经济和执行科教兴国战略的高度来看待实验室建设的重要性，注意到提高学校办学的综合技术实力和公共服务保障体系的整体建设，明确地提出提高投资效益（实验教学的效益），加强学生的素质和能力培养的问题。这次总结，我们觉得应该从培养跨世纪创新人才，充分发挥现代教育技术潜力，全面推动教学改革的角度来总结我们取得的成果，总结以往的经验教训，探讨今后继续投资的方向。

投资的力度：

1996～1998年三年投资总额一亿二千七百二十三万六千元，实际到位资金一亿二千九百五十六万七千元，学校实际配套资金到位率平均为108.5%。配套资金到位率最高的是中医学院，为149.1%，其次是体育学院，为144.8%。实际完成投资额为一亿二千五百五十八万五千元。已完成投资总额2.31亿的54%。其中设备投资一亿零九百三十五万元，图书投资六百五十一万四千元，两者合计占实际投资的92.3%，此外，还有校园网投资两千万元，贯彻了面向双基，使大多数学生受益的原则。2.31个亿不是个小数字。我们完成投资计划后，平均设备总值要比1996年投资前增加2.2倍，其中增值最多的是美术学院，为12.4倍，体院为8.3倍，外语学院为5.1倍，财经学院为3.5倍。

投资的效益：主要表现在各校的办学整体实力和现代化教育技术的水平有明显的提高。

A. 我们这三年的投资实现了四个零的突破：

全市高校共建成了30多个多媒体、多功能教室（smart classroom），少的1～2个，多的有3～5个。这类教室1993年以后（有了万维网）才在西方发达国家的高校出现。规模较大的大学现在有30多个，小一些的学校7～8个。它的特点是与Internet相连接，与校园网和校内外的有线电视网相连接，有笔记本电脑的插头，有实物投影仪和大屏幕。录像带、光盘均可放映，有电话可以保持日常与外界的联系，用起来很方便。这类教室的建成是现代化教育技术水平的一个标志，关键在于使用和发挥效益的情况如何。

图书馆计算机集成管理系统和电子阅览室的普遍建立。三年共投入图书馆设备费1077.3万元，图书馆的设备由投资前的1365台件，315.9万元，发展到现在拥有设备7899台，价值1379.5万元。台件数增加了4.8倍，金额增加了3.6倍。这些硬件投入后，促使图书馆实现了从手工管理到计算机自动化管理的飞跃。方便了读者，提高了图书流通率。电子阅览室建成后，不仅使非书非纸载体的资料大大增加，学生能自由地在网上漫游，扩大了视野，提高了学生的信息检索能力。

校园网的普遍建立（今年年底全部建成）普遍提高了各校国际国内的电子通讯能力，为今后的资源共享、网上教学、远程教学奠定了基础。

从一般地评审各校投资效益，到评审课件的制作。此次对课件的评审，是实验室投资推动教学改革所达到深度的标志，是一个很好的开端。是利用计算机技术、多媒体技术和网络技术取得的重要成果。在这方面我们还有许多工作要做。（完善、上网、利用网络资源）

B. 建立和改进了一些具有特色的实验室：

师大的教育技术（包括微格教学）、体院的运动生理、中医的针灸、医大的远程诊断、音院的计算机作曲、美院的版画与工业设计、理工的加工中心和材料力学、财院的会计和银行模拟系统、职大的眼镜制作等等，都在不同程度上有所前进，有所发展。今年获奖的实验室如广播电视大学的电教中心、师范大学的普通物理实验室、文科综合实验室、天津美院图书馆、天津医科大学口腔医学院中心实验室、医大图书馆的电子阅览室也都颇具特色。

C. 推动了实验教学和实验室管理体制的改革：

平均实验开出率由投资前的69%提高到95.3%，增加了26个百分点。平均实验人/组数由投资前的2.8～3.7人/组降为1.7～2.1人/组。新增实验1342个，其中大纲范围内1114个，大纲范围外228个；改进实验871个，其中综合性实验673个，设计性实验198个。采用电化教学的实验课程由投资前的182个达到现在的483个，增加了1.7倍。采用多媒体教学的实验课程由投资前的9个增加到现在的204个，增加195个。

经过三年投资，实验室管理体制由院（校）、系、教研室三级管理，逐步向院系两级管理过渡，有些学校的管理体制已经调整到位。据14校的调查统计，通过合并调整，投资前的341个实验室已调整为现在的200个实验室。

D. 一支适应教育现代化需要的教学、实验、技术和管理队伍正在形成。如网络管理队伍是一支新的队伍，是过去高校没有过的。图书馆的自动化管理队伍在不少学校也是在实践中锻炼出来的。制作课件的队伍也在形成之中。

取得上述成绩的主要原因：

A. 科学决策；

B. 措施得当，奖惩分明，引入竞争机制；

C. 各校领导重视；

D. 调动了广大教职工的积极性；

三年投资是从领导到群众不断总结经验、不断提高认识的过程。从重视重点实验室建设到注重双基实验室建设，从重视实验室建设到重视实验室环境的改造，对图书馆、校园网在高等学校建设中的地位和作用，也有一个逐步提高的过程。对现代教育技术概念的理解，有一个从知之不多，到全面理解的过程。队伍建设特别是教师队伍建设的重要性、通过大量的培训使广大教学人员掌握现代教育技术的迫切性、管理体制和制度改革的必要性。做好各个部门协调工作的必要性。加强领导，突出重点、统筹兼顾的重要性等等都在实践过程中加深了理解。

总的看来，成绩很大，很突出。问题是九个指头与一个指头的关系。有些问题是客观环境造成的，有些是前进过程中很难避免的。专家组在讨论中着重研究了以下几个方面的问题，现提出来供领导决策参考：

与办学的指导思想和领导的水平和力度有关；

承办人及其与各有关部门的协调；

队伍建设还须进一步加强；

前瞻性不够，对于高等教育的未来发展趋势，知之不多；

校园网用的不充分，由于种种原因 Internet 使用得很不充分；

图书馆管理软件购买中的问题；

集团采购中的一些问题；

课堂教学、实验教学、设备管理、网络管理加强协调与合作；

进一步加强仪器设备管理，深化改革；

软硬件配套问题。

I. 培养跨世纪创新人才对实验室建设和学校的技术改造提出了更高的要求。为此需要对几个重要基本问题和基本概念重新加以审识和研究。

什么是基础？什么是专业基础？面向双基与吸取科学前沿知识的关系，与培养创新人才的关系。在扩大招生的情况下，对双基的投入是否有继续加大的必要？

什么是创新性人才？应具有的素质和基本技能是什么？

如何培养创新人才？如何才能做好创新人才的智力开发工作？如何才能真正做到变应试教育为素质教育？

为什么过去我们只能培养出奥林匹克考试的冠军，TOFEL 和 GRE

的高分获得者，而没有培养出诺贝尔奖金的获得者？

若要回答好上述问题，必须从世界教育史、教育学和心理学中寻找答案。重点是：

* 对高等教育的发展趋势要有清醒的认识；

* 对于“教育技术”的含义要有全面、正确的理解；

* 对于培养创新人才主客观条件的变化要有清醒的估计；

历史地看，高等教育发生过三次革命，这三次革命都同教育技术、教育组织有关系：

第一次：文字的出现，读、写革命（The reading-writing revolution）：从苏格拉底、孔夫子口头对话式的教学，发展为重视读写的教育形式。最重视教育技术的是纸、笔，后来是印刷术。

第二次：欧洲中世纪大学的出现，校园革命（The campus revolution）将教师群体、学生群体和学习资源群体（讲堂、图书馆、实验室、操场）集合在一个固定的地点，充分发挥组织起来的规模效益。

第三次：信息技术革命引发的，对于教师群体、学生群体和学习资源的重新配置与组合，这种组合并不一定要求有固定的地点。依靠计算机网络、人造卫星通讯把他们连接在一起。不仅如此，方便的通讯手段和储存工具还把他们同社会连接在一起。这场革命刚刚开始。主要技术是芯片、遍布全球的光纤网和人造通讯卫星网、电话、传真、摄像机和维系万维网的通讯和数据储存协议。

标志：

数字化的图书馆

虚拟讨论班、实验室

使用网络的远程教学

在工作场所进行的职业教育

每天 24 小时，一周 7 天的教学辅导

规模巨大的教育机构

计划得当，教学安排妥善，人力物力资源使用充分，就可以将高等教育的手工作坊式、劳动密集型、有固定地点的教学方式逐渐减少，改造为资本和技术密集型的、地点不拘、灵活多样的教学方式，在质

量和数量两个方面都能够满足社会需求，从而涌现出一批新型的高等学校。

对三次革命得失的估计：

1. 这三次革命都有助于更多的学者从教，更多的学习者进入高等学府；

2. 每次革命都为入学增加了新的障碍；

3. 增添了新的学术领域，使专业分工加强（既是得又是失）；

4. 改变了学者与大社会的关系，革命往往加强了“象牙之塔”，但有时则削弱了“象牙之塔”；

5. 造成了你对于学到的东西的怀疑。写在纸上，教师在课堂上讲的，在万维网上的信息就是完全可靠的吗？

6. 增加了学生与指导教师的距离感。提供了更多的时间和空间去思考、选择、感到困惑、自由、挣扎、一种普遍的地狱感在上升（a general hell-raising）

7. 围绕着学习者之间的交流互动，创造了更多的可能性和新问题；

8. 增加了教学资源如教科书的一致性；

9. 改变了学术交谈的性质，即改变了它的节奏，改变了手势语言的作用，改变了参与交谈的成员；

10. 在有效获得和担心大众教育的危险两者中在学习结果上产生了更大规模的差距；

11. 不同类型的人群聚集和分化；

12. 使教师成为具有创造性和更令人感到有威胁的职业；

13. 创造了管理和支持的角色并引起关于非教学人员的薪金是否恰当的争论；

14. 社会对教育的开支增加了，每个受教育者在某一方面的支出减少了；

15. 技术的逻辑会歪曲教育的逻辑的机会增加了。教育机构的行为往往是为了自身的利益。

改革开放以来高等教育有了很大发展，但是远远不能满足需要

（现代化建设的需要和学生升学的需要）。在入高等学校学习的年龄集团中，我们只有6%的人口在高校学习，美国超过50%，欧洲国家也在20%左右。针对这种情况，我们的实验室、图书馆建设、网络建设就应该扩大眼界，不应该只满足于在校本科生的需要，还应该考虑到职业教育、继续教育的需要和社区的需要。事实上有些高校已经在这样做了，我们在一些学校的计算机实验室里见到的并不只是本科生，有不少专科和职业教育的学生也在用实验室。实验室、图书馆、网络向社会开放的问题已经提出来了。这是在我国教育资源有限的情况下必然要遇到的问题，关键在于如何正确地对待。IBM 在高等教育的专栏里已经提出过这个问题，而且认为计算机和网络是解决此问题的一个重要选择。

IBM 公司对于教育的发展作了如下的预测：

A）受过良好教育的劳动大军是企业和国家在全球剧烈竞争中获胜的决定性因素之一；

B）21 世纪之始最佳职业对人才的需求不是体力而是脑力，权力和财富所依赖的是知识、创造和全球的信息交流；

C）仅仅受一次教育是不够的。智力发达，懂得技术窍门，具有广泛的技术知识，具有终生学习的愿望已经成为创业成材者最为重要的工具

D）终身学习将会产生新的学生和新的需要。每个个人都会将成年后的学习视为自己工作和闲暇生活的一个组成部分

E）我们的教育制度必须从使学生成为具有知识的人，转变为开发他们的智力

F）现有的地点固定的教育模式不足以满足社会的多种需要。以网络为基础的革新正在使教育更为开放、有效和反应迅速。

美国的一位作者对于到2007年美国的大学教育作了七点预测：

The Higher Education Enterprise and the Big Picture: Seven Predictions

高等教育事业和大图景的七点预言

预言之一：职业大学将成为高等教育的一个重要组成部分。

预言之二：大多数高等教育机构，或许其中的60%将拥有与办公

管理系统相联系的教学管理软件系统。

预言之三：新的职业大学将重点放在证书、组合学位、技术系列教育上。

预言之四：课程与课程内容之间的联系将遭到破坏。

预言之五：教师的工作和作用将朝着专业化的方向发生重大转变。

预言之六：学生将成为教育服务业的精明的消费者。

预言之七：教与学的工具将成为有如纸和书一样的方便和无所不在。

II. 完整、准确地理解“教育技术”（Educational Technology）这个重要的概念

教育技术与教学技术（educational technology, instruction technology）

定义：

教育技术是设计、实施、评价学习全过程的一种系统方法，它是根据特殊目的，在研究人类学习和传播的基础上，综合应用人类和非人类资源，以获得较有效的教育。(《教学技术委员会给美国总统的报告》华盛顿，美国政府出版署，1970)

教育技术是对达到教育目的各种手段的系统研究。(麦克恩齐·诺曼和迈克尔·伊劳特：《教育技术与大学》英国，布赖顿，苏塞克斯大学教育技术中心，1970)

教学技术是关于学习过程与学习资源的设计、开发、利用、管理和评价的理论和实践。(Instruction Technology is the theory and practice of design, development, utilization, management, and evaluation of processes and resources for learning)（美国教育通信与技术协会）

教育技术与教学技术在概念上有重合之处，但并不等同。教育技术的概念要宽一些，它包括教学技术，但又不限于教学技术。它包括教育心理技术、教育信息传播技术、教育管理技术、教育系统技术和教育计划技术。也可以将它归纳为三个大类：教育心理技术、教育信息技术和教育系统技术。对于这两者的区别与联系，英国米切尔教授作了如下的解释：“教育技术是跨学科的综合产物，几乎涉及教育的各个方面，从较小的教学范围到国家的教育体系，它都起作用。教育技术是理论和基础知识，而不是视听教育和教学媒体的同义语。”（《电化教育研究》1985年第4期，第17页，北京师范大学出版社）

教学技术发展的三阶段：

传统技术：口语、文字、黑板、粉笔、图片、模型和实物等。

媒体技术：摄影、幻灯、投影、无线电广播、电影、电视和语言实验室等。

现代信息技术包括：数字音像技术；卫星广播电视技术；计算机多媒体技术；人工智能技术；互联网通讯技术；虚拟现实仿真技术。

我们所说的现代教育技术主要指现代信息技术在教育上的应用，如前所述，有人称之为第三次教育革命。这场革命从60年代算起，已经有了30多年的历史。

初创时期（60年代）

以教育广播、录音、教育电视和录像为主。1962年美国总统签署了通信法案，其中规定拨给教育电视台的经费就达3200万美元，建立了数百个教育电视台。教育闭路电视系统超过300个。几乎所有的重要课程都有电视讲座。大学教育、成人教育比较普遍地使用电视与录像系统，部分中等学校也在一定程度上得到使用。

奠基时期（70年代）

技术上的应用主要是计算机辅助教学和卫星电视教育。1972年美国国家科学基金会制定了一个发展和评价教育电脑系统的计划，决定拨款支持大型 PLATO 和中型 TICCIT 等电脑辅助教学系统，国家科学基金会总共提供了1200万美元的资金。据1975年的不完全统计，当时美国已有500多个县具有一定规模的电脑辅助教学系统在运行。

发展时期（80年代）电脑辅助教学普及到中小学。1982年11月美国教育部在匹兹堡大学召开“教育中的电脑”讨论会。英、法、日等国政府都拨出巨款资助普通教育应用电脑。美国的电脑辅助教学系统随着技术的发展继续改进。出现了为设计者、作者、研究者分析信息，建立模块、处理思想的超文本媒体系统 Notcards。

普及和深入时期（90年代）特点是：

教育传输的网络化。最明显的标志是互联网（Internet）特别是万维网（World Wide Web）的普遍使用，将计算机网络、通信网络、广播电视网络结合成一体（即所谓三网合一）实现网络的宽带化、智能化和个人化，计算机网络进入千家万户，成为教育的强大手段。

信息呈现的多媒体，与其他媒体的教学系统相比，其优点在于：多重感官刺激；传输信息量大，速度快；信息传输质量高，应用范围广；交互性强。

信息储存的光盘化。其优越性在于：信息量大储存速度快；信息表现形式多样；交互性；非线性。

90年代出现的电脑应用系统——伯克利加里福尼亚大学的Boxer其功能包括：文本和超文本处理；能动的和交互的图形和图像处理；个人数据管理，包括数据和网络；编程。目的在于向普通人提供方法最简单、质量最好、最灵活、能够充分发挥人的智能的计算工具。服务对象是教师、学生和软件开发者。

新型教学模式及其特征；

教学技术应用的模式；

多媒体组合课堂教学模式；

教师在课堂中起主导作用，控制教学过程；

现代教学媒体与传统教学媒体有机组合；

通过教学设计，确定教学目标，选择教学媒体，策划教学过程，进行学习评价。

多媒体计算机辅助教学模式：

教学媒体是多媒体计算机及依据教学目标设计，反映教学策略的软件；

以多媒体的方式显示教学内容；

教学信息按超文本（非线性）方式进行组织，符合人类的联想记忆的方式；

具有友好的交互界面，学习者必须通过一系列交互操作来进行学习；

以CD-ROM储存教学信息，信息量大。

基于网络的“网络教学”模式；

提高信息的传播与利用率；

学生不受时间、地域的限制，主动地进行学习；

学生能按照自己的进度，自主地选择自己所需要的学习内容；

教师与学生、学生与学生之间可以平等地通过“协商”进行学习。

基于计算机仿真的“虚拟现实教学模式”：

虚拟现实（virtual reality）是由多媒体与仿真技术相结合而生成的一种身临其境、完全真实的学习环境。现已用于驾驶员、飞行员的训练。VR 技术用于教育和训练前景广阔，值得注意。

III. 对于培养创新人才所需要主客观条件的变化要有清醒的估计

21 世纪是信息时代，是知识经济的时代，需要高素质的创新人才。学校的所有工作都应该围绕着这个基本点进行。为此，我们**必须懂得创新人才的特点和培养创新人才所需要具备的主客观条件**。技术装备、实验室、图书馆、网络这些都是必不可少的硬条件。我们只懂得硬条件是不够的，还应该懂得人，懂得我们服务的对象、培养的对象。懂得人，懂得人才成长的规律，特别是创新人才成长的规律。为什么我们只能培养出奥林匹克考试的冠军，而培养不出诺贝尔奖金的获得者，这就不仅仅是硬件所能够回答的问题了。最近，我们主要在网上作了一点调查。有一个重要的发现：在信息技术革命发展的同时，美国教育界也发生了一个重要的变革，教育思想的变革。在教育心理学的理论上发生了一个重要的变化。这就是，多种智力论取代了单一智力论，结构主义的教育方法取代了传统的教育方法，他们特别重视对于创造能力的培养。充分利用信息技术革命的成果，开发学习者的多种智力，培养创造性人才，则成为这场静悄悄的教育革命的一项重要标志。与此同时，评价人才的标准和办法也发生了很大变化。从单纯地依赖考试到建立新的人才评估系统（详见附录）。为了真正使我们的投资落在实处，没有教育思想的变革，教学方法的变革，考试制度的变革显然是不行的。我们应该为此多作努力。

● 利用教育技术开发学生多种智力

1）有助于开发语言智力的教育技术：有声音注释的文字处理程

序或软件，出版程序或软件，培训说话能力的程序或软件，鼓励创作诗歌、散文的教学软件，多媒体创作，使用视听光盘和条形码创作陈述，录音机，电子通讯和电子网络。

2）有助于开发空间智力的教育技术：绘图和绘画软件，使用视觉材料如画谜方法和色彩编码的阅读软件，使用视觉信息的项目如地图、图表、图解，具有制图能力的软件，多媒体软件，探察仪器等。

3）有助于开发音乐智力的教育技术：讲故事和歌曲相结合的软件，与发音和音乐相联的阅读软件，谱写歌曲的软件，电脑作曲软件，使用视听光盘进行表演的软件等。

4）有助于开发逻辑数学智力的教育技术：各种数据库、以解决问题为取向的软件、计算机软件程序、战略游戏、计算器、多媒体制作软件等。

5）有助于身体运动感觉智力开发的教育技术：操纵方向装置（鼠标）、触摸屏、键盘和文字处理程序、动画程序、允许在屏幕上移动实物的程序、科学探索装置等。

6）有助于开发人际智力的教育技术：电子通讯程序、处理社会问题的程序、集体表现或决策程序、要求两人或两人以上的游戏程序、团队协作程序等。

7）有助于开发认识自己智力的教育技术：计算机辅助教学/智能学习实验室、对手是计算机的教学游戏、鼓励自我意识或可以自学技术的软件、任何允许独立工作的软件、专家系统或以解决问题为取向的软件。

●为了培养创新人才，在今后的投资中应该贯彻物与人、硬件与软件并重的方针。

“与熟练的信息知识技术相结合的伟大的教学工作才能够真正改变学校的面貌。过去，我们在硬件建设（网络、计算机、电缆、光缆、仪器设备）上谈的太多，花钱太多。对于教学项目、教学改革、学习引导、评估等软件建设方面谈的太少，关心太少，花钱也太少。”

（见麦坎泽：《信息技术改造学校的失败》美国《教育技术杂志》1999年第九期）

技术必须与其他因素结合起来才能改变学校的面貌，改进学生的学习。

在实验室建设的投资上，也应该体现这个精神。最近一年的投资里，我们注意到这方面的问题，成立了专门审核软件购买的专家组，课件的评审和奖励也属于软件投资的范围。今后，我们应该更有计划有目的地去做好这方面的工作。应该分门别类地去调查了解软件市场和需求的情况，包括工具软件、工业设计软件、各科教学模拟仿真软件、各种管理软件和数据库。以便有针对性地进行采购。在这里我想对于图书馆管理软件说一点意见。过去我们曾经规定，图书馆管理软件价钱在 3 万元以下的，各校可根据学校具体情况，自行决定购买。从此次验收的情况看，有几所院校购置的大连博菲特的软件价钱虽然便宜，但质量很不理想，售后服务态度很差。为今后发展，特别是为了实现资源共享，有必要对图书馆管理软件进行统筹规划，购买统一的软件。（北京邮电学院和江苏省开发的软件，性能优于国内其他软件，价钱要大大低于国外的软件，值得我们考虑。）

人员培训也属于我们所说的软件范围。世界银行教育设备贷款规定，每一亿美元的贷款必须有 500 万美元用于教学改革，100 万美元用于人员培训。这个做法值得我们借鉴。过去的三年里，我们已经做过不少人员培训工作，取得不少成绩。现在的问题是，头绪太多，应该认真地进行规划。人员培训可划分为两种类型，一种是管理人员、技术人员和教学人员的培训；另一种是用户的培训，对象主要是广大学生。全市、各校都应该有专门的培训机构或负责培训的专职人员，使实验室、图书馆、网络以及其他教育技术手段的使用和管理的培训工作经常化。

建设开放性的实验室和公共实验室，力争在“九五”投资的最后一年中取得成效

实验室教学是科学技术教育的一个重要的标志和特点。其原因在于物质、生物和技术科学本质上是经验的。研究工作、知识生产和学科的进步都是在科学家的专业实验室里进行的。实验室教学理所当然地成为了培养科技人才的一个重要手段。从德国的化学、化工之父李比希（Justus Liebig，1803～1973）于 1826 年在吉森大学建立第一个

大学化学实验室起，一百多年来各种实验室得到不断的发展，已经成为培养科学技术专门人才，进行知识创新的摇篮。然而，传统的大学实验室教学大多数属于封闭型的。这就是说，按照实验教学大纲的要求，由实验人员作好准备，学生遵照既定的程序去完成早已有了结论的印证性实验。这些实验给学生留下的印象是很有限的，对于培养创新人才，起的作用很小。国外的研究者在总结1830～1990年传统的大学实验室教学经验时指出，许多学生的实验工作，缺乏明确的目的和计划，是平庸的（Laydon：1990）。实验室教学的根本目的是培养科技人才的科学探索、创新精神以及掌握创新和进行探索的过程、技能和手段。许多实验教学之所以不成功，就是因为没有能够让学生自己经历科学探索的全过程，即：自己提出问题、或对传统看法进行挑战，然后自己提出假说，自己设计实验来论证假说，而是在教师精心设计的实验程序中走过场。实验室教学必须根据它设立的宗旨进行改革。近年来国外大学实验室教学又提出了一个新方向，即发展学生形而上的认识能力（metacognition）和自学能力，这与掌握科学探索的全过程是一致的。我们不妨看一看世界上一些成功的大学实验室的例子。

英国剑桥大学卡文迪施实验室（Cavendish laboratory），成立于1871年，是英国的物理学从理论研究进入实验研究的标志。这个实验室成立一百多年来科研成果累累，在电磁学、核物理、分子生物学、无线电物理和射电天文学等诸多领域中取得突破，培养了大批实验物理人才，有25人获得诺贝尔奖(包括物理奖、化学奖和生理与医学奖)。在仪器设备上也有重要的发明创造如：云室、质谱仪、加速器、X射线干涉仪、射电干涉仪和射电望远镜。

美国加里福尼亚伯克利大学的劳伦斯实验室，成立于1931年，是美国国家实验室中建立年代最早的一个。以发明回旋加速器、创建核医学、建立医学影像学、确定脂蛋白密度为心脏病的重要指标而闻名于世。这个实验室占地183英亩，有76栋建筑，年经费为3.89亿美元（1997～1998）。工作人员3,800人，其中专职科学家1,000人，技术辅助人员1,500人，此外还有1,000名本科生和研究生。这个实验室有9名诺贝尔奖金获得者（物理奖5人，化学奖4人）。每年接受来自世界各国和美国的客座研究人员2,000人。70年代中期以来，该实验室开发了若干项提高能源效率的技术如新光源、窗户涂料和能源效率标准用于住宅建筑，在全美产生巨大的经济效益。整个研究和开发的投入为7000万美元，使消费者在1993年就节省了50亿美元的开支。上述技术设施继续使用下去，将会使消费者长期受益。

这些世界知名的实验室之所以能在培养人才，开展科学研究方面取得重大成果，而且产生了巨大的社会效益和经济效益，究其原因，除了经费充足，设备精良，研究人员的水平高之外，有一个共同特点，就是他们的开放性。这里所说的开放性，是指从教学到科研采取的是开放的态度，而不是封闭的态度。

首先是目标明确：卡文迪施实验室一向标榜以大千宇宙为自己的研究对象，表现了对精深博大的追求，并不局限于物理学科，在分子生物学方面也取得过重大的突破（发现DNA双螺旋体）。劳伦斯实验室的口号是“今天的科学，明日的技术”，在理论转化为实践，科技发明造福人类上下工夫，硕果累累。这就是说他们的目标是开放的，不受学科和近期目标的约束。

其次，瞄准学科前沿和富于突破性的领域，根据自身的实际状况，不断调整研究方向。卡文迪施实验室从核物理转向分子生物学和射电天文学，取得突破性成果就是一个很好的例子。劳伦斯实验室最初的研究方向也是核物理，后来转到核医学，而且对互联网和应用光学的建设作出了贡献，也很能说明问题。

第三，自制仪器，自己动手实验。对于实验科学家来说，工欲善其事，必先利其器。有什么样的仪器设备，就会有什么样的发现。自制仪器，自己实验是非常重要的。两个实验室在自制仪器上的成就都很突出，他们的创新和突破与创造的新仪器有直接的关系。

第四，向全世界开放，在拥有一支稳定精良的科研骨干队伍的同时，长期保持一支庞大的流动的访问学者队伍，人员不断更新，将其中佼佼者留下充实骨干队伍，不断输入新的血液。

第五，鼓励独立思考、大胆探索，鼓励标新立异和批判性的思维，尊重人才的特长和兴趣，学风严谨。

第六，科研与教学有机结合。卡文迪施实验室表现得最为明显，它既是实验室，也是剑桥大学的物理系，两块招牌，一套人马。将研究精神注入教学是卡文迪施实验室保持高水平教学的关键，低年级以教学为主，高年级以研究为主。劳伦斯实验室也很注意本科生的教育，不仅如此，它还非常注意从中学生中发现人才。有计划地组织中学生前来参观，并为他们举办专题讲座。

取法乎上，适得其中。我们在建设开放型实验室的时候，世界一流实验室的经验对于我们是有借鉴意义的。国内大学在建设开放型的公共实验室方面也有许多很好的经验值得我们吸取和总结。例如在网上公布大型精密仪器的和管理者的名单和地址，对于仪器的性能进行较详细的介绍，设置开放基金，不断地举办培训等等。在实验教学中，培养学生科学探索的精神和训练学生科学的思维方法至关重要。充分利用对比实验，全面发展学生思维，只是这方面的一个例子。

充分利用对比实验，全面发展学生思维

1. 反常性对比实验：发展思维的积极性；2. 易混性对比实验：发展思维的细致性；3. 同质性对比实验：发展思维的敏锐性；4. 渐进性对比实验，发展思维的深刻性；5. 类推性对比实验：发展思维的流畅性；6. 综合性对比实验：发展思维的全面性。

近年来，虚拟实验室在互联网上已屡见不鲜。比较著名的有：

台湾师范大学黄福坤教授的物理学虚拟实验室和牛津大学化学系的虚拟化学实验室，都是为本科生设置的。值得我们注意研究。

进一步加强网络建设和信息资源建设，继续组织和推动优秀课件的开发制作和评审工作，充分利用现代信息技术培养创新人才

在中期检查中，我们发现各校普遍存在着对网络设施用得不够的问题。不少学校国际互联网根本没有开放。这里面有实际问题。如对学生的收费又不能太高，开放之后收支不能相抵。而且带宽不够，数据传输速度太慢，出国查询，效率低下等等。我们认为，首先应该明确一个基本概念，这就是说，建了校园网而不去用它，这是最大的浪费。因为网络，是培养学生综合创新能力的最有效的手段之一。美国教育界在总结万维网（The World Wide Web）在教育中的作用时认为，它是**军械库中的新武器**，可以促进教学过程中的非线性思维；加强教学过程中教师与学生、学生与学生之间的互动性；充分发挥教学中多

媒体（可视、可听、动态）的作用。具体地说它可以是教师的好助手、学生的讨论问题的论坛、获取资料和信息的源泉、锻炼和创作与表达能力的场所。随着虚拟现实、面向对象和实时技术的发展正在成为教学和人员培训的强大工具。但真正要实现这些功能有待我们作出更多的努力。

据中国邮电电信总局数据通信局局长殷一平的分析：中国上网速度过慢并不是主干网宽所造成，电信运营的主干网现在的利用率只有30%，造成用户上网慢有以下几个原因：一是网站设计有不合理的因素，二是网站服务器的处理能力不高。然而最主要的瓶颈制约是用户访问网络的带宽过窄。目前，中国的网络用户大都是拨号上网，接入速度最大只能达到 56KBPS，造成了主干网络利用率低下的现象。殷局长指出，中国电信今后将加强发展宽带接入工作，加快 ISDN、ADSL 等用户接入方式的发展，大容量波分复用光通信系统、高速率新型交换设备和各种灵活的接入方案会被大量采用，带宽的瓶颈问题可望逐渐得到解决。同时，将努力做好新建楼房的“光纤到户”工作，从根本上解决主干网利用效率不高的问题。从 12 月 1 日起，中国电信再次下调了因特网用户的上网资费，这不仅有利于普通拨号上网用户的进一步增长，而且更有利于宽带接入方式的发展。中国电信作为中国最大的电信运营商，近年来先后建成了业务覆盖全国的中国公用计算机互联网（163 网）和中国公众多媒体通信网（169 网）。截至今年 6 月份，两网用户已达 292 万（其中注册用户 203 万），占到全国网上用户的 3 / 4，国内骨干网实现了宽带 ATM 传输，带宽达到 155M，国际出口总带宽达到 199M。

为了发挥网络的功能，必须继续从两方面着手，一是继续加强网络建设，解决带宽和速度问题；二是在教学中提倡使用网络，加强资源建设，使之真正在教学改革中发挥作用。

第一，我们应该充分利用全国邮电网和联通公司以及有线电视网争夺市场的机会，改善教育科研网的通讯环境，有计划、分阶段地拓宽带宽，提高速率。首先解决好市内各高校之间的通讯问题，使文字、图像、声音的传输畅通无阻；然后解决京津之间的通讯问题。最后再解决国际出口问题。

第二，各校应将数据通讯费纳入学校预算，教委适当给以补贴，统一同有关部门交涉。天津市高校师生员工十万人，每人50元，每年500万元，我们若能每年投入500万到1000万元作为通讯费用，至少可以改善市内和京津之间的通讯条件，值得一试。

第三，有计划、有步骤地组织校园网和教育科研网上的信息资源建设。我市高校图书馆的书目数据建设，还应继续抓紧进行，中文书目数据库之外，还有外文书目数据库，中外文期刊数据库。全文数据库的建设也应着手进行。在数据库建设上也应引进竞争机制，奖优罚劣，鼓励先进。

第四，已经在天津外语学院建成的“天津外语教学实验中心”是我市第一个公共实验室，应该充分利用这个信息源，使外语声像和文字资源有组织有计划地上网供全市高校师生使用。

第五，尽快成立 Internet 公共实验室，使之成为网上的另一个重要的信息资源，在培养学生上网能力上发挥作用。

第六，继续作好课件的开发和评审工作。应要求课件制作充分利用网上资源。制作课件前应在网上查询，了解同类课件制作情况，下载工具软件。已作成的课件，参考文献中要有相关的网址。成熟的课件应尽快上网。

第七，应设法充分利用已有的远程教育设施（如医科大学与加拿大的远程教育网和远程医疗网）并加强广播电视大学的远程教育设施的建设，从长远看，远程教育必将成为我们发展高等教育事业，扩大招生，和解决教育资源不足的一个重要手段。

第八，继续加强教育科研网网络中心的领导，提高管理水平，加强资源建设，做好服务工作。

第九，各校的网络中心、计算机中心和图书馆均应继续搞好用户的上网培训工作，不断地举办各种类型的培训班，以适应技术迅速发展和用户不断增长的需要。

●开放计算机实验室，提高现有计算机的使用率，继续推广课件制作，有计划地改造现有的非计算机专业的计算机教学，探索新的计算机采购原则。

三年来，我们在计算机方面的投入总值为 2149.69 万元，共购进各种类型的计算机 4,531 台。与投资前相比，无论是金额还是台数都翻了两番。但联网的计算机只占半数。这至少从一个方面说明了在使用率方面还存在着问题。计算机是一种高值易耗的设备，不用，或用得不够，用得不当，都是极大的浪费。计算机的使用可分为两个方面，一是教师为教学而用；二是学生为学习而用。没有教师的充分、合理的使用就难以带动学生的充分、合理的使用。这种情况在非计算机专业显得尤为突出。

据国外有关方面的研究，计算机在教育上的应用至少包括以下几个方面：1）模拟；2）解决问题；3）微机为基础的实验室资料；4）数据库和电子出版物；5）专家系统。对于学习者来说可在以下几种环境里发挥作用：1）写作环境，包括文字处理和出版；2）数据库环境，可以是在线的也可以是地方的储存；3）计算、投影和统计软件；4）编程环境；5）电子通讯环境；6）电子视听环境；7）认知工具。计算机能否在上述领域充分发挥作用取决于宏观、中观和微观环境。宏观环境指整个社会对计算机在教育中的作用的认识；使用计算机的经济条件；对于计算机使用的投资、协调和鼓励程度；资源和系统的支持。中观环境包括：所在单位的结构、政策、资源和社会气氛；教师支持的程度；与计算机有关的资源的组织程度；领导的支持程度；教师和学生群体的特点。微观环境指：教师和学生个人在使用计算机环境下的特点，包括背景经验、态度和能力；计算机使用时学习经验的组织，包括与其他学习活动的结合，师生之间、学生之间的互动；与计算机有关的资源的特点，硬件和附件的限制，教学资源（课件）的设计是一个关键因素。许多研究者都认为，计算机在教育中的应用与微观条件关系非常密切，其中，课件的制作是一个值得专门讨论的领域。

为了提高计算机的使用率，充分发挥计算机在高等学校教学中的作用，首先应该解决计算机实验室在上课以外的时间，向学生开放的问题。我市有些高校已经这样做了，收效明显，受到广大学生的欢迎。尚没有这样做的学校应该尽快设法将计算机实验室像图书馆那样全天（包括节假日）向学生开放。

与此同时还应该注意改进非计算机专业的计算机教学。这就是说不仅要解决提高计算机文化素质（computer literacy）的问题，而且要解决结合专业的应用问题。根据美国学者的研究，高校学生应该掌握以解决问题为取向的六大项计算机基本技术（Computer Skill for Information Problem-Solving），简称六大（big six）：

1）确定任务（**Task Definition**）：收集确定研究课题所需要的信息、资料。为此，应该掌握的技术是：

使用电子邮件和在线讨论组在互联网上与教师就指定的任务进行通讯和讨论；

与其他学生就自己的课题在本地和世界各地展开讨论；

使用计算机（形成思想的）软件重新确定研究的课题。

2）确定收集信息战略：

学生应能对不同形态的电子资源作出评价。包括数据库、只读光盘资料、Internet 和商业网的在线资料、政府部门的电子信息资料；

能够识别和应用评价计算机电子信息资源的特殊标准；

能够使用计算机组织和制定图表。

3）落实信息来源，获取信息：

掌握在学校图书馆查询的技术，包括检索在线图书和期刊目录、索引、全文资源、多媒体计算机工作站、光盘工作站、在线终端、扫描仪、数字化照相机；

掌握校内信息资源所在地点；

懂得如何使用电子参考工具书如：百科全书、手册、词典、字典、年鉴；

掌握在学校以外上网查询的技术：如各种检索引擎、重要的网址

知道如何在校内外取得技术人员的帮助；

知道如何利用网络取得有关专家的帮助；

4）使用信息：

掌握阅读和下载信息（如解压）技术；

将所需的信息资料剪贴到自己的文档上；

使用文字处理程序撰写提纲、提要和笔记；

记录电子信息资源的地址，编辑资源目录、脚注或文后注释以便

核对和今后使用；

利用统计软件处理数据；

分析和筛选信息资料，取其精华，去其糟粕。

5）综合信息：

使用计算机对于收集到的资料信息进行分类排比；

使用计算机制作文件、图表；

使用数据库管理软件制作数据库；

使用 PowerPoint, HyperStudio, Aldus Persuasion 等软件制作电子幻灯片，以便向教师和同学陈述自己的研究结果；

掌握制作数字化录音录像技术，制作音像产品；

掌握 HTML 和 XML，制作网页，使自己的研究成果在网上发表。

6）评价结果：包括自我评价和请他人评价

从内容和形式两个方面评价电子成品；

使用纠正拼写和语法软件改正文本中的错误，编辑文本；

使用法律文件和道德准则检查作品确实遵守版权法，没有剽窃行为；

使用电子邮件和讨论组软件、电视会议软件与教师和同学联系，征求他们的意见；

全面考察在全过程中使用电子资源和工具的情况。

如果非计算机专业的计算机教学朝着这个方向努力，就有可能大大提高学生使用计算机的能力，使计算机在教学中发挥更大更好的作用。

为了适应计算机技术飞速发展，产品不断更新的情况，作为买方，我们应该研究适当的对策。有的专家建议在客户/服务器的模式上作文章，让更多的过时的计算机继续在联网的条件下发挥作用。各单位在购买计算机时，一次性的购入量不宜过大。这些意见值得研究采纳。

●作好资源共享这篇大文章

由于教育经费的投入是有限的，需求是大量的和多样的。投入需求之间的矛盾必将长期存在，这个基本事实要求我们必须在方方面面都作好资源共享这篇大文章，让现有的教育资源发挥更大的作用。前面谈到的加强开放性公共实验室的建设、加强网络建设，其目的都是为了实现资源共享。这里，我主要想谈的是文献资源的共享问题。关键在于如何在我市高校建立起自己的文献服务保障体系。中国高等教育文献保障体系（China Academic Library & Information System，简称 CALIS）自 1995 年成立全国管理中心以来，做了大量的工作。已经建立了全国文理、工程、医学和农林四大中心和七个文献服务地区中心。对于中外文编目人员进行了多次培训，在建立高等学校书刊联合数据库，引进外文文献数据库，自建有中国高校特色的文献数据库等方面已经取得了一些成绩。地区级书刊联合目录数据库也在建立之中。由于种种原因，天津高校这方面的工作一直处于后进状态。主要是缺乏组织、协调和领导。为此，我们建议：

市教委尽快解决市高校图工委的改组问题，使之发挥在建设天津市高校文献保障体系方面发挥应有的组织和协调作用；

在校园网建设中，继续贯彻硬件建设与信息资源建设并举的方针。在信息资源建设上，首先要尽快完成书刊数据库的建设；

采取措施，实现天津市高校图书馆之间的馆际互借；在条件成熟的情况下，实现各馆之间的大流通，即天津市高校师生可以持证在天津市的任何一所高校图书馆借还所需图书；

组织网上的联合编目；

有计划、有步骤地建立网上全文数据库和音像数据库供读者使用。

继续引进如《当代目录》（Current Contents）之类的使用价值较高的外文数据库，最好能订购网络（Web）版，以便于读者使用。

改善领导体制，发挥各个部门的功能，统筹兼顾，做好协调工作

经过四年的投资，各校固定资产成倍增长，实验室教学和日常的教学改革工作正在向纵深发展。这就要求我们加强领导，发挥各个行政部门的功能，统筹兼顾，做好协调工作，以便能使大量的仪器设备和图书资料发挥更大的作用。从目前情况看，各级领导在体制上仍有一些不能适应当前发展需要的情况。首先是市教委一级，投资办公室主要负责投资的规划、实施、监督、检查工作，它本身并非常设的管理机构，无法过问仪器设备和文献信息的日常管理和协调工作。为此，

建议教委领导明确职责，使上述工作能有专门的科室和人员负责。其次，各校一般都有相应的机构和主管校长负责有关的工作，目前存在的主要问题是网络、图书馆、实验室、电教、和教学工作的协调问题，许多问题都是因为协调不够，或没有协调造成的。规模较大的学校，这方面的问题发生的可能更大，希望在一些重大问题上，各校的一把手一定要做好协调工作，并进一步将实验室的两级管理落到实处。

进一步调动广大教师、职工和学生的积极性，改善管理工作、加强队伍建设。

结论：为了培养跨世纪创新人才，必须学习，学习，再学习！

原文载《天津市高等学校实验室建设“九五”投资规划工作材料汇编》（二）2001年

天津高等院校数字化图书馆“十五”投资工作总结报告

天津高等院校数字化图书馆建设是“十五”投资的重要项目之一。自立项之日起，就受到天津市和市教委领导的高度重视。在建设过程中市领导和市教委领导曾多次亲临现场听取汇报，进行指导，排难解纷。领导的关怀和优越的工作条件，激发了大家的工作热情，在十七个成员馆的共同努力和南开、天大图书馆的鼎力支持下，使我们较顺利地完成了“十五”投资规划，现将工作情况汇总报告如下：

图书馆的自动化管理系统是数字化图书馆建设的基础。天津地区高等院校图书馆的自动化管理起步较晚，各校之间的发展不平衡，彼此之间的差距较大。1996 年开始的天津市高等院校实验室建设“九五”投资规划将校园网建设和图书馆自动化管理系统的建设列为重要内容，成为信息技术全面应用到图书馆建设的起点。到“九五”投资结束时，所有地方院校都有了自己的校园网，地方院校的图书馆大多数都有了自己的自动化管理系统和以光盘为主的电子资源，为图书馆的联合奠定了基础。当时至少有 9 种不同的国内外软件的不同版本在运行。各种软件水平、性能参差不齐：用户界面和数据库系统不统一；书目数据标准化的程度差别很大；在这种状况下，很难实现文献资源的共知、共建、共享，更无法充分组织和利用丰富的电子资源和网上资源。

针对这种情况，天津高等院校“十五”投资规划提出了建设天津高等院校文献保障体系的要求，为此决定：

1. 建立数字化图书馆数据中心；
2. 建立若干学科文献信息中心；
3. 建立采编中心；
4. 建设具有馆藏特色的学科文献数据库；

5. 建设图书馆工作人员和读者培训基地；
6. 实行馆际互借互阅；
7. 建设图书馆自动化集成管理系统，实现各馆间互连互通；
8. 建设读者电子阅览环境，投资建设一批电子阅览室。

经过四年多的努力，从总体上看，上述目标已经全部实现。此外，还从天津高校馆的实际需要出发，建立了版本图书馆。具体情况分为六个方面报告于下：

（一）联合图书馆系统技术平台建设

技术平台建设的核心问题是采用何种自动化管理软件。在我们之前，天津两所教育部直属学校南开大学和天津大学经过长时间的论证采用了美国 Sirsi 公司的 Unicorn 图书馆自动化管理软件，已经积累了一些运行经验。经反复磋商研究，地方院校的联合数字化图书馆决定选用 SIRSI 公司的 Unicorn Consortia 系统软件，硬件选用 IBM 公司的 M85、H85 企业级服务器。5 月 28 日与美国公司签署软件购买协议。同年 10 月硬件安装完毕，开始安装软件，上载数据。2003 年 1 月底，系统安装，数据上载完毕。

天津市高校目前有 17 个图书馆联合使用一个 Unicorn Consortia 系统，并与天津大学、南开大学两个系统之间利用广播检索技术实现了无缝连接，三个系统之间可以实现相互检索查询。这样的联合模式，在我国大学图书馆中，尚属创举。

联合系统已经使用了编目、采访、流通、期刊、公共查询、请求等模块。天津高校三个系统运行状况如下（统计数字截止于 2005 年 11 月）：

单位	中文图书	西文图书	借还书总量	读者总数
联合馆	59.4 万（种） 496 万册	4.4 万（种） 8.2 万册	351 万册	19 万
南开馆	22.1 万（种） 71 万册	12.3 万（种） 17.7 万册	156 万册	4.3 万
天大馆	22.4 万（种） 79 万册	8.8 万（种） 15.5 万册	184 万册	3.5 万
合计	103.9 万（种） 646 万册	25.5 万（种） 41.4 万册	681 万册	26.8 万

与此同时，中心根据工作进展的需要，制定了一系列的规章制度，保证数据的规范化和系统的正常运转。比较重要的有：

1）Unicorn Consortia 软件系统管理和使用暂行办法

2）系统工作人员权限管理暂行办法

3）系统切换办法报表管理暂行办法

4）中文图书典藏办法和工作流程中文图书联合编目细则

5）中文图书多卷书处理办法

6）中文书目数据质量控制办法

7）流通系统切换与流通系统操作规范

8）采购模块使用办法与工作流程

9）打印书脊标签操作步骤

10）西文编目相关文件

事实证明十七所院校图书馆在一个技术平台上共同使用一套引进的自动化系统软件的决策是正确的。这一做法大大减少了软硬件方面的开支，减少了重复劳动，将所有院校的自动化管理水平提高到同一个层次。正如天津农学院在总结报告中所说：“我馆作为天津市高校图书馆联盟的成员，从中受益匪浅。在图书管理集成系统硬件配置上，得到了前所未有的巨大发展进步，如此优秀的管理软件和高质量的系统配置、运行、维护成本是我馆单馆情况下难以负担的；联合馆模式从根本上提升了我馆的管理理念、管理水平、操作技术、服务质量等，使之在短短五年内实现了飞跃，跻身于兄弟馆前列。”

应该指出的是，我市建成的教育科研宽带网为软件的正常运行提供了可靠保证。

技术平台建设中的另一个重要方面是数字文献的加工、制作、发布、检索和管理。这是一个全新的课题。我们在 2003 年底采用竞争性谈判的办法，以较低的价格引进了北大方正的德塞和清华同方的 TPI 两套数字化加工制作软件，现已投入使用。各校博硕士论文和教参书的数字化，是两个比较常见的项目。在特色数据库的建设中，这两套软件也发挥了重要作用。

（二）文献资源建设

与传统图书馆的建设一样，资源建设是数字图书馆的生命线。不同之处在于资源的载体、格式和使用方式。更为重要的是，只有通过数字图书馆才能够把传统文献同数字文献结合起来，将显性知识与隐性知识结合起来，更好地为用户服务。

教学科研的需要是我们进行数字资源建设的基本出发点。从中心建立之日起，我们就注意到公共数据库的建设，引进了超星电子图书馆和维普科技期刊数据库。公共数据中心设立在天津市工业大学天津高校文献信息中心内，所采购数据库为学科覆盖广泛、数据量大的数据库，为天津市所有高校进行开放服务。同时针对镜像到本地的几个数据库采取了设立两个镜像站的方式，以保证数据的安全性和服务的连续性。

目前公共数字资源中心共有20个中外文数据库系统，具体情况如下：

序号	数据库名称	镜像地点	控制模式
1	国家图书馆书目数据库	公共数据中心	
2	维普期刊数据库	天津大学图书馆 天津工业大学图书馆 公共数据中心 北方教育网	镜像
3	万方数据库	公共数据中心 天津工业大学图书馆	镜像
4	超星数字图书馆	公共数据中心 北方教育网	镜像
5	中经网数据库	公共数据中心 天津财经大学图书馆	镜像
6	国研网数据库	公共数据中心 天津财经大学图书馆	镜像
7	龙源期刊网		在线
8	金报兴图		在线
9	书同文数据库	公共数据中心	镜像
10	中国数字图书馆	公共数据中心	镜像
11	文渊阁四库全书电子版	公共数据中心	镜像
12	WorldSciNet 电子期刊	公共数据中心	在线

续表

序号	数据库名称	镜像地点	控制模式
13	《不列颠百科全书》网络版	公共数据中心	在线
14	Springer LINK 全文电子期刊	公共数据中心	在线
15	OCLC FirstSearch	公共数据中心	在线
16	EBSCO 数据库	公共数据中心	在线
17	CALIS 外文期刊目次数据库（CCC）	公共数据中心	在线
18	剑桥科技文摘数据库（CSA）	公共数据中心	在线
19	Web of Science	公共数据中心	在线
20	INSPEC	公共数据中心	在线

其中中文数据库 120 个，外文数据库 113 个（CSA 含 74 个数据库），共 233 个数据库。

在外文数据库中，Web of Science 的购置，有助于各校对世界科学发展趋势和各个学科前沿的了解，将在今后较长时间内对于学科建设发挥重要作用。

为了用好这些数据库，我们组织了几个重要中外文数据库的使用情况，见附录二。

以天津大学和南开大学图书馆资源为基础，由天津高校文献信息中心资助进行了文理科与工科文献信息中心的资源建设。南开大学拥有中外数据库 53 个系统，天津大学拥有 55 个系统，数据库总数均在 300 个左右。天津地方高校师生员工可以到两校图书馆进行免费查询、下载和使用。

天津地方高校图书馆根据自身学校的学科特点进行选购，供自己学校师生使用。共订购了农业、语言、医药、财经、体育、音乐、航空、食品等学科的 54 个数据库，满足了本单位教学科研的特殊需求。

外文电子期刊数据库的引进大大缓解了我国进入 WTO 后，纸本外文期刊价格上涨，费用昂贵，品种严重短缺，无法满足科研需要的严重状况。2003 年各校共订有外文纸本刊 2,049 种，目前我们正在使用的 Ebsco 数据库所提供的全文数据库达六千余种，远远超过了纸本刊，大大提高了教学科研的文献信息保障率。

相对于公共数据库而言，特色资源数据库是指在特定时间、特定空间和特定学科范围内具有地方特色和风格的数据库。它应该能够充分显示本地区、本部门有特色的资源，能显示学校重点学科建设的特点，具有创新、开发和技术上的特点。本着上述原则，我们在为各校配备了数字加工制作软件后，启动了特色数据库建设项目。各校报来经专家论证可以实施的项目如下：

学校	特色数据库名称	资助经费等级
天津工程师范学院 天津职业大学	职业教育数据库	重点项目
天津财经学院	中国钱币研究与鉴赏	重点项目
南开大学	面向大学生的中华传统文化典籍网站	重点项目
天津大学	中国建筑文化遗产数字图书馆建设项目	重点项目
天津师范大学	心理与行为研究特色资源数据库	重点项目
天津工业大学	纺织特色外文文献全文数据库建设	重点项目
天津音乐学院	图书馆珍藏老唱片（78 转）数字化建设工程	重点项目
天津美术学院	美术特色资源库	重点项目
天津科技大学	造纸、食品学科特色数据库建设	一般项目
天津城建学院	岩土工程	一般项目
天津农学院	基于 Internet 广域网环境下动植物病害智能诊断专家系统	一般项目
天津理工大学	创新素质教育特色资源建设	一般项目
天津商学院	旅游、制冷及设备资源特色数据库建设	一般项目

以上项目于 2004 年 12 月启动，经过今年下半年的两次汇报检查，全部项目在各馆工作人员的努力下，均有较大进展，少数项目已完成或超额完成任务，预计到 2006 年初可望全部竣工。

在进行电子资源建设的同时，我们注意到纸本文献在高等学校教学科研中的重要作用和天津高校投入不足造成的缺口，决定兴建版本图书馆。已与北京人天公司签订合作协议，开始建设，收藏 2004 年 7 月以后出版的所有中文科技类图书，每年 6～8 万种。目前，到书量已超过三万种，完成编目数据两万五千余条，已全部上架，可以提供使用。积之以时日，版本图书馆将会在提供现场采购、克服图书经费不足、保证我国出版科研著作的查全、协调采购、充实联合图书目录（传统的和电子的）内容、将编目工作社会化等方面，进一步显示出它的特殊功能。

（三）服务平台建设

数字图书馆和传统图书馆一样，应该以满足用户的需要作为工作的出发点和最后的归宿。迄今为止，我们开展了馆际互借、文献传递和服务平台的建设工作。

根据各校讨论通过的馆际互阅互借协议，天津市各高校的教师、研究生及有特殊需要的本科生均可按照规定的办法到成员馆阅览、复印资料，使用对方的电子资源。确有需要，也可以办理手续将所需的图书借出。此外，还制定了文献传递的办法，并自11月中旬起开展“原文传递岁末免费服务月”活动，已初见成效。在短短的一个月中，八所院校为近六百名师生服务，传递文献超过五千篇。

采用先进的技术手段为广大用户提供个性化服务是近年来许多软件开发商、出版商和图书馆技术部门的一个主攻方向。在CALIS的直接指导和帮助下，我们已开始门户网站、统一检索平台和虚拟参考咨询系统的建设工作，预计年底可投入使用。

“十五”期间，各馆的服务意识有所增强，服务工作有较大改进，主要表现在：开馆时间增加了；部分学校开架率有所提高；图书馆主页点击次数普遍增加；入学教育普遍加强；中外文数据库培训大大加强。（表格数字从略）

（四）安全保障系统建设

UnicornConsortia联合系统集中了天津市17所高校图书馆的数目数据，为各图书馆提供编目、流通、采购、典藏、查询等服务。这些服务具有用户时时在线、服务不能间断的特点，这就要求服务器的CPU具有快速的数据处理能力，内存容量要足够大，其他部件也要具有冗余性，并且要配有备用系统。数据具有不可再生、时时更新的特点，不容丢失，所以要配备高可靠性的磁盘阵列和磁带备份系统。经过设备招标选型，我们选择了IBM公司RS6000系列的P-6M1、P-6H1、P-B80服务器各一台，IBM-7133磁盘阵列两台，IBM-3581磁带库一台。

我们选购了Cisco4006作为核心交换机，直接接入工业大学网络主节点，带宽1000Mbps。为了保证应用系统能为用户提供不间断的服务，我们又增设了一条2M DDN专线作为备用线路，接入天津公共网。当主线路出现故障时，备用线路会继续提供服务，这样就为应用系统提供了可靠保障。

（五）组织机构和队伍建设

为了落实津教委高[2004]43号文件《关于将“天津高校数字化图书馆建设管理中心”改建为实体单位的通知》中的有关规定，天津工业大学已制定了相应的管理暂行办法，对于新成立的天津高等教育文献中心的组织机构、人员设置、待遇和财务、设备管理都作了明确规定。现已聘任和任命了主任、常务副主任、副主任。系统主管、技术主管、版本图书馆长已经到位，其他技术人员正在招聘中。三年多来在相同的网络环境下，在一个技术平台上合作共事造就了一支具有一定技术水平和管理经验的图书馆工作人员队伍。一批业务骨干脱颖而出。这应该看作是“十五”投资的一项重要成果。

（六）投资效益分析

如何分析数字化图书馆的投资效益，是一个有待研究的课题。

十七个馆共同使用一套软件，在经济上的效益十分明显。天津大学、南开大学购买美国 Sirsi 公司图书馆自动化管理软件的费用为：每校 10 万美元，天津市高校采用联合图书馆模式集体购买一套软件 39 万美元。比单馆方式购入所需的 170 万美元节约了 131 万美元。从管理角度看，采用联合管理模式比采用单馆管理模式大大节省了人力。系统管理、联合编目分别节省了一半人力。

硬件服务器方面的节约显而易见，原来需购买 17 套，现只需一套内存和功能比较强大的服务器。

采用区域性集团采购方式，购置电子资源使我们获益匪浅，初步估算，仅中文数据库节约经费超过六千万元人民币。

“十五”期间天津市教委对数字化图书馆的投入情况是：

单位：万元

合计		电子阅览室		电子资源专项经费	特色数据库		管理系统软、硬件	资源中心
8147		1600		3000	960		680	1907
教委投入	学校配套	教委投入	学校配套	教委投入	教委投入	学校配套	教委投入	教委投入
6747	1400	680	920	3000	480	480	680	1907

天津市教委“十五”投资数字化图书馆建设项目经费支出情况表

单位：万元

合计	电子阅览室	电子资源专项经费	特色数据库	硬件	软件	资源中心	版本书库
6716	680	划拨各校 2100	480	620	411	2185	240

我们订购的中外文数据库的访问和下载统计资料表明，经过各个图书馆的大力宣传和大量的读者培训工作，各校数据库的使用（点击和下载量），大多呈上升趋势。（详见附录二）

根据我们的初步观察，各校外文库的使用量与各校论文的出产量呈现出正相关的关系。

天津高等院校不列颠百科全书使用情况 2004～1 至 2005～10

序号	学校	访问原始文件	访问在线不列颠百科	访问世界统计栏目	使用总量
1	南开大学	7516	155,871	9	202,799
2	天津大学	6058	146,384	7	181,638
3	中国民航学院	1817	50,863	130	63,714
4	天津工业大学	1297	33,156	0	40,634
5	天津科技大学	986	27,104	4691	39,616
6	天津商学院	1479	30,423	0	37,793
7	天津外语学院	934	25,412	93	32,463
8	天津理工大学	460	11,732	0	14,493
9	天津师范大学	392	10,947	0	13,511
10	天津城建学院	392	10947	0	13,378
11	天津农学院	307	9634	0	1,668
12	天津财经大学	347	7,368	0	8,948
13	天津音乐学院	149	4,062	78	5,623
14	天津中医学院	90	3,572	0	4,463
15	天津职业大学	68	3,122	21	3,969
16	天津体育学院	123	3,101	0	3,751
17	天津医科大学	55	2,866	8	3,614
18	天津美术学院	25	2,214	0	2,846
19	天津工程师范	56	1,138	0	1,397

天津高等院校 Ebsco 数据库使用情况

（2003 年 1 月～2005 年 10 月）

序号	学校名称	检索次数	全文浏览与下载篇数
1	南开大学	394,099	248,215
2	天津大学	92,012	29,012
3	天津工程师范	17998	11178
4	天津外语学院	26159	11146
5	天津财经大学	15626	8568
6	天津商学院	12512	6588
7	天津理工大学	17468	6558
8	天津师范大学	16798	6335
9	天津医科大学	24044	6326
10	中国民航学院	19944	5608
11	天津工业大学	15455	3458
12	天津科技大学	7281	3439
13	天津城建学院	1931	1314
14	天津体育学院	4465	1876
15	天津中医学院	1978	986
16	天津农学院	1715	596
17	天津职业大学	578	569
18	天津音乐学院	101	55
19	天津美术学院	105	28

CSA 2005.1-10 月使用情况

单位名称	登录	检索	提问
天津大学	6749	10583	273295
南开大学	12998	9658	194382
天津理工大学	1718	2562	39269
中国民用航空学院	3849	3400	33577
天津工业大学	2172	1709	28572
天津科技大学	1062	1401	26297
天津医科大学	1102	1701	23363
天津师范大学	909	1072	17655
天津农学院	210	143	3000
天津城市建设学院	63	85	2090

续表

单位名称	登录	检索	提问
天津财经大学	72	68	1411
天津外国语学院	29	48	711
天津美术学院	170	58	541
天津工程师范学院	40	28	375
天津音乐学院	52	29	289
天津体育学院	121	33	226
天津商学院	247	11	167
天津中医学院	0	0	0
天津职业大学	0	0	0
小计	31563	32589	645220

论著产出情况如下：

“九五”和“十五”期间 Web of Science 收录天津普通高等院校发表论著情况

学校名称	“九五”期间 1996～2000 年 收录数	“十五”期间 2001～2005 年 收录数	合计 （“九五”+“十五”）	
南开大学	2284	4068	6352	增长率 78%
天津大学	854	3314	4168	增长率 288%
天津师范大学	99	334	433	增长率 237%
天津医科大学	99	200	299	增长率 102%
天津理工大学	50	115	165	增长率 130%
天津工业大学	23	120	143	增长率 421%
天津科技大学		74	74	增长率
天津商学院	9	47	56	增长率 420%
天津中医学院	5	13	23	增长率 422%
天津农学院	1	13	14	增长率 1200%
天津财经大学	0	11	11	增长率
天津外语学院	0	1	1	增长率
小计	南开、天大=3138 地方院校=236	南开、天大=7382 地方院校=802	南开、天大=10520 地方院校= 1038	

SSCI与AHCI所收天津高等院校论文情况

校名	“九五”期间	“十五”期间	“九五”+“十五”	增长率	排序
天津师大	4	54	58	1250%	1
南开大学	21	35	56	66%	2
天津大学	4	27	31	570%	3
天津理工	0	11	11		4
商学院		7	7		5
体育学院		1	1		6
财经大学		1	1		6
外语学院		1	1		6
小计	29	137	166	628%	

主要中文数据库收录各校论文情况兼与国内同类院校比较

按论文增长率排序

序号	单位名称	“九五”期间论文发表数量（1996～2000年）	“十五”期间论文发表数量（2001年2005年）	论文数量增加率
1	天津工业大学	64	2325	3532.81%
2	天津职业大学	227	593	161.23%
3	天津科技大学	1111	2855	156.98%
4	中国民用航空学院	567	1363	140.39%
5	天津工程师范学院	373	852	128.42%
6	天津城市建设学院	243	524	115.64%
7	天津师范大学	1513	3249	114.74%
8	天津大学	9240	19128	107.01%
9	天津商学院	899	1767	96.55%
10	天津外国语学院	183	328	79.23%
11	天津中医学院	1531	2598	69.69%
12	南开大学	8222	13708	66.72%
13	天津财经大学	1490	2477	66.24%
14	天津农学院	502	815	62.35%
15	天津音乐学院	158	225	42.41%

续表

序号	单位名称	“九五”期间论文发表数量（1996～2000年）	“十五”期间论文发表数量（2001年2005年）	论文数量增加率
16	天津医科大学	4895	6836	39.65%
17	天津体育学院	264	368	39.39%
18	天津美术学院	40	50	25.00%
19	天津理工大学	1332	1551	16.44%
	天津学校发表论文数量小计	32854	61612	87.53%

根据“十五”发表论文数量排序

单位名称	“九五”期间论文发表数量 1996年～2000年	“十五”期间论文发表数量 2001年～2005年	论文数量增长率
天津大学	9240	19128	107.01%
南开大学	8222	13708	66.72%
天津医科大学	4895	6836	39.65%
天津师范大学	1513	3249	114.74%
天津科技大学	1111	2855	156.98%
天津中医学院	1531	2598	69.69%
天津财经大学	1490	2477	66.24%
天津工业大学	64	2325	3532.81%
天津商学院	899	1767	96.55%
天津理工大学	1332	1551	16.44%
中国民用航空学院	567	1363	140.39%
天津工程师范学院	373	852	128.42%
天津农学院	502	815	62.35%
天津职业大学	227	593	161.23%
天津城市建设学院	243	524	115.64%
天津体育学院	264	368	39.39%
天津外国语学院	183	328	79.23%
天津音乐学院	158	225	42.41%
天津美术学院	40	50	25.00%
天津学校发表论文数量小计	32854	61612	87.53%

根据以上统计

1）我市市属高等院校在“九五”期间（1996～2000 年）被 SCI 收录的论著为 236 篇。“十五”期间（2001～2005）增至 802 篇，净增 565 篇，增长率为 238%。按所收论著总量排序，前三名分别为天津师范大学（433）、天津医科大学（299）、天津理工大学（165）

2）主要中文数据库收录市属院校论文的统计资料表明“九五”到“十五”期间论文出产增长率最快的是天津工业大学。增长率为 3532.81%。其次为职业大学增长率为 161.23%。科技大学居第三位，156.98%。按“十五”发表论文数量统计，数量最多的地方院校为天津医科大学（6,836），其次是天津师范大学（3,249），第三名是天津科技大学（2,855）。

3）相对于理工农医发表的论文而言，社会科学与艺术人文学科索引（SSCI，HACI）所收录的论文数量偏少，天津师大和南开大学是两所出产较多的院校，占 Web of Science 所收两校论文总数的比重分别为 11%和 0.1%。

4）数字化图书馆的建设是论文产出率增加的一个重要因子，起了积极的作用。这个因子在诸多因子中的地位有待探讨。部属院校投入大，与产出多的正相关关系表现得很明显。从一个方面说明了数字图书馆建设的重要性。

5）从总体上看，数据库的使用量呈上升趋势，使用成本随之下降，如 OCLC 检索一次的成本为人民币 1.79 元。Ebsco 数据库下载一篇全文的成本为人民币 6.9 元。不列颠百科全书使用一个词条的成本为人民币 1.04 元。维普期刊数据库浏览和下载一篇论文的成本为人民币 0.36 元。

以上统计资料大致上可以说明，传统文献和电子资源购置的数量大幅度增加，使用量呈上升趋势，与科研论著数量明显增长之间呈现出正相关的关系。

天津高校数字化图书馆投资计划的完成，使天津市高校图书馆自动化管理水平显著提高，传统文献和电子资源的收藏有较大幅度增加，各成员馆（特别是小馆）的实力和整体水平向前大大迈进了一步，正如天津美术学院在总结报告中所说，“‘九五’投资使图书馆摆脱手工操作，进入网络化管理阶段，“十五”投资使图书馆进入数字化建设的新阶段。”这个新阶段的到来，正值我国高等教育进入大众化时期，使图书馆得以能够适应高等教育大发展的形势，基本上满足了教学和科研不断扩展和日益增长的需要（“十五”期间地方院校学生总数增加了50%，三所院校超过100%）。

取得以上成果，是因为我们在工作中坚持了以下五项原则：

1）自始就将工作过程看做是一个学习的过程，边干边学，在学中干，在干中学；

2）注重规范和工作流程的制定、控制和掌握；

3）贯彻以奖励为主的原则，调动工作人员的积极性；

4）不断地举办各类人员的培训班，交流经验，共同提高；

5）兼顾整体利益和局部利益，处理好管理机构与成员馆的关系，强调发挥中心与成员馆两个方面的积极性。

天津高校数字化图书馆的建设一直受到国内外图书馆界的关注。先后有不下十个国内外的图书馆代表团参观过中心。访问过中心网站的各界人士更多。各种意见，从质疑、批评、支持到赞赏都有过。随着时间的推移，持肯定的意见越来越多，一致赞扬天津市教委集中投资建设高校联合数字化图书馆的做法。许多省市代表团都认为各地政府若能仿效天津的做法，高校图书馆的水平一定能普遍得到提高。

在实践中，我们深深体会到：

1. 政府的投资和支持起着决定性的作用；

2. 各成员图书馆团结协作是生命线。

（2005年12月）

文化遗产信息学

（博物馆与图书馆）

漫谈西文工具书的阅读

工具书是供查阅而不是供系统阅读的图书，然而，有些工具书确实值得一读。特别是那些内容翔实、裁剪得当、立意新颖、编排有方、插图精美的工具书。浏览全书或精读某一部分和某些条目，不仅可以增加知识，沟通信息，扩大眼界，广开思路，而且也是一种美的享受。掌握使用工具书的本领，关键在于实践。就此而言，也有必要认真地、有目的地阅读一些重要的工具书，起到举一反三、触类旁通的作用。

一

读工具书要善于捕捉其特点，掌握其结构。概而言之，工具书由前言、主体、附录三部分组成，与一般书籍并无不同。工具书自身的特点决定了前言部分具有特别的重要性，而这一点恰恰容易为一般读者所忽略。尤其是版权页、扉页、导言和凡例，读者往往略而不读，直接翻阅有关的内容。碰壁之后，才回过头来再读这一部分。扉页上的标题和副标题说明该书涉及的范围、主要内容、时间跨度，副标题往往进一步说明该书的特点。编著者姓名之后有时注明他们的学位、学衔和主要著作，图书馆编目人员往往标明其生卒年代。精装书的书皮，简装书的封面、封底一般都刊有该书的内容提要、辑著者的简介和书评摘要。由此我们可以迅速、全面地获得有关这本书的信息。可惜有时有些书不幸被剥去书皮，给使用者带来很大的不便。版权页之所以重要并不是因为我们对于该书版权的变化有特殊的兴趣，而是因为它准确地提供了初版时间、再版和修订情况，除了国际标准书号（ISBN）之外，美国出版的图书近年来还常刊出国会图书馆分类法和杜威十进位分类法两种索书号。熟悉这两种分类法的读者可以进一步掌握该书的主题和特点。工具书的导言和凡例不仅说明该书的宗旨、范围、对象、特点、各版的变化，而且对该书的编纂和使用方法有详细的说明。例如《韦氏新世界美国语字典》（Webster's New World Dictionary of the American Language）前言之后，有一篇十分详尽的该字典使用方法说明，然后又有三篇说明该字典特色的文章：语言和字典，字源学，美国用词，还有一个缩写符号表。仅从这些内容就可以了解到前言部分对于工具书具有的特殊重要性了。

西文工具书的编排方法有字顺、分类和编年三种。按字顺排列的工具书最常见，其中又有按词汇顺序和按字母顺序排列之别。人名一般按姓氏（Sur name）字母顺序排列。同姓异名按本名（Given name）字母顺序排列。有名无姓亦按本名字母顺序排列。同名同姓按生年时间顺序排列。获爵位者美国工具书多按家族姓氏而不按爵位称号排列。如英国首相 Disraeli 按姓而不按其爵位 Beaconsfielol 排列。但间或亦有例外，如哈里法克斯勋爵（Lord Halifax）则不按其姓氏伍德（Wood）而按其爵位称号排列。英国出版的工具书，则往往按爵位而不按姓氏排列。教皇、国王、王后一般均按称号字母顺序排列。称号相同则按继位先后顺序排列。称号相同，国别不同，则按国别名称字母顺序排列。如：Charles of England, of France, of Germany, of Spain, of Sweden。一人多名（绰号、笔名）按其最流行的名字排列，其他名字列于常用名之后，如马克・吐温（Twain，Mark）则注明：The pen name of Samuel Langhorne Clemens（萨缪尔・兰霍恩・克莱门斯的笔名）。

地名一般按通用名称而不按官方名称排列。如阿根廷作 Argentina，而不作 Argentine Republic。但美国作 United States of America 而不作 America。城市名称一般按正常读音顺序排列。以 Saint, Fort、Mount 开始的地名分别列于各该条下按第二个字的字母顺序排列。但西班牙文地名冠以 Ciudad（城市）者，排列顺序无一定之规。如墨西哥的华雷斯城，写作 Ciudad Juarez 者有之，写作 Juarez Ciudad 者亦时有所见。中国地名在西文工具书中因拼法很不统一，故排列顺序亦难于掌握，需了解各种拼写方法。有些中国地名在西方文献中已有固定写法，如 Amoy（厦门）Macao（澳门）与汉语发音相去甚远，检索时亦需注意。非英语国家的地名往往有本国语与西语两种拼写方法。如佛罗伦萨（意大利）在英美工具书中一般作 Florence 而不作

Florenze（德文工具书作 Florenz）。维也纳作 Vienna 而不作 Wien。山脉、湖泊、河流名称均按本名排列。如密执安湖作 Michigan Lake，不作 Lake Michigan。

器物、事物、概念等有的名词一般均以单数形式出现。组织机构名称的排列无一定之规。但有些组织的名称写法已约定俗成。如美洲国家组织简称 OAS，一般工具书均作 Organization of American States 而不作 American State Organization of. 有些机构习惯上以略语相称。如联合国教科文组织缩写为 UNESCO，在工具书中亦按缩写编排。

按字顺和其他方式编排的工具书参见或互见条目很重要。一般分为内参见和外参见。内参见指某一条目的正文中提到的人名、地名、专有名词。该书列有专条者在该词之后注以 Q. V. 字样，这个拉丁缩写字的含义是“参照该条”，等于英语的 Which see。在一个条目正文之后注明尚可参阅的条目亦属内参见。外参见指人、地、物有两个以上名称者，均收入书内，有目无文的条目下注明见某某条。如波斯（Persia）见伊朗（Iran）条，哥伦比亚特区（District of Columbia）见首都华盛顿（Washington D. C.）条。

相当一部分历史工具书采用编年体。最简单的形式是年表，以年分事。详细一些的增月、日条目。或在内容上加以扩充，如分为政治、军事、经济、外交等栏，结构复杂一些的采用编年与纪事相结合的形式，最有名的是 19 世纪德国学者卡尔・普勒茨（Carl Ploetz）编写的《古代・中世纪、近代史概要》（*Epitome of Ancient, Mediaeval and Modern History*），1983 年由威廉 H・蒂林哈斯特（William H・Tillinghast）译成英文在美国出版。该书对重大的历史事件如法国大革命的原因（一般原因和特殊原因）有简要的说明，对事件经过也有所描述，英文版增添了中东、远东方面的内容。1915 年该书再版时改名为《世界史手册》（*A Handbook of Universal History*），1940 年由哈佛大学著名历史学家威廉・兰格（William, L. Langer）主持集合了十五名各方面的专家重新进行编写，改名为《世界史百科全书》。在体例上沿袭了普勒茨分时期按地区国家划分章节的叙述方法。美国历史学家理查德・莫里斯主编的《美国历史百科全书》（*Encyclopedia of American History*）采纳了《世界历史百科全书》的编辑方法，又有所创新。综合编年史之外增加了主题编年史（国家的扩张、人口、经济、科学发明和技术、思想和文化、大众宣传工具），最后一部分是五百名人小传。

法国百科全书以采用分类办法编排而闻名于世。近年来，相当多的专业百科全书采用分类方法。日本人称之为事典以区别于词典，它着重说明事情的来龙去脉，而不局限于解释名词概念。1980 年查尔斯·斯克里布纳父子公司出版的《美国经济史百科全书》（*Encyclopedia of American Economic History*）副题为“主要活动和思想的研究”。全书分为五大部分：史学、编年、经济结构、制度结构、社会结构，按专题叙述，每个专题都是一篇独立论文，综观全书，使人对美国经济发展的全过程有一种立体感。

无论哪种体例的工具书都附有较完备的索引，大多置于正文之后，举凡该书所提及的人、地、物、概念，均编入索引。分索引是指在一个词目下按事物的内容和性质再分出若干子目。如法国之下列有考古（Archaeology）、建筑（Architecture）、武装力量（Armed force），艺术（Art）、戏剧（Drama）、财经（Economics and Finance）、教育（Education）。教育一项下又分为学位（Academic degree）、古典教育（Classical education）、义务教育（Compulsory education）等。开本大的工具书不仅注明该词汇所在卷数、页码，还往往标明在该页中的位置，一页往往分为 abcd 四部分。读者可以按图索骥迅速查到所需要的资料。

对工具书的鉴别可以从权威性、更新的速度、检索的方便程度几个方面看。衡量一部工具书是否具有权威性，编者、撰稿者、出版商是三个重要的尺度。法国革命前出版的《百科全书》之所以著名，因为它的主编狄德罗是著名的启蒙思想家、唯物主义哲学家和文学家。不列颠百科全书的第九版、第十一版学术价值较高是因为许多条目出自当时著名学者之手。麦克米伦公司和查尔斯·斯克里伯纳斯父子公司则因出版了不少有价值的工具书如《国际社会百科全书》、《美国历史词典》而增加了在出版界的声望。最难掌握然而又是十分重要的衡量工具书的标准是该书的知识结构和体现这种结构的框架。《不列颠百科全书》以一卷的篇幅说明了编者对整个科学体系的理解。但并非所有的工具书都对本书的知识结构有所说明，这就需要使用者在阅读和检索过程中体会、揣摩。

一部好的工具书用什么办法更新它的内容，使之能反映学术界最新的研究成果至关重要。一般而言，采用再版修订（部分或全部）、出版补编、发行年鉴三种办法。比较彻底的办法是全部修订后再版。但这对于一部卷帙浩繁的工具书殊非易事。需要足够的人力、财力、物力和时间。计算机的使用加快了修订的速度。为工具书的迅速再版创造了有利条件。修订时取舍的标准很重要。像《韦氏国际英语词典》的第三版，为了反映科技发展增添了许多方面的新词汇，但因受篇幅限制删去了不少旧的过时的词汇。这对于文史工作者来说就不是福音，而是灾难。《不列颠百科全书》在十一版到十四版期间采取了部分修订的办法。直到第十五版才全部更新，而且体例上也有较大变化。自诩为百科全书史上的一次革命。

编排体例直接关系到检索方法。用字顺的排列方法，易于检索。但势必会影响知识的系统性和完整性。分类排列或按专题排列同教科书、专著的体例很相近，很难对于个别人物、事件、具体的概念作较详细的说明，这个矛盾一直是工具书特别是大型工具书想要解决的问题。从近年来英美工具书发展的趋势看，用大、中、小条目相结合的办法解决这一矛盾者有之。按科学体系排列，辅之以详尽的名目索引者也有相当比例。综合性工具书多用前一种方法，专业性工具书多用后一种方法。《不列颠百科全书》处理这个问题时有其独到之处。正如前文所说，该书以一卷篇幅阐明其科学体系，题为百科类目（又名知识纲要）。十卷本的百科简编（macropaedia）又称参见和索引（Ready Reference and Index），主要解决了检索方便的问题。兼有解决知识性问题和索引两方面的功能。共收 10,200 个条目。由 4,007 个条目组成的百科详编（micropaedia），又称知识深义（Knowledge in Depth），共十九卷，较系统地提高了进一步研究某一方面问题所需要的知识。

参考书目也是工具书的一个重要组成部分。工具书提供的参考书目有双重目的，为初学者提供进一步阅读的线索，向读者介绍具有权威性的参考书目。参考书目的安排方式不外附在条目后或附在全书后两种。书目的注录是否完备，有无题解，修订时是否进行了更新，是衡量工具书质量的又一个可供参考的标准。

二

工具书种类繁多，不同学科的工具书各有自己的特点。书目是打开学科门户的钥匙。工具书的阅读不妨从书目开始。很多国家都有全国出版书目。英语世界比较重要的出版目录是美国刊行的《出版商书目年报》（*Publisher' s Trade Lst Annual*）的作者、书名、主题索引：《出版图书目录》（Book in print）。收录小说、诗歌和剧本以外的用英语出版的全部图书目录，著录完备，检索方便，是图书馆工作者和专业工作者订购图书不可或缺的参考书。各学科多有本学科的书目。《哈佛美国史指南》是治美国史学者案头必备的工具书。像外交史、经济史、劳工史等专史也都各有自己的专门书目指南。值得介绍的一部书目是每月评论出版社出版的由马克·梅尔编辑的《激进社会科学阅读书目》，包括社会学、经济学、政治学、历史学等方面的内容，以各学科教学大纲为线索，介绍激进派社会科学基本著作，所列举的许多图书，为传统社会科学书目所不收。

一部好的书目不但著录完备，便于检索，而且有质量高的提要。“美国学”作为一个新兴的学科还有不少有待解决的问题。但为了帮助国外学者研究美国，美国的一些学术机构出版过相当有分量的书目提要。《美国学，有关美国文化著作书目提要》就是其中的一种。全书共四大卷。有关美国社会、经济、历史、文化、文学方面的重要著作都收录在内。提要不仅扼要介绍这些论著的主要内容，对于作者依据的资料，该书在该学科发展史上的地位，使用时应注意的问题等等也都有所说明。由于该书目所收录的都是一些知名学者有代表性的著作，可以作为一本入门读物阅读。

西方出版的有关中国的书目最负盛名的要推前北京图书馆馆长袁同礼先生编纂的《西方文献中的中国》(*China in Western Literature*)。此书是亨利·科迪尔（Henri Cordier）的《中国书目》（1878，1924年版）的续编。收集了1921～1957年间用英、法、德文写成的有关中国各方面的著作（不包括论文）。全书由二十八个专题组成专题之下设子目，子目下开列之书目按作者姓氏字顺排列。这样一部长达八百页的书目当然不必通读。不过选择一两个专题或子目来读倒是颇饶趣味的。中国历史专题之下，有关论著按时代排列。共和国史分做1937年前和以后两段。1937年以后我们可以看到如下的一些著作：中国人民的老朋友伊文斯·卡尔逊（Evans P. Carlson）写的《中国的双星》（*Twin Stars of China*）。该书中的提要说："这是一部由一位曾经同中国人民共同生活过的海军陆战队成员写的中国人民为生存而英勇斗争的内幕故事，附有作者亲自拍摄的照片。"著名瑞典地质学家约翰·君纳·安特生（Johann Gunnar Anderson 1574～1960）著《中国为世界而斗争》（*China Fights for the World*）也被收入。此外还有英国记者詹姆斯·贝特兰（James M. Betram）的《华北前线》（North China Front）（1939英国版），美国版叫《没有被征服的人：在华北战斗农民中间一年惊险生活的日记》（*Unconquered: Journal of a year's Adventures among the Fighting Peasants of North China*）（1939），乔治·爱得华·泰勤（中文名戴德华（George Edward Taylor）：《为华北而斗争》（*The Struggle for North China*），白修德（Theodore H. White）与他人合写的《中国的雷鸣》（*Thunder of China*）。人们所熟悉的埃德加·斯诺、安娜·路易斯·斯特朗、艾格尼丝·史沫特莱等人关于中国人民革命的著作当然也包罗在内。正是通过这些著作，使西方国家人民了解到中国人民在中国共产党领导下浴血抗战的真相。从这部书目中我们不仅可以知道西方作者所写的关于中国的著作，而且可以知道中国作者用西文发表其论著的情况以及中国作者的论著译成西文的情况。

为了研究中国，西方还就某一时期，每一专题出版了中文图书的书目提要。1978年香港中文大学出版了汉学家Etienne Balazs倡议、Yves Hervouet花费了二十多年时间编成的《宋代书录》（A Sung Bibliography）。该书邀请了澳大利亚、加拿大、丹麦、法国、德意志民主共和国、德意志联邦共和国、英国、日本、马来西亚、荷兰、美国、苏联和香港等十一个国家和地区的80位宋史专家撰写提要。重要的史籍如太宗皇帝实录列举篇目，注明残阙情况，说明史料价值，介绍版本源流，附以参考图书或论文目录。最后是中外文对照的书名、人名、主题索引。

日本学者研究中国，成绩卓著。邓嗣禹教授主编的《日本学者对于日本与东洋之研究传略及其著述略》（*Japanese Studies on Japan & Far East, A Short Biographical and Bibliographical Introduction*）和费正清主编的《日本学者对现代中国的研究 19、20 世纪历史和社会科学研究书目指南》（*Japanese Studies of modern China A Bibliographical Guide to Historical and Social-Science Research on the 19th and 20th Century*）是这方面的一个总结。两书体例略有不同。邓书在专题之下以人为主，介绍日本汉学家的学历、经历和研究成果，费书则以书为主，介绍有关专著的主要内容。

薛君度先生主编的《中国共产党运动》(1921～1937，1937～1949）是斯坦福大学胡佛战争与和平研究所收藏的 1,222 种中文图书报刊、手稿的提要汇集。其中包括一些珍贵的手稿：萧华自传手稿《我的过去》，杨得志自传手稿《将我的历史写在下面》，陈毅致美军延安观察组负责人戴维·包瑞德函手稿等。从中我们可以了解到革命文物流散到海外的情况。

二次大战以来，国际共产主义运动成为西方学术机构研究的一个重要课题。这方面的书目陆续问世。英国曾出版过一本《关于共产主义的书目》（*Books on Communism, A Bibliography*）共收关于中国和苏联及其他国家共产主义运动的书目 2,500 种。美国出版的《关于美国共产主义问题的书目》（*Bibliography on the Communist Problem in the United States*）则是麦卡锡时代的产物，有关图书分为：历史、组织、目标手段、加入和脱离、专门团体、共产主义与美国制度、异端分子和敌对团体、传记、反共产主义措施九大类。可以根据作者姓氏和上述分类检索。每一本书都有提要。书的扉页印有艾森豪威尔就任哥伦比亚大学校长时的一段讲话，诅咒共产主义是一种“致命的疾病”，清楚地道出了编辑此书的意图。对于我们研究美国共产主义运动却是一部有用的参考书。

三

百科全书有工具书之王之称。卷帙浩繁的百科全书没有可能也没有必要通读。它的一般特点我们已在第一节中有所论述。在这里只打算谈一谈专业百科全书。1968 年麦克米伦和自由出版社出版了《国际社会科学百科全书》(*International Encyclopedia of Social Sciences*),凡 17 卷。它并不是 1930～1935 年间出版的《社会科学百科全书》(*Encyclopedia of Social Sciences*)的修订本,而是一部新作。正如该书导言所说:本书旨在成为一部完善的工具书,而不是对旧作的补充。"主要目的是反映和促进全世界社会科学的迅速发展"。从这个基本要求出发,该书侧重于介绍社会科学各学科的基本概念、原理、理论体系和研究方法,分析比较多于历史过程的描述,对学科的介绍洋洋数万言,出自名家之手。所收伯纳德·巴伯(Bernard Barber)《社会分层》一文被认为是对社会结构研究的一项重要贡献。加里·纳什(Gary B. Nash)主编的《早期美国的阶级和社会》一书将该文收入,作为阐明社会结构的理论文献,通读这类条目,有助于了解某一领域科学研究已经达到的水平,是步入科学殿堂的通衢。保罗·爱德华(Paul Edwards)主编的八卷本《哲学百科全书》(*Encyclopedia of Philosophy*)是全世界五百名学者合作的结果。对于从古至今,从东方到西方的哲学思潮均有所论述。在 1,500 个条目中哲学家的传略和学说思想述略占 900 条。主编和供稿者注意到以往的哲学工具书过于刻板、严肃,有使读者望而却步的弱点,尽量使条目在文字上和内容上对读者具有吸引力。1973 年菲利普 P. 威纳主编的四卷本《思想史词典》(*Dictionary of History of Ideas*)问世,涉及的领域:(1)人类对认识自然的思想史,既包括物理学、生物学对自然规律的研究,也包括文学作品中的想象,神话中的自然、形而上学的猜想;(2)人类学、心理学、宗教和哲学以及文学和日常生活中对有关人性的思想史;(3)美学和文艺批评史;(4)对历史、历史学和史学评论的态度;(5)经济学、法律、政治思想和制度、意识形态和社会运动的历史发展;(6)哲学思想和宗教史;(7)数学、逻辑、语言学和方法论的思想史。上述三部工具书在许多方面是重合的。把相同或相近的条目放在一起,比较阅读,有相得益彰之妙。

近年来智力投资和智力开发的问题引起了人们的广泛注意。发达的资本主义国家在发展教育事业促进科学技术和经济发展方面,有成功的经验也有失败的教训。李·C.德格顿主编的《教育百科全书》（*Encyclopedia of Education*）共十卷是一部有价值的参考书。这部以介绍美国教育制度、教育思想为主的参考书，从比较研究的角度对其他国家的教育制度、教育史也有涉及。《国际高等教育百科全书》（*The International Higher Education*》则可以作为前者的补充。

专业百科中图书馆学、情报学百科也引人注目，美国图书馆协会出版的一卷本《世界图书馆和情报服务百科全书》（*ALA World Encyclopedia of Library and Information Services*）和艾伦·肯特（Allen Kent）等人编纂的《图书馆和情报科学百科全书》（*Encyclopedia of Library and Information Science*）具有一定代表性。前者是在图书馆年鉴的基础上编成的。内容包括：（1）全世界162个国家图书馆事业介绍；（2）重要的图书馆和情报服务机构；（3）图书馆与情报管理；（4）图书馆学研究与教育；（5）国际组织；（6）172名著名图书馆学者和工作者的传记。全书篇幅不算多，但取材较精，使用方便，按字顺排列，又有分类目录刊于卷首，帮助读者了解图书馆学的框架。后者是多卷本的百科，现已出到第33卷。资料丰富对于世界各国图书馆事业以及重要图书馆的历史和现状都有详细介绍，对美国各地方历史协会图书馆和各大学图书馆的历史馆藏的叙述尤为详尽。以斯坦福大学图书馆条为例，全文长达32页。以6页的篇幅介绍该校专门搜集20世纪政治、经济、社会问题图书资料的胡佛研究所图书馆。

美国史方面，除第一节里已经提到的《美国历史百科全书》和《美国经济史百科全书》外，《美国外交政策百科全书》（*Encyclopedia of American Foreign Policy*）（三卷本）和《哈佛美国种族集团百科全书》（*Harvard Encyclopedia of American Ethnic Groups*）（一卷本）两书，别具一格。前者实际上是解释美国外交史上重要概念、政策、理论、活动的95篇论文汇编，按字顺排列。诸如美国对战争的态度、武装中立、势力均衡、冷战、集体安全遏制、艾森豪威尔主义、十四点、海上自由，孤立主义、天定的命运、军事——工业复合体、门罗主义、泛美主义、强权政治、舆论、无条件投降等条目均在其列。后者对美国境内的各民族的历史和现状，联邦政府的政策，以及与种族和民族问题有关的概念作了全面的介绍。也是按字顺排列，这两部重要的工具书都附有参考书目。

地区性的百科全书近年来也有不少新编，《澳大利亚百科全书》（*The Australian Encyclopedia*）第三版（六卷本）于 1977 年出版。1982 年印度出版了 9 卷本《亚洲百科全书》（*Encyclopedia Asiatica*）

四

名人录、传记词典，理应是最容易引起人们阅读兴趣的工具书。但也并不尽然。各种 Who's Who（当代名人录）一无例外，全都是些履历表，父、母、配偶姓名，结婚日期，子女人数均记录在案。资料大半是传主本人提供的，比较可靠。它是一种年月日和缩写字的堆积，想从中找到传主的音容笑貌是不可能的。但对于某些社会学家来说，却是研究上层社会的重要资料。把历年的名人录集合在一起，对某一行业或某一集团成员的出身、经历、教育程度进行分析、比较、统计是一种可行的研究方法。可以想像，常人读之索然寡味的名人录，研究者则感到兴趣盎然，乐在其中。专业性的名人录，往往能引起专业工作者的兴趣。《美国学者人名录，人物传记指南》（*Directory of American Scholar: A biographical directory*）介绍了三万八千多位美国人文科学（历史、语言、文学、哲学、宗教、法律）知名学者的基本情况，包括出生日期、地点、结婚日期、教育程度、专业经历、现任职务、所属学会、研究领域、主要著作、通讯地点。在中美两国文化交流不断发展的今天，这是一部颇值得一读的人名录。

说到传记词典，不能不提查尔斯·C.吉利斯皮主编的 16 卷本《科学传记词典》（*Dictionary of Scientific Biography*）。囊括古今知名科学家，重在传主在科学史上的贡献及其与前人、同代人的师承关系。例如古希腊著名哲学家、科学家亚里士多德的传记从方法、物理学和宇宙学，自然史和动物学，解剖学和生理学，传统和影响四个方面进行叙述和总结。家世和个人经历结合在方法一节中介绍，着重讲对他治学方法的影响。这部巨著是由美国学会理事会（American Council of Learned Societies）赞助下出版。在编写方针上继承该会赞助的另一部著名的传记词典——《美国传记词典》（*Dictionary of American Biography*）

的传统。而美国传记词典又是英国《国家传记词典》（*Dictionary of national Biography*）影响的产物。英国这部传记词典材料丰富，常常引用传主的日记和书信，并注明出处，缺点是巨细不分，失之于琐碎。70年代的重印本，增加了20世纪的人物传记，传主卒年延续到60年代。《美国传记词典》在1944～1981年出版了七卷补编。传主卒年迄于1965。

西文出版的中国传记词典，最具有学术价值的是《清代名人传记词典》（*Eminent Chinese of the Ching Period 1644～1912*）是西方汉学家根据中文资料编写的八百个清代人物传记汇编。哥伦比亚大学1967年出版的《民国传记词典》（*Biographical Dictionary of Republican China*）和哈佛大学1971年出版的《中国共产主义传记词典》（*Biographic Dictionary of Chinese Communism*，1921～1965）是两部有影响的现代人物传记的汇集。与《名人录》不同，较详细的介绍传主生平及在学术上和事业上的成就。后者收中国共产党省委以上领导干部433人传记，涉及人名1,750个，特别注重传主在党内的经历，书后有96个附录和中英文对照的人名索引。这两部工具书均成书于中美关系正常化之前，限于资料和编撰者的主观条件错漏之处不少。

地名词典中，我所见到的最好的一部是《哥伦比亚——利平柯世界地名词典》（*Columbia Lippincott Gazetteer of the World*）共收地名十三万条，涉及世界各隅较重要的地名。条文简短，用经纬度和相关位置说明地理位置，对该地历史沿革、发生过的重大历史事件有简要介绍。其他像《韦氏新地理词典》（*Webster's New Geography Dictionary*）、《政治家年鉴世界地名词典》（*The Statesman's Yearbook World Gazetteer*）都是常用的中型地名词典。专业性的地名词典有：《普林斯顿古典遗址百科全书》（*The Princeton Encyclopedia of Classical Site*），《英国文学地名词典》（*A Literacy Gazetteer of England*）。后者提供了同五百位英国作家有关的一千二百个英国地名。条目长短不一，除简要介绍该地沿革外，按生年时间顺序介绍作家与该地的关系、他们的住所和活动地点。往往引用作家本人对该地区的描述，间或有插图，读起来令人有身临其境之感。

笔者见到的大型地图集，首推本世纪50年代中期出版的《泰晤士世界地图集》(*The Times Atlas of the World*),凡五巨册,第一册:世界、澳洲、亚洲及东亚;第二册:南亚、西亚和苏联;第三册:北欧;第四册:南欧和非洲;第五册:美洲。每册都有详尽的地名索引。泰晤士图书公司还印行一种一卷本的地图集,泰晤士世界地图集(*The Times Atlas of the World*)、《泰晤士世界历史地图集》(*The Times Atlas of World History*)(有中译本)和《泰晤士中国地图集》(*The Times Atlas of China*)都属于中型地图集,便于一般读者使用。《西点美国战史地图集》(*The WestPoint Atlas of American Wars*)两卷,收图412幅,附以简要的文字,介绍了殖民地时期至侵朝战争历次著名战役的作战情况。

统计资料是研究政治、经济、社会、历史问题的重要资料。继《英国历史统计摘要》(*Abstract of British Historical Statistics*)出版之后,美国也出版了《美国历史统计》(*Historical Statistics of the United States, Colonial Times to 1957*)。它是从1879年开始出版的《美国统计摘要》(*Statistical Abstract of the United States*)的补编。二百周年纪念版把统计数字的下限延伸到1970年,是研究美国历史的重要资料。加拿大、澳大利亚也出版过类似的资料。1981年又出版了米切尔(B. R. Michell)主编的《欧洲历史统计 1750~1975》(*European Historical statistics 1750~1975*)。比较而言,美国的历史统计资料比较完备。全书分为国家财富、人口与移民、工资与工作条件、工农业生产、财政等十四类,每一类前对于各该类的统计单位、计算方法、材料来源均有说明。联合国统计局编印的《联合国统计年鉴》(*Statistical Yearbook of the United Nations*)是1926~1942/44年日内瓦《国联统计年鉴》的续编,全书有190多种不同内容的统计表格,反映了世界上150多个国家和地区的各种不同情况,包括人口、人力、工农业生产、主要物资消费、交通运输、国内外贸易、国际经济援助等项内容。

五

在自然科学技术突飞猛进日新月异的今日,了解各门科学发展的状况对于普通读者和专业工作者来说在所必需。麦格鲁—希尔图书公司出版的15卷本的《科学技术百科全书》（*McGraw-Hill Encyclopedia of Science and Technology*），有2,700名科学家、工程师参加编写，收7,800个词条。内容包括基础科学和技术科学中一百多个专业的有关论题的定义、基本概念、基本原理、发展动向、新近成果和实际应用等。可供非专业工作者阅读，我国已开始分学科出版该书的中译本。1982年该书又出新版，作了不少修订。该公司还出版《麦格鲁—希尔科学技术年鉴》、《麦格鲁科学家》、《麦格鲁科学与技术基本传记》作为百科全书的补充。属于科学普及性的工具书还有《新科学百科全书》（*New Encyclopedia of Science*）（1979，15卷本）和《插图本科学和发明百科全书》（*The Illustrated Science and Invention Encyclopedia*）（1977年21卷）。《世界科学指南》（*Guide to World Science*）是一部介绍各国科学发展状况的工具书，共25卷，分国家地区叙述。每卷开始都扼要介绍各该国科学发展的背景（人口、经济状况），然后分别叙述科学政策，属于政府管理的科学机构，工业的科研和试制，农、医、能源、国防科研、国际交流及学术团体。各卷体例不尽一致。英国卷有专章介绍博物馆、动物园、植物园。其他各卷均未遑论及。

文学艺术方面的工具书种类繁多，名目不一，就文学而论，最常见的是文学百科全书和文学研究手册。如《卡塞尔世界文学百科全书》（*Cassell's Encyclopedia of Word Literature*, 1973, 3v.）第一卷是各国文学史、文艺思潮和文学专门术语，第二、三卷是作家、作品介绍。沃尔夫甘·弗莱希曼（Wolfgang Bernard Fleischmann）主编的四卷本《20世纪世界文学百科全书》（*Encyclopedia of World Literature in the 20th Century*）是赫德尔的《20世纪世界文学百科辞典》（*Herder Lexikon der Weltliteratur in 20 Jahrhundert*, Freiburg, 1960～1961 zv）的扩大和补充。全书收1,200个条目，包括全世界20世纪的重要作家，各国文学，有影响的文学思潮、流派，显然是以欧美文学为中心，对于亚非拉文学的介绍相当简略。文学批评方面的工具书，最流行的是《当代文学批评》（*Contemporary Literary Criticism*）、《19世纪文学批评》（*Nineteenth Century Literary Criticism*）和《20世纪文学批评》（*Twentieth Century Literary Criticism*）。按作家姓氏字顺排列，扼要介绍作家生平和主要作品之后，摘录有关这位作家作品的评论。无论是报刊文章还是专著，都注明出处，有关地区和国别的文学工具书有《东方文学词典》（*Dictionary of Oriental Literatures*）。第一卷东亚，第二卷西亚、北非，第三卷南亚和东南亚。全书篇幅不大，文字简洁，是一部中型参考书。牛津的各种文学手册，篇幅不大，检索方便，笔者见到的有美国、加拿大、法国、德国、西班牙和古典文学手册（*The Oxford Companion to …… Literature*）。此外还有哥伦比亚大学出版的《现代欧洲文学词典》（*Columbia Dictionary of Modern European Literature*），印度出版的印度文学百科全书（*An Encyclopedia of Indian Literature*）。按体裁划分则有普林斯顿诗歌百科全书（*Princeton Encyclopedia of Poetry and Poetics*）、英国民间故事词典。音乐方面斯坦莱·萨戴（Stanley Sadi）主编的二十卷本《新格罗夫音乐和音乐家词典》（*The New Grove of Music and Musicians*）执笔者2,500人，可以说是一部最详尽的音乐参考书。艺术方面的工具书，大型的有《世界艺术百科全书》十五卷本（*Encyclopedia of World Art*, N. Y., McGraw—Hill, 1959～1968），中型的有五卷本的麦克鲁一希尔《艺术词典》（McGraw—Hill dictionary of Art）。小型的则有《牛津艺术手册》（The Oxford Companion to Art）

末了我想提一下各种论文索引和提要。美国大学微缩胶卷国际出版的《国际博士论文摘要》（*Dissertation Abstracts International*）收集了美国和加拿大450个单位的论文分为自然科学、人文科学和社会科学两部分，从1938年开始逐月出版。除摘要外，该公司还备有论文的缩微胶卷。每篇论文题目之后的号码就是缩微胶卷的号码。需要者可根据号码订购，此外还有《社会学摘要》（*Sociological Abstracts*）、《历史摘要》（*Historic Abstracts*）、《国际政治科学摘要》（*International Political Science Abstracts*）《统计理论和方法摘要》（*Statistical Theory and Method Abstracts*）等等，为各学科的文献检索提供了方便条件。

1984年7月4日

原文载《津图学刊》1984年第4期，1985年第1期

博物馆与西方社会

作为陈列、研究、保藏人类和自然界发展见证物的文化教育机构，博物馆有它自己的历史。在欧美，博物馆的起源可以追溯到古希腊的缪斯神庙、柏拉图和亚里士多德的学园、亚历山大里亚的研究院。中世纪以来的王室宫廷、贵族宅邸、教会寺院和富商巨贾则保存了丰富的文化宝藏。然而，真正具备所有者、藏品、观众三要素的现代博物馆则是在17世纪始露端倪，18世纪下半叶和19世纪初普遍建立，19世纪末20世纪初成为社会文化生活中的重要组成部分。欧美博物馆事业在两次世界大战之间又有了长足的发展，第二次世界大战后则进入了空前繁荣的时期。根据70年代初的统计，全世界大约有一万七千五百个博物馆，85%在欧洲和北美。1965年以来，美国博物馆以每七天建六个新馆的速度继续发展。为什么现代博物馆最早出现在西方而不是出现在东方?为什么欧美博物馆数量之大、种类之全、观众之多都在世界上名列前茅?为什么西方博物馆事业至今仍能保持经久不衰的势头？这是很值得进行深入探讨的问题。我们觉得剖析博物馆与西方社会内在关系将有助于问题的解决。

笔者认为博物馆事业的发展同资本主义经济的成长息息相关，资本主义的生产方式创造和积累了人类历史上空前的巨大财富，开拓了世界范围的市场，使一切事物（包括文物、古董、自然标本）都变成了商品，为博物馆事业的发展提供了经济前提。资本主义生产方式不但创造了现代无产阶级和资产阶级，而且创造了一个人数和比重都在增长的空前庞大的知识阶层和中间阶层[1]，为博物馆事业的形成和发展奠定了广泛的社会基础。欧洲最早的博物馆如波洛尼亚博物馆（建于

1 马克思：《剩余价值理论》，《马克思恩格斯全集》第26卷(Ⅱ)第653页；(Ⅲ)第63页。

1605)、渥姆博物馆(1655)、斯瓦梅尔达姆收藏*、卢伊施收藏*[1]、特拉底斯次博物馆(1628)、牛津大学的阿什莫林博物馆(1683)出现在意大利、丹麦、荷兰、英国。这些国家资本主义经济萌芽出现较早,海外贸易和殖民地活动频繁、经济生活比较富裕,已经出现了一批博物学家、古董爱好者、古物收藏家。18、19世纪英、法、德、美等国成为博物馆事业最发达的国家,毫无疑问是以雄厚的经济实力为基础的。美国没有欧洲王室收藏的有利条件,博物馆事业却能后来居上,同它的富有是分不开的。博物馆发展史上有过不少捐赠资金和藏品的佳例:英王御医斯劳恩献出了他毕生积累的79,575件藏品成为不列颠博物馆藏品的重要来源。英国化学家史密森将价值五十万美元的遗产赠给美国政府为史密森氏学院博物馆群的创建奠定了基础。金融巨头J. P. 摩根对大都会博物馆的资助,汽车大王福特创办的绿田博物馆,石油大王洛克菲勒投资的威廉斯堡,制铝大王梅隆把他收藏的欧洲名画赠给美国政府建立了美国国家艺术馆,这些都是用私人财富和私人藏品创办博物馆的例子。

创办博物馆要有丰厚的物质基础,博物馆观众人数增加也要以生活水平提高、闲暇时间的延长为后盾。第二次世界大战后资本主义世界出现的战后繁荣对于博物馆事业是一个很大的促进。据统计,1949~1971年实际工资的平均增长率:美国1.6%,日本6.7%,西德6%,英国3%,法国3.9%。美国物质生产部门的生产劳动者的实际收入在1948~1977年间增长了97.7%。欧洲、日本、美国的工人带薪休假日最少的25天,最多49天[2]。因此,60年代前后首先在美国出现了文化爆炸。《幸福》杂志报道说1960年美国人花了三亿美元经营着六一二十个艺术博物馆,另外的三亿美元则用来经营他们的公共博物馆,用于历史、科学和其他非艺术性博物馆的钱有多少还不得而知。他们还花了两亿美元购买绘画等艺术品,五亿九千万美元买乐器,九千万美元买唱盘,二千六百万美元经营交响乐团。为了解决美国人的文化生活问题,肯尼迪总统专门任命了一位文化顾问,美国最大的工会劳联产联专门召开会议讨论"建设性地使用业余时间"。芝加哥美

1 *均系阿姆斯特丹的私人博物馆。
2 钱俊瑞主编:《世界经济概论》,上册,人民出版社1983年版,第338页。

术馆则成立了一个“良好嗜好的诊所”对观众的艺术爱好进行指导。生活水平的提高，交通事业的发达，带来了旅游事业兴盛，对于博物馆事业也是一个推动。据美国的统计资料，前往美国旅游的外国旅客1965年120万人，1975年增至360万人。美国到国外的旅游者1960～1979年从163万人增至784万人。在欧洲和美国，旅游者是博物馆观众的一个重要来源。

文艺复兴以来的欧洲社会文化思潮同博物馆事业的发展呈现出错综复杂的联系。重物质、重理性、重个人、以探索宇宙自然奥秘为目的，开放型的西方文化，其根源可以追溯到古希腊罗马，但真正得到发展却是在文艺复兴以后。文艺复兴一词的本义是“新生”，它是一场市民阶级（资产阶级的前身）用人文主义或人本主义反对中世纪神学的思想解放运动。从文艺复兴开始，欧洲的文化出现了许多新现象、新事物。以市民、商人、新兴地主为基础的现代国家同中世纪以来在政治生活中占统治地位的罗马天主教会相对抗，产生了现代国家理论；代表新兴市民阶级利益的个人反对教会的专横，要求建立人与上帝之间直接联系和廉价教会，产生了宗教改革运动和诸如加尔文主义之类的新的宗教理论。在认识论和思维方法方面，这个思想解放运动强调以理性而不是以权威作为判断是非的标准，导致了近代哲学和自然科学的诞生。我们完全有理由把文艺复兴以来的思想文化运动看成是西方博物馆事业确立和发展的重要前提。

文艺复兴以后与启蒙思潮相辅相成，西方出现了自然科学革命，这场革命的最主要的成果在于现代科学技术循环加速机制的形成。它由三个部分组成，首先是构造性的自然观，即从结构角度来把握自然现象，其理论是逻辑构造型的；其次是受控实验，实验是在严格控制的条件下进行的，是可以重复的；第三，有一个开放性的技术体系，在这个技术体系里，技术不是某个狭窄专门行业的技艺，而是成为了一种普通的社会生产力。这样一种循环加速机制恰恰是东方国家所没有的，在这个加速机制的推动下，因社会经济发展的不平衡，欧美五个国家依次出现了自然科学的兴隆期：意大利（1540～1620）、英国（1660～1730）、法国（1770～1830）、德国（1870～1920）、美国（1920～），其峰值分别为 1620，1710，1790，1870，1950。从一个峰值到另一个峰值转移的平均周期为 80 年。现代社会发生的四次自然科学技术革命贯穿其间。这五个国家恰恰都是博物馆事业最发达的国家。上文提到的意大利的波洛尼亚博物馆、英国的阿什莫林博物馆、稍晚一些的不列颠博物馆、法国的自然博物馆、德国的慕尼黑科学技术博物馆、美国的宇航博物馆成立的时间全都建于各该国的科学发展的鼎盛时代，这正是这些国家科学事业兴旺发达的标志。

文艺复兴以来，发展起来的注重知识普及、注重教育、反对文化专制主义的思潮是现代博物馆事业建立和发展的直接动力。封建统治者把群众的愚昧无知作为他们统治的基础。他们垄断知识，垄断文化，垄断教育。新兴的资产阶级在其上升时期，不但要求打破封建统治者对政权的绝对统治，打破为之服务的君权神授观念，而且要求打破封建统治者对文化知识、对教育以至对于文化财产的独占。17 世纪在英国不但提出了“知识就是力量”的口号，而且提出了“普及知识”的口号。一个名叫玫瑰十字架（Rosicrucians）的带有神秘主义色彩的组织，主张用实验手段来普及知识。法国的启蒙学派则通过编纂百科全书来反对神学对群众的愚弄。德国的拉特克（Wolfgong Rafke，1571～1635）和捷克的科美纽斯（John Amos Comenius，1592～1670）则主张“把一切事物教给一切人”，为现代学校教育奠定了理论和实践的基础。一位美国研究大众文化的学者在谈到“普及知识的思潮同公共博物馆建立之间的关系”时写道：“18 世纪改变欧洲文化生活的伟大社会运动同知识的群众化有着密切的联系。权威性的教会和国家的知识基础抵抗不住实验方法的广泛传播，这种实验方法超出了很容易加以管理的狭小的学者等级范围。一位法国学者指出了一个明显的事实：博物馆是同百科全书一起出现的。在英国，《张伯斯百科词典》的出版与不列颠博物馆的建立同时；法国向公众开放卢森堡宫的藏品与百科全书派首次出版其成果同时。知识群众化的后果是人所共知的，没有必要再加以强调，我们可以把法国大革命算做公共博物馆发展史上不可缺少的历史事件”[1]。

法国大革命不仅促成了卢浮宫的全面开放，继之而来的拿破仑征

1 T.R.阿当姆：《博物馆和大众文化》，纽约 1939 年版，第 4～5 页。

服欧洲大陆的战争所激发的民族主义情绪促进了西欧、中欧国家博物馆的普遍建立。拿破仑指挥的军队对征服的每一个国家的文物大肆洗劫，埃及的古物、意大利的绘画和手稿、哈布斯堡王朝的宫廷、东欧国家的城堡、西班牙的寺院无一不是他们劫掠的对象。1811 年，根据拿破仑的命令建立了以他的姓氏命名的博物馆，把掠获的文物和法国宫廷收藏一起展出，使爱好艺术的法兰西公众大饱眼福，也使欧洲其它国家为之瞠目。1815 年拿破仑战败被放逐到大西洋中的圣海伦岛，欧洲各国纷纷索还被劫走的文物，建立本国的国家博物馆、艺术馆、绘画馆，搜集和展出民族的瑰宝，其中最著名的有荷兰国家博物馆（Rijksmuseum，1809）、西班牙的普拉多博物馆（Prado1819）、德国的公共画廊（The Public Gallery，1830）、奥地利的艺术史博物馆（Kunsthistorishes Museum，1891）。从此，博物馆成为一个国家民族精神、民族文化的象征。

资本主义在全球的扩张，使发达国家接触到各个地区和国家处于不同发展阶段的色彩斑斓的民族文化，扩大了这些国家收集文物和标本的范围，促进了人类学、民族学、社会学、比较文化学的研究。同博物馆事业关系最密切的是人类学的发展。人类学是研究人类本身及其所创造的物质文化和精神文化的起源、形成、发展规律的科学[1]。它诞生于 19 世纪，因为直到这时才出现了有系统的人种划分和人体测量技术，现代语言学也是到这时才形成。语族的划分（用比较方法研究语言），埃及象形文字解读成功（1821），石器时代与金属时代的划分（1819）大大改变了人类对古代的认识。1830 年法国学者从砾石中分辨出石器，1856 年发现了尼安德塔人。化石、工具和人类遗骨的发现使得追溯人类的生物进化和文化的发展成为可能。英国学者爱德华·泰勒的《原始文化》一书出版（1871），标志着确定人类文化进化类型和解释人类文化异同的比较方法的确立。刘易斯·H.摩根在美国根据他对北美印第安人的调查和对古希腊罗马文献的研究，发表了《古代社会》（1877），对家族和社会组织的起源和发展作了系统的论述，是人类学渐趋成熟的标志。继泰勒和摩根之后，德国的弗里德里

1 刘寿瑜：《论人类学的对象和作用》，中国人类学会编《人类学研究》，中国社会科学出版社 1984 年版，第 17 页。

希·拉采尔鼓吹地理环境论，认为人类文化中相同的特点可归结为“对环境的自动反应”。法国学者爱弥尔·杜尔克姆提出了“集体代表论”，美国的鲍亚士则倡导文化独立论，在研究方法上主张多描述，使用统计方法。进入20世纪，人类学研究的领域进一步扩大，从原始民族扩展到现代民族。民族性、文化与个性、技术对环境的控制、人与自然环境的关系等等都成为人类学研究的对象。正是在人类学发展的影响下，法国、德国率先建立了人类学博物馆，不列颠博物馆也成立了人类学部，后来成为独立的博物馆。美国的史密森学院设有美国人种学研究局（1879～1964）、国家博物馆则设有人类学部，1964 年这两个机构合并[1]。此外，墨西哥的国立人类学博物馆（建于1825年）、日本的民族学博物馆也享有世界声誉。这些博物馆是各国开展人类学、民族学研究，普及人类学知识的重要基地。这里必须指出的是，西方人类学、民族学博物馆有相当一部分带有浓厚的种族主义、沙文主义色彩，是为西方国家的殖民政策服务的。1910年赫尔克里士·李德爵士（Sir Hercules Read）在不列颠博物馆民族学藏品手册中直言不讳地谈到英国公民对帝国的责任，谈到需要用民族学的藏品说明殖民地和其他国家土著的生活方式。这些藏品可以使殖民当局避免工作中的失误，而且可以帮助商人选择他们的出口商品[2]。荷兰索性将设于黑尔莱姆的博物馆命名为殖民地博物馆。至于意大利在法西斯专政时期建立的“罗马帝国博物馆”（1926）和墨索里尼博物馆（1938），希特勒德国的特产“祖国博物馆”、军事博物馆则把种族主义、沙文主义、军国主义思想发挥到顶点，鼓吹意大利是罗马帝国的继承者，日尔曼民族是最优秀的民族，甚至要求每个儿童都要到博物馆去模仿原始人制造工具的工艺，亲身体验日尔曼民族形成的过程。

历史传统与现代化之间的矛盾和冲突是影响西方博物馆事业发展的又一重要因素。工业化和城市化、商品化、世俗化毫无疑问在许多方面向传统的东西提出了挑战，迅速改变着传统的生活方式、传统的观念和习俗。蒸汽机、内燃机、发电机代替了人力、畜力，轮船、飞机、火车、汽车代替了马车、手推车，钢筋水泥、玻璃钢的高大建

1 Paul H. Oehser：《史密森学院》，科罗拉多博尔德，1983年版，第94页。
2 阿尔玛 S.魏特林：《博物馆它的历史及教育任务》，伦敦1949年版，第140页。

筑代替了矮小的砖瓦房，机械化的大生产代替了手工劳动，紧张匆忙的城市生活代替了悠闲自得的田园生活。“资产阶级在它已经取得了统治的地方把一切封建的、宗法的和田园诗般的生活都破坏了……它把宗教的虔诚、骑士的热忱、小市民的伤感这些情感的神圣激发，淹没在利己主义打算的冰水之中。”“资产阶级撕下了罩在家庭关系上的温情脉脉的面纱，把这种关系变成为纯粹的金钱关系。”[1]然而，站在资本主义现代化对立面的不仅有不愿意丧失自己特权地位的封建贵族，还有面临着灭亡命运的小生产者，他们还有传统的习惯势力和对现代化的逆抗心理。对传统的东西破坏得越多，摧残得越厉害，人们对传统的依恋、怀念之情就越深，甚至会激发恢复传统的运动。从另一个角度看，传统和现代化不仅有对立和冲突的一面，而且有传统如何适应现代化、现代化如何继承传统为现代化服务的问题。保护历史遗址运动、露天博物馆运动、农家博物馆运动、公司追根运动以及与自然环境保护运动相联系的生态博物馆运动就是传统与现代化之间既矛盾又一致的这种错综复杂关系的反映。美国是一个不知封建制度为何物的国家，19 世纪初，当企业家和政府界人士埋头于开发幅员广阔物产丰富的西部土地、发展沿海城市工商业的时候，是一群上层妇女发起了保护乔治·华盛顿故居弗农山庄运动。当宾夕法尼亚议会打算把发表过独立宣言和制定了美国宪法的独立宫出售给商人时，一批有识之士制止了这一行动。19 世纪末在瑞典兴起的露天博物馆运动把工业化以前农村生活的景观搬到首都斯德哥尔摩的斯堪森地方，乃是人们怀恋田园生活的一种反映。汽车大王亨利·福特在他的廉价汽车破坏了美国农村生活的安谧宁静之后突发思古之幽情，在伊利诺州格林菲尔德建立起美国第一个露天博物馆，流露出伤逝悼亡的复杂感情。继福特之后，约翰·洛克菲勒第二不惜重金邀请古建筑专家修复殖民地时期弗吉尼亚首府维廉斯堡，企图证明美国民主、秩序、效率的连续性。二次大战期间那里成为对美国大兵进行爱国主义教育的场所。杜邦家族修建哈格莱博物馆是在 50 年代（1952）公司寻根运动时期，本意是缅怀杜邦家族的前辈创业维艰，顺带反映一下早期工业化的生

1 马克思、恩格斯：《共产党宣言》，马恩选集第一卷，人民出版社 1972 年版，253～254 页。

产面貌。在60年代美国的社会运动和激进思潮的影响下，该馆增添了新的内容：反映19世纪的工人生活，其中当然不免有对杜邦家族粉饰之处，但也揭露了不少真相。随着自然环境保护运动的勃兴，欧美国家的自然博物馆、动植物园都把维护生态平衡作为陈列展出宣传教育的一个重要内容。从强调原状陈列、生态陈列发展为生态博物馆（人+自然），显示了这个运动的声势，至于其中可能反映切实的种族主义思想，自当别论。

经过二次大战，特别是经受过反对核武器、反对战争、维护和平运动的洗礼，作为文化消费者的博物馆观众也发生了深刻的变化。他们对于现代化给自然和社会环境带来的消极影响以至灾难性的后果深感忧虑，生活水平虽然有所提高，但在现代社会中孤立无援、无能为力、空虚幻灭的感觉越来越强烈。生产的机械化、自动化带来的是简单重复的劳动，电脑控制的生产程序把劳动者变成了机器的附属物和奴隶。在紧张工作之余，在闲暇时间为了忘却这种丧失独立人格的感觉，忘却核战争摧毁亿万生灵的恐惧感，许多人纵情于感官享受，于是包括参观博物馆在内的文化活动成为生活不可缺少的组成部分。

西方博物馆一向奉行寓教育于娱乐的方针。一位著名的博物馆学专家说得好："教育事业如果在人的一生中不能引起人们对于周围世界的兴趣，那么就意味着教育的失败"[1]，创造一个美好的环境和气氛诱发观众的求知欲和兴趣，不仅是艺术博物馆的需要而且受到各种类型博物馆的关注。因此，审美观念的变化，文艺思潮的变迁，艺术知识的普及对于博物馆事业的发展也有重要的影响。所有这些同艺术博物馆的关系更密切更直接。西方美学思想同西方逻辑构造型的自然科学理论一样具有纯思的抽象思维的性格，迄20世纪文艺思潮经历了风格主义、古典主义、浪漫主义、现实主义、自然主义几个有区别而又有联系的阶段，在艺术实践中走向具体、逼真。在绘画方面注重人体结构、物体的比例关系和三维空间的科学性。然而从后印象派开始，创作实践改变了方向，从捕捉一刹那的光线、色彩变幻到舍去任何具体形象的色彩或线条的集合，即所谓抽象表现派艺术。文学创作上则

1 犹龙·里普利：《神圣的园林，博物馆论文集》，纽约1969年版，第101页。

强调怪诞、不合理、无情节、无主题地反映人的心理状态的意识流的写作方法。表面上似乎在创作上也回到纯思的抽象，实际上却离开了西方美学的理性主义传统。所有这些不但在艺术博物馆的展出和陈列中得到充分反映，而且在博物馆的建筑设计上也有所表现。纽约的古根海姆艺术博物馆和华盛顿国家艺术馆东翼堪称代表。

西方博物馆与社会文化的关系我们当然还可以继续讲下去，例如从博物馆之友和博物馆义务人员反映出来的社会对博物馆事业的支持，从博物馆与社区之间的密切联系可以看出博物馆社会化的程度，我们都未遑论及。仅从以上远不完备的描述中不难获得这样的印象，即：西方博物馆是深深扎根于社会与文化的土壤之中的。迄今为止，我们只涉及了博物馆同西方社会关系的一个方面，即博物馆是西方现代社会发展的产物。问题的另一个方面是博物馆对促进西方社会的演变作出了独特的贡献。若想说清这方面的问题恐怕还得另写一篇文章，为了免遭求全责备，我们不妨把它的社会功能归结为六点；文化宝库、科研基地、学习场所、娱乐与社交中心、社会情趣养成所、国威和财力的象征。80 年代以来西方博物馆正朝着多样化的方向发展，其中一个引人注目的特点是，在第三次浪潮的冲击下科学技术博物馆越来越受到重视。1984 年 12 月 21 日的《纽约时报》曾报道，国际商业机械公司和洛克希德航空公司决心投资九千五百万美元在加州硅谷附近建立一座显示计算机时代应用科学的现代博物馆。这说明博物馆不仅是了解过去的文化殿堂，而且必将成为普及最新科技成果、陶冶性情、铸造现代人和通往未来的重要手段。

原文载于《中国博物馆》1985 年第 4 期

美国的历史从这里开始

——詹姆斯敦和威廉斯堡露天博物馆

美国是一个年轻的国家，有文字记载的历史还不到五百年。来自英国的殖民者在这块大陆上定居不到四百年。1607 年是美国小学生都记得的重要年代。这一年的 5 月 13 日从泰晤士河起碇的三艘帆船，在弗吉尼亚的詹姆斯河口抛锚，英国殖民者在这里登陆，建立了詹姆斯敦。美国历史由此发端。这三艘帆船的残骸已经找不到了，詹姆斯敦的遗址也因河流改道荡然无存。为了缅怀前辈创业维艰，根据有关历史记载，弗吉尼亚文物保护协会和美国联邦政府在约翰·史密斯船长率领 105 名男性移民登陆处原址（已被河水淹没）附近修建了一座露天博物馆，使当年披荆斩棘的情景再现于观众面前。应美中关系全国委员会的邀请，我们在美学习、访问的十几位史学工作者于 1982 年 12 月参观了这个著名的美国历史遗址。

露天博物馆的一个重要组成部分是观众中心。它提供游览信息，向观众介绍露天博物馆的全貌。最使人感兴趣的是经过历史学家考订的一份第一批登上美洲大陆的英国移民名单。名单说明了由于饥饿和疾病，这 105 人只有 32 人幸存下来。幸存者的后裔分布各地。

詹姆斯敦是以英王詹姆斯一世的名字命名的，组织殖民开发的弗吉尼亚公司也是詹姆斯一世批准建立的。因此，观众中心展出了王室成员的肖像和服饰。为了说明弗吉尼亚在美国历史上的地位，展厅内还悬挂着九位生于或祖籍弗吉尼亚的美国总统肖像。他们是：华盛顿、杰弗逊、麦迪逊、门罗、威廉·亨利·哈里逊、约翰·泰勒、扎卡里·泰勒、威尔逊及祖籍弗吉尼亚的第 23 届总统本杰明·哈里逊。最使观众向往的当然是那三艘把第一批移民运到新大陆的船只了。船只复原物停舶在河湾里，最大的一艘“苏珊·康斯坦特号”，排水量不过 100 吨，“幸运号”40 吨，最小的“发现号”仅 20 吨。解说员穿着 17 世纪英国水手服，向人们介绍船只的结构和船上生活情况。

詹姆斯敦是由詹姆斯堡发展起来的。这是一座呈三角形的城堡。但与其说是城堡，不如说是有木制栅栏作为防御工事的庄院。清一色的茅草顶、泥板墙的房屋说明早期移民的生活异常艰苦。北美大陆并非他们原来所设想的那样是盛产金银的乐土，而是一片疟疾猖獗的不毛之地。他们靠印第安人种植的那两种作物——玉米和烟草生存下来，并得以发展。玉米使他们免遭饥饿的折磨，烟草使他们的经济繁荣。当时最需要的是有专门技术的工人：木匠、石匠、铁匠、园丁和有经验的农民。而第一批移民主要是没落的绅士和被释出狱的罪犯，真正的手艺人寥寥无几。1608 年底，纽波特船长带来八名能够制造玻璃、沥清、焦油和钾碱的技术工人，他们是波兰人和德国人。意大利的吹玻璃工和德国的锯木工接踵而至。同年，北美大陆上第一个玻璃作坊建成。复原的玻璃作坊座落在离詹姆斯堡不远的地方，一位现代美国人手持 17 世纪的工具，按照当时的工艺过程制作玻璃器皿。观众可以观看，也可以向他提出感兴趣的工艺问题。

在那艰苦的岁月里，宗教生活起着精神支柱的作用。在詹姆斯堡内有一个用茅草和泥板盖成的简陋的教堂，约翰·史密斯说它“像一个家用的谷仓”，所有的宗教仪式都由伦敦派来的英国圣公会的罗伯特·亨特牧师主持。1608 年 1 月，这座茅草教堂建成不久就被大火化为灰烬。殖民者在寒冷的冬天，又动手修建起一座新的茅草教堂。詹姆斯敦保存下来的唯一砖砌建筑物则是建于 1639 年的爬满常青藤的教堂塔楼，占地 18 平方英尺，基墙厚 3 英尺，原高 46 英尺，共三层，顶屋有六个窗户，既可使室内光线充足，又足以使塔楼的钟声传播四方。1907 年在塔楼后面建成一座纪念性的教堂，1617 年建成的第一座教堂的鹅卵石和砖砌房基就在教堂里面，罩以玻璃，作为文物陈列。北美大陆上第一个代议制议会（1619 年 7 月 30 日至 8 月 4 日）就是在这座教堂里举行的。美国历史学家大多认为弗吉尼亚议会的召开，与五月花号公约的签订具有同等重要的意义，它们都标志着美国民主制度的诞生。教堂东面是约翰·史密斯船长的塑像，右手持圣经左手抚剑柄，神态威严，使人能够想像出他临危不惧、指挥若定、团结土著居民渡过难关的情景。教堂的西面耸立着美国政府为纪念首批移民登陆三百周年而建立的尖塔式的纪念碑。教堂南则有一尊印第安女子波克洪塔斯的塑像，她是印第安酋长波哈坦的女儿，相传是史密斯船长的救命恩人，曾帮助白人移民渡过饥荒。

在早期美国历史上有两件大事就是在詹姆斯敦发生的。第一件是1619年一艘荷兰商船从西印度群岛运来了20多名黑人，作为奴仆出售，这是北美奴隶制的开端。另一件大事是1675年的培根起义，出于对总督的仇恨，起义者纵火焚毁了詹姆斯敦。这两件事虽在旅游指南中提到了，但并没有通过实物得以反映。1699年，弗吉尼亚首府迁往威廉斯堡，揭开了新的一页。

和詹姆斯敦一样，威廉斯堡因英王威廉三世（1650～1702）而得名。从1699年到1787年，威廉斯堡一直是弗吉尼亚的首府。许多著名的美国革命领袖，如乔治·华盛顿、托玛斯·杰弗逊、佩特里克·亨利、詹姆斯·麦迪逊，都在这里留下过他们的足迹。今日威廉斯堡的人口（包括威廉·玛丽学院的学生在内）只有一万一千人，但它却因为经过30多年的努力，在170英亩土地上，以大量的文献资料为根据修复和重建了500多幢18世纪的公私建筑，把二百年前的社会风貌栩栩如生地展现在人们眼前而闻名于世。在这里，人们看到的历史画面是比较完整的。从议会、法院、监狱、总督府、军械库、旅馆、商店、手工作坊、学校、医院、教堂，直到私人住宅、花园。各类建筑物，虽不能说应有尽有，也称得上颇有规模了。论人物，在这里可以见到衣着豪华、气度轩昂的总督，身着长裙、举止典雅的贵夫人，笑容可掬、彬彬有礼的店员和侍者，技术熟练、答问如流的手工工人，头戴黑色帆船帽、身穿棕色长坎肩的狱卒。当然，所有这些人物都是由露天博物馆的工作人员扮演的。这里的环境、气氛，人们的谈吐、举止都是18世纪式的，尤其可贵的是还恢复了多种手工业品制作的工艺过程。旅馆、饭店、商店的陈设和供应，也都遵照18世纪的格局。为了保持时代的气氛，所有暴露于外的现代设施如电缆、电线都埋入地下，管道、龙头也都隐蔽起来。为了恢复历史的本来面貌，殖民地威廉斯堡的经营者真可谓煞费苦心。

这一切是怎样开始的呢?修复威廉斯堡的设想最早是由一位名叫古德温的牧师提出来的。这位醉心于美国早期历史和文化的饱学之士，经过细心的观察，发现威廉斯堡有许多年久失修的18世纪建筑，有些虽已是断壁残垣，但基础犹存，且有资料可查，修复并非难事，问题在于经费来源。他曾写信给亨利·福特，希望这位兴建春田露天博物馆的汽车大王能够提供资助，但信如石沉大海，一直没有回音。古德温没有泄气，又给约翰·洛克菲勒二世去信。这位热心艺术事业，为维修凡尔赛宫、枫丹白露宫曾向法国政府捐赠过285万美元巨款的石油大亨慨然应允。他授权古德温用“戴维神父”的名义把地皮买下来。修复和重建工程于1928年开始，根据从哈佛请来的专家们的建议，把时间下限定在18世纪90年代。第一步工作是把1790年以后建成的720栋建筑物统统拆掉，并且尽可能清除一切现代痕迹，为此原经此地由俄亥俄通切萨皮克湾的铁路也改道而行。第二步是修复未受严重破坏的88栋建筑，包括38栋住宅，8栋公共建筑，36栋附属建筑（如牛酪作坊、薰肉房间），两家酒馆和四家商店。第三步是重建只剩下地基的341栋房屋。这是最困难的一项工作。专家们翻阅了大量的文献资料、地图、草图、旧照片、日记、遗嘱……最有价值的资料是保存在威廉·玛丽学院由法国人于1782年绘制的一张威廉斯堡地图，这幅地图显然是为罗尚博将军的部队驻防用的，标出的建筑物方位比较准确。研究工作人员玛丽·古德温在牛津大学博地来安图书馆发现的一个铜盘子，也是一件重要的文物佐证。盘上刻有议会会堂，总督府和学院大楼，铜盘藏于马萨诸塞历史学会。杰弗逊任弗吉尼亚州长时亲手绘制的总督府平面图，则为修复总督府提供了非常宝贵的资料。除了搜集大量文献资料外，还对詹姆斯河沿岸的旧建筑作了仔细的勘测、测量照相。工程进行期间，洛克菲勒二世每年都要在威廉斯堡住上两个月。他手持皮尺，亲自参加丈量，力求做到方位准确无误，耗费资金也在所不惜。一次，建筑师们发现一座已经竣工的建筑偏离原址6英尺，洛克菲勒二世立即命令拆掉重建，他说；“不能让任何一个学者在我们这里挑出毛病来。”每当我和美国友人谈起威廉斯堡，特别是提到洛克菲勒的这句话，往往引起一番讨论。大家都同意应该按照历史的本来面貌修复历史遗址，问题在于什么是历史的真实。位置不差毫厘，形式照原样复原是历史的真实。然而，看了威廉斯堡，走在平坦整洁的大街上往往使人产生一个疑问：当年的威廉斯堡果真是这样的吗？没有污秽，看不到垃圾和泥泞的小道？人们甚至会问那里黑人仆役、在种植园里辛勤劳动的奴隶哪里去了？听说当地史学工作者正在作出努力，解决这个问题。

修复和重建的公共建筑比较重要的一幢是总督府（独立后是州长官邸），一共有七位皇家总督、两位州长在这座乔治式的楼房中居住过。其造型酷似英国土地贵族的乡村宅邸。有栏杆的屋顶和两端的灯塔显然是受威廉三世带来的荷兰建筑风格的影响。府前正面的花园整齐、规则，具有文艺复兴的风味。主建筑两旁的洗衣房、井栏、熏肉房、盐库告诉人们这是一幢只有在南部殖民地才能看到的种植园主宅第。有趣的是观众在参观总督府前要学习一下谒见总督的礼节。妇女两手提裙微微下蹲；男子左臂拦腰右臂后摆行鞠躬礼。访问者先由司阍通报，出来接见的副总督身着白色绣花衬衣，罩以圆领兰色外套，口操18世纪英语，神态严肃。

议会会堂在公共建筑中的重要性并不亚于总督府。它是美国早期民主的象征。从1704到1780年弗吉尼亚议会一直在这里举行会议。乔治·华盛顿曾在这里得到议员们的喝彩，他自己也作为一名议员在这里度过了十六个春秋。帕特里克·亨利曾在这里慷慨陈词，痛斥印花税法。乔治·亨利·麦迪逊起草的《弗吉尼亚权利宣言》是在这里通过的。这座著名的建筑历经磨难，1747、1832年两度毁于火灾。1934年按1753年模式重建，落成典礼时弗吉尼亚州议会参众两院在这里举行联席会议以示庆贺。

作为法律和秩序的象征，法院和监狱是地方政权的重要组成部分。值得玩味的是这两幢18世纪的建筑全都完好地保存下来。1770年建成的弗吉尼亚法院原址由威廉斯堡和詹姆斯敦法院使用到1932年；1704年就开始关押犯人的公共监狱则沿用到1910年。殖民地时期暴力机关的矛头主要指向印第安人、黑人奴隶、逃亡的契约奴和杀人越货的海盗。刑罚是残酷的，包括鞭打、烙火印、断肢、绞刑。监狱前摆着的一排刑具，一种固定的木枷，可以把犯人的双臂和颈部枷住，两腿则跪在木墩上。为了体验受刑的滋味，好几位同行旅伴把头、臂伸进木枷，拍照留念。我也如法炮制了一张。无奈站在旁边的狱卒笑容可掬，每当把这张照片向友人出示，总不免引起一阵哄笑。独立战争期间，这个监狱关过英国官兵、效忠派、间谍、叛徒。英国西北领地的总督亨利·汉密尔顿也在这里尝过铁窗滋味。

整个威廉斯堡给人留下的印象是，两百年前的殖民地社会已经渗透着“民主”、“法治”的精神。对于廉威斯堡露天博物馆的评价各有千秋。激进派的史学家批评威廉斯堡的修复者企图把管理现代大公司的那种有条不紊的气氛硬塞给威廉斯堡，为了现代而美化过去。自由派的史学家认为威廉斯堡的不幸之处在于被冷战的鼓吹者用作了宣传工具。洛克菲勒家族的成员则鼓吹威廉斯堡的重要性在于它给人们上了一课，让美国人懂得“先辈们为了公益事业而表现出来的爱国主义、高尚的目的和无私的献身精神”。

原文载《外国历史知识》1986年第9期

西半球最壮丽的艺术殿堂

——记纽约大都会艺术博物馆

美国人在19世纪前半叶忙于建设新国家，埋头经营农工商业，没有多少闲暇时间去欣赏艺术作品。虽然间或有几家艺术博物馆在东海岸大城市里出现，不是夭折，就是因为规模小，对文化生活影响不大。纽约大都会艺术博物馆的建立，是美国博物馆史上的一个里程碑。它是大型艺术博物馆在全国各个地区出现的标志。大都会博物馆是一个民办公助的社会文化机构：私人集资收集藏品、聘请专家；纽约市政府拨给土地、修建馆舍，提供水电并承担一半维修、保卫的费用。这座矗立在中央公园东侧，位于五马路和82街交界处的新古典式大厦，经过一个多世纪的苦心经营，已经发展成西半球最壮丽的艺术殿堂了。

去年初冬一个雨雪交加的星期天，我怀着探望故人的心情又一次踏上纽约大都会博物馆正门的台阶。满心以为恶劣天气会使观众望而却步，走进大厅不由得吃了一惊，观众拥挤的程度不亚于北京王府井百货大楼。我暗暗自语："大都会呀，大都会，你的魅力仍不减当年！"我已经记不清这是第几次造访了。几年前我住在费城时，常利用周末和节假日访问美国的文化中心——纽约市，几乎每次都要到大都会去。1983年初，我回国前夕，大都会耗资数百万美元把梵蒂冈博物馆收藏的二百多件艺术精品运去展出，轰动一时。应友人之邀，我两次去参观，那些欧洲文化的精萃至今不能忘怀。

有人说，大都会的魅力在于它对每一个观众都能提供点什么东西，这话是不错的。它简直是一部立体的艺术百科全书。新巴比伦王国国王尼布甲尼撒在位期间，王宫墙壁上那些瓷砖狮子，曾使许多博物馆垂涎。欧洲的一些著名博物馆甚至把整块墙壁拆下来运走。我没想到在纽约能看到这些狮子。这是猎狮图中一只威武的雄狮。它昂首阔步，张口怒吼，像是在威吓猎者，对同伴负伤表示愤慨。大都会博物馆的古埃及部是举世闻名的，不仅拥有可以按王朝顺序排列的石碑、石像、木乃伊，而且把丹杜尔庙连同庙前的水池统统搬进萨克勒展厅。这个巨大的展厅 200 英尺长，165 英尺宽，丹杜尔庙约有五层楼高，庙前清澈见底的水池是尼罗河的象征。池边还有一片平台，代表弃舟登岸的码头。据史学家考证，这座庙是罗马皇帝凯撒出征埃及时为了纪念当地酋长的两个儿子而建的，对死者的父亲库帕表示抚慰，以巩固罗马军队对埃及的占领。这座庙是否真正起到了缓解作用，无从查考。庙宇一经建成就在史籍记载中消失了。我们只知道，公元六世纪时这座庙变成了埃及基督教信徒的礼拜堂。

值得一提的是大都会博物馆与其他六家美国艺术博物馆在美国政府的资助下于 1976 年联合举办的图坦卡蒙珍宝大型借展。图坦卡蒙是古埃及第十八王朝法老。他的陵墓于 1922 年发掘。出土的金棺、牙雕、木乃伊、随葬的珍宝、用具、武器都藏在埃及开罗博物馆。这次借展运到了好多精品，美国人大饱眼福，还掀起了一阵“埃及热”，连妇女的服饰也受埃及艺术风格的影响为之一变。

大都会博物馆的中世纪艺术藏品也享有盛名。一座名叫克劳伊斯特（意为修道院）的分馆，坐落在曼哈顿岛北端特里昂堡公园的树丛中。这是一座名副其实的修道院。罗马式的大厅、修道士的会议室、形形色色的小教堂，都是一砖一石从法国南部和西班牙运至，按照 12 至 13 世纪的式样重建的。同威廉斯堡一样，克劳伊斯特也由约翰·洛克菲勒二世投资，于 1938 年建成。馆内展品最引人注目的是围猎独角兽的巨幅挂毯。这是 15 至 16 世纪法属佛兰德人的作品。独角兽是神话传说中马身狮尾额前有一螺蛳长角的怪兽，类似中国的麒麟。挂毯上，围猎者携带猎犬，手持长枪，身佩宝剑，把毫无惧色的独角兽围在中央，形象逼真、色彩鲜艳。

美国厅建于 1924 年，这是美国博物馆从只重视欧洲艺术品转而重视本国艺术品的标志。扩建后的新美国厅于 1980 年 6 月开放，面积远远超过了 18,000 平方英尺的旧厅，达 130,000 平方英尺之多，分为两层。从维多利亚时代的风景画到 17 世纪马萨诸塞橡木板婴儿摇篮，从室内花园到玻璃器皿，凡是能够反映美国各个时期生活的文物都在收藏和展出之列。联邦厅集中反映了建国初期的社会风貌。巴尔的摩一家私人客厅的陈设，原封不动地展现在观众面前。当时私人住宅的陈设要比公共建筑讲究，但同19世纪下半叶崇尚奢华的风气相比，要简朴得多。壁炉是客厅的中心。两侧的柱子较殖民地时期纤细。家具的腿细而直，椅背略微后倾，镶花和空心造型代替了笨重的雕花，淡色的墙壁取代了深色的板墙，给人一种明快之感。一只盛混合饮料的大酒钵引起了我的注意。它的外形很象中国的大碗，图案却是一艘西洋帆船。细读说明才知道确是中国产品，大约在1790年运到美国。这类瓷器都是外商在广东订制的，图案由买主提供，中国画工负责绘制。在费城海运博物馆曾见到同样的瓷器，我国陶瓷史称之为外销瓷。1784年美国船“中国皇后”号首航广州，打开中美贸易之门。美国运往中国的是皮货，运回的是丝、茶和瓷器。这批收藏在美国博物馆中的瓷器是中美早期贸易的重要见证。这里还有一幅早期油画，象牙嘴啄木鸟形态逼真，画工精细，颇似我国的工笔，是约翰·奥杜本的作品。这位费城画家也是一位生物学家。他酷爱鸟类，一共画了1,063种鸟，辑成《美国鸟类》一书，既有科学的精确性，又给人以美的享受，是学术史上的一段佳话。

美国的绘画和美国的文学创作一样，到19世纪中叶才有民族风格的作品。哈德逊画派是第一个土生土长的美国画派。大都会博物馆收藏了它的不少代表作。我比较喜欢阿什尔·杜兰德题为“椈”的一幅油画。树木茁壮挺拔，林间夹道蜿蜒曲折，通往远方。有人说从椈树身上可以看出美国人的个人独立精神。我觉得不无道理。大都会收藏的现代派作品中最吸引人的当然是杰克逊·波洛克的名作《秋天的节奏》了。这幅画，近看是一团杂乱无章的墨点和线条，远看却是秋风扫落叶的气势和旋律。用几何图形来表现自然现象，应该说是一种创造。既然有思维的抽象，为什么不允许采取抽象的艺术表现方法呢？抽象表现的作品我并不都能欣赏，不过我以为在没有大量地观看并了解其产生的背景前，苛刻的批评和指责是难以令人信服的。

现代派艺术和原始艺术从时间上说相隔久远，在精神上却是相通的。原始艺术藏品是大都会博物馆引以为自豪的一个重要部门。新开辟的原始艺术展厅陈列着从安底斯山到象牙海岸，从中非到新几内亚原始民族制作的面具、头像、陶俑、木俑以及象征万物有灵的鸟兽雕像。漫步在这个笼罩着神秘气氛的展厅，真令人有隔世之感。原始人群在大自然灾异面前的恐惧感同现代人在突飞猛进的科学技术前的异化感是否有相似之处？果真如此，立体派从非洲原始艺术的造型中寻找借鉴也许就不是偶然的了。大都会的原始艺术藏品大多来自洛克菲勒家族的捐赠。迈克尔·洛克菲勒本人就是一个原始艺术的爱好者和收藏家。1961年，他在新几内亚为收集原始艺术品丧生。为了纪念这位不爱金钱爱艺术的收藏家，原始艺术展厅以他的名字命名。

参观大都会而不去看古典艺术的陈列展出将是一个极大的疏忽。熟悉大都会历史的人不会忘记它的第一任馆长切斯诺拉。这位意大利贵族家庭出身的职业军人，在南北战争中为北方主持过军队训练工作。为酬谢他的功勋，内战后美国政府任命他为驻塞浦路斯的总领事。这位有少将军衔的武夫在塞浦路斯一住十余年。闲来无事，买古玩，读史书，发表《塞浦路斯的古代城市、坟墓和庙宇》一文，颇受塞岛人士的欢迎。切斯诺拉得到当地政府允许，雇用工人进行考古发掘，先后挖了60,932个墓葬，23个其他遗址，获得35,000多件文物。切斯诺拉将绝大部分文物卖给了刚刚成立的大都会博物馆，这是它拥有大量古希腊藏品的开始。第三任馆长爱德华·鲁宾孙，是一位古典考古专家。1905年他从波士顿到纽约担任大都会最早的专业保管部——古典艺术部主任。他不但给大都会带来了一批受过专业训练的工作人员，还激起了该馆收集古典文物的兴趣。希腊化时代的雕像《市场老妪》就是其中的一件传世之宝。这尊雕像是在拆毁靠近古罗马城的一个建筑群时发现的。老妪的双臂均已折断，上身微微前倾，手提一只盛满什物的篮子，神态安详，衣褶飘洒自然。

大都会古典藏品中，希腊青铜雕像造型精美。我最喜欢其中的两尊，一是缠身蒙面的舞女，婀娜多姿的舞态，柔和纤美的身段透过紧裹在身上的多层衣衫表现得淋漓尽致，堪称一绝。一是酣睡中的爱神，上半身侧卧，下半身平躺在一块白玉石上，一只翅膀压在身下，另一只覆盖着后背，一小撮卷发稍稍撅起，双目紧闭，两唇微张，一副憨态，睡意盎然。

大都会博物馆的魅力不仅在于它向观众展示的稀世之宝，还在于它开展的多种多样的服务活动。随便翻一下它的活动日程表，人们就会发现它总是在不断地以新的展品、新的服务活动吸引各种年龄层次的观众，想方设法满足他们的需要。大都会的青春活力恐怕也正在这里。

大都会的临时展出丰富多彩，每个月不下十来种。如：中国书法、德国早期绘面、荷兰早期绘画、伊斯兰武器和盔甲、印度和东南亚艺术、人与马、葡萄牙人与瓷器、两个世纪以来的钢琴设计、哥伦布到达美洲前的黄金艺术。还有专门为青少年举办的活动：绘画学习班、日本水墨画画法表演、会见艺术家和作家、放风筝、泥塑、非洲音乐、如何制造纸草等等。从 40 年代起，在第五任馆长弗兰西斯·泰勒的倡议下，专门开辟了几个展厅，供少年儿童自己举办展览和开展活动，称之为儿童博物馆。

大都会还经常举办长途和短途的艺术巡回展览，帮助艺术爱好者了解各种艺术流派产生的自然和社会环境。短途巡回限于纽约附近和国内。长途巡回远至西欧、南欧和中国。

举办大型国际借展是大都会博物馆实施其“巨型炸弹”战略的一项重要措施。除了“梵蒂冈藏品，教皇与艺术”和“图坦卡蒙珍宝”外，比较重要的有：“柏林博物馆的绘画”、“博物馆和教堂中的法国挂毯”、“维也纳的珍宝”、“中国青铜器”、“苏州园林”（已成为永久性展览）等。每举办一次这样的展览都吸引了成千上万的观众。仅以我参观过的梵蒂冈展览为例，正式展出一个月前参观券就被抢购一空。

大都会的书店是一个使人流连忘返的地方，这里有艺术图书、画册、通俗读物、招贴画、幻灯片。我每次去参观，总要在那里转上一圈。上次寻访，为了选购廉价的图书和幻灯片，在那里整整花费了两个多小时。大都会博物馆还有一个礼品店，在店中可以买到重要藏品的复制品：珠宝、文化用具、头巾、别针、项链。一副古埃及第十二王朝镀金项链的复制品索价 975 美元。最便宜的纪念品也大多在 10 美元以上，这当然不是低收入者敢于问津的。

大都会博物馆已经有了 116 年的历史。它从百幅绘画作品起家，现在藏品总数已超过三百万件，还在继续发展。大都会之所以有今天，一方面是有摩根、洛克菲勒以及纽约富豪们解囊资助；另一方面也是民主主义文化思想不断推进的结果。在大都会博物馆新馆址落成典礼上，纽约名律师约瑟夫·乔特强调在政府资助下建立一座艺术博物馆是一种十分明智的做法："这标志着艺术只属于少数爱好者的时代已经过去，艺术属于人民的时代已经开始。艺术事实上是数以百万计的劳动群众必不可少和实际利益所在。"与其他博物馆侧重于某一方面的藏品和展出不同，大都会博物馆已经发展成为一个艺术欣赏的百货公司。它的特点是多样、全面。它现在面临的问题是藏品太多，不能充分展出；观众太多，无法尽情欣赏。有感于此，我禁不住想起我国一些博物馆门前车马冷落的景象。在经济繁荣的基础上才能有文化的繁荣，我希望这句话能够尽快地变为现实。

原文载《外国史知识》1986 年第 10 期

御六气之辩以游无穷

——记美国国家宇航博物馆

飞行技术一直是美国的骄傲。从第一架有人驾驶的飞机首航成功到人类踏上月球表面只用了短短66年时间（1903～1969），美国为此作出了自己的贡献，也付出过高昂的代价。坐落在华盛顿国家林阴道南侧的国家宇航博物馆就是为了记录人类探索宇宙奥秘的历程而兴建的。它是迄今为止世界上最大的宇航博物馆。它展出的藏品多是原件。国家林阴道，景色宜人。西面是高耸入云的乔治·华盛顿纪念塔，东端是巍峨壮丽的国会大厦。参天的大树，如茵的绿草铺陈其间。北面一排建筑是历史博物馆、自然历史博物馆、国家档案馆和国家艺术馆的东西两座大厅。南面是弗里尔艺术馆、史密森学院城堡式的建筑、艺术与工业展览大厅、海尔什霍恩博物馆和雕塑公园。在这座现代艺术博物馆与国会大厦之间，有一座平顶长方的白色建筑，就是宇航博物馆。

我第一次访美定居之后不久，在一个春光明媚的日子里，由两位美国朋友陪同作了一次华盛顿之游。目标之一就是参观这座美国人引以为豪举世闻名的宇航馆。一进大门，飞行里程碑大厅的布局就把观众吸引住了。首先进入眼帘的是悬挂在空中的莱特兄弟进行飞行实验的飞行器。它的形状有点象旧式的双翼飞机，不过没有机身，只有几根支架，保持双翼在地面上的平衡，简单得有点像个大风筝。奥维利·莱特驾着它在空中飞行了12秒钟，距离不过260公尺。自从这个由人驾驶重于空气的飞行器试飞成功，人类飞行的历史就大大加速了。24年后，查尔斯·林白驾驶“圣·路易斯精神号”从纽约飞往巴黎。这是航空史上第一次跨越大西洋的不着陆飞行，共用了33小时39分钟。转眼之间林白就成了美国的英雄。他得到25,000美元奖金。这次飞行激发了人们对航空事业的热情，促进了襁褓时期的航空业的发展。历史上不少风云人物都是从喜剧开始以悲剧告终。林白的男婴后来被匪徒绑架杀害，他自己在美国参战前夕则成了一名亲纳粹人士。女性也卷入了这次飞行引起的航空热。展厅里陈列着一架红色的单翼飞机，是洛克希德公司制造的。女航空家爱弥拉·伊尔哈特于 1932 年驾驶这架飞机从纽芬兰飞往北爱尔兰，用了 14 小时 52 分钟。这位女飞行员于 1937 年作环球飞行时飞机失事，坠落于太平洋，终年 39 岁。

人类的任何进步都要付出代价，为航空事业捐躯或受伤者比比皆是。首次作横跨美国全境飞行的加尔布雷斯·罗杰斯从纽约州的羊头湾到加利福尼亚的长滩，飞行了 70 次，途中发生了五次大事故，用了 84 天时间才完成了这次飞行。飞机上的零件全都重新换过。本人也因负伤住进医院治疗。站在这架还没有脱离原始状态的黄色双翼飞机前，我算了一笔账。自从有了喷气式飞机，长距离飞行的时间大大缩短。波音 747 从旧金山到纽约只需用五六个小时，速度比首次横跨大陆的飞行快了几百倍。安全的程度和运载乘客之多也是过去难以想象的。喷气式飞机出现后整个地球都变小了。缩地的神话成了现实。这与像罗杰斯这样飞行员的冒险和富于献身的精神是分不开的。

205 号展厅展出二次世界大战期间的飞机，是我最喜爱的展厅之一。我的童年是在抗日战争期间度过的。男孩子都是飞机迷。美国驱逐机 P—40、P—5l、P—38，轰炸机 B—25、B—17，以及英国的喷火式、德国的梅塞施密特式、日本的零式飞机都是当年经常谈论的话题。如今在展厅里看到了这些飞机，勾起我对童年时期“跑警报”的回忆。我把自己的感想和两位美国朋友谈了，他们都会心地笑了。我们的年龄不相上下，有些生活体验是相通的。

从飞向天空到飞向宇宙是一个巨大的飞跃。空中飞行是在大气层中环绕地球飞行。飞向天外必须克服地心引力，使用的是液体燃料火箭。火箭发射的原理和我们过年时放的“两响”差不多。可以说“两响”是二级火箭，以空中爆炸的第二响作为动力射到一定高度再加一响就是三级火箭。美国的火箭之父是罗伯特·戈达德。这位从学生时代起就是火箭迷的物理学家，在宇宙航行的理论和实践两个方面都作出了重要贡献。史密森学院于 1919 年为他出版了一本小册子题为《到达超高空的方法》。与此同时，戈达德还在史密森学院的资助下开始了火箭实验。1926 年 3 月 16 日第一枚用液体燃料推动的火箭发射成功。5 月 4 日、5 日接连两次发射都失败了，两年后又一次发射才又获得成功。一枚长 4.5 米、重 12.93 公斤、以汽油为燃料的火箭在 3.2 秒内飞行 62.33 米。第一次发射用的火箭架就放在 113 号展厅里，还有一张戈达德双手紧握发射架的照片，表现出这位科学家坚韧不拔的精神。第二次世界大战后期，希特勒德国垂死挣扎时向英国发射的以酒精为燃料的 V—2 也在展出之列。看到这个长 14 公尺、总重 12 吨的庞然大物，不由地使我想起我国旅英画家蒋彝描绘战时伦敦居民生活的作品和文章。

第二次世界大战后的宇宙航行史是一部不折不扣的美苏竞争史。去年秋冬之际我再访宇航博物馆，在电影放映室里看了一部介绍这两个超级大国在外层空间竞争的文献纪录片。联系这部影片内容看展品，印象深刻多了。苏联人引以为荣、美国人引以为耻的斯普尼克一号的模型是从苏联借来的。这个重 84 公斤绕地球飞行了三个月的球状人造卫星曾经激动了也刺痛了多少科学工作者的心。为了它，美国政界展开过一场“导弹差距”大辩论，把美国历史上最年轻的总统约翰·肯尼迪送进了白宫。为了它，美国掀起过一场教育改革运动——加强中学的数理教学，从智力投资方面为战胜苏联创造条件。然而，第二个回合的较量又是苏联领先。1961 年苏联比美国早 23 天把加加林少校送上了环绕地球飞行的轨道。直到 1969 年 7 月 20 日美国用阿波罗 11 号把阿姆斯特朗等三名宇航员送上月球才出了这口憋在心中达 12 年之久的闷气。了解这段历史就会明白宇航馆为什么把阿波罗 11 号的指令舱放在飞行里程碑大厅的中央。这不仅是飞向宇宙的里程碑，也是美苏争夺空间优势的里程碑。指令舱的形状宛如一口大钟，阿姆斯特朗等三人乘坐这口“大钟”进入月球轨道。两人改乘登月舱在月球着陆。他们驾月球巡回车在月球表面进行了 2 小时又 41 分钟的勘察，由留在指令舱中的宇航员把他们接回，经过三天航行在太平洋中部安全降落。这的确是划时代的壮举。我国当时还处在文化大革命的深渊之中，当成千上万的美国人坐在电视机旁屏住呼吸仔细观察宇航员在月球表面上的一举一动时，我们不仅对这个震动世界的消息茫然无知，还在批判爱因斯坦的相对论呢！

在失重的条件下，人类可以从事许多意想不到的工作。收集有关宇宙间各星球的资料，合成新的化合物。空间实验室就是在天上开展研究工作的地方。它的外形是一个高大的圆筒。高 15 公尺，直径 6.5 公尺，分为上下两层。上层是仓库，有水箱、存放食物的冰箱和贮存胶片及各种器材的库房。下层是可以容纳三个宇航科研人员的实验室。研究工作内容包括：①勘察地球的自然资源和自然环境；②对太阳进行观测；③研究长时间失重对人体基本生物过程的影响和人体空间飞行的适应能力；④研究在真空和失重的特殊条件下的物质结构。实验室分为四部分：轨道研究室、气闸舱、多头接合器和阿波罗望远镜观测站。实验室的能源来自太阳。1973 年这个实验室在空间工作了整整三个月，时间之长足以完成宇宙飞船从地球到火星的航程。目睹空间实验室的种种设施，我想起了庄子《逍遥游》中所说的“乘天地之正、御六气之辩，以游无穷”。庄子说的是一切循乎自然，人心就可以无所不至。人类在宇宙航行中只要能遵循自然规律也能做到一步登天，遨游太空，揭示宇宙的奥秘。

两次参观宇航博物馆相隔三年有余，展出本身也发生了不少变化。在陈列中大量使用现代声像设备和计算机装置，不仅使气氛更为活跃，而且可以解答观众提出的问题，展览提供的信息也更为系统完整。书店里更是琳琅满目，除图书之外还出售配有录音带的成套幻灯片。

我很想了解一下宇航博物馆自身发展的历史。摆在书架上的一本标题为《史密森学院》的书引起了我的注意，书里专门有一节谈宇航博物馆的历史。原来史密森学院的一些学者早就对飞行科学怀有浓厚兴趣。第一任院长约瑟夫·亨利就曾帮助航空事业的先驱罗维实验气球，而且说服林肯总统去看罗维的飞行表演。在美国内战中北军用气球侦察南军情况同林肯本人重视航空事业有关。第三任院长萨谬尔·兰格雷是一位天体物理学家，对于航空事业怀有浓厚的兴趣，他设计的一个无人驾驶的飞行器于 1893 年试飞成功，现作为早期飞行史的见证在展厅中陈列。兰格雷还是收集飞行历史实物的先行者。有趣的是史密森学院最早一批飞行实物收藏竟是中国的风筝。它们是 1876

年清政府派代表团参加在费城举办的庆祝美国建国百周年博览会时留下的。随着飞机时代的到来，航天成品越来越多。1946 年美国国会正式通过关于建立国家航空博物馆的决议。1966 年改为现名。几十年来积累的 3,500 件飞行藏品构成这个新兴博物馆收藏的核心。该馆 1972 年破土，1976 年竣工。举行落成典礼时，美国总统福特剪彩，副总统纳尔逊·洛克菲勒也参加了庆祝仪式。一队美国空军飞机呼啸而过。该馆在头三个月里就吸引了三百万观众，五年内有四千五百万人参观。

读完这段历史已经到了与伙伴们集合的时间了。我们步出这座白色大厦时正值中午。秋天的太阳晒得人暖洋洋的，碧蓝的天空中有几架客机飞过。我默默地祝愿人类探索宇宙奥秘的事业有更大的发展，也希望早日听到我国载人宇宙飞船发射成功的消息。

原文载《外国史知识》1986 年第 11 期，另载杨玉圣等编《我说美利坚》山东人民出版社，1994 年，题目改为《美国国家宇航博物馆侧记》

略论西方博物馆的社会功能和社会效益

作为一种人工系统，博物馆的产生和发展不仅取决于社会对它需要的程度，而且有赖于它满足社会需要的程度。同其他社会有机体一样，西方博物馆的结构和功能在长期发展过程中渐趋完善，其社会效益也日益显著。本文仅就这一问题略加论证，作为《博物馆与西方社会》一文的补充。

社会功能和社会效益是两个有联系又有区别的概念。所谓社会功能是指一个有组织的人群或人工系统为了其成员或分子的利益所进行的服务活动。社会效益是指服务活动产生的结果和带来的影响。社会效益同经济效益一样，可以从量和质两个方面进行分析。我们以美国博物馆的统计资料为根据，先作一点简单的定量分析。（见下表）

按类型划分的美国博物馆统计资料

项目	单位	总计	历史	科学	艺术	综合	专门	公园和观众中心	儿童和少年
博物馆	个	4,408	2,204	800	689	197	165	165	51
经营收入	百万美元	1,088	261	380	294	88	27	30	8
经营支出	百万美元	1,005	226	368	264	84	27	28	8
年度观众	百万人	347.8	85.6	150.3	49.8	24.4	8.7	26.2	2.7
固定职工	人	37,533	8,964	13,439	9,862	3,100	897	861	410

从此表我们可以得知 1979 年美国官方统计资料所记载的博物馆总数为 4,408 座，按人口平均，每 51,519 人一个博物馆。各类博物馆全年总收入 10 亿 8 千 8 百万美元，总支出 10 亿零 5 百万美元。平均每馆收入 246,800 美元，支出 227,300 美元。各类博物馆共雇用正式固定职工 37,533 人，平均每馆 8.5 人。1979 年观众为 3 亿 5 千万人次。按人口平均每人每年参观博物馆 1.5 次。中国人口为美国的 4.5 倍，博物馆数约为美国博物馆的 1/10。按人口平均的博物馆数约为美国的

1/50。经费开支为美国的 1/100。中国博物馆平均每馆固定职工人数为美国的 3.1 倍，参观人次为美国的 1/9[1]。中美两国博物馆的社会效益从量的方面衡量，差距是很明显的。然而从观众特点方面看，由第二个统计表中可以得知家庭收入越高、户主的文化程度越高、参观博物馆的比例就越大。白人与黑人比较，白人参观博物馆的人数比黑人高出近一倍。这说明了美国博物馆观众的社会经济局限性。就质的方面而言，西方博物馆对于社会经济文化的作用和影响可以归结为以下七个方面：

（一）自然和人类文化遗存的收集者、保存者和保护者

收藏是博物馆的重要功能之一，随着科学的发展、社会的演进，西方博物馆搜集藏品的视野不断扩大，博物馆的概念和包括的范围也在不断地扩展、延伸，事实上，全部具有科学价值、历史和艺术价值的自然和文化遗存都纳入了广义博物馆的收藏和保护范围。西方国家注意从宏观上，从战略角度研讨这方面的问题，制定规划和法令，建立各种专门机构，统筹安排有关问题。

就自然科学方面而论，博物馆的藏品从最初仅限于奇花异草和罕见的鸟兽昆虫标本，逐渐扩大到全部动植物和矿物标本，以说明自然进化的过程，进而注意到这些标本产生的环境，尽可能地再现其自然环境。在这方面，动植物园和水族馆显示了它们的优越性。工业革命引起了世界范围的生态变化，人类的生态范围（ecological niche）空前扩大，造成了对自然资源和生态系统（ecosystem）的严重破坏，出现了生态危机（ecological crisis）。自然保护作为一场社会运动兴起了。1832 年，美国的一位艺术家和作家乔治·凯特林（George Catlin）率先提出在大草原上建立国家公园的思想，以保护野生动物和印第安人的聚居区[2]。一些植物学家和动物学家也表达了他们对保护野生动物的兴趣和关切。超验主义作家拉尔夫·沃·爱默生（Ralph Waldo Emerson，1803～1882）和亨利·戴维·梭罗（Henry David Thoreau，

1 中国方面的数字均为 1981 年的统计数字。

2 Kathrine E. Early: "For the Benefit and Enjoyment of the People: Cultural Attitudes and the Establishment of Yellowstone National Park", *The Georgetown Monograph in American Studies*, 1984, p.4.

1817～1862）在他们的著作中则强调保存大自然的原貌对于人类心理具有重要影响。19 世纪 60 年代美国出版了第一部关于自然保护的教科书，《人与自然》（Man and Nature），作者是乔治·帕金斯·马什（George Perkins Marsh）。在这些自然保护先驱的影响下，加利福尼亚州在约塞米蒂（Yosemite）建立了第一个由州政府管理的国家公园。1872 年美国国会宣布怀俄明州境内的黄石地区为国家公园，这是由联邦政府直接管理的第一个国家公园。接着又于 1891 年将公园周围地区的森林划为国家森林，禁止砍伐，成为美国国家森林资源保护的开端。1916 年，美国正式建立国家公园服务局，归内务部领导。及至本世纪 80 年代，国家公园系统已发展成为包括 335 个自然和历史、文化保护单位，占地 4 亿 5 千万亩的庞大系统，游览者达 3 亿 3 千 4 百万人次（1982）[1]。在美国的影响下，英国、法国、加拿大、日本等一百多个国家也相继建立了国家公园。日本于 1931 年首次通过国家公园法。1957 年又颁布了内容更为完备的国家公园法，现有国家公园 27 处，准国家公园 47 处[2]。苏联则于 1924 年建立自然保护区系统，东欧国家均沿用这一名称。二次世界大战后，自然资源的保护问题受到广泛重视，成立了自然保护和自然资源的国际同盟，受联合国委托，该联盟于 1961 年编辑出版了世界国家公园和自然保护区资料。自 1962 年起，每十年举行一次国家公园的国际会议，讨论共同感兴趣的问题，并成立了国家公园和自然保护区委员会[3]。保护自然资源、自然遗存，维护生态平衡已经超出国家和地区范围，成为全人类共同关心的问题。

就人类的文化遗存而论，人类的认识也有很大发展。从收集祖辈遗物、古董、古物发展到进行考古发掘、保护古建筑和历史文化遗址，进而形成了保护文化实物（Cultural Objects）和文化财产（Cultural Property）的概念。所谓文化实物涉及人类文明的一切方面，包括艺术、科学、教育和一切从事文化活动的组织，它们的产品、机构、组织、个人和物质设施。根据联合国教科文组织 1954 年海牙会议通过的关于

---

1 *Statistic Abstract of the United States*, 1985, p.221.

2 Mary Sutherland and Dorthy Britton, *National Parks of Japan*. Tokyo, 1983, p.7.

3 Jeffery A. McNeely and Kenton R. Miller ed., *National Parks Conservation and Development: the Role of Protected Areas in Sustaining Society*, Smithsonian Institution Press, Washington, D.C., 1984, pp.2～3.

在武装冲突发生时保护文化财产的协议，文化财产的定义是：

a）各民族文化遗产中具有重大意义的动产和不动产。如：具有纪念意义的动产和不动产；具有纪念意义的历史性或艺术性建筑（不论宗教或世俗）、考古遗址、具有历史或艺术价值的建筑群体；艺术品；图书及其他具有艺术、历史或考古学意义的器物；科学藏品、重要的图书收藏或档案收藏以及上述财产之复制品。

b）主要用于保存或展出 a）项中规定之文化动产的建筑，如博物馆、图书馆、大档案馆，以及准备在武装冲突发生时用于隐蔽 a）项所规定的文化动产的建筑。

c）包含 a）b）两项规定之大量文化财产在内的保存纪念物的中心。[1]

保护的概念也在变化，从保护其物质实体免遭破坏，保存其非物质的因素，保护其生产、制作者和消费者的利益，直到运用它发展人类文化使之成为人类进步的积极建设性力量[2]。

文化财产的保存和保护受到了联合国教科文组织的关注。其注意点有二，一是防止战争和军事冲突对文化财产的破坏，二是防止非法进出口和转移文化财产所有权。许多西方国家都通过了全国性的文物、博物馆和保护文化财产的法令，制定地方管理条例，有的国家还在广泛调查的基础上制定了全国规划[3]。

值得注意的是西方国家在制定文化财产保护政策时往往同自然景观、自然资源保护和城市发展联系在一起进行通盘考虑。美国总统林登·约翰逊在向国会提出的关于保护自然的特别咨文中强调“我们所关心的并不限于自然，而是人类同整个周围环境的关系”[4]。60年代美国颁布的《国家艺术和文化发展法》（1964）、《住房和城市发展法》（1965）、《全国历史遗址保护法》（1966）和《全国环境保护法》（1969）就是在这种思想指导下制定的。近年来在欧洲流行的生态博

---

1 A. Noblecoutt. *Protection of Culture Property in the Events of Armed Conflict*, UNESCO, 1958, pp.17～18.

2 Esall Alexander, *International Legal Protection of Cultural Property*, Sofia Press, 1979, p.13.

3 例如澳大利亚议会曾组织专门委员会对全国博物馆状况进行调查，于 1975 年发表了著名的《皮高特（Pigott）报告》，提出了发展博物馆事业的全面规划。（*Museums in Australia,* 1975.）

4 Ormond H. Loomis. *Cultural Conservation, the Protection of Cultural Heritage in the United States*, Washington, D. C. , 1983, p.97.

物馆（ecomuseum）进一步体现了把人的自然环境同社会环境结合起来的思想。它“既描绘自然的原始状态也说明传统社会和工业社会如何根据自己的需要来改变自然”。[1]

（二）科学研究基地

西方博物馆的丰富藏品为科学研究提供了广阔的天地。博物馆的科研工作可以分为两类，一类是对藏品的研究，涉及自然科学和社会科学的各个领域。另一类是对博物馆组织机构和各项工作的研究，它促进了博物馆学作为一门独立学科的发展。自然科学和社会科学中有些学科同博物馆的关系非常密切，彼此互为条件，相互促进。首先应该论及的是生物学和自然史的研究。古希腊哲学家亚里士多德是生物学的创始人。他是最早试图对动物进行系统分类的，他的学生们试图对植物进行分类。为了开展生物学的教学和研究，亚里士多德在他的著名学园里建立了一个动植物标本的贮藏室，这可以说是最早的自然博物馆[2]。近代博物馆在某种意义上说是从自然博物馆开始的。据统计，丹麦、法国、德国、英国、意大利、荷兰、美国五十家最老的博物馆和私人收藏中有三十一家收藏主要是动植物标本[3]。意大利文艺复兴时期的博物学家乌利希·阿尔德罗万迪（Ulissi Aldrovandi，1522～1605）毕生从事自然史的研究，在胚胎学、鱼类学和鸟类学等方面作出了贡献。他的研究工作是同他在全欧洲旅行积累的大量标本分不开的，这笔珍贵的藏品是波洛尼亚公共博物馆藏品的基础[4]。19 世纪以来，美国生物学和自然史的研究是同哈佛大学的比较动物学博物馆、纽约的自然历史博物馆和华盛顿的国家自然历史博物馆的名字联系在一起的。著名生物学家路易·阿克西兹（Louis Agassiz，1807～1873）、亚历山大·阿克西兹（Alexander Agassiz，1835～1910）、斯宾塞·贝尔德（Spencer F. Baird，1823～1887）、查尔斯·D.沃尔科特（Charles D. Walcott，1850～1927）、亚历山大·韦特莫尔（Alexander Wetmore，1886～）、斯·狄龙·里普利（S，Dillion Ripley，1913～）是上述博

1 Georges Henry Riviers. “The Ecomuseum-An Evolutive Definition”, *Museum*, No.4, 1985, p.182.

2 W. D. Ross. *Aristotle*, London, 1923, p.6.

3 *The Evolution of Science Museums*, pp.3～6.

4 Dictionary of Scientific Biography, Washington, D. C. 1970, Vol.I, p.109.

物馆的创建者、赞助者和领导人[1]。

另一个同博物馆发展息息相关的学科是人类学。美国史密森学院在建立之初就把人类学的研究列为重要的科研项目，1879 年建美利坚民族学研究局（Bureau of American Ethnology）。在开展野外调查，对北美印第安人的宗教信仰、风俗、习惯、社会组织进行历史研究过程中，把人类学从分散、零碎的知识发展为一门高等学校普遍开设的学科。它所出版的《墨西哥以北印第安人手册》（两卷）、《美国印第安人语言手册》（两卷）、《加利福尼亚印第安人手册》、《南美印第安人手册》（七卷）都是人类学研究中里程碑性质的著作[2]。该局与自然历史博物馆密切合作，在博物馆内建立了人类学部，1965 年合并为人类学研究室。著名人类学家长期在博物馆任职的例子也屡见不鲜。现代人类学的奠基人爱德华·泰洛（Edward Taylor，1832～1917）从 1883 年起任牛津大学博物馆馆长；德国进化论派的代表人物阿道夫·巴斯提恩（Adolf Bastian，1826～1905）是柏林皇家民族博物馆的创建人；文化历史学派的奠基人之一弗里兹·格雷布内尔（Fritz Graebner，1877～1934）长期在柏林民族博物馆工作；美国著名人类学家历史学派创始人弗兰茨·博阿斯（Franz Boas，1858～1942）先后在芝加哥菲尔德博物馆、纽约自然历史博物馆任职，担任纽约馆长期间组织和领导了太平洋沿岸的科学考察队，对北美西部和东北亚土著居民之间的历史文化联系进行了广泛研究。

同博物馆事业结下了不解之缘的另一个学科是美学和艺术史。人们只要想一想，如果梵蒂冈的博物馆没有把拉奥孔和他的两个儿子与巨蟒搏斗的雕塑完美无缺地保存下来，莱辛（Gotthold E. Lessing，1729～1781）如何能写出以“拉奥孔”（Laocoon）为题的著名美学论文。正是因为罗马、佛罗伦萨、维也纳、巴黎、伦敦、慕尼黑、纽约等地的博物馆藏有文艺复兴时期的绘画、雕塑供公众观赏，雅可布·伯克哈特（Jacob Burckhardt，1818～1897）才得以完成他那部遐

1 S. Dillion Ripley. *The Sacred Grove: Essays on Museums,* New York. 1969, pp.45～47; Paul H. Ochser. *The Smithsonian Institution*. Boulder, Colorada, 1983, pp.29～32, pp.40～43, pp.53～56.

2 Curtis M. Hinsley, Jr. Savages and Scientists: The Smithsonian Institution and the Development of American Anthropology, 1846～1910. Washington, D.C., 1981, P.H. Ochser 前引书，p.94.

迩闻名的文化史巨著《意大利文艺复兴时期的文化》（Die Kultur Der Renaissance in Italien）。英国著名艺术批评家约翰·罗斯金（John Ruskin 1819～1900）为我们留下了《现代画家》（Modern Painter）、《威尼斯之石》（Stone of Venice）、《关于美术学会美术馆中展出的特纳绘画札记》（Notes on the Drawings by Turner Exhibited at the Fine Art Society's Galleries）等脍炙人口的艺术批评著作，也都是以分析和鉴赏博物馆的艺术收藏为基础的。

从上面所举的几个例子我们可以悟出一个道理，博物馆自身开展藏品研究是完全必要的。许多西方博物馆本身就是第一流的学术研究机构，并以其研究成果推动了学科的建设和发展。西方博物馆对于科学研究的贡献决不限于此。博物馆的丰富藏品和文献资料为研究工作提供了非常有利的条件。美国史密森学院所属博物馆藏品达七千五百万件之多，仅仅依靠本馆研究人员完成对藏品的研究是不可能的。鼓励、动员、组织社会上的研究力量对本馆藏品进行研究是博物馆的一项重要任务。史密森学院助理院长乔治·布朗·古德早在 1895 年就曾说过，博物馆的职责是“帮助学者从事扩大知识领域的工作，为他们提供资料进行研究、实验和应用，并以其收藏刺激科学家进行追本求源的研究，同时，推动科研成果的发表”[1]。

（三）教育场所

博物馆的教育功能早就为西方学术界认识到。所谓教育是指通过正式或非正式途径使成熟的有机体的潜在能力得到充分发展。历史上一直有两种对立的教育思想：一种强调向学习者灌输知识，采取教条式的方法；另一种强调启发和诱导，注重引起学习者的兴趣，自由选择，使有机体自然成长。博物馆是一种非正式的教育组织形式。它的这种非正式性决定了它主要采取启发诱导的方法，以丰富多彩的三维实物吸引观众，成为民主教育系统中的一个重要的子系统。

现代西方博物馆发挥其教育功能的基本原则是：把藏品变成有组织的知识整体；使这个特定的知识整体容易被理解和接受；根据现代科学发展的分工细致、相互渗透的两种趋向，兼顾知识的专门化和综

1 P.H. Ochser 前引书，p.92.

合性，防止割裂和肢解知识系统；采取新的技术手段增大信息的储存量和传递量，使观众在单位时间内获得的信息量增加，而且能够主动地摄取知识[1]。

综观西方博物馆的历史，其在教育上的贡献和作用主要在于它是正式教育的一种重要的补充。对于少年儿童来说，它是启发兴趣、陶冶性情的场所，对于在校学生来说，它是开阔眼界、扩大知识的源泉；对于成人来说，它是实现终身教育理想的基地，与正规教育和其他文化教育设施相配合，提高了整个民族的文化水平和文化素质。具体地说，一批科学家和艺术家是在博物馆的直接熏陶下成长起来的。1812年在美国费城建立的自然科学学园（Academy of Natural science）和1805 年成立的宾夕法尼亚美术学院（Pennsylvania Academy of the Fine Arts）是 19 世纪美国科学家和艺术家的摇篮。这两家博物馆自建立之初就以培育人才为宗旨，以藏品为基础举办定期的培训班。自然科学学园还多次组织科学考察，不仅扩大了馆藏来源，而且使科学工作者在考察中锻炼了能力，增长了才干，成为当时美国第一流的科学家。其中最突出的如托玛斯·赛（Thomas Say，1787～1834），被称作美国昆虫学之父，美国自然科学的伟大先行者康斯坦丁·萨谬尔·拉法因斯格（Constantine Samuel Rafinesgue，1783～1804），还有著名解剖学家约瑟夫·雷迪（Joseph Leidy，1823～1891），新拉马克主义理论家爱德华·科普（Edward D, Cope，1840～1897）。在宾夕法尼亚美术学院学习过的画家比较知名的有边疆画家乔治·卡来博·宾厄姆（George Caleb Bingham，1811～1879），印象派女画家玛丽·卡萨特（Mary Cassatt，1844～1926）。

有些博物馆把工作的重点放在普及科学技术知识，培养和训练中等技术人员方面。美国最老的科技博物馆富兰克林学会（Franklin Institute）从 1825 年起举办每年一度的工业技术展览会，设立最佳产品奖金和奖章，并为 82 个行业的样品设置奖金，鼓励创造发明，提高工艺水平和产品质量。为了推广先进的机械制造工艺水平，富兰克林学会定期举办

1 Edgar P. Richardson. "The Museum and Education", in Eric Larrabee ed., *Museums and Education,* Smithsonian Institution Press, Washington D.C., pp.11～23.

技术工人训练班[1]。1828年在纽约建立的美国学会（American Institute）仿效富兰克林学会的做法每年举办工农业产品的展览会，1835年的展览会出售门票即达23,000张（当时纽约市人口仅27万）。该学会还经常举办讨论会、讲演会介绍推广先进技术。19世纪中叶美国的一些重要发明如麦考米克收割机、胜家缝纫机、贝尔发明的电话和瑞明顿发明的打字机都是首先在美国学会举办的展览会上展出，而后得以推广[2]。该学会还先后组织了电器部、照相部推动这些新兴工业部门的发展。纽约州议会于1871年通过决议，把美国学会逐年举办的展览会的部分内容改为永久性展览，建立矿业、地质和艺术博物馆，设立实验室和试制车间，此外还有讲演厅。这已同现代的科技中心相去不远。

与技术的传播和推广工作联系更紧密的是各种工艺博物馆。这类博物馆往往附属于某个公司，如著名的康宁玻璃公司附设的康宁玻璃中心（Corning Glass Center）包括三个部分，博物馆展出世界玻璃工艺的演进过程，工厂显示当代玻璃工艺品的生产过程，工业大厅展出该公司的展品，而且可以当场出售[3]。

进行爱国主义教育，增强民族自豪感是西方博物馆发挥其教育功能的一个重要方面。他们的普遍做法是寓教育于真实性、艺术性和娱乐性之中，意识形态的感染力和渗透性很强，远远胜过拘泥于说教方式的博物馆。上文提到的美国国家公园，除自然景观和自然资源的保护区外，历史文化遗址占有很大比重，包括国家历史公园、国家纪念建筑、国家历史遗址、国家军事公园、国家战场和战地公园共213处。每一处都是一个室内或露天的博物馆。对于美国历史上的重要战争、人物、事件都有所反映。此外，还有历史性的博物馆2,204座，占全部博物馆的一半以上。有的是地方历史博物馆，有的是具有历史纪念意义的建筑物，种类繁多，不一而足。给人的印象是美国虽然是一个年轻的国家，但十分珍惜自己的过去。

（四）社区文化活动中心

为社区服务是西方博物馆的一大特色。所谓社区是指人们共同

1 Russell F. Weiley et al. *Philadelphia, A 300-year History*. New York, 1982, p.275.
2 Frederic William Wile. *Century of Industrial Progress.* New York, 1928, p. viii-ix.
3 *Glass Collections in Museums in the United States and Canada*. New York, 1982, pp.46～47.

生活的一定区域，构成社区的基本要素包括：以一定生产关系为基础而组织起来的人口集体；居民群之间发生的种种社会关系；为谋求人际关系相互协调产生的社会规范或行为准则；为实行规章制度而建立的社会群体和机构；为满足居民物质需要和精神需要而形成的服务设施。博物馆总是存在于一定社区之中，是为某一特定社区或整个社会服务的。博物馆与社区的关系有两个方面，一方面，博物馆必须使社区了解它的使命，理解它存在的价值，从而取得社区的支持。为此，博物馆不仅要进行宣传解释，而且必须开展社区所需和特别感兴趣的服务活动以证实其存在的价值。另一方面有些博物馆本身就是社区需要的产物，是当地居民所创办的，或由当地居民参与经营管理。有些博物馆在创立之初，往往并不能为社区大多数成员所理解。博物馆的任务之一就是尽最大努力使社区多数成员能够了解它存在的意义。

西方博物馆特别是美国博物馆大多设有公共关系部。所谓“公共关系”是指为了某一事业或某一部分人的利益，通过有组织的努力，经常不断地传播有关信息，以改变公众或顾客对于某一事业或组织机构的态度。其主要途经包括：通过大众媒介（报纸、杂志、广播、电视）宣传博物馆的业务活动，招徕观众；出版刊物、通讯、画册、年鉴、年度报告、小册子、招贴画，以增进公众对该馆的了解；举办各种庆祝、纪念、娱乐活动，联络感情，扩大影响。有的博物馆还专辟一个临时展厅供社区举办宴会、茶会、舞会等社交活动之用。

一些拥有特种藏品的博物馆往往通过有计划有组织的活动帮助社区认识其藏品的价值。美国中部颇负盛名的纳尔逊博物馆藏有一批东方艺术精品。建馆之初，当地人士对该馆态度甚为冷漠。该馆馆长鉴于此，于是定期举办各种讲演会、音乐会、电影晚会以及成人和儿童的艺术创作讲习班，吸引了越来越多的观众，使他们加深了对东方艺术的了解。

西方学术界一直很重视博物馆与社区关系的研究。早在 1939 年 T. R. 亚当姆在《博物馆与流行文化》一书中就辟有专章讨论博物馆扩大教育活动争取公众广泛支持的问题。他认为博物馆若是同社会相脱离，就会变得毫无意义。“博物馆是社会结构的有机组成部分，这种理论把博物馆置于与政党或电影院与社会保持密切联系的同样地位。”“博物馆当局最主要的任务往往是政治性的，即唤起社区在分享艺术和文化知识方面民主的需要感。”[1]二次世界大战后，西方博物馆界更明确地提出“博物馆是为公众服务的工具”，“博物馆是社会变迁的催化剂”，“博物馆要与社区共命运”[2]。这主要是因为西方国家的城市人口结构发生了急剧的变化，社区人口的流动性加强了。最为突出的是中产阶级、白领工人迁居郊区，城市中心地区变成了贫民窟和少数民族的聚居区，如何适应这种新形势成为西方博物馆亟待解决的问题。美国和欧洲根据各自不同的情况对这个问题作出了自己的回答。史密森学院院长里普利主张建立邻里（或街道）博物馆（Neighborhood Museum）和文化中心来满足变化了的社区文化需要，以法国为代表的欧洲国家则纷纷建立“生态博物馆”迎接博物馆面临的新的挑战。名称不同，做法和内容却十分接近。1967 年 9 月 15 日在美国首都华盛顿揭幕的“阿纳科斯提亚邻里博物馆”（Anacostia Neighborhood Museum）以地区命名，坐落在低收入的黑人区，该馆举办的第一个展览“老鼠——人祸”（The Rat：Man's Invited Affliction）引人注目。它揭示了城市贫民区普遍存在的一个问题——鼠害。评论者指出，这次展览是“阿纳科斯提亚地区生活的科学的、社会学的和医学的写照”[3]。发源于法国的生态博物馆，特别强调社区居民自己动手筹办反映自己生活的展览，提出“百看不如一干”的口号。认为当地“居民作为不可缺少的能动因素参与其事是生态博物馆办馆思想的核心”[4]。反映社区生活和社区居民参与的最终目的都是为提高人们的认识水平，促进社区的发展。正因为如此，邻里博物馆和生态博物馆具有强大的生命力，他们已经成为或正在成为社区社会文化活动的中心。

（五）社会情趣的养成所

情趣（taste）或鉴赏力是在教育（或环境）道德观念和感情的作

---

1 T.R. Adam. *The Museum and Popular Culture*, New York, 1939, p.16.

2 John R. Kinard. "The Neighborhood Museum as a Catalyst for Social Change", *Museum*, No.4, 1985, p.220.

3 *Museum*, No.4, 1985, p.220.

4 Francois Hubert. "Ecomuseums in France: Contradictions and Distortions", *Museum*, No. 4, 1985, p.187.

用力下形成的，有高雅（High brow）、低俗（Low brow）和中庸（Middle brow）之别，而且有其发生、发展和演变的过程。以美国为例，有人把美国社会情趣的演进划为三个阶段：公共情趣（Public taste）、私人情趣（Private taste）、公司情趣（Corporate taste）[1]。在每一个阶段，博物馆对于情趣的养成都发生过重要影响。

公共情趣阶段始于 19 世纪初期，是以安德鲁·杰克逊·邓宁（Andrew Jackson Downing，1815～1852）非宫廷式的庭园设计；哥特式建筑的复兴（40 年代），科里尔与艾维斯（Carrier & Ives）公司印行的手绘彩色石版画，普尔曼以车厢（pullman' s Car）、富丽豪华的皇宫旅馆（Palace Hotel）和 P. T. 巴纳姆（Barnum，1801～1891）创办的美国博物馆为标志。由于阶级关系尚处于流动状态，在生产机械化的影响下，美国公众普遍接受了千篇一律很少变化的艺术款式。巴纳姆出于营利的目的，把马戏团、杂耍、长胡子女人、卷毛马、畸形人和藏有奇珍异宝、动植物标本的博物馆拼揍一起，用耸人听闻的广告加以宣扬，把艺术欣赏商品化了。这当然是下里巴人而不是阳春白雪。在这个阶段里，艺术品的价格有高低之分，社会情趣尚无严格的雅俗之别。19 世纪 70 年代在纽约、波士顿、费城、巴尔的摩、华盛顿等地建立的大型艺术博物馆旨在提高公共情趣的水平，但在当时条件下收效甚微。

19 世纪末美国社会发生了重大变化，阶级分野固定化了，贫富悬殊的现象到处可见，社会情趣的分化也随之越来越明显。财富的聚敛促进了艺术品的聚敛，追求艺术精品的嗜好逐渐形成，公共情趣阶段退场，私人情趣阶段登台。

私人情趣的标志包括理查德·摩理斯·亨特（Richard Morris Hant，1827～1895）从法国移植来的城堡式的豪华私人住宅，《妇女家庭杂志》主编爱德华·薄克（Edward Bok）所倡导的美观实用造价低廉的小型家庭住房，以及现代画派开始流行。这是艺术爱好个性化和分层化的时期，室内陈设、建筑造型、艺术收藏，千差万别，不拘一格。1913 年在纽约市二十六街 69 团的军械库举行首次国际现代艺术

1 Russell Lynes. *The Tastemakers: The Shaping of American Popular Taste*, New York, 1980.

流派大型绘画雕塑展览，向居于统治地位的画院派提出了挑战。军械库画展（Armory Show）具有划时代的意义。它是美国造型艺术从现实主义向现代派过渡的转折点。也是美国观众接受现代派作品的开端。1929 年建立的纽约现代艺术博物馆和 1936 年建成的惠特尼美国艺术博物馆有助于公众的艺术癖好继续沿着这个方向发展。

大公司控制美国经济生活始于 20 世纪初，随着电影事业的繁荣，七大电影制片厂逐渐控制了美国影片生产，开始了“公司情趣阶段”。好莱坞制作的西部片、滑稽片、社会批评片和科学幻想片影响了整整一代人。与此同时，一些大型艺术博物馆也开始发挥出它们的魅力。先是由摩根家族赞助，而后又得到洛克菲勒家族支持的纽约大都会艺术博物馆是美国也是西半球最壮观的艺术殿堂。凭借其雄厚的财力，包罗万象丰富多彩的藏品，广泛的社会联系，适应不同年龄集团需要的多种多样的活动影响着美国社会情趣和风尚。它多次举办规模宏大的国际借展，如古埃及图坦哈姆的墓葬、亚历山大的再发现、中国的青铜器、梵蒂冈收藏的艺术精品，美国观众都能一饱眼福。每一项展出都吸引了数以百万计的观众，震撼了西方艺坛。余波所及使服装式样也为之一变。在大公司主宰一切的时代里，大公司不仅是艺术和博物馆事业的赞助者、捐赠者，其成员还是艺术品的顾客和博物馆的重要观众。就连艺术教育事业也只有在大公司的赞助下才能得到发展。大公司则通过博物馆的陈列展出对社会情趣施加影响。

（六）国家实力和民族精神的象征

如果说古希腊的神庙和古罗马的神殿、拱门、廊柱是古典文化的象征，体现了古希腊城邦国家的富强的罗马帝国的赫赫声威，那么，博物馆就是现代国家实力和民族精神的象征。参观过不列颠博物馆的观众可以从来自全球各地琳琅满目的历史文物和艺术瑰宝中感受到昔日“日不落”帝国的余威。在凡尔赛、枫丹白露、卢浮宫这些艺术殿堂里人们既可以领略路易十四时代法国灿烂的文化，也可以想见法国大革命对文化专制主义的冲击和荡涤。柏林、汉堡、德累斯顿、斯图加特、慕尼黑的博物馆不但令人回想起神圣罗马帝国、第二第三帝国的兴衰，而且可以玩味德国人重理论思辨又具有科学实践精神的民族特点。斯堪地那维亚国家的清新，西班牙人的纤巧，奥地利人的庄重都可以从博物馆的造型和陈列中体察到。史密森学院所属的博物馆建筑群位于美国首都华盛顿的心脏。中世纪城堡式的办公大楼，新古典式的自然历史博物馆和国家美术馆大厦，由贝聿铭设计的美术馆东厅的现代建筑和航天博物馆整洁的白色大楼坐落在国家林阴道的两侧。东端是美国国会大厦——资产阶级民主的象征，西端是共和国创始人乔治·华盛顿高耸入云的纪念碑。协调而庄严的布局，给人一种静谧之感的林阴道和草坪同气势磅礴的博物馆建筑群合在一起，显示出这个国家的富有强大、人民的勤劳和自然条件的优越。

能体现国家实力和民族精神的决不仅限于首都的国家博物馆。西方国家的许多城市都以拥有众多的博物馆和具有特色的藏品感到自豪。在美化城市和规划城市发展的过程中，人们大都把博物馆放在重要地位，作为城市文化的象征。这一点是很值得我们借鉴的。

（七）通向未来的工具

我们最后应该论及的是博物馆与未来的关系。从博物馆在西方社会中的发展趋势看，博物馆不仅是连接过去和现在的纽带，是帮助社会成员了解社会变化的课堂，在新的科学技术革命到来之际，它还是通往未来的工具。目前，一场新的科学技术革命正在发达的资本主义国家兴起，或称之为第三次浪潮，或叫做第四次科技革命。它的主要内容是以微电子技术、生物工程技术和新材料技术为标志的信息、资源、材料、能源、生命科学五大革命。新的技术革命将会使生产力出现新的飞跃，将会引起生产关系、社会关系的重大变革。人们预言，将会出现的是“后工业社会”、“信息社会”、“高级知识社会”。这个社会将对文化教育提出更高的要求。知识的生产将成为首要的或先导性的工业，成为社会经济发展的主要动力。世界上所有的国家都面临着新的挑战，其中有两项共同的任务，这就是一方面要缩小科技界与人民大众之间的距离，让尖端技术为广大生产者所掌握。另一方面还必须使人民群众了解科学技术革命必然会引起社会经济的变化，在发生重大转折时能够有一定的思想准备。为了适应这种需要，西方的教育正在调整方向，从固定基地的教育向无固定基地的教育，从义务教育向终身教育，从按年龄分级的教育向按能力分级的教育转变。教育机构必须具有衔接性、多样性，而且应该弹性化。教育工作正在把知识教育转向智能教育（解决问题、开拓未来的能力）、技术教育、伦理教育。博物馆是一种非正式的教育机构，是人与自然、人与科学文化、人与艺术品联接的桥梁，西方国家的博物馆正在这种社会生产的大变革中、社会和教育的大变革中发挥重要作用。一方面，许多国家正在兴建或扩建科学技术中心，充分利用微电子技术，发展电讯网络系统，强调观众积极参与，以掌握日新月异的科学技术。另一方面，博物馆工作者未雨绸缪，为了迎接正在到来的社会文化变迁，正在有计划地搜集现代文物。他们的口号是“为了明天搜集”[1]。可以预料，西方博物馆一定会在新的历史条件下为社会的发展、文明的进步作出新的贡献。

原文载《中国博物馆》1986 年第 3 期

1 瑞典从 1977 年开始实施收集和注录当代文物计划（简称 SAMDOK）引起了西方博物馆界的广泛注意和重视。参阅：Gaynor Kavanagh. “SAMDOK is Sweden: Some Observations and Impressions”. *Museum Journal*, June/July, 1983, pp.85～88. Harry R. Rubestein. “Collection for Tomorrow, Sweden’s Contemporary Documentation Program”, *Museum News*, August 1985, pp.55～60. G. Cedrenius. “Collecting the Present for the Future: Contemporary Documentation”, *Museums Australia*, September, 1985, pp.12～16.

推荐一本马克思主义的博物馆学专著

——《博物馆学基础》

德意志民主共和国的克劳斯·斯莱纳博士是一位享有国际声望的博物馆学家。他是民主德国高等教育和技术教育部所属博物馆咨询委员会博物馆学工作组的成员，并担任1977年建立的国际博协博物馆学委员会的副主席。80年代以来，斯莱纳博士在博物馆学领域里辛勤耕耘，成果累累，先后出版了《博物馆学概论》（1982）、《博物馆学专有名词》（1982）、《博物馆领域史》（1983）。本文向读者推荐的《博物馆学基础》（1985）是作者的新著。

全书篇幅不长，共94页，分为九章，目次如下：

一、博物馆领域的历史

二、博物馆学的主题和任务

三、博物馆材料的形成

四、博物馆材料的保存

五、博物馆材料的解释

六、博物馆材料的使用

七、制度化的博物馆及其功能

八、博物馆在保卫和平和促进国际谅解中的作用

九、博物馆学分类系统。

综观全书，作者试图用马克思主义历史唯物主义的基本原理分析博物馆现象，言简意赅、体系严整，在理论上有一定深度，具有德意志民族的思辨特点。

作者给现代博物馆下了一个较为周严的定义：“现代博物馆是一种公共的、文化的和学术性的机构和制度。它系统地收集、保存、解释和研究可移动的实物。这些可移动的实物是能够用于长期说明自然和社会发展，获得知识、传授知识、传播感情经验的可靠资料。博物

馆在科学的基础上，遵循启发性的原则，以美学的方式展出和传播部分实物。所有这一切，都是为了使学术研究、教学和教育专门化，也是为了在一个有意义的闲暇组织的一般架构内满足人民的娱乐需要。”从这个定义出发，作者认为，博物馆学的研究对象不是博物馆本身，不是博物馆物质，也不是博物馆实物的价值，而是对博物馆实物进行收集、保存、解释和使用的规律。

本书第二章以很大的篇幅论证了自然和社会的可靠的历史见证物和博物馆物质这两个概念的内涵、两者的关系以及它们在人类认识发展中的作用。作者认为，博物馆物质是自然和社会可靠的历史见证物的一部分。可靠的历史见证物包括在人类全部历史经验之内，是人类历史经验物化的表现。因此，它们是测定社会经济和文化发展程度的尺度，是感性认识、理性认识的可靠来源。对于可靠历史见证物中可移动部分的收藏、保存、解释和使用是人类接受和继承自然和文化遗产的一个重要方面。博物馆学的任务就在于研究、收藏、解释和使用可移动的可靠历史见证物这个复杂过程的性质、规律、原则、结构和方法。作者强调，博物馆的全部活动都是在一定社会条件下进行的，是受社会发展程度制约的。因此，博物馆学是一门社会科学。

关于博物馆的历史，斯莱纳也有相当精辟的论述。他把人类搜集、保存实物的活动起源追溯到旧石器晚期，并认为作为保存实物的机构，博物馆的表征是随着阶级社会的出现而产生的。从王公贵族的私人收藏转变为公共机构则是在资产阶级革命和工业革命发生后完成的。随着资本主义的发展，对知识需求扩大，博物馆事业有了长足的进步，成为社会文化生活中不可缺少的组成部分。

同任何一种学术著作一样，斯莱纳博士的这部专著也有它的不足之处。整体说来，它基本上没有脱离《苏联博物馆学基础》（1955）以藏品学为核心的框架，把博物馆学研究范围限制在研究博物馆内部工作规律的范围内，在一定程度上忽略了另一个重要方面，即博物馆作为一种社会文化现象，影响它的产生和发展的社会条件，以及它在社会发展中的作用。对于这方面的问题，作者在博物馆史一章中虽然有所论及，然而并没有把它看成是博物馆学研究的一个重要内容，使博物馆学丢掉了它的宏观部分，而把微观博物馆学看成是博物馆学的全部内容。依笔者之见，博物馆学应该是一门研究博物馆现象和博物馆事业发生发展规律，充分发挥其社会功能，实现其社会目的的科学。

在论及博物馆学的性质时，作者强调它不仅是一门社会科学，而且是一门文化科学，这无疑是正确的。遗憾的是作者没有对这一点作进一步的论证。在介绍博物馆发展史的过程中，作者注意了社会经济条件，对文化传统、民族特点的影响则往往是一笔带过或略而不谈。另外，博物馆事业的发展不仅是同社会发展密切相关，更具体地说，它是城市文化生活的一个重要组成部分。城市是历史上形成的聚集人口、经济、政治、文化的社会物质系统。把博物馆现象放到城市这个社会容品中考察将会是一个很有科学意义的探索。

博物馆学是一门新兴学科，有许多有待开拓的领域和值得深入探讨的问题。斯莱纳博士的新著从求全责备的观点看，尽管有不足之处，仍不失为一部具有一定水平的马克思主义博物馆学著作，同旧的苏联博物馆学基础相比有很大进步，值得我们认真研究。在介绍和引进国外博物馆学论著的问题上，也应该防止片面性，不应只注意西方而忽略东方，只介绍发达国家，而忽略发展中国家的著作。我希望对斯莱纳这部新作的介绍，能够为我们有系统地全面地介绍社会主义国家的研究成果起到一点推动和促进的作用。

原文载《中国博物馆》1987 年第 2 期

论博物馆的起源

博物馆的起源是一个至今仍有争议的问题。持主观美学观点的学者认为，它起源于人类收集藏品的嗜好，这种嗜好受主观美感的支配。本能论者坚持收藏行为是人类对外界环境刺激的本能反应。语言学理论着重探讨博物馆一词的来源，认为博物馆起源于古希腊的缪斯神庙。社会需要论者将博物馆视为社会发展需要的产物。人类的收藏行为不是脱离社会的生物本能，也不完全是主观美感的产物，而是一种社会行为。支配收藏行为的各种动机和价值观念是日趋复杂和多样的社会存在的反映，并受科学技术和生产力发展水平的制约。人类的收藏活动是多方面的，它既是人类认识自己和客观世界的一种特殊手段，也是人类文化积累的一个重要方面。文化的发展为收藏活动创造了前提，收藏活动促进了文化的积累，二者互为因果。同历史发展一样，收藏和积累不是直线和单线发展的。公、私收藏活动都有一个聚散转移的过程，而且是多方面的。从古代到中世纪多种多样的收藏活动和形形色色的文物、标本保存机构为近代博物馆的诞生奠定了基础。

古代和中世纪的收藏活动从动机和目的角度分析，可以分为以下几种情况：

1. 出于宗教迷信活动的收藏。这是最古老的一种收藏活动。自然崇拜、万物有灵论（Fetishism）、图腾崇拜（Totemism）和巫术是原始社会收藏活动的直接推动力。许多动物、植物、矿物作为崇拜的对象和所有实验物品被收集和保存下来。多神教和一神教出现后，宗教活动的内容和仪式更加多样化和复杂化了。神像、佛像、圣徒、圣僧的尸骨、遗物以及与宗教活动有关的器皿、用具和艺术品都成为收集和保存的对象。神庙、寺院、修道院、教堂则是保存与宗教活动有关文物的重要场所。

2. 出于经济积累需要的收藏。私有财产、贸易活动和贵金属的出现是出于经济积累需要开展收藏活动的基础。随着货币特别是贵金属货币和手工业的发展，货币、珍宝、精美手工艺品的收藏成为财富积累的重要组成部分。宫廷、宗教机构和世俗的府库、珍宝室是财宝的聚集贮藏之地。

3. 为了显示社会地位和社会声望的收藏。在阶级社会里财富和权力是社会地位和社会声望的基础。人们往往为了炫耀家族的显赫地位和显示国家的威力进行收藏。拥有珠宝玉器、金银首饰、奇花异草、珍禽怪兽以至古董抄本，不仅是富有的象征，而且是身份地位和权力的标志。

4. 表现对群体忠诚的收藏。这种意识由来已久。就家族来说，表现为对祖先的崇敬，保存亲人和先人的遗物，定期举行祭祀、悼念活动以寄托哀思。就一个民族来说，出于文化认同的需要，保存能代表本民族习俗和文化传统的器物、建筑、艺术品。就一个国家来说，为了表现对祖国的依恋和忠贞，而保存能反映本国历史文化遗产和成就的纪念物。

5. 出于生产需要，对自然奥秘进行探索和满足好奇心的收藏。生产活动是人类的基本活动。在生产活动中人们需要不断地增加对自然、社会和人类本身的了解，它的最基本的形态是有机体对环境作出的本能反应，对周围环境差异性的识别能力以及了解不同事物的好奇心和探索精神。好奇心主要受感情的支配，无固定方向，而且是多变的。经过理性和科学的洗礼转化为执着定向的追求，成为科学的探索精神。以探索自然规律为目的的藏品收集活动，一般说来具有较高的学术价值。

6. 出于对美的追求。艺术活动和审美观念起源于人类的生活实践。受审美观念支配的收藏活动起初往往同前几种收藏活动混杂在一起，直至中世纪晚期艺术品的生产专业化和商品化了，艺术品的收藏才具有了相对的独立性。

保存文物和自然标本的机构是随着城市的诞生而出现的。考古发掘材料证明，人类历史上的第一座城市建于公元前 8,000 年，位于今巴勒斯坦南部。苏美尔人在公元前 3500 年建立了 12 个由祭司管理的城市国家。这些城市国家中的塔庙（祭祀山神、观察天象）、宫廷和统治者的墓葬保存了一批古代文物。古埃及人也在他们聚居的城市里专门建造了一批保存文献资料的图书馆和档案馆，在古王国时期即达21处。此外如著名的卡纳克阿蒙神庙、法老库孚的金字塔和图坦卡蒙墓都是保存古埃及文物的重要场所。在两河流域，马里（Mari）王宫占地六英亩，存有2.5万块泥板文书，是关于亚述三个不相联系的王朝的记录。尼尼微城的亚述巴尼拔宫（Palace of Assurbanipal）藏有2.2万块经过分类的泥板文书，提供了研究亚述帝国和整个两河流域历史的重要资料。克里特岛上米诺斯人（Minos）建造的诺萨斯王宫（Palace of Cnossus）千门百室、曲折相通，有存放谷物、油、酒的库房，有为浴室、厨房提供清水的供水系统，有描绘宴乐、花鸟、禽兽、人物的精美壁画，还有经过多年研究方能解读成功的线性文字文书2,000件。

古希腊罗马的城邦国家创造了辉煌灿烂的古典文化。专门保存文物和自然标本的文化教育机构相应有所发展。就字源而论，西方博物馆一词源于古希腊的缪斯神庙（Mouseion）。缪斯（Muses）是希腊神话中主管艺术、音乐、文学、史学九位女神的总称，在希腊普遍受到人们的尊敬。古希腊著名哲学家毕得格拉斯（Pythagoreans）、柏拉图（Plato）都把他们讲学的学园（Academy）同对缪斯的崇拜相联系。学园里均设有缪斯神庙，学习哲学意味着向缪斯奉献，从缪斯处获得灵感和启迪。希腊各地的缪斯神庙经常得到奴隶主贵族名门的捐赠，有些还拥有大量土地，租给农民耕种。罗马人从希腊人处继承了崇拜缪斯的传统，征战凯旋的将军常向缪斯神庙献俘。公元189年罗马将军弗尔维阿斯（Fulvius）出征归来向缪斯神庙献上千尊铜像和大理石雕像。

古希腊罗马保存文物的机构并不限于缪斯神庙，其它一些神庙也具有类似职能。伯里克利（Pericles）时代修建的雅典卫城（Athenian Acropolis），由帕提侬神庙（Parthenon）、埃拉西安庙（Erechtheum）和山门（Propylaea）三大部分组成。入口的北侧叫宾那考西克（Pinakothek），意思是画廊，展示了波利格诺托斯特（Polygnotus）等著名画家所作的壁画。从语义角度考察，宾那考西克是同近代博物馆含意直接相关的希腊词汇，德国的绘画馆至今仍以之命名。罗马帝国时代的神殿首推万神庙（Patheon）建于公元前27～25年。公元120～124年改建为平面呈圆形上覆以半球形穹窿的建筑。正面饰以罗马科林斯柱的门廊。罗马皇帝奥古斯都在巴拉登山（The Palatine Hill）上用大理石为太阳神阿波罗建立了一座豪华的神殿，以雕刻家麦隆（Myron）和斯考帕斯（Scopas）的作品来装饰它，神殿周围还配以图书馆和画廊。奥古斯都曾夸口说他在罗马城恢复和重建了82座神殿，几乎所有这些神殿都有塑像和绘画陈列馆。罗马皇帝维斯佩基安（Titus Flavius Yespasianus）在“和平圣殿”（Flavian Templum Pacis）集中了尼禄“金宫”中的许多艺术瑰宝，成为当时的艺术中心。罗马的公共浴场是重要的社交场所，内部装饰华丽而且设有图书室和画廊。古罗马的绘画比雕刻更普遍，寺院、住宅、迴廊、餐厅、广场到处都可以看到以埃及、希腊或罗马传说故事为题材的作品，仅在庞贝城就有3,500幅之多。

神庙、寺院之外，学校、研究院也是重要的保存文物的机构。亚里士多德的学园（Lyceum）收集了数以百计的手稿、地图。为了研究和讲授自然史，亚氏还搜集了一批动植物标本，建立了最早的教学博物馆。相传他的学生亚历山大大帝还在帝国境内为他配备了800名猎人、捕鸟者和渔夫向亚氏报告他们观察到的自然现象。希腊化时期的埃及国王托勒密二世（Ptolemyll 308—246 B. C.）在亚历山大里亚城建立了一所研究大学，命名为博物院（Museum）。从建筑体系上看是王宫的一部分。该院从地中海国家招聘了上百名知名学者包括几何学家欧几里德（Euclido）、地球中心说的先驱托勒密（Ptolemy）、物理学家阿基米德（Archimedes），进行讲学和研究活动。国王经常出席该院举办的学术讨论会。研究内容包括天文、数学、物理、医学、地理、哲学、文学、艺术、语言，古代的学科应有尽有。为了鼓励学术研究，该院还设有奖学金。图书馆藏书七十万卷，文献学家亚里斯塔克（Aristar Chos of Samothrace 217—145 B. C.）和天文学家埃拉塔色尼斯（(Eratosthenes，276～194 B. C.）先后担任院长。此外，该院还藏有供研究用的动植物标本，设有动植物园。该院的学术活动持续了五六百年之久。

古代繁荣的城市由于奴隶制经济衰落、日耳曼人入侵而衰落了，在中世纪早期，大部分成为了规模有限的宗教或政治中心，只有少量工商业城市。到了 11 世纪，随着社会生产力水平的恢复和提高，商品经济的发展，西欧开始有新城市出现。威尼斯、热那亚、米兰、佛罗伦萨、斯德哥尔摩、巴黎、伦敦、纽伦堡、科伦、汉堡是中世纪著名的贸易城市。教会和政权机关是中世纪城市的重要组成部分。在社会文化生活中罗马天主教会居于绝对统治地位。教堂、修道院以及处于教会控制之下的学校是中世纪欧洲保存宗教文物的重要场所。宫廷、贵族宅邸、庄园、城堡则是世俗文物汇集之地。12、13 世纪，欧洲掀起了建筑教堂、修道院的高潮，哥特式建筑风靡一时。巴黎圣母院（Notre Dame de Paris，1163～1250）堪称代表。彩色玻璃镶嵌的花格窗、起棱的穹窿、轻盈的飞扶壁、修长的族簇柱、挺秀的尖塔，表现了升天的渴望，雕花的祭坛、圣母石柱、圣徒塑像、金漆木器、以圣经故事为题材的壁画、昏暗的烛光，给人以神秘肃穆之感。中世纪的教堂以艺术的魅力来烘托和渲染宗教教义对于近代博物馆强调教育功能不无启发。威尼斯的圣·马克教堂（St. Maks）、德国境内的哈雷（Halle）、瑞士的圣·莫里斯修道院（St. Maurice in Valais）及意大利的蒙扎（Monzn）修道院均以宗教文物收藏丰富著称。集基督教文物收藏之大成者首推梵蒂冈（Vatican）。梵蒂冈是罗马天主教教廷所在地，因山得名。756 年法兰克国王矮子丕平（Papin the Short）将腊万纳至罗马一带的土地赠给教皇，为教皇领地奠定了基础。教廷最早收藏教会文物的地方是圣彼得教堂（Fabbrica of Saint Peter’ s），初建于公元 320—330 年间，原为木结构，15 世纪重建，藏有反映早期基督教生活的祭坛、浮雕、镶嵌图案、使徒塑像以及香客们赠送的礼品。教廷的绘画藏于使徒宫（The Apostolic Palace），建于 13 世纪，室内壁画、浮雕多出自拉斐尔、米开朗基罗等名家之手。梵蒂冈大量收藏古典艺术作品始于文艺复兴时期，藏于 1450～1626 年间修建的新圣彼得大礼堂。

7 世纪兴起的伊斯兰教对于人类文化的发展作出了重要贡献。爱尔汗布拉的狮子宫（The Court of Lions of Alhambra）、波斯的地毯、大马士革的琉璃瓦、巴格达的丝织品，色彩、造型、意境均与基督教文化迥然不同。开罗的伊本·土伦清真寺〔Mosque of IBN Tulun）、耶路撒冷的石拱顶寺（Dome of Rock）、伊斯坦布尔的圣苏菲亚教堂（Hagia Sophia）、西班牙境内科尔多氏清真寺（Cordoba Mosque）以及印度的泰姬陵（Taj Mahal）代表了伊斯兰建筑艺术的卓越成就，是回教文物的荟萃之地。

原文载《中国博物馆》1988 年第 2 期

战后至80年代初世界博物馆的发展

西欧的主要资本主义国家在第二次世界大战期间城市和工业都遭到严重破坏。战后，欧洲各国经济和文化的恢复开始在艰难的局面中起步。美国在二战期间经济实力大大增长。战后初期，其他参战国家的经济一时还难以恢复，美国在经济上处于睥睨一切的领先地位，这一特殊局面使美国成了战后国际资本主义的中心和世界大部分国家的债权国，其对外投资从欧洲扩大到亚洲、美洲和非洲。资本的国际化确立了美国在国际上的经济地位。二战以后爆发的第三次科学技术革命影响到美国社会的各个方面，大大促进了工业和整个经济的发展。随着电子、化工、空间、原子能等技术上的重大突破，电子工业、高分子化学工业、航空以及宇航工业、原子能工业等新的部门蓬勃兴起，一系列新产品、新工艺接连问世。新的科技成果逐步用于工业生产和企业管理，电子计算机的应用使企业管理水平和经济效益迅速提高，美国的经济获得空前发展。第三世界国家的经济条件在战争期间和战争以后发生了重大变化。战争期间，帝国主义在亚、非、拉许多国家发展了具有战略意义的采矿和加工业，使第三世界国家的经济在战时和战后都有所发展。战后第三世界国家纷纷独立，殖民经济逐渐让位给民族经济，许多国家开始或已经走上工业化道路。

经济发展带来了人民生活水平的提高。西欧、北美等国的中产阶级人数有了显著增加，人均收入明显提高。同时，新技术在生产上的运用缩短了劳动时间，并且由于生产的机械化、自动化带来的是简单重复的劳动，电脑控制的程序把劳动者变成了机器的附属物和奴隶，人们开始重视闲暇时间的生活质量。因此，二战以来旅游迅速成为国际性、群众性活动，而参观博物馆、名胜古迹成为旅游的一项重要文化内容。发达的现代化交通手段也为国际旅游和文化交流、传播提供了便利条件。在美国，小汽车和博物馆的数量同时增长。人们在闲暇时间和博物馆的关系更加密切。博物馆以其特殊的教育方式在现代教育中占的地位越来越重要。随着科学技术的日新月异，生活节奏愈来愈快，现代化社会向传统教育提出了挑战。在博物馆事业发达的欧美国家，人们除了在学校里接受基础知识和专业知识的正规训练外，为了适应变幻无穷的社会生活，还在博物馆接受非正式的普及教育或公开教育。博物馆发展进入了大众化时代，各国开始重视保护本国、本地区、本民族的文化财产。欧洲各国在进行产业革命的同时，从19世纪初期起就已着手进行文物的保护工作，针对随着产业革命而出现的破坏文化现象采取对策。二次大战以后，文物保护的注意力全部集中到受战火破坏的、或因无人管理而荒废了的文物的复原上。随着工业的高度发展而带来的对文物和生活环境的严重破坏，各国采取了大体上相一致的保护措施：即不仅仅停留在指定保护零星的文物上，而且按地区编制应该保护的历史纪念物目录以防破坏，或者积极同自然环境保护配合，把历史遗迹、具有历史意义的地区保存在现代都市和农村的环境之中。文物、艺术品的价值在人们心目中越来越高，国际艺术品和古物市场价格日涨，艺术品和古董买卖成为索价高昂的生意。许多大博物馆和私人收藏者互相竞争，购买昂贵的文物和艺术品，以提高收藏质量。

基于上述原因，二战后资本主义国家的博物馆数量有了相当大的增长，但每个国家、地区的发展速度不同。绝大部分博物馆分布在北美、西欧和日本。70年代初，美国有2000个博物馆，意大利约有1200个，法国约有1000个，英国约900个，德意志联邦共和国约有800个。这些国家拥有资本主义世界最发达的博物馆网。

西欧和日本的博物馆经过战后的恢复和振兴，开始走上繁荣阶段。欧洲是近代博物馆的发源地，拥有许多世界一流的著名博物馆。卢浮宫博物馆，经过战后恢复阶段，进入80年代，开始了大规模的扩建工程。首先在道尔赛车站旧址建立一座19世纪新馆，并于1983年开放。1984年11月，卢浮宫开始新的扩建工程，由美籍华人贝聿铭设计，在卢浮宫庭院的地面上建造一座高20米的玻璃金字塔和周围三座高5米的小金字塔，地下建造7万多平方米的展厅和现代化地下服务设施。卢浮宫的总面积增至15万平方米。目前卢浮宫的收藏分六大部分：古代东方部、古代埃及部、古代希腊罗马部、中世纪文化复兴近世雕刻部、绘画素描部以及工艺部，收藏总数约达30万件。每年观众数量约300万。在改造旧有博物馆的同时，法国新建了许多现代化的博物馆，其中著名的乔·篷皮杜国家艺术文化中心（Centre National d' Art et de Culture Georges Pompidour）堪称法国的骄傲。现在法国有国立博物馆1,438个，私立博物馆1,000个，各类博物馆全年观众约2,500万人次。

英国的各类博物馆在过去的几十年里有了相当大的发展，而大不列颠博物馆同卢浮宫一样，面临着巨大的改造问题。20世纪后半叶，不列颠博物馆的图书资料迅速增加，到1975年已超过800万册。藏书的90%以上未被动及，并且所藏资料分散数处，影响了图书资料的使用。1973年7月，根据“不列颠博物馆法”，版本部、善本部及东方语文版本善本部脱离大英博物馆，同其它图书馆合并，成立了不列颠图书馆。1978年，不列颠博物馆增建一座行政侧翼大楼，内设一个特别展览馆和一个公共餐厅。博物馆的扩建在相当程度上要依赖公众赞助。1981年，经重建的埃及雕塑馆开馆，所用资金大部分为私人捐献。新建立的沃夫美术馆（Wolfson Galley）也是在一笔捐助资金赞助下完成的。

德累斯顿的博物馆在二战期间遭到严重破坏，战后随着法国经济的恢复，德累斯顿成为拥有许多博物馆的城市。地中海沿岸的国家由于旅游业空前发展，博物馆在政府压力下主要面向旅游业以吸引海外观众。而北欧的博物馆则重视教育作用的发挥，活跃文化，为公众服务。

日本在二战期间博物馆数目大大减少，后开始重新振兴博物馆事业，对博物馆实行常规、科学的管理。1951年日本颁布《博物馆法》，该法令为政府通过立法和行政管理来支持博物馆的活动开辟了道路，促进了日本博物馆的恢复和发展。1940年日本有博物馆260个，二战期间该数字有所下降。1960年日本博物馆数在600个左右。1985年达2,356个，其中国立38个，公立1,320个，私立937个，大学博物馆61 个。在这些博物馆中值得一提的是日本国立民族博物馆。该馆是1973年日本政府拨款6,500多万日元，在文部省领导下开始筹建的，

1977年正式开放，为日本第一个大型民族学博物馆。该馆占地面积4万多平方米，藏有文物标本资料50,000件，各民族的语言、音乐音响资料200多种，纪录影片、照片资料10,000多件。1980年该馆共接待观众49万多人次，成为广大观众的“市民大学”以及日本民族学研究中心。

战后，美国的博物馆在数量上和质量上都有很大发展。1939年美国共有2500个博物馆，1982年增至6,200座，1985年更增至7,892座。两次大战之间美国建立新馆的速度是每周一座，60年代以来加快到每3.3天建立一座。1944年有5,000万人参观博物馆，1979年增至三亿五千万人次。据1980年调查，博物馆观众占美国人口约68%，比体育运动观众多3%。1985年仅史密森学院系统博物馆的观众即达2,700万人。1987年独立节期间，国家历史博物馆的观众有50万人之多。美国博物馆事业的迅猛发展是同政府的资助、私人的捐赠分不开的，根据对1373个博物馆的调查，1979年美国各级政府向博物馆的拨款总数为四亿六千二百万美元，占博物馆收入的42%。私人、基金会和公司的捐赠为一亿一千九百万元，占总收入的10%。从规模看，中小型博物馆占统治地位，1978年的调查说明只有4%的博物馆预算总数在100万美元以上，75%年预算低于十万美元。从管理体制看，民办的占三分之二，这是美国博物馆事业与众不同之处。

多样化是战后美国博物馆事业发展的一个重要特点。在战后初期，“一致论”理论（即无冲突论）甚嚣尘上，为了讴歌美国企业的活力和企业家的创业精神，掀起了公司追根运动。波音公司于1952年在西雅图创建了历史与工业博物馆。美国钢铁学会于1954年投资235万美元恢复坐落在马萨诸塞索格斯的17世纪炼铁炉。R.J.雷诺公司捐赠巨款恢复在塞勒姆的迈克什烟草车间，并重建摩拉温社区。纺织业的巨擘则积极筹建梅拉马克河谷的纺织博物馆。60年代初杜邦家族在德拉华州威尔明顿建立了反映家族创业史的哈格莱博物馆。露天博物馆在战后继续得到发展，威廉斯堡成为了进行爱国主义教育的重要场所，国家历史公园和军事公园也发挥着同样的作用。庆祝美国建国二百周年的纪念活动更加强了这一趋势。修复、保护历史建筑蔚然成风。联邦政府在60年代还颁布了一批保护法令，促进了民间博物馆运动的发展。在史密森学院卡里普利的倡导下，许多城市仿效在华盛顿建立的阿纳科斯提亚邻里博物馆创办社区博物馆，以适应城市人口结构的变化和低收入居民的文化需要。战后兴起的新技术革命，推动了科技博物馆的发展。一批新型的科技博物馆和科学中心陆续建立。据 1979 年的统计，科技博物馆占美国博物馆总数的五分之一，拥有观众的 43%。在 28 座主要科技博物馆中，有 22 座在战后建成，其中最著名的是坐落在首都华盛顿的国家宇航博物馆，展示了人类挣脱地球引力飞向天空的最初尝试，直到登上月球和探索太空的最新成就。该馆建于 1976 年，落成头三个月就吸引了 300 万观众，5 年内有 4,500 万人参观。游客踊跃，经久不衰。在艺术思潮和审美观念变化的影响下，艺术博物馆对于 20 世纪以来的艺术作品给予了较多的关注。大约有五分之一以上的博物馆以展出后印象派以来的作品著称。在文化多元论的影响下，亚洲、非洲、拉丁美洲和美国国内少数民族的艺术也受到观众的欢迎。首都华盛顿专门设有非洲艺术博物馆，1968 年波士顿成立了全国非裔美国人艺术中心博物馆。有关美国黑人和印第安人的博物馆已有 225 座（1980）。然而，艺术博物馆的观众和其他博物馆的观众一样主要由收入和教育水平较高的白人组成。

第三世界国家在战后走上了独立发展的道路。在发展经济的同时，新兴国家开始重视文化教育事业，注意保存本国、本地区、本民族的文化财产，建立了反映传统文化的博物馆，并用以教育人民，增强民族自信心。随着第三世界国家工业化的开展，博物馆面临着提高人民知识水平的巨大任务。墨西哥、印度、马来西亚、尼日利亚在创办博物馆、发展文化方面取得了一定的成就。一些亚洲国家特别注意创办科技性质的博物馆，印度先后建立了伯拉工业和技术博物馆（Birla Industrial and Technological Museum，1959）、维斯维斯瓦拉亚工业和技术博物馆（Visvesvaraya Industrial and Technological Museum，1965）、尼赫鲁科学中心（Nehru Science Centre，1977），新加坡也于 1973 年建新加坡科学中心（Singapore Science Centre），巴基斯坦则于 1965 年建成国家科学技术博物馆（National Museum of Science and Technology）。许多国家的政府设有管理博物馆的管理和咨询机构以加强对博物馆的指导，促进博物馆的现代化。第三世界国家还普遍发起了文物还家运动，要求归还殖民地时期被宗主国劫掠走的文物。但目前第三世界国家的文物仍然继续外流，尽管联合国教科文组织制定了有关决议加以制止，然而仍未能实现有效的控制。

1941～1945年卫国战争期间，苏联在法西斯占领地区的博物馆遭到了严重破坏。战后苏联政府投注了大量资金修复毁于战火的博物馆。列宁格勒市的伊索阿基耶夫大教堂耗资150万卢布，历时17年才维修完毕，现在成为一个藏有10万多幅绘画的博物馆。彼得大帝行宫的许多建筑在卫国战争时期被夷为废墟，战后苏联政府投资2,100万卢布，经过几十年修复，到1986年纪念反法西斯战争胜利四十周年时全部开放。目前正计划重建的圣母升天大教堂，准备用400万卢布和6年时间，到1991年完工。在医治战争给博物馆带来的创伤的同时，苏联又建了一批具有相当规模的新馆，其中革命博物馆和纪念馆占有重要地位。1975年5月，列宁格勒英雄保卫者纪念碑（The Monument to the Heroic Defenders of Leningrad）落成，以纪念列宁格勒保卫战（1941～1944）胜利30周年。1978年2月，地下纪念厅向公众开放。1980年，列宁格勒的卫国战争纪念馆创立，该馆从外面望去，地面上是一群高达几十米的苏联红军雕像，以及几个燃烧着的大型火炬。陈列大厅建在地下，大厅四周有900个电光火矩，象征列宁格勒900个日日夜夜的战斗。反映卫国战争史实的还有斯大林格勒保卫战博物馆（Museum Dedicated to the Battle of Stalingrad）、斯蒂潘谟夫家庭博物馆（Stepanov Family Museum）。

苏联博物馆同其他各国博物馆间的国际交流日益频繁。作为国际博物馆协会（ICOM）的会员国之一，苏联博物馆界同国际博协在学术及其他各种活动上进行了卓有成效的合作。1977年，国际博物馆协会在莫斯科和列宁格勒召开第十一届大会，会议确定的议题是“博物馆和文化交流”，来自十九个国家的1500名代表参加了大会。

进入80年代，苏联的国家博物馆数达1800多个，藏品5100万件。博物馆每年的观众数达15,200万。另外，工矿企业、集体农庄和教育机构的博物馆有12,000个左右，并拥有20多万博物馆工作人员。到1990年，苏联将计划新建450座国家博物馆。

波兰的博物馆在战后取得了显著发展。1946年5月华沙国家博物馆展出“华沙的控诉”，展现了华沙博物馆、图书馆和档案馆遭受损失以及纳粹侵略者对波兰文化财富的破坏。1946年5月政府发布第一条博物馆法令，将华沙国家博物馆（The National Museum Wusow）收归国有。1945年2月波兰成立博物馆及纪念物保护总理事会，附属于文化艺术部，是博物馆的全国最高机构。波兰的博物馆在改革中多次强调博物馆的教育作用，并在大学中开设了博物馆学课程。东德博物馆的重建工作面临着严重的困难。1947年博物馆界在德累斯顿召开第一次博物馆馆长中央会议，指出“博物馆的恢复工作取得了显著成绩。”到1949年，全国开放的博物馆已达400个，观众达3,200万人。博物馆的工作人员有7,750人，其中专业人员有3,000人。其他东欧国家的博物馆也有不同程度的恢复和发展。60年代末70年代初，捷克斯洛伐克有416个博物馆，保加利亚有146个，匈牙利有185个。

博物馆在世界范围内的新发展以及各国之间交流的频繁，进一步要求加强博物馆的国际性合作，特别是二战以来，随着来自世界人民越来越高的和平呼声，博物馆保护人类文化、维持世界和平环境的作用越来越突出。1946年11月，由美国博物馆协会会长哈姆林提议，国际博物馆协会在巴黎创立，并于1948年在巴黎召开第一届大会。国际博协成立四十年以来进行了各方面的活动。它把保护人类文化财产，促进文物保护技术的交流和提高作为一项重要任务，成立了国际保护学会。国际博物馆协会和联合国教科文组织在罗马创建“国际文物保护与修复中心”，它是个政府间的机构，并且是联合国教科文组织与国际博物馆协会在这方面合作的一个主要组织。国际博物馆协会对亚、非、拉国家的博物馆发展给予了特殊的重视。1959年“热带非洲博物馆委员会”成立，并与国际博物馆协会建立了联系。1964年8月，联合国教科文组织在国际博物馆协会的合作下，在尼日利亚乔斯举办“当代非洲博物馆的任务”区域性讨论会。1967年，国际博协设立南亚和东南亚地区机构。1972年12月，国际博协在马来西亚召开“博物馆在为东南亚国家的发展进行成人进修教育方面的作用”专题座谈会。1977年12月，斯里兰卡国家博物馆、联合国教科文组织和国际博协合作，在斯里兰卡的科伦召开“亚州传统的农村和民族文化”地区专题座谈。1977 年 1 月，罗马文物保护研究中心和新德里国立文物保护修复实验室在新德里共同主持召开为期九天的文物保护工作交流会，孟加拉、印度、印度尼西亚、伊朗国际博协的活动大大促进了博物馆之间的国际交流。国际间的借展和巡回展出日益频繁。1978 年，国际博协制定了博物馆交流计划（MUSEP），以便进一步增进国家之间的文化交流和了解。国际博协成立以来还经常组织召开博物馆学方面的会议，讨论博物馆技术、博物馆的教育作用、区域性和特殊性博物馆、博物馆和文化的关系等问题。国际博协十分重视博物馆专业人员的培养，组织专业人员培养会议，举办长期或短期、国际性或地域性进修班，并给进修生颁发结业证书，向区培训中心提供资金和交换情报。1986 年 10 月，国际博协第十四次大会在阿根廷首都布宜诺斯艾利斯召开，通过了博物馆职业道德守则，对该职业守则作了具体详细的规定，进一步完善了国际博协所要求的博物馆管理制度。

从对博物馆进行的历史研究中可以看出，随着社会需要的增长，博物馆由最初的收藏机构演变为收藏、教育和研究机构。在知识占主导地位的未来社会里，博物馆的教育功能将更为突出。近三十年来科学技术发展异常迅速，其中信息技术、生物技术、新材料技术、新能源技术、空间技术、海洋开发技术集中体现了世界科学技术发展的最新成就，并以前所未有的力量影响、改变着人类社会。西方经济学家、社会学家和未来学家将经历了“信息革命”或“知识革命”洗礼的未来社会描述为“信息社会”、“后工业社会”或“高级知识社会”，并指出其重要特点之一是理论和知识成为社会的核心，知识的生产将成为重要的“工业”，成为社会和经济发展的动力。教育面临着更高的要求。许多发达国家的教育正经历着具有决定意义的变革，总的趋势是从有固定基地的教育转向无固定基地分级的教育，从义务教育转向终生教育，从按年龄分级的教育转向按能力分级的教育，从考试制度转向评价制度，以适应世界正在发生的迅速变化，知识的迅速增加，以及个人生活方式的不断变革。教育过程不仅在传统的学校内进行，一切社会文化机构都可以作为实施教育的必要手段。博物馆作为其中之一为人们提供了最有意义的知识、新鲜情报以及大众化了的科学技术和艺术实践机会。为了适应娱乐和多层次的教育内容，许多国家近些年来发展了包括博物馆在内的文化中心，科学技术博物馆层出不穷。博物馆在陈列上打破了“请勿动手”的禁戒，为观众提供了更多、更完善的实验条件。另一方面，保护自然生态环境是博物馆在未来社会面临的一项重要任务，许多国家利用博物馆的形式开辟了自然保护区和国家公园。

原文载《中国博物馆》1989 年第 2 期

国际博物馆学界关于博物馆功能的讨论

现代管理学中的一项基本内容就是要弄清组织同环境的关系，从而确定组织的目标。对于环境的了解越深入、越具体，对于目标的认识就越明确，对于实现目标所应采取的步骤和措施也就越符合实际。博物馆是一个具有多种功能的社会文化复合体。一个组织的功能越多，目标也就越不容易明确、越不容易统一。近来，有些博物馆学的专家主张简化或减少博物馆的功能[1]，就是希望能通过重新界定博物馆的功能来达到明确博物馆管理目标的目的。

20 年前，美国纽约大都会艺术博物馆的副馆长，当时担任美国博物馆协会主席的约瑟夫·V.东在《博物馆宣言》一文中曾提出博物馆的五大功能说，即收藏（collect）、保存（conserve）、研究（study）、解释（interpret）、展览（exhibit）。他还把这五个功能比喻为人手的五指，各自独立，但又统一在共同的目标之下。他还说："五个手指去掉任何一个都会使博物馆致残。"此说一出，不胫而走，在美国和一些西方国家被奉为经典，流传甚广，对于博物馆的实际工作也有很大的影响。荷兰博物馆学专家彼得·冯·孟石（Peter Van Mensch）、在 80 年代对此说提出修正，主张把五种功能合并成三种功能，即保藏（preserve）、研究（study）和交流（communication）。美国学者斯蒂芬·E.威尔最近著书（此书题为《对于博物馆的再思考》（*Rethinking Museum*），即将由史密森学院出版社出版）支持此说，并详加论证，在西方博物馆学界引起了广泛的兴趣。美国博物馆协会主办的《博物馆新闻》还就此展开讨论，专门研究其三个方面的功能[2]。把收藏（或收集）功能和保存功能合并为保藏，是为了强调收藏，是为了加强收藏的计划性、目的性和有条件性。只有在一个博物馆具备收藏某种自

1《博物馆新闻》，1990 年 3/4 月号，第 56～61 页。
2《博物馆新闻》，1990 年 5/6 月号。

然或人类文化遗存的主客观条件的情况下，才应该把物入藏。主观条件是指本馆的专业人员是否具有保存和研究该物的潜在能力，客观条件是指保存该物的物质条件（如有关设施）。此物罕有是珍品，此物具有重要性，是某馆多年来求之不得的如此等等并不能构成收集和入藏的充足理由。某馆是否具有保存和研究该物的能力必须视为入藏首先应该考虑的因素。博物馆不是档案馆，也不是贮藏所，必须把入藏同保存、使用紧密地联系起来，力求取得二者之间的平衡。这就牵涉到博物馆管理人员经常关注的另一个问题，博物馆是否应该剔除或减少某方面的藏品已成为近年来一些发达国家博物馆的一个热门话题。收集和剔除是一件事情的两个不同侧面，有所取就必然要有所舍，只有真正的有所舍才能做到有所取。问题是取舍根据什么标准，具体到某一个博物馆，取决于该馆的性质、任务和目标。美国明尼苏达州艺术博物馆把该馆的宗旨定为只收藏美国艺术品，包括与美国艺术有关的艺术品，按照这个标准，该馆收藏的大部分亚洲和非洲的艺术品就应该是剔除的对象，法国印象派大师德加（Degas）的名作也应该列入待处理的范围。[1]另外一些博物馆将收藏的重点定为 20 世纪美国艺术，因此，大量拍卖 19 世纪美国艺术品，其中包括不少精品，用拍卖得来的钱购买 20 世纪的艺术品[2]，这样的做法已经招致非议，有人指出，在明尼苏达州 19 世纪的美国艺术品已寥寥无几。如何根据自己财力、物力、人力和馆藏特点和观众需求，明确收藏方针，是各类博物馆特别是综合性博物馆面临的一个尖锐问题，博物馆的管理者不但应该为当代的观众着想，还应该为未来的观众着想。几年前，瑞典的一些博物馆发起了一个未雨绸缪的、为未来搜集文物的运动。他们的出发点是对当代社会和博物馆藏品现状的分析，他们认为，当代社会是一个有着丰富的物品变化迅速的能动社会。瑞典博物馆藏品的特点是：有关社会上层的藏品占统治地位，越古的东西越受到重视，保存得也越完整。工业化时期的藏品很少。当代的物品几乎完全没有触及，针对这种状况，博物馆的收藏方针应该是四个优先；死的东西同活的东西相比较，活的东西优先，即现当代藏品同历史的藏品相比较，现当代

1 Ewan Roth：《关于剔除的辨论》，《博物馆新闻》，1990 年 3/4 月号，第 42 页。
2 Ewan Roth：《关于剔除的辨论》，《博物馆新闻》，1990 年 3/4 月号，第 42 页。

的藏品优先；日常生活的器物同典雅器物相比较，日常生活的器物优先；有代表性的物品同精品相比较，有代表性的物品优先。搜集当代文物的做法是：①积极地对当代文物进行跟踪、注录、而不是消极地收集；②70 家博物馆分工合作，避免重复劳动；③分工负责以克服资金不足。在收集当代文物时还应注意：经常性、普遍性原则，阶梯性原则可以显示变化发展；代表性原则；普遍时尚同个性相结合的原则；魅力原则（注意某种具有拜物、迷信、悼亡色彩的器物）。[1]毫无疑问，这是一个有见地、有远见的倡议，我们不但应该密切注视这项计划实施和进展的情况，而且可以注意当代文物的跟踪注录和收集。

说到博物馆同观众的关系，自然要回到本文开始时所提到美国博物馆协会组织的关于博物馆教育功能的讨论，将教育一词改为“交流”，并以此来概括五功能说中的解释功能和展出功能，是很值得研究的，讨论中的意见可综合为这样几点：①解释不能离开陈列展出，二者必须紧密结合，有人甚至认为在组织机构上陈列设计部门应与教育部门合为一体。②交流一词比教育一词更能正确地反映博物馆与观众的关系，前者是双向的，后者是单向的；前者是一种平等关系，后者令人有居高临下之感。③交流的真正含义应该是共同参与（participation），博物馆和观众双方都应该是民族文化遗产的继承者、享有者。在这个意义上参与可以代替交流。④交流功能的核心应该是激发人们的创造感，追求人类创造性的内心冲动。[2]

原文载《中国博物馆》1990 年第 4 期

1 G·Cednenius. “Collecting the Present for the Future.” Contemporary Documentation. *Museum Australia*, Sept.1985.

2《博物馆新闻》1990 年 5/6 月号。

外国博物馆学理论及历史的札记

博物馆学（Museology）是关于博物馆的科学。许多迹象表明这是一门以博物馆的实际工作为基础，多学科交叉的社会科学新兴分支。博物馆学的研究对象是一个一直有着较大争议的问题。国际博协（ICOM）1972 年在给博物馆学下定义时，将博物馆学的研究内容规定为“研究博物馆的历史和背景情况，博物馆在社会中的作用，从事研究、保存、教育工作和组织机构的特殊系统，与物质环境的关系，以及各种不同的博物馆的分类。简而言之，博物馆学是关于研究博物馆宗旨和组织的知识部门”。同时还指出博物馆方法（Museography）是与博物馆学相关的技术主体。它包括博物馆在所有不同方面操作的方法和实践。关于什么是博物馆学和什么是博物馆学研究对象的争论，在 1980 年国际博协组织的讨论中有比较集中的反映。这次讨论的主题为：博物馆学是一门科学还是博物馆的实际工作。参加这次讨论的既有博物馆学的教学人员也有博物馆的实际工作者。大多数人都认为博物馆学是一门科学，并强调它是一门发展中的知识部门。也有一部分人认为博物馆学既是一门科学也是实际工作，既是一种艺术，又是一门应用科学。

对于什么是博物馆学存在着歧异，关于什么是博物馆学研究的对象以及什么是博物馆学研究的主题分歧就更多了。这些分歧可以从两个不同的方面来归纳。第一个方面是从学科性质来看，有人强调博物馆学是一门独立的科学，有人则强调它是一门应用科学。从前一种认识出发，主张博物馆学主要是研究博物馆作为一种特殊的社会文化机构（也有人称之为公共机构 Public institution）的结构和功能，及其与文化、科学、教育的关系。需要对博物馆这个人工系统进行社会学的分析，主要任务是对各种不同的博物馆的共性进行分析。也就是说研究它是如何收集、保存、研究、展示人类文化遗存和自然遗存的共同特点。而从博物馆学是一门应用学科的观点出发，博物馆学主要是研究各种不同学科的理论、知识和方法如何通过博物馆的形式，及通过三维空间的实物加以阐述和解释。也就是说对于某一学科知识的具体运用，需要总结出一套衡量具体应用的标准。这两种认识都有各自的道理，可以分别构成普通博物馆学和专门博物馆学的主要内容。

另一个方面的讨论则涉及博物馆的范围或涵盖面。捷克斯洛伐克的一些博物馆学理论工作者强调，博物馆学研究的对象不是博物馆本身，也不是博物馆的藏品，而是人类与现实之间的一种特殊的关系。这里所说的现实一方面是指历史的三维空间的实在（Aspect of Chronological three-dimensionality of reality），这种实在通过历史发展的连续性表现出来。人类掌握着自己的过去和传统，并且认识到有必要把它保存下来。通过博物馆表现出来的这种人与现实的特殊关系可以称之为持续性的现实或简单地称作“历史感”（sense of history）。人与现实的这种关系或态度并不是突然出现的，而是在人类发展过程中产生的，是人类文化创造和社会化过程的一部分。人类同现实的特殊关系还有另一个方面，即人类从结构角度，从差异性或多样性的角度把握现实。如部分和整体，特殊与一般等等。可以称之为“普遍性的现实”（generial reality）。如果说持续性的现实主要是从伦理的、心理的角度来把握。那么“普遍性的现实”则与科学、大量的知识、教育水平有更直接的关系。达到了一定的发展水平，人类与现实的这种特殊关系就采取了制度化的形式，这就是博物馆。捷克斯洛伐克学者认为就人类与现实的特殊关系而言，还有不少需要进一步探讨和解决的问题。如收集藏品过程中的选择问题，直觉的价值、潜在的文献价值以及博物馆价值等等。

博物馆学研究的内容还有一个重要方面，这就是博物馆作为一种机构同社会之间的关系。包括博物馆的社会功能和社会心理功能。社会功能是指它的文化的、教育的和社会化的功能，社会心理功能是指它对个体、群体和机构的影响。

日本学者的看法同捷克斯洛伐克学者的观点有不少相似之处。他们把现有的学科归结为两大类，一大类是以研究物体及其功能的科学；一种是研究人类自身的科学。博物馆研究的对象既不是前者，也不是后者，而是研究物体与人类的结合点。

日本与捷克新洛伐克学者的观点说到底是把博物馆看成是人类认识自然与社会的一种特殊形式。人类对待自身历史和周围环境的一种特殊的行为方式，是人类文化的一个重要的组成部分，这就扩大了人们的视野。长期以来形成的对博物馆个体、它的目的和功能的研究，当然也应该是博物馆学研究的重要内容。对此，学者们并无异议。但，这些研究只有放在上述宽阔的背景中进行，才能够更深入，更有意义。

值得注意的是有人把博物馆学的研究同对艺术理论和艺术史的研究加以比较。认为二者有共同之处。二者都需要以事实做为学科生长的基础，艺术理论和艺术史对于理解艺术是必要的，艺术本身也需要历史的和理论的研究使艺术家们建立起创造的意识。但是，艺术理论和艺术史的研究并不直接产生艺术，它们本身也不是艺术。持这一观点的人认为在同样的意义上博物馆学并非博物馆的实际工作。它为博物馆的活动确定了理想的模式和改进工作应遵循的原则。这种看法似有脱离实际工作之嫌，但对于避免极端实用主义倾向，不无好处。

博物馆学是一门多学科交叉的科学，这是博物馆学的另一个重要特征。对于博物馆现象可以从不同角度观察。可以把艺术类的博物馆看成是艺术运动的一个组成部分，因此，艺术管理专业往往将博物馆学列入它们的课程。也可以把博物馆看成是保护和保存自然和历史文化遗产运动的一部分、闲暇活动的一部分、旅游事业的一部分、社会教育事业的一部分而分别隶属于不同学科，或同各该学科有着这样或那样的联系。各种不同类型的博物馆都与相关学科有密切的联系，这当然无需赘言。捷克学者提出，与博物馆学核心内容有不可分割的联系的学科主要有：哲学的本体论和认识论、心理学、价值与价值判断理论、社会学和教育学。这个认识值得重视。

博物馆学的学科内容体系和分支学科：1980 年国际博协的博物馆专业人员训练共同基础课程设置提出了八个方面的课程，可以把它理解为分支学科划分的一种方案：

博物馆学概论：博物馆的历史和宗旨

博物馆的组织、运行和管理

建筑、设计、设施

藏品、来源、相关记录、建设和迁移

藏品的保护和管理

陈列、展出

公众

博物馆的文化教育活动。

英国莱斯特大学的课程大纲将博物馆学的内容划分为：

1. 博物馆的背景：涉及哲学的、历史的、当代的背景，当代背景包括组织、法律、观众和专业等方面。

2. 藏品管理学：包括照看、管理藏品的许多方面，包括征集政策，征集的法律问题，征集方法，注录、存放、安全和保险、研究和利用。

3. 博物馆管理：包括博物馆的管理机构、人员、建筑和地点、设备和物资、财务。

4. 博物馆的服务：关于博物馆向公众提供的服务，包括展出方针与实践、博物馆的教育服务、信息服务、博物馆之友、义务工作者和商业活动。

关于博物馆学的体系和分支学科，各国学者的意见也不尽相同，归纳起来有以下几种不同的设想：

苏联学者历来主张把博物馆学分为理论、历史、实际工作三大块。博物馆学中的重大问题为：

1. 博物馆物体（Museum Object）的性质和主要特征，这就是说物质文化和精神文化的遗存（纪念物）是博物馆作为一种社会机构进行活动的基础。

2. 博物馆征集的模式（特别是现代艺术、技术科学在新的历史时期）。

3. 在展览中历史过程的表现方式。

4. 博物馆教育活动的社会学的和社会心理学的前提。

5. 公众的社会人口构成，参观博物馆的原因。

6. 博物馆的社会作用，它的进化，在发展的不同阶段，在何种情况下其社会功能得以发挥。

西欧的博物馆学家也大多同意把博物馆学划分为普通博物馆学（General Museology，主要研究博物馆的历史、理论、博物馆的科学功能）、应用博物馆学、专门博物馆学和博物馆工作。也有人认为博物馆学的结构组成应该是：

1. 博物馆学理论
2. 博物馆史
3. 关于资源的博物馆学理论（museological theory on sources）
4. 博物馆各个方面的方法
5. 博物馆的历史编纂学（historiograpy of the museology）

日本的鹤田总一郎教授的博物馆学体系是：

1. 个体博物馆学（Auto Museology）
2. 博物馆分类学（Museum Taxonomy）
3. 结构形态博物馆学（Morphological Museology）
4. 功能博物馆学（Functional Museology）
5. 专门博物馆学（Specialized Museology）
6. 群体博物馆学（Syn-museology）

研究博物馆之间、博物馆群体之间的关系

7. 社会博物馆学（Socio—Museology）
8. 博物馆管理（Museum Management）

关于博物馆学的文献分类，国际博协早在1946年就提出了一个分类法，在美国国会图书馆的分类系统中代号为AM，这个分类法经过多次修改。国际博协文献中心1967年出版以后又经修订的分类纲目是：

普通博物馆学

自然和文化遗产的保护

博物馆与社会

博物馆管理、人事、建筑设计和设备

藏品（征集、著录、研究、保护和安全）

博物馆交流和解释（公众、展出、教育和文化活动）

全国的和国际的协会活动[1]

历史和现状

---

1 Peter Woodhead and Geoffrey Stansfield: *Keyguide to Information Sources in Museum Studies*. London, 1989, p. 14.

博物馆学史同博物馆史有密切的联系又有明显的区别。根据日本一位博物馆学者的意见，博物馆学的发展可以概括为五个阶段：

过程	阶段	特点	时期
I	博物馆阶段（Mouseion and museum Stage）	只有博物馆存在	亚历山大里亚至中世纪时期的博物馆
II	博物馆知识阶段（museolorc stage）	博物馆的信息广为传播	从文艺复兴到工业革命
III	博物馆方法或博物馆志阶段（museography stage）	对博物馆的描述发展了	19 世纪至 20 世纪初
IV	博物馆学和博物馆方法学阶段	开始了对博物馆的科学研究但停留在定性研究	当代
V	博物馆科学和博物馆技术学阶段	需要对博物馆进行定量的系统研究	20 世纪末

博物馆学最早的著作可以追溯到公元前 6 世纪巴比伦王宫的藏品目录，可能也是最早的博物馆指南。近代早期的博物馆藏品目录大都与私人收藏家有关，如：沃姆博物馆藏品目录（Museum Wormianum 1655）著录了丹麦医师奥拉夫·沃姆（Olat Worm，1588～1654）的收藏。特拉底斯坎特博物馆藏品目录（Museum Tradescantianum 1656）内容包括：动物骨骼、植物标本、矿石、钱币等是特拉底斯坎特父子两人在各地旅行所收集的（后成为牛津大学阿什莫林博物馆的核心收藏）。还有帕蒂维瑞安博物馆藏品目录注录了植物学家和昆虫学家詹姆斯·帕蒂维尔（James Petiver，1665～1718）的收藏。近代早期涉及博物馆工作的著作首推 C.F.尼克尔的博物馆方法学（Museographia，1727）主要探讨了藏品分类、藏品管理和藏品补充的来源。这本用拉丁文写成的著作把博物馆定义为“贮藏珍奇、自然艺术和理性物品的房间”。

19 世纪中叶以来博物馆学的发展是同建立什么样的博物馆和博物馆工作人员的培训这两方面的需要直接联系在一起的。在博物馆的发展史上建立纯粹研究性的博物馆还是建立民众教育性的博物馆，博物馆只为少数知识界精英服务还是应该为广大群众服务，一直是个有争议的问题。美国史密森学院的第一任院长约瑟夫·亨利（Joseph

Heney，1797～1878）在他的晚年特别注重通过博物馆普及科学知识。在他的影响下，较早的一位博物馆学家乔治·布朗·古德（George Brown Goode，1851～1896）通过他的一系列著作《博物馆——历史和历史博物馆》（Museum History and Museum of History）、《未来的博物馆》（Museam of Future）和《博物馆管理原则》（Princip1es of Museum Administration 1895）系统地论述了博物馆在传播科学知识，提高人们知识水平，促进社会进步等方面所具有的重要作用。[1]值得注意的是古德在博物馆管理原则一文中指出，用英语写成的关于博物馆的论文中较早的一篇是爱德华·爱德华兹（Edward Edwards）写的《论公共艺术馆和博物馆的维持和管理》（The Maintenance and Management of Public Galleries and Museums，1840），1853 年发表了一篇题为《博物馆在教育上的应用》（The Educational Uses 0f Museum）的论文。1881 年 Jevons 教授发表了一篇题为《博物馆的利用和滥用》（The Use and Abuse of Museums）的论文。这大概就是我们所能知道的用英语写成的有关博物馆学论文的情况。古德的管理原则一书所强调的是博物馆的种类不同但管理原则是一样的。在这本小册子里，他把博物馆定义为“保存能够最好地显示自然现象和人类工作的物品，用以增加知识和培育启迪人民的机构。”（该书 P. 3）他特别强调博物馆存在的前提是受过高等教育的公民群体，博物馆在任何一个具有高度文明的社会都是必需的。古德比较具体地讨论了博物馆同社区的关系。他认为博物馆与社区必须有一种相互的责任感。博物馆的管理者应该明确地意识到，他必须努力地、高效率地工作，对社区作出贡献，以取得社区的信任，而社区则应给予博物馆以必要的支持。在博物馆管理工作上古德提出了六个基本必须：一是稳定的组织和适当的支持手段。二是明确的计划，计划的制定既要看博物馆具有的机会，也要根据社区的利益。三是必要的物质基础，好的藏品或设施，以便开展工作。四是胜任工作的人员，特别是研究馆员（curator）。五是适当的工作地点——建筑。六是适当的附属设施，存放物资工具和机械辅助设备（该

1 Joel, J, Orosz. *Curators and Culture, The museum movement in America, 1740～1870*. The University of Alabama Press, Tuscaloosaand London, 1990, P 239～242. The Smithsonian Institution 1846～1896，The History of Its First Half Century, City of washington, 1897.

书 P. 11)。格拉斯格考古学会主席戴维·莫里(David Murray)经过三十年的积累,访问了欧美许多国家和地区的博物馆(包括英、美、丹麦、挪威、瑞典、芬兰、俄国、奥地利、匈牙利、比利时、荷兰、加拿大)写成《博物馆的历史及其利用》(*Museums, Their History and Their Use*)于 1904 年出版,这部书共三卷,大概是到 20 世纪初叶为止篇幅最长、内容也最丰富的博物馆学著作。全书共十八章,有一个长达两卷多的附录:包括 1591 年出版的“莱顿目录”(The Leyden Catalogue of 1591)介绍,211 个英国博物馆名录(内容包括地点,馆名,建立时间,藏品经济来源);博物馆书目由五部分组成:Ⅰ.博物馆文献:目录的目录;Ⅱ.博物馆方法学;Ⅲ.藏品,准备和保存,登录和标本陈列;Ⅳ.与特定博物馆有关的目录和其它著作;Ⅴ.游记和一般文献。这部书的特点是以丰富的文献资料为依据辅之以个人的参观访问,比较系统地介绍了欧洲博物馆的历史和现状。最后一章博物馆的应用,除了肯定博物馆在传播知识、普及教育、娱乐公众的作用外,还强调了博物馆做为必要的研究工具的作用,该书还指出,作为一种教育的辅助手段,对博物馆的利用是很不够的(该书第一卷 P. 259～285)。

两次世界大战之间,博物馆事业有较大发展,在苏联提高博物馆工作人员的素质成为迫切需要解决的问题。博物馆专业人员的在职的和脱产的培训,在此期间有所发展。英美两国高等院校也开始设置有关博物馆学的课程。这些对于博物馆学体系的建立、内容的充实是一个很大的促进,英国博物馆界早在 1894 年就提出过博物馆研究人员的培训问题,直到 1930 年才付诸实施。由博物馆协会为科技博物馆工作人员举办培训班,并颁发结业证书,1932 年因得到卡内基英国基金会的资助公布在职学习颁发研究馆员证书的办法。此项办法于 1948、1952、1971、1982 年先后进行补充和修改。该办法规定了取得专业证书的前提、考试科目(学科考试和实际操作的考试,学科领域课目最后定为艺术、人类史、科学技术、教育服务五大领域)以及对论文的要求。持有该证书方能成为英国博物馆协会的成员。1953 年英国博协还提出了对非研究馆员的博物馆工作人员的要求和颁发技术证书的规定,领域包括:藏品保护、修复、陈列准备、考古学、实用艺术等,

1964 年开始颁发专门的文物保护技术证书。[1]

以高等学校为基础的博物馆专业人员训练始于伦敦大学，1932 年该校科尔陶尔德研究所为培养艺术博物馆的研究馆员开设了学位课程和证书课程。1937 年该校考古研究所开设考古和文物保护课程。有关系科的设置主要是在二次大战后发展起来的。1966 年莱斯特大学（University Leicester）由一家基金会（Calouste Gulbenkian Foundation）资助，与英国博物馆协会密切合作设博物馆学系，首先开设了一年全日制的研究生课程，结业后发给结业证书。1975 年开始授予学位，艺术博物馆硕士学位和科学博物馆硕士学位。80 年代以来又增设了博士学位。里兹大学（University of Leeds）与里兹市艺术博物馆合办了装饰艺术专业（四年制本科）。此外像菲尔德大学、剑桥大学、曼彻斯特大学也分别设史前史、社会人类学、艺术与博物馆工作的学位。

美国博物馆专业人员的训练开始的时间比英国还要早，前面提到的古德，他一直负责史密森学院的博物馆工作，是最早提出博物馆工作者标准的人。早在 1895 年他就指出，在博物馆领域中获得成功，必须在一个组织得很好的博物馆中经过多年的钻研和经验积累。他认为“智慧、全面发展的教育、行政能力、热情、还有那种可以称之为博物馆意识的特殊的才能是一个合格的博物馆工作者的必备条件”。当时，也有人对于博物馆工作人员培训的必要性提出过质疑。纽约布鲁克林博物馆的一位研究员就说过：“我认为研究馆员是天生的，而不是人为的，我不相信你能把人训练成研究馆员。”美国最早开办的博物馆工作人员训练班是宾州博物馆和伊阿华大学，前者是培训艺术博物馆的工作人员，后者主要是培训科技博物馆的工作人员。1917 年美国博物馆协会建立了最早的调查博物馆学的委员会，得出的结论是“博物馆工作应视为一种专业工作，博物馆的设施与学术内容均要求工作人员具有较高水平，应该对于有天分的人员进行培训”。20 年代最著名的博物馆工作人员培训班，一个在哈佛大学弗格博物馆（Fogg Museum of Haward University），重点是培养艺术博物馆研究馆员，强调必须熟悉艺术史。另一个在纽约克博物馆，强调实际工作能力的

1 Geoffney Lewis. “The Training of Museum Personal in the United Kindom”, Museum Journal vol.83 no.1, 1983 pp.65～72.

培养。[1]1926 年美国博物馆协会通过决议认为最理想的博物馆培训项目是大学与博物馆的合作，“理论课程应该在大学中教授，应包括一般的文化、艺术、历史和科学课程。实际工作的培训应该在博物馆进行，包括博物馆的组织、管理、建筑、财务、藏品征集、登录、展出准备和布置、研究、教育和公众服务”。

随着博物馆事业的繁荣，对博物馆工作提出了更高的要求，70 年代开始了对博物馆的评估，许多大学适应社会需要纷纷开设博物馆学方面的课程，或设置相应的学科。1971 年在大都会艺术博物馆召开过一次关于博物馆人员训练的会议。两年后，美国博物馆协会设立了“博物馆学课程设置委员会”，提出了在大学本科三、四年级以及在研究院开设有关博物馆学课程的要求和标准（文物保护并未包括在内）。1976 年根据国家博物馆法，由史密森学院的博物馆项目办公室出面，组织了一次博物馆人员训练会议，许多学科的代表与会，发表了一个基本原则的声明。这些原则在美国博协的区域性会议上得到了进一步的讨论。接着，美国博协主席诺贝尔（Joseph Veaeh Noble）组织了一个博物馆学委员会负责分析当年的博物馆学培养项目满足博物馆界实际需要的情况。1976～1980 年间该委员会发表了几个重要文件：

- “专业博物馆人员的准备”提出了大学研究生院水平训练、在职训练和独立实习的最低限度要求
- 提出博物馆工作岗位资格的建议
- 准备并散发了对三百个博物馆培训项目的调查结果
- 为拟投考博物馆学科的学生设计了对研究生项目提出的问题
- 向美国博协九百个团体会员准备并散发了“博物馆雇用人员状况、薪金和小额优惠”

在进行调查的过程中发现博物馆人员培训项目过多，有的没有实习博物馆，有的与高等院校没有联系，而且有些教师根本没有在博物馆工作的经验，学生并不知道他们的训练不够，研究生的数量明显地大于市场需求。为了解决这些问题美国博协先后于 1965、1971 年出版了“美国和加拿大博物馆人员培训课程”。史密森学院博物馆项目办

1 Kanen Cushman. “Museum Studies, The Beginnings, 1900～1926”, *Museum Studies Journal* vo1. 1, no. 3, pp. 8～18.

公室自1976年起出版“美国和国外的博物馆学项目”。从1984年起与国际博协合作出版“国际博物馆学项目”（Museum Studies International）为公众和准备报考的学生提供了必要的信息。最新一版“国际博物馆学项目”（1988）介绍了美国的317个博物馆学人员培训项目，其中属于大学的不到三分之一，其他国家的博物馆学人员培训项目共142个。其中加拿大就占了34个，其次是法国共10个，巴西9个。中国只介绍了南开大学历史系的博物馆专业，苏联的资料付之阙如，可见材料是很不完备的。仅从有限的材料中也可以看到博物馆学项目正处于方兴未艾之中。[1]

客观地科学地鉴定和评价博物馆学的教学水平是80年代以来美国博协所关注的一个重要问题。鉴于以往的教训，该协会从1981年起，组织了一批专家，用了两年时间制定了一个文件叫做“检查专业博物馆学项目的标准”，1983年由博协理事会通过。1984年还颁布了一个“评价程序指南”供自我评价用。“检查标准”包括：目标和目的、课程设置、师资队伍、学生、管理和财政支持、物质资源和设施、实习七个方面的评价标准。每项标准后都有对证据的要求。检查标准的公布对于促进博物馆学教育的规范化和博物馆学体系的形成都有积极作用。[2]欧美的博物馆学重技术、重操作、轻视或忽视理论研究，这是他们自己也不讳言的事实。近年来也出版了一些理论色彩较浓的著作。特别值得一提的是有两本均命名为“新博物馆学”的书先后于1988、1989年问世。第一本《新博物馆学》作者是安德瑞·赫恩施莱德（Andrea Hauenschild）。这是一篇博士论文。作者所探讨的问题是，博物馆作为一种非正式的教育机构，在发展中国家以及在发达国家中的贫困地区能否对社会发展作出具体贡献，回答是肯定的。作者认为博物馆的基本功能是为社会服务，为它的发展作出贡献，有三条基本途径可借鉴，这就是法国和加拿大的生态博物馆（Ecomusems）、美国的邻里博物馆（Neighborhood）和墨西哥的整体博物馆（Museos

1 Jane Gloser, Marcia M. Anderson ed, *Museum Studies International* 1988.

2 Jane R.Glaser. “Museum Studies in the United States: Toward Professionalism, Criteria for Examining Professinonal Museum Stu-dies Programs”, in Janet W.Solinger ed, *Museums and Universities, New Paths for Continuing Education*, New Yorkand London, pp.192～195, 309～323.

Integrales)。作者认为：新博物馆的理想模式（Ideal Type）可以概括如下：

1. 目的：

—有固定的建筑

—掌握日常生活

—促进既定社会的发展

2. 基本原则

—彻底地面向公众

—地区性

3. 结构和组织

—小机构

—靠地方／地区资助

—分散

—参与

—结成梯队进行工作

4. 方法：

—主题：复杂的现实

—交叉学科

—以主题为中心

—将过去、现在与将来联系起来

—与地方／地区组织合作

5. 任务：

—收集

—注录

—研究

—保存

—交流

—培训

—评估

作者的结论是：新博物馆学与旧博物馆学的不同之处主要在于，它要求博物馆参加到社会发展过程中去。这是一个理想的目的，达到

理想目的还有许多困难需要克服，还有许多问题有待解决，需要有志于此的博物馆工作者共同努力。（该书486～489页）

后一本《新博物馆学》认为传统的博物馆学讨论方法太多，对于目的研究得太少。该书编者把博物馆学的发展比喻为腔肠动物，这个庞大的生物体随着它的发展，身体越来越大，头颅越来越小，最后只占有一点微不足道的空间。编者认为除非对博物馆在社会中的作用进行重新、彻底的考察，加以改变，否则博物馆就会成为“活化石”（1iving fossils）

另一本题为《博物馆思想、哲学、艺术和政治问题》的论文集作为当代哲学问题丛书的第六卷于 1988 年问世。此书编者在前言里指出，博物馆是最有前途的文化机构，随着知识界对于文化现象的兴趣的增加和扩展，博物馆的收藏所及，几乎涵盖了所有的文化领域和人工制品，它本身正在成为一种文化力量，似乎正在展示出人类理解和价值的一般特点。编者认为，博物馆收藏本身就是一个边收集、边整理、边观察、边思考的长期积累过程，直到形成一整套思想，在某种整体意义上对人类知识作出贡献。（该书P. 6）

值得一提的第三本书是《博物馆、成人和人文学科》（Museums, Adults and the Humanities），出版时间比前两本书要早一些（1981年），也是一本论文集。此书的主旨是讨论如何以人文学科为指导，改进陈列，使博物馆的展出更富有知识性，更能激动人心，更富于启发性。此书认为不论何种类型的博物馆，其基本功能都在于展示人类的经验和创造力，增进人类对自身和周围环境的理解。

欧美的博物馆学从注重研究博物馆的技术和操作问题转向注重研究基本理论，这是一个值得重视的动向。

原文载《中国博物馆》1991年第1期

关于藏书建设与资源共享的一些思考

问题的提出

在学术性论著的出版数量和价格大幅度增长，图书馆经费不断紧缩的情况下，高等学校图书馆如何继续发挥其固有的功能，为教学和科研服务，已成为人们共同关注的问题。一份关于我国高等学校工作的文件说，要努力改变高校图书馆入藏量逐年下降的情况。怎样才能做到这一点呢？是增加投入，还是采取其他有效措施？这份文件并没有作出正面回答。本文仅就这个问题谈谈笔者的一些想法。

一个带有普遍性的问题

第二次世界大战结束以来，学术性出版物的发行量与日俱增，出版物的价格也连年上涨。受经济不景气的影响，西方国家图书馆经费停滞不前，其结果是学术文献的入藏量呈现出下降的趋势。这是许多国家高校图书馆普遍感到棘手的问题。在西方国家中，美国高校图书馆一向以经费充足著称，70 年代以来，许多院校特别是州立大学也备尝资金短缺之苦。根据美国研究图书馆协会（ARL）提供的统计资料，从 1976 年到 1990 年，90 所美国高校图书馆购置连续出版物的经费支出增加了 3.25 倍，购置非连续出版物的开支增加了 1.5 倍，而文献收藏总量只增加了 0.4 倍。连续出版物的入藏量仅增 0.2 倍。馆藏总册数的增长率为负 0.06。1985 年以来，情况更趋恶化。美国研究图书馆在 1985～1990 年间购置连续出版物的支出增加了 52%，购置专著的支出增加了 19%，订购的连续出版物数下降了 1%，购买的专著数下降了 16%，同期连续出版物和专著价格分别上涨了 51%和 41%。

70年代中期，英国的大学拨款委员会为了解决财政困难，经一系列调查后提出了“零增长理论”（Zero Growth Theory）或稳定增长理论（Steady—state Growth Theory），遭到了强烈反对，被斥为“图书馆的慢性自杀”[1]。事隔十五年零增长或负增长竟在美国也成为了现实。残酷的事实，不能不发人深思。

这种世界性的信息爆炸与出版物价格上涨的冲击波对我国图书情报事业产生了强烈的影响，加上外汇兑换率等其他不利因素，这种影响可以说是灾难性的。根据英国布莱克维尔（Blackwell）公司为我国纲目订书用户提供的资料，1987年12月至1991年新书平均单价从37.23美元增至49.11美元，涨价率为32%，同期外文原版期刊的涨价率为74%。这对于外汇储存有限的我国来说，是一个沉重的打击。以南开大学图书馆的情况为例，订购外文原版期刊的费用从1986～1990年增加了45%，订刊份数却减少了35%。

我国高校图书馆和美国大学图书馆所面临的问题在性质上是相同的。只不过由于历史条件不同，国家实力悬殊，美国高校图书馆，特别是那些名牌大学的图书馆文献收藏基础雄厚，经费来源多样，技术装备优越，资源共享工作普遍开展。在相同的处境下，对灾变的承受力要比我们强一些。

随着高等学校的教学与科研工作蓬勃发展，对学术文献情报和资料的需求增加，需求的层次和类别更加多样化。一方面是需求增加，一方面是学术文献的积累起伏不定，时断时续，甚至有所削弱，供不应求的情况日益突出。供需之间的差距因图书馆的投入量不足和管理方面存在的问题而出现了加大的趋势。面对这种严峻的形势，关键在于能否对情况进行认真的分析，从挑战中看到机遇，而且善于把握机遇，适时地作出符合本国、本地区和本单位实际情况的战略抉择，并采取相应的措施。

要在观念上有所转变

图书馆的藏书（文献资源）建设理论和实践近一个世纪以来已经

1 刘祯臣：藏书建设理论与实践的发展及未来趋势，《文献采访》，山东大学出版社，1990年，第1～11页。

经历了从兼收并蓄到藏以致用，从藏书无限制的增长到稳定增长，从独自经营到资源共享几个阶段。三年前，当美国大学和研究图书馆协会庆祝该会成立五十周年之际，一篇纪念文章写道："图书馆工作者不得不承认拥有包罗万象，内容齐全的馆藏的时代已经一去不复返了。过去五十年来最大的变化恐在于此。由于学术性著作的产出水平不断提高，任何图书馆，无论规模多大，都无法做到自给自足。而必须成为一个系统的组成部分。在这个系统中，使用者能同其所需要的其他馆藏连成一气"。"图书馆已经逐渐脱离开馆藏建设的观念，越来越强调（为使用者）提供通往多种信息源的手段。""由于自给自足不再是可能的了，需要把较大的注意力放在发展馆藏的协调与合作上……"[1]尽管中美两国图书馆发展的情况有所不同，图书馆的发展走向却有一致之处，我国高校图书馆也应适应形势，在文献资源建设的观念上有所转变。贪大求全、兼收并蓄、无限制地增长，实际上已经行不通。经费、馆舍、人力、物力都不允许，若是定要抱住传统观念不放，非但无法摆脱困境，而且会不折不扣地把高校图书馆变成一个无底洞（Bottomless Pit）。从藏以致用的观点出发就不能不部分地放弃独自经营的原则，发展本单位内部和单位之间、系统之间的协作关系，实行资源共享。从藏以致用的观点出发还必须结合本单位的学科建设需要建设有自身特色的馆藏。以期能更有针对性地为教学和科研服务，为资源共享提供坚实的基础。要想实现资源共享还必须在建立通往多种信息源的渠道和手段上下功夫，在建设和发展各种查询和检索工具上下功夫。除了尽可能用现代化的通讯手段武装自己以外，还应当下大力量把工具书室、检索室的重要文献检索工具（目录、文摘、索引、专刊、文献等）配备齐全。那种书还没有，何必要书目、索引的观念显然不能适应电子通讯技术突飞猛进造成的新环境。

加强调查研究

为了把观念的转变付诸实施，必须结合学科发展加强对馆藏数量

1 Babara B. Morton. "The Unintended Revolution in Academic Libraries: 1939 To 1989 and Beyond", *C&RL*.Vol.50.No.1.p.29.

和质量的调研和评估。近年来，我国图书馆界对于文献资源进行过一些调查，规模较大的一次是1988～1989年根据国家部分省市开展的文献资源调查工作，天津市首批参加这项工作的有十四个单位，对一千一百多万册图书和两万九千五百余种期刊等文献进行核查统计，作了大量的书目核查、引文核查和用户问卷调查工作，这对于了解天津市文献收藏的结构特点、分布情况、主要学科文献收藏的完备程度无疑都很有帮助。最近，北京大学图书馆对该馆所藏的经济学文献进行过一次较深入的调查评估。这两个调查的具体要求、范围、方法不尽相同，但目的都是考察文献收藏支持教学科研工作的能力。认真研究两个报告相对应的部分，可以看出，天津的调查重在作出全面评估，学科划分是粗线条的，对文献收藏的优势与不足的描述较为一般，对现有文献收藏率和文献保障率作了较高的评价，例如该调查的文科文献资源分析报告认为，经济类20个学科书目核对的平均收藏率为67.63%，引文查核的平均保障率为70.53%，历史类11个学科外文图书书目核对的平均收藏率为42.74%，引文核查的平均保障率为70.82%。其中南开大学收藏最为丰富的美国史文献，专项收藏率高达63%，文献保障率为62%。北大调查密切结合重点分支学科发展的需要，使用《经济学文献杂志》（Journal of Economic Literature）1979和1989两年书评目录进行抽样核对，发现该馆经济学外文图书的收藏率分别为26%和24%。“美国经济”核心书目核查的结果是收藏率为37%。重要著作的收藏率（平均值）为20%，其中最重要著作的收藏率为33%。以上所举的两组数据虽然项目不尽相同，但还是有可比性的，其差距十分明显。究其原因，天津的调查所用的标准书目和进行引文考查时所选择的论文均有不够妥当之处。例如美国史一项所用的书目是美国历史学家菲利普·方纳的全部著作，总计约一百种，该校藏有63种，收藏率为63%。究其原因，方纳教授曾两次来该校讲学，每次访问均带来一批他本人的新作，如果选择其他著名史学家例如埃利克·方纳（Eric Foner）的著作，情况就会有很大不同。又如进行引文核查时，选择了帕特森（Thomas Paterson）等人的《美国外交政策史》（*American Foreign Policy, A History* 1988）中六、七两章的引文书目，187个注释中，105条注释引用的书目南开均有收藏，收藏率在62%以上。

这两章概述了 1867～1914 年间美国外交政策的演变情况，南开的收藏率较高的原因是：1）这个阶段的专著数量较多；2）南开有关西奥多·罗斯福的传记、书信收集较全，对此阶段其他著作的收集也比较注意。如果选择其他历史阶段，如两次大战之间，或冷战初期，情况就会大不相同，南开的收藏率决不会超过 50%，更何况帕特森的这部著作是大学教材，而不是论文。以专题论文作为考察依据，文献保障率也一定会低得多。书目核查，引文核查均为评估藏书质量和文献保障率的重要方法，但是选用什么样的标准书目和论著作为核查的依据却是很值得重视的问题，应该注意二者的权威性、代表性，尽可能避免和减少主观随意性。北大的调查还有一点是很可贵的，调查的重点在于发现薄弱环节和空白点。调查报告有一批附件，包括调查学科领域的中外重要学者名单，重要政策和国际组织出版物名单。经调查而确定的部分经济学文献补定书单。这就为改善文献收藏状况，提高采访工作质量提供了可靠的依据。

做好采访工作，还必须从全局出发，统筹兼顾。既要注意书刊文献的采购，也要注意到科技成果在图书情报事业上的应用，适当安排非书载体（只读光盘、磁带数据库）的收集。此外还应掌握国际、国内联机检索的情况，减少盲目性，增强针对性，让有限的资金发挥更大的效益。

集中与分散

我国文献资源的收藏、分布、管理和使用长期存在着条块分割，各行其是，积压、重复与匮乏短缺并存的现象。不仅全国如此，一个地区如此，一个单位往往也难以避免。历史长、规模大的高等院校，除了校图书馆以外，常设有院一级的文献资料中心和系一级的专业分馆，还有一批颇具规模的系资料室。由于体制上的和其他方面的原因，校图书馆未能真正成为统筹全校文献资料的中心，致使书刊重复订购，读者奔走于馆、院、系之间的情况时有发生。19 世纪末以来美国的高校图书馆也一直存在着文献资源布局和管理的集中与分散之争[1]。一般

1 Leon Shkolinik. "The Continuing Debate over Academic Branch Libraries", *C&RL*. Vol.52, No.4. pp.343～350.

而言，集中管理有利于提高文献的使用率，避免重复订购，减少开支，保障文献资源的安全，提供校内外服务。分散管理的好处是读者使用方便，专业人员易于参加管理。在资金和资源均匮乏的情况下，尤其应该强调集中管理，不宜助长分散的势头。校图书馆应该真正成为全校文献资料情报的中心，对全校的文献资料工作发挥统一计划、协调管理的作用。美国高校图书馆界在讨论集中与分散管理时有一种看法，认为问题不在于资源的存放地点，而在于使用者如何能够迅速得到所需的信息和资料[1]。“图书馆成功的标志将以如下标准来衡量：筛选的藏书质量，向本科生、研究生、老师开放的程度……大学图书馆无论是以集中还是以分散形式出现，应作为一个知识的统一体来使用和看待”[2]，这段话是近七十年前说的。当时电子计算机还没有问世。为了使大学图书馆能够真正成为知识的统一体，当务之急是建立全校统一的查目中心。这个查目中心应该囊括全校院、系、所的资料中心，图书分馆和系资料室所藏的书刊和特种文献目录。条件具备时，可实行计算机联网。这样做既有利于统一管理，也可以减少读者奔波之苦。

出路在于现代化

为了从根本上摆脱高校图书馆所面临的困境，还得在现代化科学技术方面寻找出路。第二次世界大战后，新技术在图书馆情报工作中的应用已经使图书馆的面貌发生了很大的变化，从缩微复制技术、静电复印、声像技术到电子计算机和只读光盘，真可以说是后浪推前浪滚滚向前。回顾一下 19 世纪中叶以来图书馆专业发展的历史，不难发现，它的特点可以归纳为：1）确立藏以致用的指导思想；2）精选书刊；3）依赖科技进步。时至今日，“图书馆资料和图书馆运作将日益以电子形态存在的前景表明，图书馆服务的手段正处于急剧变化之中”[3]。在讨论连续出版物价格上涨问题时，国外的一些文章认为“《电

1 Leon Shkolinik. “The Continuing Debate over Academic Branch Libraries”, *C&RL*. Vol.52, No.4. p.350.

2 Louis T. Ibbotson. “Department Libraries”, *Library Journal* ,50: 853.转引自 Leon Shkolinik. “The Continuing Debate over Academic Branch Libraries”, *C&RL*. Vol.52, No.4. p.350.

3 Michael K. Buckland. “Foundations of Academic Librarianship”, *C&RL*. Vol.50.No.4. p.390.

子杂志》（*Electronic Journal*）会在同连续出版物涨价的战斗中发挥强大的作用”[1]。有的研究者甚至认为：“我们正不可避免地朝着无纸社会（paperless society）迅速迈进。”当前“正处于从纸制印刷品向电子形态自然进化的中间阶段”，预言“图书馆面临着消亡的前景”[2]。无纸社会很可能还是一个遥远的未来。我国现有的科技水平同它的距离很可能比一些发达国家要更远一些。然而，现代科学技术在我国图书情报事业上的开发和利用，其来势之猛、进展之快都是一件不容忽视的事实。只读光盘、文献资料的数据库、计算机网络、国际联机检索等现代技术已被广泛采用。一支年轻的专业技术队伍正在成长。有的科技情报部门已经用这些现代技术武装起来，建立了较为完备的文献资料情报储存和检索系统。说得更形象些，国内已经有了类似 OCLC 的合作组织网络，而且设立了北京文献服务处这样的机构向社会提供服务。起步较晚的系统和单位也正在急起直追。国家教委决定在全国十五所高校成立和筹办文科文献资料情报中心就是一个很好的例子。笔者认为，这就是我们的出路所在，希望所在。这就是变挑战为机遇的重要条件。毋庸讳言，现代技术的应用是一个相当复杂的系统工程。“图书情报服务的自动化是以标准化为前提的，没有标准化就没有自动化。”高效能的图书馆自动化系统是由运用的硬件、具有通用性与灵活性的软件和标准化的数据库组成，三者缺一不可。而馆藏数据库既无法引进，也不可能在市场上买到，只能靠编目人员踏踏实实地长期工作，将书目数据一个一个地积累起来；一个一个地敲进计算机。有了错误还必须发现一处，改正一处，非如此不能建立一个高质量的、符合标准化要求的数据库[3]。在进行各馆自动化管理集成系统设计时还必须做好深入细致的调研工作，弄清用户的具体要求，优化选择引进的集成系统方案。最近的一些研究表明：优化选择引进集成系统方案的核心之一是要有一套科学的辅助决策方法。层次分析法是系统工程中对非定量事件作定量分析的一种简便方法，可以用来进行引进图书

---

1 Paul Metz and Paul M. Gherman. “Serials Pricing and the Role of the Electronic Journal”, *C&RL*. Vol.52, No.4.p.315.

2 F. Wilfrid Lancaster. “Whither Libraries or Wither Libraries”, *C&RL*. Vol.50,No.4,p.148.

3 李建军：“利用 BiblioFile 系统促进西文编目的标准化与自动化”，天津市图书馆学会六次科学讨论会论文。1991 年 12 月。

馆计算机管理集成系统的辅助决策，把定性分析与定量分析较好地结合起来，从而对待选的集成系统作出全面评价[1]。有了自己的书目数据库，又有了经过优化选择引进的集成系统，就不难跨上自动化管理的骏马，较好地在本单位内实现资源共享，并发展同本系统和外系统的（包括国际上的）资源共享。现在的问题在于如何去充分利用现有的和正在发展着的有利条件和先进手段去克服面临的困难。这在很大程度上取决于有没有一支富有献身精神的专业技术人员队伍，和具有远见卓识的领导集体。在这里笔者无意否定增加“投入”的重要性。然而，没有前两个条件，即使有了足够的“资金”，也难免会被误用、滥用，产生不了预期的效果。这样的例子难道还少吗？

原文载《津图学刊》1992年第4期

1 严建援：《用层次分析法和为引进图书馆计算机管理集成系统的辅助决策》，中国图书馆学会第四次图书馆自动化学术讨论会论文。1991年11月，深圳。

加强两岸交流、繁荣图书馆事业

近年中国图书馆事业如果从梁启超创强学会“书藏”算起，已经有了近百年的历史。这是一部饱尝辛酸、历尽艰难的历史，也是一部艰苦创业、披荆斩棘、使中国图书馆事业得以跻身于世界民族之林而毫无愧色的历史，其中当然也包括海峡两岸的图书馆事业从分离、隔绝走向交流、合作的历史。人们总是用自己的言行创造和撰写历史。加强海峡两岸交流，繁荣中国的图书馆情报事业，在双方共同努力之下，已经有了很好的开端。现在需要我们加倍努力，为这部已经上演的交响乐谱写新的篇章：

一、图书馆的一项重要历史使命是保存和弘扬民族文化。这里所说的民族文化既包括祖先为我们留下的丰厚遗产，也包括百余年来在内忧外患的冲击下，志士仁人、学者专家拍案而起，有所为而发，用血和泪创造出来的新文化；既包括占据人口多数的汉族文化，也包括绚丽多彩的少数民族文化；既包括阳春白雪，也包括下里巴人即所谓大众文化。在这里我愿专门讨论一下前面提到的新文化，特别是 1949 年以来海峡两岸的学术成就。由于大家都知道的原因，两岸学术界、文化界、教育界失去联系达四十年之久，其间有过辗转的个人往还，就整体之言，关山阻隔，音信断绝，四十年过去了，一代学人成长起来，是在彼此隔绝、互不了解的情况下成长起来的。一旦相遇，都有相见恨晚之感。交谈之中彼此都感觉到有一段几乎是一无所知的历史空白。有人主张忘记这段历史，我个人的主张是交流的当务之急应该是填补这段空白。具体地说，现代中国的三大思潮，也可以称之为三大学派，即马克思主义、自由主义和文化守成主义，都有自己的传人，都有大量论著问世。交往断绝、信息不通带来的后果之一是藏书断层断档，两岸图书馆有关新的文化思潮论著的收藏残缺不全。这对于增进两岸之间的相互了解，全面总结我国现代化走过的道路，弘扬民族文化，开展多学科的研究工作都带来了障碍。不久以前，湖南文艺出版社出版了选编的台湾名作家李敖的杂文选。编者在搜集李敖著作过程中遇到了许多困难，在编后记中叹息说："一水之隔，使台湾的书籍几成孤本、秘籍。"台湾方面想必也是有此同感。我们在交流中似应把这方面的图书交流，放在重要地位，共同努力填补上这段历史空白。

二、在整理我国文化遗产，总结历史经验方面，海峡两岸的学术界、出版界都做过大量工作，硕果累累，而且有所交流，这是很值得庆幸的。去年我在美国访问讲学时获悉，台湾图书馆资讯界和学术界通力合作已将《二十四史》全文输入光盘，这是应用现代科学技术弘扬传统文化的壮举，为史学研究带来了极大便利，是文史工作者的一大福音。可惜的是这套光盘定价很高，据说软硬件加在一起达十一万美元。这决非大陆一般图书馆所能问津。在交流活动中何不将这件事列入议程，找出个妥善解决的办法。倘若这套光盘能放在北京图书馆为研究工作者提供服务，肯定会受到广大读者交口称赞。

三、电子通讯技术的进展一日千里，使图书情报工作大为改观。目前大陆正在开展的是建设全国性的书目数据库，从地域上讲当然应该包括香港、台湾的书目数据在内。如何使这个全国性的书目数据库更加完备，使海峡两岸逐步实现资源共享，互通有无，是我们交流合作项目的应有之义。除了全国性的书目数据库之外，各类图书馆都在分别建立或者已经建成自己的书目数据库，不少单位已投入使用。台湾图书馆的电脑化起步比大陆早，成果显著，这方面的经验很值得借鉴，这也应该是两岸交流的一项内容。为了使这种具体的经验交流容易奏效，我以为最好采取对口交流的办法，即高等学校、科研机构、公共图书馆之间进行交流。在高等学校之间，也以一校对一校或数校为宜，可先从交流信息入手，在互有了解的基础上进一步实现技术、管理人员的交流。

四、近年来，大陆方面已有关于中国古代图书事业史的专著问世。近现代部分因难度较大，只见到一些个案研究和资料积累工作成果，尚无综合型巨著出版。两岸合作共同完成此项艰巨的任务是一件十分有意义的工作。不久前大陆的电影史工作者访问台湾，以中国电影的过去和未来为题进行交流，使我联想到这在图书馆界也是颇值得探讨的课题。图书馆史和电影史一样，是中国近现代文化史的一个重要组成部分。讨论文化的积累和传播而不涉及图书馆事业是难以想象的。然而有关中国近现代文化史的论著都往往忽略了这个重要组成部分，或语焉不详，或付诸阙如。就我国近现代图书馆事业发展而言，确有许多历史经验值得认真加以总结。譬如说，近代以前中国是否有过既有藏书又向公众经常开放的图书馆？一种回答是肯定的，即认为中国图书馆源远流长，有几千年的历史，老子李聃曾任周朝藏室之史，就是国家图书馆馆长。另一种回答是否定的，认为古代的藏书楼与近代的图书馆在性质上截然不同。二者之间的关系不是继承，而是后者取代前者。中国图书馆是西方思想文化传入中国的产物。（吴希：《论中国图书馆的产生》，《图书馆工作与研究》1992 年 2 期）征诸史实，光绪二十二年（1896 年），李端棻奏请推广学校折中曾谈到建藏书楼的问题。他指出："好学之士半属寒酸，购书既苦无力，借书又难其人，坐此孤陋寡闻，无所成就者不知凡几。高宗纯皇帝知其然也，于江南设文宗、文汇、文澜三阁，备庋秘籍，恣人借观。嘉庆年间大学士阮元推广此意，在焦山灵隐起立书藏，津逮后学。自此以往，江浙文风甲于天下，做人之盛成效可睹也。"（李希泌等编《中国古代藏书与近代图书馆史料》中华书局，1982 年，97 页）。如果说把以藏为主还是藏以致用可以作为区分古代藏书楼和近代图书馆的基准，那么，按照李端棻的说法乾隆皇帝在江南建立三阁的本意是为了更多的寒酸之士能够随意借阅。而阮元又把这种做法进一步推广了。可见，不能认为近代以前中国没有藏以致用的传统。至于谁来用、为谁所用则是值得进一步探讨的问题。

本文在开头部分曾提到中国图书馆事业的发展饱经忧患，历尽艰辛。近代以来最大的曲折恐怕莫过于抗日战争时期对我国图书馆事业的破坏。最早罹难的是商务印书馆创办的东方图书馆，于 1932 年"一·二八"事变中被日机炸毁，藏书四十六万三千多册付之一炬，仅善本书一项损失即达一百万元（杨宝华等编：《中国省市图书馆概况 1919～1949》，书目文献出版社，150、152 页）。在大学图书馆中，南开大学木斋图书馆损失惨重，馆舍夷为平地，藏书二十万册劫后幸存者不足十分之一。设在南京的原中央图书馆奉命西迁时，除提前移出和将要运走的三百余箱图书外，余均陷入敌手（杨宝华：同上书，165～167页）。中国图书馆事业经历的战乱迁徙之多，损失之惨重，在世界图书馆中实属罕见。总结这方面的经验不仅是为了缅怀过去，更重要的是激励后人，以开拓未来。这项工作要靠海峡两岸图书馆工作者和史学工作者共同努力才能得其全豹。至于总结1949年以来两岸图书馆事业的发展，不实行通力合作是无法完成的。为此，我建议由双方有关人士成立一个小组共同筹划。

加强两岸交流可作的事情很多，可以说是百废待举，我们只能择其要者率先从事，所余者可以从长计议，徐徐图之。兹举以上四端，略陈管见以就正于海峡两岸同行。

原文载《图书馆学与资讯科学》第十八卷第二期，1992年10月。台湾省台北市：《图书馆工作与研究》1993年第1期

加强学科文献信息保障体系

一、基本情况

国家教委颁发的《普通高校图书馆规程》第一条明确指出："高等院校图书馆是学校的文献情报中心，是为教学和科研服务的学术性机构，它的工作是学校教学和科学研究工作的重要组成部分。"争创世界一流大学，必须办好具有一流水平的现代化大学图书馆。

经过77年的建设与发展，我校图书馆总馆已有馆舍23,000平米，阅览座2,000余个，馆藏50年以上的国内外著名刊物近百种，各专业、语种工具书一万余种。馆藏文献内容涉及人文科学、社会科学、自然科学、技术科学和管理科学等领域，其中尤以数学、化学、经济学、历史学见长，其总体水平在国内位居前列。

南开大学文科文献中心是国家教委首批六个综合性地区中心之一，必保学科14个，居全国第三，南开大学外国教材中心是全国首批九个中心之一，重点在物理学兼及自然科学，两个中心都面向全国开放服务。

我校图书馆进行计算机应用开发研究，已达10多年之久。现拥有专用计算机房200平米，视听室200平米，缩微复制及阅览室240平米，有小型计算机2台，微机27台，传真机1台及缩微阅读器和其他视听设备，目前图书馆各部门的自动化建设，正在逐步进行。主要业务管理环节和服务项目，如书目检索和流通已经初步实现了自动化，中西文图书和期刊的馆藏数据库，已录入10余万条数据，可使用终端和网上检索，并已开通电子邮件和国际联机检索，此外还配备了光盘检索系统，服务方式与管理方法正逐步走向现代化。

我校是国家教委直属的多学科综合性大学，实行多规格多层次的办学方针，教学与科研任务并重。图书馆根据学校的性质，确定文献收藏方针，既注重图书的思想性，又注重其学术性，坚持“品种宜多，复本宜少”的原则，有针对性地、有重点地选购本校各专业所需文献。

图书馆除依靠校拨经费购书外，同时广泛开展图书交换工作。目前已与 13 个国家和地区，50 多所大学和科研单位建立了交换关系，年交换书刊多达 1,000 多册；国内协作单位达 200 余家，每年收交换资料 4,000 余册。此外，自 1990 年图书馆相继成立了“赠书阅览室”和“南开文库”，主动开展征集图书工作，以充实馆藏。五年来，收到的南开校友赠书、国内外著名学者及知名人士赠书、外国民间文化组织的赠书，以及交换赠书多达三万余册，这些图书在教学科研中发挥了重要作用。

为教学和科研服务是图书馆工作的主旨。多年来我们一直遵循“抓根本，重基础，求实效”的办馆方针，开展多途径的服务，努力提高工作效率和服务水平。

“变封闭型为开放型”是现代化图书馆的办馆方向。近年来图书馆突破了传统的藏借方式，在文献资源的总体布局上，以开放型服务为主，除善本、特藏、样本库外，中外文书库、线装书库全部分层次实行开架或半开架借阅，开架率高达 90%以上，在全国高校中名列前茅。此外为配合教学科研工作，图书馆经常派专人与任课教师联系，进行专题服务，多次在阅览室为科研人员及学生开设专题书架，方便了读者阅览学习和研究工作。最近为历史系人才培养基地设置的“基地建设专架”深受学生欢迎。

图书馆作为学生的第二课堂，注重培养学生的自学能力与检索水平。每年新生入学时，都有计划地对新生进行图书馆入馆教育，馆长亲自介绍图书馆的功能、作用和现代化的检索手段，帮助新同学全面了解图书馆，学会利用图书馆。

平时，根据读者的不同需要，遵循思想性、学术性和知识性相结合的原则，以多种手段、多种形式进行宣传教育活动。去年举行专题报告会 20 余次，如为“纪念抗日战争暨世界反法西斯战争胜利 50 周年”举行的“德国人对二战的反思”报告会和“二战音乐鉴赏会”，深受读者欢迎。配合形势教育举办的各种书展，不仅使读者开阔了眼界，拓宽了知识面，同时也对同学进行了爱国主义和革命传统教育。

二、存在的问题与差距

图书馆是学校文献信息中心，是教学和科研的重要依托和保障，就整体而言，多年来我校以图书为核心的文献信息保证体系，大体上满足了教学和科研工作的需要，为我校的学科建设和发展提供基本条件。然而，与信息时代的要求相比，与学科建设的长远需要相比，与国外先进的大学图书馆相比，与我们在国内所应处的先进大学图书馆地位要求相比，我校的文献资源建设和图书馆工作，还存在着较大差距，主要表现在以下几个方面：

1. 文献资源贫乏，入藏量严重不足

文献入藏量的多少和质量的高低，直接影响着学校教学和科研工作。近年来随着学校新建系所的增加，学校人数的不断加大，以及图书价格的连年暴涨，致使图书馆的进书量连年递减。图书入藏量已经到了难以保证最低需要的地步。以进书量为例，由于经费得不到补充，图书馆的进书量从 1986 年每年进书 10 万册（包括赠书与期刊），到 1995 年底进书量仅为 2 万余册（包括赠书）。

图书价格暴涨的幅度，大得惊人。以订购中文图书为例，1988 年图书馆用于购买中文图书的经费为 196, 790 元，购买图书 8349 种，38783 册，平均每本价格为 5.20 元，复本率为 1:4.9；1994 年经费额度为 175,754 元，购买图书 2,899 种，5, 121 册，平均书价为 34.28 元，比 1988 年每本增加 6.6 倍，复本率降为 1:1.8。以学校重点学科为例，1988 年历史类中文图书订购 2,355 种，9,078 册，1994 年就降为 438 种，4,084 册，化学类外文图书 1990 年订购 84 种，288 册，1994 年降为 42 种 115 册。

图书馆因购书总量和复本量逐年递减，致使拒借率逐年上升。以中文总借书处拒借统计为例，1989 年拒借率为 36%，1993 年拒借率为 47%，1996 年 3 月统计的数字已高达 61%。

再以报刊为例，80 年代中期，我校订购外文原版报刊达 1,500 种，影印报刊 2,000 余种，收藏的数量和质量，在全国高校中名列前茅。

自 1987 年以来，由于报刊价格每年以 30%左右的速度递增，而经费的增长远远赶不上报刊价格的上涨，致使报刊订购数量逐年递减。到 1995 年图书馆订购的外文原版报刊已压缩到 447 种，影印报刊压缩至 1,000 种，使教学科研受到了很大的影响，这种损失，近期难以弥补。

以化学类外文报刊订购为例，1994 年订外文报刊 386 种，1995 年减至 196 种（减少 51%），到 1996 年又减少 20 余种，仅剩 176 种，只能保证教学科研的最低需要。

2. 自动化管理，举步维艰

一般认为现代化图书馆有以下几个标志：馆藏文献载体多样化，电子出版物等非印刷型文献大幅度增加；以电子计算机为代表的新技术在图书馆业务工作中广泛应用，服务手段实现自动化；文献资源实现共建共享，检索查询网络化；具有一座现代化功能的图书馆馆舍等。

现代化技术装备，不仅在于实现自动化管理，以取代手工操作，提高工作效率，更重要的是开发利用藏书、实现文献资源共享，使服务水平达到新的高度。要达到这一目的，必须在设备及机型上与兄弟院校步调一致，为校际乃至区域间联网作好基础建设，应有规划、有步骤地协调发展。

我馆的 CDC4330 小型机是国家教委成立南开大学文科中心时统一配置的，内存仅 40MB，容量有限，主机与终端之间的联接属总路线结构，语言之间的接口亦不灵活。如联上多台终端，向读者提供检索服务，速度缓慢，令人难以容忍。我馆需输入的馆藏数据约 80 万条，现仅输入 10 万余条，就占去容量之大半。

另外，我馆现有一线“服务”的微机 27 台，其中 PC 机 6 台，286 型机 10 台，386 型机 9 台，486 型机 2 台。微机不仅数量少，而且多已陈旧落后，不能适应图书馆现代化建设的需要。

我馆的其他自动化设备也亟需更新。如缩微照相机，系 70 年代初购进的，早已属淘汰型，缩微阅读器亦陈旧落后，致使缩微资料阅览室不能对外开放；需要抢救的国家级文献不能及时复制，提供使用；复印机已多年没有投入；图书监测系统（防盗系统）也亟待更新换代。

3. 专业队伍不稳定，人员素质下降

我校图书资料系列现有工作人员 240 人，其中大专以上学历的 156

人，占65%，具有高级技术职称的47人，占19.6%；中级技术职称的97人，占40%；初级人员96人，占40%。另有81名临时工作人员（图书馆68人），占总人数的25%。专业队伍的结构较80年代前，有了一定的变化，基本上解决了“非专业人员”编制过多及“老龄化”问题。

但是，从整体结构上来看，我们与世界一流大学无法相比，和国内的著名大学图书馆相比，亦有相当大的差距。如按学历划分北京大学图书馆现有博士1人，硕士12人，而我馆现岗人员中仅有一人有硕士学历；从职称结构相比，北大研究馆员11人，和我们相邻的天津大学有在岗研究馆员4人，而我馆仅有1人。出现以上差距，原因有二：一是学校近年来的职称评定上对图书资料系列专业技术工作的特点了解不多，重视不够，下达晋升指标过少；另一个关键问题是，图书馆待遇低，留不住人。以图书馆为例，1985年至1995年调出专业人员32人，其中硕士毕业2人，本科毕业18人，大专毕业9人，占全馆相应学历人数的36%。

4. 文献资源布局不合理，管理体制亟待调整

我校现有专业分馆和资料中心3个，系（所）资料室20余个，点多线长，管理分散。有的开放时间短，亦有随意性；有的各自为政，只对本单位读者开放，限制了校内文献资源共享；在购书经费上，也只从本单位的利益出发，重复购入价格昂贵的大套丛书，造成经费的严重浪费。

多年来，我校的分馆与系（所）资料室实行双重“领导”，即人事及财务上归院或系领导（包括福利待遇均由院系支付），业务上归图书馆“指导”，实际上，图书馆很难过问分馆或资料室的业务工作，各资料单位各行其是，图书馆无法制定和执行学校文献资源建设的总体规划，这样，必然导致管理工作上的混乱。

三、措施与建设

1. 经费

我校图书馆是国家级的文献收藏单位，要适应发展，每年必须连

续不断地补充购置相当数量的图书、报刊及非书资料信息资源。根据学校发展，并和有关学校在经费投入上大体一致（复旦大学、南京大学），我校每年必须添置外文书 10,000 册以上（其中 2/3 接受赠书或购国内版），中文书 50,000 册以上，外文原版报刊 1,500 种左右，中文报刊 3,000 种以上。经测算每年至少需投入人民币 500 万元，以后还应以 30%左右的幅度增加拨款，以抵平书刊涨价的额度。

关于经费筹措，首先落实国家教委规定，购书经费要占学校总经费（包括科研费）的 5%以上，学校应采取措施给以保证。同时，其他款项，如“重点学科文献购置费”、“代培费”、“校内集资捐款”、“国外赠款”、“校友捐款”、“地方共建款”、“联合建校款”、“学校自创资金”等，都应无例外地拿出 5%作为图书购置费，并应作为一项制度确定下来。

2. 现代化建设

中国教育科研网（CERNET）分为三个层次：即全国网络中心、地区结点和校园网。规划中的全国文献信息保障体系就是以 CERNET 为依托建立起来的。我校的当务之急是建设好校园网和图书馆的计算机集成系统。只有这样，才能在地区性的网络中占有一席之地，并争取成为地区性学科文献中心。为此：

①近年内必须尽快完善馆藏数据库系统，其内涵为：馆藏中文图书书目数据库、馆藏西文图书书目数据库、馆藏中西文期刊书目数据库、馆藏音像资料数据库、馆藏古籍书目数据库、馆藏博士论文全文数据库等。这是基本建设也是“211 工程”建设中的硬性指标之一。

②购置较为成熟的图书馆集成系统软件，更换容量大、性能好的小型机，使之与先进馆的机型与配套软件一致，便于共同开发与联网。

③更新 20 台 486 型微机（586 型更好）及相应设备（光盘驱动器和打印机等）。

④根据教委“关于进一步加强对学生进行文献检索课教学”的指示精神，尽快筹集资金建立“电子阅览室”（北大、清华、华东理工大学等已建立），应把机检教学放到教学的重要位置上，指导学生利用光盘和 CERNET、INTERNET，取得最新的信息和资料。

⑤为抢救文献（我馆有 27 万册古籍线装书，2 万册更珍贵的善本

书以及 1.4 万册解放前报刊，这些珍贵文献不能提供静电复印。）需购新型缩微复制机一台（及其配套设备），以便采取复制手段，制成缩微平片或股卷，及时向读者开放缩微制品阅览室。

3. 队伍建设

为了适应现代技术的发展和教学科研的需要，使图书馆现代化服务手段，上水平，上层次，应该在政策上进行调整，切实将图书资料人员作为教学科研力量的一部分；采取有效措施，加大中、高级技术人员职称比例，改变现有人员专业结构不合理和工人编制过大的现状，逐步改变目前失衡状态。与此同时，也要加强在职培训，提高工作人员的专业水平，使其在有效时间内，充分发挥所长，作出更大贡献。

4. 管理体制

图书馆是全校的文献信息中心，应该理所当然地承担起领导、组织、协调全校图书文献工作的任务。应该根据学校的总体发展规划，统筹制定全校图书文献工作规划，并根据图书馆现代化的发展目标要求，不断促进图书文献管理工作的自动化、科学化和规范化。

为了便于管理，建议组建“南开大学文献资源领导小组”，承担起全校文献“三级”（总馆、分馆、资料室）管理的协调工作。同时要加强总馆领导职能，要通过“文献资源建设领导小组”的协调，使总馆对分馆和资料室，在行政上有领导权，在业务上有指挥权，使学校的各级图书文献管理单位，成为一个整体，以便尽快建起一个以总馆为中心的高效率开放型的文献管理体制。

根据学校文献资源管理的现状，各级文献管理机构，必须尽快做到以下几点：①对全校图书文献的采购进行统一管理，并按统一标准分类编目（加工图书）为计算机联网作好前期准备；②建立全校的查目中心（正在实施中）；③校内各级文献服务设施都要尽可能地向全校师生开放，切实做到校内资源共享；④以校园网为依托，建设全校的文献信息通讯系统，尽快形成一个以总馆为机检中心，分馆及系（所）资料室为结点的机检网络，把全校的文献资源联结起来，互为补充，互相利用，不断提高网络和整体服务效益。

原文载《南开教育论丛》1995 年第 3 期

史学人才培养与文献信息网络建设

史学工作与文献工作自古就结下了不解之缘。有文字的记录是史学的开端。史学在文献的积累中得到发展。史学人才的成长是同文献的制作、收集、积累和整理分不开的。史学的使命虽因时因地而异，论者关于史任的论述也各有千秋[1]。笔者以为太史公在《报任安书》中提出的“究天人之际，通古今之变”，概括了史学探索天人关系和通晓古今演变过程两大任务，至今仍不失为史学的鹄的，也是培养史学人才的较高境界。早期史学无所不包。“中国古代，史外无学，举凡人类知识之记录，无不丛纳之于史”[2]，这与“我们仅仅知道一门唯一的科学，即历史科学”[3]的论断如出一辙。广义的史学覆盖了人类活动的一切领域，涉及了所有学科的知识。任何学科都不能不把物质或事物发展的过程作为本学科的研究对象。这就意味着以发展过程为研究对象的史学工作者要有广博的知识，并以大量的文献和实物为依托才能完成自己的历史使命。中外典籍浩如烟海，令人望洋兴叹，故有目录学之作，以为门径。史部目录学、史料学乃攻史之门径，在史学人才培养中举足轻重。机读目录和全文数据库的兴起为史学研究和人才培养提出了新的课题。

随着近代史学和社会科学的兴起，史学的发展出现了两大趋势，其一为史学范围的缩小，从无所不包，“逐渐瓦解而无复余”[4]。其二为史学研究之分工越来越细，从地区史、国别史、断代史到各种专史，各有所司。在这两大趋势的影响下，特别是在德国兰克批判史学的影

1 参阅汪荣祖著：《史传通说》，中华书局1989年版，史任第二十四。

2 梁启超：《中国历史研究法》，《梁启超史学论著三种》，生活·读书·新知三联书店1984年香港版，第76页。

3 马克思、恩格斯：《“德意志意识形态”1845～1846年》，《马克思、恩格斯选集》第3卷，人民出版社1972年版，第20页。

4 同注2

响下，史学研究越来越成为一种史料批判工艺（craft）[1]。在我国西方史学的输入与乾嘉考据相结合，史料的挖掘日趋深入，辨伪求真成为治史的基本要素。史学人才的培养也出现了专业性、工艺性日益加强的现象。从培养通才到培养专才，这在史学发展的过程中无疑是一种进步。然而，这个进步是以知识范围的缩小和失却广博的基础为代价。

值得注意的是，在人类走向信息时代的过程中，高等人文教育又面临着新的挑战。随着历史在越来越大的程度上成为世界的历史，狭隘的地区性个人越来越被世界历史的个人所代替，变单一性的专才教育为综合性的通才教育，已成为迫切需要解决的问题。人文学科的教育，特别是史学教育应该造就通才的呼声越来越高。时代需要如王国维、梁启超、陈寅恪那样的“学贯中西、博古通今”的大师，已成为有识者的共识[2]。实现这个目标殊非易事，需创造必备之条件，提供所需之机会，积之以经验，假之以时日，或可见其端倪。章实斋对此有十分精辟的论述。他说：“才学识得一不易，而兼三者尤难。”“非识无以断其义，非才无以善其文，非学无以练其事。”他强调“必通六典比兴之旨，而复可以讲春王正月之书。”[3]这就是说德、才、学、识四者缺一不可。在四者之中，史才尤为难得。所以刘知几说：“夫史才之难其难甚矣。”[4]为了解决这个难题，各国的高等院校已经从加强基础教育、拓宽知识面、配备精良的教师队伍、加大投入等方面采取了相应的措施。笔者以为除以上列举诸项外，现代文献信息网络在史学人才培养中实具有特别重要的意义，决不可等闲视之。

本世纪 60 年代兴起的计算机通讯网络经过近三十年的建设和发展，已臻成熟。现代信息技术和 Internet 的飞速发展为培养新型史学人才提供了高效能的工具，开辟了广阔的天地。同文字的出现和印刷术的发明一样，现代信息技术创造的文献信息网络所引起的一场前无古人的史学革命正在悄悄地到来。这主要表现在以下四个方面：

1）以文本为主的史学正在向图文并茂、声像俱全的史学过渡。

---

1 参阅：Marc Bloch: *The Historian's Craft*. New York, 1953.

2 李丹：“文史哲如何育人才”，《光明日报》1994 年 11 月 18 日。

3《文史通义》卷三，内篇三 史德。

4 史通内篇核才第三十一。

数据压缩技术和数字化的通讯已将文本、图像和音响的远距离传输变为现实。人们正在利用这些先进的技来保存和传播宝贵的文化遗产。联合国教科文组织于1992年发起和组织的 Memory of the World（世界记忆）项目是这方面取得重要进展的项目之一。其先驱项目有7个，包括布拉格国家图书馆收藏的文献和手稿、古俄罗斯彩色插图编年记（俄罗斯国家科学院收藏）、圣索斐亚手稿（保加利亚）、萨纳清真寺收藏（也门）、19 世纪拉丁美洲手稿、堪迪里天文观象台手稿（土耳其）、俄罗斯国家图书馆的15、16世纪手稿。具体做法是将这些珍贵文献数字化，制成光盘发行。[1]美国国会图书馆的“美利坚记忆（American Memory）”项目始于1990年，旨在将多年来国会图书馆收藏积累的重要历史文献、声像资料制成电子出版物提供全国使用。其内容包括1770～1981年间报刊上发表的关于国会的漫画；大陆会议和宪法会议（1774～1789）的文件；底特律出版公司在 1880～1920年间印制的25,000张明信片；1897～1906年间纽约市的影片；Mathew Brady 拍摄的1,000张有关美国内战的照片；1820～1920年间印行的关于美国黑人的小册子；有关加利福尼亚早期历史的个人叙述；自然环境保护运动（1850～1920）等。所有这些资料以在线、光盘、录像带等不同方式提供，对于保存和普及美国历史文化资料起了重要作用。我国历史悠久，文化资源浩如烟海，近年来文献和文物资源数字化的工作已引起各有关方面的注意。除台湾中央研究院已将二十五史数字化外，国家档案馆于去年推出有关明请史、民国史、革命史档案的光盘（碟）百余张，一些信息产业已将《人民日报》、《中国大百科全书》《人民大学剪报资料》、《故宫博物院》、《敦煌石窟》、《中国古代绘画》制成光碟发行。大量的事实说明，以文献为主的平面史学正在转化为图文并茂、声像俱全的，包括全息摄影在内的立体史学。Internet 的历史栏目上可以看到的声像资料与日俱增。上网的课程不胜枚举。有人预言，由于大量录音、录像、影视、音响资料的存在，本世纪60年代以来的历史，将变成以声像资料为主体的历史。对此后历史的研究，声像资料的使用很可能跃居主位。

1 Abde Jaziz ABID: “Memory of the World，Preserving our Documentary Heritage”, 62nd IFLA General Conference, 25-31 August 1996 Beijing, China Booklet 0 p.63～72.

2）超文本（hypertext）向传统的考据学和线性思维方式提出了挑战。超文本是以计算机支持的加工、存储、检索、咨询、评阅、编辑、交流专题内容的非线性高级文本系统。简言之，这是一种超出线性文本之上的，是扩展的、广义的、多维的高级结构文本。它与常规文本的最大不同之处就在于它的可扩展性、随意性、非连续性（跳跃性）和多维性。历史学的研究成果一向是用传统的文本来表达的。其研究过程是：围绕着某一课题收集分散的资料（原始记录）。收集的形式不拘一格，可以是卡片，也可以是笔记。知识的单元关系呈网状。经过资料的排比、分类、分析、归纳形成思路，在文字表现为大纲，知识单元的关系呈树状。最后一步，撰写论文，可称为编码过程，因受传统线性思维方式和连续性文本的限制，只能在纸文本的平面上作分章分节的论述。知识的单元结构呈线型状。这个过程，是史学工作者创造历史的过程，在本质上，是反现实的，也是反历史的。因为它为了适应平面线性表达的需要，同呈网状的历史和现实离得更远了而不是更近了。超文本最大的特点在于它可以不受传统文本和平面线性表达方式的限制，既可以按传统的办法进行平面的线性表述，也可以按照人的思维特点和历史发展自身特点进行立体的非线性表述，更可以将二者有机地结合起来。最小的知识单元可以用点来表示，点与点相连的链路可以用箭头表示，大一些知识单元的集合可以用一个窗口来显示。这样的超文本就可以根据读者的需求来阅读，用鼠标器或触摸屏来控制，而不需要一页一页地阅读，跟着作者的思路跑。超文本和任意词的检索相结合使历史文献的批判研究和考据工作变得容易多了。皓首穷经的日子将一去不复返。

3）虚拟现实（virtual reality）是用现代技术实现西方文化理想的产物。它代表了西方文化两个很重要的传统：其一是用图画来说明思想和概念的传统；另一是用透视的方法表达幻想的传统。这二者的重点都在于以个人观察者为中心的视觉和视野，要求有距离感，空间感和时间感，以及内部的平衡感、比例感、协调感[1]。现代技术和文化的商业化将传统的理想逐步变为现实。光学仪器（包括光学绘图仪器）

1 Simon Penny: Twenty Centuries of Virtual Reality Interncommunication No. 14 1995.

摄影、电影、电视的发明和普及为虚拟现实技术奠定了基础。日益复杂的剧场布景和巨型博览会是利用这些现代化设施招徕观众的尝试。在计算机的合成和控制下虚拟现实技术既能再现过去，也可以构划未来，使人对任何遥远的事物都可以有亲临其境之感。目前，这项技术主要用于各种驾驶技术的培训、军事演习和工程设计、舞台设计等方面。随着这方面的软件和设施的商品化和成本降低，可望大规模地用于历史研究和教学工作。

4）地区性、全国性和全球性网络相互连通大大促进了学术交流和资源共享。这在发达国家和我国的台湾、香港地区业已成为日常工作和生活的组成部分。大陆正在急起直追。1994 年国家教委在国家计委立项，启动了中国教育科研网（CERNET）。这对于图书馆的自动化建设是一个巨大的推动。经过一年多的建设，1995 年 12 月 20 日提前一年完成第一阶段的建设任务，顺利地通过了国家级的鉴定和验收。具体地说主要包括以下内容：（1）建成了用 64Kb/sDDN 专线连接全国 8 个地区网络中心的 CERNET 主干网，并用 128Kb/s 国际通信线路与 Internet 直接进行连接。现已达到 2Mb/s。已开通连接香港和德国的另外两条国际线路。（2）建成了位于北京清华大学的 CERNET 全国网络中心。（3）建成了分别设在北京、上海、南京、西安、广州、武汉、成都、沈阳等 8 个中心 10 所院校的 8 个地区中心和两个主节点。（4）建成了一批网络资源和应用系统，并已陆续在网上提供服务。[1]在 CERNET 建设的带动下，校园网的建设和图书馆自动化管理系统都有较大的发展。进入“211 工程”的前 58 所学校有的已建成 ATM 网（如华中理工大学、厦门大学、华南理工大学、成都电子科技大学）。清华大学图书馆为了适应全国网络中心的需要，引进了 IBMG30 型机两台和 INNOPAC 的图书馆集成管理软件，现已投入使用。由北京大学牵头的“中国高等教育文献保障体系”正在积极建设之中。围绕着大学图书馆的自动化建设出现了一批图书馆自动化的专业公司。书目数据库的建设初见成效。全文数据库正在陆续出现。一些以高校为主体的地区性的计算机网络和文献信息服务保障体系正在启动，有的已颇具

1 吴建平：《中国教育科研计算机网 CERNET 的现状和发展》，石冰心主编《中国教育和科研计算机网的研究和发展》第一卷，华中理工大学出版社，1996 年，第 1～5 页。

规模，如由深圳大学承办的广东省高校图书馆信息网，由南京大学牵头的江苏省高等学校图书文献保障系统。整个说来，是一片百舸争流的大好局面。值得一提的是，1991年2月北京图书馆经过3年的努力，将中文MARC研制成功，开始在全国发行中国机读目录，平均每年3万种左右，至今累计发行近34万条，为高等院校图书馆建立标准化的汉字书目数据库提供了有利的条件。北京大学等29所高等院校合作回溯1978～1987年中文书目已有近6万条书目记录，加上地区性和各校的，中文机读书目记录总计在50万条以上。[1]

将以上四个方面合为一体，在我们面前出现的就是一个既可以恢复历史本来面目，又可能憧憬和构划未来的能动的史学。我们只要继续发扬人文精神，依靠科学技术的进步，充分发挥文献信息网络的功能和潜力，就一定能迎来一个史学人才辈出的明天。

原文载《海峡两岸图书馆事业研讨会论文集》1997年5月台北

1 参阅：董成泰：《中文书目数据库建设概论》，《中文文献数据库国际研讨会论文集》，《高校文献信息学刊》1994年第3～4期，第28～31页。

The Search for Modernity—Dynamics of National Museum of History in P. R. China

I

Museum is the product of modern European civilization. As a social and cultural institution, it was transplanted from the west into China during the process of the transition from traditional to modern society at the end of 19th century and the beginning of 20th century. The birth of China's first National museum of history was following the step of the founding of Chinese Republic in 1912, a landmark and achievement of China's political modernity. Before we start to explore the subject of the search for modernity, it is necessary to do a short survey on the meaning of "national"、"sense of nation" and "national history" against the China's traditional and modern culture context.

In traditional Chinese culture, the word "nation" involved three different but connected kinds of meaning. 1. In ancient China, nation means a city-state which was formed by the system of enfeoffment. Namely, a fief granted by the emperor (Son of the Heaven). 2. It means emperor himself, this is very similar to the idea of "royalty was absolute" "All state is in him" in feudal France. 3. Nation in Chinese character, is a combination of two characters: "国"(guo) means "State" and "家"(jia) means family. So in China, nation always goes with family, because Confucian concept told families are the basic unit of a nation. The modern concept of nation, an integration of land, people and sovereignty transferred to China very late. And Chinese people was aware of it only after their sovereignty was intruded by western powers, that is to say after the unequal treaties imposed by Western military forces to China since 1840. The overthrow of the last dynasty "Qing" government and the establishment of Republic of China was a significant event in the development of modern concept of "nation". This is the first time by using "China" as the title of country. During this period, some advanced Chinese intellectuals started to realize that the way of protecting the sovereignty were very much depended on the rising of people's power. The weakness of China must be attribute to the absoluteness of and the lack of the power of common people. The May Fourth Movement in 1919 and the founding of the People's Republic of China in 1949 are the other two monuments of the forming of modern nation concept in Chinese people's mind. Science, Democracy and Revolution became the necessary components of making a strong modern nation. The new name of our country expresses the modern idea that China as a nation is of the people, by the people and for the people. Thus, the term of nation and national in Chinese people's mind reach a new level which can be matched, and communicated with the international community.

As a country with more than four thousand years of record history, China has a long history of national historiography. As we have mentioned above, here nation or national at the beginning stage means the history of a fief or a city-state such as Annals of Lu(鲁). In which Confucius was born. One of the earliest historical record *Spring and Autumn*（《春秋》）was based on Annals of Lu Confucius himself. After the unification of Qing and Han dynasties, the compilation and writing of nation history became one of the functions of national government. From then on, as a rule, there was an formal office and officials in charge of compilation and writing history of the former dynasty in each dynasty. The office was named as Institute of National History（国史馆）in the last dynasty of "Qing", The cumulative achievements of their efforts were the comprehensive national history, entitled *"the Twenty-four Histories"*（二十四史）. It is interesting to mention that “national history”（国史）in Chinese also referred to an official in high rank, who was in charge of keeping records, compiling and writing of national history. The Republic of China inherited the titled for the same institution which in charge of the same job. It’s remain is the “Institute of National History” in Taiwan. The People’s Republic of China also inherited the term of national history to describe its own history, and the function of Research Institute of the Communist Party history has some similarities with the Institute of National History, its mission is compilation and writing an official history.

II

The idea of building up a national museum was initiated by an intellectual and businessman, Mr. Zhang Jian (张謇，1853-1926). He was born in Nantong, Jiangsu province, and came first in the highest imperial examination in late 19th century. He started his business career of running a modern textile factory in his hometown and emphasized education as the foundation of being wealthy and strong for a modern China. In a letter to an official in Qing’s government, Zhang made a suggestion of an imperial museum in capital city-Beijing. He pointed out that China was a country of more than four thousand years, with rich records, pictures and objects as evidence of her development. The collections both in imperial court and private sector were rich enough to build up a national museum. It was necessary to follow the Japanese imperial court as a model to make all of the collections public in order to bestow grace from the top down to his subjects, and to spread national glories. He argued that an imperial museum in the capital city was very meaningful not only because it was a model for provincial cities, but also for foreign visitors to understand Chinese culture in a more or less standard and formal way. The museum might be divided into three departments: natural history, history and arts. The departments of history and arts could demonstrate the social change from antiquity to modern, illustrate the rise and fall of civilizations, and observe the micro world to know the macro one. Zhang made further suggestions to establish national museum in the republic period. In an article he put forward the concept of national treasure from a perspective that foreign collectors were eager to get Chinese antiques by taking the advantage of social turmoil, riots and wars. He tried very hard to convince the government in arguing that, China, was far behind in terms of novelty, but still can be proud of the longevity of her civilization. If objects which provided evidence of her longevity of civilization were gone, the national glories and proud of the past would become meaningless. According to his suggestion, the best place for a national history museum was the Beihai（北海）area in the Forbidden City.

The common sense that a national museum of history was in need among the academic community was a great help to transform the idea into practice. As soon as the founding of the Republic of China, Ministry of Education of the new republic with famous educator Cai Yuanpei（蔡元培）as its first minister decided to set a national museum of history in Beijing, by using the old building of Guo Zijian（国子监）as its location. Lu Xun, the distinguish novelist and writer deeply involved into the preparatory work of establishing the museum. Then it was moved to the Wu Gate（午门）of the Forbidden City. The first National Museum of History opened to the public in October, 1926, its collection reached 215177 items in 1932. The Palace Museum based on the Forbidden City opened to the public in October 10th, 1925. 52776 visitors paid visit to Palace museum in 1934. As a matter of fact, the palace museum played its role as a national museum of history in many ways. It is the most prestigious history and art museum both in mainland China and in Taiwan. I will deal with this issue later. A preparatory office of Central Museum was established in 1933 in Nanjing, according to its plan, the Central Museum was divided into three dimensions: natural, humanities and arts, for the purpose of promoting scientific studies and diffusion of knowledge among people. Its preparatory work was interrupted by the war.

III

The development of national museums of history entered its all-around stage in China in the late 1950s. The triumph of Chinese Revolution under the leadership of Mao Zedong and Chinese Communist Party, opened a new chapter of China's modern history. In order to celebrate the 10th anniversary of the young republic, and to commemorate the revolutionary experiences and achievements, a decision was made by the Central Committee of the Communist party in 1958 to established the Museum of Chinese History and the Museum of Chinese Revolution in the Tiananmen Square. The Central Commission of Military also made a decision to establish a Military Museum of Chinese People Revolution in Beijing in the same year. Here we have to add the Palace Museum, a historical site of Ming and Qing Dynasties, also located in Tiananmen Square. These four museums make a complex of national museum of history in China. Their general features can be summarized as follow:

1. All of them are under the direct jurisdiction of government of China; The three museums located in Tiananmen Square are under the control of Ministry of Culture, the Military Museum of Chinese People's Revolution is under the rule of the Central Committee of Military.

2. All of them own the richest and the best collections in their own field;

3. All of them have magnificent buildings to symbolize the Chinese civilization in different aspects;

4. All of them have the largest and best staff in terms of research and management;

5. All of them receive appropriation from the national government, which is the main resource of their revenue;

6. All of them provide exhibitions which covered nationwide content.

They attract nationwide visitors and international visitors not only because of their location and collections but also because of their programs. All of them have exchange relations with national museum of history of foreign countries.

The division of functions of the four national museums follow their own characteristics:

The Museum of Chinese History, located in the east side of Tian Anmen Square, is an important national storehouse of cultural relics in China, with a collection of more than 320000 pieces of objects and more than 1000 titles of rare books. The display of the Chinese general history is the basic display of this museum. The display starts from the period of primitive group 1500000 years ago to 1840, which divided Chinese history into three parts, namely primitive society, slavery society and feudal society. The exhibition of each part is arranged following the sequence of dynasties. In the first part, besides the materials of Peking Man, a dozen and more sites show homo erectus to have been widely dispersed in China, the exhibition provides Chipped stone tools and human fossils about Yuanmou Man (Homo erectus yuanmouensis, 1700000 years ago, discovered in Yunnan Province May 1965), Lantian Man (Homo erectus lantianensis [Sinanthropus lantianensis] 650000-800000 years ago, discovered in Shanxi Province, 1963-1964) and Dingcun Man. (discovered in Shanxi Province, 1954); It also presents objects related to Neolithic China, such as Banpo site in Xian, Hemudu site in Zhejiang province. In the second part, the exhibition displays instruments and ritual objects made of bronze, and primitive pottery vessels. The third part, displays objects and materials related to the unification of written language, system of length, capacity and weight, instruments of production made of iron, and a lot of scriptures, maps, contracts, paintings and manuscripts which introduce the careers of many great thinkers, statesmen, generals, scientists, literature men and artists in Chinese history. From this main display, visitors could have a comprehensive understanding of the development of

Chinese ancient history in all aspects. This museum also prepared some temporary exhibition such as "the Exhibition of Ancient Chinese Civilization", and "The Exhibition of Science and Technology in Ancient China", both of them had traveled around in abroad.

The Museum of Chinese Revolution is a national museum also located in the east side of Tiananmen Square which is in charge of collecting and storing modern and contemporary historic objects, studying and diffusing knowledge about the history of Chinese revolution and socialist construction, educating the people with Marxist Leninist theory, Mao Zedong thought and revolutionary tradition. Its collection embraces 120,000 pieces of objects, more than 80000 historical photos and 230000 volumes of books and journals published after 1840. A display entitled "the Chinese revolutionary history" is the basic exhibition of this museum. In this display the process of Chinese revolution following Mao Zedong's instruction, is divided into two parts: namely the democratic revolution in old fashion and in new fashion. The demarcation line of these two is the May-Fourth Movement in 1919 and the establishment of the Chinese Communist Party in 1921. The old fashion of democratic revolution was under the leadership of Dr. Sun Yatsen and the national party (Kuomindang), the new one was under the leadership of the Communist Party of China. In the first part, the display also deals with the change of Chinese society from a feudal one to a semi-feudal and semi-colonist society. Among objects which displayed in the first part of the exhibition include: the memorial to the throne written by Lin Zexu, the incorrupt Imperial Commissioner who burned opium in Humen, the gun for defense in Humen Fort, the jade seal of Taipingtianguo, manuscripts of the 1898 reformer leader Kang Youwei, the earliest textile machine from a private factory in Shanghai, which was made in England in 1895. In the second part of the display, impressive objects and materials include: the earliest Chinese version of "Manifesto of Communist Party", the gallows which killed Professor Li Dazhao, one of the earliest communist leader in China, a letter to Zhang Xueliang, the commander-in-chief of North-Eastern army written by Mao Zedong in his own handwriting in order to convince Zhang participating in the united front of anti-Japanese imperialism. This museum also organized some temporary shows, such as "the exhibition for commemorating 40th anniversary of the long march of the red army", "a commemorating exhibition of 40 anniversary of the victory of the war of anti-Japanese Imperialism and anti-fascism", "a commemorating exhibition of 102th anniversary of Dr. Sun Yatsen's birthday" etc.

The Military Museum of Chinese People's Revolution is another national museum located in the capital city focus on military history. In order to overthrow the rule of feudalism and imperialism in China, one of the major historical experiences of Chinese people is the military struggle under the leadership of the Communist Party of China. The main task of this museum is by using its 120,000 pieces of objects to express the unique experience of Chinese people. The basic display of this museum is divided into four parts: 1. the first nationwide civil war (1924～1927). In this period of time, CPC corporated with the national party (Kuomindang) lunched the Northern Expedition to overthrow the rule of Warlords of Northern Ocean. 2. The Second Civil War between Chinese Communist Party and National Party (1927～1937). 3. The War of Resistance Against Japan (1937～1945). 4. The Third Civil War (1946～1949). There is a special exhibition of the War to Resist US Aggression and Aid Korea (1950～1955). It is the continuation of Chinese revolutionary war. The displays reflect military history of ancient time and modern time (since 1840) have been constructed and open to the public since 1983.

Palace Museum is unique in the complex of national museums. As the royal palace of Ming and Qing Dynasties, it is located in the center of Beijing City and north side of Tiananmen Square. It was named as the Forbidden City before the republic was founded, and has been changed its name as Imperial Palace since 1912. The palace was designed in 1406 and finished its construction work in 1420. Buildings have been damaged by fires and had been repaired or reconstructed. It is the largest museum of ancient cultural and art museum in China and one of the largest palace sites all over the world. After the 1911 revolution, the royal family of Qing dynasty made a statement of giving up the throne (abdication). According to "Giving Preferential Treatment Conditions to the Royal Family of Qing Dynasty" by the Interim Revolutionary Government, the abdicated emperor Puyi could still stayed in the "inner court" i.e. backyard of the Forbidden City. The front yard or "outside court" was occupied by the newly funded "Displaying Institute of Antiques". General Feng Yuxiang launched "Coup of Beijing" in 1924, he organized a cabinet acted as regent, and revised the "Preferential Treatment Conditions". As a result, the last emperor Puyi and his family was expelled from the Forbidden City. The Palace Museum was established since then.

"The organization Articles of the Palace Museum" by the National Government was issued in October 1928. Article one clearly regulated that, "the Palace Museum of the Republic of China is directly under the jurisdiction of the National Government. It takes the responsibility of maintaining, opening and communicating buildings, antiques, books and archives of the palace and its affiliated institutions". With 1,170,000 items of objects accumulated by the royal family and professionals mainly from Beijing University as its staff, a Board of Directors embraced high rank officials and distinguished social acitivitsts. It has maintain its basic character, academic standard and the social status since the birth of the new republic. Some of its collection was moved to the South of China during the War of Resistance Against the Japan and transported to Taiwan during the Third Civil War. It became the core collection of Palace Museum in Taibei.

IV

Looking at its faculty as on organic complex, the national museum of history in China plays a very important role of national and cultural identity. The archaeological materials displayed in the national museums offer rich evidence to show that Chinese people share a multicultural origins but they converged and melted into one body which located in the Yellow River Valley. The unification by the First Emperor of the Qin (221BC) and the codification of the Confucian doctrine in Han Dynasty (206BC-220AD) made Chinese people integrating more closely not only in territory, but also in the political, ideological and cultural systems. One of the glamorous of Chinese cultures is that it is good at absorbing new elements to nourish itself and rejecting or resisting alien culture penetration as well. The absorbing of Buddhism in medieval China, and Western culture in modern China are two great examples. For a people and a nation, they need a spiritual force of coagulation from time to time. Confucianism, Doctrines of Dr. Sun Yatsen, Marxism and Mao Zedong Thought played their roles in different periods of time in Chinese ancient and modern history. Since the Open door to the outside world and reform policies have been implementing, the third upsurges of Sino-western cultural exchanges in Chinese history has been appearing in the early 1980's (the other two upsurges were the Jesuit Missionary of Catholic Church visiting China in 16th -18th Centuries; the Second one was what had happened after the Opium War in 1840's, the Western tide came to China side by side with the soldiers and businessmen), the national and cultural identity became crucial in terms of the construction of socialist spiritual civilization. The national museum of history has performed as an important front for the education of patriotism.

The generalization of Chinese People's Revolutionary experiences and by using them to instruct Chinese People themselves is another function of the national museum of history in China. In fact, it is an important component of search for modernity. As the American and French Revolutions in Western history, the revolution was a historical necessity and choice made by Chinese people. Without the overthrow of the old regime and social system, it is impossible for China to take the road of modernization and start their socialist construction. In the long process of revolutionary course for more than one hundred years, Chinese people learned a lot from their own experiences both in the positive and negative sense. They have been summarized in Mao Zedong's work as three magic weapons, namely, the leadership of the Chinese Communist Party, overthrowing the reactionary regime by means of military struggle, and the united front, which means to unite the majority of the people as many as possible. All of these experiences are product of the combination of Marxism with the Chinese practice. They are well presented in the exhibitions run by national museums. As soon as Chinese people accomplished their tasks of democratic revolution, they were facing to another historical choice, that is to say how to construct socialist society in a huge country with a large population, limited natural resources and low level of productive forces. In Mao Zedong's frame of mind, a continuation of the revolution on the relations of production and the ideological ardor could increase the productivity. This strategy made a very big and uncertain assumption about the people's psychology, it finally led China into a disaster and tragedy — so called "Great Cultural Revolution". Since Mr. Deng Xiaoping took over the power in the late 1970s, the Chinese Communist Party has been learning a lot from their past, gradually shifting her focus from class struggles to four modernizations.

In fact, the program of four modernizations has been put forward as early as the 1976 when Mao and Zhou were still alive. Implanting the four modernizations program to a certain degree is the continuation and realization of the old generation of leadership's idea. The only difference of the new leadership from the old is the way or method to put it into practice. People finally are aware of that, in a country with such a large population, limited natural resources and lower level of productive forces, the fundamental task is to develop our productivity not only by means of material incentive but also depending on the application of science and technology. Thus market economy has been introducing into China as a complement of planning economy, science, technology and education have been emphasized as the most important factors to promote the productive forces. Open to the outside world and learning whatever good for Chinese modernizations have been becoming a vital part of China's daily life. The political and legal reforms correspondent with the economic and social change have been initiated, although the process, it seems to many people, can not be matched with the former. All the above changes have been reflecting in the major exhibitions run by the national museums of history in China in recent years.

To sum up, national or cultural identity, revolutionary experiences, and modernizations are themes of the national museums of history not only in the past, the present, but also for their future. It is most likely that these three themes will be major subject fields or topics for their exhibitions at least in early stage of the 21 century.

First draft November, 8, 1997

对卓越和公平的追求

——20世纪美国博物馆发展的回顾

美国博物馆事业的发达和对历史文化遗产的重视，事实上是从19世纪中后期才开始的。20世纪是美国博物馆和文物保护事业蓬勃发展的时代。坐落在首都华盛顿国家林荫道两侧的史密森博物院群体是美国博物馆事业发展的一个缩影。隶属于该院的大型博物馆无一不是在20世纪建成的，其中一半以上的博物馆馆舍，至第二次世界大战后才告竣工。以大中型城市和它们的博物馆为依托，在全国星罗棋布，深入穷乡僻壤的博物馆网是在20世纪，特别是在二战后的1960～1970年代才最终完成。对于博物馆教育功能的重视，卓越与公平并重的指导思想是20世纪博物馆事业大发展的产物。在20世纪即将结束，人类正在向21世纪迈进的时候，美国博物馆协会先声夺人，已经根据技术变革和社会变迁的需要制定了走向21世纪的战略要点。利用这个时机，对于20世纪以来美国博物馆事业发展的过程加以回顾，很有必要。以史为鉴，我们可以得到一些有益的启示。

最能够准确说明博物馆事业发展状况的是统计数字。美国历史统计资料虽然很丰富，但关于博物馆的统计数字却很有限，而且各种数字差距很大。这主要是因为对于博物馆的界定各有千秋，统计的口径不一，而且博物馆和私人企业一样，有生有灭，有的出现不久就销声匿迹了，给统计工作带来了困难。现有的博物馆80%以上是在20世纪建成的，其中第二次大战以来建成的将近一半。（National Endowment of Art：1974，p. 2）就总量而言，大体说来，内战前后，美国大约有370多个博物馆，1910年增加到600个。第二次世界大战前夕（1939年）达2500个（Coleman：1939，p. 4）。1975年由肯尼斯·赫德逊等人编辑出版的《博物馆指南》收录了6000个美国博物馆，当时全世界共有22,000个博物馆，而根据美国自己的统计，1970

年就达到了这个数字。《博物馆指南》第三版，即1985年版估计全世界共有35,000个博物馆，其中美国有7,892个。1989年美国博物馆协会组织的全国博物馆调查估算，全国共有8,179个博物馆。1992年据法国一部百科全书的估计，全世界有40,000个博物馆。欧洲的统计数字表明，1991年有15,000个博物馆。美国博物馆总数在90年代初超过10,000应该是没有问题的。这就是说世界上每四个博物馆中就有一个是美国的。其具体情况如下表：

表1 美国各类博物馆

	大型		中型		小型		总计	
博物馆类型	数量	百分比	数量	百分比	数量	百分比	数量	百分比
水族馆	5	0.9	4	0.4	11	0.2	20	0.2
植物园	23	3.9	84	8.5	211	3.2	318	3.9
艺术馆	183	30.7	215	21.7	816	12.4	1, 214	14.8
儿童博物馆	7	1.2	21	2.1	36	0.5	64	0.8
综合	80	13.4	124	12.5	500	7.6	704	8.6
历史遗址/建筑	63	10.6	159	16.0	1, 861	28.2	2, 083	25.5
历史博物馆	57	9.7	154	15.5	2, 190	32.2	2, 401	29.4
自然博物馆	52	8.7	63	6.3	137	2.1	252	3.1
自然中心	2	0.4	65	6.6	230	3.5	297	3.6
天文馆	1	0.2	12	1.2	26	0.4	39	0.5
科学馆	17	2.8	24	2.4	143	2.2	184	2.2
专门博物馆	67	11.2	28	2.9	375	5.7	470	5.7
动物园	38	6.4	40	4.0	55	0.8	133	1.6
类型合计	595	7.3	993	12.1	6, 591	80.1	8, 179	100%

资料来源：引自 Danilov: 1994, p. 7

从上表可以看出，中小型博物馆占博物馆总数的90%以上，大型博物馆仅占7.3%。就博物馆的种类而言，比重最大的是历史类博物馆和历史遗址/历史建筑，两者合计占美国博物馆总数的54.9%，科学类占14.6%。然而，就观众而言，据美国国家艺术基金会的研究，参观科学类博物馆的观众占参观博物馆总人数的38%，历史类占24%，艺术类占14%。美国博物馆服务研究所的调查资料表明，参观科学类博物馆的比重更高，达45%，历史和艺术类分别为24%和12%。（Danilov:

1990, p. ix）事实上，作为世界科学大国的美国，她的科学类博物馆的发展最具特色。

一

“美国是欧洲移民先于探险家、地理学家和职业博物学家而大量涌入的最后地区之一。”“早期美国人尽管过的是永久定居者的生活，但是他们的生活中却充满了探险家喜悦的任务，他们经历着只有探险家才能碰到的惊异和失望。”（布尔斯廷：1987，180～181页）使美国人感到自豪的，不是它的历史，而是北美大陆丰富的自然资源和美丽的自然景观。美国人正是从对自然的开发中增长了知识和才干，建立起不同于欧洲的知识体系。科学类博物馆的建立，体现了美国人的探索、务实精神和知识的支离破碎，缺乏系统。只是靠着欧洲人的理论创造，美国的自然博物馆才从杂乱无章中走出来。整个19世纪，是美国人开发美国大陆的世纪。数不清的私人的、地方的、联邦政府组织的各式各样的探险队、考察队、勘测队对北美大陆的地理、水文、动植物、海岸线和人文情况进行了考察和测量，积累了大量的标本、资料和数据。这些都成为了美国科学类博物馆馆藏的重要来源。美国最早和最知名的一批博物馆是自然博物馆。美国第一个公共博物馆，1773年建于南卡罗来纳的查尔斯顿，就是以收藏自然标本为取向的。19世纪建立的费城自然科学院（Academy of Natural Sciences of Philadelphia，1812）、首都华盛顿的国立自然博物馆（Natioanl Museum of Natural History，1846）、旧金山的科学院（Academy of Sciences，1853）、康涅迪格州纽黑文市的皮鲍迪自然博物馆（Peabody Museum of Natural History，1866）、纽约市的美国自然博物馆（American Museum of Natural History，1869）、芝加哥的费尔德自然博物馆（Field Museum of Natural History，1893）和匹茨堡的卡内基自然博物馆（Carnegie Museum of Natural History，1896）为美国自然博物馆网的形成奠定了坚实的基础。（Danilov，1990, p. 184）其中，纽约的美国自然博物馆、费尔德自然博物馆和隶属于史密森博物院的国立自然博物馆号称美国三大自然博物馆。仅后者的藏品就超过1亿1千8百万件。（Official

Guide to the Smithsonian：1990, p. 43）

国立自然博物馆馆藏的核心是 19 世纪美国联邦政府派出的勘察队在西部和太平洋沿岸进行勘察时收集到的标本和资料，现在该馆的馆藏仍以每年 100 万件的速度增长。最初的馆址是被称为“堡垒”（Castle）的史密森大楼，1881 年迁入艺术和工业大楼，1910 年位于国家林荫道北侧，面临宪法大街的现馆舍落成，成为永久性馆址。1964 年增建东西两个侧厅，1976 年内部的西馆向公众开放。为了解决藏品存放的空间问题，在华盛顿的郊区马里兰州建立了一个博物馆支持中心，1983 年起开放。该馆分为：人类学、植物、昆虫、无脊椎动物、矿物学、古生物学、脊椎动物共 7 个研究和保管部。高级研究人员 130 人，研究工作极其多样化。系统生物学的研究是其重点项目之一，注重生物的进化、分类、分布，及其与环境的关系。地质学方面的研究注重有关地球和太阳系的起源和历史，以及岩石、矿物、海洋沉积物、陨石和火山的形成。动植物化石、地球上早期生命现象、气候和生命栖息地等环境的变迁也是重点研究的项目。在人类学方面，重点研究项目包括体质人类学、热带和极地土著文化的生态研究、西半球早期人类遗址、早期人类头骨研究等等。该馆还负责管理若干重要的研究项目，如史密森海洋分类中心的动植物基础分类物质的收集和远洋调查；世界火山爆发的报警网络系统以及史密森博物院设在佛罗里达的海事站。此外该馆还有一个拥有 24 万册图书的专业图书馆。

国立自然博物馆的展览内容丰富多采，包括地球史、生命史、自然的多样性和人类文化四大部分。最见精彩的是：冰河时期的动物与人类的出现，西方文明的起源和传统，进化的动力，人类的起源和变异，骨骼结构，爬虫类和两栖类动物，矿石和宝石，地球、月亮与世界，陨石地质学，南美考古学，世界上的哺乳动物和鸟类，昆虫和它们的亲戚，海洋生物，恐龙和其他化石动植物，美洲、太平洋地区、亚洲、非洲土著人民的文化。除了永久性展览外，该馆还结合科学技术的发展不断举办临时展览（如 1998 年举办的地球变暖展览），以飨观众。该馆的展品大多十分珍贵，不让观众动手。为了满足观众参与的需要，近年来，该馆增加了不少动手“学习设施”，如“发现室”（Discovery Room）鼓励不分年龄的观众直接感受该馆的各类收藏。欧·奥金昆虫动物园、海洋生态系统考察也都为观众提供了动手的机会。其中特别是设在弗吉尼亚州伦敦县的博物学家中心（Naturalist Center），分为标本、地球科学、生命科学、人类学四个部分，欢迎10岁以上的观众在那里使用实验工具，识别自然标本，查阅资料、进行研究工作。

三大自然博物馆之外，美国还有许多中小型的自然博物馆，它们分别隶属于高等学校和地方政府。比较重要的有耶鲁大学的皮鲍迪自然博物馆（建于1866年）、明尼苏达大学的詹姆斯·福特·贝尔自然博物馆、科罗拉多大学博物馆（1902）、佛罗里达自然博物馆（1917）。有些大学，如哈佛大学、加利福尼亚大学、堪萨斯大学和密执安大学拥有多所自然博物馆。许多州、县级的综合馆都有关于当地自然环境的专馆或专门展览，也应看作自然博物馆的一部分。

如果说自然博物馆对于了解自然现象、形成进化论的自然观方面对观众有所帮助的话，那么，在科学类博物馆中更为吸引人的则是科技博物馆了。有的叫做科学中心、或发现中心。科技类博物馆种类多样。有的侧重历史，有的侧重现状，有的是综合性的，有的侧重科学技术的某一方面，如航天、运输或医学。

科学技术博物馆是工业革命和科学技术革命的产物。德国是现代科技博物馆的发源地。1903年，奥斯卡·冯·密勒在德国工程师学会上正式提出筹建科学技术博物馆的计划，得到德国科技界、企业界和政界领导人的热烈响应。1906年这座世界上最大的科技博物馆在慕尼黑的博物馆岛上奠基。原计划1915年开馆，因第一次世界大战延至1925年才正式宣告成立。它的宗旨是普及基础科学教育。不分年龄和性别，不论文化教育水平，全体人民都是基础科学教育的对象。（Leuschner：1983，p. 43）

美国芝加哥的科学和工业博物馆（Museum of Science and Industry）是在德意志博物馆直接影响下建成的。该馆的创始人朱利斯·罗森瓦尔德（Julius Rosenwald，1862～1932）是美国中西部地区著名的企业家（西尔斯公司的董事长）和慈善家。1911年他携8岁的儿子威廉到德国访问，参观了正在兴建中的德意志博物馆。小罗森瓦尔德对互动操作发生了浓厚兴趣，回国后请求他的父亲一定要在芝加哥建立一个和德意志博物馆一样的科技博物馆。直到 1926 年罗氏才说服了芝加哥商业俱乐部（Commercial Club of Chicago）和芝加哥公园区（Chicago Park District），取得它们的支持并参加该馆的建设。前者同意将博物馆列入该俱乐部的活动计划，在资金上给予支持，后者同意将 1893 年芝加哥国际博览会美术馆作为馆址，并发行 500 万美元债券，进行修复工作。罗森瓦尔德基金又投入 700 万美元进行馆藏建设，100 万美元用于展览。馆舍于 1933 年竣工，7 月 1 日正式开放。迄今为止，科学和工业博物馆仍为全美最大和最受观众欢迎的科技博物馆。全馆面积 635000 平方英尺，藏品在 10,000 件以上，分为 75 个领域，有 2000 多个展览，年观众达 450 万人。（Leuchner ：1983, p. 18～19；Palace of Discovery：1983, p. 4～5；Danilov, 1990. p. 324）

该馆的宗旨与德意志博物馆基本相同，但更注重当代科学、技术和工业。大部分展览是为了说明某一科学或技术原理及其程序或技术后果而设置的，往往不用复制品。如里根斯坦因化学厅、从计算器到计算机、能源实验室、解释人类血液循环系统的巨大心脏模型，都鼓励观众动手参与。许多展览都是在相关的企业资助下或在这些企业直接参与下建成的。最引人注目的是该馆经营的煤矿矿井，观众可乘升降梯参观。第二次世界大战期间美海军俘获的德国潜艇 U-505 观众可登艇游览。“考林·摩尔的仙女城堡”（Colleen Moore's Fairy Castle）是一位不出名的电影明星收藏的珠宝室。“昨天的大街”是 1910 年芝加哥商业区的再现。

在科技博物馆中航空航天博物馆是后起之秀，也是拥有观众较多的博物馆。美国是航空航天事业的发源地，第一座航空博物馆是 1937 年建于纽约州花园城的航空摇篮博物馆（Cradle of Aviation Museum）。影响最大、观众最多的要算是史密森的国立航空宇航博物馆（National Air and Space Museum）。史密森博物院本身有着研究飞行的科学传统。它的第一任院长约瑟夫·亨利（Joseph Henry，1797～1878）就曾帮助航空事业的先驱罗维（Thaddeus S. C. Lowe）实验气球，并邀请林肯总统去看罗维的飞行表演。（Karp：1965, p. 57）史密森的第三任院长兰格莱（Samuel Pierpont Langley, 1834～1906）是一位天文学家，同时也是一位研究人类利用重于空气的飞行器翱翔太空的先驱。他设计的一个无人驾驶的飞行器于1893年试飞成功。他还是收集飞行历史实物的先驱。值得一提的是，史密森最早的一批飞行实物收藏包括中国的风筝，这是清政府代表团参加1876年费城国际博览会时带来的参展品。随着飞机时代的到来，航空藏品越积越多。1946年美国国会正式通过建立国家航空博物馆的决议。1966年易名为航空宇航博物馆。1976年馆舍竣工。举行落成典礼时，福特总统为之剪彩。该馆在成立之初的3个月里就吸引了300万观众。

航空航天博物馆的第一层展厅展出标志着航空航天史上的重大转折的飞行器物。包括莱特兄弟发明的第一架飞机、直升飞机、喷气式飞机、空中照相、航天飞机、月球考察车、发射宇航飞机的火箭等。第二层陈列两次世界大战期间著名的军用飞机，如英国的喷火式、德国的梅塞斯密特、日本的零式、美国的 P40、P51、P38 和空中堡垒 B17、B29 等。这一层还展出了历史上的一些著名飞行家的活动，如查尔斯·林白首次跨越大西洋的不着陆飞行，女飞行家爱弥拉·伊尔哈特从纽芬兰到爱尔兰的飞行。美苏两个超级大国在航天事业上的角逐，从第一颗人造卫星上天、载人飞行、登月、火星探测，都有实物来表现。在阿尔伯特·爱因斯坦天文馆（Albert Einsten Planetarium）和萨缪尔·兰格莱剧院（Samuel P. Langley Theater）中，观众还可以观测宇宙奥秘，体察飞行的惊险。拥有25,000册藏书的研究图书馆向观众开放。坐落在马里兰州的保罗·伽伯尔贮存所，除了存放备用的藏品外，还承担着修理和修复的任务。

保持与公众的联系，争取纳税人的支持是美国政府机构的一个重要特点。负责美国航天事业的国家航天局（NASA）的研究中心和实验中心都设有参观中心和博物馆。主要有：加利福尼亚的阿莫斯研究中心观众中心（NASA Ames Research Center Visitor，1958）、马里兰州的哥达德观众中心和博物馆（NASA Goddard Visitor Center，1959）、加州帕萨德纳的喷气式发动机实验室观众中心（NASA Jet Propulsion Laboratory Visitor Center，1958）、休斯顿的约翰逊航天中心观众中心（NASA Johnson Space Center Visitor Center，1963）、佛罗里达州的肯尼迪航天中心观众中心（NASA Kennedy Space Center

Visitor Center，1947）、弗吉尼亚州的兰格莱研究中心观众中心（NASA Langley Research Center Visitor Center，1958）、俄亥俄州克里夫兰市的刘易士研究中心观众信息中心（NASA Lewis Research Center Visitor Information Center，1958）、密西西比的斯坦尼斯航天中心观众中心（NASA Stennis Space Center Visitors Center，1961）。

科技博物馆的新发展是发现中心和发现宫的建立，这是 20 世纪 60 年代以来出现的现象。美国著名的科学家和教育家弗兰克·奥本海默（Frank Oppenheimer）在 20 世纪 60 年代就对公众对科学技术缺乏了解的问题十分关注。他写文章指出，大多数人的日常生活和经验与科学技术的复杂性之间的鸿沟正在加深，虽然有不少科学通俗读物出版，广播电台、电视台组织了一些节目进行沟通，但收效不大。他认为，有必要创造一个环境使人们身历其境，通过控制和观察实验室设备和机器来了解科学和技术的细节。这样的环境可以激发人们的好奇心，至少可以解决部分问题。他把这种设施称之为一种新型的博物馆——科学中心，里面有展览、有实验、有演示，既有审美的目的也有教学的要求。奥本海默于 1969 年在旧金山利用 1915 年巴拿马——太平洋博览会美术宫的旧址建立了一个让观众动手的科学中心，命名为“发现宫”（The Exploratorium）。旧金山市拨出了 90,000 平方英尺的建筑面积供他使用，旧金山基金会则捐款 50,000 美元作为启动经费。发现宫与一般博物馆的最大不同处在于所有的设施都是为了让观众通过动手参与去理解某种科学原理而制备的。将传统博物馆的收藏、保存和解释人工制品和标本的功能减少到最小程度。这种情况使一些博物馆的专业工作者对发现宫是不是博物馆提出质疑。后来美国博物馆协会对博物馆的定义作了较为广泛的界定，解除了人们的困惑。到 1972 年发现宫有动手的展览 200 个，1980 年增加到 400 个，现在达 700 个。每年有 50 万观众前来参与。展览的题目和题材十分广泛，不仅涉及到声、光、化、电，运动、神经、肌肉、动植物等方面的实验也一应俱全。发现宫的展柜很少，没有“请勿动手”的标志，没有讲解员，高中学生帮助观众动手操作。在发现宫的带动下，美国全国各地竞相效尤，20 世纪 70～80 年代以来出现了大批科学中心和发现宫。如纽约州锡拉丘兹的科技发现中心（The Discovery Center of Science and Technology，1979）、威斯康辛州密尔窝基的发现世界（Discovery World，1984）、马萨诸塞州阿克顿的发现博物馆（The Discovery Museum，1987）和伊利诺州罗克福的发现中心（Discovery Center，1990）。

二

美国建国只有二百多年，美国社会历史类博物馆多如牛毛，遍及全国。它基本上是从20世纪初开始的全国性历史文化遗产保护运动的产物。历史陈列的设计和对于历史遗址的解释，则在很大程度上受社会运动的冲击和史学观点演进的影响。它的基本特点是，注重原状陈列；试图从多方位、多层次、多角度反映和表现美国这个多民族、多文化国家绚丽多彩的过去，理解现在，展望未来。

整个19世纪，美国人在向前看和扩张主义世界观的支配下，忙于开拓和建设，无暇回顾过去。在保护历史遗产方面，各级政府几乎是无所作为。只有少数社会精英发出过微弱的呼声，并没有引起多少人的注意。在1812年战争中，宾夕法尼亚州政府一度打算将独立宣言和美国宪法的诞生地——独立宫（Independence Hall）拆除，将土地出售，因遭到抗议，未果。但两个侧厅被拆掉了。（Wallace：1981，p. 137）几经周折，直到1948年才建立了独立宫国家历史公园（Independence Natioanl Historical Park）。美国独立战争的英雄、开国元勋乔治·华盛顿的故居弗农山庄（Mount Vernon）也有过类似的遭遇。19世纪中叶，这座著名的建筑几乎被一伙商人买走，将它改造成旅馆。一批南方的知识妇女于 1859 年组成了弗农山庄妇女协会（Mount Vernon: Ladies' Association），才使华盛顿的故居免遭被商品大潮吞食的命运。至今，弗农山庄仍由协会管理。1850年纽约州长费什（Hamilton Fish）要求州议会保存乔治·华盛顿将军在纽堡的司令部原址——哈斯布劳克宅第（Hasbrouck House）。同年7月4日美国国旗在该建筑上升起，成为第一个公有的历史建筑物。这是美国19世纪历史遗产保护史上唯一值得大书而特书的事情。

进入20世纪，美国朝野对于保护历史遗产的态度发生了戏剧性的变化。1906 年 6 月 8 日国会通过古物古迹保护法（Antiquities Act of 1906，P. L. 59—209, 34 Sta. 225. 16 USC 431—433），授权美国总统宣布重要的历史遗址为国家纪念物（National Monument），以给予特别的保护，对于破坏历史遗址和历史文物的行为严惩不贷。1916 年，国会通过在内政部管辖下成立国家公园服务局（National Park Service）的法令，负责自然景观和历史遗址的保护管理和服务工作。该局将比较重要的历史遗址和古战场定为国家历史公园（National Historic Park）和国家军事公园（National Military Park），将地域较小或次要地点定为国家历史遗址（National Historic Site）、国家纪念物（National Monument）或国家战场（National Battlefield）。美国国会于 1935 和 1966 相继通过保护历史遗址和历史财产的法令，强调各级政府在保护历史遗址和文物方面与私人机构合作，使之更好地为社区建设服务。30 年代出现的总统图书馆和博物馆（Presidential Libraries and Museums），从富兰克林·罗斯福到乔治·布什总共有 10 个，归国家档案局统筹管理。其中只有尼克松图书馆完全依靠私人捐助建成。这些图书馆和博物馆既可供游人观赏，也可为研究人员提供研究资料。

20 世纪 20～30 年代，美国的历史博物馆建设深受 19 世纪末在欧洲兴起的露天博物馆运动的影响。首先是美国汽车大王亨利·福特用 T 型汽车打开了市场之后突发思古之幽情，于 1925～1928 年在密执安州迪尔本福特公司工程实验室的原址，建成了福特博物馆和绿田村（Ford Museum and Greenfield Village），目的在于以博物馆的形式告诉公众，技术进步与社会文化变迁的关系。绿田村的建设则是为了再现工业化以前的美国农村生活。（Henry Ford Museum, 1993, p. 7）由于缺乏历史知识和专业人员的参与，在开始阶段闹了不少笑话。有鉴于此，石油巨亨洛克菲勒二世在投资 7900 万美元重建殖民地时期的弗吉尼亚首府威廉斯堡的工程时，采取了充分依靠古建筑专家的做法，按照 18 世纪留下来的一张地图，一丝不苟地恢复了这座古城的原貌。建筑上的真实并不能完全解决恢复历史本来面貌的问题。再现“共和国的摇篮”、“自由的诞生地”，借以进行“爱国主义教育”是必要的，但是，设计人员忘记了弗吉尼亚是北美奴隶制的发源地。复原了的威廉斯堡一切如旧，就是看不见黑人奴隶的踪影。激进的史学家对此提出了尖锐的批评意见，迫使他们后来不得不增添这方面的内容。（Warren Leon et al.: 1989, p. 73～77）

1929～1933 年的大萧条和罗斯福新政成为全国性的历史遗产保护运动的推动力，这是人们所始料未及的。为了解决广大知识分子就业问题，新政实行以工代赈的原则，雇佣失业的艺术家、文化工作者、历史工作者对美国历史性建筑展开了大规模的调查。民间资源保护队（Civilian Conservation Corps）组织了历史遗址的复原工作。工程振兴局（WPA）开展了好几项与民间文化研究有关的活动，包括：收集和记录美国民间音乐，收集联邦和地方政府的档案资料和其他有历史和文化意义的手稿，撰写美国各地旅游指南。这些活动对于有形和无形历史遗产的保护和保存无疑起了积极的作用。

第二次世界大战结束后的半个多世纪西方国家和美国的社会历史类博物馆出现了一些新动向。

首先是公司寻根运动（Corporate Roots Movement）的兴起。战后，波音公司投入巨资在西雅图建立历史和工业博物馆（Museum of History and Industry）。1954 年，美国钢铁研究所（The American Iron and Steel Institute）投资 235 万美元复原位于马萨诸塞州骚格斯（Saugus）的铁工厂遗址。1957 年，里诺德公司（R. J. Reynolds, Inc.）捐巨资复原老塞勒姆（Salem）的密卡什（Miksch）烟草生产车间。此后继续投巨资复原墨拉温社区（Moravian Community）并开展历史遗址的解释工作。1950 年代末到 1960 年代初，斯梯文斯（Stevens）家族和纺织工业的其他家族兴建马瑞马克河谷纺织博物馆（Merrimack Valley Textile Museum）。这些博物馆将它们收集文物的重点放在技术的进步和企业的发展方面，对于工人生活和劳工运动绝少涉及。在波音公司的博物馆中，观众根本看不到 1919 年西雅图大罢工和世界产业工人协会（Wobblies）的影子。

其次是农民博物馆运动。1945 年，纽约州历史协会在库伯斯敦克拉克（Edward Severin Clark）的谷仓建立独立的农民博物馆。该馆注重日常生活用具和农具而不是工艺品的收集和保存。但陈列的形式极其传统，是按分类的方法进行的。（Leon et al.: 1989, p. 21）

1946 年，马萨诸塞州的老斯特尔博里奇村（Old Sturbridge Village）

建成，反映19世纪初美国东北部农村生活。它集中了40多栋农村建筑，包括农舍、谷仓、银行、商店、磨房、小旅馆等，并试图表现当时的日常生活和手工艺（Reader Digest：1974，p. 148～149）。

第三是传统的进行爱国主义教育的基地历史遗址博物馆如弗农山庄、独立宫、威廉斯堡继续得到发展。强调美国从殖民地时期起就具有的“个人自由”、“自治”、“机会”和“负责任的领导”的传统。鼓吹“一致性”的历史学家，则宣扬威廉斯堡的民主和不同于欧洲的传统，是现代理想的源泉。这些历史遗址在战后成了向青年一代灌输反共冷战意识形态的基地。

20世纪60年代是美国社会历史类博物馆发生重大转折的年代。从1966年起，各级政府和私人所倡导的历史遗产保护活动加强了势头。1969年出版的《国家历史地点记录》(Natioal Register of Historical Places）上发表的注册总数不足2,000个，到1989年增至50,000个。同期，市或县拥有至少一个监督和保护历史遗址的地方委员会者，从100个增加到4,000个。对历史建筑采取适应性再使用（Adaptive Reuse）的方针，对于中心城市的复兴起了促进作用，产生了经济效益。在民权运动和新左派思潮的影响下，人们对博物馆和历史的看法趋于激进。殖民地时期的威廉斯堡被指责为“阉割”过去，缺乏“真实感”、“生命力”和“历史的连续感”，威廉斯堡“完全是根据想象构筑的过去，是人为的再创造”。批评者认为美国的大多数历史博物馆也存在着同样的问题。“美丽的美国基金”（Beautiful America Fund）在一份报告中指出：“保存和维护弗吉尼亚的威廉斯堡是必要的。根据同样的理由，我们必须在全国保存和维护能说明黑人历史的奴隶住房、小教堂、监狱和只有一间教室的学校。”黑人、女权主义者、印地安人和反战活动分子都企图利用过去来解释现代，传统的历史教科书和历史博物馆成为他们批评的主要对象。民间（邻里）博物馆、黑人博物馆、印地安人博物馆、妇女博物馆运动如雨后春笋在全国各地兴起。它们采取的形式是多样的，有的是社区与年轻历史学家的结合，有的是原来的历史博物馆的改造。史密森博物院开风气之先，根据里普莱院长的建议，得到福特基金会的资助，在首都华盛顿的黑人聚居区兴建的安纳考斯迪博物馆（Anacostia Museum）于1967年9

月 15 日向公众开放，第一年就接待了观众 80,000 人。该馆举办的“老鼠—人为的祸患”（The Rat: Man ‘s Invited Affiction，1969）、“一个社区的演进”（The Evolution of a Community，1971）、“走出非洲”（Out of Africa，1979）等展览名噪一时（Smithsonian: ten: p. 7）。

在民权运动的直接影响下建立起来的黑人博物馆主要有：芝加哥的杜萨伯非裔美国人史博物馆（The Dusable Museum of African-American History，1961）、底特律非裔美国人博物馆（The Afro-American Historical Museum，1965）、俄亥俄州威尔伯福斯国家非裔美国人博物馆和文化中心（National Afro-American Museum and Cultural Center，1972）、费城非裔美国人文化和历史博物馆（Afro-Ameican Historical and Culture Museum，1976）、内布拉斯加州奥马哈的大平原黑人博物馆（the Great Plains Black Museum，1976）、洛杉矶的加利福尼亚非裔美国人博物馆（California Afro-American Museum，1977）。1978 年非裔美国人博物馆协会（AAMA）宣告成立，标志着黑人博物馆进入了协调发展的新阶段（Leon et al. Ed., 1989, p. 223～224; Feldman: 1981）。据统计，1986～1987 财政年度，美国在 28 个州共有黑人博物馆 99 个，其中历史类占 40%，族群中心占 19%，艺术类占 15%，历史建筑或遗址占 13%（AAMA: 1985, p. xiii）。

以妇女为主题的展览自 70 年代起，在各类博物馆中都呈增长的趋势，主要的博物馆有：俄亥俄州德顿的国际妇女航空航天博物馆（The International Women’s Air and Space Museum）、在纽约州的森内加瀑布的全国著名妇女大厅（National Women’s Hall of Fame，1979）和女权全国历史遗址（Women’s Rights National Historic Site，1982）。

改革之风也吹进了全国知名的博物馆。国立历史和技术博物馆成立于 1964 年，后改名为国立美国历史博物馆，在庆祝美国独立 200 周年时，该馆以题为“多民族的国家”（A Nation of Nations）的展览引起强烈反响。后来展出的反映二战期间日本移民被送入集中营的展览“为了建设一个更好的联邦”引起了不少争议。1991 年，国立美国美术馆举办“作为美国的西部”（The West as America）的展览，批评美国的艺术作品美化西进运动的进程，忽略了对印第安人的屠杀和对自然环境破坏的消极方面，得到印地安人和史学界的首肯，但遭到正统史学家和国会议员的非议。国立航空航天博物馆为纪念第二次世界大战胜利50周年而精心设计的展览“恩诺拉·盖”（Enola Gay）（在广岛上空投掷第一枚原子弹的B-29轰炸机）则因认定这次轰炸是不必要的，杀伤无辜平民太多而受到航空企业界和退伍军人协会的猛烈抨击，一些国会议员也出面干预，主持原展览的航空航天博物馆馆长马丁·哈维特坚持原设计，被迫辞职。（150 Smithsonian, twlv p. 9, http: //www. 150 si. edu/）这说明对历史的解释在美国也存在着政治与学术之间的冲突。

近年来，美国社会历史类博物馆又取得了一些新的成就。1990年，爱里斯岛移民博物馆（Ellis Island Immigration Museum）在纽约市落成，这是一座位于半个世纪以来全国主要移民中心的大型历史博物馆。为了纪念1933至1945年间被纳粹杀害的600万犹太人，由美国政府倡议，私人集资在首都华盛顿建成的“美国大屠杀纪念博物馆”（United States Holocaust Memorial Museum）于1993年4月7日正式开放。它的宗旨是：“增进和传播关于这一史无前例的悲剧的知识，保存对于受害者的记忆，以鼓励观众思考由于大屠杀而引起的道德和精神问题，以及作为民主国家公民所负有的责任。”（United States Holocaust Memorial Museum, http: //ushmm. org/misc-bin/add_goback. /mission. html）该馆开放的最初8个月里，观众即达80万人，五年来，接待观众1,000万人。类似的博物馆还有，底特律市的“大屠杀纪念中心”（Holocaust Memorial Center）、坐落在宾夕法尼亚州的“大屠杀博物馆和资源中心”（The Holocaust Museum and Resource Center，简称HMRC）。

美国社会历史类博物馆的活力在于它积极地为社区服务，并取得了社区和各种民间组织的全力支持。据美国州和地方历史协会（The American Association for State and Local History）的统计，1936年美国全国有583个地方历史协会，1990年超过13,000个，遍及穷乡僻壤。再加上70年代兴起的家族寻“根”运动，人们对历史的兴趣普遍增长。有许多历史协会，如芝加哥历史协会、明尼苏达历史协会本身就是办得很好的历史博物馆。

三

20 世纪美国的艺术类博物馆取得的成就令人瞩目。同其他类型的博物馆一样，美国的艺术类博物馆大多数是在 20 世纪建成的。

表 2　美国艺术博物馆馆长协会成员馆形成时间

时间	博物馆数	百分比
1875 年以前	14	8%
1876～1900	31	18%
1901～1925	39	23%
1926～1950	44	25.5%
1951～1988	44	25.5%
合计	172	100%

资料来源：Association of Art Museum Directors 转引自 Feldstein ed., 1991., P. 188

此表说明，美国艺术博物馆的发展有加速的趋势。

美国是一个没有封建过去的国家，在艺术收藏方面没有欧洲那样的皇室和宫廷贵族的积累。但是它的艺术品的积累与私人财富的积累也是密不可分的。从某种意义上讲，它是 19 世纪末、20 世纪初形成的美国金融资本的一个重要组成部分。艺术收藏也是一种投资。大型艺术博物馆的出现是同摩根、卡内基、梅隆、盖梯这些金融巨头的名字联系在一起的。值得庆幸的是，美国的艺术博物馆自建立之日起就把艺术品的鉴赏看成是对当时大量涌入美国的移民实行民族同化、进行道德教育、陶冶性情的重要手段。因此，许多价值连城的欧洲和世界的艺术精品一旦成为了博物馆的藏品之后，凡夫俗子都能一饱眼福。这大概是 20 世纪美国艺术类博物馆的最重要的成就之一。

1870 年在纽约市成立的大都会艺术博物馆是西半球最大的艺术殿堂。金融界巨子 J. P. 摩根于 1888 年和 1904 年接连两次出任大都会的董事长。他从 19 世纪 90 年代到 1913 年，将他的大约一半财富用于购置艺术品，据估计，总值在 6,000 万美元，后来大部分都捐给了大都会。大都会董事会的成员都是摩根精心挑选的百万富翁。这个董事会不仅是排他的，也是最富有的。钱浓于血。他的儿子（J. P., Jr.）于1910～1940接任乃父的职务，孙子亨利·摩根（Heny Sturgis Morgan）、曾孙罗伯特·摩根（Robert Morgan Pennoyer）都是大都会的董事（Karl E. Meyer：1979，p. 27～28，224）。1879年中西部地区最大的艺术博物馆芝加哥艺术馆（The Art Institute of Chicago）成立，由芝加哥地区的著名金融家赫金森（Charles L. Hutchinson，1854～1924）出任董事长（1885～1924）。著名收藏家瑞尔逊（Martin A. Ryerson，1836～1932）长期任董事和副董事长，向艺术馆赠送了200件名家绘画。芝加哥地区房地产巨亨的妻子、著名印象画派作品收藏家帕尔玛夫人（Bertha Honore Palmer，1849～1918）是董事会的重要成员，艺术馆的印象派藏品主要来源于她的馈赠（One Hundred Years，p. 6，12）。史密森博物馆所属的几所艺术类的博物馆无一不是来自企业家和银行家的捐赠。国家林荫道上第一座艺术博物馆佛利尔美术馆（Freer Gallery of Art，1923）是以底特律的制造商、艺术鉴赏家查尔斯·兰格·佛利尔（Charles Lang Freer，1856～1918）的远东艺术珍藏为基础建成的，并以他的名字命名（Smithsonian，Icarus on the Mall，p. 8）。饮誉全球的国立美术馆（National Gallery of Art），1941年对外开放，其核心藏品是金融家安德鲁·梅隆（Andrew W. Mellon，1855～1937）的价值5亿美元的115幅欧洲绘画精品。纽约的艺术批评界认为“这是迄今为止，私人收集的最重要的艺术珍藏”（Walter Karp：1965，p. 104～105）。1972年卡内基公司将钢铁大王安德鲁·卡内基在纽约的宅第赠给史密森博物院，易名为库伯—赫维特装饰艺术和设计博物馆（Cooper-Hewitt museum of decorative Arts and Design）（Meyer：1979，p. 54）。靠经营矿业和石油股票起家的金融家赫希洪（Joseph H. Hirwhhorn，1899～1981）于1966年宣布将其毕生收藏的19—20世纪的6,000件雕塑和绘画收藏赠送给史密森博物院，建成赫希洪博物馆及雕像园（Hirshhorn Museum and Sculpture Garden），并于1974年开放（Histories，p. 6）。几经周折，直到1980年才正式得到命名的国立美国美术馆（Natioanl Museum of American Art），其核心收藏是约翰斯顿（Harriet Lane Johnston，1833～1903）和伊万斯（William T. Evans）1906和1907年的捐赠（National Collection of Fine Arts,

Smithsonian Institution，p. 15；Histories，p. 7）。类似的例子在美国艺术博物馆的历史上，不胜枚举。

大型综合性的艺术博物馆都有一个从小到大的发展过程。它们的馆藏更是一个长期收集积累的过程。大都会博物馆是靠当时价值 11.6 万美元的 174 幅荷兰和弗兰德斯画派的作品起家的。第一任馆长切斯诺拉，是一位业余的考古学家，将他在塞浦路斯岛上发掘出来的 35,000 多件古典文物的大部分卖给大都会，成为该馆最早一批古典藏品。第三任馆长鲁宾逊，是一位古典学家，在他的任内，古典藏品继续增加。1913 年，摩根、阿尔特曼（Benjamin Alterman）和林哥斯（William H. Ringgs）等人的珍藏进入大都会艺术博物馆，使该馆成为能与欧洲匹敌的艺术博物馆。（The Age of Museum，p. 247）同年的军械库画展将欧洲印象派的作品介绍到美国，大都会以 6,500 美元的高价购得一幅塞尚（Paul Cezanne，1839～1906）的作品，这是该馆收藏欧洲现代艺术作品之始。1961 年大都会以 230 万美元的高价在拍卖市场上购得伦布朗的名作“亚里士多德熟视荷马胸像”（Aristotle Contemplating the Bust of Homer），使该馆收藏的伦布朗的作品增加到 31 幅（Meyer: 1979，p. 106；The American Treasure，p. 123）。大洋洲艺术品收藏家迈克·洛克菲勒去世后，他的全部藏品为大都会所有，使大都会在这方面的收藏大大向前迈进了一步。现在，大都会以 17 个专业部、220 个展厅和 300 万件藏品的强大实力，雄踞西半球，与不列颠、卢浮宫并驾齐驱。

与藏品增加同时并进的是馆舍的扩充和增建。所有的大型艺术博物馆都经历了不断扩大空间的过程。在这方面，大都会得天独厚，建馆之初就得到纽约市政府的支持，1874 年，在中央公园拨给大都会艺术博物馆一块土地，在市政府的资助下开始建造馆舍，是为美国地方政府资助艺术博物馆之始。1924 年大都会增建美国厅（American Wing）。1934 年在小洛克菲勒（John D. Rockfeller Jr.）捐赠的土地上，大都会兴建 Cloisters 分馆，专门展出中世纪艺术。从 1975 年起，大都会集资 7,500 万美元增建 5 个侧厅，总面积 50 万平方英尺。每平方英尺的造价 150 美元（Meyer: 1979，p. 272）。

表 3　美国艺术博物馆扩建情况

博物馆名称	时间	扩建面积（平方英尺）	造价（万美元）	每平方英尺造价（美元）
纽约现代艺术博物馆	1939	106,522	100	9.39
东侧厅、花园厅、新过厅	1964	73,000	550	75.34
北侧厅	1967	38,153	n. a.	
增建展厅、公寓塔	1979	50,000	4,000	n. a.
波士顿艺术馆白色侧厅	1968	70,000	250	71.43
西侧厅	1979	25,000	500	
费城艺术博物馆美国厅	1977	14,000	140	100
芝加哥美术馆扩建	1976	480,000	1850	38.54
国立美术馆东翼	1978	590,000	9200	155.93
弗吉尼亚美术馆南侧厅	1970	91,199	310	39.99
北侧厅	1976	81,827	620	75.99
底特律艺术馆　南侧厅	1963	875,000	360	n. a.
北侧厅	1971	650,000	760	n. a.
卡内基艺术博物馆				
海因滋展厅	1975		130	
布鲁斯展厅	1976		62. 8	

资料来源：Meyer: 1979, p. 271-279

美国的大型艺术博物馆是艺术史的百科书，数千年的人类艺术发展尽收眼底，内容丰富，令人目眩。20 世纪以来艺术博物馆的一个重要发展趋势是，在大型博物馆继续扩大的同时，许多专门性的艺术博物馆纷纷建立，呈现出百花争妍的局面。这在第二次世界大战后，表现得尤为突出。

艺术博物馆向多样化和专业化的方向发展的一个重要的标志是著名的军械库画展的出现。以罗伯特·亨利（Robert Henri）为首的 8 位具有反抗精神的画家为核心，组成的画家、雕塑家协会于 1913 年 2 月 17 日在纽约市第 69 团军械库内举办了欧洲先锋画派的画展。人们对这些作品的反映首先是惊讶、困惑，然后是愤怒和反对，认为这些作品破坏了艺术传统。其中对于达达派画家杜桑（Marcel Duchamp，1887～1963）的作品《下楼梯的裸女》的反映尤为强烈。（Mendelowitz:

1961, p. 555）尽管如此，军械库画展的开创之功不可磨灭。现代艺术思潮从此如滚滚洪水席卷美国，成为欧洲以外现代派艺术的一个大本营。现代艺术博物馆的建立是现代派艺术思潮逐渐为人们所接受的一个重要表现。军械库画展后 16 年，在纽约名媛淑女小洛克菲勒夫人（Mrs John D. Rockefeller, Jr.）、布里斯小姐（Miss Lillie P. Bliss）、萨利文夫人（Mrs. Cornelius J. Suyllivan）倡议下，建立了现代艺术博物馆（Museum of Modern Art，1929），收藏 1880 年代以来欧美现代派的艺术作品。第一任馆长巴尔（Alfred Hamilton Barr，1902～1981），毕业于普林斯顿大学，是现代派艺术的积极倡导者。经过多年的努力，他不仅使现代艺术馆成为世界一流的博物馆，而且使该馆成为现代艺术批评界的一支重要力量（Sandler ed：1986, pp. 7～47）。纽约的另一个重要的现代艺术博物馆所罗门·古根海姆博物馆，原名无实体艺术博物馆（No-objective Art Museum），是由所罗门·古根海姆（Solomon R. Guggenheim）创建的，旨在倡导现代派艺术。馆舍是由著名建筑大师莱特（Frank Lloyd Wright）于 1943 年设计的。该馆因造型新颖，上大下小，作螺旋型，引起争议，用了 16 年时间才建成。1990 年又进行了扩建，1992 年竣工。该馆在百老汇大街、奥地利和西班牙均设有分馆。美国比较重要的现代艺术博物馆还有芝加哥的当代艺术博物馆（Museum of Contemporay Art, 1967）和旧金山现代艺术博物馆（San Francisco of Modern Art，原名旧金山艺术博物馆，建于 1935 年，1975 改用现名）。1978 年，国立美术馆建成由著名建筑师贝聿明设计的东翼，专门收藏和展出现代艺术作品。

20 世纪美国艺术博物馆另外一个变化是，从注重收集和展出欧洲艺术品到注重收集和展出美国本土的艺术品。这个变化是从 19 世纪 70 年代开始的。1909 年大都会博物馆首次举办美国装饰艺术和美术品展览。1924 年，大都会博物馆建成由 20 个展室组成的美国厅（American Wing），展出从 17 世纪到 19 世纪初的美国装饰艺术品。美国厅的开放对于博物馆、收藏家、艺术市场和学术界都产生了重要影响。（Davidson：1980, p. 10）1930 年，著名雕刻家惠特尼（Gertrude Vanderbilt Whitney，1875～1942）在纽约市建立惠特尼美国艺术博物馆（Whitney Museum of American Art），全面收集和展出 20 世纪的美国艺术品，1931年正式开放，1954年迁至西54街新址，1966年再迁至麦迪逊大街现址。1980年，史密森博物院将该院自建院之日起精心收集的“国家美术收藏”（National Collection of Fine Arts）正式命名为国立美国美术馆（National Museum of American Art），与美国国立肖像馆（National Portrait Gallery）、美国艺术档案馆合用原专利局大楼（Patent Office Building）。该馆的展品不仅有温士洛·荷马（Winslow Homer，1836～1910）、阿伯特·莱德（Albert Ryder，1847～1917）、托马斯· 伊肯司（Thomas Eakins，1844～1916）等名艺术家的作品，还有不少民间艺术品和印地安人的艺术创作。

美国本土最早的艺术要推印地安人在白人到达美洲前创造的艺术品。这些艺术品往往作为人类学的藏品在自然博物馆中展出。纽约市富豪子弟、工程师海伊（Geoorge Gustav Heye，1874～1957）毕其一生，在北美西北海岸收集了大批木、石雕刻；从北美平原收集了彩绘的皮革和服装；在美国西南部收集了玩偶和编织物；此外，还有加勒比地区的考古发掘物，墨西哥和秘鲁的纺织品，玛雅人的玉石，哥伦比亚的金器等。这些藏品构成了坐落在纽约市的美国印地安人博物馆的基础。认识到这批藏品的重要性，美国国会于1989年通过决议，将该馆纳入史密森博物院管理系统，命名为国立美国印地安人博物馆（National Museum of the American Indian）。洛杉矶的西南博物馆（Southwest Museum）是专门收集和展出从阿拉斯加到南美印地安人文物的博物馆。该馆由新闻记者、业余考古学家路密斯（Charles Fletcher Lummis，1859～1928）创建，成立于1907年。以收集和陈列印地安人艺术品为主要任务的博物馆还有：亚利桑那州凤凰市的贺尔德博物馆（The Heard Museum，1929）、塔克森市的马克·萨伯雷特医学人艺术馆（Mark Sublette Medcine Man Gallery）、俄克拉荷马州图斯拉市的吉尔克利斯博物馆（Gilcrease Museum，1949）。

作为奴隶被贩运到北美来的黑人是非洲和美洲的文化媒介。大量迁居美国的拉丁美洲移民与黑人一道，为美国文化注入了新血液，增添了新色彩。随着第二次世界大战后争取少数民族平等权利的民权运动的兴起，黑人和西班牙裔美洲人的历史和文化得到了重视，黑人和西裔美洲人的艺术博物馆应运而生。根据福特基金会1986年的调查，这类博物馆有 29 个，其中 60%是黑人艺术博物馆，1/3 是西班牙裔美洲人艺术博物馆。（Ardali: 1989, p. 7）其中比较重要的有：纽约市哈兰姆的画室博物馆（Studio Museum in Harlem，1967）、波士顿的非裔美国人全国艺术家中心博物馆（the Museum of the National Center of Afro-American Artists，1968）、洛杉矶的非裔美国人艺术博物馆（Museum of African American Art，1976）、得克萨斯州达拉斯市的非裔美国人生活和文化博物馆（Museum of Afro-American Life and Culture，1974）、纽约市的当代西班牙艺术博物馆（Museum of Contemporary Hispanic Art，1956）、首都华盛顿的现代拉丁美洲艺术博物馆（Museum of Modern Art of Lantin America，1976）、纽约市的非洲艺术博物馆（Museum for African Art，1984）。1964 年，由罗宾斯（Warren H. Robbins）在首都华盛顿建立的非洲艺术博物馆，1979 年为史密森博物院所有，1981 年正式命名为国立非洲艺术博物馆，1987 年，位于国家林荫道南侧的地下建筑完工，9 月 28 日向公众开放。

从 19 世纪末，亚洲的艺术品就引起了美国艺术界的注意，出现了一批亚洲艺术品的收藏家，到 20 世纪 20 年代，美国主要的艺术博物馆都有数量可观的亚洲艺术品，主要是日本和中国的艺术品（March: 1929, pp. 4～7, 34～113）。第二次世界大战后，亚洲移民的数量明显增加。大量亚洲艺术品流入美国，专门的亚洲艺术博物馆陆续出现。1966 年，旧金山市以芝加哥的富豪布朗代奇（Avery Brundage）夫妇的捐赠为基础，建成旧金山亚洲艺术博物馆（Asian Art Musuem of San Francisco）。1994 年，旧金山市民以压倒多数通过决议，拨款维修旧市图书馆大楼，使之成为亚洲艺术馆的永久性馆址。该大楼建于 1917 年，是全国城市美化运动的主要成果之一，维修工程正在进行，可望于 2001 年完工。同类博物馆还有，纽约市的亚裔美国人艺术中心（Asian American Arts Centre，1974）、西雅图的温・鲁克亚洲博物馆（The Wing Luke Asian Museum，1967）。此外分别属于哈佛大学和史密森博物院的两座沙克乐艺术馆（Arthur M. Sackler Gallery）以收藏亚洲艺术精品著称于世。

从艺术门类来看，J. 保罗・盖梯博物馆（The J. Paul Gettty Musuem，1974）重点收藏欧洲古典艺术品，大都会的克罗伊斯特斯分馆（Cloisters）是中世纪艺术品的积聚地。巴内斯基金会（Barnes Foundation，1922）是收藏法国印象派作品的先驱。库伯—赫希特博物馆（Cooper-Hewitt, National Design Museum）是举世闻名的装饰艺术和设计博物馆。雕刻艺术、陶瓷艺术、玻璃艺术也都有专门的博物馆。肯定妇女在艺术创作中的地位和作用则有国家妇女艺术博物馆（The National Museum of Women in the Arts，1987）。

四

美国的各类博物馆在20世纪取得长足进步的最重要的表现是每个馆都有独特的为公众服务的项目和活动。在博物馆为什么人服务的问题上，美国博物馆界长期存在着不同的看法。概而言之，可以分为大众文化论和精英文化论两大派。纽瓦克博物馆馆长达纳（John Cotton Dana，1856～1929）一贯主张艺术博物馆应该展出观众喜闻乐见的实物，他对于大都会艺术博物馆没有收藏美国现当代艺术作品深感遗憾。（Meyer: 1979, p. 38）他认为："博物馆是一个教育机构，可以帮助本社区更幸福，更聪明，更有效。只有当社区使用博物馆时，博物馆才能发挥作用。只有社区了解博物馆，才会去用它。了解得越多，获益就越多。"（Low: 1948, p. 41）哈佛大学福格博物馆馆长萨奇斯（Paul J. Sachs，1878～1965）持学术精英治馆论，强调博物馆的展出，特别是艺术博物馆的展出必须以学术研究为基础。他的追随者、纽约大学美术教授奥芬诺（Richard Offiner）进一步发挥了这种看法，认为博物馆主要是为了学者而建立的，决不能成为公共游乐场（Public Playgroud），博物馆"只要想到为了一般公众，它就会立即失去自己的力量。"（Meyer: 1979, p. 42）。这两种不同的观点在各类博物馆的理论和实践活动中都有所表现。在艺术博物馆中二者的对立尤为突出。第二次世界大战结束以来，特别是20世纪60年代以来，以人为取向，为大多数观众服务的思想，在大多数博物馆中越来越占上风，学术研究则是为观众服务的科学基础。近年来电子设施和计算机网络的迅猛发展，使之成为为观众服务的重要手段。

博物馆的陈列是博物馆向观众展示馆藏、同观众进行交流、实现其教育职能、为观众服务的主要手段。美国各类博物馆大都有质量较好的基本陈列。有人认为，20世纪博物馆陈列兴起了两大运动，大大改变了人们对博物馆的看法，并为博物馆陈列提供了新词汇。

第一个运动是巨型炸弹战略（blockbusters）；第二个运动是互动性或参与性（interactivity or participation）。“巨型炸弹”是借用第二次世界大战的军事用语，用在陈列展出上，是指起了爆炸性作用、观众爆满、产生巨大影响的展览。（Edson et al., 1994, p. 146）这不仅用于陈列设计，往往用于临时借展。大都会在1976年与其他六家美国艺术博物馆在美国政府资助下举办的图坦卡蒙珍宝展，和1983年举办的梵蒂冈艺术精品展，就是两个很好的例证。互动性或参与性的陈列将博物馆独白式的陈列变成博物馆与观众之间的对话。前文提到的旧金山发现宫是参与性展览的样板。邀请观众参与陈列设计现已成为一些社会历史类博物馆的共同做法。美国博物馆基本陈列的另一个特点是从观众的基本需要出发，根据馆藏特点，不拘一格地设计出构思新颖、内容充实、形式多样的陈列展览。前文提到的国家历史博物馆的“多民族国家”展览、“从田野到工厂”、“第一夫人服饰展”，安那考迪博物馆的“老鼠—人为的祸患”、明尼苏达历史协会的“家庭、社区、地方”，大屠杀博物馆的“1933 年柏林奥运会”都是很有特色的展览。1987年～1988年间，美国五种历史杂志：《美国历史杂志》、《美国季刊》、《公共历史学家》、《历史新闻》和美国历史协会的《展望》杂志开始设“博物馆展览评论”栏目（Leon：1989, p. XII）。这说明博物馆陈列已经被学术界看成是和学术论著一样重要的学术成果。

围绕着基本陈列和临时展览开展多种活动是服务观众的另一个重要手段。这些活动形式多样，包括录音讲解、专人陪同讲解、专家专题讲解、专门系列讲座、专场电影、专题音乐会、专题戏剧演出、短途和长途的旅行参观。1982 年费城艺术博物馆举办了一次关于印度教主神“湿婆”（Siva）的塑像展，以这个展览为中心组织了一系列学术活动和音乐、美术活动，吸引了许多观众。费城地区的印度移民社区也积极参加了这些活动。大型博物馆多数都有不同层次的学术和教育活动。最高层次是专家学术演讲，美国国立历史博物馆每月至少举办一次，前来作学术报告的都是国际、国内的知名学者。另外设有博士后研究项目，需经正式申请，由博物馆提供资助，围绕馆藏，进行研究工作，由该馆的研究人员进行咨询和指导。高等学校攻读博士学位的学生也可以根据专业的需要和该馆的馆藏特点申请资助完成博士论文。大学生可以根据学习需要申请在该馆实习。史密森博物院所属各馆普遍设有中小学教师的培训项目。计算机培训项目每年都有很多人参加。

为不同的社区服务、为不同的家庭服务是美国博物馆的一个重要特点。它们称之为馆外服务项目（reach-out program）。这包括借展、巡回展览、上门到户服务。这种服务是以对本地区、所在城市和社区的人口调查和人口发展趋势的预测为基础的，而且是和观众、非观众和潜在观众的概念相联系的。美国博物馆的观众从总体上看是以白人中等以上收入、受过中等以上教育的阶层为主体，国家艺术基金会1985年对美国艺术博物馆观众进行的调查为此提供了可靠的证据：

表4　1985年参观艺术博物馆的各类群体的百分比

	（百分比%）
家庭收入	
低于5,000美元	16
5,000—9,999美元	11
10,000—14,999美元	15
15,000—24,999美元	19
25,000—49,999美元	28
49,999，美元以上	45
最高学历	
小学	4
中学肄业	11
中学毕业	14
大学肄业	29
四年制大学毕业	45
研究生	55
年龄	
18—24	22
25—34	25
35—44	27
45—54	23
55—64	18

65—74	16
74 以上	10
性别	
女	23
男	21
种族	
非裔美国人	11
欧裔美国人	23
其它	25
居住地点	
中心城市	25
大都会地区但非中心城市	26
非大都会地区	14
职业	
专业工作	49
管理	37
销售/书记	27
手工工匠	14
操作工	9
工人	10
服务工人	16

资料来源：Feldstein: 1991, p. 40

20 世纪 60 年代以来，美国人口中西班牙裔、非裔和亚裔的比重正在加大。美国博物馆根据文化多元化的特点，面向现实，开展将潜在观众和非观众转化为观众的工作，并根据人口发展的新趋向来规划未来。

美国博物馆在 20 世纪取得如此显著成就的原因是多方面的。

第一，美国博物馆事业是同 20 世纪美国在经济发展和个人财富的积累直接相关。然而，将二者连接在一起的一个重要因素是美国联邦政府的税收政策，首先是美国的进口关税政策。1909 年 8 月 5 日塔夫脱总统签署了国会通过的《佩恩—奥尔德里奇关税法》（Payne-Aldrich Tariff of 1909），其中规定制成时间在 20 年以上的艺术品，免征进口税。根据原来的关税法，摩根家族将其在英国的艺术珍藏运回美国送给大都会博物馆，需交纳 150 万美元的进口税。新关税法的通过使摩根得以免交税款。据1917年经现代艺术品收藏家在国会的院外活动，国会对进口关税法作了进一步的修改，当代艺术作品也可以免税入关，（Meyer: 1979, p. 32）这就为国外的艺术品大量进入美国提供了保障。其次是税收政策。1913年2月25日美国第16条宪法修正案经38州批准后宣布生效。该修正案授权国会征收所得税。美国的个人所得税的税率虽然在不同时期有所不同，但基本上实行累进制，收入越多，税率越高。

表5　个人所得税最高税率

年代	税率（%）
1913～1915	7
1916	15
1917	67
1918	77
1919～1921	73
1922～1923	58
1925～1931	25
1932～1935	63
1936～1939	79
1941	81
1942～1943	88
1944～1945	94
1946～1951	91
1952～1953	92
1954～1963	91
1964	77
1965～1980	70
1981～1986	50
1987	38
1988	33
1989	28
1990～1992	31
1993	39. 6

材料来源：Feldstein: 1991,p. 205; 1989年以后的数字来自1998 Grolier Multimedia encyclopedia, income tax 条

1917年的联邦税入法明确规定，对于完全是为了宗教、慈善、科学、文学或教育目的而经营的组织作出贡献者免收所得税。财产税法和赠予税法都已经作出过同样的规定。这样一来，联邦政府的税入局就成为了美国博物馆事业的保护神。第三是历史遗产保护政策，主要是前文已提到的1906、1935和1966年有关历史遗产保护的法令特别是其中有关对私人保护行为作出了减免税收，给予补贴和提供贷款的规定，所有这些联邦政府的政策对于博物馆事业的发展都起了积极促进的作用。

美国联邦政府虽然没有专门机构负责管理全国的博物馆事业，但国家人文和艺术基金（National Endowment of Arts and Humanities）、内政部下设的国家公园服务局和史密森博物院在提供资金补贴、规划历史和自然遗产的保护、协调博物馆专业工作的发展、组织人员培训和进行国际交流等方面都作出了自己的贡献。国家历史保护信托会（National Trust for Historic Preservation，1949）是一个民间组织，为贯彻联邦政府有关政策，开展了多方面的活动，做了大量工作。

其次，公众的支持和赞助。其中又可以分为两部分，其一是私人捐赠。前文已经多有涉及，这里不再赘述。其二是广大知识界的参与和投入。这也可以一分为二，首先是专业工作者从不同学科领域的参与和支持，事实上，美国的有些学科就是同博物馆事业一同发展起来的。博物学、生物学、人类学、考古学的发展就是很好的例证。美国老一代的生物学家很多都是自幼在参加费城最早建立的自然博物馆—自然科学院（Academy of Natural Sciences，1812）的活动中成长起来的，美国著名的人类学家博阿斯（Franz Boas，1858～1942）、玛格丽特·米德（Margaret Mead，1901～1978）都有过长期在博物馆工作的经历。艺术史领域也不乏这样的例子。美国不少社会学家还从社会群体和社会组织的角度对博物馆的观众和机构进行研究，经济学家则从财政和政府政策角度研究博物馆，这对于推动博物馆事业的发展都有积极的意义。其次，美国有一支以知识妇女为主体的博物馆义务人员大军，总人数在37万以上，占博物馆全部工作人员的71.7%。其中以在历史遗址和历史建筑中工作的志愿工作人员比重最大，占全体工作人员总数的82%。他们当中不少人年过半百，白发苍苍，服务的热情不亚于专业人员，令人敬佩。没有这样几支庞大的志愿工作人员队伍的支持，美国的博物馆事业就很难有今天这样的欣欣向荣的气象。

表 6　各类博物馆志愿工作人员统计

博物馆类型	志愿工作人员总数	占全体工作人员百分比
水族馆	2,118	58.5%
植物园	12,249	54.4%
艺术博物馆	56,004	64.3%
儿童博物馆	2,912	64.6%
综合博物馆	31,291	77.7%
历史遗址	119,300	82.0%
历史博物馆	68,410	76.5%
自然博物馆	12,701	58.1%
自然中心	14,590	80.1%
天文馆	307	35.1%
科学博物馆	23,185	74.4%
专门博物馆	16,479	70.6%
动物园	16,828	46.5%
合计	376,374	71.7%

第三，有一支精通业务、分工明确、热心服务、组织严密的专业工作者队伍。

表 7　各类博物馆工作人员人数

博物馆类型	专职工作人员总数	专职人员占全体人员百分比	兼职工作人员总数	兼职人员占全体人员百分比	支付工资人员总数	支付工资人员的百分比数
水族馆	1,085	58.1%	420	21.39%	1,505	41.5%
植物园	8,064	89.7%	2,213	16.3%	10.277	45.6%
艺术博物馆	20,364	85.6%	10,711	16.9%	31.075	33.7%
儿童博物馆	799	63.1%	796	24.6%	1,595	35.4%
综合博物馆	5,295	69.1%	3,660	11.2%	8,955	22.3%
历史遗址	14,879	72.1%	11,353	9.4%	26,232	18.0%
历史博物馆	12,325	49.3%	8,690	13.5%	21,015	23.5%

自然博物馆	6,325	82.9%	2,827	19.9%	9,152	41.9%
自然中心	2,013	74.8%	1,608	10.4%	3,621	19.9%
天文馆	244	92.1%	325	52.0%	569	64.9%
科学博物馆	4,073	96.7%	3,909	14.5%	7,982	25.6%
专门博物馆	4,456	90.4%	2,394	13.0%	6,850	29.4%
动物园	12,031	68.6%	7,364	39.4%	19,395	53.5%
总计	91,954	72.7%	56,270	14.1%	148,224	28.3%

资料来源：National Museum Survey conducted by the American Association of Museums. 转引自 Danilov: 1994, p. 8

此表说明，在 148, 224 名专职和兼职工作人员中有 31, 075 人在艺术博物馆中工作，人数最多。其次是历史遗址和历史建筑物，26, 232 人。第三是历史博物馆，21, 015 人。在专业工作人员中馆长（Director）的地位最高，具有统筹全局的能力。一般都有博士学位，可以是某一专业领域的专家，也可以是通才或管理型的人才。他们大都有 5 年以上的管理工作经验，由博物馆的董事会任命或聘用。据 1992 年的调查，艺术博物馆馆长的年薪在 45,000 美元和 215,000 美元之间，视博物馆的规模大小而定。保管研究馆员（Curator）是与博物馆馆藏有关学术领域的专家，负责全馆馆藏建设、管理和解释，有时被称为学术副馆长，必须有博士学位和精湛的专业知识，了解市场和通晓有关政策。艺术博物馆保管研究馆员的年薪在 5 万美元到 12 万美元之间。文物保护研究馆员（Consevator）和教育研究馆员（Educator）也都在各自的领域有较高的学历和较丰富的经验。年薪分别在 5～10 万和 4—6 万美元之间。（Danilov: 1994, p. 81）。美国博物馆的专业工作人员十分注意自身业务水平的提高和职业道德修养。早在 1925 年美国博物馆协会就制定了《博物馆工作人员道德守则》（Code of Ethics for Museum Workers），1991 年又颁布了新的《博物馆道德守则》（Code of Ethics for Museums）。道德守则强调博物馆工作者受人民的信托，管理他们的自然文化遗产，必须做好各项服务工作，不得参与任何与本专业有关的商业投机活动。

美国博物馆协会（American Association of Museums, AAM）成立于 1906 年，“是代表美国全体博物馆专业工作人员和志愿人员的唯一组织”。它的宗旨是“全力以赴使博物馆界日臻优秀”。它通过宣传、职业教育、信息交流、评优、制定现行职业标准，来帮助全国博物馆工作人员、管理机构和志愿工作者更好地为公众服务。其箴言是“提高博物馆的能力，为公众利益服务”。协会现有15000个会员，其中个人会员10000人，单位会员3000个，公司会员1200个。90多年来，美国博协以不懈的努力实现它的宗旨，履行它的诺言，在国内外博物馆界享有很高的声誉。在1923年～1958年间任该协会执行主席达35年之久的科尔曼（Laurence vail Coleman，1893～1982），于1939年出版《美国的博物馆：批判的研究》（*The Museums in America，A Critical Study*）一书，全面地总结了到二战前为止美国博物馆的历史发展、长处和存在的问题。它把美国博物馆的发展看成是一个社会运动，至今还有其理论和现实意义。20世纪60年代以来，该协会发表的几个著名的报告如《美国博物馆：巴尔蒙特报告》（American's Museums：The Belmont Report，1968）、《博物馆：它们的新观众》（Museums：Their New Audience, A Report to the Department of Housing and Urban Department by a Special Committee of the Americation of Museums, 1972）、《新世纪的博物馆》（Museums for a New Century，1984）、《卓越和公平》（Excellence and Equity，1992），这些报告资料详实，论点鲜明，视野广阔，均已成为学术界经常引用的文献。该协会举办的博物馆评优（Accreditation）和评估活动（Museum Assessment Program）对于提高博物馆的质量起了很好的作用。协会出版的《博物馆新闻》是广大博物馆工作者和博物馆爱好者所喜爱的刊物，发行广泛。美国博协每年举行一次年会，下一届年会将于1999年4月25～29日在俄亥俄州的克利夫兰市举行，主题是“再发明博物馆：现实性与更新”（Reinventing the Museum：Relevance and Renewal）。

第四，以信息技术为先导，锐意创新。美国的科学技术在20世纪一直处于领先地位。50年代中期进入后工业社会以来，信息技术迅猛发展，近年来又提出了知识经济的新观念。信息技术在美国的应用很广泛，在文化事业领域图书馆一马当先，博物馆也紧紧地跟了上来。1995年5月8日史密森博物院正式宣布它的主页在国际互连网上的地址：http://www. si. edu。该网址提供1,500页电子版读物，包括各馆主页、馆藏、陈列展出和教育活动的介绍。这是经过10年奋斗取得的一项重大成果。现在，在网上访问史密森博物院的观众每月达400万次。访问频率最高的是美国艺术馆、印地安人博物馆、动物园和航天博物馆。观众在网上可以仔细地观察展品。国家美术馆已将其所收藏的全部欧洲名画都放在网上，观众不仅可以看到全画，还可以看到细部。有关作品的背景、保存情况、研究所需的资料都可以在网上查到。各馆还发行光盘，便于观众在家里反复仔细观赏。现在美国的一些大中型博物馆已经不同程度地与互联网连接。这就是说，世界上和美国国内许许多多根本没有机会到美国参观博物馆的人只要身边有一台与国际互连网接通的计算机就可以在世界上的任何一个角落观赏美国博物馆的珍藏。这在博物馆史上无疑是一场革命。它所产生的深远影响我们现在还难以充分地认识到。博物馆将越来越充分地利用先进的技术手段来进一步发挥它的功能，扩大它的影响，这个走向则是没有疑义的。

美国博物馆协会在1998～2000财政年度的战略议程（Strategic Agenda FY 1998～2000）中指出，博物馆正面临着来自内部和外部的多种挑战和机会。这主要是：

●博物馆的工作和自身的发展并不经常为社会所了解，博物馆需要找到将它的价值观与社会沟通的方式。

●新技术正在加速发展。博物馆需要与这些新技术保持沟通，并将它们有效地在各种工作和活动中加以应用。

●人口的继续变化和全球环境相互影响的增强正在使博物馆的工作环境发生变化。博物馆需要对其管理、人员配备、活动计划和观众发展等方面作出反应。

●教育的新发展越来越强调参与性的学习。博物馆需要对此以及正在出现的教育教学方法的变化作出反应。

●合伙与合作在完成各种组织的目标上变得越来越重要。博物馆需要与其他非赢利机构、企业和各级政府发展创新性和互利的伙伴关系与合作。

●在公众的观念中赢利和非赢利组织、文化和娱乐性机构之间的界限越来越模糊。在这种情况下，博物馆需要维护自身传播知识的特性和为公众服务的使命。

●博物馆的运作对于所在的社区会产生重要的经济后果。博物馆需要接受和传播有关博物馆经济影响的信息。

●博物馆需要一批有才华、富于创造性、多样化的人员。博物馆需要找到保证这些人员个人接受适当训练的途径。

在即将步入21世纪的时候，美国博物馆将如何发扬其追求卓越和平等的精神，面对上面所列举的挑战和机会，我们将拭目以待。

（1998年8月22日初稿）

参考书目

1. African American Museums Association (AAMA). *Profile of Black Museums*. Washington D. C. 1988

2. American Association of Museums (AAM). *American's Museums: The Belmont Report, A Report to the Federal Council on the Arts and the Humanities*. Washington, D. C. October, 1968

3. American Associeation of Museums (AAM). *Museums: Their New Audience, A Report to the Department of Housing and Urban Development*. Washington, D. C. July, 1972

4. American Associeation of Museums (AAM). *Museums for a New Century*. Washington, D. C. 1984

5. American Associeation of Museums (AAM). *Excellence and Equity Education and the Public Dimension of Museums*. Washington, D. C. 1992

6. Ardali, Azade. *Black & Hispanic Art Museums, A Vibrant Cultural Resources, A Report to the Ford Foundation*. Ford Foundation, New York, 1989

7. Bazin, Germain. *The Age of Museum*. Brusseles, 1987

8. *Cultural Conservation, The Protection of Cultural Heritage in the United States*. Library of Conggress Washington,1983

9. Coleman, Laurence Vail. *The Museum in America: A Critical Study.* Washington D. C. 1939

10. Danilove, Victor J. *America's Science Museum.* Greenwood Press, New York, 1990

11. Danilove, Victor J. *Museum Careers and Training, A Professional Guide.* Greenwood Press, Westport, Connecticut, 1994

12. Davidson, Marshall B. *The American Wing, A Guide.* The Metropolitan Museum of Art, New York. 1980

13. Edson, Gary and Dean, David. *The Handbook for Museums.* Londong and New York, 1994

14. Feldman，Eugene Pieter. *The Birth and Building of the Dusable Museum.* DuSable Museum Press, 1981

15. Feldstein, Martin ed. *The Economics of Art Museums.* The University of Chicago Press, Chicago and London, 1991

16. Hellman, Feoffrey T. *The Smithsonian, Octopus on the Mall.* J. B. Lippincott Company, New York, 1966

17. *Henry Ford Museum, Greenfield Village, An Illustrated History.* Albion Publishing Group, Santa Barbara, CA, 1993

18. Histories of the Smitsonian Institution's Museums and Research Centers. http: //www. si. edu

19. Karp, Ivan and Lavine, Steven D. ed. *Exhibiting Cultures, The Poetics and Politics of Museum Display.* Smithsonian Institution Press, Washington D. C. 1991

20. Karp, Ivan and Christine Mullen Kreamer, and Steven D. Lavine ed. *Museums and Communities, The Politics of Public Culture.* Smithsonian Institution Press, 1992

21. Karp, Walter. *The Smithsonian Institution, an Establishment for the Increse and Diffusion of Kowledge among Men.* Smithsonian Institution, 1965

22. Leuschner, Fritz. *Treasures of Technology in Museums of the World.* Leipzig, 1983

23. Leon, Warren et al. ed. *History Museum in the United States, A Critical Assessment*. University of Illinois Press, Urbana and Chicago, 1989

24. Lewis, Geoffrey. *Museums and Their Precursors: a Brief World Survey*

25. Low, Theodore Lewis. *The Educational Philosophy and Practice of Art Museums in the United States.* Bureau of Publications Teachers College, Columbia University, New York, 1948

26. March, Benjamin. *China and Japan in Our Museums.* New York, 1929

27. Mendelowitz, Daniel M. *A History of American Art.* New York, 1961

28. Meyer, Karle E. *The Art Museum, Power, Money, Ethics A Twentieth Century Fund Report.* William Morrow and Company, New York, 1979

29. *Museum Education Roundtable: Patterns and Practice, Selections from the Journa of Musuem Education.* Washington, D. C. 1992

30. *National Endowment for the Arts: Museums U. S. A.* U. S. Government Printing Office, Washington D. C. 1974

31. *Official Guide to the Smithsonian.* Washington D. C. 1990

32. One Hundred Years at the Art Institute: A Centennial Celebration. The Art Institute of Chicago, *Museum Studies*, Vol. 19, No. 1.

33. *Palace of Discovery.* The Museum of Science and Industry, 1983

34. Pearce, Susan. *Museums: the Intellectual Rationale*

35. *Reader's Digest Illustrated Guide to the Treasures of America.* 1974

36. Sandler, Irving et al. ed. *Definging Modern Art, Selected Writings of Alfred H. Barr, Jr.* New York, 1986

37. Sherman, Daniel J. et al. ed. *Museum Culture, Histories, Discourses, Spectacles.* University of Minnesota Press, Minneapolis, 1994

38. Silverman, Debora. *Selling Culture, Bloomingdale's Diana*

Vreeland, and the New Aristocracy of Taste in Reagan's America. New York, 1986

39. The Smitthsonian: 150 Years of Adventure, Discovery, and Wonder http: //www. 150. si. edu/

40. Strategic Agenda FY 1998～2000, AAM. http: //www. aam-us. org

41. United States Holocaust Memorial Museum. http: //ushmm. org

42. Wallace, Michael. Visiting the Past, History Museums in the United States. *Radical History Review* 25, 1981, pp. 83～96

43. Wittlin, Alma S. *Museum: In Search of a Usable Future*. The MIT Press, 2nd London, 1970

44. ［美］加尔文·D·林顿编著，《美国两百年大事记》，上海译文出版社，1984

45. 丹尼尔·布尔斯廷，《美国人：开拓历程》，美国驻华大使馆新闻处，1987

原文载南开大学图书馆编《南开大学图书馆建馆八十周年纪念集》南开大学出版社 1999 年

天津市高等院校的远程教育与数字化图书馆

现代远程教育和数字化图书馆都是资讯技术发展的产物。但只有在现代教育思想的指导下才能实现二者的有机结合，天津市的高等教育机构正在为此而努力。下面是一个简单的介绍。作为我们对会议的献礼。

一、中国大陆高等院校远程教育发展概况

中国大陆高等院校的远程教育的发展大致上可以划分为三个阶段：（1）函授或广播函授教育阶段；（2）广播、电视方式阶段；（3）现代远程教育阶段：运用电脑网络技术和多媒体数字技术，在数字化环境下进行互动式的学习。第三个阶段是从1995年中国教育和科研网（CERNET）示范工程正式立项建设开始的。随着卫星通讯技术的发展，清华大学等高校率先采用Ku频道的数字压缩技术开展远程教育试点。1999年，中国大陆的现代远程教育进入快速发展阶段，继教育部1998年批准清华大学、浙江大学、湖南大学和北京邮电大学等4所普通高校开展现代远程教育试点工作后，又于1999年至2000年初，批准北京大学、中央广播电视大学进行现代远程教育试点。经过两年多的时间，试点学校初步摸索出一套网上办学的模式，同时开发了一批网上课程和教学资源，对推动试点的发展发挥了重要作用。在此基础上，教育部于2000年7月批准新增北京师范大学、东北大学、上海交通大学等25所高校开展试点工作。同年7月17日至18日，31所试点高校组成的全国高等学校远程教育协作组第一次工作会议在北京清华大学召开。一批有关开展现代远程教育的规章制度如《高等学校远程教育协作组章程》、《现代远程教育教学管理要点》、《关于高等学校现代远程教育协作组通用网络教育平台的建设概要》在会上首次亮相。到2001年底，教育部批准建立的网络学院已达67所，试点高校

网络远程教育在校生63.3万人。预计2002年秋季招生后，中国大陆试点高校网络远程教育在校生总数可以超过100万。

随着现代远程教育的迅猛发展，中国大陆的网络远程教育也逐渐出现了一些问题。2002年春，人大、政协会议期间，全国政协委员、湖北函授大学游清泉校长提出了“促进远程教育健康发展”的建议，尖锐地指出：“现代远程教育混乱的局面令人忧虑”。他列举的问题有“各自为战，重复建设”；“远程不远，网络不网”；“降格以求，甚至免试入学”；“缺乏规范，没有标准”等。无独有偶，清华大学人文学院的硕士研究生咏鹏也在《中国远程教育》上撰文指出我国当前的网络远程教育“问题多多，背离初衷”；“功利教育，商业炒作”；“以人为本，无从谈起”；“建构主义，幻梦一场”。

针对这种情况教育部副部长周济在全国高校教学研究会理事会议上强调，在经历了近年来的大规模扩招以后，提高教学质量和人才培养质量已成为我国高等教育最主要的任务之一。教育部将于近期启动“高等学校教学质量和教学改革工程”。《教育部关于加强高校网络教育学院管理，提高教学质量的若干意见》亦于8月1日发布。《若干意见》中提出“提高认识，进一步明确高校网络教育学院的主要任务”，“采取切实有效措施，保证网络教育学院的教学质量”，“加强远程教育公共服务体系建设，促进资源分享，提高校外支持服务水平”。

《若干意见》要求各试点高校“尽快建立本校的网络教育质量标准，并按照本校制定的质量标准，从严管理，保证网络教育学院的教学质量”。所有这些对于中国大陆普遍高校的远程教育必将产生重要影响。

二、天津普通高校的远程教育

（一）天津市教育科研宽带网

为了加速天津市高等教育资讯化的进程，促进教育的现代化，在天津市高等学校“九五”实验室投资规划顺利完成的基础上，制定了天津市高等学校“十五”综合投资规划，自2001年开始执行。规划的一项重要内容就是在“九五”完成天津市教育科研宽带主干网一期工程的基础上继续进行二期工程建设。

天津市教育科研网平台、宽带骨干网由光缆骨干环网和近60公里的光缆支路及网络平台主要交换路由建设。通过在天津大学、天津商学院、天津工业大学分设的交换路由设备实现光缆环路主干高达2.5Gbps（动态带宽5Gbps）带宽资料传输与交换。天津市主要高校通过上述三大汇节点可实现网上100Mbps至1000Mbps的快速资料传输与交换。二期工程将天津四郊五县政府、区教委和所属重点中学接入到天津教育科研宽带网，形成覆盖天津18个区县的电讯级宽带网，总长度为450公里。二期工程已于2002年7月完成。天津市教育科研宽带网的建成，为天津市教育资讯化的发展奠定了坚实的基础，成为远程教育的重要支撑体系。在网络建成的同时，在天津市教育资讯化工作小组的领导下成立了北方教育网站，其服务对象是全市各级各类学校的学生、教师、科研人员和家长。它的宗旨是反映天津教育的发展和变化，交流教学改革资讯，开展远程教育，为用户提供所需要的多方面的新闻、资料和资讯。

（二）天津高等学校的远程教育

按照教育部的规定，只有经过教育部批准的网络学院或远程教育学院才有资格招收远程教育的学生。这样的学院在天津只有两所，一所是天津大学的网络教育学院，另一所是南开大学的现代远程教育学院。

2000年7月，天津大学网络教育学院正式成立，成为开展现代远程教育试点院校之一。天津大学是天津市第一所经教育部批准开展远程教育的高等院校，也是教育部与美国 SUN 公司合作开办的十所远程教育示范院校之一。天津大学网络教育学院已开设了专科、本科、专升本三个层次的学历教育，在天津大学已设置的43个本科专业中选择了社会急需的热门专业，开设的专业分别是：

本科：电脑科学与技术、工商管理、资讯管理与资讯系统、财务管理、法学、土木工程、艺术设计专业（环境景观设计方向、广告艺术设计方向）、会画专业（油画方向、中国画方向）、Midi音乐创作与传播。

专科：电脑应用与网络技术、工商管理、英语。

天津大学网络教育学院在全国11个省19个市设立了29个校外教学中心，目前在校生已达2600余人。天津大学网络学院根据社会对人才的需求，还将逐步增加网络教育开设的本科专业和研究生非学历的学位教育。

南开大学现代远程教育学院（以下简称学院）建于2000年10月，成立的时间虽晚，但在短短的两年时间里取得的成绩和经验令人瞩目。

首先，学院具有明确的、独特的办院宗旨和指导思想。现代远程教育在西欧和北美一直是解决供需矛盾，普及高等教育，扩大招生名额的一个重要手段，在我国也不例外。在这个特定的情况下，产生学生数量和质量的矛盾几乎是不可避免的。南开大学的现代远程教育从建立之日起，就明确地提出，专业课程的设置要体现名校特色。名校的特色是由名师、名课、名专业实现的。该学院从南开大学最有实力的专业院系中遴选了7个国家招生专业中的六个本科专业和1个硕士生专业。它们分别是风险管理与保险学专业、国际经济与贸易专业、金融学专业、英语专业、法学专业、电脑科学与技术专业，以及工商管理硕士专业。通俗地说，远程教育就是实行以学生为主体的教学方针，通过现代资讯技术手段，来复制精品。牢牢地把握住这一指导思想，把它贯彻到各项工作中去，使得普遍存在的学生数量和培养质量之间的矛盾得到较好的解决。

其次，教学活动建筑在具有前瞻性的先进的技术平台上。复制精品就必须有先进的技术来保证，让精品不走样。正如前文所说，仅就技术而言，中国大陆的现代远程教育在一哄而起的情况下，往往是有名无实，远程不远，网络不网。用散发光碟的办法代替远程即时互动式课堂教学的现象屡见不鲜。人们批评这样做还不如电视大学，根本体现不了网络教学的优越性。南开大学现代远程学院的教学完全地和切切实实地以先进的技术平台为基础。在条件许可的地区（如本市）采用宽带IP网实现即时交互的远程课堂教学。网络带宽已达2.5Gbps，由于采用了波分复用系统和 CISCO 高端骨干路由器，最高带宽可达2.5GbpsX8，现已做到视频、音频、资料的三网合一。所有教室均采用 MPEGH FULL-DI（720线）编码系统，并装备了高清晰背投系统，可以进行高解析度视频、音频传播。每个教室都备有电子白板、实物投影仪、电脑等全套数位化教学手段。该系统兼容远端电视会议系统，可以满足窄带条件下远程教育的需要。特别值得注意的是，该院非常注重传统的课堂教学方式。主管教学的院长认为，只有传统的课堂教学授课才能体现名师、名课的风采。通过先进的技术，在各教学站点让年轻学子原汁原味地品尝。在这里，先进的技术不是为技术而技术，也不是追求豪华、昂贵的设施，而是为了保证音频、视频传播的精确性，逼真性，保证学生耳闻目睹教师的音容笑貌，做到耳濡目染，受到直接的熏陶，只有这样才能出真正的精品。

第三，采取稳步发展，质量第一的方针。南开大学现代远程教育学院是本校远程教育的扩大和延伸。1999年南开大学和经济开发区签定建立“南开大学泰达学院”的协定。泰达学院坐落在天津经济技术开发区。距南开大学本部60公里。第一期建设学生容量25000人。为了解决校本部和泰达之间的师资、排课、学生选课、教师往返奔波等多方面的问题，决定建立远程教育系统。2000年10月18日，正式开通一对教室，达到了在宽带IP网上实现即时交互、高清晰显示的远程教学目的，成为我国第一个开通广播级网上教育的学校。现在校本部和泰达学院各有四个远程教学教室，可以实现一对一或一对多点教学。在本校远程教育取得经验的基础上，南开大学申报的在全国范围内进行远程教育试点得到批准，2000年12月8日现代远程教育学院正式成立。2001年在本部、泰达、山东济南、浙江台州、四川成都四点五地招收本科生735人。2002年，增加福建福州、湖北黄石、辽宁大连和葫芦岛等地的招生。为了保证教学质量，南开大学现代远程教育学院在学生培养的全过程中采取了一系列的有效措施，其中比较重要的有：

1）把住了入学门，在招生中坚持宽进有度。如前所述现代远程教育的目的之一是普及高等教育，提高同年龄集团的入学率，因此允许宽进。为了保证质量，学院认为宽进必须有度。在招生中坚持以质量为主，招生人数必须服从质量。为此，在招生操作中坚持严格录取程式，以保持较高水准的生源标准。2001年符合录取条件至学院报名的学生为1098人，实际录取806人，最后注册735人。

2）由教学经验丰富的教师授课，每门课除了有正式的主讲教师外，还配备了一些博士生和硕士生担任助教对学生进行辅导。教学站点也在当地配备了相应的指导教师。教师与学生的比例为1比22.9。主讲教师的电子邮件地址公开，学生和主讲教师可保持密切联系。

3）强调发挥传统课堂教学的优势，坚持双向即时课堂教学为主（详见前文所述）。

4）严格执行考试制度。各门各类考试，均采用闭卷笔试，学院统一出题，期末考试学院派出巡考人员携带封装的试卷至各地，考试结束后，再由巡考人员封装后带回，学院组织教师、助教统一阅卷。

5）严出有度，学院在办学中坚持：严格规章制度、严格教学管理、严格校风校纪，对每个教学站点的学生都按南开大学学生的要求进行管理。

第四，发挥网络特点，利用强大的点播系统让学生能够充分独立自主地学习。该院在全国教育网和公共网上建立了网络课件的点播站点。前者是为了满足各远程教学站的学生在公共机房进行点播学习的需要。后者则是为了满足学生在家或在社会上网络机房进行课件点播的需要。所有课堂教学均录制成课件，供学生反复点播学习，学校专门拨款，增添高容量服务器，放置教师自制的学习课件及电子教案供学生下载。

第五，采用了在董事会领导下院长负责的新体制，有一支精干的管理工作队伍。南开大学和北京网擎资讯科技有限公司共同组成南开大学现代远程教育学院董事会，由董事会任命院长、副院长及主要部门负责人。经费（收入和支出）由双方签定合同解决。

组织结构示意图

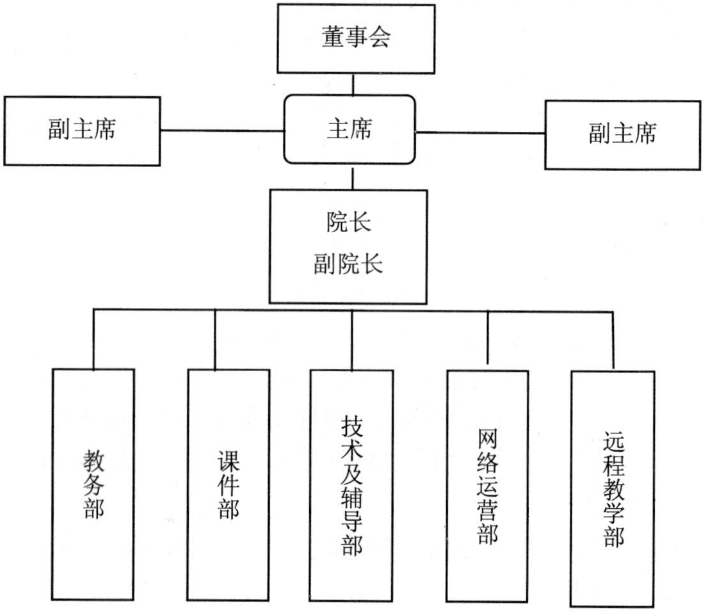

技术及辅导部：由南开大学和网擎公司共同组成，其职能是：

1. 负责学院技术方案的实施和更新。

2. 负责学院设备的维护和更新，对主讲教室进行操作值机的维护。

3. 负责选聘水平高的教师担任主讲教师。

4. 安排教师在南开大学站点上（或网擎公司的站擎上）对网上学生提出的问题进行答疑。

教务部的职能是：负责组织招生、制定教学大纲和教学计划的实施。

课件部负责建立教学管理系统，组织开发研制各种课件。以上两部由南开派员。

网络运营部负责网络建设、网络的运营和维护。

远程教学部负责当地生源的组织、报名和教学组织管理工作。以上两部由网擎派员。

所有人员受学院统一领导。

在南开学院的总部，教学和专职的管理人员共 8 人。他们的总体素质高，责任心强，办事讲效率，热爱远程教育事业。笔者为撰写此文曾与部分管理人员进行过交谈，深深地被他们的敬业和奉献精神打动。这是南开现代远程教育学院获得成功的一个重要因素。

三、天津市高等学校的数字图书馆建设

天津市高等学校图书馆的自动化、网络化和数字化的工作发端于 20 世纪 80 年代中期。20 世纪 90 年代中后期，普遍建立了图书馆自动化管理系统和校园网。从 2001 年起开始大量购置国内外的全文资料库，高校数字化图书馆建设也同时起步。天津市高校图书馆建设是天津市高等学校综合投资“十五”规划（以下简称“规划”）的一个重要组成部分。“规划”由三个部分组成：1）学科建设；2）教育资讯化（包括基础设施建设和资源建设）；3）职业技术教育。

教育资讯化建设中基础设施建设即天津教育科研高速宽带网的建设前文已经有所说明，不赘述。资源建设的具体内容是建设天津高校的

文献资讯保障系统，具体内容如下：

1. 建立数字化图书馆资料中心
2. 建立若干学科文献资讯中心
3. 建立采编中心
4. 建设具有馆藏特色的学科文献资料库
5. 建设图书馆工作人员和读者培训基地
6. 馆际互借互阅
7. 建设图书馆自动化集成管理系统，实现各馆间互连互通
8. 建设读者电子阅览环境，投资建设一批电子阅览室

建设数字化图书馆中心的工作已于 2002 年初启动。2002 年 1 月 24 日天津市高校数字化图书馆建设管理中心正式宣告成立。中心成立 8 个多月以来主要进行了以下几个方面的工作：

●建设有特色的天津市高校图书馆自动化管理系统

●有选择地引进中外文全文资料库

●进行资源调查，摸清底数

●以人为本，实施图书馆长和技术骨干的培训计划

●全方位地开展馆际互借工作

●因势利导，发展本市各系统及京、津、沪、港四地网络图书馆之间的交流与合作

下面着重介绍第前两项工作的进展情况。

天津市高等学校统一的自动化管理系统是在各校图书馆原有的自动化系统基础上进行的。截至 2002 年初天津市高校图书馆至少有 9 种不同的国内外软件的不同版本在运行。各种软件水平、性能参差不齐：用户界面和资料库系统不统一；书目资料标准化的程度和处理多语种的能力差别很大；捕捉网上资源的功能、电子资源管理、导航和检索尚处于起步阶段；对软件的开发和管理工作普遍需要加强。在这种状况下，很难实现文献资源的共知、共建、共用，更无法充分组织和利用丰富的网上资源。针对上述情况，经过多次调研和论证，各馆协商一致，决定引进美国 Sirsi 公司的 Unicorn 系统，作为天津市 16 所地方高等学校共同使用的自动化管理软件。引进国外成熟的自动化管理软件是出于以下几点考虑：

1. 数字化图书馆建设是天津市高校“十五”投资中的重要工作之一，必须为此项工作的全面推进做好充分准备。

2. 自动化管理系统是图书馆业务的基础，也是建设数字图书馆的基础。国外的软件与国内软件相比，在技术的先进性、成熟性、灵活性和可扩展性均胜过一筹，引进国外软件使我们在自动化管理方面能有一个更高的起点，便于同国际接轨。

3. 有利于促进我市高校图书馆的联合，建立统一平台，实现更为广泛的资源分享（技术共用、人员共用、软硬件共用，书刊目录资源分享）。

4. 首都的北京大学、人民大学和本市天津大学和南开大学图书馆在几年前就已经引进这一软件，该软件的汉化程度较高，各馆在使用中积累了一些经验，便于天津高校吸取。使用同样的管理软件，也便于各馆之间的交流合作，并为今后与天津大学、南开大学的自动化系统合并做好准备。

天津市高校图书馆从 Sirsi 公司引进的系统软件有两套，一套是 Unicorn 自动化集成系统管理软件，供所有图书馆使用。用于图书馆基础业务工作的管理，并为读者提供网络资讯服务。另一套是 Hyperion 数字媒体档案系统软件，供数字媒体的管理和专门部分图书馆的使用，特别适用于非书资源的管理（包括：扫描文件、相片、地图、素描、艺术品、音响和电影资料、以及电脑生成的全部资料）。

在讨论引进的方式时，有两种不同意见，一种意见是 16 个图书馆共同购买一套软件，可称之为联合图书馆模式。采用这种模式的优点是，实行集中管理，大大减少冗余，减少重复劳动，节约开支，可以充分发挥软件的效能和我市高速宽带网的优越性。各馆解放出来的人力可从事有待开发的用户服务工作。缺点是，因集中程度高，对管理和操作维护人员的素质要求高，对网络的可靠性、安全性的要求高，在体制和观念上的变化大，风险也大，管理中心的责任重。另一种引进模式可称之为单馆系统上的联合方案。好处在于能解决第一套方案可能出现的问题。体制上、工作程式上的变化较小，风险小。但开支明显增加，需由各校均摊。工作上的重复也难以避免，资源不能充分共用。经过反复磋商，决定将第一个方案作为首选方案，第二个方案作为备用方案，并于5月28日与Sirsi公司签定了商务合同。根据软件系统的要求，8月28日，中心与美国IBM公司签定了购买该公司出产的服务器的合同。这套系统投入运行后，必将大大提高天津高校图书馆自动化管理的水平，为数字化图书馆的建设打下坚实的基础。

迄今为止数字化图书馆中心已经订购了两个中文全文资料库，一个是超星数字图书馆（拥有30万册电子图书可在网上阅览下载）。另一个是维普期刊资料库(拥有8000种中文期刊和部分外文科技期刊论文摘要和索引，用户可在网上浏览，并下载全文)。这两个资料库开通以来，为天津高等学校的教学和科研工作提供了丰富的文献资料，受到广大师生的欢迎。今年7月，中心下属的10个院校联合订购了国际上著名的出版商Springer在网上发行的电子期刊近400种，现正在试用中。

国内外远程教育成功的经验告诉我们，远程教育若想取得成功，必须有数字化图书馆作为支撑和依托。数字化图书馆若要充分发挥其功能，决不能局限于校园内的读者和用户。远程教育的学员是数字化图书馆服务的一个重要的用户群体。如何为这个特殊群体做好服务工作，还有许多问题有待深入研究。让学生能够在任何时间、任何地点，只要与互联网相连接，就能取得学习所需要的资源，已经不是遥远的未来，经过人们的努力，一定会成为现实。

参考文献

1. 赵向华，《我国现代远程教育驶入快车道》，《中国远程教育》，2000/8

2. 丁与富：普通高校网络远程教育面临十大挑战，《中国远程教育》，2002/8

3. 教育部关于加强高校网络教育学院管理提高教学质量的若干意见（2002/918）

4. 天津大学网络学院简介

5. 南开大学现代远程教育夜报（档案资料）

6. 雷宗保：《现代远程教育与科学技术》（讲稿、幻灯片）
7. 南开大学现代远程教育学院 2001 年自查报告（档案资料）
8. 天津高校数字化图书馆建设管理中心文档

（合作者：史永强）

原文载中华图书资讯学教育学会编辑：《网络教学与图书资讯学应用研讨会会议论文集》，台北市：国家图书馆，2000 年

中美大学图书馆比较研究

引　言

本研究课题是原国家教委人文社会科学“八五”规划项目，课题原名称为“当代中外大学图书馆事业比较研究”。在收集资料、进行调研的过程中，我们发现，当代大学从管理类型上划分，大致有两种模式，即以集中等级管理为特点的法国、俄国模式和以分权为特点的美国模式。大学图书馆的发展不能不受到学校管理体制的影响。旧中国大学教育模式受美国影响较大，在管理体制上有一个从分散走向集中的过程。新中国成立后，在前苏联高等教育管理体制的影响下，形成了高度集中的管理体制。改革开放以来，中国高等学校的国际交流日益频繁，美国的影响逐渐加大，但体制上没有大的变化。比较研究宜从类型比较入手，差别越大，越容易发现问题和说明问题，彼此的互补性也越强。因此，我们将课题名称改为“中美大学图书馆比较研究”。这样做的另一个好处是，便于资料的收集和整理，缩小研究范围，使研究工作向纵深发展。

比较研究的目的是为了寻找一个参照系，以便更清醒地、更客观地认识自己，促进中国大学图书馆事业的发展。中国政府已经决定在“九五”期间正式实施“211 工程”，即面向 21 世纪，分期分批重点建设 100 所左右的高等学校和一批重点学科，使其到 2000 年在教育质量、科学研究、管理水平及办学效益等方面有较大提高，争取有若干所高等学校在 21 世纪初接近或达到国际一流大学的水平。要想达到这个目标，就必须有一流的公共服务保障体系，包括校园网、图书馆、实验室和现代化的教室。本课题正是本着“他山之石，可以攻玉”的原则，在比较研究中找出中国高等学校图书馆前进的目标和方向，找到提高和改进自己的途径和方法。

高等学校图书馆是为教学与科学研究服务的学术性机构，它的发展受多种因素的制约和影响。首先是学校的办学方向和目标，与之直接相关的就是办馆的目标。这些都受学校规模、体制和教育模式的影响，而且各有自己的发展过程。为此，我们的第一个子课题是两国高等教育发展的模式和大学图书馆的概况，目的在于宏观地把握发展过程和全貌。然后是文献收藏、读者服务、技术变革与馆舍建筑。

一、发展概况

（一）中美高等教育的发展

近代中国高等教育是中西文化撞击的产物。中国古代虽然也有自己的最高学府，如太学、国子监以及后来发展起来的书院，但教学内容没有超出儒家经典的范围，其宗旨是为封建政权培养人才。西方列强用军舰和大炮打开中国的大门后，西方的科学文化和教育模式也随之进入中国。近代中国高等学校大致上可以划分为三种类型：官办大学、教会大学和私立大学。

清政府于 1862 年建立的“同文馆”是中国自己创办的第一所具有近代高等教育内容的学校，其目的是为清政府培养外语翻译人员。自 1869 年起，担任“同文馆”总教习的美国传教士丁韪良，对教学内容和教学设施的改进做出了贡献。在他的坚持下，“同文馆”设立了自然科学方面的课程，建立了天文台、实验室和图书馆。从 1895 起，清政府先后在天津、上海和北京创办了天津中西学堂（1903 年改为北洋大学）、南洋公学上院（上海交通大学前身，建于 1896 年）和京师大学堂（北京大学前身，建于 1898 年）。20 世纪初，官办大学进一步发展，在英国传教士李提摩太的倡议下，山西省创办的山西大学，是中国第一所省立大学。其后各省竞相效仿，到 1909 年，中国已有官立高等学校 120 余所，其中大学堂 3 所，省立高等学堂 23 所，其余为高等专科学校。1902 年，清政府颁布的《学堂章程》规定，高等教育机构有大学堂、高等学堂、高等实业学堂、法政学堂及优级师范学堂。这些官办大学的办学宗旨是培养忠君、尊孔、兼通西学的封建官僚。

封建文化仍占主导地位，办学条件较差，与真正意义上的近代大学还有很大差距。经过民国初年的教育改革和“五四”运动的洗礼，封建性的弊端才逐渐革除。

美国圣公会于 1879 年在上海建立的圣约翰大学是最早在中国建立的教会大学。20 世纪初，教会大学有较大发展，到 1920 年达 20 所之多。在新教方面，除了圣约翰大学之外，还有东吴大学、上海浸会大学（后改名为沪江大学）、金陵大学、华南女子大学（后改为华南女子文理学院）、华西协和大学、之江大学（后改为之江文理学院）、金陵女子大学（后改为金陵女子文理学院）、岭南大学、齐鲁大学、燕京大学、华中大学。天主教方面有震旦大学、辅仁大学、天津工商大学。教会大学的办学宗旨，起初是培养高级传教人员，谋求基督教在中国的发展，后来成了培养列强在华高级企业人才、政府官员和社会领袖的基地。经过 20 世纪 20 年代的非宗教、非基督教运动和收回教育主权运动，充斥于教会大学的帝国主义气焰才有所收敛。教会大学的办学条件较官办大学略胜一筹，比较重视图书馆和实验室的建设。

在半封建半殖民地的中国，民族资本不能得到充分发展，私人办学举步维艰，私人大学更是屈指可数，主要有武昌中华大学（1912）、北京的中国大学和朝阳大学（1913）、严范孙和张伯苓在天津创办的南开大学（1919）、陈嘉庚创办的厦门大学（1921）。后两所学校教学质量较好，对图书馆建设也比较重视。卢木斋和黄奕在 20 世纪 20 年代的捐赠，为这两所学校的图书馆奠定了坚实的基础，一时传为美谈。

民国成立后，曾于 1912 年和 1913 年重定学制，高等教育机构有大学院、大学、专门学校及高等师范学校，各分为预科、本科。1922 年，教育部公布了新学制。其在高等教育方面的最大改革在于：（1）设单科大学；（2）高等师范学校改为高等师范大学；（3）大学采纳选课制；（4）废止预科。南京国民政府成立后，先后公布大学区组织条例、大学组织法、大学规程及专科学校规程。根据上述组织条例等的规定，高等教育机构分为大学、独立学院、专科学校三种。大学分为文、理、法、教育、农、工、商、医等 8 个学院。具备 3 个学院以上者，方可称为大学；且 3 个学院中必须包含理学院，或农、工、医学院之一。不满 3 个学院者，成立独立学院。修业年限除医学院外，均为4年。抗日战争期间，中国高等教育事业受到日本侵略者的严重摧残，沿海地区的高等学校纷纷内迁，有一迁再迁、甚至八迁者。因此，图书设备损失惨重，虽颠沛流离，而弦歌不绝。抗战胜利后，国民政府教育部对国立专科以上的学校地点进行了调整，布局稍趋合理。同时，拨出经费修建校舍。到1947年，共有专科以上学校207所，在校学生15.5万人。

新中国成立后，中国高等学校按照前苏联的模式进行了院系调整。当时中央确定的基本方针是："以培养工业建设干部和师资为重点，发展专门学院和专门学校，整顿和加强综合大学。"具体做法是，根据国家社会主义经济建设的需要，进行全国范围内的院系调整：（1）将原有系科庞杂的旧制大学，改造为培养目标明确的新制大学；（2）将国家建设所迫切需要的系科专业，分别集中或独立，建立新的专门学院，充分发挥师资或设备的潜力，提高教育质量；（3）改变旧大学不合理的布局和结构，增加工科院校的比重，整顿、撤消、归并一批高校；（4）取消旧大学学院一级的建制，改为校系两级管理，普遍设立专业，按专业培养人才。

经过院系调整，革除了旧制高等院校系科设置零乱、师资设备分散、教学脱离实际的弊端；在新工业区和内地新建了一批大学；改变了旧中国工科教育极端落后的状况，基本建成了机械、电机、土木、化工等专业比较齐全的工科教育体系；适应国家急需，增加了工科院校和师范院校的比重。从全局看，这次院系调整是有成绩的，奠定了新中国高等教育的基础。但是，由于在学习外国经验上有很大的片面性，对欧美的经验缺乏历史的、辩证的分析，存在不少缺点，使中国的高等教育走了一段弯路。最大的问题是，将前苏联所继承的欧洲大陆的理论与实践相分离的知识等级体制，误认为社会主义体制，加以采纳；而把美国的理论与实践相结合的体制看成是资本主义体制，加以排斥。致使一些办得较有成效的文、理、工、农、医综合大学被撤消或肢解了；保留下来的综合性大学一律改为文理大学，没有应用学科的支持。许多专门学院，缺乏文理学科的依托，学科单一，专业口径过窄。很显然，这种建制违反了现代高等教育发展的趋势。

中国高等教育事业在改革开放之后发展很快，普通高等院校的数目从1978年的598所，增加到1990年的1067所，在校学生人数也从85.6万增加到130万。在此过程中，许多文理科大学不能不增设应用学科；许多工科大学不得不重新设置文理学科；规模较大的学校不得不恢复校、院、系的三级管理体制。新中国成立后，政府对高等教育的管理因袭了中国高度集中管理的传统，全国高校不论属于何种类型、层次，均由政府出资，国家公办，学校完全根据主管部门下达的经费、人事指标及指令性计划办学，学生由主管计划部门和主管业务部门统招统分。学校基本上没有办学的自主权，事实上成了主管部门的办事机构。这种情况，直到改革开放后才开始改变。1985年5月，发布了《中共中央关于教育体制改革的决定》，其中对于高等教育的战略目标和改革的方向、内容、步骤都作了明确的规定。1986年3月，国务院发布了《高等学校管理职责暂行规定》。这些文件的基本精神都是扩大高等学校办学的自主权。当前，中国的高等教育正处于深刻的变革之中。

美国的高等教育走过了一条与中国全然不同的道路。美国最老的大学哈佛大学建于1636年，旨在培养专职牧师和公众领袖。殖民地时期建立的高等学校大多奉行类似的办学宗旨。学习的课程主要是希腊文、拉丁文、希伯莱文、逻辑学、修辞学、古代史和数学。同欧洲中世纪晚期的大学颇为相似。后来才逐渐地增添了科学、现代语言和文学方面的课程。为了适应工业革命和西进运动发展的需要，美国在19世纪出现了不同类型的大学。托马斯·杰弗逊（Thomas Jefferson）于1819年在弗吉尼亚州建立了最早的州立大学。杰弗逊是宗教与国家分离原则的鼓吹者，州立大学与早期大学不同之处在于它不再有宗教的目的，而是为世俗培养人才。马里兰州、宾夕法尼亚州和密执安州的大学一开始就设置了农业、工程和应用科学方面的课程。哈佛、耶鲁、达特莫斯等校也增设了理学院。师范学院是为培养中小学师资而建立的。这些师范院校后来发展成为一般院校，有的则并入其他大学。法学院和医学院在19世纪也逐渐成为高等学校的重要组成部分。

美国国会于1862年通过了土地赠与学院法，又称莫里尔法（Morill Acts）。这项法令规定联邦政府将一定数量的国有土地拨给州政府，作为建立高等农业院校和农机院校的资源。这类院校遍及全国各州，课程以科学特别是以应用科学为主，包括本科生和研究生教育，对本州居民收费低廉，旨在使年轻一代均能受到大学教育。许多被赠与土地的高等学校，后来发展成为学术水平较高、影响较大的名牌州立大学，成为发展中国家高等教育效法的对象。1876年，约翰·霍普金斯大学建立于巴尔的摩。这是一所体现德国高等教育思想的学校，注重研究生教育，并将讨论班的形式引入研究生教学。从此，研究生教育就成了美国高等教育的一个重要组成部分。老学校如哈佛大学和耶鲁大学，新建校如芝加哥大学和斯坦福大学都在学术自由和自主的精神指导下发展了它们的研究生教育。与此同时，妇女、黑人和其他少数民族的高等教育也都在不同程度上得到了发展。

20世纪是美国高等教育大发展的世纪，学校和学生的数量增长很快。1940年，美国有1708所高等学校，在校学生1388000人。到1992年，高等学校增加到3587所，在校学生增至14359000人。同大学本科教育相比，研究生教育发展的速度更快。70年代末，本科生入学总数为970万人，1992年增至1220万人，增长率为26%。研究生的入学人数，从1978年的130万人增加到1991年的170万人，增长率为30%。高等教育的大发展是美国从工业社会向后工业社会发展的需要，同时也是联邦政府和州政府大力支持的结果。1944年，罗斯福总统签署了《军人重新安置法》(即《美国士兵权利法案》)，为退伍军人进入大学提供了有利条件。1958年的《国防教育法》从“对付人造卫星的挑战”和“满足国家基本安全的要求”出发，联邦政府加大了对各级教育，特别是高等教育的投入，采取了一系列的措施改革高等教育，加强理工科大学和重点大学的建设。此后，联邦政府还陆续颁布了一些法令，如1963年的《高等教育设备法》、1965年的《高等教育法》、1972年的《高等教育法》和1980年的《教育修正案》。根据这些法令，联邦政府增加了对高等学校的拨款，以改进设施，增加公民接受高等教育的机会。高等学校学生在20～24岁年龄层中所占的比重，1970年为56%，1990年增至75%，在发达国家中遥遥领先。1982年以来，联邦政府和州政府对高等教育的资助锐减，90年代中期以后才略有恢复。

美国的高等学校可划分为三大类：研究型的大学（University）、四年制的学院（College）和二年制的社区学院（Community College）。在四年制的学院和大学中，公立（州立）占少数，私立占多数。大学一般设普通学院四年制本科和研究生院两部分。学院大致可分为文理学院和专门学院。社区学院自 20 世纪 60 年代以来发展很快，据 90 年代初的统计，在 3600 多所高等学校中，公私立社区学院达 1444 所之多，在校学生占高等学校在校学生总数的 40%。

美国政府对高等学校实行分权管理的办法，管理高等学校的责任主要由州议会、教育行政部门承担，私立学校则实行董事会制。这种管理体制有利于发挥地方政府和学校的积极性和创造性，但不利于宏观调控和整体规划。第二次世界大战后，随着高等教育规模的急剧扩大和联邦政府权力的膨胀，联邦政府对高等教育的干预增多了。1979 年，联邦政府建立了教育部，负责反对种族歧视教育法规的执行和联邦对高等教育补助经费的管理与分配。

（二）中美高等学校图书馆事业概况

中国近代图书馆事业兴起于 19 世纪下半叶。“同文馆”在建立之初就注意到藏书建设，通过赠与和交换的方式从国外获取了一批外文图书。1887 年建立了专用的“书阁”。当时有“汉文经籍等书 300 本，洋文 1700 本，各种功课之书、汉文算学等书 1000 本”。1898 年京师大学堂成立，由梁启超起草的《京师大学堂章程》，把藏书楼的建设置于十分重要的地位。强调要设立大藏书楼“广集中西要籍，以供士林浏览，而广天下风气”。《章程》还对藏书楼的体制和经费作了具体的规定：建设藏书楼费用约白银 2 万两，购中文书费约白银 5 万两，购西文书费约白银 4 万两，购东文书费约白银 1 万两。建校后，原强学会和官书局的图书并入，成为该校第一批藏书。不幸的是，这批珍贵的典籍大多在庚子事变中被毁。1902 年 10 月，京师大学堂藏书楼正式创立。1903 年清政府颁布的《奏定高等学堂章程》和《奏定大学堂章程》中，明确规定：“大学堂当置附属图书馆一所，广罗中外古今各种图书，以资考证。”创立了高等学校必须取法京师大学堂建立图书馆的好传统。

1927 年至抗日战争爆发前，是中国高等教育事业和高校图书馆迅速发展的时期。据第一次《中华民国教育年鉴》的统计，1931 年全国公私立大学及学院 73 所，其附设图书馆共藏有图书 270 万册，平均每校图书馆藏有图书 4. 5 万册。藏书量达 20 万册以上的有中山大学、北京大学、私立燕京大学。藏书 10 至 20 万册的学校图书馆有 6 所，5 至 10 万册的有 13 所，接近 5 万册的有 36 所，藏书达 1 万册的有 13 所。抗日战争爆发后，由于日本侵略军的烧杀抢掠，使中国文化教育事业蒙受重大损失。早在 1932 年，商务印书馆创办的东方图书馆就被日机炸毁，46 万余册藏书付之一炬。在大学图书馆中，南开大学的木斋图书馆损失惨重，馆舍被夷为平地，藏书 20 万册，劫后幸存者不足十分之一。其他大学如上海暨南大学、金陵大学、中央大学、长沙湖南大学等校图书馆也受到很大破坏。

1937 年～1949 年间，中国高等教育事业和图书馆事业受战争和腐败的国民党政府统治，发展速度受到影响。八年抗战，尽管有北大、清华、南开组成的西南联合大学“笳吹弦诵在春城”，谱写了高等教育史上的壮烈篇章，但办学条件的艰苦是人所共知的事实。8 年累计，联大共有中文、日文图书 34,100 册，西文图书 13,900 册（含英国牛津大学、美国哈佛大学和加州大学的赠书），两者合计不过 48,000 册。

战后，国民党政府教育部采取了一些补救措施，主要是：（1）将历次中美贷款内所获之美元，订购仪器、图书、机械等，分发国立专科以上学校使用；（2）订购美国 1940 年～1946 年间的期刊 197 种，共 799 箱，分发国立中央大学等 48 所校馆使用；（3）订购《图书集成》及《四部备要》各 10 部，分发国立台湾大学等 20 所院校使用；（4）美国图书中心赠送刊 804 箱，分发岭南大学等校使用，美国图书馆协会赠书 20 箱，其中图书 418 种、期刊 337 种，分发金陵大学、北京大学使用。其他国际赠送单位还有美国联合援华会、印度和日本岩波书店，所赠图书分发各大学使用。这些措施虽然是杯水车薪，难以满足全部需要，但由于战后高等教育机构数量有所增加，1946 年～1947 年间高校图书馆的馆藏总量与 1931 年相比，有明显增长。公私大学和独立学院的藏书总量近 600 万册，加上专科学校的藏书近 640 万册，比 1931 年增加了 1.4 倍。按有图书统计资料的 151 所院校计算，平均每个单位藏书 42,366 册，依《第二次中国教育年鉴》，按馆藏数量排列，情况如下：

1. 国立北京大学	占地 1256m^2	742894 册（1948）	1936 年藏书 244440 册
2. 国立台湾大学		50 万册以上	
3. 私立华西协合大学		24 万余册	战前藏书 40 余万册
4. 国立北京师范学院		2088818 册	
5. 国立中央大学	占地 2328.17m^2	18 万余册	战前藏书 40 余万册
6. 私立中法大学		156828 册	
7. 国立武汉大学		154455 册	
8. 私立齐鲁大学		151341 册	战争中损失 2 万余册
9. 私立燕京大学		15 万册以上	
10. 私立震旦大学		约 15 万册	
11. 私立圣约翰大学		143691 册	
12. 国立复旦大学		140000 册	
13. 私立福建协合大学		136857 册	
14. 国立清华大学		136500 册	战前藏书 390000 册
15. 私立福建学院		10 万余册	

新中国成立后，随着高等教育事业的发展，高校图书馆的建设得到加强。1956 年 12 月颁布的《中国高等学校图书馆试行条例（草案）》明确规定："高等学校图书馆是为教育学和科学研究服务的学术性机构。"它的主要任务是："（一）搜集供应教学、科研所需要的书刊资料；（二）以科学的方法统一管理全校的图书工作；（三）通过书刊和资料宣传马克思列宁主义及党和国家的政策；（四）培养图书馆的干部，开展图书馆学的科研工作。"《条例》对高校图书馆的机构设置、人员编制和待遇、经费都有较为详细、具体的说明，为规范高校图书馆的工作提供了依据。

旧中国留下的高校图书馆只有 151 所，馆藏总量 650 万册。1957 年，高校图书馆增加到 229 所，1965 年发展到 434 所，1980 年更增至 675 所，馆藏量增加到 1.94 亿册。改革开放以来，高校图书馆的发展加速，情况如下：

项目（单位）	1980 年	1986 年	1990 年[2]	1994 年
高校图书馆（所）	675	1053	1075	1080
藏书册数（万册[1]）	19362	31757	38170	41800
人员数量（人）	17297	32779	35180[3]	38162[4]

注：[1]不包括系（所）资料藏书。[2]1990 年只统计了 977 个馆，占应统计馆的 90%；其余年份的数据完整率均在 95% 以上。[3]其中高级职称 1,707 人，中级职称 8,431 人，初级职称 15,017 人。[4]其中高级职称 2,707 人，占 7.1%；中级职称 11,735 人，占 30.8%，初级职称 14,505 人，占 33%。

在1000多所高校图书馆中，藏书在100万册以上的有35所，居前15所的大学图书馆有：

校（馆）名	总藏书量（万册）	其中古籍（万册）	订购报刊（种）
北京大学	430	150	7000
四川联合大学	368		4500
复旦大学	345	36	6000
南京大学	331	30	
武汉大学	278	20	
华东师范大学	275	27	
中国人民大学	260	40	
中山大学	258	30	5070
北京师范大学	256	40	
清华大学	250	30	5000
南开大学	220	30	5100
东北师范大学	220	46	3394
吉林大学	218	40	5166
安徽师范大学	214	23	
南昌大学	207		

高等学校图书馆馆舍建设近20年来也有长足的进展，诸如：

校（馆）名	馆舍面积（m^2）	新馆舍建成时间
北京大学	24500；50000	1975，1998
清华大学	27820	1991
中国人民大学	26000	1992
北京师范大学	22300	1989
南开大学	22310	1990
天津大学	25391	1990
吉林大学	25093	1991
哈尔滨工业大学	23500	1994
复旦大学	20000	1986
上海交通大学	40000	1985
华东师范大学	21774	1990

续表

校（馆）名	馆舍面积（m^2）	新馆舍建成时间
同济大学	20700	1989
浙江大学	21000	1982
南昌大学	23400	1994
武汉大学	22884	1984
华中理工大学	24520	1990
深圳大学	23000	1986
华南理工大学	21148	1990
四川联合大学	28760	1987
西南师范大学	16000	1988
西安交通大学	24000	1991
西北工业大学	21000	1993

高等学校图书馆建筑在设计中注意贯彻美观与实用相结合的原则，从中国经济实力出发，吸收了国外图书馆建筑思想中一些有益的东西，尊重中国读者的阅读习惯，注重发挥图书馆的功能，建成了的一批质量较好的图书馆，大大改善了办学条件。自 20 世纪 70 年代末期，中国大学图书馆开始将计算机应用于图书馆管理，20 多年来，取得了长足的进步。中国教育和科研计算机网（CERNET）建成后，使高校图书馆进入了网络化的新阶段，大大缩短了中国大学图书馆与发达国家大学图书馆的差距（详见本文“技术变革”部分）。

美国的大学图书馆馆藏是从私人捐赠开始的。1638 年，哈佛学院建立两年之后，在马萨诸塞州定居不久的约翰·哈佛（John Harvard，1607～1638）牧师去世，他的藏书 360 册成为该学院图书馆最早的馆藏，他的一半家产约值 800 英镑也赠给学院。学院因此以他的名字命名。哈佛学院图书馆的第一任馆长是所罗门·斯图达尔德（Solomon Sytodard），1667 年就职，当年就制定了《1667 年图书馆章程》，对于图书借阅的范围、借书期限、赔偿罚款、图书馆工作人员的职责都有明确的规定，沿用达 200 年之久。耶鲁大学也因第一位赠书者埃利胡·耶鲁（Elihu Yale，1649～1721）赠书 417 册而得名。足见美国大学对图书馆藏书的重视。19 世纪上半叶以来，美国大学图书馆徐徐前进，发展缓慢。馆藏内容主要是文学特别是古典文学作品。其次是神学著作、法学和医学著作。馆藏的增加主要依赖私人捐赠，有计划的系统采购较为罕见。1850 年，史密森博物院发表的一份关于图书馆的报告指出，高等学校的图书馆往往是私人慈善机构馈赠的集合，馆藏质量不高，只有少数图书馆的藏书经过精心挑选，收藏质量堪称全国之冠。当时共有 119 所高校图书馆，藏书总量 580,901 册。高等学校都有学生社团开办的图书馆，藏书内容符合学生一般需要，其中以耶鲁大学学生图书馆的收藏质量最好。这类图书馆全国共有 134 所，藏书 259,089 册。大学图书馆馆员（长）多由教师兼任。图书馆开放时间很短，每周只开放几个小时。购置图书的经费有限。而且只有手写的书本式目录。

19 世纪下半叶，美国大学图书馆的藏书数量和管理质量都有了长足的进步，诸如：

校（馆）名	建校时间	馆藏数量（册）					
		1776 年	1800 年	1836 年	1849 年	1870 年	1900 年
哈佛	1636	7000	10000	47500	86200	227650	910000
威廉和玛丽	1693	2000	—	—	—	5000	13000
耶鲁	1701	4200	3675	25500	50481	114200	476000
普林斯顿	1746	1200	1200	11000	16000	41000	177449
宾夕法尼亚	1753	2500	4000	2000	92500	25573	282525
哥伦比亚	1754	1500	2249	—	127400	33590	31000
布朗	1764	500	—	11600	31600	45000	140000
达特默斯	1769	—	3000	14500	21900	52500	112000
乔治敦	1789	—	—	12000	26000	32268	88300
威廉斯	1793	—	1000	6200	10559	27500	47463
包德因	1794	—	—	12000	24750	35860	67164
南卡罗来纳	1801	—	—	10000	18400	28250	32783
美国军事学院	1802	—	—	—	15000	25000	51920
阿姆荷斯特	1821	——	—	10550	13700	38533	92000
三一学院	1823	—	—	4500	9000	15000	67071
弗吉尼亚	1819	—	—	10000	18378	40000	50473

1876年，在美国图书馆事业史上是具有里程碑意义的一年。这一年有几件大事发生：美国图书馆学会成立；美国第一个图书馆学杂志《美国图书馆杂志》创刊；《杜威十进分类法》一书出版；卡特《字典式目录规则》发表。许多大学图书馆陆续采用了杜威分类法和卡特的目录规则，图书馆的目录管理逐步规范化。

美国高等学校在19世纪最后30年中发生的变化，对高校图书馆产生了重大影响。随着科学的发展和满足工业化对专门人才的需要，高等学校增添了许多自然科学方面的新课程，哈佛大学率先实行了选课制。在德国的影响下，研究生教育普遍采用讨论式的教学方法。所有这些，都使得图书成为教学工作的重要资源，从而确立了图书馆在高等学校的中心地位。

进入20世纪，美国的大学图书馆馆藏发展很快。以哈佛大学为例，1900年馆藏为91万册，1925年达250万册，1940年更增至近400万册。1900年，该校的总图书馆设在考尔大厅（Gore Hall），1915年迁至新建的威德纳纪念图书馆，预计可以使用50年，但到1930年就不敷用了，只得另建霍顿善本书图书馆（Houghton Library）和莱蒙特本科生图书馆（Lamont Library）。此外，哈佛大学在20世纪30年代约有70个系级图书馆，各自收藏数以万计的与本专业有关的书刊，这也减轻了总馆的压力。随着图书馆数量的增加，各馆的服务工作也发生了很大变化。开放的时间延长了，目录工作更加完善，为师生服务的手段更为多样化。在这方面，印第安那大学图书馆很具代表性。1880年，该馆只有1万册藏书，每周只开放几个小时，专职工作人员仅1人。1891年建立了新馆舍，有一间面积很大的参考阅览室，1900年馆舍面积为1875年的20倍。新馆舍的建设和大量图书的购置所需要的经费大多来自私人的捐赠，卡内基基金会在大学图书馆的建设中发挥了重要作用。

1929年～1933年的大萧条，使大学图书馆的发展受到了严重挫折。但罗斯福总统推行的“新政”，通过“工程进步管理局”、“全国青年管理局”对高校图书馆的装订、编目、索引、建筑的维修提供了巨大的援助。大批学生在联邦政府的资助下到图书馆工作。“工程进步管理局”所组织的对地方历史建筑的登记、摄影、文献整理工作为图书馆提供了丰富的资源。尤为重要的是，大萧条为高校图书馆提供了总结过去的机会。人们把注意力放在了制定大学图书馆的工作条例、工作人员的道德守则、高校图书馆的评估标准等方面，对于规范高校图书馆的工作，提高服务质量起了重要作用。高校图书馆实现了联合采购，特别对国外出版物的联合采购，著名的法明顿计划就是从这个时期开始的。

美国高等教育在第二次世界大战期间和战后的大发展是图书馆建设的巨大推动力，使20世纪50年代和60年代成为美国高校图书馆的大跃进时期。许多新馆舍都是在这个时期建立起来的。新图书馆建筑大多采用模块式的结构，体现分类开架、藏阅结合的原则，便于读者浏览和阅读。非书载体文献，如缩微胶卷、胶片、影片、录音录像带，以及20世纪80年代出现的只读光盘扩大了人们的视野。容纳更多读者和更多馆藏的双重压力使院系图书馆又一次出现繁荣，哈佛大学的院系图书馆到20世纪80年代初增加到90个。经过大跃进，藏书量超过100万册，人员过百，年经费超过百万美元的图书馆遍及全国。由于高等学校特别是社区学院发展过快，图书馆事业的发展严重失衡，不少社区学院的图书馆仍停留在中学图书馆的水平上，这在美国南部尤为普遍。为了改变这种状况，根据1965年的高等教育法由联邦政府拨出巨款，用于图书采购、馆舍建筑和人员培训等各个方面，使得在第一年内就有1800个单位受益。

高等图书馆事业的大发展促进了馆际合作。首先是联合保存图书馆的建立，用以解决非常用书刊的储存问题。1942年，在波士顿建成的新英格兰保存图书馆（New England Deposit Library）是由哈佛大学图书馆、波士顿图书馆、马萨诸塞理工学院图书馆等7个单位联合管理的保存图书馆，存放过期的报刊、非常用图书和地方政府的档案。设在芝加哥的中西部大学图书馆馆际交流中心（The Middle-Western Inter-library Center）建于1951年，能收藏200万册图书，它不仅联合储存成员馆非常用图书，而且承担了联合采购稀有文献的任务。随着计算机在图书馆的应用，从20世纪60年代末起，北美的高等学校先后建立了以OCLC为代表的四大联合编目中心。近年来，这些中心的功能随着Internet的发展，成为日益强大的资源共享的中心。除了这四大中心之外，以州为基础的高等学校图书馆地区性的合作也不断加强。

二、技术变革

在图书馆的历史上，信息技术革命引起的变革是空前的。人们通俗地将人类记忆的储存形容为人脑、纸脑和电脑三个阶段，很能说明问题。信息技术使图书馆的业务工作和服务发生了全方位的变化，这种变化还在继续发展，让我们先做一点历史考察。

（一）美国大学图书馆自动化的历程

20世纪中叶以来，美国图书馆计算机应用与网络的发展可以用三个浪潮（主机浪潮 mainframe computing with heavily centralized proprietary data processing and storage、用户/服务浪潮 client/server computing allowing decentralization of data processing and storage、以网络为中心的浪潮 Network-Centric Computing Model）和四个阶段来概括：

1．20世纪60年代——主机时代（mainframes era）或整体区域系统时代（the total system）。

在这10年里，晶体管计算机取代电子管计算机，销售量增加了3倍，集成电路计算机取代晶体管计算机，销售量增加了40倍。占统治地位的大公司是：Burroughs、Univac、NCR、Control Data、Honeywell和IBM。计算机的主流产品是IBM7000系列。系统软件与应用软件有很大发展。图书馆以各自发展馆内系统为主，因价格昂贵只有少数大学图书馆使用计算机。主要用于批量印制穿孔卡片目录，以IBM 1401后来是360/370系列（370于1970年推出）为主机。计算机的使用，拓宽了图书馆的馆藏建设范围和服务面，开始了机读目录标准化的过程。美国国会图书馆于1969年正式发行MARC I 型机读目录，开始了世界机读目录正式使用的新时期。由于使用计算机开支太大，促进了图书馆之间的合作，逐渐向大型区域网的方向发展。1965年的一次问卷调查表明赞成采取措施将计算机用于图书馆的人只有20%，有50%的人认为计算机对图书馆不会有任何帮助。

2.20世纪70年代——有人称之为微型机时代(minicomputers era)或集中网络时代（centralized networks)。

1971年，第一代微处理器芯片问市。超大规模集成电路（Very Large Scale Integration, VLSI）开始取代普通集成电路。1975年，Altair 公司制成的微型计算机（microcomputer）异军突起，席卷全球，触发了计算技术由集中化向分散化的转变，许多大型机技术移入微机领域。Digital Equipment 和其他公司居统治地位。

书目中心与机读格式（MARC）的发展，使20世纪70年代成为图书馆在微型机基础上合作的黄金时代。北美四大书目中心——在线计算机图书馆中心（原名俄亥俄大学图书馆中心 Ohio College Library Center，OCLC，1967年建，1981年改现名 Online Computer Library Center)、研究图书馆集团与研究图书馆信息中心（Research Libraries Group/Research Libraries Information System，RLG/RLIN，1978年建)、多伦多大学图书馆自动化系统（University of Toronto Library Automation System, UTLAS，1971年建)、华盛顿图书馆网络（Washington Library Network，WLN，1975年建）先后建成，对外开放，初步实现了区域性的书目资源共享。大学图书馆计算机管理系统比较著名的有西北大学的 NOTIS 和斯坦福大学的 BALLOTS。在国家医学图书馆的倡导和支持下，一批医学院校图书馆建立了互动在线连续出版物管理系统(interactive online serials management system)，主要有：华盛顿大学医学院的 PHILSOM 系统，明尼苏达大学医学院连续出版物系统，加州洛杉矶大学医学院生物医学图书馆互动在线连续出版物管理系统。尽管计算机的价格有所下降，一台小型机的价格仍在10万美元以上，小型图书馆难于问津。整个20世纪70年代，人们对图书馆自动化的认识还停留在将计算机应用于提供信息服务的具体操作上(如联合编目)，图书馆自动化的作用主要是提供当地和远程的书目查询，而将其用于整个图书馆管理的想法尚属罕见。

3.20世纪80年代——被称为个人计算机时代(personal computers era）或多重选择时代（multiple options)。

计算机技术突飞猛进。微型机继续发展，工作站（work station）取得了长足的进步。个人计算机（personal computer）得到普及。计算机体积小，功能多，价格便宜，许多软件在微型机和个人电脑上开发出来。占统治地位的公司为：微软（Microsoft）、英特尔（Intel）、苹果（Apple）、康派克（Compaq）。图书馆有了更多更好的选择。各大书目中心在此时期，积极开发或更换软件，扩大功能，并发展区域网络。OCLC 的中心统一机型，更新设备，迁至都柏林（Dublin），安装了新的终端；解散了主机模式的连续出版物管理系统。到 1988 年，OCLC 拥有 1, 800 万条书目记录，3 亿条地方目录。在美国国内有 8, 000 成员，还有 25 个国外用户，与 1971 年俄亥俄中心仅有 54 个本州成员的状况相比，取得的进步是巨大的。1986 年开始，OCLC 向客户服务方式过渡，被命名为牛津项目（Oxford Project），并计划采用 X · 25 协议通讯。

以斯坦福大学 BALLOTS 为基础的 RLG/RLIN 建立了新的联通斯坦福、耶鲁、哥伦比亚三校图书馆和纽约公共图书馆的线路：Link System Project LSP。普林斯顿、宾夕法尼亚、密执安等校图书馆加入，弥补了哈佛退出的损失。为了加强东亚方面的馆藏建设，RLG/RLIN 购置了传技（TransTech）公司的汉、日、韩文（CJK）软件，并建立了一个含 12,000 个汉字，51 个日文假名符号和 33 个韩文字符的词库。在终端上配有将汉字分解为 245 个部首、偏旁的专用键盘。到 80 年代中期，该中心拥有书目记录 1,200 万条。此外，还有多伦多大学东亚图书馆的 89,000 条记录，以及国家医学图书馆的书目记录。自 1987 年起，因书目数据库增长速度很快，要求主机每九个月升级一次。1989 年，该中心改善了通讯设备，使通讯费用有所降低。

20 世纪 80 年代是局域网大发展的时期。校园网、公司网纷纷建立。1980 年加利福尼亚伯克利大学推出内含 TCP/IP 的 UNIX 操作系统。使众多的计算机和网络能挂在 ARPAnet（美国国防部 Advance Research Project Agency, Department of Defense 于是 1969 年为支持国防建设而建立的网）上，共享网上的资源和设施。1983 年该网一分为二，MILnet 成为军事专用网，ARPAnet 为民用网，主要由大学和研究机构组成。1985 年美国国家科学基金（National Science Foundation. NSF）决定在全国建立 6 个超级计算机中心。开始各中心通过电话线以 56Kbps 的速率相连。为了便于同大学校园网相连接，建立了局域网。1988 年 7 月，NSFnet 的骨干网实现了 T1 联接，取代了电话网，速率为 1.544Mb/s。1990 年 6 月，ARPAnet 关闭，为 NSFnet 所取代。

4. 20 世纪 90 年代——网络时代（computer network era）。

1990～1991 年是广域网发展的关键年代：发表了 achie，成立了商业交换点 CIX；发表了 WAIS，gopher 和 WWW。NSFnet 完成了主干网从 T1 到 T3 的转化，速率上升到 44.736Mb/s。与能源网（ESnet）、航天科学网（NASnet）和商业网串联起来，总称为 Internet，即互联网。在 Internet 的建设过程中，网络通信技术得到长足的进步，各种类型的计算机均能与互联网（Internet）连接。这就为世界各地图书馆之间的通讯和文件传输奠定了良好的基础。1993 年 7 月，克林顿政府提出“国家信息基础设施”行动纲领，大大推进了网络建设。纲领特别强调，要使这些技术上的进步应用于公众、企业、图书馆和其他非政府的实体。1995 年 11 月，在美国拉斯维加斯举行的计算机代理分销业（COMDEX）会上，IBM 公司总裁郭士纳宣布以网络为中心的计算机时代已经到来。网络就是计算机的概念为越来越多的人所接受。局域网的兴起更把网络热推向一个新的高潮。

全球性通讯技术、网络技术、信息储存技术（如只读和可擦写的光盘）的发展，增强了图书馆信息获取能力，主要表现为：读者可以查阅世界上主要研究图书馆的目录；获取网上电子出版物的目录、摘要甚至全文；通过电子邮件，在世界范围内进行通讯；进行馆际互借和馆际文件传输；在网上获取有关图书馆的应用软件。美国大学图书馆自动化在这个时期取得的进展在相当大的程度上得益于数据处理和应用技术的进一步标准化，如数据交换的 ISO 2709 格式。国家信息标准组织（National Information Standards Organization NISO）制订的国家标准对图书馆工作影响较大的主要有：Z39. 4—索引基本标准（Basic Criteria for Indexes）、Z39. 5—出版题名缩写（Abbreviations of Titles of Publications）、Z39. 50—信息检索应用服务定义和协议，专供开放系统互联用（Information Retrieval Application Service Definition and Protocol: Specification for Open Systems Interconnection）、Z39. 58—公用指令语言（Common Command Language）和 Z39. 67—计算机软件描述（Computer Software Description）。到 1994 年 1 月付诸实施的标准有 29 个。[1]

美国大学图书馆自动化随着计算机和通信技术的发展，水涨船高，在世界图书馆事业中名列前茅。其基本经验是：

第一，图书馆事业是全国文教事业的一部分，它同国民经济状况息息相关。一方面，对图书馆的投入取决于经济状况，这是不言而喻的。另一方面，图书馆是培养人才不可缺少的机构，馆藏水平和获取文献信息的能力，对教学和科学研究的水平都有制约作用。图书馆作为教育的基础设施必须与国民经济发展的水平和技术发展的水平相适应。在一个信息技术居于主导地位而且处于不断变化的社会里，图书馆必须能适应它的特点。将计算机技术、通讯技术、音像数据化技术、电影、电视技术融为一体，将多种文献信息输送到具有不同需要的各类人群中去，从而为培养符合社会需要的人才提供强大的手段。简言之，先进的图书馆必需由先进的技术来武装。

第二，半个世纪以来的经验表明，任何一个图书馆都不可能做到馆藏包罗万象、巨细无遗。为了满足各类读者的需要，美国大学图书馆一直依靠合作网络、联合采编、馆际互借，实现资源共享。新的出版技术如只读光盘、多媒体互动计算机、Internet 上的机读文本等，已成为图书馆的重要资源。这些资源需通过专门的检索软件与 Internet 相联的地区网方能获取。“地区网、提供获取光盘信息的广泛手段和图书馆与 Internet 之间制度上的连接是现在支撑具有前瞻性图书馆的通讯系统。”[2]一个由主机支持，提供技术处理、在线目录和流通的自动化图书馆已不能满足用户的要求。他们已习惯于使用微型机、电子公告牌和一些 Internet 的服务公司，如 FreeNet-based systems, CompuServe 或 American Online 所提供的在线服务。在不久的将来，有线电视网就会代替计算机网。技术和服务设施的进步，对图书馆的服务提出了更高的要求。这种情况将会不断地发生，图书馆必须对此有所准备。

第三，图书馆必须像传播纸质文献那样的积极传播电子出版物。

---

1 Audrey N. Grosch. *Library Information Technology and Networks*, New York, 1995, pp.179～180.

2 Audrey N. Grosch. *Library Information Technology and Networks*, pp.354.

为此，图书馆的组织结构必须进行调整。由专业人员和技术人员组成的小分队将逐渐取代传统的自上而下的分层管理。有学科专长的图书馆工作者在信息技术专家（网络专家、图书馆自动化专家）的支持下可以帮助用户解决深层次的专业问题，而纯粹从事管理工作的人员数量将减少到最低限度。用户不必找遍图书馆的各个部门，只需同一个专业小分队的人员建立联系就可以解决所有需要解决的问题。

第四，为了保持和发展图书馆作为知识中心的生命力，必须将图书馆传统的组织形式与有关通讯、战略计划、预算和信息技术的企业经营技术结合起来。在图书馆人才培养上，也正在朝着这个方面努力。

第五，分布式的网络结构可以调动和发挥网络用户的积极性和创造性。例如，Mosaic 是伊利诺大学学生创造的，Internet 的视频工具 CUSeeMe 是康乃尔大学学生创造的。[1]

（二）中国大学图书馆自动化历程

中国图书馆自动化管理起步较晚，于 20 世纪 70 年代末开始。就整体而言，中国滞后 10～20 年。

中国的计算机事业始于 1958 年（第一台电子管计算机诞生）。因“文化大革命”而中断了 10 年。70 年代末，重新起步。为了便于同美国图书馆自动化历程进行比较，将其划分为三个阶段：

第一阶段为试验阶段（20 世纪 70 年代末～80 年代初）。在 1976 年和 1978 年中国科学院图书馆和北京图书馆相继设立计算机组后，北京大学、清华大学、人民大学等高校图书馆也成立了自动化组，开展研究活动。1979 年，北京大学图书馆学系与中国科学院图书馆联合举办了“电子计算机情报检索培训班”，为北京地区培训了第一批图书馆自动化专业人员。同年年底，北京图书馆、中国科学院图书馆及北京大学、清华大学、人民大学图书馆和中国图书进出口公司合作，成立了“北京地区研究试验西文图书机读目录协作组”，对美国国会图书馆的机读目录进行试读，利用美国国会图书馆机读目录研制了西文图书目录模拟系统，获取了利用机读目录的知识和经验。与此同时，中国科技情报研究所、上海交通大学、南京大学、武汉大学、中山大

1 李星：“Internet 的经验和挑战”，载石冰心主编《中国教育和科研计算机网研究和发展》，华中理工大学出版社，1996 年，第 8 页。

学等，也相继进行了情报检索软件方面的研究试验。

第二阶段为实际应用阶段（20 世纪 80 年代中期～90 年代初）。1984 年 9 月，邓小平同志高瞻远瞩地提出了“开发信息资源，服务四化建设”的重要方针。[1]在这个方针的指引下，中国各界人士认识到信息化是历史的使命，并于 1986 年末聚会北京，提出要为推进中国的信息化而奋斗的目标。1981 年～1985 年的“六五”计划期间，中国将计算机的应用领域从原来的以国防、科研为主转向以经济管理为主。1986 年～1990 年“七五”计划期间，中国进入了计算机的大发展时期，开始了邮电通讯管理、银行业务管理、国家经济信息、统计自动化等十多个信息系统的建设。计算机在图书情报领域的应用也随之进入实际应用阶段。进入 80 年代，可供图书情报部门使用的计算机汉字处理技术取得了重大进展。其标志是：编制了《信息交换用汉字编码字符集》（GB2312-80），收汉字 6763 个；制定了 ISO/IEC10646《信息技术—通用八位编码字符集》。此外，还研究发明了多种汉字输入法。所有这些都为图书馆管理集成软件的开发提供了良好的环境。《图书馆行业条码》、《中国机读目录格式》的制定，为文献资源的自动化管理创造了有利的条件。在此期间，通过自行开发和引进，图书馆自动化集成管理系统开始在一些图书馆运行，主要有：上海交通大学的《光笔联机多用户实用流通系统》、上海空军政治学院在 HP—3000 系列机上开发的图书馆管理系统、西安交大图书馆与郑州大学图书馆联合开发的“通用图书馆集成系统”、华东师范大学对引进日文版（ILIS）软件进行改造而成的“图书馆计算机集成管理系统”（HSULCIMS）。使用的机器大多为从国外引进的小型机（福士通 M 系列、Dec 公司 Vax 系列、CDC4330 系列）。在网络建设方面，1990 年 4 月，由世界银行贷款资助的“中国计算机与网络设施工程”（The National Computing and Networking Facility Of China NCFC）开始施工。这个由中国科学院院网、清华大学、北京大学校园网连接而成的示范性计算机网络于 1992 年完成。三个单位自身的建设，1993 年完成主干网工程。[2]

---

1 乌家培：“中国在政府管理中促进信息技术应用的战略与政策”，《信息市场报》，1996 年 6 月 12 日 1 版。

2 董功文等：《Internet—人类最新经纬》，电子工业出版社，1996 年，第 302 页。

第三阶段为网络化阶段（1993 年以来）。从美国开始的信息高速公路的浪潮席卷了全球，使得建设全球信息基础设施提上了议事日程。江泽民同志提出：“实现四个现代化，哪一化也离不开信息化。”[1]为了推进国民经济的信息化，1993 年底成立了由国务院副总理邹家华任主席的国家经济信息化联席会议（后改名为领导小组）。1994 年国家教委在国家计委立项，启动了中国教育科研网（CERNET），这对于图书馆的自动化建设是一个巨大的推动。经过一年多的建设，1995 年 12 月 20 日提前一年完成第一阶段的建设任务，顺利地通过了国家级的鉴定和验收。具体地说主要包括以下内容：（1）建成了用 64Kb/sDDN 专线连接全国 8 个地区网络中心的 CERNET 干网，并用 128Kb/s 国际通信线路与 Internet 直接连接，现已达到 2Mb/s，并正在开通连接香港和德国的另外两条国际线路。（2）建成了位于北京清华大学的 CERNET 全国网络中心。（3）建成了分别设在北京、上海、南京、西安、广州、武汉、成都、沈阳等 8 个中心 10 所院校的 8 个地区中心和两个主节点。（4）建成了一批网络资源和应用系统，并已陆续在网上提供服务。[2]在 CERNET 建设的带动下，校园网的建设和图书馆自动化管理系统都有较大的发展。进入“211 工程”的前 58 所学校有的已建成 ATM 网，如华中理工大学、厦门大学、华南理工大学、成都电子科技大学。清华大学图书馆为了适应全国网络中心的需要，引进了 IBMG30 型机两台和 INNOPAC 的图书馆集成管理软件，现已投入使用。清华大学还引进了 OCLC 的 Firstsearch 系统供中国高等学校使用。1998 年 11 月，清华大学与 OCLC 之间的专线接通后，大大提高了服务效率，用户称便。

由北京大学牵头的“中国高等教育文献保障体系”（China Academic Library & Information System，简称 CALIS）正在积极建设之中。其总体目标是：在“九五”期间，以“中国教育和科研计算机网”为依托，采取“整体规划，合理布局，相对集中，联合保障”

1 乌家培：“中国在政府管理中促进信息技术应用的战略与政策”，《信息市场报》，1996 年 6 月 12 日 1 版。

2 吴建平：“中国教育科研计算机网 CERNET 的现状和发展”，载石冰心主编《中国教育和科研计算机网的研究和发展》第一卷，华中理工大学出版社，1996 年，第 1～5 页。

的方针，力争在20世纪末，初步建成CALIS的基本框架，以此推进中国高等教育资源的合理优化配置，实现信息资源的共建、共知、共享，深化资源的有效开发和利用，提高高等学校教育和科研的文献保障水平。具体的建设内容有两个方面：（1）文献信息服务网络建设。建设“全国中心、地区中心、高校图书馆”的三级保障网络环境，即：建设1个CALIS全国管理中心；4个全国文献中心——文理中心（北京大学）、工程中心（清华大学）、医学中心（北京医科大学）、农林中心（中国农业大学）；7个地区文献信息中心——华东南地区（上海交通大学）、华东北地区（南京大学）、华中地区（武汉大学）、西南地区（四川联合大学）、西北地区（西安交通大学）、东北地区（吉林大学）、华北地区（CALIS管理中心代行）。（2）文献信息资源及数字化建设。建设一个以“211 工程”立项高校为主体的高校书刊联合目录数据库，有选择地引进一批外文文献数据库（现已引进 EI Village 和 Vncover），自建一批有中国高校特色的文献数据库和若干重点学科专题公用数据库。

围绕着大学图书馆的自动化建设出现了一批图书馆自动化的专业公司。书目数据库的建设初见成效。全文数据库正在陆续出现。一些以高校为主体的地区性的计算机网络和文献信息服务保障体系正在起动，有的已颇具规模，如由深圳大学承办的广东省高校图书馆信息网，由南京大学牵头的江苏省高等学校文献信息保障系统。从总体上说，是一片百舸争流的大好局面。值得一提的是，1991 年 2 月北京图书馆经过3年的努力，将中文MARC研制成功，开始在全国发行中国机读目录，平均每年3万种左右，至今累计发行近58.6万条，为高等院校图书馆建立标准化的汉字书目数据库提供了有利的条件。北京大学等 29 所高等院校合作回溯 1978 年～1987 年中文书目已有近 6 万条书目记录。加上地区性和各校的，中文机读书目记录总计在50万条以上。[1]

中国大学图书馆的自动化管理和网络建设面临的主要问题是：（1）发展不平衡，沿海与内地，南方与北方之间均有差距。差距不仅表现为投入的力度，更重要的是在认识上有很大差距。相当一批院校

1 参阅董成泰：“中文书目数据库建设概论”，“中文文献数据库国际研讨会论文集”，《高校文献信息学刊》，1994年第3～4期，第28～31页。

和省市领导还没有认识到有无获取信息的现代化的手段是关系到高等院校生死存亡的大问题；（2）资金匮乏。CALIS“九五”期间的投入仅4000万元人民币，不及美国一个大学图书馆的投入；（3）人员素质有待提高，技术队伍特别是计算机和网络方面的人才奇缺，流失严重；（4）标准化问题还有待解决；（5）加强各系统、各部门之间的配合与协作迫在眉睫。

（三）个案研究：南开大学图书馆与俄亥俄大学图书馆自动化的历程

南开大学图书馆和俄亥俄大学图书馆同为综合性高等学校图书馆，在馆舍面积、藏书量及工作人员数量等传统的图书馆规模指标方面都非常接近，但自动化的历程和现状却表现出极大的差异，对此进行深入的微观比较研究，无疑对促进中国高校图书馆自动化的发展具有非常实际的意义。

1．南开大学图书馆自动化的发展历程

南开大学是一所具有80年历史的国家重点高等学校，在国内外有着较高的知名度和较大的影响。南开大学图书馆自动化的发展从某种意义上说代表了中国高校图书馆自动化的发展历程。其发展大致可分为三个阶段。

第一，20世纪80年代——图书馆自动化的萌芽、试验阶段

20世纪80年代初期，随着中国计算机应用技术的逐步发展，图书馆应用计算机实现业务工作的管理系统开始出现，南开大学图书馆是较早开始进行自动化系统研究与开发的高校图书馆之一。

最早期的系统是在一台IBMPC机上开发的用于西文期刊刊名检索的软件程序。该程序是基于DBASE III数据库管理系统支持下运行的，收录有南开大学图书馆2000余种馆藏西文期刊刊名的数据，成为南开大学图书馆第一个数据库雏形。由于程序功能比较单一，其数据格式缺乏标准化规范，因此数据质量难以保证；加之数据量较小，使得检索命中率不高。该系统仅在局部读者范围内进行了为期半年试验应用。虽然该系统最终并未成为一个真正的实用系统，但作为南开大学图书馆自动化系统的萌芽，其实际意义远比它的实用价值要高得多。

第一个真正投入实际应用的系统当属1986年开始在一台

IBM-PC/XT 计算机上开发的图书流通自动化系统。当时，从改变读者窗口服务手段、提高借还书工作效率和质量的目标出发，图书馆领导提出了以图书流通管理作为实现管理突破口的设想。在借鉴国内少数高校图书馆（如南京大学图书馆等）开发图书借还计算机管理系统经验的基础上，基于 DBASE III 数据库管理系统环境开发出南开大学图书馆第一个计算机应用系统。该系统于 1988 年初在藏书仅 1 万余册的中文文科教学参考书书库正式投入运行。系统具有条形码扫描输入办理借还书手续，以书号、读者证号等近 10 个检索点入口的读者借还书状态检索，办理丢证挂失和补证手续，丢书赔偿、借还书统计以及数据库文档维护等功能。该系统受到广大读者的普遍欢迎，图书借还服务效率得到比较明显的提高。在文科教学参考书库成功应用该系统的基础上，于 1989 年将系统数据扩充到藏书 4 万册，同时应用范围扩大到理科教学参考书库。总体来说，这一时期的自动化系统开发尚处于摸索和试验的阶段。系统特点为：（1）系统均为单机运行；（2）系统功能单一；（3）硬件档次较低、系统运行速度慢；（4）数据格式缺乏标准化。

第二，20 世纪 90 年代初期——建立图书馆自动化子系统和 MARC 书目数据库

随着国内外图书馆自动化事业的不断进展，南开大学图书馆越发感到仅停留在这种单机、局部运行的系统和不规范的数据库应用状态，难以实现对日益增加的书目数据的全面管理以及真正实现信息资源共享。

1990 年，南开大学图书馆决定引进美国国会图书馆 BiblioFile 光盘编目系统，并开始着手南开大学图书馆 MARC 数据库的建设工程。为此图书馆购置了 4 台光盘驱动器和多台微机作为建立书目数据库的硬件基础。图书馆领导清醒地认识到，数据库建设是图书馆实现全面自动化的命脉，是造福子孙后代的百年大计，更是实现信息资源共享的根本。要完成这样一项意义重大的历史使命，数据库的建设质量是至关重要的。因此，系统应用是在广泛进行人员培训的基础上开展的。1990 年，南开大学图书馆的西文编目人员利用该系统进行试验，将设在本馆的国家教委物理学科外国教材中心的 2000 余条书目数据进行

了回溯转换，建立了南开大学图书馆有史以来的第一个标准化机读书目数据库；同时，向国家教委所属外国教材中心提交了第一批与其他院校交换的 MARC 数据。南开大学图书馆西文图书编目工作由此掀开了新的篇章。在随后的几年中，西文图书计算机编目建库工作全面铺开、进展迅速。不仅将 1990 年以来入馆的新书全部实现了计算机编目，还完成了 1975 年以后入馆的西文藏书的回溯建库工作。至 1997 年，已建成具有 8 万余种书目数据的馆藏机读书目数据库。在此期间，向国家教委所属文科文献信息中心联合目录提供机读书目数据 2 万余条，开始实现书目信息资源共享。与此同时，中文图书的建库工作也紧锣密鼓地开展起来，成为国家教委所属 20 余所院校的中文图书联合回溯建库项目成员馆之一。20 世纪 90 年代初，北京图书馆开始发行 MARC 数据库的软盘版，后又发行光盘版。1996 年，北京图书馆又开始发行 1975 年至 1987 年中文图书 MARC 数据库，这无疑对加速中文 MARC 数据库建设起到了快马加鞭的作用。南开大学图书馆以这两个数据库和其他可获得的源数据库为基础，开始大规模的中文图书回溯建库工作，目前数据量已达 4 万余条，为图书馆全面自动化奠定了一定基础。

在馆藏书目数据库建设加紧实施的同时，自动化系统的研制工作也开始有了实质性的进展。尽管最初的单机系统为图书馆自动化事业的发展奠定了一定基础并积累了宝贵的经验，但以其来应付具有 200 余万册藏书和近万名读者的大馆的需要，显然无论在硬件能力、存贮容量、软件功能，还是运行速度上，都相差甚远。20 世纪 90 年代初，南开大学图书馆开始进行广泛调研，学习国内外图书馆自动化的宝贵经验，制定了南开大学图书馆自动化集成系统的第一个子系统——NOVELL 环境下的微机局域网图书流通管理系统。该系统无论从硬件环境还是软件功能上，都较原来的单机系统有了很大提高。除对原有系统功能进行完善外，又增加了预约借书、催还图书、分类统计等功能；同时还针对国内高校图书馆的共同特点，对系统初始化和维护功能处理进行改进，使系统具有较强的通用性，先后在多所高校图书馆推广应用。

第三，20 世纪 90 年代中期——图书馆自动化系统网络化、集成化为使图书文献信息资源更好地为高校培养高层次人才服务，1992年国家教委决定在北大、复旦、南开等6所综合性高校建立第一批国家教委文科文献信息中心。各中心的工作旨在集中有限的经费投入，充分利用现代化手段实现区域性信息服务和资源共享。中心在国家教委的统一筹划下，经过国内外大量的调研，于1994年底引进了具有开放性和网络通信能力的美国CD-4330小型机系统和BASISplus大型数据库软件包。南开大学图书馆受国家教委委托，担任该集成系统联合开发组的总体负责。1995年初，图书馆自动化集成系统的书目数据公共查询子系统正式在小型机系统上投入运行。该子系统的成功运行，使多年积累的书目数据库发挥出明显效用。它吸收了国内外众多同类系统的经验，检索功能完整，除具有题名、责任者、索书号、主题词、ISBN号、ISSN号、LC控制号等近10个常用检索点外，还具备全文检索和多检索点逻辑组配检索功能，并能够根据读者和编目工作人员对检索层次的不同需求，实现读者和 MARC 两种不同的输出格式界面。另外，由于采用BASISplus大型数据库系统，使之克服了DBASE字段定长的局限，支持MARC数据变长字段的格式标准，使外来标准源数据能在该系统中融入，系统内部数据也能按国际标准数据交换格式输出，为信息资源共享创造了条件，也为集成系统运用中央数据库的数据提供了保障，使集成系统的实现成为可能。

南开大学图书馆在 1993 年就开始通过中国公共数据分组交换网与世界最大的数据库之一Dialog建立了用户关系，并开始了对外服务业务。1994年底，学校开始实施校园网络化工程，并在图书馆内建立了校园网络中心。1995年5月，校园网络中心主机SUN SPARC20正式获得NIC授予的IP地址，成为Internet上的正式结点之一。同年年底，作为图书馆自动化集成系统子系统的书目公共查询系统正式并入校园网，为所有网上用户服务。1995年，南开大学图书馆通过中国图书进出口总公司购入了光盘塔及网络设备，同时购入了多种专业光盘数据库，成立了光盘数据库检索网络中心，并通过公共数据分组交换网与国内外数十家数据信息中心建立了联系。

南开大学图书馆目前能够通过网络实现的服务项目：（1）馆藏书目查询。南开大学图书馆中央书目数据库收录了1975年以来收藏的西文书目数据 8 万余条，中文书目数据 4 万余条及西文期刊刊名数据近 2000 条，全部可以上网服务，供国内外网上用户检索。(2) 联机检索。通过网络能检索到国内已上网的院校图书馆藏书目数据库，如北京大学图书馆、清华大学图书馆等；还能够与国外图书馆的书目数据库实现联机检索，如美国国会图书馆书目数据库和其他世界著名高校图书馆的书目数据库。(3) 检索国内各种信息资源。如天津市科技信息中心、北京图书馆光盘数据中心、国家信息中心等几十种国内信息资源。(4) 检索 Internet 上的资源。通过网络可以实现对 Dialog、OCLC 等世界上百余家数据库资源的检索。(5) 实现 Internet 网络服务。如 E-mail、Telnet、FTP、Gopher、WWW 等。

2. 俄亥俄大学图书馆自动化的发展历程

俄亥俄州位于美国中东部，是世界上最大的书目数据中心 OCLC 的发祥地和所在地，著名的信息数据库化学文摘（Chemical Abstracts）也位于该州。该州在图书馆和信息自动化领域中一直处于世界领先地位，因此有“信息之州”之美誉。有着近 200 年历史的俄亥俄大学图书馆的自动化历史，在美国是有代表性的，大致可分为三个阶段，大约每 10 年有一个跳跃式的发展。

第一，20 世纪 70 年代——积极参与 OCLC 的创建

20 世纪 60 年代末期，随着计算机技术的发展和在图书馆领域的逐渐应用，一些图书馆新技术和大型数据库开始出现，其中影响最为深远的当属 LC MARC 格式和 OCLC 书目数据中心的诞生。

OCLC 建立于 1967 年，最初的参与者只是俄亥俄州的一些高等学校图书馆，俄亥俄大学图书馆即是其中之一。1971 年 8 月 26 日，俄大图书馆向 OCLC 输入了第一条由成员馆编制的书目记录，首次使联合编目成为现实，在图书馆自动化的历史上写下了重要的一笔。在此之前，OCLC 的书目都是来自国会图书馆发行的 MARC 磁带。此后，OCLC 联合目录数据库迅速发展，1989 年书目数据量为 1900 万条，1997 年 1 月的统计数字为 3400 万条，其中 20%来自美国国会图书馆、美国国家医学图书馆、美国国家农业图书馆、加拿大国家图书馆和英国国家图书馆，80%由其他成员提供。如此大型的数据库，大大便利了成员馆的编目工作。目前，成员馆可以从 OCLC 获得所需书目记录

的94%，只需做6%的原数据编目，不仅节约了编目时间和经费，而且有利于提高编目质量。

虽然OCLC开发了多项业务，但俄大图书馆只参加了联机联合目录、联合编目和馆际互借3项业务，这3项业务是OCLC优越性的集中表现。

第二，20世纪80年代——开发本馆集成系统ALICE

OCLC虽然能够提供联合编目和馆际互借的便利，但是不能为各成员馆提供采访、流通等局部系统的管理功能，而且缺少主题和关键词的检索途径，使图书馆自动化的功能受到限制。因此，20世纪70年代末和80年代初，许多图书馆致力于发展本馆的局部自动化系统。

1978年，俄大图书馆决定在小型机上开发本馆集成系统。在5年的开发过程中，俄大图书馆围绕这一系统开展了全方位的工作。首先，组成专门小组进行充分的调查研究，最后选择弗吉尼亚工业学院VTLS系统作为集成系统的基础。其次，是馆藏书目数据库的建设，这对任何一个图书馆自动化系统都是必不可少的，否则等于高速公路上无车行驶。俄大图书馆得最早加入OCLC之利，1971年之后所收藏的文献书目记录绝大部分已进入数据库。1979年，俄大图书馆开始对1971年之前的目录进行回溯转换。到1982年，数据库中已有40万条书目记录。除政府文件以及大部分缩微文献、地图、声像等非书资料外，专著和连续出版物已进入数据库。之后，在1982年和1983年两年，俄大图书馆集中大量人力突击在藏书上加条形码。1983年7月，各项工作就绪，公共查询系统开通，卡片目录停止使用。这一系统被赋予一个美丽的名字——ALICE。

ALICE系统既能与OCLC的联合目录数据库连接，又设有本馆的书目数据库；既可以利用OCLC实现联合编目，又可以进行本馆的采访、流通和连续出版物控制；而且设有著者、题名、索书号、主题、关键词等多种检索途径，便于读者使用。读者不仅可以在遍布图书馆各服务点的终端上进行检索，而且可以通过校园网在办公室和家里的终端上检索。之后，又逐渐建成总校和5个分校之间的网络。随着数据库的扩大和系统功能的提高，不可避免地要求硬件和升级更新。从1982年使用的HP3000/40，到1989年使用的HP3000/950其间进行了

4 次升级。

图书馆自动化不能仅局限于书目检索等传统功能，还应在更广泛的范围内提高图书馆的信息服务能力。俄大图书馆从 20 世纪 70 年代末就开始信息数据库的联机检索服务，目前通过网络能快速检索多种学科的数据库。在 CD-ROM 作为一种新型的高密度信息载体出现之后，俄大图书馆除在本馆局域网上配置了 50 余种综合性光盘数据库之外，还在医学、美术和政府文件等服务部门，分别配置了大量本领域的光盘数据库。

第三，20 世纪 90 年代——全州范围的合作网络 OhioLINK 的诞生

由于馆藏文献的大量增加，许多图书馆馆舍面积日趋紧张。20 世纪 80 年代，俄亥俄州一些州立大学纷纷向州政府要求建立新馆舍。俄亥俄州高等教育管理委员会经过广泛的调查研究，于 1987 年提出一份报告。报告强调指出："当今的学术图书馆具有三种功能，不仅作为信息的储存场所，而且是位于任何地点的信息的检索入口和信息教育的中心。"为了实现这三大功能，委员会提出应从三方面解决问题：（1）合作，包括联合采购、联合查询、联合储存等一系列问题；（2）技术，包括利用高密度信息载体，如缩微型文献和光盘等；（3）储存，包括用适当的办法储存不常用文献，如密集书库等。

委员会决定，除为全州高等学校建立 5 所联合密集书库外，当务之急是建立一个全州范围的图书馆与信息网络，以解决联合采购、联合查询及馆际互借等问题，并决定用 5 年时间实施这一计划。该计划由州政府统一拨款，实行统一硬件、统一软件，由专业人员制定计划，由经过竞标选出的承包商实施。该网络最初名为 OLIS（Ohio Library and Information System），后改名为 OhioLINK（Ohio Library and Information Network）。目前，成员馆已逐步发展到俄亥俄州全部 40 所州立高等学校、州图书馆和 11 所私立学院图书馆。

OhioLINK 利用已有的俄亥俄州学术资源网（OARnet）作为通讯网，该网络系统分为三层，即校园网、全州范围的图书馆与信息网络、全国与国际信息网络。它既具备单一图书馆的局部管理功能，又可以开展全州范围的馆际合作，还可以进行全国以至国际范围的信息检索。

其宗旨是实现全州图书馆文献资源共享。OhioLink 为成员馆提供统一的用户界面，为各馆收藏的同一种文献提供统一的检索点，各成员馆为其他成员馆的读者提供免费服务。因此，读者可以像使用本校图书馆系统一样方便地使用其他成员馆的系统。读者面对的不再是一个本校图书馆系统，而是一个全州范围的大图书馆系统，本校图书馆只不过是这个大图书馆系统的组成部分。

从 OhioLINK 目前的运行情况来看，已基本实现计划目标。其优越性主要体现在以下几个方面，即：

1）目录查询。OhioLINK 的中央目录数据库是俄亥俄州高校图书馆资源共享的基础，它的 600 余万条书目记录反映了 52 所成员馆的 2000 余万册馆藏。目前这个数据库还在不断扩大。特别值得提出的是，其中的 57.7%是各成员馆独有的馆藏，有些只是少数馆有收藏。读者不仅可以查询中央目录数据库，而且可以利用 Gopher 软件查询各成员馆的目录。OhioLINK 不但极大地扩展了读者可以了解利用的文献范围，而且为各成员馆更合理有效地发展馆藏创造了条件。

2）馆际互借。OhioLINK 最大的优越性是提高了成员馆之间的馆际互借的速度和可靠性。OCLC 系统虽具有提供馆际互借功能，但其联合目录中并不反映成员馆藏复本流通情况。因此，负责馆际互借的工作人员为了借到 1 本书，有时需要依次向几个馆查询，每个馆的答复周期为 4 天，再加上传递时间，这本书需要两个星期左右才能到达读者手中。随着读者信息需求的提高，他们已不再满足于这样的速度。OhioLINK 成员馆的读者可以利用校园网的任何一个终端，甚至在自己家里，就可以查询 OhioLINK 的书目信息，了解某种图书的流通状况，然后自己发出联机借阅申请，而无需经工作人员办理互借手续。OhioLINK 系统还设有一个专门负责馆际借文献传递的公司 Pony Express，该公司在全州开设了 100 多个传递点。根据 1995 年秋季的统计，文献传递时间 48 小时之内的占 44%，在 72 小时之内的占 71%。1996 年，OhioLINK 又在全国率先开通了期刊文章全文传递服务，在读者提出申请之后的几分钟或几小时内，文章的全文即可递到读者指定的打印机或传真机上。OhioLINK 为读者提供了迄今为止最快捷可靠的联机馆际互借服务，其优越性很快为读者所认识。在联机互借开通之前，各成员馆之间的互借量平均每季度为4000件；开通之后，互借量猛增，1995年第4季度互借量高达85000件。

3）检索各种信息数据库。OhioLINK系统集中购买了多种专业数据库，用于网上检索，从而节约了各成员馆重复购买这些数据库的费用。OhioLINK还可以通过Gopher软件使读者检索到Internet上各种各样的信息。

总之，可以说在利用先进的计算机网络技术为读者提供便利方面，OhioLINK 开了图书馆之先河。随着信息技术的发展和读者需求的增加，任何图书馆自动化系统都必须不断提高、完善，才能保持生命力。OhioLINK 系统的开发者们在取得成功之后并没有停止下来，他们又向自己提出了新的挑战：（1）在保证传递速度的同时，争取使馆际互借的满足率达到95%；（2）更广泛地开发传递文献的类型，不仅传递文本文件，还传递声音和图像。OhioLINK 作为一种新型、高效的图书馆和信息系统，代表了图书馆和信息领域的发展方向。在美国的50个州中，目前已有26个州在开发这种全州范围的合作网络系统。调查数据表明，虽然其经费来源各不相同，但主要动机都是在“信息激增”的挑战面前从合作途径去寻找出路。

3．南开大学图书馆和俄亥俄大学图书馆自动化之比较及启示

总体来看，发达国家图书馆自动化事业已进入到网络阶段；中国图书馆自动化的发展进程与西方发达国家相比滞后了一个阶段，但是与自己本身相比，其发展速度是惊人的，而且计算机应用的广度和深度日益加大。俄亥俄大学图书馆自动化发展历程及趋势对中国图书馆自动化事业的发展有着很好的启示和借鉴意义。

第一，图书馆自动化系统模式在向集成化、网络化方向发展

国外和中国的图书馆自动化发展历程虽然不尽相同，但基本上都经过了一个由单机系统、单功能局域网络向集成系统发展的过程。在经历数十年的试验、应用和发展后，逐步形成了一种符合现代图书馆功能的系统模式。可以说，俄亥俄大学图书馆的自动化系统OhioLINK即为这一系统模式的典范。该模式有以下特点：

1）系统功能集成化。集图书馆采访、编目、流通、阅览、参考咨询、联机检索等功能于一体的图书馆自动化系统成为现代图书馆自

动化系统的理想模式。集成系统按图书馆管理功能划分为多个子系统，每个子系统之间都是彼此联系的，都是集成系统不可分割的组成部分。图书馆的用户和读者，可以通过终端或工作站上友好的用户界面和清晰、简捷的屏幕提示，进行各项功能的调用。

2）集中的数据库管理和资源服务系统。建立集中的、标准化的且可供各子系统公用的公共数据库是集成系统的典型特点，也是实现资源共享的必要条件。现代图书馆自动化系统模式中的数据库，是集图书馆机读书目数据库、光盘数据库、专题数据库、全文数据库以及连接外部信息的数据库等子系统组成。读者通过数据库管理和资源服务系统，使用图书馆内部及外部的数据资源。俄亥俄大学图书馆的自动化系统就集中反映了上述特点。

3）分层次的信息网络通讯系统。网络和通讯系统应该说是现代化图书馆进行信息传播的主要手段。现代化图书馆合理的资源配置，应是按照信息资源的分布将网络分为不同的层次结构。图书馆内部信息网络用来实现图书馆内部功能的管理及馆藏资源的检索查询服务；校园网提供校内信息资源，读者可以通过图书馆内的通讯服务器与校园网实现连接并获取校园网上的信息资源；读者还能够通过图书馆网络系统及校园网系统出口与地区网、国际网实现通讯。多层次的图书馆网络系统涵盖了图书馆内外、地区乃至世界范围的信息资源，使读者能够由近及远地获取所需信息资源。

4）多方位的信息资源。现代图书馆自动化系统能够提供的信息资源多种多样。内部信息资源包括本馆的馆藏书目数据库和自己开发的专门信息源；外部信息源包括外界的各种信息中心、机读书目数据库及远程网络数据库等。除此之外，信息资源的载体形态也会有所变化。某些印刷型文献将被数字化信息所取代，同时原有馆藏的图片、缩微胶片、录音、录像等将利用多媒体技术转变为数字化信息，以磁盘、光盘等载体形式提供给读者。

第二，机读书目数据库建设是图书馆自动化的基础

机读书目数据库是图书馆自动化的基础，是文献信息资源共享的先决条件。俄亥俄大学图书馆就是把机读书目数据库建设作为图书馆自动化的开端，并取得了令人瞩目的成就。与之相比，中国的机读书

目数据库建设起步较晚，相当一部分图书馆领导意识不到馆藏书目数据库的重要性，避难就易，图书馆自动化建设从流通系统起步。在开始图书馆自动化集成系统建设时，这些系统常常夭折。在走过一段弯路之后，中国大多数高校图书馆都先后开始着手馆藏书目数据库的建设。上述经验教训说明，数据库建设在图书馆自动系统中是占有何等重要的位置。

南开大学图书馆和俄亥俄大学图书馆建库的经验都告诉我们，只有走联合建库的道路才能取得最大的成功。联合建库有以下明显的优越性：

1）重复少，见效快。若按各自固守“自给自足”的小农经营方式进行书目数据库建设只能造成低水平的重复，劳而无功，能够满足信息时代需求的大规模数据库将无望建成。数据库建设必须走合作的道路才有可能减少不必要的重复，加速数据库的建设步伐，使有限的投入发挥出最大的经济效益和社会效益。

2）有利于数据的标准化、规范化。书目数据库是具有永久保存价值的财富，标准化是数据库的生命线，关系到图书馆自动化的百年大计。中国图书馆的标准化水平与国外相比尚有较大差距，忽视数据标准化的现象仍严重存在。一些图书馆为追求建库速度，忽视标准、突击录入的做法后患无穷。联合建库的道路将大大促进机读书目数据的标准化、规范化。南开大学图书馆和俄亥俄大学图书馆都是利用已有的书目数据库作为数据源，不仅大大加快了建库速度，而且保证了数据的标准化。

3）达到书目数据资源共享。联合建库不仅使数据库建设速度加快，还可以真正达到财富共创、资源共享。一个馆编制的书目记录可以被多个馆使用，减少不必要的重复劳动。

中国图书馆书目数据库的建设虽然与美国图书馆相比尚有较大差距，但自20世纪90年代开始，机读书目数据库的建设也呈现出一派欣欣向荣、蓬勃发展的景象，并已经开始了一些极有意义的合作项目的初步尝试。除前面提到的北京图书馆发行的两个中文书目数据库之外，由国家教委资助、北京大学图书馆主持的“高校中文书目合作回溯建库（1978～1987）”项目，虽然在实施过程中困难重重，毕竟在不停地向前发展。北京大学图书馆主持的另一项目，国家教委文科文献信息中心所属的15所高校图书馆的《西文图书联合目录》原为双月刊，现在已在网上向国内外读者提供服务。其覆盖面已由社会科学和人文科学扩大到理、工、农、医各个领域。此外，还出现了一些地区性的编目中心。这些都为联合编目和馆际互借等资源共享形式的实现创造了有利条件。

第三，合作是图书馆迎接“信息激增”挑战的唯一出路

当今时代，各种类型的文献数量急速膨胀，价格猛增。进入20世纪90年代，外文社会科学期刊的价格上涨了56%，自然科学期刊年平均定价已高达378美元；中文书刊价格上涨率也高达50%以上。文献的载体和传递方式也发生了很大变化。大多数图书馆都不同程度地存在着经费紧张的问题，普遍削减了文献购进量。在这种情况下，只有合作才是图书馆的唯一出路。

“资源共享”这一时髦术语，在中国已成老生常谈，图书馆学专业刊物上的有关文章也连篇累牍，但真正实行起来却难而又难。其根本原因就在于传统观念的束缚。各图书馆普遍追求藏书多而全，企图以一馆之藏去满足读者的全部需求。实际上，这不仅在中国不现实，就是在经费比较充裕的发达国家图书馆也是不可能的。一些图书馆常常囿于小单位的利益，不愿以自己的文献和人员服务于外单位的读者，特别是大型图书馆更不愿意与小图书馆合作，担心合作不对等。一方面，拒借率居高不下；另一方面，书库中的一些藏书多年无人问津。这是许多图书馆存在的矛盾现象。俄大图书馆1993年～1994年的年度报告显示，在馆际互借中，借入量为9647册，借出量为15223册，从1979年～1980年度开始，历年的借出量均高于借入量。这些数字很值得中国同行深思。OhioLINK 的成员馆之一，辛辛那提大学图书馆馆长 David F. Kohl 一针见血地指出，OhioLINK“是否意味着其成员馆丧失了相当一部分控制力，或者说权力被削弱了？如果权力的定义是自主，那么确实如此，OhioLINK（或任何全州范围的合作系统）相当大地削弱了各成员馆的权力。就另一种意义而言，如果权力的定义是完成使命的能力（即以最有效的方式提供最广泛的服务），那么，OhioLINK 实际上扩大了成员馆的权力。问题的实质是，应从自主权

力的诱惑中剔除利己的因素而代之以服务”。当然，为其他读者服务不应该影响为本单位读者服务，这需要行之有效的措施和制度来协调控制，在这方面有许多成功的经验可资借鉴。

目前，自动化已在中国图书馆界引起普遍重视。但是，图书馆自动化不是目的，而是提高服务质量和促进资源共享的最有效途径，它能使读者更方便地利用图书馆，为读者提供更为广泛的文献资源。因此，推动图书馆的自动化必须立足于资源共享，只有树立了这一观念，才能避免自动化过程中的急功近利，使自动化系统更为标准化，更具有生命力。

合作的模式是多种多样的，既可以是全国范围或局部范围的横向联合，也可以是按系统的纵向联合，还可以纵横交叉按学科进行合作。多种模式的合作才能满足图书馆和读者的不同需要。但在诸多合作方式中，区域性合作应引起我们特别的重视，因为它能使读者在近距离获得所需文献，为读者提供最大的方便。

推动图书馆界的合作不仅需要图书馆界同仁破除传统观念、克服困难，也有赖于有关领导机关对图书馆事业的重视，在组织和财力上给予必要的支持和协调。只有这样，才能缩小中国图书馆事业和发达国家之间的距离，更好地为中国的经济建设服务。

第四，结束语：迈向21世纪的图书馆正在迎接信息化、数字化的挑战

在迈向信息社会的今天，国内外图书馆之间加强了解与合作，互相学习新技术、新方法，实现全球信息资源共享的愿望越来越强烈。整个社会都在发生翻天覆地的变化。信息技术的高度发展，为图书馆实现全球范围信息存取提供了技术基础。据有关专家预测，20世纪90年代将是图书馆自动化、网络化高度发展并成熟的时期；图书馆将向信息化、数字化迈进，图书馆正面临着机遇与挑战。

过去，图书馆的传统功能只是收藏文献。进入信息时代，信息存储和查询有了新的形式和定义。一经数字化，众多的文献不再是散布于世界各地孤立的图书馆中，而是通过计算机存储介质永久存储并流动于全球信息网络上，为信息社会提供更为高质量的服务。

图书馆在向信息化、数字化转变的过程中，需要一些关键技术的

支持，如内容的创建与录入、存储和管理、访问和查询技术、信息发布和传播，以及权限管理技术等。随着信息存储技术、压缩技术，特别是网络技术的飞速发展，许多关键技术已经逐步突破。将成熟的技术应用于图书馆数字化、信息化建设，尚需从事图书馆自动化事业和信息技术产业的人员共同努力来完成。

据有关资料统计，目前全球成千上万的图书馆还在信息高速公路旁"站立"，等待着上路。数字图书馆在国际上也刚刚起步，但发展迅速，已引起全球关注。美国成立了由 16 家重要图书馆、博物馆组成的数字图书馆联盟。1996 年 8 月，在北京召开的第 62 届国际图联大会的研讨热点就是"全球信息存取"。中国是一个有着 5000 年文明史的大国，对世界文明的发展做出过有口皆碑的贡献。虽然目前中国的图书馆自动化事业发展较发达国家迟缓了一步，但只要我们瞄准目标，充分回顾曾经走过的路，并吸收借鉴国外先进技术和经验，奋发努力，在迈入 21 世纪门槛之际赶上世界先进水平，实现中国图书馆数字化、信息化、网络化，并与国际接轨的目标并非天方夜谭。（此题合作者：严建援、李建军）

（四）电子图书馆

电子图书馆是指图书馆的资料是以电子形式储存的。这种出版物是利用大容量光电储存技术生成的，不用纸张载体，体积小，价格低廉，存取信息方便。读者只能通过计算机或终端来使用这些出版物，所需文献可以打印、拍照，也可以通过网上检索、获取。手工借还方式减少到最低限度。其基本特征是：1）计算机管理；2）联网；3）新的储存技术；4）以用户为中心的服务模式；5）馆藏的动态性；6）用户和图书馆管理人员之间的更加密切的合作与交流；7）信息资源极大丰富，高度体现资源共享。[1]电子图书馆一般由四个部分组成：用户终端；通信系统；信息资源；数据库管理和联机咨询服务系统。[2]其功能为：1）提供传统图书馆馆藏文献的联机目录和索引；2）提供电子信

1 傅守灿："电子图书馆及其相关技术问题研究"，《现代图书情报技术》，1996 年第 3 期，第 3～4 页。

2 傅守灿："电子图书馆及其相关技术问题研究"，《现代图书情报技术》，1996 年第 3 期，第 3～4 页。并参阅：杨宗英："电子图书馆的现实模型"，《中国图书馆学报》，1996 年第 2 期，第 25～26 页。

息服务，包括联机目录和作业系统、全文存储和检索系统、馆内参考咨询服务系统、连接外部信息数据库系统；3）通讯服务，在电子图书馆的建设和发展上，美国处于遥遥领先的地位，下面介绍几个重要项目：

1. 美国国会图书馆的“美利坚记忆（American Memory）”

该项目始于 1990 年，旨在将多年来国会图书馆收藏积累的重要历史文献、声像资料制成电子出版物提供全国使用。内容包括 1770～1981 年间报刊上发表的关于国会的漫画；大陆会议和宪法会议（1774～1789）的文件；底特律出版公司在 1880～1920 年间印制的 25，000 张明信片；1897～1906 年间纽约市的影片；Mathew Brady 拍摄的 1，000 张有关美国内战的照片；1820～1920 年间印行的关于美国黑人的小册子；有关加利福尼亚早期历史的个人叙述；自然环境保护运动（1850～1920）等。所有这些资料以在线、光盘、录像带等不同方式提供，对于保存和普及美国历史文化资料起了重要作用。

在 American Memory 的基础上，国会图书馆正在与各方面合作，建设美国的国家数字化图书馆。因此，American Memory 被称为国家数字化图书馆的种子项目。最近该馆又推出了几个新项目：（1）乔治・华盛顿文档（Georg Washington Papers）约 8,000 页；（2）林肯先生的虚拟图书馆（Mr. Lincoln's Virtual Library），包括奴隶解放宣言和林肯遇刺；（3）非洲裔美国人历险记（African American Odyssey）；（4）美西战争电影；（5）全景摄影（1851～1991）。

国会图书馆在实现该计划的过程中遇到的问题是：（1）新的数字技术如何避免电视造成的纯粹“观众主义”；换言之，如何能鼓励积极地思维。（2）如何确保在市场经济中，新的数字化领域不会为广告和商业信息所充斥，也不会惰落为色情和暴力的园地。（3）如何确保这些快速发展和面向未来的技术不会抹去人们对过去的记忆。

国会图书馆现已决定，到 2000 年将有关美国历史和文化的 500 万条资料数字化，将其中最重要、最有趣的 200 件制作成多媒体，已得到国会的同意并为此筹集资金 6,000 万美元。

2. 美国国会图书馆全国数字化图书馆项目（The National Digital Library Program, The Library of Congress NDL, LC）

该项目得到凯洛格基金会（W. K. Kellogg Foundation）的资助，于 1995 年 5 月 1 日开始付诸实施。具体内容如下：

1）与获得国家科学基金（NSF）数字化图书馆研究项目资助的机构合作，与所在单位的用户磋商，哪些资料以电子版式发行最为有用。例如，密执安大学负责用户界面，圣巴巴拉、加利福尼亚大学负责地理信息系统。

2）参加单位分工负责某一方面的数字化工作。如康乃尔大学和密执安大学承担将有关美国内战方面的资料数字化，国家农业图书馆、国家医学图书馆、史密森博物院、国家档案馆承担将西进运动的文献数字化的任务。

3）国会图书馆与研究和教育部门共同研究数字化资料的许可证问题。其中之一为盖蒂艺术史信息项目（Getty Art History Information Program）所发起的为时两年的博物馆现场教育许可证项目。7 个博物馆以电子手段向 7 所大学提供数字化馆藏在校园使用。该项目的研究目的是，教育机构在持有许可证协议的条件下，使用博物馆馆藏的技术与法律程序。

4）与美国版商协会合作，在取得集体许可证的条件下，让一些经过选择、有电子版权的多媒体美国历史资料，能为学校和图书馆所用。

5）进行国际合作，建设电子图书馆的全球网。[1]

3. IBM 公司的数字化图书馆研究项目

计算机公司与大学的合作对于数字化图书馆的发展起了重要的推动作用。以 IBM 公司为例，早在 1983 年，麻省理工学院发起的以大型工作站网络为基础，向全校提供高质量的服务，将现代计算机技术用于教育过程的雅典娜项目（Project Athena），就有 IBM 的参与。20 世纪 90 年代初，伊利诺伊大学发起的以小型机网络和软件技术为基础，使该校几个校园都能从全国各地获取信息源的 IO+Extended OPAC 项目，IBM 是主要参与者。[2]

---

1 参见 http: //lcweb.loc.9...nov-dec.html#pilot

2 Karen M. Drabenstott et al. *Analytical Review of the Library of the Future Council on Library Resources*,. Washington D.C. 1994, p.118, p.115.

1995 年，IBM 公司正式推出其数字化图书馆项目（IBM *Digital Library*）。这个研究项目的指导思想是把信息转化为智能。该公司认为，在信息时代信息和煤、水、石油一样，已成为不可或缺的资源。它们的共同特点是，必须经过加工处理，才能释放出能量。信息技术的基本任务就是将信息转变为智能。在这个转化过程中，必须解决两个关键问题：一是向使用者提供强大的检索能力，包括远程获取信息，对信息进行分析、鉴别与综合的能力；二是使信息资源的拥有者在将其资源数字化的同时能够保持对资源所有权和版权的控制。IBM 的数字化图书馆为这两个问题提供了端对端（end-to-end）的解决办法。

全部技术由 5 个部分组成：1）权益管理（Rights Management）。信息的数据化为信息的复制和分发带来了无限的可能性，IBM 数字化图书馆项目提供了保证获取和分发数字化信息和保护权益的新技术，开发出使用计算机进行认证、版税管理、编制密码、制作电子水印的技术；2）储存和管理（Storage & Management）为图书馆提供储存和管理大批量数字化形态信息的技术，如能够储存数以千计电影的视频服务器（video servers）、能够支持不同制式多媒体产品的新数据库、囊括全文的文本服务器；3）分发（Distribution）IBM 的全球网、互动宽带服务、Prodigy 和互联网，为传递多媒体信息提供了强大的工具；4）检索与存取（Search & Access）包括提供自动索引、分卷、导航、图象内容（色彩、形状、结构、位置）检索和过滤工具等等；5）内容的创造与收集（Content creation & capture）基础设施提供信息生产和设计应用的技术，以及收集不同载体文献并进行扫描、识别、压缩和转换的技术。

这些技术已经成功地应用于凯斯西储大学（Case Western Reserve University）的在线、多媒体图书馆项目、科学信息研究所电子图书馆导航项目和梵蒂冈图书馆的收藏[1]。IBM 在中国的实验室已开始与复旦大学、清华大学合作进行中国历史地图的电子版和全文检索的研究项目。

4. 大学图书馆的数字化图书馆研究项目

在美国大学图书馆的数字图书馆研究项目中，比较重要的有如下

1 IBM *Digital Library,* special Edition, March, 1995.

几个，即：

1）康乃尔大学曼图书馆（Mann Library）于20世纪80年代末开始的“化学在线检索试验”项目（Chemistry Online Retrieval Experiment, CORE）。参加此项目的成员有：OCLC、贝尔传播研究所、美国化学学会和化学文摘社。此项目的目的是开发一个能够以电子形式储存、检索和显示化学杂志文献和图像的在线信息系统。

2）俄亥俄州立大学于1987年开始的通往信息之路（Gateway to Information）项目。其目的在于培养学生在线查询，利用电子出版物，发展独立批判性思维能力。

3）北卡罗来纳州立大学于1986年开始的数字化文件传输项目（North Carolina State University NCSU Digitized Document Transmission Project DDTP）限于农学领域。

4）哥伦比亚大学法学图书馆的“门神”项目（Project Janus，1993年～1996年）。利用现代技术，将该馆主要馆藏全文（如纽伦堡审判记录、美国政府文件、北美自由贸易协定条约）数字化，每年完成10,000～12,000卷。把物理上的图书馆变成虚拟图书馆，以扩大读者使用面，减少文献占用空间。

5）卡内基梅隆大学于1989年开始的“水星”项目（Project Mercury）。其目的在于，以现代网络标准和信息技术为基础，建立一个适用的电子图书馆。分两步实施：a）将书目记录与只读光盘全文数据库相联结（如美国遗产字典、美国学术百科全书）；b）将7种电子学方面的期刊数字化。

6）旧金山加利福尼亚大学于1990年开始的RightPage TM项目和1991年开始的“红色哲人”（Red Sage）项目。前者旨在创建电子图书馆。包括将12家出版社的68种关于人工智能、计算机辅助设计、电子通讯、软件工程等方面的期刊数字化，以便于专业读者使用。后者的目的是，考察在知识管理环境下，围绕着科学通讯的技术、经济、法律和用户等方面的问题。研究范围为斯普林格出版社所出版的分子生物学、放射学方面的杂志，新英格兰医学杂志。[1]

1 Karen M. Drabenstott et al. *Analytical Review of the Library of the Future Council on Library Resources*, pp.113～121.

7）哈佛大学图书馆系统。由 90 多个分馆构成，实际上采用的是联邦制，各馆都可以以自己的独特方式为特定的读者服务。目前，各馆都以校方提供的基础设施为依托，本着分工合作的精神，“用虚拟的砖瓦，建设数字化图书馆”包括：a）作为哈佛机读总目录（HOLLIS）一部分的回溯机读书目项目（Recon Project 1996 年底完成），这个机读目录含有 325,000 条中、日、韩文书目记录；b）与其他大学合作，由卡内基梅基金会资助的“期刊储存项目”（Journal Storage Project，JSTOR）；c）期刊篇目索引；d）多学科合作的环境科学虚拟图书馆，通过电子通讯与外界保持联系；e）由哈佛 Widener Library 犹太部创建的以色列招贴画虚拟数据库，收有 55,000 份招贴画；f）以哈佛地图收藏为基础的大地测量信息系统（Geodetic Information Systems）；g）得到联邦政府资助的名建筑师亨利·赫伯逊·理查德逊（Henry Hobson Richardson 1838～1886）档案项目，制作缩微胶片与数字化同时完成；h）人文学科电子文本；i）寻求援助项目（The Finding Aids Project）；j）数字化白皮书（The Digital White Paper），哈佛大学高级图书馆员合作制定一个准备实现数字化的资料选题目录。该白皮书还包括在准备数字化项目时应该注意的经济、技术、组织和法律问题。[1]

8）堪萨斯大学加利全文电子图书馆（Carrie，A Full Text Electronic Library）。其服务项目如下：a）咨询台（the Reference Desk）。包括字典、词典；书目检索与文件传输；统计报告；档案指南；Internet 查询。b）图书（Stacks）。部分收藏按作者姓名字母顺序（A～Z）；其他收藏按语种包括：英语、汉语、荷兰语、世界语、法语、德语、意大利语、日语、古典拉丁语、中世纪拉丁语、斯堪地那维亚语、西班牙与葡萄牙语。c）连续出版物部（Serials Department）。收藏电子出版物；CICnet E-连续出版物档案。d）文献室（The Documents Room）。收纳天主教会、联合国和其他国际组织、欧洲、美国、世界宪法、一次世界大战文件。e）档案（Archives）。包括皇家委员会手稿、西班牙传教士文件。f）堪萨斯专藏（The Kansas Collection）包括有关堪萨斯地区的绝版书、书信、日记、照片等贵重资料。g）每日新闻和信

1 Barbara S. Graham. Integrating New Technology: Research Libraries Enter the Future, 62nd IFLA General Conference Book 2, p.96. Beijing ,China, August 28, 1996.

息（Daily News and Information）。收集来自世界各地和各种形式的新闻和信息，其中包括中国新闻摘要。[1]

9）加利福尼亚伯克利大学数字图书馆（UC Berkeley Digital Library Sun Site Software Information & Technology Exchange）。该图书馆原藏书800万册，现已部分数字化，由以下8个部分组成：(a) 加利福尼亚伯克利大学互联网资源主题索引（UCB and Internet Resources by Subject），主要有加利福尼亚遗产（加州档案收藏查询及数千张有关加州历史的照片）、杰克·伦敦收藏、19 世纪文学、在线中世纪与古典图书馆、加利福尼亚伯克利大学档案精萃等。(b) 互联网上的普通参考工具书，包括不列颠百科全书（General Reference Sources on the Internet including: Britannica）、电子版百科全书，只供本校教职工和学生在线使用。(c) 图书馆信息指南（Library Information Guides）。(d) 只读光盘索引指南（Guides to CD-ROM Indexes）。(e) 电子杂志与通讯（Electronic Journals and Newsletters）。(f) 电子文本收藏（Electronic Text Collections）。(g) 莫里森图书馆就职演说集（Morrison Library Inaugural Address Lectures）。(h) 互联网上的学术团体（Scholarly Societies on the Internet）。

10）研究图书馆集团的数字化倡议（Digital Initatives of the Research Libraries Group）。RLG 包括 150 所大学图书馆、独立研究图书馆、档案馆和历史学会。现在已有 1 亿条来自 250 个单位的图书、期刊、论文在线机读目录，即前文提到的研究图书馆信息网络（RLIN）。在过去 3 年里，RLG 召开了“电子获取信息：一种新的服务范式”（Electronic Access to Information: A New Service, July 1993）；“数字化图像保存技术”（Digital Imaging Technology for Preservation, March 1994）；“RLG 数字化图像存取技术”（RLG Digital Image Access Project, April 1995）；“在新信息环境下的学术研究”（Scholarship in the New Information Enviornment, May 1995）等一系列成员馆研讨会，目前正在倡议和发起一项成员馆数字化合作活动。包括：a）馆藏数字化项目（Digital Collection Projects）正在实施的

---

1 参见 http: //www.ukans.e...e/carrie-main.html

第一个项目名叫“红色研究（Studies in Scarlet）”，该项目旨在将1815～1914 年间的美国和英国有关婚姻和两性关系的法学研究资料数字化，参加单位有：哈佛大学、纽约公共图书馆、纽约大学、北卡罗来纳州档案馆、普林斯顿大学、宾夕法尼亚大学和英国的里兹大学。第二个馆藏数字化的项目将集中在国际移民资料方面。b）档案信息数字化计划（Archiving Digital Information）。c）元数据计划（Metadata Project）。d）国际数字化计划（International Digital Projects），包括设计计费/许可证服务器以解决使用数字化资料付费问题的 WebDoc 项目。有关单位还讨论了将成员馆在不同储存地点所拥有的相同资源以电子手段变为虚拟馆藏（virtual collection）的问题。支持以上活动的基础设施名叫“Arches”，即档案服务器（archival server）。其功能是：经过多种通道与多种资源相联结，解决用户和版权所有者的版权认定、版本控制、向版权所有者付费、暂时的资源标识符（URL）、对储存手段进行有效管理等问题；提供强大的检索工具；获取图像信息和 SGM 译码信息以及在完全是图像的文档中浏览。总之，Arches 为数字信息捕捉与保存的合作调研提供了一张试验床。[1]

上述事实表明，电子图书馆不再是对未来的憧憬，它已经走入了我们的生活，成为图书馆事业发展中的一个强劲的势头。在中国自1994 年 9 月清华大学图书馆多媒体阅览室开放以来，广州图书馆、北京图书馆、北京大学图书馆、南开大学图书馆也相继建成电子阅览室并对外开放。我们应该清醒地看到，中国大学图书馆的电子阅览室与美国大学建设中的电子图书馆之间还有相当大的差距，这不仅表现在通讯传输的效率方面，更为重要的是表现在信息资源的开发和建设上。中国大学图书馆的书刊书目数据库还在建设之中，而美国大学图书馆早已经历了这一阶段，正在全力以赴实现文献、图像、声音的数字化。他们在大学图书馆地区性的合作上也远远走在我们的前面。

（五）技术变革与大学图书馆的未来

电子图书馆或数字图书馆会不会代替现有的以保存纸质文献为主的图书馆？有墙的图书馆会不会消失？图书馆作为一个社会场所会

---

1 Ricky L. Digital Initiatives of the Research Libraries Group http: //www.dlib.or...6/rlg/12erway.html

不会不复存在？图书馆的中介功能是不是会寿终正寝？大学图书馆将走向何方？这一连串的问题需要联系社会发展的趋势，从总体上来回答。

从人类社会生产力发展的总趋势来看，信息技术革命带来的变化是空前的。以往的技术革命所引发的生产力革命，促使劳动资料机械的、物理的和化学的属性发生变革。也就是说，使能源、动力、可控的机械加工机和原料发生了巨大的变化，从而大大地提高了劳动生产率和生产力的水平。而信息技术革命的核心则是使劳动资料的信息属性发生根本性的变化。这就是说，使各种各样的计算机、网络和电子通讯结合起来，它所改变的是生产的神经系统，造成了生产力中最活跃的因素——人类思维器官和神经系统的加强和扩大、智力的增强和扩大。这要比机械性生产工具引起的人类体力和技能的增强和扩大更为重要。计算机与网络的结合正在改变着人类的生产方式、工作方式、认知方式和学习方式。

图书馆的历史和人类有文字的历史一样久远。作为人类不可或缺的社会文化机构——图书馆，在收集、整理和保存人类文化遗产，促进思想、知识、文化、信息交流，提高社会成员的文化教育道德水平，推动科学技术发展和加速社会进步进程诸多方面都做出了重大贡献。所有这些都是在信息技术革命开始以前发生的。前文我们已经概括地介绍了现代信息技术在图书馆中应用的过程，特别是电子图书馆的发展。种种迹象表明，信息技术一方面大大增强了人类搜集、储存、加工处理、传播和应用信息的能力；另一方面又激起了人类社会对信息的巨大需求。这就是说，信息技术革命既为图书馆事业的发展提供了空前的绝好机遇，也向图书馆事业提出了历史性的严重挑战。图书馆事业正处于一个转折的关头，面临着多重选择。

图书馆在自身历史的发展过程中已经历过技术的重大变革，印刷术的发明和工业革命都对图书馆事业产生过重大影响。对于技术变革采取的态度至关重要。哈佛大学图书馆馆长西德尼·威尔巴说得好："我们的任务不可能用一个简单的公式来完成，我们也不可能靠一个单独通往彼岸的大桥（计划）来实现我们的目标。就此而言，技术的变化太快了，其方向难以把握。我们必须采用许多具有灵活性的计划来解决问题。我们无法控制变化，但如果我们积极地投入，我们就会有助于促成变化。我们在干中学。如果我们对于（新的）开发采取积极的态度，我们就会有准备地利用刚刚出现的新技术。”这是我们对技术变革所应该采取的积极而又稳妥的态度。那种对于技术变革采取视而不见，认为与己无关，或简单、草率从事的态度均不足取。

许多研究都指出，作为社会文化机构，图书馆必将继续存在下去。这似乎是没有疑义的。其基本功能仍然是知识、信息与用户之间的中介，这也不成问题。然而，正如我们在前文中所说，现代信息技术的出现，既造成了信息和知识的激增，也刺激了对信息和知识需求量的空前增加，因此图书馆的中介功能必然会发生质的变化。如果我们认为信息是海洋，图书馆工作者将来的工作将不再是供水，而是驾船航行。首先值得我们重视的是对信息需求的变化和读者群体的变化。1996年3月，在哈佛大学举办的关于图书馆未来的研讨会上，主要发言人——伯克利加州大学的克利福德·林奇（Clifford Lynch）指出：“图书馆是植根于社会土壤之中，与一定使命相联系，并为某一社区服务的社会结构、社会组织。图书馆的这个定义是不会发生变化的，社区的概念则是会发生变化的，社区的地理意义正在衰落。图书馆要为国际上的用户服务，网连网的社区会跨越洲际。在这种情况下，图书馆的任务变了，它不再是起着信息看门人的作用，而是提供数据增值的领域。人们需要的是，理解他们在全球信息网上检索的是什么，他们在数据库中找到的是什么。这就是说，图书馆需要培训用户，教给他们检索的方法。无论这项任务看起来是多么令人望而却步，也要找到组织、管理互联网上资源的办法，正如过去为书本馆藏进行编目索引一样。”这段话有两层意思：一是图书馆服务的社区地理意义因通讯工具的发达而失去了原有的重要性。图书馆服务的范围，打破了地区和国家的界限，变得更广泛了。图书馆服务的对象更加多样化。不仅要为本社区的读者服务，还要在网上接待远程来访者。二是图书馆服务的方式必须有相应变化，以适应新形式下读者的需求。对于图书馆自身来说，在展望未来时，视野要超越图书馆的墙壁。合作对于图书馆来说，不再是一种选择，而是一种必需。研究型图书馆将追求实现更高的效益，而且意识到他们工作的社会和组织的环境。当研究型图书馆步入未来时，我们必须努力做到像罗马的两面门神那样：一副面孔对着过去，一副面孔朝向未来。换言之，这就要求人们寻求共同立场，在继承和发扬过去优良传统的前提下，创造未来。

未来的图书馆的模式是什么样的？这一直是大家所关注的一个重要问题。现实生活告诉我们，纸质的印刷品并没有因为电子出版物的出现而减少，反而呈现出增加的趋势，人们不无讽刺地说，无纸社会纸更多。美国研究图书馆集团的沃尔特·克劳福德（Walt Crawford）认为，未来的图书馆并不一定都是数字化的。供学者使用的通用的工作站永远也不会出现。如同无线电和内河运输会消失的论调一样，印刷品将会消失是一种极端夸大的说法。电子出版物和普通出版物将长期共存共荣。这不失为一种比较公允的看法。传统意义上的图书馆将会与新型的电子图书馆或数字图书馆长期并存，这首先是由电子出版物和普通出版物各自的特点决定的。电子出版物有体积小、储存量大、易于检索、可以联机查询、存贮、及时打印的便利，但必须有能源、设备的保障。普通出版物则可以随身携带，不拘场合，任意阅读，这些便利条件是电子出版物很难实现的。其次，还应该看到，各国的发展程度不同，通讯基础设施的条件各异，在发达国家唾手可得的东西，在发展中国家就可能是很难解决的问题。如电话的普及率、计算机的人均占有率、通讯光缆和地面人造卫星接收站的分布状况等。还应该指出的是，因国情不同，对于信息自由交流和存取的看法也不尽一致，所有这些都制约着电子出版物和现代通讯手段的发展。第三，传统图书馆是一个充满社会文化气息的人际交往场所。不仅有图书馆工作者和读者之间的交往，读者彼此之间的交往，图书馆之间及图书馆与有关单位之间的交往，还有图书馆组织的种种学术教育文化活动。这些都是不可或缺的，也是不可代替的。无墙图书馆、电子图书馆不过是人们设想的理想化了的物理概念，没有可能用来代替一个生气勃勃的社会文化活动场地。第四，发生在计算机最为普及、通讯基础设施最为发达、最愿意接受新事物的美国的事实告诉我们，在那里兴建大型图书馆馆舍的活动并没有停止，而是一直在继续。纽约和旧金山这两座位于东西海岸的文化名城，近年来分别建成了规模宏伟的新馆舍，力图将现代化的手段同原有的馆藏结合起来。弗吉尼亚州的乔治梅森大学耗资3000万美元，于1996年4月建成一座面积达8英亩的新的学习中心。这座学习中心是与学生活动中心连接在一起的。新图书馆由四个部分组成：（1）配有适当设备和服务台的广泛的多媒体收藏区；（2）教学参考咨询区，配有各种信息资源和教学计划，包括有40个座位的、与网络工作站相连接的、有线互动教室；（3）主要为本科生服务的，以多文化为特点的藏阅合一的书库；（4）由图书馆、学校信息服务中心联合管理的信息服务台，可通过终端查询全校和图书馆的信息和资料。明尼苏达州议会也已拨款3500万美元，兴建一座为全州高等学校和图书馆服务的现代化大型图书馆。这些情况说明，传统的图书馆和数字化图书馆之间的关系不是后者取代前者的关系，而是并行不悖、相互补充的关系。把传统的馆藏与现代化的设施有机地结合起来，是通向未来的必由之路。

随着信息社会的到来，图书馆的使命、馆藏、管理、运作、用户教育与服务、工作人员的要求及培训、设施建设等都将有所变化。首先，从图书馆的使命来看，图书馆将不再以图书的收藏和使用为中心，而将以信息的搜集、开发和利用为中心；图书馆将完成由图书馆机构到信息提供者的转变，每一位图书馆工作者都将是熟练的信息专家和优秀的咨询专家，每一个图书馆都将从仅仅提供一馆馆藏飞跃到提供网络上的多种形态的信息资源。其次，从图书馆的馆藏来看，测定一个馆是否居世界前茅的标准可能就不再是藏书的册数、规模，而将是以服务的质量来评定，诸如用户所需文献的查准率和查全率等，将是以其与其他地区和国际互联网的强大性和可通性来衡量。不过，由于文献的可近性原则，由于最小省力法则的作用，尽各自的财政力量满足本地区及本单位需要的文献仍将对各馆起相当大的制约作用，仍会促使每个图书馆尽可能多地保持为教学和科学研究所必需的基础馆藏，并努力发展本馆特色。再次，从图书馆的管理和运作来看，图书馆的行政管理需要视野广阔、襟怀坦荡、极具创造性、富有组织能力的领导或领导群。他们不仅能描绘出美好的未来，而且能够在员工的支持和帮助下，通过与本单位、外单位乃至其他地区和国际间的交流与合作，将理想变为现实。

结　论

高等学校的图书馆是为教学和科学研究服务的学术性机构。它和高等学校一样，是近代历史发展的产物。文献的积累，知识经验的积累，体制机构的健全，管理水平的提高，都离不开高校和图书馆自身的发展。中国的历史虽然比美国的历史长得多，由于众所周知的原因，近代大学和大学图书馆的起步却比美国晚200年。发展水平的差距、国家综合实力之间的差距，在高校图书馆的馆舍建筑、文献资源的积累、现代化的基础设施等方面，都不能不留下深深的印记。这是有目共睹的、不容否认的客观事实，必须予以重视，而且应该尽最大的努力缩小差距。

中美两国社会制度不同、高等教育发展走过的道路不同、管理体制不同，这些对于图书馆的发展也有很大影响。美国高等学校中私立大学占据多数，资金来源多样化，私人赞助占有很大的比重，图书馆的投入，情况也很相似。这与中国的情况大不相同，近年来私人的捐赠虽然也呈现出增加的趋势。例如，香港企业家邵逸夫先生捐资修建的大学图书馆馆舍即达20所之多，但图书馆的日常经费，主要靠国家财政拨款的情况并没有改变。加之中国至今还没有像美国那样的向非赢利机构捐赠的减免税政策，这对于图书馆投入的多样化是不利的。

除了物质条件方面的差距和制度的不同外，还有不少属于认识上、价值判断和做法方面的问题。我们认为，这是在比较研究中更值得深入探讨的问题。

（一）关于图书馆在高等学校中的定位

美国在20世纪初就提出："图书馆是大学的心脏。"这说明了图书馆在高等学校建设中的关键地位，反映了高等教育事业发展与图书馆的发展之间存在着一种互动关系。从前文的研究中可以得知，19世纪下半叶是美国高等教育和大学图书馆取得长足进步的时期。莫里尔法的通过，使各州普遍建立了农学院和农机学院，后来发展成为州立大学。适应工业革命发展的需要，大学课程的多样化，选课制的实施，研究生教育中采取讨论式的教学方法……所有这些都是以图书馆拥有丰富的文献资料为前提的。因此，美国大学图书馆在19世纪中叶以后发展很快，7所名牌大学1900年的藏书比1849年增加了6.44倍。图书馆的藏书量对于一所学校能否成为大学有直接的关系。据研究，将美国1836年前后成立的20所高等学校分为两组，当时各院校图书馆平均藏书量为6400册。A组10校决定向大学方向发展，B组10校继续保持学院地位。140年后，即到了1976年，A组学校的藏书量为B组学校的7.26倍。中国大学的发展与图书馆馆藏之间同样存在着相互促进和制约的辩证关系。中国重要的综合性大学藏书量多在200万册以上，北京大学藏书在400万册以上，名列第一，是中国最为著名的综合性大学。这些事实说明，图书馆在大学中的核心地位不是自封的，而是被大学的本质特征决定的。能不能自觉地认识到这两者之间的互动关系和图书馆的地位，对于办好大学和大学图书馆至关重要。中国大学图书馆存在着许多问题，如资金、设备的投入，人员配备和待遇等，都与对图书馆定位的认识有着密切联系。长期以来，中国教育行政部门将图书馆与学校的后勤部门列入同等地位，由条件装备机构统管。图书馆工作人员属于教学辅助人员，地位低人一等。老弱病残充斥，使其难以发挥应有的作用。近年来情况虽然有所改变，但一些根本性问题仍有待于进一步明确和解决。

（二）图书馆的收藏是为教学科研服务的，收藏不是目的而是手段

在这个根本性的问题上，中美两国因文化背景不同，有不同的传统。美国的开架借阅制度长达百年，第二次世界大战以来，开架阅览便普及到社会公众，除了珍善本书外，所有馆藏均向一切读者开放。中国大学图书馆的开架阅览，于20世纪70年代末才逐步开始。据统计，至1995年末中国1053所高校图书馆开架书刊占文献总藏量的20%，最多的占50%，个别院校不足10%，而且对于读者类型有所限制，例如有些书库只对老师或研究生开放。这就大大限制了文献资料的利用率，而且不利于学生开阔眼界。造成这种情况的原因，除了物质条件方面的限制（如旧书库不是按照开架借阅或藏阅合一设计的），更重要的是认识方面的问题。开架借阅容易造成书刊的丢失和破损，增加了管理者的工作量，这是拒绝实行开架制的主要借口。在开馆时间、参考咨询、用户教育、馆际互借以及其他服务手段方面，尽管中国大学图书馆近年来有明显改进，但同美国大学图书馆相比，仍然存在着较大差距。究其原因，主要是我们在“藏”与“用”、“管理”与“方便读者”、“封闭”与“开放”、“为了一切读者”还是“为某一部分读者”等问题的认识上，还存在着明显的误区。

（三）技术变革与图书馆的发展

美国将先进的手段应用于图书馆建设上所取得的成绩有目共睹。克林顿总统在他的国情咨文和讲话中曾多次谈到中小学校图书馆的联网问题。美国政府支持的 Internet 2 和 Internet for Generation 项目，都把图书馆的数字化放到了重要地位。从 20 世纪 90 年代开始，中国在图书馆管理的自动化、网络化和文献资源的数字化方面也大大加快了步伐，大有迎头赶上之势。值得我们注意的是，美国大学图书馆在使用先进技术上的高瞻远瞩、创新精神、协作的传统和求实的作风。许多大学图书馆都有自己步入 21 世纪的发展战略，在电子图书馆的发展上，各校所追求的是自身的特色资源建设，而不是跟在别人后面亦步亦趋。地区内与地区之间的合作在加强。原有的四大书目中心特别是 OCLC，雪球越滚越大，已远远超过了本地区的范围，成为美国以至世界的书目中心，而且正在扩大服务范围。对待日新月异、迅猛发展的信息技术和通讯技术，他们采取的是从本校、本地区的实际情况出发，择优而用，并不刻意求新。特别是他们持续不断地对用户进行技术培训，以此来刺激需求，值得我们效法。

（四）物质手段、学科内容与人文精神的结合——图书馆工作者的素质与追求

高等学校的图书馆是为教学和科学研究的需要而存在的，是为教师、科研人员、学生和所有用户服务的场所。宜人的馆舍、舒适的环境、先进的设施、四通八达的网络、丰富的馆藏都是不可缺少的。然而，美国大学图书馆给人留下的最深的印象不仅在于它的物质条件，更重要的是图书馆工作人员面对读者时的微笑和那句“我能为你做点什么”的亲切问话。简而言之，图书馆工作人员的服务精神和素质、丰富的学科和语言知识、娴熟的信息技术、对馆藏深入全面的了解、一切为了读者的献身精神，都是现代图书馆工作者所必须具备的品质。

拥有一批高素质的工作人员是办好大学图书馆最重要的一个条件。没有这样一批工作人员，优越的物质条件就无法发挥应有的作用。中国的高校图书馆在队伍建设和提高工作人员素质方面还有很多的事情要做，很长的路要走。

参考文献

1. *ALA World Encyclopedia of Library and Information Science*. Chicago, 1980.

2. *Encyclopedia of Library and Information Science*.

3. Goedegebuure, Leo et al. Ed. *Higher Education Policy, An International Comparative Perspective*. New York, 1993.

4. Harris, Michael H. *History of Libraries in the Western World*. The Scarecrow Press, Inc. Metuchen, N. J., 1984.

5. Hayhoe, Ruth. *China's Universities and the Open Door*. Ontario Institute for Studies in Education., 1989.

6. Lucas, Chistopher J. *American Higher Education, A History*. St. Martin's Press, New York, 1994.

7. Marsden, George M. *The Soul of the American University, From Protestant Establishment to Established Nonbelief*. Oxford University Press, 1994.

8. Rudolph, Frederick. *The American College and University*. The University of Georgia Press, 1990.

9. Thompson, James ed. *University Library History, An International Review*. New York, 1980.

10. *World Development Report* 1993.

11. 陈学恂：《中国近代教育大事记》，上海：上海教育出版社，1981。

12. 教育部教育年鉴编纂委员会：《第一次中国教育年鉴》、《第二次中国教育年鉴》。

13. 母国光：《高等教育管理》，北京：北京师范大学出版社，1995。

14. 吴慰慈，鲍振西，刘湘生等：“中国图书馆事业发展历程”，见周文骏:《中国图书馆年鉴(1996)》，北京:北京图书馆出版社，1996。

15. 杨威理:《西方图书馆史》，北京：商务印书馆，1984。

16. 邹时炎：“中国高等学院”，《图书馆》，杭州：浙江大学出版社，1994。

17. 吴唏:《北京大学图书馆九十年记略》，北京：北京大学出版社，1992。

18. 萧超然:《北京大学校史 1898～1949》，上海：上海教育出版社，1982。

原文载《河北科技图苑》2000 年增刊（总第 5 辑），全文共五章及引言、结论，本文只节选了作者独自撰写的引言、第一章、第四章及结论的部分

有关信息素质教育的一些资料和几点建议

在素质教育的讨论中，信息素质教育的问题已经提出来了。但似乎没有引起足够的重视，仅仅局限在图书馆学和情报学界。这个问题应该引起全社会的关注，特别是教育行政部门和教育学理论界的重视。信息素质是指信息社会（或时代）对个人品质、道德观念、知识体系和能力要求的总合。信息素质概念的提出，反映了信息技术革命给生产方式、生活方式、工作方式和学习方式带来的巨大变化。信息时代的到来，对人的素质提出了更高的要求。从社会发展的角度来研究国民素质的内容，意义重大，这关系到我们能否实现“跨越式”的发展，关系到我们国家和民族的未来。

在信息技术和信息产业发达的国家，信息素质的理论探讨和教育实践已经有近三十年的历史。我们已经晚了一代人的时间，应该奋起直追。

一、素质教育和信息素质的定义

讨论信息素质教育应该从素质教育说起。

素质教育的定义：即高于具体知识技能的思维方法及能力。[1]

当今世界，科学技术突飞猛进，知识经济已见端倪，国力竞争日趋激烈。教育在综合国力的形成中处于基础地位，国力的强弱越来越取决于劳动者的素质，取决于各类人才的质量和数量，这对于培养和造就我国21世纪的一代新人提出了更加迫切的要求。我国正处在建立社会主义市场经济体制和实现现代化建设战略目标的关键时期。新中国成立50年来特别是改革开放以来，教育事业的改革与发展取得了令

1 中国素质教育（http: //enlighten.chn.net）

人瞩目的成就。但面对新的形势，由于主观和客观等方面的原因，我们的教育观念、教育体制、教育结构、人才培养模式、教育内容和教学方法相对滞后，影响了青少年的全面发展，不能适应提高国民素质的需要。全党、全社会必须从我国社会主义事业兴旺发达和中华民族伟大复兴的大局出发，以邓小平理论为指导，全面贯彻落实党的十五大精神，深化教育改革，全面推进素质教育，构建一个充满生机的有中国特色社会主义教育体系，为实施科教兴国战略奠定坚实的人才和知识基础。

1. 实施素质教育，就是全面贯彻党的教育方针，以提高国民素质为根本宗旨，以培养学生的创新精神和实践能力为重点，造就“有理想、有道德、有文化、有纪律”的、德智体美等全面发展的社会主义事业建设者和接班人。

全面推进素质教育，要面向现代化、面向世界、面向未来，使受教育者坚持学习科学文化与加强思想修养的统一，坚持学习书本知识与投身于社会实践的统一，坚持实现自身价值与服务祖国人民的统一，坚持树立远大理想与进行艰苦奋斗的统一。

全面推进素质教育，要坚持面向全体学生，为学生的全面发展创造相应的条件，依法保障适龄儿童和青少年学习的基本权利，尊重学生身心发展特点和教育规律，使学生生动活泼、积极主动地得到发展。

2. 实施素质教育应当贯穿于幼儿教育、中小学教育、职业教育、成人教育、高等教育等各级各类教育，应当贯穿于学校教育、家庭教育和社会教育等各个方面。在不同阶段和不同方面应当有不同的内容和重点，相互配合，全面推进。在不同地区还应体现地区特点，尤其是少数民族地区的特点。

实施素质教育，必须把德育、智育、体育、美育等有机地统一在教育活动的各个环节中。学校教育不仅要抓好智育，更要重视德育，还要加强体育、美育、劳动技术教育和社会实践，使诸方面教育相互渗透、协调发展，促进学生的全面发展和健康成长。

3. 各级各类学校必须更加重视德育工作，以马克思列宁主义、毛泽东思想和邓小平理论为指导，按照德育总体目标和学生成长规律，确定不同学龄阶段的德育内容和要求，在培养学生的思想品德和行为规范方面，要形成一定的目标递进层次。要加强辩证唯物主义和历史唯物主义教育，使学生树立科学的世界观和人生观。要有针对性地开展爱国主义、集体主义和社会主义教育，中华民族优秀文化传统和革命传统教育，理想、伦理道德以及文明习惯养成教育，中国近现代史、基本国情、国内外形势教育和民主法制教育。把发扬中华民族优良传统同积极学习世界上一切优秀文明成果结合起来。高等学校要进一步加强邓小平理论“进教材、进课堂、进学生头脑”工作。职业学校要加强职业道德教育。

4. 智育工作要转变教育观念，改革人才培养模式，积极实行启发式和讨论式教学，激发学生独立思考和创新意识，切实提高教学质量。要让学生感受、理解知识产生和发展的过程，培养学生的科学精神和创新思维习惯，重视培养学生收集处理信息的能力、获取新知识的能力、分析和解决问题的能力、语言文字表达能力以及团结协作和社会活动的能力。

5. 大力提高教育技术手段的现代化水平和教育信息化程度。国家支持建设以中国教育科研网和卫星视频系统为基础的现代远程教育网络，加强经济实用型终端平台系统和校园网络或局域网络的建设，充分利用现有资源和各种音像手段，继续搞好多样化的电化教育和计算机辅助教学。在高中阶段的学校和有条件的初中、小学普及计算机操作和信息技术教育，使教育科研网络进入全部高等学校和骨干中等职业学校，逐步进入中小学。采取有效措施，大力开发优秀的教育教学软件。运用现代远程教育网络为社会成员提供终身学习的机会，为农村和边远地区提供适合当地需要的教育。[1]

关于信息素质的定义，仁者见仁，智者见智，各有不同。

国内关于信息素质的定义：

1. 信息素质是指人在信息社会中，接受、存储、分析、使用和生产信息的综合素质。[2]

2. 信息素质是在信息社会中，人们所具备的信息处理所需的实际技能和对信息进行筛选、鉴别和使用的能力。具体包括信息意识、信

1 中共中央国务院：《关于深化教育改革全面推进素质教育的决定》。

2 王丽：《浅谈知识经济时代教师的信息素质》. http: //www.yesky.com/50331648/133466.shtml

息觉悟、信息道德和心理素质，信息获取能力、信息加工利用能力以及信息传播能力等内容。[1]

3. 在一个日益信息化的环境里，信息化生存成为新的生活方式。在这种生活方式中，一个人的信息观念、信息能力、信息行为将极大地影响着他的生活质量。在信息社会中，一个人如果不具备现代信息素养、没有掌握现代信息技术的基础知识和基本技能，就成了“信息盲”。信息盲是信息社会的一种功能性文盲，即使一个人满腹经纶，如果他是信息盲，那么他仍然不能有效地进行信息交流，在信息社会中将举步维艰：他不但在学习、工作、生活上遇到很大的困难，而且在日益激烈的社会竞争中必将处于极为不利的境地，甚至被排除在主流社会之外。对于整个国家来说，在整个社会信息化进程越来越快的今天，国民是否具备相当的信息素养和掌握足够的信息技能，已经成为影响一个国家竞争力的重要方面。[2]

4. 信息素质从广义上讲，它包括了信息意识和信息能力。它具体包括有信息意识、信息观念、信息知识、信息处理的各种能力或技能以及积极的信息心理和良好的信息道德。[3]

国外关于信息素质的定义：

信息素养这一概念是信息产业协会主席保罗·泽考斯基于 1974 年在美国提出的，它包含诸多方面：（1）传统文化素养的延续和拓展；（2）使受教育者达到独立自学及终生学习的水平；（3）对信息源及信息工具的了解及运用；（4）必须拥有各种信息技能：如对需求的了解及确认；对所需文献或信息的确定、信息检索；对检索到的信息进行评估、组织及处理并做出决策。

1. “寻找、评价和使用信息以便成为独立的终身学习者的能力。”（The ability to locate, evaluate, and use information to become independent life-long learners）[4]

2. “懂得什么时候需要信息并能寻找、评价、有效地使用并以不

1 冯仿娅：《信息化建设要从“头”做起》，《光明日报》，2000 年 1 月 17 日。

2《信息素质教育，21 世纪成人教育的重要任务》.http: //61.132.17/wjszx/suzhijy/jyis/jyis013.htm

3 任艳丽：《关于科研人员信息素质的研究》，《教育研究参考资料》，1999 年第 1 期。

4 Commission on Colleges, Southern Association of Colleges and Schools (SACS). Criteria for Accreditation. 10th ed. Dec. 1996. http: //www.sacs.org/pub/coc/cri70.htm

同的形式交流信息的能力。”（The abilities to recognize when information is needed and to locate, evaluate, effectively use, and communicate information in its various formats）[1]

3. “一种自由艺术，从知道如何使用计算机和获取信息到批判地思考信息的性质，它的技术结构和它的社会、文化以至哲学背景和影响。”（A new liberal art that extends from knowing how to use computers and access information to critical reflection on the nature of information itself, its technical infrastructure, and its social, cultural and even philosophical context and impact）[2]

4. “解决信息问题的技巧”。（The skills of information problem solving）[3]

5. “以多种形式收集、评价、使用和交流信息的能力。”（The ability to find, evaluate, use and communicate information in all of its various formats）[4]

6. “图书馆素质、计算机素质、媒体素质、技术素质、道德、批判性思维、交流能力的融合或整合。”（The fusing or the integration of library literacy, computer literacy, media literacy, technological literacy, ethics, critical thinking and communication skills）[5]

我以为国内信息素质定义，对我们有较大的参考和借鉴意义，可称之为广义的信息素质。信息素质既不应该仅仅看成是一种能力，甚至简单地归结为掌握计算机技术的能力，也不应该走向另一个极端，把它看成是纯粹精神的东西，归结为道德修养。正如笔者在本文开始时所说的，信息素质是信息社会对个人品质、道德观念、知识体系和

1 State University of New York (SUNY) Council of Library Directors. Information Literacy Initiative. 30 Sept. 1997. http: //olis.sysadm.suny.edu/ili/final.htm

2 Shapiro, Jeremy J. and Shelley K. Hughes. "Information Literacy as a Liberal Art". Educom Review. 3.2. Mar./Apr. 1996. http: //www.educause.edu/pub/er/review/reviewarticles/31231.html

3 Wisconsin Educational Media Association (adopted by the National Forum for Information Literacy). Position Statement on Information Literacy. 1993. http: //www.ala.org/aasl/positions/PS_infolit.html

4 Work Group on Information Competence, Commission on Learning Resources and Instructional Technology (CLRIT), California State University (CSU) system. Information Competence in the CSU: A Report. Dec. 1995. http: //www.csupomona.edu/~library/InfoComp/definition.html

5 Work Group on Information Competence, Commission on Learning Resources and Instructional Technology (CLRIT), California State University (CSU) system. Information Competence in the CSU: A Report. Dec. 1995. http: //www.csupomona.edu/~library/InfoComp/definition.html

能力要求的总合。完整的信息素养应包括三个层面：文化素养（知识层面）、信息意识（意识层面）以及信息技能（技术层面）。

二、对21世纪大学生的素质要求和信息素质教育的内容

21 世纪对大学生素质的要求数字化时代的生存和成功所需要的技巧包括：

1）技术技巧：计算机和互联网技术，通过技术手段检索和管理信息的技术；

2）交流技巧：听、说、读、写；

3）计算技巧：理解和运用数学概念；推理、分析和使用数字资料；

4）批判性思维和解决问题的技巧：评价、分析、综合、决策、创造性思维；

5）信息管理技巧：从多种来源收集、分析和组织信息；

6）处理人际关系技巧：开展团队工作、人际关系管理、解决冲突；

a）个人技巧：理解自己、应付变化、学习如何学习、个人负责、有审美观念；

b）社区技巧：包括伦理道德、公民品质、多元意识、以及地方、社区、全球和环境意识。[1]

从这个基本概念出发，信息素质至少包括以下八个方面的内容：

1）工具素质：理解现代信息技术观念和使用其工具的能力，包括对于教育和专业生活十分重要的软、硬件和多媒体，计算机和网络应用的的基础知识，计算、数据结构、网络拓扑结构的基本概念。

2）资源素质：理解信息资源形式、构成、地点和接入信息资源方法，特别是日常对网络信息资源的扩充。这与图书馆工作者所谈论的信息素质是一致的，还包括资源的组织和分类。

3）社会结构素质：即了解信息是如何在社会上分布和产生的，

---

1 Milliron, Mark David et al.: "Education in A Digital Democracy". *EDUCAUSE Review* November/December, 2000, p.61

了解信息如何与创造和组织信息的社会生活集团、机构和社会网络(如大学、图书馆、研究团体、公司、政府部门、社区集团）相适应；以及由此而产生的社会过程，如发表学术著作的过程（同行评议等等），信息机构与用户（服务对象）的关系。

4）研究素质：即了解和使用对研究和学术工作有益的以信息技术为基础的工具。包括与各学科相关的用于数量分析、质量分析、仿真的计算机软件，以及这些软件在观念上和分析方面的局限性。

5）出版素质：即用电子手段，以文本或多媒体方式（包括万维网、电子邮件和只读光盘）设计和出版研究成果的能力。写作永远是与工具和读者相联系的。计算机和网络的读者代表了写作的真正变化。

6）正在出现的技术素质：不断地采纳、理解、评价和使用信息技术持续出现的创新，不当以往工具和资源的奴隶，做出明智的决策，接受新的技术和资源。这包括理解技术的人类组织和社会背景以及评价标准。

7）批判素质：即批判地评价信息技术的智性的、人类的和社会的力量所在、其弱点、潜在能力和局限，利弊得失。这需要具有历史的透视能力（在数学领域形成的计算思维与西方科学和理性思维之间的联系和他们的局限性)；哲学视野（当前在哲学领域关于技术问题的辩论、工具理性的批判、人工智能的可能性和局限性)；社会政治视野（信息技术对工作、在全球信息基础设施发展中的公共政策的影响）和文化视野（当前关于虚拟实体和人类作为信息过程机器的定义的讨论）[1]。

8）法律观念和伦理道德素质。

1991 年 6 月，美国劳工部 SCANS（获取必需技能部长委员会）在《要求学校做什么样的工作》报告中指出，信息社会要求教育工作人员必须具备五种能力：

1）确定组织分配资源（包括时间、资金、物资、人力等）的能力。

2）人际关系与信息的理解力。

---

1 Jeremy J. Shapiro and Shelley K. Hughes. Information Literacy as a Liberal Art, Enlightenment proposals for a new curriculum Sequence: Volume 31, Number 2. Release Date: March/April 1996)

3）获取和处理信息的能力。

4）系统能力（包括理解系统、监控和修改系统、改进设计系统）；

5）技术能力（包括选择、应用、维护、检修等技术）。

这五种能力的内涵即是教师的信息素质的体现。[1]

人类社会的生产力已经经历了资源开发水平，能源开发水平阶段，现在正在跨入信息资源开发水平的新时期，21 世纪将是信息时代。一定的社会形态，一定的生产力水平与一定的文化形态相联系。作为跨世纪的大学教育，呼唤各个专业、各门课程面向 21 世纪的改革。而作为未来人类素质的重要方面的计算机信息技能和知识教育的改革，自然成为人们关注的热点，许多学校都列了专题进行研究。

信息技术是一个高新技术领域，具有发展迅速和知识复杂两大特点。但是它涉及面极广，并且只有与各行各业结合才有生命力，这给教育工作提出了一个难题。教学的实践证明，解决这一难题的有效途径是，用“滚雪球”式的方法学习，用层次结构组织教学。按照基本目的和教学规律，本人认为将信息学分为如下三个层次：

（1）计算机信息处理平台。这一层次主要任务是进行平台能力教育，即进行最基本的计算机操作能力的训练。内容应当包括单机平台（当前主要是 DOS 和 Windows）和网络平台（当前主要是 Internet）的主要操作、在这些平台上的日常工作（如字处理、表处理等），以及平台维护（如系统配置与设置、病毒防治、压缩解压等）。

（2）信息技术与信息化。这一层次的宗旨是使学生对当代信息技术的核心技术——计算机网络技术、数据库技术和多媒体技术有一个基本的了解，并能进行基本的操作；同时还要对学生信息化知识和信息化意识的教育，以便能很好地适应未来信息社会的工作、学习和生活。

（3）程序设计。这一层次的目的不仅在于它是应用计算机解题的基本功，有助于深刻理解计算机的程序存储控制原理，更重要的是它作为严谨地运用公理系统进行演绎思维训练的与普通数学相平行的另外一种思维方法的训练，在处理复杂问题时极为有用，能从根本上

---

1 Jeremy J. Shapiro and Shelley K. Hughes. Information Literacy as a Liberal Art, Enlightenment proposals for a new curriculum Sequence: Volume 31, Number 2. Release Date: March/April 1996)

提高学生解决问题的能力。

课程总名称，不求统一，但也不能太杂。目前，课程的总名称是“五色斑斓”。大致有如下一些：

- 计算机应用基础
- 大学计算机
- 计算机文化基础
- 信息学基础
- 计算机信息学
- 信息文化基础
- 计算机信息处理基础
- 计算机信息基础
- 计算机与信息基础
- ……

其中的“计算机应用基础”是惯用的旧名称。笔者认为，名称要与教学目的和教学内容相对应，应该带有信息二字。具体叫什么，不强求统一，但也不可太杂乱。

本人认为叫“信息文化基础”似乎较准确一些。因为每一种社会都有其相应的文化，信息社会的文化就称作信息文化。但是文化所涉及的面很广，所包含的内容很丰富，如人的生活方式、工作方式，甚至包括思维和行为等，在一门课中是难以讲清楚的。我们所介绍的是形成信息社会文化的一些最基本、最核心的内容，所以本人认为叫“信息文化基础”似乎较准确一些。

计算机信息基础的教学应在大学与中学同步进行。[1]

信息素养的教育注重知识的创新，而知识的更新是通过对信息的加工得以实现的。因此，把纷杂无序的信息转化成有序的知识，是教育适应现代化社会发展需求的当务之急，是培养信息素养首要解决的问题，即文化素养（知识层面）与信息意识（意识层面）的关系问题。

信息与知识结构的关系大体上有三种情况：（1）知识结构能解释、说明的信息；（2）与知识结构毫无关系的信息；（3）知识结构不能解

1 张基温：《面向 21 世纪计算机教学改革的几点思考》。

释或相矛盾的信息。

对于情况（1），这种信息对感官的刺激通过神经传到大脑。由于它们与大脑中的知识结构有联系——解释、理解等含义，大脑便处于某种程度的兴奋状态，产生“共振”，信息因此在大脑中留下痕迹，即存储（记忆）下来。在一般情况下，人们很容易获得知识结构能解释、说明的信息。

对于情况（2），这种信息与知识结构毫无关系，人们不能理解其含义，因而不会在大脑皮层中留下痕迹，不能被吸收，大脑处于一种抑制状态。

综合以上两种情况可知，知识结构对获取信息有选择作用：一个人很容易吸收其知识结构解释、说明的信息；不能得到与知识结构无关的结果。

对于情况（3），相对复杂一些，因为不同的人面对这种信息有不同的态度：有科学头脑的人，面对这种与知识结构相矛盾或不能解释的信息，会发出疑问：“这是为什么？”从而激发起好奇心和求知欲，进而去探索、实验、去求知、去寻找原因。为此，要付出艰巨的劳动，经受住失败和挫折的考验，同时也激发出超常的智慧和高涨的热情。最后，找到了答案，也获得了新的知识。知识结构随之发生了变化。所以，具有科学头脑的人对这类信息是热情的、欢迎的。他们将其作为求知的新起点和科学研究的“突破口”。缺乏科学头脑的人或顽固派，凭借他们原有的思维定式，对这类信息是不理睬、不欢迎的，甚至还会敌视或诋毁，以此来维护原有知识结构的稳定性。

由上述三种情况可知，教育人们等待信息的输入，即依靠输入获得知识的传统教育方式已无法满足信息社会中人们对知识的渴望与不断地更新。而教育人们高高地树起接收信息的天线，在全新的认知方法论的指导下，不断拓宽自身的知识结构，以培训信息素养为宗旨的教育方式才是社会发展的必然趋势。从另一个角度也进一步说明了，素质教育是社会发展的产物。

这里强调的是：信息的接收与知识的发挥、利用都离不开电子科学与技术和计算机科学与技术，这是提高教育系统效率和功能的必要技术手段，是信息处理技术现代化的时代要求。

信息处理技术是以计算机为代表的具有一定程度智能化、高效率的电子手段与设备。它包括计算机、光盘、数据库、联机网络、电子印刷、电子邮件、传真机以及卫星通讯等。它们的兴起成万倍地提高了人类社会的信息生产、存贮与传递能力，使人类社会进入了全面的信息化阶段。

目前，我们的各级各类教育都在大力加强信息技能的培训。其目的，就是使人们通过对这些技能的掌握，更好地适应信息化社会所应具有的知识结构及批判性的思维，不断地提高自身的信息素养。需要指出的是：对计算机技能以及信息技能的教育，不仅仅是一种纯粹的对技能的教育，而是一种新的教育模式的重建，是通过对信息技能（技术层面）的教育，不断提高人们文化素养（知识层面）与信息意识（意识层面）的水平，即通过对信息技能的教育，提高人的信息素养。

信息素养是信息社会人的整体素养的一部分。信息素养的教育关系到人们如何立足于信息化社会这一基本点。它不是所谓的超前教育观，而是教育界必须要面对的现实问题。只有加强信息素养的教育，教育的职能才会充分发挥作用。反之，对信息社会的发展视而不见，仍延用旧有的教育方式，其结果只能是在减少认知“文盲”的同时，增加新知识的“文盲”。[1]

信息素质教育的总体目标是培养现代社会接班人的信息素质。根据国内外教育界的研究的发展，我感到可以有如下几个方面：

1. 信息意识。信息教育最重要的一点是培养学生的信息意识，即要求受教育者具有一种使用计算机与其他信息技术来解决自己工作、生活中问题的意识。这是想不想得到和敢不敢用信息技术的问题。

2. 信息伦理道德修养。必须培养学生正确的信息伦理道德修养，使他们能够遵循信息应用人员的伦理道德规范，不做非法活动，也知道如何防止计算机病毒和其他计算机犯罪活动。这是有没有信息伦理修养的问题。

3. 信息科学技术常识。应该使学生具有一定的信息科学技术常识，他们基本上能够阅读有关的一般通俗科普信息文章和参加有关的

1 上海《信息技术教育二》

讨论，谈论信息技术的发展与应用。这是知不知道信息技术的问题。

4. 具有一定的信息能力。这包括几个层次。基本的信息能力有信息系统（计算机系统）的操作能力，简单的文字处理能力等；进一步的要求包括有信息采集的能力、信息通讯的能力、信息组织与表达的能力、信息加工处理的能力、信息系统的分析与查错能力、对于信息系统与信息进行评价的能力、信息结果的分析与报告能力等，而这些能力又可以进一步分为若干层次的要求。这是能不能应用信息技术的问题。[1]

三、信息素质教育的检查标准

美国威斯康星大学在《信息、技术素质的模范学术标准》中提出了四个范畴，用来判断和测定学生的信息、技术素质：

1. 媒体与技术（Media and Technology）

使用普通的媒体和技术术语与设备；识别和使用普通媒体的形式；使用计算机和高效能的软件来组织和创造信息；使用计算机和通讯软件收集和传递信息；使用媒体和技术创造和陈述信息；对制作成果和陈述中使用媒体和技术的情况进行评价。

2. 信息与探索（Information and Inquiry）

界定所需要的信息；制定信息搜寻战略；寻找和获取信息资源；从不同的印刷品、非印刷品和电子形式的资源中评价和选择信息；记录和组织信息；解释或使用信息来解决或回答问题；将研究和探索的结果以适当的形式来传播；评价信息产品和信息处理过程。

3. 独立学习（Independent learning）

追求与信息相关的不同领域的个人福利和学术上的成功；从文学和其他信息的创造性的表现形式中欣赏和获得有益的内容与含义；在读、听、看中提高自己的能力并进行选择。

4. 学习群体（The Learning Community）

富有成果地参加工作群体或其他合作学习的环境；以负责任的态度使用信息、媒体和技术；尊重知识产权；承认智性自由和获取信息

1 王吉庆：《计算机教育的目标讨论》

自由在民主社会中的重要性。

美国图书馆协会和教育通讯以及技术委员会共同制定了指导学生（包括基础教育和高等教育）学习的九项信息素质标准：

信息素质方面

标准 1：具有信息素质的学生能够实际有效地获取信息。

标准 2：具有信息素质的学生能够批判地和全面地评价信息。

标准 3：具有信息素质的学生能够准确和创造性地使用信息。

独立学习方面

标准 4：具有独立学习能力的学生具有信息素质，并能根据个人兴趣寻找信息。

标准 5：具有独立学习能力的学生具有信息素质并能欣赏文学作品和其他创造性表达信息的形式。

标准 6：具有独立学习能力的学生具有信息素质并能在信息的探索上追求卓越和创造新知识。

社会责任方面

标准 7：能够向学习集体和社会做出积极贡献的学生，具有信息素质，而且能够认识到信息对于民主社会的重要性。

标准 8：能够对学习集体和社会做出积极贡献的学生，具有信息素质，并在有关信息和信息技术的问题上表现出自己的道德修养。

标准 9：能够对学习集体和社会做出积极贡献的学生，具有信息素质，并能有效地参加集体活动创造新的信息。[1]

四、信息素质教育与批判性思维能力的培养

批判性思维与信息素质（Critical Thinking & Information Literacy，CTAIL）

批判性思维的定义：

批判性思维承认：

1 Excerpted from Chapter 2, "Information Literacy Standards for Student Learning," of Information Power: Building Partnerships for Learning. Copyright © 1998 American Library Association and Association for Educational Communications and Technology.

1）思维模式的重要，并能提供一种方式运用这些模式去解决问题或回答问题。

2）在推理或思维过程中的逻辑错误。

3）什么是不相关的和不重要的信息。

4）先入为主、偏见、价值观和思维方式对思维的影响。这些先入之见和价值观意味着任何推理都是在一定条件下进行的。

5）多种解释：解决一个问题可以有多种方法。

批判性思维意味着：

1）有理由或出于某种目的，对于解决或回答某些问题进行思考。

2）分析、综合和评价信息。

批判性的思想者：

1）能以逻辑的方式对待新事物。

2）观察他人对待同一问题的态度，而且知道什么时候需要更多的信息。

3）使用创造性的和多种方式形成假设，解决或回答问题。

4）能将创造性的思维技术用于日常生活。

5）能够澄清假设，认识到假设带来的后果。

6）以证据、数据、逻辑推理和统计方法支持自己的论点。

7）能够从多种角度观察问题。

8）不仅能将问题置于一个较大的背景中，而且可以将其置于大背景的适当位置上。

9）习惯采用多种解释。[1]

五、信息素质教育的历史根源和文化背景

人是环境的产物。信息素质教育的提出，既是社会演进的要求也是文化积淀的结果。英语中 literacy 翻译成汉语是有文化的意思，它的否定表达方式是“非文盲”，反义词是文盲（illiteracy）。在传统社会里，文盲占人口的大多数，有文化的只限于少数人。中世纪的欧洲，

1 Developed by the CTILAC Faculty11/18/98 Copyright 1998-1999 Bellevue Community College.

文化掌握在天主教神职人员之手，目不识丁的国王，屡见于史。中世纪晚期，印刷术的发明为文化的普及开辟了道路。工业社会需要有文化的劳动力，提出了扫除文盲，普及教育的要求。有文化的标准是会读、会写、会算。图书馆事业兴起后，开展用户教育提出了图书馆素质（或文化）问题，称之为 library literacy。计算机普及后，为了加强计算机技能教育，便有了计算机文化（computer literacy）或计算机素质之说，也有称之为数字化素质（digital literacy）、网络素质（network literacy）和媒体素质（media literacy）[1]的。在信息技术和信息产业发达的国家里最早提出了信息素质的概念。据考证，美国信息产业协会主席保罗·泽考斯基（Paul Zurkowaski）1974 年在美国全国图书馆与情报学委员会上，最早提出了信息素质的概念，他把信息素质概括为："利用大量的信息工具及主要信息源使问题得到解答的技术和技能。"[2]随着信息技术的飞速发展，信息产业成为国民经济的重要组成部分，对信息专业人员需求的急剧增加和信息技术教育的蓬勃兴起，人们对信息社会本质和信息素质的认识也在不断的深化。前文提到的信息素质的定义、内容、检验标准在实践中变得越来越完整和系统化。

从目前的状况看，发展信息技术和信息产业，用信息化带动工业化，实现跨越式发展的方针已经确定，而方针的实现需要人来干，我们没有千百万具有信息素质的劳动大军，这个理想就不可能成为现实。我们不仅需要成千上万的信息技术专业人才，我们更需要具有信息素质的其他方面的专门人才，只有提高整个民族包括信息素质在内的整体素质，中国的现代化才能早日实现。

六、关于在我国高等学校实施信息素质教育的几点建议

1. 将信息素质列入高等学校的培养目标，把它当作一件大事来抓。

---

1 UK Department for Education and Employment 1997 a. 转引自 Avril Loveless. Information literacy: Innuendo or Insight , Education and Information Technologies 3 . 27-40, 1998.

2 转引自金国庆：《信息社会中信息素养教育概述》，《图书情报工作》，1995 年，第 6 期，52 页。

2. 设计一套相应的课程体系，可分为几个不同的方面和层次：如全校必修课，与计算机文化课、文献检索课、科学方法论课一同进行，充实这些课程与信息素质教育有关的内容；各系的必修课，可结合专业进行，如在历史系开设“史学方法与计算机应用”“网上史学资源”，在化学系开设“计算机化学”。生命科学院则可以开设“生物信息学”（bioinformatics）。信息素质教育的内容尽可能地渗透到所有可以渗透的课程中去。

3. 在各科教学布置作业时尽可能要求学生使用电子资源。

4. 研究生院和教务处应明确规定学生在学位论文开题时必须查阅有关的电子出版物论文摘要或索引，如 UMI 的国际博士硕士论文摘要，以及校图书馆的有关全文数据库。

5. 课程具体内容确定后，应制定教学大纲，条件成熟时编写教材。大纲和教材应该上网，允许学生下载。

6. 明确各个单位的职责，由教务处、研究生院、计算机网络、信息中心、计算中心、电教中心、图书馆、各院、系、所分别执行。

7. 精简课程，腾出必要的时间，以便设课。

8. 要有适当的经费和适当的技术、业务（信息咨询）支持。

9. 教师的培训是关键，要有长期的培训计划；主管部门的干部培训也要跟上；应由人事、师资部门负责。

10. 建立一套测定和考核信息素质教育的标准和办法，付诸实施。

11. 将进行信息素质教育的工作情况列入教师、干部的考核、晋升标准，与工资挂钩。

12. 校领导层要有专人负责，行政领导机构要有专门的机构负责。

在天津市教育科研宽带网铺设即将完成之际，笔者恳切地希望天津市和南开大学能开其之先，率先将信息素质教育开展起来。

原文载《南开教育论丛》2001 年第 1—2 期

"博物馆信息学"札记

一

博物馆信息学（museum informatics）一词近年来频繁地出现在有关博物馆的文献中。这是博物馆及其相关的文化教育设施大量使用信息技术的一种反映，是专业人员利用情报学（信息科学）的理论和知识来研究博物馆现象的结果。"博物馆为信息科学的专业工作者提供了一个独特的研究知识的积累、分析和传播的独特环境。"[1]信息技术在博物馆的广泛应用，新博物馆信息系统的建立更为这种研究增添了新的内容。因此，我们可以像生物信息学（bioinformatics）那样，将博物馆信息学定义为应用信息科学的理论、知识和技术来研究博物馆的科学。[2]

在博物馆这个特定的领域，信息一词是指博物馆藏品（人工制品和自然标本）所含有的信息和博物馆工作者和相关学科学者所掌握的信息。在博物馆将其馆藏数字化之后，一系列新的问题出现了，包括数字化信息的储存、分类、检索，藏品的科学命名，数据库的设计和开发，在网络环境下的应用等等。现在已经可以看到信息技术和博物馆信息学的研究对博物馆工作、博物馆学研究和博物馆观众正在产生越来越大的作用和影响。

信息技术在博物馆的应用大致有以下几个方面：

1）博物馆的藏品管理系统：藏品数据库，需根据博物馆的馆藏特点，学科分类，解决好藏品的科学命名问题。通过该数据库，博物

---

1 Marty, Paul F. Museum Informatics and Collaborative Technologies: The Emerging Socio-Technological Dimension of Information Science in Museum Environments. *Journal of the American Society for Information Science*. October 1999.

2 What is Bioinformatics? http: //bioinformatics.weizmann.ac.il

馆工作人员可以检索到藏品的分类状况、物质结构、造型、艺术风格、制作时间、制作工艺、制作者、保存状况、保存地点、出土或采集地点、传世经过、研究状况等信息。

2）博物馆信息基础设施：根据博物馆的工作流程，从登记、数字化图象处理，保管、观众教育、陈列设计到藏品包装，实现计算机集成管理。

3）数字化形象数据库：将部分或全部馆藏数字化，制作成幻灯片和数码相片。该数据库与博物馆的在线数据库相连接，能够根据本馆保管人员、展览设计人员和教育工作人员的需要进行检索，并能以三维图形的形式显现。

4）博物馆网址主页和虚拟博物馆（亦称数字博物馆或网上博物馆），可供远程观众和研究者登录、参观、使用。[1]

就内部工作而言，最耗费人力、物力和时间的首先是对藏品的研究和数字化，以及不断地更新馆藏记录和研究成果方面的数据。其次是对藏品的分类和选择。将经过研究的藏品用于新展览。根据美国和加拿大一些博物馆的经验，下面集中讨论一下博物馆信息基础设施建设中的一些问题：

博物馆的信息基础设施建设除了硬件建设外，关键问题是工作流程的处理，美国伊利诺大学斯帕罗克博物馆（Spurlock Museum）的主要经验是全馆各个部门的通力合作。

1）登录部（Registration）。藏品的登录分为两个范畴：临时登录和永久性登录。临时登录的程序为藏品的长、宽、高数据的测定，色彩的识别（该馆使用蒙塞尔颜色识别系统 Munsell color identification system），物质分析。必须在藏品数据库中建立每件藏品的档案，包括该藏品的科学命名和地理的、文化的临时的特征描述。在此阶段，藏品识别方面的任何问题都必须澄清。永久性登录。不要求实物必须在场，可寻找该藏品的文字记录，包括旧标签、旧说明和原来的档案资料，以及一切有关该藏品的文字资料。

1 Marty, Paul F. Museum Informatics and Collaborative Technologies: The Emerging Socio-Technological Dimension of Information Science in Museum Environments. *Journal of the American Society for Information Science*. October 1999.

2）数字化图像（Digital Imaging）。斯帕罗克博物馆利用藏品重新登记的机会，建立了本馆藏品的数字化图像数据库。这必须在藏品包装入库之前进行。每件藏品都要有两张相片，一张以幻灯片形式保存，另一张以数码相片的形式保存。数字化图像数据库是在线的，可供各部门使用。

3）保管研究部（Curatorship）。确定哪些藏品用于新建馆的陈列展出，哪些入库长期保存。不同用途的藏品采用不同的包装。

4）教育部（Education）。教育部的工作人员正在设计、开发一套网上远程教育项目，以便在校学生和其他单位的人员能够使用该馆的主要藏品。在与其他专业工作者共同设计和开发该项目时，他们经常需要使用藏品或藏品的三维图像。

5）陈列设计部（Exhibit Design）。在设计新展览时，该部也需要在藏品入库前使用藏品。为了保证上述活动的正常进行，该馆的信息基础设施通过关系数据库不断跟踪记录藏品的流转过程，直到藏品标上了“可以进行包装”的字样。

6）藏品保管部（Collections）。在这个阶段藏品进入包装区。在包装之前，每件藏品必须填写一份详细的藏品状况报告，存入该馆的电子状况报告数据库。包装工作完成后，立即制作包装清单（packing list）。一份清单放在该藏品的包装箱（盒）内，另一份送往登录部。在那里，包装资料输入馆藏包装数据系统。该资料说明每个箱子的内容，存放地点。然后将包装箱送到一个临时地点准备运往新馆仓库和展厅。

在此过程中信息基础设施的作用就在于保证博物馆的每一个工作部门及时完成任务，留下相关的数据，促进各个部门的分工合作。其关键在于可以从不同角度，以不同的方法来使用数据元素，而仍然保持数据的连续性、完整性和单独数据的独立性。在信息科学中，这种数据元素叫做“边界实物”（boundary object）。边界实物的定义是：“其灵活性足以满足适应地方需要和多方面的应用，其稳定性足以保持跨领域的一致认同。”边界实物在博物馆环境的应用已有先例，也可以用于解释斯帕罗克博物馆各部门的合作。[1]

1 Marty, Paul F: ,Museum Informatics and Information Infrastructures: Supporting Collaboration across Intra-Museum Boundaries. *Archives and Museum Informatics*, 13. 169-179, 1999.

二

为了解决出版物以外的各种数字化媒体的储存和检索问题，美国俄亥俄州著名的高等院校图书馆联网系统 OhioLink 成立了数字化媒体中心（The Digital Media Center 简称 DMC）。该中心提出了一个比较完整的解决存取数字化媒体的方案。这里所说的数字化媒体包括图像、音像资料、数字资料和其他形态的媒体信息。使用者可通过万维网按照时间、名称和制作者进行浏览、检索和下载。每个媒体的文档均可扩展，成为网上的在线学习指南和学习辅导资料。该中心现已拥有以下数据库：

1 社会研究数据库（Social Studies Database）

该数据库收藏有奥伯林学院（Oberlin College）收藏的 500 幅玛雅文化的考古图像

2 历史和档案收藏（Historic & Archival Collections）数据库

该数据库收藏有 300 幅图像包括莱特家族和莱特兄弟在美国和欧洲飞行表演的照片

3 OhioLink 连接的桑伯恩火灾保险地图（Sanborn Fire Insurance Maps，1867～1970）数据库

4 艺术与建筑（Art and Architecture）数据库

该数据库共拥有 60000 多件艺术品的图像，俄亥俄州地方收藏包括辛辛那提大学及阿克隆艺术博物馆的收藏，3000 幅萨斯基亚（Saskia）图像，以及下列常用艺术史教科书的图像：

Gardner's Art Through the Ages

Stokstad's History of Art

Hartt's History of Italian Renaissance Art

5 来自艺术博物馆影像集团 AMICO（北美 25 个博物馆）的近 60000 幅图像和目次描述（AMICO Content Description）

University of Cincinnati）

6 俄亥俄地区卫星图像服务器数据库（LANDSAT7 Satellite Image Server Ohio based satellite data）

数据库建设中的一个重要问题是采用什么样的元数据标准。该数字媒体中心的原则是尽量采用现有各学科的通用标准。

数据库元数据标准

数据库	元数据标准	词汇	有关文件
艺术与建筑	VRA Core	AAT，ULAN，TGN	38K PDF file
人文学科/档案/音乐	Dublin Core	LCSH，TGM	47K PDF file
生物—标本/有机体	Dublin Core2 extended	TRITON（Taxonomy Index to Organism Names）	33KPDFfile
生命科学医学	Dublin Core	MESH	31K PDF file
普通科学	Dublin Core		34K PDF file
地球空间	FGDC's Content Standards for Digital Geospatial Metadata		31K PDF file

数据库建设中的另一个重要问题是在藏品目录中对藏品描述的统一工作单。该清单包括以下内容：

作品形态/名称/测量数据/物质构成/技术/制作者/角色/日期/贮存/名称/储藏地/储藏号/当前所在地/原产地/风格/（艺术）运动/国家/文化/主题/相关作品/相关形态/注释

对于如何描述上述内容，有更为具体的要求。

视觉文件描述工作单的具体内容：视觉文件类型/格式/测量数据/日期/所有者/所有者号码/描述/主题/资料来源。[1]

数字媒体中心的功能

检索和浏览（Searching and Browsing）

1 检索形式 Search Forms

提供多种检索形式，通过这些检索形式，用户可根据选择的检索领域构建数据库查询并能为该领域增添查询文字，或者选择一个有潜在价值的限定名单。检索形式的各项因素可反映被检索的数据库的特殊结构，如艺术、医学等等。

1 OhioLink: Digital Media Center Information, Digital Media Center Databases, Multimedia Center Standards, VRA Core Categories Version 2.0. http: //ohiolink.edu/

2 布氏逻辑检索 Boolean Logic

该系统允许用户使用布氏逻辑，以“和”、“或”二词联合多种检索术语和领域进行检索。

3 选择记录术语

允许从展示的记录中选择术语，并按提交该领域的价值进行新的检索。

4 词汇集/权威档查询

可允许用户查询权威文档或词库集，并准许从这些资源中选择术语作为检索之用。

展示方式

属于下列之一的用户可使用以下的展示方式：1）已经指认一组图像或媒体文档要求一个检索结果组，作为检索结果；2）在某一特定数据库，按照该数据库的索引所建立的图像记录顺序进行文档浏览。

1 多样微型显示。微型是指将原图像的大小、解析以至色彩缩小了的图像。一组微型图像可用来表现一个可视文档。该系统可以在屏幕上同时展示伴有图像标记的多个微型图像。

2 微型显示与描述记录。该系统可展示伴有任何微型图像的数据库记录。

3 无图像的描述记录。该系统可以展示纯文本数据库记录。

4 有图像的描述记录。该系统必备的一种展示方式是展示图像及其数据库记录，无论是派生的图像还是原生的图像均可在万维网的浏览器中展示。

5 多种图像记录显示模式。有些图像记录附有多个图像。这些图像集不是原图像或派生图像，而是彼此相关的多个图像。该系统可作为图像序列或图像组来显示。

6 书签。该系统允许用户在万维网浏览器的检索结果中或展示文档中使用书签。

展示格式与界面能力

1 巡航工具。任何一种展示方式，在表现多个图像的信息时，如果被展示的项目系较大的检索结果的一部分，或作为浏览活动的一部分，该展示则包括一个可以用于向前和向后展示另一个记录或一系列记录的机制。

2 微型展示热线联系。微型对于附加的图像细节可起 URL 热线链接的作用。

3 文档名称。记录会展示能够用来接入作为该文档 URL 热线连接的图像文档的某一文档名称的领域。

4 领域价值。当一个图像的信息被展示时，在 URL 的一部分会依赖于该领域的价值地方，改变特定领域的价值为连接其他图像收藏的 URL 是可能的。

用户图形选择和图形组

1 用户分组。该系统允许为了涵盖用户定义的图像组，从浏览或检索结果中选择图像。该图像组可包括图像及其描述记录。

2 修改分组。该系统允许用户在现有的结果组中增加或舍弃图像。

3 分组观看。该系统允许用户在用户定义的组内观看图像，一如以上所描述的展示能力和同一用户选定的以下所述方式。

4 结果组序列。用户可以在选定的图像组中详细叙述或改变个别图像的序列。用户能够以幻灯片的形式观看其所选定的序列。

存储用户输出

1 文本输出。用户可用其所找到或限定的数据库记录制作文件。

2 领域选择。该系统允许用户选择记录领域纳入用户检索结果的记录。

3 输出分类。用户能够选择一个领域或几个领域的组合用于整理他们打算输出的记录。

4 图像输出。该系统允许用户下载储存单个或一组图像和记录。

参与媒体文档和目录

1 描述数据条目。提供一个表格可供载入图像的描述信息使用。

2 图形上载支持通过远程登录或万维网文档将图像上载到数据库服务器

3 目录的有效性。该系统必须根据数据类型和主要数据库的范围支持目录的有效性。

4 权威档使用。该系统支持查找权威记录或词汇集记录并让用户选择进入记录的术语。

5 最低限度记录。该系统实行专门领域必须准许将一项记录添入数据库的政策。

6 记录的修改。该系统准许选定和修改记录。

7 图形预处理程序。该系统将为新增加图像或其他媒体的需要提供预处理程序的自动使用。这包括低解析派生图像创造的程序（creation of lower resolution derivative images）。

8 进行标引处的图形展示。当增添或修改图像记录时，在进行标引处，该系统将显示该图像或该图像的近似物。

安全、版权和接入管理

1 投稿人帐号。投稿人需以姓名，密码，安全帐号注册，以便上载和管理他们的媒体文档。

2 合法拥有者和限制性信息。该系统展示每个媒体所有权和版权的描述性信息。所有投稿人均在其列。

3 IP 认证。该系统实行验证终端用户的安全政策。通过核准的地址验证他们的 IP 地址。OhioLINK 使用 IP 地址的验证支持三种终端用户：OhioLink，俄亥俄州，世界各地。

4 终端用户的用户名和口令。该系统最终与 OhioLink 的用户认证机制相整合，在 IP 地址的认证失败后，该机制以用户名和口令来验证用户。[1]

该中心在编制图像索引时以美国国会图书馆印刷与相片部（Prints and Photographs Division，Library of Congress）所编的图形资料词库（Thesaurus for Graphic Materials）作为重要依据。该词库收集了 6300 个名词为编制可视资料索引之用。

三

在商品化的图书馆计算机管理集成系统软件中，美国 Sirsi 公司出产的 Unicorn 软件专门开发了海帕里昂（Hyperion）数字化媒体档案系统管理软件，对于博物馆的自动化管理很有参考价值。该系统采用客户——服务器方式。服务器一端是一个档案媒体文档的智能储存装

1 OhioLink: Digital Media Center Functionality Details. http: //ohiolink.edu/

置，该装置组织成为一个客户定义的分类结构，以关键词标引媒体文档中的全部文本。它与 Unicorn 的客户端相连接进行操作，从档案中选择文档传递给用户端的计算机。选择的机制可以是目录检索，或浏览操作，档案目录的关键词查询，或者是档案分类的分层浏览。

该系统支持两个用户界面，一是普通用户界面；另一是图形用户界面，后者供工作人员和系统管理员建设和维护数字化媒体档案系统使用。

HTML 服务器经扩展后，具有可支持数字媒体档案的功能，包括直接从选定的引文记录连接到媒体文档的能力，浏览分类层次的能力，和查询服务器所维护的文本索引的能力。

系统管理器与抓取，批量上载和管理模块相连接，以便向档案系统输入新资料并维护已有的资料。

系统的结构示意图如下页：[1]

需要指出的是与图书馆计算机管理集成系统相连接的媒体档案系统软件具有自己的优越性。这就是图形文件与文本文件相结合。博物馆资料与图书馆资料相结合。这对于用户来说也是很方便的。

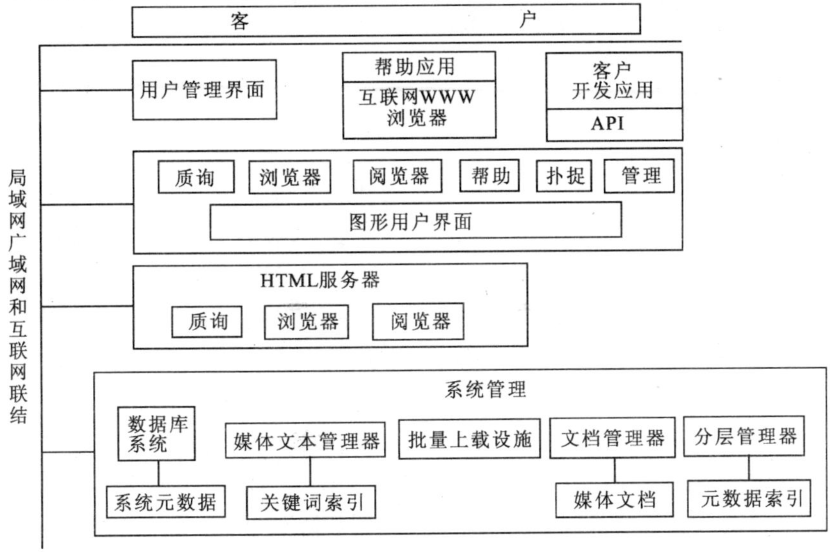

Unicorn 与海帕里昂数字化媒体档案系统结构示意图

1 Hyperion Digital Media Archive System Technical Overview. Sivsi. http: //sirs.com/

四

本文的最后一个论题是数字化博物馆也叫做虚拟博物馆（virtual museum）。虚拟博物馆是电子人工制品和信息资源——实际上任何事物都可以数字化——有组织的收藏。这里所说的收藏可以包括绘画，素描，照片，图解，图表，唱盘，以及其他一切可以贮存在虚拟博物馆的东西。它还可以引导点击者访问世界各地的博物馆网站。数字博物馆可以分为两大范畴，学习博物馆和市场博物馆。前者有丰富的学习资源，可供学习者多次访问。后者是作为推销的手段和通讯的工具，吸引更多的观众到博物馆去。这样的网站还有网上购物的商店。出售商品是他们的主要目的。

学习博物馆具有下列特点：

1）有充实的在线馆藏；

2）有丰富的内容；

3）了解其内容需进行多次访问；

4）入口（界面）有吸引力，对用户友好；

5）博物馆针对不同年龄和不同学习风格的观众提供不同的学习机会；

6）虚拟的访问加强了“实时”访问的愿望。

值得注意的是国外的一些中学为了贯彻以学生为中心的教育理念，近年来兴起了一个学生自己动手建设虚拟博物馆的运动。很多这样的博物馆都以所在的社区和世界各国各地的风土人情、社会状况作为研究和取材的对象。学生和学校参与建设虚拟博物馆的理由是：

1）沿着在现实世界中解决问题的思路，促进积极的、以学生为中心的学习。在虚拟博物馆的建设中，从搜集实物到陈列展品是非常具有挑战性的工作，这是为博物馆专业工作人员和教师们所熟悉的，对于学生来说，可以从中学到：如何布置和陈列展品；如何解释展品；如何坚持学术研究的原则；如何吸引观众和满足他们的需要。

2）使学生置身于工作岗位，身临其境。

3）有助于保存地方史料，地方珍品。

4）从互联网上找资料，有助于学生放眼全球，建立与世界各国的联系。

5）这是一种能动的，多学科的，多种感受的，持久的学习。

6）让学生了解博物馆的后台工作，体验充当从研究馆员，研究员，藏品搜集员，藏品管理员，展览设计人员，展览组织者，教育人员，公关人员，编辑，图形设计员到照相师各种不同的角色。

学生的这些活动必须在专业博物馆工作者的指导下，以现有的虚拟博物馆为样板，认真进行。切忌草率从事，操切从事[1]。

虚拟博物馆的一个范例：纽约大都会艺术博物馆（The Metropolitan Museum of Art）在网上建立的虚拟博物馆。根据前面提到的虚拟博物馆分类，该馆属于学习与市场结合的类型。其核心是3, 500 件在线馆藏精品。最值得称道的是对馆藏精品的研究工作。除了提供藏品的物质构成，体积，制作时间，地点和制作者等基本情况外，还对藏品作者的创作意图，创作特点有详细的说明。北宋书法家米芾的一个手卷的说明写道："孙过庭（648?—703?）在他的《书谱》中说，书法表现了书写者的个性和感情。很少有比米芾的这个手卷更能说明这一原则的作品。米芾是北宋末年的大书法家。他的吴河舟上题诗是悬肘写成的，用的是肘力而不是腕力。行笔很轻。每一笔行笔时轻重不同。各行每个字的大小，笔触的浓度和用墨量截然不同。他的用意不在于每个字，而在于充分表现具有个人风格的笔力运用。苏轼将米芾的风格说成是'风樯阵马'。为了给观众提供世界各地和各国艺术史的知识，专门辟有地区艺术"导论"，"术语解释"和"艺术史年表"栏目。年表与一张世界地图相连接。在每个时段世界各大洲和地区都有代表性艺术作品的图标，以便观众对于同一时段世界不同地区的艺术发展都能有一个清晰的概念。

对于美国装饰艺术，大都会虚拟博物馆的设计者独具匠心。他们设计了一个虚拟现实的参观路线，观众可以看到从 1674 年到 1914 年美国家庭室内用具和陈设的变化。每间房屋代表一个时期，叫做时期室（period room）。每室镜头均可做 360° 的旋转，犹如身临其境。房

1 McKenzie，Jamie: Building a Virtual Museum Community. http: //www.fno.org/museum/

间内的重要家具可以单独观看，按相关的按纽就可以上、下、左、右旋转，放大和缩小。[1]

博物馆信息学问世不过10年，刚刚显示出它的活力和威力，相信在不久的将来肯定会有更大的发展。我国在这个领域涉足不多，无论在理论上还是在实践上与发达国家都有较大差距，应该奋起直追。

原文载于《中国博物馆》2001年第4期及《南开学报》2001年增刊

1 http: //www.metropolitan.org

高校图书馆的电子信息资源整合与服务

——兼谈天津市高校图书馆的数字化建设

高校图书馆作为学校的信息资源中心，担负着为全校的教学科研提供多种媒体信息资源保障的重任。近几年，天津市高校图书馆配合中国教育与科研网（CERNET）和中国高等教育文献保障体系（CALIS），积极响应“整体规划，合理布局，相对集中，联合保障，注重实效，优质服务”的建设方针，通过参与CALIS集团采购、自主购买、自建数据库、开展网络信息资源导航等多种形式，引进和建设了一批高质量的数据库，这些数据库突破了传统文献资源的时域界限，极大地丰富了高校图书馆的文献信息资源，弥补了馆藏资源不足的缺憾，为读者提供了便捷、高效的电子信息资源服务，对于提高读者的信息素质，拓宽图书馆的服务领域等效果显著。

相对于北京、上海、江苏、广州等省市，天津市电子信息资源建设和文献资源共建共享工作还有一定差距。为此，在天津市教委的直接领导下，成立了“天津市高校数字化图书馆建设管理中心”，全面负责天津市高校图书馆电子信息资源建设工作。

（一）天津市高校图书馆电子信息资源现状

天津市共有34所高等院校，其中南开大学、天津大学为教育部直属高校，其余32所为市属院校。各个图书馆“九五”期间在办公自动化、数字化建设等方面作了大量的工作，但仍然存在一定的问题。

（1）天津市各高校图书馆使用的管理软件不统一，涉及到近10个国内外不同的版本，为天津市高校间信息资源共建共享工作带来一定的困难；

（2）各种软件具备的功能参差不齐；

（3）各馆对于软件开发和管理的程度不同；

（4）各馆的书目数据标准化程度和处理多语种的能力不同；

（5）管理软件具备的对电子信息资源进行开发、管理和传播的性能不同。

（二）电子信息资源整合的意义

1. 什么是电子信息资源整合

这里所说的电子信息资源是图书馆馆藏资源的一种形式，它是电子化的信息资源，即以电子数据的形式，把文字、图形、图像、声音等多种形式的信息存放在光、磁等非印刷型介质上，以电信号、光信号的形式传输，并通过相应的计算机和其他外部设备再现出来的一种信息资源。电子信息资源整合即将多种来源的电子信息资源进行评价、排序、过滤、分类、标引、建库等加工，使读者能够通过统一的检索平台查找和浏览相关信息资源的一种服务方式。

近年来，各高校图书馆都十分重视电子信息资源建设，但是信息资源校际间的不均衡分布、不同数据库之间不同的检索规则和界面等又使新的问题不断展现在我们面前。如各高校的数据库越来越丰富，众多的数据库在建库结构、涵盖学科内容、检索机制等方面并不具备统一、有序的管理机制，它们中有的以光盘数据库的形式存在，有的以网络在线数据库的形式存在；有的是全文型数据库、有的是文摘/索引型数据库；有的是中文数据库，有的是英文数据库；有的是期刊数据库，有的是图书数据库，有的是学位论文数据库；有的是专业数据库，有的是综合性数据库……检索界面各具特色，每个数据库支持的检索算符和适用的检索语言也不尽相同。

这意味着读者在检索某个课题时，首先需要弄清楚在图书馆提供的众多数据库中哪些数据库涵盖的学科内容与自己的检索课题有关系；其次需要逐一登录所有有关数据库，按照不同的检索语言、检索算符设计检索策略，进行检索操作；再次，需要将从多个数据库中检索到的结果进行查重整理；最后，将非全文型的检索结果打印出来申请办理馆际互借。如此繁琐的过程与图书馆“以人为本”的服务宗旨是不相适应的，因此，对这些数据库进行资源的整合就显得尤为重要。

2. 电子信息资源整合的意义

在各个学校通过引进、自建等手段加紧进行电子信息资源建设的同时，将这些资源按照一定的规范进行有序的整理，在图书馆的读者服务工作中占有举足轻重的意义。

（1）有效促进电子信息资源的有序化

有序化的方式表现在两个方面，一是加强分散在不同数据库之中的、具有某种关联的电子信息资源的有序化，如按照刊名首字母顺序或学科类别将所有期刊数据库中包含的电子期刊进行重新整合，为读者提供更全面的期刊检索和浏览服务；二是加强分散在网络之中的、原本杂乱无序的零散电子信息资源的数据整合，如将分布在各网站上的有关某一个专题的信息进行查找、筛选、分类和整理，然后以专题导航的形式放到一个网站上提供服务。

（2）大大提高图书馆工作和读者检索的效率

电子信息资源的整合有助于大幅度提高图书馆工作人员和读者的工作及检索效率，如通过有序化整合的电子资源，图书馆的期刊采购部门可以很清楚地了解到图书馆已经拥有了哪些期刊的电子版资源，从而有效避免重复订刊的浪费；读者检索课题时，也无须逐一检索各个数据库，每一个检索操作都是对于全部数据库而进行的。

（3）真正体现图书馆工作由收藏为主向服务为主的转变

图书馆将购买的越来越多的电子信息资源进行资源整合，就如同对收藏的种类繁多的书刊进行分类整理一样，它的最终效果是使这些数据库的信息不再各自为政、自成体系，而是有了统一的规范和秩序，为读者的检索和利用提供了更多的便利条件，这是图书馆以人为本、以读者为本的服务意识的真正落实和体现。

（4）有助于本馆各部门以及馆际间的统筹协调

电子信息资源的整合需要规范和协调好图书馆采、编、流通、检索咨询、技术支持等各个部门的工作，因此在客观上有助于加强部门间工作的沟通与合作。此外，每一个图书馆资源管理的顺畅也会在很大程度上促进馆际间的互借、互阅和文献传递工作的正常开展。

（三）电子信息资源整合的策略

电子信息资源的整合，由于工作深度的不同，有多种不同的形式，如在元数据中都柏林核心集的普遍应用，互联网上各种搜索引擎的搜集和使用，各图书馆不断地丰富和改进自己的主页等都在一定程度上达到了电子信息资源整合的目的。

天津市高校图书馆在电子信息资源整合方面的总体构想和具体措施如下：

1. 建设天津市高校文献信息保障系统

根据天津市高校文献信息网络建设的实际情况，参照教育部“高等学校文献信息保障系统建设”的总体设计方案，天津市在认真考察研究的基础上，决定建设“天津市高等学校文献信息保障系统”（TALIS）。天津市高校文献信息保障系统将以 CALIS 和 CERNET 为依托，紧密衔接“天津市教育科研网”和“天津信息港工程”，本着整体建设、资源共享的原则，建立起可供全市高校共享的若干个文献信息中心逐步形成天津市高校多层次的文献保障网络。

天津市高等文献信息保障系统十五期间建设规划：

（1）建设数字化图书馆数据中心；

（2）建立若干学科文献信息中心；

（3）建立采编中心；

（4）建设具有馆藏特色的学科文献数据库；

（5）建设图书馆工作人员和读者培训基地；

（6）馆际互借互阅；

（7）建设图书馆自动化集成管理系统，实现各馆间互联互通；

（8）建设读者电子阅览环境，投资建设一批电子阅览室。

2. 引起先进的系统软件

（1）引进美国 Sirsi 公司的 Unicorn 图书馆管理系统

天津市在对国内外众多管理软件进行分析的基础上，结合天津市各高校图书馆的现状和发展需要，最终决定在天津市各高校图书馆统一使用产自美国的 Unicorn 管理系统。这套管理软件以其具备的强大的网络功能和技术上的先进性、成熟性、灵活性和可扩展性，使天津市可以直接利用其先进的管理模式和方法，从一个较高的起点开始建立工作模式，尽快与国际接轨。

（2）引进 Hyperion 数字媒体档案管理系统

这套系统可以用于扫描文档、图像，以便进行艺术品、音像制品等非印刷型资料的管理。

3. 挖掘和利用图书馆管理系统的各项功能

继南开大学、天津大学购买了美国 Sirsi 公司的 Unicorn 图书馆管理系统以后，天津市高校数字化图书馆建设管理中心已经开始在天津市各高校统一使用这套功能十分强大的图书馆集成化管理系统。因此，充分挖掘和利用系统的功能，使之在图书馆的网络化采购、多种媒体电子资源的编目与管理、从 Webcat 到 Ilink 的公共书目网络检索以及网上用户请求模块等方面真正显示出其强大的服务功能，切实做到物尽其用，为天津市各高校的广大师生提供更为便捷、高效的服务，已经成为现阶段天津市各高校图书馆的一个工作重点。

4. 引进数据库

电子信息资源的建设是整合的前提和保障。天津市各高校图书馆结合自身学科建设，通过自主购买、参与 CALIS 集团采购等方式引进了一些各具特色的中、英文数据库。此外，天津市高校数字化图书馆建设管理中心计划按照各高校的学科优势，在天津市构建几个学科资源中心，如文理中心拟设在南开大学、工程中心拟设在天津大学、财经中心拟设在天津财经学院、生命科学中心拟设在天津医科大学、教育中心拟设在天津师范大学。

目前，天津市高校数字化图书馆建设管理中心已经在充分调查研究的基础上有计划地引进了超星数字图书馆、维普中文科技期刊全文数据库和 Springer 数据库，并且正在落实引进 SCI 数据库的有关事宜。今后，必然还要结合天津市资源建设的总体思路，引进更多的特色数据库，如电子版的参考工具书（包括百科全书、词典、手册、年鉴）等，并在技术和政策上探讨解决这些电子信息资源为远程教育服务的问题。

5. 自建数据库

自建数据库是电子信息资源建设的另一条重要渠道。目前，在天津市各高校图书馆的主页上已经链接了一些自建的、独具特色和有检索价值的数据库，如南开大学的二十五史全文检索系统、化学学科的导航系统、网上免费数据库导航系统以及古代中国社会生活数字化博物馆网站等；天津大学自建的生物信息学网站；天津商学院引进 TRS

系统，建成的制冷（冷冻）领域的专业数据库；天津医科大学的医学隧道；天津美术学院的特色馆藏、精品素材系统；天津外国语学院的天外流媒体中心等。这些自建的特色数据库和专业网站为读者的信息资源检索提供了很好的资源导航。今后，天津市还将在总结经验的基础上，推出一定的奖励机制，甚至提供制作平台，鼓励各高校发挥专业特长，建设更多更好的特色数据库，丰富网上的特色信息资源。

6. 建立网络资源导航

虽然数据库涵盖的学科范畴相当广泛，而且收录内容的质量也较高，但仍然由于价格较高、IP 限定等因素限制了更广泛用户的使用，所以在引进和自建数据库的同时，加强网上免费电子信息资源的开发利用，具有非常重要的意义。网络资源导航是在收集和评价 Internet 资源的前提下，按照资源分类的原则，对零散分布在网络的涉及某一个学科或专题的 Internet 资源进行重组、整理和提供服务的。在这项工作中，科学合理地界定资源的类属关系是成功建立资源导航的基础和核心。

7. 加强馆际资源的共建共享

馆际资源的共建共享有利于促进电子信息资源的建设与整合。为了促进天津市各高校信息资源的共建共享，天津市决定实行“联合图书馆”的方案，即天津市各高校图书馆统一使用 Unicorn 图书馆管理系统，共用一个服务器。优点——便于实行集中管理，减少冗余数据和重复建设，可以充分发挥软件的效能，使天津市高校图书馆的网络化、数字化水平跃上一个新的台阶，为广大师生信息素质和获取能力的提高，奠定一个良好的基础。不足之处——十几所高等院校共用一个系统、一个服务器，对于网络环境、硬件设施、技术力量都要求有较充分的保障。

系统共享是为了实现资源共享。天津市高等院校数字化图书馆建设管理中心即将实施天津市高等院校的馆际互借协议。协议的内容包括三个方面，即天津市各高校图书馆的读者可以互阅、互借对方馆的馆藏书刊，可以到对方馆去有偿使用电子信息资源，也可以开展馆际间的文献资源传递。从天津市的全局出发，从宏观的角度去构筑和发展天津市高校图书馆信息资源建设。

8. 进行电子阅览室的二期工程建设

电子阅览室是进行网络资源检索与利用的必备设施。在“九五”投资规划完成的基础上，天津市目前正在实施电子阅览室建设的“十五”计划。这个计划将在认真总结前一阶段经验的基础上，使电子阅览室的软硬件配置、网络建设和其他管理、服务等方面都有较大的改善和提高。

9. 培养电子信息资源和与传统纸质文献资源整合的意识

电子信息资源的整合，只是图书馆多种介质信息资源整合的一个组成部分，图书馆应当在掌握和初步完成电子信息资源整合的基础上，奠定电子信息资源与传统纸质文献资源整合的基础，将来使图书馆的多种媒体和介质的资源更加规范，更加便于利用。

（四）加强和完善电子信息资源服务

电子信息资源服务是各高校图书馆读者服务工作的重点，每个图书馆都设有信息部或咨询部，也都建立了电子阅览室，但仅仅做到有人帮助读者进行电子信息资源的检索，仅仅为读者提供了进行电子文献阅读的环境，还无法在更高层次上满足读者的检索需求。为此，图书馆必须在服务观念、服务方式、服务内容等方面继续探讨完善电子信息资源服务的途径。

天津市的具体做法是，在进一步加强数据库的引进和自建工作的同时，结合各校实际情况认真落实以下几个方面的工作：

（1）建立学科馆员制度。为了使图书馆的服务真正与学校的教学科研工作紧密结合，南开大学图书馆于2002年9月正式建立学科馆员制度。通过学科馆员建立起与各院系的沟通和交流，一方面可以将图书馆的有关服务及时传达给院系的师生，另一方面又可以将各院系的意见及时反馈给图书馆，有助于促使图书馆最终形成学科信息反馈、信息资源建设和网络技术支持密切配合的工作方式，从而保证图书馆在资源建设和读者服务等方面的工作能够开展得更充分、更有针对性。

（2）加强电子信息资源的宣传和培训。高等院校的读者中有一部分人非常习惯于利用图书馆，对于图书馆提供的服务也十分清楚，但还有一部分人很少去图书馆，他们之中有的是自己有获取信息资源的渠道（理工科院系的师生比较多），有的是根本不了解图书馆近些年来的发展变化，以至于有检索需求也按照传统的方式去查纸本书刊或去情报所、国家图书馆等地方求助（文科院系师生比较多)。基于高校读者普遍存在的这种特点，图书馆就应当切实加强电子信息资源的宣传和培训工作。这种宣传和培训可以采取多种不同的形式开展，比如通过学校和图书馆的主页、校报、校情简讯、学校有线电视、学校文献检索课等，也可印制成简明易懂的单页宣传资料介绍图书馆的馆藏资源布局和数据库的检索使用方法。图书馆还应该开辟专用的培训教室，放置二、三十台联网微机，以便于随时开展针对不同院系的不同层次和专题的用户培训。

（3）重视对电子信息资源使用状况的统计和调研。通过对电子信息资源的界面设计、检索功能、信息质量、利用率等方面的统计和研究，逐步形成有效的电子信息资源评价机制，进而可以为开展网络计量学研究打下基础。

（4）开展元数据的应用研究，解决好电子文献的著录问题。

（5）继续加强馆际间的交流与协作，形成强大的电子信息资源建设和服务体系。

综上，电子信息资源的整合和服务是网络环境下各高校图书馆工作的重点，也是一个必须解决的现实问题，整合后的信息资源在系统性和专业性方面都将更为突出，而且由于其具备统一的组织结构和组织功能，因此用户的检索和新数据的添加都将变得更为简便和科学。但这项工作涉及的理论基础、分类原则、技术保障等问题还需要经过审慎的分析和研究，不可能一蹴而就，因此还需要更多的专家、学者和资深馆员进行更深入的研讨与论证。

（本文合作者：翟春红　李广生）

原文载《上海高校图书馆情报工作研究》2003 年第 1 期

图书馆联盟模式研究

自20世纪90年代中期以来，图书馆联盟的建立在我国已逐渐形成趋势。天津高校数字化图书馆联盟（以下简称“联盟”）正是这样一个大环境下的产物。下面笔者即对联盟的建设过程做一叙述，以供大家参考。

（一）联盟建设的缘起

1. 图书馆联盟的缘起

图书馆联盟（Library Consortia）是指为了实现资源共享、利益互惠的目的而组织起来的、受共同认可的协议和合同制约的图书馆联合体。“联盟”或“合伙”这一概念蕴含的精神一直是图书馆事业追求的目标，即英语中通常所说的三个“CO”：cooperation（合作）、coordination（协调）、collaboration（协作）。Cooperation（合作）一词最早出现在G. L. Campbell在1879年所写的“Grouping of places for Library purposes”一文中，而Library Cooperation（图书馆合作）则由Molvil Dewey在1886年所写的“Library Cooperation”一文中提及。此后，“图书馆合作”作为图书馆共享联盟的一种精神和目的就经常出现在各种图书馆学文献和图书馆会议中。

美国是图书馆联盟的发源地。20世纪20～30年代就出现了图书馆联盟，最著名的是三角联盟（Triangle Alliance）。

2. 图书馆联盟的类型

二次大战后，因信息技术在图书馆工作中的广泛使用，大大促进了图书馆联盟的发展。20世纪60～70年代出现了二次大战后图书馆联盟兴建的第一次高潮。1972年出版了两种重要文献，对于战后美国图书馆联盟的发展进行了总结。这两部文献一是Diana D. DeLanoy & Carlos A. Cuadra编写的*Directory of Academic Library Consortia*（Santa Monica, CA: System Development Corporation, 1972）。另一部是Ruth J.

Patrick 编写的 *Guidelines for Library Cooperation: Development of Academic Library Consortia*（Santa Monica, CA: System Development Corporation, 1972）。根据这两部文献的介绍可知，美国当时有125个大学图书馆联盟，其中90%是在20世纪60年代以来建成的。他们的成立与图书馆自动化系统的应用有直接关系。这些联盟可以分为四个类型：①大型联盟：大规模地使用计算机技术；②小型联盟：主要解决为用户服务和日常工作问题；③目的有限的联盟：目标仅限于解决特定问题；④馆际互借和参考咨询网络操作。

从建立联盟的直接目的来看，也可以划分为四类：①为了实现资源共享，改善资源状况（58%）；②仅仅为了资源共享（30%）；③不止一项目标（14%）；④为了节约开支（13%）。

无论属于何种类型，出于哪一种动机，联盟成立的根本目的是资源共享：一个图书馆的用户可以使用另一个或更多图书馆的馆藏。这里所说的用户有时只限于教师和研究生。目的有限的联盟，往往是为了联合采购或联合编目而形成的联盟。到了1960年代后期自动化是结成图书馆联盟的主要推动力，北美著名的四大高校图书馆联盟俄亥俄大学图书馆中心（Ohio College Library Center, OCLC 后改名为在线计算机图书馆中心 Online Computer Library Center, OCLC），研究图书馆集团 Research Libraries Group（RLG），多伦多大学图书馆自动化系统（University of Toronto Automatic System UTLAS），华盛顿图书馆网络 Washington Library Network WLN），都是在这个时期建立起来的。

3. 图书馆联盟的发展

图书馆联盟建设第二次高潮出现在20世纪80～90年代，“出现了几乎没有一个图书馆不属于某一地区性或行业性图书馆联盟的局面”。造成这种情况的一个重要原因是书刊价格暴涨，图书经费不足，给图书馆带来的经济困难促进了图书馆在经济上的联合；信息技术的发展，特别是互联网在90年代中期的发展（万维网出现）和广泛应用，推动了图书馆在技术上的联合。

表1 美国部分大学图书馆联盟

数字图书馆联盟成员 DLF Member Institution	地区性联盟 Regional Consortia	州联盟 State Consortia
California, Berkeley		CDL
Carnegie-Mellon	NERL（affiliated）	
Chicago	CIC	
Columbia	NERL	
Cornell	NERL	
Emory	ASERL	GALIKLEO
Harvard	NERL	
ILLnois, Urbana	CIC	ILLINET
Indiana	CIC	INCOLSA
Library of Congress		
Michigan	CIC	Michigan Library Consortia
Minnisota	CIC	MINITEX
New York Public Library		
North Carolina State	ASERL	NCLive, TRLN
Penn State	CIC	PALCI；PALINET
Pennsylvania	NERL	
Southern California	Big 12 Plus	SCELC
Tennessee	ASERL	
Texas	Big 12 Plus	Texshare
Virginia	ASERL	VIVA
Washington	Big 12 Plus	Washington Cooperation Library Project
Yale	NERL, NELINET	

说明：ASERL=东南研究图书馆联合会 Association of Southeastern Research Libraries；CDL=加里福尼亚数字图书馆 California Digital Library；CIC=机构联合中心 Center for Institutional Cooperation；IDAL=伊利诺数字学术图书馆 Illinois Digital Academy Library；ILCSO=伊

利诺图书馆计算机系统办公室 Illinois Library Computer System Office；NERL=东北研究图书馆联盟 Northeast Research Library Consortia；PALCI=宾西法尼亚学术图书馆联盟有限公司 Pennsylvania Academic Library Consortia, Inc；SCELC=加里福尼亚全州电子图书馆联盟 Statewide California Electronic Library Consortia；TRLN=三角研究图书馆网络 Triangle Research Libraries Network。

在美国的图书馆联盟中有两个不能不提到的名字，一个是 OCLC，另一个是 OhioLink（Ohio Library and Information Network）。这两个联盟都起源于美国的俄亥俄州，但发展的道路和走向不同。前者已经从一个地区性联盟发展成为世界最大的图书馆联机网络，为全球 84 个国家的 45,000 个图书馆提供信息服务。后者则成为了美国州一级图书馆联盟创新和增效的先锋，被许多世界同行视为集中投资、有效服务的楷模。

作为一个运动，图书馆联盟从北美扩展到欧洲，1997 年图书馆联盟国际联合会（International Coalition of Library Consortia，ICOLC）的成立，是图书馆联盟进入全球化时代的标志。

其他区域性的联盟也纷纷成立。其中比较重要的是 1997 年由美国加利福尼亚圣地亚哥大学图书馆发起的环太平洋数字图书馆联盟。（The Pacific Rim Digital Library Alliance, PRDLA）。其宗旨是通过数字化途径，利用信息科技与网络，来促进各成员馆的用户对于学术研究资料的存取、利用与共享。共有 22 个成员馆。总部设在香港大学。中国大陆的北京大学、清华大学、武汉大学，台湾的中央研究院图书馆均为其成员馆。

自 20 世纪 90 年代中期以来这个运动在我国也逐渐形成势头。

现今正是图书馆联盟建设和发展的大好时机。因为它已经有了半个多世纪的历史；它可以提供自下而上的支持；它有明确的概念；它可以吸引资金；它容易建设；具有灵活性。简而言之，图书馆联盟“正逢其时，正当其位”。天津高校的数字化图书馆联盟，正是这样一个大环境下的产物。

（二）天津高校数字图书馆联盟建设

1. 联盟建设的缘起

天津地区高等院校图书馆的自动化管理起步较晚，各校之间的发展不平衡，先进与后进之间的差距较大。1996年开始的天津市高等学校实验室建设“九五”投资规划将校园网建设和图书馆自动化管理系统的建设列为重要内容，成为信息技术全面应用到天津市图书馆建设的起点。到“九五”投资结束时，天津市所有地方院校都有了自己的校园网，地方院校的图书馆大多数也都有了自己的自动化管理系统，为图书馆的联合奠定了基础。当时至少有9种不同的国内外软件的不同版本在各馆运行。各种软件水平、性能参差不齐：①用户界面和数据库系统不统一；②书目数据标准化的程度差别很大；③捕捉网上资源的功能、电子资源管理、导航和检索尚处于起步阶段；④对软件的开发和管理工作普遍需要加强。在这种状况下，很难实现文献资源的共知、共建、共享，更无法充分组织和利用丰富的网上资源。

针对这种情况，天津高等院校“十五”投资规划提出了建设天津高等院校文献保障体系的要求，为此决定：①建立数字化图书馆数据中心；②建立若干学科文献信息中心；③建立采编中心；④建设具有馆藏特色的学科文献数据库；⑤建设图书馆工作人员和读者培训基地；⑥实行馆际互借互阅；⑦建设图书馆自动化集成管理系统，实现各馆间互连互通；⑧建设读者电子阅览环境，投资建设一批电子阅览室。

2. 联盟系统的建设

我们的工作是从技术平台建设和组织机构建设开始的。应该指出的是，技术平台建设有较好的网络环境——天津市教育系统已经建成了自己的宽带骨干网，全长700多公里，天津市的高等院校通过在天津大学、天津商学院和天津工业大学分设的三个节点实现光缆环路主干带宽2.5Gbps（动态带宽5Gbps），这就为我们高校图书馆之间的数据传输和交换提供了重要保证（现在这个宽带网已经扩展到天津四郊五县和所有的重点中学）。

技术平台建设的核心问题是采用何种自动化管理软件。美国图书馆协会的一份技术报告指出：“整合图书馆系统（integrated library system, ILS）是图书馆组织的骨干，是在图书上架后最昂贵和最重要的设施。选择一个新的图书馆管理系统，要求图书馆员有充分的时间，专业知识和耐心。”在此之前，天津的两所教育部直属高校——南开大学和天津大学经过长时间的论证采用了美国 Sirsi 公司的 Unicorn 图书馆自动化管理软件，已经积累了一些运行经验。对由天津市直接管辖的 17 所院校，是购买一套软件共用还是购买几套软件分别使用，是引进国外的软件还是购买国内较成熟的软件等问题的讨论中，出现了两种不同意见：

第一种意见认为，自动化建设应该循序渐进，不能揠苗助长，投入少量的资金引入适合天津市院校技术水平的国内先进软件即可。大量的资金可用来引进国内外全文数据库，解决教学科研的迫切需要，天津市在这方面原来的基础薄弱，缺口很大，投入后可立竿见影。加之，引进 Unicorn，实行多校共用一套软件，一个服务器，一个中央数据库在现有的人力、技术和网络环境下风险太大。谁也担不起失败的责任，不如采取比较稳妥的方案。

第二种意见认为，自动化管理是数字图书馆的基础，没有这个基础，我们就无法脚踏实地地前进。多馆联合使用一套 Unicorn 软件，共享一个服务器，在国外的公共图书馆和社区学院有不少成功的先例，大学图书馆中则不多见，实行起来，各方面的要求都很高（对网络环境的要求尤为突出），对各项工作都是一个的挑战，但它带来的好处也是显而易见的。它可以使我们的自动化管理水平大大向前迈进一步，十分有利于调动广大教师、科研人员、学生和图书馆工作人员的积极性，提高他们获取信息的能力。简而言之，引进这个软件为贯彻以学为主方针的教学改革，提高师生的信息素质，创造了一个非常有利的环境。至于面临的困难，经过努力是可以克服的。

经过反复论证，第二种意见为大家所接受。2002 年 1 月，图书馆联盟的实体——天津高校数字化图书馆建设与管理中心（以下简称中心）成立，开始建设联盟的技术平台，软件选用 SIRSI 公司的 Unicorin Consortia 联合图书馆系统，硬件选用 IBM 公司的 M85、H85 企业级服务器。2002 年 5 月 28 日与美国公司签署软件购买协议。同年 10 月硬件安装完毕，开始安装软件，上载数据。2003 年 1 月底系统安装和数据上载完毕。自此，从中文图书馆的典藏工作开始，17 所学校的图书馆的工作人员通过网络，在一个技术平台上共同工作的格局形成了。天津市高校图书馆的自动化管理工作也进入了一个新的时期。

3. Unicorn Consortia 系统的使用成效

天津市高校目前有 17 个图书馆联合使用一个 Unicorn Consortia 系统，并与天津大学、南开大学两个系统之间利用广播检索技术实现了无缝连接，三个系统之间可以实现相互检索查询。联合系统已经使用了编目、采访、流通、期刊、公共查询、请求、iLink 等模块。个别模块的使用处于完善过程中。目前系统拥有读者 16 万余人，中文图书 519585 种，西文图书 40580 种，共 4299001 册，流通总量超过 570 余万次。系统使用情况良好，运行稳定。图 1、图 2、图 3、图 4 分别显示了系统内工作人员增长情况、复本增长情况、借书量变化情况、还书量变化情况。

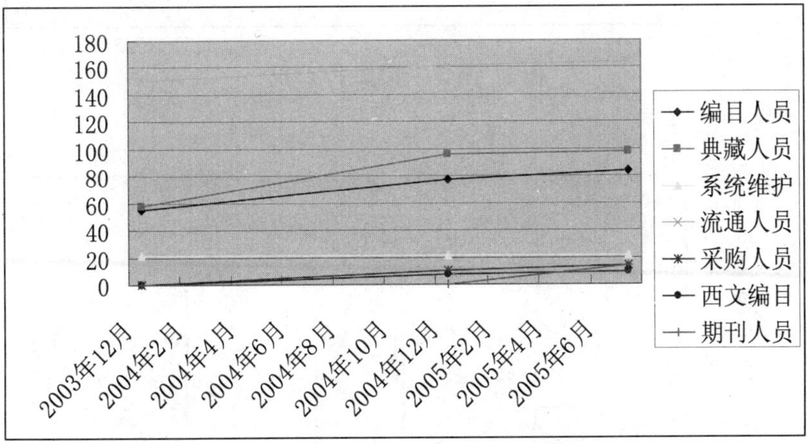

图 1　系统内工作人员增长情况

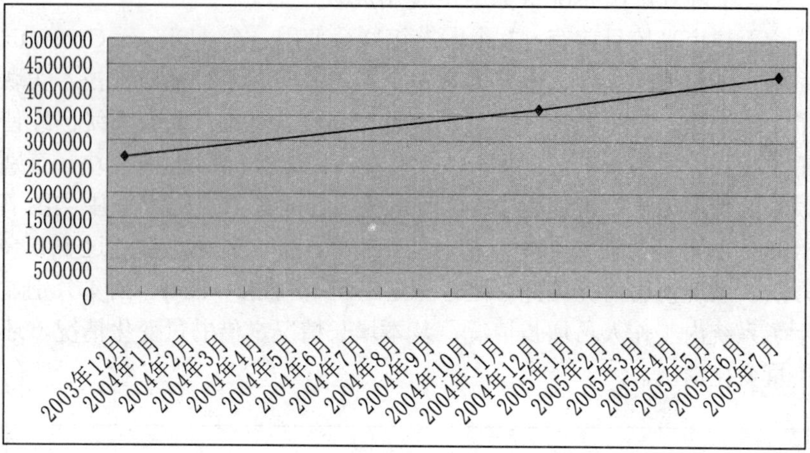

图 2　系统内复本增长情况

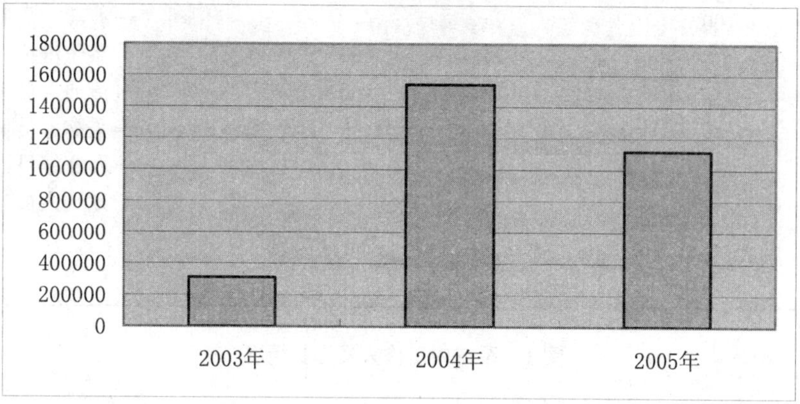

图 3　系统内前三年借书量变化

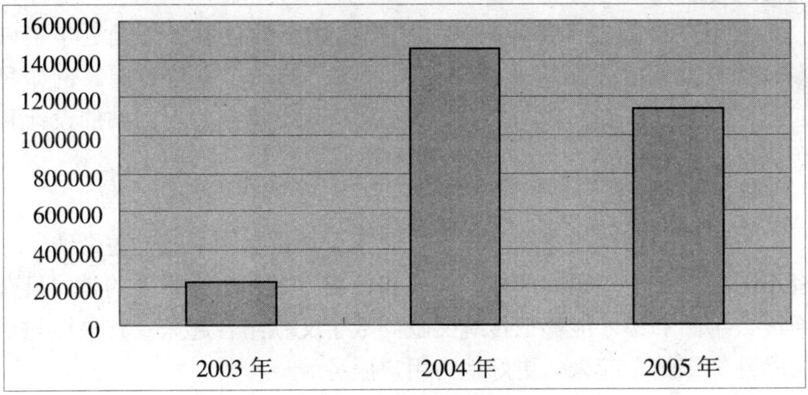

图 4　系统内前三年还书量变化

与此同时，中心根据工作进展的需要，制定了一系列的规章制度，以保证数据的规范化和系统的正常运转。比较重要的有：①Unicorn Consortia 软件系统管理和使用暂行办法；②系统工作人员权限管理暂行办法；③系统切换办法；④报表管理暂行办法；⑤中文图书典藏办法和工作流程；⑥中文图书联合编目细则；⑦中文图书多卷书处理办法；⑧中文书目数据质量控制办法；⑨流通系统切换与流通系统操作规范；⑩采购模块使用办法与工作流程；⑪打印书脊标签操作步骤；⑫西文编目相关文件。

若要充分实现 Unicorn 系统的各项功能，还有很多事情要做。特别是该系统的统计报表功能、管理功能、网络功能，还有待于进一步的开发和应用。

4. 数字文献加工平台的选择

技术平台建设中的另一个重要方面是数字文献的加工、制作、发布、检索和管理。这是一个全新的课题。国内外的软件制造商和出版商正朝着这个方向发展。在传统文献的自动化管理还没有充分实现的情况下，开拓这样一个难度很大的新领域，实在令人有力不从心之感。值得庆幸的是，我国的信息产业已经针对我国的国情，开发出多种这类软件。我们在 2003 年底采用竞争性谈判的办法，以较低的价格引进了两套数字化加工制作软件（北大方正的德塞和清华同方的 TPI），现已投入使用。

采用先进的技术手段为广大用户提供个性化服务，是近年来许多软件开发商、出版商和图书馆技术部门的一个主攻方向。例如我们已同 TRS 公司签订了技术合作协议，开始建立门户网站的设计和数据准备工作。

5. 资源建设

与传统图书馆的建设一样，资源建设是数字图书馆的生命线。二者不同之处在于资源的载体、格式和使用方式。更为重要的是，只有通过数字图书馆才能够把传统文献同数字文献结合起来，将显性知识与隐性知识结合起来，更好地为用户服务。

教学科研需要是我们进行数字资源建设的基本出发点。从中心成立之日起，我们就注意到公共数据库的建设，引进了超星数字图书馆和维普科技期刊数据库。

目前公共数字资源中心共有：①中文数据库 12 个：国家图书馆中文书目数据库、维普中文期刊数据库、万方数据库、万方博硕士论文数据库、超星数字图书馆、中经网数据库、国研网数据库、北京金报兴图数字图书馆（年鉴）、龙源期刊网、书同文（十通、四部丛刊、石刻集）数据库、中国数字图书电子图书、文渊阁四库全书网络版；②外文数据库 9 个：WorldSciNet、Britannica Online、SpringerLink、OCLC FirstSearch、EBSCO、CCC、CSA、SCI、INSPEC。

相对于公共数据库（书目数据库也是公共数据库的一个重要方面）而言，特色资源数据库是指在特定时间、特定空间和特定学科范围内具有特殊内容和风格的数据库。它应该能够充分显示本地区、本部门有特色的资源，能显示学校重点学科建设的特点，具有开发和技术上的特点。本着上述原则，我们在为各校配备了数字加工制作软件后，启动了特色数据库建设项目。各校上报的经专家论证可实施的项目如表 1 所示：

表 1　建设中的特色数据库

学校	特色数据库名称	资助经费等级
天津职业技术师范学院 天津职业大学	职业教育数据库	重点项目
天津财经学院	中国钱币研究与鉴赏数据库	重点项目
南开大学	面向大学生的中华传统文化典籍网站	重点项目
天津大学	中国建筑文化遗产数字图书馆建设项目	重点项目
天津师范大学	心理与行为研究特色资源数据库	重点项目
天津工业大学	纺织特色外文文献全文数据库	重点项目
天津音乐学院	图书馆珍藏老唱片（78 转）数字化建设工程	重点项目
天津美术学院	美术特色资源库	重点项目
天津科技大学	造纸、食品学科特色数据库	一般项目
天津城建学院	岩土工程数据库	一般项目
天津农学院	基于 Internet 广域网环境下动植物病害智能诊断专家系统	一般项目
天津外国语学院	外语教学资源特色数据库	一般项目
天津理工大学	创新素质教育特色资源库	一般项目
天津商学院	旅游、制冷及设备资源特色数据库	一般项目

在进行电子资源建设的同时，我们也注意到纸本文献在高等学校教学科研中的重要作用和天津高校投入不足造成的缺口，决定兴建样本库。目前已与北京人天公司签订合作协议，开始建设样本库，收藏 2004 年 7 月以后出版的所有中文科技类图书，每年 6～8 万种。积之以时日，样本库将会在提供现场采购、保证我国出版的科研著作的查全、克服图书经费不足、协调采购、充实联合图书目录（传统的和电子的）内容，以及编纂专题书目等方面发挥越来越大的作用。

6. 服务

数字图书馆和传统图书馆一样，应该以满足用户的需要作为工作的出发点和最后的归宿。迄今为止，我们开展了馆际互借和用户培训两个方面的工作。根据各校讨论通过的馆际互阅互借协议，天津市各高校的教师、研究生及有特殊需要的本科生均可按照规定的办法到成员馆阅览、复印资料，使用对方的电子资源。确有需要，也可以办理手续将所需的图书借出。此外，还制定了文献传递的办法。

为了让广大读者把已经订购的中外文数据库用起来，中心和各校多次举办各式各样和不同层次的培训班，介绍数据库专业内容，传授检索方法，收到了预期的效果。

今后的主要任务是充分利用网络、自动化管理和新的技术，建立门户网站，实现网上文献传递，建立虚拟参考咨询网，作好个性化的推送服务。

7. 组织管理

传统的分类方法是将图书馆联盟分为松散型和集中型两大类型。松散型的特点是成员馆自愿参加，经费来自成员馆的集资，没有正式的组织结构，没有专职工作人员；集中型的特点是有明确的发起单位，经费往往来自政府拨款，有明确的目标和合作项目，有正式的组织和专职工作人员。天津高校数字化图书馆联盟属于集中型。近年来，根据图书馆联盟的发展情况，国际图书馆联盟提出了新的更为复杂的分类，设置了更多的标准。

从战略角度观察，有五个方面的标准，

● 使命和愿景。①购买；②教育；③募集资金；④游说包括：立法或行政机构；⑤技术合作。天津高校数字化图书馆联盟涵盖了前三项。

● 图书馆类型。包括：①研究类；②高等院校类；③公共类；④中小学类；⑤专门类；⑥公司类。天津高校数字化图书馆联盟属于高等院校类。

● 发起单位。包括：①单个地方政府；②多个地方政府；③会员制。天津高校数字化图书馆联盟是由天津市教育委员会发起的。

● 资金来源。包括：①政府；②基金会；③会费服务；④会员分级分摊；⑤无经费。天津高校数字化图书馆联盟的资金来自天津市政府财政拨款。

● 地域。包括：①多国；②一国；③多个地方政府；④单个地方政府；⑤地区；⑥城市和地方。天津高校数字化图书馆联盟属于城市类。

从策略角度观察，有三个方面的标准

● 项目。包括：①资源共享；②联合目录；③电子资源和电子产品购买；④核心馆藏制作；⑤数字图书馆开发；⑥保存管理。天津高校数字化图书馆联盟开展了所有这6个方面的工作。

● 服务。包括：①咨询；②教育；③目录；④技术支持；⑤地面传递；⑥储存共享；⑦财务服务。除了财务服务外，天津高校数字化图书馆联盟承担了所有的服务项目。

● 技术。包括：①共享基础设施；②共享管理系统；③门户管理；④知识产权管理。天津高校数字化图书馆联盟实现了全部技术共享项目。有些项目正处于完善过程中。

通过以上描述不难看出，天津高校数字化图书馆联盟正在努力朝着新型的、可以履行多种复杂功能联盟的方向前进。

天津高校数字化图书馆联盟的领导关系和组织机构如下图所示：

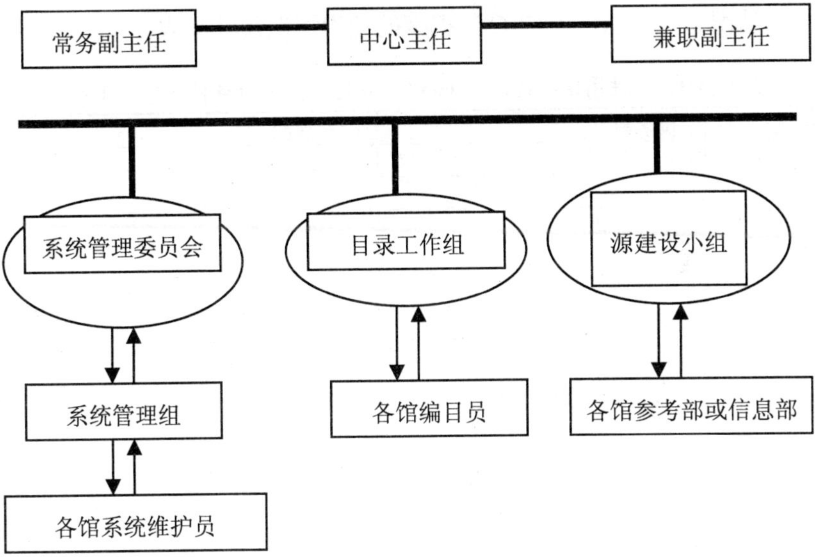

图5 天津联盟的领导关系和组织结构

8. 投资效益分析

（1）投资及支出

图书馆联盟成败的关键在于它的投入产出效益。表2是“十五”期间天津教委对联盟的投入情况，表3反映了其支出情况。

表 2　天津市教委“十五”投资数字化图书馆建设项目经费投入情况

（单位：万元）

来源	电子阅览室	电子资源专项	特色数据库	管理系统软件	资源中心	合计
教委投入	680	3000	480	680	1907	6747
学校配套	920	无	480	无	无	1400
合计	1600	3000	960	680	1907	8147

表 3　天津市教委“十五”投资数字化图书馆建设项目经费支出情况

合计	电子阅览室	电子资源专项经费	特色数据库	硬件	软件	资源中心	版本书库
6716	680	划拨各校 2100	480	620	411	2185	240

（2）数据库使用情况

我们订购的外文数据库的访问和下载统计资料可反映出各校的使用情况，其中关于 OCLC 数据库的使用情况统计见表 4。

表 4　OCLC 使用情况统计（2003 年 10 月 1 日—2004 年 10 月 31 日）

序号	学校名称	检索次数
1	南开大学	22285
2	天津商学院	4492
3	天津外国语学院	3478
4	天津大学	3989
5	天津科技大学	4169
6	中国民用航空学院	3213
7	天津理工大学	2110
8	天津工业大学	1394
9	天津体育学院	1174
10	天津师范大学	1131
11	天津医科大学	757
12	天津工程师范学院	543
13	天津城市建设学院	664
14	天津农学院	293
15	天津财经学院	241
16	天津中医学院	128
17	天津音乐学院	49
18	天津美术学院	49
19	天津职业大学	15
合计		50174

（3）论文产出情况

根据我们的初步观察，各校外文库的使用量与各校论文的产出量呈现出正相关的关系。各校论文产出情况见表 5、表 6。

表 5 SCI 收录的天津地方院校论文增长情况（1995～2004 年）

年份	发表论文数
1995	33
1996	31
1997	28
1998	42
1999	63
2000	67
2001	58
2002	64
2003	96
2004	133

表 6 CNKI 收录的天津地方院校发表论文情况（1999～2004 年）

CNKI学术期刊1999-2004年							
学校名称	1999年	2000年	2001年	2002年	2003年	2004年	总计
天津大学	2292	2396	2822	3257	4176	3847	18790
南开大学	1926	1952	2119	2535	2971	2780	14283
天津师范大学	363	383	564	601	722	678	3411
天津医科大学	1174	1248	1253	1293	1417	1439	7824
天津理工大学	320	397	346	279	335	272	1949
天津财经大学	389	438	441	489	551	412	2720
天津工业大学	282	321	308	359	449	506	2225
天津科技大学	263	341	420	474	643	612	2753
天津体育学院	43	59	70	62	84	64	382
天津外国语学院	37	47	64	56	49	72	325
天津职业大学	63	81	107	92	141	117	601
中国民用航空学院	133	123	152	176	141	137	862
天津农学院	84	99	126	171	179	154	813
天津城建学院	10	10	3	4	7	13	47
天津中医学院	376	375	373	488	556	537	2705
天津工程师范学院	2	3	0	4	4	38	51
天津商学院	230	265	286	312	387	362	1842
天津音乐学院	54	55	53	36	48	31	277
天津美术学院	7	15	7	11	12	6	58

据统计天津市市属高等院校（含中国民用航空学院）在 1994～2003 年间被 SCI 收录的论文共 617 篇。论文产出量呈上升趋势——

从1995年的33篇，到2004年增至133篇，增加了4倍。近3年来的增加量尤为明显。2002年64篇，2003年94篇。按所收论文数量排序，前五名为天津师范大学（332篇）、天津医科大学（251篇）、天津工业大学（140篇）、天津商学院（48篇）、天津理工大学（34篇）和天津科技大学（34篇）。

使用中文数据库CNKI排序，前五名为天津医科大学（7824篇）、天津师范大学（3411篇）、天津科技大学（2753篇）、天津财经大学（2720篇）、天津中医学院（2705篇）。论文被引用的频次是论文水平和影响力的标志。地方院校论文在SCI刊物上被引用的篇均频次仅为0.81。距离我国高校论文在SCI上的篇均被引频次2.90相去甚远。与天大的1.81和南开的2.52也有很大距离。这说明论文质量有待于提高。

9. 结语

在分析联盟成功的因素时，人们通常列举出以下8项：①有价值的项目和服务；②明确的发起者和所有者；③尽责的成员馆；④强有力的领导；⑤有效的专业委员会；⑥持续的交流；⑦负担得起而又灵活的组织机构；⑧称职的工作人员（非志愿者）。

这也是我们在实践中所感受到的。工作中，我们主要坚持了以下五项原则：①将工作看成学习的过程，边干边学，在学中干，在干中学；②注重规范和工作流程的制定、控制和掌握；③贯彻以奖励为主的原则，调动工作人员的积极性；④不断地举办各类人员的培训班，交流经验，共同提高；⑤兼顾整体利益和局部利益，处理好管理机构与成员馆的关系，强调发挥中心与成员馆两个方面的积极性。

从整体着眼，我们认为政府的支持至关重要，各成员图书馆团结协作则是联盟的生命线。通过五年的建设，天津市高校图书馆的服务能力明显增强，天津市高校数字化图书馆联盟初步建成。图书馆联盟在国外虽然有很长的历史，但在我国尚处于起步和发展阶段，我们迫切需要学习和借鉴国内外的有益经验，使我国的图书馆事业能够在联盟的组织形式下得到发展。

参考文献

程焕文等主编.《信息资源共享》. 北京：高等教育出版社，2004年

胡越主编.《图书馆馆区域合作与资源共享》. 北京：北京图书馆出版社，2004年

戴龙基等，图书馆联盟——实现资源共享和互利互惠的组织形式.《大学图书馆学学报》，2000（3）:36～39页

International Coalition of Library Consortia ICOL http: //www. library yale. edu/consortia/

Library Consortia Documents Online http: //www. lis. uiuc. edu/b-sloan/consort. htm

InfoLibrarian. com, http: //www. infolibrarian. com/cons. htm, International Library Consortia: How Did We Get Here? Where Are We Going

S Veldsman (SASLI Project coordinator). Library Consortia, In Number We Have Strength, 4 September 2003

Sarah Aerni (Special Projects Librarian University of Pittsburgh) How can a library consortia help your library? Some thoughts on the development of library consortia, 18 April 2005

Hirshon, Arnold. Academic Library Consortia: National Trends Local Opportunities

Shoaf, Eric C.: The effects of consortia membership on library planning and budgeting. *Library Administration & Management* v. 13 No. 4 (Fall 1999) pp. 196～201

Scott Carlson: Libraries' Consortium Conundrum, *Information Technology*, 10 October 2003

Reason Baathuli Nfila and Kwasi Darko-Ampem. Developmeng in Academic Library Consortia from 1960 through 2000: A Review of Literature, *Library Management*, Vol. 23 No. 4/5 pp. 203～212

Hirshon,Arnold. Libraries, Consortia, and Change Management, *The Journal of Academic Librarianship*, Volume 25, Number 2, pp. 124～126.

Hirshon, Arnold: Library Strategic Alliances and the Digital Library in the 1990s: The OhioLink Experience. *The Journal of Academic Librarianship*, September 1995

Helmer, John F. Special issue: Library consortia around the world. *Information Technology and Libraries* V. 18 No3 (Sept. 1999) pp. 119～68.

Timothy D. Jewell Selection and Presentation of Commerically Available Electronic Resources: Issures and Practices. Digital Library Federation and Council on Library and Information Resources, July 2001

原文载《图书情报工作》2005 年 12 月

略论元数据在建设数字化博物馆中的作用

人类已经进入了通常被称为信息时代的21世纪。在上个世纪末曾有过不少关于21世纪博物馆发展趋势的讨论，数字化或虚拟博物馆被认为是重要的走向之一。随着我国信息化事业的发展，国家数字图书馆工程的启动，数字化博物馆再也不是纸上谈兵或可望而不可及的事情，它已经成为我们生活中的现实。教育部在全国高等院校文献保证体系第一期工程建设完成后，又提出了第二期建设的设想，将数字化图书馆放到了更为突出的地位。教育部科技司更直接启动了我国高校数字化博物馆建设项目。博物馆的信息化建设正出现了前所未有的机会，同时也面临着严峻的挑战。

建设数字化博物馆与建设数字化图书馆和档案馆的目的是一致的。一言以蔽之，就是为了实现在地球上，任何人，在任何地方，任何时间，以任何形式获取其所需要的一切信息的理想（作者注：在本文中除了特指的情况外，数字化博物馆与数字化图书馆、档案馆的含义是一致的，可互换使用）。尽管同世界上发达国家的图书馆、博物馆信息化事业相比较，我们还有很大差距，但这样一个理想和最终目的会始终是引导我们前进的方向，对于这样一条基本原则我们决不能动摇。从共享人类文化遗产的根本目的出发，在数字化博物馆建设中，必须解决好博物馆个体、群体以及国际之间的数据交换问题，其中实现数据格式的标准化，特别是元数据格式的标准化，与国际有关的元数据标准接轨，就成为一个迫切需要解决的重要问题。

元数据（Metadata）的概念

20世纪90年代中期以来，在图书馆学、博物馆学、档案学和情报学文献中元数据（Metadata）一词的使用越来越广泛。过去的英语词典很难查到这个词，更不用说对它的解释。根据英语构词的常识，我们知道，该词是由前缀 meta 与 data 连接而成。在线的《牛津英语字典》（Oxford English Dictionary）在 meta-作为前缀的含义中指出，“1. 表现变化、转变、互换或代替。”“2. 含有超越、上面、在更高层次的意思。”在这个一般的解释之下又做了进一步的说明，“a. 一个主题或学科的前缀，用来表示处理同一领域中终极问题。或对原学科及其方法、程序和假设的性质提出问题。如：meta-economics。”“b. 主要用于逻辑学和语言学，如 metacondition.。”“c. 该前缀主要用于计算（computing），是技术术语的前缀，用来表示软件、数据等。”对于 metadata 的解释是：“名词，描述其他数据或为之提供信息的一组数据（n. a set of data that describes and gives information about other data.）。”该词最早的例句出现于 1987 年：“The challenge is to accumulate data. From diverse sources, convert it to machine-readable form with a harmonized array of metadata descriptors and present the resulting database(s) to the user.”（*Philos. Royal Society.* A. 322373）。“积累数据是个挑战……来自不同来源的数据转化为机读形式，具有和谐的元数据描述系列，并向用户提供计算结果的数据库。”1998 年的例句是“With XML, attaching metadata to a document is easy, at least in theory. 至少在理论上，使用可扩展标识语言将元数据加在一个文件上是容易的。”

从《牛津英语字典》中对元数据的解释，我们可以得到这样一个印象：meta-这个前缀有多种含义。Metadata 在不同的专业领域中也有不同的解释。因为在这些不同的专业领域中设计、创造、描述、保存和使用信息资源、信息系统的途径方法各有不同。有的文献指出，迄于 1990 年代中期，使用元数据一词最频繁的是地理学科，主要用于该学科数据的管理和相互操作。通常该术语用于数据管理、系统设计和维护。在图书馆学、情报学文献中，为 metadata 最早的定义出现在 1995 年 3 月美国图书馆在线计算机中心（Online Computer Library Center, OCLC）和国家超级计算应用中心（National Center for Supercomputing Appilcation, NCSA）联合发起主办的元数据讨论会上。将元数据定义为“数据的数据——或描述对象特征内容的记录（data about data or the contents of surrogate record that characterize an object）”。[1]从此，关于元数据的概念不逕而走，有关的定义也陆续问世。

在众多的定义中，笔者认为比较实用的定义是，“在任何聚合水平上，人们关于任何信息对象论述的总和”（the sum total of what one can say about any *information object* at any level of aggregation.）。[2]在这里，信息对象指可以由人或系统说明或支配的具体实体。所说的“对象”可以是单项的，也可以是许多单项的集合体。无论是物质的还是智力的对象都由三个部分组成：内容（Content）、背景（Context）和结构（Structure）。这些都可以用元数据来表示。内容是信息对象内在的部分，是对象所包含或有关的事物。背景指关于信息对象的外部信息，是关于对象制作或创作的说明，包括创作者、创作的资料、创作的原因和地点等等。结构是与单独信息对象相联系的正式组合，可以是内在的也可以是外在的。

从《牛津英语词典》对元数据的解释我们可以得到的另一个启示是，这个词汇的出现和大量使用有它的历史背景，1987 年以来正是信息技术特别是互联网和万维网大发展的时期。数字化的信息和资料大量涌现。据伯克利大学 Peter Lyman 和 Hal Varian 的统计，全球每年产生的信息量约为 1～2 个 exabytes（a billion billion 8-bit bytes），平均每人 250 兆字节（megabites a million bytes）。这些信息绝大多数都以图像、声音和数据的形式存在。而印刷文献仅占其中的 0.003%。[3]据美国开发商英克托米的统计 2000 年 1 月 18 日因特网上可编索引的网页已超过 10 亿，网站 493 万多个，而著名的 Yahoo 也只同 75 万个网站相连接。与图书馆的图书、档案馆的档案和博物馆的藏品不同，互联网上的信息大多处于无序状态。其主要表现是：1）分散存放在众多不同的地点；2）存放的位置常常改变；3）有许多不同的版本；4）过时和重复的信息充斥；5）各种浏览器、索引对已有信息的覆盖面太小；6）其层次未能深入揭示信息的内容，而且多有重复。因此，如何克服这种混乱状态，将网上数量庞大，内容

1 Stuart Weibel et.al OCLC/NCSA Workshop Report http: // www.oclc.org/research/
2 Defining Metadat http: //www.getty.edu/research/institute/standards/introm…/content.htm
3 President's information Technology Advisory Committee, Panel on Digital Lbraries: Digital Libraries: Universal Access to Human Knowledge February 2001 PDF p.14

驳杂的信息从无序变为有序就成为了信息工作人员必须设法解决的问题。经过长期的讨论和研究，图书馆和情报学工作者达成了一项共识，这就是必须发明或制定一种标准信息（元数据）来描述数字化的信息资源。

用现代的眼光看，图书馆工作者，其中特别是编目人员使用元数据的历史最长。图书馆的元数据包括索引、摘要和编目记录，其所遵循的标准包括：英美编目规则第二版（Anglo-American Cataloguing Rules AACR2），机读编目格式（Machine-Readable Cantaloging format, MARC），国会图书馆主题标引（Library of Congress Subject Headings LCSH），艺术建筑词库（Art & Architecture Thesaurus, AAT），这些都是 1960 年代以来许多相关机构共同创建的。正是依靠这些标准，各类图书馆建立了在线公共查询系统（online public access catalogs, OPACs），大大方便了读者。为了适应对电子出版物进行编目的需要，在美国国家数字图书馆项目（National Digital Library Program）建设过程中 MARC 格式进行了补充和修改，专门成立了网络开发与 MARC 标准办公室（Network Development and MARC Standards Office），增加了一个电子资源地址与存取字段（Electronic Location and Access，即 856 字段）包含 27 个子字段。[1]

相对而言，档案工作者和博物馆工作者更注重资料和藏品的背景。因为没有最低限度的背景资料，档案和藏品的使用价值就会降低，甚至毫无用处。档案和手稿的元数据包括记录（Records），查找帮助（finding aids）和编目记录（cataloging records）。在过去 20 年里，档案描述的标准有所发展，主要有：机读编目格式档案和手稿控制格式（MARC Archival and Manuscript Control［AMC］format）。这是美国国会图书馆在 1984 年发布的，后并入 MARC 书目描述格式。1994 年国际档案理事会公布了档案描述普通国际标准（General international Standard Archival Description ISAD[G]）。1999 年美国档案工作者学会（Society of American Archivists, SAA）采纳编码档案描述（Encoded Archival Description）作为元数据标准。

1 http: //lcweb.loc.gov/marc/classification/eccd.ost.html

在描述数字化信息资源的元数据格式中，都柏林核心集最引人注目。它创建的时间可追溯到 1994 年 10 月在芝加哥举行的万维网第二次国际会议（the 2nd international World Web Conference），OCLC 的 Eric Miller 与 NCSA 的 Joe Hardin 等人从如何在网上提供图书馆服务一直讨论到语义学和网络的关系。会上思想火花的碰撞导致 OCLC 与 NCSA 于 1995 年联合举办关于元数据语义学的讨论会，这就是著名的首次都柏林会议，因在美国俄亥俄州都柏林市召开而得名。与会者 50 人一致认为，将以万维网为基础的资源建立一个核心语义集（a core set of semantics），以便将网上的资源列入类目供读者检索，非常有用。都柏林核心集正式宣告诞生。该核心集创建的初衷是为了加速电子资源的发现，并以作者为主，对网上资源进行描述。很快它就引起了正规资源描述群体如博物馆、图书馆、政府部门和商业组织的重视。经过多次补充和修订，该核心集已臻成熟，2001 年 10 月 5 日，经美国国家信息标准组织（National information Standards Organization, ANSI）批准，定为国家标准。编号为 Z39. 85-2001。[1]DC 为什么会如此受人青睐，归结起来，原因有如下几点：

（1）结构简单：只有 15 个数据元素；

（2）通俗易解：数据元素的含义易学、易记，非编目人员也能很快学会使用；

（3）语意互操作性（Semantic interoperability）；

（4）国际通用：已有德语、日语、西语 20 多种不同语种的版本；

（5）可扩展性：可以与其他元数据元素连接使用，以弥补其自身的不足；

（6）模块性（Modularity）；

（7）不断更新：从 1995 年 3 月问世以来，已举行过八次国际会议，内容不断充实、更新，情况如下：

---

1 http: //www.oclc.org/research

会议	时间	地点	主持者	主要议题和成果
DC-1	1995. 3. 1～3	美国俄亥俄州都柏林	OCLC/NCSA	产生 D、C 最初 13 个元素，旨在更有效地发现互联网上的资源
DC-2	1996. 4. 1～3	英国瓦维克	UKOLN/OCLC	产生瓦维克框架（Warwick Framework）与元内容框架（MCF）构成资源描述框架（RDF）的核心。
DC-3	1996. 9. 24～25	美国俄亥俄州都柏林	CNI/OCLC	主要讨论了图形描述问题，将 DC 的 13 个元素扩展为 15 个元素。
DC-4	1997. 3. 3～5	澳大利亚坎培拉	NLA/DSTC/OCLC	核心问题是元素结构，产生了最小主义和结构主义两派，形成限定词和与 HTML 相关的句法表示
DC-5	1997. 10. 6～8	芬兰赫尔辛基	OCLC/NLF	主要讨论了日期、覆盖范围和关联 3 个元素最后完成 DC15 个非限定元素。来自全世界各地不同学科的应用演示。
DC-6	1998. 11. 2～4	美国首都华盛顿	LOC/OCLC	DC 程序的规范化；将 HTML 编码标准化；限定机制；RDF 的作用；与其他元数据标准的关系。
DC-7	1999. 10. 25～27	德国法兰克福	OCLC/DDB	集中讨论了 15 个 DC 元数据元素的限定问题，代理、引用、权限管理、题名等专题组取得实质性进展。
DC-8	2000. 10. 4～6	加拿大渥太华	NLC/IFLA UDT/OCLC	讨论的焦点是增加 DC15 个元素的语义，扩大应用范围。对 DC 的使命和范围作了新的说明。
DC-9	2001. 10. 22～24	日本东京	NII/DCMI/JST	分三组进行：1）支持 DCMI 标准的演进；2）对新成员进行培训；2）演示、同行评论论文。语意万维网（The Semantic Web bu Makx Dekkers, Managing Director, DCMI）的报告引人注目。

注：CNI—网络信息联盟；DCMI——都柏林核心元数据创议；DDB——德国国家图书馆；DSTC——分布式系统技术中心；IFLA——国际图联；JST——日本科学技术公司；LC——国会图书馆；NCSA——国家超级计算机应用中心；NII——国家信息研究所；NLA——澳大利亚国家图书馆；NLC——加拿大国家图书馆；NLF——芬兰国家图书馆；OCLC——联机图书馆中心；UKOLN——英国图书情报网络办。[1]

1 Source: Dublin Core Metadata initiative (DCMI)Meeting and Presentations.htm http: //dublincore.org/

博物馆的元数据包括藏品、展品和展览目录，博物馆指南（directory）由于博物馆藏品内容多样、种类不一，这就给制定统一的标准带来了不少困难。DC的出现（有关都柏林元素核心集的详细情况，笔者将另写专言语论述），引起了博物馆界的注意，因为它既不像MARC格式那样固定和烦琐，又要比万维网上的搜索引擎在内容上深入。仿照DC形式的博物馆元数据研究先后开展，成果陆续出现，主要有：

艺术博物馆图像集团数据规范（Art Museum Image Consortium AMICO Data Specification）http：//www. amico. org/；

艺术作品描述类目（Categories for the Description of Works of Art CDWA）。

（http：//www. getty. edu/research/institute/standards/cdwa/2-over）；

加拿大遗产信息网络（Candian Heritage Information Network, CHIN）人文学科数据词典（CHIN Humanities Data Dictionary）http：//www. chin. gc. ca/Artefacts/；

国际博协国际著录委员会博物馆实物信息国际指南：国际著录委员会信息类目（the International Guidelines for Museum Object Information: The CIDOC Information Categories）http：//cidoc. jcs. forth. gr/；

博物馆信息计算机交换标准框架（CIMI A Standards Framework for the Computer Interchange of Museum Information）；

研究图书馆文化资料联盟描述指南（RLG Cultural Materials Alliance Description Guidelines）http：//www. rlg. org/culturalres/descguide. html；

英国博物馆著录标准（SPECTRUM The UK Museum Documentation Standard）http：//www. mda. org. uk/spectrum. htm；

视觉资源协会核心类目（VRA Core Categories, a project of the Visual Resources Association Data Standards Committee）http：//www. vraweb/org/。

除了这三大公共文化机构的元数据标准格式外，按主题划分，还有普遍使用的格式、描述科技文献的格式、描述人文社会科学资源、描述政府资源、描述地理空间性资源、描述大量网络资源的格式不下数十种，因与本文主题没有直接关系，这里就不赘述了。

元数据格式的类型和功能：

可以从不同的角度对元数据格式进行分类，Lorcan Dempsey 等人依据元数据的繁简程度将其划分为三大类，即：简单格式（simple formats）；结构化格式（structured formats）；复杂格式（rich formats）。[1]笔者以为将元数据格式的类型与功能结合起来进行分类比较，更容易说明问题。

表一

类型	定义	举例
管理	用于管理信息资源的元数据	—获取信息 —版权与复制 —著录与合法存取要求 —所在地点 —数字化的选择标准 —相同和不同信息对象的版本控制 —记录保持系统所创造的审计线索
描述	用于描述和识别信息资源特征的元数据	—编目记录 —寻找帮助 —专门化索引 —资源之间的超文本链接关系 —使用者的注释 —由记录创建者产生的记录保持系统元数据
保存	有关信息资源保管元数据	—资源物质状况的著录 —对资源采取的保护措施的著录（如数据更新和移动）
技术	有关系统功能或元数据行为的元数据	软硬件著录 数字化信息，如格式、压缩率、定标常规系统回应路径 认证和安全数据，例如，密码钥匙、密码
使用	有关信息资源使用层次和类型的元数据	—展出记录 —使用和使用者导向装置 —内容再使用与多版本信息

Source：Defining Metadata Table1[2]

1 Lorcan Dempsey, et al., Specification for Resource Description Methods. Part q. A Review of Metadata: a survey of current resource description formats. http: //www.ukoln.ac.uk/Metadata/DESIRE/overview

2 http: www.getty.edu/research/institute/standards/introm…/content.htm

为更好的把握元数据的属性和特征，可以从元数据的来源、形成的方法、性质、地位、结构、语意等方面来观察，详见下表：

元数据的属性	特征	例证
来源	内在的元数据，由数据对象的代理在创造或数字化时产生	—文档名称或标头信息 —管理结构 —文档格式和压缩计划
	外在的元数据，与后来创造的信息对象有关，往往是由非原始创造者创造的	—登录和编目记录 —权益和其他法律信息
创作方法	计算机自动生成	关键词索引 用户工作日志
	人工创造的元数据	描述代理和编目记录都柏林核心元数据
性质	外行元数据，由元数据对象创造者（并非信息专家）创造的	—为个人网页创造的元标签 —个人文档系统
	专业元数据：信息专家创造的	—专门的主题标引 —MARC 记录 档案查找帮助
地位	静态的元数据，一经产生从不变化	信息资源的名称、原产地、创造日期
	动态的元数据，在使用和控制数据对象时会发生变化	—管理结构 用户工作日志 图像分辨率
	长期元数据，需保证信息对象持续的存取和可用	—技术格式和信息处理 —权益信息 —保存管著录
结构	结构性元数据与可预见的标准化或非标准化结构相一致	—MARC —TEI 和 EAD —地方数据库格式
	短期元数据，主要是具体处理	事物性质
语意	控制元数据，与标准化词汇或权威形式相符	—AAT —ULAN —AACR2
	非控制元数据，同任何标准化或权威形式不相符	自由文本注释 —HTML 元标签
层次	集合元数据，与信息对象的集合相关	—集合层次的记录，如 MARC 记录或查找帮助 —专门索引
	单项元数据，与个体信息对象相关，往往限于集合之内	—转录图像字幕和日期 —格式信息

Source：Defining Metada Table2[1]

1 http: www.getty.edu/research/institute/standards/introm…/content.htm

台湾中央研究院 Metadata 工作小组经过长期深入细致的研究，认为元数据应具有八项功能，笔者认为这是对元数据功能比较全面的总结，现摘录于下：

1. 结构与模式（structure & model）：设计一个共通性组织结构，以容纳不同类型与学科领域的元数据。

2. 资料输入与描述整理（input & descriptive organization）：为典藏品资料建立一套诠释性的记录。

3. 检索与索引（retrieval & indexing）：让使用者有效率地进行查询这些记录。

4. 展现与辨识（representation & identification）：从查得的记录中，使用者可以清楚地获得所需的讯息及制定呈现方式。

5. 串联与互动关系（linkage and interactive relationship management）：建立不同文献间的串联架构、方向（双向与多向）、模式与管理等。

6. 取用与认证功能（access & authentication）：作为系统安全控制的机制功能之一，以区别不同身份的使用者，包括知识产权（intellectual property rights）的管理与控制。

7. 交换与储存功能（interchange, mapping & exchange and storage）：这些诠释性记录可以因各种不同需求（包括数目与全文两部分）而进行交换与储存。

8. 整合 XML（extensible markup language）、RDF 与 Z39. 50 不同协议的应用：除了致力于 Metadata 的制定，应因文献结构的制定、交换、检索与展现的需求，另结合 XML、RDF 与 Z39. 50 等协定的应用，以发挥 Metadata 的功能。[1]

根据以上讨论，“元数据是描述、解释、查找信息资源，使之容易进行检索和管理的结构性信息。”（National Information Standards Organization “Dublin Core Metadata Element Set Approved. October 5 http: //www. oclc. org/reach”）元数据最为重要的功能是为数字化信

1 陈亚宁、陈淑君：Metadata 初探，行政院国家科学委员会研究计划 Part VI 附录一，1998 年 11 月 8 日，国科会数位图书馆专案 http: //www.nsc.gov.tw/y2k/dml/c-index.html

息资源建立一种机器可理解框架。[1]这就为计算机各种形态的对象数据的交换奠定了基础，为全球的资源共享铺平了道路。

数字化博物馆建设是一个长期的具有深远历史意义的建设。我国历史悠久，文化传统源远流长，内涵极其丰富。在参观国外博物馆的时候，我们每每为国内珍贵的文物流失海外而叹息。环顾国内的文物博物馆事业，因经费不足而使遗址和国宝不能很好地开发和保存的例证比比皆是。对此，有识之士无不为之担忧。数字化博物馆的建设为我们提供了一种很好的手段和机会。它不但有利于文化遗产信息的传播和普及，而且对于濒临危机状况的古迹和文物的抢救也会起到积极、重要的作用。因此，我们在进行数字化博物馆建设的时候，一定要把它看成是一种长远的建设，是百年大计。必须从长期建设的观点出发，充分了解国内外已有的通用标准和实际应用经验，切实作好对元数据的基础研究。切不可操切从事和草率从事。千里之行，始于足下。让我们还是从最基本的工作开始吧。

1 林海青：数字化图书馆的元数据体系《中国图书馆学报》2000 年第 4 期。

美国高校图书馆的信息共享空间建设

近来，国外大学图书馆信息共享（Information commons）的建设引起了国内同行的关注[1]。事实上，信息共享在国外图书馆发展中已有十余年的历史，早在1992年，美国爱荷华大学哈定图书馆（University of 衣阿华，Hardin Library）即投资75万美金建立了名为Information Arcade 的IC[2]，此举得到了国际范围的热切关注，并因此赢得了美国图书馆协会1994年未来奖[3]。

Information Commons（简写为IC，或ICs），一般译为信息共用，以信息共用理念引导在图书馆中设置的IC一般译为信息共享空间。

在图书馆，IC是一部分规划空间，在这里，信息存储、处理、输出与通讯设施、资源、信息分析工具、文件管理工具及提供全程服务的咨询人员被有机地整合为一体，为用户提供从获取信息到形成最终产品的持续性的一站式服务。IC为图书馆提供了一种以服务创新辅助知识创新的解决方案。

IC对图书馆的挑战是，设计一种服务于完整的学术过程的连续体，将培训读者的信息检索、信息识别与分析处理能力、使用相关软件及设备设施、对信息进行加工处理技能、知识的表达展示等整个信息获取与知识创造的过程连接起来。

美国研究图书馆协会2004年公布的调查报告表明，在其成员馆中

---

1 李平. Information Commons: 一种新的研究型图书馆服务模式. [J] 图书情报工作. 2005，49（4）：40-43；邬宁芬. 信息共享空间：大学图书馆的机遇与挑战. 图书馆杂志. 2005，25（11）：30-33；毛军. 以 Commons 的名义：数字图书馆的发展与实践. [J] 图书情报工作. 2005，49（9）；吴建中.开放存取环境下的信息共享空间. [J] 国家图书馆学刊.2005(3): 7-10。

2 MacWhinnie, Laurie A. The Information Commons: The Academic Library of the Future. *Libraries and the Academy*, 2003,3(2): 241-257; [2006-06-20] Project Muse: http: //muse.jhu.edu

3 Dewey, Barbara I. Beyond the Information Arcade(TM): Next Generation Collaborations for Learning and Teaching at the University of Iowa. [2006-06-22] http: //eric.ed.gov/ERICDocs/data/ericdocs2/content_storage_01/0000000b/80/11/62/e4.pdf

开展 IC 服务的已达 30%[1]。

（一）IC 的典型实例

2003 年，Mac Whinnie 对北美 20 所大学 IC 建设情况做了综合性调查评述[2]。我们对这些大学的 IC 进行了跟踪访问，下面的简表选取了资料较为详细的 14 所大学 IC 变化后的情况：

学校名称	IC 名称	创建时间	网址	电脑座机/手提（台）	*培训教室/群体研究室/学习室（个）
科罗拉多州立大学（Colorado State University）	EIC-Electron Information Center	1990 年代末	http: //lib. colostate. edu/eic/	250/20	2（10）/3（28，30，12）
乔治梅森大学（**George Mason University**）	John Center	1995	http: //ulcweb. gmu. edu	100	1（35）/14/32
堪萨斯州立大学（Kansus State University）	Infocommons	2001	http: //infocommons. ksu. edu/	200/13	
俄勒冈州立大学（Oregon State University）	Informaion Commons	1999	http: //osulibrary. orst. edu/computing/	105/有可借	2（24,15）//2
亚利桑那大学（University of Arizona）	a. ILC-Integrated Learning Center b. Information Commons	2002	http: //dizzy. library. arizona. edu/library/teams/ilcst/ilcsthp. html http: //aquarius. library. arizona. edu/ic/	332	1/25
卡尔加里大学（University of Calgary）	a. Information hub b. Information Commons	1999	http: //www. ucalgary. ca/IR/infocommons/	250	2/13（8）

1 Leslie Haas, Jan Robertson. SPEC Kit 281: The information commons. [2006-8-3]. http: //www.arl.org/spec/SPEC281web.pdf

2 MacWhinnie, Laurie A. The Information Commons: The Academic Library of the Future. *Libraries and the Academy*, 2003,3(2): 241-257; [2006-06-20] Project Muse: http: //muse.jhu.edu

续表

学校名称	IC 名称	创建时间	网址	电脑座机/手提（台）	*培训教室/群体研究室/学习室（个）
印地安那大学（University of Indiana）	a. Information Commons 1/2	2003, 2005	http: //ic. indiana. edu/	330/	4（24-27）/5（8）/
衣阿华大学（University of Iowa）	Informaion Commons	1992	http: //www. lib. uiowa. edu/commons/	100+/7	2（26）//1
密苏里—堪萨斯市立大学（University of Missouri-Kansas City）	Informaion Commons	2000	http: //www. umkc. edu/lib/mnl/about/info-commons. htm	30	//3
内华达 拉斯维加斯大学（University of Nevada, Las Vegas）	Informaion Commons	2001	http: //www. library. unlv. edu/media/	87/有可借	/2
南加利福尼亚大学（University of So. California）	Informaion Commons	1994, 1998	http: //www. usc. edu/libraries/locations/leavey/spaces/#infocommons	180	/2（20,25）/22
德克萨斯—奥斯丁大学（University of Texas-Austin）	a. EIC-Electronic Information Centers b. 21stCentury Study	2000	http: //www. usc. edu/libraries/locations/leavey/spaces/#infocommons	150/有可借；41/25	
华盛顿大学 University of Washington	Uwired：Center for Teaching，Learning and Technology	1994	http: //www. washington. edu/uwired/	350/	3
温欧那州立大学（Winona State University）	Information Callery	1999	http: //www. winona. edu/library/ig/index. htm	50/6	

* 括号内数字为计算机数

（二）IC 的使命

美国图书馆协会前主席 Nancy Kranich 认为："信息共享空间确保对各种观念的公开访问和利用他们的机会，它以价值、法律、组织、物理的交流设施、资源和社会实践等内容为特征，促进信息共享、共有和信息自由，鼓励人们在民主讨论中学习、思考和参与。"[1]

各校对 IC 的使命和远景陈述都把帮助教师、学生和研究人员将信息技术和各类资源与他们的学习和工作结合起来，引为己任。

华盛顿大学将他们的目标具体化为三个方面：1）提供使用工具和资源的条件；2）帮助师生熟练地掌握技能和技巧；3）在教学中通过技术的应用培养创新能力。并强调坚持以人为本，提倡合作，鼓励实验三原则。

卡尔加里大学的建议书强调要让信息共用的理念为图书馆工作人员、用户和利益相关机构所接受，并将他们的意见和需求综合起来进行分析，与此同时还应充分考虑投资和设施所能产生的效益。

密苏里堪萨斯大学认为 IC 最重要的是资源、技术支持、合作与制作集合于一定的空间，以便满足教学和科研的需要。

（三）IC 的资金

美国大学 IC 建设的资金来源并无固定模式。它主要取决于学校的性质（公立、私立）和 IC 的规模。

堪萨斯大学认为，资金投入必须考虑到三个方面：实施、维持和扩充。新设施必须有新资金的注入，不能依靠学校图书馆和技术部门的预算。事实上堪萨斯大学 IC 建设资金的来源有三个方面：家具的购置和线路铺设由学校修缮基金拨款、电路和网络升级的资金来自修缮基金和图书馆、购买计算机软硬件的费用由学生技术基金划拨。

其他院校的资金来源各有千秋。新墨西哥大学动用总图书馆的储备金 100 万美元和地区研究中心 50 万美元购买设施，其他资金来源包括该校学生费用评审委员会 20 万美元加上福特汽车公司 40 万美元贷款供四年内基础设施建设之用；乔治梅森大学的资金依靠弗吉尼亚州

1 Nancy Kranich.Librarian and the information commons: A Discussion Paper Prepared for The ALA Office of Information Technology Policy. Dec 3,2003. http: //www.ala.org/ala/washoff/oitp/icprins.pdf

发行的债券来支持；州议会的200万美元拨款支持了亚利桑那大学图书馆新馆（含IC扩建）的部分建设费用（总投入1300万美元）；利亚得基金会1500万美元的捐助和内华达州4100万美元拨款解决了内华达—拉斯维加斯大学新图书馆和IC建设的资金问题。衣阿华大学哈定医学图书馆IC人事、软件和前三年的运行费用共支出734,905美元[1]。

ARL2004年的调查关于IC建设资金来源数据显示：45%为上级专项拨款、41%为接受社会捐赠。19%的馆设专项运行资金，平均预算为110万美元[2]。

（四）IC的空间与设施

IC的空间规划和软硬件设施的配备有很大差异，它主要取决于资金投入多少，占有空间大小，用户的需求，分散使用还是集中使用等因素。

1. IC的空间

IC物理空间的规划与利用，因校而异，但也具有共性。共性之一是信息咨询台的设置。在信息共享空间环境下的信息咨询台，地位尤为重要，是IC的核心。

其次，IC通常把为各种各样的学习形式（课堂教学、小群体教练、个别谈话、临时帮助）提供场所引为已任。这包括功能灵活的网络教室、为小群体使用的研究室、学习室，供个人访问的信息台以及设在附近便于进行个别咨询交谈的办公室。IC教室与学习室的设立力求适应多种用途：首先是合作学习和研究，其次是师生培训，然后是跨学科研究。印第安那大学在2003年建立了IC后，又于2005年建设了倾向于安静的IC二代，以满足、适应使用者的不同需求。

第三，新的IC建设在条件许可情况下，尽可能同关系密切的校内其他组织整合或相毗邻，如教学设施整合中心，教师教学中心等等。亚利桑那大学图书馆的IC是该校整合学习中心（ILC）的一部分。华盛顿大学的Uwired是由10余个相关部门合作的全校性整合建设项目。

---

1 MacWhinnie, Laurie A. The Information Commons: The Academic Library of the Future. *Libraries and the Academy*, 2003,3(2): 241-257; [2006-06-20] Project Muse: http: //muse.jhu.edu

2 Leslie Haas, Jan Robertson. SPEC Kit 281: The Information Commons. [2006-8-3]. http: //www.arl.org/spec/SPEC281web.pdf

2. IC 的设施

多数 IC 都强调提供从文献资源的检索、收集、整理直到写出和打印论文的一条龙服务，每一个环节都有相应的软硬件的支持。大多数设备是在馆内就地无偿使用，少量可以出借，有的则需要付费。

IC 通常配置百余台计算机。为满足用户的多种需要，IC 一般都提供两种计算机：PC 机和苹果机，并为解决多媒体的制作问题专门提供多媒体工作站，大部分提供手提电脑供读者出借使用。

IC 为读者配置的计算机外围设备通常包括：激光打印机与彩色打印机、扫描仪、投影仪、数码照相机、数码摄像机、光盘刻录和录制音像设备等。

几乎所有的 IC 均提供无线上网服务，提供带有网络接入端口的学习台，以满足使用笔记本电脑读者的需求。

有些图书馆还提供虚拟现实工作室和地理信息系统（GIS）以及各个学科的专用软件。

通常配置的工具软件包括通用软件和专业软件，通用软件主要有：Microsoft Office 系列软件、Adobe 系列软件、压缩与解压缩软件、文献管理软件（如 EndNote 等）及 Dreamweaver、Flash、Fireworks、Freehand 等；各种学科专业软件如 GIS Software、ArcView 9. 0（ArcGIS）等。

其他设施还有储物柜、供残疾人使用的资源室等。南加大 Leavey 图书馆的 IC 还是被授权可以接受全球快递要求的场所，以开展馆际互借和文献传递服务。

（五）IC 的人员与服务

建设一个成功的信息共享空间需要具备多种条件和因素，IC 人员的配置及其服务能力是最终决定性因素。

IC 提供一种协作服务环境，需要计算机人员的技巧，参考咨询人员的信息检索技术与媒体人员的制作技术间的合作。在 IC 环境里工作，要求专业人员了解整个信息技术系列，熟悉读者使用他们的方式，善于与个人和群体合作。所有的工作人员都需要将他们的联合经验适应需求变化迅速、要求很高的用户群体的需要。这预示图书馆将越来越趋向于成为以情景化信息（contextualization information）方式为用户服务的场所。情景化将信息检索从旧的模式引导到正在出现的知识管理模式[1]。

一些高效的IC是由计算机专家、图书馆工作人员和学生共同负责的。实际上，并不是所有大学的IC都设立在图书馆并由图书馆管理的。如印第安那大学的IC就是由图书馆和该校的Information Technology Service合作管理的项目。堪萨斯州立大学的Infocommons是由CNS（Computing Network Service）和图书馆等四个部门共建共管的。乔治梅森大学的John Center是全校性的信息资源与设施技术服务的整合。

亚利桑那大学建在主图书馆、科学图书馆和美术图书馆的IC是学校整合学习中心（ILC）的一部分，在实践和调研的基础上他们提出了在人员配备方面的几点建议：IC的培训内容应该包括信息和技术两个组成部分；在IC，用户应该时时刻刻都能看见和找到所需要的工作人员；参考咨询台的工作人员值班时间应该在8小时以上，以保证咨询服务的连续性；必须雇佣夜班的值勤人员和学生；IC需要有自己的市场战略以保证所有用户（包括新生、高年级学生、研究生和教师）的需要；IC应该成为整个学校的智性中心。

下表是亚利桑那大学IC的人员配备情况：[2]

时间	工作人员和图书馆员					学生				总计
	IT人员	多媒体人员	图书馆正式馆员	图书馆一般人员	小计	IT学生	多媒体学生	其他学生	小计	
工作日*	1	2—3	1—3	1—2	5—9	1	2—3	1—4	4—8	9—17
周末*	1			2—3	4	1	1	2—3	3—5	6—9
暑期	1	1—2	1— 2	1	4—6	1	1—2	0—2	2—3	6—11
寒假	1	1— 2	1—2	1	4—6	1	0—2	1—2	0—2	2—5

*工作日自周一早8点至周五下午6点，周末自周五下午6点至周一早8点，每学年37周。

很多图书馆的IC 24小时开放，一些学校在期末考试期间IC提供

1 Beagle, D. Conceptualizing an information commons. *The Journal of Academic Librarianship*. 1999, 25(2): 82-89.

2 IC Reference Information/IT Staffing Model [2006-08-03] http: //dizzy. library. arizona. edu/library/teams/ilcst/staffmodel2.html

24 小时开放。如卡尔加里大学、南加利福尼亚大学、德克萨斯—奥斯丁大学等。卡尔加里大学提供了 IC 建立后的统计数据：图书馆一般参考咨询增加了 12%；计算机技术咨询增加了 100%，信息素质教育的参加人数增加了 148%，其 IC 的建设倍受师生好评[1]。

（六）结语

进入网络数字时代，有一个问题一直困扰着我们：如果师生能够随时随地以任何方式获取信息，那么作为物理场所的图书馆如何在大学的学术创新和大学教育提升中发挥重要作用?

数字化校园建设已经成为我国高校新一轮校园建设的共有内容，在数字化校园建设中图书馆的位置在哪里？使命是什么？如何整体规划，如何为着使命的实现将资源、技术、空间与设施及服务有机地整合在一起？

图书馆一直被视为体现知识公平和信息自由的场所，数字时代的图书馆该如何坚守和实践自己的社会使命？

美国高校的 IC 建设应该能对我们的这些思考提供一些有益的启发和诸多可资借鉴之处。

（本文合作者：李秋实、温宇龙）

原文载《现代情报》2007 年第 27 卷第 4 期

1 Susan Beatty, Alix Hayden. The Information Commons at the University of Calgary: Strategies for Integration. IT and ILit 2002, First International Conference, Glasgow, March 2002.

西方文化史及其他

宗教改革的一面镜子：兰克的《教皇史》

文艺复兴和宗教改革是欧洲历史从中世纪走向近代的开端，吸引了许多史学家的兴趣。从正面叙述这段历史的著作比比皆是。德国著名史学家、批判学派的创始人利奥波尔德·冯·兰克（1795～1886）却别开生面，从宗教改革的对立面，罗马教皇的角度谱写这段历史。这部批判学派的代表作全名为《教皇，他们的教会与国家，特别是16和17世纪他们与新教冲突的历史》，全书共三卷，先后于1834年（第一卷）和1836年（第二、三卷）出版。

兰克在序言里对该书的资料来源作了尽可能详尽的交代。重视资料来源的可靠性是兰克也是他所创建的批判学派的一个重要特点。兰克非常注重使用档案资料，所以一开始他就对维也纳、威尼斯和罗马三地档案保存的情况作了介绍。兰克指出，维也纳的档案收藏极其丰富，几乎是无所不包。由于奥地利的地理位置，历史地位和档案收集的方针，其所拥有的资料涉及范围十分广泛。从最高层次到最低层次，从意大利、西班牙到比利时和伦巴底的档案一应俱全。当然所用的文字也是多种多样的。威尼斯的图书馆设有手稿部，保存了一批该城执政家族的文稿，对于研究威尼斯与梵蒂冈的关系有重要价值。兰克的罗马之行所获甚丰，他收集到教廷驻外大使给梵蒂冈的报告48件，最早一件为1500年。其中，16世纪19件，17世纪21件，18世纪只有8件，这些文件为兰克的系统描述提供了可靠的依据。兰克本人是新教徒，梵蒂冈方面对他查阅档案有所戒备。所幸罗马的私人档案相当完备，可以补充公共档案之不足。序言对该书的写作目的也作了扼要的说明，兰克认为教皇制是欧洲史的一个重要组成部分，尽管有较大的连续性和稳定性，但并非一成不变。他撰写此书的目的在于说明16世纪以来天主教会遇到挑战，进行革新，暂时恢复和扩大其固有的势力，取得进展，而后又重新陷于衰落的过程。他认为，教皇史的重要性不在于今天它对于我们具有多大的影响，而在于其历史过程本身及其在过去的影响。

全书的结构是，第一卷叙述16世纪的历史。分为5个部分：第一部分，回顾了教皇制在中世纪的情况。然后对16世纪初天主教会统治的势力范围和遇到的反抗作了简要的描述。第二部分，主要写天主教会为抵制宗教改革而开始的革新运动，重点是罗耀拉（1491～1556）和耶稣会。第三部分，描述16世纪中叶的几位教皇。第四部分，着重介绍两位教皇：戈里高里十三世和塞克特斯五世。第五部分，反宗教改革的第一阶段。第二卷按时间顺序，叙述17世纪的历史。分为三个部分：第一部分，介绍16世纪末到17世纪初天主教会的内部矛盾。第二部分，反宗教改革的第二阶段。第三部分，17世纪中晚期的教皇。叙述部分至此结束。第三卷内容为教皇的传记、日记及当时发表的声明和其他文件。

贯穿全书始终的是兰克及其学派所特有的对历史过程所持的客观冷静的态度。作为一名新教徒，兰克在叙述罗耀拉创建反宗教改革的教团——耶稣会时，可以说是娓娓道来，不动声色，丝毫看不出叙事者本人的爱憎和倾向性。他首先分析了罗马教廷在马丁·路德起事后作出的反应和采取的政策。他认为，在宗教和政治两个方面都进行妥协是教廷采取的基本对策。与此同时，天主教会所实行的内部改革则是与新教教义针锋相对。路德严厉地批评了教权制和等级制。宗教改革开始后天主教会内出现的新教团，无不以加强等级制，严格纪律为已任。出身在尚保存骑士制度的西班牙，又有过一段军人生涯，罗耀拉在创建耶稣会时，强调纪律和服从，更是可以理解了。兰克还指出，耶稣会的另一个特点是，它一经成立便将全部精力投入其所规定的主要任务，为普通人祷告，接受忏悔；教育青年一代，决无旁骛。目的在于尽快扩大影响，与新教争夺信徒。

《教皇史》的另一特点是没有停留在事实描述上，而是在弄清来龙去脉的基础上，既有分析又有综合。兰克对于文艺复兴和宗教改革在不同国家表现出来的特点所作的分析相当深刻。他认为在阿尔卑斯山南北两侧历史的发展都是朝着反对天主教会统治的方向前进。在意大利，科学与文学携手并进。德国的运动则起源于对圣经和对神学的深入研究。意大利以否定和怀疑见长，德国则以态度积极和信仰诚挚取胜。在意大利，嘲弄讥讽是常用的手段，德国则是满腔怒火地发动进攻。兰克对16世纪上半叶新教与旧教交锋所作的概括也很精彩。他指出，双方都力图扩大自己的影响。起初，有过一个相互接近的阶段。德国尚未下定决心，彻底抛弃等级制，意大利则试图修改等级制。这段时间稍纵即逝。此后，在圣经的指导下，新教在信仰和宗教生活两个方面都坚定地恢复原始基督教的形式。与此相反，天主教则坚持其教会制度，并把它变得更为严格。加尔文主义比路德派具有更强烈的反天主教精神，天主教对新教也就更加敌视。兰克作了一个很形象的比喻：新旧两教有如在山顶上两条同出一源、比邻而居的泉水。他们选择了相反的流向奔腾而下，从此天各一方，永无相聚之日。

兰克完成这部著作时，他的写作技巧也达到了炉火纯青的境界。英国著名史学家古治认为《教皇史》不仅是史学研究的伟大成果，还是一部完美的艺术作品。兰克把如涓涓流水的叙述，栩栩如生的描绘，同不时有感而发的评论巧妙地结合起来，产生出巨大的魅力。此书定名为《教皇史》而不是教皇制度史，就是为了写出每位教皇的个性。兰克在刻画人物性格方面也很成功。教皇塞克特斯五世在国内外取得的成就是全书最精彩的部分。塞克特斯五世俗名费利斯·帕拉特，出身寒微，少年辍学，早年入方济各会修道。经刻苦攻读，成为一名出色的传教士，64岁时当选为教皇。本着治乱世用重刑的方针，塞克特斯五世执法严酷，毫无恻隐之心。数年之内就使梵蒂冈境内盗匪绝迹，秩序井然。他在位期间司法制度得到确立，对财政管理进行改革，增强了支付能力。他对教会的中央管理机构也予以改革，把枢机主教的人数规定为70人，并明确了他们的分工。在外交事务中塞克特斯纵横捭阖，力图争取一切可以联合的力量扩大天主教会的势力范围和影响。他积极支持天主教的海外传教事业，向菲律宾和南美派出传教士。他还是一个艺术事业和公共工程的赞助人，在他的倡议和支持下，完成了圣彼得大教堂圆拱顶的修建，重建拉特兰宫和梵蒂冈城。装修罗马城，改造其街道系统也是塞克特斯的一个心愿。塞克特斯处处都表现出精力充沛，专断独行。主旨只有一个，这就是他心目中的“上帝的事业”，恢复罗马教廷往日的声威。

《教皇史》出版后，迅速被译成各种主要文字，成为史学著作的经典。该书资料丰富，考证翔实，态度不偏不倚，天主教方面的学者也为之折服。那些把史学当作政治斗争工具的新教徒，谴责兰克所采取的客观态度，认为该书缺乏历史的真实性。为了回答这一批评，兰克积数年之功写成一部6卷本《宗教改革时期的德国史》。尽管有各种各样的批评意见，《教皇史》在世界史学中的地位是改变不了的。时至今日，我们有关天主教会反宗教改革活动的知识，主要得益于兰克的这部名著。而冷静客观的态度和翔实史料则已成为每一个有良心的史学工作者律己度人的标准。

商务印书馆1962年出版了施子愉译《兰克〈教皇史〉选》，选择了教皇塞克特斯五世（16世纪下半叶在位）的一章。

原文载邓蜀生主编《影响世界的一百本书》，广西人民出版社1995年版

略论“西方文化史”中的几个问题

从20世纪80年代末开始，我一直为博物馆一年级学生讲授“文艺复兴以来的西方文化史”。教学相长，在授课过程中读了些书，思考了一些问题。现将七、八年来的学习体会写在下面，借以庆祝历史系建系七十五年，并就正于同好。

一　何为西方文化

西方文化是一个涵盖面很广泛的概念。为了说明这个概念的来龙去脉，我们先从“西方”谈起。西方首先是一个方位概念，指太阳落下去的一边。这一初始含义具有普遍性，在中西文中都是一样的。中文中泛指西方的词还有西洋，泰西，如外国历史分为东洋史和西洋史，书名《泰西五十轶事》。英语 West，除泛指西方外，还有一个意思，即西半球 Western Hemisphere，与新世界 New World、美洲 Americas 含义相同。加上冠词 the West，在美国专指美国西部。这是在使用该词时值得注意的地方。

作为地理概念，西方一词的使用有一个演变过程。我国古代通称印度为西天。佛教中的西天指阿弥陀经所说的西方极乐世界。汉代以来，称我国当时疆域以西之地为西域。明史郑和传所说的“通使西洋”大部分为今东南亚一带。清代以来，特别是鸦片战争后，“中西”与中外往往混用，并无明确区分，如《中西记事》一书，所记实为中外交涉史实。张星烺先生所编《中西交通史资料》一书所说的“西”泛指中国以西地区。在文化讨论中，对东西文化的解释逐渐趋同。西学在中国传统文化中原来指“周之小学”。清末以来，将欧美传来的学术统称为西学。容闳自传题为《西学东渐记》就是一例。五四运动前后，展开了一场关于东西文化的大论战，李大钊所撰《东西文明根本之异点》和梁漱溟所著《东西文化及其哲学》一书都对于这两大地域和文化内容做了比较明确的界定，和我们今天所说的西方指欧洲和北美的地理概念基本上是一致的。1949年以来，在马克思主义的指导下，西方一词与资本主义制度相联系，成为了西欧北美资本主义的简称，且被赋予了政治制度和意识形态的含义。

在不少人文社会科学的著作中，“文化”（culture）与“文明”（civilization）二词往往混用。我个人倾向于采用对文化的广义解释，指人类所创造的物质文化和精神文化的总和，也就是人类学家所说的文化是“人为的环境（men-created environment）”，或“人改变了的自然（men modified nature）”。至于“文明”一词我采用恩格斯的说法，把它看成是社会和文化发展的一个阶段，其特征是：出现了金属货币，商人，土地私有，奴隶劳动，一夫一妻制，城市和国家。恩格斯的论断和后来新石器时期考古学所提出的关于城市革命的论断是一致的。西方文化是一种有扩张性的文化。它起源于欧洲，在欧洲成熟。随着欧洲人向海外扩张，到20世纪初，南北美洲、澳大利亚、新西兰和南非都成为西方文化占主导地位的地区。

我以为西方文化最值得借鉴的是近现代科学技术的发展，因此西方文化史的研究重点应该放在文艺复兴以来，欧美国家的哲学思潮、科技发明、宗教信仰、文学艺术的演变，及其对社会生活的影响。

文化是人为的环境，是人作用于自然的结果。西方文化是欧美人民长期历史活动的产物。在形成和发展过程中，不能不受自然条件、人种和语言等诸多因素的制约和影响。同其他人类文明的发源地相比，欧洲的自然条件算不上优越[1]。欧洲人在同自然的斗争和交往中往往要比条件优越的地方付出更多的汗水和代价，对自然奥秘的探索不得不采取更为积极和主动的态度。从体质人类学的观点看，欧洲人属欧罗巴人种（Europeoid race），亦称高加索人种（Caucasoid race）。欧罗巴人种又可以分为南北两支。南支又可分为印度—地中海和巴尔干—高加索两个类型，其肤色较深，眼睛和头发多半为黑色。北支由白海—波罗的海和大西洋—波罗的海两个类型组成，其肤色较浅，头发多

1 J.E.Spencer et., *Cultural Geography*, New York 1969, p. 147.

半为黄色和金黄色。欧洲民族90%以上属于印欧语系的三大语族：日耳曼语族、罗曼（或拉丁）语族和南斯拉夫语族。其余是属于该语系的希腊语族、克利特语族、波罗的海语族和阿尔巴尼亚语族。日尔曼语族约占全欧人口的25%，主要分布在欧洲的中部、西部和北部。该语族分为西支（德意志语、奥地利语、英格兰语、苏格兰语）、北支（丹麦语、挪威语、瑞典语）和东支（勃艮第语、哥特语、汪达尔语）。罗曼语系约占全欧人口的24%，分为东（罗马尼亚语、撒丁语）、西（法语、意大利语、西班牙语、葡萄牙语）两支。斯拉夫语族，分为东（白俄罗斯语、俄罗斯语、乌克兰语）、南（保加利亚语、马其顿语、塞尔维亚—克罗地亚语、斯洛文尼亚语）、西（捷克语、波兰语、斯洛伐克语）三支。

西方文化和东方文化一样，源远流长，气象万千。它的源头主要有两个方面：希伯莱文化和古希腊罗马文化。经过中世纪基督教文化的长期统治，阿拉伯文化的融入，随着资本主义经济的萌芽出现了影响深远的文艺复兴和宗教改革。经过17世纪的科学革命，18世纪的启蒙运动，现代西方文化到19世纪臻于成熟并向全世界扩张。西方文化在20世纪面临着来自内外多方面的挑战。现代主义、后现代主义只反映了现代西方文化的一个方面，表现出其躁动不安的情绪，远远不能概括其全貌。

同中国传统文化相比较，西方文化有以下几个值得注意的特点。

（一）不同于中国传统文化中天人感应的自然观，强调人是万物之灵，从以人为中心的观点出发，主张人可以认识自然，控制自然，征服自然。从古希腊泰勒斯（Thales）的自然哲学开始，探索自然奥秘，开发和利用自然资源为人类服务就成为欧洲人思想的主流。文艺复兴的伟大成就之一就在于重新发现了人，使人经过上千年的教会统治之后又一次成为了世界的中心，在此基础上，发现了世界。随着自然科学革命的进展，欧洲人越来越对人类自身充满了信心，认为人不同于其他存在，能够控制自己的命运。地球为人类提供了无限的机会，地球上的资源是用之不竭的，即便有枯竭之日，也会有人工制品替代。人类的历史是一部不断取得进步的历史，人类面临的一切问题都会从技术或社会两个方面得到解决。进步是没有止境的。虽然不断有人对这种观点提出批评。但，这种观点十分流行，直到环境保护主义兴起，才略呈颓势。

（二）不同于中国传统文化中的性善论，沿袭基督教的原罪说，主张趋利避害是人类的本性。基督教教义的一个重要方面就是认为人生来就是有罪的。这个观点看起来与以人为中心的世界观相矛盾。其实这二者是并行不悖，相互补充的。前者鼓励人的创造性，大胆地向自然索取；后者则规范行为，用上帝的惩罚来制约人的恣意妄为。在某种意义上，一部西方文化史，就是一部以人为中心和以神为中心，或者说是以发挥人的创造性和规范人的行为之间相互角逐和妥协的历史。圣经《创世纪》中所讲的亚当和夏娃在蛇的诱惑下吃了禁果被逐出伊甸园的故事，为基督教的基本教义奠定了基础。人在其一生中必须不断地忏悔自己的罪过，灵魂才能得救。这一基本原理始终没有改变。宗教改革后出现的路德教、加尔文教、英国国教仍以此为出发点，只不过赎罪的方式不同罢了。值得注意的是这一基督教原理在富兰克林那里世俗化了，勤奋、俭朴成为了响应天启，进行赎罪的最佳方式。在法国启蒙学者的著作中，社会契约成为了控制人性恶的一种办法。美国宪法的制定者采取联邦制和三权分立来防止“暴民”和野心勃勃的政客大权独揽。而约翰·穆勒（John Stuart Mill，1806～1873）则将这一宗教原理演化为功利主义学说。

（三）不同于中国传统社会的家庭伦理本位，而以个人为社会本位。布克哈特在《意大利文艺复兴时期的文化》这本专著中设有专章讨论西方社会中的个人的发展。他写道：“在中世纪，人类意识的两方面——内心自省和外界观察都一样——一直是在一层共同的纱幕之下，处于睡眠或者半醒状态。……人类只是作为一个种族、民族、党派、家族或社团的一员——只是通过某些一般的范畴，而意识到自己。在意大利，这层纱幕最先烟消云散；对于国家和这个世界上的一切事物做客观的处理和考虑成为可能了。同时主观方面也相应地着重表现了它自己；人成了精神的个体，并且也这样来认识自己。”[1]换言之，这里所说的个人或自我，是独立的，是和他人相分离的、有形的，具

1 布克哈特：《意大利文艺复兴时期的文化》，商务印书馆 1979 年版，第 125 页。

有个人精神的个体。这样的个体是扩张的、外化的，通过个人奋斗来取得自我的成功，促进社会的发展。在西方的观念里，只有个人得到充分的发展才能有社会的充分发展。存在主义把这个基本观念推向了极端，鼓吹“人是绝对自由的”，“他人就是我的地狱”。

（四）不同于中国传统政治中的“普天之下莫非王土，率土之滨莫非王臣”的中央集权专制主义，强调多元政治和民本主义。欧洲历史发展的特点之一就是它的文化来源的多样性、民族成分的多样性和地域上的分散性。无论是古代的罗马帝国、中世纪的神圣罗马帝国还是拿破仑帝国和第三帝国都不过是些松散的集合体，统一的时间远远没有分散的时间长。文艺复兴以来，民族国家林立，文化各现异彩，政治体制五花八门。新兴的资产阶级鼓吹天赋人权和社会契约论，以民主、自由为武器，从封建贵族手中夺取了政权。他们从原罪的理论出发，认为权力对人性有腐蚀作用，反对权力过分集中，主张实行分权和制衡，因此，多党议会制在欧美国家甚为流行。法西斯独裁制虽然也发生在欧洲，但为多数人所唾弃。

（五）不同于中国传统的“诗言志”“文以载道”和“天人合一”的文化价值观，现代西方文化倡导“为艺术而艺术”，“主客二分”和多元的文化观。在艺术和现实的关系、艺术的社会功能这两个基本问题上，西方古典作家的观点与中国传统文化中“文以载道”的看法很接近。从康德提出艺术的无限与自由和“美只是形式”的观点开始，纯粹的美感不应渗进任何愿望、任何需要、任何意志活动的说法在西方现代美学中成为占支配地位的思潮，在这方面克罗齐（Benedetto Croce 1866～1952）集其大成。他主张直觉即艺术，认为艺术既不是一种功利活动，也不是一种道德活动，否定艺术的教育作用和服务功能，主张衡量艺术只有一个标准，即艺术标准。究其实质，这类看法乃来源于西方哲学的一个基本命题：“主客二分。”这就是说主体把客体看成是外在的东西而加以认识，从而有现象与本质之分，精神与物质之分。他把艺术看成是一种孤立的存在，从强调艺术的独特性，到根本否定艺术的社会服务功能，用这种巧妙的手法来掩盖艺术的社会本质。西方文化中的多元文化观也经历了一个发展过程，它包括两个方面，一是文化形成的多元性，二是文化构成的多元性。在政治经济一体化的前提下，强调文化的多元性，在实质上有助于增强政治经济的一体化，是不言而喻的。

毋庸讳言，西方文化在20世纪，特别是在二次世界大战后遇到了许多新问题和严重的挑战。在西方文化内部，人本主义与科学主义之间的冲突和矛盾构成了文化史的主要内容。

二 中西文化交流

西方文化，特别是现代西方文化是一种外向型的海洋文化，具有很强的扩张性和渗透性。中国传统文化是一种守成性的大陆文化，以安土重迁为特点。古代的文化交流具有偶然性和自发性。两种文化的特点表现得并不明显。到了近现代，二者的特点便日益明显地表现出来。在远古期间，西亚草原上就有中西民族之间的交往。我国春秋期间出现的丝绸之路，西端已达希腊，千余年来大量的中国丝织品、其他商品皆经此路西运。公元 166 年（东汉延熹九年）罗马皇帝安敦（MarCUS Aurelius，121～180）遣使抵汉，为中西文化第一次有史籍可考的外交接触。公元636年（唐贞观十年），景教（基督教的聂斯脱利派）经波斯传入我国。11世纪以后，中国发明的火药、指南针、印刷术经阿拉伯人和蒙古人陆续传入欧洲，对于欧洲封建社会的解体和资本主义的产生起了促进作用。马可·波罗来华及其游记的出版，对于开扩欧洲人的视野，促进欧洲与中国的文化交流起了重要作用。法国学者阿里·玛扎海里认为："在'中世纪'，中国文化从东到西缓慢地取代了希腊文化。中国文化形成了我们文化的基础，我们那由文艺复兴造成的新希腊文化仅仅是晚期的一层美丽的外表。"[1]

第一次中西文化交流的高潮出现在1582到1773年间。欧洲天主教耶苏会士利玛窦（P. Maltheus Ricci，1552～1610）、艾儒略（Julers Aleni，1582～1649）、邓玉函（Jean Terrenz，1576～1630）、汤若望（Jean Adam SchaU VOD Bell，1591～1666）等 478 人尾随商人来到我国。他们的传教活动虽因罗马教廷的干预和清朝政府的禁止以失

---

1 阿里·玛扎海里：《丝绸之路——中国——波斯文化交流史》，中华书局 1993 年版，第302页。

败告终，但在沟通中西文化方面则发挥了重要作用。一方面，他们将西欧正在兴起的自然科学传入中国，帮助中国修定天文历法、绘制地图。“后此清朝一代学者，对于历算学都有兴味，而且最喜欢谈经世致用之学，大概受利（玛窦）徐（光启）诸人影响不小。”[1]另一方面，他们将儒家的经典译为欧洲文字，著书立说介绍中国的情况，使欧洲的知识界耳目为之一新，中国传统文化中的理性意识和人文精神，为方兴未艾的启蒙运动增添了养分。此外，中国的园林艺术、家具、瓷器的造型工艺也对欧洲有重要影响，形成了所谓“中国艺术风格（Chinoiserie）”。

中西文化交流的第二次高潮出现于鸦片战争到五四运动期间（1840～1919）。与第一次高潮不同，一方面，这次高潮是欧美列强入侵中国引发的。西方文化霸权在中国落户，是西方政治、经济、军事侵略不可分割的组成部分，它是伴随着中国从一个独立的主权国家沦为半殖民地半封建国家而来的；另一方面，它又是和中国的有识之士为了争取民族生存、维护国家主权、向西方寻求救国真理、促进中国现代化所作的努力密不可分。二者犬牙交错，形成中国与外来文化交往中前所未有的奇观。闯入古老帝国的西方文化代表首先是商人、传教士，接踵而来的是外交官和军人，最后才是科学家和专业工作者。中国前往西方寻找救国之道的有留学生、外交官和职业革命家。传教站和教堂是西方文化的触角，在此基础上，形成了由学校、医院、文化设施（图书馆、博物馆、新闻单位）组成的文化网。这些教育、文化设施既培养了一批为外国侵略势力效力的买办文人，也产生了一批革命者和在中国实现现代化的栋梁之材。新兴的中国知识分子所发动的五四运动不仅是对中国传统文化的一次大冲击，也是站在不同立场上的知识分子之间的一次大较量。这次中西文化交流的高潮对中国社会产生的影响极其深刻，它不仅请来了德、赛两位先生，还经过十月革命给中国送来了西方文化的精华——马克思主义。马克思主义与中国的实际相结合，产生了中国共产党，开创了中国历史前所未有的新局面。对于欧美国家来说，这是一个不断加深对中国认识的时期，根

1 梁启超：《中国近三百年学术史》，北京中国书店 1985 年版，第 9 页。

据各自的利益形成了对华政策。与此同时，在欧美出现了新兴的学科——在研究中国传统文化的汉学（sinology）的基础上形成了研究当代问题的中国学（Chinese studies）。

中西文化交流的第三次高潮发生在20世纪80年代，邓小平同志提出改革开放的方针之后，在短短的十多年时间里，数以万计的留学人员涌往西欧和北美，数以千计的北美、西欧企业投资中国，物流汹涌，人如潮水，学派林立，思绪万千。交流的规模之大、范围之广、影响之深都是前所未有的。在这样的背景下，又一次掀起了中西文化的大争论。出现了“儒学复兴”论、“全盘西化”论、“中西文化平衡”论、“中西文化互为体用”论和“西体中用”论。这次中西文化交流的高潮，使世界走向中国，让中国走向世界的进程大大加速了。实证材料表明：当代中国人的价值取向已发生了很大变化，传统的思维方式已逐步向西方思维方式转移；理性工具文化素质大大提高；家庭价值取向弱化，个人价值取向强化；社会运作的人治取向减弱，理性价值取向加强。“中国的文化已是中西文化结合的产物了”，不过，人文精神文化形态仍属于传统形态[1]。

百余年来的中西文化交流，给我们的启示是：中西文化是两种不同质的文化之间的交流。这就是说，两种文化产生的环境、来源、发生发展的过程和创造这两种文化的群体有很大的差异。特别是自1500年以来，西方文化中的科学技术部分得到空前迅猛的发展，经过工业革命、电力、内燃机革命和信息技术革命，生产力的水平一直在全球处于领先地位。西方的政治、经济、社会、文化也处于不断的变化之中。中国传统文化与西方文化在发展程度上差距加大了，分别处于不同的发展阶段。当西方国家已经完成了工业革命，凭借其强大的实力向东方实行殖民扩张的时候，中国还处于抱残守缺、固步自封的封建社会。当中国在列强的凌辱下沦为半殖民地半封建社会时，西方国家已完成了电力、内燃机革命，发展到了垄断资本主义阶段。当我们历尽千辛万苦完成了民主革命的任务并开始实行工业化时，则西方国家的信息时代开始了。这种不同质的和发展阶段不同的文化之间的交流

---

1 景怀斌、徐素琴：“文化研究中若干理论问题的实证诠释”，《新华文摘》1996年第6期，第158页。

不可避免地要从冲突和对抗开始，而且贯穿于交流的全过程之中。越是不同质的文化之间的交流，在一定条件下，互补性越强，可资借鉴和吸取的东西也就越多。在具有很强的传统性的中国文化和具有现代性的西方文化之间尤其如此。当然这经历了一个长期的消化、吸收、寻找结合点、结合本国实际的过程。马克思主义与中国实际相结合的过程就是一个很好的例子。

三 研究西方文化的目的、态度和方法

了解西方文化是提高大学生文化素养的一个重要方面，是贯彻面向现代化、面向世界、面向未来教育方针所必不可少的。西方文化源远流长，内容丰富，又是在不同的时间和空间里形成的，在性质上与中国传统文化有很大差异的一种文化。他山之石，可以攻玉。有了西方文化这样一个参照系，我们就可以对自身有更清醒的了解，更准确的定位，对于世界和未来有更好的把握。尤为重要的是，马克思主义是西方文化高度发展的产物，只有把马克思主义放到西方文化发展的长河中，才能真正地了解其精髓。西方文化与各种文化一样，有精华，也有糟粕，在文化交流中，鱼龙混杂，全面地把握西方文化，有助于提高我们的鉴别能力。我国著名史学家陈寅恪先生在谈到中外文化思想交流时曾说过：“其真能于思想上自成体系者，必须一方面吸收输入外来之学说，一方面不忘本来民族之地位。”他以佛教为例，说：“佛教学说能于吾国思想发生重大久远之影响者，皆经国人吸收改造之过程。”

在中西文化交流的历史上对于西方文化有过几种不同的立场和态度。

第一类对西方文化采取排斥态度，可以称之为文化守成主义，又叫作国粹派。持这种观点的人认为中国传统文化博大精深，包罗万象，西方文化中的一切都可以在中国传统文化中找到。中国文化是一种“心性”、“伦理”、“会通”的文化，要比重分析、重物质、诸流竞汇的西方文化高明得多。西方文化最终必将采用重伦理的儒家学说才能从物欲横流中自拔。在现代学术史上，从主张尊孔读经的复古派，

到鼓吹中国文化会成为“世界文化的将来”的新儒家，都可以归入这一类。值得注意的是，晚清出现的国粹主义与鸦片战争后的顽固派有所不同，它是在民主革命的高潮到来之际，伴随着对资本主义了解的深入和对固有文化反省的展开而出现的。一方面，它强烈地透露出中国知识界对我国传统文化的深挚情意和高度评价，另一方面又表现出保守、自大、排外的偏狭心理。我们必须看到它所包含的合理的内核。

第二类，对西方文化采取接受态度，主张原封不动的照搬，即所谓“全盘西化”论。代表人物是胡适（1891～1962）和陈序经（1903～1967）。他们的文化观是以西方的社会学、人类学和文化学为基础的文化一元论。这种一元论文化观主要是由一个普遍适用的文化定义和两个由此引申出来的文化模式构成。这两个模式是：一个空间上共同文化成分的不可分的有机体模式；一个时间上从低到高发展的文化进化论加传播论的模式。把这种理论应用到中西文化问题上，就成为了全盘西化的依据：既然中西方文化成分相同，发展模式和方向也相同，中国采取西方文化就是可能的；既然西方文化处处都比中国传统文化先进、优越，更能适应现今时代与环境的需要，中国采取西方文化就是必要的；既然中西文化各自都是不可分割的整体，那么就只有全盘抛弃中国文化而全盘接受先进的西方文化。这派观点的矛头是针对复古主义而发的，其主要目的是要促使中国学习先进的文化，尽快实现工业化和现代化，不可否认在这一派的观点中也有妄自菲薄，崇洋媚外的成分。在20世纪80年代中西文化争论中，李泽厚的“西体中用”说，究其实质，主张把当代西方资本主义生产方式搬到中国来，也应列入这一类。

第三类，对西方文化采取折衷态度，主张兼收并蓄，把一部分西洋文化和中国固有的文化融合起来，兼收二者之长而去其短，成为一种中西合璧的文化。持这种态度的有主张“中学为体，西学为用”的张之洞（1837～1909）、倡导中国的精神文明与欧美的物质文明相结的梁启超（1873～1929）以及对西方文化采取分析态度的吴景超和后来提出“自然折衷论”的胡适。

马克思主义是西方文化的精华。马克思主义与中国革命的实际相结合产生了毛泽东思想。毛泽东思想在形成和发展过程中，不仅继承了中国古典文化的优良传统，而且从西方近代文化中吸取了有益的成分。毛泽东在总结中国近百年历史经验时充分阐明了民主革命时期向西方资产阶级学习对我国产生的巨大影响，指出通过学习西方，中国出现了同顽固的封建主义文化相对立的资产阶级的新文化。我国进入社会主义时期后，毛泽东进一步提出了要有分析有批判地学习外国先进文化的方针。他主张学习资本主义国家的先进科学技术和科学的管理经验。他还特别申明：向外国学习，不是一时一事，而是一个长期的任务。不仅在我们贫穷落后时要学习，就是“将来我们国家富强了……还要谦虚谨慎，还要向人家学习……一万年都要学习嘛！这有什么不好呢？”[1]邓小平同志继承和发展了毛泽东关于向外国学习的思想。中国共产党十一届三中全会以后，他提出了改革开放政策。他把对美国、西欧、日本等发达的资本主义国家开放，吸收资本主义国家的一些有益的东西作为我国对外开放的一个重要方面。他不仅主张要长期坚持经济上实行对外开放的方针，而且主张要长期发展对外文化交流；不仅主张向资本主义发达国家学习先进的科学技术，经营管理方法，而且主张吸收资本主义国家的其他一切对我们有益的知识和文化。

在学习和研究的方法上，我们应该本着“古为今用”、“洋为中用”的方针，从学习西方语言入手，充分利用前人的成果，全面地掌握西方文化发展的主要线索。在此基础上，深入研究西方文化的某一个方面。人类语言是以人类所创造的语音符号来传播信息的系统，是思维的工具。每一个族群都有自己的语言，它是民族文化的重要组成部分，是同该民族进行交流的工具。懂得一个民族的语言是了解其文化最起码的要求。要想了解西方文化，至少要通晓一两种现代欧洲语言。若要了解欧洲古典文化，还需要学习希腊文、拉丁文。那种不懂得某一国家的语言而侈谈该国文化的作法是不值得取法的。与西方文化有关的著作汗牛充栋，不可胜数，为了掌握西方文化发展的基本线索，应该认真钻研几本西方学者撰写的一卷本和多卷本的文化史、哲学史、宗教史、美学史、文学艺术史和科技史的名著。深入了解西方

1《毛泽东选集》，第5卷，第288页。

文化，必须占有第一手材料，这就是说，必须阅读能反映西方文化各个阶段发展的代表性著作，在此基础上就可登堂入室，进行较为深入或分门别类的研究了。学习西方文化还必须从中国的实际需要出发。我们是中国人，学习西方文化是为了促进我国的现代化事业，而不是为了学习而学习，更不是为了使自己西化而学习。结合中国的实际而学，是学习方法中的一个重要环节，真正做到结合并非易事，要吃透两头，抓好中间。所谓吃透两头是指既要吃透中国的国情，又要吃透西方文化的相应部分。抓中间，是指在结合上下功夫，要找到两种不同质文化的结合点或接榫处。所有这些都决不可能一蹴而成，必须有一个知识和经验的积累和探索、实践的过程。任何一种文化都有糟粕和精华，这就需要具有鉴别的能力。如我们在前文所说，西方文化就其本性而言，有很强的扩张性和渗透性，对于这一特点，特别是在信息时代和网络社会中我们必须认真地加以考虑和把握。

原文载《南开大学历史系建系七十五周年纪念文集》，南开大学出版社 1998 年版

从物质文化的变迁看中国社会国际化的历史趋势（1840～1990）

（为纪念我国著名史学家、教育家郑天挺先生诞辰一百周年而作）

1999年6月，美国密苏里大学派了一个教师代表团来我国考察，目的是促进该校教学的全球化。在我校考察期间，要求我讲一次中国社会国际化的发展趋势。起初，我觉得概念不够明确，题目过大，无从下手，建议改为中国高等教育的国际化。看了一些材料之后，觉得中国社会国际化的题目颇具挑战性，便答应下来。记得我国著名史学家、教育家郑天挺先生在世时，十分重视我国物质文化的研究和器物的收藏，对中国社会变迁的研究更寄予很大的关怀。现不揣冒昧，将讲课提纲撰写成文，以缅怀郑先生的教导，望能起到抛砖引玉的作用。

现代化、国际化、全球化

讨论中国社会国际化的问题需要弄清几个基本概念和它们之间的关系。这就是现代化、国际化和全球化以及三者之间的关系。现代化是指在科学技术革命影响下发生的经济、社会变革的过程。美国经济学家，诺贝尔奖获得者库兹涅茨（Simon Smith Kuznets，1901～）认为现代经济增长有下列特征：1. 人均产值的增长率高出本国以往的增长率和世界其他地区的增长率；2. 生产率即投入产出率的增长率显著提高；3. 经济结构（包括消费结构和生产结构）变化快；4. 与之密切相关的社会结构和思想意识变化快；5. 经济发达国家通过增强技术力量，特别是运输和通讯力量与世界各地的联系空前密切，出现一体化的趋势。专门研究中国现代化的美国学者罗兹曼（Gilbert Rozman）则指出，现代化过程的基本特征包括：对国际的依赖性增强；非农业生产增长快，特别是制造业和服务业；出生率和死亡率由高到低；持续的经济发展；收入的分配趋于平等；组织和技术的专业化和多样化；科层化；大规模的政治参与（无论是否实行民主制）；各级教育发展。[1]无论是库兹涅茨还是罗兹曼都将国际联系加强看成是现代化的一个重要特征。这说明现代化和国际化是不可分的。库兹涅茨强调的是国际经济联系，它是现代技术发展带来的必然后果。罗兹曼是在一般意义上讲国际依赖性的加强。那么，国际化究竟是现代化的产物还是它的必要条件呢？著名社会学家艾森施塔特（Samuel Noah Eisenstadt）对这个问题有明确的回答。他说："现代化进程从一开始就不是限制在分离的民族或'国家'范围之内，随着现代化的发轫，主要经济趋势和发展，主要社会文化运动，如不同的社会政治运动都是跨越国界的。19 世纪和 20 世纪的民族主义运动在规模和方向上与运动本身相矛盾，都是国际性的。"[2]就连与国际化相对抗的民族主义运动都是国际性的，这一论点特别值得注意。摆脱殖民枷锁，获得民族独立，这是全世界被压迫民族和国家的共同要求，而资本主义生产方式从一开始就具有世界性质。资本的积累、市场的开拓不仅需要国内条件，还需要一定的国际环境。资本主义在发展中建立了不同于以往的新的国际体系。新兴国家必须摆脱旧的资本主义经济体系建立新的经济体系才能够取得真正的独立。

如果说现代化是一种国际发展趋势，它要求创建有利于自身发展的国际环境，因此国际化与现代化有它的必然联系，这仅仅是从外部观察的结果。从现代化大生产本身看，"擅理智"、"役自然"、"求效率"是它的基本要求[3]，标准化则是它的出发点，没有标准化和在标准化基础上的流水作业线就不会有现代化的大生产。现代化的大生产一旦跨越国界，它必然要求标准的国际化。因此，国际化是现代化的一种内在要求，或者说是它内在本性的外化，是不可或缺的。

全球化是现代化和国际化发展到一定阶段的产物，一言以蔽之，是信息技术革命的产物。信息技术大大缩小了时间和空间的距离，使

---

1 Rozman, Gilbert ed., *The Modernization of China*. The Free Press, New York, 1981, p.3.

2 Eisentadt, S.N. *Modernization: Protest and Change*. Prentice-Hall, Inc. Englewood Cliffs. N.J 1966, p.18

3 [美]艾凯：《世界范围内的反现代化思潮》，贵州人民出版社 1991 版，第 5 页。

区分人类生活的种种界限进入消失的过程，以空前未有的速度、强度和深度将人类的不同集团联系在一起。其特点是，1）出现了全球的新市场：外汇和资本市场每天 24 小时都在实施运作；2）出现了新工具：国际互联网、无线电话、和媒体网络；3）出现了新机构：世界贸易组织（the World Trade Organization, WTO）凌驾于各国政府之上。跨国公司拥有超过许多国家的经济实力。全球非政府组织的网络（NGOs）和其他跨国家的组织；4）出现了新规则：关于贸易、服务和知识产权的多边协议，得到强制执行机制的支持，对各国政府具有约束力，缩小了国家政策发挥作用的范围。[1]有人认为，全球化过程是“组织有序的资本主义形将终结的征兆”，“眼前所见，是一个经济的、社会的以及政治关系的‘全球化’过程，每一个社会的向心凝聚力、整体及统一的感觉，已因此而遭受破坏。诸如此类的发展，包括了跨国公司的成长（其年度营业额使许多小规模国家的岁入，相形见绌，小巫见大巫），大众传播工具的兴起，它们可以同时让全世界百分之二十至三十的人口共享相同的文化经验；科技带来的灾难阴影，不分国界，潜在窥伺”[2]。

中国的现代化是在与发达国家完全不同的情况下开始的，经历了一个从被强制进入现代国际社会到主动参与国际社会事务，从被迫的不自觉的现代化（殖民化）到主动、自觉的现代化的过程。1840、1898、1905、1911、1919、1927、1949、1978 这些年代可以看成是从不自觉到自觉的现代化的一连串的转折点，从闭关锁国到改革开放、走向世界。换言之，中国社会国际化的一系列界标，经历了从被迫殖民化到主动国际化的痛苦过程。中国社会正是在走向现代化的过程中，从一个闭关自守的社会变成一个开放的社会，在物质文化、制度文化、意识形态到价值观念等不同的层次和不同的方面，吸收了大量的外来文化因素，逐步地国际化了，成为国际社会中的重要一员，而且在国际社会中正在发挥着越来越重要的作用。

中国社会国际化历史发展的一个重要特点在于，她有过很长的没有现代化的对外开放与国际化的历史，即长达一千年的印度化的历史。

1 UN Human Development Report 1999, p.1.
2 [英]汤林森：《文化帝国主义》，上海人民出版社 1999 年版，第 328～329 页。

胡适对这个过程有过很精彩的概括。他说："中国古代的固有的宗教不知道有乐园似的天堂，也不知道有执行最后审判的地狱。佛教的大力量，佛教的一切丰富的想象、美丽的仪式、大胆的宇宙论和形而上学，很轻易地征服了那个固有的宗教。佛教送给中国的不是一层天，而是几十层天，不是一层地狱，而是好多层地狱，一层层森严恐怖各各不同。轮回观念，三生宿业的铁律，很快代替了旧的简单的福善祸淫的概念。世界是不实在的，人生是痛苦而空虚的，性是不清洁的，家庭是静修的障碍，独身斋化是佛家生活不可少的条件，布施是最高的美德，爱要推及一切有情的生物，应当吃素，应当严厉禁欲，说话念咒可以有神奇的力量——这一切，还有其他种种由海陆两面从印度传进来的非中国的信仰风尚，都很快地被接受了，都变成中国人生活的一部分了。""中国已经印度化了，在一段奇怪的宗教狂热里着了魔了。"[1]这是高度浓缩了的中国印度化的过程，事情当然不那么简单，正如胡适自己所说，接踵而来的是，中国对佛教的一连串反抗。反抗的形式之一就是道教的创立和推广，之二是佛教内部的反抗，将佛教里中国人不能接受不能消化的东西都丢掉，将印度的禅转化为中国的禅宗。最后，以宋明理学的形式将印度佛教的合理的成分吸收进来，变成为中国文化的组成部分。总之，印度文化在中国的建筑、雕刻、文学、宗教和哲学各个方面都留下了深深的印记。

中国社会国际化的另一个特点是遍布世界各国和各地区的唐人街或中国城的存在，它不仅是中国文化的延伸，也是华人社会国际化的一个突出的表现。根据考古发掘材料得知，世界上最早出现的唐人街是在12～14世纪的印尼苏门答腊岛东北海岸。此后陆续出现在爪哇北岸、菲律宾首都马尼拉、越南的会安和日本的长崎。在中国周边国家的唐人街是和平经商的产物。19世纪中叶以后，随着华工大批出国，唐人街遍布世界各地。在种族歧视猖狂的国家，唐人街是排华法案和种族歧视的产物。它的主要功能是自我保卫和维系我国的传统文化和生活方式。由于置身于外国的语言、文化、风俗习惯的环境之中，唐人街不可避免地也会成为文化交流的桥头堡。近年来，唐人街的"旅

1 胡适著，姚鹏编：《胡适讲演集》，中国广播电视出版社1992年版，第220～221页。

游化”更能说明这一点。[1]

中国社会国际化的第三个特点是它的发展的不平衡性。这里所说的不平衡不仅指地域上的不平衡，而且指文化内容和层次上的不平衡。中国的社会文化一向有南北，沿海地区与内地，边远地区和本土地区之别。一般说来沿海地区由于国际交往频繁，受外来文化的影响比内陆地区要大得多。梁任公说得好：“海也者，能发人进取之雄心；陆居者以怀土之故，而种种系累生焉。试一观海，忽觉趋然万累之表，而行思想，皆得无限自由。彼航海者，其所求固在利也，然求利之始，却不可不先置利害于度外，以性命财产为孤注，冒万险而一掷之。故久居海上者，能以其精神曰以勇气，曰以高尚，此古来濒海之民所以比于陆居者活气较盛，进取较锐。”[2]这就是说自然环境会对人的思维方式发生影响。外向性的海洋文化是人们长期在海洋活动的产物。我国闽、粤两地相当一部分人口自古靠海为生，经常出海远航，与南洋各国交往频繁，海外华侨多来自两地。及至近代，中西贸易往来增加，西方风气对闽粤影响尤深。广州首建十三行，为洋行买办之滥觞。林则徐成为我国近代睁开眼睛看世界的第一人，洪秀全、康有为、严复、孙中山均是向西方学习的代表人物。广东则是西方近代民主革命思想孕育的摇篮。燕赵虽自古多高歌慷慨之士，但因地处京畿，身居统治阶级高压之下，风气保守，外来影响受到抵制，也就不足为怪了。

外来文化对于不同层次的文化发生的影响也是不同的。吸收借用外来文化的规律表明，吸收和借用具有选择性。在跨文化交流中，一般的情况是物质文化的吸收和借用先于和多于精神文化的吸收和借用。其原因是物质文化的使用价值比较容易看到，其与原文化中的意识形态较少有直接的冲突。[3]制度文化和精神文化则不然，它们会遇到原来社会文化和社会力量的排斥和抵制，甚至会激化社会矛盾。我国近代历史上出现的教案和反宗教运动就是这方面的例证。

1 谭天星等：《海外华侨华人文化志》，上海人民出版社 1998 年版，第 286 页。

2 辛向阳等：《人文中国，中国的南北情貌与人文精神》（上），中国社会出版社 1996 年版，第 510 页。

3 关世杰：《跨文化交流学》，北京大学出版社 1995 年版，第 378 页。

中国社会国际化的第四个特点是它的多元一体性。吸收和借鉴外来文化必须以我为主，这就是说必须以自身的文化为主体，作为接受的母体。这个母体也不是一成不变的，而是处于不断的变化之中。母体的不同组成部分变化的程度和速度是不同的。有的成分变化快，有的变化慢。例如符号系统，语言文字的变化相对而言比较缓慢，技术手段的变化就要快得多。在吸收和移植外来文化的过程中，重要的问题在于选择和结合。如何将外来的，对发展自己有用的因素和成分移植和嫁接在母体的合适部位，是需要有一个摸索的过程。衡量和检验的最终标准是是否有利于母体的发展。我们所说的一体性就是指母体文化的发展。所谓多元化是指在母体一体性和母体文化发展基础上的多元化。离开母体文化的国际化，实质上就是殖民化或新殖民化。这是国际化面临的一种危险。我们有过这样的历史经验，如日本帝国主义占领下的东北和台湾，回归前的香港和澳门。要害在于国家主权的保持还是丧失。换言之国家主权是保存母体文化的前提，或者说是母体文化最重要的组成部分。有了国家主权，母体文化的其他组成部分如符号系统（语言和文字）、制度文化、思想文化、物质文化才能得到保存和发展，才能主动吸收和借鉴世界各国的长处，让它们为我所用。

最后一个特点，中国社会国际化（封闭与开放）的程度和速度，在很大程度上受中央政府政策的影响。季羡林先生曾指出："中国几千年的历史告诉我们一个非常可贵的经验：在我们国力兴旺，文化昌明，经济繁荣，科技先进的时期，比如汉唐兴盛时期，我们就大胆吸收外来文化，从而促进了我们文化的发展和生产力的提高。到了见到外国的东西就害怕，这也不敢吸收，那也不敢接受，这往往是我们国势衰微、文化低落的时代。"[1]季先生在这里说的是国势强弱与吸收外来文化的关系。说到底，这同中央政府的决策有直接关系。以基督教传入中国的历史为例，7 世纪唐贞观年间景教传入为基督教入华之始。当时唐朝国势正盛，唐太宗对外来宗教采取宽容与调和的态度，认为这些外来宗教（包括火祆教和摩尼教）"词无繁说，理有忘筌"，不仅诏令全国准其传教，而

1 季羡林等编：《东西文化议论集》上，经济日报出版社 1997 年版，第 3 页。

且敕令建造教堂，安置教士，促成了景教的发展。[1]明清之际，天主教的传入，如果没有得到北京皇帝的谕旨特准，则很难在华立足。康熙、雍正下旨禁教后，天主教处于低潮。直到西方列强以炮火打开中国大门后，才又得到发展。20 世纪 80 年代以来，我国改革开放政策的执行为我国吸收外来文化，加速我国现代化和社会的国际化起了关键作用更是有目共睹。

在研究中国社会国际化的过程中我们遇到的一个至今未能很好解决的问题就是制定一个测定国际化程度的指标体系。本文将中国社会的国际化分解为四个层次：物质文化、制度文化、意识形态、价值观念，重点剖析物质文化接受外来影响发生变迁的过程，借以说明中国社会国际化的历史趋势。一方面，我们注意到物质文化的各个方面吸收、移植外来文化的程度；另一方面，我们也注意到可以量化的指标是否达到国际公认的水平或标准。

中国物质文化的变迁及其特点

美国人类学家赫尔斯考维茨（Melville Herskovits）认为，物质文化（material culture）可以看成是一个文化中人工制品的总和，即人类为了应付物质世界，促进社会交往，满足爱好，创造表意符号而使用的大量实物。[2]法国史学家布劳戴尔（Fernand Braudel）在他的名著《文明与资本主义，15～18 世纪》中使用了物质生活（material life）一词，指日常生活中的衣、食、住、行、货币、城市。[3]讨论中国社会物质生活的国际化，我们先从衣着说起。

（一）衣着

应该着重指出的是，在日常生活中，中国人在服装上的“全盘西化“或“国际化”最为彻底。环顾左右，在路上走的男女老少，有谁的身上还留有一点“汉家衣冠”的痕迹？只有少数民族地区的民族服

1 卓新平：《基督教犹太教志》，上海人民出版社 1998 年版，第 11 页。

2 Schlereth, Thomas J ed.,*Material Culture Studies in America The American Association for State and Local History*, Tennessee 1986, p.2.

3 Braudel, Fernand: The Structures of Everyday life, *Civilization & Capitalization 15th –18th* Century. Vol.1, 1979.

装是例外。中国人的着装史上有过几次大变革。最早要推公元前 307 年赵武灵王颁发的关于“胡服骑射”的命令。其结果是兵车让位给骑射，胡服的推广，只限于军队。在绵延数千年的“胡化”过程中，“汉家衣冠”一直沿袭到明末清初。第二次大变革是清朝推行的剃发和满装。其主要标志是由原来的方巾大袖、纱帽圆领改为缨帽箭衣，主要品种是长袍马褂；发型由原来的梳发束髻，改为辫发。汉族妇女在清代康熙、雍正时期仍保留明代款式，到晚清时，都市妇女已去裙着裤。

辛亥革命后，民国政府首先颁发《剪辫通令》(1912)，随后又颁布《服制条例》，规定：“男子礼服分为大礼服、常礼服二种。大礼服采用西洋式大礼服。常礼服又分二种，一种用西服，一种用袍挂，女子礼服用挂裙。”随着中外文化的加强，五彩缤纷的服装终于冲垮了封建社会的衣冠等级制。男子服装出现了西装革履和长袍马褂并行的局面。20 年代前后出现的中山装逐渐在城市普及。据说它是基于日本学生装加以改革而成。最初为单立领，前身门襟 9 粒扣子，上下左右四个明袋，中腰处有一腰带，后废除。领子改为立翻领。又据《易经》和民国有关制度进一步寓意改制。根据“礼义廉耻，国之四维”而确定前襟四个口袋，根据“五权宪法”而将 9 粒扣子改为 5 粒，根据“三民主义”规定袖口必须有 3 粒扣子。同时又将明袋改为平贴袋，在口袋上加软盖，盖上有明扣眼。这样，就在西装的基本样式上渗入了中国的传统意识。民国以来女性服装的一个重要变化是旗袍的普及。旗袍原本是满族妇女的服装。在清代只在满族中流行。民国成立后，提倡汉满蒙回藏“五族共和”，族群界限逐渐模糊。20 年代初，旗袍开始在汉族妇女中流行，到了 30 年代风行全国，成为中国女性的主要服装。在此过程中旗袍的造型、款式发生引人注目的变化。旗袍原来是平面结构，身宽大平直，长度及脚面，高立领，面料是绣满花纹的绸缎，搭配绸帽和花鞋，显得端庄沉稳，雍容华贵。受欧美服装的影响到 20 年代，旗袍已经抛弃了繁琐的设计，采用分片剪裁，立领、开叉，并出现了腰省、胸省、装袖的设计。这样一来，旗袍就彻底改变了原来的平面结构，虽紧附身体而不贴身，虽藏而不露，将女性柔美的曲线演绎得淋漓尽致。因而获得广大妇女特别是青年妇女的欢迎，成为我国妇女的时髦着装。

最彻底的服装变化发生在1949年，民国期间流行的旗袍、西装被当作半封建半殖民地的象征，受到鞭鞑，而销声匿迹。除少数民族外，中山装成为男子主体服装，还流行过军便装、人民装；女装受苏联影响，连衣裙（布拉吉）风靡城市，此外还流行过列宁服。在农村，上衣下裤一直是大多数农民的传统装束，很少变化。文化大革命中所倡导的革命禁欲主义，更使全国上下的衣着为蓝灰绿三色所统治。改革开放后，形形色色款式和造型的国外服装如潮水般地涌入中国。西装再次流行，牛仔裤、T恤衫、超短裙、婚纱礼服应有尽有。90年代，一种强烈的怀旧情绪笼罩着世界时装舞台，设计师们再次把目光投向东方。华美的中式旗袍重新登场。现代的旗袍除了继承传统旗袍的流畅线条之外，又融入了当今流行的时尚，摇曳的衣袖，玲珑的装饰盘扣、简化的门襟设计、高科技的新型面料，使旗袍再现异彩。近年来，穿着崇尚舒适美观，成衣化、高档化、个性化趋势明显加强。随着生活水平的提高和审美意识的增强，居民的穿着打扮日趋讲究，穿着服饰更加绚丽多采，款式多样化。毛皮大衣、羊绒大衣、毛料、真丝服装，高档鞋帽等优质着装已为居民家庭所普遍拥有，到1997年，天津市百户拥有毛皮大衣和呢子大衣分别为57.4件和279.4件。1997年人均购买衣着支出545.04元，比1978年增长9.2倍，百户购买服装630.4件，比1978年增长3倍。服装支出占衣着消费支出的61.2%。进入90年代，人们更加注重穿着的整体配套，鞋帽袜支出增加，1997年人均支出162.59元，占衣着支出的29.9%。总之，中国人在穿着方面不仅在质量上，而且在数量上正在走向现代化和国际化。就款式而言，则是彻底的国际化了。

与服装直接相联系的是制作服装的原材料。众所周知，中国是丝绸的原产地，古人穿的衣服多用蚕丝织成。棉花的原产地是印度（木棉），草棉的原产地是非洲的西苏丹，东汉时期传入我国，主要在我国西南和西北地区种植。南宋时，闽广地区才大量种植棉花。宋末元初，向长江中下游和关陕渭水流域传播。棉纺织业在江南农村成为重要的副业生产。棉花的普遍种植和棉纺织业的发达使汉民族在穿衣方面发生了巨大变化。19 世纪末，我国近代纺织工业初起时，人们已经认识到自立发展优质纺织原料，是摆脱依附外国的必由之路，开始引进陆地棉（又称美洲棉）。湖广总督张之洞是始作俑者，为此，他专门聘请美国农业专家，康乃尔大学的毕业生布瑞尔（Gerow D. Brill）前来指导[1]。1950年以后，我国政府大力引进优良棉花品种，经过三次大规模换种，到1968年，原棉几乎全部换用细绒棉，即美洲棉，在棉花种籽上彻底的美洲化了。

我国纺织工业的现代化始于1872年陈启沅在广东建立的民营缫丝厂。左宗棠创办的兰州织呢总局于1880年投产，这是缫丝厂以外的第一家采用全套动力机器的纺织工厂。机器购自外国，聘请外国技师管理生产，产品直接供应军需。与此同时外国人也开始在华建立纺织厂。民营和官商合营的纺织厂也开始出现。到19世纪末，中外投资的纺织厂已有12家，41.7万锭。中国的纺织工业经过第一次世界大战期间和以后的发展，到抗日战争前夕，中外棉纺厂生产能力达495万锭。但发展是畸形的，四分之三以上的工厂分布在沿海大城市；外资比例大，495万棉纺锭中，日资占194万锭，英资占20万锭；原材料控制在外国人手中；机器设备完全仰仗外国。抗日战争胜利后，国民党政府接管了日本人在华的69个纺织厂，组成“中国纺织建设公司”，提高了企业管理水平，为后来转为社会主义国营企业准备了技术、干部和组织条件。中华人民共和国成立后，纺织工业发生了翻天覆地的变化。全国的工业布局得到改善，天然纤维品种得到改良，纺织机械制造业茁壮成长，纺织机器不断更新，纺织专业人才队伍在壮大。与此同时我国的服装工业、制鞋、制帽工业也都有长足的进步。所有这些都为我国人民提高穿着水平，吸收国外流行款式，追赶世界潮流，奠定了坚实的物质基础。

时装设计、时装展览、时装模特是改革开放以来出现的新事物，是中国服装市场与世界接轨的表现。文化大革命中作为资产阶级生活方式遭到批判的时装业，在最近十多年里变得十分火爆。其中特别是时装模特儿，已经由一种为人们所轻视的行业变成为年轻妇女十分向往的职业。一位时装模特儿经理回忆说：“1979年，当电视节目中第一次出现时装模特儿时，中国对这个行业非常不理解。想从事这个行

---

1 Randalle, Stross: *The Stubborn Earth American Agriculturalists on Chinese Soil, 1898～1937*. University of California Press, 1986

业的女孩子当时必须绞尽脑汁，找出种种借口加以掩盖，不让她们的父母和男朋友知道她们的表演。”“我们曾经多次听到获奖的模特儿对她们的父母、老师和评判员表示感激。我想她们首次进入这个行业，她们的竞赛为中国社会所接受是多么不容易呀！她们的荣誉是以老一代模特儿的眼泪和辛酸为代价的。”[1]1980 年上海成立中国第一个时装表演队。1982 年我国正式实施服装型号系列标志。1989 年在中国纺织工业局的直接领导下成立了“新丝绸之路模特儿有限公司”（New Silk Road Model Inc.），这是中国第一家最大的、最具有影响的时装模特儿代理商。现在，中国有不到 300 家经过注册的模特儿代理商，组织了多次超级时装模特儿竞赛。一些高等院校（如纺织工学院）的服装系已开设了服装模特儿专业。尽管还有不少困难，但是可以说中国的时装设计、制作和时装模特儿正在走向世界。

（二）饮食

民以食为天。中国的烹调技术甲天下，中国的饭馆遍世界，这是人所共知的事实。然而，最具有中国特点的中国饮食文化也同其他国家的饮食文化一样，是以农作物为基础的。世界上农作物品种的环球交流，由来已久，请看下表：

表一　引进中国的作物

作物名称	引进时间	首先种植的省份	来源	传入过程
早熟稻	11 世纪	福建	占婆、印度支那	
高粱（黍）	12～13 世纪	四川	非洲	经印度传入
玉米	16 世纪（1511）	福建、浙江	墨西哥	分别由海路和陆路传入，海路直接到东南沿海
甘薯	16 世纪中叶	福建、云南	美洲	广东东莞县人陈益从东南亚引入
烟草	16 世纪	福建	美洲	福建水手由东南亚引入
花生	16 世纪	广东、福建	美洲	由南洋群岛引入我国
马铃薯	17 世纪	福建	美洲	西班牙、荷兰入侵台湾时带来
苜蓿	公元前 1 世纪	长安	地中海	张骞使西域时带回
甜菜	1906	?	地中海沿岸	从波兰、俄罗斯引进
芝麻	公元前 35～7 年	?	非洲	经中东、印度到中国
向日葵	16～17 世纪	?	北美	原为观赏植物，1956 年由前苏联、匈牙利引进油用型始作为油料作物

1 Tang Min: “Modelling draws more respect.” *Beijing Weekend*, June 11-13, 1999.

表二　引进中国的蔬菜、水果和饮料作物

蔬菜水果名称	引进时间	首先种植的省份	来源	引进过程
葡萄	公元前2世纪至1世纪	西安上林苑	中亚	张骞使西域时带回
番茄	16世纪		美洲	
菠菜	7世纪		亚洲西部	尼泊尔献给唐太宗
茄子	5～6世纪		东南亚	
辣椒	明代		南美	
菠萝	16世纪	福建	南美	由葡萄牙人传入
椰子	汉代	海南岛	美拉尼西亚	由东南亚传入
槟榔	晋代	广东、云南	东南亚	
芹菜			地中海沿岸	《齐民要术》载有种植芹菜的方法
莴苣	汉或唐		地中海地区	由西亚传入
甘蓝	16世纪		同上	陆路由俄国，海路由欧洲至我东南沿海
黄瓜	西汉		喜马拉雅山南	
西瓜	1000年前	辽河一带	非洲	契丹破回纥得西瓜种
南瓜	明、清	福建、广东		从南洋经海路引进
蒜	公元前1世纪		中亚	张骞使西域得大蒜
洋葱			亚洲西部	
豌豆	东汉		亚洲西部	
胡萝卜	13世纪		亚洲西部	由伊朗引入中国
蘑菇	1935年前后	北京、上海等城市	法国（人工栽培）	
腰果	20世纪30年代	海南岛试种	热带美洲	16世纪引入非洲、亚洲
葫芦	7000年前	浙江	西苏丹	
酸枣	3000年前		埃及、北非	
波斯枣	3世纪		非洲	
咖啡	1884年	台湾	阿拉伯国家	一说1908年南洋华侨自马来亚引进在海南岛试种成功
可可	1922年	台湾	非洲、美洲	

表三 引进中国的食品制作技术

技术名称	引进时间	首先引进地区和省份	来源
制糖技术	7 世纪	长安	印度
葡萄酒制作技术	7 世纪	长安	伊朗
果子酒制作技术	7 世纪	长安	伊朗
馄饨	宋代以前		中亚
烧饼	6 世纪		伊朗
胡饼	2 世纪	长安	中亚

参考文献：据下列书籍提供的资料编成：

[美]珀金斯·德·希：《中国农业的发展 1368～1968》，上海译文出版社 1984 年版。

[美]劳费尔：《中国伊朗编》，商务印书馆 1964 年版。

沈福伟：《中国与西亚非洲文化交流志》，上海人民出版社 1998 年版。

刘文龙等：《中国与拉丁美洲大洋洲文化交流》，上海人民出版社 1998 年版。

芮传明：《中国与中亚文化交流志》，上海人民出版社 1998 年版。

《中国大百科全书》《农业》卷。

《中国农业百科全书》《农作物》卷。

宋元时期是我国饮食发生重大变化的时期。由于大批信奉伊斯兰教的阿拉伯人、中亚人来到我国，他们不仅带来了宗教信仰，也带来了与之相联系的饮食方式。以不食猪肉，不吃自死动物为主要特征的伊斯兰（清真）饮食文化，久而久之，成为我国饮食文化的一个组成部分。当时见于记载的伊斯兰食品有：设克儿匹拉、卷煎饼、糕糜、酸汤、秃秃麻失、八耳搭、哈尔尾、古拉赤、海螺兹厮、即你匹牙、哈里撒、河西肺等。与此同时，契丹、女真、蒙古的饮食习惯也进入中原。元人所著《饮膳正要》、《居家必用事类全集》中就录有蒙古和女真的食谱。[1]流传至今，清真食谱可分为清真寺院菜（教席菜）、小型商业菜和民间家庭菜三种形式。又先后出现了西北地区、华北和江南

1 王玉哲主编：《中国古代物质文化》，南开大学出版社 1990 年版，第 404 页。

三种不同风味。[1]

中国最早的西式饭馆、餐厅出现在鸦片战争前的广州。昆明赵文恪在自订年谱中说，道光四年（1824）游粤时“已登夷观楼阁设席大餐”。[2]这说明广州当时官场大餐已经以西菜为时尚了。西菜又称“番菜”、“大菜”。我国八大菜系之一的粤菜，一个重要特点就是吸收了不少西菜的原料和制作方法。清末民初，西式菜馆主要集中在东堤大沙头和沙基谷埠等繁华地带。1853年，老德记西餐馆在上海开张，同时开设的还有岭南楼、普天春、三合阁等。流派主要有法式、美式、德式、俄式和意式。每客价目上等四元，菜十二道；中等三元，菜十道。小食一元二角。起初，中国人并不适应那些充满了烧炙牛羊鸡鱼的大餐。出使欧洲的张德彝在英国轮船上每日三次点心，两次大餐，弄得他“一嗅即吐”，后来才慢慢适应了。[3]19世纪末、20世纪初，西方饮食的影响逐渐扩大。晚清湖南著名经学家皮锡瑞在1898年5月31日（清光绪24年4月12日）的日记里写道：“赴公度廉访（指署按察使黄遵宪）席。……属番菜，无大味，洋酒亦不醉人。”[4]说明当时处于内地的长沙已经出现了西餐馆，官员、学者也到那里用餐。西餐的流行使民国初年“政府所定宴会仪式，西宴凡十项列为宴会节目”[5]。袁世凯任大总统后，曾在北京饭店举行过一次盛大的鸡尾酒会，招待各国使节。随着西餐、西式糕点和饮料的流行，西式食品加工工业也逐步兴起，蛋品面包房、啤酒厂、汽水厂、罐头厂、制冰厂、糖果厂纷纷建立。30年代，蔡元培先生《三十五年来中国之新文化》一文指出中餐对营养重视不够，“共食时，匙箸齐下，有传染疾病的危险”，提倡中餐西吃。[6]

1949年以前，中国的大城市中虽然已经出现了外国的酒店和饭馆，外国的饮食方式（如喝牛奶、咖啡，吃面包）在中国沿海一带也

1 杨国桐等：《清真菜谱》，金盾出版社1991年版，第1～2页。

2 邹振环：《影响中国近代社会的一百种译作》，中国对外翻译出版公司1996年版，第59页；李少兵：《民国时期的西式风俗文化》，北京师范大学出版社1994年版，第6页。

3 张德彝：《航海述奇》，岳麓书社1985年版，第449～450页。

4 刘泱泱：《近代湖南的社会变迁》，湖南人民出版社1998年版，第311页。

5 刘泱泱：《近代湖南的社会变迁》，第332页。

6 邹振环：《影响中国近代社会的一百种译作》，第61页。

有一定影响，但仅限于少数上层家庭。改革开放以来随着整个人民生活水平的提高，外国注重营养和保健的饮食方式才对中国的多数家庭生活发生了不同程度的影响。食品消费趋于多样化。以天津为例，1997年人均食品支出 2436.05 元，比 1978 年增加了 11.2 倍。其中，1997年人均消费猪肉 15.7 公斤，牛羊肉 6.3 公斤，家禽 4.0 公斤，鲜蛋 19.1公斤，鲜菜 128.3 公斤，水产品 16.8 公斤，鲜瓜果 74.5 公斤，分别比1978 年增加 21.7%、2.9 倍、7.1 倍、4.8 倍、12.5%。购买熟食的消费量的比重从 1992 年的 24.08%上升至 1997 年的 35.3%，主要副食品消费上升，人均副食品支出 1381.87 元，比 1992 年增长 1.2 倍。居民在外用餐增加，人均在外用餐支出，比 1992 年增长 1.9 倍，占食品支出比重由 1992 年的 11.9%上升至 1997 年的 15.7%。[1]外国的餐馆像麦当劳、肯德基于 80 年代打入中国市场，受到中国青少年的欢迎。外国的饮料可口可乐、雪碧等近年来已经迫使我国的名牌饮料（如山海关汽水）在市场上绝迹。

在西餐引进中国的过程中，介绍西餐烹调技术的图书也开始出现，最早的一本书题为《造洋饭书》（Cookery Book），编译者是 1852年来华的美国南浸信会传教士高第丕的夫人。此书于 1866 年编写，共分为二十五章，由美华书馆出版。此书以“厨房条例”开篇，强调了卫生的重要性，共介绍了 267 个品种或半成品。书后附英文索引。该书的意义在于讲述了西餐的食物构成，讲究卫生的处理方法以及在中国如何利用当地产品用西法加工。值得注意的是近年来许多中国的菜谱和食谱都注意接受从国外引进的烹调技术。《沙拉美味 30 种》一书，介绍了受到我国人民喜爱的具有代表性的外国口味的凉拌菜的制作方法，包括德式荷兰豆沙拉、美式苹果黄瓜沙拉、法式肉沙拉、意大利板肉白豆沙拉和莫斯科沙拉等。《早餐食谱》一书则介绍了西式早点 12种。这说明注重营养和卫生的西方的饮食文化已开始进入寻常百姓家。

（三）住房

中国的建筑在世界建筑史上独具一格。其特点是：1）以木料为主要建筑材料；2）采取梁柱式结构；3）以斗拱为结构之关键；4）外

1 张庚新：“天津市居民生活走向现代化”http: //www.stat-tj.gov.cn/neweb/rmsh/xlfx18.htm

部轮廓优美。[1]中国的民居体现了这些特点，主要采取了木构架庭院式。黄土高原因地制宜，取窑洞式，云贵两广等地少数民族多采用干阑式住宅，青藏高原住宅形式如碉堡，被称为碉房。这些民居形式，经久不变。中国文化的印度化，只在寺院建筑和雕塑方面产生了较大影响，对于民居的影响不大。居住条件的现代化和国际化是从鸦片战争之后才开始的。西方列强入侵后，他们首先在通商口岸和租界地区兴建了一批新型公共建筑，如领事馆、工部局、洋行、银行、教堂。1900 年前后出现了独院式的高级住宅，它们基本上是当时西方流行的高级住宅的翻版，一般地处城市环境优越的地段，房舍宽敞，有大片绿地。建筑多为一、二层楼的砖（石）木结构；内设客厅、卧室、餐厅、书房、卫生间、厨房，设备考究，装饰豪华，外观大多为英、法、德、意等国的府邸形式。居住者主要是外国官员和企业家。辛亥革命前后，中国上层人物也开始仿建，比较著名的有近代实业家张謇在南通建造的“濠南别业”。20 年代以后，独户型建筑形态逐渐从豪华型独院式高级住宅转向舒适型的花园住宅，建造数量增多，在上海、南京等城市形成了成片的花园住宅。天津近代建筑的精品是各式各样的“小洋楼”。“五大道”（马场道、睦南道、大理道、常德道、重庆道）集中了英国庭院建筑；今工人文化宫的广场周围是意大利风格的建筑；中心公园有一圈法国曼塞尔式的建筑。这些建筑大多“整洁明快，外有铁花大门、围栏，内有玻璃花窗，整个住宅为绿树草坪所包围，是西方经典式住宅建筑的再现”[2]。值得注意的是天津小洋楼的主人大多是中国的富商巨贾、买办、军阀和封建余孽。其外型是洋式的，室内陈设则是中西合璧。位于今重庆道 55 号的庆王府是这方面的典型。一楼大罩棚是天井式方型大厅，约 400 平方米，正中悬挂三块御匾，高顶正中挂着一对西洋古典玻璃大吊灯。四面摆置镶嵌螺甸八仙桌和日本七宝大烧瓶。[3]

里弄住宅最早于 19 世纪 50—60 年代出现在上海，是从欧洲输入的密集居住方式。后来汉口、南京、天津、福州、青岛等地也相继在

---

1 梁思成：《中国建筑史》，商务印书馆 1955 年版，第 4～5 页。
2 冯骥才主编：《小洋楼风情，民居建筑》，天津教育出版社 1998 年版，第 2～3 页。
3 冯骥才主编：《小洋楼风情，民居建筑》，第 6～7 页。

租界、码头、商业中心附近形成里弄住宅区。上海里弄住宅按不同阶层居民的生活需要分为石库门里弄、新式里弄、花园里弄和公寓式里弄。早期石库门里弄明显地反映出中西建筑方式的交汇。建于 1872 年的兴仁里，多为三间两厢联立式。民国后建立的新式石库门住宅，是单间或双间一厢的联立式。及至北伐后，东南沿海成为国民党政府的心腹地区，大力加以建设，上海的西式里弄住宅才有较大的进步，开始向多层次大纵深发展，并增加了卫生设备，围墙的高度逐渐降低，或被拆除。其立面多用英式、西班牙式，非常接近外国联立式住宅，已然全盘西化。住户多为中产阶级。[1]天津最早兴建的是院落式里弄住宅，分布在河北新市区，今三马路、四马路、黄纬路与宇纬路之间。20 年代起中外房地产公司开始兴建新式里弄，主要分布在旧英法租界。里弄住宅布局紧凑，用地节约，空间利用充分。有一批排连式的别墅建筑坐落在桂林路一带。世界里、大兴村、德国大院、美国大院既是联户或里弄建筑，又不失小洋楼的风格。联户型、多户型的住宅还有居住大院和高层公寓。高层公寓多位于交通方便的地段，以不同间数的单元组成标准层，采用钢框架、钢筋混凝土框架等先进结构，设有电梯、暖气、煤气、热水等设备，有的底层为商店，或餐厅，外观多为简洁的摩天楼形式，30 年代才在中国出现。比较著名的高层公寓在北京有王府井的迎贤公寓，上海为百老汇大厦（21 层）、毕卡地公寓（15 层）、炮台公寓、高纳公寓。在当时能住进这些高档住房的毕竟是少数富人，普通居民只能望楼兴叹。许多贫民只能住在棚户区，1934 年南京住在棚户区的共 15 万人。天津解放前夕住在用破毡旧席搭成的窝棚中的人口有 2.5 万人。[2]

全国解放后，各大城市兴建了一批工人宿舍，多为联户式的平房，比较简陋，但满足了人们最低生活的需要。城市住宅在 50 年代末就已呈现出紧张的势头。各建筑设计单位、学术团体为此做了大量的调查研究工作，提出许多解决方案。1961 年 12 月中国建筑学会第 3 次代表大会专题讨论了住宅问题并举办展览。与此同时，我国许多城市开

1 李少兵：《民国时期的西式风俗文化》，北京师范大学出版社 1994 年版，第 71—72 页。

2 冯承柏、罗宣：“20 世纪的费城与天津”，载王旭等编：《城市社会的变迁》，中国社会科学出版社 1998 年版，第 253 页。

始大批兴建公寓式住宅。改革开放以来，我国人民的居住条件得到了更大的改善。城市平均每人居住面积从 1978 年的 3.6 平方米增加到 1997 年的 8.8 平方米。同期，农村人均住房面积从 8.1 平方米增加到 22.4 平方米。每万人拥有的绿地从 1978 年的 10.6 公顷增加到 1996 年的 35 公顷。同期城市自来水普及率从 81%增加到 95.2%。煤气液化气普及率从 13.9%增加到 75.7%。[1]从 1979 年至今，建设部举办了多次全国性的城市住宅方案竞赛，基本上反映了我国住宅设计水平和设计技术标准国际化的过程。1984 年开展了“全国砖混住宅新设想方案竞赛”，首次要求提高砖混住宅的工业化水平，以 30%为基本系列，推行双轴线定位制，以保证住宅内部的装饰装修制品、厨卫设备、隔墙、组合家具等建筑配件走上定型化和系列化道路。这次方案反映了住宅单体设计的平面布置合理性、功能实用性与外部环境优美性，出现了以基本间定型的套型系列与单元系列平面和整体建筑的花园退台型、庭院型、街坊型低层高密度等多种类型建筑，体现了标准化与多样化的统一。1989 年举办的“全国首届城镇商品住宅设计竞赛”，要求把方案设计成“我心目中的家”，设身处地地创造一个宜人的居住环境。1998 年举办的以“迈向 21 世纪的中国住宅”为题的竞赛，其指导思想是，在住宅产业现代化的引导下，充分利用技术进步和四新技术的提高条件，创造现代居住生活水平的住宅套型，以适应市场的需求，要求住宅设计考虑住宅建设的可持续发展，要有适度的超前意识。此次方案的特点是：1）重视住宅的居住性；2）提高住宅的舒适性；3）强调可持续发展；4）加强厨卫的整体设计；5）合理利用资源；6）加大科技含量；7）注意生态平衡。[2]1999 年 3 月建设部公布了《住宅设计规范》，为强制性国家标准，要求住宅设计应以人为核心，实现标准化、多样化，积极采用新技术，创造方便、舒适、优美的生活空间。[3]这就使我国住房建筑朝着国际化的方向又前进了一大步。近半个世纪以来，随着生活水平的提高和居住条件的改善，室内设计逐渐成

1《中国统计年鉴》1998 年版，第 324 页。

2 赵冠谦、开彦：“中国住宅建设发展五十年”，《城市开发》1999 年第 10 期，第 12～13 页。

3 建设部：《住宅设计标准》，中国建筑出版社 1999 年版，第 1 页。

为建筑设计的一个分支。我国人民业已从注意室内的装修转而注意到室内设计，包括空间的组织、光照设计、色彩设计、材料选择、家具布置、装饰、陈设和植物配置。1999年出版的杂志《新居室》（Fashion Home）反映了居室设计的现代化和国际化的趋势。编者在“设计师的功夫在于‘度’”的标题下写道：“主人走遍中国不稀奇，还常去外国，见识也就广了，而在自己的居室定位上，便显得清晰明了。这就是：脱出繁复而多突出一点简洁；脱出谨严而多显示一些随意；脱出凝重而多突出一些清爽……至于如何把握其中的‘度’，那就要看设计师的功夫了。”[1]

（四）交通与通讯

交通和通讯的现代化是人民生活方式现代化的一个重要组成部分。中国是一个大国，历代王朝为了实现中央集权的统治，一向有重视交通运输和通讯的传统。秦始皇时期就提出了“车同轨，书同文”，并“为驰道于天下”。历代中央政府对于驿站系统的维护、道路的修建，河流的疏浚，河运、海运的开通，都做了不少工作。然而，受历史条件的限制，交通和通讯的革命直到近现代才进行。在欧洲工业革命的影响下，1842年潘世荣制成以蒸汽为动力的小火轮。这件事应该看成是我国交通运输革命的开端。24年之后，清政府创办了福建马尾船政局，为中国最早的现代造船厂。1871年外商在中国开办有线电报。1876年，英国商人在上海修建的淞沪铁路，被认为是中国土地上的第一条铁路。1878年我国由海关兼办邮政，首次发行邮票。此后，轮船、火车、汽车、飞机、电报、电话、无线电、电视等现代交通通讯工具陆续引入我国。铁路、公路的修建，内河、沿海、远洋和空中航线的开通，港口、机场的修建，电缆（包括海底电缆）光纤的铺设，成为我国国家经济建设和城市建设的重要内容。围绕着交通通讯事业的发展，建立了一批国家管理机构和公营私营企业。交通通讯的现代化全方位地带动了各个方面的现代化。它大大促进了资本、商品、劳动力的流动，有助于国内市场的形成；它大大方便了人民生活和人际交往，有利于文化的整合与认同；它还大大加强了我国的国际交往，加速了

1《新居室》（Fashion home）1999年第8期。

社会现代化和国际化的进程。80 年代在我国开始的信息技术革命为此提供了充分的证据。

信息技术是以光电子学和微电子学为基础，把电脑与电讯结合起来，对声、像、文本和数字形式的信息进行收集、储存、处理和传播的手段。它包括传感技术、通信技术、信息处理技术（即计算机技术）和控制技术。由于信息技术在现代技术中具有创新功能，潜力极大，通常称之为启动技术（Enabling Technologies）。如果说以往的科技革命主要发生在物质和能源方面，是人类运动系统：腿脚手臂的延伸和扩展，那么，信息技术则是人类神经传导系统和思维器官的扩大和延伸。这种扩大和延伸看来是没有止境的。

我国的通信技术和通信事业虽然起步较晚，但因采取了兼收并蓄的方针，博采发达国家之长，大量引进先进技术和理论，自 1987 年以来发展很快。现已建成包括光纤、微波、和人造卫星等多种方式的全国通讯网。正在由模拟技术向数字技术过渡。1989 年第一个分组交换网 CN-PAC 开通。1991 年进行扩容改造，到 1995 年底，全国新建省际光缆干线 22 条，数字微波干线 20 条，大型卫星通信地面站 19 座，覆盖全国 21 个城市的的数字数据网（DDN）已投入运行，可以通过光缆提供高速率达 2 兆比特的数据专线。邮电部以此为依托开通了 CHINANET，供广大城市用户使用。在此基础上中国互联网、金桥网、中国科技网、中国教科网纷纷开通，到 1999 年 6 月 30 日，我国上网计算机数已达 146 万台，上网用户人数 400 万在中国网联网上注册域名的达 2 万 9 千零 45 个，全国共有网联网站点近万个。从用户的构成及分布可以看出，我国目前的网联网用户群仍然集中在经济发达地区的拥有较高学历的青年人中。[1]

信息技术在我国的移植和推广正在以下几个方面发生作用。1）信息技术武装起来的制造企业本身已经不仅是制造产品的组织，更重要的是对知识和技术进行探索的思维性组织，其标志就是企业对研究和开发的投资比重逐渐超过资本的投资比重[2]。2）新的信息网络不仅是学习的工具，而且还是一种渗透到各个角落的技术和社会力量，它

1《电脑日报》1999 年 7 月 16 日。

2 蔡希贤等："高科技产业创新的若干趋势"，《科学管理》1995 年第 5 期。

将把整个社会结构紧密的结合在一起，形成一种新的主流文化现象，有人称之为计算机文化。3）信息技术的功能主要是最大限度地扩展人类的智力、体力和感官能力，把人的潜能发挥到最大限度，并最终改变和丰富人的精神世界。4）信息技术在国际关系中起着一种涵化和整约作用，体现在加强各种文化和民族的互动、促进同质和异质文明的融合与冲突。[1]换言之，在国际关系领域具有文化整合的功能。

衣食住行是人民生活的物质基础，是物质文化的基本组成部分。衣食住行的现代化和国际化不可避免地会带动其他方面的现代化和国际化。例如，表意符号系统（语言、文字）的现代化和国际化。汉语词汇中增加了大量的外来词汇：如“沙发”（sofa）、马达（motor）、“引擎”（engine）、“透平”（turbine）“拷贝”（copy）、“甲克”（jacket）、“加仑”（gallon）“卡”（card）、“凡士林”（vaseline）等等。汉语的拉丁化、拼音化也是语言与国际接轨的表现。在造型艺术方面，绘画、雕刻、摄影、电影、电视吸收外来文化所迈出的步子之大，西化的程度之深，实在令人吃惊。80年代出现的“新潮美术”、“前卫美术”、“行为美术”、“青年美术运动”、“一时甚嚣尘上，似乎成了80年代中国美术的主流。”[2]颇能说明这方面的状况。对于这些，本文限于篇幅，无法一一论列。

值得注意的是，中国文化和社会的现代化和国际化并没有停留在物质文化这个层面上，而是深入到制度文化、意识形态和价值观念层次。我们的政党制度，政府制度、经济管理制度、教育制度不是来源于欧美就是从前苏联引进。我国的指导思想马克思主义，是欧洲文化高度发展的结果。我国意识形态中的自由主义、保守主义也都曾是从外国特别是西方的思想库中找寻到的适合自己的武器。90年代以来的一个调查表明，在与西方文化的交流下，中国传统的思维方式已逐步向西方思维方式转变；理性工具文化的素质在提高；家庭价值取向弱化，个人价值取向强化；社会运作的人治取向减弱，法治取向加强；只有人文精神文化形态仍属于传统型的（中国传统文化和西方文化价值心理取向的两极为1—5，中国目前的得分是2.72不到中间值3），

1 冯源江：“高科技发展与当代国际关系的改组和转型”，《欧洲》1995年第2期。
2 [英]苏力文：《东西方美术的交流》，江苏美术出版社1998年版，第422～423页。

但程度减弱而趋于西方化[1]。

在中国的人文精神中，孝敬父母的观念一直占有重要位置，最近的一个调查表明，对于孝敬的理解在不同的群体中正在发生变化。特别是涉及到实际生活问题时，观念的变化表现得更为明显：1）大多数人认为维护父母的权威不是孝顺的一种方式；2）与父母关系的理想方式是分开来住，不时去看望他们；3）孝顺不以陪伴父母时间长短来衡量。最主要的是，自己要过得好使父母放心开心；4）青年人认为，“孝敬”应该是发自内心的冲动，不是被教育出来的机械的操作。[2]这表明现代城市中人们自我意识的独立意识的增强，已经反映到父母子女关系上，在观念上已经远离儒家对“孝”的传统解释，靠近西方社会对父母子女关系的理解。

对于“性”生活的看法，是衡量中国价值观念的另一个尺度。一位专门研究中国“性”问题的美国历史学家贺萧（Gail Hershatter）认为，毛泽东时期是以革命的禁欲主义生活方式载入史册的，避免谈论性欲和性生活是这个时期的特点。80 年代以来的中国，一反过去，“性”成为时髦的话题，有关性问题的图书充斥市场。1979 年中国大陆出版了 6 种关于性问题的图书，1991 年增加到 216 种。学术界已出现了一批专门研究性问题的专业工作者。1992 年出版了长达 866 页的《现代中国的性行为——秘密报告》。贺萧的的结论是，在改革时代，谈论性是时髦的，观察某一种特殊的性形象也是时髦的，为建立一种科学的性行为标准而感到忧虑是时髦的。使性问题看得见，听得见更是时髦的。[3]

以上几个例子，充分说明打开国门百余年来，中国社会和文化已经发生了深刻的变化。不仅是中国的物质文化中充满了外来因素，已经国际化了。文化的核心——价值取向，也发生了深刻的变化，正处于现代化和国际化的过程之中。至于现代中国的社会结构，虽然在学术界众说纷纭，但从历史角度观察，从传统社会结构向现代社会结构

1 景怀斌等：“文化研究中若干理论问题的实证诠释”，《新华文摘》1996 年第 6 期。

2 杨都海等：“中国孝心调查”，《深圳风采》周刊，1999 年 3 月 21 日版。

3 Hershatter, Gail: “Sexing Modern China”. In Hershatter, Gail., Honig, Emily, Lipman, Jonathan N. And Stross, Randall eds., *Remapping China, Fissures in historical Terrain*. Stanford University Press, 1996.

演进的轨迹是清楚的。新的阶级和阶层在形成，旧的阶级和阶层在消失、泯灭。工商业者、知识分子、专业管理人员、大学生的队伍在扩大，他们在人口中的比重和影响都在增加。[1]在国际经贸文化交流活动日益频繁的影响下，一个专门从事国际经贸活动，及在外国企业和三资企业中任职的白领阶层已经出现。有的外国学者认为，现代中国社会是一个国家领导的市民社会。[2]这个看法，不无道理。

余论

中国社会的现代化和国际化走过了曲折的路程，付出了惨重的代价。为了寻找救中国的真理，建立一个能够实现现代化的政权，先烈们曾经抛头颅、洒热血。为了实现现代化我们走过弯路，交过学费。在实现现代化的过程中，我国传统文化中的人文精神和物质化的表现曾被当作封建的糟粕遭到鞭鞑和破坏，“天人合一”的理想被唾弃，环境和自然资源受到摧残。一些在解放初期已经销声匿迹的社会问题：吸毒、嫖娼、赌博、迷信、拐买人口、有组织的犯罪又死灰复燃。与本题直接相关的是崇洋媚外的思想重新抬头。东南亚的金融危机对我国发生了很大的冲击。在发达国家技术设施、物质待遇的吸引下，高级人才流失严重，我国的部分高等院校成为了留美、留欧的预备学校。我们赞扬过的现代信息技术正在使全球的贫富差距拉大。物质文明建设与精神文明建设未能协调发展。这一切，我们可以称之为现代化和国际化付出的代价，或者说是他们的负面效应。应该看到，现代化、国际化和今天人们所津津乐道的全球化都是一把双刃剑，既有为本国带来有利于自身发展的一面，也有遭受国际瘟疫传染和帝国主义文化渗透的一面。正如联合国 1999 年人类发展报告所说：“全球化具有积极、创新、能动的方面，也有消极、造成分裂和边缘化的一面。”[3]它所带来的负面效应主要是：金融的易变和经济的不稳定；职业和收入的不稳定；健康和文化的不稳定；个人和环境的不稳定以及政治与社

1 朱光磊主编：《当代中国社会各阶层分析，大分化新组合》，天津人民出版社 1994 年版，第 194、226～227、342、392 页。

2 Frolic, B. Michael: “State-Led Society”, in Brook, Timothy & Frolic, B. Michael eds.. *Civil Society in China.* M.E. Sharpe, Armonk. New York. 1997.

3 Human Development Report: 1999, p.25.

区的不稳定。新的信息和通讯技术既促进了全球化的进程，也把世界分裂为通讯四通八达和十分孤立两个极端。报告指出，全球最富有的五分之一人口占有世界国民生产总值的86%，最穷的五分之一人口只占有1%，1997年，分别为74%和1%，1990年是60%和1%。从网联网的用户看，最富有的20%占用户总数的93.3%，最贫困的20%人口仅占用户的 0.2%[1]。美国商业部国家电讯和信息管理局最近发表的关于数字化技术造成的社会鸿沟的报告所得出的结论几乎完全一样。它指出，在美国“收入在75,000美元以上的家庭的网联网用户比收入最低的家庭高20倍，拥有电脑的用户数要高9倍[2]。值得注意的是前文所引我国 Internet 用户的调查报告也表现出类似的趋势。网联网的用户集中在经济发达地区，教育程度较高的青年人中。这说明现代化、高科技化带来的负面效应也出现了国际趋同的现象。物质文化的变迁促进了中国社会的国际化。社会的国际化是社会进步的表现。然而，任何社会都必须持续和协调地发展，否则就会给社会带来不稳定甚至是动乱。我们决不能因噎废食。但也不能对现代化、国际化和全球化带来的负面效应视而不见，或掉以轻心。

环顾全球，回顾我国现代化和社会国际化的历史，展望未来，我们不难发现，现代化、国际化、全球化是一个不可逆转的历史过程，也是我们所能作出的唯一的历史选择。只要我们能够总结以往的经验教训，加强控制和管理，我们就一定能够将它们所带来的种种负面效应降低到最小程度，使广大人民得到最大的益处。

原文载《中国社会史评论》第二卷，2000年

1 Human Development Report 1999, pp.2～3.

2 National Telecommunication and Information Administration, Department of Commerce: *Falling Through the Net: Defining the Digital Divide, A Report on the Telecommunication and Information Gap in the America*. July 1999.p.xiii.

从张伯苓先生的一封信说起

在先父冯文潜（字柳猗）的档案中珍藏着张伯苓校长的一封亲笔信。这封信是1943年8月23日从重庆发出的。信的全文如下：

柳猗贤弟：

两函均经收悉，微躯备承关怀，至深感激。半年来健康日增，旧疾许久未发，祈释锦念为幸。寄来之语言研究工作报告业阅悉。内容详实，蔚为大观，足徵吾弟对于研究工作计划周详，始有此良好成绩。尚望继续努力，俾能对于我国文化多有所贡献。国势好转，盟国胜利指日可期。建国大业当能突飞猛进。思念及此，精神感觉异常振奋，想弟亦同之也。苓现正擘划复兴南开工作与扩展南开事业范围，急宜预储人才。闻吾弟身体较前康壮，尚希加意珍摄，将来仰赖吾弟大力臂助之处正多也。一昨孔云卿弟令媛祥兰自平来此，述及云卿近状甚详，谓云卿始终不为敌伪利用，生活颇艰窘，志节实堪钦佩，并闻。

顺请

台绥

张伯苓手启

八月二十三日

这封信的内容十分重要。信里谈了有关南开发展的两个问题，一是研究工作，另一是复校的准备工作。张校长肯定了报去的语言研究报告，认为“计划周详，始有此良好成绩”。这是指刚刚成立的南开大学边疆人文研究室在云贵少数民族地区进行语言调查取得的成绩，包括：1942年6月至7月邢庆兰（公畹）先生贵州定番（惠水）所作的仲家语言调查；陶云逵、高华年、黎宗瓛在云南新平杨武坝对纳苏语言和窝尼语言、宗教、巫术的调查；黎国彬在云南元江、新平的红河上游摆夷地理环境调查和完成的调查报告。

边疆人文研究室是父亲学术生涯中付出心血最多的事业。他并不是学术上的负责人，只管行政事务，负责人员的招聘、经费的募集和使用以及调查研究的组织等工作。他乐此不疲，把它当作一个神圣的事业，投入了自己的全部精力。在身染重病，生死存亡之际，念念不忘的仍然是这件事情。1944 年 2 月 7 日他在给高殿森、李田意、曹鸿昭的信里写道：

这三个月是这样过的！十月二十五日黄先生遭狙击，头部重伤，五周的疗养，未满，我又倒了（十一月二十），伤寒好后出门两天，陶先生云逵也倒了（十二月三十），一倒竟不再起！（一月二十六日）。至此我可以说是身心交瘁了。

生与死之间的距离本来就不太辽远。等到一个人病倒时似乎这距离就更近了些。当我病时，高烧的不可耐时，也曾想到死，死后未了的事，其中之一便是边疆人文调查研究的工作如何安排，如何整个的交代给云逵，使这工作能接续下去。谁想到他倒向我交代了。你们都知道这点小小的研究调查工作的产生是不容易的。未来前阻挠，生后的摧残，像我在云逵死后向室中同仁说的，什么打击我都搪过，对于什么打击都有个还击。可是今日这样的打击，云逵的死，我并未料到。能搪过去吗？我有这个心，果能搪过吗？只要大家都有这个心，同仁皆“有”。《语言人类学丛刊》已出三种，《边疆人文》（两月刊）已出二期……

张校长在信里谈的第二件事情是“复兴南开工作与扩展南开事业范围，急宜预储人才”。早在 1942 年的春天，张伯苓校长连续在重庆召开会议，研究规划抗战胜利后南开发展问题，明确学校设四院，文学院设中文、英文、历史、哲教四系，由柳猗先生出任院长相兼历史系主任。边疆人文研究室的成立是预储人才的起点。该研究室的邢公畹、黎国彬先生后来都成为我校人文社会科学领域的学术带头人。在抗战期间延揽的人才中，最为著名的是杨志玖先生。1941 年杨先生从北大文科研究所毕业，经姚从吾先生介绍来到南开。在柳猗先生的日记里多次出现有杨先生的记载，其中多条涉及 1944 年史语所所长傅斯年先生“借调”杨先生去史语所帮助他编写《中国边疆史》一事，名为借调，实际上是想把杨先生“挖走”。但由于杨先生本人态度坚决，柳猗先生多方设法，复校后杨先生还是回到了南开。他在日记中多有记叙：

1943 年

十二月二十一日　星期二　志玖、李廷揆来

十二月二十五日　星期六　从吾来，送橘子十个，说孟真拟约志玖去蜀帮伊编中国边疆史。余未置可否，只说晤志玖后再与伊商谈。

1944 年

一月六日　星期四　晚饭前，勉仲来闲谈。六时半去。饭后翻《B……》(本文作者注：杂志名，字迹模糊，已难辨认)。八时去靛花巷访从吾，还杂志，谈志玖事"孟真多疑善变，我只写在他处深造好了"。

一月三十日　晤文侯，告以志玖去李庄助理孟真编纂边疆史事。

二月六日　志玖来。孟真亦有信给他，薪水稿费由太平洋学会发给，米贴由史语所发。

二月十九　星期六　晚志玖来，未晤。

1946 年九月二十五日　电杨志玖先生"南溪转李庄杨志玖先生，机位排在末批灰日起飞，请即命驾。双十开学，中旬上课。薪金 22 万足够两人用。"

字里行间，透露出柳猗先生爱才、惜才、用才的深情厚意。

原文载《南开大学报》2004 年 9 月 10 日

在昆明跑警报

——抗日战争期间南开人生活片段

抗日战争结束已经快六十年了。在昆明跑警报的情景仍不时浮现在我的脑海里。不久前，在美国俄亥俄州哥伦布市参观美国空军博物馆，看到有关飞虎队的实物和记载，不由地把我的记忆又拉回到那个年代。为了迎接南开学校一百周年和南开大学八十五周年校庆，我投入到父亲冯文潜先生抗战时期日记的整理工作中，日记中关于日机轰炸昆明的记载，栩栩如生。所有这些，都促使我将这段经历写下来。

1939 年 10 月，我随母亲到昆明，当时刚满六岁。父亲比我们早一年到昆明，家住文林街一号。这是曾任云南教育厅厅长李适生的宅院。我家住在正房楼上。后院有一座小楼，父亲的书房就设在那里。除了我们一家五口外，同住者有我的舅舅黄钰生（舅母黄梅美德刚刚去世）和查良钊（勉仲）先生（当是西南联大的训导长）。从到达昆明之日起，跑警报就成为我们生活的一个重要组成部分。每天一早起，母亲便到厨房将全家人一天的饭准备出来。在盛产蚕豆的季节，母亲准备的是从当地人那里学会的豆焖饭。当五华山顶的铁塔上挂出一个灯笼——预行警报的信号，我们便出发了。大人小孩都背上背包，里面放着细软、上学用的教科书和文具，从文林街直奔天君巷，出城墙豁口，越过铁路就到了城外的山脚下。昆明没有像样的防空工事，山上只有简单的防空壕沟，到山上就算是安全了。有时候没有等我们出城，空袭警报就拉响了，铁塔上挂起两个灯笼。日机击落欧亚航空公司民航机的那次，我们刚刚跑到天君巷，凄厉的紧急警报拉响，耳边响起机枪扫射声，全家人只得趴在墙角，以防不测。

我们的住所挨过两次轰炸。根据父亲日记的记载，一次是在 1940 年的 10 月 13 日。父亲的日记是这样写的：

十一时许警报，同出城。行至天君巷已发紧急警报。遇娄氏兄弟三人及祝女士。同登洪山，林中遇卢开周、朱之杰。十一时许二次紧急警报。少顷，轰炸机二十七架已临头上，东、西、中三面掷弹，城里及西东两郊皆被炸。三四时之间，警报解除。人心未定，行至半途，两次回窜。四时入城知师院、云大被炸。文林街大半被毁，行至先生坡不能再往东进，下先生坡绕至玉龙堆回寓所，寓所墙壁尚无恙，大门洞开，窗户俱下。正楼之顶瓦飞。新楼板为巨石震裂，直落楼下室中。小楼一间幸免，惟屋中书物堆积地上。灰土满床。

应该说明的是，距离我们住宅不远的文林街街心被一枚五百磅的炸弹命中，炸成了一个大坑许久都没有填平。昆明的街道是用石块铺成的。一块巨石被炸飞，直落我家屋顶，从二楼一直砸到一楼房东的客厅里。屋顶开了一个大天窗。厅中的一幅对联，上联是“一窗佳景王维画”，下联是“半壁江山杜甫诗”。上联被震下，只留下半壁江山一句，成为炸后惨状的真实写照。

第二次是在 1941 年一月二十九日。父亲的日记写道：

十二时一刻警报。扶泻肚，未离家。坚陪留寓。我率三孩、嫣之、刘芳出城。行至第一小山顶，已发紧急。一时后抵苏家塘西北山上。片刻敌机已至市中，集中投弹。十分钟后，第二批至，分别俯冲更近，似在文林街一带。忧念不已。登上视升烟地点，失足，脚腕挫痛。三时向回走，遇序经谈鲍事。四时入城，知文林街又被炸。抵寓扣门，扶应，心始稍安。知坚亦无恙始大慰。最近炸弹距寓仅百五十步。屋瓦坠地，湖泥满院。扶卧床上，竟震得翻身，亦云险矣。之杰、震杰、鸿昭、赵君、邱太太皆来探问。二时前文侯来，同往登华晤觉民。路遇锡永来探视。鲍君不在。晤太太，约明日十时在寓会面。送文侯至文林街，又去傅家略谈。七时半归。

日记中所说的坚，即黄子坚（钰生），序经指陈序经先生，鲍为鲍觉民。锡永，日文教授傅恩龄。文侯，蔡维藩，历史系教授。邱太太指化学系教授邱宗岳夫人。余皆为南开学生。一家有难，多人关心，正是南开人亲如一家的生动写照。

更为惊险的一次是，我们刚刚跑上山，日机已临头上，27 架飞机一字摆开，同时投弹。炸弹就在离我们一百米外的铁路沿线爆炸。弹片飞到我们身边，还是滚烫的。若碰在头上或身上，不死即伤。南开教西洋史的披名举教授夫妇在轰炸中"几被埋"。

这样的轰炸一直持续到 1941 年底，陈纳德将军的飞虎队移师昆明。我们曾目睹美国的 P-40 狠狠打击日本轰炸机编队的过程。那是一个晴朗的初冬，日机 27 架编队而来，飞到我们头上时，美国的战斗机从后面追上来，上下穿梭，穿插在日机之间。一会儿就打下了六、七架日机。日机始终保持队形，不敢出击。我们目睹日机冒着滚滚的浓烟坠落，心中感到说不出来的痛快。从那时起，日机就不敢那么明目张胆地来犯了，后来竟在昆明上空绝迹。

冯文潜收藏的一张珍贵明信片

冯文潜先生的档案中保存着一张珍贵的明信片。全文如下：

人百 云卿 柳猗 蔼辰 毓彬 勉仲 希圣 炎范 敬甫 诸位同鉴：

前寄一信言改乘南京船，嗣以 venezuela 又准搭乘，遂于二十三日登舟启行。匆匆未及函，极为歉。海上时有风浪，同人尚能支持，明日下午可到檀岛。

范孙张严　十一月二十九日

根据片上邮戳该片于 12 月 3 日上午 11 时自夏威夷发出

寄往地址：美国衣阿华州葛林乃尔 11 号邮箱李广钊先生（Mr. K. C. Lee）。

据有关资料，张伯苓校长为了创办南开大学，赴美考察，于 1917 年 8 月 13 日自上海起程赴美。1918 年 11 月 23 日由旧金山乘船归国。这张明信片就是在轮船上写的。四人署名，分别为：范（源濂），孙（子文），张（伯苓），严（范孙）。从排名顺序分析，严在最后，明信片很可能出自严范孙先生之手。

明信片的抬头共 7 人。能识别者 5 人分别为：李广钊（人百）、孔繁霱（云卿）、冯文潜（柳猗）、郭毓彬（灿文）、查良钊（勉仲）、曾中毅（炎范）、朱丹明（敬甫）。

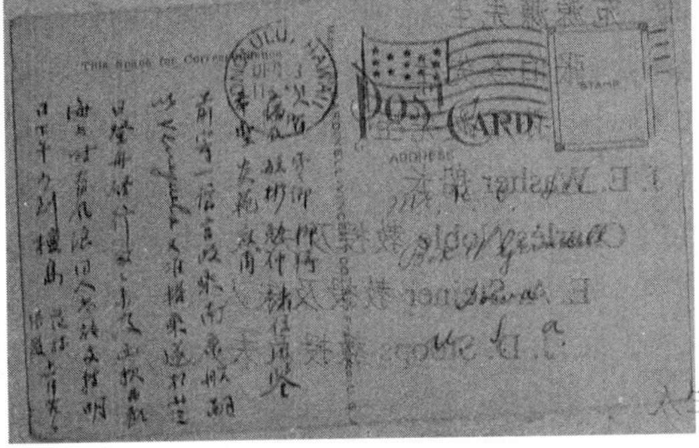

明信片的的另一面是所乘轮船委内瑞拉号的照片，上面写有：

太平洋邮轮公司的姊妹船“厄瓜多尔”、“委内瑞拉”、“哥伦比亚”号字样。

值得追述的是，张校长一行自纽约起程赴旧金山途中，访问了位于衣阿华州的葛林乃尔学院。除受到院方的款待外，在葛校的南开人于11月7日晚设晚宴欢迎伯苓校长一行。文潜先生档案中存有一份请帖（原文是英文）现译出，以飨读者：

为欢迎我们的贵宾，兹订于1918年11月7日晚6时假衣阿华州葛林乃尔门罗旅馆设宴：

宾客：

严修先生

范源濂先生

张伯苓先生

孙子文先生

J. E. Washer 船长

Charles Noble 教授及夫人

E. A. Steiner 教授及夫人

J. D. Stoops 教授及夫人

女主人

N. C. Shih（施）小姐

主人

K. N. Lei　　曾中毅

孔繁霱　　冯文潜

杨克念　　L. C. Cha

李广钊

菜　　单

柚子鸡尾酒　奶油西红柿汤　咸薄饼　馅橄榄　炸童子鸡
果酱马铃薯　夏豌豆　甜蜜土豆　芹菜 果子冻　帕克家面卷
水果沙拉　奶酪薄饼 冰淇凌 蛋糕 咖啡

这份菜单，可谓丰盛，表达了南开海外学子对母校创办人的深情厚谊和兴办南开大学的支持。

刊于《南开大学报》2005 年 3 月 4 日

治学严谨，诲人不倦

——忆陈荫枋先生

陈荫枋先生去世了。我国经济学界和南开园失去了一位功力深厚、治学严谨、诲人不倦的学者，我们家失去了一位亲切敦厚的长者和友人，思之黯然。我家和陈先生家的关系很特殊，陈先生的夫人刘森年女士，是我大姐（冯承蟠）在西南联大时期的同学，而且同宿舍。我和姐姐、妹妹称她为刘姐姐。她曾为我补习过数学。森年的四哥刘晋年（伯藩）先生，是我父亲冯文潜的同事、好友，我们叫他刘伯伯。昆明地方不大，同在异乡为异客，把大家的关系拉近了。逢年过节，刘姐姐和刘伯伯常来我家吃饭。刘姐姐与陈先生结识后，陈先生也一同前来。我家与陈先生之间半个多世纪的交往就这样开始了。

我因为教美国社会经济史的关系，常向陈先生请教有关跨国公司和美国对外经济关系的问题，有时还借书看。在交往过程中，我体会到陈先生是一位治学十分严谨的学者。他常向我指出，我国对跨国公司的研究刚刚起步，对许多问题的研究很不够，需要大量的占有资料，才能将问题弄清楚。我在担任学校图书馆馆长期间（1991～1997），他曾向我提出联合国跨国问题研究中心出版了一套跨国公司研究丛书，为研究工作所必需，研究所经费有限，希望图书馆能帮忙。我很快就把这套书买来，放在文科参考室供阅览。他听到了很高兴，马上让研究生去看。陈先生非常注意对新的理论方法的探讨，他不满足于跨国公司传统的“结构—行为—业绩”因果模式中的经验实证研究，特地指导他的一位博士生，进行新理论、新方法的探索。这位研究生采用以分析公司行为为特点的厂商理论（theory of the firm）新成果，以博弈论为基本研究工具，围绕着对多国和单国跨国公司的市场竞争的行为展开研究，写成题为《跨国公司与市场结构》的论文，提出了一条适合对跨国公司市场行为进行研究的方法。此文后来由商务印书馆正式出版。我还记得，陈先生在和我谈话时，曾特别指出在英文文献中 firm（厂商）一词可以直接翻译为跨国公司，给我留下了很深的印象。

陈先生的女公子陈靖涵现在已是一位卓有成就的经济学家，这是陈先生悉心教导的结果。按照陈先生的设计，靖涵先学数学，后攻经济。我认为这也是陈先生对自己治学经历的总结。他在美国学的是经济和统计，回国后，长期担任经济统计和数理统计的课程，后来才转到国际经济研究方面来。从我们这些外行看来，这似乎是经济学界克服教条主义的一条重要途径。我们的女儿宇澄和靖涵是幼儿园、小学的同学、好朋友。陈先生是看着她长大的。宇澄的弟弟宇新上初中时，森年姐曾给他补习过数学。他们都经常出入陈先生的家门。陈先生和蔼可亲，给他们留下了深刻的印象，他们也应算作陈先生德泽所及的一辈。如今，宇澄和宇新都成了不错的科学工作者，可以一并告慰于陈先生在天之灵。

昔人已乘黄鹤去，纪念陈先生的最好的方法，是将陈先生的治学和做人的精神光大发扬！

此文系在陈荫枋先生追思会上的发言2005年10月16日（合作者：黄振华）

我的十次美国之行（1981—2004）

1. 1981 年 2 月～1983 年 3 月国家公派访问学者

首次登上新大陆。好印象：物质的极大丰富，超市、图书馆、博物馆琳琅满目。坏印象：纽约街上的狗屎，无家可归的游民，废弃房屋（费城第 13 街）。

2. 1985 年 10 月 25 日～11 月 18 日美国学代表团访美。（成员有：洪君彦、梅仁毅、张伯然、李世洞、冯承柏）

3. 1987 年 6 月 20 日～7 月 12 日出席 UCLA 国际会议。第一次与台湾学者正式接触，科罗拉多之行（筹备美国学研讨班事宜）。

4. 1988 年 8 月底～9 月出席 UCLA 国际会议，加州沙漠之旅，访圣克劳德。

5. 1990 年 9 月～1991 年 10 月富布莱特访问学者 从安南代尔移居到 F 街。史密森博物院的经历、讲学之旅、英国之行、夏威夷。

6. 1995 年 12 月底～1996 年 2 月初宇澄结婚 加州洛杉矶 Orange county Nixon Museum, Washington DC、Michigan 基金会研究。

7. 1997 年 12 月底～1998 年 1 月下旬出席美国史年会 Michigan State, Seatle, St. Cloud State.

8. 1999 年 1 月 17 日～4 月 17 日与辛辛那提大学进行交流、讲学，探亲。

9. 2001 年 5 月底～8 月底孙女玥明（Selena）一岁生日，探亲，数字化图书馆联盟之探索。

10. 2004 年 4 月中旬～7 月中旬出席 Sirsi 用户大会，探亲，数字化图书馆研究。

我自 1963 年来南开工作之日起就开始从事美国史的教学和研究工作，从此就同美国结下了不解之缘。1981～2004 年 23 年间，我曾十次访问美国。这十次访问对于我的后半生有重要影响。趁着我的健康条件尚可，资料还没有大量散失，把十次访问的经过记录下来，或许会有些用处。

改革开放以前，我没有也不敢做赴美访问的梦。1963 年以来虽然每天都同有关美国现状和历史的资料打交道，访美的愿望从来也没有在头脑中涌现过。这大概同个人的遭遇有关。美国史一位出身红五类的同人，曾大胆的预言她会去美国访问。我当时只能暗笑她的狂妄无知。等到 1981 年初我到美国做访问学者已成定局，我对自己能否成行仍是半信半疑。直到我的双脚踏上美国土地的时候，我才相信我的确到了美国。初到纽约的印象并不好，住在位于东 12 街的我国驻纽约总领事馆的招待所。首先映入眼帘的是脏和乱。根据当时的理念，这是资本主义社会固有的现象。

我第一次访美的目的地是费城的天普大学（Temple Univesity）。这所大学排名并不靠前，却以中美关系正常化后曾主动授予邓小平名誉博士学位而闻名。先行者是该校美籍华人教授牛满江博士。费城是一座历史名城，一度是美国的首都，曾经是美国工业化的先驱，进入 20 世纪，逐渐衰落。二战后，大批工厂南迁，留下了成片的废弃街区，一眼望去，满目疮痍，费城的地位一落千丈，所幸一批大保险公司的总部仍然留在费城，高层建筑保持了现代城市的风貌。市政当局虽然有复兴中心城市的规划，但因财源有限，奏效甚微。

初到费城，我住在学校的研究生公寓（Columbia），因房租相对便宜，中国学生大多住在里面，彼此能有个照应。我的第一位同住者是傅作义将军的幼子傅立，他原在北京一所大学任教，自费来美，在天普大学（Temple）的 Intensive English Program 学英文，几次英语测试均未过关，存款所剩无几，正在办理转为公派的手续。他性格内向，不爱说话，总是躺在床上看天花板。大家都为他英语不过关着急。几个伊朗学生告诉他，英语过关的诀窍在于多和美国人接触，和他们打成一片，融入美国社会。意见虽好，具体到他身上，很难付诸实施。另一位同住者是复旦大学的程博洪教授，他是国民党政府副总统程潜的长公子，来美考察美国拉丁美洲研究情况，为期三个月。他从匹茨堡来，下一站是纽约。程先生约六十岁，不会做饭，天天吃方便面。我不时为他炒个肉菜做个汤，改善生活。他转到纽约后我曾同他一起访问过纽约著名的黑人区哈兰姆，当时被认为是冒险之举。

据系主任赫伯特·艾尔什科维茨（Herbert Ershkewitz）介绍，天普大学（Temple）历史系当时有三十多名教师，该系教师人数在1960年代曾达七十余人，本国史教师的阵容最强，以美国社会史、美国城市史和种族关系史为主攻方向。我所感兴趣的美国经济史力量很弱，只有一位教授已退休（后来我才知道，美国大学中的美国经济史课主要在经济系开设）。因学生不感兴趣，未开设史学史方面的课程。图书馆藏书，20世纪以来的美国史藏书较丰富，19世纪的美国史藏书不如同在费城的宾西法尼亚大学。图书馆有一个城市档案中心，收藏费城工人、黑人、宗教、卫生等方面的手稿和档案。该系密勒教授任档案中心主任。

天普（Temple）大学成立于1884年，为浸礼会所创办。1965年纳入州立大学系统。学生多来自工人和黑人家庭，入学限制不严，英语数学不合格者可先入先修班补习半年，学生有四万人之多，故有人民大学的美称。初到Temple感到最不习惯的是没有围墙的校园。马路四通八达，车辆可以穿行，体育设施通通向社区开放。后来才知道该校主校园坐落在波多黎哥与黑人的聚居区，必须与周围低收入的居民保持良好的关系。美国大学中处于同样环境中的还有坐落在纽约市曼哈顿区哈兰姆附近的哥伦比亚大学和芝加哥大学。我在Temple那段时间，校园治安情况很差。白天下午四点发生过抢劫案，上午八点半，办公楼曾发生过女职员被强奸的事情。我上班的社会科学大楼共十层，只有一楼的女厕所开放使用，其余均因不安全而关闭。晚上九点以后，女生从图书馆回宿舍必须用电话通知学校保安人员护送。在这种情况下，我们只能深居简出。没有小车，晚上绝不外出。

带着毛泽东时代的烙印，进入自由主义占统治地位的美国史学领域，到处都有格格不入之感。第一个学期，我听了两门课，一门Reback教授的“美国劳工史”；另一门是Mark Haller教授的“美国城市有组织犯罪的历史根源”。劳工史客观地叙述事实，讲课与国内没有什么两样，从头到尾读讲稿。考试考笔记和教授自己的一本《美国劳工史》。Reback教授的观点保守，与马克思主义势不两立。美国共产党的历史学家方纳（Philip Foner）有意到Temple任教（方与当时Temple

校长 Wachman 过从甚密），Reback 扬言，除非他在我的尸体上走过去。足见仇恨之深。Mark Haller 教授正在写一本 30 年代芝加哥犯罪史的书。我来到历史系后，他对我很友好，主动约我去首都华盛顿参观，并起草了一份通知，希望全系教师支持我的进修活动。他的课很有特色，给学生印发了许多资料。在讲到美国城市的红灯区时，他提出这些红灯区多与唐人街毗邻。原因是华工为男性青壮年，没有家室相伴，需解决性生活问题。我提出质疑，他坚持这是历史事实。后来，我就不再去听课了，以示抗议。现在想来，有点过分。既然已经表明态度，课还应该听下去，更何况这门课的后半部分，主要介绍美国黑社会的发展，对于了解美国社会颇有帮助。

1981 年暑假，参加 Waldo Heinrichs 教授主办的朝鲜战争讨论班，别开生面。主持人邀请了韩国学者与会，专门分析了战争爆发前北朝鲜支持的游击队在南朝鲜受困，与北方的联系中断，导致金日成急于南下。这样的信息当时在国内几乎不可能听到。它让我想起，72 级的一个学生（李德生之子）曾分析过战争爆发前南北朝鲜的军事力量对比，北朝鲜飞机、大炮、坦克俱全，而南朝鲜只有轻武器，不可能主动开战。Waldo Heinrichs 著有《格鲁传》，在美国史学家中颇有影响，他与 Dorothey Borg 合编的"*Uncertain Years: Chinese American Relations, 1947～1950*"是研究这一段中美关系史的重要参考书。我在 Heinrichs 的办公室见过曾在哥伦比亚大学任教的日籍教授冈本俊平（Shumpei Okamoto，曾与 Borg 合编《作为历史的珍珠港事变：1931～1941 年的日美关系》*Pearl Harbor as history: Japanese-American relations*, 1931～1941 一书），冈本得知我来自南开，站起来向我深深鞠了一躬，表示民族的歉意，并告诉我他在哥大上学时听过何廉先生的课。我的日记本上留有他的中文签名。

Temple 历史系以研究美国社会史闻名。我参加过一篇关于对未婚母亲研究的论文的讨论，论文使用了大量医院的病历档案，使我认识到病历也可以当作历史资料使用。

让我的视野得以开阔的是与经济系教师的交往。我初到 Temple 时，在该校亚洲学会的招待会上认识了来自香港的经济学博士黎汉明（Elizabeth Li），她在康乃尔大学攻经济学博士，此时在 Temple 任教。

通过她，我结识了经济系的 Jay Mandle 教授和他的夫人 Jean Mandle。他们夫妻二人称自己是独立的马克思主义者，周围有一批民主党左翼的朋友，多半是中学教师和工会工作者。记得第一次与 Jay 见面时，他大谈生产力和生产关系的概念，弄得在座的 Elizabeth Li 无所适从，插不上嘴。后来，Jay 每每引为乐事。我在后半个学期，听 Jay 讲发展经济学，并参加研究生的讨论。对 GNP、GDP、投入产出等基本概念和发展经济学的基本理论有所了解。这对于我学习美国经济史和中国的现代化进程颇有帮助。

Jay 的一个研究生名叫 Henry，来自哥伦比亚游击队，对中国农业合作化颇感兴趣，他为了写一篇读书报告，就高级社到公社化的历史和我连续谈了七个小时。对于我的英语口语是一次很好的练习。Henry 一头卷发，相貌不俗，为人热情，吸引了不少美国女孩子和成年妇女（包括他的教授）。他通过女友帮助我租到位于 32 街的一间房子，租金每月仅 50 美元，大大减轻了我的房租负担。

在发展经济学的讨论班上，中国在政治形态上被划入极权国家（authoritarianism）的范畴，这使我感到很不痛快，曾进行解释，试图说明共产党领导下的多党参政，也是民主制的一种，得到的反应是一片沉寂。

首次访美行程中最值得大书而特书的是我的密西西比之行。在国内攻读美国史期间，美国南部历史，特别是内战后的南部历史引起过我的浓厚兴趣。这主要是因为美国南部的历史与中国的历史颇多相似之处。迄于第二次世界大战前，美国南部与北部和西部相比是处于欠发达的农业社会，持续了二百多年的黑人种植园奴隶制在南部社会发展中留下了深深的印记。种族和阶级的壁垒森严，男尊女卑，好勇斗狠，崇尚骑士风度，豪爽好客是南方社会长期保持的特点。国内有关美国南部的历史资料有限。我选择了美国南部分成制的消亡作为我赴美考察的课题。到美国后，除了继续收集有关的资料外，我设法寻找去南部考察的机会。通过 Temple 社会学系一位教授的介绍，我和在密西西比州 Canton 县公共图书馆工作的一位人类学工作者取得了联系。我可以到那里停留两周进行调查访问，条件是在公共图书馆做一次有关中国的演讲。接着我又收到美中友好协会密西西比州负责人

McLamore 夫人热情洋溢的邀请信，愿意帮助我在密西西比州范围内进行收集资料的工作，条件也是在向美中友好协会的成员介绍中国现状。1982 年 10 月我从费城乘火车经芝加哥到密西西比 Canton 县，10 月底返回费城。这是一次难以令人忘怀的特殊旅行。美国南部棉花种植园的社会经济生活在我的脑海里留下了深深的印记。

（选自冯承柏未完成遗稿）

电视剧《张伯苓》观后

看完电视剧《张伯苓》百感交集，思绪万千，很难用简单的判断和话语来表达。首先让我想到的是，文艺作品是时代的产物，电视剧《张伯苓》当然也不能例外。它的成功、闪光之处，与它的败笔和不足都带有时代的特点。评论者不应该脱离现实，做超越时代的褒贬。电视剧值得充分肯定的地方，是没有回避张伯苓校长一生中重大的政治历史事件，和他所遇到的政治难题，而且力图根据历史事实和编剧、导演、演员自身的理解来说明张校长的行为和表现。比较突出的问题是与蒋介石的关系。在当时的历史条件下，在相当多的知识分子心目中爱国和拥蒋是一致的，能够区分这二者的，凤毛麟角。但是到了后来，老校长仍然抱着知恩图报的思想，和维持南开大学私立地位的幻想就任考试院长，这就难免让广大南开人非常失望了。也许这正是他老人家的个性使然。同政治事件的处理相比较，在大学的办学方针上，电视剧则显得苍白无力。本来，接着"轮回教育"的讨论，可以在南开经济研究所的建设上展示南开在经济学领域的贡献。南开大学是我国最早将西方经济学、社会学、人口学应用于我国现代化建设的学术机构，并取得了丰硕的研究成果。南开物价指数，享誉中外，文章可以一直做到抗战期间（经研所一直在沙坪坝）。到了抗日战争期间，应该将笔锋转到昆明，南开人在校长直接关怀下，与北大、清华团结合作为西南联大建设作出的贡献可圈可点。利用西方人类学、社会学、地理学和语言学的理论和方法研究边疆地区和少数民族问题是南开在人文社会科学研究方面的又一个创举。边疆人文研究室是在张校长直接关怀下成长起来的学术亮点。此外，还可以通过哥伦比亚大学出版的老校长七十寿辰纪念文集来说明南开在国际上的学术影响。加利福尼亚伯克利大学教授 J. D 康德利夫在《南开经济研究所》一文中写道："让中国古老文明生长出来的科学新枝，为中国问题寻找中国式的答案，这是张伯苓博士不懈的追求。这种坚持不懈，对于中国和世界都具有重要意义。全世界都希望有一个自由、独立、强盛的中国。当今的世界，不需要另一个美国，也不需要再有一个俄国，而需要一个新的中国。这个新中国利用美国和俄国的知识，但仍保持自己的特色。只有这样，其他国家才能从中国的经验中受益。其首要条件是忠于自己的理想。张伯苓博士在他的一生的工作中体现了这一点。南开经济研究所在一个特殊的领域中表现了这一点。”这是我看到的关于南开在中国教育史和中国经济学史上所作贡献最好的说明。可惜的是，为了突出政治，写国共两党对张校长的争取，将高等教育与中国实际相结合这篇大文章丢掉了。南开大学办学的鲜明特点被淹没了。这可以说是此片的最大败笔。

在人物的处理方面有同样的问题。张伯苓校长的成功与他知人善任，依靠自己的人格魅力，在周围形成的学术骨干队伍分不开。从电视片中只看到环绕在校长周围的行政人员队伍，基本上看不到学术骨干队伍。不是没有，而是没有写。其中动人事迹，不胜枚举。张彭春、凌冰、黄钰生、何廉、方显廷、陈序经、姜立夫、邱宗岳、张克忠、冯文潜、孟广喆……写大学校长，而不写他所依靠的学术骨干，大学校长的形象就立不起来，南开大学的特点就无法突出。在中国高等教育史上一直有过关于办自由教育（或大学教育）还是办实业（职业）教育的争论。张伯苓校长在这个问题上不无偏颇。正是他的弟子，周围的学术骨干在办学的实践中，特别是在抗日战争后期的复校筹备工作中，扭转了这一偏颇，这类重大问题在电视片中几乎看不到踪影。

有关南开与张伯苓校长历史地位的评价，说到底是一个如何看待教育救国与革命救国的关系问题，或者说是中国革命与中国现代化的关系问题。南开对中国历史和中国教育的最大贡献，就在于它一心一意地通过追求中国教育的现代化来实现中国政治、经济、社会、文化的全面现代化。抓住了这一点，就抓住了问题的核心。电视片中一再提到的鸡生蛋还是蛋生鸡的问题也就迎刃而解了。

少一些不必要的政治干预，多一些深入的学术研究。片子可能拍得更符合历史实际。

但是，我们还是应该感谢编导和演员所作的努力。为我们在文艺舞台上创造了一个有声有色的张伯苓校长和南开系列学校的形象。就这一点说，比起中国教育史上其他著名的教育家，张伯苓校长和南开是幸运的。

2005 年 8 月 11 日

附　录

冯承柏自编年谱

（黄振华补充修订）

1933 年

7 月 23 日　出生于天津，父亲冯文潜，南开大学哲学教授；母亲黄扶先，医务工作者，时住南开大学柏树村。

1937 年

“七七事变”后，学校组织师生疏散，全家移居英租界南海路永康里 3 号。

1938 年

8 月 19 日　父亲赴昆明西南联合大学。

9 月　入耀华小学一年级。

1939 年

10 月　母亲携姐承融、承柏、妹承蝯由海路经香港、海防赴昆明。随即入西南联大附小二年级，始住文林街 1 号，后移居青云街 198 号。

1944 年

7 月　小学毕业，9 月被保送上西南联大附中一年级。

1946 年

10 月　由昆明回到天津，入南开中学初中二年级（因无初中三年级而重修初二）

1948 年

9 月　升入南开中学高中一年级。

1949 年

4 月　在南开中学加入中国共产党领导的地下外围组织“民主青年同盟”。

8 月 19 日　在南开中学团训班由“民青”转入“新民主主义青年团”。

9月　当选学生会主席兼团总支副书记。

1950年

12月19日　在南开中学加入中国共产党，为候补党员，翌年6月19日转正。

1951年

2月4日　周恩来总理回南开中学视察，承柏当时在场亲闻总理的教导。

7月　被组织调派到天津市党训班学习，因而未参加高三毕业考试。

因患结核性胸膜炎，胸内积水，住院治疗，出院后回家疗养。

1953年

2月　经组织安排到天津第七女子中学（原南开女中）工作，任辅导组长、党支部副书记、政治课教师、党务专职干部。

1955年

1月　被中共天津市委学校党委调到天津市中小学教师马列主义进修学院任哲学教员。不久又被调到中共天津市委文教部，在研究室参加“哲学概论”讲稿的编写工作。

1956年

6月　中共天津市委文教部组建科学处，承柏成为科学处的一员，负责人文社会科学方面的工作，曾访问包括雷海宗先生在内的名教授，对雷海宗的学术观点整理成工作简报上报领导。

1957年

3～4月　以市委文教部工作人员的身份参加贯彻毛主席在党中央宣传工作会议上讲话，有党外人士参加的学习讨论会、大学教授的座谈会等，并担任记录，每日整理成工作简报上报领导。“人民日报”把雷海宗先生的发言说成是马克思主义“基本停留在1895年”，并加了按语。承柏认为作为党报不应该歪曲雷先生的原话，然后加按语，显然是按错了。

11月　作为下放干部承柏被下放到天津西郊梨园头村劳动。

1958年

8、9月　在下放干部整风时，承柏给下放干部组长贴了一张大字报批评他作风生硬粗暴，言辞比较激烈，被认为是反党。以此为由，市委文教部党支部搞整风补课对承柏进行批判，并以“支持右派向党进攻”“为右派分子鸣不平”等罪名，把承柏定为“阶级异己分子”，给予开除党籍、降职、降薪的处分，继续留农村劳动。

9月　母亲黄扶先被批准加入中国共产党。

同月　父亲冯文潜被批准加入中国共产党。

1960年

1月　被市委机关改派到北郊区刘安庄市委机关农场劳动。

1961年

11月中旬　被调回市内，分配到天津《历史教学》社任资料员。

1963年

1月　与黄振华结婚。

4月　父亲病逝。

6月　被调到南开大学历史系资料室，任美国史杨生茂教授的科研助手。

9月　参加河北省丰润县“四清”工作至1964年上半年。

1965年

9月　到河北盐山县卸甲楼村参加“四清”工作。

是年编写了《五十年来美国黑人抗暴斗争大事纪要》。

1966年

6月　“文革”开始后从盐山返回学校。

7月　被打成牛鬼蛇神挂牌劳动，被红卫兵抄家。

8月底　改入“中间组”(介于牛鬼蛇神与人民大众之间)。

1967年

2～5月　参加“卫东”下厂活动，先后到过纺织机械厂、棉纺二厂、色织三厂等工厂参加劳动。

1968年

8月　工军宣传队进校。

9月　清理阶级队伍开始，承柏被划入“坦白从宽”组，隔离审查。

1969年

1月　承柏改入“立新功”学习班（即所谓回到人民队伍）。

4 月　参加历史系教改小分队，在东郊四合庄活动，编写《新老沙皇侵华史》。

10 月　根据“林彪一号命令”，大学疏散，承柏作为火头军，骑自行车赴完县南五侯村。

12 月　因办展览事由南五侯村骑车回津，三日内往返近千里。

1970 年

5 月　随南开大学拉练大军返校。

7 月　前往津南大苏庄农场劳动。

9 月　作为“新工人”到校农场劳动，随赵祥师傅学习修理拖拉机。不久又曾随张家林同志到后勤参加展览筹备工作。

1971 年

10 月　自校农场回历史系参加《美国黑人运动大事记》编写工作。

1972 年

在历史系资料室参加联合国资料翻译工作。

1973 年

4、5 月　与历史系中国近代史教师一起带同学到廊坊搞义和团调查活动并教同学英语。

6 月　和历史系师生一起到塘沽开门办学，编写港史。

1974 年

在历史系资料室参加国别史翻译工作，参加编译《尼加拉瓜史》。

1975 年

4～8 月　与杨生茂教授、李元良老师一起负责 1972 届同学毕业实践。承柏负责讲授第二次世界大战后的美国史和美国黑人运动史，并到秦皇岛与高炮第 67 师合作编写《美国黑人解放运动简史》。

1976 年

1 月 8 日　周恩来总理与世长辞。与母亲黄扶先将周恩来给父亲的照片、书信等资料，捐献给中国革命博物馆。

4 月　完成论文《资本主义史上最黑暗的一章——西方殖民主义者奴役和贩卖黑人的血腥罪行》（合作者李元良）。

4～8 月　为 1974 届世界史专业学员讲授美国外交史专题：序论、共和国早期的外交政策和 20 世纪 60 年代以后的美国外交政策。

1977 年

在历史系资料室参加《美利坚共和国的成长》一书的翻译工作。

完成论文《马汉的海上实力论》(合作者李元良)。

1978 年

5 月 26 日　完成论文《第二次世界大战前夕的美国绥靖政策》。同日开始翻译“美西战争史资料”。

6 月 13、14 日　参加历史学科科学规划会。

8 月 14 日　完成为中央人民广播电台编写的广播稿《白人到来之前的美洲》。

10 月　完成参加翻译的《美国南北战争资料选辑》。

1979 年

1 月 23 日　市委文教组郭同志电话，请工作组李寿晋同志转告历史系，冯承柏同志的问题已讨论解决，撤销原处分，恢复党籍，恢复工资级别。蒙受 21 年的冤案得到解决。

1 月 30 日　《天津日报》发表新华社记者虞锡珪的文章《昭苏万物春风里——天津市错划右派改正工作一瞥》，专门报道了承柏被错误处分的问题得到解决的前前后后。

2 月　完成论文《中美两国人民诚挚友谊的见证》(合作者李元良)。

9 月～1980 年 1 月　在历史系为 1976 届世界史专业的学生开选修课讲授“文艺复兴以来的西方文化史”。

是年晋升为讲师。

1980 年

完成《美西战争资料选辑》的编译工作(合作编译)。

完成论文《论美西战争起源的美国史学》。

1981 年

完成天津社科基金项目“费城与天津比较研究”。

2 月　作为访问学者赴美国天普大学(Temple University)进修，为期两年。

1982 年

10 月　赴美国南部密西西比州进行考察。

1983 年

1月24日　获美国天普大学校长和文理学院院长颁发的“参加了美国社会经济史和外交史研究生课程学习”的特别证书。在两年期间亦广泛参观访问了费城、华盛顿、波士顿、纽约等地的图书馆、博物馆。

3 月　由美国经夏威夷回国。

6 月 3～18 日　代杨生茂教授出席在北京大学举行的《中国大百科全书》（世界史卷、美国史部分）的词条讨论会。

9 月～1984 年 1 月　开始为历史系博物馆专业学生讲授“西方博物馆”课；为 1980 届世界史专业学生讲授“美国社会经济史”。同时负责培养辽宁师院的一位助教和牡丹江师院的一位讲师。

10 月　参加“主要资本主义国家近代化的特点和道路”学术研讨会。

秋冬　代杨生茂教授在北京参加《中国大百科全书》（世界史卷、美国史部分）的词条审稿会。

完成论文《论内战后美国南部农业发展的道路》。

1984 年

4 月　被聘为南开大学兼任图书馆委员会委员。

8 月　携论文《美亚杂志与抗日根据地》（合作者黄振华）参加南开大学抗日根据地史国际学术讨论会。

9 月～1985 年 1 月　为历史系 1981、1982 届世界史专业学生用英语讲授“美国社会经济史”，同时为外文系 1982、1983 届学生用英语讲授“美国史”；为历史系 1981 届博物馆专业学生讲授“西方博物馆的历史与理论”。

完成论文《美国工厂制确立年代置疑》。

是年被评为一九八四年度南开大学先进个人。

1985 年

3 月　应老同学韩健民之约到山西吕梁地区考察旅游资源，在干部大会上做报告。

3 月 24～30 日　赴长春东北师大为丁则民先生主编的《美国内战与镀金时代》一书初稿审读，并以“美国社会经济史研究中的几个问题”为题讲学。

4 月 6～14 日　赴京接待美中友协麦克拉摩尔夫人一行，陪同他们游览北京。之后到世界史所与 E. P. Thompson 座谈。为社科院研究生班讲“美国社会经济史研究中的几个问题”。

完成论文《博物馆与西方社会》。

4 月　受聘为文化部文物局泰安培训中心博物馆领导干部管理学短训班兼职教师。

4 月 19～21 日　接待美国康涅狄克大学 Bruce M. Stave 教授夫妇来历史系讲学。

4 月 28～30 日　邀请并接待英国牛津大学 E. P. Thompson 教授夫妇来历史系讲学并与英国史及美国史教师座谈。

5 月　完成论文《卡尔逊与八路军的敌后游击战》（合作者黄振华）。振华携此文出席了天津和全国抗战胜利 40 周年学术讨论会，在天津大会上发言。

6 月 2～8 日　为国家文物局泰安培训中心讲授“西方博物馆管理”课程。

7 月 8～9 日　与美国天普大学代表团会谈。

7 月 27 日～8 月 1 日　赴泰安出席《大百科全书》（博物馆卷）词条编写讨论会。

8 月 11～14 日　邀请并接待美国天普大学 Herbest. Bass 教授夫妇来历史系分别与美国史研究室及中国史教授座谈进行学术交流。

9 月　接待富布赖特学者美国天普大学社会经济史教授 J. Mandell 夫妇到南开大学讲学，并组织座谈进行学术交流。

9 月～1986 年 1 月　用英语为历史系本科生讲授“美国史”。

开始招收美国史硕士研究生两名。

9 月 17～20 日　为国家文物局泰安培训中心讲博物馆学课程。

10 月 11～13 日　接待 R. Abrams 教授来历史系讲学、座谈。

10 月 16 日　完成赴美前的学术准备，草成“Industrialization, Museum, Sino-US Friendship, Three of My Current Subjects of American Studies”。

10 月 25 日～11 月 18 日　作为国家教委组织的中国美国学考察团

成员访美，参加了在圣地亚哥举行的美国学学会年会。

11 月 30 日在历史系作访美报告。

是年晋升为副教授，被任命为历史系副主任。

是年获教学质量优秀奖（用英语讲授美国史）。

是年完成《19 世纪费城工业化的特点》一文（合作者胡晓明）。

1986 年

1 月　完成论文《美国学刍议》。

3 月 5～15 日　到武汉大学为刘绪贻先生的《战后美国史》初稿审读，并讲学。

3 月 27 日～4 月初　参加美国史研究室讨论美国外交史提纲。

3 月底　开始为外文系用英语讲授美国史。

5 月 11～17 日　接待美国加州大学洛杉矶分校成露西教授到历史系和社会学系讲学。

5 月　完成《美国历史从这里开始——詹姆士城与威廉斯堡露天博物馆——美国博物馆巡礼》一文。

6 月　受聘为文化部文物局泰安培训中心兼职教师。

6 月 6～8 日　赴京出席《大百科全书》（博物馆卷）会议。

6 月　接待 Swidler 教授夫妇、小川平四郎教授夫妇、Steven. Engehlart 教授、关文斌、黎汉明教授到历史系讲学。

7 月 1～7 日　赴长春出席博物馆学会会议。在大会宣讲：《略论西方博物馆的社会功能与社会效益》一文。之后又出席《大百科全书》（博物馆卷）撰稿会。

8 月 13～19 日　出席中国美国史研究会年会。

8 月 20～25 日　出席在天津师大举行的史学理论研讨会。

8 月　完成《西半球最壮丽的艺术殿堂—纽约大都会艺术博物馆》一文。

9 月 3～5 日　为国家文物局泰安培训中心讲授“博物馆与现代化”、“西方博物馆的理论与实践”课程。

9 月　开始招收博物馆专业硕士研究生两名。

9 月 12 日　为新生做校史报告。

9 月～1987 年 1 月　为历史系本科生和研究生讲授“西方史学与

社会科学”、为本科生讲“博物馆的历史与理论”课，为档案系讲“专业英语”课。

9月　完成《御六气之辩以游无穷——记美国宇航博物馆》一文。

10月11日　出席沿海城市史讨论会。作了“西方城市史研究状况”的报告。

12月6日　为南开大学国际经济研究所作“图书目录检索与西文工具书的使用”报告。

12月　南开大学国际问题研究中心成立，校长滕维藻任主任，杨生茂教授和承柏任副主任。自12月至翌年1月先后组织专家学者的系列学术报告（有宦乡、章文晋、肖向前、成露西等4位），以及同陈抗、肖向前、成露西、朱国钧、曹一等专家学者的小型学术座谈会。

1987年

本年为历史系本科生、研究生开设“西方史学与社会科学”、“西方博物馆的历史与理论”，为研究生开设“西方文化理论”、“东西方城市比较研究”、“美国社会文化史专题”等课。

1月17日　接待以罗伯特·斯卡皮诺教授为首的美中国际关系研究委员会代表团来南开大学访问并作了亚太地区形势的学术报告。

3月　参加教卫系统思想理论研讨会，就民主自由与人权问题发言。

3～7月　为研究生讲授“16世纪以来东西方城市和文化比较研究”（讨论班）。

完成论文《现代化、城市科学、城市史》。

上半年接待巴基斯坦战略研究所所长、纽约州立大学Binghornton分校的霍普金斯教授和Wallerstein教授来访。

6月20日～7月12日　赴美国洛杉矶UCLA（加州大学洛杉矶分校）参加“环太平洋高级人才流动国际学术讨论会”，提交论文《中国的留学政策》（Brain Flow Policy of P. R. China）等两篇；完成《关于环太平洋地区高级人才流动的讨论》一文。

9月　被任命为南开大学副教务长，主管文科教学工作。

9月22日　南开大学国际问题研究中心举行第二次学术委员会会议，在会上承柏报告了国际问题研究中心成立以来的工作。

10 月 22～29 日　赴京，在北京外语学院与梅仁毅教授联合主持美国宪法中美学者国际学术讨论会。

1988 年

为历史系本科生和研究生开设了“西方文化史”、“中国文化概论”、“西方博物馆的历史与理论”等课程。

1 月　完成《论博物馆的起源》一文。

3 月　参加与蒙特利尔大学外事处长会谈；参与接待拉瓦尔大学校长。

4 月 4～8 日　参加中加大学校长会议的准备，为会议准备两份讲稿：《中国高等教育》，《加拿大高等教育》，出席正式会议。

6 月　参与接待苏格兰格拉斯哥大学苏东所华莱士来访并座谈；参加接待美国洛德大使。

同月邀请并接待美国堪萨斯大学美国学代表团来南开大学，安排讲座、座谈、参观昔日租界及文化街。

7 月 6～9 日　主办在天津召开的“中英学术界与工业的联系研讨会”，在大会发言。

7 月 17～19 日　在北戴河为中央党校干部培训班讲课，题目是“工业化、城市化与改革：美国的历史经验”。

8 月　完成关于人才流动问题的两篇英文稿。

9 月　被任命为南开大学社会学系代理系主任（兼任）。

8 月底～9 月　应邀赴美国参加在 UCLA（加州大学洛杉矶分校）举行的“关于环太平洋高级人才流动问题国际学术讨论会”，提交论文《中国的人才流动政策》等两篇。在会上宣读了“关于我国派遣留学人员和接受外国留学人员政策”的论文。之后在加州洛杉矶附近进行参观访问。9 月 11～14 日　到圣克劳德大学访问、讲学。

10 月 4～7 日　在北京出席“中美学术交流十年讨论会”。

10 月 17 日　受聘为《城市史研究》编委会编委。

10 月 18～21 日　出席“周恩来国际学术讨论会”。

11 月　筹备并主持 17～23 日在南开大学举行的“美国总统制中美学者国际学术讨论会”。

本年邀请并接待美国威廉姆斯大学 James Macgregor Burns 教授

来南开大学讲学。

是年晋升为教授。

1989 年

本年开“城市史”课，讲授“美国城市社会与文化”。

1 月　完成论文《决不南迁——平津战役期间平津知识分子的抉择》（合作者黄振华），振华携此文在“纪念天津解放四十周年城市史学术研讨会”大会发言。

1 月 19 日　参与接待美国 Moorhead 大学文学艺术学院院长一行。

3～5 月　组织和接待日本东京大学富永健一教授等到社会学系讲学。

8 月　在北京参加“当代西方史学理论学术讨论会”。

10 月　赴上海参加国家教委召开的讨论教学改革问题的会议，就如何办好文博学院问题发言。

12 月 25～28 日　去广州参加“国家教委召开的部分高校文科教育座谈会”。承柏代表南开大学参加社会学分组，代表该组写了座谈会纪要。

12 月下旬　被任命为南开大学图书馆馆长（仍兼社会学系代理主任）。

1990 年

为历史系本科生讲授“美国史”和“西方史学思想概论”课，为研究生讲“博物馆的历史和理论”等课。

1 月　到校图书馆任职。到任后组织由老馆向新馆搬迁工作，同时提出南开大学图书馆“抓根本，重基础，求实效”的工作指导思想。制定了现代化管理实施方案。

2 月　参加接待加拿大大使馆官员。

4 月　南开大学图书馆计算机国际联机情报检索开通。

5 月 22 日～6 月 1 日　接待美国辛辛那提大学黎汉明、关文斌先生来南开大学讲学。

6 月 2 日　图书馆编目部对西文图书实行计算机编目。

6 月 2～5 日　邀请并接待美国学术团体理事会主席斯坦莱·凯茨教授一行来南开大学参观、访问、讲学。

6月13日　接待美国驻华大使李洁明来校访问和参观图书馆。

6月15日　被国家教委聘请为中英友好奖学金第三届资格评审委员会委员。

7月10～17日　出席社会学系马克思主义社会学研讨班。在大会发言，编出马克思主义社会学著作索引。

8月　在昌黎黄金海岸国家文物局培训中心为第二届北京地区博物馆领导班子研讨班讲“西方博物馆史”课。

8月31日　经校务委员会决定，被任命为校学术委员会委员。

9月10日　接待台湾图书馆界王振鹄一行13人来图书馆参观、访问、座谈。这是两岸图书馆界首次聚会。

9月20日　作为富布赖特学者到美国首都华盛顿史密森研究院国家历史博物馆从事研究工作，为期一年。

1991年

1月　参加美国史密森研究院国家历史博物馆学术讨论会，在会上讲演，题为“A Chinese perspective of American Museums and Their History”。

2月　以上述讲题在美国乔治·华盛顿大学博物馆学研究班讲学。

4月9日　母亲黄扶先病逝。

4月初～5月初　在美国中西部和西部进行了历时一个月的访问讲学。在杜勒克大学访问讲学，4月8日在Dr Jane J. Agric就任第17届校长学术报告会上讲演：“理解中国文化（Understanding Chinese culture）”；在圣克劳德大学访问讲学，题为“历史，全人类的经验教训”；在辛辛那提大学访问讲学，题为“中国经济改革”、“教育与汉学”；在UCLA（加州大学洛杉矶分校）访问讲学，题为“美国研究在中国”。

7月23日　史密森研究院的美国朋友们为承柏举行庆贺生日聚会。

8月3日　在马萨诸塞州克拉克大学中国旅美史学家年会上作题为“Conflict and Harmony: A Comparative Study of Modern Secular Cultural Institutions in PRC and USA”（《冲突与和谐：中美现代世俗文化机构比较研究》）的演讲。

9月10～27日 到英国访问伦敦、牛津、剑桥、肯特等大学。

10月2～6日 到夏威夷大学参观访问。

10月7日 回到北京。

10月～翌年1月 为历史系本科生讲授“西方博物馆的历史与理论”课，为研究生讲授“美国社会经济史”课。

10月14～16日 带领图书馆部主任一行30余人参观天津大学和河北工学院图书馆，进行学习交流。

10月27日 参加在津召开的中美大学图书馆馆长座谈会。

10月28日 接待美国俄亥俄大学图书馆长李华伟教授偕华盛顿5所大学图书馆长来图书馆参观，进行学术交流。

10月29日 率图书馆部主任等赴京参观北京师范大学和清华大学图书馆，进行学习交流。

11月25日 组织图书馆与图书馆学系领导联席会议，讨论有关合作事宜。

12月 所写文章：“China’s Museum Reveal a Dynamic past as Well as Future”刊于Museum News Nov/Dec 1991。

同月 经检查被确诊为糖尿病，开始服药。

是年参加编写的《美国名人辞典》由华夏出版社出版。

1992年

是年由国务院颁发特殊津贴。

1月8～10日 出席天津图书馆学会第二届代表大会第六届科学讨论会，当选为图书馆学会第三届理事会副理事长。

2～7月 在历史系讲授“物质文化史”及“美国史”课。

3月 组织建立全校图书资料查目中心，并对全校系所资料室工作人员举办编目培训讲座。在图书馆目录大厅建立了全校各资料部门的藏书卡片目录，以方便读者使用，做到全校文献资源共享。

4月22～24日 赴南京出席博物馆学会第二次理事会。

4月25～27日 作为天津代表出席在南京召开的中国图书馆学会第四次代表大会，当选为全国图书馆学会理事会理事。

5月 承柏与历史系部分教师和研究生参加了图书馆技术部的业务学习。

5月18～20日　到西安参加“藏书建设与资源共享国际学术研讨会”，提供论文《关于藏书建设与资源共享的几点看法》。

6月22日　承柏率图书馆技术部人员赴京与北京大学共同和DEC公司谈判订购小型机事宜。

6月30日　接待以日本参议员田英夫为团长的日中友好访华团参观图书馆及馆办当年日军炸毁南开大学图书馆的展览。

6月　图书馆与美国DIALOG系统直接联网成为直接用户，并已具备了与国内外一切终端联网检索的通讯技术与设备。

7月2～3日　接待成露西教授，组织与南开大学国际问题研究中心及历史系教授座谈。

7月11～15日　赴辽宁出席博物馆教育专业委员会会议。

完成论文《城市发展的比较文化观》。

7月22～29日　在威海出席中英友好奖学金评审会。

8月3日　率图书馆有关同志到中医学院郭霭春教授家接受其捐赠卢弼《三国志补注》手稿给南开大学图书馆并致谢。

8月15日　参与接待香港邵逸夫先生一行来南开大学并参观图书馆。

8月19日　完成《博物馆教育职能的形成和发展》一文。

9月～1993年1月　为研究生讲授“美国社会经济史”。

9～10月　为留学生讲授“中国近现代史”、“中国教育”课。

9月2～5日　赴京出席中华美国学学会图书馆协作研讨会，提交论文《中美研究型图书馆比较观》。

9月8日　南开大学新生开学典礼，为新生作校史报告。

9月　完成论文《加强两岸交流，繁荣图书馆事业》。

9月25日　上午为历史系讲授美国总统制，下午为天津商学院师生作“大选声中话美国总统”报告。

10月5日　接待泰国公主率领的代表团参观图书馆。

10月　为迎接校庆组织图书馆在校内举办自动化应用项目展示会。

10月17日　图书馆与图书馆学系共同召开第三届科学讨论会，承柏作总结报告。

10月　组织图书馆技术部对全馆职工进行计算机技术培训。

11月8日～12月2日　接待美国国家档案馆馆长威廉·莫斯来南开大学举行系列报告会，并参观图书馆与有关人员进行业务交流。

11月12～22日　赴成都出席国家教委"八五"规划社科项目评审会。

12月7～9日　出席国家教委文科文献信息中心在南开大学召开的引进小型机研讨会。

12月28日　参加历史系纪念雷海宗先生诞辰九十周年会议，在座谈会上发言，谈雷先生"政出于史"的思想。

完成论文《美国物质文化史研究浅说》。

12月被聘为《中华文化通志》《中国与北美文化交流志》著者。

是年主编《亚太地区经济关系与中国》一书，由南开大学出版社出版。

1993年

年初被确诊为左心衰（心脏靴形扩大），开始用药。

3月1日　应邀参加"天津市各界人士纪念周恩来诞辰九十五周年大会"，在会上发言。

3月30日～4月2日　受国家教委委托主持召开四校有关人员和美国CDC公司代表参加的"文科文献信息中心计算机管理系统开发协调会"。

4月1日　应邀在北京国防大学参加《中华文化通志》第一次作者会。

8月11～15日　筹办并主持在南开大学举行的"中美博物馆学国际学术研讨班"。

11月11日～12月21日　应邀到荷兰阿姆斯特丹艺术学院博物馆学系讲学，题为"中西博物馆比较研究"。

是年邀请并接待美国堪萨斯大学Thamas. Weiss教授来南开大学讲学。

是年因在《中国大百科全书》的编纂工作中作出重要贡献，中国新闻出版署特颁发荣誉证书，予以表彰。

1994 年

2 月 18～21 日　赴广东花都市出席《中华文化通志》第二次作者编写研讨会，在全体大会上作主题发言，受到好评。

3 月 23 日　参加接待广州市长黎子流访问南开大学，进行座谈交流。

3 月 24 日　赴京参加“中美关系史研究、回顾与展望”学术讨论会。

5 月 7 日　接待台湾传技电脑公司董事长王一中先生、科学院图书馆副馆长阎立中先生来图书馆，并与本馆技术部人员举行计算机技术座谈会。

5 月 8 日　接待台湾净空法师和台湾华藏图书馆长韩瑛女士一行。

5 月 23 日　受聘为东北师范大学美国史专业博士论文答辩委员会委员。

6 月 11 日　赴长春出席东北师范大学美国史博士生论文答辩会。

6 月 26 日　组织图书馆技术部对专业人员进行为期 7 天的计算机培训班。

6 月　组织修订的《南开大学图书馆规章制度汇编》编印成册。

秋季邀请并接待美国反美对越战争学者丹尼尔·艾尔斯伯格来南开大学讲学。

10 月 16 日　参加南开中学 90 周年校庆活动。

10 月 31 日　受聘为南开大学校务委员会委员。

11 月　图书馆成立“211 工程”领导小组，承柏任组长。次年 2 月完成图书馆“为培养跨世纪高级人才，实施‘211 工程’建设南开大学文献信息中心”的立项报告。

12 月 9 日　心脏病发，住进总医院，30 日出院。

1995 年

1 月 9 日　天津高校图书馆工作会议在南开大学图书馆召开，承柏在会上介绍了南开大学图书馆自动化建设进展情况。

3 月 10 日　接待美国驻华使馆文化参赞比斯理参观图书馆并就建立“美国研究图书专藏”问题进行会谈。

3 月 17 日　受聘为天津市图书、资料专业高级资格评审委员会委员。

4月11日和6月　接待美国圣克劳德大学图书馆长丹尼斯·费尔斯来南开图书馆访问，进行学术交流。

5月11日　主持国际数学大师陈省身教授向图书馆赠书仪式并致谢。

5月　体检时发现心脏跳动奔马律被留在总医院住院治疗。

6月25日　组织学术座谈、报告会。主讲人为美国妇女运动之母贝蒂·傅丽丹女士，讲题："美国妇女运动——社会史的一个重要方面"。

7月2日　接待美国前国务卿基辛格一行来图书馆参观。

10月论文《信息化时代图书馆发展战略思考》（合作者梁淑玲）在华北图协1995年学术研讨会上被评为优秀论文，同年11月此文在天津市图书馆学会第八次科学讨论会上获优秀论文一等奖。

11月15～17日　出席在广州召开的"美国与中国现代化学术讨论会"，提交论文《美国的信息社会理论与中国的现代化》。

是年完成论文《问鼎海域的指南——马汉的海上实力对历史的影响》。

完成论文《宗教改革的一面镜子——兰克的〈教皇史〉》。

完成社会科学基金项目"费城与天津比较研究"一文。

完成国家八五规划项目"美国基金会与中美文化交流"一文。

12月25日　偕振华赴美国加州桔子县参加女儿婚礼，参观了尼克松总统图书馆和西班牙人最早的聚居地。

12月31日至翌年1月12日　访问华盛顿，每日到国会图书馆查阅资料。

1996年

1月13日　抵密执安州东兰辛市密执安州立大学探望女儿，每日到密执安州立大学图书馆搜集资料、复印、装订，连同在华盛顿所得，回国时带回两纸箱复印资料。周末参观了亨利·福特博物馆、芝加哥艺术博物馆、科技博物馆等，2月4日回国。

2月22日　在天津电视台参加公共大视野春节特别节目，承柏谈"公共关系问题"。

2～7月　讲授美国史课。

4 月 12 日　赴京参加北京大学图书馆软件系统鉴定会。

5 月 7 日　接待美国圣克劳德大学姜·伯苓教授一行来图书馆进行学术交流。

5 月 29～30 日　出席在南开大学举行的全国高校外文期刊协调工作会议。

5 月　1994 年底投入使用的馆藏书目查询系统与 Internet 联通并与 140 多个国家和地区联网，南开大学图书馆自动化系统的网络化、集成化初步形成。

6 月 7 日　在历史系讲“中美文化交流”。

6 月 14 日　应邀在南开中学作报告，题为“浅谈中美文化交流”。

6 月 26 日　接待香港树人学院图书馆朱博文馆长来图书馆参观访问、座谈。

8 月 5～9 日　赴长春参加“中美城市比较国际学术研讨会”，在大会宣读论文《20 世纪的费城与天津》。

8 月 23 日　出席国际图联大会天津会前会，之后出席第 62 届国际图联大会。

9 月 11 日　接待台湾赖泽涵先生、朱德兰女士参观图书馆。

9 月　在中华美国学学会上当选为常务理事。

完成论文《加强学科文献保障体系》。

10 月 14 日　受聘为“国家教委北京大学文科文献信息中心”、“国家教委北京大学人文社会科学图书文献中心书库”学术咨询委员会委员。

10 月 23 日　受聘为天津市高等学校实验室建设“九五”规划专家评审委员会委员并任专家组长。

11 月 27 日　应天津市教育委员会邀请参加天津医科大学“211 工程”模拟预审。

12 月 16 日　图书馆举办的“Internet”与“联机检索技能”培训班正式开课，承柏主讲第一课。

是年完成论文《略论我国教会大学的办学特点和办学效益》。

完成论文《信息资源的研究》（合作者王崇德）。

完成《中国与北美文化交流志》书稿。

1997 年

1 月 16～18 日　出席中国教育及科研计算机应用与网络研讨会。

2 月　参加在北京举行的“中美联合公报发表二十五周年学术研讨会”，在会上宣读论文，题为《求同存异与文化交流——纪念中美上海公报发表二十五周年》。

2 月 21 日　接待美国驻华使馆新闻参赞参观图书馆和国际问题研究中心。

5 月 24 日～6 月 3 日　应邀到台湾参加海峡两岸图书馆事业研讨会，在会上宣读论文《史学人才培养与文献信息网络建设》。

9 月　全月参加天津高校实验室建设“九五”投资 1996 年度工作专家组验收。

9 月 12 日　在天津师大召开实验室建设 1996 年度验收工作现场会，承柏作为专家组长在大会上讲话。

10 月 11～14 日　实验室建设“九五”投资规划领导小组召集会议（1996 年工作验收，1997 年计划），承柏代表专家组作 1996 年工作总结汇报报告。

10 月 28 日　受聘为天津市市属高校校园网建设规划专家评审委员会成员，参加天津市教委召开的市属高校校园网建设规划工作会议。

10 月　从南开大学退休。

11 月 17 日　完成主编之《西方文化精义》，送华东理工大学出版社。

是年完成国家教委“八五”社科规划项目“中美大学图书馆比较研究”、“美国基金会与中美文化交流”。

12 月 30 日至次年 1 月访美，先访密执安州兰辛市，参观密执安大学、底特律艺术博物馆、福特总统博物馆等。

1998 年

本年为历史系开“西方文化史”、“博物馆的历史和理论”课。

1 月 8～12 日　应邀出席在美国西雅图召开的“美国历史学会第 112 次年会”，并在大会发言，题为“中国国家博物馆的演变”。访华盛顿大学档案馆等处。

1 月 13～23 日　应邀访问美国圣克劳德大学，讲学、参观、访问，了解校园网、图书馆信息化情况。经西雅图 25 日回到国内。

2 月 20 日　参加天津市各界人士纪念周恩来诞辰一百周年座谈会，在会上发言。

2 月 27 日～3 月 2 日　携论文《周恩来与冯文潜—兼论周恩来的故人情结》参加“第二届周恩来研究国际学术研讨会”，在大会上发言。

3 月 2 日　应南开大学历史学院之邀为师生举办题为“互联网上的史学资源”的讲座，介绍了最前沿的史学研究信息。

4 月 28 日　高校实验室建设“九五”投资规划领导小组召开实验室投资承办人会，承柏与专家组成员参加，并讨论 1998 年实验室建设问题。

5～7 月　专家组检查验收“九五”实验室投资 1997 年度工作。

7 月 11 日　“九五”投资规划领导小组召开 1997 年实验室投资总结验收讲评汇报会，承柏代表专家组作 1997 年工作总结汇报报告。

10 月　撰写的《中国与北美文化交流志》一书由上海人民出版社出版，并获得第四届中国图书奖荣誉奖。

12 月　因感冒肺感染住进总医院，作为指导教师未能参加罗宣的博士论文答辩会。

12 月 25 日　出席天津市计算机软件专家组会，任组长。

是年受聘为周恩来邓颖超纪念馆名誉馆员。

完成论文《二十世纪费城与天津》（合作者罗宣）。

完成论文《略论西方文化史中的几个问题》。

1999 年

1 月 11 日～2 月初　受美国辛辛那提大学历史系邀请偕振华赴美进行学术交流、讲学，代表南开大学与辛辛那提大学签署了校际合作交流的文件。此间还参观访问了辛辛那提大学图书馆，和有关人士交流经验。参观了美国空军博物馆。

2 月初　与振华赴美国亚拉巴马州奥本大学探望女儿。平日到奥本大学图书馆搜集科研资料，访问图书馆有关人士，了解图书馆现代化情况，利用周末参观了佐治亚州、亚拉巴马州等地的各种博物馆及历史遗址十几处。4月17日回国。

6月18日　参加庆祝南开大学历史所建所20周年、纪念郑天挺先生百年诞辰，祝贺吴廷璆教授90周年华诞、杨生茂教授执教50周年大会。

7月13日　出席天津市教委召开的高校开放实验室建设选项专家论证会。

8月31日～9月2日　出席“明清以来的中国社会”国际学术研讨会。

9月6日　为南开大学新生作校史报告。

10月出席南开大学图书馆庆祝建馆八十周年学术报告会，提交论文《对卓越和公平的追求——20世纪美国博物馆发展的回顾》并大会发言。

10月　在高校实验室建设“九五”投资规划领导小组召开的1998年度实验室建设投资工作总结汇报会上，承柏代表专家组作1998年度实验室建设总结汇报报告。

是年完成论文《20世纪的美国史学理论与中国社会变迁的研究》。

完成论文《走向21世纪的西方文化》。

完成论文《60年代美国青年的反主流文化》。

2000年

1月　和振华一起将家藏清末民初服饰12件捐献给天津历史博物馆。

1月1日～5月　录入父亲抗战时期日记。

1月　受张国刚教授委托，与贺萧（美国）联系，请其任南开大学历史系兼职教授。经多次往返交换意见，3月贺萧接受邀请。

1月11日　应刘泽华、张国刚二教授邀请，承柏为南开大学历史系中国史博士生讲“美国对中国的研究”课。从2月开始，隔周1次课，讲到6月。

1月25日　为天津医学情报所讲“数字化图书馆”。下午参加天津师大开放实验室论证会。

1月30日　出席天津市网络专家组会，讨论1999年总结、2000

年计划。

2月28日　去总医院看病，徐大文主任告知左腿血管已全部堵塞。

3月1日　在天津理工学院参加评审远程教育方案会议。

3月14日、24日　出席天津市信息化领导小组召开的讨论天津“十五”信息化规划会议。

3月30日、5月13日　参加高校实验室建设“九五”投资规划领导小组召开的讨论“十五”规划会议。

4月2日　出席纪念严范孙、张伯苓先生诞辰及近代化相关理论研讨会，在会上发言。

4月11日　到天津开发区参加论证开发区公共图书馆建设项目会。

4月20日、5月1日　到天津医学信息所为国家计生委培训班讲：“万维网上的人口和计划生育信息”；“医学伦理学方面的网上资源”。

4月21日、22日　主持天津高校实验室建设“九五”规划专家组审议2000年计划会。

4月27日　作为专家组成员出席天津市生命科学中心实验室专家论证会。

4月30日　到天津市政府办公厅出席万维网政府上网工程论证会。

5月15日、30日　到天津医学情报所讲课：“医院建网问题”。

5月17日～6月　到各高校检查验收1999年实验室投资建设。在“九五”实验室建设领导小组召开的验收总结会上，承柏代表专家组作1999年投资总结汇报报告。

6月14日　体检，因心脏二连律被留住院，后又起带状疱疹。

6月20日　从医院请假回校给历史系中国史博士生上课。

7月26日　出院，但疱疹愈后神经疼痛持续数月。

7月27日、29日　到凯悦饭店参加戴森夫人（美国）同两拨律师讨论法律支援问题（拟在天津设点试验）。

8月10日　参加天津市信息化建设“十五”规划至2015年发展规划论证会。

9月11日　赴天津大学网络中心参加教育宽带网论证会。

10月11～12日　赴京参加天津南开中学1951届校友纪念毕业50周年聚会。

10月15日　参加南开中学校友会扩大会议，讨论纪念百年校庆事宜。

10月16日　到天津美术学院参加全国美术学院图书馆委员会第8届年会。

10月17日　参加南开大学历史系魏宏运教授荣退报告会。

11月25日　上午出席在广播电视大学召开的讨论天津高校“十五”投资规划会，下午参加天津教研网评审会。

12月　全月对全市高校进行2000年及五年实验室投资总结验收工作。

12月17日　出席南开校友总会理事会。

12月22日　参加天津工业大学图书馆“211工程”验收会。

是年完成论文《弗兰克与兰德斯的论战和社会形态理论的讨论》。

完成论文《从物质文化的变迁看中国社会国际化的历史趋势（1840～1990）》。

2001年

2月22日　出席纪念爱国教育家张伯苓先生逝世五十周年学术座谈会。

3月　天津高校实验室建设“九五”投资规划领导小组召开大会，进行2000年及五年实验室建设和投资工作总结，承柏代表专家组作工作总结汇报报告。

同月因在天津市高等学校实验室建设“九五”规划实施中，“工作突出、成绩显著”、“卓有成效、贡献突出”，被评为先进个人并荣获特别奖。

5月30日　偕振华赴美探亲。期间在辛辛那提大学参观访问、搜集图书馆数字化的有关资料，参观访问俄亥俄大学图书馆和俄亥俄图书馆联盟以及一些博物馆。

6月13日　在周恩来邓颖超研究中心召开的顾问委员会上补聘为顾问委员。

6月23日　偕振华赴奥本探望女儿，期间利用奥本大学图书馆的网络设备搜集该校及其他大学数字化图书馆的资料并访问有关人员。

7月2日　回到辛辛那提，继续搜集电子图书馆的有关资料，8月30日回国。

10月25日　参加天津计委召开的讨论天津历史文化形象会议。

11月6日　论文《南开教育遗产的世界意义》刊于2001年11月6日《天津日报》。该文在“近代天津与世界”征文活动中获优秀作品奖。

完成论文《博物馆信息学札记》。

是年完成《于无声处听惊雷—回忆周恩来总理解放后首次返回南开母校》一文（合作者周毓瑛、纪文郁）。

是年12月　被市教委任命为天津高校数字化图书馆建设管理中心主任。

2002年

全年为天津高等学校数字化图书馆管理中心的建设而奋斗兼及国家博物馆项目和数字化博物馆问题。

1月14日　与南开大学历史学院李治安院长、博物馆专业郭长虹副教授及南开大学图书馆李培副馆长、技术部主任程莉莉讨论数字化博物馆问题。

1月16日　与南开大学历史学院副教授黄春雨、郭长虹以及天津大学建筑系两位教师研究“国家博物馆功能与选址论证 ”项目。

1月24日　在天津师范大学举行成立天津高校数字化图书馆管理中心大会。承柏作报告。

2月24日　与南开大学历史学院博物馆专业教师开会讨论数字化博物馆问题。

3月14日～4月1日　因肺感染住院。

5月28日　经过几个月的调研、讨论、谈判，天津高校数字化图书馆管理中心与Sirsi公司举行订购软件（Unicorn）签字仪式。

6月4日　高校数图中心成立了Sirsi系统管理委员会、系统参数设置与维护工作组、书目数据上载工作组、资源建设调查组，全面开展工作。

6 月 7 日　在天津大学图书馆作题为“数字化图书馆馆员的素质问题”报告。

6 月 14 日　赴京参加北京高校网络图书馆开通仪式及京、津、沪、穗网络图书馆座谈会。

6 月 21 日　主持召开全市高校图书馆长及有关人员大会，全面部署工作。

7 月 8 日　参加“数字化图书馆—新世纪信息技术的机遇与挑战国际研讨会”。

7 月 14～15 日　召开天津高校数字化图书馆管理中心首次软件程序培训会。邀请北京大学沈正华老师全面介绍 Unicorn 系统和编目模块。

7 月 26 日　天津高校数图中心完成硬件招标任务，购买 IBM 公司 M85、H85 服务器。

8 月 14～15 日　天津高校数图中心在杨村召开会议，邀请北大图书馆戴隆基馆长、聂华主任作报告。

8～9 月经过详细调研、分析和多次协调会议，数图中心完成系统预设参数，确定书目数据上载方案。

9 月 16～17 日　赴上海，参观访问上海教育网络图书馆、华东理工大学图书馆、上海科技馆、上海博物馆。

9 月 20 日　在南开大学历史学院多功能厅举行座谈会，介绍和讨论国家博物馆项目问题。

9 月 30 日　完成《天津市高等学校远程教育与数字化图书馆》一文，提交台湾政治大学学术讨论会。

10 月 10 日　在天津高校数图中心主持高校电子阅览室 1800 台计算机评标工作，连续奋战 12 小时，顺利完成。

10 月 21 日　到南开大学历史学院参与接待美国纽约大学文理学院博物馆系主任。

10 月 24 日　参加南开大学历史学院王玉哲教授 90 诞辰庆祝活动。

11 月 2 日　参加南开大学社会学系 20 周年系庆。

11 月 3 日　参加南开大学历史学院杨生茂教授 85 岁寿宴。

11月7日　为上海全国高校图书馆电子文献资源服务学术讨论会撰文《高校图书馆的电子信息资源整合与服务：兼谈天津高校图书馆的数字化建设》（合作者翟春红等）。

11月8日　出席南开大学国经所熊性美教授执教50周年、全球化与中国学术研讨会。

11月　经过大量的调研和反复论证通过了天津高校图书馆馆际互借协议，制定了馆际互借办法，全面启动了互借工作。

11月13日　晚向市领导及教委领导汇报当年天津高校数字化图书馆建设进展情况。

11月25～30日　组织天津高校图书馆长一行23人赴香港参观。

12月10日　杨栋梁副市长到天津高校数字化图书馆管理中心视察。

12月15日　应邀出席纪念雷海宗先生一百周年诞辰学术讨论会，在大会上发言。会后完成《史学大师雷海宗先生1957年蒙难始末》一文。

2003年

年初完成“国家博物馆功能、选址论证项目报告”。

2月10日　晚在天津高校数图中心讨论2002年工作验收、评奖及2003年计划。

2月26日　在天津市教育信息化大会上作题为“数字化图书馆浅谈”的报告。

3月3～5日　出席南开大学美国历史与文化研究中心举办的面向21世纪的美国与中国学术研讨会，临时与会发言“谈美国电子史学问题”。

3月19日　到北京参加清华同方用户会。

3月27日　在北京中国ebook产业年会及数字图书馆分会作报告，题为“数字图书馆学习札记”。

4月中旬　参加中共中央文献研究室与周恩来邓颖超研究中心会议，受聘为周恩来邓颖超研究中心特约研究员。

6月　作为专家组成员出席天津市职业教育研究与信息服务中心建设工作论证会。

7 月 3 日　出席在北京九华山庄召开的周恩来邓颖超研究中心顾问委员会 2003 年年会。

10 月 31 日　在南开大学图书馆“南开学术论坛”上作“教育信息化与数字图书馆建设”报告。

11 月 8～9 日　参加陈序经先生诞辰一百周年及学术讨论会，在大会发言，题为“对教育现代化的追求——为纪念陈序经先生诞辰一百周年而作”。

2004 年

把父亲的日记、书信、手稿、讲稿等资料捐赠给南开大学档案馆。

2 月 11 日、12 日　在天津高校数字化图书馆管理中心主持召开本市各高校图书馆评奖大会。

3 月 8 日　主持召开全市高校图书馆长会，部署 2004 年工作。

3 月 12 日　出席南开校友总会在津理事会。

3 月 19 日　《中国文物报》刊登李艳文章《西方博物馆学研究及人才一瞥——访南开大学历史学院博物馆系冯承柏教授》。

4 月 16～23 日　率天津高校数图中心代表团一行 5 人访美，在圣路易斯出席 Sirsi 公司用户大会（振华随行探亲）。在旧金山参观斯坦福大学图书馆及胡佛研究所；访问俄亥俄州立大学图书馆及俄亥俄大学图书馆联盟；抵华盛顿，参观美国国会图书馆，访问美国图书馆信息资源委员会，参观白宫、宇航博物馆、自然博物馆和林肯纪念堂等地。

4 月 27 日　赴奥本探视女儿，随宇澄赴新奥尔良参加美国微生物学年会，并参观新奥尔良历史博物馆、艺术博物馆、法国角等地。在奥本期间主要利用奥本大学图书馆查询数字图书馆方面的资料。

6 月 5 日　抵辛辛那提探亲。除周六、日外均在辛辛那提大学图书馆及该校各学院图书馆参观访问，搜集数字化图书馆方面的资料，7 月 16 日回国。

7 月 27～30 日　天津高校数图中心在大连召开天津高校图书馆长会议，承柏在会上作了三个小时的访美报告，期间参观了大连理工学院图书馆。

8 月 5～8 日　撰写文章《图书馆的区域合作与共享》。

8 月 10 日　与市教委何主任谈数字化图书馆管理中心实体化问题，此后为向实体化转变而奔走。

8 月 21 日　出席魏宏运教授 80 华诞、20 世纪中国学术讨论会。

8 月 29 日　为天津女七中 1954 届同学编写的《毕业南开》一书写了《南开百年》一文并为该书校稿。

9 月 3—13 日　同振华一起校对父亲抗战时期日记打印稿，准备刊于《联大岁月与边疆人文》一书。

9 月 27 日　赴京参加在首都师大召开的国际学术讨论会，在会上发言，题为《对平等和卓越的追求——20 世纪美国博物馆发展的回顾》。

10 月 16 日　南开中学百年校庆，同 1951 届校友一起参加校庆活动并举行聚会。

10 月 17～18 日　在天津高校数图中心接待美国俄亥俄大学图书馆副馆长詹姆士·布劳肯博士（Janes Brachen）及李国庆教授并举行座谈。天津高校数图中心与俄亥俄大学图书馆达成意向性协议：相互之间文献传递、人员交流、合作研究。布劳肯博士作报告介绍俄亥俄大学图书馆联盟。

11 月 4 日　应清史志编委会之邀赴京出席咨询会。之后，奋战 10 天完成《清史对外关系篇目设计》供清史编委会讨论用。

11 月 9 日　出席天津社科院图书馆自动化网络论证会。

11 月 18 日　出席天津信息办讨论信息资源的开发利用（科研立项）会议。

12 月 14 日　参加天津市档案馆网络验收会。

12 月 28 日　与市教委高教处处长刘欣一起代表天津高校数图中心同天津大学图书馆、南开大学图书馆三方签约资源共享。

2005 年

1 月 5 日　天津高校数图中心与南开大学图书馆联合举办《四库全书》报告会。

1 月 12 日　召开天津高校图书馆长与剑桥科技文摘数据库（CSA）签约会，会上承柏作工作总结报告。

1 月 13 日　南开大学图书馆柯平副馆长代承柏出席在长春举行的

Calis 省市中心会议。

1 月 27～28 日　审阅天津建设委员会“十一五”信息化规划，并提出书面改进意见。

1 月 29 日～2 月 4 日　云南之行，先后到丽江、西双版纳、昆明等地参观游览，回津后，写成《云南纪行》一文。

2 月 20～24 日　应天津医科大学总医院网络中心之请为其审阅“智能化医学信息服务系统工程”项目的材料，并与总医院网络中心主任姚军谈医院信息化建设问题。

3 月下发 1 月 24　日文件，聘任冯承柏为天津高等教育文献信息中心主任（即原天津高等学校数字化图书馆管理中心）和天津工业大学数字图书馆研究中心高级顾问。

3 月 29 日、30 日　请汤姆森公司刘煜先生为天津高校科研管理人员、图书馆长及信息部主任作题为“从中国科研论文专利的产出与影响看中国科技的发展兼谈 ISI Web of Knowledge 在高校科研管理中的应用”的报告。

4 月 3～7 日　为罗宣的专著《在梦想与现实之间—亨利·鲁斯与中国》写序言。

5 月 2 日　心搏奔马律，医生要求休息。

5 月 12 日　完成父亲讲稿哲学史大纲部分的整理工作。

应南开大学历史学院领导之请，为学院撰写《应用历史学论纲》。

6 月 2 日　撰写天津高校文献信息中心“十一五”建设规划。

6 月 9 日　整理父亲讲稿“西洋哲学史”已达一万四千余字。

6 月 23 日　到天津市政协参加口述史协会成立大会，被聘为 10 名顾问之一。之后写成《略论口述史的科学性与实践性》一文并附以知名口述史网站 10 个，寄给学会。

6 月 27 日　到市教研室参加基础设施、资源建设平台评审会。

7 月 14 日　出席“天津市文化信息资源共享工程 2005～2010 年工作规划”项目论证会及“天津市公共图书馆网管中心暨天津图书馆数字化建设第二期工程三年发展规划”项目完成情况专家验收会，任专家组长主持论证及验收。

7 月 19～22 日　在威海，召开天津高校图书馆信息系统工作经验交流会。

7月23日～8月 呼吸道感染、咳嗽、心脏状况不好。

9月13日 到代谢病医院看病，心跳奔马律、末梢神经炎、腿肿，大夫要求住院治疗，因工作忙而谢绝。

9月23日 主持天津高等教育文献信息中心的Web of Science电子软件开通仪式大会。

10月 被中国美国史研究会聘为顾问。

10月10日 跌倒造成左侧两根肋骨骨折，疼痛不已。

10月11日 继续到文献信息中心上班，为次日召开高校图书馆长会做准备。

10月12日 带伤主持召开全市高校图书馆长会（包括信息部代表），会上任命文献信息中心常务副主任及副主任，承柏作文献信息中心“十一五”规划草案的报告。

11月18日 到天津大学作学术报告。

12月19～21日 撰写天津高等学校数字化图书馆“十五”投资工作总结报告，主要内容为：经过三年多的工作，完成了联合图书馆自动化平台建设：选择、购买了美国IBM公司的硬件服务器、Sirsi公司的图书馆自动化管理系统软件，完成了系统安装、调试、数据上载；通过联合采购引进了233个中外文电子文献数据库、兴建了13个特色数据库、引进了电子文献加工、制作、发布软件。天津17所高校联合使用一个系统，这样的联合模式在我国大学图书馆中尚属首创。这个系统已使用了编目、采访、流通、期刊、公共查询、请求等模块，并与天津大学图书馆、南开大学图书馆两个系统联结，可以相互检索查询。此外还开展了馆际互借、文献传递和服务平台建设以及门户网站、统一检索平台建设、安全保障系统建设和队伍建设。天津高校数字化图书馆联合系统的建成不但为国家节约了大量人力和财力，更重要的是使天津地方高校图书馆走上数字化图书馆的道路，使图书馆工作基本上满足了教学和科研不断扩展和日益增长的需要。

12月24日 出席南开校友总会第五届代表会。

2006年

1月1～3日 继续整理美国亚利桑那大学ICS人员配备和搜集其

他大学有关资料，已得10所学校资料：目标（视野远景）、资金、组织、设备、人员、服务、效益分析。

1月12日　到天津医科大学出席该校“211工程”二期评审会。

1月20日　到北京机场迎接宇新一家，欣喜不已，一起欢度春节。

2月15日　到周恩来邓颖超纪念馆参加修改基本陈列座谈会。

2月23～26日　应周恩来邓颖超研究中心之请，查国外有关周恩来研究的网站和资料并下载。集中整理成《周恩来研究海外拾零》一文，经两天奋战完成，并从网上发给周邓研究中心。

2月27日　因脑梗塞住进总医院，3月20日出院，这时又有出血。

4月5日　恢复到中心上班。此后这段时间，时常犯低血糖，心功能不好，无力。下班回来疲惫不堪，不肯去医院。

5月8～12日　到中心上班，看各高校图书馆评审材料。

5月26日　到天津网络中心向教委汇报。

5月29日　身体不适但因有两批人要到中心开会，仍坚持上班。

上半年完成《冯文潜先生的西方哲学史课》一文。

6月2日　到总医院看病，因心率不齐室性早搏过多，且有心律失常，被留住院。

7月3日　承柏转到天津开发区泰达国际心血管医院。

7月9日　安装了ICD双腔起搏器。是日宇新和玥明自美回来探望。

7月21日　出院。出院小结上书写心功能3级，慢性肾衰竭，胆囊炎等。医生建议继续到综合医院治疗。

7月23日　罗宣一家、王纯、董国辉和宇新、玥明一起为承柏祝贺生日。

7月24日　总医院曹肇惠主任电话说已安排了病房，让承柏住院治疗。承柏坚决不肯，要在家中疗养，坚持服药、利尿、吸氧和定期验血、验尿。

7月29日　承柏开始练习上下楼，逐渐能走一、二百米。

8月8日　宇澄自美回来探望。

8月23日　到总医院检查，医生说心功能有初步改善，可以有点活动。承柏表示但愿今日能是重新干活、学习的开始。后经锻炼一度能走五、六百米。

10 月 19 日　在张伯苓教育思想研究会成立大会上当选为该研究会理事。

10～11 月　承柏依然为文献信息中心“十一五”经费无着落，网络设备无法更换而着急。

11 月中、下旬　感冒以后，身体每况愈下。服药、吸氧、休息，但不肯去医院。

是年，承柏主持筹建的天津高等教育文献信息中心荣获教育部 CALIS“十五”建设突出贡献一等奖。

2007 年

1 月初　身体十分衰弱，5 日住进天津中医一附院。

1 月 10 日　心脏骤停，承柏与世长辞。

冯承柏论著、译作目录（1965—2006）

专著：

1.《美国黑人解放运动简史》，人民出版社，1978 年（合著，冯承柏负责二战后部分章节）

2.《西方文化精义》，华中理工大学出版社，1998 年（合作者王中田、俞久洪）

3.《中国与北美文化交流志》，上海人民出版社，1998 年

编著：

1.《美国黑人大事记》（上、下）本校铅印本（合编，负责二战后部分），1972 年

2.《亚太地区经济关系与中国》（主编），南开大学出版社，1992 年

译著：

1.《美利坚共和国的成长》上（参加部分章节翻译），天津人民出版社，1975 年

2.《尼加拉瓜史》（与王敦书黎国彬等编译），天津人民出版社，1978 年

3.《美国南北战争资料选辑》（参加部分文件翻译），上海人民出版社，1978 年

4.《牙买加史》（合译），天津人民出版社，1979 年

5.《再论绥靖政策》（合译），《世界历史译丛》，1979 年第 2 期

6.《美西战争资料选集》（合作编译），上海人民出版社，1981 年

7.《美国走向资本主义的道路》，北师大历史系编：《史学选译》，1985 年第 2 期（毛素玲译，冯承柏校）

8.《义和团运动期间的山西传教士》，南开大学出版社，1986 年（李喜所等译，冯承柏校）

9.《美利坚共和国的成长》下（参加部分章节翻译），天津人民出版社，1991 年

10. 《口述史》，（威廉·莫斯著，冯宇新译，冯承柏校），《天津文史资料》第 60 期（1994）

论文：

1.“五十年来美国黑人抗暴斗争大事纪要”，《历史教学》，1965 年第 11 期（署名南世史）

2.“美国资本主义史上最黑暗的一章—西方殖民主义者奴役和贩卖黑人的血腥罪行”，《历史研究》，1976 年第 6 期（合作者：李元良）

3.“马汉的海上实力论”，《历史研究》，1978 年第 2 期（合作者：李元良）

4.“第二次世界大战前夕的美国绥靖政策”，《历史研究》，1978 年第 8 期

5.“玛雅文化（名词解释）”，《历史教学》，1979 年第 3 期

6.“阿兹提克文化（名词解释）”，《历史教学》1979 年第 10 期

7.“中美两国人民诚挚友谊的见证”，《历史教学》，1979 年第 2 期（合作者李元良）

8.“回忆周总理对我父亲的关怀”，《南开大学》（校刊），1979 年 3 月 7 日

9.“关于美西战争起源的美国史学”，《南开大学学报》，1981 年第 1 期

10.“早期中国文献中有关美国的记载”，《Notes on the Earliest Writing about the US in Chinese Literature》Presentation at the University of Virginia October, 1981

11.“内战后美国南部经济发展道路问题”，《南开史学》，1983 年第 1 期

12.“研究中国史也要注意了解国外史学信息——中国抗日根据

地历史国际学术讨论会侧记”，《世界历史动态》，1984 年第 10 期

13. “美国工厂制确立年代置疑”，《历史研究》，1984 年第 4 期

14. “漫谈西文工具书的阅读（上、下）”，《津图学刊》，1984 年第 4 期，1985 年第 1 期

15. “从 30 年代的美国大尘暴谈起”，《历史学习》，1985 年创刊号

16. “酋长的胜利与印地安人的遭遇”，《天津日报》，1985 年 2 月 27 日

17. “博物馆与西方社会”，《中国博物馆》，1985 年第 4 期

18. “‘美亚’杂志与抗日根据地”，载《中国抗日根据地国际学术讨论会论文集》，档案出版社，1985 年版（合作者：黄振华）

19. “卡尔逊与八路军的敌后游击战”，《近代史研究》，1986 年第 1 期（合作者：黄振华）

20. “美国学刍议”，《南京大学学报》，1986 年第 1 期（合作者：南京大学张柏然，署名尚柏文）

21. “西方博物馆的社会功能与社会效益”，《中国博物馆》，1986 年第 3 期

22. “美国历史从这里开始：詹姆斯敦和威廉斯堡露天博物馆——美国博物馆巡礼一”，《外国历史知识》，1986 年第 9 期

23. “西半球最壮丽的艺术殿堂：记纽约大都会艺术博物馆——美国博物馆巡礼二”，《外国史知识》，1986 年第 10 期

24. “御六气之辩以游无穷：记美国国家宇航博物馆——美国博物馆巡礼三”，《外国史知识》，1986 年第 11 期

25. “关于《资本主义制度下的移民劳工》一书讨论纪要”，《南开经济研究所季刊》，1986 年第 4 期

26. “罗伯特·斯卡皮诺纵论全球和亚太地区的发展趋势”，《南开经济研究所季刊》，1987 年第 2 期

27. “19 世纪费城工业化特点”，《世界历史》，1987 年第 5 期（合作者胡晓明）

28. “现代化、城市科学、城市史”，《天津社会科学》，1987 年第 5 期

29. “现代西方史学理论发展的趋向和特点”，《史学理论》，1987年第3期

30. “关于环太平洋地区高级人才流动的讨论”，《国际学术动态》，1987年第7期

31. “中国的人才流动政策（Brain Flow Policy of P. R. China）”，在洛杉矶加利福尼亚大学环太平洋研究中心举办的环太平洋高级人才流动国际讨论会上宣读，1987年

32. “人才流动对中国高等教育的影响（The Impact on Brain Flow on P. R. China Higher Education）”，在洛杉矶加利福尼亚大学环太平洋研究中心举办的环太平洋高级人才流动国际讨论会上宣读，1988年

33. “西方博物馆的起源”，《中国博物馆》，1988年第2期

34. “人才流动说明了什么？”，香港《大公报》，1988年12月7、8、10日（访谈笔录，大公报记者方凌）

35. “美国国家发展中科学技术的作用”，载卢鹤纹等译《科学技术与经济发展》，科学技术文献出版社，1988年

36. “发展理论与理论的发展”，《理论与现代化》，1989年创刊号

37. “战后至80年代初世界博物馆的发展”，《中国博物馆》，1989年第1期

38. “美国不应该忘记自己的血腥记录——读《现代美国的政治镇压，1780年至今》”，《天津日报》，1989年7月26日（署名白木）

39. “高级人才流动的理论问题的探讨”，《国际学术动态》，1989年第4期

40. “决不南迁——知识分子在平津战役期间的抉择”，载《四十年的回顾—纪念天津解放四十周年学术讨论会论文集》，天津教育出版社，1989年；另载《历史教学》1990年第4期（合作者黄振华）

41. “国际博物馆学界关于博物馆功能的讨论”，《中国博物馆》，1990年第4期

42. “外国博物馆学理论及历史札记”，《中国博物馆》，1991年第1期；收入李淑萍主编：《博物馆学论文选》，西北大学出版社，1994年

43. “理解中国文化（Understanding Chinese Culture）”，在美国杜

伯克大学（University of Dubuque, Iowa）Dr. John J. Agria 就任第 17 届校长学术报告会上的演讲，1991 年 4 月 8 日

44. “充满生机的中国博物馆的过去和未来（China’s Museum Reveal a Dynamic Past as Well as Future）”，《博物馆新闻》1991 年 11/12 月号（Museum News, Nov/Dec. 1991）

45. “冲突与和谐：中美现代世俗文化机构比较研究（Conflict and Harmony: a Comparative Study on Modern Secular Cultural Institutions in China and USA）”，在美国克拉克大学举行的中国留美史学家年会上宣读（1991 年 4 月），载《中国美国史研究会通报》，52—53 期，1991 年 11 月

46. “变迁中的社会失范与社会控制”，谷书堂主编《我国当前社会问题透视及早期治理方略》，天津人民出版社，1991 年（冯承柏为该分课题主持人，合作者关信平等）

47. “关于藏书建设和资源共享的几点看法”，《藏书建设与资源共享国际学术讨论会论文集》，1992 年，西安；另载《津图学刊》1992 年第 4 期

48. “美国物质文化史研究浅说”，《中国美国史研究通讯》，1992 年 2 期

49. “于细微处见真情”，《天津日报》，1992 年 8 月 20 日

50. “加强两岸交流，繁荣图书馆事业”，《图书馆学与资讯科学》，第 18 卷第 2 期，1992 年 10 月，中国台北市

51. “中美研究型图书馆比较观”，载《中华美国学学会图书馆协作研会论文集会议论文集》，1992 年 8 月

52. “城市化的比较文化观”，《城市史研究》第 8 辑，1992 年

53. “冯文潜先生传略”，《天津教育学院学报》，1992 年第 4 期

54. “马克思主义社会学论纲”，《社会学与现代化》，1993 年第 3 期

55. “中美文化交流史纵横谈”，“中美关系史研究、回顾与展望”学术讨论会会议论文，1994 年 3 月

56. “发展中国家城市史的新贡献——评罗澍伟主编《天津近代城市史》”，《城市史研究》第 10 辑，1994 年

57.“哲学教育家冯文潜”，《南开人物志》第一辑，南开大学出版社，1994年

58.“问鼎海域的指南——马汉的海上实力对历史的影响”，邓蜀生主编《影响世界的一百本书》，广西人民出版社，1995年

59.“宗教改革的一面镜子——兰克的《教皇史》”，邓蜀生主编《影响世界的一百本书》，广西人民出版社，1995年

60.“深切缅怀敬爱的周总理——在天津市各界人士纪念周恩来诞辰九十五周年大会上的讲话”，《天津市南开中学建校九十周年（1904～1994）纪念专刊》，1994年

61.“加强学科文献保障体系”，《南开教育论丛》，1996年第3期

62.“充分利用信息革命成果，努力推动精神文明建设”，《理论与现代化》，1996年第5期（合作者：董秀敏、郑仲渤、翟春红）

63.“美国信息社会理论与中国的现代化”，陶文钊等主编《美国与近现代中国》，中国社会科学出版社，1996年

64.“‘信息资源’的研究”，《情报理论与实践》，1996年第6期（合作者王崇德）

65.“张伯苓教育思想的国际意义”，南开校友总会编《纪念张伯苓先生诞辰120周年专集》，1996年

66.“略论我国教会大学的办学特点和办学效益”，《世界经济与中国》，经济科学出版社，1996年

67.“后现代主义与现代化进程”，《天津社会科学》，1997年第1期（合作者：王纯）

68.“求同存异与文化交流——纪念中美上海公报发表25周年”，《美国研究》，1997年第2期

69.“史学人才培养与信息网络建设”，《海峡两岸图书馆事业研讨会论文集》，1997年5月，中国台北

70.“在天津市高等学校实验室建设1996年度验收工作现场会上的讲话（1997年9月12日）”，《天津市高等学校实验室建设“九五”投资规划工作材料汇编》（一），1999年

71.“天津金融文化漫谈”，《天津日报》，1997年11月16日

72.“中国国家历史博物馆的演变”，在美国历史协会第112次年

会大会专题讨论会：“领悟模糊不清”变化中的国家历史博物馆定义与观念（Embracing Ambiguity: Changing Definitions and Notions of National Museum of History）上的发言，美国西雅图，1998年1月8日

73.“在纪念黄钰生诞辰100周年座谈会上的发言（1998年4月11日）”，《图书馆工作与研究》，1998年第3期

74.“在天津高等学校实验室建设‘九五’投资规划1998年工作会议上的工作报告（1998年7月11日）”，《天津市高等学校实验室建设“九五”投资规划工作材料汇编》（一），1999年

75.“20世纪的费城与天津”，王旭等主编《城市社会的变迁》，中国社会科学出版社，1998年（合作者：罗宣）

76.“略论西方文化史中的几个问题”，《南开大学历史系建系七十五周年纪念论文集》，南开大学出版社，1998年

77.“一个老南开人心目中的第二南开中学”，南开校友总会编：《南开校友通讯》，1999年

78.“周恩来与冯文潜——兼论周恩来的故人情结”，《中外学者再论周恩来》，中央文献出版社，1999年3月（合作者：黄振华）

79.“走向21世纪的西方文化”，冼国明等主编《中国对外开放与经济发展》，经济科学出版社，1999年

80.“对卓越和平等的追求——20世纪美国博物馆发展的回顾”，载《南开大学图书馆建馆八十周年纪念集》，南开大学出版社，1999年

81.“60年代美国青年的反主流文化”，《读图时代》第三辑，百花文艺出版社，1999年

82.“20世纪的美国史学理论与中国社会变迁的研究”，冯尔康等编《20世纪社会科学研究与中国，彭炳进教授学术讲座》第三辑，馨园文教基金会印行，1999年12月20日

83.“为培养多层次多类型创新人才而努力——天津市高等学校实验室‘九五’投资规划1998年度及中期检查专家组总结报告（2000年3月）”，《天津市高等学校实验室建设“九五”投资规划工作材料汇编》（二），2001年

84.“从物质文化的变迁看中国社会国际化的历史趋势（1840～1990）”，《中国社会史评论》第二卷，2000年

85.“弗兰克与兰德斯的论战和社会形态理论的讨论”，《中国社会史评论》第二卷，2000年

86.《中美大学图书馆比较研究》（国家教委“八五规划项目负责人”），《河北科技图苑》2000年增刊，总第五辑

87.“天津市高等学校实验室建设‘九五’投资专家组工作（总结）报告（2001年3月31日）”，载《天津市高等学校实验室建设“九五”投资规划工作材料汇编》（二），2001年6月

88.“于无声处闻惊雷——回忆周恩来总理解放后首次返回南开母校”，南开校友总会编《南开校友通讯》，2001年（复24期）（合作者纪文郁、周毓瑛）

89.“南开教育遗产的世界意义”，《天津日报》，2001年11月6日

90.“有关信息素质教育的一些资料和几点建议”，《南开教育论丛》，2001年第1—2期

91.“博物馆信息学札记”，《南开学报》，2001年增刊，《中国博物馆》，2001年第4期

92.“史学大师雷海宗先生1957年蒙难始末”，《历史教学》，2003年第2期

93.“高校图书馆的电子信息资源整合与服务：兼谈天津市高校图书馆的数字化建设”，《上海高校图书情报工作研究》，2003年第13卷第1期（合作者：翟春红等）

94.“从张伯苓先生的一封信说起”，《南开大学报》，2004年9月6日

95.“美国高校图书馆的信息共享空间建设”，《现代情报》，2004年第4期（合作者：李秋实等）

96.“对教育现代化的追求——为纪念陈序经先生诞辰一百周年而作”，《东方振兴与西化之路（纪念陈序经先生诞辰一百周年论集）》，南开大学出版社，2004年

97.“图书馆联盟模式研究”，《图书情报工作》，2005年12月

98. “冯文潜与俞大维、陈寅恪的交往”，台湾《传记文学》，第86卷第6期

99. “冯文潜先生的西方哲学史课——为南开大学建校87年复校60周年而作”，《南开校友通讯》，2006年（复29期）

100. “天津高等院校数字化图书馆‘十五’投资工作总结报告”，2005年12月

101. “冯文潜先生驳哲学无用论”，《南开大学报》（时间不详）

102. “冯文潜收藏的一张珍贵明信片”，《南开大学报》，2005年3月4日

103. “略论元数据在建设数字化博物馆中的作用”，（文稿未发表）

104. “在昆明跑警报——抗日战争期间南开人生活片段”，（文稿未发表）

105. “重访昆明记事”，（文稿未发表）

106. “我的十次美国之行（1981～2004）”，（文稿未发表）

107. “治学严谨，诲人不倦——忆陈荫枋先生”，（在陈荫枋先生追思会上的发言）

后 记

历经一年多的努力，《冯承柏文集》即将付梓。早在1997年，承柏的几位学生就提出了出版文集的倡议，并搜集了部分文稿，但是由于种种原因未能成书。承柏去世前后得到多方人士的关怀和照顾，这份宝贵的厚爱推动我们把他的学术著作汇集成册与大家分享。韩召颖先生也再次提出编纂文集的意见。文集的正式筹备是以意想不到和令人难以忘怀的形式开始的。一位志愿者，南开校友国以群先生积极地与我们和罗宣、韩召颖的通讯不但促成了文集的筹备工作于2007年7月23日（承柏生日）正式启动，而且推动了文集筹备工作组的成立。文集筹备工作组由国以群、承柏的几位高足：罗宣、胡健、韩召颖、袁燕及我们组成。从拟定计划到确定书名无不经过工作组成员的悉心斟酌。韩召颖、罗宣、胡健在百忙之中对文集工作投入了大量精力。韩召颖搜集整理了承柏美国史、美国学、史学理论与方法方面的论文，胡健负责博物馆领域，罗宣统管图书馆、网络信息、社会学及其他方面的文章。韩召颖和罗宣还在全面编审方面付出了大量时间和心血。特别值得庆幸的是著名画家范曾先生在百忙中亲自为文集题写了书名；武汉大学美国史专家刘绪贻教授、原《中国博物馆》杂志主编、国家博物馆研究员苏东海先生和北京大学美国史教授、中国美国史研究会会长李剑鸣先生为文集撰写了序言；南开大学美国史专家杨生茂教授则亲笔为文集题词。

另外，让我们感到十分荣幸的是文集工作得到天津市教委何致瑜主任、林炎生副主任、刘欣副主任、南开大学陈洪副校长、南开校友总会张亚秘书长、南开大学图书馆陈成桂老师、于红老师、王海欣老师、天津文献信息中心李秋实常务副主任、齐玉强老师、天津47中学郑蔚华老师等的亲切关怀和大力支持。南开出版社社长、副社长、编辑和职工们更是为成书付出了辛勤的劳动。

《冯承柏文集》的出版是领导和广大朋友群策群力的结果。在此我们对领导和为文集奉献时间和劳动的朋友们致以衷心的敬意和谢意。

文集的编辑工作由于时间仓促以及水平的限制难免有疏漏和谬误之处，欢迎读者和朋友们批评指正。

黄振华及女冯宇澄、子冯宇新敬启

2008 年 12 月 1 日